PRINCIPLES AND STRUCTURE OF THE COMPUTER OPERATING SYSTEM

컴퓨터 시스템
운영체제 원리와 구조

구용완 지음

도서출판 한산

머리말

IT 분야에서 **운영체제**(OS;Operating System)는 가장 역사가 오래된 학문 중의 하나이며, 컴퓨터 시스템의 핵심을 구성하는 S/W의 집단이다. 컴퓨터를 전공하는 사람은 물론 컴퓨터를 좀 더 효율적으로 사용하기 원하는 사람들에게는 필수적으로 학습하여야 할 중요한 필수 과목의 교재이다. 컴퓨터 시스템을 이용하는 모든 사용자들이 OS를 이해하는 것은 꼭 필요하며, OS를 이해한다는 것은 전체 컴퓨터 시스템의 활용을 이해하는 것과 같다. 그 이유는 OS가 컴퓨터 시스템의 모든 H/W와 S/W를 관리하기 때문이다. OS는 컴퓨터의 사용자와 H/W 간의 인터페이스 역할을 하는 S/W이다. 그렇기 때문에 본서에서는 <그림> 을 이용하여 쉽게 설명하고, <예제>와 <짚어보기> 등을 제시하여 이해력을 높였으며, 기술적인 주제를 평이하게 설명하였다. 특히, OS는 IT 분야에서 IT를 전공하는 관련 학과는 물론이고, 각종 기사 시험과 자격 고시, 국가 공무원 시험 등을 비롯한 각종 시험에 필수과목으로 채택되어 있다. 이런 관계로 인해 전공 교재와 수험 준비서로서도 활용되고 도움이 될 수 있도록 본서를 집필하게 되었다.

이 책은 어떤 특정 부분에서는 깊게 다루지 않은 부분들이 있지만, OS의 개념, 원리, 기법, 구조 등에 대해 다루었으며, 본서의 목적은 현대 운영체제의 본질과 특성을 가능한 한 명확하고 온전하게 소개하는 것이다. OS의 전반적인 영역을 개념적으로 이해하게 됨으로써 컴퓨터 시스템을 이해하는 데에도 많은 도움을 줄 수 있다고 생각된다. 본서에서 제시하고자 하는 의미는 다음과 같다.

❶ 기존의 H/W와 관계없이 OS의 개념과 원리를 설명하기 위한 내용을 구성하였다. ❷ OS를 가능한 단기간 내에 제반 내용을 이해하고 습득할 수 있도록 하였다. ❸ <그림>, <짚어보기> 그리고 <예제> 등을 제시하여 단순하고 명료하게 이해할 수 있도록 내용을 제시하였다. ❹ 컴퓨터의 OS가 제공하는 여러 가지 기능들을 구체적으로 파악하고, 이런 기능들이 내부적으로 어떤 과정을 거쳐 진행되는지와 특정 기능을 지원하기 위해 사용 가능한 기법들에 대해 쉽게 이해할 수 있도록 하였다. ❺ 장차 새로운 OS를 설계하고 구현할 수 있는 기본능력을 발휘할 수 있는 기본적인 내용을 수록하였다.

또한, 이 책에서는 전공서와 시험 준비서로서의 역할을 다하기 위하여 다음과 같은 특징으로 엮었다.

❶ 이 책 한 권만으로도 가능한 "운영체제" 과목을 단기간 내에 내용을 쉽게 이해하고, 숙지할 수 있도록 독특하게 요약 정리하였다. ❷ 다음과 같이 각 단원의 내용을 중심으로 가능한 요약, 제시하여 독자들에게 편의성과 이해성을 높여 주도록 하였다.

본서의 구성은 다음과 같다.

★ 제1장 컴퓨터 시스템의 일반
★ 제2장 운영체제의 개요
★ 제3장 프로세스와 CPU 스케줄링
★ 제4장 병행 프로세스와 상호 배제
★ 제5장 기억장치 관리
★ 제6장 가상 기억장치 관리
★ 제7장 주변장치와 보조기억장치 관리
★ 제8장 정보 관리
★ 제9장 분산 시스템

본서가 IT 분야의 독자들에게 많은 도움이 되는 것을 저자로서는 큰 보람으로 생각하며, 독자 여러분들의 지도 편달과 기탄없는 의견을 받아들여 앞으로 책의 내용 등은 새로운 환경에 따라 더욱 연구하여 수정/보완해 나갈 것을 약속

한다.

끝으로, 이 책이 출간되기까지 많은 참고 자료와 서적, 좋은 문제 등을 제공해 주고, 많은 조언과 함께 격려를 해주신 "컴퓨터 운영체제" 담당 여러 교수 및 연구소에 근무하는 동료와 후배들, 그리고 원고 정리 및 작업 등에 도움을 준 대학원 "스마트 표준화 연구실"의 석/박사 제자들에게 감사드리며, 아울러 "도서출판 한산" 사장님 이하 임직원 여러분들께 감사드립니다.

2016년 08월 01일
와우리 연구실에서
저자 구용완 올림

차례

Chapter 03. 프로세스와 CPU 스케줄링

Chapter 04. 병행 프로세스와 상호 배제

Chapter 05. 기억 장치 관리

Chapter 06. 가상 기억장치

Chapter 07. 주변 장치와 보조 기억장치 관리

Chapter 08. 정보 관리

Chapter 09. 분산 시스템

Chapter

01

컴퓨터 시스템의 일반

CHAPTER 01

컴퓨터 시스템의 일반

학습목표

운영체제(OS;Operating System)는 하드웨어(H/W;Hardware)와 밀접해 있어서 깊은 관계를 가지고 있다. OS의 발전 과정에서 보면 새로운 H/W의 개발은 OS의 기능을 향상시켰다. 따라서 OS를 공부하기 전에 H/W의 지식이 필요하다. 이 장에서는 현대 컴퓨터 시스템의 구조에 대해서 고찰하기로 한다. OS는 하나 이상의 처리기로 구성된 H/W의 자원을 활용하여 시스템의 사용자(User)에게 다양한 서비스를 제공한다. 또한 OS는 사용자 관점에서 보조기억장치(A/M; Auxiliary Memory)와 입/출력 장치(I/O; Input-Output unit)를 관리한다. 따라서 OS를 논하기 전에 그 기반이 되는 컴퓨터 시스템의 H/W를 어느 정도는 이해하는 것이 필요하다. I/O에서 가장 기본이 되는 것은 인터럽트이다. 모든 I/O은 인터럽트에 의해서 구성된다. 다음에 I/O 시스템 자체에 대해서 언급한다. 또한 컴퓨터 시스템은 올바르게 작동하여야 한다. 이를 위해서 사용자 프로그램은 OS의 정상적인 작동을 방해하면 안되며, H/W는 이를 위해서 적절한 수단을 제공해야 한다. 자료 보관을 위한 기억장치는 컴퓨터에서 불가결한 요소로서 이들에 대해서도 논한다. 대부분 컴퓨터 분야에서는 독자가 컴퓨터 시스템에 대해서 친숙하다고 가정하고 개요를 간단하게 다룬다.

이 장에서의 주요 내용은 다음과 같다.

- 컴퓨터 시스템의 구성 요소
- H/W와 S/W의 개념
- 컴퓨터 시스템 보호 개념
- 인터럽트 개념
- 채널 개념
- 명령어의 수행

1.1 컴퓨터 시스템의 개요

운영체제(OS;Operating System)는 컴퓨터(computer)의 하드웨어(H/W;HardWare)를 작동시키는 가장 기본적인 소프트웨어(S/W;SoftWare)이다. 컴퓨터의 전원을 켜면 설치된 OS가 자동으로 실행되고, 이로써 사용자는 컴퓨터를 이용하여 필요한 작업을 수행할 수 있다. 이런 OS의 기능과 역할을 볼 때 컴퓨터 시스템의 일반적인 구조는 이해해야 한다.

1.1.1 컴퓨터의 개념 및 정의

컴퓨터 기술은 현대의 과학 기술들 중에서 가장 급속히 발전하고 있는 분야이다. 컴퓨터 공학(computer engineering)은 컴퓨터의 H/W와 S/W를 연구하여 컴퓨터 시스템과 컴퓨터와 관련된 여러 기술을 개발하고 학습하며 이를 각 분야에 응용하는 것을 목적으로 하는 학문 분야이다. 특히, **컴퓨터 구조(computer architecture)**는 컴퓨터를 구성하는 CPU, 메모리(M/M;Main Memory), 입/출력 장치(I/O 장치)의 기본이 되는 디지털 회로소자의 특성과, CPU의 동작 원리와 설계 방법을 익히며, CPU의 제어회로 및 마이크로프로그램 등을 연구함으로써 컴퓨터구조에 대한 원리와 특성을 익히는 학문이다.

RISC(Reduced Instruction Set Computer) 프로세서 중 하나인 MIPS(Microprocessor without Inter-locked Pipeline Stages)를 예제로 하여 실제 컴퓨터의 데이터 경로(data path)와 제어 논리(control logic)를 설계하고 성능과 관련된 요인들을 공부한다. 구체적으로는 컴퓨터 성능 구분 요소, 이진 데이터 연산, 데이터 경로 설계, 제어 논리 설계, 파이프라인 기법, 기억장치 시스템 설계, 그리고 주변장치 및 다중 프로세서 시스템(Multiprocessor system)에 대해 연구한다. 또한 MIPS CPU의 어셈블리 언어(Assembly language)를 이해함으로써 CPU의 구조 및 동작원리와 파이프라인(pipeline)의 동작원리를 이해하고 기억장치 계층(memory hierarchy)의 구조를 이해함으로써 가상 기억장치(V/M;Virtual Memory)의 동작 원리를 이해하는 학문 분야이다. 컴퓨터 구조의 기본 개념 및 동작원리를 이해하고 그 응용분야를 학습하고 MIPS CPU의 어셈블리 언어(assembly language) 및 기계어 명령(machine language instruction)을 학습함으로써 CPU의 내부 동작원리를 이해한다. 그리고 단일 사이클 중앙처리장치(Single cycle CPU)에서 데이터 경로(data path) 및 제어장치(control unit)의 동작원리를 이해한다. 또한 파이프라인(pipeline)의 동작원리를 이해함으로써 CPU 파이프라인(pipeline)을 모델링 한다.

즉, **H/W를 만드는 H/W 설계자의 역할과 컴퓨터 시스템을 이용하여 어플리케이션을 만드는 S/W 설계자의 역할이 구분이 되었다.** 이 때부터 S/W와 H/W가 구분 되어 졌다. 이렇게 나누어지기 전인 초기에는 H/W를 이용한 프로그램을 작동하는데 있어 물리적인 방법이 사용되었다. 진공관으로 구성되는 회로의 연결 상태를 물리적으로 바꾸어 H/W 기능을 프로그래밍 했다. 이렇게 프로그래밍을 할려면 프로그래머가 회로의 세부적인 연결 상태를 물리적으로 직접 변경해 줘야 하는 단점을 가졌다. 그러다 보니 회로 자체의 내구성이 전체 컴퓨터의 문제점으로 프로그래머의 사소한 실수가 전체 시스템의 문제를 야기 시켰다. 또한 물리적인 프로그래밍 자체에 많은 시간을 필요로 한다는 단점도 가지고 있었다. 즉, 먼저 H/W의 세세한 부분을 이해하여야 프로그램을 할 수 있었다. 회로의 물리적인 연결 상태를 변경하므로 회로의 동작 원리를 알아야만 한다는 것이다. 이런 문제점을 해결하고자 한 것이 내장형 프로그램(Stored program) 방법이다. 프로그램은 데이터와 동일하게 숫자로 표현하여 데이터와 동일한 형태로 저장 장치에 저장하는 것이다. 프로그램에서 사용하는 데이터와 프로그램 그 자체가 똑같은 형태로 기억장치 저장공간을 점유하다 보니 데이터를 처리할 때와 같은 방법으로 새로운 프로그램을 만들 수 있고 기존 프로그램을 변경할 수도 있다. 쉽게 말해서 기존 물리적인 방법과 다르게 프로그램을 이용한 프로그래밍이 가능하게 되었고 H/W 구현에 대한 전문적인 지식이 없이도 원하는 프로그램을 작성할 수 있다. 그럼, 이러한 개념(내장형 프로그램)을 이용하여 구현한 컴퓨터 시스템의 대표적인 H/W 아키텍쳐는 존 폰 노이만 아키텍쳐(John Von Neumann architecture)와 하버드 아키텍쳐(Havard architecture)가 있다.

폰 노이만 아키텍쳐는 프로그램과 데이터는 기억장치(Memory)에 동일한 형식으로 저장되며 컴퓨터는 동일한 방식으로 처리한다.

이 장에서는 **프로세서(CPU)와 메모리(M/M;Main memory)로 구성되는 폰 노이만 구조(요한 루트비히 폰 노이만(Johann Ludwig Von Neumann, 1903~1957))를 이해한다.** 또한 레지스터, 산술 논리 연산 장치(ALU: Arithmetic and Logic Unit), 제어 장치(Control unit) 등 프로세서 내부 구조에 대해 알아보며, 주기억장치(M/M;Main Memory) 및 보조기억장치(A/M;Auxiliary Memory, Secondary Memory Unit)의 원리에 대해 공부한다. 각종 입/출력 장치의 구조 및 인터럽트, 직접 메모리 접근(DMA: Direct Memory Access) 등 입/출력 방식을 알아보며, 운영체제(OS), 컴퓨터 시스템 설계, 마이크로 프로세서 등 컴퓨터 공학(computer technology) 전공의 H/W 교육의 근간이 된다. 전자공학(electronics) 분야의 학과에서는 H/W와 관련된 분야를 연구 및 학습하고, 전산 관련 학과에서 S/W와 관련된 컴퓨터 시스템 분야, 프로그래밍 분야 등으로 나누어 가르치고 있다. 여기서는 전자공학의 H/W 관점에서 컴퓨터의 구성과 동작을 다루기 때문에 컴퓨터 구조(computer architecture)를 중심으로 하는 H/W를 중심으로 살펴보기로 한다. 본 노이만 구조는 [그림1-1]과 같다.

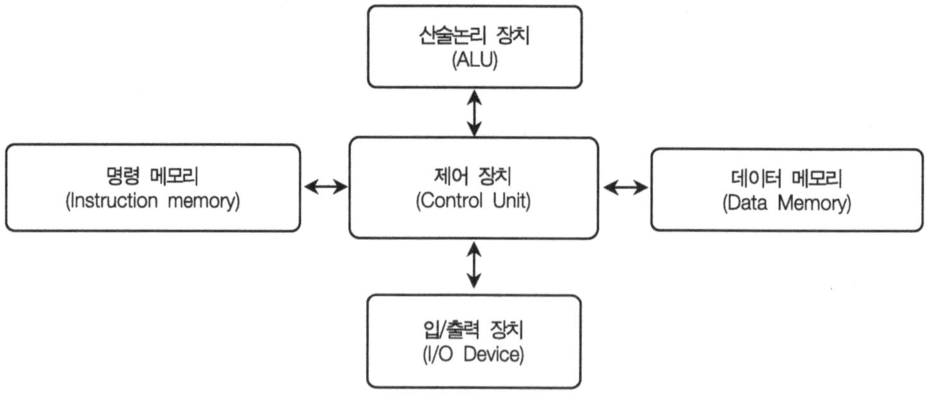

[그림1-1] 폰 노이만의 컴퓨터 구조

제어장치를 통하여 산술 논리 연산 장치(ALU)가 이루어지며, 사용자가 의도한 연산 과정이 수행된다. 데이터는 기억장치를 통하여 제공되며 처리 결과는 내부의 작은 공간인 누산기(Accumulator)에 적재되어 이후의 연산 과정에 사용된다.

하버드 아키텍쳐(Havard architecture)는 본래 명령용 버스와 데이터용 버스로 물리적으로 분할한 컴퓨터 아키텍처(구조)를 나타내는 용어이다. 프로그램과 데이터에 대한 처리를 구별하여 논리적으로 분리된 공간을 저장하는 새로운 아키텍쳐(구조)이다. 프로그램과 데이터는 논리적으로 분리되어 각각의 프로그램 메모리와 데이터 메모리에 저장한다. 이들 메모리는 서로 다른 특성을 가지나 데이터와 마찬가지로 숫자로 표현되어 메모리에 저장된 상태로 처리된다는 점은 내장형 프로그램 방식의 기본 개념에 기반한다. 고성능 H/W를 구현하기 위하여 적당한 구조를 갖추고 있으며, 프로그램과 데이터를 저장하는 메모리의 종류가 서로 다를 수 있기 때문에 더 효율적인 메모리를 사용할 수 있다[그림1-2]. 하버드 아키텍쳐라는 말은 하버드 마크 I(Harvard Mark I) 라는 릴레이 컴퓨터로부터 나온 것으로 이 머신(기계)은 명령을 천공 테이프에 기억해 데이터를 릴레이의 ON/OFF 상태로 기억 저장했다. 이러한 초기의 머신에서는 메모리(M/M;기억장치) 영역이 지극히 작았기 때문에 CPU 내부에 모든 메모리 영역이 포함되어 있어 명령 메모리(Instruction memory) 영역을 데이터로서 취급할 수가 없었다(프로그래밍은 완전히 오프라인의 작업이며, 프로그램의 내용을 컴퓨터 자신이 참조하거나 갱신하거나 하는 데에 이득이 없었다).

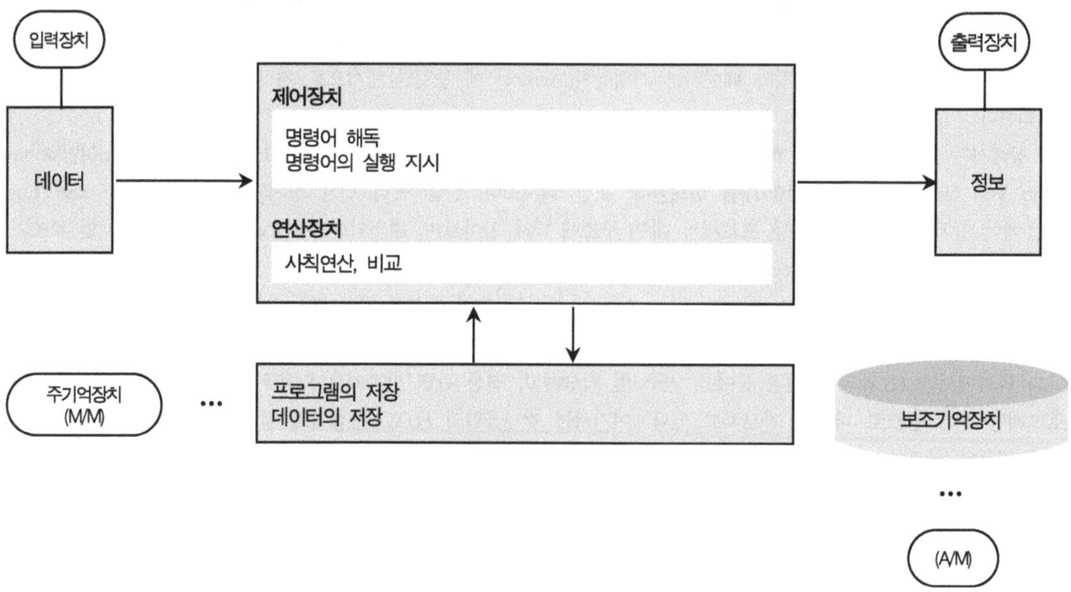

[그림1-2] 하버드 아키텍쳐

폰 노이만 구조에서는 CPU는 메모리(M/M)로부터 명령을 읽고, 메모리로부터 데이터를 읽고 쓰기도 한다. 명령과 데이터는 같은 신호 버스와 메모리를 사용하기 때문에 이러한 액세스하는 경우 동시에 발생할 수가 없다. **하버드 아키텍처의 컴퓨터**에서는 명령을 메모리로부터 읽는 것과 데이터를 메모리로부터 읽는 것을 동시에 할 수 있다. 하버드 아키텍처의 컴퓨터는 명령의 처리를 끝내자마자 다음의 명령을 읽어 들일 수 있기 때문에 보다 더 빠른 속도를 낼 수 있다고 말할 수 있다. 그렇지만 이러한 처리 속도를 높이려면 보다 많은 전기 회로가 필요하다. 최근에 CPU의 성능은 메모리(M/M)의 속도와 비교해 크게 향상했다. 성능을 높이려면 주기억장치(M/M)의 접근 횟수를 줄이는 노력이 필요하다. 명령을 처리할 때마다 주기억장치에 접근할 필요가 있다고 한다면 성능 향상은 전망할 수 없다. 이른바 메모리 속도 문제이다. 메모리는 속도가 올라가면 값이 비싸질 수 있다. 이를 해결하는 방법은 캐시(cache)로 불리는 작은 규모의 고속의 메모리를 준비하는 것이다. CPU는 필요로 하는 메모리의 내용이 캐시에 존재하면 성능이 향상된다. 하지만 반대로 필요한 메모리의 내용이 캐시에 없으면, 메모리로부터 캐시에 내용을 가져오는 것이다. 이 캐시의 조정이 컴퓨터의 설계로 중요한 관점이 되고 있다.

최신의 성능이 좋은 CPU 설계에서는 하버드와 폰 노이만 두 쪽 모두의 아키텍처를 도입하고 있다. 캐시 메모리(Cache memory) 장치는 보통 명령용과 데이터용으로 분리되어 있다. 하버드 아키텍처는 CPU와 캐시의 관계에 활용되고 있다. 캐시에 오류가 일어나면 M/M로부터 데이터를 가져 오고, 명령 캐시나 데이터 캐시에 저장한다. 따라서, 폰 노이만 구조는 CPU 외부에 적용된다. 하버드 아키텍처는 특수한 디지털 신호 처리 프로세스에서 자주 쓰인다. 이를테면, 아날로그 디바이스의 블랙핀 프로세서는 하버드 아키텍처를 활용하고 있다. 또한 범용 마이크로 콘트롤러의 상당수는 하버드 아키텍처에 기반을 두고 있다. 마이크로칩 테크놀로지사의 PIC 마이크로 콘트롤러, ATMEL사의 AVR 마이크로 컨트롤러 등이 그 예이다. 이러한 프로세서는 프로그램과 데이터를 저장하는 작은 메모리를 내장하고 있는 것이 특징이다. 그리고 또 다른 이점으로는 프로그램 메모리와 데이터 메모리가 분리되어 있으므로 각자 다른 비트 수를 사용할 수 있다는 것이다. 즉 AVR 프로세서의 경우 명령어는 대부분 16비트 1워드로 구성되어 있는데 비해 데이터는 모두 8비트로 처리한다. 그 때문에 RISC와 하버드 아키텍처를 활용해 1 머신 사이클로 1 명령을 실행할 수 있게 되는 것이다.하버드 아키텍처는 이러한 장점이 있는 대신 단점도 존재한다. 프로그램 중에 데이터가 함께 혼합된 경우, 예를 들어 폰트 데이터나 표시할 문장 데이터, 메뉴 데이터 등은 프로그램과 함께 존재해야 하는데, 프로세서가 이러한 데이터를 읽어 들이려고 시도하면 엄연히 '데이터'를 읽으려 하므로 데이터 메모리에서 이 내용을 찾으려 한다. 그런데 이 데이터들은 프로그램 메모리에 존재하기 때문에 프로그램 메모리로부터 데이터를 읽을 수 있는 특수 상황의 명령어가 필요하고, 더구나 프로그램 메모리와 데이터 메모리의 비트수가 다른 경우 주소를 변환하는 과정을 거쳐야 한다. 명령/ 데이터 분리 캐시 문제를 설명하면, 범용 마이크로 프로세서로 캐시 메모리 장치를 명령 캐시와 데이터 캐시를 분리했을 경우에 보다 성능이 좋은 write back형의 캐시를 사용하면 문제가 발생한다. write back형에는 캐시에 있는 내용을 CPU로 고쳐 썼을 경우에 그것을 M/M에 동시에 써 되돌리지 말고 그대로 보관 유지해 두는 방식이다. 한편, M/M도 동시에 고쳐 쓰는 캐시를 write through형 캐시라고 말한다. write back형 캐시는 그 캐시 라인을 다른 캐시 라인으로 옮겨놓을 때 M/M에 써 되돌리는지 CPU는 명시적으로 캐시 플래시를 지시했을 때에 M/M에 전체를 써 되돌린다.

특정 용도가 아닌 컴퓨터에서는 컴파일러를 사용하고 실행 파일을 만든다. 이때 실행 파일을 메모리 맵 파일로 하고 있으면, 명령 줄이 데이터 캐시에 남게 된다. 그러므로 컴파일한 뒤 바로 실행하면 명령 줄이 M/M에 써 되돌려지지 않은 경우에 실행이 실패할 가능성이 있다. 인터프리터(Interpreter)와 컴파일러(Compiler)가 일체화하고 있는 일부의 고급 언어나 어떤 종류의 개발 환경을 제공하는 S/W에서는 한층 더 현저하게 발생한다. 이러한 경우 컴파일 결과는 그 S/W의 데이터 영역에 있고 있어 그 영역에 트리키인 수법으로 점프하는 것으로 실행하려고 한다. 이 또한 명령 줄이 M/M에 써 되돌려지지 않기 때문에 실행이 실패하는 일이 있다.

이것은 일부분 하버드 아키텍처에 일어나는 문제이며, 본질적으로는 폰 노이만 구조이기 때문에 발생하는 문제이다.

1.1.2 컴퓨터 구조(Computer System Structures)

컴퓨터 구조는 시스템 소프트웨어(System Software)와 더불어 컴퓨터 시스템을 구성하는 핵심기술이다. 오늘날 컴퓨터는 휴대용 태블릿 PC에서부터 과학 계산 처리를 위한 초고속 슈퍼 컴퓨터에 이르기까지 크기, 가격 및 성능에 있어서 매우 다양한 종류의 컴퓨터들이 존재하고 있다. 그런데 흥미로운 것은 그러한 컴퓨터들의 기본 구조와 동작 원리는 거의 동일하다는 점이다. 컴퓨터구조 학문에서는 이와 같은 컴퓨터 구조의 기본 원리와 핵심기술을 학습한다. 컴퓨터의 성능을 높이기 위해 새로이 개발된 첨단 프로세서들의 구조와 시스템 설계 기술들에 관하여 학습하고, 연구하는 분야이다. **컴퓨터는 기억장치(M/M;Main Memory),처리기(CPU),입/출력(I/O;Input/Output) 요소들로 구성되고, 타입 별로 하나 이상의 모듈들이 존재한다.** 이러한 구성요소들은 컴퓨터의 주요 기능인 프로그램 수행을 위해 서로 연결되어 있다. 따라서 컴퓨터 시스템은 다음과 같이 크게 하드웨어(H/W;Hardware)와 소프트웨어(S/W;Software)로 구분된다[그림1-5].

① H/W: 데이터를 처리하는 물리적인 기계 장치
② S/W: 특별할 작업을 지시하려고 명령어로 작성한 프로그램

H/W는 중앙처리장치(CPU), 주기억장치(M/M)와 보조기억장치(A/M) 같은 기억장치, 입력장치, 출력장치로 나뉜다. 이들 장치 간의 데이터와 제어 신호의 흐름은 [그림 1-3]과 같으며, CPU의 제어 신호에 따라 다른 장치들이 동작을 하게 된다.

(1) 하드웨어(H/W)

H/W는 보통 프로세서(중앙처리장치), 버스, 메모리(M/M) 등 다양한 주변장치로 구성되어 있으며 다음과 같다.

1) 프로세서(Processor; 중앙 처리장치(CPU; Central Processing Unit))

CPU는 컴퓨터H/W 구성요소 중 운영체제(OS)와 가장 밀접한 H/W이며, 명령어를 해독하고 실행하는 장치로, 컴퓨터 각 부분의 동작을 제어하고 연산을 수행한다. 또한 레지스터, 산술 논리 연산장치(연산장치;ALU), 제어장치(Control Unit) 등으로 구성되어 있다[그림1-4]. 개인용 컴퓨터(Personal Computer)는 M/M를 제외하고 레지스터, 산술 논리 연산장치, 제어장치를 칩 하나로 구성한 마이크로 프로세서를 이용한다. 즉, 처리기(프로세서)는 컴퓨터의 동작을 제어하는 데이터를 처리한다. 처리기가 하나만 있는 경우에는 일반적으로 중앙처리장치(CPU)라고 칭한다. 특히 하나의 칩으로 된 CPU를 마이크로프로세서(microprocessor)라 하는데, 대표적인 제품으로 인텔의 펜티엄과 코어2듀오가 있다.

2) 버스(Bus)

프로세서를 비롯해 각 장치 간 또는 서브 시스템을 서로 연결하여 정보를 주고 받을 수 있게 해주는 통로이다.

① 내부 버스 : 프로세서 내부에서 레지스터, 연산장치, M/M와의 인터페이스 등을 연결해 준다.
② 외부 버스 : 프로세서와 M/M, 프로세서와 입/출력장치, 입/출력장치와 입/출력장치를 연결해 준다.

일반적으로 시스템 버스라고 하고, 독립된 기능을 갖는 장치로 각 시스템 버스는 버스 제어기라고 불리는 제어 회로를 가지고 있다.

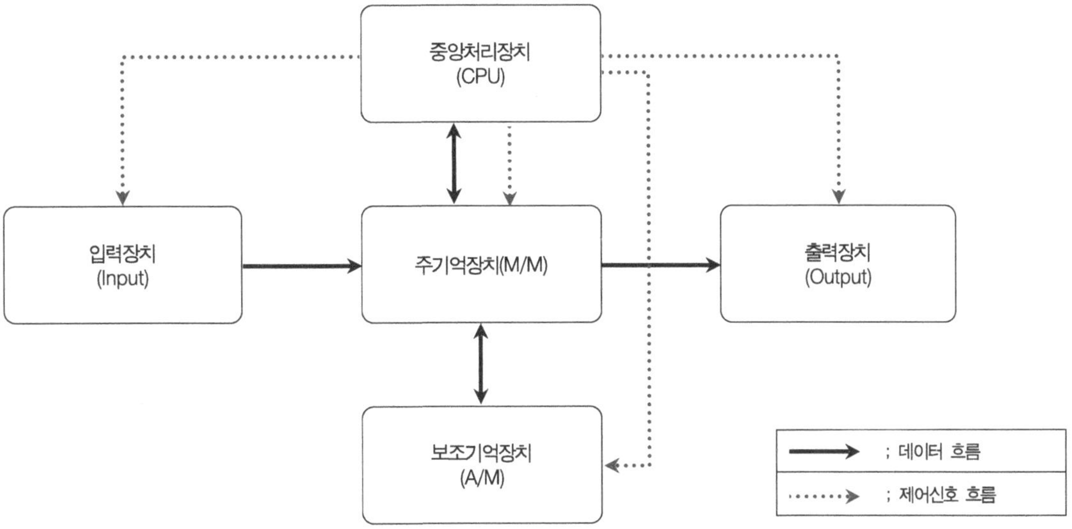

[그림1-3] H/W 장치 간의 제어신호와 데이터의 흐름

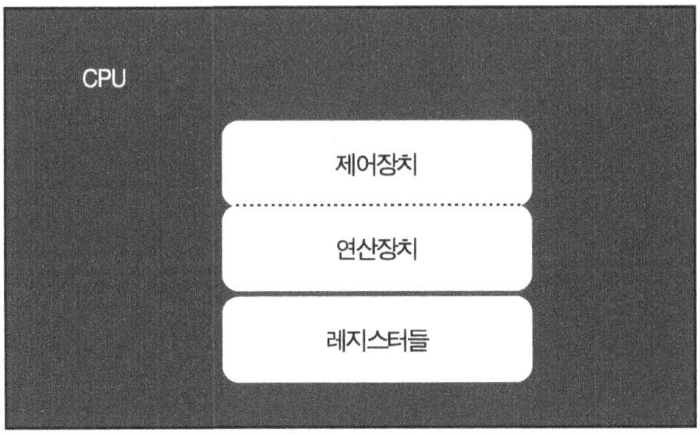

[그림1-4] CPU의 구성

3) 레지스터(Register)

프로세서에 위치한 고속 메모리와 프로세서가 바로 사용할 수 있는 데이터를 담아 특수한 값 하나를 저장하는 기억 공간으로 사용되고, 연산을 처리하다가 중간 값을 저장하기도 한다. 용도에 따라 전용 레지스터, 범용 레지스터가 있으며, 저장 되는 정보의 종류에 따라서 데이터 레지스터, 주소 레지스터, 상태 레지스터가 있다. 사용자가 저장한 정보를 변경할 수 있는지 여부에 따라 사용자 가시 레지스터(User-Visible Register), 사용자 불가시 레지스터(User-Invisible Register)가 있다.

처리기의 기능 중 하나는 M/M와 데이터를 교환하는 것이다. 이를 위해서는 일반적으로 다음에 읽거나 기록할 M/M 내의 주소를 명시하는 **기억장치 주소 레지스터(MAR;Memory Address Register)**와 M/M에 기록되거나 M/M로부터 읽힐 데이터를 저장하는 **기억장치 버퍼 레지스터(MBR;Memory Buffer Register)**라는 두 개의 내부 레지스터가 이용된다. 이와 유사하게 I/O 버퍼 레지스터(IOBR;I/O Buffer Register)는 I/O 모듈과 처리기 간의 데이터 교환을 위해 사용된다. 기억장치 모듈은 일련 번호로 주소가 부여된 장소들의 집합이다. 각 장소에는 2 진수(Bit;Binary digit)가 저장되어 있는데 이러한 2진수는 명령어 또는 데이터로 해석될 수 있다. I/O 모듈은 외부 장치로부터 처리기와 M/M로 데이터를 전송 하거나, 그 역방향으로 데이터를 전송 한다.이 모듈은 데이터가 전달될 때까지 일시적으로 데이터를 보관하기 위한 내부 버퍼를 가지고 있다.

처리기의 연산을 제어하기 위해 다양한 종류의 처리기 레지스터들이 사용 되는데, 대부분의 기계에서 이들 대부분은 사용자에게 보이지 않는다. 다만, 제어 또는 OS 모드에서 수행 가능한 기계 명령어를 통해서 그 중 일부에 접근할 수 있을 뿐이다. 물론 기계에 따라 레지스터 구성과 사용 용어도 다르다. 또한 명령어 수행을 위해 다음과 같은 레지스터가 필요하다.

- 프로그램 계수기(PC;Program Counter); 다음에 수행될 명령어의 주소를 저장한다.
- 명령어 레지스터(IR;Instruction Register); 현재 수행 중인 명령어를 저장한다.

모든 처리기는 상태 정보를 저장하기 위해 흔히 **프로그램 상태 어**(PSW;Program Status Word)라고 불리는 레지스터 또는 레지스터 집합을 포함하도록 설계된다. PSW는 조건 코드뿐만 아니라 인터럽트 기능/불능 비트와 관리자/사용자 모드 비트와 같은 상태 정보도 포함된다.

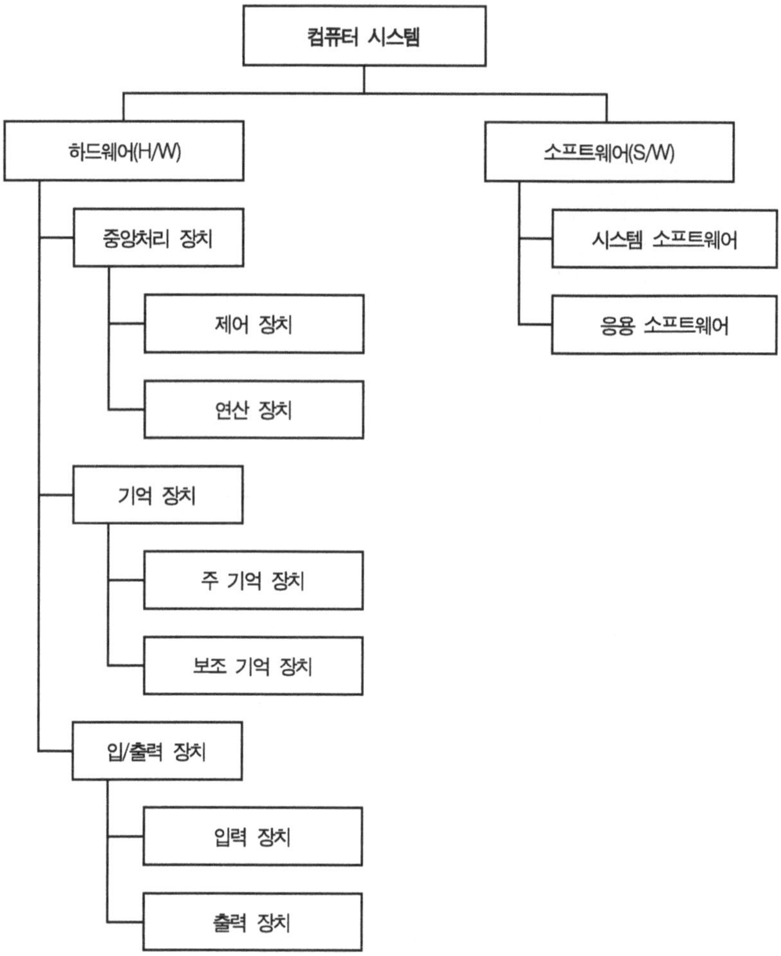

[그림 1-5] 컴퓨터 시스템의 구성

이와 같이 제어 및 상태 레지스터 구성을 설계하기 위해서는 여러 가지 요소들을 고려해야 한다. 가장 중요한 이슈는 OS의 지원이다. 특정 타입의 제어 정보는 OS에게 특별한 유틸리티가 된다. 만일 처리기 설계자가 사용될 OS를 기능적으로 이해하고 있다면, 기억장치 보호와 사용자 프로그램 간 교체 등 구체적 특성을 지원하는 H/W를 제공하도록 레지스터 구성을 설계할 수 있다.

또 다른 주요 설계 문제는 레지스터와 기억장치 간에 제어 정보를 어떻게 배정할지 결정하는 것이다. 일반적으로 M/M의 시작 부분의 수백 또는 수천 워드(Word)가 제어 목적으로 할당된다. 설계자는 어떤 제어 정보가 고가의 고속 레지스터에 저장되어야 하고, 어떤 정보가 저가인 고속의 M/M에 저장되어야 하는지를 결정해야 한다.

4) 기억장치(Memory)

기억장치는 실행중인 프로그램과 프로그램에 필요한 데이터를 저장하는 일을 한다. 전형적인 명령어 수행에서는 먼저 기억장치(메모리;M/M)에서 하나의 명령어를 가져온 다음 명령어를 해독(decode)하고 기억장치에서 피연산자를 가져와 피연산자에 대해 명령어를 수행한 후, 계산 결과를 기억장치에 다시 저장(store)하는 과정을 반복한다. 따라서 기억장치는 컴퓨터의 성능과 밀접하므로 사용자와 제조자들은 일반적으로 크고 빠르고 비용이 저렴만 기억장치(메모리)를 요구하고 있다. 이 기억장치의 계층구조는 다양한 레벨의 기억장치를 연결하여 비용, 속도, 용량, 접근 시간 등을 상호 보완한 것이다[그림1-7].

컴퓨터 설계자들은 이런 기억장치를 사용하기 위해 가격은 최소화하면서도 용량이 크고 접근 시간이 빠른 기억장치 제조 기술을 원한다. 그러나 이런 조건을 모두 만족하는 기억장치는 있을 수 없다. 빠른 속도와 큰 용량을 만족하려면 비용이 많이 들고, 비용을 최소화하려면 속도와 용량이 만족스럽지 못하기 때문이다.

비용, 속도, 크기가 다른 기억장치를 효과적으로 이용해서 시스템의 성능을 향상시키는데 사용할 수 있다. 기억장치의 조건은 (그림1-6)와 같다.

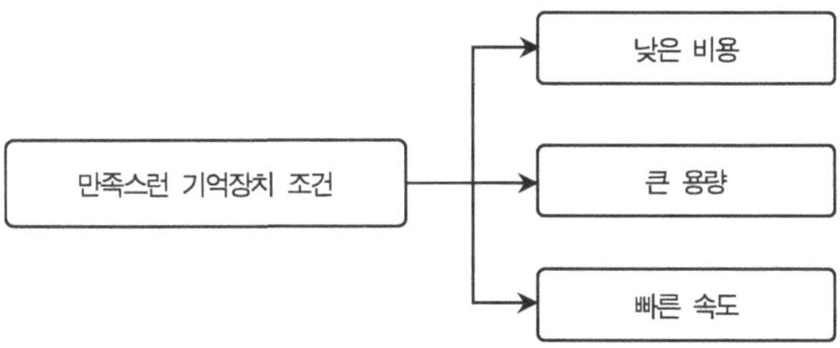

[그림 1-6] **기억장치 조건**

이때 모든 조건을 만족시킬 만한 방법은 (그림1-PP)과 같이 용량은 작고 고가지만, 빠른 속도의 기억장치와 저속이나 큰 용량의 저가 기억장치를 함께 사용하는 것이다.

기억장치는 주기억 장치(M/M;Main memory)와 보조 기억장치(A/M;Auxiliary Memory,Secondary Memory Unit)인 자기 디스크(Magnetic disk), 기타 디스크 유형(other disk types), 자기 테이프(Magnetic tapes) 등 여러 가지가 있다. 기억장치는 계층구조로 나타낼 수 있는데, 기억장치 계층 구조를 이용할 수 있는 이유는 기억장치 참조가 임의로 이루어지는 것이 아니라는 특징이 있기 때문이다. 지역성(국부성; locality)은 실행중인 프로세서가 실행기간 동안 기억장치 정보를 균일하게 접근하지 않고 블록 중 일부만 집중적으로 참조하는 현상이다. 데이터와 프로그램을 저장하는데, 전형적으로 휘발성이기 때문에 컴퓨터가 전원이 나갈 경우 M/M의 내용이 지워지게 된다. 반면에 A/M인 디스크 메모리의 내용은 컴퓨터가 전원이 나가더라도 저장된 내용이 그대로 보존된다. **주기억장치(M/M)**는 실기억장치(Real memory) 또는 제 1 기억장치(Primary memory)라고도 칭한다. M/M는 고유 주소를 가진 워드(word)나 바이트(byte)로 구성된 대규모 배열. 주소를 읽거나 기록함으로써 상호작용한다는 특성이 있다. M/M는 다수의 셀(Cells)로 구성되고, 각 셀은 비트(bit)들로 구성되어 있다. 이와 같이 컴퓨터에 주어진 주소 공간을 물리적 주소공간이라고 하는데 프로그래머는 물리적 주소를 직접 사용하지 않고, 수식이나 변수를 사용한다. 그리고 컴파일러가 프로그램을 기계 명령어로 변환할 때 변수와 명령어에 주소를 할당하는데, 이 주소를 논리적 주소 또는 가상 주소라고 한다. 가상 기억장치(V/M;Virtual Memory)는

M/M의 유효 크기를 늘리는 기법으로 디스크 같은 A/M에 프로그램이나 데이터를 저장했다가 필요할 때 다시 M/M로 이동시키는 기술이다. 이의 특징을 성공적으로 활용하려면 실행 중인 프로세스가 참조하는 주소와 M/M에서 사용하는 주소를 분리해야 한다. 논리적 주소를 물리적 주소로 변환하는 과정을 매핑(사상;Mapping) 또는 메모리 맵(Memory Map)이라고 한다. 그러니까 실제 수행 중인 부분만 실제 M/M로 매핑(사상)하고, 나머지는 A/M로 사상 하는 기법이다. 캐시(Cache)는 처리속도가 빠른 프로세서와 상대적으로 느린 M/M 사이에서 데이터나 정보를 저장하는 고속 버퍼이다. M/M에서 일정 블록의 데이터를 가져와서 워드(Word) 단위로 프로세서에 전달해서 정보를 빠르게 제공한다. 데이터가 이동할 수 있는 통로(대역폭)를 확대해서 프로세서(CPU)와 M/M의 속도 차이를 줄여 준다.

기억 공간의 계층(storage hierarchy) **구조**는 [그림1-7]과 같다. 기억공간을 속도, 용량에 따라 여러 단계로 구성하는 것이다.

[그림1-7]와 같이 기억장치를 계층화하여 CPU가 지금 필요로 하는 프로그램과 데이터는 빠른 속도의 레지스터, 캐시 기억장치, M/M에 저장해 놓고 이용하고, CPU가 현재 필요로 하지 않는 많은 양의 프로그램과 데이터는 보조기억장치에 저장한다. 그렇게 되면 사용자는 빠른 속도의 기억장치를 사용하면서도 큰 용량의 기억장치도 사용하는 것처럼 느끼게 된다.

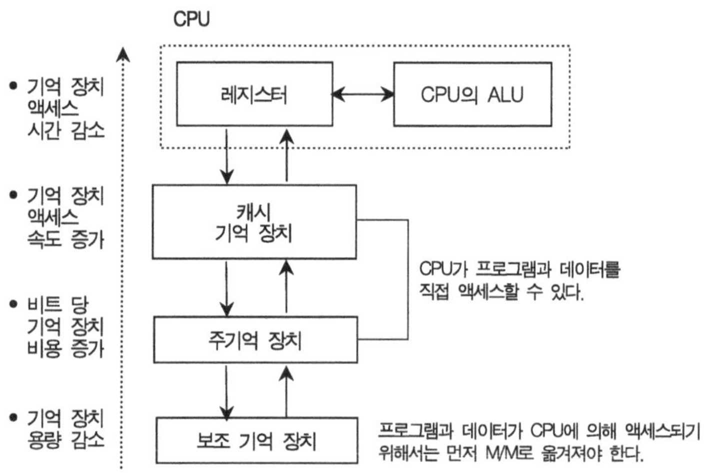

[그림 1-7] 기억 장치의 계층 구조

앞서 언급했듯이,M/M는 프로세서(CPU)가 사용할 프로그램이나 데이터를 저장하는 작업장이라고 할 수 있다. 사이에서 발생하는 디스크에 대한 I/O의 병목현상을 해결하는 역할을 한다. 특히 CPU와 M/M 사이의 접근 속도의 차가 커짐에 따라 M/M의 부담을 줄이기 위해 CPU 칩 안이나 외부에 별도의 캐시를 구현하기도 한다.

5) 컴퓨터 주변장치(computer peripherals)

자기 디스크 장치 등의 A/M, 인쇄기, 모뎀, 조이스틱 등 컴퓨터에 연결되어 컴퓨터의 중앙 처리 장치(CPU)에 의해 제어되는 장치의 총칭을 말하며, 많은 주변 장치는 컴퓨터 시스템이 완전하게 기능하고 유용하게 사용될 수 있도록 하는 데 반드시 필요한 요소이며, 주변 장치라는 명칭이 암시하는 바와 같은 추가적이고 비필수적인 장치가 아니다. 디스크 장치 없이도 컴퓨터가 작동할 수는 있지만 그것이 없는 컴퓨터는 오늘날 상상할 수조차 없다. 키보드, 모니터, 마우스 등도 엄격한 의미에서는 주변 장치이지만, 이것들은 대부분의 컴퓨터 시스템에서 1차적 I/O 장치로서 주변 장치이기보다는 필수적인 장치이다. 다시말해서, 입력장치나 출력장치처럼 컴퓨터 기능을 향상시키기 위한 추가 장비인데, 입/출력 모듈(I/O Module)인 컴퓨터와 외부 환경 간의 데이터 이동을 담당한다. 그리고 외부 환경은 A/M, 통신 장비, 그리고 단말기를 포함한 여러 가지 외부 장치로 구성된다. 여기에 시스템 버스(System bus)는 처리기, M/M, 그리고 I/O

모듈 간의 통신을 제공한다.

① 입력장치는 문자, 그림, 소리, 동영상 등과 같은 외부의 데이터를 컴퓨터로 읽어들이는 일을 한다. 대표적인 입력장치로 키보드, 마우스, 스캐너, 조이스틱 등이 있다.
② 출력장치는 컴퓨터에서 처리한 결과를 사람이 이해할 수 있는 형태로 변환하는 일을 한다. 대표적인 출력장치로 모니터, 프린터, 플로터 등이 있다.

(2) 소프트웨어(S/W)[그림2-36 참조]

컴퓨터 프로그램과 그와 관련된 문서들을 총칭하는 용어로 기계 장치부를 말하는 하드웨어(H/W)에 대응하는 개념이다. 크게 운영체제(OS)와 응용 소프트웨어(Application software)로 나뉘며 H/W가 발달하여 가격이 저렴해지고 교체가 잦아짐에 따라 S/W의 중요성은 더욱 높아지고 있다. H/W라고 불리는 컴퓨터 기계 장치부에 대응한다. 프로그램 중에는 롬(ROM:read only memory)에 기록되어 변경하기가 어려운 것도 있는데 이러한 것은 중간적인 성격을 갖는다고 하여 펌웨어(Firmware)라고 한다. S/W는 크게 **시스템 소프트웨어(System software)**와 **응용 소프트웨어(Application software)**로 나눈다. **시스템 소프트웨어**는 어느 문제에나 공통적으로 필요한 프로그램들로서 운영체제(UNIX,DOS 등), 컴파일러(C,FORTRAN 컴파일러 등), 입/출력 제어 프로그램 등이 여기에 속하며, 통상 컴퓨터를 제작하는 회사들이 만들어 공급한다. **응용 소프트웨어**는 이러한 시스템 소프트웨어를 사용하여 실제 사회에서 일어나는 문제들을 풀어주는 프로그램들인 사용자가 특정 목적을 위해 설계된 프로그램을 총칭하는데, 대표적 예로 아래한글, MS-Word, 엑셀, 파워포인트, 포토샵, 그리고 사무 자동화,수치 연산, 게임 등 다양하다. 1960년대는 H/W만을 중요시하고 S/W는 무료로 공급했으나 이제는 S/W의 중요성과 독립성이 널리 인식되어 S/W의 가격이 H/W와 별도로 책정되는 경향이 뚜렷해졌고, S/W의 가격이 H/W의 가격보다 높은 경우도 많다. H/W의 가격이 계속 저렴해지고 또 자주 교체됨에 따라 이제는 컴퓨터 시스템을 선택할 때 과거와는 반대로 S/W가 더 중요한 역할을 할 때가 많다. S/W가 생산성을 얼마나 높여주는가의 여부, H/W가 바뀌더라도 거기에 적응할 수 있는 S/W인가의 여부, 유지·보수를 하는 것이 효율적인가의 여부 등이 중요한 요구조건이 되고 있고, 또한 중요한 연구개발 대상이 되고 있다. 특히, 시스템 소프트웨어는 컴퓨터(H/W)를 사용하기 위해 가장 근본적으로 필요한 프로그램으로, 컴퓨터 시스템의 모든 부분을 제어 및 자원 관리, H/W와 사용자 사이에서 중간 인터페이스 역할을 하는 **운영체제(OS;operating system)**를 말한다. OS로는 Windows XP, Windows Vista, Windows 7, Linux, Mac OS 등이 있다. OS는 다시 처리 프로그램(processing program)의 동작을 제어하는 제어 프로그램(control program)과 컴퓨터시스템의 특정 업무 또는 문제를 해결하기 위한 데이터 처리를 담당하는 처리 프로그램(processing program)으로 나눠진다.

OS를 고려한 컴퓨터 시스템의 구성은 하드웨어(H/W), 운영체제(OS), 응용 프로그램(Application program), 사용자(User) 등 이다[그림1-8].

짚어보기 주기억 장치(Main memory)

- 컴퓨터 내부에 존재하여 현재 처리하고 있는 내용이 불려지는 메모리로, 반도체 소자로 이루어져 있으며 용량이 작지만 처리속도가 빠른 임의 · 접근 방식의 기억 장치이다.
- CPU나 다른 장치들ㄹ이 데이터를 잠시 저장해 두었다가 꺼내 쓸 때 사용하는 장치이다.
- 이는 M/M라 하며, 크게 ROM(Read only Memory)과 RAM(Read Access Memory)이 있다.
- ROM은 읽기 전용기억장치로 컴퓨터의 전원이 꺼져도 정보가 사라지지 않는 비활성 기억장치이다.
- RAM은 CPU가 필요로 하는 데이터와 명령어 체제를 임시로 보관하는 장소로 읽고 쓰는 것이 가능하나 전원이 꺼지면 저장된 데이터도 함께 지워지는 휘발성 메모리이다.

짚어보기 메모리

● 반도체 메모리

■ 반도체 메모리(Memory)는 컴퓨터 주기억장치, IC 카드 등에 사용되며, 이러한 메모리는 디지털 데이터, 즉 0이나 1, ON이나 OFF를 기억해 가며 필요할 경우 데이터를 꺼낼 수 있는 것이다.

■ 테이프 리코더는 소리의 신호를 기억 하고 원래의 신호를 꺼내는 것이 가능한데, 이는 자기 테이프를 사용하여 모터 장치로 움직이는 것이며, 반면, 메모리 IC는 다른 테이프나 모터를 사용하지 않고 디지털 신호를 기억해 가며 필요할 경우 그것을 신호로 꺼낼 수 있는 것이다.

■ 일반적으로 1비트의 데이터는 하나의 번지(address)에 대응하는 하나의 메모리 셀(cell)에 기억 되며,4Mbit RAM이란 명칭을 듣는데, 4M란 정보를 축적 하는 메모리 셀의 숫자를 표시 한다. 4M는 약 400만개의 메모리 셀을 가지게 된다.

● 램(RAM)

■ RAM(Random Access Memory)이란 컴퓨터에서 기억된 정보, 데이터를 언제든지 즉시 판독, 기록할 수 있는 기억장치를 말하며,데이터를 꺼내 읽거나 기록해 놓을 때 정보, 데이터가 여러 번지(address)에 분산 수용 되어 있어도 기억 위치나 호출 순서에 관계없이 꺼내 읽을 수 있으며, 그 액세스(데이터를 넣고 빼고 하는것)에 소요되는 시간은 위치나 순서에 관계없이 일정하며, 수시로 즉시 판독(read), 기록(write)할 수 있는 기억장치인 반도체를 말한다.

■ RAM은 전원이 끊기면 메모리에 기억되어 있는 것이 소멸해 버리기 때문에 이러한 메모리를 휘발성 메모리라고 부른다.

■ RAM에는 다이내믹형(Dynamic)과 스태틱형(Static)의 두 가지가 있는데, 이것을 각각 DRAM과 SRAM이라 부른다.

❶ DRAM은 데이터, 정보 처리 시에 같은 셀을 이용하기 때문에 데이터를 한번 읽고 나면 전하가 방전되어 이전에 저장되었던 정보가 없어지거나, 누설전류에 의해 시간이 지나면 조금씩 소거되어 결국 0으로 되어 버리는 동적 메모리이다. 이를 방지하기 위해서 주기적으로 충전시켜 주면 Refresh되어 기억이 지워질 염려가 없게 된다.

❷ SRAM은 하나의 데이터를 저장하는 셀이4 ~ 6개의 트랜지스터로 구성된 쌍으로 된 회로인 플립플롭(flip flop)형식의 메모리 셀로 구성되어 있어 어느 한쪽이 항상 1이나 0으로 유지되고 있기 때문에 재충전할 필요가 없으며, 전원을 끊지 않는 한 정보는 유지된다. 고속성도 DRAM보다 우수하며, 집적도도 최근 대단히 높아지고 있다.

● 롬(ROM)

■ ROM(Read Only Memory)은 읽기 전용 기억 장치이며,일단 정보를 써 넣으면 그 정보를 지우거나 지정, 또는 추가할 수 없으며, 전원이 나가더라도 기억된 정보는 지워지지 않는 비휘발성, 비소거성 메모리이다.

■ ROM은 메모리 소자를 제조하는 단계에서 기억된 내용을 정해 버리는 것과 메모리 소자가 완성된 다음 전기적인 조작에 의해서 각각 원하는 내용을 기록할 수 있는, 즉 프로그램이 가능한 PROM(Programmable)이 있다.

■ PROM에는 일단 기억된 내용을 강한 자외선을 쬐거나 X선 또는 전기적으로 내용을 지우고 새로운 내용을 재기록(Rewritable)할 수 있는 것도 있다.

1.2 컴퓨터 시스템 보호

1.2.1 H/W 보호(H/W Protection)

보호란 컴퓨터 내에서 사용할 수 있는 각종 자원에 대하여 프로그램, 프로세스 또는 사용자가 접근하는 것을 제어하는 기법을 말한다. 시스템의 이용률(Utilization)을 높이기 위하여 시스템의 각종 자원을 공유하게끔 한 개념은 한 프로그램의 오류가 다른 프로그램에도 오류를 야기 시키는 문제를 발생시키기 때문에 보호의 개념이 각각의 자원에 대해서 도입 되어야 한다.

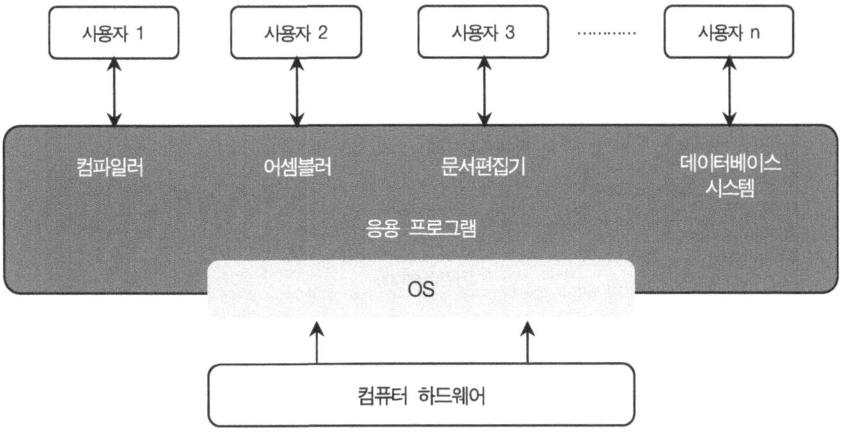

[그림 1-8] 컴퓨터 시스템의 구성요소들에 대한 대략적인 관점

보호의 대상은 불법 I/O, 메모리 보호, 무한 루프(infinite loop)가 있으며, 보호 방법에서 불법 I/O(illegal I/O)은 모든 I/O 명령을 특권 명령으로 하며, OS 영역도 같이 보호되어야 한다. 메모리 보호에서는 기본(Base)와 한계(limit register)로 프로그램의 공간을 정의하며, 사용자 모드에서 주소 생성 시에 범위를 확인하여, 벗어나면 모니터로 트랩한다. 레지스터의 적재 명령은 특권(privileged) 명령이다. 그리고 모니터는 메모리의 어느 부분도 본다. 무한 루프를 방지하기 위해 타이머(timer)를 사용하여 사용자 프로그램의 실행시간을 제약한다. 타이머 적재도 특권 명령이며, 타이머는 시 분할에서 시간 조각(time slice)을 구현에도 사용된다(예;timer vs clock(time of the day).

보호 개념은 공유된 자원을 사용하는 복잡한 시스템의 신뢰성을 증가시키는 방향으로 발전 되어 왔고 입/출력(I/O) 보호, CPU 보호, 주기억 장치(M/M) 보호 등의 개념을 설명하겠다.

(1) 이중 모드 연산(Dual-mode operation)

컴퓨터 OS의 가장 중요한 핵심으로서 OS의 다른 모든 부분에 여러 가지 기본적인 서비스를 제공한다. 커널(Kernel mode)은 셸(shell)과 대비될 수 있는데, 셸은 OS의 가장 바깥부분에 위치하고 있으면서, 사용자 명령어에 대한 처리를 담당한다. 일반적으로 커널에는 종료된 입/출력 연산 등 커널의 서비스를 경쟁적으로 요구하는 모든 요청들을 처리하는 인터럽트 처리기와 어떤 프로그램들이 어떤 순서로 커널의 처리시간을 공유할 것인지를 결정하는 스케줄러, 그리고 스케줄이 끝나면 실제로 각 프로세스들에게 컴퓨터의 사용권을 부여하는 수퍼바이저(supervisor) 등이 포함되어 있다. 또한 커널은 메모리나 저장장치 내에서 OS의 주소공간을 관리하고, 이들을 모든 주변 장치들과 커널의 서비스들을 사용하는 다른 사용자들에게 고루 나누어주는 메모리 관리자를 가지고 있다. 커널의 서비스는 OS의 다른 부분이나, 흔히 시스템 호출이라고 알려진 일련의 프로그램 인터페이스들을 통해 요청 된다.커널이 응용 소프트웨어를 컴퓨터 하드웨어에 연결하고 있는 모습을 [그림1-9]에 나타내었다. 일반적으로 물건의 중핵(中核)이라든가 중심부를 말하는데,UNIX에서는 중심을 커널이라 한다. 커널은 이용자 프로그램의 시동이나 파일의 물리적인 관리를 말하는데, MS-OS/2 시스템의 커널(핵)에 대해서는 프로세스 관리, 메모리 관리, 태스크 관리, 입/출력 관리, 시스템 관리 기능이 있다. 다시말해, 해를 끼치는 명령이나 동작은 OS에서 처리 하는데, 이를 위해 H/W는 이중 모드인 모니터(monitor)와 사용자 모드(user mode)를 지원한다. 모니터 모드는 특권(privileged) 명령이다. 이를 사용자 모드에서 실행하면 트랩(trap)이 발생하여 모드가 모니터 모드로 바뀐다.

커널(Kernel)은 다음과 같은 뜻을 가지고 있다.

① 컴퓨터의 H/W와 직접 상호작용하는 모듈이다.
② 제어 프로그램 중 주기억장치(M/M)에 상주하는 모듈이다.
③ OS를 구성하는 프로세스와 OS의 제어 아래에서 수행하는 프로그램에 대한 자원할당을 수행한다.

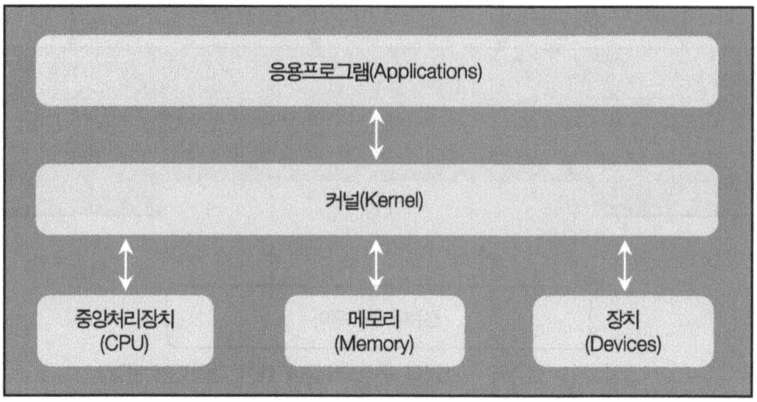

[그림 1-9] 커널이 응용 S/W를 컴퓨터 H/W에 연결된 모습

시스템 이용률을 개선하기 위하여 OS는 동시에 다수의 프로그램들 사이에서 시스템 자원들을 공유, 스풀링(spooling) 기능, 다중 프로그래밍, 기타 등이 있다. 현대의 OS는 이중 연산 모드를 사용한다. 이유는 만약 M/M에 사용자가 OS의 메모리(기억장치) 영역을 침범할 수 있게 된다면 사용자의 실수로 OS의 메모리 영역에 다른 작업을 하게 된다면 큰 문제가 아닐 수 없다. 이전에 사용되던 MS-DOS 시절에는 이중 연산 모드가 아니였기 때문에 사용자의 실수로 커널의 영역을 건드려서 다시 OS를 설치해야 된다던가 하는 일이 있었다고도 한다.

[그림1-10]은 사용자 영역(User area)의 프로그램이 시스템 영역(System area)을 침범하는 모습을 그림으로 나타낸 것이다.

현대의 OS는 **이중연산 모드**를 사용함으로써 커널 영역을 보호한다.

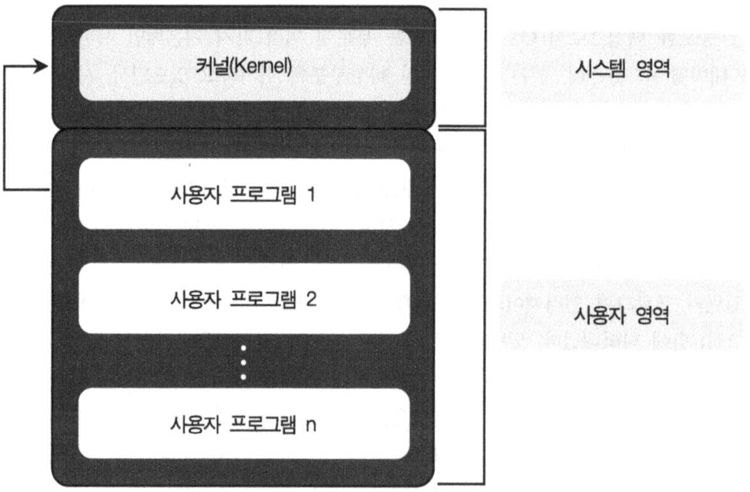

[그림 1-10] 사용자 영역과 시스템 영역 관계

이중 연산모드는 사용자 영역에서 프로세스가 커널 영역에 접근해서 작업을 해야 할 때 커널의 허가권을 얻은 후에

접근하는 방법이다. 이를 나타내기 위해 하나의 비트로 현재의 상태를 나타내는데 이를 모드 비트(Mode bit)라 한다. 모드 비트가 1인 경우는 사용자 모드(User mode), 0인 경우는 커널 모드(Kernel mode)이다.

[그림1-11]과 같이 실행중인 프로세스가 시스템 호출을 호출해서 시스템 호출을 실행하기 위해서 커널 모드로 전환하여 시스템 호출을 실행한 후 다시 사용자 모드로 전환하고 있다.

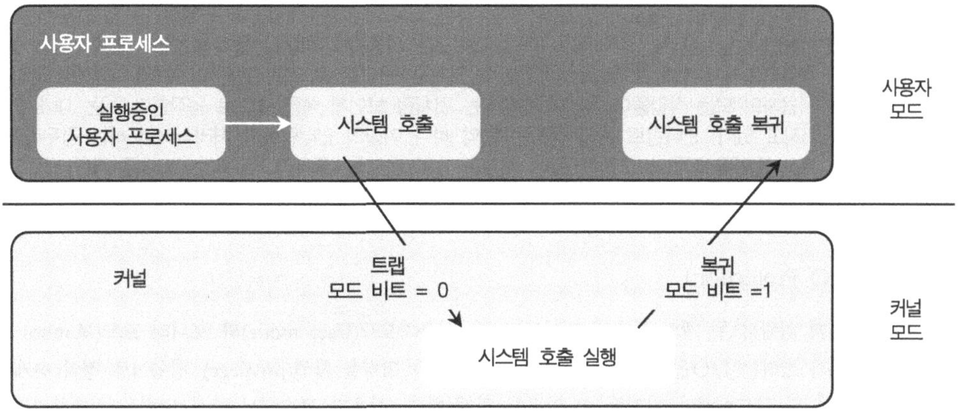

[그림 1-11] 커널 모드와 사용자 모드의 전환 관계

커널로 허가권을 얻는 방법은 다음과 같다.

① 인터럽트(interrupt)

비동기적인 사건으로 외부에서 일어나는 일이다. 외부의 입/출력 장치로부터의 신호같은 경우이다.1.3.2절의 인터럽트(Interrupt)에서 자세히 다룬다.

② 트랩(trap)

비동기적인 사건으로 프로그램 내부에서 일어난다. 오류나 해서는 안 되는 일에 대해 반응 하며 처리권을 OS에게 넘긴다. 즉, 트랩은 어떤 프로세스가 특정 시스템 기능을 사용하려고 할 때 그 기능을 OS에게 요청하는 방법을 말한다. 인터럽트와 트랩을 비교하면, 인터럽트는 하드웨어적인 흐름의 변화이고, 트랩은 소프트웨어적이라고 할 수 있다. 인터럽트는 장치 폴링 문제 해결을 위해 입/출력장치의 완료 신호로 사용할 수 있고, 트랩은 OS 루틴을 호출하거나, 산술 오류를 잡아내는데 사용할 수 있다.

③ 시스템 호출(system call)

동기적인 사건으로 시스템 관련 명령어를 호출하는 경우를 예로 들 수 있다.

짚어보기 인터럽트와 트랩의 차이와 관계, 각각의 성격;

❶ 트랩

- H/W나 OS 또는 둘의 조합에 의해 작동되는 특별한 형태의 조건 전달점이며, 트랩은 스위치로 제어되던 정지나 분기의 고전적 개념에서 발전된 것으로, 흔히 다수의 내부 트리거나 트랩 기능이 컴퓨터 내에 존재하며 기대 또는 예측할 수 없는 사건들에 의해 발생된다. 트랩과 끼어들기(인터럽트)의 차이점은 트랩은 발생하는 시점이 프로그램의 일정한 지점이라는 점에서 동기적인 반면, 끼어들기는 주로 H/W적인 요소나 프로그램 외부 상황에 따라서 발생 시점이 일정하지 않다는 점에서 비동기적이다.
- H/W에 의해 자동적으로 미리 알려진 위치에 조건적으로 점프하는 것이다.

❷ 인터럽트

인터럽트는 컴퓨터에 장착된 장치나 컴퓨터 내의 프로그램으로부터 오는 신호로서 OS가 하던 일을 멈추고 다음에 무엇을 할 것인지를 결정하게 한다. 오늘날 거의 모든 PC나 대형 컴퓨터들이 인터럽트 기반의 시스템인데, 즉 일단 프로그램 내의 컴퓨터 명령문을 시작되면, 더 이상 작업을 진행할 수 없거나, 또는 인터럽트 신호가 감지될 때까지 명령문들을 실행한다. 인터럽트 신호가 감지되면, 컴퓨터는 실행되고 있던 프로그램을 재개하거나, 또는 다른 프로그램의 실행을 시작한다. 기본적으로 단일 컴퓨터는 오직 한 번에 한 개의 컴퓨터 명령어만을 수행할 수 있다. 그러나, 인터럽트 신호가 있기 때문에, 다른 프로그램이나 명령문을 수행할 수 있는 순서를 가질 수 있다. 이렇게 하는 것을 멀티태스킹이라고 하는데, 이것은 사용자로 하여금 동시에 여러 개의 작업을 할 수 있도록 해준다. 컴퓨터는 사용자가 효과적으로 일할 수 있게끔, 단순히 그 프로그램들이 수행될 순서를 관리한다. 물론, 컴퓨터는 사용자의 모든 작업들이 동시에 수행되는 것처럼 보이게 빠른 속도로 동작한다.OS는 대개 인터럽트 관리기능을 가지고 있다. 인터럽트 관리 장치는 만약 하나 이상의 인터럽트가 처리되어야 하는 경우라면, 인터럽트들 간의 우선 순위를 정하고 그들을 큐에 저장한다. OS는 스케줄러라고 불리는 또다른 작은 프로그램을 가지고 있는데, 이는 다음 번에 수행되어야할 프로그램에게 제어권을 넘겨준다.

(2) 입/출력 보호(I/O Protection)

I/O 보호를 실현하기 위해서 두 개의 독립된 연산모드 즉, 사용자모드(User mode)와 모니터 모드(Monitor mode)를 사용한다. 모든 사용자가 행하는 I/O을 보호하기 위해서 모든 I/O 명령을 특권(privilege) 명령어로 정의 하게 되고 이러한 특권 명령들은 모니터 모드에서만 처리할 수 있도록 하게 한다. 사용자 모드에서 특권 명령을 실행하려고 할 때에는 이를 불법적인 명령으로 간주하여 상주 모니터로 제어권을 넘긴 후 상주 모니터가 컴퓨터의 제어를 획득한 후에 I/O을 담당하게 된다. 이와 같은 I/O 명령을 특권화하게 되면 사용자는 모니터에게 I/O을 요청하는 형태를 취하게 된다. 각각의 프로그램이 행하는 I/O들이 보호를 받게 되는 것이다. 모니터에 대한 I/O 요청을 모니터 호출, 시스템 호출 또는 SVC(SuperVisor Call)라고 한다. 사용자 프로그램의 수행 중, 시스템 호출(SVC) 명령을 만나면 다음과 같은 순서로 처리를 한다.

① 모니터로 제어권을 넘긴 후 해당 특권 명령의 처리에 맞는 루틴을 모니터 모드에서 수행하여 I/O을 행하게 한다.
② I/O 작업이 정상적으로 종료가 되면
③ 모니터 모드의 제어권을 다시 사용자 모드로 넘겨준 후, 사용자 프로그램을 계속 수행할 수 있도록 한다.

이와 같은 이중 모드 방식은 OS가 항상 시스템을 완전히 제어하고 있기 때문에 사용자 프로그램이 시스템을 불법적 또는 비정상적으로 실행하는 것을 막아주며, 역시 I/O 보호도 가능하도록 해준다.

다음은 시스템 호출의 다양한 예이다.

■ **프로세스와 작업에 대한 제어 요청**

① 정상 종료 시의 제어 방향
  - 시스템으로 제어를 넘긴 : 끝내기(end)

② 비정상 종료 시의 제어 방향
  - 오류 정보의 정도 파악 : 중지(abort), 덤프(dump), 트레이스(trace) 등

③ 부 프로그램 호출 시의 제어 방향
  - 주 프로그램의 메모리 이미지 보관 : 프로세서 속성 설정(set process attribute), 지정된 시간만큼 기다림(wait time), 특정 사건 기다림(wait event)
  - 부 프로그램의 호출 : 프로세스 생성(create process), 사건을 알림(signal event)
  - 주 프로그램으로 복귀 : 프로세스 종료(terminate process), 프로세스 속성 획득(get process attribute)

■ **파일 조작에 관한 시스템 호출**

① 파일 조작 요청 : create file,open,close,read,write,delete 등

② 파일 디렉토리에 대한 제어 요청 : set file attribute,get file attribute

■ **장치 관리에 관한 시스템 호출**

- request device, release device 등
- 파일 조작 시스템 호출과 유사 : read,write,set,get 등

■ **정보 관리, 유지, 사용을 위한 시스템 호출**

- 장치, 작업, 처리 내용에 관한 관리
- get process attribute
- get file attribute
- get device attribute 등

시스템 호출은 입/출력(I/O) 명령에 대한 서비스 이외에도 사용자 프로그램과 OS 간의 인터페이스를 제공하는 역할을 담당하기도 한다. 시스템 호출의 형태로는 프로세스와 작업에 대한 제어 요청, 파일 조작이나 장치 관리에 대한 제어 요청, 각종 정보의 관리나 유지에 대한 제어 요청 등이 있다. 대규모 OS를 채택하고 있는 IBM 360/370 에서는 시스템 호출(system call) 명령어를 사용하며, 소규모 시스템의 OS에서는 호출되어 처리되는 내용에 대한 주소나 함수 번호를 레지스터에 부여하는 방법을 사용한다. 그리고 C, BLISS, PS/360, 일부 PASCAL 언어에서는 언어 자체에서 직접 시스템 호출하는 방법을 채택하기도 한다. 사용자가 불법적인 I/O 명령을 수행하는 것을 방지하기 위하여 모든 I/O 명령어들은 특권 명령으로 규정하고 있다. 즉, 사용자는 직접 I/O 명령을 수행할 수 없고, OS를 통해서만 가능하다.

(3) 기억 장치 보호(Memory Protection)

논리적 오류나 고의에 의해 M/M 장치의 내용이 불법적으로 지워지거나 허가 없이 유출되는 것을 막기 위하여 접근을 제한하는 것을 M/M 보호라고 한다. M/M 보호는 단일 프로그래밍 시스템 하에서의 보호와 다중프로그래밍 하에서의 보호로 나눌수 있다. 단일 사용자 시스템 에서 고려해야할 보호의 문제는 단순히 하나의 모니터 또는 OS가 사용자 프로그램으로부터 어떻게 보호될 것인가 하는 것이다. 이러한 문제는 사용자 모드 즉 사용자 프로그램이 주소를 잘못 지정하게 되어 모니터 또는 OS가 불법적으로 접근되어 파괴될 수 있기 때문에 발생한다. 이때에는 차폐 레지스터(Fence register 또는 경계 레지스터(Boundary register))를 사용하여 모니터 부분에 대한 접근을 보호하게 되는데, 차폐 레지스터는 모니터 부분의 제일 마지막 주소를 지정하고 있으며 사용자 프로그램이 M/M 장소의 주소를 참조할 때마다 차폐 레지스터와 비교하여 검사한다. 만약 생성된 주소가 차례 레지스터보다 작으면 그 주소는 모니터 기억 장소에 대해 부당한 참조로 인식한다. 이러한 상황이 발생할 시에 명령어가 중단되고 오류 메세지를 보내게 된다. 그러나 제어권이 모니터에 있는 모니터 모드 에서는 모니터 영역과 사용자 영역의 어느 곳에 대해서도 무제한적으로 접근이 가능하다. 다중 프로그래밍 시스템을 채택하는 OS의 경우에는 모니터 이외의 사용자 영역에 여러개의 프로그램이 적재되기 때문에 어떤 프로그램에서 생성하는 주소가 모니터 영역은 물론이고 다른 프로그램의 영역도 침범하지 못하도록 하여야 한다. 한계 레지스터(Limit register)란 각각의 사용자 프로그램이 해당 사용자 프로그램의 기준 주소(Base address)와 그 프로그램의 영역 크기를 갖게 하여 모니터 부분은 물론 다른 프로그램의 영역을 침범하지 못하도록 한 것이다. 차폐 레지스터나 기준 주소의 값들은 특권 명령어에 의해서 적재되며, 특권 명령어는 모니터 모드에서만 실행된다. 즉 OS만이 모니터 모드에서 시행되기 때문에 OS만이 그 값을 적재할 수 있다. 각각의 프로그램이 M/M에 적재될 때에는 각 프로그램이 적재되는 기준 주소와 그 크기 또는 한계 레지스터의 값이 해당 작업의 프로세스 제어 블록(PCB;Process Control Block)에 저장 되는데, 특정 프로그램으로 제어권이 넘어갈 때에는 이 값들이 PCB에서 한계 레지스터나 기준 주소 등

으로 복사 되어 사용 하게 된다. 기억장치의 특징은 다음과 같다.

① 하나의 프로그램이 정상적으로 작동하려면, 인터럽트 테이블은 사용자 프로그램에 의해서 수정되어서는 않되며, OS 내의 인터럽트 처리루틴도 사용자의 변경 시도로부터 보호되어야 한다.
② 각 프로그램의 기억 공간을 분리하고자 하는 것은 프로그램이 접근 할 수 있는 합리적은 주소의 영역을 결정하기 위한 것이고, 영역 밖의 기억 공간을 보호하기 위한 것이며, 두 개의 레지스터(기본(base) 와 한계 레지스터)를 사용함으로서 제공될 수 있다.
③ 논리적 주소 공간을 정의하고 있는 기본(base)와 한계 레지스터(limit register)를 배치하여 구현한다[그림1-12].

(4) CPU 보호(CPU Protection)

CPU 보호는 사용자 프로그램이 CPU 작업을 시행하는 동안 무한 루프에 빠져 OS로 제어가 돌아오지 않는 경우를 방지하기 위하여 컴퓨터 시스템에 타이머를 부착시켜서 CPU 사용 시간에 대한 제어를 하도록 한 것이다. CPU 보호에서는 OS가 사용자에게 제어를 넘겨주기 전에 일정한 시간이 경과하면 인터럽트를 할 수 있도록 하는데 인터럽트가 걸리게 되면 제어권이 자동적으로 OS에게 넘어가게 된다.

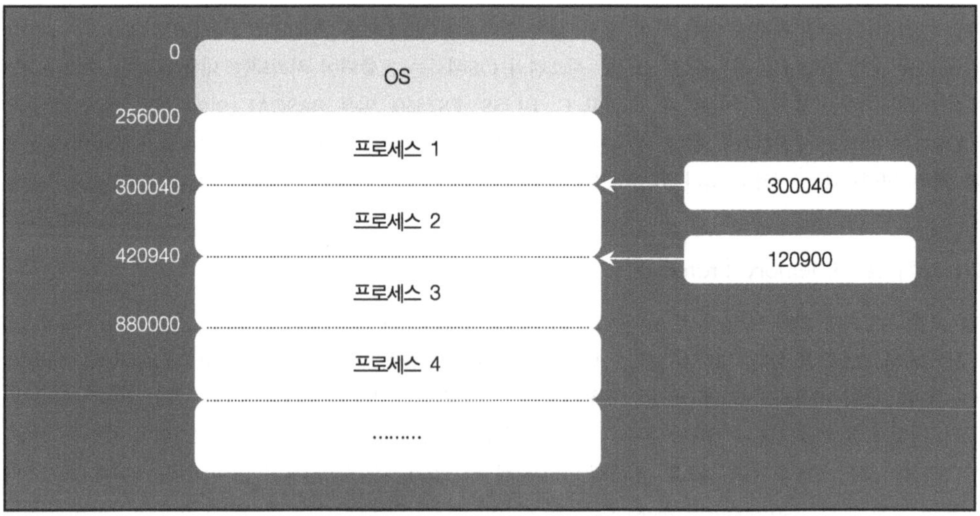

[그림 1-12] 기억장치 보호 레지스터

OS는 사용자 프로그램의 수행을 즉각 중단시키거나 시간을 조금 더 줄 수도 있게 되어있다. 타이머는 고정적으로 설정도 가능하고 변화하도록 설정이 가능하다. 가변 타이머는 일반적으로 고정 클럭과 계수기로 구현되며, OS는 그 계수기에 초기 값을 주고, 계수기는 클럭이 발생할 때마다 감소하여 계수기가 0에 도달하면 인터럽트가 일어나게 되어있다. 이러한 작업은 라운드 로빈(Roud-robin) 이라는 스케줄링 알고리즘이 사용되기도 하는데 이 경우에는 규정 시간량 또는 시간 조각(Time slice) 이라는 작은 단위 시간을 정의하여 CPU는 시행을 기다리는 준비 상태 큐(Ready queue)에 있는 각 프로세스들에게 정의된 시간만큼 CPU를 사용할 수 있도록 한다. CPU 스케줄러는 주어진 시간량이 지나면 인터럽트가 발생하도록 해놓고 다른 프로세스에게 CPU를 할당 시켜준다. 만약 시간량이 지나도 CPU 작업이 끝나지 않는 경우에는 시행이 덜 끝난 프로세스를 준비 상태 큐의 맨 뒤로 옮긴 뒤에 다시금 차례를 기다리게 한다. 기본(base)과 한계 레지스터(limit register)를 가진 H/W 주소 보호기법이다[그림1-13].제5장 기억장치에서 자세히 다룬다.

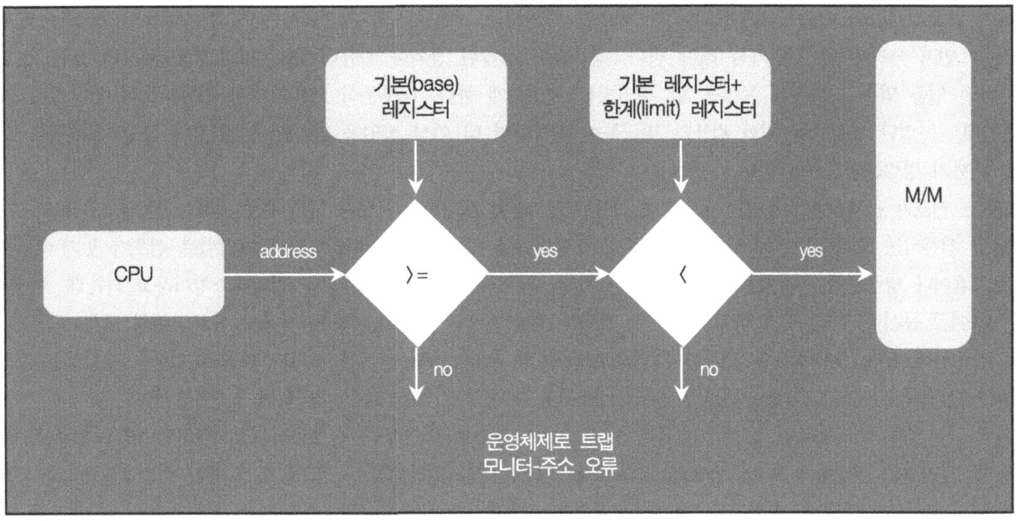

[그림 1-13] 기억장치 보호 레지스터

예제 1-1

보호 시스템이 기본적인 형태로 슈퍼바이저 모드와 사용자 모드 간의 구분을 어떻게 하는가?

풀이

일반적인 OS에서는 사용자 프로그램이 제어 프로그램을 직접 건들이지 못하도록 이중 모드 방식을 사용하고 있다. 두 개의 독립된 연산 모드는 사용자 모드와 모니터 모드(supervisor mode)로 구분되는데, 한 비트를 H/W에 첨가하여 현재의 컴퓨터 모드가 모니터 모드(0)인지 사용자 모드(1)인지를 나타내게 함으로써 구분 짓는다.
사용자 모드에서 모니터 모드를 사용하기를 원할 때 SVC나 트랩을 이용하여 서비스를 받을 수 있다.

1.2.2 인터럽트(Interrupt)

(1) 개념

다중 프로그래밍 환경 하에서의 컴퓨터 시스템은 CPU와 채널 간에는 상호 배타적으로 독립적인 동작과 동시 처리가 가능해야 한다. 즉, CPU는 채널에게 I/O 명령을 내리고 더 이상 I/O에 대해 신경을 쓰지 않고 기다리거나 다른 프로그램을 수행하는 등 자신의 일을 한다. 채널은 I/O을 수행한 후 인터럽트를 이용하여 CPU에게 I/O의 완료 사실을 보고해야 한다. 물론 채널이 없는 직접 I/O 방식에서는 CPU 자신이 직접 I/O을 하기 때문에 이같은 인터럽트의 개념이 필요하다. 인터럽트는 I/O을 실행하는 기본적인 수단을 제공하고 있으며, OS에서는 I/O 외에도 다양한 용도에서 인터럽트를 사용하고 있다. 따라서 인터럽트의 개념은 OS에 있어서 시스템의 각종 응급 상황에 대한 통제 수단을 제공해 주는 처리 방법이며, 특히, 다중 프로그래밍 시스템 환경 하에서는 자원의 할당과 회수 정책 및 각종 스케줄링 기법에서 사용되는 필수적인 방법이다. 다시 말해, 인터럽트는 컴퓨터에 장착된 장치나 컴퓨터 내의 프로그램으로부터 오는 신호로서 OS가 하던 일을 멈추고 다음에 무엇을 할 것인지를 결정하게 한다. 오늘날 거의 모든 PC나 대형 컴퓨터들이 인터럽트 기반의 시스템인데, 즉 일단 프로그램 내의 컴퓨터 명령문을 시작되면, 더 이상 작업을 진행할 수 없거나, 또는 인터럽트 신호가 감지될 때까지 명령문들을 실행한다. 인터럽트 신호가 감지되면, 컴퓨터는 실행되고 있던 프로그램을 재개하거나, 또는 다른 프로그램의 실행을 시작한다.

사용자 프로그램들이 OS에 대해서 각종 서비스를 요청하는 것은 OS의 입장에서는 현재 수행중인 작업과 비교하여 어느 일을 먼저 처리해 줄 것인가를 해야 한다. 컴퓨터에 장착된 장치나 컴퓨터 내의 프로그램으로부터 오는 신호로서 OS가 하던 일을 멈추고 다음에 무엇을 할 것인지를 결정하게 한다. 대부분의 PC나 대형 컴퓨터들이 인터럽트 기반의 시스템인데, 즉 일단 프로그램 내의 컴퓨터 명령문이 시작되면 더 이상 작업을 진행할 수 없거나, 또는 인터럽트 신호가 감지될 때까지 명령문들을 실행한다.

인터럽트 신호가 감지되면 컴퓨터는 실행되고 있던 프로그램을 재개하거나 또는 다른 프로그램의 실행을 시작한다. 기본적으로 단일 컴퓨터는 오직 한 번에 한 개의 컴퓨터 명령어만을 수행할 수 있다. 그러나 인터럽트 신호가 있기 때문에 다른 프로그램이나 명령문을 수행할 수 있는 순서를 가질 수 있다. 이렇게 하는 것을 멀티태스킹이라고 하는데, 이것은 사용자로 하여금 동시에 여러 개의 작업을 할 수 있도록 해준다. 다시말해서, OS는 사용자 프로그램의 모든 요청을 인터럽트로 간주하게 된다. 인터럽트와 유사한 개념으로 폴링 이 있다 폴링은 어떤 장치가 자신의 기능을 수행하는 도중 다른 장치의 상태를 검사하여 특별한 상황이 아닌 경우에는 자신의 기능을 계속 수행하게 하는 방식이다.

인터럽트는 컴퓨터에 장착된 장치나 컴퓨터 내의 프로그램으로부터 오는 신호로서 OS가 하던 일을 멈추고 다음에 무엇을 할 것인지를 결정하게 한다. 오늘날 거의 모든 PC나 대형 컴퓨터들이 인터럽트 기반의 시스템인데, 즉 일단 프로그램 내의 컴퓨터 명령문을 시작되면, 더 이상 작업을 진행할 수 없거나, 또는 인터럽트 신호가 감지될 때까지 명령문들을 실행한다. 인터럽트 신호가 감지되면, 컴퓨터는 실행되고 있던 프로그램을 재개하거나, 또는 다른 프로그램의 실행을 시작한다. 다음은 인터럽트로 간주하는 사용자 프로그램의 서비스 요청을 일반적으로 분류해 본 것이다. 이러한 인터럽트의 종류에 대해서 OS는 정해진 순위에 우선순위를 정하고 그에 따라서 일을 처리하게 된다. 인터럽트는 주로 예상 시점을 가늠하기 어려운 사건(event)을 처리하기 위해 사용하는 방법이다. 즉, 대부분의 CPU들은 다른 CPU들과 통신을 위해서 RS-232 Port나, USB 혹은 Ethernet등 직렬통신 포트(Port)를 가지고 있다. 하지만, 언제 다른 CPU나 다른 시스템에서 자신에게 "통신"을 요청하는지 전혀 예측할 수 없다. 가령, 어떤 사람이 현재 푸리에 트랜스폼을 컴퓨터로 한참 계산을 하고 있다고 가정을 해보자.

푸리에 트랜스폼은 아주 복잡한 계산이기 때문에 CPU의 모든 성능이 여기에 쏟아 부어져야 한다. 그런데, 이 바쁜 와중에 누군가가 1:1 대화신청을 한다. 이런 경우 인터럽트가 없으면, 불가능한 일이다. 모든 CPU는 한번에 하나의 명령어만 수행한다. 그렇기 때문에 인터럽트가 없다면, 내가 현재 컴퓨터를 이용해서 무언가 복잡한 일을 하고 있을 경우, 그 복잡한 일이 끝날 때 까지는 아무도 내게 "대화신청"을 할 수 없게 된다. 인터럽트는 "한 번에 하나의 명령밖에 수행하지 못하는" CPU의 그러한 한계성을 보완하기위해 마련된 것이다(여기서 OS의 Task 관리나 S/W 인터럽트는 제외하고자 한다.).

CPU의 성능이 뛰어나면 뛰어날수록 인터럽트 핀(Pin)이 많이 나와 있게 된다.

(2) 인터럽트 처리 과정

인터럽트는 CPU가 명령어를 수행하고 있는 동안,이와 병행하게 발생하는 상황에 대처하기 위하여 필요한 제어 이동의 원인을 의미한다. 일반적으로 CPU는 인터럽트의 발생을 알리는 신호를 받으면 프로그램 계수기(PC;Program Counter)의 내용과 프로그램 수행 상태에 관한 모든 정보를 저장한 후에, 문제의 해결을 위한 처리 과정이 기술된 인터럽트 처리기(Interrupt Handler)의 시작 주소를 프로그램 계수기로 이동한다. 그 후 인터럽트 루틴을 수행하여 해당 상황을 처리하면, 인터럽트가 발생하기 이전에 처리하던 프로그램의 수행 과정을 계속한다. [그림1-14]은 인터럽트 처리 과정을 나타낸 것이다.

각 지점에서 처리하는 내용을 순서대로 설명하면 다음과 같다.

❶ CPU가 프로그램(프로세스)을 실행하는 도중에 인터럽트가 발생하였다. 이 경우에 현재 상태에서의 프로그램 계수기(PC)와 프로그램의 다음 수행에 도움이 되거나 필요한 제반 정보를 주기억장치(M/M)의 일정한 영역에 저장한다.

❷ OS의 커널은 현재까지 프로그램 수행 상태의 모든 정보를 M/M의 스택과 같은 일정 영역에 저장한다(인터럽트

처리). 즉, 해당 인터럽트에 대처하기 위한 인터럽트 처리 루틴으로 제어를 이동시켜서 이 인터럽트를 해결한다.

❸ 인터럽트 벡터에서 인터럽트 서비스 루틴의 주소를 찾아 해당 인터럽트에 대처하려는 인터럽트 서비스 루틴으로 제어를 이동시켜서 인터럽트를 해결한다(인터럽트 서비스). 즉, 인터럽트 처리 루틴의 수행을 완료하면,

❹ 인터럽트 서비스 루틴의 수행이 완료되면, 인터럽트가 발생했던 최초의 지점으로 복귀하여 ❶에서 저장해 놓았던 (save) 프로그램(프로세스) 상태를 복구한다. 즉, 인터럽트가 발생했던 지점으로 되돌아와 보관해 놓은 정보를 이용하여,

❺ 중단 되었던 시점부터 재개하여 프로그램(프로세스)을 계속 수행한다. 즉, 원래 수행 중이었던 프로그램을 처리한다.

여기서, 인터럽트가 발생할 시에 OS가 일단 인터럽트 된 실행 중인 프로그램의 상태를 기억시켜 두고, 제어권을 인터럽트 처리 루틴에게로 넘기는 작업을 하는데 이것을 문맥교환(Context switching)이라 한다.

이 문맥교환의 과정에서 프로그램 상태 어(PSW;Program Status Word)는 명령문 수행의 순서를 조절하며, 실행 중이던 프로그램의 상태에 대한 여러 가지 정보를 보관한다. PSW에는 3 가지 종류가 있는데 현재의 PSW(Current PSW), 새로운 PSW(New PSW), 과거의 PSW(Old PSW) 등이다. 여기에서 과거의 PSW와 새로운 PSW는 미리 결정된 M/M에 위치한다. 인터럽트가 발생하면 H/W적인 방법으로 현재의 PSW를 과거의 PSW에 저장하고 새로운 PSW를 현재의 PSW에 저장한다. 그 후에 CPU는 현재의 PSW에 의해 명시된 명령어를 수행하기 시작한다. 이 과정을 거치는 동안 인터럽트가 처리된다. 인터럽트 처리 루틴의 마지막 부분에는 과거의 PSW를 현재의 PSW로 환원시키는 명령어가 수행된다.

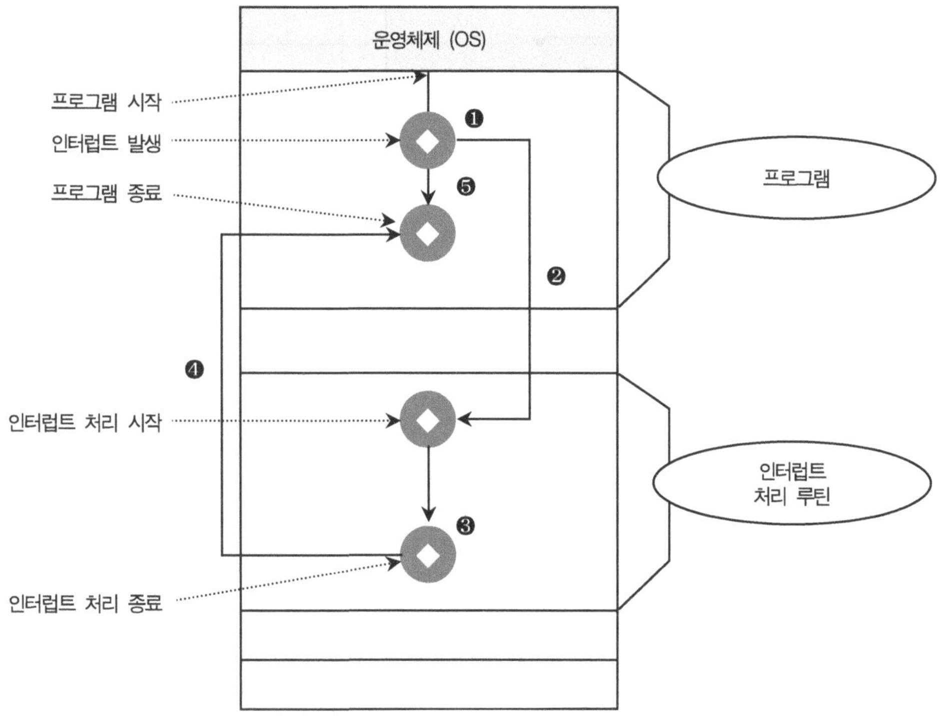

[그림 1-14] 인터럽트 처리 과정

이 명령어를 수행함으로써 시스템은 인터럽트가 발생하기 이전의 상태로 되돌아가 중단되었던 프로그램의 수행을 계속한다. [그림1-15]는 입/출력 인터럽트 처리 과정에서 PSW의 교환 과정을 나타내고 있다.

(3) 인터럽트의 종류

인터럽트는 정상적인 프로그램을 수행하는 컴퓨터 시스템에 예기치 않은 긴급 상황이 발생 할 때 수행중인 프로그램을 중단하거나 비정상적인 종료를 하고 OS로 적절한 조치를 취할 수 있게 하는 기법을 말한다.

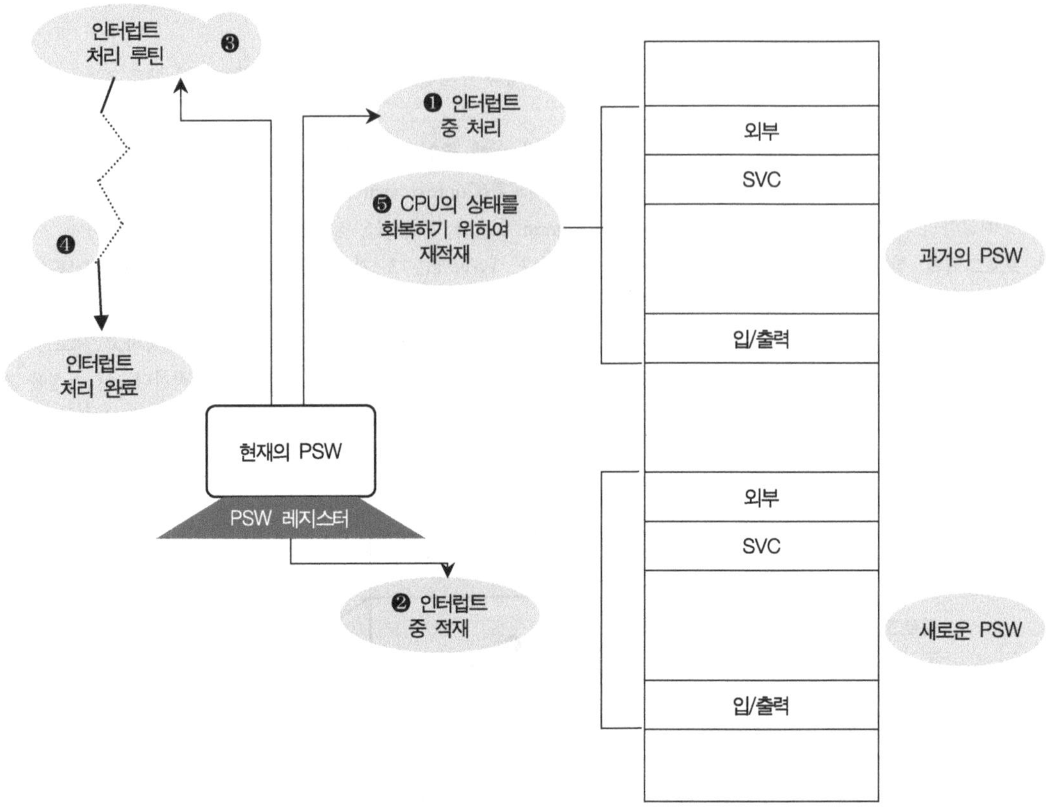

[그림 1-15] 인터럽트 처리 과정 및 PSW 위치

다시 말해, **태스크(Task,프로세스라고도 함)란 본래 일이란 의미의 말이지만 OS에서는 CPU에 의하여 실행되는 작업 또는 시스템에 의하여 처리되는 작업의 한 단위를 말한다.** 태스크의 구체적인 구성은 프로그램, 그리고 태스크 제어 블록(TCB;Task Control Block)라는 이름의 태스크를 대표하는 제어 블록과 이에 따른 정해진 조합을 가진 제어 블록의 집합으로 되어 있다. 디스패처가 디스패치(dispatch, CPU 제어권을 주어 실행의 대상으로 만드는 것)할 때에는 여러 태스크 중에서 하나를 선택하는데, 이때 구체적인 대상은 TCB이다.

즉, 여러 태스크가 각각 TCB를 갖고 있으며 시스템에 등록되어 있어 디스패처는 이 중에서 실행 가능한 상태(준비(ready) 상태라고도 함)이면서 또한 별도로 정해진 우선순위(dispatching priority)가 가장 높은 상태에 있는 TCB를 골라 CPU 제어권을 주어 실행대상이 되게 한다. 따라서 태스크(프로세스) 또는 TCB는 작업이 디스패치될 때 디스패처가 보는 한 단위라 할 수 있다.

시스템을 사용하여 처리하려고 하는 사용자의 작업(job)은 내부적으로 이와 같이 태스크라는 형태로 변환되어 다시 정의되고 실행된다.

서비스 요청 블록(SRB;Service Request Block)은 태스크와 마찬가지로 디스패치되어 CPU가 실행하는 작업 단위이다. SRB는 태스크에서의 TCB와 마찬가지의 제어 블록인데 작업 단위라는 의미에서 SRB 루틴을 포함시켜 단지 SRB라고 하기도 한다(TCB에 대하여 태스크라고 하는 것과 마찬가지로 SRB(control block)에 대하여 Event라는 용어가 쓰였지만 지금은 쓰지 않는다). SRB를 작동시키기 위해서는 먼저 제어 블록인 SRB를 만들어야 한다. SRB는 TCB에 비하여 작으므로 그 속에 채워 넣을 제어 정보도 적으며 디스패치 처리를 위한 명령 스텝 수도 적다. SRB에는 SRB루틴의 어드레스나 실행해야 할 임의의 공간의 주소(adress)가 들어 있으며 SCHEDULE이라는 매크로로 이 SRB를 시스템에 등록하면 이 SRB는 지정된 어드레스 공간에 디스패치 가능하게 된다. 등록되어 있는 모든 SRB는 항상 디스패치 가능 상태(ready)에 있으며 디스패처가 이를 선택하여 디스패치하면 이 SRB 루틴이 실행되게 된다. SRB는 가능한 한 우선적으로 처리되는 작업 단위로 만들어진 것으로 인터럽트가 있어도 이에 대한 기본적인 처리가 이루어진 후는 인터럽트 된 어드레스부터 작업을 계속하는 것이 보장되어 있다. 그러나 다음과 같은 경우는 할 수 없이 스스로 CPU 제어권을 포기하게 되어 있다. 인터럽트를 생기게 하는 것은 현재 실행 중인 프로그램 이외의 다른 프로그램이나 외부 현상만이 아니다. 실행중인 프로그램 자신이 스스로 인터럽트를 일으키는 수도 있다. 이는 의도적으로 실행을 중단하여 다른 프로그램(시스템 프로그램)에 제어를 넘기고 싶을 때에 이용하는 기능으로 인터럽트의 한 형태이다[그림1-16].

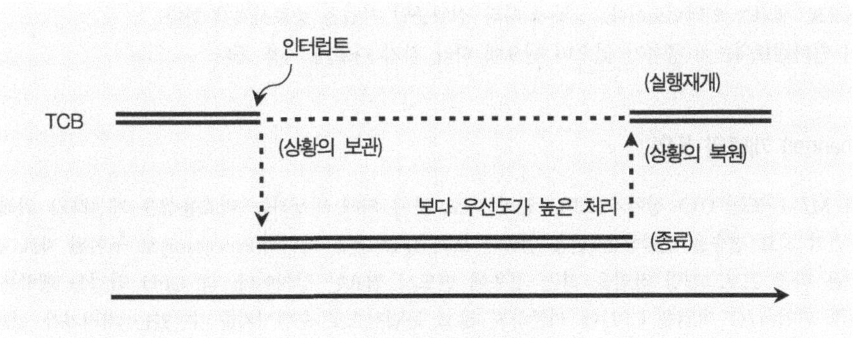

[그림1-16] 인터럽트의 처리

인터럽트는 여섯 종류가 정의되어 있으며, 이들의 발생을 처음으로 검출하는 것은 H/W이다. 즉 인터럽트 처리 기능의 기본적인 부분은 H/W가 한다.

① SVC(SuperVisor Call) 인터럽트(SuperVisor Call interrupt)

어떤 프로그램이 SVC 명령을 실행하면 일어나는 인터럽트로 그 프로그램의 실행이 일시 중단되며 인터럽트 처리가 이루어 진다. SVC라는 이름은 슈퍼바이저의 기능을 부른다는 데에서 나왔는데, 슈퍼바이저 상태에서 움직이는 각종 SVC 루틴을 문제 프로그램 상태의 사용자 프로그램에서 불러내는 방법으로 사용된다. 또 SVC 명령의 피연산자에 0~255의 SVC 번호를 지정하게 되어 있는데 이 번호에 대응되는 SVC 루틴이 불려져 나오게 된다.

② 입/출력 인터럽트(I/O(Input/Output) interrupt)

입/출력(I/O) 처리가 끝났을 때, 입/출력 시에 에러가 생겼을 때, 또는 I/O가 비준비(not ready) 상태에서 준비완료(ready) 상태가 되었을 때에 채널 서브 시스템이 CPU에 대하여 일으키는 인터럽트이다. 이 인터럽트 처리는 I/O 슈퍼바이저(IOS; I/O Supervisor)가 한다. 예를 들면 I/O을 IOS에 요구한 프로그램은 그 시점부터 대기(블록;wait) 상태가 된다. 그리하여 I/O이 완료되었을 때에 IOS에 의하여 대기 상태를 해제 받게 된다.

③ 외부 인터럽트(External interrupt)

외부 인터럽트는 미리 타이머에 세트해 둔 시간이 되었을 때 H/W가 일으키는 것, 오퍼레이터가 시스템 콘솔의 인터럽트 키를 누름으로써 생기는 것, 또 여러 CPU가 있는 시스템의 경우 한 CPU가 장애를 일으켜 그 후의 회복 처리를 다른 정상적인 CPU에 의뢰하기 위하여 명령을 실행함으로써 일어나는 것 등이 있다.

④ 재시작 인터럽트(Restart interrupt)

오퍼레이터가 콘솔에서 재시작(Restart) 지시를 하거나 다른 CPU에서의 명령에 따라 재시작 요구를 받았을 때 일어난다. 시스템 내에서 프로그램이 루핑 되어 이를 중단시키고 원인이 된 프로그램을 취소시킨다든지 하는 목적으로 이용된다.

⑤ 프로그램 검사 인터럽트(Program interrupt)

프로그램 실행 중에 에러가 발견되었을 때나 페이지 부재가 생겼을 때 등에 일어나는 인터럽트이다. 프로그램의 에러는 이상 현상이지만 페이지 부재는 이상 현상이 아니다.

⑥ 기계(장치) 검사 인터럽트(Machine check interrupt)

기계의 고장으로 생기는 인터럽트이다. 상황에 따라 실행중인 작업을 종료시켜야 한다.

이상과 같이 인터럽트에는 6 종류가 있으며 필요에 따라 각기 다르게 사용 된다.

1.2.3 채널(Channel) 개념의 도입

I/O 장치와 M/M 또는 I/O 장치와 CPU 간의 속도 차에 의해 발생하는 비효율성을 개선하기 위해 장착한 I/O 장치와 M/M 간의 자료 전송을 전담하는 전용 컴퓨터 또는 I/O 전용 처리기(Processor)로 구현된 자료 전송 통로이다. 다시말해, 채널은 다중 프로그래밍 작업을 하는 경우에 반드시 필요한 장치이다. 즉 CPU 작업을 행하는 도중에 I/O 작업을 요구하게 되면 I/O 작업을 CPU에 의존하지 않고 독립적으로 수행시켜줄 수 있는 처리기가 필요하게 되는데, 이를 보통 I/O 채널이라고 부른다. 채널은 CPU와 기억장치(M/M)를 공유하며 그 내부에는 몇 개의 레지스터를 가지고 있다. 채널의 기능은 I/O 명령의 해독, I/O 명령의 지시, I/O 명령의 실행을 제어한다.

이러한 I/O 채널이 하는 역할은 다음과 같다.

❶ I/O 명령을 CPU로부터 받아서 I/O 장치를 구동시킨다.
❷ I/O 장치와 M/M 간의 데이터 전송을 제어한다.
❸ I/O 동작을 종결시킨다.
❹ I/O 장치로부터 인터럽트를 CPU에게 알려준다.

I/O 명령(I/O command)은 I/O 동작을 행하게 될 채널과 I/O 장치의 번호를 지정하며, I/O 명령은 채널 장치가 해독 실행하는 명령으로 해당 I/O 동작의 상세한 부분을 지정한다. 이러한 원활한 수행을 위해서는 CAW(channel address word), CCW(channel command word), CSW(channel status word)의 3 가지 레지스터가 사용되는데, CAW는 해당 커맨드가 있는 주소 즉, CCW의 선두 번지를 갖는다. 그리고 CCW의 내용에 따라서 채널은 I/O 장치를 동작 시키게 되며, 채널의 현재 상태는 CSW가 항상 유지하게 된다.

멀티플렉스 형의 채널은 여러 개의 I/O 장치가 채널의 기능을 공유하며, 몇 대의 I/O 장치들이 시분할 적으로 채널과의 데이터 전송을 행하는 방법을 채택한다. 이러한 유형의 채널은 저속의 I/O 장치들을 동시 동작 시키는데 적합하다.

버스트 형태의 채널은 하나의 I/O 장치가 데이터 전송을 행하고 있는 동안에는 완전히 채널의 기능을 독점 하는 방법이다. 고속의 I/O 장치에 적합하다.

I/O 채널은 다음과 같은 종류로 나눌 수 있다.

❶ 셀렉터 채널(Select Channel); 하나의 I/O 장치를 선택 결정하여 데이터를 전송하는데 사용하며 그 동작이 완료

될 때까지 독점적으로 채널을 사용한다. 셀렉터 채널은 버스트 형태의 채널이며 자기 디스크나 테이프 같은 고속의 I/O 장치와 접속 되어있다.

❷ 바이트-멀티플렉서 채널(Byte Multiplexer Channel); 시분할적으로 동시에 다수의 I/O 장치의 사용을 가능하게 해준다. 이러한 채널은 멀티플렉스 형태의 채널이며 카드 판독기나 라인 프린터 콘솔 등의 주로 저속의 장치와 접속 된다.

❸ 블럭-멀티플렉서 채널(Block Multiplexer Channel); 셀렉터 채널의 고속 처리와 바이트-멀티플렉서 채널의 시분할적인 동시 동작을 겸하고 있는 형태의 채널이다. 즉, 저속의 I/O 장치와 또 다른 몇 개의 고속의 I/O 장치가 공용되어 동시에 동작되도록 하는 채널이다.

예를 들면, 자기 테이프의 I/O 작업 시 데이터 전송이 없는 동작이 있을 때 이를 개방하여 다른 장치가 채널을 사용하도록 한다.

1.2.4 명령어의 수행

프로그램은 처리기에 의해 수행되며,M/M에 저장된 명령어들의 집합으로 구성된다. 즉, 명령어 처리는 크게 두 단계로 구성된다. 처리기는 M/M로부터 한 번에 하나의 명령어를 반입(Fetch)하여 수행한다. 프로그램 수행은 명령어 반입(Instruction fetch)과 명령어 수행(Instruction execution)의 반복으로 이루어진다. 명령어 수행은 몇 개의 연산을 포함하며 명령어의 특성에 의존적이다. 단일 명령어의 수행에 필요한 처리 과정을 명령 사이클(Instruction cycle)이라고 한다. 단순화된 2 단계와 관련지어 명령어 사이클을 나타내면 두 단계는 각각 반입 단계와 수행(실행) 단계로 불린다. 기계의 전원을 끄거나, 복구가 불가능한 어떤 오류가 발생하거나, 처리기 정지(halt) 명령어가 수행될 경우에만 프로그램의 수행이 중단된다.

(1) 명령어의 반입과 수행

각 명령어 사이클이 시작될 때 처리기는 M/M로부터 명령어를 가져온다. 일반적인 처리기에서 프로그램 계수기(PC)는 다음에 가져올 명령어의 주소를 저장하고 있다. 별도의 명령이 없는 한 처리기는 각 명령어를 반입한 후 항상 PC를 증가시켜서 순서대로 다음 상위 기억장치 주소에 위치한 다음 명령어가 순서대로 반입되게 한다.

예를 들어, 각 명령어의 길이가 16비트인 단순한 컴퓨터를 생각해보면, PC는 777번지를 가리키고 있다고 할 때 처리기는 다음에 777번지에 위치한 명령어를 반입하게 되고, 이후 후속의 명령어 사이클에서 778, 779, 800번지의 순으로 명령어를 반입한다. 물론 이 순서는 변경될 수도 있다. 반입된 명령어는 처리기 내의 명령어 레지스터(IR)로 적재된다. 명령어의 비트들은 처리기가 행해야 할 작업을 명시한다. 처리기는 명령어를 해석하고 요구된 작업을 수행한다.

일반적으로 이러한 작업은 4가지 범주로 분류될 수 있다.

- 처리기-메모리(M/M); 데이터는 처리기로부터 메모리로, 또는 메모리로부터 처리기로 전송될 수 있다.
- 처리기-I/O; 처리기와 I/O 모듈 간의 전송을 통해 주변 장치로 또는 주변 장치로부터 데이터가 전송될 수 있다.
- 데이터 처리; 처리기는 데이터에 대해 산술 또는 논리 연산을 수행할 수 있다.
- 제어; 명령어는 수행 순서 변경을 명시할 수 있다.

예를 들면,555번지에서 명령어를 반입하고, 그 명령어는 701번지에서 다음 명령어를 반입하도록 명시할 수 있다. 처리기는 이때 PC를 701로 변경 한다.따라서 다음 반입 사이클에서 556번지가 아닌 701번지에서 명령어를 반입한다.

(2) I/O 기능

데이터는 입/출력(I/O) 모듈(예를 들어,디스크 제어기)과 처리기 간에 직접 교환될 수 있다.M/M의 주소를 지정함으로써 M/M의 읽기와 쓰기를 개시할 수 있는 것처럼, 처리기는 I/O 모듈을 대상으로 데이터를 읽고 쓸 수 있다. 후자의 경우, 처리기는 특정 I/O 모듈에 의해 제어되는 특정 장치를 지정한다. 따라서 명령어의 순서는 M/M 참조 명령어 대신 I/O 명령어를 이용하여 나타낼 수가 있다.

어떤 경우에는 처리기의 I/O 작업의 부담을 덜어주기 위해, M/M와의 I/O 교환이 직접 이루어지게 하는 것이 바람직하다. 이 경우 처리기는 I/O 모듈에 대해 M/M의 읽기나 쓰기 권한을 부여함으로써, 처리기를 개입시키지 않고 I/O-M/M 간 전송이 이루어지게 할 수 있다. 이러한 전송 과정에서, I/O 모듈은 M/M에 대한 읽기 또는 쓰기 명령을 수행하게 되고, 결과적으로 처리기는 데이터 교환의 책임에서 벗어나게 된다. 이 연산을 직접 기억장치 접근(DMA; Direct Memory Access)이라한다.

1.2.5 I/O 통신 기술

입/출력(I/O) 연산을 위해서 사용 가능한 기법에는 프로그램에 의한 입/출력(Programmed I/O), 인터럽트 구동 입/출력((Interrupt-driven I/O), 직접 기억장치접근(DMA;Direct Memory Access) 등 3가지가 있다.

(1) 프로그램에 의한 입/출력

프로그램 수행 중에 I/O 연산 명령어와 만나면 처리기는 그 명령어를 수행하기 위해 해당 I/O 모듈에 대해 명령을 내린다. 프로그램에 의한 I/O에서는 I/O 모듈이 요청된 행위를 수행하고 나서 I/O 상태 레지스터 내의 관련 비트를 설정할 뿐, 처리기에 대해 인터럽트를 포함한 더 이상의 어떤 처리도 행하지 않기 때문에, 처리기는 I/O연산이 언제 완료되는지 알기 위해 어떤 주체적 역할을 수행해야 한다. 이를 위해 처리기는 I/O 연산이 완료될 때까지 I/O 모듈의 상태를 주기적으로 점검해야 한다. 이 기법을 이용할 경우에는 처리기는 출력할 데이터를 M/M에서 가져와야 하고, 입력된 데이터를 M/M에 저장해야 한다. I/O S/W는 처리기가 장치 상태 인식, 읽기, 쓰기 명령의 송신, 데이터 전송 등의 I/O 작업을 직접 제어할 수 있도록 작성 된다. 따라서, 명령어의 집합은 다음과 같은 I/O 명령어를 포함하고 있다.

① **제어(control)**; 외부 장치의 활성화와 임무 부여를 위해 사용된다. 예를 들어, 자기테이프 장치는 되감기를 하거나 한 레코드 앞으로 이동하도록 지시 받을 수 있다.
② **상태(status)**; I/O 모듈 및 주변 장치와 연계된 다양한 상태 조건을 점검하는 데 사용된다.
③ **전송(transfer)**; 처리기 레지스터와 외부 장치 간의 데이터 전송을 위해서 사용된다.

프로그램에 의한 입/출력의 특징은 다음과 같다.

❶ I/O 장치가 I/O할 내용이 발생하였을 때 CPU에 I/O 제어를 요청하여 I/O 제어가 이루어지는 방식이다.
❷ CPU의 계속적인 주변장치 감시가 불필요함으로써 I/O 수행을 효율적으로 유지한다.

(2) 인터럽트 구동 입/출력(Interrupt driven I/O)

프로그램에 의한 I/O의 문제점은 관련 I/O 모듈이 데이터를 추가로 수신 또는 송신할 준비가 될 때까지 처리기가 대기해야 한다는 것이다. 대기하는 동안 처리기는 반복해서 I/O모듈의 상태를 점검해야 한다. 그 결과 전체 시스템의 성능 수준이 현저히 떨어질 수 있다.이 기법의 대안은 처리기가 모듈에게 I/O 명령을 보낸 후 자신이 계속 다른 유익한 작업을 수행하는 것이다. I/O 모듈은 처리기와 데이터를 교환할 준비가 되면 서비스 요청을 위해 처리기를 인터럽트 한다. 이때 처리기는 준비된 데이터를 전송한 다음, 이전에 수행하던 일을 재개하게 된다. I/O 장치가 I/O할 내용이 발생하였을 때 CPU에 I/O 제어를 요청하여 I/O 제어가 이루어지는 방식이며, CPU의 계속적인 주변장치 감시가 불필요함으로써 I/O 수행을 효율적으로 유지한다. 즉, I/O 모듈은 연결된 I/O 장치를 제어하는데 필요한 세부적인 사항들을 모두 처리해주기 때문에 CPU의 부담을 덜어준다.

① 상태 레지스터
- 사용 중이면 1(Busy),그렇지 않으면 0(Ready)으로 표시해 CPU에 알려준다.

② 상태 레지스터의 패리티 비트
- I/O 모듈에서 오류 여부를 검사하기 위해 상태 레지스터의 패리티 비트를 사용한다.

③ 프린터 모듈의 동작
- I/O 장치의 연결과 데이터 전송을 한다.

(3) 직접 기억장치 접근(DMA;Direct Memory Access)

DMA(Direct Memory Access)는 I/O 작업이 I/O 장치와 M/M 사이에 직접 동작되는 형태를 의미합니다. 이때 I/O 장치에는 반드시 DMA 제어기가 장착되어 I/O 작업을 처리할 수 있도록 조치되어야 합니다. 이러한 경우 일반적으로 DMA 제어기는 CPU의 데이터 버스(자료 이동선로)를 할애하여 사용하게 되는데 이 경우 CPU가 DMA의 사이클 스틸이라고 하며 이러한 사이클 스틸은 DMA 제어기가 I/O 동작을 시작하기 전에 CPU에 동작을 알리는 신호를 발생시킨 후 인가되면 CPU가 관할하는 데이터 버스의 일정부분 사용권을 CPU 보다 우선권을 가지고 사용하게 됩니다. 그리고, DMA 작업이 끝나면 데이터 버스의 사용권한을 CPU에 반환하게 됩니다.

DMA에 의한 방법의 특징은 다음과 같다.

① M/M와 I/O 장치 간의 자료 전송이 CPU의 개입 없이 곧바로 수행되는 방식으로 I/O에 DMA 제어기를 장착하여 구현한다.

② DMA에 의한 I/O은 자료 전송을 위해 CPU에 접근하는 시간을 절약할 수 있으며 DMA제어기가 제어하는 I/O 이외의 작업을 수행함으로써 일 처리의 효율성이 증가된 다.

③ DMA 제어기는 M/M와의 I/O 작업이 발생하면 CPU에 인터럽트로써 I/O 작업의 시작을 알린 후 CPU가 제어하는 데이터 버스 사용권의 일정부분을 할애받아 블록 단위로 자료 전송을 수행한 후 자료 전송이 종료되면 CPU에 인터럽트로써 I/O 작업의 종료를 알린다.

짚어보기 초창기 컴퓨터 시스템의 프로그램 실행 단계;

초기의 시스템과 같은 전용 기계에서 프로그램을 실행하는 데 필요한 네 단계는 다음과 같다.
❶ 컴퓨터의 시간을 할당 받는다.
❷ 프로그램의 적재
❸ 프로그램의 실행
❹ 콘솔에서의 프로그램 수행 감시 및 제어

■ 연 습 문 제

학과:	학번:	성명:	제출일:

[1-1] 폰 노이만의 컴퓨터 구조의 특징에 대해서 설명하라.

[1-2] 하버드 아키텍쳐(Havard architecture)에 대해서 설명하라.

[1-3] 버퍼링과 스풀링을 상호 비교하고 각각의 차이점을 설명하라.

[1-4] 폴링과 인터럽트를 정의하고 서로 비교하라.

[1-5] 인터럽트가 발생하였을 때 OS가 가장 먼저 하는 일이 무엇인지 설명하고 인터럽트의 처리 과정을 설명하라.

[1-6] 트랩과 인터럽트의 차이는 무엇이며, 그리고 왜 발생하는지 이유를 제시하라.

[1-7] 모니터 모드와 사용자 모드의 구분에 따라서,원시적인 형태의 보호(보안) 시스템이 가능하게 되었는데,어떠한 측면에서 이것이 가능하게 되었는가?

[1-8] 입/출력 보호(I/O Protection) 기법을 설명하라.

[1-9] 인터럽트 기반 컴퓨터 시스템에 대해서 설명하라.

[1-10] 직접 기억장치 접근(DMA;Direct Memory Access)에 대해서 설명하라.

[1-11] 휴대폰과 같은 내장형 시스템을 구성하는 S/W에는 어떤 것들이 있는지 조사해 보자.

Chapter

02

운영 체제의 개요

CHAPTER 02

운영 체제의 개요

학습목표

운영체제(OS)는 컴퓨터 시스템의 사용자와 컴퓨터 H/W의 사이에서 중개인의 역할을 하는 프로그램이다.OS의 목적은 사용자가 프로그램을 편리하고 효율적으로 수행할 수 있는 환경을 제공하는데 있다. 이 장에서는 초기의 수 조작 시스템으로부터 최근의 다중 프로그램 시스템과 시분할 시스템에 이르기까지의 OS의 발전과정을 살펴본다.

OS는 컴퓨터 시스템의 올바른 운영을 보장해야 한다. 사용자 프로그램이 시스템의 정상적인 운영에 피해를 주지 못하게 하도록 H/W는 적절한 수단을 제공하여야 한다. 이러한 올바른 운영이 보장되도록 하는 컴퓨터의 구조가 언급될 것이다.OS는 프로그램과 이들을 사용하는 사용자들이 일을 쉽게 할 수 있도록 여러 가지 서비스를 제공한다. 서비스의 내용에 대한 설명과 더불어 이것을 제공하기 위한 OS의 구성 요소와 이들이 어떠한 형태로 조직되어 있는가에 대한 설명이 있을 것이다.

이 장에서의 주요 내용은 다음과 같다.

- OS의 개요
- OS 정의
- OS 역사
- OS 분류
- OS 기능
- OS 필요성
- OS 목적
- OS 역할
- 시스템 구조
- OS의 구조
- 스마트폰 OS 사례
- 시스템 설계 및 구현
- 초기 OS형태와 관련 기법
- 시스템 생성
- OS 종류
- 멀티미디어 시스템
- 임베디드 시스템
- 버퍼링과 스풀링
- OS 관리자 모듈의 구성
- 컴퓨터 S/W의 분류

2.1 운영체제의 개요(Operating System Introduction)

컴퓨터 시스템에서 운영체제(OS; Operating System)가 없는 경우를 생각한다면, **부팅(booting)**을 해서 메모리(M/M)에 적재(load)해야 하는 문제, **컴파일(compile)**을 해서 M/M에 적재해야 하는 문제, 프로그램을 실행하면 카드를 읽어서 M/M에 적재하는 문제 등 많은 문제들이 발생한다. 또한, 작업의 준비 시간(setup time) 및 작업의 철거 시간(teardown time) 및 작업(Job)과 작업사이 준비시간(job transition time)의 문제가 발생할 수 있다.

OS가 없는 시대는 상상할 수 없지만, 천공 기계로 처리하던 시절이 있었다. 컴퓨터는 단지 계산을 목적으로 군사용으로 사용하다가, 사용자의 관점이 변화하면서 지금의 위치에까지 오게 되었다. 초기의 컴퓨터들은 계산기처럼 일련의 단일 작업들을 수행하기 위하여 만들어졌다.OS는 1960년대 초까지만 하여도 현대의 OS와 같이 더 복잡한 형태로 존재하지 않았다. 처리를 빠르게 하기 위하여 자동으로 다른 프로그램들을 연속으로 실행할 수 있는 기능과 같은 일부 OS의 기능은 1950년대에 개발되었다. 하드웨어(H/W;Hardware) 기능에 실행시간(run time) 라이브러리, 인터럽트, 병렬 처리가 추가되었다. 개인용 컴퓨터가 애플, 아타리, IBM, 아미가와 같은 기업 덕택에 1980년대에 유명해졌다. 이 업체들은 한때 메인 프레임과 미니 컴퓨터에 널리 쓰였던 OS 기능을 추가하였다. 후에 그래픽 사용자 인터페이스와 같은 수많은 기능들이 개인용 컴퓨터의 OS를 위해 개별적으로 개발되었다.OS는 많은 부분을 이룬다. 가장 중요한 요소 가운데 하나가 커널인데, 커널은 일반인이 일반적으로 보지 못하는 낮은 수준의 프로세스를 제어한다. 얼마나 메모리를 읽고 쓸 것인지, 어느 프로세스를 실행할 것인지, 모니터, 키보드, 마우스와 같은 장치를 통해 어떠한 정보를 주고받을 것인지, 네트워크를 통해 받은 정보를 어떻게 해석할 것인지를 제어한다. 사용자 인터페이스는 컴퓨터 사용자가 직접 프로그램을 제어하고 사용할 수 있게 하는 OS의 기능이다. 사용자 인터페이스는 아이콘과 바탕 화면을 지닌 그래픽이나 명령 줄을 지닌 문자를 이룰 수 있다. 이와 비슷한 기능으로 API가 있는데 이것은 응용 프로그램이 다른 프로그램과 상호 작용할 수 있게 하는 서비스와 코드 라이브러리가 한데 모여 있으며 OS 그 자체라고 할 수도 있다. OS에 따라 이러한 구성 요소들 가운데 다수가 실질적인 부분으로 취급되지 않을 수도 있다. 이를테면 윈도우는 사용자 인터페이스를 OS의 일부로 여기는데 반해 수많은 버전의 리눅스는 그렇지 않다.다시 말해서,OS는 컴퓨터의 H/W를 작동시키는 가장 기본적인 소프트웨어(S/W;Software)이다. 컴퓨터의 전원을 켜면 설치된 OS가 자동으로 실행되고, 이로써 사용자(User)는 컴퓨터(Computer)를 이용하여 필요한 작업을 수행할 수 있다.

2.2 운영체제의 정의

OS의 정의는 시대의 변화에 따라 약간 다르게 표현 되었으며,몇몇 학자들의 정의는 다음과 같다.

❶ 컴퓨터 시스템 자원의 통제[Donovan, 1972]

"운영 체제(OS)는 CPU,주기억장치(M/M),I/O 장치,보조기억장치(A/M) 및 파일 자원의 통제를 담당하는 컴퓨터 시스템 내부의 프로그램 집합이다."

❷ 인간과 컴퓨터의 인터페이스[Shaw, 1974]

"운영 체제(OS)는 인간과 기계 사이의 인터페이스로서 컴퓨터 사용자의 프로그램 설계 및 작성, 오류 수정 및 유지보수를 쉽게 해주고, 컴퓨터 시스템의 효율적인 처리를 위해 한정된 자원의 할당을 통제하는 프로그램의 집합이다."

❸ 사용자의 편리성 및 컴퓨터 시스템의 효율적인 운영[Peterson, 1983]

"운영 체제(OS)는 컴퓨터 사용자와 컴퓨터 H/W 간의 인터페이스를 제공하는 프로그램집합으로 각종 프로그램을 작업할 수 있도록 환경을 제공해 주며, 각종 자원의 할당 및 프로그램의 통제 역할을 담당한다."

OS의 정의 변화는 기계의 능력(안정성, 대용량성, 고속 처리능력)을 인정하고 인간(사용자)이 손쉽게 기계를 접근할 수 있는 방향으로 OS가 구현되는 시기이며, "**사용자(인간)의 편의성**"을 강조한다. 사용자와 운영체제(OS), 기계 간의 관계는 [그림2-1]과 같다.

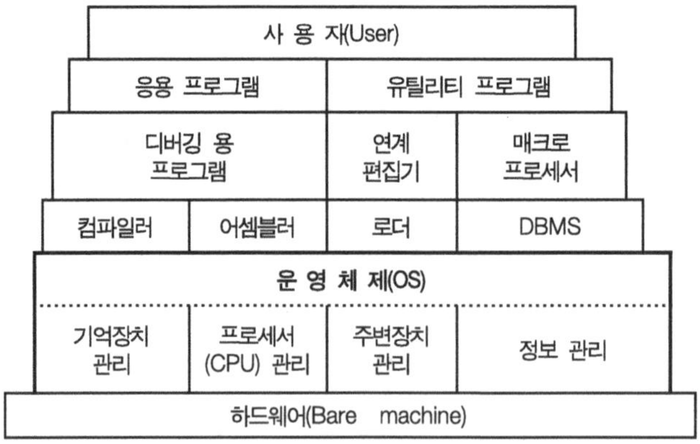

[그림 2-1] OS와 사용자 간의 관계

본서에서는 다음과 같이 OS를 정의한다.

- 한정된 시스템 자원(resource)을 "**효율적(효율성)**"으로 사용할 수 있도록 관리하고 운영하게 하여 사용자에게 최대의 "**편리성(편의성)**"을 제공해 주며, 컴퓨터 사용자와 하드웨어(H/W) 간의 인터페이스(interface) 기능을 담당하는 시스템 프로그램이다.

짚어보기 프로그램(program)

어떤 **데이터**(숫자, 문자, 화상, 음성 등)를 빨리 검색하기 위해, 데이터를 미리 **정렬**(sorting)하여 **순서화된 선형 구조**(ordered linear list)에 넣고 **이진 검색 법**(binary search algorithm)을 통해 검색하는 명령어를 **C 언어**로 작성한 **프로그램**에서 보면, 순서화된 선형구조는 **데이터 구조**이며, 이진 검색법은 **알고리즘**에 해당하며, C 언어는 **프로그램 언어**에 해당한다.

짚어보기 OS의 위치

- 프로그램(Program) = 자료구조(data structure)+알고리즘+프로그래밍 언어
- S/W = 프로그램+데이터베이스(DB)+관련 문서
  = 응용 S/W+시스템 S/W
  ❶ 시스템 S/W= OS+DBMS+컴파일러+유틸리티 라이브러리
  ❷ 응용 S/W = 인사관리+패키지 프로그램+각종 게임+상업용 프로그램 · · ·
- 컴퓨터 시스템 = H/W+S/W+ 웨어(Firmware)
- 정보통신시스템 = 컴퓨터 시스템+정보통신 하부구조(infrastructure)
  = 미들웨어+그룹웨어+통신망 시스템
  ❶ 미들웨어(Middleware) : 서로 다른 컴퓨터 플랫폼(H/W 및 시스템 S/W) 간의 호환성을 확보하기 위한 모든 것(H/W, S/W, Firmware)을 나타내며, 서로 다른 컴퓨터가 멀리 떨어져 있을 때는 정보통신 시스템과도 관련된다.
  ❷ 그룹웨어(Groupware) : 지리적으로 분산된 여러 컴퓨터 사용자 또는 컴퓨터개발자 간의 의사소통과 협력 작업을 가능하게 해주는 시스템을 의미한다.
- 사용자(User); 컴퓨터 조작자, 응용 프로그래머, 시스템 프로그래머, 관리자, 최종 사용자(end-user) 등을 말한다.

2.3 운영체제의 역사

운영체제(OS; Operating System)가 무엇인가를 이해하기 위해서는 먼저 이들이 어떻게 발전하였는가를 이해해야 한다[그림2-2].

OS는 컴퓨터 상의 대부분의 응용 프로그램에 쓰이는 필요 기능의 집합, 컴퓨터 H/W를 제어하고 동기화하는데 필요한 연결을 제공한다. OS가 없던 최초의 컴퓨터에서는 올바른 실행 및 표준 작업 수행을 위해 모든 응용 프로그램이 완전한 H/W 규격을 요구했으며, 프린터와 천공 카드와 같은 주변기기용 자체 드라이버도 필요했다. H/W와 응용 프로그램이 복잡해져감에 따라 OS가 필수 요소가 되었다.

OS의 역사는 H/W의 역사와 함께한다. OS는 컴퓨터 상의 대부분의 응용 프로그램에 쓰이는 기능의 집합 , H/W 제어 및 동기화에 필요한 연결을 제공한다.OS가 없었던 최초의 컴퓨터에서는 올바른 실행 및 표준 작업을 수행하기 위해선 모든 프로그램이 완전한 하드웨어 규격을 요구했고 주변기기용 자체 드라이버도 필요했다. H/W와 응용 프로그램이 복잡해짐에 따라 OS가 필수 요소가 되었다. 최초의 OS는 1956년 제너럴 모터스의 연구 부서가 "IBM 704"를 위해 개발한 GM-NAA I/O이다. 이는 I/O을 담당함으로써 최초의 OS의 형태이다. 시간이 흐름에 따라 1960년대 말 AT&T 초기 유닉스 운영체제들이 등장하기 시작했다. 1970년대를 기점으로 새로운 계열의 소형 컴퓨터가 시장에 등장했다. 일반적으로 MOS 테크놀로지의 6502, 인텔 8080, 자일로그 Z80 등의 8비트 프로세서를 탑재했고, 초기 입/출력 인터페이스, 현실적인 용량의 램도 포함되었다. 이러한 시스템은 조립 키트의 취미 활동가들을 위한 컴퓨터로 출발했으나, 곧 비즈니스의 필수 도구로 발전하였다. 마이크로 프로세서의 개발은 소기업과 취미 활동가들에게 비용이 많이 들지 않는 컴퓨터 환경을 제공했고 덕분에 애플 2 PCI 버스와 같은 H/W 부품을 이용하는 일이 널리 늘어났고 이들을 제어하는 OS의 요구 또한 늘게 되었다. 간단히 정리하면, 메인 프레임은 일반적으로 실질적인 작업을 위해 쓰인 IBM 704를 위해 개발한 GM-NAA I/O로 간주된다. IBM 메인 프레임용의 대부분의 다른 초기 OS들 역시 고객에 의해 개발되었다.

미니 컴퓨터와 유닉스의 성장은 초기 UNIX 운영체제들은 AT&T 벨 연구소가 1960년대 말에 개발하였다. 초기 에디션의 경우 기본적으로 무료였고 취득과 수정이 쉬워서 널리 수용되었다. 벨 연구소 시스템 운영 기업들 내의 요구 사항이 되기도 했다. 새로운 컴퓨터의 아키텍처로 이루어진 C 언어로 작성되었기 때문에 높은 이식성을 보였다. 이러한 이식성으로 인해 유닉스가 2세대 미니컴퓨터와 1세대 워크스테이션을 위해 선택될 수 있었다.이와 더불어 DEC(Digital Equipment Corporation) 회사는 단순 RT-11 시스템, 시분할 RSTS 운영 체제, RSX-11 계열의 실시간 운영체제, 32비트용 VAX 컴퓨터용 VMS 시스템을 포함하여, 16비트 PDP-11 계열 컴퓨터를 위한 몇 가지 OS들을 개발하였다. 이 프레임에서 발전한 또 다른 OS로는 픽 운영 체제(Pick operating system)가 있다. 이 픽 시스템은 마이크로 데이터 코퍼레이션이 개발 및 판매하였다. 이 OS는 데이터베이스 응용 지원 프로그램에서부터 시스템 작업에 이르는, 시스템의 한 예라고 할 수 있다.

마이크로컴퓨터에서 8비트 가정용 컴퓨터와 게임기는 1970년대를 기점으로 새로운 계열의 소형 컴퓨터가 시장에 등장했다. 일반적으로 MOS 테크놀로지의 6502, 인텔 8080, 자일로그 Z80 등의 8비트 프로세서를 탑재했고, 초기 입출력 인터페이스, 현실적인 용량의 램도 포함되었다. 이러한 시스템은 조립 키트의 취미 활동가들을 위한 컴퓨터로 출발했으나, 곧 비즈니스의 필수 도구로 발전하였다.

마이크로프로세서의 개발은 소기업과 취미 활동가들에게 비용이 많이 들지 않는 컴퓨터 사용 환경을 제공했고, 덕분에 S-100, SS-50, 애플 II, PCI 버스와 같은 공통 연결을 통해 교환 가능한 H/W 부품을 이용하는 일이 널리 늘어났고, 이들을 제어하는 표준 OS의 요구 또한 늘게 되었다.

디스플레이 장비와 프로세서의 비용이 줄어들면서 수많은 OS에 **그래픽 사용자 인터페이스(GUI: Graphic User Interface)**를 제공하는 일이 실현되었다. 이를테면 수많은 유닉스 시스템에 제공되는 X 윈도 시스템, 마이크로소프트 윈도와 같은 기타 그래픽 시스템, 라디오 컬러 컴퓨터의 OS-9 레벨 II/MultiVue, 코모도어의 아미가 OS, 애플의 맥 OS, IBM의 OS/2가 있다. 최초의 GUI는 1970년대 초, 제록스 팰로앨토 연구소의 제록스 알토 컴퓨터 시스템에서 개발되었으며, 다수의 업체들에 의해 상용화 되었다.

가상화 기술(Virtualization)의 태동은 원래 OS들은 H/W 그 자체에서 직접 작동하면서 응용 프로그램들에게 서비스를 제공했었다. IBM System/360 Model 67의 CP-67과, System/370의 Virtual Machine Facility/370 (VM/370)과 함께, IBM은 가상 머신이라는 개념을(OS가 H/W로부터 직접 제어 되는 대신에 하이퍼바이저의 제어 하에서 작동하는) 소개했다. VMware는 개인용 컴퓨터에서 이 기술을 대중화 시켰다. 시간이 흐르는 동안, 버츄얼 머신, 모니터와 OS 사이의 구분은 모호해졌다: 그들 자신의 응용 프로그램 프로그래밍 인터페이스], 메모리 관리 또는 파일 시스템을 얻게 되면서, 하이퍼바이저들은 더 복합적으로 성장했다. 윈도 서버 2008의 Hyper-V 또는 HP-UX의 HP Integrity Virtual Machines와 같은 예에서 볼 수 있듯이, 가상화(Virtualization)가 OS의 핵심 기능으로 떠오른다.

IBM의 POWER5나 POWER6 기반의 서버들과 같은 몇몇 시스템에서는, 하이퍼바이저가 더이상 선택 사항이 아니다. 응용 프로그램들은 가상 머신의 모니터에서 직접 동작하도록 재 디자인 되었다. 다방면에서, 이전에는 OS가 맡아하던 역할을, H/W 자원(프로세서, 메모리, I/O 장치) 관리, 스케쥴 정책 적용 또는 시스템 관리자가 시스템을 관리하도록 허용하는 것을 포함하여, 오늘날에는 가상 머신 S/W가 맡고 있다.

OS의 시스템 별 변화 과정은 다음 [그림2-2]와 같다.

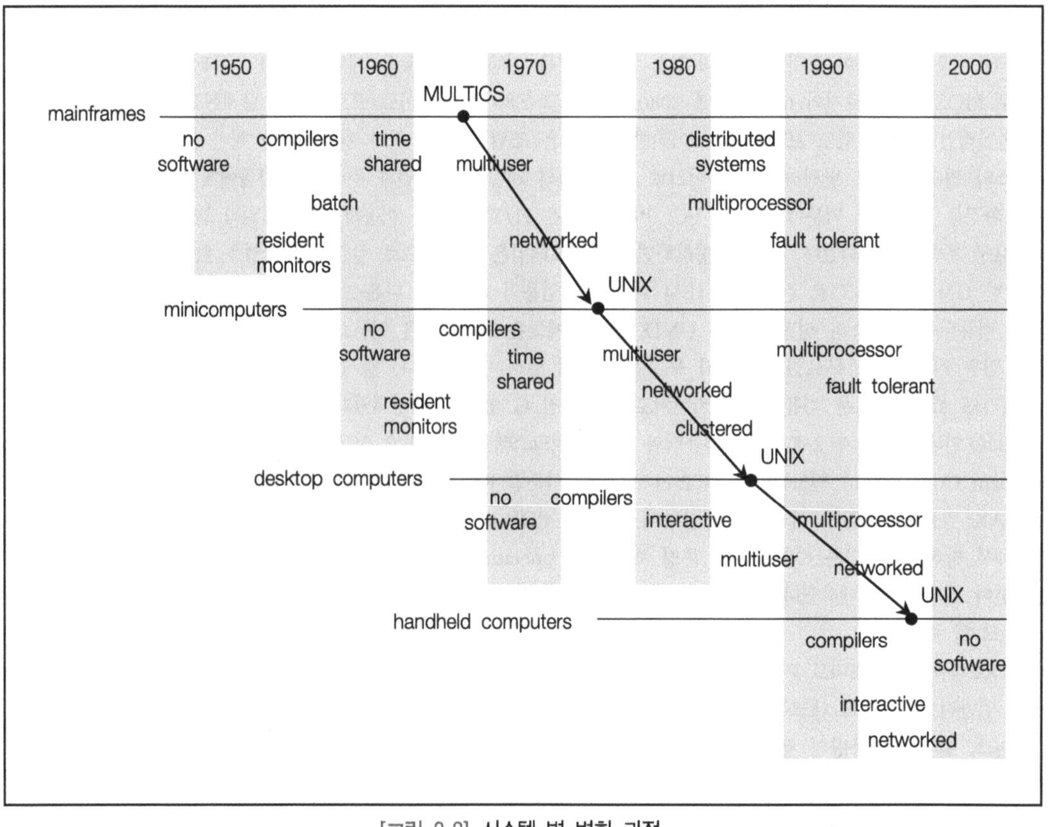

[그림 2-2] 시스템 별 변화 과정

세대 별 특징을 요약한 것은 [표 2-1]과 같다.

[표 2-1] 세대 별 특징

세대	OS	H/W	프로그래밍 언어
제 1 세대 (45 ~ 58)	일괄 처리 시스템 입출력 제어 시스템 제공, 작업 제어 언어(JCL)등장	진공관 천공 카드	기계어,어셈블리어, JCL(job control language)
제 2 세대 (59 ~ 64)	다중 프로세서, 다중 프로그래밍, 시분할 시스템, 실시간 시스템, 가상 메모리 등장	트랜지스터 코어 메모리 자기 테이프	FORTRAN, COBOL, ALGOL-60, LISP
제 3 세대 (65 ~ 74)	S/W 계층 구조 개념, IBM 360/370의 OS 등장, UNIX 등장, 범용 시스템 개념 도입, JCL의 복잡화, 다중 모드 시스템 등장, S/W 위기 초래 및 S/W 공학 등장	집적 회로(IC : Integrated-Circuit) 자기 디스크	PL/1, ALGOL-68, PASCAL, SNOBOL, APL
제 4 세대 (75 ~ 90)	네트워크 OS(NOS) 등장, 분산 OS(DOS) 등장, S/W 보호 중요, user friendly 시스템, 개인용 컴퓨터(PC) 등장, 가상 기기(Virtual machine)	MSI(Meduim Scale IC) LSI(Large Scale IC) VLSI(Very Large Scale IC) 마이크로 프로세서	PROLOG, CONCURRENT-PASCAL, DATA FLOW 언어, 논리언어
제 5 세대 (90 ~)	지식 베이스 시스템, 인공 지능 실험, 추론 기능 강화, 인간-기계 대화 가능 ISDN, Open System, 분산 계산	ULSI(Ultra LSI) 조셉슨 소자 칼륨-비소 소자 광소자	자연언어, (그림,문자,음성 인식)

[표 2-2]는 년대 별 주요 기능을 요약한 것이다.

[표 2-2] 년대 별 주요기능

년도	주요 처리방식	주요 내용
1940년대	초기 전자식 디지털 컴퓨터	- OS가 존재하지 않했음 - 기계적 스위치에 의해 작동
1950년대	단순 순차 처리환경	- 한 번에 오직 하나의 작업만을 수행 - IBM 701의 OS 개발
1960년대	다중 처리 환경	- IBM S/360 운영체제 개발(1964) - 다중 프로그래밍,다중 처리,시분할 처리 개념 출현 - 다중 대화식 사용자,다중 모드 시스템의 보편
1970년대	다중 모드 시분할 환경	- 다중 모드 시분할 시스템(일괄 처리,시분할 처리,실시간 처리 등)의 보편화 - 근거리 지역 네트워크(LAN; 표준에의해실용화) - 정보보호 및 보안 문제의 대두
1980년대	분산/네트워크 환경	- OS 기능들이 H/W에 포함된 펌웨어 개념 대두 - 개인용 컴퓨터와 워크스테이션,강력한 데스크 탑 컴퓨터의 구축 가능 - 각종 응용 프로그램의 개발 및 데이터베이스 활용 확대 - 네트워크를 기반으로 한 클라이언트/서버 모델의 확대

년도	주요 처리방식	주요 내용
1990년대	병렬/분산계산	- 중앙 집중식에서 분산 환경으로 발전 - 네트워크와 멀티미디어 처리 기술의 발달 - 인터넷 보급의 확산,GUI의 강화 - 선점형, 멀티 태스킹, 멀티 스레딩, 가상 기억장치의 출현 - PC용 운영체제(Windows,Mac), 서버용 운영체제(UNIX,Linux)의 보편화
2000년대	모바일 및 임베디드 OS	- 시스템의 초고속화, 초기능화, 초경량화 방향으로 발전 - 다양한 통신망의 확대와 개방형 시스템의 발달 - 다양한 기능,확장성과 호환성의 극대화 - 네트워크 기반의 분산 및 병렬 OS의 보편화 - PDP, PMP 등의 모바일 장치와 가전 제품을 위한 모바일 및 임베디드 OS의 보편화 - 64비트 CPU에 호환되는 64비트용 OS

2.4 운영체제의 분류

OS 프로그램은 제어 프로그램(Control program)과 처리 프로그램(Processing Program)으로 구분할 수 있다.

(1) 제어 프로그램(Control program)

M/M에 상주하면서 시스템의 동작 상태와 프로그램의 실행 과정을 감시하고 작업의 우선순위를 결정하는 등 시스템 전체의 동작을 제어한다. 즉, 각종 처리 프로그램의 실행과 기억장소나 데이터 제어 또는 연속처리 작업의 스케줄 등을 감시하는 기능을 수행하며, 데이터 관리 기능, 작업 관리 기능, 태스크 관리 기능 소유(시스템 전체의 작동 상태를 감시하는 기능) 등을 수행한다.

① 각종 처리 프로그램의 실행과 기억 장소나 데이터 제어 또는 연속 처리 작업(job)의 스케줄 등을 감시하는 기능을 수행하는 프로그램. 데이터 관리 기능, 작업 관리 기능, 태스크 관리 기능을 갖는다.

② CPU의 여러 가지 조작 실행을 제어하기 위하여 특별히 고안된 일련의 명령어들. 대부분 이런 프로그램은 판독 전용 기억 장치에 영구적으로 기억되어 있으므로 CPU가 조작되면서 판독은 할 수 있지만 쓰거나 지울 수는 없다.

- 자료 관리 프로그램(Data Management Program)
- 작업 관리 프로그램(Job Management Program)
- 감시 프로그램(Supervisor Program)

(2) 처리 프로그램(Processing Program)

운영 체제(OS)의 한 부분으로, 컴퓨터에 필요한 여러 가지 기능을 처리할 수 있게 해주는 프로그램이며, 처리 프로그램은 언어 번역 프로그램, 서비스 프로그램, 적용 업무 프로그램의 세 종류로 나눌 수 있다. 처리 프로그램은 문제를 해결한다든지 어느 특정한 연산을 실행한다든지 어느 데이터의 집합을 처리한다든지 하는데, 어느 경우나 그 다음 컴퓨터의 제어권을 제어 프로그램에 넘긴다. 즉, 제어 프로그램의 감독 아래 사용자가 입력한 특정한 문제를 해결하고 관련된 데이터를 처리해 주는 서비스 프로그램이다. 즉, 컴퓨터에 필요한 여러 가지 기능을 처리할 수 있도록 해주는 프로그램(제어 프로그램의 감시하여 특정한 문제를 해결하기 위한 데이터 처리)이다.

① 재고 레코드를 수정하고 보고서를 작성하며, 새로운 프로그램을 컴파일하는 등의 일을 실제로 처리하는 프로그램. 지원 프로그램과 응용 프로그램이 있다. 응용 프로그램은 C 언어,포트란(FORTRAN), 코볼(COBOL) 등과 같은 고수준 언어나 어셈블러의 매크로 문장을 사용하여 작성한다.

② 언어 번역 프로그램에는 프로그램 작성자가 작성한 프로그램을 컴퓨터가 처리할 수 있도록 기계어로 바꾸어 주는 컴파일러와 인터프리터가 있으며, 서비스 프로그램은 편집 프로그램, 자료집 프로그램, 유틸리티 프로그램 등의 3 가지로 분류된다.

❶ 메이커에서 제공하는 프로그램
- 언어 번역 프로그램(Language Translator Program)
- 서비스 프로그램(Service Program)

❷ 사용자가 작성한 문제 처리 프로그램(Problem Program)

2.5 운영체제의 기능

(1) 개요

앞서 OS의 발전 역사나 전체 구조에 대하여 공부하였다. **OS의 전체 구조에 관한 지식만으로는 OS가 제공하는 기능을 충분히 활용할 수 없다.** 여기서는 실무적으로 OS를 효과적으로 활용할 수 있도록 OS의 여러 구성요소의 기능과 내부 구조에 대하여 공부한다. 또 OS의 발전이 괄목할 만한 정도로 빠르므로 각 구성 요소의 기능 및 내부 구조도 급속히 변화하고 있다. 메인프레임 계열의 OS뿐만 아니라 PC 계열의 OS에 대해서도 살펴보기로 한다.

OS는 시스템 소프트웨어의 핵심으로 사용자(User)와 하드웨어(H/W;HardWare) 사이에서 사용자가 컴퓨터 H/W를 보다 쉽게 사용할 수 있도록 인터페이스를 제공해 주는 프로그램들의 집합이다. OS는 H/W를 소프트웨어(S/W;SoftWare)적으로 확장한 조직적 집합체이며, OS는 프로그램 실행을 위한 환경을 제공하고 컴퓨터를 운영하기 위한 제어 루틴으로 구성되고, 다른 응용 프로그램들은 OS가 제공하는 기능에 의존하여 파일과 입/출력(I/O) 장치와 같은 컴퓨터 시스템 자원에 접근하며, 대부분의 OS는 프로세스 개념을 사용하여 사용자 프로그램을 관리하며 이에 따라 그 내부에 프로세스 관리 기능과 기억장치 관리 기능을 갖으며, 응용 프로그램의 I/O 요구에 대한 처리를 위하여 I/O 시스템을 가지고 있으며, 더불어 보조 기억장치(A/M)의 관리 기능 및 파일 시스템 관리 기능을 소유한다. OS의 하는 일이란, 가장 기본적으로 말하면 각종 시스템 및 주변 장치를 사용할 수 있게 해 준다. 컴퓨터를 사서 조립을 하고 여러 가지 S/W까지 갖추고 있다고 해서 무조건 컴퓨터를 쓸 수 있는 건 아니며, S/W를 쓸 수 있게 하는 S/W가 필요하다. 이것이 바로 OS인데, H/W를 제어를 하기 위해서는 H/W만이 아는 언어(명령어들)을 구사해야 하는데, 일반적인 S/W가 그런 것까지 일일이 신경써서 만들려면 아무래도 개발하는데 엄청난 노력과 시간이 들어갈 것이다. 그래서 OS가 모든 장치들과의 통신 방법을 미리 정해놓고 일반 S/W(어플리케이션)들이 장치에 대한 요청을 하면 중간에서 중재자 노릇을 해주는 것이다. 한마디로 일반 어플리케이션과 장치(Device)들 간의 통역자라고 할 수 있다. 이 OS와 H/W 사이에는 계층이 존재하게 되는데 이것을 OS 인터페이스(OSI;Operationg System Interface)라고 한다. 이 계층을 통해서 OS와 장치(Device) 간에 통신을 한다. 여기서 **장치(Device)**란 일반적인 H/W를 총칭한다(VGA 카드, 네트워크 인터페이스 카드, 그래픽 카드, 기억장치(M/M;Main memory), CPU, 메인보드(Mainboard)를 제외한 거의 모든 장치). OS는 CPU, M/M, 파일들을 직접 관리하는데 우선 CPU부터 살펴보면 요즘 같은 멀티태스킹(Multitasking) OS들은 한꺼번에 여러 가지 일을 하는 듯이 보인다.

예를 들어, 윈도우(OS)에서 텍스트 편집을 하면서 음악을 듣고 웹서핑을 하고 모든 것이 동시에 이루어지는 듯이 보이지만 실제로는 CPU가 아주 조금씩(수MS(mili sec)) 시간을 나눠서 각각의 태스크에 대한 시간할당을 하는 것이다. 이 시간 스케줄을 OS가 한다. 어떤 프로그램이 얼마만큼의 중요도를 갖고 어느 정도의 자원을 필요로 하는가. 같은 세부사항을 다 검토하고 정한다. M/M(기억장치)에 관해서는 요즘 OS들은 가상 기억장치(V/M;Virtual Memory)를 사용하는데, 가상 기억장치(V/M)는 M/M 용량이 한정되어 있으니까 "하드디스크를 M/M처럼 사용하자!" 하는 기법인데, OS는 실제 실행되어야 할 프로그램 코드를 M/M에 불러서 사용하는데(참고로 하드디스크에서 읽어오는 것과 M/M에서 읽어오는 것은 속도 차이가 수십 배 난다. 당연히 M/M가 하드디스크보다 일정 용량 당 가격이 비싸다), V/M에 있는 데이터가 실제 수행되어야 한다면 M/M로 불러오고 필요 없는 건 지우고 하는 식의 V/M, M/M 사이에서 직접 매칭 및 관리를 관리한다. 파일에 관해서는 앞의 M/M 관리와 비슷하다. 파일이 디스크에 저장될 때는 파일 시스템을 사용을 하는데, **파일 시스템**이란 하드디스크를 어떻게 할당하고 어떤 식으로 관리할 것인가 하는 것이다. OS는 이 파일 시스템에 따라 파일의 위치를 찾거나 그 외 필요한 관리를 한다. 그 외의 장치(Device)들도 마찬가지이며, OS가 다 알아서 부팅할 때 초기화 시켜주고 사용할 수 있는 준비를 해 놓은 뒤에 나중에 요청이 있으면 그 장치와 직접 통신을 해서 필요한 자원이 있으면 할당해주고 할 일이 있으면 시키고 하는것이다. OS도 물론 하드 디스크에 들어있는데, 실제로 작동을 하려면 M/M에 적재되어야 한다. 물론 하드디스크 아무 곳에나 들어있는 건 아니고 실제 물리주소의 0번지인 부트 섹터(boot sector)에 들어간다. 그럼 컴퓨터가 켜질때 바이오스(BIOS)에 있는 부트 로더(boot loader)가 알아서 부트 섹터에 있는 내용을 불러와 메모리(M/M)에 적재(loading)를 하고 난 후 제어권을 OS로 넘기게 된다.

OS를 어떠한 관점에서 본다 하더라도 대단히 많은 프로그램의 집단으로 복잡한 관계를 갖게 된다. OS는 명확하게 정의된 작은 조각으로 구분하여 작성한 후 이들을 자세하게 규정된 입/출력(I/O) 기능 등의 내부 연결을 통하여 개발 또는 운영 되게 하는 것이 일반적인 방법이다.

OS의 주요 기능을 다음과 같다.

① 접근 제어 기능 : 승인된 사용자만 컴퓨터 자원에 접근 하도록 하는 기능
② 자원 관리 기능 : 컴퓨터 내의 각종 자원에 대한 관리 기능
③ 데이터 제어 기능 : 각종 데이터(프로그램, 파일)에 대한 정보를 유지하고 사용자요구에 대해 수행 하는 기능
④ 장치 접근 기능 : 다양한 주변 장치에 대한 효율적 접근 기능

초기의 OS는 단순 하고 그 자원이 제한 적이었기 때문에 단일 사용자 용인 MS-DOS나 초기의 UNIX 시스템이 이에 속한다.

그 구조는 다음과 같다.

커널 ⇨ 시스템 프로그램 ⇨ 사용자 프로그램

의 계층적 구조를 가지고 있다.

그러나 H/W의 발전으로 인하여 OS의 기능을 계층화 하여 개발하였다. 이로 인해서 OS의 개발자는 시스템 내부의 변경에 대해서 아주 자유롭게 대처할 수 있게 되었다. 즉, 하위 레벨에 대한 자유로운 접근과 별 다른 변경하지 않고도 외부와 인터페이스 등이 가능하게 되었다.

(2) OS의 일차적인 기능

컴퓨터 시스템의 자원을 관리하는 것이며, 관리 대상의 가장 중요한 자원(Resource)은 컴퓨터 H/W이다.

OS의 역할은 다음과 같다.

① 컴퓨터를 사용하기 쉽게 한다.

컴파일러나 인터프리터가 만들어져 기계어를 사용하지 않고도 프로그래밍 언어를 이용하여 프로그램을 할 수 있게 되었고, 그 응용 프로그램을 실행하거나 하는 동작도 편리하게 하기 위한 프로그램으로 OS가 등장 했다.

② 컴퓨터를 효율적으로 사용할 수 있게 한다.

인간보다 빠르고 정확한 연산이 가능한 컴퓨터에게 내부의 프로그램의 실행 제어(즉,교통 정리)를 행하도록 한다.고속의 컴퓨터를 복수의 프로그램으로 사용하도록 제어하는 등 컴퓨터 내에서의 교통 정리를 담당하게 한다.

③ 복수의 사용자가 컴퓨터 시스템의 자원을 공유할 수 있게 한다.

프로세서(CPU),메모리(M/M)(즉,H/W 자원) 뿐만 아니라 네트워크를 통한 프로그램이나 데이터 등 정보의 공유,교환, 축적(저장)의 도구로서의 역할을 한다.

④ 사용자가 사용하기 편리한 논리적 머신(기계)을 제공한다(사용자 측면에서 OS의 본질).

논리적 머신은 일반 개인용 컴퓨터의 사용자가 H/W를 사용하기 편하도록 하고,응용 프로그램에 대해서 보다 더 사용하기 쉽게 추상화한 것이다.

OS와 다른 프로그램과의 관계는 [그림2-1]을 참조 바란다.

(3) OS가 수행하는 기능

OS는 컴퓨터 H/W와 사용자 간의 매개체 역할을 하는 프로그램으로 사용자에게 편리함을 제공하며, 컴퓨터 시스템의 효율적인 운영을 가능하게 한다. OS의 기본적인 기능은 컴퓨터 시스템 자원 관리로 볼 수 있으며 주로 프로세서, 메모리, 주변 장치, 파일 등을 관리한다.

OS가 수행하는 기능은 다음과 같다.

- 사용자와 컴퓨터 시스템 간의 인터페이스 기능 제공
- 사용자들 간의 H/W를 공동으로 사용
- 사용자들 간의 데이터를 공유
- 사용자들 간의 자원 스케줄링 담당
- 입출력의 보조 역할을 담당
- 컴퓨터 시스템의 에러 처리를 담당

OS가 관리하는 시스템 자원으로는 입출력 장치, 기억 장치, 프로세스 및 파일 시스템 등이 있으며 구체적으로는 아래와 같은 역할을 수행한다.

- **프로세스 관리** : 여러 개의 프로세스가 실행되고 있을 때, 프로세스가 정상적으로 동작 할 수 있도록 우선순위에 따라 프로그램이 실행되도록 한다.
- **주변 장치 관리** : 주변 장치가 정상적으로 동작할 수 있도록 상태를 점검하고, 사용자의 요구가 있을 때 주변 장치를 사용하도록 한다.
- **기억 장치 관리** : 프로그램의 실행을 위해 M/M를 할당하고 사용이 끝나면 회수하는데, 이는 M/M에 충분한 공간이 있어야 프로그램을 실행할 수 있기 때문이다.
- **파일 시스템 관리** : 파일의 생성, 삭제, 읽기, 쓰기 등 사용자가 파일을 사용할 수 있도록 폴더 안에 파일을 담아 계층적으로 관리한다.

또한 컴퓨터의 전원을 넣은 후 OS가 M/M에 적재되어 실행되는 과정을 부팅(Booting)이라 하며, 일반적으로 아래와 같은 과정을 거친다.

① 1단계 : 컴퓨터의 전원이 들어오면 CPU가 초기화 되고 ROM에 저장된 바이오스(BIOS; Basic Input Output System)가 실행된다.

② 2단계 : 바이오스(BIOS)는 H/W의 상태를 검사하는데, 만약 이상이 있으면 오류 메시지를 출력하고 동작을 멈춘다. 아무런 이상이 없으면 바이오스는 보조 기억장치(A/M)에 저장된 부팅 프로그램을 M/M로 이동시킨다.

③ 3단계 : 부팅 프로그램은 A/M의 OS를 M/M로 이동시키고, OS의 첫 번째 명령어가 실행 되도록 한다.

④ 4단계 : 위와 같은 과정을 거친 후 OS는 시스템을 운영·관리하며, 사용자의 요구사항을 처리한다.

짚어보기 바이오스(BIOS)

- 컴퓨터에서 전원을 켜면 맨 처음 컴퓨터의 제어를 맡아 가장 기본적인 기능을 처리해주는 프로그램을 말한다.
- 롬 바이오스(ROM BIOS)라고도하며 S/W의 계층 중 가장 낮은 계층에 속하며 모든 S/W는 이곳을 기반으로 움직인다.
- 구성루틴으로는 스타트업(Start-up)루틴과 서비스처리 루틴, H/W 인터럽트 처리 부분이 대표적이다.

(4) OS가 관리하는 컴퓨터 자원

컴퓨터 시스템 내에서 프로세스는 스스로 움직이는(프로그램이 실행되는 것을 이와 같이 표현한다) 능동적인 개체(entity)인데 비하여, **자원(Resource)**이란 커널에 의해 다른 주체에게 할당되고 이의 사용이 끝날 경우 다시 반환되는 피동적인 개체에 해당 되며,자원을 보통 H/W 자원과 S/W 자원으로 구분하며, [표2-3]와 같다.

[표 2-3] 자원의 종류

자원 (Resource)	H/W 자원	기억장치(page1,page2...),프로세서(CPU1,CPU2,...),하드 디스크,자기 테이프,단말기,키보드,프린터 등
	S/W 자원	메시지,시그널,파일(file1,file2,...),프로그램(program1,program2,...),DB 등 각종 공유 S/W 등

(5) 운영체제의 관점

OS는 두 가지 관점으로 나누면 다음과 같다.

1) 사용자와 컴퓨터 인터페이스 관점

"OS가 사용자에게 무엇을 지원할 것인가?"

- 프로그램의 생성 작업을 지원한다.
- 프로그램의 정상적 수행을 지원한다.
- 입/출력 기기에 대한 정상적 접근을 지원한다.
- 원하는 파일에 대한 각종 접근 요구를 지원한다.
- 시스템 자원과 데이터의 불법적인 접근을 보호한다.
- 통신 지원, 계정 관리, 오류 검출과 조치한다.

2) 시스템 자원 관리자

"한정된 자원의 원활한 관리를 어떻게 할 것인가?". 즉, 자원 관리자 관점에서 보면 다음과 같다.

- 관리해야 할 자원은 기억장치, 프로세서(CPU), 입출력(I/O) 장치, 파일(file) 등이 있다.
- 관리해야 할 내용은 다음과 같다.
  ① 각종 자원에 대한 현재 상태를 파악한다.
  ② 자원 분배를 위한 스케줄링 정책을 결정한다.
  ③ 분배 정책 수행을 위한 자원 할당 작업을 한다.
  ④ 자원의 회수 작업 및 그에 따른 정보를 변경한다.

(6) OS 관리 자원의 상관 관계

OS가 관리하는 자원의 상관 관계는 [그림2-3]와 같다.

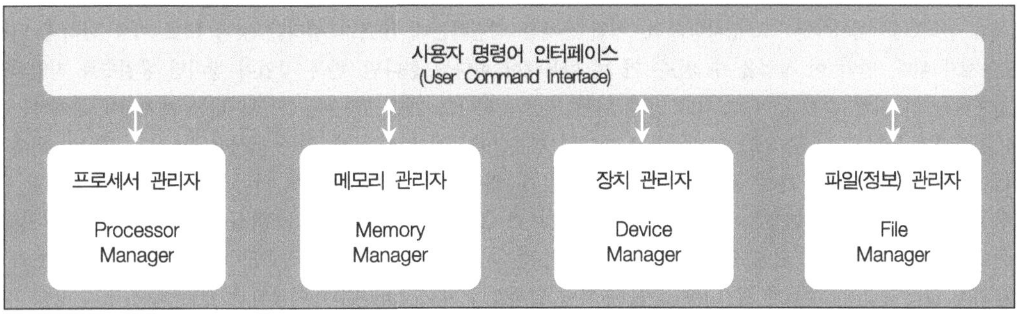

[그림 2-3] OS 관리 자원의 상관 관계

① 프로세서(CPU) 관리 : 중앙 처리 장치(CPU)
② 기억장치(메모리) 관리 : 주기억장치(M/M), 보조 기억 장치(A/M)
③ 입/출력장치(장치) 관리 : 키보드, 마우스, 모니터, 프린터, 주변 장치 등
④ 파일(정보) 관리 : 파일, 데이터베이스 등

2.6 운영체제의 필요성

기본적으로 운영체제(OS)라고 하는 것은 각 구성요소들(CPU,M/M 및 각종 H/W)를 제어하는 공동 창구 역할을 해주는 프로그램이다. 이런 OS의 필요성이 부각되는 이유는 H/W의 다양성에 있다. 일반적으로 H/W는 제조 회사마다, 모델마다, 버전마다 명령어 체계가 조금씩 달라지는데, 과거 도스(DOS)의 시절을 돌아보면, 이러한 차이를 조율하기란 쉽지 않은 것을 알 수 있다. 심지어는 사운드 카드를 사용하기 위해서는 config 파일을 수정해서 리부팅(rebooting) 하고, 게임을 하기 위해 멀티 부팅(multibooting)을 사용하는 등 아주 작은 차이점이 있음에도 불구하고도 사용자에게 큰 불편을 가져다주곤 했다. 때문에 최근 OS들은 H/W를 명령어의 몇 개로 통제할 수 있도록 공통적인 조작(연산)들을 제공해 주고 있다.H/W 제조가들은 이런 공통적인 조작들에 맞추어서 자신들이 판매하는 H/W가 동작할 수 있도록 드라이버(driver)를 제작, 제공하게 되고, 사용자는 OS가 제안하는 조작들을 통해 H/W를 큰 어려움이 없이 사용할 수 있게 된다는 것이다.

예를들어, S회사에서 만든 프린터와 T회사에서 만든 프린터, Y회사에서 만든 프린터가 있는데, 이들은 각자 고유의 명령어 체계를 가지고 있다. 실제로 기계어 수준으로 들어가보면 상당히 많은 것을 알 수 있다.이를 컴퓨터에 설치하고 어떤 문서를 인쇄하려고 하면, S회사는 PRINT라는 함수를 T 회사는 OUT 함수를, Y 회사는 출력이라는 함수를 사용한다고 가정하면 큰 문제가 되지 않겠지만, 문제는 각종 매개변수나 환경 변수들을 일일이 입력해주는 번거러움이 따라올 것이다. 또한 노트북을 사용하고 있는데, 회사에서 사용하는 프린터와 집에서 사용하는 프린터, 학교에서 사용하는 프린터 등등 각기 다른 모델을 사용하고 있다면, 매번 다른 명령어를 기억하고, 요구하는 매개변수에 맞춰서 작업을 해야 할 것이다. 이런 식이면 컴퓨터를 사용하는데 있어 아주 불편할 것이다. 하지만, 실제로 우리가 사용하는 환경은 프린터의 종류가 다르다면, 그에 맞는 드라이버(Driver) 프로그램을 오직 한 번만 설치해주고 나면 어떤 제품을 사용하건 "Ctrl+P' 키만 누르면 인쇄가 가능하다. 나머지는 OS가 다 알아서 해준다. 즉, OS가 가지는 최대의 장점이자 효율을 이야기 한다면,사용 시의 편의성이라고 할 수 있다. 그렇다면, 비효율적인 이유를 예를 들어 설명한다. 전등 하나를 켜려고 한다고 가정해 보면, 그 전등이 어디에 위치해 있는지 정확히 알고 있고, 스위치도 무엇을 켜야 하는지 정확하게 알고 있다. 하지만, 절차상의 문제 때문에 그 스위에 접근을 할 수가 없다. 모든 것은 건물의 관리인에게 부탁해야 한다. 그냥 손만 뻗어서 스위치만 올리면 문제가 갑자기 관리인을 찾아야 하는 문제로 바뀌어 버렸다. 매 번 전등을 켜려고 할 때마다 관리인을 찾아야한다고 생각한다면, 어떤 문제를 해결하는데 10초가 걸리던 것이 10초 이상 걸리게 되는 것은 큰 문제가 된다. 만약 이 작업을 수 천,수 만 번 반복해야 한다고 한다면, 반복 작업이 쌓이면 쌓일수록 지연되는 시간이 늘어나는 건 어쩔 수가 없다. 그리고 만약 어떤 프린터 하나를 개발 했는데, 이 프린터는 자연계에 존재하는 모든 색상을 정확하게 구현해 낼 수 있는 프린터라고 한다면 범용 OS들이 인식할 수 있는 색상은 4바이트 색상이 최대가 된다. 이럴 경우라면 프린터가 가진 능력을 제대로 활용할 수 있을 리가 없다. 때문에 이런 경우에는 이를 제어할 수 있을 만한 별도의 OS를 개발하던가 아니면 별도의 플랫폼으로 출시하는 수 밖에 없다. 확실히 OS를 사용하면 사용자 입장에서는 편리해 진다. 사실, 위에 언급된 작은 지연 정도는 거의 느껴지지도 않을 정도이다. 하지만, 1/1000초의 오차도 허용하지 않는 민감한 제어기 등 예를 들면, 원자력 발전소의 제어장치라던가 인공위성 궤도 제어 장치 등의 경우는 범용 OS를 사용하지 않을뿐더러 OS의 도움을 극소화 해 H/W의 성능을 100% 가까이 끌어낼 수 있도록 설계를 하고 있다.

OS의 필요성은 컴퓨터의 기동과 문자 출력, 프로그램 실행, 디스크의 초기화 등의 작업은 컴퓨터를 이용하기 위해 반드시 거쳐야 한다. 만일 이러한 기본적인 작업들까지 사용자가 프로그램으로 작성해야 한다면 프로그램이 매우 길어지고, 컴퓨터에 대한 전문적인 지식이 없을 경우에는 컴퓨터의 사용이 매우 힘들게 된다. 우리가 컴퓨터를 쉽게 사용하기 위해서는 프로그램들을 모아둔 프로그램의 집합체인 OS가 필요하다.

운영체제(OS)는 컴퓨터 H/W와 사용자 간의 매개체 역할을 하는 프로그램으로서 사용자에게 편리함을 제공하며, 컴퓨터 시스템의 효율적인 운영이 가능하며, OS는 시스템 S/W로서 컴퓨터 시스템의 종류나 규모에 관계없이 어떤 형태로든 항상 존재해야 하는 가장 기본적인 것이다.

운영체제(OS)를 중심으로 컴퓨터 시스템을 구성하는 4대 요소는 하드웨어(H/W;hardware), 운영체제(OS;operating system), 응용프로그램(application program), 사용자(user) 등이다[그림2-1].

OS의 필요성은 다음과 같다.

① 컴퓨터의 H/W를 관리하고 여러 응용 프로그램을 관리하는데 기반이 된다.
② 사용자가 프로그램을 실행할 수 있는 환경을 제공해 준다.
③ 컴퓨터 시스템에 있어서 자원을 운영하는데 필요한 적당한 방법을 제공한다.

2.7 운영체제의 목적

컴퓨터 시스템을 보다 편리하게 사용할 수 있게 해주는 환경을 제공하는 것이다. 예를 들면, GUI((Graphic User

Interface), Windows 탐색기 등을 말한다. 또한 컴퓨터 H/W를 효율적으로 사용할 수 있게 도와준다. 예를 들면, 인터넷 서비스 등이 있다. 결론적으로 말하면, 사용자가 프로그램을 수행할 수 있는 환경을 제공하여 컴퓨터 시스템을 보다 편리하고 효율적으로 관리하고 이용할 수 있게 해준다(좋은 환경을 만드는 것이다).

OS가 제공하는 구체적인 목적은 다음과 같다.

사용자 인터페이스의 제공, 컴퓨터 시스템의 성능(performance) 향상으로써, 시간당 작업 처리량이 빨라야 하는 처리량(throughput)의 향상, 사용자가 시스템에 작업을 의뢰하고 난 후에 반응을 얻을 때까지의 걸리는 시간인 응답 시간(response time)의 단축, 실패 없이 주어진 기능을 수행할 수 있는 능력인 신뢰성(reliability)의 향상, 고장과 오류가 발생해도 그 영향을 받지 않고 운영하는 능력인 사용 가능도(availability)의 향상 등이다[그림2-4].

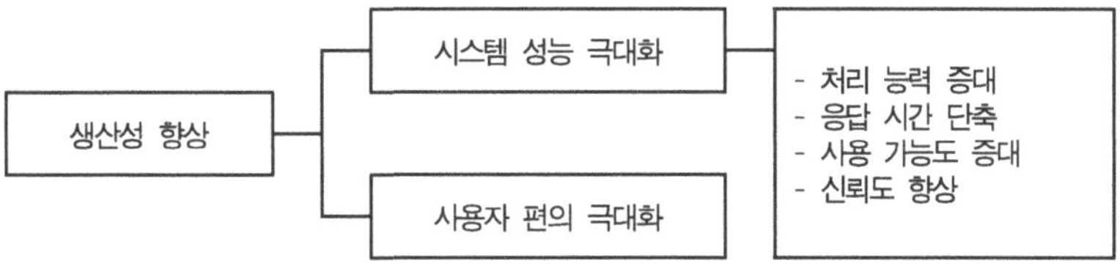

[그림 2-4] 운영체제의 목표

(1) 시스템 성능의 극대화

① 처리능력(Throughput)의 증대

"일정 시간 내에 시스템이 처리하는 일의 양"이다.

- 시스템 전체의 일 처리 능력을 강조.
- 사람의 개입을 최소화하는 방향으로 설계.
- 작업의 자동화된 연속처리가 가능하도록 설계.
- CPU 대기시간을 짧게 : 다중 프로그래밍 도입

② 응답시간(Respones time, Turnaround Time) 단축

"일의 처리를 컴퓨터에 의뢰하고 나서 결과를 얻을 때까지 걸리는 시간"이다.

- 연속처리 기법(개념), 온라인(On-Line), 실시간 처리 개념 도입
- 다중 프로그래밍 개념의 도입, 시분할 처리 개념 도입

③ 사용 가능도(Availability) 증대

"컴퓨터시스템 내의 한정된 자원을 신속하고 충분히 지원해 줄 수 있는 정도"이다.

- 자원의 양과 관계가 있음.
- 각종 자원에 대한 정보 관리가 필요하며, 신속히 지원해 줄 수 있는 스케쥴링 기법필요
- 시스템 유지보수, 오동작에 대한 자동적 대처 기법도 도입.

④ 신뢰도(Reliability) 향상

"시스템이 정확하게 작동되는 정도"이다.

- H/W 오류의 자체 회복 시도 기능
- S/W적 오류에 대한 상세한 메시지
- H/W적 시스템의 신뢰성 향상 구축
- Dual, Duplex 시스템

(2) 사용자의 편의성 극대화

컴퓨터 H/W의 복잡한 구성을 알지 못하는 사용자에게, 손쉽게 컴퓨터를 이용할 수 있도록 하는 방향으로 OS가 구현되며, 사례는 다음과 같다.

- 키보드 입력과 문자 출력 형태
- 마우스 입력, 2차원 그래픽을 이용한 아이콘 입력
- 윈도우 위주의 GUI(Graphic User Interface)
- 펜 입력, 음성 입출력, 화상(정지 및 동영상), 애니메이션, 3차원 그래픽을 포함한 멀티모달 인터페이스(MMI; Multi- Modal Interface) 형태

운영체제(OS)에 대한 사용자 인터페이스의 변화를 보면, DOS(Disk Operating System)과 같이 명령어 방식의 시스템으로 ,사용하는데 많은 기반 지식을 요구하였으며, 이어서 윈도우즈(Windows)와 같이 **GUI 환경**을 지원 하므로써 마우스(Mouse)라는 입력 장치로 편하게 클릭만하면 S/W가 실행될 수 있도록 하는 진일보한 변화를 거듭하였다.

2.8 운영체제의 역할

자원 관리자와 중재자로서 중앙처리장치(CPU), 기억장치(M/M), 입/출력(I/O)장치, 공유된 코드 및 데이터 구조 등을 관리하는 컴퓨터 시스템의 구성요소로써 한정된 자원을 원활하게 사용할 수 있도록 해주는 **사용자-기계 인터페이스(man-machine interface)**이다. OS는 컴퓨터 H/W와 응용 프로그램 간의 인터페이스 역할을 하며 CPU, 기억장치(M/M)와 같은 컴퓨터 자원을 관리하고 사용자에게 편의성을 제공한다. 즉, 컴퓨터 사용자가 입력 장치를 통해 문자 또는 영상 정보를 입력하면 컴퓨터 H/W는 이를 기계어로 변환하여 처리하고, 처리 결과를 다시 컴퓨터 사용자가 이해할 수 있는 문자 또는 영상 정보로 변환하여 출력 장치에 나타내준다. 컴퓨터 사용자가 입력 장치를 통해 문자 또는 영상 정보를 입력하면 컴퓨터 H/W는 이를 기계어로 변환하여 처리하고, 처리 결과를 다시 컴퓨터 사용자가 이해할 수 있는 문자 또는 영상 정보로 변환하여 출력 장치에 나타내준다[그림2-5].

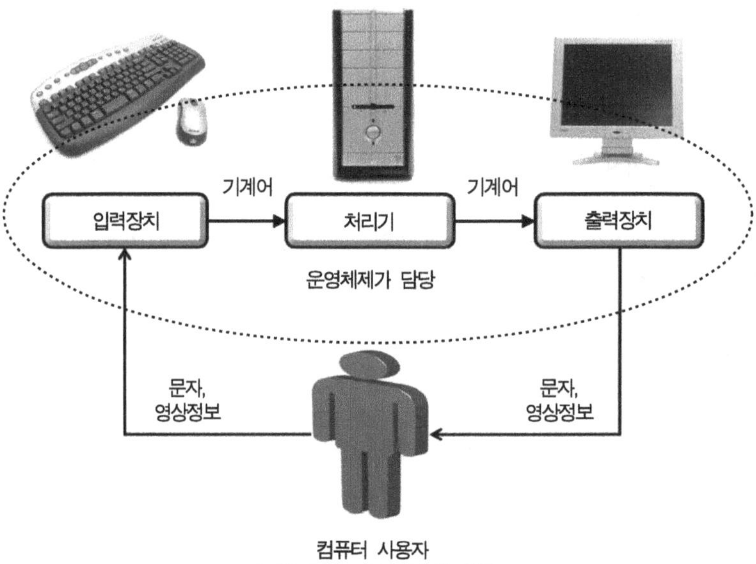

[그림 2-5] 운영체제의 역할

OS의 역할은 다음과 같다.

① 사용자와 컴퓨터 시스템 간의 대화할 수 있도록 인터페이스의 기능을 제공한다.
② 사용자 간의 H/W를 공동 사용을 허용한다.
③ 사용자 간의 데이터를 공유한다.
④ 사용자 간의 자원의(프로세서(CPU), 메모리(M/M), 입출력(I/O) 장치 등) 사용을 스케줄링한다(자원 할당자로써의 역할 수행).
⑤ 실행 중인 프로그램과 파일 시스템을 관리한다.
⑥ 컴퓨터 시스템의 오류 처리를 담당한다.

2.9 시스템의 구조

컴퓨터 시스템의 자원이 다양해지고, 사용자들의 요구가 증가함에 따라 OS는 점점 더 크고 복잡해지고, 현대의 OS와 같이 크고 복잡한 시스템은 요구되는 모든 기능이 적절히 수행되어야 한다. 각 기능 모듈들이 쉽게 변경될 수 있도록 신중히 설계되어야 하고, 이러한 각 기능 모듈들은 입력과 출력, 그리고 기능이 잘 정의 되어야만 하며, OS의 한 부분으로 긴밀히 구성되어야 한다. OS와 같이 크고 복잡한 시스템은 적절하게 동작하고 쉽게 변경 될 수 신중히 제작되어야 한다. 일반 적인 접근 방법은 한 개의 일관된 시스템보다는 태스크를 작은 구성요소로 분리 하는 것이다. OS의 구조와 기능의 계층화 측면에서 보면 다음과 같은 특징이 있다.

- OS는 대단히 많은 프로그램의 집단이다.
- 프로그램의 복잡한 관계를 가진다.
- 명확하게 정의된 작은 조각으로 구분하여 작성한 후, 이들을 자세하게 규정된 입력/출력 기능 등의 내부 연결(interconnection)을 통하여 개발 또는 운영한다.
- OS의 주요 기능은 다음과 같다.
  - 접근 제어 기능
  - 자원 관리 기능
  - 데이타 제어기능
  - 장치 접근 기능

2.10 운영체제의 구조(Operating-System Structures)

2.10.1 개요

운영체제((OS: Operating System)는 프로그램을 실행하는 환경을 제공해 주며, 논리적으로 작은 모듈들로 구성되어 프로그램들을 위한 인터페이스 역할을 수행하며, 내부적으로 OS는 여러 형태로 구성되고, 새로운 OS의 설계는 시스템의 목표를 잘 정의하고, 구성하고자 하는 시스템의 형태는 필요한 정책과 여러 가지 알고리즘 사이에서 선택하기 쉽도록 설계하는 것이 기본이다.

OS는 [그림2-6]과 같이 커널(kernel)과 유틸리티(utility) 프로그램의 두 부분으로 구분되며, OS의 커널 부분이 담당하는 기능은 대부분 자원의 관리 기능이라 할 수 있다. 이는 중앙처리장치(CPU), 주기억장치(M/M), 입/출력장치(I/O), 보조기억장치(A/M) 등의 H/W 자원을 관리하는 기능과 파일, 프로세스 등의 S/W 자원을 관리하는 기능으로 볼 수 있다.

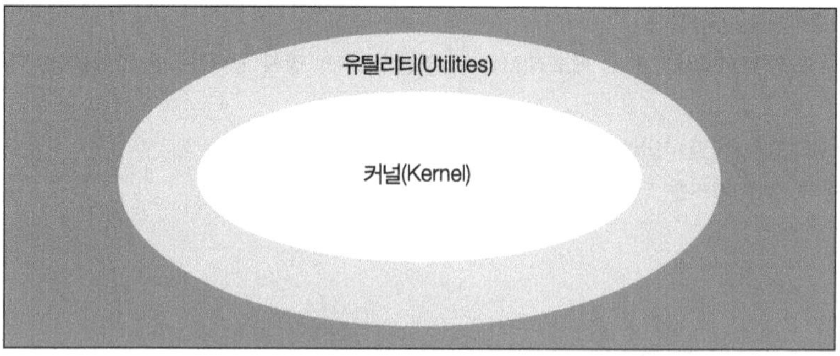

[그림 2-6] OS의 구성

운영체제(OS)의 대략적인 구조는 다음과 같다[그림2-7].

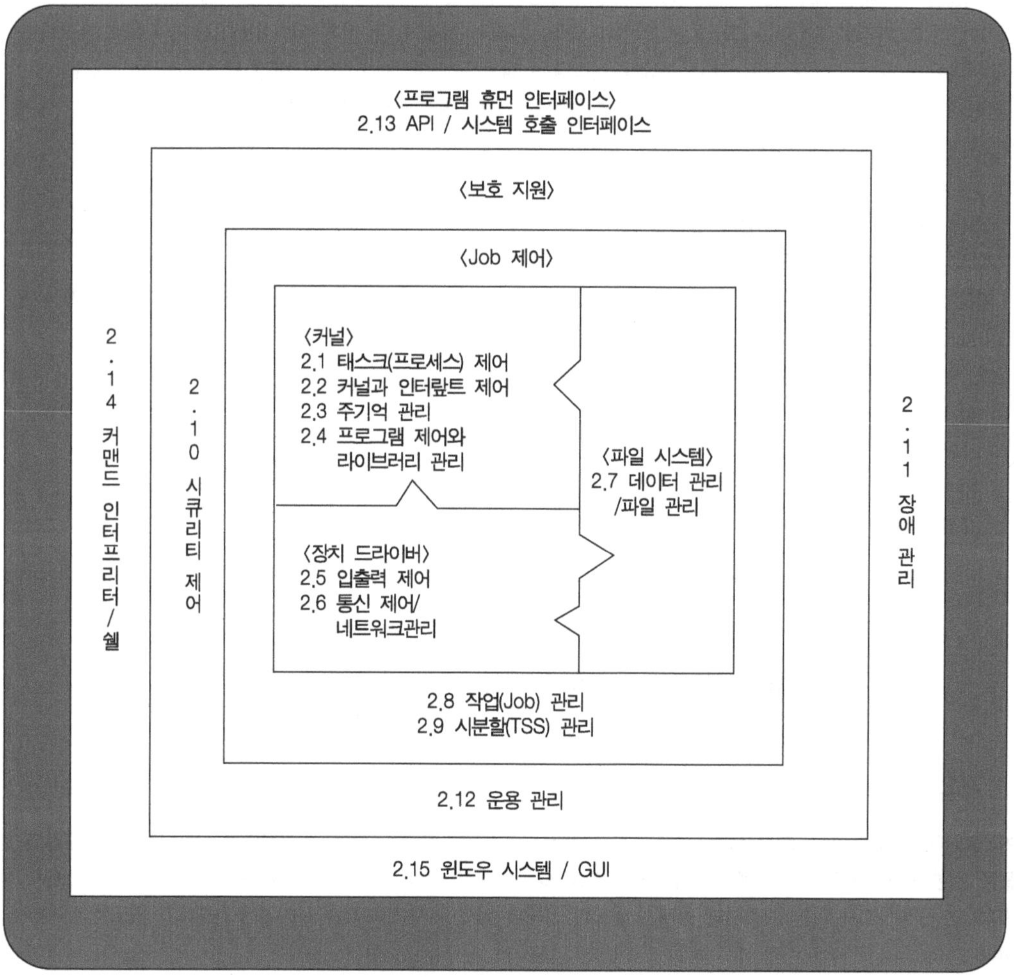

[그림 2-7] OS의 개략적인 구조

실제로 다양한 OS가 존재하며 기능 및 내부 구조도 아주 개성적으로 되어 있다. 또 OS의 목적(처리 형태)에 따라 기능도 특화되고 있다. 그러나 이들 각각의 OS에 대하여 상세히 설명하는 것은 거의 불가능하다. 따라서 여기서는 범용 컴퓨터 계열의 OS로 IBM사의 MVS, 워크스테이션 계열의 OS로 UNIX, PC 계열의 OS로 마이크로소프트사의 MS-Windows나 MS-DOS를 참고 모델로 하고 있다.

이들 OS의 기능을 필요에 따라 설명하면서 OS의 기능에 공통적인 사항이나 기초적인 지식을 해설한다. 각 OS의 기능이나 내부 구조에 관한 상세한 내용을 알 수 있기를 기대한다.

이 장은 OS가 제공하는 것이 기능별로 구성되어 있다. 각 기능이 OS의 프로그램 구조와 대응되어 있으면 OS도 쉽게 이해할 수 있겠지만 실제로 OS는 그렇게 되어 있지 않다. 실행시의 성능이나 실현의 용이성 등에 따라 OS의 구조가 결정된다. 또 각 기능도 독립하여 존재하는 것이 아니라 서로 의존하며 통신하면서 통합적인 기능을 사용자에게 제공하고 있다. 따라서 OS를 이해하려면 기능의 구조화와 이를 실현하고 있는 OS의 구조를 이해해야 한다. 그런 까닭에 조금 무모하지만 [그림2-7]과 같이 OS의 기능을 구조화하여 각 절이 대상으로 하는 기능이 전체 중에 어디에 속하는가를 알 수 있게 하였다. OS의 구조를 정확하게 그린 것은 아니지만 개요를 알 수 있을 것이다. 정확한 OS 구조는 각 OS마다 크게 다르다.프로세스(태스크) 제어 측면에서 볼 때 이 절에서 설명하는 기능은 커널 기능에 속한다. 이 절의 내용은 [그림2-9]에서 보는 것처럼 커널의 처리 관리 중 프로세스(태스크) 관리와 작업(job) 관리의 기능, 그리고 시스템 호출 서비스의 일부 기능에 대하여 설명하고 있다. 프로세스(태스크)는 CPU에서 본 처리의 제어 단위로 커널은 프로세스를 교체함으로써 다중프로그래밍을 실현하고 있다. 프로세스는 커널의 교체 대상이 되는 처리의 제어 단위이다. 여기서는 프로세스(태스크)를 설명하여 그 실행 방법, 다중 프로그래밍 하에서 태스크의 프로그래밍 상의 유의점 등에 대하여 설명하고 프로세스(태스크)의 스케줄링 방식은 3장에서 살펴보기로 한다.

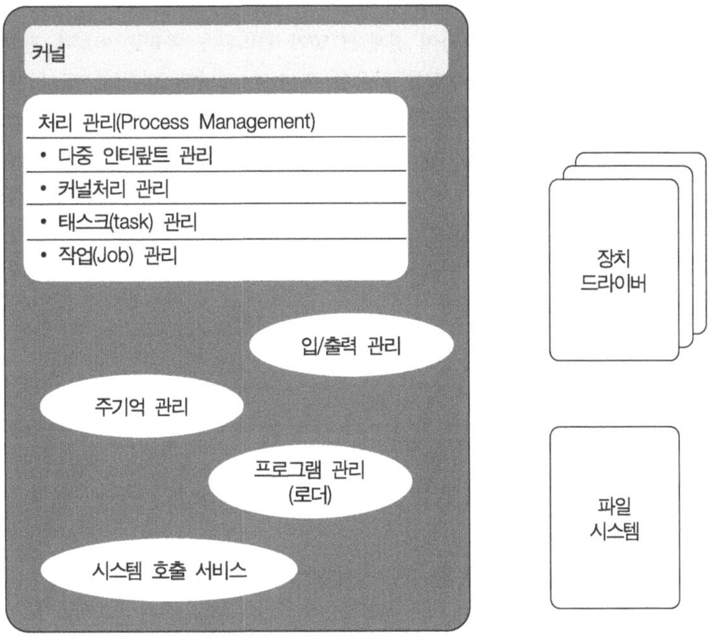

[그림 2-8] **태스크(프로세스) 제어**

태스크는 프로세스(process)라고도 하며 커널이 다중프로그래밍을 실현하기 위하여 교체하는 처리 단위이다. 커널에 따라서는 태스크를 여러 가지 다른 이름으로 부르는 수가 있는데 이들의 사소한 차이나 그 이름을 사용하는 배경이 되는 처리 형태의 차이에 대해서는 3장에서 설명한다.

2.10.2 운영체제의 개념

최근 OS는 갈수록 중요한 기능들이 S/W에서 펌웨어(firmware) 즉, 마이크로 코드화하는 경향이 되고 있다. 이러한 추세는 계속 확산되고 있어서 일부 시스템에서는 펌웨어로 코드화된 기능들이 많아져서 S/W와 H/W의 구분이 불분명해지고 있다.

컴퓨터 시스템 쪽을 많이 접하는 분들은 흔하게 등장하는 단어가 추상화(abstraction)라는 개념인데,OS의 개념도 이것과 비슷하기에 이를 먼저 설명하고자 한다. 추상화는 간단하게 사용자가 그 내부 원리나 동작 상태 등을 몰라도 인터페이스만 가지고 사용할 수 있도록 하는 개념이라고 생각한다. 리모콘을 예를 들면 우리가 버튼을 누르면 TV가 그에 따라 동작하지만 내부에는 많은 일들이 일어난다. 버튼을 누르는 순간 전류가 회로를 따라 흐르고 미리 저장된 프로그램(이것도 큰 의미의 OS이다. 이에 따라 어떤 버튼인지 확인하고 무선으로 신호를 보낼 수 있게 관련된 동작 등을 수행하게 된다. 우리는 리모콘 내부에서 어떤 동작이 일어나는지 모르지만 외부로 들어난 버튼을 이용해서 리모콘을 작동시킬 수 있다. C++이나 Java에서 흔히 등장하는 의미와 API도 이러한 개념이다.

OS는 사용자가 좁게는 컴퓨터를 넓게는 어떤 H/W를 편리하게 사용할 수 있도록 해주는 프로그램이다. PC를 예로 들면 랜카드, CPU, 각종 저장매체 관리, 사운드 카드 등 여러 가지 H/W가 부착되어 있다. 우리는 이러한 내부 H/W가 어떠한 방식으로 동작하는지 모르고, 관리할 필요도 없이 OS가 제공하는 GUI를 통해 어떤 명령을 내리게 된다. 그러면 OS는 그에 맞는 동작을 수행하기 위해 여러 H/W를 관리해주는 것이다. 예를 들어 윈엠프를 이용하여 음악을 듣고자 할 경우 우리는 윈엠프를 실행시키고 원하는 곡을 리스트에 올리기만 하면 된다. 하지만 OS는 윈엠프라는 프로그램 (이하 프로세스)에 맞는 구조체를 만들고, 해당 정보를 저장하고, 메모리(M/M)에 올린다음 프로세스에서 요청하는 파일을 하드 드라이브에서 찾고, 이를 메모리로 불러오고, 사운드카드 드라이버(기능(function)을 프로세스에 연결시키고, 사운드 카드로 데이터를 보내고...등등 간단하게는 이러한 일들을 수행하게 된다. PC가 우리가 요청하는 동작을 수행할 수 있도록 잡일들을 처리해주는 것이다. 작게는 PC에서 사용하는 윈도우나 리눅스부터 TV, 핸드폰, MP3, PMP 등등 이러한 제품들에는 모두 OS가 장착되고 이를 통하여 전체 H/W가 관리된다. 우리는 이렇게 관리해주는 프로그램이 제공하는 인터페이스를 이용해서 간편하게 해당 H/W를 사용할 수 있는 것이다. 이것이 OS의 개념입니다.OS는 행정부(government)와 유사하고, OS는 자원 할당자(resource allocator)로 간주하며, OS는 제어 프로그램(control program)으로 간주한다. 즉, **"제한된 컴퓨터 시스템의 자원을 보다 효율적으로 관리하고 운영함으로써 사용자들에게 편의성을 제공하고자 하는 인간과 기계간의 인터페이스(man-machine interface) 프로그램"**이다. 즉, **"OS는 사용자와 컴퓨터 H/W 사이에 위치하여 사용자에게 편의성과 인터페이스 기능을 제공하는 시스템 소프트웨어"**이다. OS는 시스템의 각종 자원을 효율적으로 운영하고 관리함으로써 사용자는 컴퓨터를 쉽고 편리하게 사용할 수 있다.컴퓨터 시스템의 구성요소들에 대한 대략적인 관점은 [그림2-9]와 같다.

예제 2-1

OS의 세 가지 중요한 목적은 무엇인가?

풀이

- 사용자에게 컴퓨터의 프로그램을 쉽고 효율적으로 실행할 수 있는 환경을 제공.
- 컴퓨터 시스템 H/W 및 S/W 자원을 여러 다중 사용자간에 효율적 할당, 관리 보호하는 것.
- OS는 제어 프로그램으로서 사용자 프로그램의 오류나 잘못된 자원 사용을 감시하는 것과 입/출력 장치 등의 자원에 대한 연산과 제어를 관리.

2.10.3 간단한 구조(Simple Structure,단일 구조(Monolithic structure))

운영체제(OS)는 처음에는 소형이면서 간단하고 제한된 시스템으로 시작 되었다. 최소의 공간에 최대의 기능들을 제공하도록 작성되어 있어서 모듈들로 주의 깊게 분할되지 않았다. 간단한 OS의 구조는 [그림2-10]와 같다.

간단한 OS 구조의 특징은 다음과 같다.

- 단순한 시스템이다.
- 제한된 구성 자원이다.
- 소형 시스템에 적용한다.
- 단일 사용자용의 OS에 적용한다.

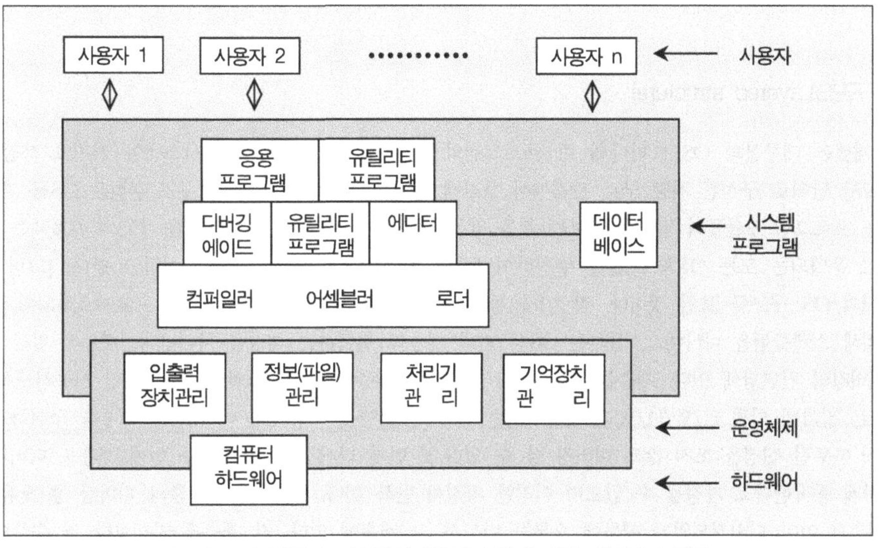

[그림 2-9] 컴퓨터 시스템의 구성요소들에 대한 대략적인 관점

대표적인 간단한 OS인 MS-DOS의 예를 들어 보자.

MS-DOS는 구조화되어 있지만 인터페이스와 기능에 대한 계층들이 잘 분리되어지지는 않았다. 즉, MS-DOS는 인터페이스와 기능 계층이 잘 분리되어 있지 않다[그림2-10]. 예를 들면 응용 프로그램이 기본 입/출력 루틴을 통하여 디스플레이와 디스크 드라이브에 직접 쓰기가 가능 하다. 이런 자유는 프로그램을 취약하게 만들었다. 따라서 사용자 프로그램이 고장나면 시스템 전체가 고장 나게 된다. MS-DOS는 시작부터 H/W의 기능에 제한적이었으며 Intel 8088이 이중 모드와 H/W 보호 기능을 제공하지 않기 때문에 MS-DOS의 설계자들은 기본 H/W를 접근하도록 하용 할 수 밖에 없었다. 다시 말해, OS라는 개념이 생성되어 초기의 컴퓨터 시스템을 제어하던 OS는 작은 규모이면서 간단하고 제한된 시스템으로 시작되었고, 이들 초기 OS들은 컴퓨터 H/W의 제어를 위한 최소한의 자원 접근 기능을 가진 간단한 디스크 OS의 형태를 띠고 있다. 이들은 적은 수의 기능 모듈을 가지기 때문에 효율적인 측면을 고려하여 최소한의 계층구조도 가지지 않는 경우가 대부분이고, 최근에도 초기의 OS와 같이 잘 정의되지 않은 구조를 가진 OS들이 많은데, 이는 하위 호환을 위하여 초기의 단일구조에서 단순 확장된 경우가 대부분이며, 가장 좋은 예로써 개인용 컴퓨터에서 사용되고 있는 MS-DOS 운영체제이다.

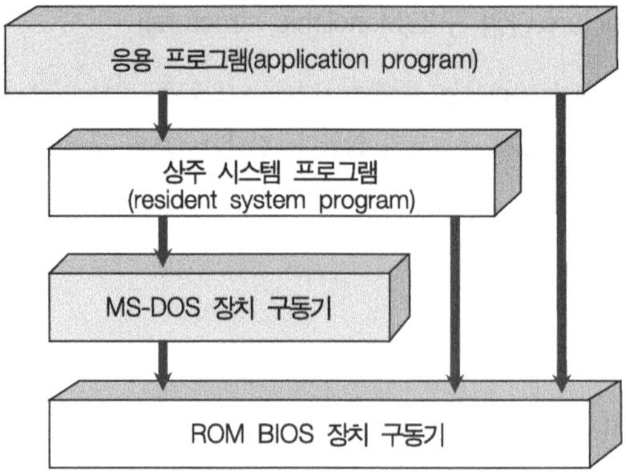

[그림 2-10] MS-DOS의 구조

2.10.4 계층 구조(Layered structure)

과거에 존재했던 대부분의 OS는 하나의 큰 프로그램의 집합으로 구성되었으나, 시스템이 커지고 복잡해짐에 따라 OS를 여러 모듈 단위로 구성한 계층 구조 관점에서 생각해 볼 수 있게 되었다. **계층 구조 관점**은 OS를 계층적인 상호 관계를 가지는 프로그램 모듈들의 집합으로 보는 것을 말한다. 프로세스 계층으로 운영되는 OS의 모듈과는 달리 확장된 기계 개념으로 운영되는 모든 OS의 모듈을 총칭하여 **OS의 커널(Kernel 또는 Nucleus)**이라고 한다. [그림2-11]은 계층 구조 관점에서의 OS 구조를 보인 것이다. 작업(Job)들은 작업 스케줄러에 의해 관리되어 프로세스화되며, 점선은 작업 스케줄러에 의해 스케줄됨을 나타내고, 실선은 OS의 커널 계층에 접근하는 대상을 나타낸다. 계층적 접근 방식의 장점은 구현과 디버깅의 간단함에 있다. 계층들은 단지 자신의 하위 계층들의 서비스와 기능(연산)만 사용하도록 선택 된다. 첫 번째 계층은 정의에 의해 H/W(H/W는 오류가 없다고 가정함)만을 사용하여 이 계층의 기능을 구현하기 때문에 나머지 시스템에 아무런 신경을 쓰지 않고 디버깅 할 수 있다.첫 번째 디버깅이 끝나고 두 번째 계층을 디버깅 하는 동안 그것이 정확하게 동작한다고 가정될 수 있으며 이러한 과정이 반복 된다. 만일 어느 계층의 디버깅 중 오류가 발견되면 그 하위의 계층은 이미 디버깅되었기 때문에 오류는 반드시 그 계층에 있다. 각 계층은 자신보다 저 수준의 계층에 의해 제공된 연산만 사용해 구현한다. 한 계층은 이러한 연산들이 어떻게 구현되는지 알 필요가 없고 이러한 연산들이 무엇을 하는 지만 알면 된다(객체 지향의 캡슐화와 비슷하다). 따라서 계층을 나누면 시스템의 설계나 구현이 간단해 진다.

계층적 접근 방법의 장점은 시스템 내부 동작에 대한 변경이나 재정의가 용이하며, 기능과 특징에 따라 구성 요소의 분리 및 조합이 용이하다. 또한, 외부 인터페이스의 변경 없이 하위 계층에 대한 자유로운 접근이 가능하다.

단점으로는 여러 계층을 정의하는 것이 어렵다. 예를 들어 예비 저장장소(Backing store) 가상 기억장치 알고리즘에 의해 사용되는 디스크 공간)를 위한 장치 드라이버는 메모리 관리가 예비 저장 장소를 사용할 수 있는 능력을 필요로 하기 때문에 메모리 관리 루틴들보다 저 수준에 있어야 한다.

계층적 구현의 문제점은 다른 유형의 구현 방법보다 효율성이 낮다는 것이다. 각 계층은 시스템 호출에 오버헤드를 추가하며 그 결과 계층적 구조가 아닌 시스템보다 시스템 호출의 수행 시간이 더 오래 걸린다.

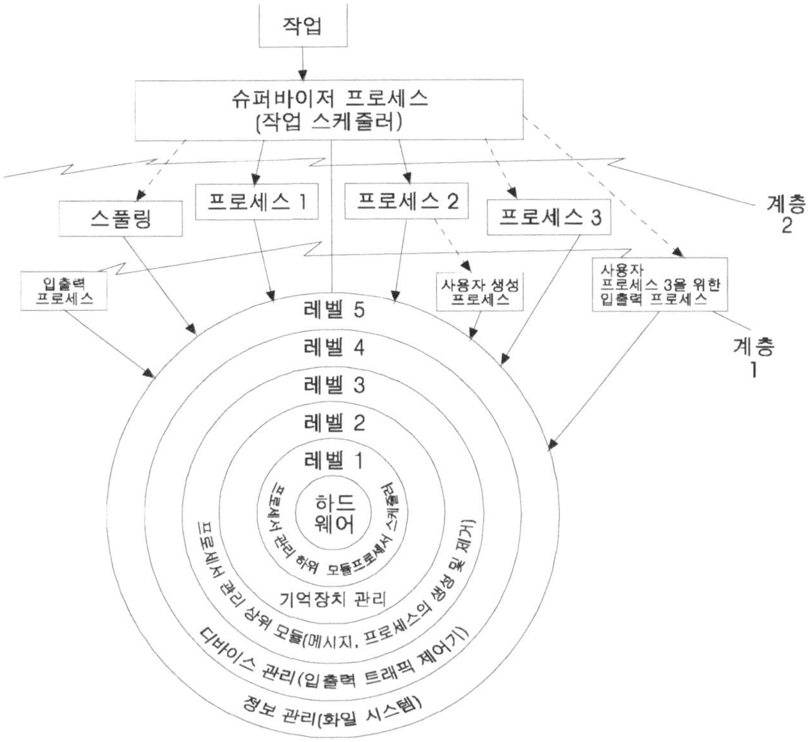

[그림 2-11] 계층적 구조 관점에서의 운영체제

계층적 접근 방식은 OS가 여러 개의 계층으로 나누어진다. 최하위 계층(계층0)은 H/W이고 최상위 계층(계층 N)은 사용자 인터페이스(user interface) 이다.

- 계층적인 접근을 통하여 전체 OS는 모듈화될 수 있으며, 각 계층은 모듈로서 독립적으로 유지 관리될 수 있다.
- 또한 각 계층은 연관되는 상하위 계층과의 인터페이스가 유지되면 내부적인 요소는 다른 계층과 독립되므로 정보 은폐(information hiding)의 장점을 가질 수 있다.
- 따라서 OS의 설계자는 원하는 H/W가 정확하다는 가정 하에 하나의 계층씩 구성해 나아갈 수 있으며, 모듈화된 계층 별로 검증, 수정할 수 있으며, OS의 계층은 다섯 또는 여섯 계층으로 구성하는 것이 일반적이다.

[그림2-11]의 각 계층으로 설계된 예에서 각 계층이 수행하는 대략적인 기능은 다음과 같다.

계층	기능
6계층	사용자
5계층	명령어 해석기
4계층	파일 시스템
3계층	기억장치 관리
2계층	기본 입출력
1계층	커널
0계층	H/W

(1) 계층 구조의 관점

OS를 계층적인 상호관계를 가지는 프로그램 모듈들의 집합으로 보는 것으로, 모든 OS의 모듈화한 기법으로 OS를 여러 개의 계층으로 나누며 각 계층은 자신보다 낮은 계층 위에 만드는 계층 기법(제일 밑에 있는 계층(0계층))은 H/W이고, 제일 위에 있는 계층(N계층)은 사용자 인터페이스)이다.

OS는 여러 계층으로 나눌 수 있는데, 세분화된 기능별 계층 구조로 나누어 보면 5가지 기능을 실행한다고 볼 수 있다[그림2-13]. 모듈을 총칭하여 OS의 커널(kernel)이라고 한다.[그림2-12].

- 커널(kernel; nucleus(핵))의 기능 : OS와 사용자를 위한 기계어 제공 및 커널(핵)의 기능에 의한 기타 많은 능력을 제공함으로써 추가 능력을 부여한다.
- 계층적 설계의 이유 : 오류 교정, 수정 (유지·보수 등)을 용이하게 하기 위해 사용(상위 계층에서 하위 계층으로의 호출만 허용) 한다.

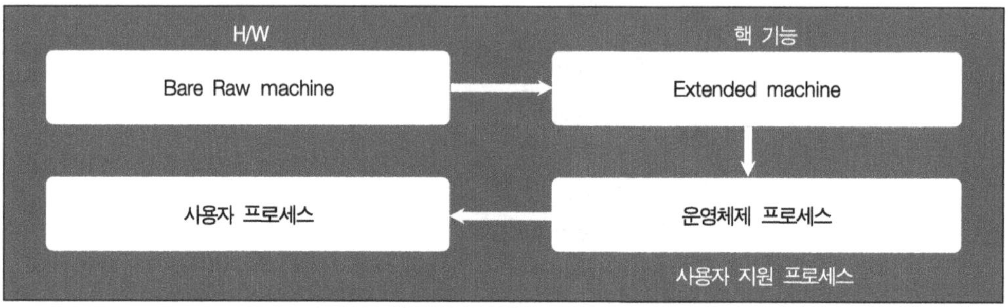

[그림 2-12] H/W와 사용자 프로세스와의 관계

5개의 계층에 관한 모형은 [그림2-13]과 같으며, 각 계층에 대한 기능은 [표2-4]에 나타냈다.

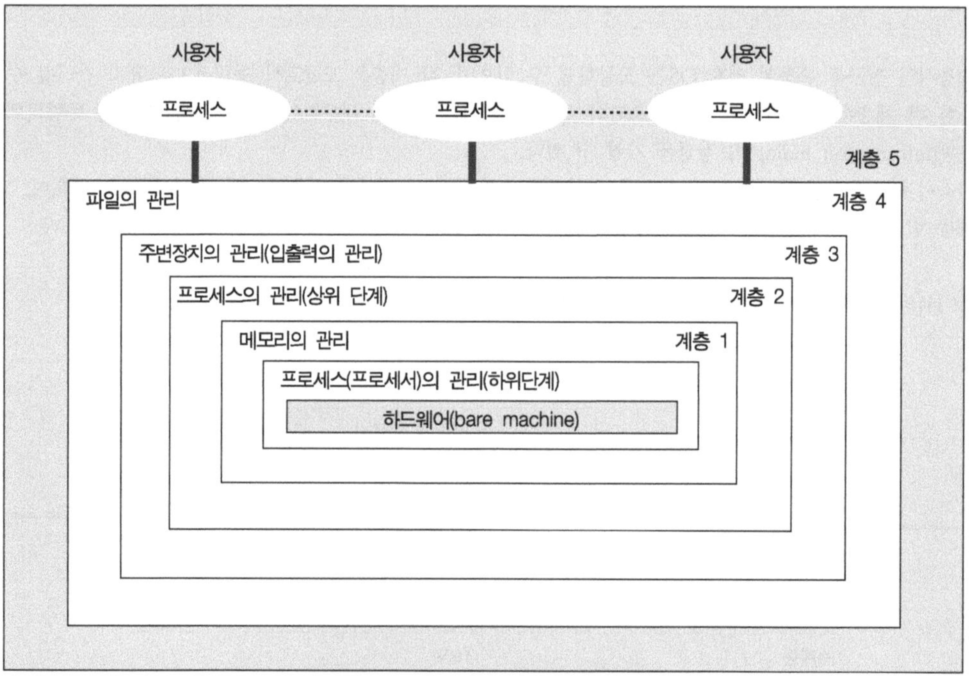

[그림 2-13] 5개의 계층에 관한 모형 관계

[표 2-4] 각 계층의 기능

1 계층	프로세서의 동기화 및 프로세서의 스케줄링을 담당함(프로세서 관리).
2 계층	메모리의 할당 및 회수 정책에 대한 기능을 담당함(기억장치(메모리) 관리).
3 계층	프로세스의 생성,제거 및 프로세스 간의 메시지 전달, 프로세스의 시작과 정지 등을 담당함(프로세스 관리).
4 계층	주변 장치의 상태를 파악하고 관리하며 일 또는 I/O 장치의 스케줄링을 담당하고,I/O에 대한 전반적인 사항을 지시함(주변장치(입/출력 장치) 관리).
5 계층	파일의 생성, 소멸, open, close, 파일의 유지 등을 담당함(파일 관리).

(2) 계층화의 예

계층적 접근 방법은 "THE" 라는 OS에서 최초로 사용 되었다. THE의 1계층은 CPU 스케줄링을 구현하였다. 2계층은 주기억 장치 관리로 가상 기억 공간이라는 관리 기법이 도입, 3계층은 오퍼레이터의 콘솔을 위한 장치 드라이버를 도입,4계층은 입/출력 장치를 위한 버퍼를 정의 하고 있다.

이와 유사하게 Venus 시스템에서는 7개의 계층 구조 기법을 사용 하였는데, 이 OS의 0 ~ 4 계층까지의 하위 계층을 마이크로 코드로 작성 하여, 수행속도를 증진시켰다. 마이크로 코드화된 것과 상위 계층(5 ~ 6)을 명확하게 구분하는 이점을 가지고 있다.

또 다른 OS인 MULTICS의 경우는 링 구조로 되어 있다. 내부 링에 있는 프로시저가 바깥 링에 있는 프로시저보다 더 많은 특권을 갖도록하여 바깥 링에서 안쪽 링을 호출하면 시스템 호출에 대한 유효성 검사를 한 후에 처리해 주는 방식이다.

1) UNIX의 계층적 예

제한적인 구조의 최초의 OS는 UNIX OS이며, UNIX는 처음에 기능적으로 H/W에 의하여 제한 받는 시스템(커널과 시스템 프로그램으로 구성)이며, 커널은 여러 가지 인터페이스와 장치 드라이브로 분리되어 있는데, 이는 UNIX가 처음 구성된 후 몇 년 동안 부가되고 확장된 것이다[그림2-14].즉, UNIX는 처음에는 하드웨어 기능에 의해 제한 받는 시스템 구조였다. UNIX는 커널과 시스템 프로그램으로 구성되어 있는데 커널은 여러 가지 인터페이스와 장치 드라이버로 다시 분리 되었다. 이는 발전 할수록 추가되고 확장 된 것이다. 시스템 인터페이스 아래와 물리적 H/W 위의 모든 것이 커널이다.

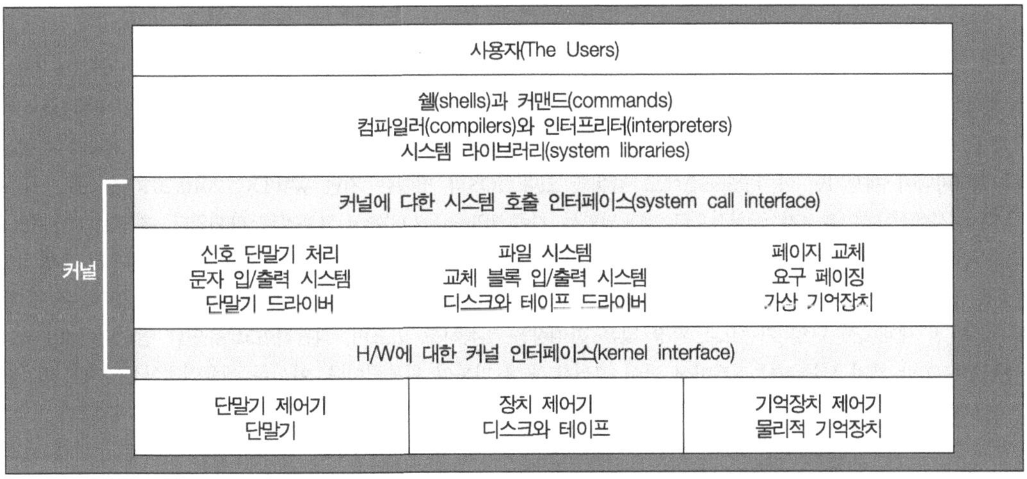

[그림 2-14] UNIX의 구조

시스템 호출을 통해 파일 시스템, CPU 스케줄링, 메모리 관리 그리고 다른 OS의 기능을 제공 한다. 이 모노놀리딕(Monolithic) 구조는 구현하기 어렵고 유지보수하기도 어렵다. 하향식(top-down) 접근법에서는 전체적인 기능과 특징이 결정되고 구성 요소로부터 분리가 된다. 정보의 은폐 또한 중요하다. 저수준의 루틴에서 외부 인터페이스가 변경되지 않고 루틴 자체가 공시된 일을 수행한다면 자유스럽게 구현할 수 있는 대신 보안에 취약하기 때문이다.

2) THE 운영체제의 계층 구조

Dijkstra[1968]는 “THE” OS를 설계하는데 계층적 접근 방식을 이용하고, 계층적 접근 방법의 설계(Technische Hogeschool Eindhoven 회사)를 최초로 사용된 OS이며, 6개의 계층으로 구성 되어 있다[표2-5].

[표 2-5] THE의 계층 구조

계층	내용
계층 5	사용자 프로그램
계층 4	I/O 장치를 위한 버퍼링(buffering)
계층 3	오퍼레이터-콘솔(operator-console) 장치 구동기
계층 2	기억 장치 관리(S/W 페이징)
계층 1	CPU 스케줄링(우선순위)과 P, V 연산
계층 0	H/W

2.11 스마트 폰 운영체제의 사례

이동통신 시장의 물줄기를 바꿔 놓은 스마트 폰은 여러 제조사를 통해 다양한 OS가 적용되어, 사용자가 자신의 취향과 환경에 맞는 제품을 선택할 수 있게 됐다. 따라서 스마트폰을 선택할 때는 개인에 따라 여러 가지 기준을 적용하겠지만, 각 OS에 따른 특징을 먼저 숙지해야 하겠다. 그 동안 브랜드를 먼저 보고 제품을 선택했다면, 스마트폰은 제품을, 특히 OS나 사양 등의 정보를 먼저 확인한 다음 브랜드를 선택하는 것이 바람직하리라 예상한다.

(1) 애플 iOS 운영체제

이 운영체제 개발사는 애플사이며, 스마트 폰 제조사도 애플사이다. 적용 사례는 애플 아이팟, 아이폰3Gs, 아이폰4 등이 있다. 스마트폰의 시대적 아이콘, 아이폰(iphone)에 적용된 애플 제품군 전용 운영체제다. 아이폰3Gs와 아이폰4를 비롯해 멀티미디어 재생기인 아이팟(ipod)에도 적용돼 있다. iOS의 명칭은 지난 WWDC 2010(2010년 6월 7일, 미국 현지시각) 행사에서 아이폰 4가 공식적으로 발표되면서 기존 'iPhone OS'에서 'iOS4'로 바뀌었다. 참고로 iOS4는 운영체제의 버전이 4번째로 공식 변화되었음을 의미한다. iOS4가 탑재된 아이폰 4는 국내 정식 출시 이전부터 폭발적인 관심을 불러 일으키면서 1차 예약판매량만 20만 대를 돌파했다. 특히 아이폰은 지금의 스마트폰 열풍을 몰고 온 주역이라 할 수 있다. 전 세계에서 단일 기종으로 가장 많은 판매량을 기록하고 있으며, 직관적이고 유연한 인터페이스(Interface, 사용 환경)와 20만 개가 넘는 애플리케이션 등이 그러한 판매 기록의 원동력이다. 아이폰 애플리케이션은 ‘IT 업계에 새로운 생태계를 만들어내었다’고 말할 정도로 스마트폰 시장을 재편했으며, 스마트폰이 나아갈 방향을 제시했다는 점에서 주목 받고 있다. 이렇게 풍부하면서도 안정적인 애플리케이션은 아이폰을 스마트폰 시장의 절대 강자로 군림케 했고, 이는 밑바탕에 iOS가 있었기에 가능했다. 다만 iOS는 컴퓨터와 연결해서 파일을 주고받을 때, 전용 프로그램인 ‘아이튠즈

(iTunes)'를 꼭 거쳐야 하므로 다른 스마트폰 운영체제에 비해 다소 번거롭다. 또한 다양한 파일 형식을 지원하지 않아 매번 별도의 변환 작업이 필요하다는 것도 아쉬운 점으로 지적된다.

(2) 구글 안드로이드 운영체제

이 운영체제 개발사는 구글이며, 스마트폰 제조사 는 삼성전자, LG전자, 모토롤라, 구글, HTC 등이 있다.적용사례는 갤럭시(삼성), 옵티머스(LG), 모토로이(모토롤라),디자이어(HTC) 등이 있다.

삼성전자의 갤럭시 시리즈 스마트폰으로 우리나라에 대중적으로 알려진 구글의 안드로이드 운영체제. 아이폰의 iOS와 함께 현재 국내에서 스마트폰 운영체제의 양대 산맥으로 군림하고 있다. 이 안드로이드 운영체제의 특징은 어느 스마트폰 제조사든 자사 제품에 적용할 수 있도록 한 '개방형 시스템'이라는 점이다(애플 iOS는 애플 제품에만 적용된다). 때문에 현재 여러 제조사에서 다양한 모델의 안드로이드 스마트폰을 출시하고 있다. 이는 안드로이드 운영체제의 장점과도 연결된다. 다양한 제조사에서 다룰 만큼 개방형 시스템이다 보니 자체 지원하는 파일 형식이 다양하다. 예를 들어, mp4 미디어 파일만 재생 가능한 아이폰 iOS에 비해, 안드로이드는 mp3, avi, wmv, asf 등 컴퓨터에서 사용하는 파일 형식 대부분을 그대로 수용할 수 있다. 뿐만 아니라 iOS의 아이튠즈와 같은 연결 프로그램이 필요 없다. USB 외장 하드디스크처럼, USB 케이블로 어느 컴퓨터에든 자유롭게 연결할 수 있다.하지만 이러한 개방성은 단점으로도 작용할 수 있는데, 예를 들어 구글에서 운영체제를 새로 업데이트할 때마다 각 제조사 제품에 즉시 적용되지 못한다는 점 등이 그러하다. 안드로이드 2.1버전에 최적화되어 있는 제품을 2.2버전으로 업그레이드하기 위해서는, 제조사에서 해당 제품을 2.2버전에 최적화하는 과정이 한번 더 필요하기 때문이다. 물론 이로 인해 사용자에게 커다란 손실이 발생하지는 않겠지만, 그만큼 업데이트 시기가 늦어진다는 점은 인정해야 한다.

(3) 윈도우폰 운영체제

이 운영체제(OS) 개발사는 마이크로소프트사이며, 스마트폰 제조사는 삼성전자, LG전자, HTC 등이 있다. 적용사례는 옴니아7 시리즈(삼성), 옵티머스7(LG), HD7(HTC) 등이 있다.

컴퓨터 운영체제의 흔들리지 않는 기준인 '윈도우' 시리즈의 모바일 기기용 운영체제다. 마이크로소프트에서 개발했으며, 사용자에게 익숙한 윈도우의 내외형을 그대로 계승하여 각광을 받을 것으로 보였으나, '윈도우 모바일' 버전을 탑재한 스마트폰은 의외로 시장에서 고전을 면치 못하고 있다. 2010년 2분기 운영체제 별 스마트폰 판매 현황을 보면 고작 5% 정도에 불과할 정도다. 이에 마이크로소프트는 '윈도우 모바일'의 후속 버전인 '윈도우폰7' 운영체제를 출시하면서 반격을 꾀하고 있다.

LG전자의 윈도우폰7 탑재 프로토타입 제품도 있는데, 윈도우폰7의 장점은 컴퓨터용 운영체제인 윈도우와 호환성이 탁월하다는 것이다. 두 운영체제 모두 마이크로소프트에서 개발한 것이니 어찌 보면 당연한 결과다. 따라서 윈도우 컴퓨터에서 사용하는 파일 대부분을 그대로 윈도우7폰에서도 사용할 수 있다. 또한 윈도우폰7 역시 아이폰의 아이튠즈와 같은 연결 프로그램이 따로 필요 없다는 장점도 있다. 이외에 윈도우폰7은 그 동안 혹평만 받았던 사용자 인터페이스를 대폭 개선해, 이전보다 사용이 편리하도록 보완했다는 평가를 받고 있다. 더구나 소셜 네트워크 서비스인 트위터나 페이스북, 또는 자사 MSN 메신저와의 연동 기능도 강화되었다.

한 가지 더 추가하자면, 윈도우폰7 운영체제는 마이크로소프트의 비디오 게임기인 Xbox Live 아케이드 게임들과도 호환이 가능하다. 이에 마이크로소프트는 윈도우폰7에서 실행 가능한 게임 62종을 공개 발표하면서, 이제 Xbox 게임들을 윈도우폰7에서도 즐길 수 있게 됐다. 집에서 즐기던 Xbox 게임을 밖에서도 스마트폰을 통해 이어서 즐길 있다는 것은 Xbox 사용자에게 매력적인 특징이 아닐 수 없다. 그런데 한 가지 흥미로운 것은, 기존 윈도우 모바일 버전에서는 스마트폰 제조사가 자사 제품에 맞게 운영체제를 일부 변경할 수 있었지만, 윈도우폰7에서는 그럴 수 없게 됐다(2010년 9월 기준). 다시 말해, 아이폰 iOS 운영체제처럼 업데이트와 애플리케이션, 파일 다운로드 등을 마이크로소프트가 전담 관리하겠다는 의미다. 이는 보안이나 업데이트 등을 기존보다 효율적으로 관리하겠다는 의지로 풀이할 수 있다.

(4) 그 밖의 스마트폰 운영체제

아이폰의 iOS, 구글의 안드로이드, 마이크로소프트의 윈도우폰7 외에도 다양한 스마트폰 운영체제가 존재한다. 다만 안타깝게도 우리나라에서는 위 3개 운영체제에 밀려 그다지 인기를 끌고 있지 못하고 있다. 사실 전세계 스마트폰 점유율로만 따지면 심비안 운영체제가 1위, 림(RIM, Research In Motion) 운영체제가 2위다. 여기에 삼성전자에서 자체 개발해 출시한 운영체제인 '바다'도 있지만, 국내에는 이를 탑재한 제품도 거의 없거니와 애플리케이션 지원도 원활하지 않아 별다른 반응을 얻고 있지 못하다. 그나마 림이 블랙베리 스마트폰의 애플리케이션 스토어인 '블랙베리 앱월드(BlackBerry App World)'를 아시아 지역 사용자도 사용할 수 있도록 하였고, 트위터나 메일 사용에 편리한 쿼티 자판1)을 채택하여 업무적 용도로 특히 좋은 호응을 얻고 있을 뿐이다.

특히, 삼성전자의 바다 운영체제를 탑재한 스마트폰도 향후 지속적으로 출시될 것으로 전망되고 있다. 삼성전자는 최근 크고 작은 IT 행사에서 바다 스마트폰을 지속적으로 공개하면서, 보급형 스마트폰 시장을 집중 공략하겠다는 포부를 밝힌 바 있다. 더불어 '삼성 앱스'라는 독자적인 애플리케이션 스토어를 마련하여 현재 120여 개국에서 서비스를 하고 있다.

2.12 시스템 설계 및 구현

2.12.1 설계 목표

시스템의 목표(goal)와 명세(specification)를 정의하고, 시스템 설계는 최상의 계층으로서 H/W 선택과 시스템 형태(일괄처리, TSS, 단일 사용자, 다중 사용자, 분산, 실시간 또는 일반 목적)에 큰 영향을 받고, 사용자들은 시스템을 사용할 때 시스템이 사용하기 편리하고 이해하기 쉽고, 신뢰성, 안정성, 신속성을 가지기를 원한다.

2.12.2 기법과 정책

중요한 원칙은 정책(policy) 과 기법(mechanism)을 분리하는 것이다.

- 기법 : 어떻게(How) 할 것인가를 결정하는 것이다.
- 정책 : 무엇(What)을 할 것인가를 결정하는 것이다.

2.12.3 구현

구현할 때, 전통적으로 OS는 어셈블리어(Assembly Language)로 작성 되어왔다.

오늘날 OS는 고급언어로 작성 될 수 있으며, OS를 구현하기 위하여 고급언어나 시스템 구현 언어를 사용함으로써 생기는 장점은 응용 프로그램에 서와 마찬가지이다.

코드(code)를 빨리 작성 가능, 이해의 쉬움, 수정의 용이성과 OS가 고급언어로 작성되면 이식(port; 다른 H/W로 이동)이 가능하다. 또한 성능 향상에 영향을 미치는 것은 명확한 코딩보다는 보다 좋은 OS와 알고리즘 등이다. 단점으로는 속도가 느리고 주기억 장치(M/M)가 많이 소요된다.

2.13 초기 운영체제 형태와 관련 기법

2.13.1 상주 모니터 개념의 출현

초기의 컴퓨터는 작업(Job)의 준비에서 작업의 실행까지에 시간이 오래 걸리기 때문에 작업 준비 시간을 줄이고 시간을 효율적으로 그리고 시스템을 사용하기를 원했다. 즉, 비슷한 작업을 묶어서 처리할 수 가 있다. 준비단계가 FORTRAN, COBOL, FORTRAN, COBOL 의 경우에 FORTRAN, FORTRAN, COBOL,COBOL 로 작업을 묶어서 일괄 처리하는 경우 작업의 시간이 줄어드는 효과가 발생한다.

또다른 방법으로는 컴퓨터 오퍼레이터를 고용하여 초기 컴퓨터 시스템에서 유휴 시간을 줄이기 위해 한 프로그램에서 다른 프로그램으로 제어가 자동적으로 넘어가도록 하기 위해 기억 장치(M/M)에 상주하고 있는 초기 OS를 상주 모니터(resident monitor)라고 한다[그림2-15].

초기의 일괄 처리 시스템의 문제점을 해결하기 위해 개발한 자동 작업 순서(Automatic Job Sequencing)가 초기의 OS이다.상주 모니터(Resident Monitor)는 자동 작업 순서에서 하나의 작업에서 다른 작업으로의 진행을 자동으로 제어하는 프로그램을 말한다.메모리(M/M)에 상주하며 프로그램 종료 시 상주 모니터로 제어를 복귀시키고 다음 프로그램을 위해 제어를 프로그램에 다시 전달하여 프로그램과 작업이 자동으로 수행되도록 한다.

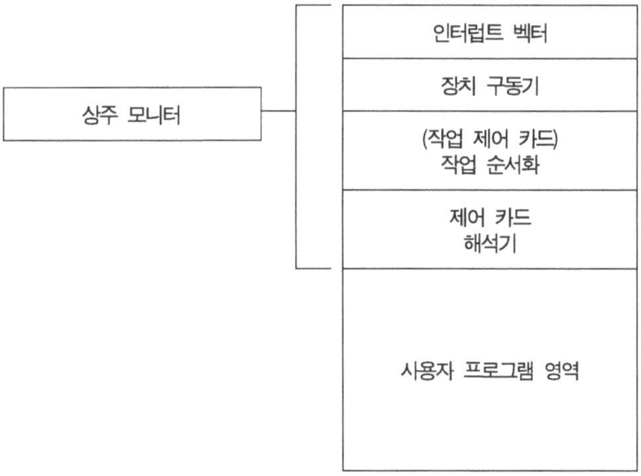

[그림 2-15] 주기억 장치에서 상주 모니터의 구조

영역을 보호하기 위해 **경계 레지스터(Boundary Register)**를 이용하여 구분하며, 주요 부분은 카드에 있는 명령어를 판독하고 지시를 전달하는 역할을 수행하는 제어카드 해석기(Control Card Interpreter)이다. 제어 카드(Control Card)는 **상주 모니터**가 어느 프로그램을 실행할 지에 대한 정보를 직접 제공하기 위해 도입되었다. 다른 카드와 구별하기 위해 첫 번째 칸에 $ 문자를 삽입하거나 다른 코드(//)를 사용하였다. 다시 말해서, 상주 모니터는 자동으로 다음에 할 일을 결정해서 전송해주는 역할을 한다(자동으로 작업 순서를 선택(Automatic Job Sequencing)). 여기서, 제어 카드 해석기는 프로그램이 어떤 데이터를 참고하여 실행되어야 하는지 알려주는 역할을 한다. 따라서, 인간이 설정 및 작업 차례 나열에 대한 필요성을 없애준다. 제어 카드 해석기의 구성은 다음과 같다.

❶ 적재기(Loader) : 메모리(M/M)에 시스템 프로그램과 응용 프로그램을 올려놓는 역할을 담당한다.
❷ 작업 순서화(Job Sequencing) : 해야 할 일들의 순서를 정해준다.
❸ 장치 드라이버(A set of device driver) : 장치 드라이버(Device Driver)들의 집합이다. 즉, 컴퓨터 운영체제(OS)

로 하여금 컴퓨터의 어떤 장치와 통신하여 그것을 제어할 수 있게 하는 프로그램 루틴인데 장치 구동기라고도 한다. 각 장치의 명령 언어와 특성을 정확하게 이해하는 프로그램 작성자에 의해 작성된다. 각 장치를 작동시키는데 필요한 정확한 기계 언어와 각 장치의 특성에 대한 상세한 정보를 이용하여 응용 프로그램에 의해 요구되는 기능을 수행한다. 개인용 컴퓨터(PC)의 OS에는 키보드, 모니터, 플로피 디스크, 하드 디스크 등을 동작시키고 관리하는 기본적인 장치 구동기들이 있다. 마우스나 스캐너, 음성 카드, 비디오 카드와 같은 새로운 H/W 장치가 컴퓨터에 추가 설치될 때에는 각 장치에 대응하는 장치 구동기가 플로피 디스크나 읽기 전용 콤팩트디스크 기억장치(CD-ROM)로부터 설치되어야 한다. OS는 그것을 호출하여 추가 설치된 장치를 관리한다. 윈도즈 OS의 플러그 엔 플레이(plug & play) 기능에 대응하는 주변 장치를 동작시키고 관리하는 장치 구동기의 설치는 기본적으로는 자동화되어 있다. 주변 장치를 컴퓨터에 접속하면 OS가 그 장치를 판정하여 필요한 장치 구동기를 자동적으로 설치한다. 규격과 특성이 다른 다양한 주변 기기를 관리하기 위한 장치 구동기를 자동적으로 설치하는 윈도우즈 OS의 기능은 MS사의 디스크 운영 체제(MS-DOS)가 윈도즈에 PC 운영체제로서의 자리를 내주게 된 주요한 이유의 하나이다.

❹ 인터럽트 벡터(Interrupt vector) : 인터럽트 벡터는 인터럽트가 발생했을 때, 그 인터럽트를 처리할 수 있는 서비스 루틴들의 주소를 가지고 있는 공간이다. 즉, 인터럽트를 거는 장치에 할당된 두 개의 M/M 위치를 일컫는다. 두 개의 주소는 서비스 루틴에 대한 프로그램 상태어(PSW;program status word)와 서비스 루틴의 시작 주소를 포함하고 있다. 인텔 아키텍처에서는 가상 메모리(Virtual Memory)를 사용하지 않았던 386이전에는 주로 M/M(Main Memory)의 0번째에 위치하였으나, 이후부터는 인터럽트 명세 테이블(IDT;Interrupt descriptor table)의 형태로 바뀌었다.

❺ I/O를 수행하는 방법 등이다.

예제 2-2

초기의 시스템과 같은 전용 기계에서 프로그램을 실행하는 데 필요한 네 단계는 무엇인가?

풀이

- 컴퓨터의 시간을 할당 받는다.
- 프로그램의 적재
- 프로그램의 실행
- 콘솔에서의 프로그램 수행 감시 및 제어

2.13.2 오버레이(중첩;Overlay)

주기억장치(M/M;Main Memory)의 용량보다 더 큰 프로그램을 실행시킬 수 있는 기법으로서, 긴 프로그램을 분할하여 그 분할된 프로그램을 순차적으로 같은 영역에 적재하여 실행하는 방법인데, 오버레이(overlay)는 "덮어 씌우다"라는 뜻이며, 다음을 가리키는 말이다. 도스(DOS) 프로그래밍에서, 640KB의 메모리(M/M)의 제한 때문에 큰 프로그램을 한 번에 적재(Load)할 수 없을 때, 프로그램을 몇 개의 모듈로 나누어 컴파일하고 필요할 때마다 필요한 모듈을 M/M로 불러들이는 기법이다. 즉, OS에서 중첩(Overlay)은 자신을 다른 프로그램의 코드로 바꾸는 프로세스이다. 유닉스 계통 OS에서는 exec() 시스템 요청으로 수행된다. UNIX에서는 새로운 프로그램을 실행하는 유일한 방법은 실행 중인 프로세스를 분기시킨 뒤에, 새로운 프로그램을 차일드 위에 중첩 시키는 것이다. 이를 Fork-exec 기술이라고 한다. 중첩은 디스크에 프로그램을 유지하고 OS를 사용하여 기억 장치로 교체 시키는 방법으로써 프로그램을 몇 개의 조각으로 분할하여, 프로그램이 시작되면 각 단계 별로 차례로 적재하여 실행함으로 여러 단계를 거치면서 커다란 프로그램을 실행하는 방법이다. 즉,A/M에 저장된 하나의 프로그램을 여러 개의 조각으로 분할한 후 필요한 조각을 차례로 M/M에 적재하여 프로그램을 실행한다. 이 때 프로그램이 실행되면서 M/M의 공간이 부족하면 M/M에 적재된 프로그램의 조각 중에 불필요한 조각이 위치한 장소에 새로운 프로그램의 조각을 중첩하여 적재하는 기법이다. 프로그램은 여러 개의 조각으로 분할하는 작업은 프로그래머가 수행하므로 프로그래머는 시스템 구조나 프로그램 구조를 알아야 한다.

장점은 다음과 같다.
OS로부터 특별한 지원을 요구하지 않는다.
OS는 평상시보다 더 많은 입/출력이 있다는 사실만을 인식한다.

단점은 다음과 같다.
프로그래머는 중첩(Overlay) 구조를 적절하게 설계하고 프로그래밍 해야 한다.
복잡한 중첩 구조를 갖는 경우 충분히 이해하기 어렵고 수정이 어렵다.
하나의 큰 프로그램을 돌릴 때 그 프로그램이 끝날 때 까지 CPU의 하나를 점유 하는 것보다 여러 개의 프로그램이 조각이 나누어져서 CPU에 번갈아 가면서 돌아가면 더 효율적인 된다. 거기서 입/출력(I/O)이 많다는 건 여러 조각으로 나누어진 프로그램이 들어가고 나가는게 즉 I/O 1개의 큰 덩어리라면 I/O은 1번이고 2개의 조각이라면 I/O은 2번이 된다는 의미이다. 당연히 여러 개의 조각으로 나누는데 순서라든가 그런 것도 있을 것이기 때문에 이해하기 어렵고 수정도 어렵다.

2.13.3 스와핑(교체;Swapping)

다중 프로그래밍(multiprogramming) 구현 기법의 하나로서, 하나의 프로그램 전체를 M/M에 할당하여 사용하다가 필요에 따라 다른 프로그램과 교체하는 기법이다.M/M에 있는 프로그램이 A/M에 있는 프로그램이 M/M로 이동되는 것을 Swap-out, A/M에 있는 프로그램이 M/M으로 이동되는 것을 Swap-in이라고 한다. 하나의 사용자 프로그램이 완료될 때까지 교체(Swap) 과정을 여러 번 수행할 수 있어 특히, 이러한 **스와핑 기법은 가상기억장치(V/M)의 페이징(Paging) 기법**으로 발전되었다.

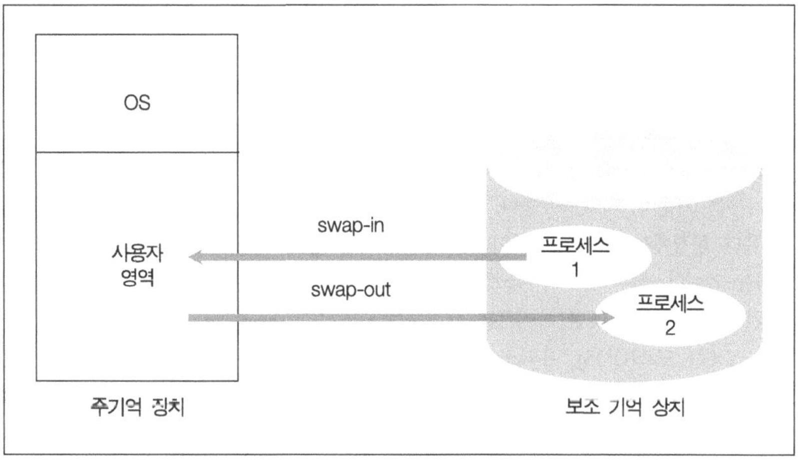

[그림 2-16] 스와핑(교체) 기법

다시 말해, 이 기법에서 사용자 프로그램은 계속 실행할 수 없을 때까지 실행된 후, M/M 밖으로 나가고 다음 사용자 프로그램이 교체되어 들어와 역시 실행될 수 없을 때까지 실행(일반적으로 하나의 사용자 프로그램은 완료되기까지

들어갔다(swap in) 나왔다(swap out) 하는 교체 과정을 여러 번 거쳐서 완료된다[그림2-16].

2.14 시스템 생성(SYSGEN;System Generation)

사용자(user)의 요구에 맞추어 운영체제(OS)의 각 구성 부분을 선택하고, 어셈블 및 연결 편집하여 특정 시스템 프로그램을 작성하는 작업인데, 대개는 일반적으로 시판되고 있는 OS를 변경해서 만든다. 즉, 시스템(OS)은 각 특정 컴퓨터 장소(site)에 맞게 구성되고 조정되어야 되는데, 이 과정을 시스템 생성(SYSGEN ; SYStem GENeration)이라 한다. 컴퓨터 OS의 임의 선택 부분의 모듈로부터 몇 개를 선택, 조합하여 어떤 특정한 H/W 구성과 이용 목적에 적합하도록 OS를 만들어 내는 과정을 말하며, 유닉스(UNIX)와 같이 복잡한 OS 중에는 어떤 특정한 H/W 구성(hardware configuration)과 상관없는 장치 구동기(device driver)나 유틸리티 등의 모듈이 포함되어 있다. 이들 중에서 필요한 것들만을 선택, 조합하고 시스템의 특성을 세부적으로 정하는 것이 시스템 발생(생성)과정이다. 다시말해, 사용하는 H/W 구성에 맞추어 처리에 필요한 S/W의 기능을 선택하여 결합하고, 사용 가능한 시스템에 짜넣는 작업이다. 협의로는 범용 OS의 프로그램 집단을 처리목적에 알맞는 최적 OS로 마무리하는 것을 말하지만 온라인 시스템에서는 디버그한 프로그램을 종합하여 운용 가능한 형태로 내장시키는 작업을 말하는 경우도 있다.

2.15 운영체제의 종류

(1) CUI와 GUI의 분류

초기의 컴퓨터들은 계산기처럼 일련의 단일 작업들을 수행하기 위하여 만들어졌다. OS는 1960년대 초까지만 하여도 현대의 OS와 같이 더 복잡한 형태로 존재하지 않았다. 처리를 빠르게 하기 위하여 자동으로 다른 프로그램들을 연속으로 실행할 수 있는 기능과 같은 일부 OS의 기능은 1950년대에 개발되었다. H/W 기능에 실행시간(run time) 라이브러리, 인터럽트, 병렬 처리가 추가되었다. 개인용 컴퓨터가 애플, 아타리, IBM, 아미가와 같은 기업 덕택에 1980년대에 유명해졌다. 이 업체들은 한때 메인프레임과 미니 컴퓨터에 널리 쓰였던 OS 기능을 추가하였다. 나중에 그래픽 사용자 인터페이스(GUI;Graphic User Interface)와 같은 수많은 기능들이 개인용 컴퓨터 OS를 위해 개별적으로 개발되었다. 운영체제를 CUI((Character User Interface);또는 (TUI;Text User Interface))와 GUI(GUI;Graphic User Interface)로 나눌 수 있지만,OS를 나누는 기준이 되지는 못한다.

CUI는 예전의 컴퓨터 환경에서 쓰던 인터페이스인데, 키보드를 통해 명령어를 입력하면 컴퓨터가 작업을 수행하여 화면에 글자로 표시하는 것이다. 한마디로 마우스가 없고, 키보드만 있는 컴퓨터라고 말할 수 있겠습니다. 즉, 문자 기반의 인터페이스이다. 현재는 한글을 틀라면 아이콘을 클릭하는데, CUI은 hwp.exe 이런 식으로 문자를 입력해서 실행한다. 대표적으로 CUI의 OS는 도스(DOS), 유닉스(UNIX) 운영체제가 있다. GUI(Graphic User Interface)는 그래픽 기반의 인터페이스로 현재 윈도우 OS 같이 아이콘들로 쉽게 조작 가능하다. 마우스나 기타 입력 장치를 이용, 인터넷과 폴더 등을 열고 프로그램을 실행하는 방식인데, 그 이전에는 검은색 화면에(다른 화면도 있긴 합니다.) 흰 글씨로 명령어를 쳐서 사용하는 도스(DOS) 체계였다. GUI는 CUI(TUI)와는 다르게 글자 뿐만 아니라, 화면에 아이콘을 띄워 마우스를 이용하여 화면에 있는 아이콘을 클릭하여 작업을 수행하는 방식이다. 즉, 화면조작, S/W, 그림문자(아이콘) 등을 통해 사람과 컴퓨터가 정보를 주고받기 위해 필요한 S/W. 아이콘 외에 마우스 등도 쉽게 이용할 수 있으므로 컴퓨터의 조작을 보다 용이하게 한다. MS윈도, OS/2의 프레젠테이션 매니저, UNIX용 오픈 루크, OSF1 모티프 등이 있다. 즉 지금 사용하는 아이패드, 아이폰, 갤럭시 등의 스마트폰과 태블릿, 그리고 컴퓨터 모두 GUI 를 채택한 방식의 OS들이다. 대표적인 GUI는 마이크로소프트의 Windows, 애플의 Mac OS 등이 있다.

CUI든 GUI든 둘다 사용자 인터페이스에 불과하다. 쉽게 말하면 사용자가 직접 접근하는 껍데기에 불과하다는 것이다. 윈도우즈(Windows)에서 윈도우즈 탐색기를 사용하지 않고 UNIX의 쉘을 설치해서 UNIX처럼 만들어 버릴 수도 있고, UNIX에서 윈도우 관리자를 윈도우즈와 구분하기 힘들게 만들어 버릴 수도 있다. 예를 든다면 Mac OS X를 들 수 있다. Mac OS X는 누가 뭐래도 GUI를 지향하는 OS이다. 그러나 Mac OS X는 UNIX(정확하게는 BSD, 더 정확하게는 FreeBSD)기반의 OS이다..UNIX에서 사용할 수 있는 거의 모든 것(GNU 유틸리티, LaTeX, Gimp등)을 사용할 수 있다. 따라서 GUI 환경이 추가로 있을 뿐 완전한 UNIX이다.

현존하는 OS를 분류할 려면 UNIX와 UNIX가 아닌 것으로 분류하는 것이 더 의미 있는 분류이다. UNIX 계열들(System I~III, System V Release 4, 1BSD ~ 4BSD, 4.4BSD, NetBSD, FreeBSD, OpenBSD, SunOS, Solaris, IRIX, AIX, Digital UNIX, XENIX, HP-UX, SCO UNIX, NextStep, Mac OS X, Mach, Nachos, Hurd, Minix, Linux, DragonflyBSD, Darwin, QNX 등)은 커널과 H/W 자원을 사용하는 방식이 유사하다. 그러나 비 UNIX 계열들(Mac OS, MS-DOS, PC-DOS, DR-DOS, Windows 3.1/9x/Me, Windows NT/2000/XP, BeOS, OS/2 등)은 윈도우즈s들이 서로 비슷할 뿐 나머지는 천차만별이다. 사실 구분하는게 의미가 없어진지 오래되었다.

유닉스나 리눅스도 CUI 였지만 GUI로 쓸 수 있다. 하지만 본래대로 구분하면 다음과 같다.

① Windows : GUI기반이며, 빌게이츠가 MacOS를 보고 충격 받아 Xerox를 참고해서 만들었다.
② LINUX : UNIX의 뿌리를 두고 있는 CUI 기반의 OS이며, GUI도 있다(예, 레드핫 리눅스, 수세리눅스, 터보리눅스, 한컴리눅스, 와우리눅스 등).
③ MacOS : GUI기반이며, 잡스가 Xerox라는 OS를 일종의 카피를 해서 만들어냈다.
④ UNIX : 역시 CUI 기반이지만 리눅스나 유닉스 둘 다 GUI가 있다. 즉, 초기에는 도스 같은 명령형 인터페이스여서 유닉스(unix)에 대한 지식이 없으면 사용하기 어려웠으나, GUI 기반의 유닉스가 출시되면서 일반 사용자도 쉽게 사용할 수 있게 되었다. 유닉스는 C언어를 기반으로 작성되어 이식성이 높고, 다중 사용자가 다중 작업을 처리 할 수 있다. 또한 프로그램 개발이 쉽고, 안정성이 높기 때문에 서버용 컴퓨터로 많이 사용된다.
⑤ Windows Server : 서버 운용에 필요한 솔루션들을 좀더 추가한 모델인데, 일반 사용자용 윈도우랑 커널 부분에서 차이가 좀 있다.

이상과 같이 분류는 해서, 구분하는게 의미는 없지만, ①,③은 GUI로 출발했으며,②,④는 주로 CUI로 사용하는 경우가 많다. 현재는 ①,②,③,④ 모두 GUI 같다.

UNIX들의 종류가 굉장히 많지만 바이너리 수준의 호환성이 보장되지 않으므로 엄연히 서로 다른 OS이다. 윈도우즈(Windows)도 Windows 3.1/9x/Me와 Windows NT/2000/XP간에 바이너리 수준의 호환성이 보장되지 않으므로 서로 다른 OS이다. 커널 만을 기준으로 봤을 때는 일체형 커널과 마이크로 커널로 분류할 수도 있지만 아직 마이크로 커널 방식은 극소수이고 그나마 널리 쓰이는 OS가 아니므로 별 의미가 없다. 윈도우즈가 마이크로 커널이라고 주장하기도 하지만 진정한 마이크로 커널이라고 볼 수는 없다. 현재 마이크로 커널 방식의 OS는 Mach, Hurd가 있을 뿐이다. 또한 원래는 UNIX의 표준이었지만 사실상 OS의 표준처럼 되어버린 POSIX를 따르느냐 따르지 않느냐도 기준이 될수 있다. UNIX가 아닌 OS들 중에서도 POSIX의 일부분을 따르는 경우가 있다. 윈도우즈들은 파일 입출력과 네트워크 관련 부분은 POSIX를 따른다. UNIX의 표준은 POSIX외에도 System V, OSF, X/Open이 있다.

(2) 서버 OS와 모바일 OS의 분류

가) 서버 OS

서버 OS는 다음과 같이 있다.

① 윈도우(Window) : 도스(DOS)의 한계를 극복하고자 개발한 OS이다. 그래픽 사용자 인터페이스를 지원하고 플러그 앤 플레이 기능을 지원 하고, 인터넷 익스플로러 브라우저를 탑재하여 인터넷망 구축에 큰 역할을 한 OS이다.
② 유닉스(UNIX): 초기에는 DOS같은 명령형 인터페이스여서 유닉스에 대한 지식이 없으면 사용하기가 어려웠지만 GUI 기반의 유닉스가 출시되면서 일반 사용자도 쉽게 사용할 수 있게 되었다. C 언어를 기반으로 작성되어 이식성이 높고 다중 작업처리를 할 수 있으며 프로그램 개발이 쉽고 안정성이 높기 때문에 서버용 컴퓨터로 많이 사용된다.
③ 리눅스(LINUX): 유닉스를 기반으로 한 공개형 OS이다. 누구나 무료로 사용할 수 있고 공개형이기 때문에 누구나 수정하고 발전시킬 수 있으며, 네트워크 구축에 필요한 다양한 기능을 갖추고 있다. 즉, 누구나 무료 로 사용할 수 있으며, 소스가 공개 되어 있어 누구나 수정하고 발전시킬 수 있다.
④ 맥 OS : 애플사에서 매킨토시용으로 개발한 GUI 운영체제이다. 처음에는 이름 없이 시스템 소프트웨어로 사용되다가 1997년 맥 OS 7.6의 출시와 함께 맥 OS로 불리게 되었다.(지금은 맥 OS10까지 출시되었다.)

나) 모바일 OS

모바일 OS는 PDA, 태블릿 PC, 또는 스마트폰 등에서 사용하기 위해 개발된 것으로, 스마트 기기의 보급과 함께 널리 보급되었다. 이러한 모바일 OS는 모바일 기기의 동작을 효율적으로 지원하기 위해 기기 내부의 다양한 장치를 효율적으로 관리하도록 설계되었다[표 2-6].

[표 2-6] 대표적 모바일 OS

모바일 OS 종류	제조사
안드로이드	구글
윈도 모바일	마이크로소프트
아이폰 OS	애플
블랙베리	림
심비안	노키아

모바일 OS는 다음과 같은 것이 있다.

① 안드로이드 : 구글에서 만든 모바일 OS로 가장 많이 사용하는 모바일 OS 중 하나이다.뛰어난 개방성을 가지고 있고 프로그램 소스가 공개 된 오픈소스이기 때문에 여러 휴대 전화 제조사에서 사용하고 있다.
② 윈도우 모바일 : 마이크로소프트에서 만든 모바일 OS로 PC윈도와 완벽 호환 되었고 멀티태스킹이 가능하며 개방성이 좋다.
③ 아이폰 OS (IOS) : 애플에서 만든 모바일 OS로 애플에서만 사용하는 모바일 OS이다. 사용자 친화적이다.
④ 블랙베리 : 림에서 만든 모바일 OS로 뛰어난 메시징 속도를 가지고 있다.
⑤ 심비안 : 노키아에서 만든 모바일 OS로 업계 1위의 마켓 파워 윈도와 연동이 가능하다는 장점을 가지고 있다.

짚어보기 OS 처리방식 종류별 사용예

- 실시간 처리 시스템 ; 찌개 재료인 당근, 파, 마늘, 호박 등의 야채를 필요할 때마다 그때그때 손질한다.
- 다중 프로그래밍 시스템 ; 엄마가 아기를 등에 업고 요리하는 경우, 음악을 들으며 문서를 작성하는 경우이다.
- 일괄 처리 시스템 ; 한꺼 번에 야채를 손질해 놓고 찌개를 끓이기 시작한다든지, 급여계산, OMR 성적처리 등이 있다.

■ 다중 처리 시스템 ; 엄마와 아빠 두 분이 같이 요리를 한다.

> 참고
>
> **클라우드 OS(구글)**
> 크롬 브라우저의 사용자 계정과 유·무선 네트워크를 통해 이용할 수 있는 특징이 있다. 자신의 단말기에(본체가 없다.) 사용하려는 S/W를 설치하지 않고, 필요한 것은 모두 웹 앱의 형태로 사용하면 된다. 운영 체제 관리, 바이러스 백신, 최적화 등이 시스템 관리와 관련된 모든 것을 구글에서 처리한다.

OS는 많은 부분을 이룬다. 가장 중요한 요소 가운데 하나가 **커널**인데, 커널은 일반인이 일반적으로 보지 못하는 낮은 수준의 프로세스를 제어한다. 얼마나 메모리(M/M)를 읽고 쓸 것인지, 어느 프로세스를 실행할 것인지, 모니터, 키보드, 마우스와 같은 장치를 통해 어떠한 정보를 주고받을 것인지, 네트워크를 통해 받은 정보를 어떻게 해석할 것인지를 제어한다. 사용자 인터페이스는 컴퓨터 사용자가 직접 프로그램을 제어하고 사용할 수 있게 하는 OS의 기능이다. 사용자 인터페이스는 아이콘과 바탕 화면을 지닌 그래픽이나 명령 줄을 지닌 문자를 이룰 수 있다. 이와 비슷한 기능으로 API가 있는데 이것은 응용 프로그램이 다른 프로그램과 상호 작용할 수 있게 하는 서비스와 코드 라이브러리가 한데 모여 있으며 OS 그 자체라고 할 수도 있다. OS에 따라 이러한 구성 요소들 가운데 다수가 실질적인 부분으로 취급되지 않을 수도 있다. 이를테면 윈도우는 사용자 인터페이스를 OS의 일부로 여기는데 반해 수많은 버전의 리눅스는 그렇지 않다.

컴퓨터의 H/W와 S/W를 관리하는 프로그램들의 집합을 OS라고 한다. **OS를 사용방식에 따라 분류하면** 일괄처리방식, 즉시 처리방식((실시간 처리 시스템:real time processing system)), 시분할 처리방식(시분할 시스템:time-sharing system)으로 나눌 수 있다. 즉시 처리 방식은 데이터를 입력하면 입력과 동시에 변하는 것으로, 은행이나 증권회사에서의 업무를 처리하는 데 쓰인다. 시분할처리방식은 어떤 일을 여러 사람이 하고자 할 때 명령을 입력시키는 시간에 따라 처리하는 것으로, 기차나 극장의 좌석을 예약할 때 쓰인다.

2.15.1 운영체제의 처리 방식에 대한 분류

최초의 수작업(hand-on) 시스템에서부터 현재의 다중프로그래밍과 시분할 시스템, 분산처리 시스템으로의 OS 발전 과정을 보면 다음과 같다.

(1) 일괄 처리 시스템(Batch processing system)

1950년대 초기의 컴퓨터 처리 형태, 온라인 처리처럼 자료나 정보 단위들이 발생할 때마다 즉각적으로 처리하는 것이 아니라, 입력되는 자료들을 일정 기간 동안 또는 일정량의 자료를 모아 두었다가 한꺼번에 처리하는 방식이다. 즉, 정보나 데이터를 일정기간 또는 일정 단위로 묶어서 한꺼번에 처리하는 데이터 처리 방식인데, 운영체제(OS:operating system)를 사용방식에 따라 분류하는 방법 중의 하나이다. 예를 들어 전화요금, 전기요금, 수도세 등과 같이 일정기간마다 정리하는 것들이 일괄처리방식으로 이루어진다. 또한, 일괄 처리 시스템이란 일괄처리 방식이 적용된 시스템으로서, 하나의 작업이 끝나기 전까지는 다른 작업을 할 수 없다.

일괄처리의 장점은 다음과 같다.

■ 컴퓨터 시스템을 효율적으로 사용할 수 있다.
■ 많은 사용자 사이에서 컴퓨터 자원을 공유할 수 있다.
■ 작업 프로세스의 시간대를 컴퓨터 자원(resource)이 덜 사용되는 시간대로 이동한다.
■ 분 단위의 사용자 응답 대기와 더불어 컴퓨터 자원의 유휴 사용을 피한다.

■ 전반적인 이용률을 높임으로써 컴퓨터의 비용을 더 잘 상환하도록 도와 준다

단점은 다음과 같다.

■ 자료의 발생에서부터 최종 결과를 얻을 때까지의 시간이(turn around time) 비교적 길다.
■ 일괄 처리 시스템이 이용되는 곳은 데이터 처리, 인쇄, 데이터베이스, 그림 처리, 변환 등 이다.

특히 데이터 처리 가운데 급여명세서나 봉급계산, 전화요금, 전기요금, 수도세, 성적처리 등이 일반적으로 이용되는 곳이다. 일정 기관마다 주기적으로 한꺼번에 처리할 필요가 있고 그룹별로 분류시킬 수 있는 성질을 가지고 있으며, 순차 접근방법을 사용할 수 있는 업무. 즉, 처리 요건이 일괄적인 업무, 유사한 자료를 한데 모아 일정한 형식으로 분류한 뒤 한 번에 일괄 처리함으로써 시간과 비용을 절감하여 효율성을 높인 방식으로 등에 이용된다.

(2) 다중 프로그래밍 시스템(Multiprogramming system)

1960년대 초에 출현, 중앙처리장치(CPU)의 효율을 극대화하기 위한 방법으로 여러 개의 사용자 프로그램이 마치 동시에 실행되는 것처럼 처리하는 방식이다..즉, 한 사용자 프로그램이 CPU를 사용하다가 입/출력 장치 등 CPU를 필요로 하지 않는 동안 다른 사용자 프로그램이 그 다중프로그래밍 개념은 컴퓨터 시스템을 한사람의 사용자만 사용할 수 있는 시스템에서 앞에서 설명한 **상주 모니터 개념**을 도입하여 작업의 준비나 실행을 자동화 한다. 하지만 하나의 작업만이 시스템의 모든 자원들을 독점하여 사용하게 되므로 많은 자원들이 유휴상태에 빠지게 되는 현상이 발생한다. 시간에 CPU를 사용하여 CPU의 효율을 극대화하는 방법이다[그림2-17].

CPU는 날로 고속화되고 계산능력이 크게 증가하는 반면 기계적인 동작이 따라야 하는 입/출력장치의 속도는 이에 미치지를 못한다. 따라서 한 프로그램이 주변장치의 처리를 기다리는 동안 다른 프로그램이 수행될 수 있게 함으로써 전체적인 시스템의 처리효율을 높이는 것이다.

실제로 프로그램이 동시에 수행되는 것이 아니고 순차적으로 돌아가면서 조금씩 수행되지만, 속도가 매우 빠르므로 겉으로 보기에는 동시에 수행되는 것처럼 보인다. 즉, 하나의 CPU를 2개 이상의 프로그램이 시분할 방식으로 사용하는 병행처리 작업으로 멀티태스킹(Multitasking)과 비슷한 의미로 쓰인다.

프로그램은 처리속도가 I/O 장치의 속도에 따라 좌우되는 것과, I/O은 거의 하지 않고 주로 계산만 하여 CPU의 속도에 따라 좌우되는 것으로 나뉜다. 전자를 입/출력 중심(I/O bound) 프로그램이라고 하고, 후자를 CPU 중심(CPU bound) 프로그램이라고 한다. 다중 프로그래밍의 효율을 높이기 위해서는 몇 개의 I/O 중심 프로그램과 하나 이상의 CPU 중심 프로그램을 섞어서 처리하는 것이 좋다. 프로그램 처리는 우선순위에 따라 이루어진다. 한 프로그램이 I/O 대기상태가 되면 다른 프로그램이 CPU를 사용할 수 있도록 전환하고,I/O 동작이 끝나면 우선순위에 따라서 실행 가능한 프로그램 중에서 하나를 뽑아서 실행한다. 우선순위를 부여 할 때는 I/O 동작이 많은 작업에 높은 우선순위를, CPU 사용 시간이 긴 작업에는 낮은 우선순위를 준다. 여기서, 동시에 처리되는 프로그램의 수를 다중 프로그램의 수준(Multiprogramming level) 또는 다중도(Degree of Multiprogramming)라고 한다. 이처럼 여러 개의 프로그램을 동시에 실행시키려면 OS가 기억장치 관리, CPU 사용 계획, 주변 장치 사용 계획, 기억장치 보호 등의 기능을 잘 수행할 수 있어야 한다.

예를들면, CPU는 기계적 장치로 된 저속의 I/O 장치보다. 매우 빠른 전자적 장치로 되어 있기 때문에 한사람의 사용자만 사용할 수 있는 시스템에서는 입/출력 장치의 수행이 끝날 때까지 CPU는 오랜 시간 동안 기다려야하는 문제점을 안게 되는 것이다. 이를 해결하기 위한 방안으로 다중 프로그래밍 기법이 도입되었다.

특히 이 기법은 컴퓨터 I/O 장치의 느린 처리 속도와 CPU의 빠른 처리 속도의 차이를 감안하여, 컴퓨터 시스템을 구성하고 있는 각종 자원의 이용(이용율 또는 활용율)와 전체적인 처리능력을 증대 시키고자 한 개념이다. 프로그램이 상대적으로 느린 I/O 장치에 대한 작업 처리를 하고 있는 동안 CPU로 하여금 다른 프로그램의 CPU 작업을 수행토록 하여 CPU 자원의 이용 효율을 증대 시키게 한 것이다.

다중 프로그래밍을 위한 OS는 상당이 복잡하다. 이를 위해서 충분한 M/M 공간이 있어야한다. 그리고 M/M 공간 내에 적재된 여러 프로그램들의 영역보호(memory protection)를 위한 방안과 주기억 장치 관리 프로그램(memory management program),중앙처리장치 스케줄링 기법(CPU scheduling) 등이 필요하다. 이외에도 I/O 작업을 독립적으로 수행할 수 있는 처리기가 필요하며 주변 기기에 대한 스케줄링(device scheduling), 교착상태(deadlock)를 처리하는 방법, 병행 제어(concurrent control)를 위한 처리기법, CPU 보호와 I/O 보호의 방법, 인터럽트(interrupt) 개념의 도입 등이 필요하게 된다. 다중 프로그래밍의 특징은 다음과 같다.

- CPU의 이용율(utilization)은 증가하고, 처리율(throughput)이 커짐
- 비다중 프로그래밍(Non-mutiprogramming)에서는 CPU의 유휴시간(idle time)이 발생(일괄처리에서는 응답시간이 길므로 CPU의 유휴시간이 길어짐)
- 다중 프로그래밍에서는 작업(Job)의 전환(switch)이 가능함으로써 유휴시간을 방지

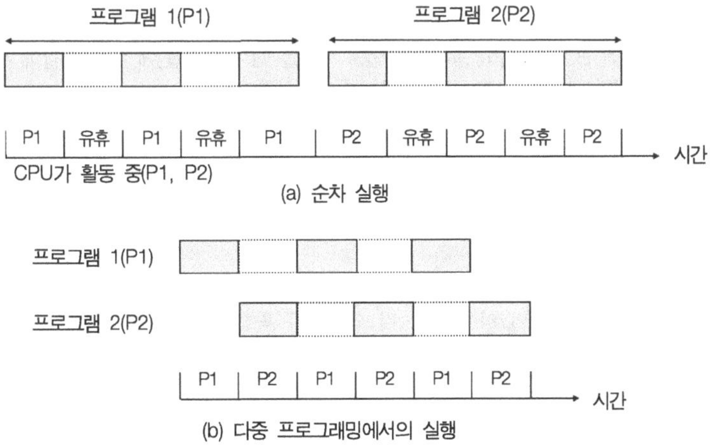

[그림 2-17] 다중 프로그래밍의 예

집어보기 다중 프로그램의 상태

컴퓨터의 M/M 상에 2개 이상의 프로그램(다중 프로그램)이 적재된 형태를 보여주고 있는 [그림2-18]와 같이, 하나의 프로그램이 CPU를 사용하다가 I/O 동작을 하게 되면 상대적으로 느린 I/O 장치를 수행하는 동안 CPU로 하여금 다른 프로그램을 수행하여 컴퓨터의 효율을 증대시키고자 하는 기법이다. 이때 다중 프로그램이 가능하게 되려면 I/O 작업을 독립적으로 수행할 수 있는 처리기(Processor)가 있어야 하며, 이를 보통 I/O 채널(I/O channel)이라고 한다.

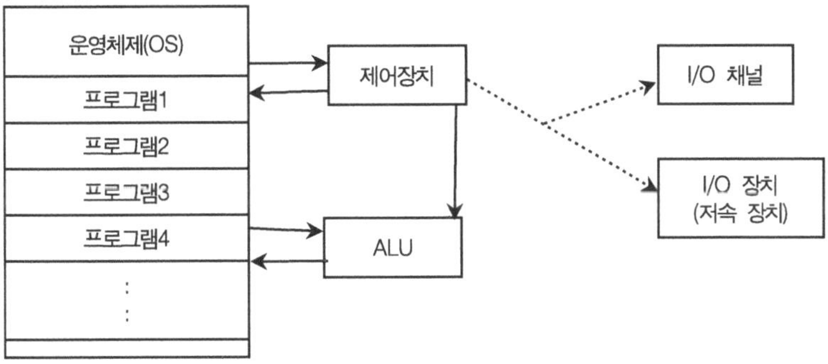

[그림 2-18] 다중 프로그램의 형태

예제 2-3

다중 프로그래밍의 중요한 이점은 무엇인가?

풀이

- 여러 프로그램을 동시에 CPU와 입출력의 overlap 방식으로 실행함으로써 전체적인 성능이 향상된다.
- 한 번에 하나의 작업을 수행하는 방식에 비해 메모리의 낭비를 줄일 수 있다.

짚어보기 다중 프로그래밍

한개 혹은 여러개의 프로세스를 가진 컴퓨터 시스템에서 여러 개의 프로세스들을 동시에 운영하는 기법을 말하는데 이에는 대표적으로 시간 분할 기법과 공간 분할 기법이 있다.

- 시간 분할 기법 : 여러 프로세스들이 동시에 작업을 수행할 때 같은 자원에 대해 번갈아 사용하게 하는 기법을 말한다. 시간 분할의 대표적인 대상 자원으로는 프로세서가 잇다.
- 공간 분할 기법 : 여러 프로세스들로 하여금 하나의 자원을 분할하여 동시에 같이 사용하게 하는 기법을 말한다. 공간 분할의 대표적인 대상자원으로는 주기억 장치가 있다.

(3) 시분할 시스템(TSS;Time sharing system)

1950년에 고안하였으나, 1961년에 매사추세츠 공과대학(MIT)에서 CTSS(Compatible Time Sharing System)를 개발함으로써 개념을 확립했다. 시분할이란 CPU의 시간을 각 단말기가 똑같이 분할하여 사용하는 시스템으로 모든 컴퓨터 사용자에게 똑같은 서비스를 하는 것을 목표로 삼고 있다.CPU가 매우 오랫동안 작업에 의해 독점되는 것을 막기 위하여 CPU를 일정한 시간씩만 사용되도록 제어한다. 즉 CPU의 시간을 잘게 분할하여 여러 작업을 순환하며 수행한다. 이렇게 제어하면 짧은 작업인 경우엔 수행이 빨리 완료할 수 있다. 따라서 단말기에서 컴퓨터와 대화형식으로 프로그램을 작성한다거나 대화형식으로 프로그램을 실행할 수 있는 특징이 있다. 실행 프로그램은 연산처리장치의 할당 시간을 돌아가며 부여받는 타임 슬라이스(time slice) 방법으로 TSS를 실현한다. OS에는 프로그램의 개발이나 실행을 대화 형식으로 진행할 수 있는 기능이 있어, 컴퓨터가 한 시각에 하나 이상의 문제들을 해결하게 함으로써 CPU의 유휴시간을 줄일 수 있다. 즉, 컴퓨터가 대화식 모드로 운영된다고 할 때에는 인간과 기계 간의 실시간 통신이 유지되도록 하는 데에 컴퓨터 시스템이 신축적으로 사용된다는 것을 의미한다. 한편 원격 일괄처리 방법으로 운영되는 TSS 역시 하나의 컴퓨터가 여러 사용자에 의하여 동시에 공용되고 있다는 것이다. 다시말해, 여러 명의 사용자가 단말기를 통하여 중앙의 컴퓨터 시스템을 동시에 사용하는 방식으로 CPU의 시간을 잘게 분할하여 여러 사용자에게 배분한다. 실시간 대화형 처리 및 CPU의 활용도를 높이는 역할을 한다. 이 개념에 의하여 사용자와 컴퓨터가 직접 대화하는(interactive) 시스템의 구성으로 발전되었으며, 다중 프로그래밍 시스템과 대화형 시스템을 합쳐 놓은 형태로 볼 수 있다. 이러한 시스템의 사용자는 모두 단말기(terminal)를 사용하게 된다.

TSS를 채택한 컴퓨터는 OS의 복잡도와 성능 면에서 다를 수 있으나 다음과 같은 공통적인 특성을 가지고 있어야 한다. 즉, 수 많은 단말기들을 동시에 지원할 수 있는 동시 운영성, 사용자의 요청에 대한 빠른 응답시간, 한 사용자의 프로그램과 자료들이 인가되지 않은 다른 사용자에 의하여 접근되어 변경되거나 파괴되지 않도록 내부적으로 제어되는 보안 통제성을 갖추어야 한다. 중요한 응용분야는 프로그램 개발, 사무자동화, 온라인 정보검색, 그래픽처리와 같은 분야이다. 즉, 컴퓨터를 대화적으로 사용하기 위하여 OS는 CPU 스케줄링과 다중 프로그래밍 기법을 사용하며 각 사용자들에게 일정 시간(time slice)이 할당되어 CPU를 그 시간만큼 사용한다[그림2-19].

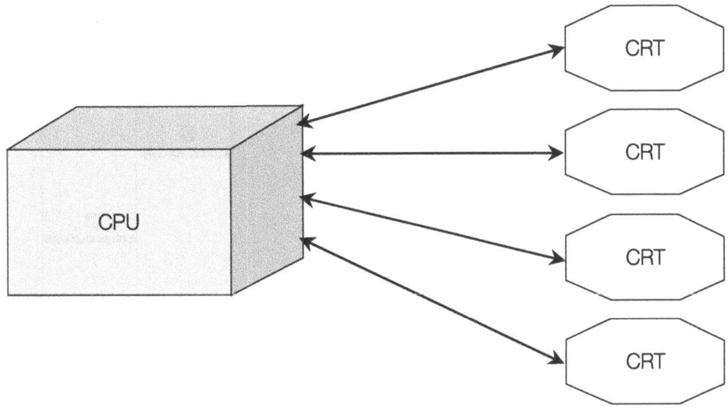

[그림 2-19] 시분할 시스템

여기서, 시분할은 개념인 것이고, 시분할 시스템은 그런 시분할의 개념을 적용시킨(구현한) 시스템이다. 시분할이라는 것은 시간을 분할한다는 것이다. 그렇다면 시간을 분할하는 이유는 컴퓨터가 제한된 자원을 가지고 있기 때문이다. 그 대표적인 것이 CPU이다. CPU는 한 시점에서 1가지의 일밖에는 할 수가 없다. 하지만 우리가 컴퓨터를 사용할 때, 여러 가지 일을 한다. 음악도 들으면서 문서 작업도 한다. 바로 이렇게 한번에 1가지 일 밖에 하지 못하는 CPU를 가지고, 동시에 여러 가지 일을 처리하는 것처럼 보이도록 동작하도록 하는 것이 시분할이다. 먼저 각각의 프로세스(프로그램이라고 생각해도 됨)가 CPU를 연속해서 사용할 수 있는 시간을 제한한다. 물론 이 시간은 매우 짧아야 한다. 이것을 시간구획(타임 슬라이스;time slice)라고 한다. 그리고 컴퓨터 OS(구체적으로는 스케줄러)가 다음 time slice에 CPU를 사용할 수 있는 프로세스를 결정하게 되는 것이다. 그렇게 되면, CPU가 한번에 1가지 작업만을 하지만, 사용자 입장에서는 여러 개의 작업이 동시에 수행되는 것처럼 보이게 된다. 참고로 메모리(M/M)와 같은 경우는 각각의 프로세스에 대해 공간적으로 분할된다. 메모리 공간을 나누어서 쓰게 되는 것이다. 이렇게 CPU가 시간적으로 분할되고, 메모리가 공간적으로 분할되어서, 여러 개의 프로그램들이 동시적으로 수행될 수 있는 것이다.

짚어보기 시분할 시스템의 작업 처리 순서 [그림2-20]

시분할 처리의 CPU 시간 분할 방법을 [그림2-20]에 나타내었다.
- ❶ ~ ❽은 CPU의 사용 순서이다.
- 시간단위는 CPU의 사용 시간을 똑같이 나누어준 시간이다.

예제 2-4

사용자가 PC나 전용 워크스테이션 대신에 시분할 시스템을 써서 얻는 이득은 무엇인가?

풀이
- 단말기를 통해 혼자서 사용하는 시스템처럼 사용할 수 있다.
- 큰 공유 서버의 각종 H/W 및 S/W의 자원을 사용할 수 있다.
- 대형의 프로그램에 적당하다.

(4) 실시간 시스템(Real time system)

실시간 시스템, 온라인 처리 시스템, 또는 즉시처리 시스템이라고도 한다. 실시간 처리란 적합성과 시한성을 갖는 자료를 사람의 손이나 다른 전달 방법을 통하지 않고, 어떤 감지기(sensor)의 형태로 즉각 입력시키는 방법이다[그림2-21].

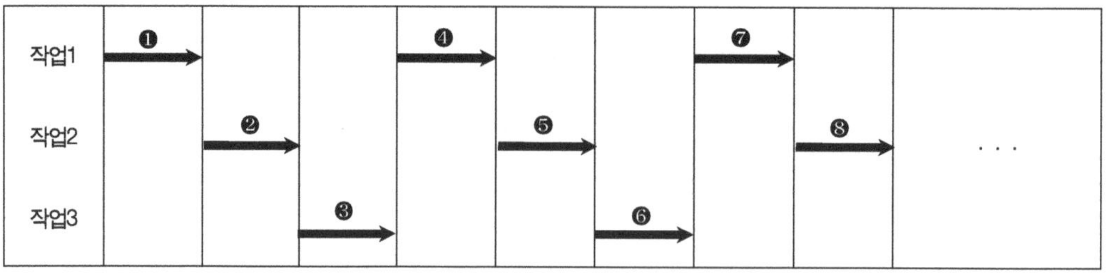

[그림 2-20] 시분할 처리 시스템의 작업 처리 순서--대림 그림1-18 31쪽

그리고 처리 결과도 즉시 받아볼 수 있게 하므로 실시간 처리 시스템(real-timr system)은 온라인(on-line) 개념이 전제가 되어야 한다. 다시말해, 컴퓨터에 의한 정보 처리방식으로 데이터가 발생한 시점에서 필요한 계산처리를 즉석에서 처리하여 그 결과를 데이터가 발생한 곳에 되돌려 보내는 방식이다. 이 방식의 주된 응용 면은 항공기나 철도의 좌석 예약 시스템, 은행의 예금업무, 제조업에서의 재고관리·공정관리, 실시간 시뮬레이션 등을 들 수 있다. 또 대공방위 시스템(미국의 SAGE 시스템 등)은 국가적인 규모의 실시간처리 시스템이다. 실시간처리 시스템의 구성에서는 컴퓨터 본체에 접속하는 외부기억장치, 개개의 적용업무에 따른 단말입출력장치, 단말장치와 컴퓨터 본체를 연결하는 통신제어장치 등이 중요하다. 또한 H/W의 구성뿐만 아니라 S/W의 좋고 나쁨이 시스템의 처리능력을 좌우하게 된다. 시스템의 기본적인 구성은 CPU(컴퓨터 본체)를 어떻게 배치하느냐에 따라서 몇 가지 변형이 있다. 예를 들면, 1대의 CPU를 지닌 심플렉스 시스템, 2대의 CPU를 병용하는 듀얼 시스템, 2대 중 1대만을 실시간처리에 상용하는 듀플렉스 시스템, 복수의 CPU를 지닌 멀티프로세싱 시스템 등이다. 다시말해서, 실시간 시스템이란 사용할 수 있는 자원이 한정되어 있는 상황에서 작업 수행이 요청되었을 때, 이를 제한된 시간 안에 처리해 결과를 내주는 것을 말한다. 즉, 작업의 요청에서 수행결과를 얻기까지의 시간적인 제약이 존재하는 시스템으로 그 제약의 엄격함에 따라서 경성 실시간 시스템과 연성 실시간 시스템으로 나뉜다.

① 경성 실시간 시스템(hard real-time system); 작업의 실행 시작이나 완료에 대한 시간 제약조건을 지키지 못하는 경우 시스템에 치명적인 영향을 주는 경우를 가리킨다. 예를 들어, 무기제어, 발전소제어, 철도자동제어, 미사일 자동조준 등을 들 수 있다. 보장되는 컴퓨팅과 시간의 정확성과 컴퓨팅에 대한 예측성을 가지게 해주어야 한다.
② 연성 실시간 시스템(soft real-time system); 작업 실행에 대한 시간 제약이 있지만, 이를 지키지 못하더라도 전체 시스템에 큰 영향을 끼치지 않는 시스템을 말한다. 그 예로 동영상을 들 수 있다. 초당 일정한 프레임(Frame)이상의 영상을 재생해야 한다는 제약이 있으나, 통신부하나 시스템의 다른 작업으로 인하여 프레임(Frame)이 건너뛰어져도 동영상을 재생하고 있던 시스템에는 큰 영향을 끼치지 않는다. 여기서, 프레임(Frame)은: DATA 통신, 컴퓨터 그래픽스(Computer Grapics:CG), TV(Tele Vision) 방송 등에서 전송되는 정보의 일정한 단위(초당 그림이 보여지는 수라고도 볼 수 있다.)를 말한다.

정리하면, 단말기나 제어 대상으로부터 처리를 요구하는 자료가 발생할 때마다 즉시 처리하여, 그 결과를 출력하거나 요구에 대하여 응답하는 방식이다[그림2-21].

이 시스템은 다섯 가지의 장점을 들 수 있는데, 첫째로 광범위한 지역의 공동의 최신 정보를 가지고 있는 중앙 파일을 직접 사용할 수 있으며, 둘째 불규칙하게 발생되는 많은 요구에 대하여 빠른 시간 내에 응답할 수 있으며, 셋째 최고 경영자에게는 최신 정보를 바탕으로 의사 결정 자료를 제공할 수 있고, 넷째 정보 수집으로부터 인간의 제약을 해방시켜 주며, 다섯 째 많은 이용자가 고급의 정보를 염가로 사용할 수 있다는 장점을 가지며, 데이터의 발생 현장에 설치된 단말기와 원격지의 중앙 컴퓨터가 전용 통신 회선을 통하여 직접 연결되어 있는 온라인 시스템과 데이터를 수신하여 그 처리 결과를 신속히 반송해 줌으로써 즉시 응답을 받아볼 수 있는 실시간 시스템의 기능을 함께 가지고 있는 시스템을 말한다. 이 시스템에서의 중앙 컴퓨터는 대용량 기억 장치를 가지고 데이터를 처리할 수 있어야 하며, 응답을 위하여 고도의 신뢰성을 갖춘 프로그램 기술이 구비 되어야 한다. 단점으로는 자료가 무작위 하게 도착하므로 입출력 자료의 일시 저장 및 대기가 필요하며, 상태의 재현이 불가능하다. 또한 시스템에 장애가 발생할 때 단순한 재실행이 불가능하다.

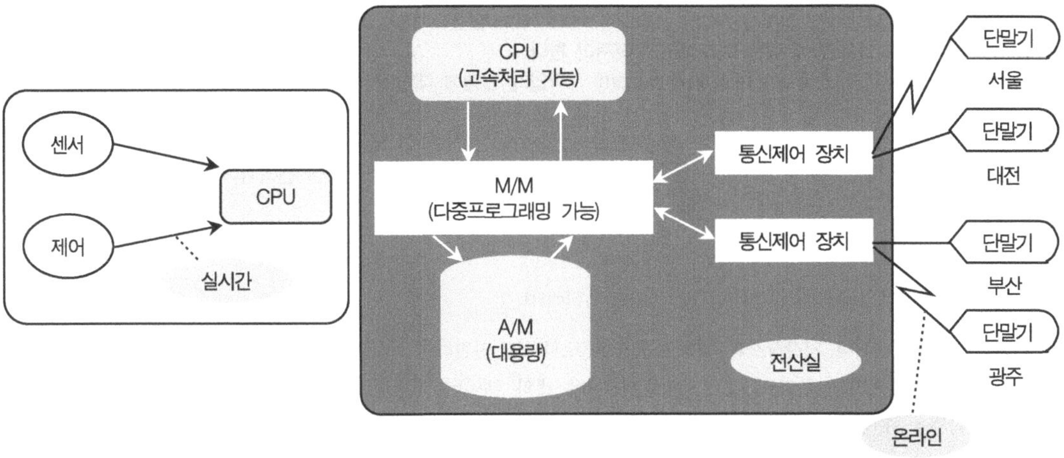

[그림 2-21] 실시간 처리

예제 2-5

다중 프로그래밍과 시분할 시스템에서는 많은 사용자들이 시스템을 같이 사용하게 된다. 이때에는 여러 가지 보안상의 문제가 발생한다.

❶ 이러한 문제를 두 가지 설명하라.

풀이

- 파일 등의 자원의 병행적 공유에 의한 일관성 결여 (상호배제)
- 메모리 보호의 문제(타 사용자의 프로그램 영역을 침범하는 것)

❷ 시 분할되는 기계에서 전용 기계와 같은 수준의 보안성이 보장될 수 있는가? 이 대답에 대한 설명을 하여라.

풀이

- 자원의 동시 사용에 대한 보호, 메모리의 보호 등을 위한 기법은 비교적 잘 제공되고 있다. 그러나 오늘 날 해킹, 바이러스 침입에서 알 수 있듯이 공유 시스템에서의 보안은 매우 어려운 문제이며, 칩입 기법과 보호/보안 기법은 영원히 공방 관계를 가질 것이라 보는 견해가 지배적이다. 이는 인터넷이라는 것이 기본적으로 개방성에 그 근간을 두고 있기 때문이다.

예제 2-6

실시간 시스템의 종류와 예를 설명하라.

풀이

- 경성 실시간 시스템(Soft real time system) : 실행 시작이나 완료에 대한 시간적 조건을 지키지 못할 경우 재앙적 일이 발생하는 실시간 시스템. 예로서, 무기 제어, 발전소 제어, 철도 자동 제어 등을 들 수 있다. 보장성 컴퓨터와 컴퓨팅에 대한 예측성이 주어져야 한다.
- 연성 실시간 시스템(Hard real time system) : 작업의 실행에 대한 시간적 조건이 주어지지만 이를 지원하기 위해 컴퓨터 시스템은 최선을 다하나, 시간 조건을 지키지 못해도 큰 문제는 없는 시스템을 말한다. 예로서 동영상 디스플레이를 들 수 있다. 초당 몇 프레임(frame) 이상을 디스플레이 하려고 노력하고, 음성도 같은 시간 동기화 체제 하에서 출력되나 통신 부하 등, 여러 가지 원인으로 프레임을 건너뛰어도 별 문제는 없다.

(5) 분산 처리 시스템(Distributed processing system)

여러 개의 분산된 데이터 저장장소와 처리기들을, 네트워크로 연결하여 서로 통신을 하면서 동시에 일을 처리하는 방식을 분산처리 시스템이라고 한다[그림2-22].이렇게 여러 개의 데이터 저장장소와 처리기들을 가지면 여러 처리기들이 동시에 여러 작업을 수행함으로써 성능이 향상될 수 있고, 데이터도 복사본을 여러 곳에 여분으로 유지함으로써 신뢰도를 올릴 수 있으며, 네트워크에 새로운 처리기 등을 첨가함으로써 쉽게 시스템의 확장을 꾀할 수 있다는 등의 장점이 있다. 그러나 이와 같은 장점을 실제로 달성하려면 데이터 저장장소와 처리기들을 물리적으로 연결해서는 안 되고, 그 위에 논리적인 설계가 추가적으로 필요하다. 즉, 각종 제어기능과 데이터들이 주의 깊게 분산되어야 하고, 그들 사이에 상호연계가 잘 설계되어야 한다. 그러면서도 사용이 복잡하지 않도록 하기 위해서 이러한 분산운영의 내막을 사용자에게는 거의 숨겨주는, 마치 종전과 같이 한 곳에서 모든 일이 간단히 처리되는 것처럼 보여주어야만 한다. 좁은 뜻의 분산처리는 이와 같은 추가적인 요구조건까지 만족시켜 주는 방식을 일컫는다.

분산처리 시스템은 작업 처리능력을 향상시키려는 노력의 일환으로서 광의의 분산처리 시스템과 협의의 분산처리 시스템이 있다. 분산처리 시스템과 통신망 시스템은 공통적으로 여러 프로세서들이 통신망에 연결되어 있다는 점에서 유사하다.

넓은 의미의 분산처리 시스템은 CPU, 기억장치 그리고 주변 장치들이 지역적으로 널리 분산되어 있을 때 이것을 분산처리 시스템이라고 한다. 좁은 의미의 **분산처리 시스템**이란 여러 장치들이 지역적으로 분산되어 있고 그것들이 통신망을 통하여 상호 연결 되어 있지만 그 전체 시스템은 하나의 **운영체제(분산 운영체제**;Distributed Operating System : DOS)로 제어 운용되는 것을 의미한다.

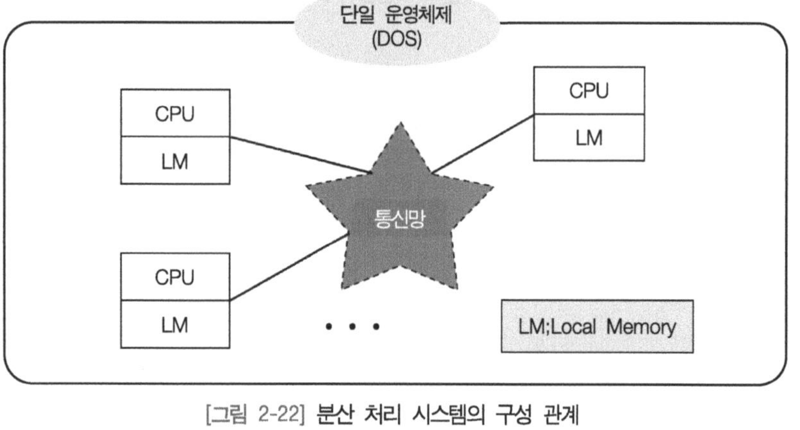

[그림 2-22] 분산 처리 시스템의 구성 관계

다시 말하면, 통신 회선으로 연결된 여러 개의 컴퓨터와 단말기에 작업과 자원을 분산시킨 후 통신망을 통하여 교신·처리하는 방식인데, 물리 지리적으로 떨어져 있는 클라이언트나 서버를 데이터베이스 서버와 네트워크로 연결하여, 하나의 시스템인 것처럼 데이터 처리를 가능하게 하는 시스템이다. 또한, 네트워크로 연결되어 약결합 시스템으로 볼 수 있다. 특히, **분산 처리 시스템의 설계 목적**은 자원 공유, 연산 속도 향상, 신뢰성 향상 등에 있다.

분산처리 시스템의 장·단점은 다음과 같다.

① 장점

- 투명성(transparency) 보장
- 다수 사용자의 데이터(자원) 공유 가능
- 연산 속도 , 신뢰도 , 사용가능도 향상
- 시스템의 확장이 용이

② 단점

- 소프트웨어 개발이 어려워 구축 비용이 많이 발생
- 보안에 취약
- 설계가 복잡하다.

시분할 처리와 분산처리의 다른 점은 다음과 같다.

시분할 처리는 시간중심으로 시스템을 처리하는 방식이다. 방식은 여러 가지가 있지만, 일단 시간 베이스로 타임슬라이스를 나눈다.

예를 들어서 1분이면 1분마다 다른 응용 프로그램을 사용할 수 있게 하는 것이다. 가중치나 대기 시간 등을 이용해서 시스템의 유휴시간 없이 이용할 수 있게 해준다. 원래 이 이론은 유휴시간 없이 CPU를 계속 쓰자는 생각에서 나왔고, 현재의 모든 시스템은 시분할 시스템이라고 볼 수 있다. 일부 배치 파일 시스템의 경우 다른 작업을 하지 않으니, 그런 특정한 시스템을 제외한다면 말이다.

두 번째, 분산처리시스템은 시분할과는 좀 다르다.

시분할 시스템은 하나의 시스템 밖에 존재하지 않는다. 하지만 분산처리 시스템은 물리적인 다른 공간에서 처리되는 서비스를 말합니다. 즉 같은 서비스가 서로 다른 지역에 설치될 수 있고,그렇지 않다면, 같은 공간에 있어도 서로 다른 서비스를 하는 것을 말한다. 이를테면 프린터 서버와 파일 서버 등으로 나눌 수 있는 개념이다.

시분할 시스템도 분산 처리로 구현할 수는 있지만 여기에서는 논외니까 제외하고, 분산 처리된 시스템의 장점은 하나의 시스템 장애가 전체 장애로 연결되지는 않는다는 장점이 있다. 왜냐하면 분산처리 시스템은 서로 다른 구성이기 때문에 시스템 전체에 영향을 미치지 않는다. 반면 분산 처리 시스템은 보안에 취약하다는 단점이 있다. 동일한 구성이 여러 군데 있으니까, 그 중 하나의 시스템에만 침입할 수 있어도 전체 시스템이 연결되어 있으니 접근이 가능하기 때문이다. 시분할은 중앙 집중식이고, 분산 처리는 그와는 다르게 분산되어 있는 방식이다.

간단하게 요약하면 **시분할**(time sharing) **은 하나의 프로세서를 여러 개의 프로세스가 번갈아사면서 사용하는 방식이고 분산 시스템은 여러 개의 프로세스를 여러 개의 자원에 나누어서 분배하여 그 결과를 통보받은 시스템이다.** 작게는 멀티프로세서도 분산시스템이라고 정의할 수 있고 일반적인 범위로는 컴퓨팅 망이 분산처리 시스템이 되겠다. 현재에는 분산처리 시스템 상에서 시분할 시스템이 구현되고 컴퓨터 망의 각각의 프로세서가 할당 받은 프로세스들을 시분할을 이용하여 처리하게 되어져 있다.

예제 2-7

분산 시스템이 바람직한 이유는 무엇인가?

풀이

- 자원의 공유
- 큰 메인 프레임(main frame)에 대한 성능 대비 비용(performance/cost)의 장점
- 구성 노드 중 일부가 정지되어도 시스템은 계속 수행될 수 있는 신뢰도
- 네트워크 시스템은 외부적으로 하나의 시스템으로 보여 사용하기 쉬운 점
- 분산 파일 시스템, 분산 IPC 등으로 네트워크에 투명한 통신이 제공

(6) 병렬 처리 시스템(Parallel processing system)

병렬 처리(parallel processing)는 컴퓨터 시스템의 계산 속도 향상을 목적으로 하여 동시 데이터 처리 기능을 제공하는 광범위한 개념의 기술을 의미한다. 즉, 동시에 동작하는 복수의 마이크로프로세서를 갖추고 있는 컴퓨터에 의해서만 실행될 수 있는 처리 방식이다. 복수의 처리 장치를 사용하여, 모든 처리 장치가 하나의 프로그램상의 서로 다른 태스크를 동시에 처리함으로써 처리의 부하를 분담하여 처리 속도를 향상시키는 방법이다. 병렬 처리는 다중 처리와 다르다. 다중 처리에서 한 처리 장치는 데이터베이스 접근을 관리하고 다른 처리 장치는 그 데이터를 분석하며, 세 번째의 처리 장치는 화면에 도형을 출력하는 식으로 하나의 처리를 순서적 블록으로 나누어 실행한다. 병렬 처리에서는 10개의 처리 장치로 병렬 처리하면 최대 10배 정도 처리 속도를 향상시킬 수 있다. 다만, 실제로는 병렬화에 따른 복잡한 처리가 추가되기 때문에 반드시 10배로 향상되지는 않는다. 수천 개의 마이크로프로세서에 의한 병렬 처리를 초병렬 처리라고 한다.

컴퓨터에서 **병렬처리**란 다중처리 시스템에서 하나 또는 그 이상의 OS가 여러 개의 프로세스를 관리하며 동시에 수행하는 시스템으로 프로세스를 여러(혹은 하나의) 프로세서에 작업 분산시켜 동시에 수행함으로써 빠른 시간 내에 원하는 답을 구하는 작업을 일컫는다. 즉,I/O 채널 또는 처리기와 같은 장치에서 둘 이상의 프로세스를 동시에 수행하는 것이다. 다시말해, I/O 채널 또는 처리기와 같은 장치에서 둘 이상의 프로세스를 동시에 수행하는 것이다.

병렬처리의 예를 일반 가정용 PC의 예로 들면 옛날 MS-DOS 시절엔 게임을 하면 그 외의 다른 작업을 동시에 수행할 수가 없었습니다. 오로지 게임만 수행할 수 있었다. 하지만 윈도즈가 개발되면서 병렬처리가 가능하게 되었다. 초기엔 한계가 물론 있었지만 여러 제품이 개발되면서 그 성능이 향상되어 현재의 시점까지 오게 된 것이다. 다른 예를 들면, ALU에서 어떤 명령어가 실행되고 있을 때 다음 명령어를 메모리에서 읽어오거나, ALU에서 어떤 명령어가 실행되고 있을 때 다음 명령어를 메모리에서 읽어오거나, ALU를 두 개 이상 두고서 동시에 두 개 이상의 명령어를 실행하는 시스템이 있다. 더 나아가 한 시스템에 병행적으로 동작하는 두 개 이상의 프로세서를 둘 수도 있다. 병렬 처리의 목적은 이와 같이 컴퓨터의 처리 속도를 향상시키고, 이와 함께 처리율(throughput)도 증가시키는 것이다. 병렬 처리를 구현하기 위해서는 추가의 하드웨어가 필요하고, 따라서 시스템의 비용이 증가한다. 그러나 기술의 발달로 인해 병렬 처리가 경제적으로도 구현 가능한 기술이 되었다. 병렬 처리는 복잡도에 따라 여러 단계로 나누어 볼 수 있는데, 가장 낮은 단계에서는 사용되는 레지스터의 형태에 따라 병렬성을 구별한다. 즉, 시프트 레지스터는 한 번에 한 비트 씩 직렬적으로 동작하는데 반해, 병렬 로드를 가진 레지스터는 한 워드의 전체 비트에 대해 동시에 동작한다. 보다 복잡한 단계의 병렬 처리에서는 동일한, 또는 서로 다른 동작을 동시에 수행하는 여러 개의 기능 장치(functional unit)를 가지고서 데이터를 각각의 장치에 분산시켜 작업을 수행한다. 예를 들어 산술, 논리, 시프트 동작을 세 개의 장치로 분리하고, 제어 장치의 관리에 따라 피연산자를 각 장치들 사이에서 전환되도록 할 수 있다.병렬 처리는 프로세서 내부 구조와 프로세서들 사이의 연결 구조, 그리고 시스템들 사이의 정보 흐름 등을 고려하여 다양한 방법으로 분류된다. M. J. Flynn은 동시에 처리되는 명령어와 데이터 항목 수에 의해 컴퓨터 시스템의 구조를 파악하려는 분류 방법을 제안하였다. 메모리로부터 읽어 온 명령어의 순서는 명령어 흐름(instruction stream)을 구성하고, 데이터에 대하여 수행되는 동작들은 데이터 흐름

(data stream)을 구성한다. 병렬 처리는 명령어 흐름과 데이터 흐름 모두에 대하여 적용될 수 있고, 이에 따라 Flynn은 다음과 같은 네 가지 그룹으로 컴퓨터를 분류하였다.

❶ SISD(Single Instruction Stream, Single Data Stream)는 제어 장치, 처리 장치, 메모리장치를 가지는 단일 컴퓨터 구조로서 명령어들은 순차적으로 실행되고, 병렬 처리는 다중 기능 장치나 파이프라인(pipeline) 처리에 의하여 구현된다.
❷ SIMD(Single Instuction Stream, Multiple Data Stream)는 공통의 제어 장치 아래에 여러 개의 처리 장치를 두는 구조로서 모든 프로세서는 동일한 명령어를 서로 다른 데이터 항목에 대하여 실행시킨다. 이 구조에서는 모든 프로세서가 동시에 메모리를 접근할 수 있도록 다중 모듈을 가진 공유 메모리 장치가 필요하다.
❸ MISD(Multipe Instruction Stream, Single Data Stream) 구조는 이론적으로만 연구가 되는 것이다.
❹ MIMD(Multiple Instruction Stream, Multiple Data Stream) 구조는 여러 프로그램을 동시에 수행하는 능력을 가진 컴퓨터 시스템을 나타낸다. 대부분의 다중 프로세서와 다중 컴퓨터 시스템이 이 범주에 속한다.

Flynn의 분류는 제어 장치와 데이터 처리 장치의 성능적 차이에 따른 것으로 컴퓨터 시스템의 구조적인 연결보다 외양적 행동을 강조하는 분류 방식이다. 따라서 Flynn의 분류에 적합하지 않는 병렬 처리가 있는데 대표적인 것이 파이프라인이다.

파이프라인 처리는 산술 연산의 세부 동작이나 컴퓨터 명령어 사이클의 각 단계를 중첩시키기 위하여 사용하는 기술이고, 벡터 처리는 크기가 매우 큰 벡터나 행렬을 처리하기 위한 것이며, 배열 프로세서(array processor)는 데이터의 큰 배열에 대한 계산을 수행한다.

예제 2-8

어떤 노래를 들으면서 웹서핑을 한다던지, 게임을 하면서 MSN 으로 메세지를 주고 받는 다던지...하는 여러 작업을 동시 수행이 가능하게 된 것이다.현재의 윈도즈는 완벽한 병렬처리라고는 볼 수 없지만, 병렬처리의 일종인 다중 프로그래밍 정도로 보면 된다. 다중 프로그래밍에 대한 설명은 이미 설명 했다.
병렬처리 시스템의 발전단계는 다음과 같다.

- 1단계; - 단일 프로세서 컴퓨터에 병렬기법 도입한다.
  - RISC(reduced instruction set computers)
- 2단계; - OS를 단일 컴퓨터의 운영에서 벗어나 복수의 연산소자 및 네트워크까지도 운영. 알고리즘의 기술이 발달한다.
- 3단계; - 병렬화를 묵시적으로 나타내는 새로운 언어의 개발를 요구한다.
- 4단계; - 사용자와 같은 레벨에서 통신할 수 있도록 높은 레벨의 사용자 인터페이스를 제공한다.

자료와 명령어의 흐름에 따른 병렬처리 시스템은 다음과 같다.

❶ 파이프 라인
- 하나의 프로세서를 서로 다른 기능을 가진 여러개의 부 프로세서로 나누어 각 부 프로세서가 동시에 서로 다른 데이터를 취급하도록 하는 기법이다.
- 한 번에 여러 명령어가 실행되게 해서 성능을 향상시키는 방법이다.

❷ 벡터(vector)
- 벡터 명령어가 실행되면 벡터(피연산자)의 각 항목들은 하나씩 파이프 라인에 나눠지고 파이프라인의 한 단계가

완성되는 동안 연기되는 기법이다.

❸ 배열 처리기(array processor)
- SIMD 컴퓨터로 한 배열의 각 항목에 동시에 같은 명령어를 수행한다.

❹ 데이터 흐름 프로세서(data flow)
- 많은 연산을 병렬적으로 수행하며 요구되는 데이터가 이용 가능한 명령어를 실행하기 때문에 데이터 구동방식(data driven)이라고 한다.

❺ 다중 처리기(multiprocessor)
- 기억장치나 데이터베이스 등의 자원을 공유하며 상호작용하는 다중 프로세서들을 통하여 비동기적 병렬성을 얻는다.
- 2개 이상의 프로세서를 사용하므로 하나가 고장 나더라도 다른 프로세서들은 가동할 수 있다.

기억장치 결합도에 따른 분류는 다음과 같다.

❶ 강 결합(tightly coupled)
- 여러 프로세스가 하나의 저장장치를 공유하며 하나의 OS가 모든 프로세스들과 시스템 H/W를 제어 한다.
- 공유 메모리를 차지하기 위한 프로세스 간 경쟁이 치열하다.
- 결합 스위치(combining switch)로 프로세스 간 경쟁 해결 한다.

❷ 약 결합(loosely coupled)
- 각 프로세스는 각자의 기억장치를 가지고 있다.
- 자체 OS를 갖고 있다.
- 프로세스 간 통신(IPC;Inter-Process Communication)은 메시지전달(Message passing)과 원격 프로시져 호출(RPC;Remote Procedure Call)로 이루어진다.

연결방식에 따른 분류는 다음과 같다.

❶ 공유버스(shared bus)
- 프로세서, 기억장치 및 입출력 장치들 간에 하나의 버스만 존재한다.
- 간단하며 경제적이고 융통성이 있다.
- 한 번에 한 가지 전송만 가능하고 버스에 이상이 생기면 전체 시스템이 중단된다.
- 시스템이 바빠지면 효율성이 저하 된다.

❷ 크로스바 교환행렬(crossbar-switch matrix)
- 공유버스 구조에서 버스의 수를 기억장치의 수 만큼 증가 시킨 시스템이다.
- 모든 기억장치 모듈로 동시 전송이 가능하다.
- H/W가 크고 복잡하다.

❸ 하이퍼 큐브(hypercube)
- 비교적 경제적인 방법으로 많은 프로세서들을 연결하는 방법을 제공한다.
- 많은 노드가 연결될 경우 비용이 급속도로 증가한다.

❹ 다단계 네트워크(multistage network) = 다중 입/출구 기억장치
- 한 노드가 어떠한 다른 노드에라도 연결할 수 있도록하여 여러 프로세서의 연결을 쉽게 한다.
- 교환기의 수가 매우 적으며 단일 경로 이지만 다양한 연결이 가능하다.
- 교환 네트워크의 비용을 증가 시키며 전송 시간이 비교적 느리다.

다중처리 시스템의 OS 형태에 따른 분류는 다음과 같다.

❶ 주/종 관계(master/slave)[그림2-23]

- 하나의 프로세서가 주(Master)로 지정되어 범용 프로세서로서 연산 및 입출력을 담당하고 나머지들은 종(Slave)로 연산만을 담당하고 사용자 프로그램만 수행 한다.
- 구현이 쉬우나 H/W의 비대칭성이 발생하고 H/W를 최적으로 사용하지 못한다.
  · 현 시스템에 적은 수정으로 구현이 가능하다.
  · 주 프로세스 고장 시 전 시스템이 중단된다.

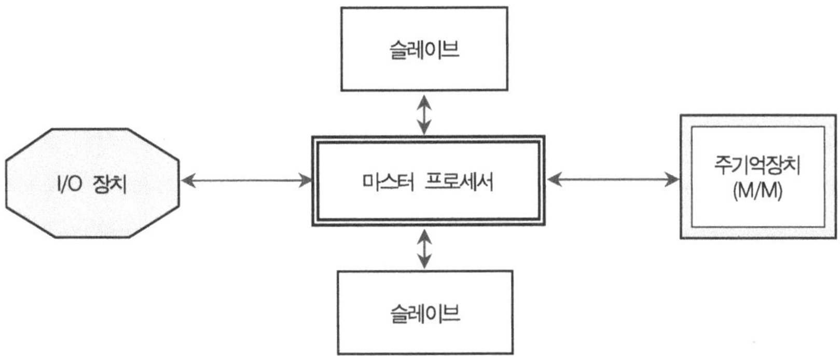

[그림 2-23] 주/종 관계 구조도

❷ 분리 수행(개별적 관리자;separate executives)

- 각 프로세서가 독립적으로 자원을 가지는 단일프로세서 시스템처럼 독자적인 OS와 기능을 가지는 형태이다.
- 프로세서 간의 작업 불균형이 발생할 가능성이 있다.
- 주/종((Master/Slave) 관계보다 신뢰도가 높아 한 프로세서의 고장이 전체 시스템에 영향을 주지 못한다.
- 일부 프로세서가 유휴 상태로 될 수 있다.

❸ 대칭 처리[그림2-24]

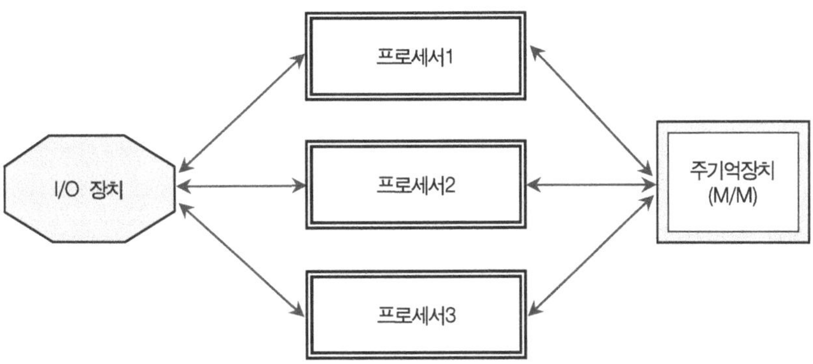

[그림 2-24] 대칭 처리 구조도

- 모든 프로세시가 동등한 입장의 대칭성을 가지고 있으며 구현 및 수행이 매우 복잡한 형태이다.
- 가장 강력한 능력의 시스템으로 신뢰성이 높다.
- 한 OS를 동시에 수행할 수 있게 하므로 재진입 코드와 상호배제(Mutual exclusion)가 필요하다. 즉, 여러 프로세서가 하나의 OS를 사용함으로써 충돌이 발생된다.
- 작업의 부하를 분산처리가 가능하므로 자원 활용도가 높다.

예제 2-9

대칭과 비대칭 다중 처리 시스템의 차이를 설명하라. 다중 프로세서 시스템의 장점과 단점은 무엇인가?

풀이

- 대칭 시스템은 여러 개의 프로세서가 논리적으로 하나인 공유 메모리를 가지며 이러한 공유 메모리에 적재된 같은 이미지의 OS 커널을 실행한다. 각 프로세서는 일반적으로 동일한 역할을 한다.
- 비대칭 다중 처리 시스템은 일반적으로 각 프로세서가 특정된 일을 맡아서 한다. 예를 들면 주 프로세서가 있어서 전체 시스템을 통제하고 다른 프로세서들은 주 시스템의 명령을 따르거나 또는 미리 정해진 일을 수행한다.이 방식은 주/종(master-slave)의 형태로서 주가 종을 스케줄하고 일을 할당한다.

예제 2-10

컴퓨터를 예로 들면;
요즘 CPU들은 듀얼 / 쿼드 코어가 많이 출시되어 있지만, 이전에는 전부 싱글 코어였다. 한 개의 CPU는 한 번에 한 가지만 연산할 수 있다. 사람이 한 번에 여러 문제를 풀 수 없는 것과 같다. 코어가 많아지는 것은 머리가 많아지는 셈이다. 이전 서버 또는 워크스테이션 급 컴퓨터에는 더 빠른 성능을 위해, CPU를 2개 또는 그 이상 장착 하여 사용하기도 했다. CPU를 병렬로 묶어 사용하는 것이다. 그 이전에 컴퓨터 여러 대를 병렬로 연결해서 한 가지 작업을 분산 연산 시키는 구조도 있었다. 중요한 것은 병렬로 연결해서 분산처리 하는 시스템의 의미를 이해 해야 한다.

예제 2-11 OS의 처리방식 종류별 사용 예

- 실시간 처리 시스템; 찌개 재료인 당근, 파, 마늘, 호박 등의 야채를 필요할 때마다 그때그때 손질한다.
- 다중 프로그래밍 시스템; 엄마가 아기를 등에 업고 요리하는 경우, 음악을 들으며 문서를 작성하는 경우이다.
- 일괄 처리 시스템; 한꺼번에 야채를 손질해 놓고 찌개를 끓이기 시작한다든지, 급여계산, OMR성적처리 등이 있다.
- 다중 처리 시스템; 엄마와 아빠 두 분이 같이 요리를 한다.

(7) 직렬처리방식과 병렬처리방식의 차이점

컴퓨터등 데이터를 주고받아 처리해야 하는 시스템에서는 상호 간에 데이터를 주고받아 처리하는 방식에 따라 직렬처리(Serial Processing) 방식과 병렬처리(Parallel Processing) 방식으로 구분한다.

컴퓨터를 예를들면, 마이크로 프로세서는 주변장치를 통해서 외부와 정보를 교환 할 수 있으며 일반적으로 정보를 교환하는 방법으로는 병렬통신과 직렬통신 2가지로 나눌 수 있다. 컴퓨터내의 장치와 정보를 교환 할 때는 통상적으로 고속의 통신 속도를 필요로 하기 때문에 한 번에 많은 양의 데이터를 처리 할 수 있는 **병렬 통신 방식**을 주로 사용한다. 이는 대량의 정보를 빠른 시간에 한꺼번에 처리함으로써 컴퓨터의 성능을 향상 시킬 수 있기 때문인데 이것은 데이터 비트수로 나타나게 된다(16bit,32bit,64bit). HDD, FDD, CD-ROM등이 대표적인 병렬통신 방식을 사용하는 장치이다. 하지만 모든 경우에 병렬 통신 방식을 사용하는 것은 아니며 병렬통신은 장비를 구현함에 있어서의 어려움과 거리의 제한성, 많은 비용이 든다는 단점을 갖고 많은 양의 데이터 전송을 필요로 하지 않는 곳에 있어서 병렬통신은 비효율적이기 때문에 컴퓨터가 외부와의 통신을 할 때는 직렬 통신 방식을 많이 사용하게 된다. **직렬통신 방식**이란 데이터비트를

1개의 비트단위로 외부로 송수신 하는 방식으로써 구현하기가 쉽고, 멀리 갈 수 있으며 기존의 통신선로 등을 활용할 수 있어서 비용절감이 크다는 장점을 갖고 있다. 대표적인 직렬통신 방식으로는 LAN , RS232 , X.25등이 있다. 현재 시스템베이스에서 생산하는 시리얼 포트의 종류로는 RS232, RS422, RS485가 있고 이것은 UART에서 나오는 신호를 (TTL 레벨) 현장 특성에 따라 통신 방식을 변환해줌으로써 원하는 통신환경에 적용 가능하게 만들어 준다.

(8) 병렬처리 시스템과 분산처리 시스템을 비교

컴퓨터는 기본적으로 하드웨어(H/W)와 소프트웨어(S/W)로 구성되어있다.

이 중 컴퓨터 안의 하드웨어와 기본 시스템의 동작을 직접적으로 제어하고 관리하는 일을 하는 시스템 소프트웨어를 OS이라고 한다. OS가 작업을 처리하는 방식은 여러 가지가 있는데 그 중 병렬처리시스템과 분산처리시스템을 비교하면 다음과 같다.

초기의 컴퓨터는 한 번에 하나의 작업만을 수행할 수 있었고, 그 작업이 끝나면 다음 작업을 수행하는 방식이었다. 이러한 단일 프로세서 컴퓨터에 병렬기법 도입하여 OS를 단일 컴퓨터의 운영에서 벗어나 여러 작업을 동시에 처리 할 수 있게하는 병렬처리 시스템이 나타나게 되었다. 병렬처리 시스템은 컴퓨터를 병렬로 연결하거나, CPU등을 병렬로 연결하여 다수의 프로세서들이 다수의 프로그램들을 분담하여 동시에 처리하는 방식이다. 하나의 OS 안에서 병렬로 연결된 자원, 메모리, CPU 또는 컴퓨터가 작업을 처리하는 방식을 총칭하는 의미로 병렬처리 시스템이라는 용어가 사용된다. 한글워드 프로세서를 사용하면서 윈도미디어 플레이어로 음악을 듣고 동시에 메신져를 켜놓을 수 있는 것 등을 예로 들 수 있다. 여러 프로세스가 하나의 저장장치를 공유하는 방식이나 각각의 프로세스들이 각각의 저장장치를 가지고 있는 방식도 있다. 현재 가장 대중적으로 사용하는 Windows 시리즈는 병렬처리 시스템의 일종인 다중 프로그래밍 정도(Degree)로 설명할 수 있다.위의 병렬처리 시스템과는 다르게 분산처리 시스템은 여러 개의 분산된 데이터 저장장소와 처리기들을, 네트워크로 연결하여 서로 통신을 하면서 동시에 일을 처리하는 방식이다. 쉽게 말하자면 서버 컴퓨터에서 그 하위에 있는 컴퓨터들에게 작업의 일부분들을 할당, 분산시켜서 작업을 수행하게 하는 것이다. 여러 컴퓨터들이 작업을 나누어 처리하므로 작업처리 속도가 빨라져 성능향상을 할 수 있고, 데이터를 여러 저장장소에 저장하므로 데이터가 보다 안전하게 처리될 수 있다. 또한 네트워크 상에 새로운 컴퓨터를 연결함으로써 시스템의 확장이 쉽게 이루어 질 수 있다. 하지만 실제로는 각종 제어기능이나 데이터의 분산, 또 이러한 컴퓨터들 간에 상호연계가 잘 되어 있어야 하는 등의 논리적인 설계의 문제점이 있다. 분산 처리시스템의 예로 네트워크 프린터를 생각할 수 있다. 시스템의 여러 부분들이 분산되어 연결되어 있고 네트워크에서 그들을 연결하여 서로 통신을 수행하면서 각각의 할당받은 맡은 일들을 처리하는 것이다. 각각 분산되어 작업을 처리하기 때문에 높은 처리 능력을 가질 수 있다. 네트워크 프린터 서버에 연결되어 있는 프린터나 파일 서버에 연결된 데이터베이스(DB)가 그 예이다. 분산처리의 실질적인 예로는 대한민국에서는 정보통신부가 2002년부터 '코리아앳홈 프로젝트'를 추진하고 있는 것을 들 수 있는데, 이 사업은 인터넷 기반 분산 컴퓨팅 기법을 활용해 수십에서 수백만의 유휴PC를 모아 가상의 대용량 슈퍼 컴퓨팅을 구현하는 것이다.

정리하자면, **병렬처리 시스템**은 프로세서를 늘려서 여러 일을 동시에, 더 빨리 처리 할 수 있게 해주는 시스템 방식이고, **분산처리 시스템**은 처리할 수 있는 장비(컴퓨터 등)을 네트워크로 상호 연결하여 전체적인 일의 부분 부분을 나누어 더 빨리 처리 할 수 있게 하는 시스템 방식이다. 이 둘은 단일에서 여럿으로, 일을 동시에 처리한다는 점이 유사하지만 전체적인 틀에서 보면 일을 처리하는 방식이 매우 다르다. 병렬처리는 "동시에 여러 일"을 처리하는 것이고, 분산처리는 "하나의 일을 동시에 여럿이서" 처리하는 것이다.

(9) 각 처리 방식의 정리

① 일괄 처리 체제(Batch Processing System)

- 입력되는 자료들을 일정 기간 동안 또는 일정량의 자료를 모아 두었다가 한꺼번에 처리하는 방식
- 장점 : 컴퓨터 시스템을 효율적으로 사용 가능

- 단점 : 자료의 발생에서부터 최종 결과를 얻을 때까지의 시간이 비교적 많이 소요

② 다중 프로그래밍 체제(Multi-Programming System)

- CPU의 효율을 극대화 하기 위한 방법
- 하나의 CPU에 여러 개의 사용자 프로그램이 마치 동시에 실행되는 것처럼 처리하는 방식

③ 시분할 체제(Time-Sharing System)

- 컴퓨터를 대화식(Interactive)으로 사용하기 위해, CPU 스케줄링과 다중 프로그래밍 기법을 사용하여 각 사용자들에게 일정 시간(시간 할당량;Time Slice/Quantum)을 할당하고, CPU를 그 시간만큼 사용할 수 있게 하는 방식
- 각 사용자는 기억 장치에 독립된 프로그램을 가지며 프로그램이 실행될 때 또는 입출력을 수행하거나 종료되기 전에 정해진 시간 동안만 CPU를 사용
- 시스템은 일정 시간 단위로 한 사용자에게서 다음 사용자로 신속하게 전환함으로써, 각각의 사용자들은 실제로 자신만이 컴퓨터를 사용하고 있는 것으로 여기게 함

④ 실시간 처리 체제(Real-Time System)

- 제어 대상에서 처리를 요구하는 자료가 발생할 때마다 즉시 처리하는 방식
- 방위 시스템이나 항공기 예약 업무에 사용됨

⑤ 분산 처리 체제(Distributed Processing System)

- 통신 회선으로 연결된 여러 개의 컴퓨터와 단말기에 작업과 자원을 분산시킨 후 통신망을 통하여 교신, 처리하는 방식

⑥ 병렬 처리 체제(Parallel Processing System)

동시에 동작하는 복수의 마이크로프로세서를 갖추고 있는 컴퓨터에 의해서만 실행될 수 있는 처리 방식이다. 복수의 처리 장치를 사용하여, 모든 처리 장치가 하나의 프로그램상의 서로 다른 작업(task)을 동시에 처리함으로써 처리의 부하를 분담하여 처리 속도를 향상시키는 방법이다.병렬 처리는 다중 처리(multiprocessing)와 다르다. 다중 처리에서 한 처리 장치는 데이터베이스 접근을 관리하고 다른 처리 장치는 그 데이터를 분석하며, 세 번째의 처리 장치는 화면에 도형을 출력하는 식으로 하나의 처리(process)를 순서적 블록(sequential block)으로 나누어 실행한다. 병렬 처리에서는 10개의 처리 장치로 병렬 처리하면 최대 10배 정도의 처리 속도의 향상을 기대할 수 있다. 다만, 실제로는 병렬화에 따른 복잡한 처리가 추가되기 때문에 반드시 10배로 향상되지는 않는다. 수천 개 규모의 마이크로프로세서에 의한 병렬 처리를 초병렬 처리(massively parallel processing)라고 한다.

- I/O 채널 또는 처리기와 같은 장치에서 둘 이상의 프로세스를 동시에 수행하는 방식이다.
- 병렬 처리의 목적은 연산 속도를 높임으로써 단위 시간당 수행 작업의 양, 즉,처리 능력을 높인다.

2.16 멀티미디어 시스템(Multimedia system)

컴퓨터로 취급한 문자나 숫자뿐만 아니라 정지화, 동화상, 음성 등 다양한 정보 미디어를 취급하는 시스템. 멀티미디어 처리 시스템은 문자 데이터에 비해 정보량이 방대하기 때문에 압축 기술이나 읽기 전용 콤팩트디스크 기억 장치

(CD-ROM) 같은 대용량 미디어의 도입이 필요하다. 또 대화적이고 시각적인 처리가 필요하므로 해상도가 높은 모니터나 마우스 등 위치 지정 도구의 도입, 문자 인식 및 음성 인식 등 인식 기술의 충실화, 다양한 기술이나 장치 등이 필요하다.

화상과 음성처리 기술의 발달과 광 통신망을 비롯한 초고속 정보 통신망의 구현은 교육이나 상업용 등 모든 분야에 걸친 대화형 멀티미디어 응용의 변화를 가능하게 하고 있다.

멀티미디어 응용은 두 가지로 분류한다.

① 온라인 응용은 처리 내용 중에 연속미디어 데이터의 입력 또는 출력을 지니는 것
② 오프라인 응용은 그 응용 내에 동영상이나 음성과 같은 연속미디어 데이터의 입력이나 출력 등의 기능을 갖지 않는 응용

오프라인 응용은 시분할 시스템으로 가능하나, 온라인 응용은 그 응용들에 내재된 시간적 제약을 유지할 수 있는 실시간 스케줄링 기능을 지닌 OS가 필요하다.

2.17 임베디드 시스템

첨단 기능이 들어 있는 컴퓨터, 가전제품, 공장자동화 시스템, 엘리베이터, 휴대폰 등 현대의 각종 전자·정보·통신 기기는 대부분 임베디드 시스템(Embedded System)을 갖추고 있다. 대개의 경우 그 자체로 작동할 수도 있지만, 다른 제품과 결합해 부수적인 기능을 수행할 때에 한해 임베디드 시스템이라고 한다.

컴퓨터의 경우에는 전용 동작을 수행하거나 특정 임베디드 소프트웨어 응용 프로그램과 함께 사용되도록 디자인된 특정 컴퓨터 시스템 또는 컴퓨팅 장치를 일컫는다. 일반적으로 범용 컴퓨터 또는 장치를 상업적으로 대체해 사용할 수는 없기 때문에, 특정한 임베디드 라이선스 제품에서 허용되는 사무자동화 및 개인 컴퓨터 기능은 사용이 제한된다. 그러나 임베디드 리눅스와 같은 프로그램은 일반 퍼스널컴퓨터와도 연동이 가능하다. 컴퓨터 외에 휴대용 개인정보 단말기(PDA)에 들어 있는 음성솔루션, 텔레비전, 전기밥솥, 냉장고, 자동차 등에 내장되어 있는 웹 기능 등도 모두 임베디드 시스템이다. 임베디드 시스템의 경우 말 그대로 내장형 시스템을 의미한다. 일반적으로 임베디드 시스템은 OS 전체가 아닌 하나의 프로그램, 특정 기능을 수행하는 시스템을 의미한다.

일반적인 Client 시스템은 하드 디스크에 저장이 되지만, 임베디드 시스템은 ROM에 플래싱이 되어 시동시 램 디스크를 생성해 그 위치에서 운영체제와 응용 프로그램이 구동 되는 형태이다.

전기 밥솥으로 밥을 여러 종류 만들 수 있는 것은 여러 개의 임베디드 시스템이 아닌, 하나의 임베디드 시스템을 이용하며 명령 값만 다른 것이다. 임베디드 운영체제의 경우 Windows Embedded, Windows CE, Linux, RTOS 등이 대표적이다. 임베디드 시스템이 적용 된 제품은 전기밥솥 뿐 만이 아닌 스마트폰, DMB, 내비게이션, 냉장고, 그리고 POS 등이 있다.

요즘은 인텔의 갈릴레오 보드나 라즈베리 파이 또한 임베디드 시스템으로 구별이 될 것 같다.

기계 또는 전자 장치의 두뇌 역할을 하는 마이크로 프로세서를 장착해 설계함으로써 효과적인 제어를 할 수 있도록 하는 시스템으로서 기기를 동작하는 소프트웨어(운영체제)를 컴퓨터처럼 디스크에서 읽어 들이는 게 아니라 칩에 담아 기기에 내장시킨(embeded) 형태의 장치를 말한다. 현재 윈도우와 리눅스 등 OS제품들은 대부분 PC와 서버 등의 운영을 위해 사용되고 있으나 이동통신 단말기, 화상통신기기, 디지털 TV등 디지털 시대의 많은 전자제품들이 OS의 탑재가 필요하다. 이러한 기기에 사용되는 OS를 임베디드 시스템이라고 하는 것이다. 특히 디지털 홈 시대를 맞아 가전제품에 쓰일 임베디드 기술이 주목받고 있는데 현재에도 세탁기, 냉장고 등에 쓰이고 있다. 그런데 여기서 중요한 것은 이런 모

든 기능을 회로만으로 구성해서 구현한다는 것은 사실상 불가능하다는 점이다. 적당한 제어용 CPU가 있고, 또 그 기기의 기능에 맞는 프로그램이 탑재되어 있어 그 프로그램을 통해야만 기능을 구현할 수 있는 것이다. 바로 이런 것이 임베디드 OS라 할 수 있다. 임베디드 시스템은 또한 공장 자동화나 가정 자동화와 같이 자동화 분야에서는 필수적인 요소로 부각되고 있다. 임베디드 시스템은 용도에 맞는 기능을 얼마나 빨리, 잘 구현해주느냐가 이 OS의 핵심인데, 윈도 CE, 팜OS 등이 대표적이고 최근 리눅스 채택이 늘고 있다.

짚어보기 내장형 시스템

- 휴대폰과 같은 내장형시스템을 구성하는 S/W의 예는 다음과 같다.
  ❶ 내장형 OS
  ❷ 무선통신을 위한 디바이스 드라이버
  ❸ 인터넷 서비스를 제공하기 위한 무선기기용 프로토콜
  ❹ 저 전력 지원시스템

2.18 버퍼링과 스풀링

2.18.1 버퍼링(buffering)

입/출력 장치(I/O;Input Output Device)는 CPU 보다 아주 느린 속도로 처리 된다. 이와 같이 I/O 장치와 느린 속도를 보완해 주는 방법으로 버퍼링 이라는 개념이 출현 하였다. 버퍼링은 I/O이 일어나는 동안 I/O 장치와 CPU 간의 처리 속도 차이에서 발생하는 CPU의 대기 시간을 최소화 하는 작업을 필요 하며 CPU의 효율적인 시간 관리를 지향한다. 주기억 장치(M/M;Main Memory)의 일부를 버퍼로 정해 놓고 M/M와 CPU 간 또는 M/M와 I/O 장치 간의 데이터 이동에 있어서 시간 관리의 효율화를 위한 S/W 적인 처리를 행하게 된다. 데이터의 단위는 블럭(block) 단위로 적재(Load)와 저장(Store)이 행해지며, CPU의 경우는 처리의 기본 단위인 레코드 단위로 버퍼에 입출력 하게 된다. 특징은 다음과 같다.

- CPU와 I/O 장치를 항상 바쁘게 하여 I/O 장치의 느린 속도를 보완하는 한 방법
- 한 레코드를 읽어서 CPU가 그것에 대한 작업을 시작함과 동시에 I/O 장치가 필요한 레코드를 미리 읽어 CPU에 저장해 둠으로써 CPU가 필요한 레코드를 읽기 위해 기다리는 일이 없도록 하는 것

예제 2-12 버퍼링 입력의 예

① CPU가 하나의 레코드를 요구하면 I/O 장치(disk)로부터 블록 단위의 자료를 버퍼에 입력한다.
② 버퍼가 꽉 차게 되면, 블럭을 해제하여 논리 레코드 단위로 나눈다
③ CPU의 처리 단위인 한 레코드 씩 처리를 한다.

버퍼가 완전히 비게 되는 경우 블록을 다시 버퍼에 입력을 한다.

예제 **2-13 버퍼링 출력의 예**

① 버퍼가 완전히 채워질 때까지 CPU는 버퍼링 출력 작업을 한다
② 버퍼가 꽉 찬 상태가 되면 버퍼의 내용을 블럭 단위로 출력한다
③ 출력이 끝나면 CPU에게 출력 완료임을 알린다

버퍼링은 하나의 논리적 레코드를 처리하는데 걸리는 시간을 일정하게 하는 효과를 가진다. 1개의 버퍼를 사용하는 경우는 단일 버퍼링 이라 하며 2개의 버퍼를 사용하면 이중 버퍼링 그리고 2개 이상의 버퍼가 환형 큐 형식으로 입출력을 수행하는 방식을 다중 버퍼링 또는 환형 버퍼링 이라고 한다.

2.18.2 스풀링(spooling : simultaneous peripheral operation on-line)

스풀링은 CPU의 처리속도에 비해 카드 판독기나 라인 프린터 같은 I/O 장치의 처리 속도가 훨씬 느리기 때문에 전체적인 처리 속도 차이를 줄여주고 그 수가 제한되어 있는 I/O 장치의 사용으로 인한 I/O 작업의 지연을 방지하기 위하여 고안되었다. 컴퓨터와 I/O 장치를 직접 연결하지 않고 비교적 I/O 장치보다 빠른 처리 속도를 갖는 물리적인 저장 장치를 위치시킨 것이다.

예제 **2-14 스풀링의 예**

카드 판독기로 부터 입력된 자료를 우선 중간의 물리적인 저장 장치(자기 디스크 등)에 저장한 후 컴퓨터의 지시에 따라 데이터를 읽어내게 한다. 출력의 경우 역시 물리적인 중간 저장 장치에 일단 출력 후 느린 프린터 속도에 맞추어 내보내게 하는 방법이다.

즉, **스풀**이란 중간 장치 영역 전체를 말하는 것으로 용량이 매우 큰 자기 디스크를 아주 큰 버퍼 저럼 물리적인중간 저장 장치를 사용 한다.

스풀링은 한 작업의 I/O과 다른 작업의 계산을 중복 실행 할 수 있다는 이점이 있다.

또 다른 이점으로는 입력된 순서대로 처리(FCFS)하여야 하는 카드 판독기나 자기 테이프와 같은 순차 접근 장치는 입력순서를 무시하고 다른 순서로 작업을 스케줄링 할수가 없다. 그러나 디스크는 직접 접근 장치(DASD)이기 때문에 하나의 작업 풀 구조로 생각하여 시스템의 효율을 높일 수 있는 방향으로 다음에 수행할 작업을 스케줄링 할수 있도록 하는 이점을 가질 수 있다.

스풀링의 특징은 다음과 같다.

- CPU와 I/O 장치 사이의 속도차를 극복하기 위하여 I/O 정보를 미리 준비해 두는 시스템으로서 버퍼링과는 다르다. 버퍼링보다 뛰어난 점으로서는 어떤 작업의 입/출력과 다른 작업의 계산을 병행 처리할 수 있다는 것
- 스풀 시스템의 구성은 [그림2-25]와 같다.

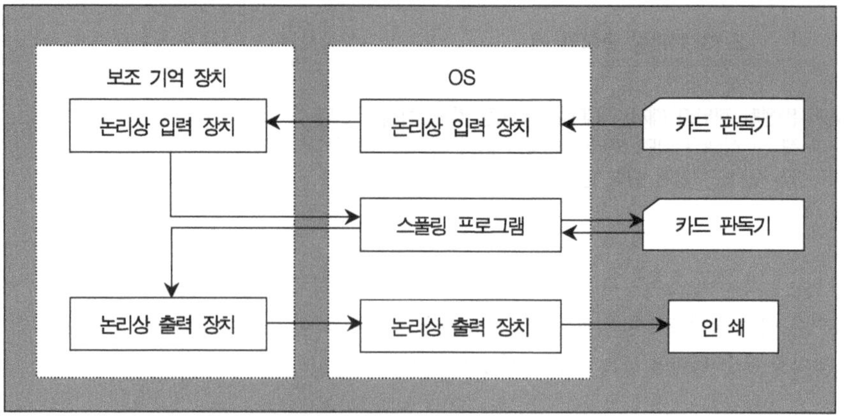

[그림 2-25] 스풀 시스템의 구성

2.19 운영체제의 관리자 모듈의 구성

운영체제(OS)는 프로그램을 실행하는 환경을 제공해 주며, 논리적으로 작은 모듈들로 구성되어 프로그램들을 위한 인터페이스 역할을 수행하며, 내부적으로 OS는 여러 형태로 구성되고, 새로운 OS의 설계는 시스템의 목표를 잘 정의하고, 구성하고자 하는 시스템의 형태는 필요한 정책과 여러 가지 알고리즘 사이에서 선택하기 쉽도록 설계하는 것이 기본이다.

2.19.1 시스템 구성

OS 같이 크고 복잡한 시스템도 여러 개의 작은 부분들로 나누어 설계하면 보다 편리하게 만들 수 있으며, 각 각의 부분들은 잘 정의된 I/O과 기능을 가진 시스템의 한 부분이 되어야 한다. 각 관리자들 간의 관계는 [그림2-26]와 같다.

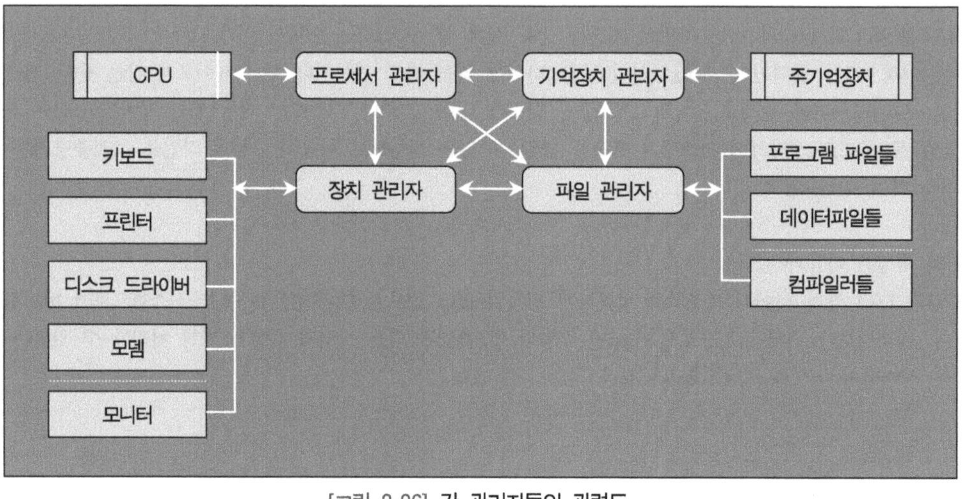

[그림 2-26] 각 관리자들의 관련도

(1) 프로세스 관리

일반적으로 프로세스는 준비 상태(ready state), 실행 상태(running state), 대기 상태(블럭.blocked state) 등의 몇 가지 상태 중 어느 한 상태에 있게 되며, 이러한 각 상태들을 전이(transition)하면서 수행을 계속하게 되는데 이에 대해서는 제3장에서 구체적으로 언급하며, OS는 프로세스 관리와 연관되어 다음 기능을 담당한다.

- 사용자와 시스템 프로세스들의 생성과 제거
- 프로세스의 중지와 재 수행
- 프로세스 동기화를 위한 기법 제공
- 프로세스 통신을 위한 기법 제공
- 교착 상태 방지를 위한 기법 제공

(2) 프로세서(CPU) 관리

프로세서 관리에서는 컴퓨터 시스템 내에 존재하는 많은 프로세스들 중 어느 프로세스를 먼저 실행시킬 것인가를 결정하는 프로세스 스케쥴링(process scheduling)과 컴퓨터 시스템에 프로세서들이 여러 개 있는 경우 각 프로세스들을 어느 프로세서에 배당하여 처리하도록 할 것인지 등에 대한 결정 및 운영을 하게 되며, OS 중에서 이렇게 스케쥴링 기능을 하는 부분을 스케쥴러(scheduler)라 하며, 프로세스 스케쥴링을 위한 기법을 제공하며, 각 프로세스들을 위한 프로세서 할당 기법을 제공한다. 프로세스 관리자는 CPU(Central Processing Unit)를 어떻게 할당할 것 인가를 결정한다. 프로세서 관리자의 중요한 기능 중에 하나는 각 프로세스의 상태를 추적하는 것(프로세스는 실행중인 프로그램을 의미)이다. 프로세서 관리자는 CPU가 프로세스를 실행 중인지, I/O 연산 완료를 기다리고 있는지를 감시한다.

프로세서 관리자는 프로세스의 상태 전이(transitions)를 다루기 때문에 교통 제어기에 비교 가능하다. 프로세서 관리자가 작업에 프로세스를 할당하면 필요한 레지스터와 테이블이 설정 된다.작업이 완료되거나 할당된 CPU 시간이 완료되면 프로세서 관리자는 프로세서를 회수한다.

개념적으로 프로세서 관리자는 2가지 수준(level)의 책임을 진다.

하나는 작업(job)이 시스템으로 들어오는 것을 결정하는 것이고, 다른 하나는 시스템으로 들어온 작업들을 관리하는 것이다.

첫째 부분은 상위 레벨 작업으로서 스케줄러에 의해서 처리되며, 요구되는 작업을 수용하거나 거부하는 일을 수행한다.

둘째 부분은 프로세스 스케줄러에 의해서 처리되며, 어느 프로세스에게 얼마 동안 CPU를 할당할 것인지 결정한다. OS는 프로세서 관리와 연관되어 다음 기능을 담당한다.

- 프로세스 스케쥴링을 위한 기법을 제공
- 각 프로세스들을 위한 프로세서 할당 기법을 제공.

(3) 기억 장치(M/M) 관리

메모리(기억장치) 관리자는 메모리에 관한 모든 일을 관리한다. 모든 메모리(기억 장치) 공간 요구의 유효성을 확인하고, 적법한 요구에 대해 사용되지 않는 메모리 공간을 할당한다. 또한, 메모리를 회수할 때가 되면, 메모리 관리자는 할당된 메모리를 회수한다. 특히, 메모리 관리자의 중요 임무 중 하나는 OS 자신이 할당된 메모리 공간을 보호하는 것(즉, 사고나 고의에 의해 OS가 일부가 변경되는 것을 방지하는 것)이다. 다시말해서, 사용자의 프로그램이 입력되었을 때 이를 받아 M/M의 빈 공간에 적재하고 이의 실행이 끝난 후에 이를 다시 제거하는 일은 OS의 책임이며, OS는 여러 사용자들의 프로그램들이 입력되었을 때에도 이들 각각에 M/M를 배분하는 일을 담당한다. OS는 기억 장치 관리를 위하여 다음 기능을 담당한다.

- 기억 장치의 어느 부분이 현재 사용되고 있으며 누구에 의하여 사용되고 있는지를 점검한다.
- 기억 공간이 유용할 때 어떤 프로세스들을 기억장치에 저장할 것인가를 결정한다.
- 기억 공간을 할당하고 회수하는 방법이 필요하다.

(4) 보조 기억 장치(A/M;Auxiliary Storage Management) 관리

본서에서는 A/M 관리는 디스크 중심으로 설명한다. 페이징 슈퍼바이저 중에서 페이지 데이터 집합에 대한 입/출력 순서 계획이나 외부 기억을 관리하는 기능을 하며, A/M에 파일을 저장하기 위해 공간을 할당하거나 삭제 시키는 관리을 하며, OS는 디스크 관리를 위하여 다음 기능들을 담당한다.

- 비어 있는 공간 관리
- 저장 장소 할당
- 디스크 스케줄링

(5) 주변장치 관리(장치 관리 또는 입·출력(I/O) 시스템 관리)

OS의 목적 중의 하나는 사용자로부터 특정 H/W 장치의 특성을 숨기며, OS의 I/O 과정에서는 I/O 장치와 M/M의 사용자 영역간의 데이터 전달을 위해 버퍼(buffer) 영역이 사용되는데, 일반적으로 버퍼 영역은 M/M의 커널 공간 내에 존재하며 I/O 장치와 사용자 영역 간의 입출력 데이터의 전달이 정상적으로 이루어지도록 하기 위한 보조 영역으로 사용한다[그림2-27].

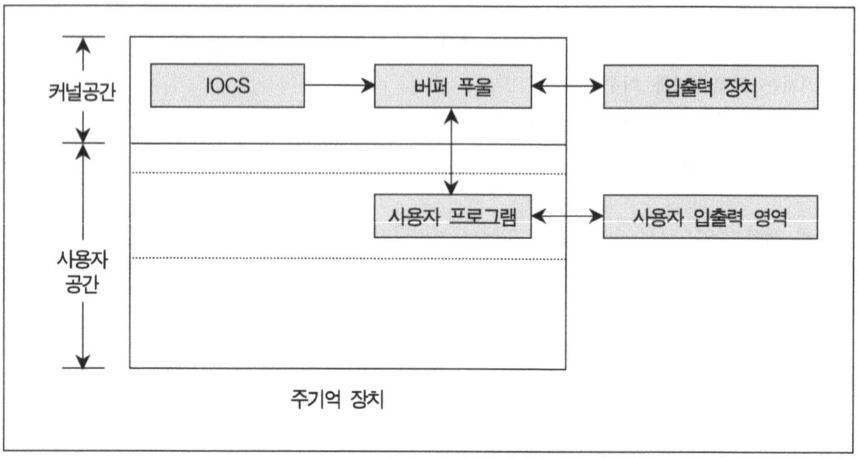

[그림 2-27] 사용자 프로세스의 입출력 과정

I/O 관리 시스템의 구성은 임시 저장(buffer-caching) 시스템, 일반적인 장치 구동기 인터페이스, 특정 H/W 장치들을 위한 구동기(드라이버)이다.

장치 관리자는 모든 장치(device), 채널(channel) 및 제어 장치(control unit)를 감시한다. 장치 관리자의 역할은 모든 시스템 장치, 프린터, 단말기, 디스크 드라이버 등이 OS 설계자가 설정한 스케줄링 정책에 의해 가장 효율적으로 활용되도록 하는 것이며, 장치를 할당, 운영하고, 끝으로 할당된 장치를 회수한다.

(6) 파일(정보) 관리

파일 관리자는 데이터 파일, 어셈블러, 컴파일러 및 응용 프로그램 등을 포함한 시스템의 모든 파일을 관리하며, 정해진 접근 정책(access policy)을 사용하여 각 파일에 대한 접근을 제어(모든 파일은 생성될 때 시스템, 사용자, 그룹, 일반 사용자에 대한 액세스(접근) 권한을 명시하며, 운영 체제(OS)는 이를 시행함)한다. 파일 관리자는 각 사용자가 파일에게 허용된 권한을 제어(예를 들어 읽기 전용, 읽기/쓰기 전용, 레코드 생성/제거 권한)하며, 파일 관리자는 파일을 열어서(open) 프로세스에게 파일 자원을 할당하고, 파일을 닫아서(close) 파일 자원을 회수한다. 관리자들이 개별적으로 임무를 수행하는 것만으로는 충분하지 않으며, 각 관리자들은 다른 관리자들과 조화를 이루며 기능을 수행한다. 컴퓨터 OS의 기본 기능의 하나로, 사용자가 컴퓨터 시스템 내의 다수의 파일을 쉽게 다룰 수 있도록 하는 것이며, OS는 파일 관리를 위하여 다음의 수행 기능들을 담당한다.

- 기억 공간을 할당하고 회수하는 방법이 필요하다.
- 파일 조작: 파일의 생성, 등록, 삭제 및 탐색한다.
- 파일의 할당 제어: 복수의 작업에서 파일을 공용하는 경우 배타적 할당, 판독 전용 할당 등의 제어가 필요하다.
- 대용량 기억 영역의 관리: 자기 디스크 상의 신규 할당, 확장, 축소, 삭제를 행하는 동시에 시스템 전체의 대용량 기억 영역의 관리를 행한다.
- 장치로부터의 독립성: 자기 디스크 장치나 자기 테이프 장치가 변경되어도 프로그램의 변경이 불필요하게 한다.
- 파일의 편성 및 접근 방식: 파일을 사용하기 쉬운 형태로 정리, 편성하고 파일 편성에 상응하는 접근 방식을 제공하는 OS도 있다
- A/M에 있는 파일의 사상(mapping), 안전한(비휘발성) 저장 매체에 파일을 저장한다.

(7) 보호 시스템

OS상에 있는 프로세스들은 다른 사용자들의 프로그램으로부터 보호 받으며, 이런 목적을 위하여 파일, 기억장치 세그먼트, CPU, 그리고 다른 자원들이 OS에 의하여 적절한 권한을 부여받은 프로세스만 수행될 수 있는 기법을 제공, 보호(protection)란 컴퓨터 시스템(C/S)에 의하여 정의된 자원들에 대하여 프로그램, 프로세스, 사용자들의 접근을 제어하기 위한 기법이다.

(8) 네트워킹

분산 시스템은 메모리나 클록(clock)을 공유하지 않는 프로세서들의 집합이며, 대신 각 처리기는 자신의 로컬 메모리와 고속으로 전송하는 통신선(bus, 전화선, 케이블 등 여러 가지 통신매체)을 통하여 상호 통신하는 처리기들을 소유한다. OS는 일반적으로 파일을 접근할 때와 마찬가지로 네트워크(N/W) 인터페이스 장치 구동기에 포함되어 있는 네트워킹 방법으로 네트워크를 접근 가능하며, 시스템 상에 있는 처리기들은 여러 가지 다른 방법으로 구성될 수 있는 통신 N/W를 통해서 연결한다.

짚어보기 OS의 각 모듈들이 관여하는 프로그램 실행 과정의 예

프로그램을 실행하기 위해서 사용자가 명령을 입력한다고 가정하면,다음과 같은 단계의 작업 발생한다.

① **장치 관리자**는 키보드로부터 전기적인 신호를 받아들여 키보드 입력을 분석하여 명령을 구성한다.
☞ 사용자 명령 인터페이스로 전송, **프로세서 관리자**는 이 명령이 유효한지 확인한다.
② **프로세서 관리자**는 승인(acknowledgement) 메시지를 비디오 모니터로 전송한다.
☞ 인식 메시지를 읽고 사용자는 명령이 입력 되었음을 인지한다.

③ **프로세서 관리자**가 명령을 접수하고, 수행 프로그램을 판단한다.
☞ 적절한 관리자 **호출**(SVC)을 한다.
④ 만일 실행할 프로그램이 디스크 저장 장치에 있다면 **파일 관리자는** 디스크의 정확한 위치를 계산한다.
☞ 이 정보를 **장치 관리자**에게 전송한다.**장치 관리자는** 프로그램을 디스크로부터 읽어 **메모리(기억장치) 관리자**에게 전송한다. **메모리 관리자**는 전송 받은 프로그램을 메모리(M/M) 내의 사용 가능한 공간에 적재한다.
⑤ 프로그램이 메모리(M/M)에 적재되면, **메모리 관리자는 프로세서 관리자**의 프로그램 실행에 따른 진행 및 위치 정보를 추적한다.
⑥ 프로그램의 수행이 완료되면 결과 메시지를 **프로세서 관리자**에게 전송한다.
⑦ 마지막으로, **프로세서 관리자**는 결과 메시지를 **장치 관리자**에게 전송한다. **장치관리자는** 이 메시지를 사용자가 볼 수 있도록 비디오 모니터에 표시한다.

(9) 명령 해석기 시스템(command interpreter system)

OS를 위한 중요한 시스템 프로그램 중의 하나이다. 즉, 컴퓨터의 입/출력 처리에서 사용자가 입력한 명령(입/출력 명령)을 하나씩 번역해서 실행시키는 프로그램이다. 특히 유닉스 운영 체제에서는 셸 (shell)이라 부르는 것으로, 셸은 유닉스 운영 체제의 커널과 사용자 간의 통신을 받아서 사용자가 입력한 명령어를 해독하여 하나 또는 복수의 디렉토리를 검색하고 필요한 프로그램을 메모리(M/M)에 적재하여 실행시킨다.

참고로, 컴파일러는 컴퓨터가 이해 할 수 있는 언어로 바꿔주는 것이다. 컴파일이 한번 된 이상 컴파일 된 코드만 필요할 뿐, 프로그램 했던 프로그램을 요구하지는 않는다. 그리고 인터프리터는 컴퓨터가 이해 할 수 있는 언어로 바꿔주는 것이다. 인터프리터를 한다 하더라도 프로그램 했던 프로그램이 꼭 필요하다(그 프로그램을 통하여서 실행하는 것이므로). 컴파일러와 인터프리터 예시는 [그림2-28]와 같다.

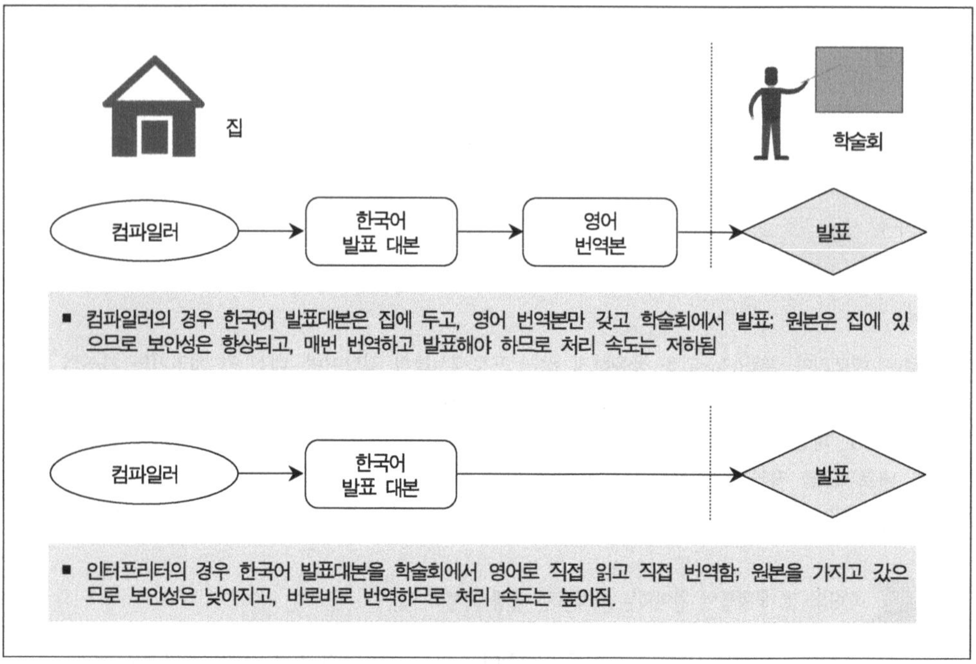

[그림 2-28] 컴파일러와 인터프리터

2.19.2 운영체제 서비스

운영체제(OS)의 서비스는 프로그램을 실행하기 위한 환경을 제공하고, 프로그램과 사용자들에게 정해진 서비스를 제공한다,OS마다 제공되는 서비스가 다르다.

(1) 서비스 형태

OS의 서비스는 8 가지로 나누어 설명할 수 있다.

① 프로그램 수행(program execution)
시스템은 프로그램을 M/M에 적재하여 실행할 수 있어야 하고, OS는 프로그램들이 정상적이든 혹은 비정상적이든 실행을 끝낼 수 있는 방법을 제공 한다.

② 입/출력 동작(I/O operation)
수행 중인 프로그램은 I/O을 요구하면 파일 혹인 I/O 장치가 지정된다. 특정 장치들에
대해서는 특수한 기능들(테이프 되감기, CRT화면 지움 등)이 요구될 수 있는데, 사용자 프로그램 대신 OS가 I/O 동작을 하기 위한 방법을 제공한다.

③ 파일 시스템 조작(file system manipulation)
파일 시스템을 통해 프로그램은 파일을 읽고 기록해야 되며, 또한 이름에 의하여 파일을 생성하고 삭제할 수 있어야 합니다. 이를 서비스해준다.

④ 통신(communication)
한 프로세스가 다른 프로세스와 정보를 교환하는 방법을 제공한다. 통신은 공유메모리(shared memorory)나 메시지 전달(message passing) 방식에 의하여 구현될 수 있는데, 정보의 단위인 패킷(packet)들이 OS에 의하여 프로세스 사이를 이동한다.

⑤ 오류 탐지(error detection)
OS는 모든 가능한 오류들을 항상 탐지하는 기능을 제공한다. 오류는 CPU, 기억장치 H/W(기억장치 메모리 오류, 정전), I/O 장치 (패리티 오류,카드 판독기에서 카드 체중(Jam), 프린터의 종이부족이나 종이 걸림(Jam)), 또는 사용자 프로그램(연산 상의 오버플로우, 부적당한 기억장치에 접근하려는 시도, 지나친 CPU 시간 초과사용)등이 있다.

⑥ 자원 할당(resource allocation)
다수의 사용자나 다수의 작업이 동시에 실행될 때, 자원들은 각각 그들에게 할당, 여러 종류의 자원들은 OS에 의해 관리된다.

⑦ 계정(accounting)
시스템 관리자는 어떤 사용자가 어떤 종류의 컴퓨터 자원을 얼마나 많이 사용하고 있는지 사용 통계를 수집, 기록 및 보관 한다.

⑧ 보호(protection)
보호는 시스템 호출을 위해 전달된 모든 매개변수의 타당성을 위한 검사와 시스템 자원에 대한 모든 접근을 제어하

도록 보장하는 일을 포함한다.

(2) 사용자 견해(user view)

1) 시스템 호출(system call)

운영체제(OS)가 제공하는 각종 서비스를 이용자가 이용할 수 있도록 개방한 것인데, 이용자는 이것을 호출함으로써 복잡한 프로그램을 작성할 필요가 없게 된다. 또 여러 개의 프로그램 간에서 동일한 명세를 가질 수 있다. 사용자 프로그램에서 OS의 기능을 불러내기 위한 프로그램 절차(C 언어에서는 함수) 호출이다. OS 하에서는 사용자 프로그램에서 메모리나 입/출력 장치를 직접 조작하는 것이 허락되지 않으므로 파일이나 입/출력 장치나 메모리에 액세스할 때 사용한다. UNIX에서는 표준 시스템 콜(호출) 세트가 정해져 있다.

서비스의 기본적인 단계는 수행중인 프로그램과 OS 간의 인터페이스를 마련하는 시스템 호출을 통하여 처리하고, 모니터 호출이라고도 하며, IBM 370에서는 관리자 호출(SVC) 명령이라고도 하며, OS가 제공하는 여러 가지 기능을 사용자 프로그램에서 쉽게 사용할 수 있도록 만든 특별한 명령어 및 접속 방법이다. 다시말해서, 시스템 호출은 OS의 커널이 제공하는 서비스에 대해, 응용 프로그램의 요청에 따라 커널에 접근하기 위한 인터페이스이다. 보통 C나 C++과 같은 고급 언어로 작성된 프로그램들은 직접 시스템 호출을 사용할 수 없기 때문에 고급 API를 통해 시스템 호출에 접근하게 하는 방법이다.

OS의 구성상, 커널과 응용 프로그램은 CPU의 권한 수준(privilege levels)이나 H/W 접근 능력이 다르다. 커널은 CPU 시스템의 RAM / FLASH 등에 물리 주소가 일치하는 링커 구조를 가지고 특정 메모리 위치에서 동작한다. 이때 커널의 기계어 코드에서 사용하는 모든 주소는 물리 주소로 고정되어 컴파일되고 적재(load) 되어 실행된다. 따라서 커널은 부팅과정에서 전체 메모리 자원 중에 일정하게 점유하여 동작하고 모든 인터럽트 등이나 H/W 접근이 가능하다. 그러나 응용 프로그램은 커널이 제공한 자원을 사용하여 어느 위치든 상황에 따라 메모리에 점유하고 실행한다. 응용 프로그램은 사용자 요청에 따라 실행되는 프로그램이므로 물리 주소를 확정할 수 없다. 따라서 응용 프로그램이 작성되면 메모리 위치를 처음부터 적재된다고 생각하고 개발 도구에서 링크된다. 보통 주기억 장치(MMU)를 통해 논리 주소를 물리 주소로 변환된다. 그리고 응용 프로그램은 CPU의 권한수준이 사용자 공간(user space)에서 동작하며 특정한 기계어 명령어 실행이 불가능하다. 이와 같은 상황에서 응용 프로그램이 파일 시스템을 사용하거나 기타 여러 상황에서 커널에 의존해야만 한다. 응용 프로그램에서 커널의 서비스를 사용하는 방법이 시스템 호출이다. 커널의 인터럽트 처리 등의 과정을 프로그램하려면 어셈블리어와 C와의 혼용구조로 구성한다. 그리고 CPU나 컴퓨터 시스템의 구조나 상황이 다르므로 CPU에 따라 분리되어 작성되고 커널소스 폴더 구조에서 소스가 분리되어 작성되고 저장 관리된다. asmlinkage는 어셈블리어와 관계가 있는 예약어이다.

시스템 호출이란 프로그래밍 언어에서 지원하지 않는 기능에 대하여 OS의 루틴을 호출하여 이용하는 것을 말한다. 시스템 호출의 세 가지 기능은 다음과 같다.

- 사용자 모드에 있는 응용 프로그램이 커널의 기능을 사용할 수 있도록 하는 것이다.
- 시스템 호출을 부르면 사용자 모드에서 커널 모드로 바뀐다.
- 커널에서 시스템 호출을 처리하면 커널 모드에서 사용자 모드로 바뀌어 작업을 계속한다.

시스템 호출의 유형은 다음과 같이 다섯 가지의 주요 범주로 묶을 수 있다.

❶ 프로세스 제어(Process Control)

실행 중인 프로그램은 수행을 정상(끝내기) 또는 비정상(중지)으로 끝낼 수 있어야 한다. 프로그램에 문제가 발생해 오류 트랩(trap)을 유발할 경우 때때로 메모리 덤프가 행해지고 오류 메시지가 생성된다. 이 덤프는 디스크에 기록되고 디버거(Bebugger)에 의해 검사될 수 있다. 운영체제(OS)는 명령어 해석기로제어를 전달해야 한다. 명령어 해석기는 이어 다음 명령을 읽는다. 몇 몇 시스템 에서는 오류가 발생할 경우 특별한 복구 행위를 지시하는 제어카드를 허용한다. 제어카드는 일괄처리의 개념이다. 만약 프로그램이 입력에서 오류를 발견하고 비정상으로 종료하기를 원한다면 프로그램은 오류 수준을 정의하기를 원할 수도 있다. 보다 높은 수준의 오류 매개변수가 보다 심각한 오류를 표시할 수 있다. 이렇게 함으로써 정상 종료를 수준 0의 오류로 정의하여 정상 종료와 비정상 종료를 결합시킬 수도 있다. 한 프로그램을 실행하고 있는 프로세스나 작업이 다른 프로그램을 적재(Load)하고 실행(Execute) 하기를 원할 수 있다. 이 기능은 명령어해석기가 사용자 명령, 마우스의 클릭 혹은 일괄 처리 명령 등을 통하여 지시된 프로그램을 실행하는 것을 허용 한다. 이때 적재된 프로그램이 종료 될 때 어디로 제어를 되돌려 주느냐 하는 문제가 발생 한다. 만약 새로운 프로그램이 종료 되었을 때 제어가 기존 프로그램으로 되돌아간다면 우리는 반드시 기존 프로그램의 메모리 이미지를 보관해야 한다. 따라서 우리는 실질적으로 한 프로그램이 다른 프로그램을 호출하는 기법을 만든 셈이 된다. 시스템 호출의 또 다른 집합은 프로그램을 디버깅하는데 유용하다. 많은 시스템들은 메모리를 덤프(Dump)하기 위한 시스템 호출을 제공하며 프로그램 추적(Trace)은 각 명령어가 실행될 때 이들을 하나씩 나열하며 이러한 시스템 호출은 보다 소수의 시스템에서만 제공 된다. 많은 OS는 프로그램의 시간 프로파일(Time Profile)을 제공한다. 시간 프로파일은 그 프로그램이 특정 위치 혹은 위치의 집합에서 수행한 시간의 양을 나타낸다. 시간 프로파일은 추적 설비(Tracing Facility)나 정규타이머 인터럽트를 필요로 한다. 프로세스가 끝나면 종료하기 위해 exit() 시스템 호출을 수행하며 호출한 프로세스에게 상태 코드 0을 돌려주거나 0이 아닌 오류 코드를 돌려준다. 이러한 상태 또는 오류코드는 쉘 또는 다른 프로그램들이 이용할 수 있게 된다.

- **대표적인 명령;** 끝내기(End), 중단(Abort)/ 적재(Load), 실행(Execute)/ 프로세스 생성, 프로세스 종료/프로세스 속성(Attribute) 획득, 프로세스 속성 설정/시간을 기다림/사건을 기다림(Wait Event), 사건을 알림(Signal Event)/메모리 할당 및 해제.

❷ 파일 조작(File Manipulation)

파일을 생성 삭제 할 수 있어야 한다. 이 시스템 호출은 파일 이름이나 파일 속성의 일부를 요구한다. 파일이 생성되면 그것을 열고, 읽고, 쓰고, 위치 변경을 할 수 있다. 파일을 더 이상 사용하지 않음을 나타내는 파일 닫기가 필요하다. 파일 시스템이 파일을 조직하기 위해 디렉토리 구조를 가진다면 우리는 디렉토리에 대해서도 파일과 같은 연산 집합이 필요 하다. 추가로 파일이나 디렉토리에 대해 여러 속성의 값을 결정할 수 있어야 하고 필요에 따라 재설정할 수 있어야 한다. 파일 속성은 파일 이름, 파일 유형, 보호 코드 등 정보를 포함한다. 이러한 기능을 위해서는 최소한 파일의 속성 획득과 파일 속성 설정의 두 시스템 호출이 필요하다. 일부 시스템들은 코드와 다른 시스템 호출을 이용하여 동일한 작업을 수행하는 API를 제공할 수도 있고 또 다른 시스템은 단순히 동일한 작업을 수행하는 시스템 프로그램을 제공하기도 한다. 이 시스템 프로그램이 다른 시스템 프로그램에 의해 호출 가능하다면 다른 프로그램의 입장에서는 이 시스템의 API가 된다.

- **대표적인 명령;** 파일 생성(Create file), 파일 삭제(Delete File)/열기(Open), 닫기(Close)/읽기, 쓰기 위치변경(Reposition)/파일 속성획득 및 설정.

❸ 장치 관리(Device Management)

프로세스는 작업을 계속 수행하기 위해서 CPU, 디스크, 파일의 접근 등에 대한 추가 자원이 필요 할 수 있다. 자원들이 사용할 수 있다면 이들 자원이 할당되고 제어가 사용자 프로그램으로 복귀 될 수 있다. 그렇지 않으면 프로그램은 충분한 자원을 할당 받을 때까지 기다려야 한다.OS에 의해 제어되는 다양한 자원들은 장치로 간주 될 수 있다. 이 장치들은 물리장치 또는 추상적 혹은 가상적 장치로 생각할 수 있다. 다수의 사용자가 있다면 독점적인 장치 사용을 보장받기 위해 우선 그 장치를 요청(Request) 해야 한다. 그 장치의 사용이 끝나면 그것을 방출(release)해야 한다.

- **대표적인 명령;** 장치를 요청(Request Device), 장치를 방출(Release Device)/읽기, 쓰기, 위치 변경(Reposition)/장치 속성획득, 장치 속성 설정/장치의 논리적 부착(Attach) 또는 분리(Detach).

❹ 정보 유지(Information Maintenance)

많은 시스템 호출은 단순히 사용자와 프로그램과 OS 간의 정보 전달을 위해 존재 한다. OS는 현재 운영되고 있는 프로세스들에 관한 정보를 가지고 있으며 이러한 정보에 접근하기 위한 시스템 호출들이 있다. 일반적으로 그 프로세스 정보를 재설정하기 위한 시스템 호출도 있다.

- **대표적인 명령;** 시간과 날짜의 설정과 획득/시스템 자료의 설정과 획득/프로세스, 파일, 장치 속성의 획득/프로세스, 파일, 장치 속성의 설정

❺ 통신(Communication)

통신 모델에서는 메시지 전달 방식과 공유 메모리의 두 가지 일반적인 모델이 있다. **메지시 전달 방식**은 통신하는 두 프로세스가 정보를 교환하기 위하여 서로 메시지를 주고 받는다. 통신은 동일 CPU에 있는 프로세스이든지 또는 통신 네트워크에 의해 연결된 다른 컴퓨터에 있는 프로세스이든지 간에 그 이름을 반드시 알고 있어야 한다. **공유 메모리 모델**은 다른 프로세스가 소유한 메모리 영역에 대한 접근을 위해 공유메모리생성(shared memory create)와 공유메모리부가(shared memory attach) 등의 시스템 호출을 사용한다. 정상적으로 OS는 한 프로세스가 다른 프로세스의 메모리 접근하는 것을 막으려고 한다. 공유 메모리는 두 개 이상의 프로세스가 이러한 제한을 제거하는데 동의할 것을 필요로 한다. 그런 후 이들 프로세스들은 이러한 공유 영역에서 자료를 읽고 씀으로써 정보를 교환 할 수 있다. 소량의 자료를 교환할 때 유용하다. 자료의 형태와 위치는 운영체제의 제어가 아니라 프로세스들에 의해 결정 된다. 프로세스들은 동일한 위치에 동시에 쓰지 않도록 보장해야 한다. 한 컴퓨터 안에서 수행되기 때문에 최대 속도와 편리한 통신이 장점이지만 보호 영역 및 동기화 프로세스 등의 문제점을 가지고 있다.

- **대표적인 명령;** 통신 연결의 생성, 제거/메시지의 송신, 수신/상태 정보전달/원격 장치의 부착 및 분리

명령어 실행과 시스템 호출은 명령어 인터프리터 또는 셸(Shell)을 통해 입력된 명령을 수행하는 과정에서 새로운 프로세스를 시작하기 위해서는 시스템 호출을 해야 한다. 예를 들어 UNIX 시스템에서는 새로운 프로세스를 시작하기 위해 exec 시스템 호출 이후 fork 시스템 호출이 뒤따른다. exec 호출이 호출 프로세스 위로 다른 실행 가능한 새로운 프로세스를 띄우는 동안, fork 호출은 현재 실행 중인 프로세스를 복제한다. 리눅스의 커널은 권한 수준이 최고수준(x86, Ring 0)에서 실행되며 H/W 제어 및 응용 프로그램의 스케쥴링 및 시분할 실행을 하도록 제어한다. H/W 제어를 하는 모든 권한을 커널에서 가지고 있기 때문에 파일시스템 같은 경우 응용 프로그램에서는 직접 제어할 수 없다. 따라서 응용 프로그램에서 H/W의 데이터를 가져오거나 쓰려면 커널의 장치 드라이버와 연동되어 실행되어야 한다. 결국 응용 프로그램이 파일 시스템을 이용하려면 커널의 파일 시스템 드라이버로 넘어가 실행되어야 하므로 시스템 호출 방법을 사용한다.

2) 시스템 프로그램(system program)

시스템은 시스템 프로그램의 집합체이다. 일반적으로 컴퓨터 사용자나 응용 프로그래머들에게(프로그램 개발과 실행을 위해) 보다 여러 가지 편리한 환경을 제공하고, 컴퓨터의 최하위 수준은 H/W이며, 다음은 OS 그 다음은 시스템 프로그램, 그리고 마지막으로 응용 프로그램들의 집합으로 이루어져 있다[그림2-29].

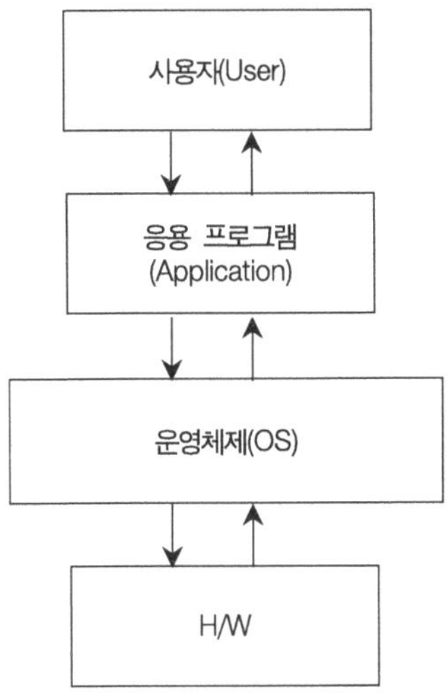

[그림 2-29] H/W와 사용자 간의 계층 구조

시스템 프로그램은 프로그램 개발과 실행을 위해 보다 편리한 환경을 제공 한다.일부는 단순한 호출에 대한 사용자 인터페이스이며 나머지는 훨씬 복잡한 시스템 이다.

시스템 프로그램에 대해 6개의 범주로 구분하여 보자.

- 파일 관리(file manipulation): 파일과 디렉토리를 생성, 삭제, 복사, 이름변경, 인쇄, 덤프, 리스트 등 파일의 조작과 디렉토리를 조작 한다[그림2-30].
- 상태 정보(status information): 날짜, 시간, 사용 가능한 메모리 정보 등 단순한 정보 외에 상세한 성능, 로깅, 디버깅 정보 등을 제공한다.

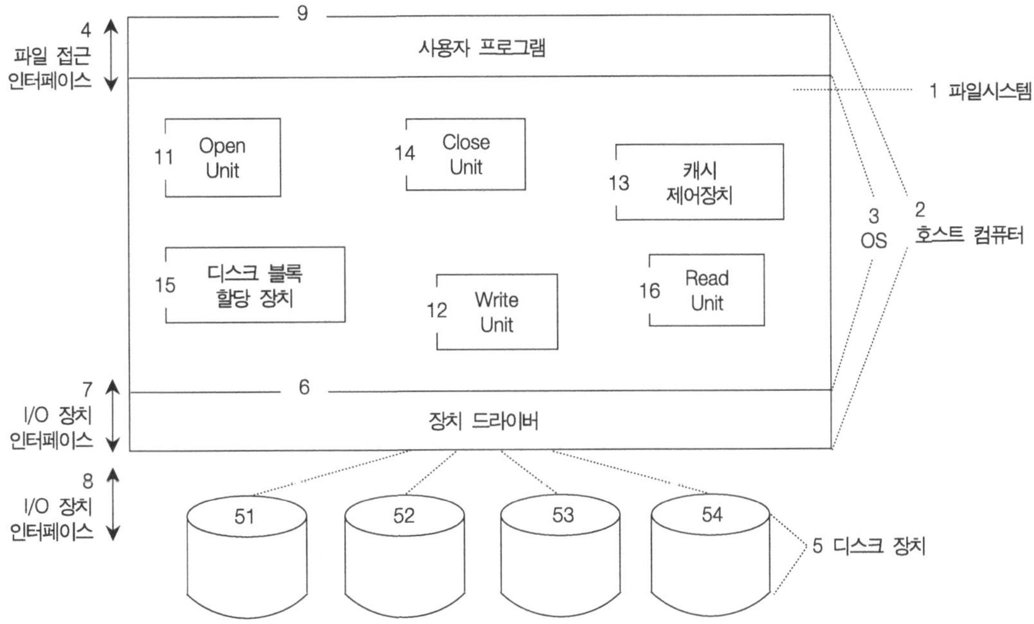

[그림 2-30] 시스템 프로그램과 파일 관리 관계

- 파일 수정(file modification): 디스크나 다른 저장 장치에 저장된 파일의내용을 생성하고 변경하기 위해 다수의 문장 편집기가 사용 가능하다. 파일의 내용을 검색하거나 변환하기위한 특수 명령어가 제공 되기도 한다.
- 프로그래밍 언어 지원(programming language support): 일반적 프로그래밍 언어(C, C++, JAVA등)에 대한 컴파일러, 어셈블러, 해석기가 종종 OS와 함께 사용자에게 제공 된다.
- 프로그램 적재와 실행(Program loading and execution): 프로그램이 어셈블 되거나 컴파일 된 후 그것이 수행되려면 반드시 메모리에 적재(load)되어야 한다. 시스템은 절대 적재기(absolute loader), 재배치 가능 적재기(relocatable loader), 링키지 에디터(linkage editor)와 중첩 적재기(overlay loader)등을 제공할 수 있다. 디버깅 시스템도필요하다[그림2-31].
- 통신(communication): 프로세스 또는 다른 컴퓨터 시스템들 사이에 가상 접속을 이루기 위한 기법을 제공 한다.

대부분의 사용자가 보는 OS의 관점은 실제의 시스템 호출에 의해서 보다는 시스템 프로그램과 응용 프로그램에 의해 정의 된다.프로그램에서 루틴 및 특별한 계산 목적을 위한 서브루틴 등의 모임이며, OS 또는 자료 처리와 계산 등이 있다.

종합 시스템을 위한 기본이 된다. 크게 다음과 같은 6개 부문으로 나눌 수 있다.

- 사용자 편의로 된 언어로부터 기계어로 프로그램을 번역하는 언어 처리기
- 응용 프로그램들을 위한 표준 루틴을 제공하는 자료집 프로그램
- 컴퓨터 요소들 간에 또는 컴퓨터와 사용자 간에 통신을 쉽게 해 주는 유틸리티 프로그램
- 컴퓨터 유지 및 관리를 도와주는 진단 프로그램
- 여러 가지 프로그램들을 기억 장치로 읽어 들이는 적재 프로그램
- 모든 컴퓨터 프로그램들을 관리하고 그 실행을 제어하는 OS

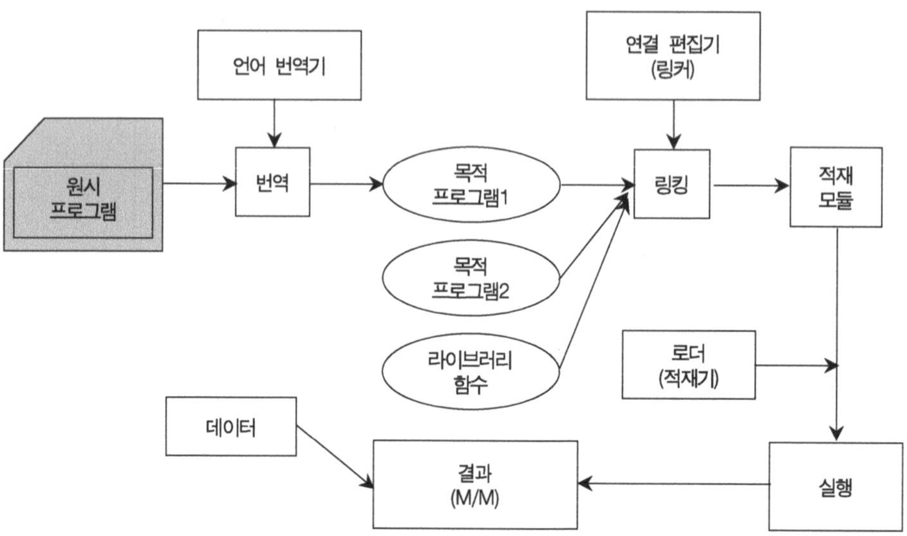

[그림 2-31] 프로그램 적재와 수행 과정

OS를 위한 가장 중요한 시스템 프로그램은 명령 해석기(command interpreter)이며, 기능은 사용자가 정의한 명령을 받아서 이를 수행한다.

2.20 프로그램 실행 과정

프로그램 실행(program run, program execution) 과정은 여러 프로그램 언어로 작성한 프로그램을 기계어로 번역하여, 프로그램을 주기억 장치(MM) 내로 배정(할당)하고 그 처리 시작 주소에서 연속 명령을 실행하는 것이다. 프로그램 실행을 위해서는 명령의 인출, 주소 연산, 피연산자의 해석, 명령 부호의 실행 등 여러 가지 중앙 처리 장치(CPU)의 동작이 실행된다.

[그림2-32]는 '실행파일의 생성단계'를 나타낸 것이다.

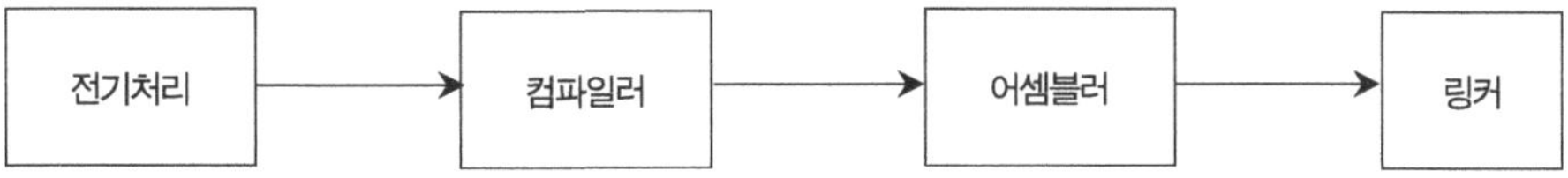

[그림 2-32] 실행 파일 생성 단계

실행 파일의 생성 단계는 일반적으로 다음과 같다.

① 전 처리기(Preprocessor) 작업
② 컴파일러(Compiler)에 의한 번역
③ 어셈블러(Assembler)에 의한 이진 코드(binary code) 생성
④ 링커(Linker)에 의한 연결과 결합

프로그램의 실행과정은 [그림2-33]와 같다. [그림2-32]와 같이 만들어진 실행파일이 어떤 과정을 거치게 되는지에 대해서 나타낸 것이 [그림2-33]이다.

다음은 [그림2-33]에서 제시한 단계(Step)를 단계 별로 설명을 한 것이다.

❶ 제 1 단계(**패치(Fetch)**): 메모리(M/M)상에 존재하는 명령어를 CPU를 가져오는 작업이다. 즉, 메모리(M/M)에 적재된 프로그램은 CPU를 동작시키기 위한 명령어인 인스트럭션(Instruction)의 집합이라고 할 수 있다. 컴파일은 결과적으로 원시 코드(Source code)를 CPU가 이해할 수 있는 인스트럭션으로 변화시켜 주는 것이다. 프로그램이 실행되기 위해서는 M/M에 적재된 인스트럭션들을 순차적으로 CPU로 읽어들여야 한다. 이러한 과정을 **인스트럭션 패치**라고 한다.

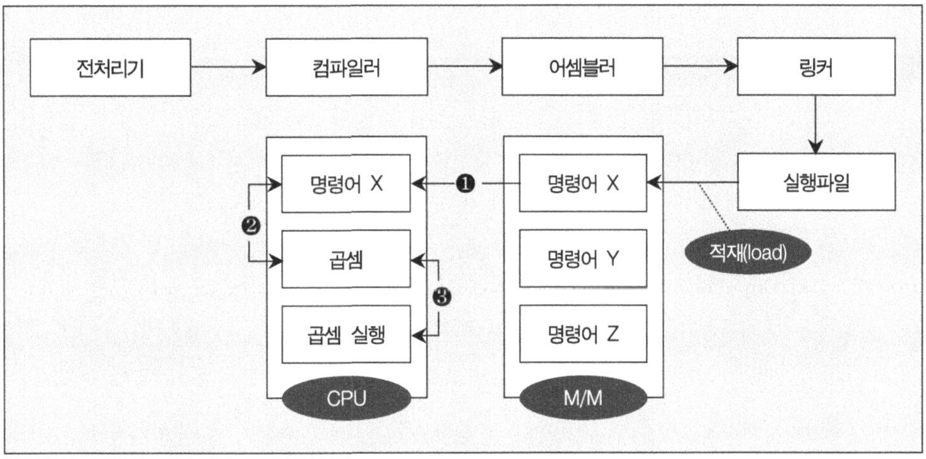

[그림 2-33] 프로그램의 실행과정

❷ 제 2 단계(**디코딩(Decode)**): 가져다 놓은 명령어를 CPU가 해석하는 단계이다. 무슨 일을 하라는 명령어인지 분석하는 단계이다. 즉, 실행을 위해서는 0,1 등으로 구성된 이진 코드(Binary code)를 각 필드 별로 분해하여 어떤 종류의 연산을 수행 할 것인지를 결정해야 하고, 연산에 필요한 연산자를 레지스터에 인가시키는 작업이 필요하다. 이러한 작업을 **디코딩**이라고 한다.

❸ 제 3 단계(**실행(Execution)**): 해석된 명령어의 명령대로 CPU가 실행하는 단계이다. 즉, 실행(Execution) 디코딩 과정에서 수행 될 연산의 종류는 연산코드의 형식으로 CPU에서 실질적인 연산을 수행하는 산술 논리 연산장치(ALU;Arithmetic-Logic Unit)에 입력된다.ALU는 연산코드에 맞춰서 레지스터에 저장된 연산자들을 이용하여 연산을 수행하게 된다. 하나의 인스트럭션이 실행을 마치면 다시 새로운 인스트럭션을 패치해 오게 되는 과정을 반복하게 된다. 실행 프로그램(executable program)이란 주기억 장치(M/M)로 적재하여 곧바로 실행할 수 있도록 되어 있는 프로그램을 말하며, 보통 컴퓨터의 프로그램은 프로그래밍 언어로 작성된 프로그램을 번역 프로그램을 이용하여 기계 코드(machine code)로 고쳐서 다른 여러 가지 프로그램과 연결시켜 하나의 프로그램으로 정리시켜야만 비로소 실행 가능한 프로그램이 된다. 이 단계 이전의 프로그램은 실행 불가능(nonexecutable)이라고 할 수 있다.

이렇게 해서 간단하게 프로그램의 실행과정에 대해서 알아보았다.

짚어보기 OS의 실행 과정의 예;부팅 과정과 진입점

CPU는 전원이 인가되는 순간부터 명령어를 처리해야 한다. 이는 전원이 들어오기 전부터 메모리(Memory)에 명령어가 있어야 가능한 것이다[그림2-34].
RAM(Random Access Memory: Access 라는 말은 "접근" 이라는 뜻인데 이는 판독/기록(Read/Write)를 뜻함)은 휘발성 메모리이기 때문에 전원이 꺼지면 명령어가 남아 있을 수 없다. 그래서 비휘발성 메모리인 ROM(Read Only Memory : 읽기 전용 메모리 라는 뜻)에 BIOS(Basic Input Output System) 프로그램을 적재시켜 놓는다. BIOS 프로그램은 첫 번째 명령어부터 순차적으로 실행되며 마지막에는 부팅 디바이스로부터 부트 프로그램(Boot program)을 메모리(M/M)에 적재하고 프로그램 계수기(PC) 레지스터의 값을 부트 프로그램의 메모리 번지로 설정하여 부트 프로그램이 실행 되도록 한다. 부트 프로그램은 OS를 메모리에 적재한 후 PC 레지스터의 값을 OS가 적재된 메모리 주소로 설정 해줌으로써 OS 프로그램이 초기화 된다. OS가 초기화된 후 바탕화면 혹은 명령어를 받아들이기 위한 프로그램이 메모리에 적재된 후 무한 루프를 돌며 사용자의 명령어를 기다리게 된다. 이를 "정상적으로 시스템이 부팅되었다." 라고 한다. 정상적으로 시스템이 부팅된 후 우리가 프로그램을 실행시키기 위해서는 아이콘을 더블 클릭하면 된다. 이 과정은 더블 클릭한 프로그램을 A/M에서 찾아서 M/M에 적재 시킨 후 CPU의 PC 레지스터 값을 적재된 M/M의 주소로 변경시켜 주는 복잡한 과정을 거친다. OS의 도움이 있기 때문에 간편하게 실행할 수 있는 것이다.

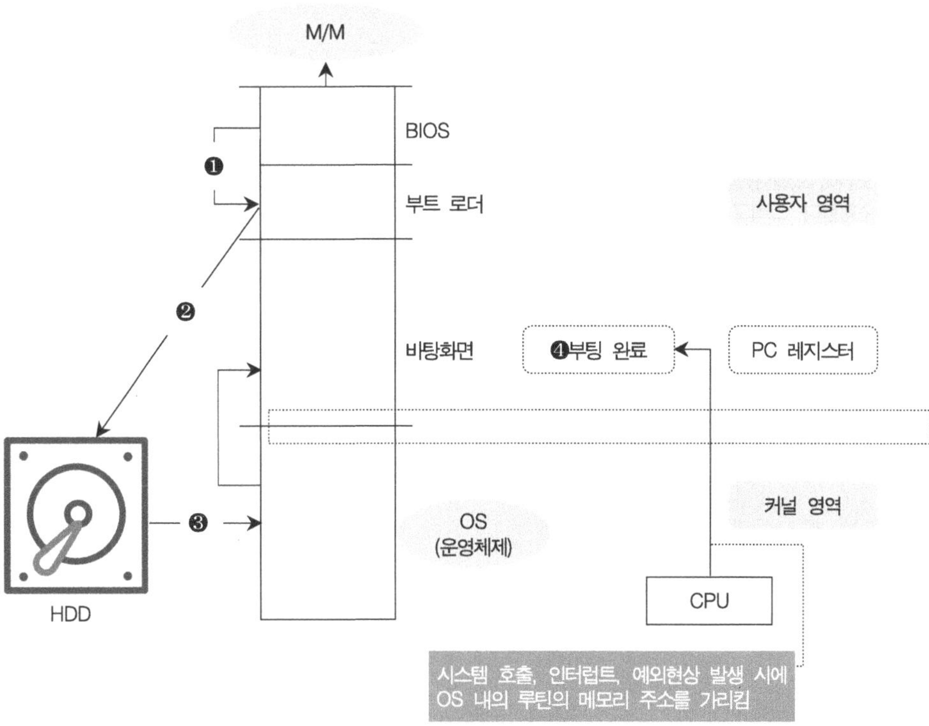

[그림 2-34] 운영체제와 부팅 과정

짚어보기 프로그램 실행 과정

『 **컴퓨터**는 하나의 기계에 불과하므로 컴퓨터 자체가 스스로 작업을 수행하는 것은 아니다. 그러므로, 컴퓨터에 의하여 어떤 업무를 처리하고자 할 때에는 컴퓨터가 이해하는 언어로써 그 언어에 맞는 일정한 **구문**(syntax)에 따라 그 업무를 처리하여 나갈 자세한 과정을 명령의 형식으로 기술하여 기억장치에 기억시켜 업무를 처리하도록 하여야 한다. 이와 같이 컴퓨터에 주어진 작업 지시서를 **프로그램**(Program)이라 부르고, 프로그램을 작성하는데 사용하는 언어를 **프로그래밍 언어**(Program Language)라 한다. 그러나, 컴퓨터는 모든 프로그래밍 언어를 직접 이해할 수 있는 만능의 기계가 아니며, 2진수(즉, 0과 1로써 구성된 수)로써 구성된 **기계어**(machine language)만을 직접 이해할 수 있다. 이러한 기계어는 프로그래밍 언어 중에서 가장 기본이 되는 것이지만 명령이 2진수로 되어 있기 때문에 이해하기가 어려울 뿐 아니라, 복잡한 문제의 해법을 **기계어**로 작성한다는 것은 어렵고 지루한 일이다. 또한 컴퓨터의 종류에 따라 **기계어**가 서로 틀리기 때문에 융통성이 없게 된다. 컴퓨터의 입장에서 본다면 모든 프로그램을 기계어로 작성하는 것이 바람직하겠으나, 프로그램을 작성하는 사람의 입장에서 보면 기계어로 프로그램을 작성하는 것은 매우 어려운 일이다. 그리하여 2진수로 표시되는 기계어를 알기 쉽게 **기호**(symbol)**화**한 언어를 **어셈블리 언어**(Assembly Language)라 부른다. 어셈블리 언어는 기계어와 비교해 볼때 프로그램을 작성하기가 쉽지만, 우리가 일상 생활에 사용하는 자연어에 비하면 아직도 기계어에 가까운 언어이므로 **기계 중심의 언어**(Machine Oriented Language)라 하겠다. 따라서, 자연어에 가깝고 사용하는 컴퓨터의 전문지식이 없더라도 문제 자체만 이해한다면 프로그램을 쉽게 작성할 수 있는 **문제중심의 언어**(Problem Oriented Language)가 필요하게 되었다.문제 중심의 언어로는 포트란(FORTRAN), 코볼(COBOL), 파스칼(PASCAL), C 등 많은 종류의 언어가 있는데, 이러한 언어로써 쓰여진 프로그램은 컴퓨터 내부에서 기계어로 **컴파일**(compile) 되어야 하기 때문에 **컴파일러 언어**(Compiler Language)라고 한다.』

짚어보기 부트스트랩 서비스 과정

부팅(Booting)은 OS에서 자기 자신을 적재하는 과정을 말한다. 또한 **부트스트랩 로더**(Bootstrap Loader)는 디스크 트랙 0에 위치하고 있다. 초기 OS는 H/W의 초기 설정 작업 없이 첫 번째 작업을 설정할 수 있는 상태로 컴퓨터를 작동한다. 현재는 M/M의 활용 방법과 프로그램의 융통성이 중요하며, 전체적인 초기화 설정은 다음과 같다. H/W의 오류에 의해 활동 중인 작업들이 손실되지 않도록 복귀하고, 회복에 대한 방법이나 비정상적 작업에 대한 처리를 수행한다. 그리고 부분적인 초기 설정 기능을 포함한다. 부팅의 목적은 OS 자체의 정리로서 시스템 장치의 초기화이다. 그리고 OS 대부분 루틴을 M/M 하위 주소에 적재되도록 설정한다. 부트스트래핑 과정은 [그림 2-35]와 같다.

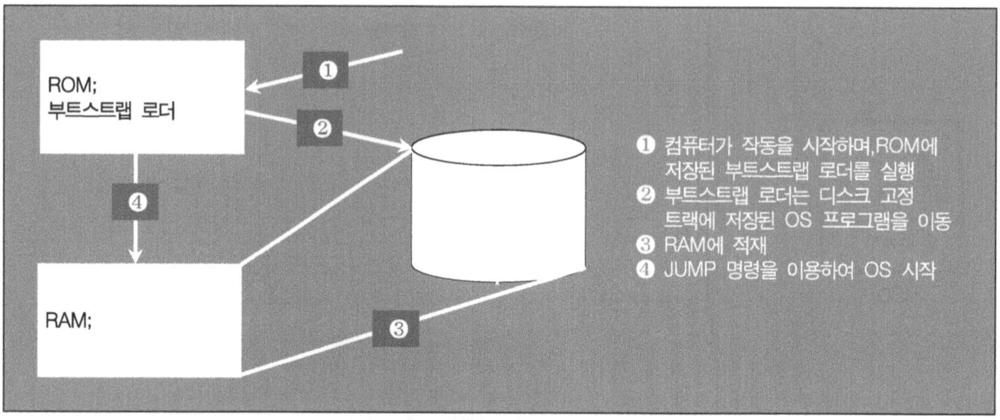

[그림 2-35] 부트스트래핑 서비스 과정

짚어보기 컴퓨터 시스템의 구성

컴퓨터 시스템은 **하드웨어**(H/W;HardWare)와 **소프트웨어**(S/W;SoftWare)로써 구성되어 있다. S/W는 크게 둘로 나누어 응용 **프로그램**(Application Program)과 **시스템 프로그램**(System Program)으로 구분한다. **응용 프로그램**은 컴퓨터 사용자가 사용 목적에 맞게 작성한 프로그램으로서 우리 주위에서 흔히 사용되는 은행의 계좌 계산 프로그램과 재고관리, 학력고사, 고지서 발급 등을 위한 프로그램들이 이에 속한다. **시스템 프로그램**은 컴퓨터 사용자들이 컴퓨터를 사용할 때 효율적으로 사용할 수 있도록 컴퓨터 시스템에 준비되어 있는 S/W이다. **시스템 프로그램**으로서는 컴파일러(Compiler), 어셈블러(Assembler)와 같이 프로그램 작성자로 하여금 보다 고급 프로그래밍 언어로써 프로그램을 작성할 수 있게 해주는 프로그램도 있으며, **문서 편집기**(Text Editor)는 사용자로 하여금 그들의 프로그램이나 기억장치 속에 있는 텍스트(문서)를 편집할 수 있는 프로그램도 있다.
OS의 목적은 자원을 효율적으로 관리하면서 사용자에게 프로그램 개발 및 실행을 위한 편리한 환경을 제공하는 것이다. 이를 위해 OS는 기본적으로 CPU 관리, 메모리(M/M) 관리, 파일(정보) 관리, I/O 장치 관리, 네트워킹, 보호, 오류 처리와 복구 등의 기능을 제공한다.
위 과정에서 예시를 든 아이콘을 더블 클릭했을 때 OS에 의해 프로그램이 처리되는 일을 생각해보면 다음과 같다.

❶ 마우스의 더블 클릭 인터럽트를 처리해야 한다(인터럽트 처리).
❷ 더블 클릭된 아이콘에 해당하는 응용 프로그램의 파일을 A/M에서 찾는다(파일 시스템).
❸ 적재하기 위한 M/M의 빈 공간을 찾는다(메모리(M/M) 관리).
❹ 보조 기억장치(A/M)로부터 응용 프로그램을 M/M로 적재한다(입/출력 장치 관리).
❺ PC 레지스터 값을 조작한다(CPU 관리).

OS는 사용자의 편의성을 제공하기 위한 다양한 서비스 루틴들로 구성되어있는데 이 루틴들을 이용하기 위해서는 OS로 진입하여야 한다.
이는 PC 레지스터의 값이 OS 내부에 서비스 루틴이 위치한 메모리 주소의 값을 가져야 함을 의미한다.
다중 프로그래밍 환경에서는 다수의 사용자 프로그램이 실행되면서 OS를 공유하기 때문에 OS를 보호하기 위해

진입이 통제되었다.
이를 위해 프로그램의 실행상태를 **사용자 모드**와 **커널 모드**로 구별한다. 커널 모드에서만 실행되도록 되어있는 명령어들도 있다. 응용 프로그램은 사용자 모드에서 실행되지만 OS는 커널 모드에서 실행된다.응용 프로그램에서 OS의 서비스 루틴을 사용하려면 반드시 모드 변환을 거치도록 함으로써 OS로의 진입을 통제한다.
이러한 모드 변환은 시스템 호출 (system call), 인터럽트(interrupt), 예외현상(exception)이 발생할 경우에 허용되고 이것을 "OS로의 진입점" 이라고 한다.
OS는 진입점을 위한 서비스 루틴을 가지고 있어야 한다.

참고

시스템 호출(system call)
응용 프로그램과 OS 사이의 인터페이스 수단이며, 응용 프로그램에서 OS 내부의 서비스 루틴 호출을 의미한다. 응용 프로그램은 시스템 호출을 통해 OS 서비스를 이용할 수 있기 때문에 응용 프로그램 인터페이스(API;Application Programming Interface)라고도 부른다. C 언어의 printf 함수에서 사용되는 write() 명령어가 해당된다.

참고

인터럽트(interrupt)
인터럽트는 I/O 장치에서 CPU로 보내는 신호를 말하며, CPU 와 I/O 장치 사이의 인터페이스 수단이다(H/W의 전기적 신호). 일반적으로 인터럽트가 발생하면 CPU는 실행중인 프로그램을 잠시 중단하고 인터럽트 처리 루틴을 실행한 후, 중단된 프로그램의 실행을 재개한다. 인터럽트는 언제 발생할지 모르기 때문에 인터럽트 처리 루틴을 OS 내부에 구현 한다. 사용자 모드에서 프로그램이 실행되고 있는 동안에 인터럽트가 발생하면 인터럽트 처리 루틴을 실행하기 위하여 OS로 진입하게 된다.

참고

예외현상(exception)
프로그램이 실행되는 도중에 CPU 내부에서 발생하는 시스템 오류이다. 이런 오류들은 치명적이고 예상할 수 없다. 일반적으로 예외처리루틴들은 인터럽트 처리 루틴처럼 OS 내부에 있다. 따라서 사용자 모드에서 프로그램이 실행되는 동안에 예외현상이 발생하면 예외현상 루틴을 실행하기 위하여 OS로 진입 하게 된다.

2.21 컴퓨터 소프트웨어의 분류

하드웨어(H/W)를 동작시키기 위한 프로그램(명령들의 모임)으로, 컴퓨터를 구성하는 기계적 장치인 H/W에 대응되는 개념으로서, 컴퓨터 시스템을 제어하고 작동시키기 위한 모든 종류의 프로그램들을 총칭하며, 크게 시스템 소프트웨어(System Software)와 응용 소프트웨어(Application Software)로 구분된다. 시스템 소프트웨어는 컴퓨터(하드웨어)를 사용하기 위해 가장 근본적으로 필요한 프로그램으로, 컴퓨터 시스템의 모든 부분을 제어 및 자원 관리, H/W와 사용자 사이에서 중간 인터페이스 역할을 하는 운영체제(OS : Operation System)를 말한다. OS로는 Windows XP, Windows Vista, Windows 7, Linux, Mac OS 등이 있다. OS는 다시 처리 프로그램의 동작을 제어하는 제어 프로그램(Control Program)과 컴퓨터시스템의 특정 업무 또는 문제를 해결하기 위한 데이터 처리를 담당하는 처리 프로그램(Processing Program)으로 나눠진다. **응용 소프트웨어**는 사용자가 특정 목적을 위해 설계된 프로그램을 총칭한다. 대표적 예로 아래 한글, MS-Word, 엑셀, 파워 포인트, 포토샵 등이 있다.

S/W는 H/W의 동작을 지시하고 제어하는 모든 종류의 프로그램을 말하며, 컴퓨터 S/W의 전체적인 윤곽은 [그림 2-36]과 같다[그림1-5 참조].

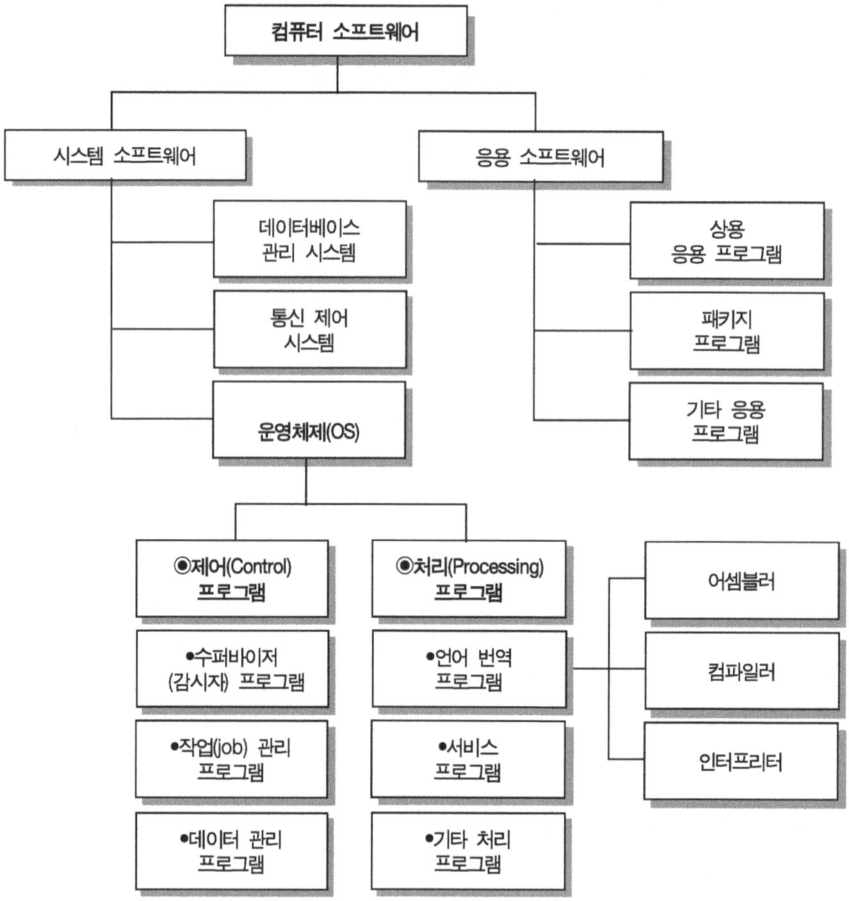

[그림 2-36] 컴퓨터 시스템의 S/W 구성도

예제 2-15

메인 프레임과 PC의 OS의 기본적인 차이는 무엇인가?

풀이

- 메인 프레임의 OS는 PC에 비해 다양하고 많고 성능이 우수한 각종 서비스와 기능 즉, 다양한 패키지, 대량 입/출력 장치 지원, 다수의 사용자 지원, 자원 보호 및 침입에 대한 보안 등이 제공된다. 특히 여러 사용자가 사용하는 만큼 신뢰성, 보안 보호 등이 강조된다.
- PC는 개인용도로 사용되므로 자원의 효율적 사용보다는 편리한 사용성에 초점이 주어진다. 그러나 메인 프레임은 각종 자원을 공유하게 되므로 이의 공평한 사용, 효율적인 사용에 더 초점이 맞추어 진다.

예제 2-16

OS의 효율적인 H/W 관리 능력에 대해서는 상당히 강조되어 왔다. 이러한 원칙을 무시하고 자원을 "낭비"해도 좋은 경우는 언제인가? 이러한 시스템이 정말로 자원을 낭비한다고 볼 수 없는 이유는 무엇인가?

풀이

- GUI를 사용한 윈도우 인터페이스는 컴퓨팅 시간을 낭비하지만 사용자에 게 편리한 사용환경을 제공하고 사용자와의 시간을 상당히 단축시킨다.
- 다중 사용자를 위한 일반적 시스템이 아닌 특수 목적 시스템에 이러한 경우가 많다. 특히 경성 실시간 시스템과 같은 경우는 항상 실행 시간 및 자원 점유에 관한 최악의 경우를 고려한 보장성을 제공해야 하므로 자원의 효율적 사용보다는 최악의 경우에 대비한 자원의 선 할당이 있는 것이 보통이다. 또한 QoS(Quality of Service)를 제공하는 통신 등에서도 통신의 속도를 보장하기 위해 통신에 필요한 메모리 버퍼나 장치들을 해당 서비스에 전속 할당시키는 경우가 많다. 이러한 선 할당은 장비 사용비율로 볼 때는 비효율적이지만 보장성 서비스를 제공하기 위해서는 꼭 필요한 부분이다.

예제 2-17

다중 프로그래밍과 시분할 시스템에서는 많은 사용자들이 시스템을 같이 사용하게 된다. 이때에는 여러 가지 보안상의 문제가 발생한다.

(1) 이러한 문제를 두 가지 설명하라.

풀이

▶파일 등의 자원의 병행적 공유에 의한 일관성 결여(상호배제)
▶메모리 보호의 문제(타 사용자의 프로그램 영역을 침범하는 것).

(2) 시 분할되는 기계에서 전용 기계와 같은 수준의 보안성이 보장될 수 있는가? 이 대답에 대한 설명을 하라.

풀이

자원의 동시 사용에 대한 보호, 메모리의 보호 등을 위한 기법은 비교적 잘 제공되고 있다. 그러나 오늘 날 해킹, 바이러스 침입에서 알 수 있듯이 공유 시스템에서의 보안은 매우 어려운 문제이며, 침입 기법과 보호/보안 기법은 영원히 공방 관계를 가질 것이라 보는 견해가 지배적이다. 이는 인터넷이라는 것이 기본적으로 개방성에 그 근간을 두고 있기 때문이다.

■ 연 습 문 제

학과:	학번:	성명:	제출일:

[2-1] 컴퓨터의 H/W적, OS적, 프로그래밍 언어적인 발전 과정을 상호 연관지어 구분하여 논하라.

[2-2] 이중모드 작동을 제공하지 않는 컴퓨터 시스템들이 많이 있다. 이러한 컴퓨터들이 안전한 OS를 구성할 수 있는지 생각해 보고, 이것이 가능하다면 그 이유를, 불가능하다면 왜 그런지 근거를 설명하라.

[2-3] 계층 구조로 OS가 나뉘게 된 경위와 개념을 설명하라.

[2-4] OS란 무엇인가 정의하고 그 기능을 논하라.

[2-5] OS와 시스템 프로그램들 간의 관계를 설명하라.

[2-6] 시분할 처리와 실시간 처리,그리고 온라인 시스템을 비교 설명하라.

[2-7] 다중 프로그래밍과 다중 처리의 개념을 설명하고, 상호 비교하라.

[2-8] 초기의 컴퓨터들은 하나의 메모리 분할 부분에 운영체제를 적재시켜 운영체제를 보호하고자 하였다. 이러한 방법의 장단점을 설명하라.

[2-9] OS에 의하여 제공되는 다섯 가지 서비스를 열거하고, 각각 사용자에게 어떤 편리함을 제공하는지 설명하라. 각각의 경우에 사용자 프로그램에 이러한 서비스들을 제공하는데 불가능한 점이 있다면 설명하라.

[2-10] 시스템의 계층구조가 다음과 같이 구성되어 있다. 각 계층이 담담해야 할 기능에 대해서 간략하게 설명하라.

6 계층	사용자
5 계층	명령어 해석기
4 계층	파일 시스템
3 계층	기억장치 관리
2 계층	기본 입출력
1 계층	커널
0 계층	하드웨어

[2-11] 성공적으로 구현된 가상기계 운영체제로는 IBM의 VM 운영체제가 있다. 가상기계 개념이 어떻게 구현되었는지를 중심으로 VM 운영체제에 대하여 조사하라.

[2-12] 미래의 OS 설계가 지향하는 몇 가지 방향을 기술하고, 각각은 미래의 시스템이 갖는 본질에 어떤 영향을 줄 것인지에 대하여 설명하라.

[2-13] 하드웨어를 보호하기 위해서 사용되는 방법을 몇 가지 나열하고 각각의 방법이 어떻게 수행되는지에 대해서 간단히 설명하라.

[2-14] OS가 관리하는 대상에는 어떤 요소들이 있는가?

[2-15] 시스템 호출이 사용되는 경우는 어떤 기능이 필요할 때인가?

[2-16] 기존의 OS는 수정, 확장성 때문에 여러 가지 문제를 가지고 있다. 이 때문에 객체지향 OS가 등장했다. 기존의 OS가 수정, 확장성의 문제점을 가지는 이유를 기술하고 이에 대한 객체지향 OS의 장점을 설명하라.

[2-17] 분산 시스템이 바람직한 이유는 무엇인가?

Chapter

03

프로세스와 CPU 스케줄링

CHAPTER

03 프로세스와 CPU 스케줄링

학습목표

프로세스는 프로그램 또는 그 일부를 말하기도 한다. A/M에 저장되어 있는 프로그램이 실행되기 위해 M/M로 적재(load) 되는데,M/M에 적재 되어 실행 중인 프로그램을 프로세스라고 한다. 프로세스가 주어진 일을 하기 위해서는 CPU 시간, 메모리, 파일, 그리고 입/출력 장치 등의 자원이 필요하다. 이러한 자원은 프로세스가 생성되거나 또는 실행하고 있는 때에 프로세스에 할당된다. 컴퓨터 시스템에서 프로세스는 작업의 단위가 된다. 이러한 시스템은 프로세스의 집합인데, OS 프로세스는 시스템 코드를 실행하고 사용자 프로세스는 사용자 코드를 실행한다. 이러한 모든 프로세스들은 병행하여 실행될 수 있다. 프로세스 관리와 연관되어 OS가 하는 일은 프로세스의 생성과 삭제, CPU(프로세스)의 스케줄링, 그리고 프로세스 동기화, 통신 및 교착상태(Deadlock) 처리를 할 수 있는 수단의 제공이다. CPU 스케줄링은 다중 프로그램 운영체제의 기본이다. OS는 CPU를 프로세스들 간에 교환함으로써 컴퓨터를 보다 생산적으로 만든다. CPU 스케줄링은 선점형과 비선점형 두 가지 기법이 있다. 선점형 스케줄링은 한 프로세스가 작업이 완료되기 전이라도 다른 프로세스가 CPU를 빼앗을 수 있는 스케줄링 기법이며, 라운드 로빈 스케줄링 기법이 대표적이다. 비선점형 스케줄링은 현재 CPU를 할당 받은 프로세스가 작업을 완료하기 전까지 다른 프로세스는 CPU를 할당 받을 수 없는 스케줄링 기법인데, 대표적으로 FIFO 스케줄링, 우선순위 스케줄링, 기타 등이 있다.

이 장에서의 주요 내용은 다음과 같다.

- 프로세스 개념/정의
- 프로세스 상태와 전이도
- 프로세스와 스레드
- 프로세서가 무엇인지 설명
- 프로그램의 실행을 위한 스케줄러의 유형과 그 목적을 이해
- 주요한 프로세서 스케줄링 알고리즘
- 알고리즘 평가

3.1 프로세스의 개요

3.1.1 프로세스의 개념

프로세스(process)는 여러 분야에서 과정 또는 처리라는 뜻으로 사용되는 용어로, 컴퓨터 분야에서는 **"실행중인 프로그램"**이라는 뜻으로 쓰인다. 1960년대 중반 멀틱스(MULTICS; multiplexed information and computing service) 시스템을 설계한 벨 전화 연구소의 연구원들이 처음 사용했다고 알려져 있다. 프로그램 또는 그 일부를 뜻하기도 하고, 데이터의 입력이나 출력 등을 조작하거나 처리하는 것을 말하기도 한다.

운영체제(OS)에서 문제가 되는 것은 CPU의 활동(activity)들을 어떻게 칭하느냐에 있다.

- 일반적인 일괄 처리 시스템(batch system)은 "작업(Job)"을 실행하고,

- 시분할 시스템(TSS;Time Sharing System)은 "사용자 프로그램(User program) 또는 태스크(Tasks)를 가지고 있다"라고 한다.

여러 측면에서 이러한 활동들은 유사하므로 모두 "**프로세스(process)**"라 부른다. 프로세스는 부모 프로세스(parent process)라는 상위 계층과 자식 프로세스(child process)라는 하위 계층이 존재한다. 부모 프로세스는 프로그램이나 명령어에 의해 시작되며, 자식 프로세스는 부모 프로세스에 의해 만들어지는 것을 말한다. 하나의 부모 프로세스는 여러 개의 자식 프로세스를 관리하는데, 여러 개의 자식 프로세스가 하나의 CPU에서 동시에 처리되는 것처럼 보이는 것을 멀티태스킹(다중 작업;multitasking)이라고 한다. 즉, 다중 작업은 하나의 컴퓨터에서 복수의 작업(task)을 동시에 병행하여 수행하는 OS의 기능을 갖춘 조작 형태이며, **다중 작업 방식**에는 문맥 전환(context switching), 협동적 다중 작업(cooperative multitasking), 시분할 다중 작업(time-slice multitasking) 등이 있다. 문맥 전환은 가장 간단한 방식으로, 복수의 프로그램을 동시에 올려놓지만 전면 프로그램만이 중앙 처리 장치(CPU)의 처리 시간을 할당받고, 후면 프로그램을 기동하려면 사용자가 그 프로그램을 포함하고 있는 윈도를 불러내야 한다. 협동적 다중 작업에서는 전면 프로그램이 키 입력을 기다리는 동안이나 기타 유휴 시간에만 후면 프로그램이 CPU의 처리 시간을 할당받는다. 시분할 다중 작업에서는 각 프로그램이 1초의 수분의 1정도씩 CPU의 처리 시간을 할당받는다. 컴퓨터의 처리 시간은 사람의 감각보다 훨씬 고속이기 때문에 사용자에게는 복수의 작업이 동시에 처리되는 것처럼 보인다. 다시말해, 멀티태스킹은 한 사람의 사용자가 한 대의 컴퓨터로 2가지 이상의 작업을 동시에 처리하거나, 2가지 이상의 프로그램들을 동시에 실행시키는 것을 말하며, 다중 작업화라고도 한다. 초기의 컴퓨터는 처리속도가 느리고, 주기억장치(메모리;M/M)의 용량이 작아 사용자는 한 번에 한 가지 작업이나 한 프로그램밖에 처리하지 못했다. 따라서 여러 작업을 동시에 처리할 필요가 있더라도 사용자는 각각의 작업을 하나씩 순차적으로 처리하고, 각각의 출력물을 합쳐 원하는 결과를 얻었다.

예를 들어, 표 계산이 포함된 문서작성의 경우, 일단 표 계산 프로그램을 구동시켜 작업한 후, 그 프로그램을 닫고, 다시 워드 프로세싱 프로그램을 구동시켜 문서를 작성해야 했다. 하지만 컴퓨터 하드웨어의 발달로, 즉 처리속도와 M/M 용량의 증대로 여러 작업을 동시에 하는 것(멀티태스킹)이 가능하게 되었다.

또 다른 예를 보면, 하나의 컴퓨터 내에서 여러 개의 윈도우를 만든 후, 각각의 윈도우에 워드프로세싱, 통신, 음악, 표 계산 프로그램을 동시에 불러 작업할 수 있게 되었고, 각각의 출력물도 간단한 방법으로 다른 윈도우로 옮겨갈 수 있게 되었다.

멀티태스킹은 대형 컴퓨터에서 여러 명의 사용자가 단말기를 통해 시분할 시스템으로 동시에 작업을 하는 것과는 그 의미가 조금 다르다.

3.1.2 프로세스의 정의

초기의 컴퓨터 시스템은 한 번에 하나의 프로그램만 수행 할 수 있었다. 현대의 컴퓨터 시스템은 주기억장치(M/M)에 다수의 프로그램들이 적재되어 병행 수행되는 것을 허용 한다. 그러므로 한 개의 프로그램이 컴퓨터의 모든 자원을 독차지하였으나 다중 프로그래밍에서는 여러 개의 프로그램이 M/M에 적재되어 병행해서 수행 되어 왔다. 이러한 변화는 컴퓨터의 효율성을 높여주는 대신에 프로그램에 대해서는 강력한 통제가 필요하게 되었다. 이러한 과정에서 **프로세스(process)**라는 개념이 생겼다. 그 이후로 이 말은 **태스크(Task)**라는 용어와 함께 사용되어 왔는데 이 용어의 뜻에 대한 정의는 여러 가지 방법으로 내려져 왔다. 현대의 컴퓨터에서 "**프로세스**"란 시분할 시스템에서 작업의 단위이기도 하다. 프로세스는 일괄 처리 시스템 자업이나 시분할 시스템 사용자들의 태스크를 모두 지칭 한다. 또한 프로그램 카운터의 값과 처리기 레지스터의 내용으로 대표되는 현재 활동을 포함 한다. 다시말해, 대부분의 사용자 및 시스템 프로그램들은 CPU에 의해 수행되므로 CPU는 프로그램을 수행시키는 목적 외에 다른 시스템 동작들도 지원해야 한다. 이와 같이 CPU에 의해 수행되는 프로그램을 프로세스라고 한다. 컴퓨터 시스템은 시스템 프로세스와 사용자 프로세스들의 집합체로 구성되며, 운영체제 프로세스들은 시스템 코드를 실행하고 사용자 프로세스들은 사용자 코드를 실행한다. 이러한 프로세스들은 병행 수행이 가능하고 CPU는 수시로 이들 프로세스들 사이를 다중화 하여 전환된다. 시스템 내의 모든 활동 요소들을 프로세스라고 하며 프로세스는 작업의 기본 단위로 프로그램에 입/출력 상태를 결합한 형태를 갖는다. 참고로, 처리기(프로세서;Processor)는 일련의 명령어를 수행할 수 있는 하드웨어적 장치를 의미한다. 프로세스는 1960년대 중반의 운영체제(OS)는 MULTICS에서 처음 사용되었고, IBM 운영체제는 태스크라 부르며, 프로세스는 레지스터, 스택, 포인터, 실행중인 프로그램, 데이터 등의 집합체로 정의할 수 있는데 그중 몇 가지 정의들을 살펴보겠다.

① 현재 실행 중인 프로그램(running program 또는 살아 있는 프로그램).
② 언제든지 실행 가능한 프로그램.
③ 비동기적 행위(asynchronous activity).
④ 지정된 결과를 얻기 위한 일련의 계통적 동작.
⑤ 프로시저가 활동 중인 것(the "animated sprit" of a procedure).
⑥ OS 내에 프로세스 제어 블록(PCB ; process control block)를 가진 프로그램.
⑦ 프로세서가 할당하는 개체(entity).
⑧ 디스패치가 가능한 대상(dispatchable unit).
⑨ 실행중인 프로시쥬어의 제어의 궤적(process state transition).

CPU가 주로 수행하는 것은 사용자의 작업(Job)과 프로그램이지만 그 외 다른 시스템 활동도 수행해야 한다. 컴퓨터의 모든 동작은 CPU에 의해 시작 되며, CPU는 오류, 프로그램의 요구 사항, 입/출력 인터럽트 등에 대해서 대응조치를 취해야 한다.

프로그램 그 자체는 프로세스가 아니다. 하나의 프로그램은 명령어 리스트를 내용으로 가진 디스크에 저장된 파일(실행 파일)과 같은 수동적인 존재인 반면에 프로세스는 다음에 실행할 명령어를 수행하도록 지정하는 프로그램 카운터와 연관된 자원의 집합을 가진 능동적인 단위의 존재이다. 실행 파일이 메모리(M/M)에 적재 될 때 프로그램은 프로세스가 된다. 실행 파일이 M/M에 적재되는 일반적인 방식은 실행 파일을 나타내는 아이콘을 더블 클릭하는 방법과 명령어 라인 상에서 파일 이름을 입력하는 방법이다. 이 때 두 프로세스들이 동일한 프로그램에 연관 될 수 있지만 이들은 두개의 별도의 실행 순서로 간주 된다. 프로그램 자체는 수동적인 단위로서의 비활동적인 개체이고 CPU가 이 프로그램에 생명을 불어넣을 때 비로소 프로세스라 부르는 능동적인 단위로서 활동 중인 개체가 된다. 하나의 프로세스는 자신의 업무를 수행하기 위하여 여러 가지 자원들을 필요로 하며 이러한 자원들은 프로세스가 생성될 때 할당될 수도 있고 프로세스가 실행되는 도중에 할당될 수도 있다.

예를 들어, 동일한 워드 파일을 각각 실행 할 경우 이들은 각각 별도의 프로세스이며 텍스트 섹션이 동등하다 할지라도 자료, 힙(Heap) 및 스택 섹션은 다를 수 있다. 프로세스는 단순히 프로그램의 코드 이외에도 현재의 활동 상태를 나타내는 프로그램 카운터, 그리고 처리기의 레지스터의 내용도 가지고 있다.

공용되는 프로그램인 데이터베이스 문서 편집기 등은 재진입 프로그램이라고 하며 일시적인 자료를 보관하는 스택과 공통자료를 보관하는 자료부분을 가지고 있다.

만약 다른 두개의 프로세스가 같은 프로그램인 문서 편집기를 사용하더라도 이들은 별개의 프로세스로 인식 된다. 왜냐하면 코드 부분은 같지만 각기 별도의 스택에 다른 자료를 가지고 있기 때문이다. **프로그램**(program)은 파일이 디스크에 저장된 내용과 같은 수동적인 실체(개체)를 말하며, **프로세스**(process)는 다음 실행 명령어를 지정하는 프로그램 카운터를 가진 능동적인 실체(개체)를 의미한다. 프로그램과 프로세스의 의미는 다음과 같다.

① 프로그램(program) 그 자체는 프로세스가 아니다.
② 프로그램은 파일(file)이 디스크(disk)에 저장된 것과 같이 수동적인 개체(entity)이다.
③ 프로세스는 실행 상태에 있는 프로그램을 말하는데 프로그램이 실행되면서 프로세스는 상태 변환(state transition) 을 하게 된다.
④ 프로세스의 실행은 CPU 버스트(burst)와 I/O 버스트의 혼합된 연속이며 CPU 버스트로 시작되고 끝난다.

순차 프로세스 개념은 다음과 같이 정리할 수 있다.

① 프로그램이 실행 중에 있는 것이다.

- 수동적 개체(passive entity) : 프로그램(program)이다(프로그램은 파일이 디스크에 저장된 내용과 같은 수동적 실체(개체)이다).
- 능동적 개체(active entity) : 프로세스(process)이다(프로세스는 다음에 실행될 명령어를 지정하는 프로그램을 가진 능동적 실체이다).

② 병행 처리도 어느 한 순간을 잘라놓고 보면 순차처리이다.

③ 프로세스 실행은 반드시 순차적인 방법으로만 실행되어야 한다.

프로세스의 특성은 다중 사용자 컴퓨터 시스템(Multi-user Computer system)에서 사용자 요구 처리의 핵심이며, 우선순위의 지정이 가능하다. 그리고 자원 할당, 지정된 연산 수행, 프로세스 간 통신 수행, 상태 전이 등이 가능하다.

짚어보기 작업(Job)과 프로세스(Process)

- **작업**과 **프로세스**는 같은 의미로서 사용되는데, 그 이유는 프로세스라는 용어를 선호하기 때문이다.한 사용자는 여러 개의 프로그램이나 작업을 동시에 제출할 수 있기 때문에 이는 단위가 더 큰 개념이 가능하다.어느 시점에서 볼 때에 사용자 프로그램은 하나만 실행되지만 OS는 여러 개의 시스템 프로세스를 실행하는 경우가 존재한다.
  간단한 예로써,사용자 프로세스에게 파일을 프린트 할 경우에 디스크 입/출력, 스풀링 그리고 프린트 프로세스가 병행되어 수행한다.
  여러 면에 있어서 이들 활동은 공통적인 요소를 가지고 있으므로 이들을 통틀어서 **프로세스**라고 부르기로 한다.
- 파일을 백업하는 테이프를 구동하기 시작한 입/출력 프로세스가 정상 속도를 내기 위하여 10,000회 공회전한 후 첫 번째 레코드를 읽는 커맨드를 시작한다.만일 공회전하는 동안 다른 프로세스로 스위칭 하기로 결정한다면 테이프 프로세스는 헤드가 첫 레코드를 통과한 후에야 재실행 가능하다.결국 한 프로세스가 이와 같이 민감한 실시간 요구조건을 갖고 있으면 특정 사건은 주어진 시간 내에 일어나야 하며 특수한 측정기법이 필요해지지만 대부분 프로세스들은 CPU의 다중 프로그래밍 실행이나 다른 프로세스의 상대적 속도에 영향을 받지 않는다.

짚어보기 프로그램과 프로세스

- 프로그램은 일반적으로 하드디스크 등에 저장되어 있는 실행코드를 뜻하고, 프로세스는 프로그램은 구동하여 프로그램자체와 프로그램의 상태가 M/M상에서 실행되는 작업단위를 지칭한다.
- (예) 하나의 프로그램을 여러번 구동하면 여러개의 프로세스가 M/M상에서 실행된다.

짚어보기 멀티 태스킹(다중 작업;multitasking)

컴퓨터 프로그래밍에서 **태스크**(task)란 컴퓨터로 하나의 일을 수행하기 위한 작업단위이다. OS를 설계할 때 태스크를 어떻게 정의하느냐에 따라 단위 프로그램이란 전체 프로그램이 될 수도 있고, 또는 계속되는 프로그램의 호출이 될 수도 있다. 한 프로그램이 여러 개의 다른 유틸리티 프로그램들에게 요구를 할 수 있어, 유틸리티 프로그램들 또한 태스크(또는 서브 태스크)라고 간주할 수 있다.오늘날 광범위하게 사용되는 대부분의 OS들이 멀티태스킹을 지원하는데, 이는 여러 개의 태스크를 동시에 실행하고, 교대로 컴퓨터의 자원을 사용할 수 있게 한다.

짚어보기 가족을 위하여 요리를 하는 가정주부의 예

- 그 주부의 부엌에는 요리책과 소고기, 계란, 양파, 고춧가루, 소금 등의 재료가 모두 갖추어져 있다.
  여기서, 주부는 CPU이고, 요리책은 프로그램(즉, 어떤 기호들로 표현된 알고리즘), 재료들은 입력 데이터이다.
  프로세스는 가정주부가 요리법을 보면서 재료를 이용하여 소고기국을 준비하는 행위로 구성되는 액티비티

(Activity)이다.
그런데, 그 주부의 어린 작은 딸이 부상을 입고 울면서 집에 들어오고 있다고 상상해 보자. 그 주부는 요리책의 읽던 부분을 표시하여 두고(**현재의 프로세스 상태를 저장하여 두고**),응급처치 책을 꺼내어 그 방법에 따라 처치하기 시작할 것이다. 여기서, CPU가 각기 다른 **프로그램**(요리책과 응급처치 책)을 가진 한 프로세스(소고기국을 만드는 일)에서 **우선순위**가 높은 다른 프로세스(응급 처치하는 일)로 스위칭 해 가는 것을 볼 수 있다. 응급처치가 끝나면 주부는 소고기국을 만드는 일로 돌아가 중단하였던 시점에서 계속 해 나갈 것이다. 여기서, 핵심이 되는 것은 프로세스가 일종의 액티비티라는 것이다. 이것은 프로그램, 입력, 출력, 그리고 상태를 갖는다. 단일 처리기는 언제 프로세스의 실행을 멈추고 다른 프로세스의 처리를 할 것인가를 결정하는 스케줄링 알고리즘을 가지고 여러 프로세스들이 공유하게 된다.

짚어보기 프로세스(process)

프로세스란 커널에 등록되어 커널의 관리 하에 들어간 작업을 말한다. 컴퓨터에서 "작업"의 단위를 말할 때에는 여러 용어가 사용되는데, 사용자, 작업, 프로그램 그리고 프로세스 등이 혼용되고 있다.

3.1.3 프로세스의 종류

(1) 운영체제 프로세스

운영체제 프로세스는 실행순서들을 제어하거나 사용한 프로세스가 다른 사용자 또는 OS 영역을 침범하지 못하도록 예방하는 등 중요한 시스템 감시 기능을 담당하는 프로세스로 커널 프로세스 또는 시스템 프로세스라 한다. 또한 사용자 프로세스를 생성하거나 입/출력 프로세스를 생성하는 등 시스템 운영에 필요한 코드를 수행한다.

(2) 사용자 프로세스

사용자 코드를 수행하는 코드이다.

(3) 병행 프로세스

프로세스들이 여럿이 동시에 수행상태에 있다면 병행 프로세스라고 한다. 그러나 동시에 시스템에 존재하나 어느 순간에는 단지 한 프로세스만 CPU에서 실행되는데 이것을 병행성(동시성)이라고 부른다. 병행 프로세스는 서로 관련이 없는 독립적인 프로세스와 다른 프로세스와 서로 협력하면서 수행하는 협동 프로세스로 구분된다.

(4) 독립 프로세스

OS 안에서 여러 개의 프로세스를 병행하며 실행 될 경우 주어진 초기 값에 따라 항상 같은 결과를 보여주는 프로세스 즉 한 프로세스가 시스템 안에서 다른 프로세스에게 영향을 주지 않거나 또는 다른 프로세스에 의해서 영향을 받지 않은 경우 독립적 프로세스라 한다. 물론 다른 프로세스와 자료를 공유 하지 않는다.

짚어보기 프로세스

- 프로세스는 컴퓨터에서 연속적으로 실행되고 있는 컴퓨터 프로그램을 말한다.
- 종종 스케줄링의 대상이 되는 작업(task)이라는 용어와 거의 같은 의미로 쓰인다.
- 여러 개의 프로세서(CPU)를 사용하는 것을 다중처리(Multiprocessing)이라고 하며, 같은 시간에 멀티태스킹(multitasking)이라고 한다.
- 프로세스관리는 OS의 중요한 부분이 되었다.

짚어보기 실행 중인 프로세스의 개수

프로세스의 기능은 프로세스 안에 있는 명령어들을 실행하는 것인데, 프로세스의 실행은 순차적인 방식으로 진행된다(즉, 준비상태나 대기상태인 프로세스들은 여러 개가 있을 수 있지만 어느 시점에서 하나의 명령만이 프로세스를 실행시킨다).

짚어보기 용어 정의

기법	의미
다중 프로그래밍(Multiprogramming)	한 프로세서가 두 개이상의 프로세스를 번갈아 수행
다중 처리(Multiprocessing)	다수의 프로세서를 소유하고 있는 컴퓨터 시스템이 2개 이상의 프로세스를 수행
멀티 태스킹(Multitasking)	여러 개의 태스크를 동시에 실행하고,교대로 컴퓨터의 자원을 사용할 수 있게 하는 것을 말함(태스크(Task);OS가 제어하는 프로그램의 기본 단위 -OS별 상이함)

짚어보기 순차와 병렬성 모델의 흐름도

다음과 같이 2개의 프로그램 P1과 P2를 가정하면,이 두 프로그램은 각각 기억장치에 코드 세그먼트와 데이터 세그먼트가 있다.2개의 프로그램 P1과 P2가 각각 프로세서(CPU)로 실행될 때,이 경우를 **프로세스**라고 칭한다.두 프로세스의 쌍(P1,P2)의 실행은 시간 축으로 볼 때 [그림3-1]과 같이 특정 형태를 갖는 3가지의 방법으로 실행될 수 있다.

❶ 순차 프로세스(Sequence Process)에서 하나의 프로그램의 의미는 단순히 디스크 상에 저장된 파일이 내용으로서 수동적인 단위이며, 하나의 프로세스는 다음 명령어를 수행하도록 지정하는 프로그램 카운터를 가진 능동적인 단위이다. 순차 프로세스는 현재 실행 중인 하나의 프로세스를 의미한다. 다시말해, 현재 실행 중인 하나의 프로세스를 의미하는 것으로 프로세스의 실행이 순차적인 방식이다. 프로세스의 실행은 순차적인 방식으로 진행되어야 한다. 즉, 어떤 시점에서든지 하나의 명령어만이 프로세스를 위하여 실행된다는 의미이다.

❷ 병행 프로세스(Parallelism Process)의 의미는 다음과 같다.
어느 한 순간에 2개의 프로세서와 2가지의 프로세스 행위가 존재하여 동시에 병행하여 수행되는 방식이다.

- 두 프로세스 쌍의 실행이다.
- 프로세스 실행 행태에 따라 순차 실행, 중복 실행,교대 실행으로 구분한다.
- 순차 실행은 먼저 프로세스의 명령어 스트림이 완전히 수행되고 나서, 다음에 프로세스 명령어 스트림이 완전히 수행이 종료된다.
- 교대 실행은 두 프로세스가 종료될 때까지 프로세스가 교대로 수행되며, 주어진 어느 한 순간마다 단지 하나의 프로세서와 하나의 프로세스 행위만 존재하며, 모조 병렬성이라고도 한다.
- 중복 실행은 하나의 프로세스의 명령어 스트림과 다른 하나의 명령어 스트림이 시간 축에서 중첩되어 동시에 수행된다. 또한 어느 한 순간에 두 개의 프로세스와 두 개의 프로세스 행위가 존재한다. 반드시 두 개의 분리된 프로세서가 필요하며, 실제 병렬성이라고도 한다.

❸ [그림3-1]과 같이 프로세스 P1,P2의 실행은 다음과 같은 3가지 형태(프로세스의 3가지 모델)의 의미를 갖게 된다[그림3-1].

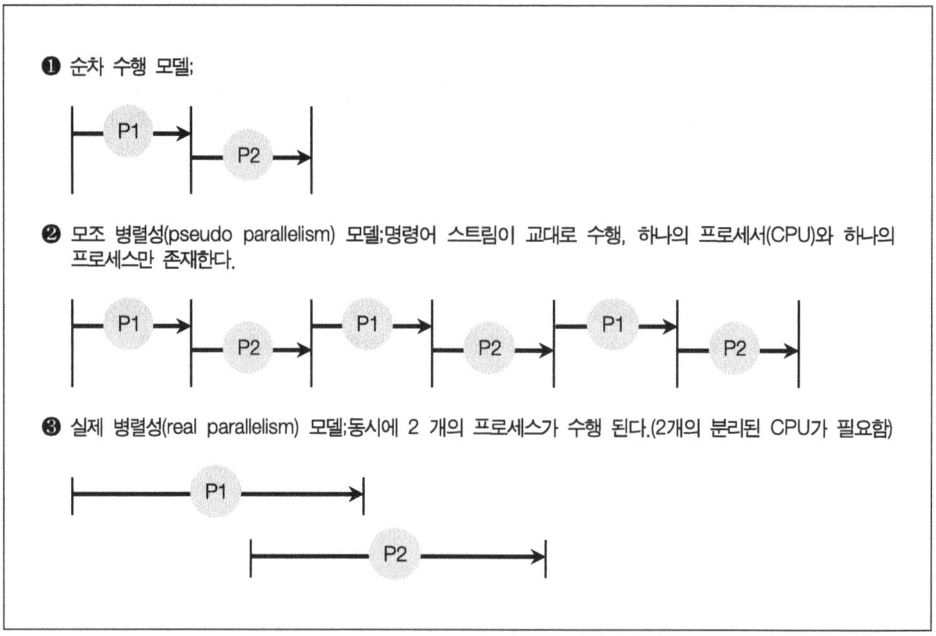

[그림 3-1] 프로세스의 모델

- 순차 수행(sequence process) 모델 ;먼저 P1의 명령어 스트림이 완전히 수행되고 난 후에 다음 P2의 명령어 스트림이 완전히 수행된다.
- 모조 병렬성(pseudo parallelism) 모델; 두 P1,P2가 종료될 때까지 P1과 P2가 교대로 수행되는데,P1 명령어 스트림과 P2 명령어 스트림이 교대로 반복되어 수행된다.
- 실제 병렬성(real parallelism) 모델; P1의 명령어 스트림과 P2의 명령어 스트림이 시간 축에서 중첩되어 동시에 수행되는데,이는 두 개의 분리된 프로세서가 필요하다.

3.2 프로세스 상태(Process States)

3.2.1 프로세스 상태

프로세스(process)란 일반적으로 현재 실행되고 있는 **프로그램**(program)을 뜻한다. 조금 더 정확하게 정의하면 컴퓨터에서 실행시키기 위하여 작성한 프로그램과 이 프로그램의 입력 데이터를 묶어서 **태스크**(task)라 하고 이 태스크가 커널에 등록된 작업을 **프로세스**라 정의 한다. **프로세스와 프로세서**(processor)의 의미를 예를 들면 컴퓨터를 가지고 있고 , 그 컴퓨터 내에서 엑셀 이라는 프로그램을 작동시켜 실행중이라면 실행중인 엑셀 프로그램은 '프로세스'라고 하고, 실행하기 위해서 작동되게 하는 장치, 즉 CPU가 '**프로세서**'라고 한다.

하나의 프로세스가 시스템 내에서 존재할 동안 해당 프로세스는 어떤 상태를 가지게 된다. 이것을 **프로세스 상태 전이도**(process state transition)라고 한다.

프로세스의 상태는 크게 **활동 상태** (Active)와 **지연 상태**(연기;suspended)로 나뉘게 된다. **활동 상태**란 프로세스가 기억장치를 할당 받은 상태를 의미하며, **지연 상태**(**연기 상태**)란 프로세스가 기억장치(M/M)를 할당 받지 못한 상태를 의미한다.

하나의 프로세스가 시스템 내에 존재할 경우, 그 프로세스는 일련의 서로 다른 상태(state)를 거친다[그림3-2].

- 생성(new) 상태 : 프로세스가 처음 생성되는 상태를 생성 상태라고 하며 준비 상태 혹은 지연 준비 상태로 가기 전 임시로 걸치는 상태이다. 프로세스에 할당할 충분한 공간이 있으면 준비 상태로 전이시키고 그렇지 않으면 지연 준비 상태로 전이 된다. 즉, 프로세스가 생성된다.

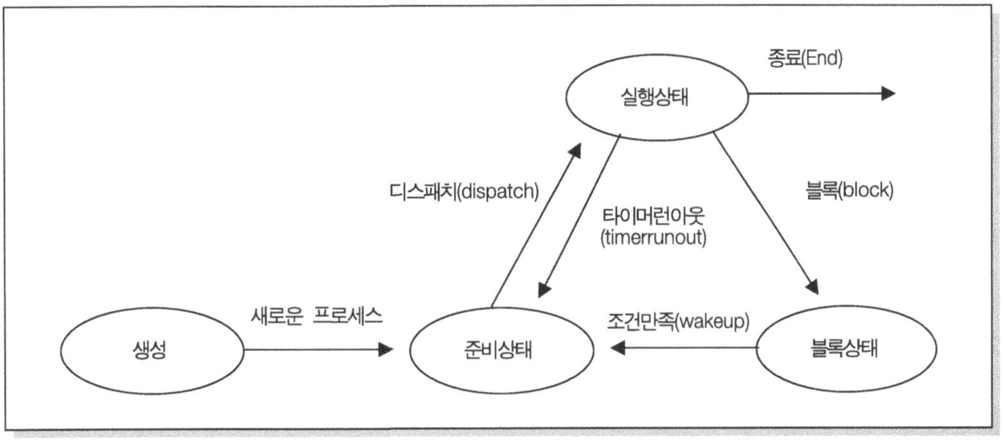

[그림 3-2] 기본적인 프로세스 상태 전이도

- 준비 상태(ready state): 디스크 내에 존재하는 **작업(job)들은 작업 스케줄러(job scheduler(장기 스케줄러(long term scheduler)))**에 의해 CPU와 I/O 장치를 가장 효율적으로 사용 하도록 메모리(M/M)를 할당하여 프로세스의 형태로 준비 리스트(준비 큐)에서 대기 한다.프로세스가 이용 가능해지면 CPU를 사용할 수 있는 상태이다(프로세스가 프로세서에게 할당되기를 기다린다. 즉, 실행할 준비가 되어 있는 상태). 필요한 모든 자원을 할당 받은 상태로서 프로세스를 할당 받으면 실행 상태로 전이 됩니다. 이렇게 실행 준비 상태로 가는 것을 **디스패치(Dispatch) 또는 스케줄(Schedule)**이라고 한다.
- 실행 상태(running state) : 프로세스는 CPU 스케줄러에 의해 **준비 리스트(준비 큐)**에 있는 프로세스들 중에서 우선순위가 높은 프로세스를 선정하여 CPU를 할당함으로써 실행 상태로 전이된다. OS에서는 각각의 프로세스에게 지정된 시간동안 CPU를 점유할 수 있도록 하는데 이 시간을 **시간 할당량(time slice)**라 하며 특정 프로세스가 CPU를 독점하는 것을 방지한다. 따라서 CPU가 지정된 시간이 초과하게 되면 다른 프로세스에게 CPU를 양도하고 준비상태로 상태 전이가 일어난다. 즉, CPU를 할당 받은 상태이다(명령어들이 실행되고 있음). 다시말해, 프로세스에 의해 실행되고 있는 상태를 뜻하며 시간 할당량이 끝(Time runout)나거나 우선순위가 높은 프로세스가 들어오면 선점(Preemption)으로 프로세스를 반납 한다. 만약 프로세스 실행 중 자원요청이 들어오면 대기(블록) 상태(block)로 전이 된다.
- 블록(대기) 상태(block state): 실행 상태에 있는 프로세스가 지정된 할당 시간을 초과하기 전에 I/O이 발생하면 CPU를 스스로 반납하고 I/O이 완료될 때까지 블록 상태로 전이된다. 이 때 준비 리스트에 있는 특정 프로세스가 CPU를 할당받게 된다. 즉, "I/O 동작의 끝"과 같은 어떠한 사건이 일어나기를 기다리는 상태이다(어떤 사건이 일어나기를 기다리는 상태). **블록 상태**는 자원을 요청 후 할당 받을 때 까지 기다리는 상태를 뜻하며 할당되면 다시 준비 상태로 전이(조건만족;wake-up) 된다.
- 종료 상태(terminated): 말 그대로 종료상태이다. 즉, 프로세스의 실행이 종료된다.
- 조건 만족(깨움;wake-up) 상태: I/O 완료를 기다리다가 I/O 완료 신호가 들어오면 대기 중인 프로세스는 준비 상태로 전이 된다.

3.2.2 프로세스 상태 리스트(process status list)

하나의 작업이 시스템에 들어가면 준비 상태에서 실행 상태로, 실행 상태에서 준비 상태 및 블럭(대기) 상태로, 블럭 상태에서 준비 상태로 프로세스 전이가 일어나는 것처럼, 그 작업에 대응되는 프로세스가 생성되어 준비 리스트(준비 큐;Ready list)의 끝에 넣어지게 되고, 그 프로세스는 점차 준비 리스트의 앞으로 나가게 되어 언젠가 중앙 처리 장치(처리기;CPU)에 대한 순서가 들어오면 그것을 차지하게 되는 것이다.

① 준비 리스트(준비 큐;ready list) : 준비 프로세스 식별자(ready process id)이다.
② 블록(대기) 리스트(블록 큐;blocked list) : 블록 프로세스 식별자(blocked process id)이다.

준비 리스트(ready list)에 있는 프로세스는 우선순위를 갖고 있어 준비 리스트의 맨 처음 프로세스가 CPU를 먼저 차지한다. 준비 리스트는 **연결 리스트**(linked list) 이루어진다. **블록 리스트**(Blocked list)에는 **우선순위**가 없다.이유는 프로세스가 블록(block) 상태를 벗어나는 것은 미리 정해진 순위에 의해서가 아니라 그들이 기다리던 어떤 조건(wakeup)이 만족되는 순서에 의해서 이기 때문이다.

짚어보기 큐의 의미와 종류

❶ 스케줄링 시의 큐의 의미;
- 프로세스는 실행되는 동안 다양한 스케줄러 큐들 사이를 이동한다.
- 준비 큐의 헤더는 리스트의 첫 번째와 마지막 PCB를 가리키는 포인터를 포함하며,각 PCB는 준비 큐에 있는 다음 프로세스를 가리키는 포인터 필드를 가진다.
- 프로세스가 PCB를 할당 받으면 어느 정도 실행하여 실행이나 입/출력 완료와 같은 특별한 사건의 발생을 기다린다.

❷ 큐의 종류;
- 작업 큐(Job queue); 기억장치(M/M)의 할당을 기다리는 큐(디스크 상에서)
  - 작업(Job)이 시스템에 진입하면, 먼저 작업 큐에서 대기한다.
  - 작업 큐는 시스템 안의 모든 프로세스들의 집합으로 구성된다.
- 준비 큐(Ready queue); CPU에 할당을 기다리는 큐
  - M/M에 존재하는 프로세스들의 집합이다.
  - 실행을 위한 대기를 하며, 연결 리스트(linked list)로써 저장된다.
- 장치 큐(Device queue); 입/출력을 기다리는 큐
  - 특정 입/출력 장치를 대기하는 프로세스들의 집합이며,각 각의 장치는 그 자신의 장치 큐를 갖고 있다.

짚어보기 자원의 의미

① 자원(resource): 컴퓨터로 일을 수행할 때 이 일을 요구하는 기구와 기능의 총칭이다.
② 컴퓨터 시스템의 자원 유형
- 물리적 자원(physical resource): H/W(CPU들, 페이지들, 세그먼트들, 디스크, 프린터, 시간 간격 타이머, 콘솔, 채널, 제어장치, 기타)
- 논리적 자원(logical resource): S/W(프로그램, 파일, 데이터베이스, 데이타 등)

③ 자원의 대상은 시스템,OS,기타 분야가 해당된다.
④ 작업이 실행되면 제어 프로그램이 각종 자원을 할당된다.
⑤ 한정된 자원을 공유하려고 할 때는 교착상태, 상호배제, 동기화 등의 문제들이 발생한다.

짚어보기 프로세스의 생성과 실행 과정의 예

프로세스는 일반적으로 **"실행 중인 프로그램"** 이라고 정의 할 수 있다. H/W에 저장된 프로그램이 RAM으로 이동한 후 CPU의 할당을 받으면 프로그램이 실행되고 이를 프로세스라고 한다. 단일 프로그래밍(Uniprogramming)에서는 상관없지만 다중 프로그래밍에서는 의미가 달라진다. 다중 프로그래밍에서는 CPU가 노는 시간, 즉 유휴시간(idle time)을 없애기 위해 계속 일을 시킨다. 그렇게 되면 메모리(M/M)에 프로그램이 여러 개가 **올라오게(적재;Load)** 되는데 이때 CPU가 할당된 프로그램만 프로세스라고 하지 않고 전부 프로세스라고 하기 때문이다. 즉, "실행 중인 프로그램" 이라는 정의는 틀리지 않지만 완벽한 정의라고 할 수는 없다. 프로세스가 무엇인지 설명하기 위해서는 프로세스가 어떤 특성을 가지는지 완벽한 이해를 해야 한다. 보조 기억장치(A/M)에 있는 파일 형태의 프로그램이 메모리(M/M)에 적재되어 프로세스의 형태로 있게 되는데, 프로세스는 프로그램과 구조가 동일하지 않다. 프로그램은 기본적으로 데이터와 명령어(코드) 로 이뤄져 있다. 하지만, 프로세스는 기본적으로 데이터와 명령어(코드) 그리고 스택 영역으로 되어 있다. 이유는 프로그램은 수동적이고 프로세스는 능동적이기 때문이다. 프로세스는 데이터와 명령어를 수행하여 살아 움직인다(실행된다). 때문에 실행에 필요한 데이터를 임시 보관하기 위한 스택영역이 생성되는 것이다. 이는 능동적으로 움직인다고 할 수 있다. 프로그램은 데이터와 명령어를 실행하지 않고 파일 형태로 보관 되있기 때문에 스택 영역이 필요 없다. 이는 수동적이라고 할 수 있다. OS와 프로세스를 결과적으로 보면 자원을 필요로 하는 것은 프로세스이고 이 자원을 관리하는 것은 OS이다. 다시 말하면 자원을 관리하는 것은 OS 이고 프로세스는 OS에 의해 CPU라는 자원을 할당받는다. OS는 어느 프로세스에게 CPU를 할당해 줄 것인지를 결정한다.즉, 프로세스는 "CPU를 할당하는 대상" 이라고도 할 수 있는데,[그림3-3]과 같다.

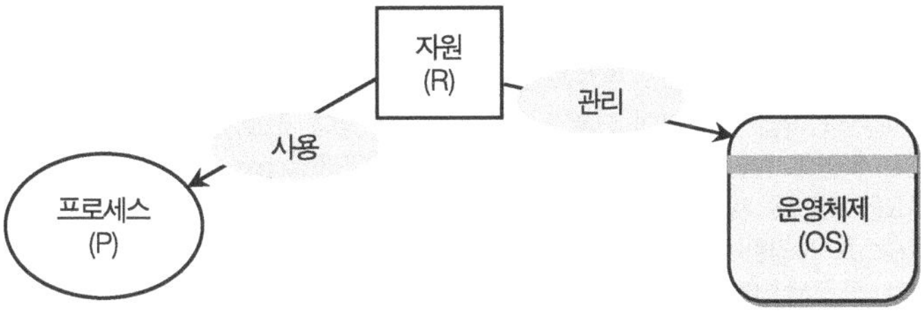

[그림 3-3] 프로세스와 OS의 관계

모든 CPU 할당은 OS가 하지는 않는데, 이 의미는 다음과 같다.

- 만약 기억장치(M/M)의 주소가 0번지부터 200번지까지 있다고 가정한다.
  P1라는 프로세스는 0번지부터 100번지까지 M/M가 할당되었고 P2라는 프로세스는 101번지부터 200번지까지 할당 되었다. CPU가 0번지 ⇨ 10번지 ⇨ 50번지 ⇨ 99번지를 순서대로 할당했다고 가정해보자.
  이는 하나의 프로세스의 기억장치(M/M) 영역을 CPU가 할당한 것이다. 즉, P1이 자신의 명령어를 처리하는 경우인데 이때에는 CPU 할당을 OS가 하는 것이 아니라 프로세스 자체에서 요청한다.
- 이번엔 CPU 가 99번지 ⇨ 150번지로 할당했다고 가정해보자.
  이는 P1에서 P2로 제어가 넘어가는 경우인데 P1는 P2가 무엇인지 알지 못한다. 따라서 알고 있는 OS가 CPU를 할당시켜 주는 것이다.
  정리하면, 같은 프로세스 메모리에 CPU가 할당될 때는 프로세스가 처리하지만 다른 프로세스로 CPU가 할당되게 될 경우는 OS가 해준다. 여기서, 프로세스에서 다른 프로세스로 이동하는 경우는 OS를 통해서 프로그램에 다른 프로세스의 메모리로 CPU를 할당하라는 명령어를 직접 써주면 이동이 가능하나.
  예를 들면, BIOS 와 Boot_Loader가 있다. 하지만 OS가 존재할 때 그냥 다른 프로세스로 이동 후 끝내버리면 OS의 입장에서는 프로세스가 이동한 것인지 알 수 없기 때문에 잘 사용하지 않는다. 알 수 없는 이유는 프로세스 제어 블록(PCB;Process Control Block)에 의해 OS는 프로세스의 상태를 확인하는데 프로세스 자체에서 다른 프로세스로 이동하면 PCB가 변경하게 되는데, 이것이 되지 않기 때문이다

① 프로세스는 실행되면서 자신의 상태가 변한다.
② 한 CPU를 가진 컴퓨터의 경우 실행 상태의 프로세스는 오직 하나이고, 준비 상태와 블록 상태에 있는 프로세스는 다중 처리 방식 하의 OS에서는 여러 개가 존재한다. 이들은 준비 리스트(준비 큐;ready list)를 형성하며, 보통 M/M 상에 위치한다.
③ 프로세스의 상태는 그 프로세스의 현재 활동 요소에 따라서 부분적으로 정의 된다.
④ 보유(hold) 상태에서는 작업을 실행할 준비를 하며 처리기를 기다리는 준비(ready) 상태로 가는데, 대화식 시스템에서는 작업(혹은 프로세스)이 모두 보유(hold) 상태를 거치지 않고 바로 준비 상태 리스트에 놓일 수도 있다[그림3-2]와 [그림3-9],[그림3-10].
⑤ 각 순차 프로세스의 상태는 [그림3-2]와 같이 3가지 상태들 중의 하나이다.

■ **프로세스란 수행 중에 있는 프로그램**을 말하며 프로그램이 수행됨에 따라 프로세스의 상태는 변한다. 따라서 각 프로세스는 실행 상태(프로세스가 CPU를 차지하고 있는 상태), 블록(대기) 상태(프로세스가 CPU를 차지하고 처리하다가 I/O 등을 하게 되면, CPU를 양도하고 I/O 처리가 완료될 때까지 대기하고 있는 상태) 등이 있다.

짚어보기 프로세스의 상태 변화 과정

프로세스는 다른 말로 태스크(Task) 또는 작업(Job)라고도 불린다. 프로세스는 UNIX 에서 전해져온 단어로 50년 전부터 불려왔다. UNIX를 제작한 사람들이 OS가 처리하는 일의 단위를 프로세스라고 명한 때부터 시작된 것이다. 이는 OS마다 이름이 조금씩 다르다. 윈도우의 경우에는 태스크라고 하지만 결국 하는 일은 같다. 즉, 프로세스는 "**시스템 내부에서의 작업 단위(일의 단위)**" 라고도 할 수 있다. 프로세스를 OS가 관리하기 위해서는 프로세스가 어떤 상태인지 확인할 방법이 있어야 한다. 이를 위해 **PCB(Process Control Block)**를 사용한다. PCB는 프로세스 관리에 필요한 정보를 저장하기 위한 자료구조 이다. PCB에 프로세스에 대한 정보들을 저장해 놓고 내용을 참조하여 프로세스를 관리한다. 프로세스가 생성되면 PCB를 추가 등록하고 프로세스가 종료되면 PCB에 저장된 정보를 삭제한다. 프로세스의 상태가 변경되면 PCB에 저장된 정보를 변경한다.
예를 들어,int PCB[10] 이라고 하면 이 OS는 프로세스를 10개 생성 가능하는 뜻이다. 프로세스가 추가되면 PCB[0] = 1 이런 식으로 추가가 되고 삭제가 되면 추가되었던 데이터가 지워지는 식이다. 변경은 추가가 된 값이 변경되는 식이다. 리눅스의 경우 PCB 는 구조체로 선언되어있고 안의 내용은 여러 가지가 존재한다(OS에 따라 자료 구조와 알고리즘이 다르다)(프로그램 ⇨자료구조 + 알고리즘 이라고도 볼 수 있다). 그 중 기본적으로 제공하는 내용은 다음과 같다. 프로세스의 식별자, 프로세스의 상태, 프로세스 스케줄링을 위한 우선순위, 프로세스가 적재된 메모리 주소 공간, CPU 레지스터의 값, 부모 프로세스 식별자, 자식 프로세스 식별자, CPU 사용 시간, 사용 가능한 파일, 할당된 자원에 대한 포인터, 모든 프로세스의 정보는 PCB에 추가된다. 즉 프로세스는 "PCB"에 존재하는 개체" 라고도 할 수 있다.
ROM-BIOS 나 부트 로더(Boot Loader)로 프로세스의 정의를 갖추고 있지만 PCB에 존재하지 않기 때문에 프로세스라고 할 수 없다. PCB에 추가되려면 OS가 실행중이여야 하는데 ROM-BIOS 나 부트 로더는 OS가 실행되기 전에 진행되기 때문이다.
앞서 설명 했듯이,프로세스는 여러 상태가 존재하는데 기본적으로는 준비상태, 실행상태, 대기상태 이렇게 3가지 상태가 존재한다.

준비상태는 프로세스 생성 후 CPU가 할당되기 전 상태이다. 영어로 하면 Ready 상태이다. 즉, CPU 할당을 기다리는 상태이다. 여기서 CPU 할당이되면 실행상태로 전환된다. **실행상태**는 실행중인 프로그램을 의미한다. 실행상태에서 프로세스가 정상적으로 실행을 완료하면 프로세스는 종료된다. **실행상태에서는 두 가지 경우가 있다**. CPU 할당 시간 초과가 되었을 경우와 자신이 요청한 사건이 완료되었을 경우이다. OS는 하나의 프로세스가 너무 오랜 시간동안 CPU를 사용하지 못하도록 막고 있어서 일정 시간 동안만 CPU를 사용할 수 있도록 제한한다. 이를 CPU 할당시간 이라고 한다. 만약 초과가 되었을 경우 준비상태로 되돌아간다. 자신이 어떠한 사건을 요청하면 CPU는 다른 메모리의 주소에 할당되게 되고 사건을 요청한 프로세스는 **대기(블록) 상태**로 들어가게 된다. 여기서 요청한 작업이 끝나면 다시 준비상태로 돌아가고 CPU 할당을 기다리게 된다. 여기서 변환되는 프로세스의 상태가 PCB에 입력되게 된다[그림3-2].

CPU가 "논다(Idle time)" 라는 의미는 다음의 예로 들 수 있다. 공부하는 학생이 공부를 하면 공부를 했다고 한다. 하지만 축구를 하면 놀았다고 한다. 하지만 이 학생이 아무것도 하지 않은 것은 아니다. 즉, CPU가 "논다" 라는 것은 CPU가 아무것도 하지 않는다는 것이 아니라는 것이다. **CPU가 "논다" 라는 것은 명령어가 처리되는 도중을 말하는 것이다.** 이 명령어가 처리 되는 도중에 다른 일을 계속 시키는 것(CPU가 놀지 않게 하는 것) 이 다중 프로그래밍의 개념이다. 여기서 한 가지 문제가 발생하긴 한다. 메모리의 양은 무한하지 않다는 것이다. 하지만 개념을 보자면 이렇다는 것이다.

짚어보기 프로세스(process)의 정의와 개념

- 가장 일반적인 정의는 '실행중인 프로그램(program)'이다.
  여기서 프로세스와 프로그램의 차이점을 살펴보면,
  프로그램은 수동적 개체(passive entity)이고 프로세스는 능동적 개체 (active entity)이며 일반적으로 프로세스는 프로그램보다 작은 단위로 되어있다.

- 작업이 컴퓨터 시스템에 실행 의뢰되어 운영체제 즉, 커널에게 이 사실이 전달되면 이 작업은 커널에 등록되며 이와 같이 커널에 등록된 작업을 프로세스라 부른다. 다시말해서, 커널에 등록되어 커널의 관리 하에 들어간 작업을 말한다.

짚어보기 프로그램, 프로세스, 태스크의 의미

① 프로그램(Program)은 디스크 상의 실행을 요구하는 정적인 파일이다
② 프로세스(Process)는 그러한 프로그램을 실행하여 메모리(M/M)에 올려 놓은 동적인 프로그램이다.
③ 태스크(Task)는 이러한 실행된 프로그램을 종류 별로 나누는 하나의 작업(Job 단위)이다.

- 인터넷 익스플로러(IE)의 예
  - 우리가 인터넷을 켜기 전까지는 IE는 디스크에 설치된 프로그램의 하나이다.
  - 인터넷을 실행하면 IE는 메모리(M/M)로 옮겨져 인터넷을 검색하는 프로세스가 된다.
  - 우리는 인터넷을 검색하면서 MP3 플레이어로 음악도 들을 수 있다.
  - 윈도우를 사용하면서 하나의 작업(Task)을 하면서 또 다른 작업을 할 수 있는 **멀티 태스킹**(Multitasking)을 경험하고 있는 것이다.

집어보기 프로세스 상태 전이의 예

P1,P2,P3,P4인 4개의 프로세스가 생성되어서 상태 전이 과정을 [그림3-5]에 나타내었다.

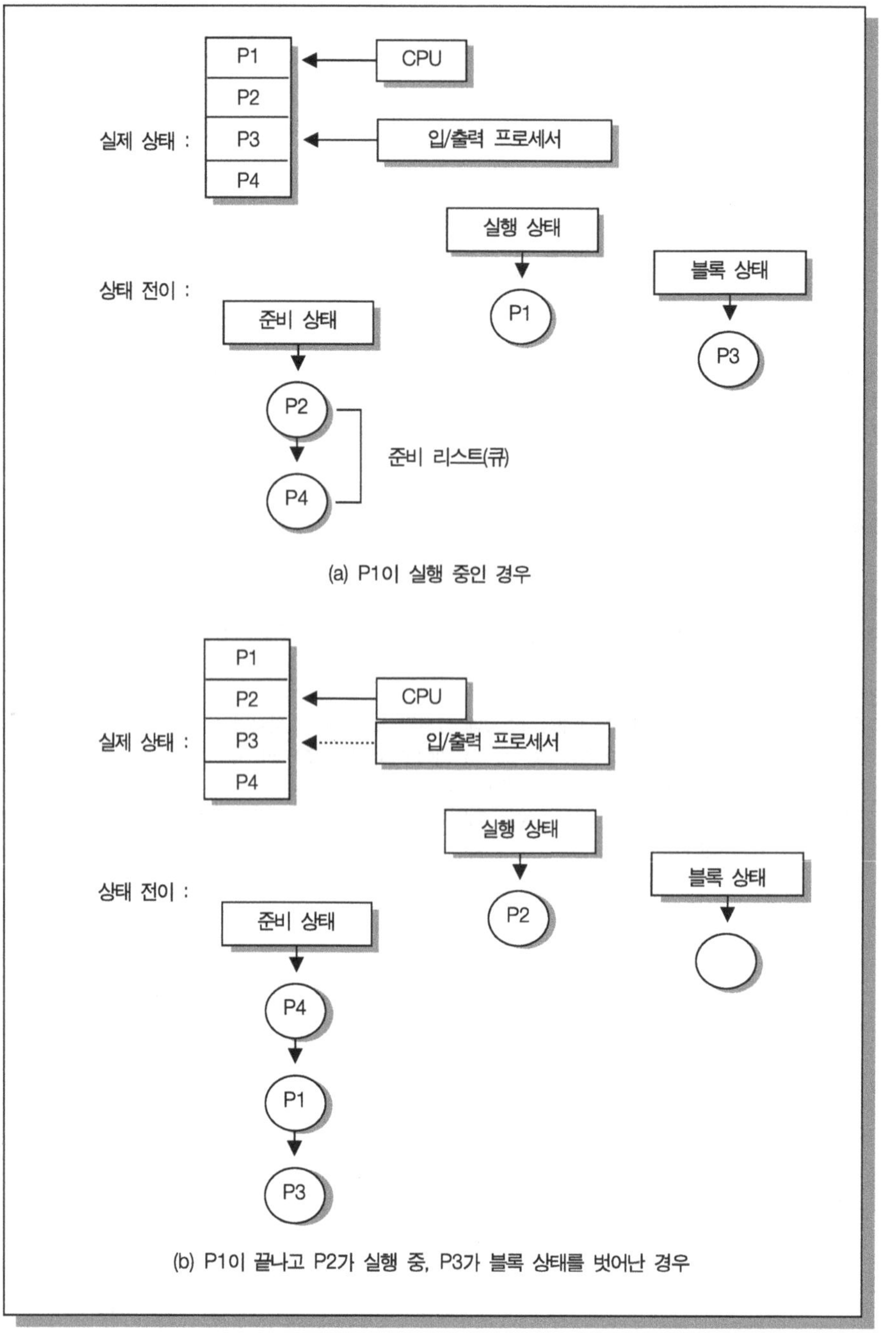

[그림 3-5] 프로세스 상태 전이의 예

3.2.3 프로세스의 연산(operation on process)

병행 수행을 하기 위해서, 프로세스를 생성하고 종료하는 메커니즘이 필요하다. 대부분의 프로세스들은 동시에 수행(병행 수행)될 수 있다. 프로세스들은 동적으로 생성(fork 연산)되고 제거(exec 연산)되어야 한다. 그러므로 OS는 프로세스 생성 및 종료를 위한 기법을 제공해야 한다. 여기서는 프로세스 생성 기법인 fork와 exec연산에 대해서 논한다.

(1) 프로세스 생성(creation)

한 프로세스는 그것이 실행되는 과정에서 프로세스 생성 시스템 호출을 사용하여 새로운 프로세스를 생성할 수 있다. 즉, OS에 의해 어떤 프로그램이 선택되면 그 프로그램에 PCB를 만들어 프로세스를 생성하게 되며, PCB에 들어가는 자료가 되는 프로세스 이름, 우선순위, 할당된 자원들의 목록(list)등이 준비되어 PCB에 기록되고, 프로세스는 준비(ready) 상태가 되어 준비 큐(ready list)의 맨 뒤 또는 적당한 자리에 끼워지게 된다. 또한, 각 프로세스들은 OS의 도움으로 자식(child) 프로세스를 만들 수 있다.다시 말해서, **실행 중인 프로세스**는 프로세스 생성 시스템 호출(fork)을 통해서 다수의 새로운 프로세스를 생성할 수 있다. 이때 새로운 프로세스를 생성하는 프로세스를 부모(parent) 프로세스라고 부르고, 새로 생성된 프로세스는 자식(child) 프로세스라고 한다. 새로 만들어진 프로세스는 다시 자식 프로세스를 생성할 수 있으며, 결과적으로 트리 구조를 만들게 된다. 프로세스는 그 자신이 또 다른 프로세스를 번식(spawn) 시키기도 하는데(이때 번식시키는 프로세스를 부모 프로세스, 번식되는 프로세스를 자식 프로세스라고 함), 이런 방법으로 프로세스를 생성하여 나가는 것을 프로세스의 계층 구조라고 한다. [그림3-6]과 같은 프로세스의 트리를 만들게 된다.

- 부모(parent) 프로세스 : 새로운 프로세스를 생성하는 프로세스
- 자식(child) 프로세스 : 부모 프로세스로부터 생성된 프로세스

예제

[그림3-6]의 프로세스 생성으로 만들어지는 프로세스의 트리(계층) 구조의 예를 보자.

[그림3-6]의 트리 구조를 보면, 모든 자식 프로세스는 단지 하나의 부모 프로세스(sched)를 가지지만, 부모 프로세스는 여러 개의 자식 프로세스를 가질 수 있다. 또한, 시스템에서 프로세스를 파괴할 수 있다. 일반적으로, 한 프로세스는 주어진 일을 수행하기 위해서 처리기 시간, 메모리, 파일 및 입/출력 장치 등과 같은 자원을 필요로 한다. 한 프로세스가 부 프로세스를 생성하면, 부 프로세스는 필요한 자원을 운영체제로부터 직접 받거나 또는 부모 프로세스의 자원의 일부분만 쓸 수 있도록 제한될 수 있다. 부모는 자신의 자원을 자식들에게 나누어 주거나 또는 메모리나 파일과 같은 자원은 자식들이 공유하도록 할 수도 있다. 자식 프로세스를 부모가 소유하는 자원의 일부분만 사용할 수 있도록 제한하면 어떤 프로세스가 너무 많은 부 프로세스를 생성하여 시스템에 과중한 부하를 거는 것을 방지할 수 있다.

이와 같이 한 프로세스가 생성되었을 때에 취득하는 다양한 물리적, 그리고 논리적인 자원 이외에도, 약간의 초기화 자료가 부모로부터 자식에게 전달되는 경우도 잇다. 예를 들어, 파일의 상태를 화면에 표시하는 프로세스가 있다고 하자. 이 프로세스가 생성되면 부모로부터 파일의 이름을 입력으로 받게 되고, 그 자료를 이용하여 필요한 정보를 얻게 된다. 이 때에 출력 장치의 이름도 받을 수 있다.어떤 OS에서는 직접 자식 프로세스에게 자원을 전달한다. 이러한 시스템에서는 새로운 프로세스가 파일과 단말기를 운영체제에서 받아서 프로세스는 단순히 파일에서 단말기로 자료만 이전하면 된다.

프로세스가 새로운 프로세스를 생성할 때 두 개의 공통된 구현 사항이 있다. 즉, 한 프로세스에서 새로운 프로세스를 만들면 실행 측면에서 다음의 두 가지 가능성이 있다.

- 부모는 계속해서 자식과 함께 실행 한다(동시에 실행된다).
- 부모는 모든 자식이 끝날 때까지 기다린다(부모는 자식의 일부 또는 전부가 종료될 때까지 기다린다).

주소 공간의 경우를 보더라도 다음의 두 가지 가능성이 있다.

- 자식은 부모 프로세스의 복사판이다
- 자식 프로세스는 별도의 프로그램을 적재한다.

짚어보기

이와 같은 여러 가지의 가능성이 어떻게 실제 시스템에서 구현되는가를 보기 위해서 UNIX의 예를 보자.

UNIX에서는 각 프로세스가 고유의 식별자를 가지고 있다. fork 시스템 호출을 사용하여 새로운 프로세스가 생성되면, 새로운 프로세스는 부모의 주소공간을 그대로 물려 받는다. 따라서 이러한 방법을 사용하면 부모와 자식 간의 정보 교환이 쉽게 이루어진다. fork 명령이 주어진 후에 부모와 자식은 동시에 실행된다. 단 하나의 차이점은 fork 시스템 호출의 복귀 코드가 자식 프로세스인 경우에는 0이고 반면에 부모 프로세스의 경우에는 자식 프로세스의 식별자이다(0이 아님).
대부분의 경우에, fork 명령 다음에는 주소 공간에 새로운 프로그램을 적재하기 위해서 exec 시스템 호출이 사용된다. 이 명령은 부모 또는 자식 프로세스에 의해서 내려진다. exec 명령을 내리면 실행 파일을 exec 명령을 내린 프로그램이 들어가 있는 주소공간에 적재한다. 따라서 원래의 프로그램은 없어지고 새로 적재된 프로그램이 실행된다. 이와 같은 방법으로 두 프로세스는 서로 통신을 할 수 있고 그 후에는 각기 자신의 일을 별도로 하게 된다. 다음에 부모는 다른 자식을 더 낳거나 또는 자식 프로세스가 실행되는 동안에 할 일이 없으면 wait 시스템 호출을 내려서 자신을 준비 큐로부터 제거하고 자식이 일을 끝낼 때까지 기다린다. 이와 반대로 DEC VMS 운영체제에서는 새로운 프로세스가 생성되면 특정한 프로그램을 적재하여 그것을 실행하기 시작한다.Windows/NT 운영체제에서는 두 가지 방식을 전부 지원한다. 즉, 부모의 주소 공간을 새로운 프로세스에게 복사해 주거나, 또는 부모가 새로운 프로세스의 주소 공간에 적재되는 프로그램의 이름을 OS에게 지적할 수도 있다.
중지된(suspend) 프로세스는 다른 프로세스가 재시작(resume) 시켜 주기 전까지는 수행될 수 없으며, 중지된(suspended) 프로세스는 재시작(resume) 되면 그 프로세스가 중지되었던 지점부터 재시작 된다.
대부분의 OS들은 여러 개의 프로세스를 식별하기 위해서 각각의 프로세스마다 프로세스 식별자(pid)를 부여한다. 이 pid는 전형적으로 정수이다. [그림3-6] 처럼 각각의 프로세스는 자신만의 pid를 갖는 것을 볼 수 있다.

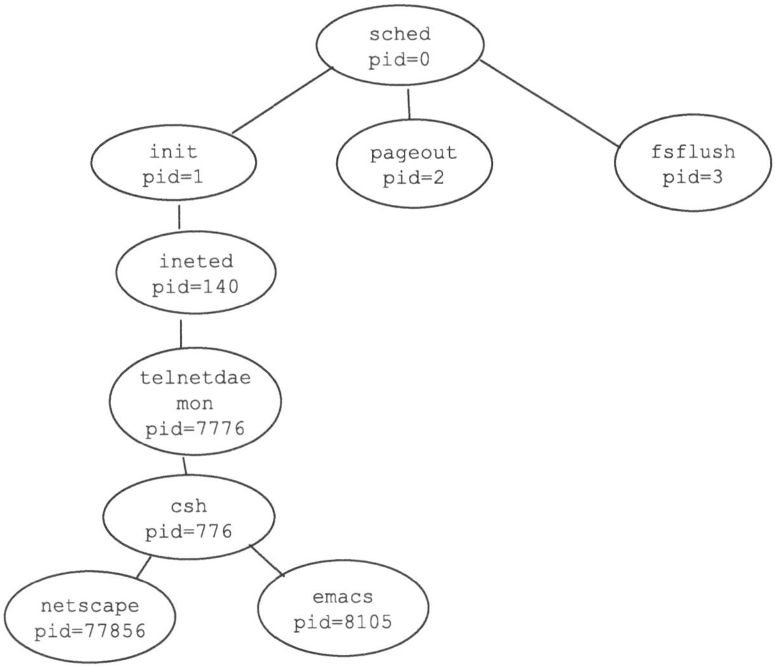

[그림 3-6] 전형적인 Solaris 시스템의 프로세스 트리 구조 예

프로세스 생성 시 부모-자식 사이의 몇 가지 관계는 다음과 같다. 즉, 자원을 공유하는 세 가지 가능성이 있다.

① 부모와 자식은 모든 자원을 공유한다.

② 자식은 부모 자원의 일부분을 공유한다.

③ 자식은 OS로부터 직접 자원을 할당 받는다(부모-자식 사이엔 어떤 자원도 공유하지 않는다).

짚어보기 프로세스의 상태의 예

- 아래 그림에서는 P1, P3, P4는 준비상태이고, P2는 실행상태이며, P5는 외부의 신호(I/O 완료)를 기다리는 블록상태의 프로세스이다.

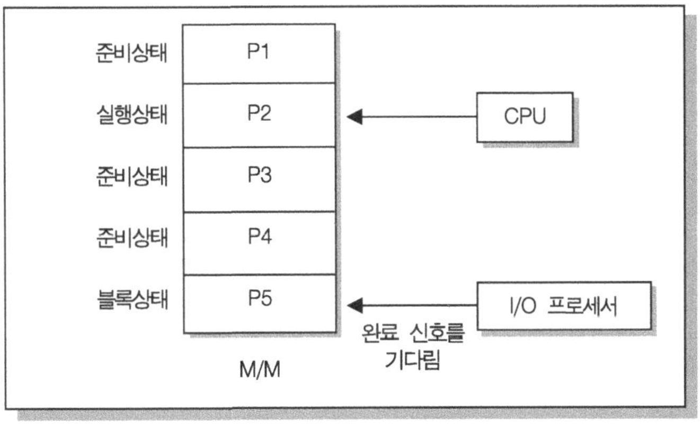

[그림] 프로세스 상태의 예

❶ 실행(running) 상태 : 그 작업(프로세스)이 처리기를 할당 받아서 처리되어지고 있다.
❷ 블록(blocking;대기) 상태 : 특정한 자원이 할당되거나 I/O 연산이 끝날 때 까지 그 작업이 계속할 수 없다는 의미이다.
❸ 완료(end 또는 complete) 상태 : 작업이 끝나고 그 작업을 사용자에게 돌려보내어지는 경우이다.

■ 디스패칭(dispatching) ;
준비 리스트의 첫 번째 프로세스(우선 순위가 가장 높은 프로세스를 선택)로 CPU를 할당한다(by dispatcher)(이때 CPU의 할당시간을 배정해 줌).
- dispatch(process name) : **준비상태 → 실행상태**

■ 시간 할당량(timerrunout) ;
- CPU 할당 시간을 모두 사용한 프로세스는 다른 프로세스를 위해서 다시 준비상태로 되돌아 간다(이 방법을 라운드 로빈이라 함).
- 만일 어떤 프로세스가 일정한 시간이 지났음에도 불구하고, 자발적으로 프로세서를 내놓지 않을 때는 그 클록이 인터럽트를 발생시켜 OS가 프로세서 제어권을 갖게 된다(이로써, 실행 상태에 있던 프로세스는 준비 상태가 되고, 준비 리스트의 첫 프로세스가 실행 상토로 되는 것임).
- CPU를 차지하고 실행될 때 CPU의 독점을 방지하기 위해 인터럽트 클록(interrupting clock)에 의해 일정한 시간 동안만 실행하게 된다.

■ 클록이 동작을 인터럽트 ;
- timerrunout(process name) : **실행상태 → 준비상태**
- dispatch(process name) : **준비상태 → 실행상태**

■ 실행 중인 프로세스 자신이 CPU의 사용을 중단시킬 경우
block(process name) : **실행상태 → 블록상태**
- 실행상태의 프로세스가 I/O 명령을 만나면, 보통의 컴퓨터에서는 이 처리를 CPU가 하는 것이 아니라 전용 I/O 프로세서가 담당하기 때문에 입/출력이 끝날 때까지 블럭(대기)상태가 된다.

■ 조건 만족(wakeup) :
- I/O 완성 신호 등을 기다리던(입/출력 연산과 같이 프로세스를 기다리게 했던 원인이 끝났을 경우 등) 블록 상태의 프로세스는 신호가 도착하면은 보통 인터럽트를 통하여 전달되면, 다시, 준비 상태가 되어서 준비 리스트(준비 큐)의 맨 뒤에 붙는다(즉, 최하위의 우선순위가 됨).
- 블록 상태에서 준비 상태로의 전이(transition);
- wakeup(process name) : **블록상태 → 준비상태**

짚어보기 UNIX 시스템의 예

주소 공간 측면에서 두 가지 가능성에 대한 이해를 돕기 위해서 UNIX 시스템을 예로 설명을 해보자[그림3-7][그림3-8].
UNIX에서 새로운 프로세스는 fork() 시스템 호출로 생성된다. 또한 기본적으로 프로세스가 새로 생성되면 그 프로세스는 부모 프로세스 주소 공간의 복사본으로 구성된다(이 메커니즘은 부모 프로세스가 자식 프로세스와 쉽게 통신할 수 있게 한다). 프로세스가 생성되고 나면, 부모 자식 두 개의 프로세스들은 fork() 연산 다음 명령어부터 실행을 계속하며, 부모의 fork()함수는 자식 프로세스의 pid를 리턴하고, 새로 생성된 자식 프로세스안의 fork()함수는 '0'이 리턴 된다. fork()명령어 후에 exec()시스템 호출로 다른 프로그램의 실행파일인 이진 파일을 메모리에 적재하고, 그 프로그램의 실행을 시작한다. 이때, exec() 시스템 호출을 포함하는 원래 프로그램의 메모리 이미지는 파괴된다. 이런 식으로 새 프로세스가 생성되면 그 프로세스의 주소공간을 부모의 복사본으로 넣을 수도, 새로운 프로그램으로 대체할 수도 있다.

```
✦새 프로세스를 fork()하는 C 프로그램[그림3-8]
#include <sys/types.h>
#include <stdio.h>
#include <unistd.h>
 int main(){
 pid-t pid;
 /* 새 프로세스를 생성한다(fork) */
 pid = fork();
 if(pid < 0){    /* 에러 */
 printf(stderr, "Fork Failed");
 exit(-1);
 }
 else if(pid == 0){    /* 자식 프로세스 */
 execlp("/bin/ls", "ls", NULL);  /*자식은 execlp 시스템 호출을 사용해
                          자신의 주소공간을 /bin/ls로 덮어쓴다*/
     /*즉, ls명령어 실행(다른 프로그램 실행 하는 것으로 보면 됨)*/
  }
  else {    /* 부모 프로세스 */
 wait(NULL);    /*부모는 자식이 완료되기를 기다린다*/
 printf("Child Complete");
exit(0);
}
}
```

[그림 3-7] 새 프로세스를 fork()하는 C 프로그램

프로세스 생성 시 필요한 작업은 다음과 같다.

- 프로세스 이름 결정
- 시스템에 존재하고 있는 프로세스들의 리스트에 이를 삽입
- 프로세스에게 초기 우선순위를 부여
- PCB의 생성
- 프로세스에게 초기 자원을 할당

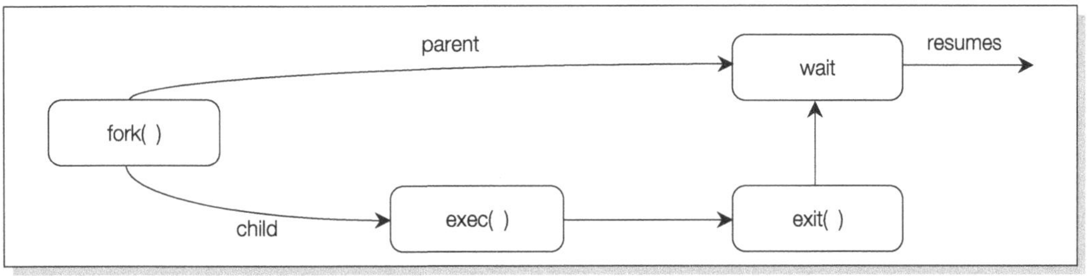

[그림3-8] 프로세스의 시스템 호출 관계도

(2) 프로세스 종료

프로세스의 마지막 명령이 수행되면 그 프로세스가 종료되는데 이때에 **exit 시스템 호출**을 사용하여 OS에게 자신을 삭제해 줄 것을 요청한다. 즉, 프로세스가 종료되면 해당 프로세스의 모든 자원이 OS로 반환된다. 프로세스는 다양한 이유로 인해 종료될 수 있지만 부모 프로세스의 관점에서 종료를 시킨다고 했을 때, 자식이 할당된 자원을 초과 사용하거나 더 이상 작업을 하지 않을 때 부모는 자식을 종료시킬 수 있다. 다시말해, 프로세스는 마지막 문장의 실행을 끝내고 종료하며, OS에게 프로세스의 삭제를 요청한다. 이 경우는 부모가 자식의 상태를 조사하는 메커니즘이 반드시 필요

하다.

- 그 시점에서 프로세스는 부모 프로세스에게 자료(출력)를 돌려줄 수 있다.
- 프로세스를 종료시키는 다른 방법 : 프로세스가 적당한 시스템 호출(예 : abort)을 통해서 다른 프로세스를 종료시킬 수 있다.

부모는 여러 가지 이유로 인하여 자식들 중에서 하나의 실행을 종료할 수 있다.

- 자식이 할당된 자원을 초과하여 사용할 때
- 자식에게 할당된 태스크가 더 이상 필요 없을 때
- 부모가 일을 끝냈는데 OS에서 부모가 없는 자식 프로세스가 계속해서 실행하는 것을 허용하지 않는 경우

참고로, Cascading **종료**가 있는데, 많은 시스템들은 부모가 종료되면 자식이 존재 하는 것을 허용하지 않는다. 그런 시스템에서 프로세스가 종료되면(정상 또는 비정상적으로), 자식들 모두 종료되어야 하는 현상을 말한다. 특히, UNIX에서는 exit 명령을 사용하여 프로세스를 종료시킬 수 있다.

(3) 프로세스 파괴(destroy)

프로세스가 더 이상 필요 없어지면 PCB가 회수되고 프로세스는 없어지며, 프로세스의 프로그램 부분은 디스크에 저장되어 보관 된다.그리고, 자신을 생성한 부모 프로세스가 파괴되면 자식 프로세스도 파괴 된다.

(4) 프로세스 연기(중지; suspend)

프로세스가 어떤 상태에서 자기가 하던 일을 멈추고 연기될 수 있다.

(5) 프로세스 재시작(resume)

연기되었던 프로세스가 그 원인의 제거 등으로 다시 동작하는 것을 말한다.

(6) 프로세스 우선순위 변경

PCB 내의 우선순위를 변경한다.

(7) 기타

프로세스의 각 상태로의 변화를 시켜 주는 블록(block), 조건만족(wakeup), 디스패치(dispatch), 시간할당량 초과(timerrunout(interrupt)) 등이 있다.

정리하면, 프로세스 상의 대표적인 연산 종류는 다음과 같다.

① 프로세스 생성
② 프로세스 파괴
③ 프로세스 연기(suspended)
④ 프로세스 재시작(resume)
⑤ 프로세스의 우선순위 변경
⑥ 프로세스의 블럭
⑦ 프로세스의 깨움(wake up)
⑧ 프로세스의 디스패치

프로세스들 간의 관계는 다음과 같다.

1) 독립적인 프로세스와 협동적인 프로세스

OS 안에서 여러 개의 프로세스들이 병행하여 실행될 경우에 이들은 각기 독립적이거나 또는 협동적인 관계에 있을 수 있다. 독립적인(independent) 프로세스와 협동적인(cooperative) 프로세스의 특징은 다음과 같다.

① 독립적인 프로세스의 특징

- 프로세스의 상태는 어떠한 방법으로든 다른 프로세스에 의하여 공유되지 않는다.
- 프로세스의 실행은 결정적이다(실험 결과는 전적으로 입력 상태에 의존함).
- 프로세스의 실행은 재생산적이다(실행 결과는 동일한 입력에 대하여 동일한 결과를 가져옴).
- 프로세스의 실행은 나쁜 영향을 받지 않는다면 정지될 수 있고, 다시 시작할 수 있다.

② 협동적인 프로세스의 특징

- 프로세스의 상태를 다른 프로세스와 공유한다.
- 프로세스의 실행 결과는 실행 순서에 좌우되기 때문에 예측이 불가능하다.
- 프로세스의 실행 결과는 동일한 입력에 대하여 항상 결과가 동일하지 않기 때문에 비결정적이다.
- 직접 논리적인 주소 공간을 공유하거나 파일들을 통해서만 자원 공유가 가능하다.

2) 프로세스들이 서로 협동할 수 있는 여건을 조성해야 하는 이유(병행 실행을 허용하는 이유)는 다음과 같다.

① 정보(자원) 공유(resource sharing)
② 계산(연산) 촉진(computation speed up)
③ 모듈성(modularity)
④ 편리성(convenience)

3.2.4 연기(중단;Suspend)와 재시작(Resume)

(1) 상태 전이 과정

시스템의 기능에 이상이 생기면, 실행중인 프로세스는 **잠시 중지(연기;suspend)** 되었다가 문제를 해결한 후(시스템의 기능이 회복) **재시작(resume)** 된다. 프로세스의 어느 부분이 의심스러울 경우 프로세스를 완전히 **중지(abort)** 시키지 않고 중지시킨 후 프로세스를 확인하고 재시작할 것인지, 중지할 것인지를 결정한다. 여기서, 짧은 동안 시스템에 많은 일의 부하(load)가 생기게 되면 몇 개의 프로세스를 잠시 연기(중단,지연; suspend)시켰다가 시스템이 다시 정상 상태가 되면 재시작(resume) 한다. 연기는 프로세스 자신이나 다른 프로세스에 의해 될 수 있다. [그림3-9]은 기본적인 프로세스의 상태 전이([그림3-2])를 **연기**와 **재시작**을 추가해서 나타낸 것이다.

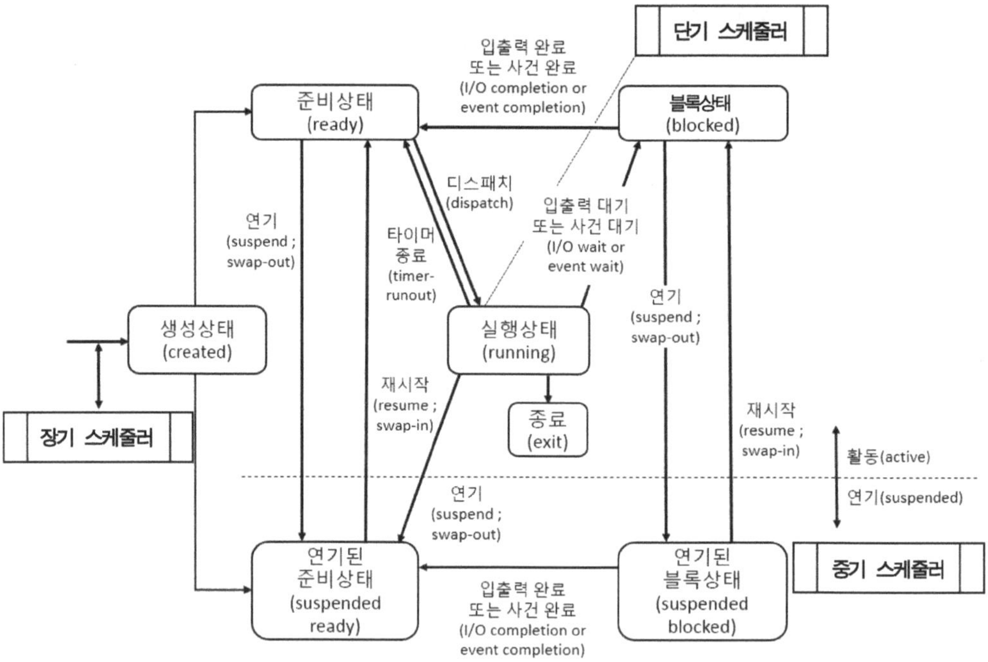

[그림 3-9] 연기와 재시작의 상태 전이

(2) 연기(지연,중단)

중단 상태로 지정된 프로세스는 무한정 대기(블록) 상태에 놓인다. 그러나 그 프로세스는 시스템 안에 여전히 남아있게 된다. 프로세스는 우선순위 및 구성원 자격에 따라 권한이 있는 경우에, 자기 자신이나 다른 프로세스를 대기시킬 수 있다.실행 중인 프로세스가 자신을 대기시키면, 그 프로세스를 자발적으로 OS에게 제어를 넘기는 결과가 된다. OS는 그 프로세스의 프로세스 제어 블록(PCB)을 대기 리스트(대기 큐)에 삽입하고, 그 PCB의 상태 리스트를 갱신한다. 시스템에서 대기하던 프로세스가 준비 상태로 되기 위해서는 재시작(resume)되어야 한다. 이 기능을 구현하기 위해서는, 각 PCB에 대기 횟수 리스트가 유지되어야 한다.

❶ **지연(연기;중단) 준비 상태(suspended ready state)** : 준비 상태에 있던 프로세스가 기억장치(M/M)를 빼앗기고 온 상태 이다.실행 상태에 있던 프로세스가 선점되는 경우 프로세스 뿐 아니라 기억장치도 잃고 지연 준비 상태로 전이 될수 있다. 준비 상태에서 지연(연기) 준비 상태로 전이 되는 것을 **지연(suspend) 또는** swap-out 이라 하며, 반대로 지연 준비 상태에서 준비 상태로 전이되는 것을 **재활동(재시작;resume) 또는** swap - in 이라 한다.

❷ **지연(연기) 블록(대기) 상태(suspended blocked state)** : 대기(블록) 상태에서 기억장치(M/M)를 잃은 프로세스를 뜻한다. 다시 기억장치를 할당 받으면 대기 상태로 전이되며 ,지연 블록 상태의 프로세스가 요청하고 기다리던 자원이 할당되는 경우 지연(연기) 준비 상태로 전이된다.

(3) 재시작

재시작(resume) 서비스는 블록(대기) 중인 대상 프로세스를 재시작시킨다. 물론, OS 호출을 하기 위해서는 프로세스가 실행 중이어야 하므로 블록(대기) 중인 프로세스가 자신을 재시작할 수는 없다. 그래서 블록 중인 PCB을 준비 리스트(준비 큐)에 삽입하고 상태를 갱신하여 응답한다. 연기(지연; 중단)과 재시작 메커니즘은 비교적 기본적이고 비구조화된 형태의 프로세스 간 동기화에 편리하다. 이 때 메커니즘은 흔히 시그널 교환을 지원하지 않는 시스템에서 사용된다.

예제 **프로세스의 지연(연기;중단)과 재시작이 유용하게 사용되는 예**

① **시스템의 기능에 이상이 생기면 실행 중인 프로세스**는 잠시 연기(지연;중단;suspend)되었다가, 시스템의 기능이 회복되면 재시작(resume)될 수 있다.
② 실행 중인 프로세스를 완전히 중지시키지 않고도, 잠시 동안 연기(지연;중단)시켰다가 확인 후 다시 재시작시킬 수 있다.
③ 많은 작업으로 인하여 시스템에 과부하가 발생하면 일부 프로세스를 잠시 지연(연기;중단)시켜서 부하 현상을 완화한 후, 부하가 줄어들면 지연되었던 프로세스를 재시작할 수 있다.

다시 말해, [그림3-2]의 프로세스 상태전이에 **지연(연기)된 준비상태(suspended ready)와 지연(연기)된 블록상태(suspended block)**라는 두 가지 상태가 추가된 형태이다. 따라서 이들 추가된 상태들에 대한 전이과정도 추가되게 된다. 프로세스의 연기(중단)은 프로세스 자신이 할 수도 있으며, 다른 프로세스에 의해 실행될 수도 있다. 단일 프로세서 시스템에서는 프로세스 스스로가 자기 자신을 연기할 수 없다. 그러나 다중 프로세서 시스템에서는 한 프로세서 내에서 실행 중인 프로세스가 다른 프로세서에서 실행 중인 프로세스에 의해 연기되는 것이 가능하다.

준비상태에 있는 프로세스는 다른 프로세스에 의해 지연(연기)될 수 있고, 이 때 상태전이는 다음과 같이 표시할 수 있다.

연기(프로세스 이름): 준비 → 연기된 준비

지연(연기)된 준비상태에 있던 프로세스는 다른 프로세스에 의해 전이될 수 있고,

재시작(프로세스 이름): 연기된 준비 → 준비

로 표시될 수 있는데, 이와 같이 블록상태도 다음과 같은 과정을 통하여 다른 상태로 바뀔 수 있다.

연기(프로세스 이름): 블록 → 연기된 블록,
재시작(프로세스 이름): 연기된 블록 → 블록

또한, 입출력이 끝났을 때의 상태전이는 다음과 같이 표시할 수 있다.

연기(프로세스 이름): 준비 → 연기된 준비

3.2.5 프로세스 관점에서 본 운영체제

앞서 기본적인 프로세스 상태 전이도[그림3-2]를 설명했듯이, 프로세스 관점에서 본 OS의 상태 전이도는 [그림3-10]과 같다.

- 보류(보유;Hold) 상태에서 준비(Ready) 상태로 이동 : 어떤 정책에 따라서 작업 스케줄러에 의해서 시작되고, 이 시점에서는 충분한 기억장치와 요청되는 주변장치의 활용도가 체크된다.
- 준비 상태에서 실행 상태로 이동 : 미리 정의되어 있는 알고리즘(예를 들면, FCFS, SJF, priority scheduling, SRT, 혹은 round robin)인 프로세스 스케줄러에 의해서 다루어진다.

- 실행 상태에서 준비 상태로 되돌리는 경우 : 이때는 어떤 정의된 시간 할당(time quantum 혹은 time slice)혹은 다른 판정 기준, 예를 들면 "우선순위(priority)" 인터럽트에 따라 프로세서 스케줄러에 의해서 다루어진다.
- 실행 상태에서 대기 상태로의 이동 : 프로세서(CPU) 스케줄러에 의해서 다루어지고, Read, Write 명령과 같이 작업 속의 명령어나 혹은 I/O 요청으로 시작되어진다.
- 대기(블록) 상태에서 준비 상태로의 이동 : 프로세서 스케줄러에 의해서 다루어지고 주변장치 경영자로부터 Read, Write를 끝냈다는 신호에 의해서 시작되어지는데, 페이지의 경우에, 페이지 인터럽트 핸들러는 페이지는 페이지가 M/M 내에 있고 그 프로세스는 준비 상태 큐에 놓일 수 있다는 것을 신호로 보내어진다.
- 실행 상태에서 완료 상태로의 이동 : 작업이 성공적으로 완료되고 실행이 끝났을 때나 혹은 에러가 발생해서 작업이 미리 종료되어지고 있다는 것을 **프로세서 스케줄러(단기 스케줄러)나 작업 스케줄러(장기 스케줄러)**에 의해서 실행되어진다.

이 과정들이 진행되면, 준비 상태에 있는 프로세스와 대기(블록) 상태에 있는 프로세스들은 각각 준비 리스트(준비 큐;ready list)와 대기(블록) 리스트(대기 큐;blocking list)를 작성해야 하며, 준비 리스트에 있는 프로세스들은 각기 우선순위가 주어져 가장 우선순위가 높은 프로세스가 다음 번에 CPU를 차지할 수 있게 할 수 있다. 그러나 대기 리스트에는 우선순위가 없다(프로세스가 대기 상태를 벗어나는 것은 미리 정해진 순위에 의해서가 아니라 그들이 기다리던 어떤 조건(wakeup)이 만족되는 순서에 의해서이기 때문임).

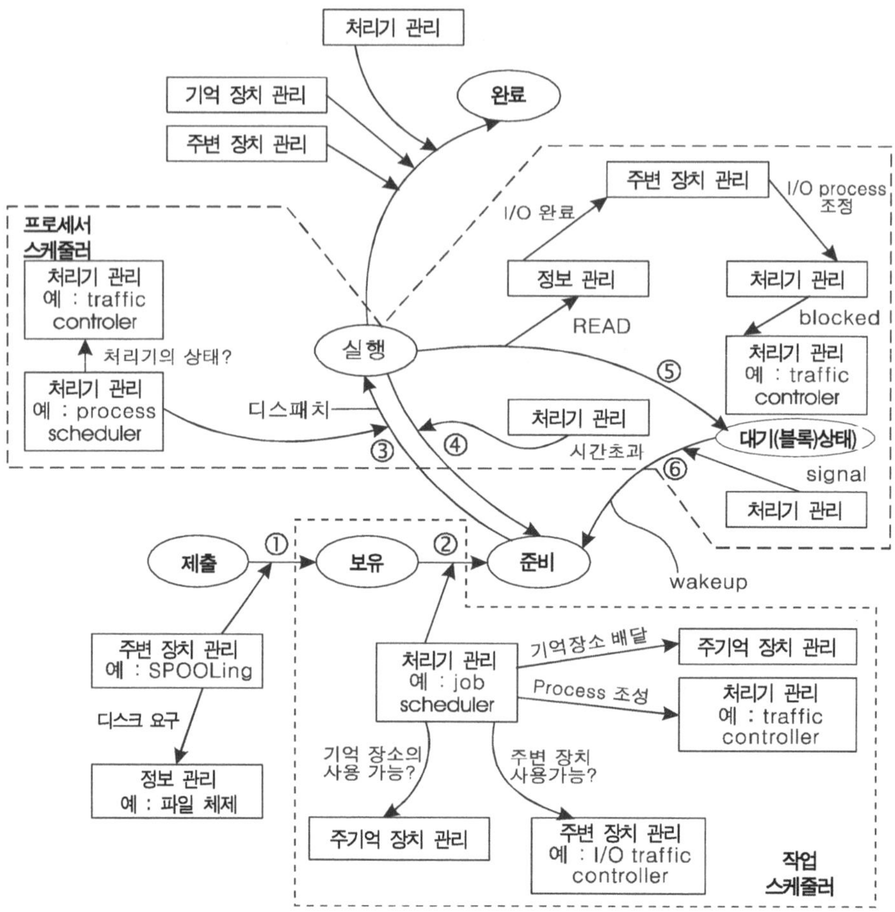

[그림 3-10] CPU 스케줄링과 작업 스케줄링

짚어보기

UNIX 상의 프로세스 상태 전이도는 [그림3-11]과 같다.

■ UNIX에서 프로세스의 생성, 수행, 소멸의 과정을 거쳐서 일이 수행되는 상태 전이도이다.

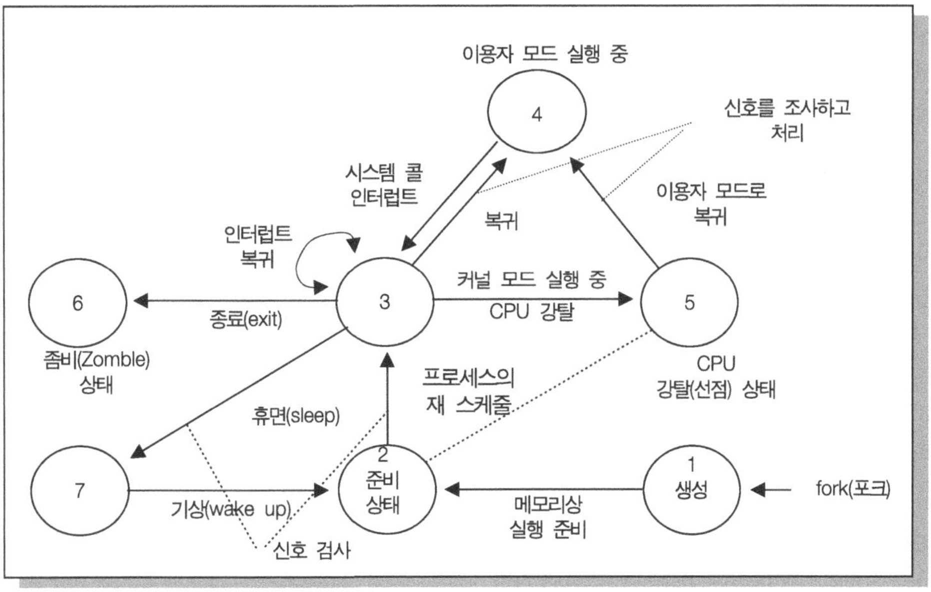

[그림 3-11] UNIX 상의 프로세스 상태 전이도

- 먼저, 부모 프로세스가 fork 시스템 호출을 실행하면 새로이 만들어지는 프로세스 상태 모델의 생성 상태(creation)(1)에 들어가며 마침내 실행 가능한 상태(2)로 전이 한다. 마침내 프로세스 스케줄러가 이 프로세스를 뽑아 실행 가능 상태로 하여 프로세스는 "커널 모드 실행 중" 이라는 상태에 들어가며 여기서 프로세스는 fork 시스템 호출의 나머지 부분을 처리 완료한다(3).
- **프로세스가 시스템 호출을 완료**하면 프로세스는 "이용자 모드 실행 중" 상태로 옮아가며(4) 거기서 이용자 모드로 실행된다. 일정 시간이 지나면 시스템 클럭(system clock)이 프로세서에 인터럽트를 걸 수 있는데 이렇게 되면 프로세스는 다시 " 커널 모드 실행 중"이 된다(3). 클럭 인터럽트 처리 루틴이 클럭 인터럽트 처리를 내게 되면 커널은 다른 프로세스가 실행되게 스케줄할 수 있으며 이로 인하여 처음 프로세스는 "CPU 선점 상태(preempted)"로 되고 다른 프로세스가 실행된다. "CPU 선점 상태"는 메모리상 실행 가능 상태(ready to run in memory)"와 꼭 같다. 커널 모드에서 실행 중인 프로세스가 CPU를 강탈당하는 것은 단지 이용자 모드로 돌아갈 때 뿐이라는 것을 강조하기 위하여 따로 표시해 두었을 뿐이다. 따라서 필요하면 커널은 "CPU 강탈 상태"의 프로세스를 스왑(교체)할 수도 있다.
- **스케줄러**는 실행할 프로세스를 골라 이를 "이용자 모드 실행 중" 상태로 환원시켜 이용자 모드로 실행을 다시 시작한다. 한 프로세스가 시스템 호출을 실행할 때에는 프로세스는 "이용자 모드 실행 중" 상태를 떠나 "커널 모드 실행 중" 상태로 들어간다. 시스템 호출이 디스크 I/O를 요구하여 I/O 종료를 기다리는 경우를 생각해 보자. 이때 에는 프로세스는 "메모리 상 휴면 상태"가 되어 I/O 종료를 통보 받을 때까지 휴면한다(7).뒤에 I/O가 종료되면 H/W가 CPU를 인터럽트시키며 인터럽트 처리 루틴이 그 프로세스를 기상시켜 "메모리 상 실행 상태"에 들어가게 한다(2). 마지막으로 스케줄러가 실행할 프로세스를 선택하면 이 프로세스는 "커널 모드 실행 중"이 되어 처리가 속행된다.
- **프로세스가 끝나면** 프로세스는 exit 시스템 호출을 불러내게 되어 프로세스는 "커널 모드 실행 중"에 들어가며 마지막으로 "좀비 상태"가 된다(6). 좀비 상태는 프로세스가 활성화된 것도 아니고, 완전히 죽은 것도 아닌 과도기 상태라는 뜻이다.

3.3 프로세스 제어 블록(Process Control Block;태스크 제어 블럭;작업 제어 블록)

3.3.1 개념

프로세스 제어 블록(PCB;Process Control Block)은 특정한 프로세스를 관리할 필요가 있는 정보를 포함하는 OS 커널의 자료 구조이다. 작업 제어 블록(TCB;Task Control Block) 또는 작업 구조라고도 한다. "PCB는 OS가 프로세스를 표현한 것이다". 컴퓨터 시스템 내의 프로세스들은 모두 커널 공간에 자신의 PCB를 하나씩 갖게 되며 이의 관리는 커널이 하게 된다. 다르게 설명하면 커널은 자신에게 등록된 프로세스들을 관리하기 위하여 프로세스마다 하나씩 PCB를 할당해 주고, 이 영역에 해당 프로세스에 대한 각종 정보들을 저장하여 프로세스를 관리할 때 사용한다.

PCB의 특징은 다음과 같다.

① 프로세스는 프로그램 자체와 PCB로 이루어져 있다. PCB는 OS에 중요한 정보를 제공해 주는 테이블이며, 프로세스들의 상태를 파악하기 위해 유지 관리 하는 것이다.
② 각 프로세스는 OS에서 자신의 PCB에 의해 표현 된다.
③ PCB는 특정한 프로세스에 대하여 많은 정보를 가진 데이타 블럭이나 레코드들이다.
④ PCB는 프로세스가 생성될 때 만들어지며 수행을 모두 마치고 프로세스가 파괴될 때 없어진다.

3.3.2 PCB의 역할

PCB란 각 프로세스의 변화하는 모든 정보에 대한 기억장소의 역할을 담당한다. 다시 말해, OS가 프로세스에 대한 중요한 정보를 저장해 놓을 수 있는 저장장소이다. 그래서, OS가 프로세스를 다른 프로세스에게 넘겨주고자 할 때는 바로 해당 프로세스의 PCB에 있는 저장장소에 여러 가지 정보를 저장시키고, 차후에 이 프로세스가 다시 실행될 경우에는 이 장소에 보관된 정보를 재사용할 수 있도록 하는 것이다.

3.3.3 PCB에 포함 되는 내용

PCB에 저장되는 프로세스 관련 정보들은 OS마다 조금씩 다를 수 있지만 일반적으로는 다음과 같은 정보들을 PCB에 유지하게 된다[그림3-12].

① 프로세스 식별자(Process ID): 프로세스의 고유 이름이다.
② 프로세스 상태(Process Status): 작업의 현재 상태인 생성(create), 준비(ready), 실행(running), 블록(대기,block), 완료(end 또는 terminated) 상태가 있다.
③ 프로세스 상태(Process State): 프로세스의 내부적인 상태를 표시하는데 필요한 모든 정보를 표현한다. 프로그램 계수기와 함께 상태 정보는 인터럽트 발생 시 저장되어야 하는데 이것은 후에 프로세스의 정확한 수행을 계속하기 위함이다.

> 참고
>
> 참고로,Status와 State는 상태라는 말인데,둘다 같은 말이다. 하지만 status는 지금 특정 시간의 상황이나 상태를 말 하는 것이고,state는 그냥 그 전체 상태를 말 하는 것이다. 즉, status는 결과로서의 상태를 의미하고,state는 현재의 상태를 의미한다(상태가 완료 것은 status, 상태가 계속 바뀌는 것은 state를 사용한다).

④ 프로그램 계수기(Program Counter): 이 프로세스가 다음에 실행할 명령어의 주소를 가리킨다. 즉, 프로세스 수행을 위한 다음 명령의 번지가 된다.

⑤ CPU 레지스터를 저장할 테이블: 컴퓨터 구조에 따라 다양한 형식과 수를 가지는데, 일반 레지스터(stack, 누산기, 색인 레지스터, 범용 레지스터, 코드, 조건), 프로그램상태 레지스터 등을 저장할 테이블들이다.

⑥ CPU 스케줄링 정보: 프로세스의 우선순위, 스케줄링 큐에 대한 포인터, 그 외 다른 스케줄 매개 변수, 최종 실행 시각, CPU 점유시간 등이다

⑦ 메모리(M/M) 관리 정보: 해당 프로세스의 주소공간, 즉, 프로세스가 위치한 메모리에 놓일 자리의 주소, 기본(base) 레지스터, 한계(bound) 레지스터, 페이지 테이블 등이다.

⑧ 프로세스 계정(accounting) 정보: 페이지 테이블, 스케줄링 큐 포인터, 소유자, 부모 등이다.

⑨ 할당된 자원들 목록(각종 주변 기기 등): 현재의 작업에 할당되어 있는 정보를 저장한다.

⑩ 입/출력(I/O) 상태 정보: 프로세스에 할당된 I/O 장치 목록, 열린 파일 목록 등이다.

포인터(pointer)	프로세스 상태(process state)
프로세스 번호(process number)	
프로그램 계수기(program counter)	
레지스터들(registers)	
기억장치 용량(memory limits)	
개방 파일 목록(list of open files)	
기타 ⋮	

[그림 3-12] 프로세스 제어 블록 (PCB;process control block)

3.3.4 프로세스에 관한 정보를 OS가 PCB에 저장

PCB가 프로세스의 중요한 정보를 포함하고 있기 때문에, 일반 사용자가 접근하지 못하도록 보호된 메모리 영역 안에 남는다. 일부 OS에서 PCB는 커널 스택의 처음에 위치한다(이 메모리 영역은 편리하면서도 보호를 받는 위치이기 때문이다).

① OS가 CPU를 다른 프로세스에게 넘겨주고자 할 때

② 해당 프로세스의 PCB에 여러 가지 정보를 기억시키고

③ 나중에 이 프로세스가 다시 수행될 때 이 정보를 사용

3.3.5 문맥 교환(context switching)

인터럽트 발생시 OS가 인터럽트를 당한 프로세스의 상태를 기억시켜 두고 제어권을 인터럽트 처리기에게 넘기는 일련의 작업을 말한다. 즉 하나의 프로세스가 CPU를 사용 중인 상태에서 다른 프로세스가 CPU를 사용하도록 하기 위해, 이전의 프로세스의 상태(문맥)을 보관하고 새로운 프로세스의 상태를 적재하는 작업을 말한다. 다시 말해서, CPU는 한 프로세스(user)에서 다른 프로세스(user)로 교환이 가능하다. OS에서 인터럽트 시스템 호출이 일어났을 때 각각의 프로세스

의 PCB를 저장, 재적재 등을 통해 교환하게 된다.

프로세스(P_0)와 프로세스(P_1)의 교환 과정을 [그림3-13]에 나타내었다.PCB는 프로세스로부터 프로세스로 변화하는 모든 정보에 대한 기억 장소의 역할을 한다.

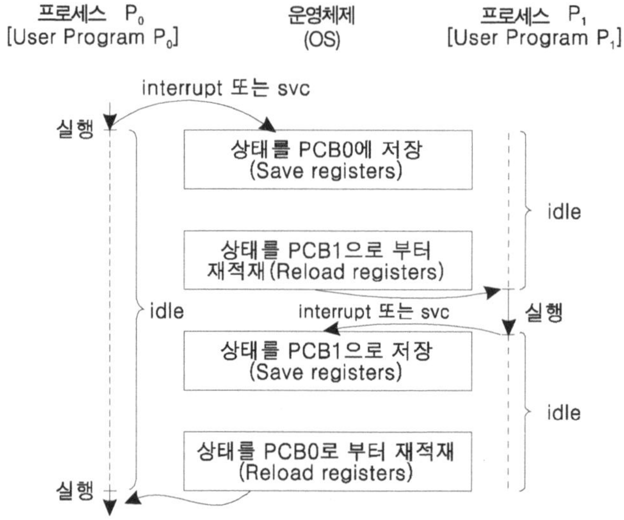

[그림 3-13] CPU는 한 프로세스(user)에서 다른 프로세스(user)로 교환 과정

OS가 준비 상태 프로세스에 프로세서를 할당할 때 OS는 문맥교환을 일으킨다.

문맥교환이 일어나는 동안 프로세서는 의미 있는 작업을 전혀 수행할 수 없다. 따라서 OS는 문맥교환에 드는 시간을 최소화해야한다. 어떤 아키텍처에서는 H/W에서 문맥 교환을 수행하게 하여 오버헤드를 줄이기도 한다. 문맥교환은 스케줄링의 라운드로빈(R/R) 알고리즘에서도 설명한다.

3.4 스레드(thread)

3.4.1 스레드(thread)의 개념

많은 프로그램들의 경우 서로 독립적인 일들을 불필요하게 순차적으로 수행하는 사실을 개선하기 위해 프로세스보다 작고 독립적으로 스케줄링이 가능한 스레드(CPU에 보내져 실행되는 단위)라는 개념이 도입되었다. 다시 말해, 한 프로세스는 그것이 사용하는 자원과 그것이 실행되는 기억장소의 위치에 의해서 정의된다. 그러나 많은 경우에 있어서 자원이 공유되고 그들을 병행해서 접근할 수 있으면 매우 유용하다. 이러한 상황은 fork 시스템 호출을 사용할 때에 새로운 프로그램 계수기 또는 제어의 스레드를 주어서 새로 만들어지는 프로세스가 같은 주소 공간에서 실행되도록 하는 경우와 유사하다. 원칙적으로 OS 자체는 스레드의 개념 하에서 작동하고 있다. 그러나 스레드의 개념이 상당히 유용하기 때문에 많은 OS에서는 스레드 기능을 사용자 프로세스에게도 허용하고 있다. 다시 말해, 스레드는 프로세스(process)나 태스크(task)보다 더 작은 단위로 다중 프로그래밍 시스템에서 CPU에게 보내어져 실행되는 프로그램 단위이다. 각각의 스레드는 독립된 제어 흐름을 가지고 자신만의 스택과 레지스터를 가지는 것이 특징이다. 프로세스 내에 하나 이상의 스레드를 포함하면 경량 프로세스(lightweight process)이며, 단지 하나의 스레드만 존재하면 중(重)량 프로세스

(heavyweight process)이다. 그리고 몇 개의 스레드를 제어하지만 스레드 각각의 스택이 존재하고, 각각의 스레드는 분할된 프로세스로 간주하는 것을 중(中)량 프로세스(mediumweight process)라 한다. 프로세스의 무게(weight)는 프로세스 조작의 오버헤드와 밀접한 관계를 갖는다. 다중 스레드(multithread) 프로세스는 동시에 여러 가지일을 실행하도록 해준다. 다시말해, 스레드(thread)는 어떠한 프로그램 내에서, 특히 프로세스 내에서 실행되는 흐름의 단위를 말한다. 일반적으로 한 프로그램은 하나의 스레드를 가지고 있지만, 프로그램 환경에 따라 둘 이상의 스레드를 동시에 실행할 수 있다. 이러한 실행 방식을 다중 스레드(multithread)라고 한다.UNIX의 프로세스는 스레드와 프로그램으로 구성된 것이라 볼 수 있다.

3.4.2 프로세스와 스레드의 비교

여러 개의 프로세스를 사용하는 응용 프로그램의 경우 fork() 시스템 호출을 이용하여 새로운 프로세스를 생성함에 따라 상당히 많은 오버헤드를 발생 시킨다.또한 각 프로세스는 서로 독립된 주소공간을 사용하기 때문에 프로세스 간 통신(IPC)을 위해서는 메시지 큐, 세마포어, 공유 메모리 등의 시스템 자원을 사용해야만 한다. 다중 스레드를 사용하는 유닉스의 경우는 하나의 프로세스에 많은 스레드가 존재할 수 있으며,각 스레드는 각각 독립적으로 실행할 수 있고,각 스레드의 실행 순서는 시그널이나 동기화 방법을 통해서 제어된다. 다중 처리기(multiprocessor)와 다중 스레드는 양쪽 모두 여러 흐름이 동시에 진행된다는 공통점을 가지고 있다. 하지만 다중 처리기에서 각 프로세스는 독립적으로 실행되며 각각 별개의 메모리를 차지하고 있는 것과 달리 다중 스레드는 프로세스 내의 메모리를 공유해 사용할 수 있다. 또한 프로세스 간의 전환 속도보다 스레드 간의 전환 속도가 빠르다. 다중 스레드의 다른 장점은 CPU가 여러 개일 경우에 각각의 CPU가 스레드 하나씩을 담당하는 방법으로 속도를 높일 수 있다는 것이다. 이러한 시스템에서는 여러 스레드가 실제 시간상으로 동시에 수행될 수 있기 때문이다. 다중 스레드의 단점에는 각각의 스레드 중 어떤 것이 먼저 실행될지 그 순서를 알 수 없다는 것이 있다. 프로세스와 스레드의 차이점은 다음 [표3-1]와 같다.

[표 3-1] 프로세스와 스레드의 차이점

	프로세스	스레드
정의	실행 중인 프로그램으로서 HWP(Heavy Weight Process)로 구성되어 있다	실행 중인 프로그램으로서 LWP(Light Weight Process)로 구성되어 있다
실행점	한 CPU를 가진 컴퓨터의 경우 실행 상태의 프로세스는 오직 하나이다(하나의 실행점만 가짐)	한 CPU를 가진 컴퓨터의 경우 실행 상태에서 여러 개의 스레드가 존재한다(여러 개의 실행점을 가짐)
실행 단위	자원 소유권 단위 (unit of resource ownership)	분배단위 (unit of dispatching)
병행성	단일 CPU에서 순차적으로 수행한다	단일 CPU에서 동시적으로 수행한다

3.4.3 프로세스와 스레드의 관계

스레드를 포함한 프로세스의 구조는 [그림3-14]와 같다.

[그림 3-14] **스레드를 포함한 프로세스의 구조**

스레드의 목적은 프로세스의 상대적인 무게를 경감시켜 효율을 향상시키자는 것이다. 하나의 프로세스는 지역 자료(데이터)와 그 자료를 운용할 수 있는 순차 프로그램으로 구성된다.

3.4.4 스레드 모델(Thread model)

프로세스를 보는 한 관점은 관련된 자원을 그룹화 하는 것이다. 프로세스가 갖는 다른 개념은 보통 스레드라 부르는 스레드 실행이다. 스레드는 동일 프로세스 환경에서 서로 독립적으로 다중 수행이 가능하다. 멀티(다중) 스레드 프로세스가 단일 CPU 상에서 돌아갈 때 스레드는 교대로 수행된다. 프로세스 내의 스레드들은 프로세스들처럼 독립적이지 않으며, 사용자가 다르고 서로 적대적일 수 있는 프로세스와는 달리 한 프로세스는 서로 협력할 수 있는 다중 스레드를 가질 수 있는 단일 사용자 소유이다[그림3-15][그림3-16].

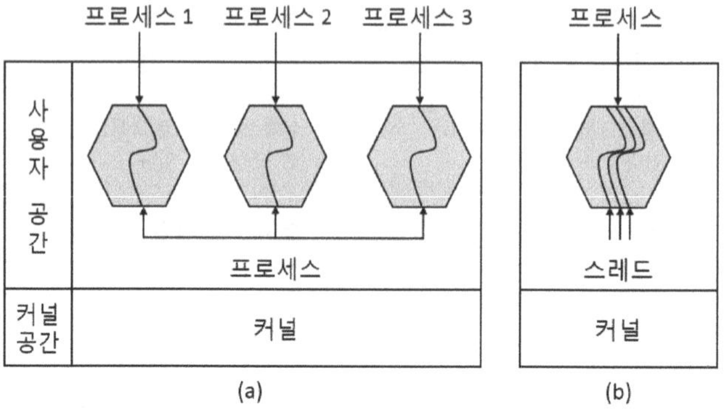

(a) 각각 하나의 스레드를 갖고 있는 프로세스

(b) 세 개의 스레드를 갖고 있는 하나의 프로세스

[그림 3-15] **스레드와 프로세스의 관계**

프로세스 항목과 스레드 항목의 포함하는 내용은 [표3-2]에 나타내었다.

[표 3-2] 프로세스 항목 : 프로세스에서 모든 스레드가 공유하는 항목
스레드 항목: 각 스레드의 고유 항목

프로세스 항목 당	스레드 항목 당
주소 공간 전역 변수 개방 파일 자식 프로세스 경고 지연 신호와 신호 제어 정보 수 계산	프로그램 계수기 레지스터 스택 상태

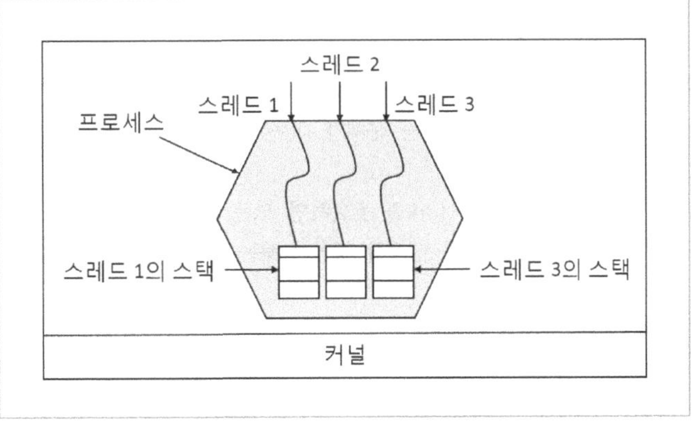

[그림 3-16] 자신의 스택을 가지고 있는 각 스레드

다중 스레드에는 프로세스가 단일 스레드에서 시작된다. 스레드가 작업이 끝나면 thread_exit 라는 라이브러리를 호출하여 종료한다. 스레드가 자발적으로 다른 스레드가 실행될 수 있도록 CPU를 포기하는 thread_yield 라는 스레드 호출이 있다.

3.4.5 스레드의 종류

스레드를 지원하는 주체에 따라 2가지로 나눌 수 있다.

① **사용자 스레드**; 사용자 스레드는 커널 영역의 상위에서 지원되며 일반적으로 사용자 레벨의 라이브러리를 통해 구현되며, 라이브러리는 스레드의 생성 및 스케줄링 등에 관한 관리 기능을 제공한다. 동일한 메모리 영역에서 스레드가 생성 및 관리되므로 속도가 빠른 장점이 있는 반면, 여러 개의 사용자 스레드 중 하나의 스레드가 시스템 호출 등으로 중단되면 나머지 모든 스레드 역시 중단되는 단점이 있다. 이는 커널이 프로세스 내부의 스레드를 인식하지 못하며 해당 프로세스를 대기 상태로 전환시키기 때문이다.

② **커널 스레드**; 커널 스레드는 OS가 지원하는 스레드 기능으로 구현되며, 커널이 스레드의 생성 및 스케줄링 등을 관리한다. 스레드가 시스템 호출 등으로 중단되더라도, 커널은 프로세스 내의 다른 스레드를 중단시키지 않고 계속 실행시켜준다. 다중처리기 환경에서 커널은 여러 개의 스레드를 각각 다른 처리기에 할당할 수 있다. 다만, 사용자 스레드에 비해 생성 및 관리하는 것이 느리다.

3.4.6 스레드 데이터

스레드 기본 데이터는 스레드도 프로세스와 마찬가지로 하나의 실행 흐름이므로 실행과 관련된 데이터가 필요하다. 일반적으로 스레드는 자신만의 고유한 스레드 ID, 프로그램 카운터, 레지스터 집합, 스택을 가진다. 코드, 데이터, 파일 등 기타 자원은 프로세스 내의 다른 스레드와 공유한다. 스레드 특정 데이터는 위의 기본 데이터 외에도 하나의 스레드에만 연관된 데이터가 필요한 경우가 있는데, 이런 데이터를 스레드 특정 데이터(TSD;Thread-Specific Data)라고 한다. 다중 스레드 프로그래밍 환경에서 모든 스레드는 프로세스의 데이터를 공유하고 있지만, 특별한 경우에는 개별 스레드만의 자료 공간이 필요하다. 예를 들어 여러 개의 트랜잭션을 스레드로 처리할 경우, 각각의 트랜잭션 ID를 기억하고 있어야 하는데, 이때 TSD가 필요하다. TSD는 여러 스레드 라이브러리들이 지원하는 기능 중의 하나이다.

3.4.7 프로세스 관리의 변화

다중 스레드 환경이 확산됨에 따라 전통적인 프로세스 관리 방식에도 변화가 필요해졌다. 예를 들어, fork 또는 exec와 같은 시스템 호출 시에 어떻게 처리할 것인가 하는 문제가 대두된 것이다.

- fork 문제 : 어떤 프로세스 내의 스레드가 fork를 호출하면 모든 스레드를 가진 프로세스를 생성할 것인지, 아니면 fork를 요청한 스레드만 가진 프로세스를 생성할 것인지 하는 문제이다. UNIX에서는 각각 2가지 버전의 fork를 지원하고 있다.
- exec 문제 : fork를 통해 모든 스레드를 복제하고 난 후, exec를 수행한다면 모든 스레드들이 초기화된다. 그렇다면 교체될 스레드를 복제하는 작업은 필요가 없기 때문에 애초에 fork를 요청한 스레드만을 복제했어야 한다. 한편, fork를 한 후에 exec를 수행하지 않는다면 모든 스레드를 복제할 필요가 있는 경우도 있다.

특징은 다음과 같다.

① 프로세스(process)나 태스크(task)보다 더 작은 단위로 다중 프로그래밍 시스템에서 CPU에게 보내어져 실행되는 프로그램 단위이다.
② 프로세스 스케줄링의 부담을 줄여 성능을 향상시키기 위한 프로세스의 다른 표현 방식이다.
③ 각각의 스레드는 독립된 제어 흐름을 가지고 자신만의 스택과 레지스터를 가지는 것이 특징이다.
④ 스레드는 그룹내에 속하는 다른 프로세스와 코드, 주소 공간 자원을 공유한다.
⑤ 최근에는 프로세스를 고속으로 조작하기 위해 경량 프로세스의 개념을 도입하고, 많은 OS에서 이를 지원하고 있다.
⑥ 프로세스 내에 하나 이상의 스레드를 포함하면 경량 프로세스(lightweight process)이며, 단지 하나의 스레드만 존재하면 중(重)량 프로세스(heavyweight process)이다. 그리고 몇 개의 스레드를 제어하지만 스레드 각각의 스택이 존재하고, 각각의 스레드는 분할된 프로세스로 간주하는 것을 중(中)량 프로세스(mediumweight process)라 한다.
⑦ UNIX의 프로세스는 프로세스마다 독립적인 주소 공간 및 제어 정보를 지니고 있어 중량(heavy weight)프로세스의 전형적인 예이다.
⑧ 프로세스의 무게(weight)는 프로세스 조작의 오버헤드와 밀접한 관계가 있다.
⑨ 콘텍스트(context)는 프로세스가 포함하거나 참조하는 자원에 의해 정의되는 실행 환경을 말한다.
⑩ 다중 스레드(multithread) 프로세스는 동시에 여러 가지일을 실행하도록 해준다.

짚어보기 프로세스 무게(Weight)

프로세스 무게(weight)라는 개념은 프로세스가 포함하거나 참조하는 자원의 논리적 총량을 말하고, 프로세스 간의 상대적인 무게는 두 프로세스가 개별적으로 포함하거나 참조하는 자원의 논리적 총량을 말한다.

짚어보기 스레드의 개념, 장단점과 스레드를 사용하는 것이 바람직한 응용분야와 그렇지 못한 응용분야의 예

스레드는 프로세서를 사용하는 기본 단위이며, 프로그램 카운터, 레지스터와 스택공간으로 구성되면서 한 태스크 안에 있는 다른 스레드들과 코드 부분, 데이터 부분, 운영체제 자원을 공유한다. 장점은 프로세스의 문맥 교환에 비해 경제적이고, 메모리 관리를 할 필요가 없으며, 사용자 수준 스레드의 경우 운영체제에 대하여 독립적으로 수행되기 때문에 매우 빠르다는 점이다. 단점은 사용자 수준 스레드에서 한 스레드가 시스템 호출을 요구할 경우 전체 태스크가 그 시스템 호출을 돌려줄 때가지 기다려야 한다. 유용한 응용분야로는 파일 서버, 통신 프로토콜이 있으며, 실시간 시스템에는 적용되기 어렵다.

3.4.8 프로세스의 협조(Cooperating)

협조적인 프로세스가 수행될 때 발생하는 가장 큰 문제는 공유하는 자원에 대한 동기화이다. 협조적인 프로세스들을 통한 수행 결과에 대해 정확한 결과를 보장하기 위해서는 시스템 상에서 공유되는 자원들에 대한 협조와 조정이 필요하다. 정보를 생산하는 생산자(producer) 프로세스와 정보를 소비하는 소비자(consumer) 프로세스들은 OS에서 많이 사용된다. 예를 들면, 소비자 또는 도매상인이 판매 직원에게 주문을 하면, 판매직원은 일정한 과정을 거쳐 생산부에 주문서를 제출하고 물건이 나오기를 기다린다. 그러면, 공장은 그 주문서대로 물건을 생산하게 된다. 그리고 완성된 주문이 판매직원에게 넘어가면 그 판매직원은 물건을 주문 순서대로 처리하여 돈을 받고 소비자 또는 도매상인에게 다시 넘겨주는 과정을 거친다. 또한 생산직에 종사하는 사람들은 계속적인 보충을 위해 생산을 계속하게 된다. 이 예에서 각각의 처리과정은 독립적으로 이루어지고 있으며 각 처리과정들의 유일한 통신수단은 어떤 공유된 영역, 즉 주문서, 생산라인을 거친 물건, 그리고 판매원을 통한 생산품의 판매라고 할 수 있다. 이같은 단순한 예는 시스템 상에서 수행되는 각 프로세스들의 통신과 협조를 설명하는 형태가 될 수 있다. 위의 예는, 프로세스간의 통신과 협력의 유용한 예의 하나이고 실제로 비슷한 상황이 시스템 상에서 수행되는 프로세세들간에 존재하게 된다. 어떤 경우에는 자원의 결여 때문에 운영체제에 의해서 강제로 조정이 이루어질 수 있다. 이는 앞에서도 언급한 바와 같이, I/O 작업을 하는 동안 기다려야 할 필요성이 있는 경우이다. 다른 경우로는 하나의 작업에 여러 개의 프로세스들이 동시에 수행된다고 하자. 항공 예약 시스템과 같은 정보검색 시스템에서는 이전의 주문과 생산의 예와 같이 분리된 태스크를 처리하는 여러 개의 프로세스를 가진다. 즉, 한 태스크는 요청을 받아서 정확한 입력인가를 조사한 후 처리 프로세스에게 그 요청을 넘겨준다. 처리 프로세스는 필요한 데이터에 접근하여 이를 출력 프로세스에게 넘겨주면 출력 프로세스는 원래 요청자에게 응답으로 되돌려 준다. 자원의 모든 사용이 완료될 때, 사용된 자원은 프로세스에 의해서 반환되고, 요청과 반환처리는 OS에 의해서 이루어진다. 만약, 한 프로세스가 다른 프로세스에 의해서 이미 사용 중에 있는 자원을 요청하게 되면 요청한 프로세스는 자동적으로 대기하게 된다. 이후에 자원이 반환되어 사용가능하게 되면 대기 중에 있는 프로세스는 자원을 할당받을 수 있게 된다.

3.4.9 프로세스에서 병행 처리하는데 있어서의 문제점

① **프로세스가 하나의 프로그램을 수행하기 위해서** 하나의 주소공간과 그 주소공간 내에서 하나의 제어흐름으로 구성되는데 이러한 경우 프로그램이 수행되기 위해서는 페이지 테이블, 파일 기술자, I/O 요구와 저장된 레지스터 값 등과 같은 많은 양의 상태 정보를 초기화하고 유지하며 관리해야 하는 부담이 발생한다.

② 프로세스가 실행되는 기본 단위라는 것은 하나의 프로세스 내에서 프로그램이 수행될 때 각각의 실행 단위시간 안에 하나의 실행점(execution pointer)만이 존재함으로써, 단일 프로세스 내에서의 병렬 처리가 불가능하나.

3.5 스케줄링 기법

3.5.1 개요

단일 처리기 시스템에서는 한 순간에 오직 하나의 프로세스만이 실행될 수 있다. 나머지 프로세스는 CPU가 자유 상태가 되어 다시 스케줄될 수 있을 때까지 기다려야 한다. **다중 프로그래밍의 목적은 CPU의 이용율을 최대화하기 위해 항상 실행 중인 프로세스를 가지게 하는데 있다.** 하나의 프로세스가 대기해야 할 때마다 다른 프로세스가 CPU 사용을 양도받을 수 있다. CPU의 스케줄링은 OS 설계의 핵심이다. **스케줄링**(scheduling)은 처리할 일들의 진행순서를 정하는 일이다. 즉, 시스템의 목표를 달성할 수 있도록 프로세서를 할당하는 일련의 과정이다. 전산학에서,CPU 스케줄링은 CPU를 사용하려고 하는 프로세스들 사이의 우선순위를 관리하는 일이다. 또한, 디스크 스케줄링은 디스크를 사용하려고 하는 프로세스들 사이의 우선순위를 관리하는 일이다. 컴퓨터 시스템을 구성하고 있는 M/M, I/O 장치, 처리 시간 등의 시스템 자원을 언제 배분할 것인가를 결정하는 프로그램 기능을 가리킨다. 다시말해, 스케줄링이란 특정 자원에 대해 그 자원을 요청하고 있는 대상들 중 누구에게 먼저 그 자원을 할당해 줄 것인가를 결정하는 일을 말하며, 그 중에서 특히 프로세스 스케줄링 기법은 프로세스들을 대상으로 프로세서 자원을 할당해 주는 일을 하게 되는 것이다.

스케줄링된 프로세서 제어의 목적은 여러 개의 프로세서가 공동으로 하나의 일을 수행하는 경우에 전체로서 그 일의 실행 시간을 최단으로 하도록 제어하는 것이다. 그러나 시스템 자원에 제약이 있을 경우는 반드시 그 일을 최단 시간에 종료시킬 수 있다고 한정하지 않는다. 이러한 경우에는 자원의 사용률에 대해 모순을 초래하지 않는 범위에서 그 일의 실행 시간이 가장 짧아지도록 차선의 스케줄링을 생각하게 된다. 거의 대부분의 일은 그와 같은 스케줄 하에서 실행된다.

① 다중 프로그래밍 계산 센터에서 많은 프로그램의 처리 순서를 어떻게 하는가를 결정하는 태스크를 말한다.
② 공용할 수 없는 자원, 예를 들면 중앙 처리 장치(CPU)의 처리 시간이나 I/O 장치를 어떤 기간에 걸쳐 어떻게 특정 태스크에 할당하는가를 정하는 작업이다.

다시 말해서, **스케줄링**(scheduling)이란 컴퓨터 시스템의 모든 자원을 효율적으로 사용하기 위한 정책으로서 작업 스케줄링(Job scheduling;장기스케줄링), 프로세서 스케줄링(CPU scheduling;단기 스케줄링) 등이 있다.

3.5.2 스케줄링 개념

앞서 설명했듯이, 우선 **프로세스**(process)와 **태스크(작업**;task)에 대해 구분할 필요가 있다. **태스크**는 운영체제(OS)의 모드 중 배치 모드와 다중 프로그램 작성 모드에서 실행되는 프로그램을 구분하기 위해 도입된 개념으로, 다중 프로그램 작성된 상태에서의 루틴 또는 컴퓨터의 수행 내용이다. 다중 프로그램의 작성 능력을 갖는 시스템에서 프로그램에 대한 순차 처리를 하기 위해 작업 단계라는 개념이 도입 되었다. 따라서 **작업은** 둘 이상의 작업 단계로 구분되고, 작업 단계 각각은 둘 이상의 태스크로 나뉜다. **태스크와 작업 단계의 또 다른 차이점**은 전자의 경우 시스템 자원을 사용하기 위해서 동시에 경쟁이 가능하지만 후자의 경우는 순서대로 시스템 자원을 사용할 수 있다는 점이다. 다시말해, 컴퓨터 시스템 내 활동의 기본적 단위이다. 이것은 외부적인 특성만 명시되고 내부적 구조와 운용은 명시되지 않는다. 태스크의 외부적 특성은 연구나 통제받고 있는 작업의 내용에 따른다. 즉, 이것들은 입력과 출력의 매개 변수나 변수, 자원의 요구 사항, 수행 시간 등을 포함한다. 일반적으로 컴퓨터의 자원을 효과적으로 활용하기 위해서는 한 프로그램을 여러 개의 **태스크**로 구분한다.

프로세스는 디스크에 있는 프로그램이 메모리(M/M)로 올라가서 실행 가능한 상태에 있는 것을 의미한다. **프로그램**은 CPU에서 수행될 수 있는 여러 개의 명령어들로 구성되어 있다. 모든 프로그램은 실행하기 위해서 메모리에 적재되어야 하고 CPU에서 작업을 수행하게 된다. 그런데, 문제는 메모리(M/M0에는 여러 개의 프로그램을 올릴 수 있는데 CPU가

한 개 밖에 없기 때문에 하나의 프로세스를 수행하는 동안에는 다른 프로세스들은 수행되지 못하는 상황이 발생하게 된다(CPU는 한 번에 한 개의 명령어만 처리한다). 만약 작업시간이 매우 긴 프로세스가 CPU를 점유하는 상황이 되면 다른 프로세스들은 매우 오랫동안 기다려야 하기 때문에 매우 비효율적이다. 그렇기 때문에 프로세스 스케줄링이 필요하게 된다.

예를 들면, A, B, C 프로세스가 있고 각각 수행되는데 A는 60초, B는 20초, C는 10초가 걸린다고 가정하면 A-B-C 순서로 처리하게 되면 B와 C는 각각 60초, 90초 후에 실행된다. 하지만 CPU가 하나의 프로세스를 한번에 10초씩 처리한다고 했을 때 A-B-C-A-B-A-... 와 같이 처리하게 되면 B와 C가 처리되어서 종료되는 시간은 보다 짧아진다. 즉 단위 시간당 **처리량**(throughput)이 증가하게 되는 것이다. 전자와 같이 앞의 프로세스가 모두 처리되길 기다렸다가 다음 프로세스를 처리하는 방식을 일괄(batch)라고 한다. 그리고 후자처럼 처리하는 스케줄링 방식은 다음 스케줄을 선정하는 방식에 따라 라운드 로빈(Round-Robin) 방식이나 시분할(Time-sharing) 방식 등이 있다. 전자와 후자 모두 모든 프로세스가 종료하는데 같은 시간이 걸리겠지만 후자의 경우는 프로세스의 평균 대기 시간이 짧아지고 처리율(throughput)이 높기 때문에 더 효율적이다.

CPU의 처리시간을 10초로 예를 들었는데 실제로는 CPU에서 하나의 프로세스를 실행하는데 10ms정도 할애된다. 그리고 보통 하나의 프로세스를 실행하고 종료하는데 까지 걸리는 시간은 매우 다양하지만 수 분에서 수 시간 정도라고 생각해보면 스케줄링을 하는게 얼마나 효율적일지 알게 될 것이다. 이렇게 스케줄링이 되고 있기 때문에 우리가 컴퓨터를 사용할 때 여러 개의 프로그램이 동시에 실행되고 있는 것처럼 느끼는 것이다. 그리고 이러한 스케줄링은 모두 **운영체제**(OS)가 담당하여 처리하고 있다.

작업 스케줄링(Job scheduling)은 프로세스(CPU) 스케줄링처럼 "작업(job,task)"을 스케줄링 하는 것이다. 여기서 **작업은** 크게는 여러 개의 프로세스로 구성된 하나의 트랜잭션(transaction)일 수도 있겠고 작게는 하나의 프로세스 안에서 이루어지는 작업일 수도 있다. 하지만 기본적으로 스케줄링이라는 행위의 목적은 같다. 즉, 이러한 작업들을 보다 효율적으로 수행하도록 하기 위해서 쪼개서 수행하거나 하는 것이다. 다시 말해서, 스케줄링은 다중 프로그래밍을 가능하게 하는 OS의 동작 기법이다. OS는 프로세스들에게 CPU 등의 자원 배정을 적절히 함으로써 시스템의 성능을 개선할 수 있다.

짚어보기 멀티태스크(multitask)와 멀티스레드(multithread)의 개념

멀티태스크는 프로세스가 여러 개 실행되는 것이다. 예전의 도스(DOS)를 사용하던 때는 한 번에 2개 이상의 프로그램을 실행할 수가 없었다. 한 번에 실행되는 프로그램은 하나였고, 다른 프로그램이 실행되기 위해서는 중간에 인터럽트를 걸어주어서 잠시 멈춘 후, 다른 프로그램을 실행했다. 이 동안 원래 프로그램은 동작을 멈추고 있다. 하지만, 멀티태스킹이 가능해진 이후로 한 번에 여러개의 프로그램 실행이 가능하게 되었다. 사실 컴퓨터의 CPU가 보통 1개이기 때문에 한 번에 하나의 프로그램이 실행되는 것은 맞지만, 매우 짧은 시간 동안 CPU의 자원을 나누어서 배분하기 때문에 실제로 사람이 보기에는 동시에 여러 개의 프로그램이 실행되는 것처럼 보이는 것이다. 이런 멀티태스킹이 가능하기 때문에, MP3로 음악을 들으면서, P2P로 파일을 다운로드 받고,CD의 RW로 CD를 구워 가면서, 워드(문서) 작업도 가능한 것이다. 멀티스레드는 한 프로그램 내에서 여러 개의 동작이 동시에 일어나는 것이다. 예를 들어서,MS의 워드를 보면, 글을 입력하면서 동시에 맞춤법 검사도 하고,출력하면서도 글 수정도 가능하다. 각각이 하나의 스레드(thread)라고 할 수 있다. 이런 것들을 모두 프로세스로 구성한다면 오버헤드가 커지기 때문에 낭비가 될 수 있다.그래서 오버헤드가 없는 스레드로 구성하는 것이다. 만약 이런 멀티스레드가 가능하지 않다면 많은 출력을 할 경우, 출력이 완결될 때까지 다른 작업은 일체 못하게 되는 것이다.

짚어보기

프로그램은 여러 개의 태스크(task)로 구성되며 태스크는 여러 개의 프로세스로 이루어진다.

① 스케줄링에서는 태스크 또는 프로세스가 프로그램이나 컴파일하는 과정에서 컴파일러에 의해 할당되는 정적인 방법과 프로그램이 실행될 때 기계에 의해 할당되는 동적인 방법이 있다.

② 프로세스 실행은 CPU 실행과 I/O 대기의 순환으로 구성 된다.프로세스들은 이들 두 상태 사이에서 교대로 진행 된다.마지막으로 CPU 실행시간(CPU-burst)이 실행을 종료하는 시스템 요청으로 끝난다. 프로세스 실행은 CPU-burst로 시작된다. 그 다음에는 I/O burst가 발생되고 또 그 다음에는 CPU가 발생되며 계속 교대로 진행 된다.

③ 정적인 방법은 스케줄 시간이 적은 반면 프로세서를 효과적으로 사용할 수 없으며 동적인 방법은 스케줄 시간이 조금 많더라도 프로세서의 부하 균형(load balance)을 이루며 효과적으로 이용할 수 있는 장점이 있다.

3.5.3 스케줄링 목적

프로세스들이 작업을 수행하려면 실제 프로세서(physical processor)들을 프로세스들에 배당(할당)시켜 주어야한다. 이처럼 운영 체제(OS)가 "프로세서"들이 언제 그리고 어느 "프로세스"에 할당되는지를 결정하고, 자원을 효율적으로 이용할 수 있도록 하는 방법을 결정하는 문제를 스케줄링이라고 한다.

CPU 스케줄링의 목적은 반응 시간, 처리 능력 비율, CPU 효율성과 같은 시스템의 목적을 만족시키기 위해서 CPU들에 의해 실행될 프로세스들을 할당하는 것이다.

특정 자원에 대해 그 자원을 요청하고 있는 대상들 중 누구에게 먼저 그 자원을 할당해 줄 것인가를 결정하는 일을 말하며, 그 중에서 특히 프로세스 스케줄링 기법은 프로세스들을 대상으로 프로세서 자원을 할당해 주는 일을 하게 되는 것이다.

(1) 목적

스케줄링의 목적은 다음과 같다.

- 기본적으로 성능을 높이는 방향으로 이루어진다.
- 시스템의 성능 지표(performance index)로는 여러 가지가 있을 수 있으며, 이 성능 지표들은 크게 두 가지로 분류해 볼 수 있다.
  ⓐ **응답 시간**(response time): 사용자가 프로그램이나 명령을 입력하는 시간부터 해당 프로그램이나 명령의 실행이 종료되어 그 결과가 사용자에게 보여지는 시간까지의 경과 시간을 의미한다.
  ⓑ **작업 처리량**(throughput): 단위 시간에 얼마나 많은 프로세스들을 처리하여 종료시키는가를 나타내는 성능 지표, 시스템이나 시스템 관리자의 입장에서 고려하게 되는 성능 지표이다.
  ⓒ **자원 활용도**(utilization): 주어진 기간 동안 특정 자원이 얼마나 사용되었는가를 나타내는 성능지표이다. 시스템이나 시스템 관리자의 입장에서 고려하게 되는 성능 지표이다.

(2) 일반 컴퓨터 시스템의 OS에서 고려하게 되는 성능 지표

ⓐ **공평성**(fairness): 모든 프로세스가 일정 조건을 기준으로 공평하게 프로세서 사용 시간을 할당받아야 한다. 여기에서 일정 조건이란 운영자가 지정하거나 혹은 시스템 자체의 규칙에 의해 지정되는 우선 순위 등에 근거한 조건을 말한다.

ⓑ **작업 처리량**(throughput): 시스템의 관점에서 주어진 시간 내에 이루어지는 연산의 양이 극대화되어야 한다. 작업 처리량을 극대화시키는 일은 스케줄링의 목적 중 하나인 자원 활용도를 최대화 시키는 일과 비례하는 관계를 갖는 것이 일반적이다. 이는 주로 일괄 처리 시스템에서의 성능 지표로 사용된다.

ⓒ **평균 응답시간**(mean response time): 이 성능 지표는 프로세스들이 입력되어 수행하고 결과를 산출하기 까지 소요되는 시간의 평균을 말한다. 가능하면 평균 응답시간을 극소화하는 방향으로 스케줄링이 이루어져야 한다. 이는 주로 대화형(conversational)시스템에서의 성능 지표로 사용된다.

ⓓ **예견성**(predictability): 실시간 시스템과 같이 시간적 제약을 가진 시스템에서 중요하게 여기는 성능 지표로서, 예측성을 높이기 위해서는 프로세스들이 예측된 시간 내에 최대한 근접하게 수행을 마치도록 스케줄링을 해야 한다.

ⓔ **자원 활용도**(resource utilization): 주어진 기간 동안 시스템 내의 각 자원들이 얼마나 사용되었는지에 대한 척도로서 프로세서를 비롯한 모든 자원들의 활용도를 높이는 방향으로 스케줄링이 이루어져야 한다.

ⓕ **무기한 연기 방지**(no indefinite postponement): 어느 특정한 프로세스가 계속해서 자원을 사용하지 못하고 무기한

대기하는 현상을 무기한 연기라 하며, 이는 일반적으로 스케줄링 기법의 편향성(bias)에 의해 발생하게 된다. 스케줄링 기법은 이러한 현상을 보이지 않도록 설계되어야 한다.

이러한 목적을 위해 **에이징(aging)기법**, 즉, 대기 시간이 경과 할수록 대기하는 프로세스의 "우선순위"를 높여줌으로서 결국은 자원을 할당 받아 사용할 수 있도록 하는 기법등이 사용된다.

(3) 스케줄링 기준(Scheduling Criteria)

스케줄링의 기준은 최선의 알고리즘을 결정하는데 사용이 되는 기준이다. 응답 시간의 변동폭(Variance)을 최소화하는 것이 중요하다고 제시하고 있다. 합리적이고 예측 가능한 응답시간을 가진 시스템이 평균 속도는 빠르지만 변동폭이 큰 시스템보다 더 바람직하다.

- 프로세스의 속성은 다음과 같다.
  ⓐ 입/출력 위주(I/O-bound)의 프로세스 : 프로세서에서의 연산에 비해 입출력 작업의 양이 상대적으로 많은 프로세스를 말하며, 대부분의 시간을 보조 기억장치나 입출력장치와의 데이터 이동에 소요하게 된다.
  ⓑ 연산 위주(compute-bound)의 프로세스 : 프로세서에서의 연산을 주로하는 프로세스를 말한다.
- 시스템의 속성은 프로세스의 스케줄링 대상이 일괄 처리 시스템인가 혹은 대화형 시스템인가 하는 점이 스케줄링에 영향을 미치게 된다. 일괄 처리 시스템이 작업 처리량을 중요시하는 반면 대화형 시스템에서는 응답 시간을 중요시하게 되며, 스케줄링 기법은 이 점을 고려하여 설계되어야 한다.
- 신속한 응답 시간의 중요성은 어느 특정한 프로세스의 응답 시간이 다른 프로세스들에 비해 상대적으로 중요한 경우가 있고, 그점이 반드시 고려되어야 하는 시스템에서는 특정 프로세스를 우선적으로 스케줄링할 수 있는 메커니즘이 제공되어야 한다.
- 프로세스의 우선순위 개념을 사용하는 시스템에서는 특별한 상황이 아닌 경우 지정된 우선 순위에 따라 프로세스 스케줄링을 수행하여야 한다.
- 프로세스의 총 실행 시간에서 일반적으로 실행 시간이 긴 프로세스는 실행 시간이 짧은 프로세스보다 낮은 우선순위를 갖도록 한다. 프로세스가 수행되는데 필요한 시간을 정확히 알 수는 없지만 이에 대한 예측이 가능한 경우가 있으며, 이렇게 예측된 시간을 기준으로 프로세스들에 대한 스케줄링을 수행함으로써 프로세서를 비롯한 각종 자원들의 활용도를 높이는 등 시스템의 효율성을 향상 시킬수 있다. 특히 실시간 시스템과 같이 한계 시간이 준수가 중요한 시스템의 운영체제에서는 이러한 실행 시간의 예측을 기준으로 한 스케줄링 기법의 사용이 필수적이다.
- 프로세스의 활용 목적은 응용 프로그램의 중요도, 혹은 활용 분야에 따라 스케줄링 기법을 달리 함으로서 응용 프로그램이 원하는 목적을 효과적으로 달성하도록 지원할 수 있다.

3.5.4 스케줄링의 기본요소

프로세서는 주로 사용자의 작업과 프로그램을 실행하지만 다른 시스템 활동도 제어해야 한다. 이러한 프로세서의 활동을 위해서는 컴퓨터의 모든 자원을 사용하기 전에 스케줄해야 한다. 따라서 스케줄링은 OS의 기본이다. 앞서 설명 했듯이 프로세스를 일괄처리 시스템에서는 사용자 프로그램이라 부른다. 사용자는 한 순간에 한 프로그램만 사용하지만, 컴퓨터 시스템 내부에서는 여러 프로그램이 실행되고 있다.OS는 컴퓨터 시스템 내부에서 실행되고 있는 프로그램의 활동을 지원한다. 관점에 따라 의미상의 차이가 존재하기는 하지만 이러한 것들을 통칭하여 "**프로세스(process)**"라 한다.

(1) 프로세스의 실행

컴퓨터 시스템에서 생성하는 다양한 프로세스는 스케줄링 해야 하는 것과 그렇지 않은 것으로 구분할 수 있다.스케줄하지 않고 실행되는 대표적인 예는 인터럽트 처리, 오류 처리, 사용자의 시스템 호출 등의 사전 처리이다. 반면에, 스케줄링 해야 하는 것은 사용자 프로세스와 시스템 호출에 의해 발생하는 시스템 프로세스이다. 그러므로 프로세스들의 자원공유 순서나 일정을 조정하는 스케줄러의 관점에서 보면 사용자 프로세스와 시스템 프로세스를 다루어야 한다. 시스템 호출을 한번 실행하기 위해서는 하나 이상의 시스템 프로세스가 실행될 수 있다.스풀링 등의 시스템 프로세스에 의해 단일 사용자 시스템에서도 여러 개의 프로세스가 동시에 실행될 수 있다.일반적으로 다중 프로그래밍과 상관없이 여러 개의 프로세스가 동시에 실행되는 경우를 **다중 작업**(multi-task)이라고 부른다.

(2) CPU 버스트와 I/O 버스트 사이클

프로세스 실행은 CPU 실행(프로세서 버스트)과 입/출력 대기(입/출력 버스트)의 순환(사이클)으로 구성된다[그림3-17]. 프로세스들은 이들 두 상태 사이에서 교대로 진행된다. 프로세스 실행은 CPU 버스트로 시작된다. 뒤이어 입/출력 버스트가 발생하는 것을 반복한다. 프로세서(CPU) 버스트, 즉 프로세서(CPU)에서 실행되고 있는 프로세스의 상태로 시작되고 끝난다.

보통 짧은 CPU 버스트가 많이 있으며, 긴 CPU 버스트는 적다.I/O 중심의 프로그램은 전형적으로 짧은 CPU 버스트를 많이 가질 것이다. CPU 중심 프로그램은 다수의 긴 CPU 버스트를 가질 수 있다. CPU가 유휴 상태가 될 때마다 OS는 준비 완료 큐에 있는 프로세스들 중에서 하나를 선택해 실행해야 한다. 선택 절차는 후에 논하게 될 단기 스케줄러((Short-term scheduler) 또는 CPU 스케줄러)에 의해 수행된다. 준비 완료 큐는 선입선출(FIFO) 큐,트리 또는 연결 리스트(Linked list)로 구현될 수 있다. 큐에 있는 레코드들은 일반적으로 프로세스들의 프로세스 제어 블록(PCB)들이다.

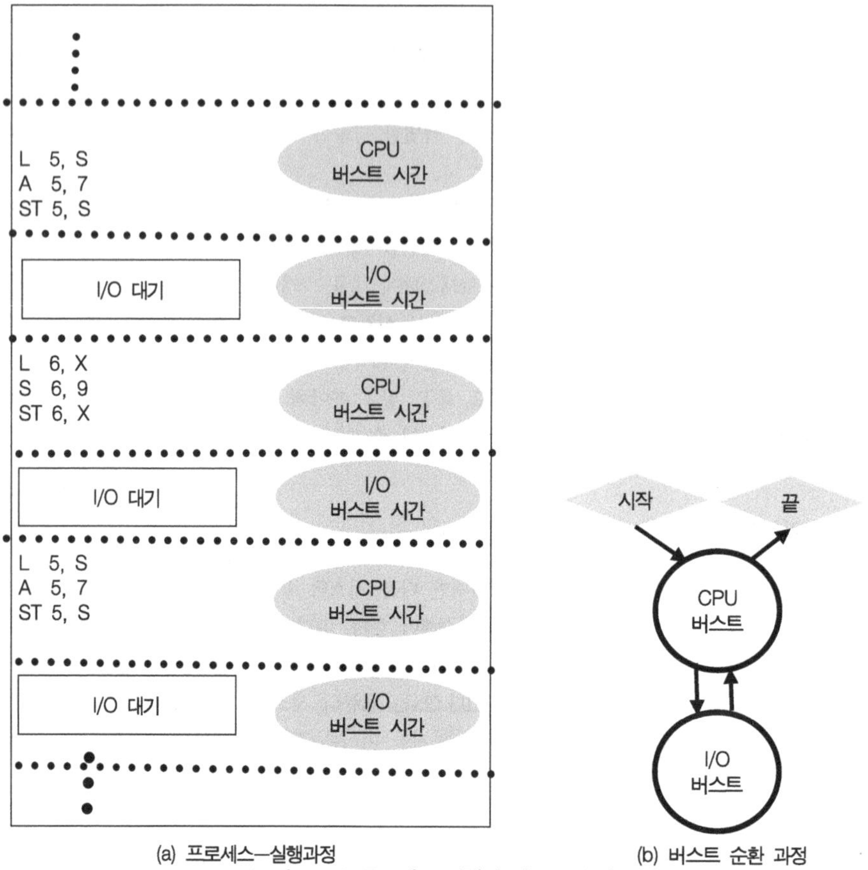

(a) 프로세스–실행과정 (b) 버스트 순환 과정

[그림 3-17] 프로세스 실행과 버스트 순환

(3) 프로세서(CPU) 버스트

프로세스마다 다양하지만, CPU 버스트의 지속 시간을 측정하면 전체적인 발생시간은 [그림3-18]와 같은 빈도 곡선으로 표시 된다.이 곡선은 일반적으로 지수의 성질을 갖는다.

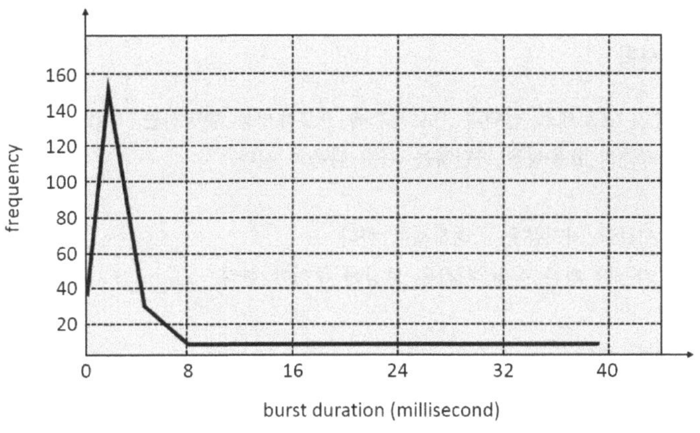

[그림 3-18] CPU 버스트 시간의 그래프

[그림 3-18]에서 짧은 CPU 버스트(사이클)를 가지는 많은 작업이 분포되어 있으며, 긴 CPU 버스트를 갖는 아주 적은 수의 작업들이 분포되어 있다. I/O 중심의 프로그램은 전형적으로 매우 짧은 CPU 버스트를 가지며,CPU 중심의 프로그램은 매우 긴 CPU 버스트를 가진다. 일반적으로 긴 CPU 버스트를 갖는 프로세스를 CPU 중심 작업, 짧은 CPU 버스트를 갖는 프로세스를 I/O 중심 작업이라 부른다. 이러한 분포는 적절한 프로세서(CPU) 스케줄링 알고리즘을 선택하는 매우 중요한 기준이 된다.

3.5.5 스케줄링 기준

프로세스의 속성은 다음과 같다.

(1) 입/출력 위주(I/O-bound)의 프로세스 : 프로세서(CPU)에서의 연산에 비해 I/O 작업의 양이 상대적으로 많은 프로세스를 말하며, 대부분의 시간을 A/M나 I/O 장치와의 데이터 이동에 소요하게 된다.

(2) 연산 위주(compute-bound)의 프로세스 : 프로세서에서의 연산을 주로 하는 프로세스를 말한다.

① 시스템의 속성 : 프로세스의 스케줄링 대상이 일괄 처리 시스템인가 혹은 대화형 시스템인가 하는 점이 스케줄링에 영향을 미치게 된다. 일괄 처리 시스템이 작업 처리량을 중요시하는 반면 대화형 시스템에서는 응답 시간을 중요시하게 되며, 스케줄링 기법은 이 점을 고려하여 설계되어야 한다.

② 신속한 응답 시간의 중요성 : 어느 특정한 프로세스의 응답 시간이 다른 프로세스들에 비해 상대적으로 중요한 경우가 있고, 그 점이 반드시 고려되어야 하는 시스템에서는 특정 프로세스를 우선적으로 스케줄링할 수 있는 메커니즘이 제공되어야 한다.

③ 프로세스의 우선순위 : 우선순위 개념을 사용하는 시스템에서는 특별한 상황이 아닌 경우 지정된 우선순위에 따라 프로세스 스케줄링을 수행하여야 한다.

④ 프로세스의 총 실행 시간 : 일반적으로 실행 시간이 긴 프로세스는 실행 시간이 짧은 프로세스보다 낮은 우선순위를 갖도록 한다. 프로세스가 수행되는데 필요한 시간을 정확히 알 수는 없지만 이에 대한 예측이 가능한 경우가 있으며, 이렇게 예측된 시간을 기준으로 프로세스들에 대한 스케줄링을 수행함으로써 프로세서를 비롯한 각종 자

원들의 활용도을 높이는 등 시스템의 효율성을 향상 시킬수 있다. 특히 실시간 시스템과 같이 한계 시간이 준수가 중요한 시스템의 OS에서는 이러한 실행 시간의 예측을 기준으로 한 스케줄링 기법의 사용이 필수적이다.

⑤ **프로세스의 활용 목적** : 응용 프로그램의 중요도, 혹은 활용 분야에 따라 스케줄링 기법을 달리 함으로서 응용 프로그램이 원하는 목적을 효과적으로 달성하도록 지원할 수 있다.

3.5.6 스케줄링 시 고려 사항

스케줄링은 대기(블록) 중인 프로세스 선택과 프로세스에 프로세서를 할당하는 작업으로 다음과 같은 사항을 고려해야 한다. 즉, 스케줄링 알고리즘의 효율성을 판단하는 기준 다음과 같다.

① 공정해야 하며, 단위 시간당 처리량을 극대화해야 한다.
② 대화식 이용자에게는 가능한 빠른 응답 시간을 보장해 주어야 한다.
③ 예측이 가능해야 한다.
④ 오버헤드를 최소화시켜야 한다.
⑤ 응답시간과 자원 이용률간에 균형을 유지해야 한다.
⑥ 실행이 무한정 연기되어서는 안된다.
⑦ 우선순위 제도를 실행하는 것이 좋다.
⑧ 주요 자원을 차지하고 있는 프로세스에게 우선권을 주어야 한다.
⑨ 바람직한 행동을 보이는 프로세스들에게 서비스를 더 잘해 주어야 한다(예 : 페이지 부재율이 적은 프로세스 같이).
⑩ 시스템에 부하가 많이 걸린 경우에도 성능 체증(degradation)은 서서히 일어 나야한다.
⑪ 균형적인 자원을 이용해야 한다.

3.5.7 스케줄링 큐(Scheduling Queue)

스케줄링을 위해 사용하는 데이터베이스는 큐로 구성되며 프로세스들의 프로세스 제어 블록(PCB)이 리스트 형태로 연결되어 있다. **다중 프로그래밍의 목적은 프로세서의 사용을 극대화하는데 있는데, 이를 위해 프로세스가 항상 실행될 수 있도록 준비 큐(ready queue)에 프로세스를 적재 한다.** 단일 프로세서 시스템에서는 한 번에 프로세스 하나만 수행되므로 여러 프로세스가 준비 큐에 저장 된다. 프로세스들이 수행되기 위해서는 일단 기억장치에 적재되어야 한다. 이 때 프로세스 큐 구조의 리스트에 적재된다. 특히 M/M에 적재되어 있으면서 CPU에 의해 실행되기를 기다리는 프로세스들의 리스트를 준비 큐라고 한다. 준비 큐는 첫 번째와 마지막 PCB(프로세스 제어블럭)를 가리키는 큐 헤드와 각 프로세스의 정보와 다음 프로세스의 PCB를 가리키는 포인터 필드로 구성되어 있다. 시스템에는 준비 큐뿐만 아니라 다른 큐들도 있다. M/M의 할당을 기다리며 대용량의 기억장치에 있는 프로세스들로 구성된 작업 큐와 입출력 장치를 기다리고 있는 프로세스로 구성된 장치 큐 등이 있다. 이런 다양한 큐들이 어떻게 구성되어 있는지는 [그림3-19]에 나타나 있다. 프로세스가 가질 수 있는 상태들과 상태전이에 대한 것들은 앞서 이미 알아보았다. 이런 것들과 연관지어 CPU 스케줄링이 일어날 수 있는 프로세스의 상태 전이 조건들 즉,CPU 스케줄링 결정은 다음 네가지 상황 하에서 발생할 수 있다.을 살펴보면 다음과 같다.

❶ 한 프로세스가 실행상태에서 대기(블록)상태로 전환될 때.
(예) I/O 요청이나 자식 프로세스가 종료되기를 기다릴 때,Wait 호출할 때
❷ 프로세스가 실행상태에서 준비상태로 전환될 때.
(예) 인터럽트가 발생할 때
❸ 프로세스가 대기(블록)상태에서 준비상태로 전환될 때.

(예) I/O 종료 시
❹ 프로세스가 종료될 때.

여기서 상황 ❶과 ❹의 경우 스케줄링 면에서는 선택의 여지가 없을 때 비선점(Nonpreemptive,Cooperative) 스케줄링이 적용된다. 즉, 실행을 위해 새로운 프로세스가 반드시 선택 되어야 한다. 비선점 스케줄링이란 프로세스가 CPU를 해제하고 싶거나, 종료하거나, 입/출력 요구를 하기 전까지는 자신이 CPU를 계속 사용할 수 있는 방식이다. 그러나 상황 ❷와 ❸에 대해서는 선택의 여지가 있는 선점(Preemptive) 스케줄링이 적용된다. 선점 스케줄링은 입/출력 요구가 일어나지 않은 상태에서도 자기가 수행하고 있던 것을 중단하고 다음 작업에 CPU를 넘겨주는 방식이다. 선점 스케줄링 방식은 타이머와 같은 특수 H/W를 요구하지 않기 때문에 특정 기종에서 채택될 수 있는 유일한 방법이다. 선점은 응답시간은 빠르지만 공유 자료에 대한 접근을 조정하는데 필요한 비용을 유발하며, 스케줄링에 많은 문맥 교환이 일어나므로 많은 부하가 걸린다. 선점 방법은 비선점에 비해 큰 부하를 발생시키지만 일반적으로 프로세스에게 보다 좋은 서비스를 제공한다. 이것은 하나의 프로세스가 프로세서를 오랫동안 독점하는 것을 막아주기 때문이다. 선점 스케줄링은 효과적인 문맥 교환방식을 사용하고 주기억장치의 용량을 크게 함으로써 비용을 낮게 유지할 수 있다.

큐에 대한 특징은 다음과 같다.

① 프로세스들이 시스템에 들어가면 작업 큐(job queue)에 입력된다(이 큐는 M/M의 할당을 기다리며 대용량의 기억장치에 있는 모든 프로세스들로 구성 됨).
② M/M에 상주하면서 준비상태(ready state)에 있고 실행을 대기하는 프로세스들은 준비 큐에 대기하는 리스트에 기억 된다.
③ 준비 큐에 헤더(header)는 리스트의 첫 번째와 마지막 PCB를 가리키는 포인터 필드를 가진다(연결 리스트(linked list) 구조).
④ 시스템에는 다른 큐들도 있다.
⑤ 새로운 프로세스는 처음에 준비 큐에 놓인다.
⑥ 프로세스는 실행을 위하여 선택되고 CPU를 할당받을 때 까지 준비 큐에 대기 한다.
⑦ 일단 프로세스에 CPU가 할당되고 실행되면 여러 가지 사건들 중의 하나가 발생한다.
  Ⓐ 프로세스는 I/O 요청을 발신하면 I/O 큐에 놓인다.
  Ⓑ 프로세스는 새로운 프로세스를 생성(fork) 하에서 이 프로세스의 종료를 기다린다.
  Ⓒ 프로세스는 인터럽트에 의하여 강제로 CPU에서 제거 되어 준비 큐에 다시 놓일 수 있다.
  ∴ ⒶⒷ의 경우는 프로세스는 대기(블록)상태에서 준비상태로 되고, 다시 준비 큐에 놓이게 되며, 프로세스는 종료될 때 까지(시스템을 떠날 때 까지) 이런 순환을 계속 한다.

준비 상태 큐와 다양한 입/출력(장치) 큐는 [그림3-19]에 나타내었다.

시스템에는 다른 큐들도 있다. 프로세스는 CPU를 배당 받게 되면 실행하고 난 후 빠져나오거나 입/출력을 요구할 때 기다리게 되며, 입/출력 요구는 전용 터미널이나 디스크와 같은 공용장치에 대해 이루어진다. 시스템 안에는 여러 프로세스가 있기 때문에 디스크와 같은 경우에는 동시에 요구가 생겨 그 사용을 기다리는 경우가 있는 데, 이 때 프로세스들은 장치 큐에서 기다리게 되며, 각 장치는 자신의 장치 큐를 가지고 있다. 만일 시분할 터미널과 같은 전용 장치라면 장치 큐에는 한 프로세스만 있을 수 없고, 각 장치가 공유 가능하다면 장치 큐에 여러 프로세스가 있을 수 있다.

준비 큐는 프로세스를 선택하는 큐로서 시스템에 하나 존재한다. 좁은 의미에서 스케줄링이란 준비 큐에서 프로세스 하나를 선택하는 것을 말한다.

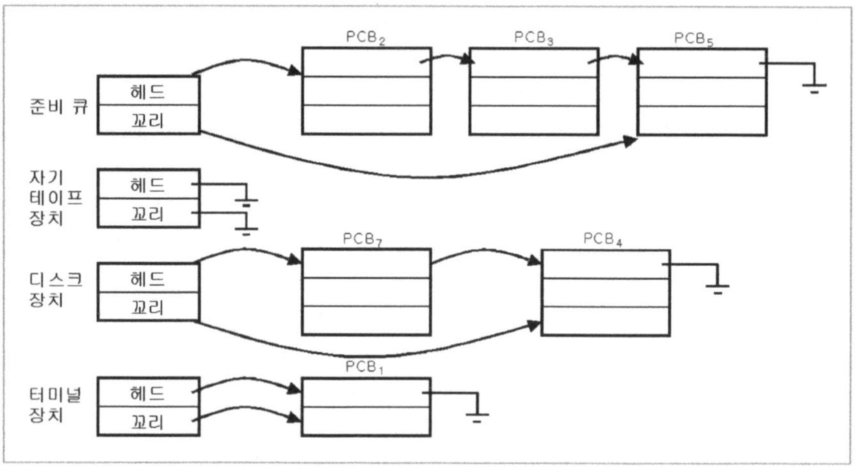

[그림 3-19] 준비 큐와 다양한 입/출력(장치) 큐

[그림 3-19]에 있는 자기 테이프, 자기 디스크, 단말기(터미널) 하나 하나가 큐(입/출력(장치 큐))다. 그리고 연결 리스트로 연결된 것이 큐에 대기 중인 프로세스이다.

다시말해, **M/M에 저장되어 있으면서 실행을 기다리는 준비상태의 프로세스들**은 [그림3-19]과 같이 준비 큐에 모여 있다. 프로세스가 실행되려면 프로세서(CPU)가 작업을 마치고 실행할 프로세스가 스케줄링 되어 있어야 한다. 일반적으로 준비 큐는 연결 리스트로 헤더와 끝(tail) 부분은 PCB의 첫 번째 항목과 마지막 항목의 포인터를 가리킨다. 이때 PCB에는 준비 큐에 있는 다음 프로세스를 가리키는 포인터 필드가 있다. 물론, 시스템에는 장치와 연결된 다른 큐들도 있다. 프로세스가 프로세서를 할당 받으면 실행을 완료하고 종료되거나 입/출력을 요청할 경우 기다리게 된다. 입/출력 요청 대상은 전용 테이프 드라이브이거나 디스크 같은 공유 장치가 될 수 있다.시스템에는 많은 프로세스가 있기 때문에 디스크는 동시에 많은 프로세스의 입/출력 요청을 받을 수 있다.이럴 경우 디스크는 바빠지므로 입/출력을 요청한 프로세스는 대기한다. 이때 입/출력 장치를 사용하기 위해 대기하는 프로세스들의 리스트를 장치 큐(입/출력 장치 큐)라고 한다. 장치가 테이프 드라이브나 시분할 단말기 같은 전용장치라면, 장치 큐는 프로세스를 한 개 이상 가질 수 없다. 디스크와 같이 장치를 공유할 수 있다면 장치 큐에 여러 개의 프로세스가 있을 수 있다.

3.5.8 프로세스 스케줄링을 표현하는 큐잉 도표

프로세서(CPU) 스케줄링은 일반적으로 큐잉 도표를 사용하여 설명한다[그림3-20].

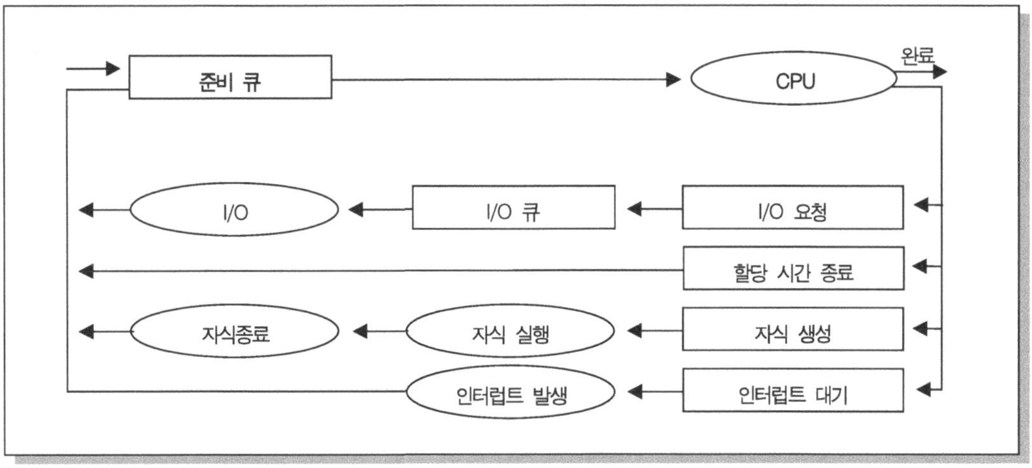

[그림 3-20] CPU 스케줄링의 큐잉 도표

큐잉 도표에서 사각형(ㅁ)은 준비 큐와 장치 큐의 집합을 의미한다. 원(◯)은 큐를 서비스하는 자원이며, 화살표(→)는 시스템에서 프로세스들의 흐름(진행 방향)을 표현한다.

작업 스케줄러가 작업을 받아들일 때,작업의 PCB가 생성되며 PCB은 작업이 시작되어 종료될 때까지 내용이 갱신된다. 따라서 실행 준비가 된 PCB,즉 해당 프로세스는 준비 큐에 놓인다. 프로세스는 프로세서(CPU)를 할당받을 때까지 준비 큐에서 대기한다. 일단 프로세스에 프로세서가 할당되어 실행되면, 다음과 같은 경우가 발생할 수 있다.

❶ 프로세스는 입/출력 요청을 발신하고 입출력 큐에 놓인다.
❷ 프로세스는 새로운 프로세서를 생성(fork)하고 생성한 프로세스의 종료를 기다린다.
❸ 인터럽트에 의해 프로세서에서 강제로 제거된 프로세스는 준비 큐에 다시 놓일 수 있다.

❶,❷의 경우에, 프로세스는 대기(블록)상태에서 준비상태로 전환되고 다시 준비 큐에 놓이게 된다. 프로세스는 종료될 때까지, 즉 시스템을 떠날 때까지 이런 순환 과정을 계속한다.

프로세서(CPU) 스케줄링에 대한 과정을 좀더 자세히 설명하기 위해 [그림3-20]과 같은 입/출력 장치 한 개와 입/출력 대기 큐의 한 개를 갖는 단순한 구조로 가정하여 비교 분석한다.

3.5.9 스케줄링 정책에서의 성능 기준

다중 프로그래밍 계산 센터에서 많은 프로그램의 처리 순서를 어떻게 하는가를 결정하는 태스크를 말한다.공용(Sharing)할 수 없는 자원, 예를 들면 중앙 처리 장치(CPU)의 처리 시간이나 I/O 장치를 어떤 기간에 걸쳐 어떻게 특정 태스크에 할당하는가를 정하는 작업이다.

(1) 개요

각기 알고리즘은 서로 다른 특성을 가지므로, 어떤 부류의 프로세스를 각별히 우선적으로 처리하고자 할 것이며, 어떤 특수 상황에서 알고리즘을 선택 할 때는 각 알고리즘의 특성이 고려되어야 한다.

(2) CPU의 성능 비교

- CPU(단기) 스케줄링의 주요 목적은 시스템 동작의 여러 면을 극대화시키는 방향으로 CPU에 할당하는 것이다. 그러기 위해서 많은 CPU 스케줄링 알고리즘들이 존재하고 이것들을 비교하기 위해서는 어떤 기준이 필요하다.즉, 스케줄링의 목적은 기본적으로 성능을 높이는 방향으로 이루어진다.
- 시스템의 성능 지표(performance index)로는 여러 가지가 있을 수 있으며, 이 성능 지표들은 크게 세 가지로 분류해 볼 수 있다.
  ⓐ 응답 시간(response time); 사용자가 프로그램이나 명령을 입력하는 시간부터 해당 프로그램이나 명령의 실행이 종료되어 그 결과가 사용자에게 보여 지는 시간까지의 경과 시간을 의미한다.
  ⓑ 작업 처리량(throughput); 단위 시간에 얼마나 많은 프로세스들을 처리하여 종료시키는가를 나타내는 성능 지표, 시스템이나 시스템 관리자의 입장에서 고려하게 되는 성능 지표이다.
  ⓒ 자원 활용도(이용율;utilization); 주어진 기간 동안 특정 자원이 얼마나 사용되었는가를 나타내는 성능지표이다. 시스템이나 시스템 관리자의 입장에서 고려하게 되는 성능 지표이다. 자원 활용도는 다음과 같다.
  자원 활용도=((시스템 전체 가동시간-CPU 유휴시간)/시스템 전체 가동시간)*100(%)
- 앞서 설명했듯이, 일반 컴퓨터 시스템의 OS에서 고려하게 되는 성능 지표는 다음과 같다.
  ⓐ 공평성(fairness); 모든 프로세스가 일정 조건을 기준으로 공평하게 프로세서 사용 시간을 할당 받아야 한다. 여기에서 일정 조건이란 운영자가 지정하거나 혹은 시스템 자체의 규칙에 의해 지정되는 우선순위 등에 근거한 조건을 말한다.
  ⓑ 작업 처리량(throughput); 시스템의 관점에서 주어진 시간 내에 이루어지는 연산의 양이 극대화되어야 한다. 작업 처리량을 극대화시키는 일은 스케줄링의 목적 중 하나인 자원 활용도를 최대화 시키는 일과 비례하는 관계를 갖는 것이 일반적이다. 이는 주로 일괄 처리 시스템에서의 성능 지표로 사용된다.
  ⓒ 평균 응답시간(mean response time); 이 성능 지표는 프로세스들이 입력되어 수행하고 결과를 산출하기 까지 소요되는 시간의 평균을 말한다. 가능하면 평균 응답시간을 극소화하는 방향으로 스케줄링이 이루어져야 한다. 이는 주로 대화형(conversational)시스템에서의 성능 지표로 사용된다.
  ⓓ 예견성(predictability); 실시간 시스템과 같이 시간적 제약을 가진 시스템에서 중요하게 여기는 성능 지표로서, 예측성을 높이기 위해서는 프로세스들이 예측된 시간 내에 최대한 근접하게 수행을 마치도록 스케줄링을 해야 한다.
  ⓔ 자원 활용도(resource utilization); 주어진 기간 동안 시스템 내의 각 자원들이 얼마나 사용되었는지에 대한 척도로서 프로세서를 비롯한 모든 자원들의 활용도를 높이는 방향으로 스케줄링이 이루어져야 한다.
  ⓕ 무기한 연기 방지(no indefinite postponement); 어느 특정한 프로세스가 계속해서 자원을 사용하지 못하고 무기한 대기하는 현상을 무기한 연기라 하며, 이는 일반적으로 스케줄링 기법의 편향성(bias)에 의해 발생하게 된다. 스케줄링 기법은 이러한 현상을 보이지 않도록 설계되어야 한다.
  이러한 목적을 위해 에이징(aging)기법, 즉 ,대기 시간이 경과할수록 대기하는 프로세스의 우선순위를 높여줌으로서 결국은 자원을 할당 받아 사용할 수 있도록 하는 기법 등이 사용된다.

- 여러 기준이 CPU(단기) 스케줄링 알고리즘을 비교하는 데 제시될 수 있다(가장 기본적으로 쓰이는 기준들이다).
  ① **CPU 이용률(utilization)**; 가능한 CPU를 놀리지(idle time) 않아야 한다(단위 시간 당 CPU가 활동하는 시간의 양이다).
  ② **처리율(throughput)**; 단위 시간당 완료된(수행되는) 프로세스의(작업, 프로그램) 수(양)를 말한다.
  ③ **반환 시간(turnaround time;경과시간, 총 수행시간)**; 프로세스(작업)가 M/M에 적재되는 시간, 준비 큐에서 기다리는 시간, 실행시간, 입출력하는 시간의 합이다(**작업(Job)을 입력시켜서 CPU가 처리하는 시간 = 메모리로 작업이 이동되는 시간 + 준비 큐에서 기다리는 시간 + CPU 실행시간 + 입/출력 시간**). 즉,(**프로세스의 종료시간-프로**

세스의 도착시간)이다.

④ **응답 시간**(response time); 대화 시스템에서, 프로세스의 요구 시간에서 응답이 올 때까지 걸리는 시간을 말한다. 사용자가 어떤 요청을 한 후부터 그 응답(반응)이 나 올 때까지의 시간(간격)이다. 즉, 응답이 시작되는 때까지 소요되는 시간이지 그 응답을 출력하는데 걸리는 시간이 아니다.

⑤ **대기 시간**(waiting time); 준비 큐에서 기다리는 시간을 말한다(CPU 스케줄링 알고리즘 은 작업의 실행시간이나 I/O 시간에 대해서는 실질적인 영향을 못미치고 단지 준비 상태 큐에서 기다리는 시간만 영향을 미침). 즉, (CPU 서비스 시간-프로세스 도착시간)을 말한다.

CPU 이용률과 처리율을 최대로 하고, 반환시간, 응답시간, 대기시간을 최소로 하는 것이 효과적이다.

이러한 조건들은 스케줄링 알고리즘이 공평성과 효율성을 갖추도록 고려되어야 한다. 그러나 스케줄링 기준들은 서로서로 종속적이며 모든 것을 동시적에 극대화시킬 수는 없음(예 : 대기시간을 짧게 하기 위해서는 프로세스 간의 빈번한 전환을 하는 스케줄링 알고리즘이 요구될 것이고 그러한 알고리즘은 시스템 부하(overhead)의 증가를 초래하고 처리율을 떨어뜨리므로 스케줄링 방법의 선택은 상응되는 요구들을 적절히 고려하여 이루어져야 한다.

(3) 스케줄링 시 고려 사항(스케줄링의 기준)

스케줄링 시 고려해야 할 사항은 다음과 같다.

① 입/출력 위주(I/O bounded)의 프로세스(작업)인가?
② 연산 위주(CPU bounded)의 프로세스(작업)인가?
③ 프로세스(작업)가 대화 형인가 일괄 형인가?
④ 신속한 응답이 얼마나 긴급한가?
⑤ 프로세스의 우선순위 문제
⑥ 프로세스가 얼마나 자주 페이지 부재를 발생시키는가?
⑦ 프로세스가 보다 높은 우선순위의 프로세스에게 얼마나 자주 선점되는 가?
⑧ 프로세스가 얼마나 많은 실제의 수행시간을 얻는가?
⑨ 프로세스가 작업을 종료하는데 필요한 시간?

- CPU 스케줄링은 준비상태 큐에 있는 프로세스 중 어느 프로세스에 CPU를 할당할 것인가를 결정하는 일을 취급하는데, 여러 종류의 알고리즘이 있다.

(4) 스케줄링 정책의 수립 시 고려할 요소

일반적으로 스케줄링 정책을 수립하는데 고려되어야 할 요소는 다음과 같다.

① 자원의 제한성 : 특정한 자원이 어떤 사용자가 미리 점유하여 사용할 수 없다면 대기해야 한다.
② 비용 문제 : 빠른 수행을 하기 위해서는 더 많은 비용이 든다.
③ 자원의 요구도 : 프로세스 시간과 메모리 등 더 많은 자원을 원하는 프로세스들은 더 많은 시간을 기다려야 한다.
④ 체제의 균형 : 연산 중심(CPU-bound)과 입/출력 중심(I/O-bound)의 작업(job)들의 적당하게 배합을 한다.
⑤ 시한성(기아 현상 방지) : 제출한 후 어느 정도의 시간이 경과하면 반드시 처리된다.

- 일단 작업(job)이 선정된 후에는 준비상태로 들어가서 프로세서 스케줄러의 영역으로 넘어가게 된다. 그러나, 시분할 체제에서는 작업(job) 스케줄러와 프로세서(CPU) 스케줄러 간에 상호 작용이 있을 수 있다.
- 작업 스케줄러에 의해서 실행될 작업이 선정되면 일단 준비 상태로 들어가게 되고 프로세서 스케줄러에 의해서 처리기를 배당 받게 되는데, 이러한 프로세서 스케줄러를 **분배기**(dispatcher)라 한다. 프로세서 스케줄러가 해야 할 일은 우선 모든 프로세스의 상태를 파악하고, 프로세스 분배 정책을 수행하며, 분배받은 프로세스가

일을 끝내면 처리기(CPU)를 회수해야 한다.

(5) 인터벌 타이머(Interval timer)와 인터럽트 클록(interrupting clock)

대화식 사용자에게는 적절한 응답시간이 보장되기 위해서는 다음과 같은 전제가 되어야한다.

① CPU가 배당되어 있는 프로세스가 시스템의 독점을 방지하기 위 해 인터벌 타이머와 인터럽트 클록을 사용한다.

② OS는 주기적으로 인터럽트를 발생시켜 다른 프로세스를 dispatch(분배)시켜 수행한다.

③ 프로세스가 자발적으로 CPU를 양도할 때까지, 인터럽트 클록에 의해 프로세스가 인터럽트 당할 때까지 프로세스가 CPU 제어권 소유한다.

④ 대화용 사용자(interactive user)에게 적절한 응답시간(response time)을 제공하고 시스템이 무한정 루프(indefinite loop)에 빠지지 않도록 한다.

3.6 스케줄러

3.6.1 개요

스케줄링은 다중 프로그래밍을 가능하게 하는 OS의 동작 기법이다. OS는 프로세스들에게 CPU 등의 자원 배정을 적절히 함으로써 시스템의 성능을 개선할 수 있다. 프로세스는 실행되는 동안 다양한 스케줄링 큐 사이를 이동하는데,OS는 이러한 스케줄링 큐에서 프로세스들을 선택하기 위해 스케줄러를 사용한다. OS는 많은 스케줄러를 가지고 있는데, **주요 스케줄러는 장기(작업) 스케줄러**(Long-term(Job) scheduler)와 **단기**(CPU;**프로세스**) **스케줄러**(Short-term(CPU) scheduler)가 있다.

스케줄러(Scheduler)는 OS에 있어서 독립적으로 실행할 수 있는 컴퓨터 프로그램에 대하여 컴퓨터시간을 할당하는 루틴을 말하며, 컴퓨터에 투입되는 작업 대기행렬을 조사하여 그 중에서 처리해야 하는 다음작업(우선도나 자원등을 고려해서)을 선출하는 제어프로그램이다. 시분할시스템(TSS)에서는 다중프로그래밍 방식을 기본으로 스케줄을 사용하여 다수의 작업(Job)을 동시에 처리한다. 보통 우선도가 높은 작업에 시간조각(time slice)을 실행하는 스케줄이 형성된다.

3.6.2 스케줄러의 종류

CPU 스케줄링의 개념은 CPU가 언제, 어느 프로세스에게 할당되는지를 결정하는 작업인데, OS에 의해 수행되며, 프로세서 스케줄링"이라 부른다.

일반적으로 스케줄링하는 방법들은 기능별(단계 별), 방법 별, 그리고 알고리즘 별로 분류한다[그림3-21].

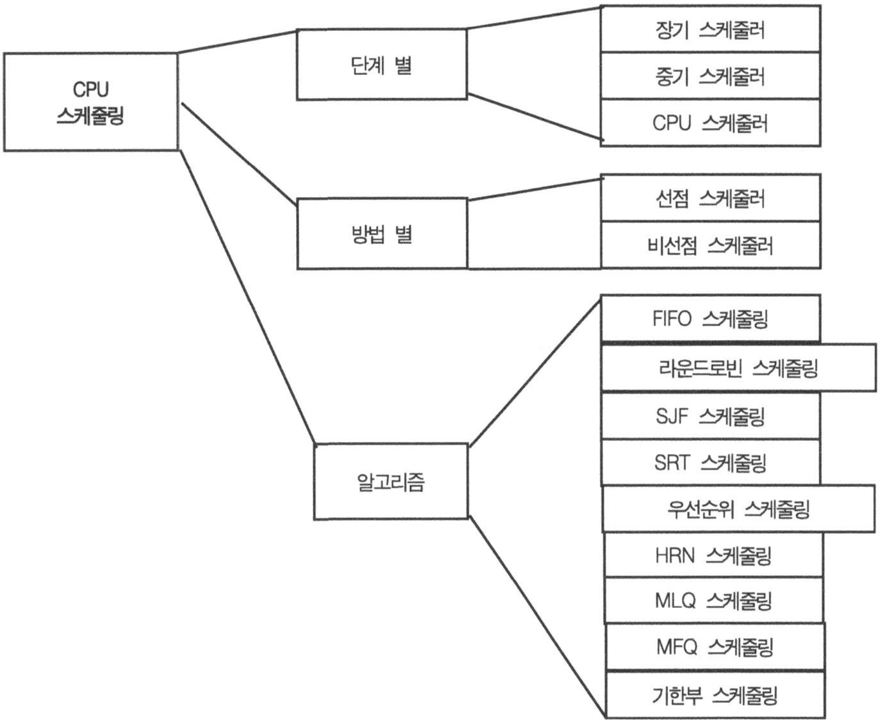

[그림 3-21] **스케줄의 분류**

(1) 기능 별 분류

- 기능 별 분류는 작업(Job) 스케줄러(장기 스케줄러)와 CPU 스케줄러(단기 스케줄러, 프로세스 스케줄러)로 분류한다.

① 작업(장기) 스케줄러

운영 체제(OS) 중의 작업 관리 프로그램(Job management)의 한 기능. 복수의 작업을 효율적으로 처리하기 위한 실행 관리 프로그램이며, 작업 실행에는 대별하여 프로그램의 실행과 실행 결과의 출력이 있다. 이에 대하여 시스템 상태, 작업의 우선순위(priority), 자원(resource)의 할당 상황 등을 판단하여 복수의 작업의 실행 또는 출력 순서 매기기를 하고, 처리율(throughput)의 향상을 꾀하는 것이 작업 스케줄러의 역할이다[그림3-22].

② CPU(프로세서;단기) 스케줄러

시스템에 들어오는 각각의 작업은 우선 작업 스케줄러에게 넘겨진다. 처리해야 될 작업 큐에서 작업을 선택하고 준비 큐에 전달하는 역할을 담당한다. 나머지 대부분의 일은 CPU 스케줄러가 담당한다.CPU 스케줄러는 어떤 작업이 CPU를 언제 얼마나 할당받는지를 결정한다. 또 처리과정 중 인터럽트가 걸렸을 때 수행하고 있던 프로세스를 어느 큐로 보내야 되는가를 결정한다.

시스템에서 작업이 처리될 때, 작업은 먼저 **작업 스케줄러**에 의해 호출되어 생성상태에서 준비상태로 전이하고, 그 다음에 알고리즘(FCFS, SJF, 우선순위, SRT, Round Robin,기타 등)에 따라 **CPU 스케줄러**가 처리한다(준비상태에서 실행상태로 전이). 특별히 이 역할을 담당하는 모듈을 **디스패처(dispatcher)**([그림3-25] 참조)라고 한다.

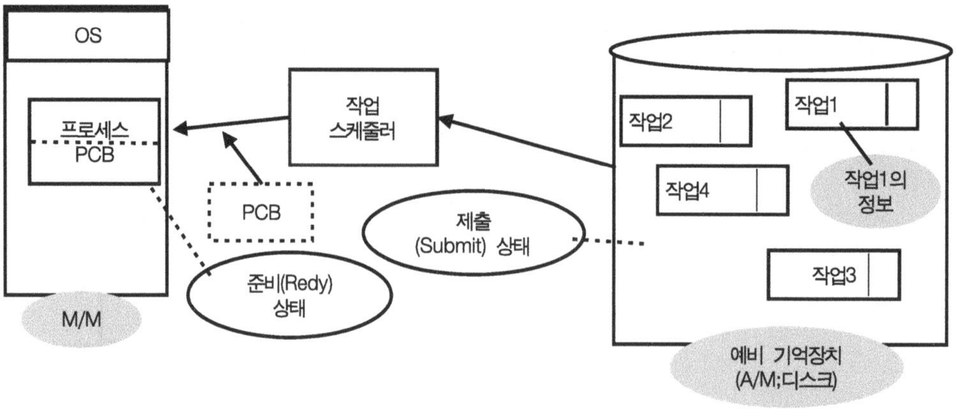

[그림 3-22] 작업 스케줄러의 역할

시분할 방법 등에서, 주어진 프로세스의 할당시간이 만료된 경우 프로세스는 실행상태에서 다시 준비상태로 돌아가기도 한다. 시스템 내에 존재하는 각 프로세스는 자신의 정보를 보관하고 있는 **프로세스 제어 블록(PCB)**에 의해 관리된다.

(2) 방법 별 분류

CPU 스케줄링에서 스케줄링 적용 시점에 따라 비선점(Nonpreemptive)형과 선점(Preemptive형의 2 가지로 구분할 수 있다.

① 비선점형 스케줄링(Nonpreemptive Scheduling)

어떤 프로세스가 CPU를 할당 받으면 그 프로세스가 종료되거나 입출력 요구가 발생하여 자발적으로 중지될 때까지 계속 실행되도록 보장한다. 순서대로 처리되는 공정성이 있고 다음에 처리해야 할 프로세스와 관계없이 응답 시간을 예상할 수 있으며 선점 방식보다 스케줄러 호출 빈도 낮고 문맥 교환에 의한 오버헤드가 적다. 일괄 처리 시스템에 적합하며, CPU 사용 시간이 긴 하나의 프로세스가 CPU 사용 시간이 짧은 여러 프로세스를 오랫동안 대기시킬 수 있으므로, 처리율이 떨어질 수 있다는 단점이 있다.

- 한 프로세스가 CPU를 할당받으면 CPU는 그 프로세스로부터 빠져 나올 수 없다(짧은 작업들이 긴 작업의 수행이 끝나기를 기다리게 되는 경우는 있지만 모든 프로세스를 관리 하는데에 있어 있는 공정함).
- 우선순위가 높은 작업들이 중간에 입력되어도 대기중인 작업들이 영향을 받지 않으므로 응답시간을 예측하기도 쉽다.

대표적인 비선점 알고리즘은 선입선출(FCFS), 최단(최소) 작업 시간 우선(SJF), 우선순위, HRRN 스케줄링 알고리즘 등이 있다.

② 선점형 스케줄링(Preemptive Scheduling)

어떤 프로세스가 CPU를 할당받아 실행 중에 있어도 다른 프로세스가 실행 중인 프로세스를 중지하고 CPU를 강제로 점유할 수 있다. 모든 프로세스에게 CPU 사용 시간을 동일하게 부여할 수 있다. 빠른 응답시간을 요하는 대화식 시분할 시스템에 적합하며 긴급한 프로세서(CPU)를 제어할 수 있다. 'OS가 프로세서 자원을 선점'하고 있다가 각 프로세스의 요청이 있을 때 특정 요건들을 기준으로 자원을 배분하는 방식이다. 다시말해, 한 프로세스가 CPU를 차지하고 있을 때 다른 프로세스가 현재 수행중인 프로세스를 중지시키고 자신이 CPU를 차지할 수 있다. 높은 우선순위를 가진 프로세스들이 빠른 처리를 요구하는 시스템에서 유용하다.

대표적인 선점 알고리즘은 라운드 로빈(R/R;Round Robin), 최소 잔여시간 우선(SRT;Shortest Remaining Time First), 다단계 큐 스케줄링, 다단계 피드백 큐 스케줄링, RM 스케줄링(Rate Monotonic Scheduling), 최단 마감 우선 스케줄링(EDF;Earliest Deadline First Scheduling) 등이 있다.

(3) 우선순위 결정 방법 분류

프로세스의 우선순위 변동 여부에 따라 정적 스케줄링과 동적 스케줄링으로 구분할 수 있다.

① 정적 스케줄링(Static Scheduling): 프로세스에 부여된 우선순위가 바뀌지 않는다. 고정우선순위 스케줄링이라고도 한다.

② 동적 스케줄링(Dynamic Scheduling): 스케줄링 과정에서 프로세스의 우선순위를 변동시킨다. 유동 우선순위 스케줄링이라고도 한다.

(4) 알고리즘 별 분류

- 스케줄링 알고리즘을 구현할 때 스케줄링의 여러 가지 목적 중 서로 상반되는 것이 있을 수 있다. 알고리즘 작성에는 일괄형 처리인지와 대화형인지와, CPU, I/O의 사용 비율, 우선순위 부여 여부와 부여할 경우 해당 프로세스의 선점 정도, 페이지 부재 (page fault)정도가 고려된다. 스케줄링 알고리즘에는 다음과 같은 종류가 있다.

① 선입선출(FCFS;First Come First Served 또는 FIFO;First In First Out)
② 라운드 로빈(순환 할당;RR;Round-robin)
③ 최단(최소) 작업 시간 우선(SJF;Shortest Job First)
④ 최소 잔여시간 우선(SRT;Shortest Remaining Time First)
⑤ 최고 응답 비율 우선 스케줄링(HRRN;Highest Response Ratio Next)
⑥ 다단계(MLQ;Multilevel Queue)
⑦ 다단계 피드백 큐(MLFQ;Multilevel Feedback Queue)
⑧ 우선순위(Priority)
⑨ 최단 마감 우선 스케줄링(EDF;Earliest Deadline First Scheduling)
⑩ 비율 단조적 스케줄링(RM;Rate Monotonic Scheduling)
⑪ 기타

(5) 주요 알고리즘의 특징

주요 스케줄링 알고리즘의 특징을 요약하면 다음 [표3-3]와 같다.

[표 3-3] 알고리즘의 특징

알고리즘	Policy type(종류)	최적처리 형태	단점	장점
FCFS	비선점 (nonpreemptive)	일괄(batch)	반환 시간 예측불가	구현이 쉽다
SJF	비선점	일괄	요구시간 길이 예측 곤란	평균대시간을 최소화
우선 순위	비선점	일괄	기아 상태	중요한job의 빠른 응답
SRT	선점 (preemptive)	일괄	문맥 교환에 부담	짧은 job의 빠른 응답
라운드로빈 (Round robin)	선점	대화형 (interactive)	알맞은 시간 할당량 필요	대화식이용자에 적절한CPU의 공정한 할당
다단계큐 (Multiple level Queues)	선점/비선점	일괄/대화형	큐의 감독에 따른 과부하	복잡한 알고리 즘이지만 유연 성이 있고 가장 일반적인 알고리즘

3.6.3 작업 스케줄러와 CPU 스케줄러

(1) 개요

작업 스케줄러(Job scheduler)는 장기 스케줄러(Long-term scheduler)라고도 하며, 스케줄링 원칙에 따라 디스크 내의 작업을 어떤 순서로 메모리(M/M)에 가져와서 처리할 것인가를 결정하는 프로그램이다. 작업 스케줄링에 필요한 정보는 제출시간, 작업의 이름, 작업의 길이(용량) 등이다. 선택된 작업들에 PCB를 부착시켜 메모리로 적재하는데, 이것이 "**프로세스(Process)**"이다. 이렇게 M/M에 적재되어 있는 프로세스를 할당받아 실행 상태(Running state)가 되도록 결정하는 것이 프로세스(CPU) 스케줄링이다. 이때 프로세스가 실행하는데 필요한 자원의 요청은 만족되어야 한다[그림3-23]. 본서에서는 작업 스케줄러(Job scheduler)는 장기 스케줄러(Long-term scheduler)와 같은 개념으로 쓰이며, 또한 CPU 스케줄러(CPU scheduler)는 단기 스케줄러 (short-term scheduler)와 프로세서 스케줄러 또는 프로세스 스케줄러와 같은 의미로 사용된다.

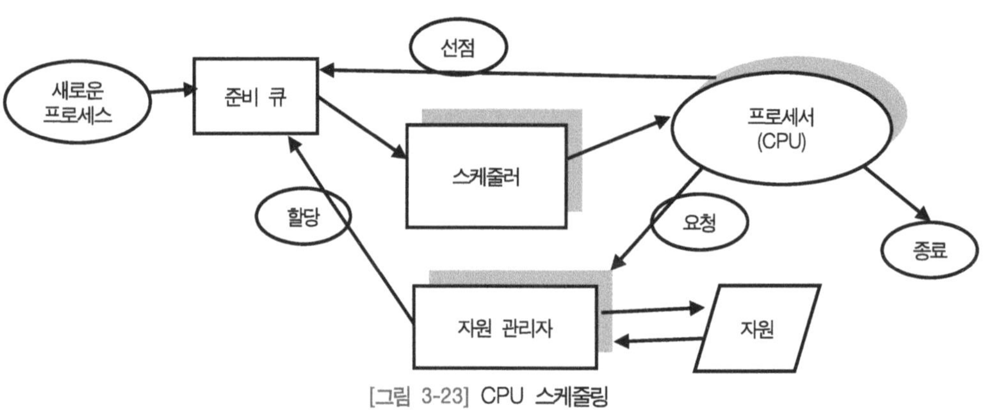

[그림 3-23] CPU 스케줄링

일괄 처리 시스템에서 장기 스케줄러와 CPU 스케줄러에 대한 것은 [그림3-24]에 나타내었다. 일괄 처리 시스템에서는 일반적으로 즉시 처리할 수 있는 양보다 많은 작업이 들어온다. 이 작업들은 디스크와 같은 저장 용량이 큰 저장장치에 저장되어 있는데, 장기 스케줄러는 실행할 작업을 준비 큐(입력 큐)에서 꺼내 M,/M에 적재한다. 다시말해, 단기 스케줄러를 프로세서(CPU) 스케줄러라고 부르는데, M/M의 준비상태에 있는 작업 중에서 실행할 작업을 선택하고 프로세서(CPU)를 배당(할당)한다.

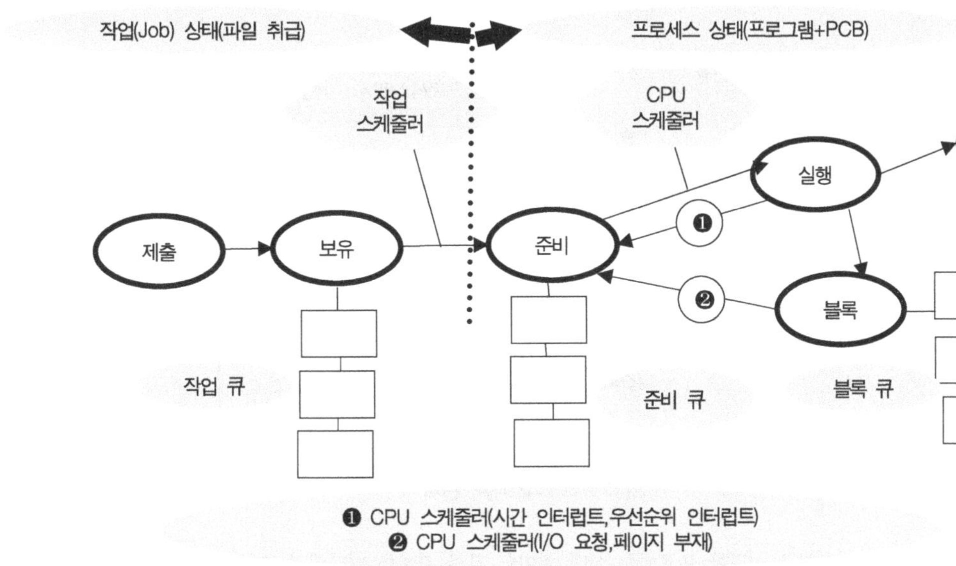

[그림 3-24] 작업 스케줄러와 CPU 스케줄러의 관계

작업(장기) 스케줄러와 CPU(단기) 스케줄러의 근본적인 차이는 **실행 빈도**이다. CPU **스케줄러**는 실행할 프로세스를 수시로 선택한다. 프로세서(CPU)에서 실행시간은 백만 분의 수초 정도이므로 최소한 백만 분의 십초 단위로 CPU 스케줄러가 실행된다고 가정할 때, CPU **스케줄러**가 프로세스를 선택하는데 백만 분의 1초 걸린다고 한다면, 전체 시간의 9%(약 1/(10+1)) 정도가 단순히 프로세서의 스케줄링에 소비된다. 따라서 단기(CPU) 스케줄러는 아주 빨라야 된다.

일반적으로 시스템에 새로운 작업이 들어오는 것은 분 단위이므로 **장기(작업) 스케줄러**는 다른 스케줄러에 비해 상대적으로 드물게 수행된다. **장기 스케줄러**는 다중 프로그래밍의 정도(M/M에 적재되어 있는 프로세스의 수)를 결정한다. 작업이 시스템에 들어오는 정도가 일정하다면 작업의 도착률과 작업을 끝내고 나가는 정도는 같게 된다. 그러므로 장기 스케줄러는 작업이 시스템을 나갈 때만 실행되며 실행 간격이 상대적으로 길기 때문에 실행시간이 좀 더 길어도 영향을 별로 받지 않는다. 스케줄러의 작업 선택은 매우 신중해야 한다. 왜냐하면, 대부분의 작업들은 입출력 중심 작업과 CPU 중심 작업으로 구성되므로 두 종류의 작업을 잘 혼합하여 선택해야 한다. 만일, 모든 작업이 입/출력 중심 작업이라면 준비상태 큐는 거의 비어 있고 CPU 스케줄러도 거의 할 일이 없을 것이다. 반면에 모든 작업이 CPU 중심 작업이라면 입/출력의 대기 큐는 거의 비어 있게 되므로 시스템의 균형이 맞지 않게 된다. 그러므로 시스템의 성능을 좋게 하려면 CPU 중심 작업과 입/출력 중심 작업이 적절히 혼합되어야 한다.

어떤 시스템에서는 장기(작업) 스케줄러가 없거나 아주 작다. 예를 들면, 시분할 시스템은 대개 장기 스케줄러가 없고 단지 새로운 프로세스를 M/M에 넣어주기만 한다. 특히, 가상 기억장치(Virtual Memory)나 시분할 기법을 사용하는 시스템은 중기(medium-term;중간단계) 스케줄러를 추가로 사용한다[그림3-29][그림3-30][그림3-31].

중기 스케줄러는 프로세스들이 프로세서(CPU)를 서로 차지하려고 할 때, 프로세스를 기억장소에서 빼낼 수 있어서(교체(Swapping) 작업) 다중 프로그래밍의 정도(Degree)를 줄일 수 있다. 시간이 지난 후에 빼낸 프로세스는 다시 M/M에 들어가 수행이 중단되었던 곳에서부터 계속 수행하게 된다. 이 기법을 **교체 시스템**(Swapping System)이라 하며 교체되어 들어오고(Swap-In), 나가는(Swap-Out) 스케줄 결정은 **중기 스케줄러**가 한다. 교체는 작업의 혼합을 개선하거나 프로세스가 가지고 있던 메모리를 사용 가능하게 해주기 위해서도 필요하다.

CPU 스케줄러에 포함된 또 다른 요소는 **디스패처(Dispatcher;분배기)**이다. 디스패처는 CPU 스케줄러가 선택한 프로세스에 실질적으로 프로세서(CPU)를 할당한다. 또한 프로세스의 레지스터를 적재하고(문맥교환;Context Switching), 사용자 상태(User Mode)로 전환시켜 주며, 다시 시작할 때 사용자 프로그램이 올바른 위치를 찾을 수 있도록 한다. 그러므로 디스패처의 처리 속도는 빠르면 빠를수록 좋다. 디스패처에 대한 관계는 [그림3-25]에 나타내었다.

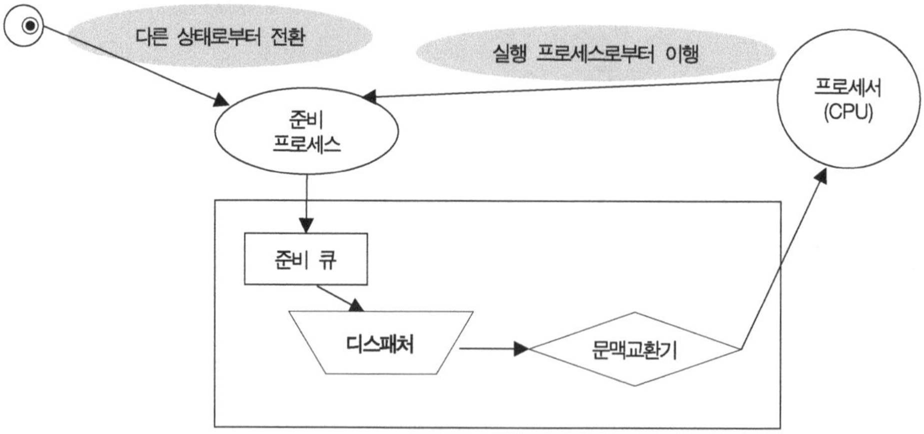

[그림 3-25] 디스패처 관계

스케줄링 과정과 앞서 제시하고 설명한 프로세스 상태 전이도 간의 관계를 나타내면 [그림3-26]와 같다.

장기(작업) 스케줄링은 프로세스의 생성 과정에서 프로세스의 준비상태에 무엇을 추가할 지를 결정하며 M/M의 사용가능 공간 확인과 자원을 확인한다. **중기 스케줄러**는 교체 기능의 일부로 M/M에 부분적으로 프로세스를 적재하고, 일시 중지된 프로세서의 원인이 해결되면 다시 준비상태로 만든다. **CPU(단기(프로세서) 스케줄러**는 미리 정해진 정책(알고리즘)에 따라 실행할 프로세스를 선택한다. 프로세스의 실행상태에서 대기(블록) 또는 대기(블록)상태에서 준비상태로의 변환은 각각 CPU 스케줄러에 의해 처리된다. 실행에서 종료상태로의 변환은 CPU와 장기 스케줄러에 의해 처리된다. 그리고 성공적인 작업의 종료 또는 오류 발생으로 인하여 OS가 트랩(Trap)되면 모든 자원은 해제된다.

장기(작업) 스케줄러(Long-term(Job) scheduler)와 단기(CPU) 스케줄러(Short-term(CPU) Scheduler)들의 역할을 간단히 그림으로 나타내면 [그림3-24]와 같다.

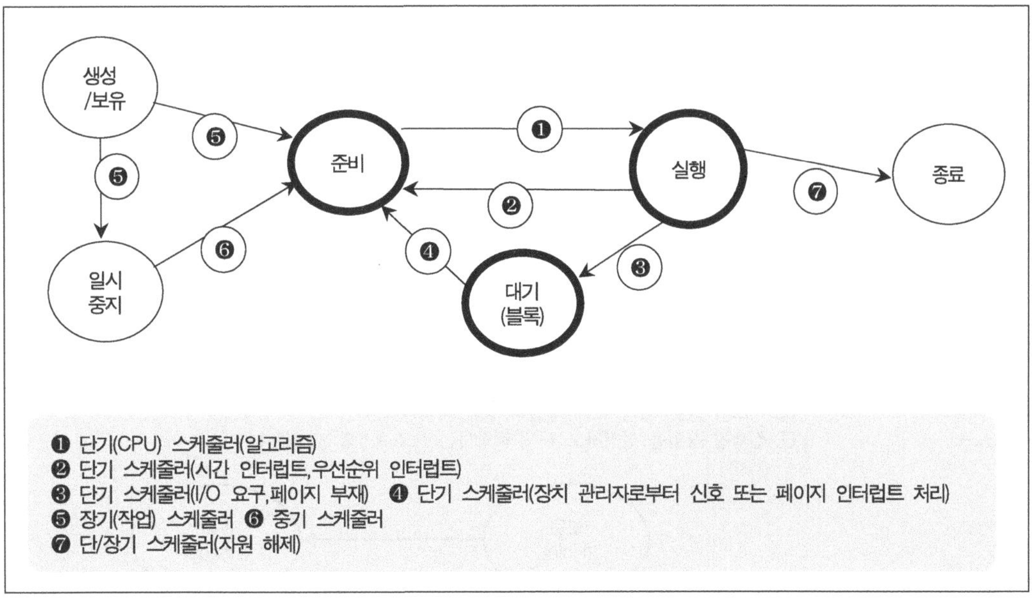

[그림 3-26] 스케줄링과 프로세스의 상태 변환

(2) 작업 스케줄러(장기(long-term) 스케줄러)

먼저 작업(Job) 스케줄러는 일반적인 스케줄링 원칙에 따라 디스크 내의 어떤 작업을 어떤 순서에 의해 메모리(M/M)로 가져와서 수행시킬 것인가를 결정하는 프로그램이다[그림3-26]. 이를 위해 디스크 내의 각 작업에는 이 결정에 필요한 정보들 즉 제출 시간, 이름, 길이 등이 저장되어 있다. 일단 선택된 작업들은 PCB (process control block)을 부착시켜 메모리(M/M)로 보내는데, 이것이 바로 프로세스이다.

작업 스케줄러의 특징은 다음과 같다.

① 처리될 작업(job)을 결정한다.
② 작업 장소(job pool)에서 작업을 선택해 M/M로 옮긴다.
③ 작업(job) 스케줄러는 어느 작업이 시스템 내의 자원을 이용할 수 있도록 할 것인지를 결정한다.
④ 작업 스케줄러는 작업이 시스템에 들어오는 것을 승인하는 것이기 때문에 때로는 승인(admission) 스케줄링이라고도 한다.
⑤ 입/출력 중심(I/O bound)와 연산 중심(CPU-bound) 작업을 적절하게 혼합하는 것이 중요하다.
⑥ 작업이 시스템에서 나가면 새로운 작업을 결정한다.
⑦ 어떤 시스템에서는 장기 스케줄러가 없거나 기능이 작다(TSS들은 장기 스케줄러가 별도로 없으며, CPU(단기) 스케줄러를 위하여 기억 장치에 단순히 새로운 프로세스를 넣음).앞서 설명한 [그림3-10]은 프로세스 관점에서 본 OS를 보여준 것이다.

작업(Job) 스케줄러의 기능은 [그림3-22]에 나타내었다.

작업(Job) 스케줄러에 의해서 수행될 작업이 일단 선정되면 일단 준비 상태로 들어가게 되고, CPU 스케줄러에 의해서 CPU를 배당받게 된다. 따라서, CPU 스케줄러가 해야 할 일은 우선 모든 프로세스의 상태를 파악하고, CPU의 분배 정책을 수행하며, 분배받은 프로세스가 일을 끝내면 CPU를 회수해야 한다.

작업(Job) 스케줄러 내에 있는 **교통 제어기(Traffic Controller)**가 프로세스의 상태를 파악하게 되는데, 이를 위하여

PCB(process control block)라는 테이블이 필요하다. 각 프로세스마다 PCB를 가지고 있으며, PCB에 의해 어느 프로세스의 존재 여부를 알게 된다.

프로세서 (처리기) 관리의 모듈과 이들의 기능은 다음과 같다.

모듈	기능
스풀러(SPOOLer)	① 제출된 모든 작업(job)을 작업 스케줄러에 의해서 처리될 수 있는 형태로 바꾸어 준다. 
작업 스케줄러 (Job scheduler)	② 시스템 안에 있는 모든 작업의 상태 파악한다. ③ 실행될 작업을 설정하고 이에 해당하는 프로세스를 조정한다. 
CPU 스케줄러 (Process scheduler 또는 CPU scheduler)	④ 실행될 프로세스를 선정해서 처리기(CPU)를 배당한다. 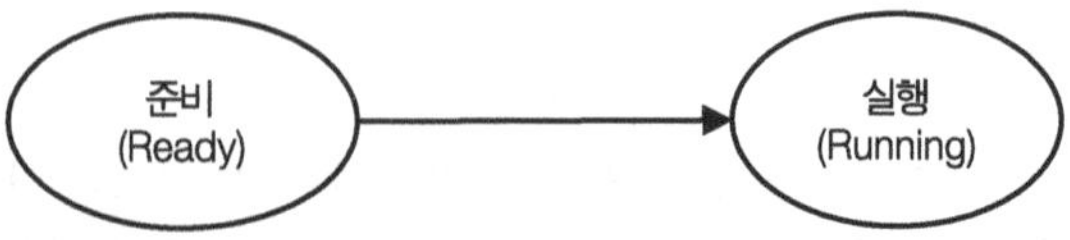
교통 제어기 (Traffic controller)	⑤ 모든 프로세스의 상태 파악한다. ⑥ 프로세스의 상태를 바꾸어 주는 형태를 실행한다. ⑦ 프로세스 간의 통신(IPC)과 동기화(Synchronization)를 조정한다.

프로세스(CPU) 스케줄러와 작업 스케줄러의 차이점은 다음과 같다

작업 스케줄러	프로세스(CPU) 스케줄러
■ 스케줄링 원칙에 따라 디스크 내의 어떤 작업을 순서에 의해 메모리로 가져와서 수행시킬 것인가를 결정한다. ■ 수행될 작업이 일단 선정되면 일단 준비 상태로 들어간다. ■ 작업 스케줄러 내에는 프로세스의 상태를 파악하기 위해 트래픽 제어기가 필요하다.	■ 프로세스 = 디스크 내의 각 작업 + 각 PCB ■ CPU 스케줄링에 의해 CPU에 할당받는다. ■ CPU 스케줄링은 모든 프로세스의 상태를 파악하고, CPU의 분배 정책을 수행하며, 분배 받는 프로세스가 일을 끝내면 CPU를 회수해야 한다(디스패치).

(3) CPU 스케줄러(단기(short-term) 스케줄러 또는 CPU 스케줄러)

OS가 관리하는 자원 중에서 CPU와 작업(Job)에 관한 스케줄링 전략이 반드시 세워져야 한다. 만일 어떤 프로세스가 완료되지 않고 계속 CPU를 점유하게 되면 시스템이 성능과 효율을 떨어뜨리기 때문이다.

CPU 스케줄러의 특징은 다음과 같다.

① 준비상태인 프로세스 중에서 어느 것이 다음에 실행될 것인지 결정하는 것이다.

② CPU 스케줄러는 어느 프로세스가 CPU를 차지하도록 할 것 인지를 결정 한다(실행 준비가 된 M/M 내 작업들 중 하나를 선택해 CPU를 할당) [그림3-27].

③ 프로세스를 일시 보류시키거나 다시 활성화시키는 기법을 이용하여 시스템의 부하를 조절한다(CPU 활용도를 높

이기 위해서는 단기 스케줄러(short-term scheduler)의 빈도 수를 높임).

④ 이렇게 함으로써 시스템을 적절히 운영할 수 있고 또 효율적인 성능을 유지할 수 있다.

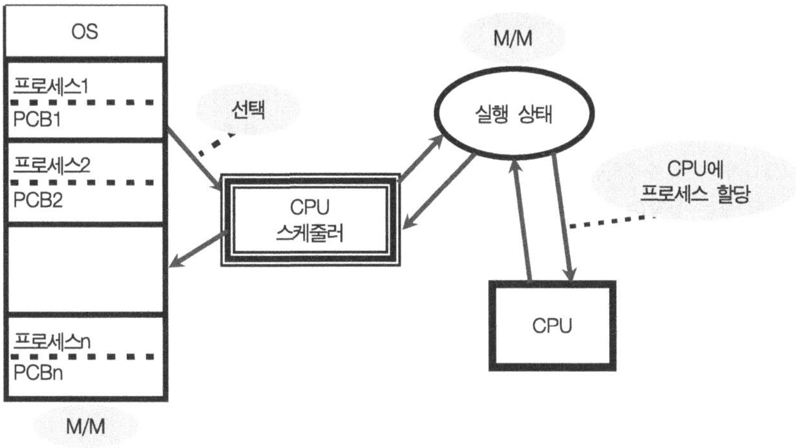

[그림 3-27] 프로세스에 대한 CPU 스케줄러가 하는 일

CPU 스케줄러(단기 스케줄러)는 현재 실행 중인 프로세스를 잠시 중단시키거나 다른 프로세스를 위하여 현재의 것을 선점해야 하는 상황이 발생할 때 수행된다. 그러한 상황으로는 다음과 같은 것들이 있다.

- 클럭 인터럽트(clock interrupt)
- 입/출력 인터럽트(I/O interrupt)
- 운영체제 호출(operating-system calls)
- 신호(signals)

간단한 스케줄링의 큐잉도는 [그림3-28]과 같다.

CPU 스케줄링은 다중 프로그래밍을 지원하는 OS에서 프로세스를 효율적으로 관리하기 위해서 등장하였다. 프로세스(CPU) 스케줄링은 프로세스에게 처리기(CPU=processor)를 할당하며, 다중 프로그래밍의 환경 하에서 적용(Multiprogramming OS) 된다.

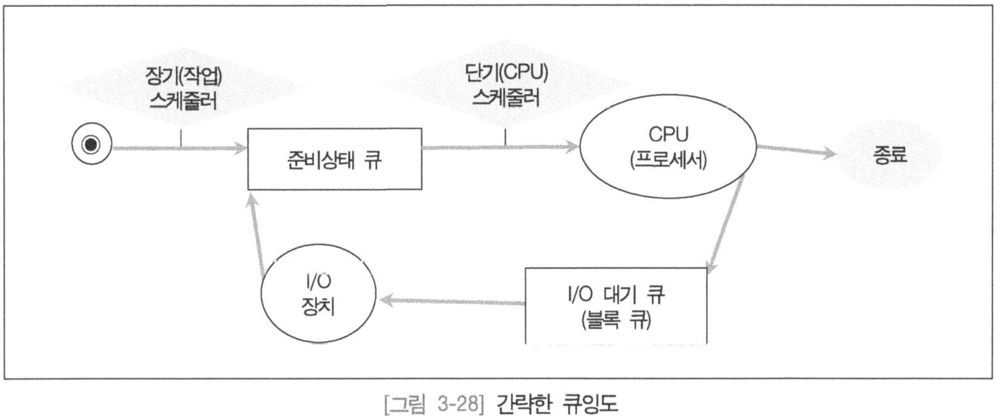

[그림 3-28] 간략한 큐잉도

프로세스의 실행은 프로세스가 CPU를 사용하는 상태와 입/출력을 대기하는 상태를 번갈아 유지함으로써 이루어진다. 다중 프로그래밍에서 프로세스는 입/출력의 요구를 마치기 위해 기다리는 경우를 제외하고는 항상 실행된다는 특징을 갖는다. 따라서 **CPU의 이용률(활용률,Utilization)**을 높이고 **처리율(Throughput)**을 향상시킬 수 있도록 CPU에 프로세스를 적당하게 할당하는 방법이 필요하게 된다. 이것이 바로 CPU 스케줄링이다.

① 모든 컴퓨터의 자원(resource)은 사용되기 전에 스케줄 되어야 하므로 스케줄링은 OS 기능의 기초가 된다.
② CPU는 컴퓨터에서 주요한 자원의 하나이므로 CPU 스케줄링은 OS 설계의 중심이다.
③ 기본요소는 CPU가 주로 수행하는 것은 사용자의 작업과 프로그램이지만 그외 다른 시스템 활동도 수행해야 한다. 즉, 컴퓨터의 모든 동작은 CPU에 의해 시작되며, CPU는 오류, 프로그램의 요구사항, I/O 인터럽트 등에 대해서 대응조치를 취해야 한다.

CPU 스케줄링 시에 고려해야 할 사항은 다음과 같다.

- 프로세스(Process) 상태
- 작업 스케줄링(Job Scheduling) 문제
- 동기화(Synchronization) 문제
- 교착상태(Deadlock) 문제
- 상호배제(Mutual exclusion) 문제

(4) 중기 스케줄러(중간 단계 스케줄러;Medium-term scheduler(swapping))

주요 아이디어는 기억장치에서 CPU를 적극적으로 경쟁하는 프로세스들의 수를 줄여서 다중 프로그래밍의 차수(degree)를 완화하는 것이 바람직할 때가 가끔 있다는 데서 유래했다. 차후에 다시 프로세스를 기억장치(M/M)로 불러와서 실행을 재개한다. 이런 기법을 교체(swapping)라고 한다. 프로세스는 중기 스케줄러에 의해 교체되어나가고(Swap-out) 후에 다시 교체되어 들어온다(Swap-in)[그림3-29]. 교체는 프로세스들의 혼합 상태를 개선하기 위하여 필요하기도 하며, 기억 장치 수요에 대한 변화가 발생하여 더 많은 기억 장치를 확보할 때 기존의 공간을 해방시키기 위하여 필요하기도 하다. 즉, 장기와 단기 스케줄링의 중간 단계로 일단 CPU에 할당된 작업도 교체되어 나간다.

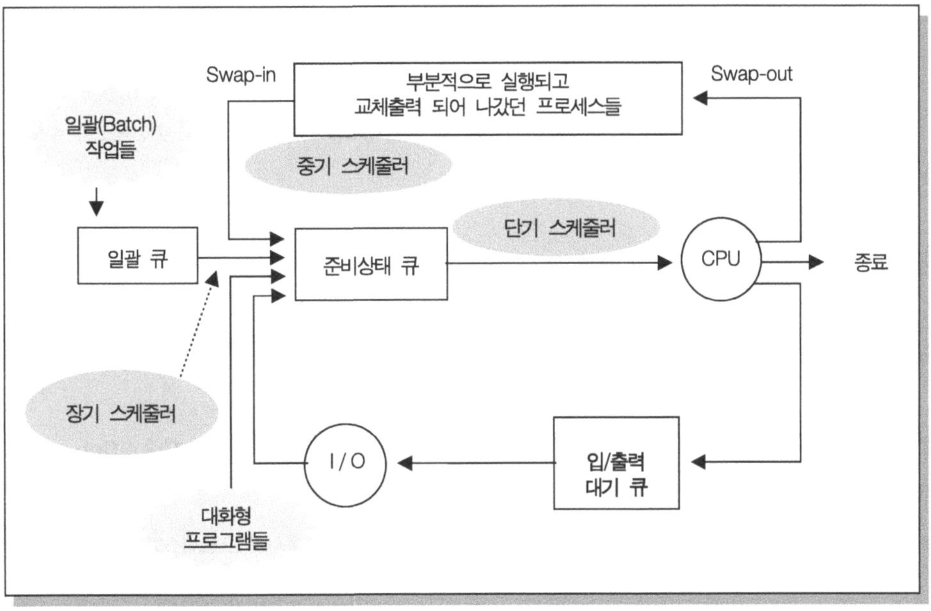

[그림 3-29] 중간 단계 스케줄링(중기 스케줄러)을 추가한 큐잉도

3.7 스케줄링 구조

3.7.1 스케줄링 구조의 개념

프로세스는 프로그램 또는 그 일부를 말하기도 한다.보조 기억장치(A/M)에 저장되어 있는 프로그램이 실행되기 위해 M/M로 적재(load) 되는데 M/M에 적재되어 실행 중인 프로그램을 프로세스라고 한다.

(1) 문맥교환(context switch)

태스크(프로세스)들 간에 교환(switching)을 말한다. 즉, CPU를 다른 프로세스로 전환하는 것은 이전의 프로세스의 상태를 보관하고 새로운 프로세스의 보관된 상태를 적재하는 작업이다. 문맥 교환은 시간과 부담(Overhead)이 되며, 문맥교환은 H/W 자원에 크게 좌우 된다. 규정시간만큼 수행 되었을 때 타이머(timer(clock))에 의해 중단 명령을 한다.

(2) 디스패쳐(dispatcher)

디스패쳐(분배기)는 CPU의 제어를 CPU(단기) 스케줄러가 선택한 프로세스에게 부여하는 모듈이다(단기(short) 스케줄러에 의해 선택된 프로세스에 실질적으로 CPU를 할당하는 기능을 함).

기능은 다음과 같다.

❶ 문맥을 교환하는 일

❷ 프로세스의 레지스터를 적재하는 일

❸ 사용자 모드(user mode)로 전환하는 일

❹ 프로그램을 다시 시작하기 위해 사용자 프로그램의 적절한 위치로 이동(jump)하는 일 등의 일을 하며,디스패처는 모든 프로세스의 문맥교환 시에 호출되므로, 가능한 빨리 수행되어야 한다.

참고로 **디스패치 지연**(dispatch latency)은 디스패처가 하나의 프로세스를 정지하고 다른 프로세스의 수행을 시작하는 데까지 소요되는 시간을 말한다.

3.7.2 스케줄링 단계

CPU 스케줄링은 프로세스들을 언제 그리고 어느 프로세서(CPU)에 할당할 것인가를 결정하는 것으로 스케줄링은 다음 세 단계를 중요하게 고려한다[그림3-30][그림3-31].

(1) 1단계 스케줄링 단계(High-level scheduling,장기(Long-term) 또는 작업 스케줄링(Job scheduling;작업 선택))

시스템에 입력되는 작업이나 명령들에 대해 이들 중 어느 작업 부터 커널에 등록시켜 프로세스화 할 것인가를 결정하게 된다. 장기 스케줄링을 하는 목적은 입/출력 위주의 프로세스와 연산 위주의 프로세스들을 적절히 혼합하여 시스템 전체의 자원 활용 면에서 균형을 맞출 수 있는 형태로 프로세스들을 생성시키고자 하는데 있다.

특징은 다음과 같다.

① 어느 작업부터 시스템 내에 자원들을 실제로 사용할 수 있도록 할 것인지를 결정한다.즉,작업 스케줄링은 시스템 자원을 실제 사용할 작업을 결정하는 단계이다.

② 시스템에 먼저 들어갈 작업을 결정하기 때문에 **승인 스케줄링**(admission scheduling)이라고도 한다.

③ 수행 빈도로 표현하면 장기(Long-term) 스케줄링이다.

④ 일반적으로 새로운 프로세스가 생성되면 실행되며, 작업 스케줄링이 수행되면 작업은 프로세스들로 나누어진다.

(2) 2단계 스케줄링(중간 수준 스케줄링(Intermediate-level scheduling), 중기 스케줄링;작업 승인과 프로세서 할당(사용권한))

프로세스들을 일시 보류시키고 활성화시키는 기법을 사용하여, 어느 프로세스가 CPU를 차지할 수 있도록 할지를 결정한다. 즉, 작업 승인과 프로세서 할당 단계에서는 **어느 프로세스에 프로세서(CPU)를 사용할 수 있는 권한을 줄 것인지를 결정하며**(어느 프로세스(작업)부터 CPU를 차지하게 할지를 결정(어느 프로세스를 준비 상태로 할 것인지를 결정)),또한 시스템의 부하가 변동함에 따라 어느 프로세서를 잠정적으로 연기시킬 것인지도 결정한다. 따라서 시스템의 작업 승인과 작업들에 대한 프로세서 할당 사이의 완충 역할을 한다.

수행 빈도로 표현하면 중기(Medium-term) 스케줄링으로 교체(swapping) 기능의 일부로 이해할 수 있으며 실행 가능한 프로세서에 어떤 프로세스를 추가할 것인가를 결정한다.

시스템 내에서의 작업 승인(job admission)과 CPU 배당 사이의 절충 역할(프로세스를 일시 보류시키고 또 다시 활성화시킬지를 결정함)을 한다.M/M를 할당받지 못하고 있는 프로세스들에 대해 어느 프로세스에게 먼저 M/M를 할당해 줄 것인가 하는 결정을 하게 된다. 이는 OS의 기억장치 관리 기법과 밀접한 연관 관계를 가지게 되며, 각 프로세스의 M/M 공간의 요구 정도 등을 고려하여 스케줄링이 이루어지게 된다.

특징은 다음과 같다.

① 프로세스들을 일시 보류시키고 활성화시키는 기법을 사용하여, 어느 프로세스가 CPU를 차지할 수 있도록 할지를

결정한다.

② 어느 작업(Job)부터 CPU를 차지하게 할지를 결정한다(어느 프로세스를 준비 상태로 할 것인지를 결정).

③ 시스템 내에서의 **작업 승인**(job admission)과 CPU 배당 사이의 절충 역할을 한다(프로세스를 일시 보류시키고 또 다시 활성화시킬지를 결정함).

(3) 3단계 스케줄링(Low-level scheduling;process scheduling,CPU 스케줄링, 단기 스케줄링, 디스패칭)

디스패처(분배기;dispatcher;준비상태의 프로세서(CPU)에 프로세스 할당(디스패칭))는 프로세스 스케줄러 또는 단기 스케줄러라 부르며, 이 단기 스케줄러(Short-term Scheduler)는 선택한 프로세스에게 프로세서의 제어권을 부여한다(즉, 다음에 수행될 프로세스를 선택하여 그 프로세스가 수행될 수 있도록 하는 루틴을 제공하며, 문맥교환, 사용자 모드로의 전환과 프로그램 시작을 위한 프로그램의 위치 변동 등의 기능도 수행함). 즉, 준비 상태(ready state)에 있는 프로세스들을 대상으로 어느 프로세스에게 프로세서를 할당할 것인가를 결정하며, 이는 프로세스 스케줄러(Process scheduler,CPU 스케줄러) 또는 디스패처에 의해 수행된다. 단기 스케줄링을 프로세스 스케줄링이라고도 하며, 이는 임의의 시점에 프로세서를 사용하던 프로세스가 일시 중단되거나 종료되었을 때 프로세서를 할당받을 새로운 프로세스를 선정하기 위하여 수행된다.

CPU 스케줄링의 특징은 다음과 같다.

① CPU가 이용 가능할 때 어느 프로세스에게 배당될지를 결정 한다.

② 이 단계는 1초에도 여러 번 작동하는 **분배기(dispatcher)**에 의하여 이루어진다.

③ 분배기는 항상 M/M 내에 적재되어 있어야 한다.

④ 디스패처는 프로세스 스케줄러 또는 단기 스케줄러(CPU 스케줄러)라 부르며, 이 CPU 스케줄러는 선택한 프로세스에게 프로세서(CPU)의 제어권을 부여한다(즉, 다음에 수행될 프로세스를 선택하여 그 프로세스가 수행될 수 있도록 하는 루틴을 제공하며, 문맥교환, 사용자 모드로의 전환과 프로그램 시작을 위한 프로그램의 위치 변동 등의 기능도 수행함).

⑤ 수행 빈도로 표현하면 단기(Short-term) 스케줄링으로 빈번한 실행을 통해 다음에 실행할 프로세스를 결정한다.

짚어보기

UNIX에서는 exit 명령을 사용하여 프로세스를 종료시킬 수 있으며 exit() 시스템 호출은 다음 일을 한다.
- 모든 개방된 파일들을 닫고,
- 모든 교체 가능한 이미지를 없애고,
- 프로세스 상태를 "좀비(Zombie)"라는 상태로 만들고,
- 그런 후로는 곧 부모에게 보고를 하게됨.

(이때 부모 프로세스가 자식을 기다리며 슬립(sleep)중이었다면, 이 시점으로부터 부모는 깨어나게 되어 다시 준비 완료 상태가 된다).

짚어보기

CPU가 1개인 시스템에서는 단지 1개의 프로세스만이 실행상태에 있을 수가 있고, 준비상태나 부류(block;대기) 상태에 있는 프로세스들은 여러 개가 있을 수 있다.

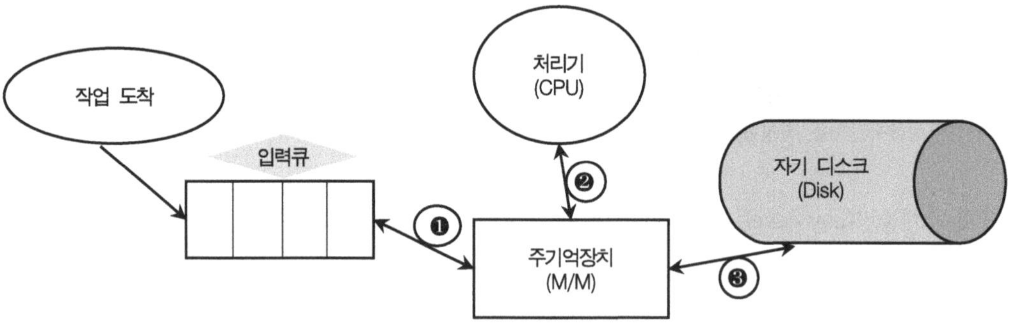

[그림 3-30] 스케줄링의 3 단계

짚어보기 **배치 시스템의 스케줄링**

어떤 알고리즘은 배치나 대화식 시스템 모두 사용될 수도 있다. 배치 시스템의 알고리즘은 FCFS, SJF, SRT 등이 있으며, 배치 시스템은 [그림3-31]과 같이 3가지 다른 레벨에서 스케줄링을 하는 3-단계 스케줄링 등이 있다 [그림3-30].

❶ 장기 스케줄러(작업 스케줄러(허용 스케줄러))
❷ 단기 스케줄러(CPU 스케줄러)
❸ 중기 스케출러(메모리 스케줄러)

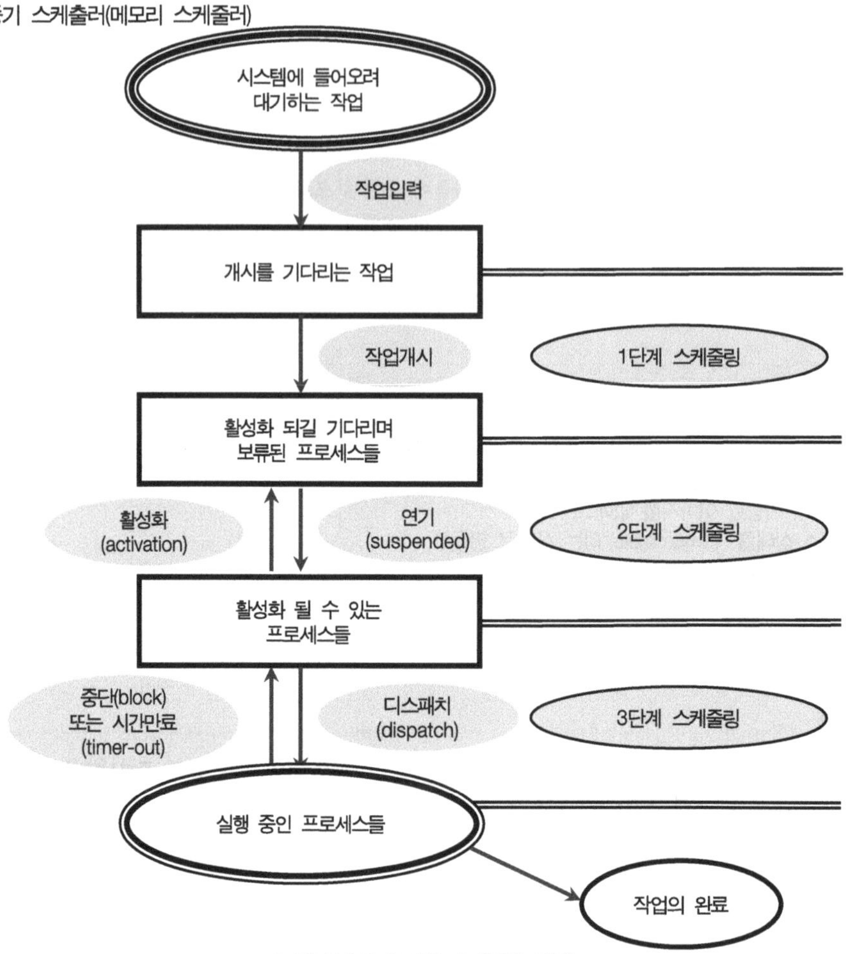

[그림 3-31] 3-레벨 스케줄링 단계

3.7.3 스케줄링 알고리즘

프로세스 스케줄러(CPU 스케줄러, 단기 스케줄러)는 프로세스 스케줄링 알고리즘에 따라 프로세서(CPU)를 할당하고 작업을 완료한다. 현재 대부분의 알고리즘은 대화식 사용자 환경과 빠른 응답시간을 구현하는 데 연구를 집중하고 있다.

대표적인 CPU 스케줄링 알고리즘의 종류에는 FIFO 스케줄링, R/R 스케줄링, SJF 스케줄링, 다단계 스케줄러, 다단계 피드백 큐 스케줄링, 기타 등이 있다.

(1) 선입선출(FIFO;First In First Out 또는 FCFS; First-Come-First-Served) 스케줄링

가장 간단한 스케줄링 기법으로서 프로세서(CPU)를 요구하는 순서로 프로세서를 할당하는 방법으로 선입선출(FIFO) 큐로 구현한다. 즉, 프로세스들은 대기 큐에 도착한 순서대로 적재되어 차례로 CPU를 할당받는다[그림3-32].

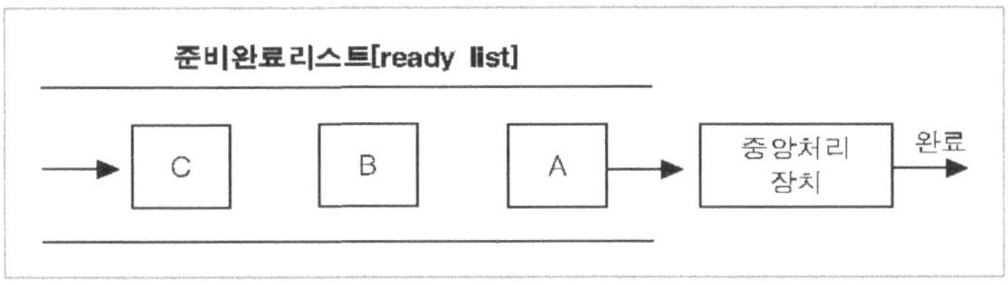

[그림 3-32] FIFO 스케줄링(단, 도착순서 : A→B→C 임)

특징은 다음과 같다.

- 비선점 스케줄링 기법이다.
- 중요하지 않는 작업이 중요한 작업을 기다리게 할 수 있다.
- 대화식 시스템에 부적합하다.

프로세스들이 시스템에 들어가면 작업 큐(job queue)에 입력되는 데, 이 큐는 M/M의 할당을 기다리며 대용량의 기억장치에 있는 모든 프로세스들로 구성된다.M/M에 상주하면서 준비상태에 있고 실행을 대기하는 프로세스들은 준비 큐라고 하는 리스트에 기억된다. 시스템에는 다른 큐들도 있다. 일단 프로세스에 CPU가 할당되고 실행되면 여러 가지 사건들 중 하나가 발생된다.

❶ 프로세스는 입/출력 요청을 발생하면 입출력 큐에 놓인다.
❷ 프로세스는 새로운 프로세스를 생성(Fork)하에서 이 프로세스의 종료를 기다린다.
❸ 프로세스는 인터럽트에 의하여 강제로 CPU에서 제거되어 준비 큐에 다시 놓일 수 있다.

∴ ❶❷의 경우 프로세스는 대기(블록)상태에서 준비상태로 되고, 다시 준비 큐에 놓이게 된다. 그리고 프로세스는 종료될 때까지(시스템을 떠날 때까지) 이런 순환을 계속한다.

예제 3-1

〈보기〉와 같은 순서대로 도착하고, CPU 버스트 시간을 가진 프로세스들이라고 할 때, FCFS 스케줄링 알고리즘을 이용하였을 경우의 평균 대기시간(AWT)은 얼마인가?

보기

프로세스	실행시간(Burst time)(ms)
P1	5
P2	7
P3	6
P4	2

풀이

FCFS 스케줄링을 이용하면 다음과 같은 간트 도표를 얻는다.

P1	P2	P3	P4

0 5 12 18 20

P1의 대기시간(WT;Waiting Time)= 0밀리초,
P2의 WT= 5밀리초,
P3의 WT= 12밀리초
P4의 WT= 18밀리초,
그러므로, 평균 대기시간(AWT;Average Waiting Time)= (0+5+12+18) /4 = 8.75 밀리초

예제 3-2

다음과 같이 P1,P2,P3 순으로 도착하고,CPU 실행시간을 가진 프로세스들이라고 할 때,FCFS 알고리즘을 이용하였을 경우의 AWT는 얼마인가?

프로세스	실행시간(Burst time)(ms)
P1	24
P2	3
P3	3

풀이

1) 프로세스들이 P1, P2, P3 순으로 도착함.

① 간트 도표;

P1	P2	P3

0 24 27 30

② 계산;

- P1의 WT = 0
- P2의 WT = 24
- P3의 WT = 27

∴ AWT = (0+24+27)/3 = 17 ms

2) 만약 프로세스들이 P2, P3, P1으로 도착했다면(실행시간이 작은 것부터),

① 간트 도표;

P2	P3	P1

0 3 6 30

② 계산;
- P1의 WT = 6,P2의 WT = 0,P3의 WT = 3,

∴ AWT = (6+0+3)/3 = 3 ms

※ 특징 : FCFS 정책 하에서의 평균 대기시간은 일반적으로 최소가 아니며, 프로세스 실행시간의 크기가 다양한 경우에는 평균 대기시간(AWT)도 변동 폭이 상당히 크게 된다.

(2) 최단(최소) 작업 시간 우선(SJF;Shortest Job First)

SJF는 SPN(짧은 프로세스 다음 선택;shortest process next)라고도 하며, 비선점 스케줄링 기법으로서 처리하여야 할 작업의 양이 가장 적은 프로세스에게(CPU 버스트 시간이 가장 짧은 작업에게) CPU를 할당하는 기법이며, 이때 두 프로세스가 다음 순서로 동일한 CPU 버스트(실행시간)를 가진다면 FIFO 스케줄링을 적용한다. 다시말해, 준비 큐에 있는 프로세스(혹은 작업) 중에서 CPU 수행시간이 가장 짧다고 판단되는 프로세스를 준비 큐의 헤드로 이동시켜, 다음의 CPU 시간을 차지하도록 하는 기법이다. CPU 수행시간이 가장 짧은 프로세스에게 CPU 사용권을 우선적으로 부여하므로, 주어진 프로세스의 집합에 대해서 평균 대기시간이 최소가 되는 것으로 이 알고리즘은 주어진 작업 집합에 대해 평균 대기시간이 최소이므로 최적 알고리즘으로 볼 수 있다. 실행 시간이 짧은 작업을 실행시간이 긴 작업 앞에 놓아서 긴 작업의 대기 시간은 증가 하였지만, 짧은 작업의 대기시간은 줄어든다.

특징은 다음과 같다.
- 비선점 스케줄링 기법이다.
- 작업들이 시스템을 통과할 때 최소 평균 대기시간을 제공한다.
- 빠른 응답 시간을 제공해야 하는 대화식 시분할 시스템에 부적합하다.

일괄처리 시스템에서 장기 스케줄링을 경우, 작업의 제한시간이 짧은 경우 빠른 반환을 요구하므로 사용자는 시간 한계를 정확하게 예상해야 한다. 시간 한계가 너무 짧은 경우 실행시간이 제한시간을 초과하여 다시 작업을 입력해야 할 수도 있다. 그러므로 **SJF 알고리즘은 작업 스케줄링에서 많이 사용되는 기법이다.** SJF 알고리즘이 "최적의 알고리즘"으로 평가 받을 수 있으나 단기 스케줄링에서는 다음 프로세서의 CPU 버스트 시간을 예상할 수 없기 때문에 H/W 구성이 어렵다. 이를 해결하기 위해 SJF 스케줄링 근사치를 사용한다. SJF는 선점 또는 비선점이 가능하지만 비선점 스케줄링 알고리즘은 시분할 시스템에 사용하기 곤란하다. 시분할 시스템에서는 각 사용자들이 일정한 시간 간격으로 CPU 사용을 원하기 때문에 어떤 프로세스가 CPU의 사용을 연장하려 하면 곤란하기 때문이다. 선점형 알고리즘의 경우 문맥교환 시간이 소요되므로 반드시 비선점에 비해 유리하다고는 할 수 없다. 새로운 프로세스의 남은 시간보다도 더 짧은 CPU 버스트 시간을 가질 수 있다. 따라서 **선점 SJF 알고리즘을 최소 잔여시간 우선(SRT(Shortest Remaining Time First)) 스케줄링 알고리즘이라고 한다.**

예제 3-3

SJF(shortest job first) 스케줄링에서 작업이 들어온 순서가 A, B, C, D이고 각각의 버스트 타임은 6, 3, 8, 7이라면 작업 A의 반환시간과 전체에 대한 평균 반환 시간은 9와 13이다.

풀이

① 간트 도표;

B	A	D	C

0 3 9 16 24

② 반환 시간(TT;Turnaround time) 계산;
A의 반환 시간(TT;Turnaround time) = 9
B의 TT = 3
C의 TT = 24
D의 TT = 16

- 평균 반환 시간(ATT;Average turnaround time) = (9+3+24+16)/4=13

◉ SJF의 근사값 계산

SJF는 대기하고 있는 프로세스의 수를 줄여 주는 효과도 있으며, CPU 사용을 짧게 요구하는 프로세스에게 CPU 사용의 우선권을 주는 알고리즘인데, 문제점은 CPU 사용시간이 긴 프로세스가 CPU 사용시간이 짧은 프로세스에게 항상 양보 되어 기아 상태(starvation)에 빠질 수 있다. 준비 큐에 있는 프로세스의 CPU 사용시간에 대한 정보를 얻기가 어렵다. SJF 알고리즘은 CPU 사용시간의 예측을 사용자에게 의존하게 되며, 규칙적으로 같은 작업이 수행되는 상황 하에서는 적당한 예측이 가능하다. SJF 알고리즘은 일괄처리 시스템의 장기 스케줄링(작업 스케줄링)에는 유리하게 사용될 수 있으나, 단기(CPU) 스케줄링에는 적용하기가 어렵다. 단기 스케줄링에 적용하는 경우에는, 차기의 CPU 버스트 시간을 정확히 알 수 없으므로 이전의 CPU 버스트 시간과 비슷할 것이라는 가정 하에 시간을 예상하여 처리할 수 있다.

주어진 프로세스들의 집합에서 최소의 평균 대기 시간(Average waiting time)을 가지므로 최적일 수 있다. 작은 프로세스들을 긴 프로세스의 앞으로 이동하면 작은 프로세스의 대기 시간을 줄일 수 있지만, 긴 프로세스의 대기 시간은 증가 된다. 결과적으로 평균 대기 시간은 줄어든다고 볼 수 있다[그림3-33]. SJF의 실제 어려움은 다음 CPU 요청의 길이를 파악하는 것이다. 일괄처리 시스템에서 장기(작업) 스케줄링을 위해서는 프로세스의 시간제한을 이용할 수 있다.사용자들은 프로세스 시간 한계를 정확하게 예상해야한다.

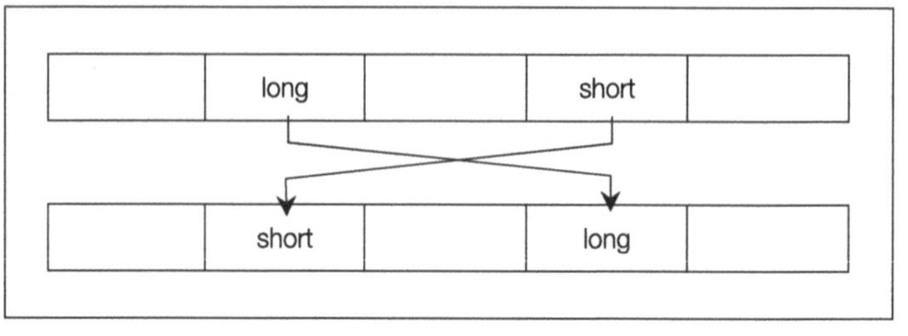

[그림 3-33] SJF 알고리즘이 최적임을 증명

SJF 알고리즘은 최소의 평균 대기시간을 가지는 것으로 작은 프로세스가 먼저 처리되기 때문에 수행 속도가 가장 빠르다. 그러므로 실제로는 단기 스케줄링에서는 사용이 불가능하고, 장기 스케줄링에서만 사용된다.

① SJF가 최적이라 하더라도, 단기(CPU) 스케줄링 수준에서는 다음 프로세스의 CPU 버스트 시간을 예상할 수 없기 때문에 H/W 구성이 어렵다. 해결 방법으로는 SJF 스케줄링의 근사치를 사용하는 방법으로 구현할 수 있다.

- 다음 CPU 버스트의 길이를 알 수는 없으나 그 값을 예측할 수는 있다.
- 다음(차기) CPU 버스트가 앞의(이전) 버스트와 길이가 유사하다고 간주한다.

즉, 단기(CPU)스케줄링 수준에서는 CPU 버스트 시간(길이)를 알기 어렵기 때문에 최소 작업우선(SJF) 스케줄링을 구현할 수 없다. 그러나 다음과 같은 방법으로 SJF 스케줄링에 근사하도록 CPU 버스트 시간을 예측할 수 있다.

② 서로 상호 작용하는 프로세스에 대해 각각의 버스트 시간(실행시간)의 평균 수식은 다음과 같다. 즉, T_i를 이 프로세스의 i 번째 CPU 수행시간이고,n을 지금까지 CPU를 차지했던 횟수라고 하면,n + 1 번째의 CPU 사용 시간 S_{n+1}은 다음과 같이 예측할 수 있다

$S_{n+1} = 1/n\sum_{i=1}^{n} T_i$ ……………… ㉮

T_i : 프로세스 i번째 단계에 대한 CPU 실행시간이고, n을 지금까지 CPU를 차지했던 횟수라고 한다(예로 일괄처리 작업의 전체 실행시간, 상호작용 작업의 CPU 버스트 길이).

S_{n+1} : n+1번째 단계에서 예측된 CPU 버스트(실행) 시간 길이이다.

S_0 : 최초의 단계에서 예측된 CPU 버스트 길이이다(실제로 계산되지는 않는다).

③ ㉮식에서 바로 이전의 S_n과 T_n이 이미 계산된 결과로 저장되어 있다면, 다음과 같은 식으로 바꾸어 계산량을 줄일 수 있다. 즉, 각 각의 시간의 전체 합을 다시 계산하지 않기 위해서 ㉮의 방정식을 다음과 같이 재정의 할 수 있다.

$S_{n+1} = (1/n)T_n + ((n-1)/n)S_n$- ……………… ㉯

㉯의 공식은 각각의 단계에 대해 동일한 가중치를 주고 있다.그러나 일반적으로는 더 최근의 단계가 앞으로의 움직임에 영향을 주는 경향이 있으므로 더 큰 가중치를 준다.과거 값들의 시간표 기초 위에서 미래의 값을 예측하기 위해서 쓰이는 일반적인 기법은 지수적 평균을 이용한다.

④ ㉯의 식을 지수 평균을 이용한 식으로 수정하면 다음 식과 같다.

$S_{n+1} = \alpha T_n + (1-\alpha)S_n$ ……………… ㉰

㉰의 식을 ㉯의 식과 비교하면, 과거의 관찰한 수와는 독립된 상수 α를 사용함으로 해서 모든 과거의 값들이 모두 고려된 환경을 가지게 되었다는 것을 알 수 있다. 더 먼 것일수록 더 작은 가중치를 가진다.

$S_{n+1} = \alpha T_n + (1-\alpha)S_n$을 계산하여 최소로 예측되는 CPU 버스트의 길이를 선택한다. 다음 CPU 버스트는 앞의(이전의) CPU 버스트 길이를 측정하여 지수 평균한 것으로 예측한다. 즉, 차기의 CPU 버스트 시간을, 앞서 이미 수행된 CPU 버스트 시간의 지수적 평균(exponential average)으로 생각해 보자.

⑤ T_n이 실제 n번째 CPU 버스트 시간이고, S_{n+1}은 다음 CPU에 대한 예측값 이라고 가정하며, α는 예상치에 대한 가중값 조절치이다. 그러면 α에 대하여, $(0 \le \alpha \le 1)$, 다음과 같이 정의한다.

$S_{n+1} = \alpha T_n + (1-\alpha)S_n$

- 이 공식을 **지수 평균**이라고 정의한다.
- T_n의 값은 가장 최신의 정보를 가지며, Sn은 과거의 정보(그 이전의 상황전개(history))를 기억한다.
- 매개 변수 α는 최근의 값과 예측했던 이전(과거)값의 상대적인 가중치를 조절한다. 만약 $\alpha=0$이라면, '$S_{n+1} = S_n$'이 되어, 가장 최근의 CPU 버스트 시간이 영향을 끼치지 않음을 의미한다. 즉,$S_{n+1} = S_n$이고 최근의 값(최근의 상황 전개)은 아무 영향이 없다.
- 만약 $\alpha=1$이라면,'$S_{n+1} = T_n$'이 되어, 가장 최근의 CPU 버스트 시간만 영향을 끼치게 됨을 의미한다. 즉, 단지 가장 최근의 CPU 버스트만 관계가 된다(과거의 기록들은 관계가 있는 것으로 간주됨).
- 일반적으로 $\alpha=1/2$이라면(평균적으로 = 1/2로 간주하는 경우), 과거의 전체 상황과 현재의 가장 최근 상황이 동일하게 영향을 주는 것으로 사용한다. 즉, 최근의 기록(현재 상황)과 과거의 기록(과거 상황)을 동일하게 가중치가 적용 된다.

⑥ 지수 평균의 의미를 이해하기 위해 S_{n+1}를 S_n으로 계속 대치하여 공식을 확장한다.

$S_{n+1} = \alpha T_n + (1-\alpha)T_{n+1} + ... + (1-a)^i T_{n-1} + ... + (1-a)^{(n+1)} S_0$

- α와 $(1-\alpha)$가 모두 1보다 작거나 같기 때문에 각각의 후속 되는 항목은 앞의 것보다 가중치가 적다(영향 을 덜 미침). 즉, 선행하는 방정식에서 각각 의 이어지는 항목들을 점점 더 작아진다. 두 경우에 있어 S_0는 0이라는 측정에서 출발한다. 이것은 새로운 프로세스에 더 큰 우선순위를 주며, 지수 평균이 단순 평균보다 프로세스의 형태에 있어서 더 많은 변화를 남긴다.

예제 3-4

다음 표와 같이 작업이 제출되었을 때 SJF 알고리즘을 사용하여 스케줄링을 하면 평균 대기시간(AWT)은 얼마인가?

프로세스	실행시간(Burst time)(ms)
P1	5
P2	7
P3	6
P4	2

풀이

① 간트 도표;

P4	P1	P3	P2

0　　2　　7　　13　　20

② 계산

- P1의 WT= 2,P2의 WT= 13,P3의 WT = 7,P4의 WT = 0

∴ 평균 대기시간(AWT) = (2+13+7+0)/4 = 5.5 ms

예제 3-5

다음 표와 같이 작업이 제출되었을 때 SJF 알고리즘을 사용하여 스케줄링을 하면 평균 대기시간(AWT)은 얼마인가?

프로세스	실행시간(ms)
P1	6
P2	8
P3	7
P4	3

풀이

① 간트 도표;

P4	P1	P3	P2

0　　3　　9　　16　　20

② 계산;

- P1의 WT = 3,P2의 WT = 16,P3의 WT = 9,P4의 WT = 0

∴ AWT = (3+16+9+0)/4 = 7 ms

(3) 최소 잔여시간 우선(SRT;Shortest Remaining Time First) 스케줄링

SJF 스케줄링 기법의 변형으로서 새로 도착한 프로세스를 비롯하여 대기 준비 큐에 남아있는 프로세스의 작업이 완료되기까지의 수행시간 추정치가 가장 적은 프로세스에게 먼저 CPU를 할당한다.

특징은 다음과 같다.

- 선점 스케줄링 기법이다.
- SJF 스케줄링 기법보다 많은 오버헤드가 발생한다.
- SRT는 적은 대기 시간을 제공하지만 선점 오버헤드로 인하여 SJF가 더 좋은 성능을 가질 수 있다.

짚어보기 SRT와 SJF 알고리즘의 차이점

SRT는 Shortest Remaining Time First의 약자이고 뜻은 최단 잔여시간 우선(선점형 SJF) 이라고도 불린다. 이에 반해 SJF는 Shortest Job First (최단 작업 우선)이고 두개의 차이는 크게 보면 프로세스를 실행 하는 중에 새로운 프로세스가 들어왔을 때 새로 들어온 프로세스가 선점 하느냐 안하느냐의 차이이다.

예제 3-6

프로세스(P)	프로세스 도착시간(AT)	프로세스 버스트 시간(BT)(초)
P1	0	5
P2	2	10
P3	4	8

이렇게 세 개의 프로세스가 있다고 가정하면
SJF의 경우에는 P1이 가장 먼저 실행된다. 실행되는 시간은 5초이다. P1이 실행되는 중간에(2초) P2가 도착한다. 하지만 비선점형이기 때문에 무시하고 그냥 P1을 다 실행 한다. 다시 P1이 실행되는 중간에 (4초)에 P3가 도착한다. 하지만 역시 비선점형이기 때문에 P1은 자신을 계속 실행한다. 5초에 P1이 다 실행되었다.

예제 3-7

다음과 같은 네 개의 프로세스가 준비 큐에 도착했을 때 최단 잔여 시간(SRT) 스케줄링 알고리즘을 이용하였을 경우의 평균 대기시간(AWT)은 얼마인가?

프로세스	도착시간	실행시간(ms)
P1	0	8
P2	1	4
P3	2	9
P4	3	5

풀이

1) 최단 잔여 시간(SRT; Short-remaining-time) 스케줄링 기법;
① 특징
- 선점 SJF 스케줄링이다.

- 수행 중 나머지 수행시간을 봐가며 작은 것을 우선적으로 처리하는 방법이다.
- OS가 준비 큐에 있는 CPU 시간을 자주 점검해야 하고, 문맥 교환 때문에 SJF 보다 더 많은 오버 헤드가 필요하다.

② Gantt chart;

P1	P2	P4	P1	P3

0 1 5 10 17 26

③ 각 프로세스의 대기시간 계산;
P1의 WT=(10-1)=9,P2의 WT=(1-1)=0,P3의 WT=(17-2)=15,P4의 WT=(5-3)=2,
따라서 AWT= (9+0+15+2) / 4 = 26 /4 = 6.5

2) SJF 기법을 사용했을 경우 :

① 간트 도표;

P1	P2	P4	P3

0 8 12 17 26

② 각 프로세스의 대기시간 계산;
P1의 WT=0,P2의 WT=8-1=7,P3의 WT=17-2=15,P4의 WT=12-3=9.
따라서 SJF의 AWT=(0+7+15+9) / 4 = 7.75

③ 초기에 P1은 준비 큐에 있는 유일한 작업(프로세스)임을 주의하기 바란다. 그러므로 프로세스 P1은 실행을 시작하고 SJF은 비선점형 스케줄링 기법이므로 종료될 때까지 실행을 계속한다. → P1 실행 후에 실행될 프로세스는 P2, P3, P4 중 가장 실행 시간이 짧은 P2가 선택된다.

④ SRT의 평균 대기시간은 6.5로서 SJF의 7.75보다 빠르다. 그러나 SRT에서 필요한 문맥 교환 시간을 무시하였다(선점형 알고리즘).

예제 3-8

다음과 같은 4개의 프로세스가 준비 큐에 도착했을 때, 최단 잔여시간(SRT) 알고리즘을 이용하였을 경우의 평균 대기시간은 얼마인가?

프로세스	도착시간	실행시간(ms)
P1	0	8
P2	1	4
P3	2	9
P4	3	5

풀이

1) 최단 잔여 시간 우선(Short-remaining-time-first) 스케줄링 기법;

① 개념
- 선점 SJF 스케줄링이다.
- 수행 중 나머지 수행 시간을 봐가며 작은 것을 우선적으로 처리하는 방법이다.

② 간트 도표;

P1	P2	P4	P1	P3

0 1 5 10 17 26

③ 계산;
P1의 WT = (10-1) = 9,P2의 WT = (1-1) = 0, P3의 WT = (17-2) = 15,
P4의 WT = (5-3) = 2
∴ AWT = (9+0+15+2)/4 = 6.5 ms

④ 설명 : P1은 큐에 있는 유일한 프로세스이므로 시간 0에서 시작됨 → P2는 시간 1에 도착함 → P1의 남은 시 간 7이 P2가 요구하는 시간 보다 크기 때문이며, P2의 요구량은 4이므로 P2가 선택된다.

2) SJF 기법을 사용했을 경우 :
① 간트 도표:

P1	P2	P4	P3

0　　8　　12　　17　　26

② 계산 :
P1의 WT=0,P2의 WT=8-1=7,P3의 WT=17-2=15,P4의 WT=12-3=9
따라서 SJF의 AWT=(0+7+15+9) / 4 = 7.75

③ 초기에 P1은 준비 큐에 있는 유일한 작업(프로세스)임을 주의하기 바란다. 그러므로 프로세스 P1은 실행을 시작하고 SJF은 비선점형 스케줄링 기법이므로 종료될 때까지 실행을 계속한다. → P1 실행 후에 실행될 프로세스는 P2, P3, P4 중 가장 실행 시간이 짧은 P2가 선택된다.

(4) 우선순위(priority) 스케줄링

앞서 설명한 SJF 알고리즘은 일반적인 우선순위 스케줄링 알고리즘의 특별한 경우로 볼 수 있다. 우선순위 방식은 각 프로세스에게 우선순위가 주어지고 우선순위가 높은 프로세스가 CPU에 먼저 할당되는 방식이다. 프로세스가 준비 큐에 도착하면, 도착한 프로세스의 우선순위와 현재 실행 중인 프로세스의 우선 순위를 비교한다. 프로세스들의 우선순위를 비교하여 최고 우선순위를 가진 프로세스에 CPU를 할당한다. 이러한 예가 [그림3-34]에 나타나 있다.

특징은 다음과 같다.

- 우선순위가 같을 경우 최소작업우선에서와 마찬가지로 선입선처리(FIFO) 알고리즘을 적용한다.
- 이 알고리즘은 비선점이거나 선점 스케줄링이 가능하다. 선점 우선순위 알고리즘은 새로 도착한 프로세스의 우선순위가 현재 실행되는 프로세스의 우선순위보다 높으면 CPU를 선점한다. 비선점 우선순위 알고리즘은 단순히 준비 큐의 머리 부분에 새로운 프로세스를 넣는다.

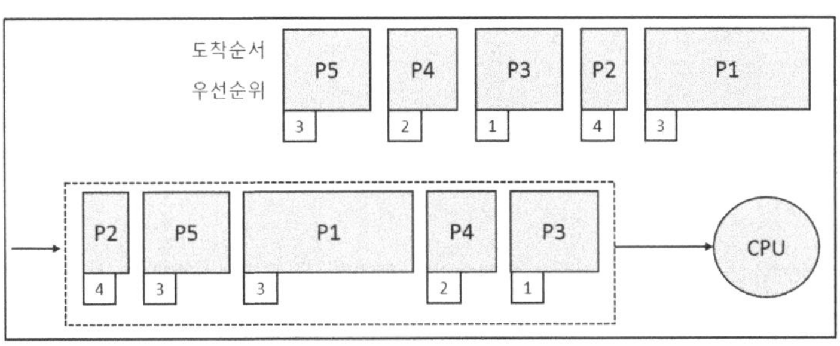

[그림 3-34] 우선순위의 예

[그림3-35]은 4단계 우선순위를 갖는 준비 큐에서 실행 가능 프로세스를 보여준다. 우선순위가 가장 높은 큐(4)의 프로세스가 실행된 후 큐(3)에 저장된 프로세스가 실행된다.

- SJF 알고리즘은 단순한 우선순위 알고리즘으로서 우선순위(P)는 예측된 다음 CPU 버스트 시간(실행시간)의 역(τ)이다. 즉, "$P=1/\tau$"이다.CPU 버스트 시간이 클수록 우선순위가 낮으며, 그 반대도 성립된다. 우선순위 알고리즘은 높은 우선순위와 낮은 우선순위로 논의할 수 있는데, 여기서 우선순위는 정해진 범위의 수 0~7 또는

0~4095를 사용한다.0이 최상위이거나 최하위라고 정해지지는 않았다.

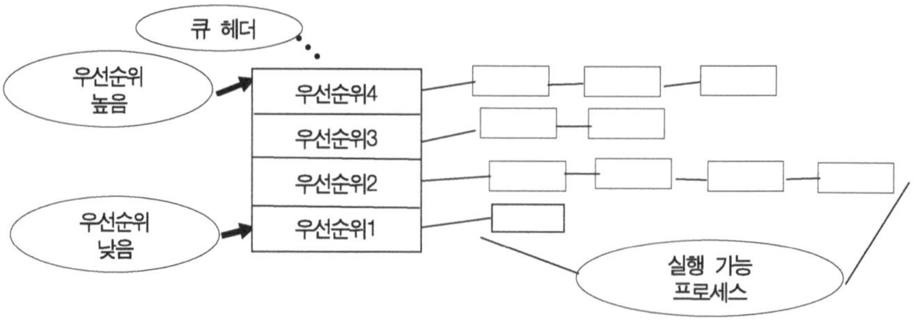

[그림 3-35] 4단계 우선순위를 갖는 알고리즘

우선순위는 내부적 또는 외부적으로 정의할 수 있다.

- 내부적으로 정의된 우선순위는 프로세스의 우선순위를 연산하기 위해서 제한시간, 기억장소 요구량, 사용 파일 수, 평균 CPU 버스트 시간에 대한 평균 입출력 버스트 시간의 비율 등이 사용된다.
- 외부적인 우선순위는 프로세스의 중요성, 사용료를 많이 낸 사용자, 작업을 지원하는 부서, 그리고 정책적인 요인 등 OS의 외적인 요소에 의해 결정된다.

예제 3-9

알고리즘우선순위 스케줄링을 이용할 경우 다음의 프로세스들이 같은 시간에 P1, ..., P5 순으로 도착하였을 경우(단, 낮은 숫자가 높은 우선 순위를 나타냄)의 AWT는 얼마인가?

프로세스	우선순위	실행시간(ms)
P1	3	9
P2	1	1
P3	3	3
P4	4	1
P5	2	6

풀이

① 우선순위(priority) 스케줄링 알고리즘 : 우선순위를 토대로 각 프로세스에게 우선순위를 할당해 우선 순위가 높은 순서대로 처 리하는 방법 임.

- 정적인(static) 우선순위(내부적) :
  - 프로세스 실행 중 우선순위 변화가 없다.
  - 구현이 간단하다.
  - 오버헤드가 적다.
  - 융통성이 적다.
- 동적인(dynamic) 우선순위(외부적) :
  - 상황에 맞게 우선순위 변경,즉 프로세스가 수행 도중 계속 우선순위가 변하는 형태이다.
  - 구현이 복잡하다.
  - 오버헤드가 높다.

② 간트 도표;

P2	P5	P1	P3	P4

0　　　1　　　7　　　16　　　19　　　20

③ 계산;

- P1의 WT = 7, P2의 WT = 0, P3의 WT = 16, P4의 WT = 19, P5의 WT = 1

∴ AWT = (7+0+16+19+1)/5 = 8.6 ms

※ P1과 P3의 우선순위는 같지만 P1이 먼저 도착하였으므로 P1이 먼저 스케줄링 된다.

예제 3-10

다음 표와 같이 프로세스들이 같은 시간에 도착했다고 가정할 때, 우선순위 알고리즘을 적용하면 평균 대기시간은 얼마인가?

프로세스	우선순위	실행시간(ms)
A	7	3
B	1	1
C	3	3
D	5	4
E	10	2

풀이

(1) 칸트 도표

B	E	A	C	D

0　1　　　11　　　18　　　21　　　26

(2) 각 프로세스의 대기시간;
　A의 WT=11, B의 WT=0, C의 WT=18, D의 WT=21, E의 WT=1

(3) 평균 대기시간(AWT);
　AWT=(11+0+18+21+1)/5=10.2

(5) 라운드 로빈(순환할당;Round Robin(R/R)) 스케줄링[그림3-36]

라운드로빈 알고리즘은 시분할 시스템을 위해 특별히 설계되었다.

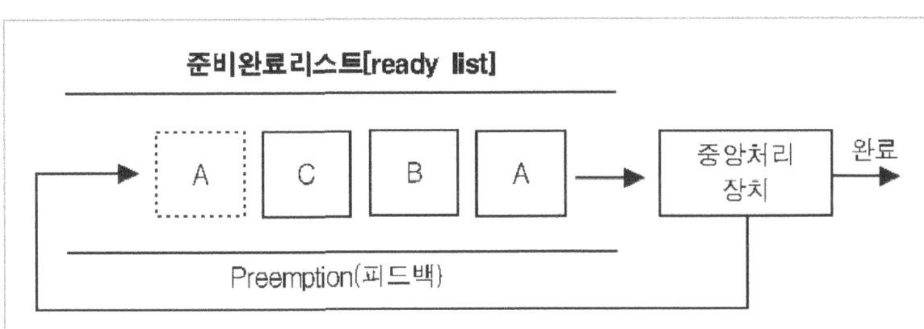

[그림 3-36] 라운드 로빈 스케줄링(단, 도착순서: A → B → C임)

규정 시간량(Time quantum) 또는 시간 할당량(Time slice)라고 하는 작은 단위의 시간을 정의 한다. **시간 할당량**은 일반적으로 10*10 밀리초(ms)에서 100*10ms 범위로 한다. 준비 큐는 순환(Circular) 큐로 설계하여 CPU 스케줄러가 준비 큐를 돌아가면서 한 번에 한 프로세스에 정의된 규정 시간량만큼 CPU를 제공한다. 즉, 미리 정의된 시간 할당량과 순환 큐의 구조로 설계된 준비 큐를 이용하며, CPU 스케줄러가 돌아가면서 시간 할당량 단위만큼 각각의 프로세스를 실행시키는 TSS 방식이 쓰인다. 프로세스는 FIFO 형태로 준비 큐(준비 완료 리스트)에 적재되지만 주어진(미리 정의된) 시간 할당량(time quantum)안에 작업을 마쳐야 하며, 할당량을 다 소비하고도 작업이 끝나지 않은 프로세스는 다시 준비 큐의 맨 뒤로 되돌아간다.

특징은 다음과 같다.

- 선점 스케줄링 기법이다.
- 시스템이 사용자에게 적합한 응답 시간을 제공해 주어야 하는 대화식 시분할 시스템이 적합하다.
- 시간 할당량(time slice 또는 time quantum)이 커지게 되면 프로세스는 수행이 끝낼 수 있는 충분한 시간을 확보할 수 있기 때문에 라운드 로빈(R/R) 기법은 FCFS 스케줄링 기법과 같은 효과를 가져온다.

시분할 시스템과 트랜잭션 프로세스 시스템에서 특히 효과적이다. 시간 할당량이 매우 작으면 문맥 교환(context switching)하는 오버헤드가 상대적으로 커지게 되어 시스템은 대부분의 시간을 프로세서 교환에 소비하고 실제 사용자들의 연산은 거의 못하는 결과를 얻는다. [그림3-36]과 같이, 클럭 인터럽트가 주기적인 간격으로 생성되고, 순환구조로 준비 큐에 놓인 프로세스들은 FIFO식 스케줄링에 기초한 방식으로 하나씩 실행된다. 문맥교환은 3.3.5 절에서 언급했다. 문맥교환 시간이 순환할당(R/R) 알고리즘에 미치는 영향을 분석해 보기 위해 시간(버스트 시간) 10을 소비하는 작업을 예를 들어 설명해 보면, 규정 시간량이 12라면 작업은 규정 시간 내에 끝낼수 있다. 만약 규정 시간량이 7이라면 작업은 규정 시간량을 2번 요구하게 되고, 1번의 문맥교환을 요청하게 된다. 규정 시간량이 1이라면 문맥교환이 9번 이루어지며 그만큼 실행 속도가 늦어지게 된다[그림3-37].

규정 시간량이 작을수록 문맥교환 횟수는 많아지게 되므로 규정 시간량을 문맥교환에 소요되는 시간보다 충분히 크게 해야 한다. 문맥교환의 시간이 시간량의 10% 정도라면 CPU 시간의 10% 정도가 문맥교환에 소요 된다. 반환시간 역시 규정 시간량의 크기에 영향을 받는다. [그림3-37]는 규정 시간량에 따른 반환 시간의 변화를 보여주고 있다. 여기에서 보면, 한 프로세스 집합의 평균 반환시간은 규정 시간량의 크기가 증가하더라도 반드시 개선되지는 않는다. 하지만, 대부분의 프로세스들이 단일 규정 시간량 안에 마칠 수 있다면 평균 반환시간은 좀 더 개선할 수 있다.

예제 3-11

실행시간이 10인 3개의 프로세스들이 있고, 규정 시간량이 1시간으로 주어졌다면 평균 반환시간은 29(=(28+29+30)/3)이며, 규정 시간량이 10이라면 평균 반환시간은 20(=(10+20+30)/3)으로 떨어진다.

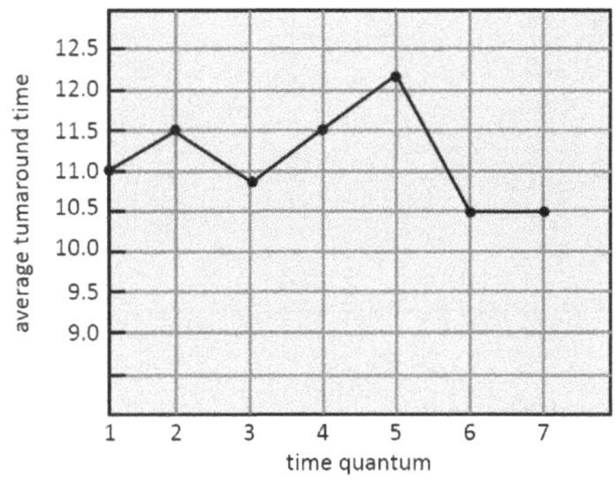

process	time
P_1	6
P_2	3
P_3	1
P_4	7

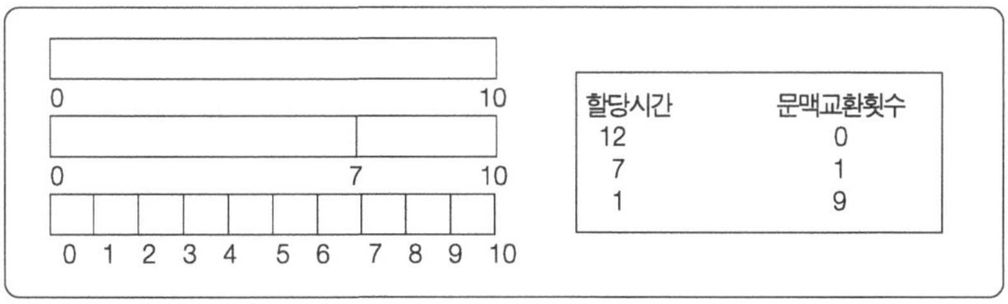

[그림 3-37] 문맥교환의 횟수와 시간 할당량(규정 시간량)의 관계

예제 3-12

다음 표와 같이 작업이 제출되었을 때 라운드 로빈 정책을 사용하여 스케줄링을 하면 평균 대기시간(AWT)은 얼마인가?(단,시간할당(TQ)은 6임)

프로세스	실행시간(ms)
P1	12
P2	10
P3	6
P4	16

풀이

① 간트 도표;

P1	P2	P3	P4	P1	P2	P3	P4

0 6 12 18 24 30 34 40 44

② 계산;

- P1의 WT=0 + (24 - 6)=18, P2의 WT=6 + (30 - 12)=24, 3의 WT=12,P4의 WT=18 + (34 - 24)=28

∴ AWT = (18+24+12+28)/4 = 20.5 ms

예제 3-13

다음 표와 같은 시간 0ms에 도착한 프로세스의 집합 중 라운드 로빈(RR) 스케줄링 기법을 이용하며 시간 할당량(time quantum)은 6ms라고 할 때 AWT은 얼마인가?

프로세스	실행시간(ms)
P1	12
P2	10
P3	6
P4	16

풀이

(1) 스케줄링 알고리즘을 이용하였을 경우의 간트 도표:

P1	P2	P3	P4	P1	P2	P4	P4

0 6 12 18 24 30 34 40 44

(2) 각 프로세스의 대기시간;

P1의 WT=0 + (24 -6) = 18,P2의 WT= 6 + (30 -12) = 24,P3의 WT= 12,

P4의 WT= 18 + (34 - 24) = 28,

∴ AWT= (18 + 24 + 12 + 28) / 4 = 82 / 4 = 20.5

예제 3-14

다음 표와 같이 작업이 제출되었을 때 라운드 로빈 정책을 사용하여 스케줄링을 하면 평균 대기시간(AWT)은 얼마인가?(단,시간할당량(TQ)은 4임)

프로세스	실행시간(ms)
P1	24
P2	3
P3	3

풀이

① 간트 도표;

P1	P2	P3	P1	P1	P1	P1	P1

0 4 7 10 14 18 22 26 30

② 계산;

- P1 의 WT = (10-4) = 6,P2 의 WT = 4,P3 의 WT = 7

∴ AWT = (6+4+7)/3 = 5.66 ms

② 참고

- 라운드 로빈(R/R)에서는 한 행에서 1시간 할당량 이상을 CPU에 할당되는 프로세스는 없다.
- 프로세스의 CPU 버스트가 1시간 할당량을 초과 하면, 이 프로세스는 선점되어 준비큐에 입력된다.
- R/R은 선점적임
- 준비 큐에 n개의 프로세스가 있고, 시간 할당량이 q이면, 각 프로세스는 최대로 q이면, 각 프로세스는 최대로 q시간 단위로 CPU 시간의 1/n을 얻는다. 각 프로세스는 자신의 다음 시간 할당량이 할당될 때 까지 (n-1)*q 시간 단위 이상을 대기하지 않는다.

※ 20ms의 시간 할당량을 가진 5개의 프로세스들이 있다면, 각 프로세스는 100ms 마다 20ms의 시간 할당을 받는다.

짚어보기

① FCFS(first come first served) 스케줄링 방식의 변형으로서 CPU 점유 시간의 한계를 두어 하나의 프로세스가 CPU 독점 사용을 막도록 한 기법.
② 만일 하나의 프로세스가 주어진 시간(time slice)안에 작업을 모두 끝마치지 못하면 스케줄러가 CPU를 다음 프로세스에게 할당한다.
③ R/R 방식은 대화식 사용자에게 적절한 응답 시간을 보장해 주어야 하는 시분할 시스템에 효과적인 스케줄링 기법이다.
④ 문맥교환(context switching)이란 CPU가 한 프로세스에서 다른 프로세스로 전환할 때, 실행하던 프로세스의 상태를 보관하고 새로운 프로세스의 정보를 적재하여 실행을 준비하는 것이다.

짚어보기

■ 규정 시간량(가령 1 u sec)⇒ 프로세서를 공유(processor sharing)한다.
❶ n 개의 프로세스가 실제 프로세서 속도의 1/n의 속도 실행과 유사하다.
❷ CDC(Control Data Corporation)은 10개의 주변 장치 프로세서들을 구현한다.

■ 소프트웨어 측면 문제
❶ 규정 시간량 만큼 수행되어 프로세서를 다른 프로세스에 넘겨줄 때
전 프로세스의 레지스터들은 저장되고 수행될 프로세스의 레지스터는 시스템에 적재하는 문맥교환이 일어남 (오버헤드)
문맥교환이 순환할당 스케줄링에 미치는 영향
❷ [예]
- 시간 10을 소요하는 작업인 경우;
  규정 시간량 12이면, 작업은 그 규정시간 내에 끝남
  규정 시간량 6이면, 작업은 2번의 규정시간량 요구 (문맥교환)
  규정 시간량 1이면, 문맥교환이 9번(실행 속도 늦어짐)
- 시간 규정량이 적을수록 문맥교환 횟수는 많아짐
- 규정 시간량을 문맥교환에 소요되는 시간보다 크게;바람직

(6) 다단계 큐 스케줄링(MLQ;MultiLevel Queue scheduling)

이 알고리즘은 각 작업들을 서로 다른 묶음으로 분류할 수 있을 때 사용하는 알고리즘이다. 즉, 여러 가지 형태의 프로세스들을 어떤 특정한 그룹으로 특징에 따라 분류하여 별도의 스케줄러와 프로세스 큐를 유지하여 스케줄링하는 것이다.

예를 들어, 작업을 전면작업(foreground task; 대화형)과 후면작업(background task; 일괄처리형)으로 분류한다면 두 유형의 요구 반응시간이 다르므로 서로 다르게 스케줄링을 해야 한다.더욱이 전면작업은 후면작업에 비하여 높은 우선순위를 갖는 경우가 많다. 준비상태 큐를 종류별로 여러 단계로 분류해 두며,작업을 기억장치의 크기나 프로세스의 형태에 따라 어느 한 큐에 지정한다. 각 큐는 자신만의 독자적인 스케줄링 알고리즘을 갖고 있다(예;별개의 큐들은 전면 작업과 후면 작업이 분할된 큐에 지정되면 전면작업 큐는 R/R 알고리즘에 의하여 스케줄되고 후면작업 큐는 FCFS 알고리즘에 의하여 스케줄될 수 있다)

큐 사이에도 스케줄링이 있어야 하는데, 이것은 고정된 우선순위의 선점식 스케줄링이다(예;전면작업 큐는 후면작업 큐보다 절대적인 우선순위를 가질 수 있다).

특징은 다음과 같다.

- 준비 큐를 별개로 나눈다.
- 기억 장치의 크기나 프로세스의 형태와 같이 프로세스들의 어떤 특성에 근거하여 프로세스들은 영원히 한 개의 큐에 할당한다.

- 각 큐는 자신의 스케줄링 알고리즘을 갖고 있다.
- 큐별로 스케줄링 해야 한다.즉, 이것은 고정된 우선순위의 선점식 스케줄링이다.
  (예 : 전면 작업 큐는 후면 작업 큐보다 절대적인 우선순위를 가질 수 있음)

짚어보기 큐를 가진 다단계 큐 스케줄링 알고리즘의 예[그림3-38]

- 다중 큐 스케줄링 알고리즘을 사용한 OS/MFT 시스템(IBM)의 경우 5개의 큐를 가지고 있다.
- 각 큐는 낮은 우선순위의 큐보다 절대적인 우선순위를 가진다.

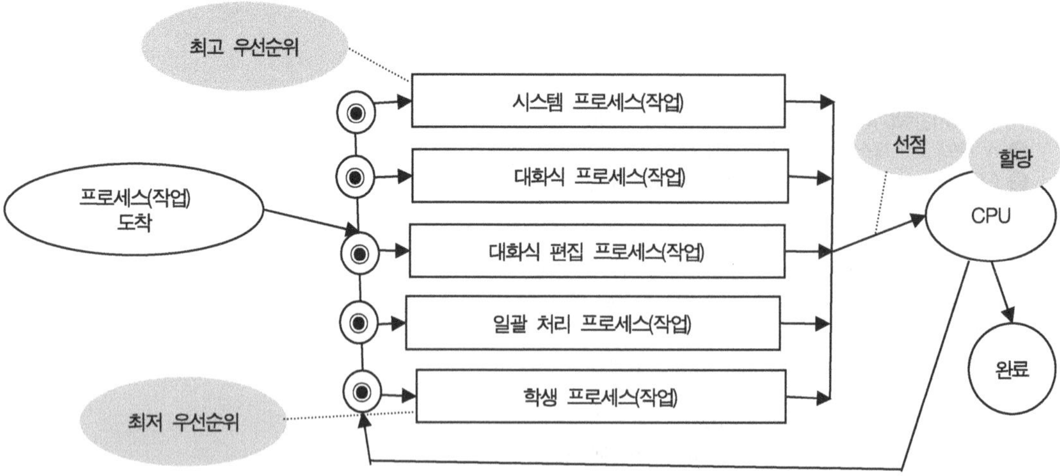

[그림 3-38] 다단계 큐 스케줄링

(7) 다단계 귀환(피드백) 큐(MFQ;Multilevel Feedback Queue) 스케줄링

다단계 큐 알고리즘은 작업이 시스템에 들어가면 한 큐에서만 고정되어 실행된다. 즉, 작업은 다른 큐로 옮겨지지 않는다. 예를 들면, 전면작업과 후면작업에 대한 독립된 큐가 있어도 작업은 한 큐에서 다른 큐로 옮겨지지 않는다. 왜냐하면, 작업이란 것은 그 성격상 전면작업과 후면작업의 성질을 바꿀 수 있는 것이 아니기 때문이다. 이러한 방식은 스케줄링에 대한 부담이 적다는 장점은 있으나 융통성이 떨어지는 단점이 있다. 그러나 다단계 피드백 큐(MFQ)에서는 작업이 큐 사이를 이동할 수 있다.이 MFQ 기법은 CPU 버스트 시간의 특성에 따라 분리하여 구분한다. 만일 어떤 작업이 요구하는 CPU 시간이 너무 길면 작업을 낮은 단계 큐로 옮긴다. 그리고 입/출력 중심 작업과 전면작업을 높은 우선순위 큐에 놓고 CPU 중심 프로세스는 낮은 우선순위 큐에 놓는다[그림3-39].

새로운 프로세스가 하나 이상의 준비 큐가 서로 연결되어 구성되는 큐잉 네트워크에 들어오게 되면 CPU를 차지할 때까지 FIFO형태로 이동한다. 즉, 연산위주(CPU-bound)의 프로세스들은 주어진 시간 할당량이 만료되면 다음 단계의 큐에 매치 되고, 프로세스의 실행 시간이 갈수록 점점 더 낮은 우선순위를 지나게 되면 마지막 가장 낮은 우선순위의 큐에 도달하면 작업이 끝날 때까지 라운드 로빈(R/R) 방식으로 스케줄 된다.

특징은 다음과 같다.

- 짧은 작업에 우선권을 준다.
- 입/출력 장치의 효율적인 이용을 위해 입출력 위주의 작업에 우선권을 준다.
- 가능한 빨리 작업의 특성을 파악하여 그 성격에 맞는 스케줄링을 해야 한다(I/O-bound 인지 CPU-bound 인지).
- 수행 전에 프로그램이 입출력 중심인지, CPU 중심(연산) 작업인지 알기가 곤란하다.

일반적으로 MFQ 스케줄링 알고리즘은 다음과 같은 요소로 정의되어진다.

- 큐의 수
- 각 큐에 대한 스케줄링 알고리즘
- 작업을 보다더 높은 우선순위의 큐로 이동(격상)시키는 시기를 결정하는 방법
- 작업을 보다더 낮은 우선 순위 큐로 이동(격하)시키는 시기를 결정하는 방법
- 프로세스들이 어느 큐에 들어갈 것인가를 결정하는 방법
- 프로세스가 서비스를 받는 시기를 결정하는 방법

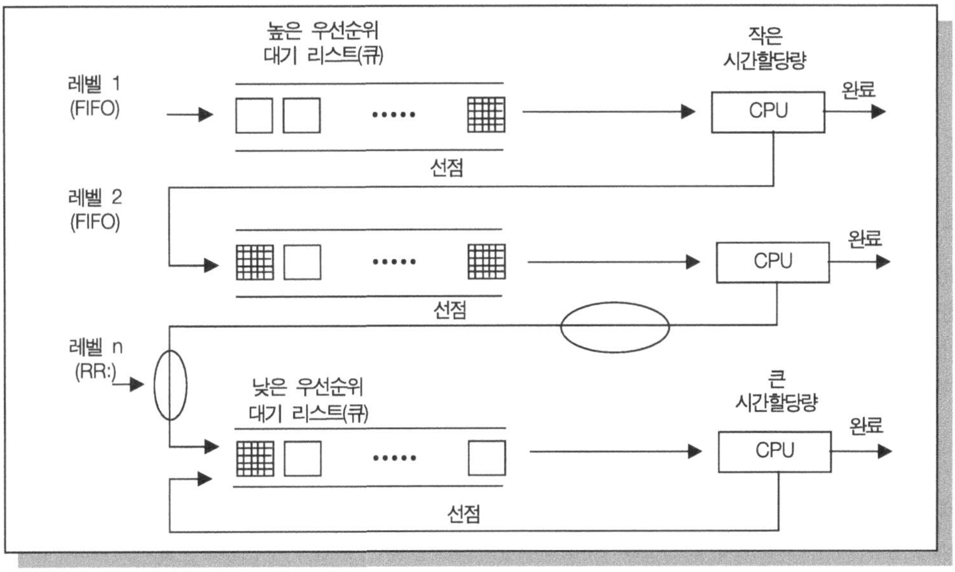

[그림 3-39] 다단계 피드백 큐(MFQ)의 구조

MFQ 스케줄러의 정의에 의해 CPU 스케줄링 알고리즘 중에 가장 일반적인 것이 되고 있다. 그리고 이 정의들은 설계 중인 특정 시스템에 맞게 적용할 수 있다.

단점은 최상의 스케줄러를 정의하기 위한 요소들의 평가치를 찾기 위한 어떤 방법이 요구된다는 것이다.

짚어보기 MFQ의 큐의 예

큐가 3개 있는 MFQ 알고리즘을 생각해 보면,각 큐는 0~2까지의 번호를 가지고 있다[그림3-40].

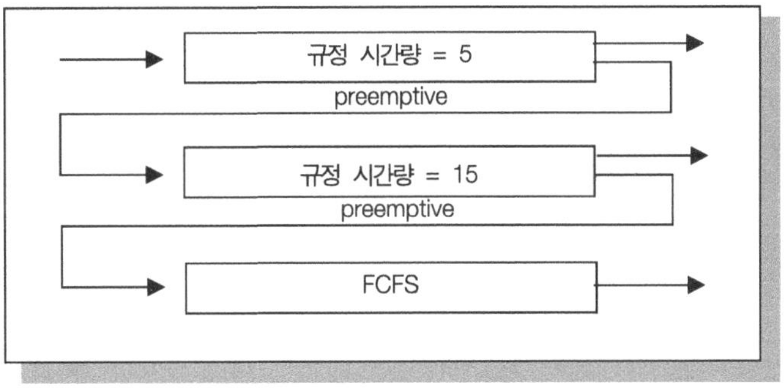

[그림 3-40] 다단계 피드백 큐의 형태

처음에 스케줄러는 큐 0에 있는 작업을 실행하고, 큐 0이 다 끝나면 큐 1의 작업을 실행한다. 같은 방법으로 큐 0과 큐 1이 비어 있을 때에만 큐 2에 있는 프로세스들이 실행된다. 큐 1에 도착한 프로세스는 큐 2에 있는 프로세스를 선점하고, 큐 1에 있는 프로세스는 큐 0에 도착한 프로세스에 의해 선점된다. 준비 큐로 들어오는 프로세스는 큐 0에 입력된다. 큐 0에 있는 프로세스에는 규정 시간량(시간할당량) 5가 주어진다. 만약, 프로세스가 주어진 시간 안에 끝나지 않는다면, 큐 1의 끝으로 이동된다. 큐 0이 비어 있다면, 큐 1의 앞에 있는 프로세스에게 규정 시간량(시간할당량)이 주어진다. 이 프로세스가 규정 시간내에 완료되지 않는다면, 선점되어 큐 2로 이동된다. 큐 0과 큐 1이 비어 있을 때만 큐 2에 있는 프로세스에 규정 시간량 15가 주어진다. 이러한 과정으로 마지막 큐 3은 선입선출(FIFO) 방식으로 실행된다. MFQ 알고리즘은 CPU 버스트 시간이 5 이하인(실행시간이 5이하인 경우) 모든 프로세스에 최고의 우선순위를 부여한다. 최고의 우선순위를 부여 받은 프로세스는 CPU를 할당 받아서 CPU 버스트 시간을 끝내고 다음 입/출력 버스트 시간으로 간다. 5이상 15 이하의 규정 시간량이 필요한 프로세스들은 규정시간이 더 짧은 프로세스들보다는 낮은 우선순위를 받지만 역시 서비스를 빨리 받는다. 규정시간이 긴 프로세스들은 자동적으로 큐 2로 가게 되며, 큐 0과 큐 1에 CPU 주기의 여유가 생기면 FIFO(FCFS) 방식으로 처리된다.

(8) 최고 응답 비율 우선 (HRN;Highest Response Ratio Next) 스케줄링

Brinch Hansen이 최소 작업 우선(SJF) 스케줄링 기법의 약점인 긴 작업과 짧은 작업 간의 지나친 불평등을 어느 정도 보완한 스케줄링 기법을 제시 했다.이 알고리즘은 각 작업의 우선순위는 작업이 서비스를 받을 시간뿐만 아니라 서비스를 기다리는 시간 등의 두 가지의 함수로 나타낸다.일단 한 작업이 CPU를 차지하면 작업이 종료될 때까지 실행된다.

각 작업의 가변적 **우선순위 계산**은 다음과 같이 한다

$$\textbf{우선순위} = \frac{\text{대기시간} + \text{서비스받을수행시간}}{\text{서비스받을수행시간}}$$

(시스템 응답시간 = 대기한 시간 + 서비스를 받을 시간)

"서비스를 받을 시간"이 분모에 있으므로 "서비스 받을 시간"이 짧은 작업이 우선순위가 높다.그리고 "대기 시간"이 분자에 있으므로 "서비스 받을 시간"이 긴 작업도 "대기 시간"이 큰 경우에는 우선순위가 높아진다.

특징은 다음과 같다.

- 비선점 스케줄링 기법이다.
- 각 프로그램의 처리 순서는 그 실행 시간의 길이 뿐만 아니라 지금까지의 대기 시간에 따라 결정된다.
- 서비스 받을 시간이 분모에 있으므로 짧은 작업이 우선순위가 높아진다.
- 대기 시간이 분자에 있으므로 긴 작업도 대기 시간이 큰 경우 에는 우선 순위가 높아진다.

예제 3-15

다음과 같은 대기 시간과 서비스 받을 시간을 가진 프로세스의 집합이 있을 때 HRN 스케줄링 기법을 이용하면 어느 프로세스가 가장 먼저 CPU를 할당 받는가?

프로세스	대기 시간(초)	서비스를 받을 시간(초)
P1	10	2
P2	6	3
P3	6	6
P4	12	4

풀이

1) Brinch Hansen이 SJF 스케줄링 기법의 약점인 긴 작업과 짧은 작업의 지나친 불평등을 보완한 스케줄링 기법이다.
2) 각 작업의 우선순위 계산식 :

$$우선\ 순위 = \frac{대기\ 시간 + 서비스\ 받을\ 시간(또는\ 수행\ 시간)}{서비스\ 받을\ 시간(또는\ 수행\ 시간)}$$

① P1의 우선순위 (10+2) / 2 = 6
② P2의 우선순위 (6+3) / 3 = 3
③ P3의 우선순위 (6+6) / 6 = 2
④ P4의 우선순위 (12+4) / 4 = 4이다.
∴ 따라서 P1의 우선순위가 가장 높으므로 제일 먼저 CPU를 할당받게 된다.

3) 간트 도표;

P1	P4	P2	P3

0 2 6 9 15

예제 3-16

HRN 방식으로 스케줄링 할 경우,입력된 작업이 다음과 같을 때 우선순위가 가장 높은 작업은?

프로세스	대기시간(초)	서비스를 받을 시간(초)
A	5	5
B	10	6
C	15	7
D	20	8

풀이

① Brinch Hansen이 SJF 스케줄링 기법의 약점인 긴 작업과 짧은 작 업의 지나친 불평등을 보완한 스케줄링 기법이다.
② 각 작업의 우선순위 계산식 :

■ $$우선순위 = \frac{대기시간 + 서비스\ 받을\ 시간(또는\ 수행\ 시간)}{서비스\ 받을\ 시간(또는\ 수행\ 시간)}$$

③ 계산 :

■ A의 우선순위 = (5+5)/5 = 2,B의 우선순위 = (10+6)/6 = 2.66,
C의 우선순위 = (15+7)/7 = 3.14,D의 우선순위 = (20+8)/8 = 3.5

∴ 가장 큰 값은 D가 3.5이므로(우선순위가 가장 높으므로) D에게 제일 먼저 CPU를 할당받게 된다(우선순위를 부여).

(9) 기한부((마감시간; deadline) 스케줄링

기한부 스케줄링은 작업이 주어진 특별한 시간이나 만료(deadline) 시간 안에 작업이 완료되도록 하는 기법이다. 작업들이 특별한 시간 즉, 마감시간까지 완성되도록 계산 한다. 이런 작업들은 마감시간 내에 완성되면 매우 높은 가치를 지니지만, 지나면 거의 가치 없는 작업들이다. 기한부 스케줄링은 여러 가지 이유로 매우 복잡하다.

특징은 다음과 같다.

- 사용자는 미리 그 작업에 필요한 자원에 관한 정확한 정보를 시스템에 제시해야 한다.
- 시스템은 기한부 작업으로 인한 다른 작업의 수행에 지장을 주어서는 안 된다. 즉, 시스템은 다른 사용자들의 서비스를 심하게 희생시키지 않으면서 기한부 작업을 실행시켜야한다.
- 시스템은 주어진 시간 내에 필요한 자원의 요구사항에 대한 계획을 세워야 한다. 즉, 시스템은 기한까지 일을 완료하기 위해 자원의 안배를 주의 깊게 계획해야 한다.
- 동시에 다수의 기한부 작업이 수행되면 스케줄링은 더욱 복잡해진다. 즉, 만일 많은 기한부 작업들이 한번에 활성화(active)된다 면 스케줄링은 매우 복잡해진다.
- 기한부 스케줄링으로 인한 집약적(집중적인) 자원 관리는 많은 오버헤드를 일으킬 수 있다.

(10) 공정 공유(FSS;Fair Share Scheduling) 스케줄링

FSS 기법은 프로세스들 집합 간 프로세스의 스케줄링을 지원한다.UNIX 환경에서 서로 관계 있는 사용자들에게 한정된 비용으로 시스템 자원을 사용할 수 있게 하기 위하여 개발되었다.공유 그룹들의 우선순위는 그들의 정해진 자원 이용 목적을 얼마만큼 달성했는가에 의해 정해진다. 그 목적을 빈약하게 달성한 그룹이 보다 높은 우선순위를 갖고 그 목적을 잘 달성한 그룹은 보다 낮은 우선순위를 받는다.

(11) 다중 프로세서 스케줄링(Multiprocessor scheduling)

개념은 여러 개의 CPU가 존재하는 경우이다. 다중 처리(Multiprocessing)란 여러 개의 CPU들이 병행적으로 프로세스를 수행하는 것이다. 주어진 프로세스는 단위 시간에 오직 하나의 CPU에서만 실행된다. 하지만, 한 프로세스는 각기 다른 시간에 다른 CPU에서 수행될 수 도 있다. [그림3-41]은 여러 개의 프로세서가 다중 처리에 이용되는 것을 보여준다.

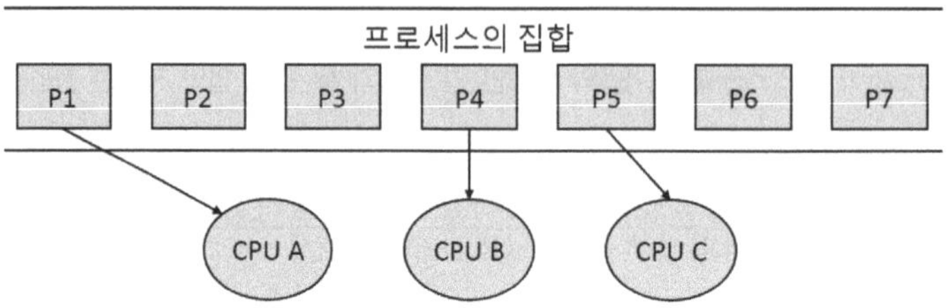

[그림 3-41] 여러 프로세서와 다중 처리 관계

프로세스들은 기억장치(M/M) 내에서 하나의 주소 영역에 들어갈 수 있도록 페이지화 되어 있고 이를 여러 개의 CPU에서 수행한다. 이렇게 여러 개의 CPU를 사용하는 시스템에서는 스케줄링 문제가 더욱 복잡하게 된다.

고려해야 할 사항은 다음과 같다.

- 먼저 CPU들의 형태로 여러 개의 CPU가 같은 동질 시스템과 CPU(프로세서)들이 다른 이질 시스템이 있다. 이질 시스템에서는 각 CPU마다 자신의 큐가 있고 그에 따른 스케줄링이 있다.
- 동질 시스템에서는 공동의 준비 큐를 준비하여 프로세스의 부하를 공유할 수 있다. 이런 공동 큐를 사용할 때 두 가지 스케줄링 방식이 쓰일 수 있다.

1) **이종 시스템**(Heterogeneous system)

다수의 처리기(CPU)가 서로 다른 시스템이며, 처리기 별로 독자적인 큐와 스케줄링 알고리즘을 가지며, 프로세스들은 처리기 별로 분류되어 처리된다.

2) **동종 시스템**(Homogeneous system)

다수의 처리기(CPU)가 동일한 시스템이다. → 부하 공유(load sharing)

❶ 독립된 준비 상태 큐를 두는 방법[그림3-42]

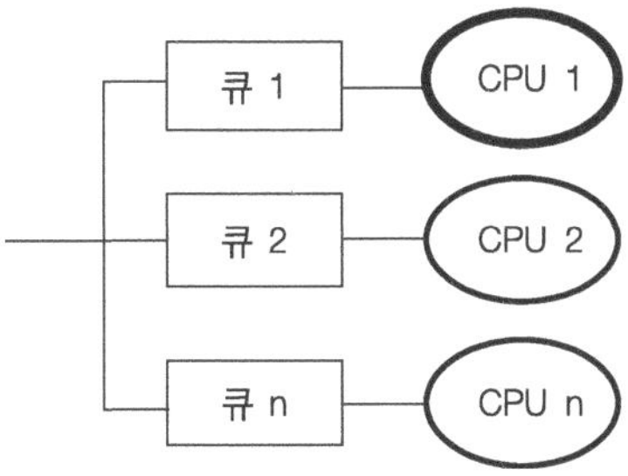

[그림 3-42] **독립된 준비 상태 큐**

❷ 공통의 준비 상태 큐를 두는 방법

- 동일(동등 관계) 프로세서 스케줄링;각 처리기 별로 별개의 스케줄링 알고리즘을 사용한다[그림3-43].

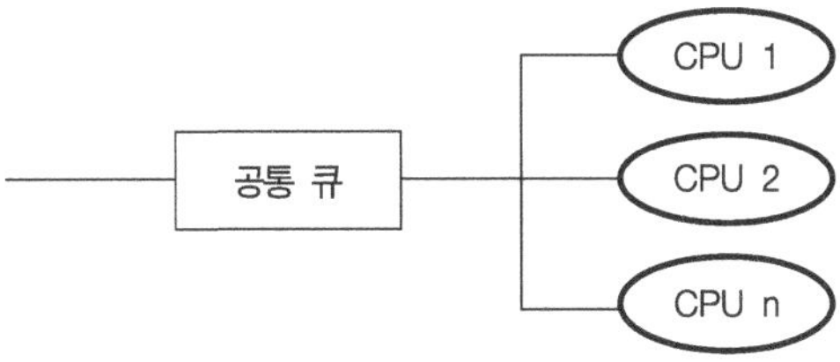

[그림 3-43] **공통의 준비 상태 큐**

  - 각 CPU 자신이 스스로 스케줄링 하는 것으로, 주/종 스케줄링에서 처럼 중앙으로 집중되지는 않는다. 앞의 경우 스케줄링의 부하가 클 경우 주 CPU만이 혹사되고 병목현상을 겪게 된다.
  - 더 좋은 방법은 모든 프로세스가 동등하게 취급되는 것이다. 여러 개의 CPU가 동일 프로세스를 선택하여 실행하지 않아야 하며 프로세스들이 큐에서 사라지지 않도록 해야 한다. 그렇기 위해서는 프로세스 리스트와 프로세스 상태의 정보를 유지하고, CPU가 프로세스를 실행시키기 위해서는 프로세스의 상태를 갱신하고 공유 자원을 잘못 다루지 않도록 보장해야 한다.
- 주/종(Master/Slave) 스케줄링; 마스터(주)에 의한 공통의 스케줄링 알고리즘을 사용한다.
  - 주/종(Master/Slave) 스케줄링 기법은 한 CPU가 다른 CPU의 스케줄링을 해주는 것으로, 한 개의 주(Master) CPU는 시스템의 모든 CPU들의 상태를 파악하여 종(Slave) CPU들을 위해 스케줄링해 준다. 이것은 비대칭 다중 처리이다[그림3-44].

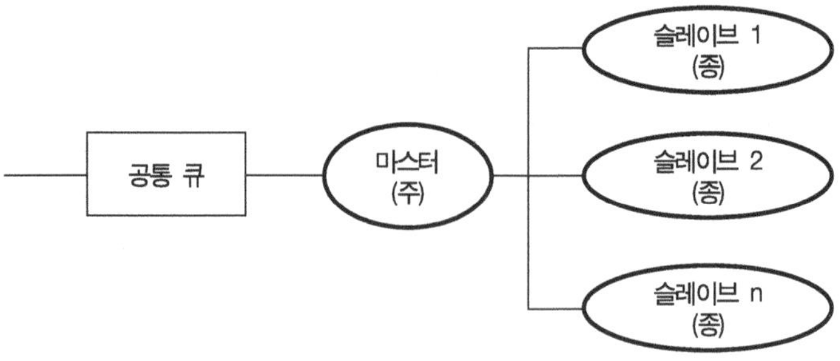

[그림 3-44] 주/종(Master/Slave) 스케줄링의 큐

- 주/종 CPU의 각각의 역할의 예 :

- 주 CPU는 프로세스를 처리할 CPU를 선택하고 이용 가능한 CPU를 찾는다.
- 종 CPU는 입출력 요구 등의 일이 일어날 때마다 주 CPU에 인터럽트를 걸어 순서를 기다리기 위해 멈추어 있는다. 이런 현상 때문에 스케줄링에 부하가 많이 걸리는 시스템에서는 적당하지 않다. 그 이유는 주 CPU만을 지나치게 사용하는 병목현상이 일어나기 때문이다.

(12) 실시간 스케줄링(Real-time scheduling)

실시간 시스템(Real Time System)이란 비교적 한정된 범위의 처리가 진행 중인 현상과 같은 속도로 행해지는 시스템이다. 처음에는 미국에서 군용 시스템으로 사용되었으나 그 후 여러 사무 분야에 응용되어 왔다. 프로세스 컨트롤용 시스템이나 좌석 예약 시스템, 온라인 뱅킹 등이 그 예이다. 실시간 시스템에서는 데이터 회선을 통해서 데이터 전송을 수반한 것도 많고, 하드적으로도 소프트적으로도 고도의 기술을 필요로 한다. 즉, 실시간 장치를 시스템을 계속 감시하여 장치의 상태가 바뀔 때 그와 동시에 제어동작을 구동시키는 시스템이다. 이 시스템은 프로세스 제어시스템과 같이 입력에 대한 응답이 신속히 출력으로 나와서 이것에 의해 후속의 소자에서 입력 정보를 받을 수 있게 하는 시스템이다. 실시간 시스템은 일괄처리 시스템과 달리 빠른 반응을 한다. 실시간시스템을 위한 장비는 단말기, 통신 프론트엔드(communication front end), M/M 등이 있다. 실시간은 비선점 방식이 더욱더 적합하다고 할 수 있겠다. 실시간 처리 시 보통 짧은 작업을 많이 하기 때문에 만약 선점 방식을 이용한다면, 잦은 문맥교환으로 인한 스래싱이 발생되므로 심각한 성능 저하를 초래할 수 있다. 그러므로 단순하고 문맥교환이 짧은 비선점 방식이 더 효율적이다.

실시간 운영체제의 특징은 다음과 같다.

① 결정성(Deterministic)

미리 정해진 고정 시간이 되면 어떤 행동을 취할 수 있거나 미리 정해진 기간 동안에 어떤 기능을 완료해 줄 수 있다는 것을 의미한다.

② 운영체제의 결정성

- 운영체제에 가해진 요구가 있은 후에 얼마나 신속하게 반응할 수 있는가?
- 요구된 시간 내에 모든 서비스 요청들을 처리할 수 있는 충분한 용량을 가지고 있는가?

③ 응답성(responsiveness)

일단 반응을 시작한 후에 얼마나 빨리 그 인터럽트에 대해서비스를 완료해 줄 수 있느냐?

실시간 시스템에서 스케줄링은 크게 두 가지로 분류된다.

1) **경성 실시간 스케줄링**(Hard real-time scheduling)

정해진 시간(Deadline) 내에 특정 작업이 완료되기를 요구한다. 프로세스가 작업 완료나 입/출력의 수행에 필요한 시간의 양을 제출하면 스케줄러는 프로세스가 정해진 시간에 완료되는 것이 보장될 경우 수행하고, 그렇지 않으면 거절한다. 이를 위해, 각 동작에 소요되는 최대 시간을 알고 있어야 한다. 경성 실시간은 특수 시스템에서 사용하며, 범용 운영체제 시스템에서는 사용을 안한다.

2) **연성 실시간 스케줄링**(Soft real-time scheduling)

중요한 프로세스가 높은 우선순위를 갖게 하는 방법이다.

❶ 우선순위 스케줄링을 제공하고 실시간 프로세스는 가장 높은 우선순위를 유지해야 한다;에이징(Aging)을 허용하지 않는다.

❷ 디스패치(Dispatch) 지연이 적어야 한다; 문맥교환의 직전에 시스템 호출이 요구되거나 입/출력이 발생할 경우 대기해야 하는 문제의 해결이다. 시스템 호출에 선점 지점을 삽입하여 대기 시간을 줄인다. 커널 전체를 선점 가능하도록 하고, 동기화 기법을 사용한다(여기서, 디스패치 지연의 구성은 충돌(Conflicts)의 요소, 커널에서 수행되고 있는 프로세스의 선점, 높은 우선순위의 프로세스가 필요로하는 경우에 낮은 우선순위 프로세스의 자원을 해제, 현재 프로세스에서 높은 우선순위 프로세스로의 문맥교환 이 있다.

(13) 비율 단조 스케줄링(RM;Rate Monotonic Scheduling)

전산학에서 비율 단조 스케줄링(RM)은 1973년 Liu와 Layland가 제안한 실시간 시스템을 위한 스케줄링 정책이다. 비율 단조 기법이라고도 한다. 비율 단조 분석(rate-monotonic analysis, 줄여서 RMA)은 RMS의 배경이 되는 이론으로서, 시간 당 CPU 사용률을 계산하여 프로세스들을 이상없이 수행할 수 있는지를 알아보는 일을 말한다.

수행 주기가 가장 짧은 프로세스(태스크)에 가장 높은 우선순위를 부여하는 방식인데, 그 다음으로 주기가 짧은 프로세스에게 그 다음 순위의 우선순위가 부여되는 방식이다. 가장 실행 주기가 짧은 프로세스가 제일 먼저 서비스된다. 따라서, 비율(rate, 단위시간당 프로세스 수행 횟수, 수행 주기의 역수)과 우선순위의 관계를 그래프로 나타내면 우상향 직선형이 된다. 이렇게 비율에 따라 우선순위가 단조롭게 증가하는 추세를 보인다고 하여 '비율 단조'라는 이름이 붙게 되었다. 프로세스들의 우선순위는 비율(주기의 역수)에 대한 함수로 보고 그래프를 그려보면 단조적으로(monotonically) 증가하는 모양새이다. 프로세스에 부여하는 우선순위의 변동이 없기 때문에, 정적 스케줄링 정책이라고 할 수 있다. 그렇지만 상당히 효율적이라서 아직도 널리 사용되고 있다. RMS를 사용하는 OS는 일반적으로 선점형이고, 응답시간에 대해 결정적(deterministic)인 특징이 있다.n개의 프로세스가 있을 때, CPU 사용율의 상한은 다음 공식으로 계산할 수 있다.

$$U=\sum_{i=1}^{n}\frac{C_i}{T_i}\le n(\sqrt[n]{2}-1)$$

U(1) = 1.0, U(2) = 0.828, U(3) = 0.779, 프로세스의 수가 무한대로 많아지면 약 69.3%로 수렴한다.

$$\lim_{n\to\infty} n(\sqrt[n]{2}-1)=l_n 2\ \approx\ 0.693147$$

RMA 이론에서는 시스템을 아래와 같이 비교적 단순한 모델로 가정한다.

- 모든 프로세스는 단일 CPU에서 주기적으로 구동된다.
- 문맥 교환 시간은 무시한다.
- 프로세스들 사이에 자료 종속성이 없다.
- 프로세스의 수행 시간은 일정하다(즉, 변함이 없다).
- 마감시각은 그 프로세스가 수행되는 마지막 주기가 끝나는 시점으로 한다.
- 준비 상태의 프로세스 중 가장 우선순위가 높은 것이 수행을 위해 선택된다.

예제 3-17

RMS가 적용된 시스템 내에서 다음과 같이 3개의 프로세스가 있을 때, 스케줄링이 가능한지를 알아보자.

프로세스	대기시간(초)	서비스를 받을 시간(초)
P1	1	8
P2	2	5
P3	2	10

위 표로부터 구한 CPU 사용률(Utilization Factor)은 다음과 같다.

$$\frac{1}{8}+\frac{2}{5}+\frac{2}{10}=0.725$$

3개의 프로세스들에 대해 스케줄링이 가능하기 위한 충분조건은 다음과 같다.

$$\text{사용률 } U=3(2^{1/3}-1)=0.77976...$$

그래서 0.725<0.77976...이므로 스케줄링이 가능하다고 할 수 있다.

다만, 이 조건은 필요조건이 아니므로 이 스케줄링 알고리즘이 적용된 시스템이 더 높은 사용률을 가지더라도 스케줄링이 불가능하다고 할 수는 없다.

리유와 레이랜드의 증명(Proof of Liu & Layland)에서 일반적인 생각(General idea)은 가장 스케쥴 하기 어려운 것을 선정하여 증명하면 다른 스케쥴은 가정 스케쥴 하기 어려운 것보다 쉽기 때문에 다 실행될 것이다는 가정이다.

(14) 최단 마감 우선 스케줄링(EDF;Earliest Deadline First Scheduling)

EDF 스케줄링은 실시간 운영 체제에서 사용되는 동적 CPU 스케줄링 알고리즘의 하나이다. 프로세스를 우선순위 큐를 통해 수행한다. 스케줄링 이벤트가 일어날 때마다, 큐에서 마감시간이 가장 가까운 프로세스를 탐색하여 다음에 수행되도록 한다. 주기적인 작업 뿐만 아니라 단일 처리기 환경에서 선점형 프로세스들을 스케줄링할 수 있다.

RM 스케줄링은 사용률에 제약이 있는 반면 EDF 스케줄링은 사용률이 1이하이기만 하면 스케줄링 가능하다. 또한, 수학적으로 최적이라는 것이 증명되어 있다. 하지만 현실적으로 프로세스의 마감시간을 예측하는 것이 어렵기 때문에, 실제로는 RM 스케줄링을 사용하는 경우가 많다. 즉, 가장 먼저 끝나는 일을 가장 우선적으로 처리하는 알고리즘이다.

짚어보기 인터벌 타이머와 인터럽트용 시계

① 인터벌 타이머 - 여러 사람이 동시에 사용하는 컴퓨터 시스템에서, 어떤 한 사용자가 프로세서를 오랫동안 점유하지 못하게 하기 위해 지정된 시간 간격이 지나면 인터벌 인터럽트를 걸어서 프로세서를 다른 사람이 사용할 수 있도록 시간을 알려 주는 장치이다.

② 인터럽트 클럭
- 하나의 시스템 내에서 동작하는 다른 회로나 장치들을 감시, 측정 혹은 동기를 취하기 위해 주기적인 신호를 발생하는 장치(시계)이다.
- 인터럽트 클럭은 대화식 시스템 사용자들에게 알맞은 응답 시간을 보장해 주고 한 개인이 이 시스템을 독점하는 것을 막아 주고, 프로세스들이 시간 의존적인 사건에 답할 수 있도록 도와준다.

지금까지 다룬 주요 프로세스 스케줄링 알고리즘의 방법 및 특징의 비교는 [표3-4]와 같다.

[표 3-4] 프로세스 스케줄링 알고리즘의 방법 및 특징

종류	방법	특징	비고
우선순위 스케줄링	우선순위를 할당해 우선순위가 높은 순서대로 처리하는 방법	① 고정적 우선순위 ② 가변적 우선순위 ③ 구입된 우선순위	비선점
기한부 스케줄링	프로세스가 주어진 시간 내에 작업이 끝나도록 계획함	마감 시간을 계산해야 하기 때문에 막대한 오버헤드와 복잡성이 발생	비선점
FIFO 스케줄링	작업이 컴퓨터에 들어온 순서대로 수행하는 방법	① 대화형에 부적합함 ② 간단하고 공평함 ③ 반응 속도를 예측가능	비선점
라운드 로빈 스케줄링	FIFO 방식의 변형으로 일정한 시간을 부여하는 방법	① 시분할 방식에 효과적 ② 할당 시간이 크면 FIFO와 같다 ③ 할당 시간이 작으면 문맥 교환이 자주 발생	선점
SJF 스케줄링	수행 시간이 적은 작업을 우선적으로 처리하는 방법	작은 작업에 유리하고 큰 작업은 상당히 시간이 많이 걸림	비선점
SRT 스케줄링	수행중 나머지 수행 시간이 적은 작업을 우선적으로 처리	작업 처리는 SJF와 같으나 이론적으로 가장 작은 대기 시간이 걸림	선점
HRN 스케줄링	SRT의 큰 작업이 시간이 많이 걸리는 점을 보안한 방법	우선순위 = (대기시간 + 수행시간) / 수행시간	비선점
MLQ 스케줄링	서로 다른 작업을 각각의 큐에서 시간 할당에 의해 처리	각각의 큐는 독자적인 스케줄링 알고리즘을 사용	선점
MFQ 스케줄링	하나의 준비 상태 큐를 통해 여러 개의 귀환 큐를 걸쳐 일을 처리	CPU와 I/O 장치의 효율을 높일 수 있음	선점
FSS 스케줄링	서로 관련된 다양한 프로세스 집합을 지원하는 알고리즘	UNIX 환경에 적합	선점

3.8 알고리즘 평가

3.8.1 개요

OS에 있어서 자원을 어떻게 관리, 경영할 것인가 하는 문제 해결이 주요 목적이므로 **OS 설계자**는 그 OS가 자원들을 얼마나 효과적으로 경영, 관리하는가를 평가해 보아야 한다. 하지만, 알고리즘을 선택을 어렵게 하는 원인 중 하나는 알고리즘을 선택하는데 사용할 기준의 정의가 모호하다는 것이다. 일반적으로 프로세스 이용률, 응답시간, 처리율을 선택 기준으로 이용하는 데 이들의 기준을 정의하는 것은 어렵다. 이들을 이용하여 알고리즘을 선택하기 위해서는 먼저 측정한 것들의 상대적인 중요성을 정의해야 한다. 최대 응답시간이 1초라는 제약조건에서 프로세서(CPU)의 이용률과 평균 반환시간(평균 대기시간)이 전체 실행 시간에 선형적으로 비례하는 처리율 등의 기준이 제시되고, 일단 선택 기준이 정의되면 다양한 알고리즘들을 평가할 수 있다.특정 시스템을 위하여 CPU 스케줄링 알고리즘을 어떻게 선택하는가는 다음과 같이 한다.

- **첫 번째 문제는 알고리즘을 선택하는데 사용되는 기준을 정의하는 것이다.** 기준은 주로 CPU 이용율, 응답시간, 또는 처리율로 정의한다. 즉, 기준은 다음과 같은 것이 된다.

- 최대 응답시간이 1초라는 제약조건에서 프로세서(CPU)의 이용률과 평균 반환시간(평균 대기시간)이 전체 실행 시간에 선형적으로 비례하는 처리율 등이다.

- 일단 선택 기준이 정의되면, 다양한 알고리즘을 평가한다.
- 컴퓨터 시스템의 성능은 H/W의 성능과 S/W의 성능으로 표현 된다. 최근에는 S/W 성능에 따라 컴퓨터 시스템의 성능이 평가되는 추세이며, 현대의 컴퓨터는 S/W 측면의 성능에 좌우된다고 볼 수 있다.

일반적인 컴퓨터 시스템의 성능을 평가하는 기준(측면)은 다음과 같다.

- 기능적 측면
- 신뢰도 측면
- 성능적인 측면
- 가격 측면

이들 측면에서 모든 요소를 만족할 때 가장 좋은 시스템이다.

3.8.2 성능 평가의 목적

컴퓨터 시스템에 대한 성능평가는 다음과 같은 목적 때문에 행하여진다.

① **새로운 시스템을 선택해 사용코자 할 때 대상 시스템에 대한 성능을 평가해 봄으로 가장 좋은 시스템을 선택 할 수 있게 된다.**

② **시스템의 운영 중에 좀 더 그 성능을 향상시키고자 할 때에 성능평가를 함으로 기준들을 그때그때 설정하여 성능의 향상을 도모함에 도움이 될 수 있다. 이 목적을 위해** 사용되는 방법은 다음과 같다.

- 튜닝(조정;Tuning) 방법 : 시스템의 자원이 활용되는 방식을 개선하기 위해 시스템 제어 변수를 조정하는 것이다. 즉, 새로운 시스템 환경에 맞도록 여러 가지 성능에 관계되는 매개 변수들(터미널의수, 디스크 용량, 메모리의 용량 등)을 조정하는 것이다.
- 향상(Upgrading) 방법 : 처리 능력을 높이기 위해 컴퓨터 시스템에 새로운 H/W나 S/W를 덧붙여 재구성하는 것이다.

③ 시스템을 초기에 설계할 때에 성능 평가를 계속 실시함으로 여러 가지 선택 가능한 구조들을 비교, 분석하여 최적 요소를 찾을 수 있다. 이러한 목적으로 여러 사람들에 의해 시스템의 성능이 평가되는데 그 담당자들은 다음과 같다.

- 시스템의 설계자들.
- 오퍼레이터, 시스템 엔지니어 또는 일반 사용자들

3.8.3 성능 평가를 하는 기본 요소

서비스의 질에 따라 구분은 다음과 같다[그림3-45].

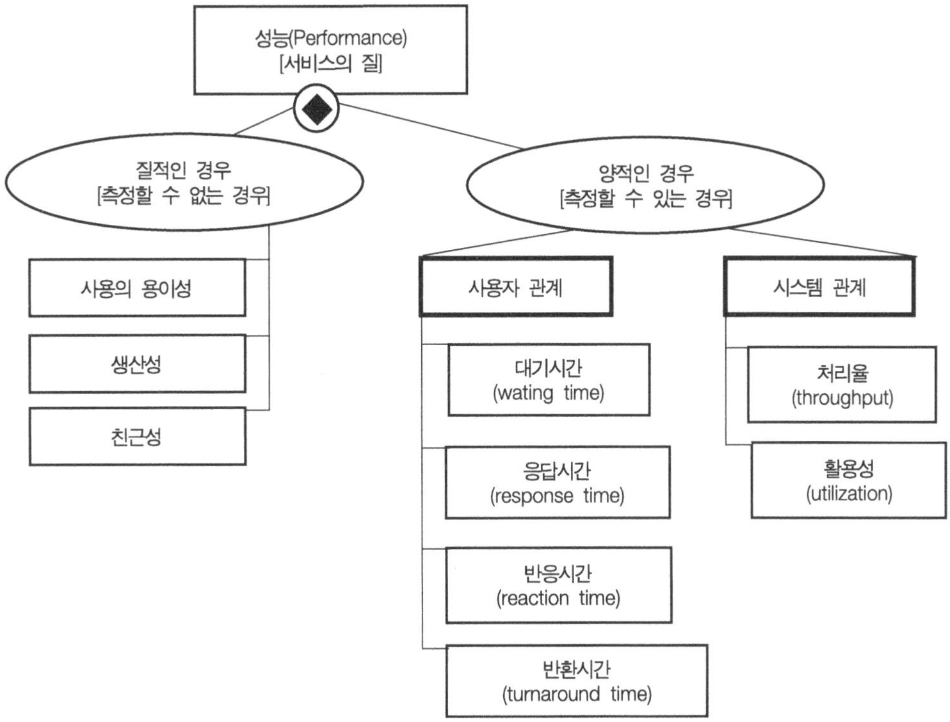

[그림 3-45] 성능평가의 기본 요소

시간적인 요소를 포함한 평가 기준은 [표3-5]와 같다.

[표 3-5] 평가 기준

종류	기준 예	정의
생산성 (productivity)	- 처리율(throughput) - 생산율(production rate) - 용량(capacity (max throughput rate)) - 자료 처리율(data processing rate)	- 단위시간당 처리한 정보량)
반 응 성 (responseness)	- 대기 시간(waiting time) - 응답 시간(response time) - 반환 시간(turnaround time) - 반응 시간(reaction time)	- 입력으로부터 출력이 나오는 시간
활 용 성 (utilization)	- H/W 모듈 활용성(CPU, 메모리, 채널, 주변장치) - OS의 활용성 - 공용 S/W 모듈의 활용성(컴파일러 등) - 데이터베이스의 활용성	- 장치들이 실제로 작동된 시간 비율

3.8.4 성능 평가의 방법

실제 측정법은 기존 시스템으로부터 원하는 성능 요소들을 실제로 측정하는 방법이고, 모델링 법은 실제의 시스템 을 추상화 시켜 여기에서 원하는 성능 요소를 추출하는 방법이다(이 방법은 실제로 측정할 수 없는 시스템, 즉 구현되지 않았다 던가 측정하기 어려운 시스템인 경우)[그림3-46].

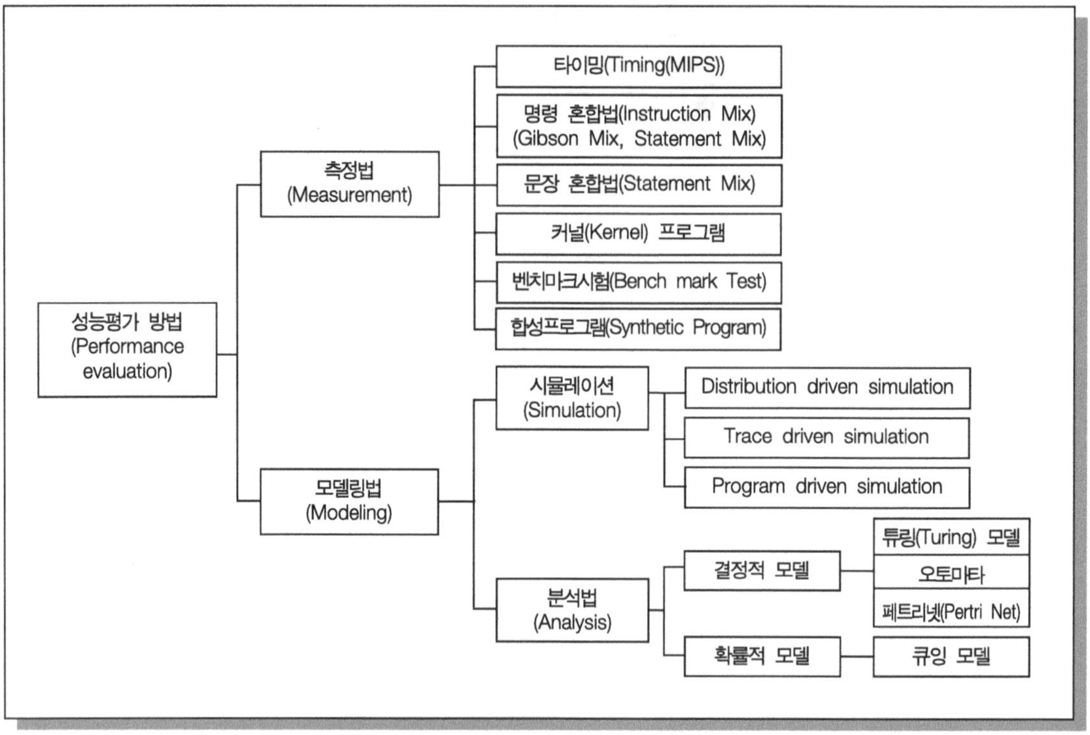

[그림 3-46] 성능 평가방법의 종류

짚어보기 측정법

❶ 벤치마크 시험; 실존하는 비교대상을 두고 H/W나 S/W의 성능을 비교 시험하고 평가하는 것으로 일반적인 성능 테스트(시험)와는 달리 실제와 같은 상황의 동일한 시험 환경에서 한 개 또는 여러 개의 대표적인 비교 대상과 비교 시험을 반복하여 성능을 평가한다.

❷ 합성프로그램; 커널과 벤치마크 기법을 조합하여 기계의 특정한 기능을 실험해 보기 위해 사용자 환경에 맞도록 설계된 실제 프로그램이다.

(1) 분석적 평가

평가 방법의 종류로 분석적(해석적)인 방식이 있는데, 분석적 평가는 작업 부하를 줄이기 위해 알고리즘의 성능을 평가하는 공식이나 수(값)를 생성하기 위한 알고리즘과 시스템 작업 부하를 이용한다.

1) 결정성 모형화(Deterministic modeling)

결정성 모형화는 분석적 평가의 한 형태로서 이 방식은 사전에 정의된 특정한 작업에 대하여 부하를 취하고 그 작업 부하를 위한 알고리즘의 성능을 평가한다.

예제 3-18

다음과 같은 작업 부하가 있다고 가정한다(5개의 모든 프로세스들이 시간 0에 아래와 같은 순서로 도착하며, CPU 버스트의 길이는 ms임).

프로세스 명	실행(버스트) 시간(ms)
P1	10
P2	29
P3	3
P4	7
P5	12

- 이 프로세스들의 집합에 대하여 FCFS, SJF, R/R(10ms) 스케줄링 알고리즘을 적용 했을 때, 어떤 알고리즘이 평균 대기시간 (AWT)이 가장 적은가?

풀이

가) FCFS 알고리즘

① 간트 도표;

P1	P2	P3	P4	P5

0　10　39　42　49　61

② 풀이;

- P1의 WT = 0,P2의 WT = 10,P3의 WT = 39,P4의 WT = 42,P5의 WT = 49

∴ AWT = (0+10+39+42+49)/5 = 28ms

나) 최소 작업 우선(SJF) 알고리즘

① 간트 도표;

P3	P4	P1	P5	P2

0　3　10　20　32　61

② 풀이;

- P1의 WT = 10,P2의 WT = 32,P3의 WT = 0,P4의 WT = 3,P5의 WT = 10

∴ AWT = (10+32+0+3+20)/5 = 13ms

다) 라운드 로빈(순환 할당;R/R) 알고리즘(시간 할당량(TQ=10))

P2로 시작되지만 10ms 후에 선점되어 큐의 맨 뒤에 넣는다.

① 간트 도표;

P1	P2	P3	P4	P5	P2	P5	P2

0　10　20　23　30　40　50　52　61

② 풀이

- P1의 WT = 0,P2의 WT = (10+20+2)=32,P3의 WT = 20,
  P4의 WT = 23,P5의 WT = (30+10)=40

∴ AWT = (0+32+20+23+40)/5 = 23ms

☞ 평가 결과의 결과는 다음과 같다.

① 이 경우에 SJF 정책은 FCFS 스케줄링으로 얻은 평균 대기시간의 1/2 정도로 되며, 라운드 로빈(R/R)은 중간 정도이다.

② 대기시간이 가장 짧은 순서는 최소 작업 우선(SJF) ⇨ 라운드로빈(R/R) ⇨ FCFS(즉, SJF가 가장 좋음) 순이다.

(2) 큐잉 모형(Queueing model; 확률적 모형)

이 방법은 성능 평가의 대표적인 방법이다. 확률론에 근거하여 개발된 것으로 경제적이고, 빠르고, 상세히 시스템을 기술할 필요가 없다는 장점이 있다. 큐잉 분석은 분석적 평가 방법으로 알고리즘의 성능을 평가하는 공식을 생성해 낼 수 있다(도착률을 나타내는 포아송(poisson)과 서비스 시간에 대한 가정을 포함한 지수적인 큐의 공식을 이용함).

1) 큐잉 모델의 예[그림3-47]

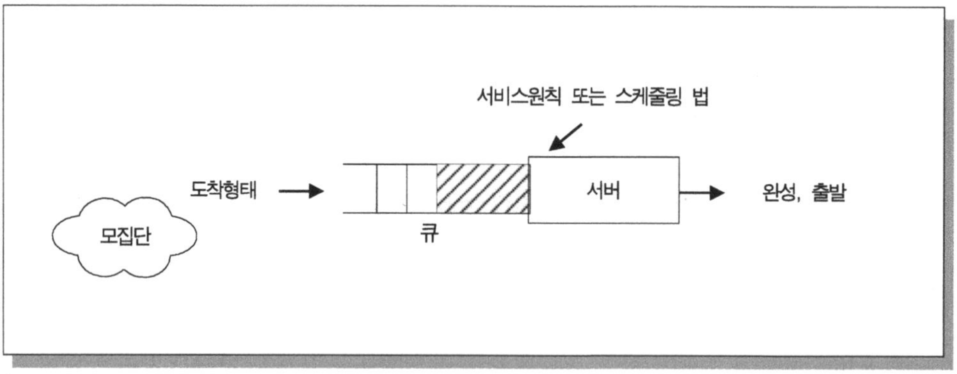

[그림 3-47] 큐잉 방법

컴퓨터 시스템은 서버(Server)들의 네트워크로 기술된다. 각 서버는 대기 프로세스들의 큐를 갖고 있으며, CPU는 준비큐를 갖고 있는 서버로서, 장치 큐를 작고 있는 입출력 시스템도 마찬가지이다. 도착률과 서비스율을 알면, 이용률, 평균큐 길이, 평균 대기시간들을 계산할 수 있다. 도착은 초당 프로세스로 표현되는 평균 도착률 λ로 나타낼 수 있으며, 한 작업이 시스템에서 기다리는 대기시간이 W이다. 시스템에 도착하는 n개의 작업의 대기시간 $W_1, W_2, \ldots, W_n$의 평균 대기시간은 다음과 같다.

$$W_n = \frac{1}{n}\sum_{i=0}^{n} W_i$$

여기서, 대기하는 프로세스의 개수가 무한히 많은 것으로 가정하면, $W = \lim_{n \to \infty} W_n$으로 나타낼 수 있다.

실례로서, n을 평균 큐의 길이(서비스 받는 프로세스는 배제)라하고, W를 큐에서의 평균 대기시간, λ는 큐에 있는 새로운 프로세스들을 위한 평균 도착률(1초당 3개의 프로세스 같이)이라고 하자.

그러면, 프로세스(작업)가 서비스 받기를 기다리면서 기다리는 시간인 W동안 "λ * W" 개의 새로운 프로세스들의 수를 도착하는 프로세스들의 수와 같아야 한다(시스템이 안정 상태라면). 그러므로, 다음의 식이 성립한다.

평균 프로세스의 수; n = λ * W

이 식을 **리틀 공식**(Littles's formula)이라고 한다. 리틀 공식은 어떠한 스케줄링 알고리즘이나 도착 분포에도 성립하기 때문에 특히 유용하다.

2) 포아송 분포의 형태

큐잉 모델의 예에서 도착 형태는 작업(Job;프로세스)들이 모집단(Population)으로부터 시스템으로 도착하는 양상을 나타내고 있다. 임의적인 형태나 포아송 분포 형태와 같은 일정한 확률을 가지고 도착한다.

① 모집단은 작업(Job) 또는 사용자를 말하며, 유한개 또는 무한개라고 가정한다.
② 서비스의 분포와 서비스 형태를 서비스가 이루어지는 비율 또는 지수 분포 형태의 확률 분포를 나타낸다.
③ 서비스 정책 또는 스케줄링 알고리즘은 이미 프로세서 스케줄러에서 논했듯이 FCFS, SJF, R/R, 기타 등이 있다.

3) 큐잉 분석의 장 · 단점

큐잉 분석을 사용하면 스케줄링 알고리즘들을 비교하는데 유용하지만, 사용할 수 있는 알고리즘이나, 분포들은 상당히 제한적인 단점이 있다.

예제 3-19

7개의 프로세스들이 평균적으로 매초마다 도착하고 있으며 큐에는 정상적으로 14개의 프로세스가 있다고 알고 있으면 프로세스 당 평균 대기시간을 2초로 계산할 수 있다.

(3) 시뮬레이션(모의 실험;Simulation)

스케줄링 알고리즘을 더욱 정확하게 평가하기 위하여 시뮬레이션을 한다[그림3-48].컴퓨터 시뮬레이션은 현상이나 사건을 컴퓨터로 모형화(modeling)하여 가상적으로 수행시켜봄으로써 실제의 상황에서의 결과를 예측하는 것이다. 즉, 시뮬레이션은 복잡한 문제나 사회 현상 따위를 해석하고 해결하기 위하여 실제와 비슷한 모형을 만들어 모의적으로 실험하여 그 특성을 파악하는 일이다. 실제로 모형을 만들어 하는 물리적 시뮬레이션과 수학적 모델을 컴퓨터 상에서 다루는 논리적 시뮬레이션 따위가 있다. 시뮬레이션은 컴퓨터 시스템의 모델을 프로그래밍 하는 것도 포함하며, 시뮬레이터(Simulator)는 시간을 나타내는 변수의 값을 증가시키면서 시스템의 상태를 수정하여 장치들의 활동과 프로세스 그리고 스케줄러 등의 현실을 반영한다. 이러한 시뮬레이션은 비용과 시간을 절감시켜 주며 실제 상황에서는 도저히 할 수 없는 가상적인 시험도 할 수 있다. 예를 들면, 컴퓨터를 몇 시간씩 사용하기 때문에 매우 많은 비용이 소요된다.

실제 시스템을 관찰하여 실제 사건들의 순서를 기록하는 추적(trace) 테이프를 생성한다.

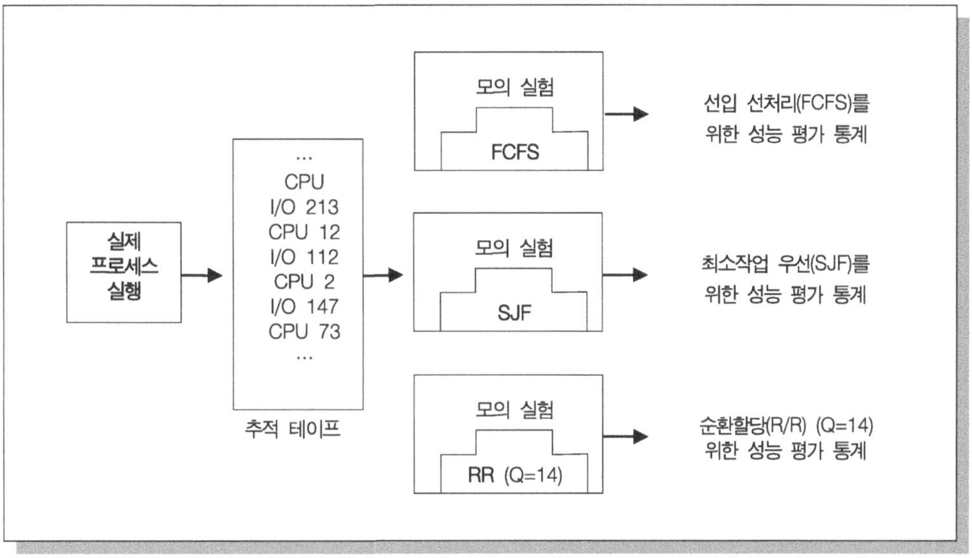

[그림 3-48] 모의실험에 의한 CPU 스케줄러의 평가

예제 **시뮬레이션의 예**

비행기의 날개나 자동차 엔진의 동작 등을 시뮬레이션함으로써 최적의 설계를 하는데 도움을 줄 수 있다.또한,요즘에는 실제 면허 시험장처럼 만들어진 실내에서 시뮬레이션으로 운전 연습을 한다.

(4) 구현

시뮬레이션의 실험 조차도 정확성에 한계가 있다. 완전하게 스케줄링 알고리즘을 정확히 평가하는 유일한 방법은 실제 코드로 작성 하여 OS에 넣고 실행해 보는 것이다(실제 시스템 조건에 알고리즘을 직접 적용하는 것을 구현이라 함). 이 방식은 평가를 위하여 실제 OS환경 하에서 실제 시스템에 실제 알고리즘을 넣는 것인데, 이 방식의 어려움은 비용에 든다는 것이다. 알고리즘을 평가하는 다른 어려움은 알고리즘이 사용되는 환경이 변경되는데 있다.

■ 연 습 문 제

학과: | 학번: | 성명: | 제출일:

[3-1] 프로세스에 대한 정의를 기술하고 공인된 정의가 없는 이유를 설명하라.

[3-2] 다중 프로셋의 경우에 한 작업을 수행하다가 이를 중단하고 다른 작업을 수행하려면, 모든 작업들이 주기억장치에 적재되어 있다고 해도 추가적인 과정이 필요하다.
1) 이와 같이 수행되는 프로세스를 바꾸려고 할 때 변경하거나 또는 기억하고 있어야 할 자료는 무엇인가?

2) 이러한 작업을 하는데 도움이 될 수 있는 하드웨어는 무엇인가?

3) 다중 프로그래밍에서 수행되는 프로세스를 바꾸어야 하는 경우는 어떠한 일이 발생하는가?

[3-3] 한 프로세스가 매우 많은 페이지 부재를 발생시키고 있음이 밝혀졌다. 그 프로세스의 우선순위를 높여 주는 것에 대해 찬/반의 의견을 모두 기술하라.

[3-4] 스레드를 정의하고 이들을 포함하는 프로세스의 종류를 설명하라.

[3-5] HRRN 스케줄링 알고리즘을 사용한 이유와 장점은 무엇인지 설명하라.

[3-6] SRT 기법의 단점을 기술하고,성능을 높이려면 어떻게 변형하면 좋을지 설명하라.

[3-7] 다음 각 항의 물음에 대한 결정은 어느 단계의 스케줄러가 하는가?
1) CPU가 사용 가능해질 때 CPU를 어느 프로세스에 할당할 것인가?

2) 디스크에 적재된 일괄 처리 작업 중에 다음에 시작할 작업은 어느 작업인가?

3) CPU에 부하가 많아질 때 어느 프로세스를 잠시 중단할 것인가?

[3-8] 선점과 비선점을 비교.설명하라.비선점 프로세스가 실행 중일 때 프로세스가 인터럽트를 처리할 수 있는가? 선점과 비선점 프로세스의 예를 들어라.

[3-9] 다단계 큐 스케줄링 알고리즘의 특징을 설명하라.

[3-10] 작업들이 다음 도표와 같이 도착하여 실행된다고 할 때, 비선점 스케줄링이고, 모든 결정은 결정이 필요한 당시 주어진 정보에 기초 한다면,이 작업들에 대해 평균 반환시간은 얼마인가?

작업	도착시간	수행시간
P1	0.0	7
P2	0.5	3
P3	1.0	2

1) FCFS(First-Comed First-Served)

2) SJF(Shortest Job First)

3) SJF가 성능을 개선하는 듯하지만 시간 0에서 곧 짧은 작업이 들어오는 것을 알수 없기 때문에 작업 P1이 수행된다는 점에 주의해야 한다.만일 CPU가 선점되고 SJF를 사용할 경우 평균 반환시간을 계산하라.

[3-11] 프로세스 P1,P2,P3,P4에 대한 각 대기시간은 9,9,7,13이며,각 버스트 시간(실행시간)은 9,3,4,6일 때 HRN 스케줄링 기법에 의한 각 프로세스의 CPU 할당 우선순위와 평균 대기시간을 계산하라.

[3-12] 다음 프로세스들이 아래의 시간에 도착하고 CPU 버스트 시간 단위는 10 ms라고 가정한다. 각각의 알고리즘은 선점,비선점 스케줄링을 사용한다. 다음 각 항의 물음에 답하라.

프로세스 이름	도착시간	버스트시간
P1	0	9
P2	1	5
P3	2	3
P4	3	2

1) FIFO, 라운드로빈(R/R), 널, SRT 기법을 이용하여 칸트 챠트(Gantt chart)를 그리고 각 기법의 평균 대기시간과 평균 반환시간을 답하라.

2) 어느 기법에서 가장 짧은 평균 대기시간을 갖는지 답하라.

Chapter

04

병행 프로세스와 상호 배제

CHAPTER 04

병행 프로세스와 상호 배제

학습목표

현대의 컴퓨터 시스템은 서로 상호 작용하는 프로세스의 집합이라고 생각할 수 있다. 하드웨어는 한 처리기의 멀티플렉싱, 또는 다중 처리기에 의해서 병행 처리 기능을 제공하고 있는데, 사용자들은 이러한 기능이 구현되도록 하기 위해서 프로그램을 작성해야 한다. 병행 프로세스는 두 개 이상의 프로세스들이 동시에 존재하며 실행 상태에 있는 것을 의미한다. 즉, 여러 프로세스가 동시에 병행하여 실행되는 것을 의미한다. 최근의 많은 응용에서 단순한 순차처리가 아닌 병행 처리를 필요로 하고 있다. 일례로 멀티미디어 응용에서는 여러 종류의 미디어가 동시에 재생되어야 하며, 이를 위한 처리가 병행으로 이루어져야 한다. 이번 강의에서는 병행 프로세스의 기본 개념과 함께, 병행 프로세스의 처리과정에서 이슈가 되는 자원의 공유, 동기화 등을 위해 제공되는 장치들에 대하여 학습한다. 상호 작용하는 프로세스들을 그대로 방치하면 여러 가지 문제가 생긴다. 따라서, 이들을 제어하기 위해서 조치를 취해야 하는데, 다음 세 가지 문제 즉, 결정성 문제, 상호 배제와 동기화 문제, 교착상태 문제를 다루어야 한다.

이 장에서의 주요 내용은 다음과 같다.

- 병행성의 개념과 프로그램 내의 병행성 구현 가능성을 이해
- 병행 프로세스의 실행으로 인해 발생할 수 있는 자원의 공유, 동기화 등의 문제를 설명
- 동기화와 상호 배제
- 상호 배제 및 동기화를 위한 기술을 프로그램 상에 구현 문제
- 임계영역 해결 알고리즘
- 세마포어
- 프로세스 간의 통신
- 교착상태
- 안전 알고리즘과 은행가 알고리즘

4.1 병행 프로세스

4.1.1 개념

프로세스의 여러 개가 동시에 실행되면 병행 프로세스(동시 처리;Concurrent process)라고 한다. 즉, 병행 프로세스는 여러 개의 프로세스가 동시에 병행하여 실행되는 것을 의미한다. 최근의 많은 응용에서 단순한 순차 처리(Sequential processing)가 아닌 병행 처리(Concurrent processing)를 필요로 하고 있다. 일례로 멀티미디어 응용에서는 여러 종류의 미디어가 동시에 재생되어야 하며, 이를 위한 처리가 병행으로 이루어져야 한다. 순차 처리는 사전에 주어진 키 순서에 의해 자료 필드 내의 레코드를 처리하는 것이다. 즉, 파일 내 기록의 색인되는 키가 일련 순서로 배열됨으로써 필요한 자료를 꺼낼 때는 파일의 최초부터 키 순서에 의해 레코드를 찾아 처리하는 것이다. 또한, 컴퓨터 시스템 중 채널이나 중앙 처리 장치 등의 단일 기구에 있어서 순차 또는 연속적으로 두 가지 이상의 처리를 행하는 형태를 말하며, 이것은 데이터들이 실제적으로 물리적으로 저장된 순서대로 처리되는 방법이다. **병행 처리**는 어떤 시간 간격 내에 두 개 이상의

연산 등을 행하는 처리 형태를 가리키고 있다. 예를 들면, 프로그램의 실행은 하나의 명령(instruction)이 실행되면 다음 명령이 실행된다고 하는 것과 같이 축차적으로 행해진다. 한편, 입/출력 동작도 축차적인 동작의 반복이다. 이러한 서로 다른 두 개의 동작은 동시에 행해져도 서로 영향을 미치지 않는 경우에는 "병행 동작"이 가능하다. 순차적 수행보다 시간 절약과 시스템 이용률을 높이는 장점이 있다. 또한, 인쇄 통신 등을 행하면서 동시에 문서 작성이나 편집 등의 처리를 행하는 기능을 말한다.

동시 처리 프로세스 또는 동시 처리 프로그래밍이란 두 개 혹은 그 이상의 관련 있는 프로세스가 동시에 실행되는 것이다. 또한 시스템에서 프로세스들은 병행하여 수행할 수 있다(많은 프로세스들을 하나의 CPU에서 다중작업(multitask)을 할 수 있다. 즉, 실제의 컴퓨터 OS는 수많은 프로세스들이 상호 협력하여 수행되고 있다). **병행 프로세스**는 서로 관련 없이 독립적으로 작업을 수행하거나 다른 프로세스와 협력하면서 특정 기능을 수행한다. 그리고 프로세스 간에 교신이 필요하고, 교신할 때 동기화되어야 하는 프로세스를 **비동기적 병행 프로세스**라고 한다. 병행 프로세스들은 제한된 자원을 공유하기 위해 자주 상호 작용한다. 또한 상호작용하는 프로세스는 순서에 맞게 실행되도록 동기화시켜야 한다. 병행 프로세스의 실행은 하나의 프로세스에서 인터리빙 형식(Interleaving)으로 실행되거나 별개의 프로세스에서 병렬처리 형식으로 실행된다. 여기서, 동시에 시스템에 존재하나 어느 순간에는 단지 한 프로세스만 CPU에서 실행되는데 이것을 병행성(동시성;Concurrency)이라고 부른다. **병행성**은 여러 개의 프로세스(또는 스레드)가 동시에 실행되는 시스템의 특성을 말하며, 각각의 프로세스는 서로 상호작용할 수 있다. **병행 프로세스**는 서로 관련이 없는 독립적인 프로세스와 다른 프로세스와의 서로 협력하면서 수행하는 협동 프로세스로 구분되며, 병행 시스템의 문제는 병행 시스템을 구성하는 프로세스들이 서로 상호 작용할 수 있으며, 공유되는 자원을 점유하기 위한 "경쟁 문제"가 발생한다. 또한, 비동기적으로 실행되는 프로세스들 사이의 **동기화 및 통신 문제**가 대두된다.

참고로, 프로그램 병행성 확보를 위한 **인터리빙(Interleaving)**이란 의미는 다음과 같다.

㉠ 병행성 확보를 위해 여러 프로세스들이 매우 짧은 시간 동안 번갈아 가면 수행하는 기법이다.

㉡ 병행성은 공간의 절약의 효율성과 프로세스들의 긴밀한 상호작용의 장점이 있으나 프로그램 일관성의 문제점을 일으키며, 병행성 확보를 위해 **상호배제**가 필요하다.

병행 프로세스(병행처리 또는 동시처리 프로그래밍)의 특징은 다음과 같다.

① 동시 처리(병렬 처리;parallel processing)는 입/출력 채널 또는 처리기(processor)와 같은 장치에서 둘 이상의 프로세스가 동시에 수행되는 것을 말하며, 이와 같이 프로세스들이 동시에 존재하는 것을 병행(concurrent)이라 한다.

② 두개 혹은 그 이상의 관련 있는 프로세스가 동시에 실행되는 것이다.

③ 다중 프로그래밍의 운영체제를 기반으로 한다.

④ 병행 시스템들은 프로세스들의 집합체로 구성된다.

⑤ 운영체제 프로세스들은 시스템 코드들을 실행하고, 사용자 프로세스들은 사용자 코드를 실행한다. 이들 모든 프로세스들은 잠재적으로 병행하게 실행될 수 있다.

⑥ 순서에 맞게 실행되는 것을 보증하기 위하여, 시스템은 프로세스 동기화와 통신을 위한 메카니즘을 제공해야 한다.

⑦ 프로세스들은 서로 관련 없이 독립적으로 수행할 수도 있고, 아니면 다른 수많은 프로세스들이 상호 협력하여 동시에 수행하는데, 전자가 **독립적**이면 후자는 **비동기적**(asynchronous)이다.

⑧ 다수의 컴퓨터가 망을 이루어 수행되는 분산처리 시스템에서는 이러한 병행 프로세스는 필수 불가결하다.

⑨ 병행성(concurrency)은 구현에 기본이 되는 것이 병행 프로세스이다.

여러 프로세스들이 독립적으로 실행되는 것을 독립적 병행 프로세스라 하고 서로 협력하며 동시에 실행되는 것을 협동적 병행 프로세스라고 한다.

참고로, **비동기 병행 프로세스**(asynchronous concurrent process)는 병행 프로세스들이 불규칙하게 독립적으로 수행할 수 있는 경우의 프로세스이다.OS는 상호 행동을 동기 시키고 서로 통신해야 하는 다수의 비동기 프로세스들로 구성되어 있다. 오늘날의 OS는 일반적으로 핵심부에 의해 제어되는 비동기 병행 프로세스의 집합으로 구현된다.

짚어보기

동시에 동작하는 복수의 마이크로프로세서를 갖추고 있는 컴퓨터에 의해서만 실행될 수 있는 처리 방식인데, 복수의 처리 장치를 사용하여, 모든 처리 장치가 하나의 프로그램상의 서로 다른 태스크를 동시에 처리함으로써 처리의 부하를 분담하여 처리 속도를 향상시키는 방법이다. 병렬 처리는 다중 처리와 다르다. 다중 처리에서 한 처리 장치는 데이터베이스 접근을 관리하고 다른 처리 장치는 그 데이터를 분석하며, 세 번째의 처리 장치는 화면에 도형을 출력하는 식으로 하나의 처리를 순서적 블록으로 나누어 실행한다. 병렬 처리에서는 10개의 처리 장치로 병렬 처리하면 최대 10배 정도 처리 속도를 향상시킬 수 있다. 다만, 실제로는 병렬화에 따른 복잡한 처리가 추가되기 때문에 반드시 10배로 향상되지는 않는다. 수천 개의 마이크로프로세서에 의한 병렬 처리를 초병렬 처리라고 한다.

짚어보기 동시 처리(concurrent processing, simultaneous processing)

서로 독립적으로 수행될 수 있는 2개 이상의 프로세스를 단일 처리 시스템에서는 시분할 제어 방식으로, 다중 처리 시스템에서는 처리기마다 프로세스를 할당하여 동시에 처리하는 방식이며, 순차적 수행보다 시간을 절약하고 시스템 이용률을 높일 수 있다.

짚어보기 병행 처리(Concurrent processing)

❶ 어떤 시간 간격 내에 두 개 이상의 연산 등을 행하는 처리 형태를 가리키고 있다. 예를 들면, 프로그램의 실행은 하나의 명령(instruction)이 실행되면 다음 명령이 실행된다고 하는 것과 같이 축차적으로 행해진다. 한편, 입출력 동작도 축차적인 동작의 반복이다. 이러한 서로 다른 두 개의 동작은 동시에 행해져도 서로 영향을 미치지 않는 경우에는 「병행 동작」이 가능하다. 순차적 수행보다 시간 절약과 시스템 이용률을 높이는 장점이 있다.

❷ 인쇄 통신 등을 행하면서 동시에 문서 작성이나 편집 등의 처리를 행하는 기능이다.

짚어보기 병행처리(concurrent processing)의 예

비슷한 2개 이상의 명령을 동시에 수행하는 것을 말한다. 예를 들어 '2×3+4×5'의 계산을 한다면 다음과 같이 3단계를 거쳐야 한다. ① 2×3을 계산 ② 4×5를 계산 ③ ①의 계산 결과와 ②의 계산 결과를 더한다. 그런데 병행처리를 하면 위의 과정이 2단계로 끝날 수 있다. ① 2×3을 계산하면서 동시에 4×5를 계산 ② ①의계산 결과를 더한다. 이와 같이 병행처리를 하면 처리시간이 단축되어 효율적이다.

짚어보기 병행 프로세스와 병렬프로세스의 개념

일반적으로 병행 프로세스는 S/W적인 동시 처리 개념이고, 병렬(parallel) 프로세스는 H/W적인 동시 처리 개념(2개 이상의 H/W 프로세서(CPU)가 있는 컴퓨터를 병렬 컴퓨터라 부름)이다.

4.1.2 병행 프로세스(자원을 공유하려 할 때)의 고려사항

다수의 프로세스를 이용하여 작업을 수행하는 **병행성**은 현재의 다중 처리 시스템, 분산 처리 시스템 환경뿐만 아니라 단일 처리기로 운영되는 다중 프로그래밍의 OS에서도 매우 중요하다. **다중 처리 시스템**은 각 처리기가 갖는 오버헤드를 감소시키면서 처리기의 유효성을 향상시킨다. 또한 여러 개의 명령어를 세분화하여 동시에 처리하기 위해 처리기들을 연결하고 상호작용을 제어한다. **병행성**은 시스템의 신뢰도를 향상시키고 처리속도의 개선을 통한 처리 능력 증대에 매우 중요하다. 이러한 시스템을 성공적으로 만들려면 즉, **병행 프로세스(동시 처리)에서 올바른 계산 결과를 얻기 위해서는 다음**

과 같은 몇 가지 문제점들을 해결해야 한다.

(1) 상호배제 문제(Mutual exclusion): 두 프로세스가 하나의 공유자원(임계영역;Critical Section이라고 함)을 번갈아 사용할 수 있게 하고 동시에는 수행하지 못하게 하는 것이다. 즉, 공유 자원(예 : 프린터, 통신망 등)을 상호 배타적(mutual exclusion)으로 사용해야 한다.

짚어보기 상호 보완(상호 배제) 문제(mutual exclusion)

프로그램들이 공유자원(Shared Resource)을 함께 액세스(접근)하려 할 때 필요하며, 어떤 프로세스가 공유 자원을 액세스하고 있을 때 그 프로세스는 **임계영역(CS;Critical Section)** 내 있도록 하고 상호 배제 문제를 풀기 위해서는 한 프로세스가 CS 내에 있으면 다른 프로세스들을 CS 내에 있지 못하도록 해야 한다[그림4-1].

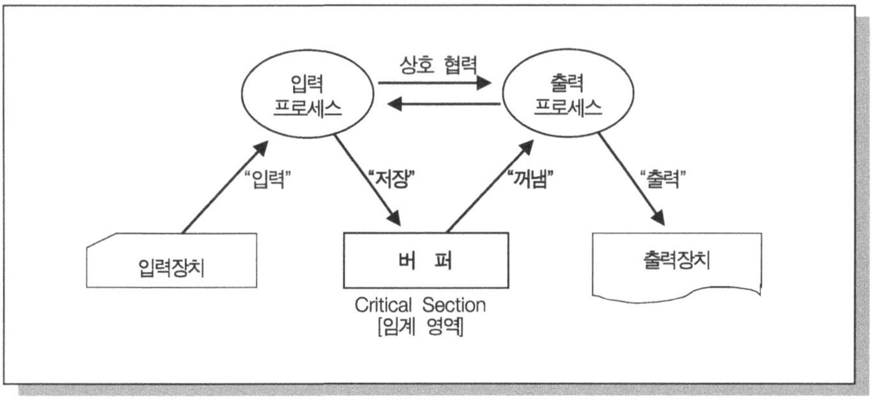

[그림 4-1] 임계영역(구역)과 상호 협력 문제

두 프로세스가 공통 버퍼를 사용할 때 이 버퍼를 임계영역(CS)이라 하며 두 개의 프로세스가 동시에 버퍼를 사용해서는 안된다. "저장"과 "꺼냄"을 동시에 해서는 안되며, 저장한 후에 꺼내야 한다. 이러한 "저장"과 "꺼냄" 명령어들도 동시에 수행되면 안 되므로 **임계영역(CS;지역)**이라고 한다.

(2) **동기화 문제**(Synchronization): 두 프로세스가 하나의 기능을 공동 협력하여 수행할 때 이들 상호간에는 동기화가 필요하게 된다. 즉, 병행 프로세스들 사이에는 협력 또는 동기화가 이루어져야 한다. 상호배제도 동기화의 한 형태이다.

짚어보기 동기화 문제의 예(두개의 버퍼를 번갈아 사용)[그림4-2]

한 프로세스의 수행 결과가 다른 프로세스에 전달되고 그 전달된 내용을 받아 다른 프로세스는 수행된다. 이러한 두 프로세스는 상호 간에 전달되고 받는 관계에 의해 수행 순서가 결정되는데, 이러한 관계를 "**동기화**"라 한다. 이러한 동기화는 대개의 경우 신호를 통하여 이루어지며, 상호 배제 문제를 해결하기 위해서는 동기화 문제도 함께 해결되어야 한다.

입력 프로세스의 버퍼가 차 있을 때는 입력된 데이터를 저장하지 말아야 하며, 출력 프로세스도 버퍼가 비어있을 때는 데이터를 꺼내지 말아야 하는데, 입력과 출력 프로세스 간에는 긴밀한 상호 협조가 필요하며 이를 **동기화 문제**라 한다.

(3) **결정성 문제**(Determinancy): 두 개 이상의 프로세스가 공동목표를 위해서 동시에 수행될 때 프로세스들의 실행순서에는 무관하게 항상 같은 결과가 나와야 하는 문제를 말한다.즉,병행 프로세스들은 실행 순서에 관계없이 항상 일정한

실행 결과가 보장되어야 한다.

짚어보기 선행제약

프로세스의 시스템은 프로세스의 집합과 이들의 선행 제약의 두 가지 요소로서 정의된다. 선행 제약은 부분 순서로서, 이 관계는 이행성을 가진다. 즉, $P_1,...,P_n$의 프로세스가 있을 때,선행 순서는 $P_i < P_j$로 표시한다. $P_i < P_j$이고 $P_j < P_k$이면, $P_i < P_k$이다. 두 프로세스 간에 선행 관계가 없으면,이들은 독립적이고 또한 병행해서 실행될 수 있다.선행 관계는 선행 그래프로 표시된다[그림4-2].

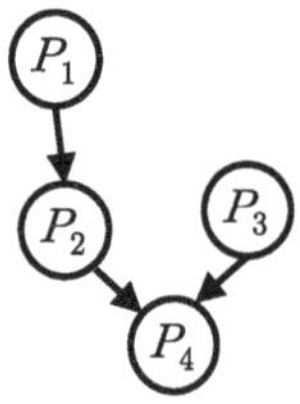

프로세스	계산열
P_1	a1b1c1
P_2	a2b2
P_3	a3b3c3
P_4	a4b4

[그림 4-2] 4개의 프로세스가 있는 선행 그래프의 예

위의 선행 그래프에서, $P_2 < P_1$, $P_4 < P_2$,그리고 $P_4 < P_3$이며, 따라서 $P_4 < P_1$이다. P_1과 P_3, 그리고 P_2와 P_3은 서로 독립적이어서, 병행되어 실행될 수 있다.이와 같은 프로세스 시스템에서, 각 프로세스의 활동 순열은 유일한 것이고 또한 선행 관계도 고정되어 있다. 그러나, 시스템의 활동 순열은 여러 가지 가능성이 있으며, 결국 이들은 독립적인 프로세스의 활동 순열을 어떻게 조합하는가에 의해서 여러 가지 결과를 초래한다. 이들의 몇 가지를 나열해 보면, 다음과 같은 시스템 활동 순열이 가능하다.

a1b1c1a2b2a3b3c3a4b4
a1b1c1a3b3c3a2b2a4b4
a1b1a3c1b3a2c3b2a4b4

이러한 결과는 각 프로세스의 상대적인 진행 속도에 의해서 발생하는 것이기 때문에, 어떤 시점에서 실행한 결과가 어느 것이 될지는 예측할 수 없다. 이러한 시스템 활동 순열이 모두 같은 결과를 내준다면 문제는 없다. 이 문제가 바로 결정성의 문제이다.

짚어보기 결정성

여러 개의 프로세스들이 기억 장소의 집합인 M을 액세스하고 각 프로세스는 고정된 입력과 출력 장소를 가지고 있다고 생각하자. 어떤 프로세스들의 집합이 determinate하다고 하는 것은 집합 내에 있는 프로세스들의 모든 가능한 순서에 대해서 M의 최종 내용이 초기 내용에 의해서 독특하게 결정된다고 정의한다.

짚어보기 결정성의 예

수행 시간과 무관하게 항상 동일한 상태(결과)를 나타내어야 한다(결정성이 있는 두 프로그램 실행 예).

```
수행1  :  S1 → S2 → S3 →    …… → Sn
시간   :  t1 ,   t2  ,  t3    …… tn
수행2  :  S1 → S2 → S3 →    …… → Sn (수행1과 같은 결과)
시간   :  t31 ,  t32  , t33   …… t3n
```

짚어보기 선행 관계의 예

한 프로세스 안에서도 각 명령문 사이에는, 어느 것들이 병행되어 수행될 수 있고,어느 것들이 서로 선행되는가 하는 문제이다.

```
수행1  :  S1 → S2 → S3 →     ...... → Sn
시간   :  t1 ,   t2  ,  t3    ...... tn
수행2  :  S1 → S2 → S3 →     ...... → Sn (수행1과 같은 결과)
시간   :  t31 ,  t32  , t33   ...... t3n
```

```
m:=s+t;
n:=k+5;
x:=m+n;
y:=x-2;
```

이 문장 중의 일부를 병행하여 수행시키기를 원한다고 가정하자.프로세서 안에 여러 개의 기능 단위들(가산기 등)을 두거나,또는 여러 개의 CPU들을 사용할 수 있을 것이다.여러 개의 CPU들을 사용할 경우에는 여러 문장들을 동시에 수행하여 총 수행 시간을 줄일 수 있다.명확하게 x:=m+n; 문장은 m과 n가 값을 할당 받기 전에 수행되어서는 안된다.위와 비슷하게 y:=x-2;문장 또한 x의 값이 계산되기 전에 수행될 수 없다.다른 한편 m:=s+t;라는 문장과 n:=k+5; 문장은 서로 독립적이기 때문에 동시에 수행될 수 있다.

짚어보기 순환 선행 그래프의 예

선행 그래프는 비순환적이어야 한다.다음 그래프는 순환 선행 그래프로서 다음과 같은 선행 관계를 갖고 있다. $P_3 \langle P_2$이고, $P_2 \langle P_3$이기 때문에, $P_3 \langle P_3$이라는 모순이 생기고 이행성이 없기 때문에,선행 관계가 부분 순서를 만족해야 한다는 가정에 위배된다[4.1.3절 참고][그림4-3].

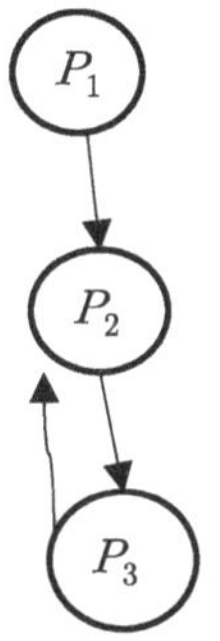

[그림 4-3] 순환 선행 그래프의 예

(4) **의사소통 문제**(Communication): 두 프로세스 사이에는 통신(IPC)이 가능해야 한다.즉,상호 배제 문제와 동기화 문제를 해결하기 위해서 프로세스 상호간에 발생하는 자료의 교환 문제로서 보통 메시지 전달 방법을 이용한다(즉, 확실한 자료의 교환 문제를 의사소통 문제라고 함).

(5) **외부 스케줄 문제**(Explicit schedule): 프로그래머가 프로그램을 통하여 상기의 여러 문제들을 직접 해결 할 수 있도록 하는 문제를 말한다. 즉, 병행 프로세스들은 프로그래머가 외부적으로 스케줄링(explicit processing scheduling)이 가능해야 한다.

(6) **교착 상태 문제**(Deadlook): 프로세스 간의 상호배제 문제와 동기화문제를 해결하지 못하였을 때 교착상태에 빠져 아무 일도 못할 경우 발생하는 문제이다. 즉, 교착 상태 문제를 해결해야 하며 병행 프로세스들의 병렬 처리도(즉, 동시

에 수행되는 정도)를 극대화해야 한다.

(7) **동시 처리 문제(Concurrncy)**: 병행문제라고도 하며 프로그래머가 프로그래밍 언어를 통해서 직접 두 개 이상의 프로그램(또는 프로세스)을 동시에 처리할 수 있도록 하는 기능이다.

(8) **올바른 실행을 검증하는 문제(Verification)**: 상기 내용들이 올바르게 실행되는지 검증 가능해야 한다.

(9) **병행 프로세스를 수행하는 과정에서 발생하는 상호배제**: 어떤 프로세스가 작업을 실행 중일 때 나머지 프로세스들이 그 작업에 관련된 작업을 수행할 수 없도록 보장해야 한다.

짚어보기 동기화의 필요성

다중 처리 시스템에서는 처리기들이 모든 입/출력 장치와 기억장치를 참조할 수 있어서 동시에 동일한 자원에 접근할 경우 충돌이 발생할 수 있다.따라서 처리기 간의 충돌을 해결해 주는 프로세스 동기화 알고리즘이 필요하다.

짚어보기 동시처리(병행 프로세스)가 필요한 문제의 예

식사중인 철학자 문제(Dinning Philosophy)의 예로서, 다익스트라(Dijkstra)에 의해서 처음으로 언급되고 해결되었다. 그때부터 이것은 고전적인 동기화 문제로 간주되었는데, 이는 이의 실제적인 중요성 때문이 아니라 대부분의 병행 제어 문제의 예이기 때문이다.5명의 철학자가 그들의 생활은 생각하고, 먹기만 하는데 소비한다. 철학자는 각자에 소속된 5개의 의자로 둘러싸인 공통의 원형 테이블을 공유한다. 테이블 중앙에는 밥통이 있고, 다섯 개의 젓가락이 놓여 있다[그림4-4].

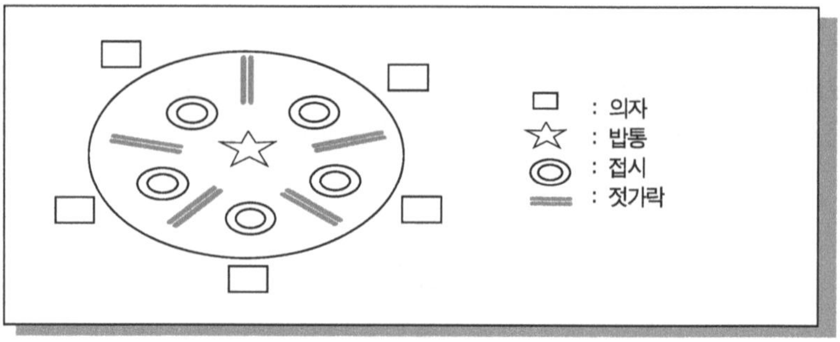

[그림 4-4] 식사하는 철학자

철학자가 생각 중일 때는 그의 동료를 간섭하지 않는다. 음식을 먹으려면 젓가락 두 개가 있어야 하는데 젓가락은 모두 다섯 개 밖에 준비되어 있지 않다. 때때로 철학자는 배가 고파지고, 그 주위에 있는 두 개의 젓가락(먹기 위해서는 반드시 그와 그의 왼쪽과 오른쪽 이웃과의 사이에 있는 젓가락을 확보해야 함)을 들려고 한다. 철학자는 왼쪽, 오른쪽 한 번에 한 개의 젓가락만을 들 수 있다.그 이웃의 손에 이미 들려져 있는 젓가락을 들 수 없다(옆자리의 철학자가 이미 잡은 젓가락은 빼앗을 수 없음).기다리다 굶어 죽는 철학자가 있어서는 안되며, 배고픈 철학자가 동시에 두 개의 젓가락을 갖게 되면, 그는 젓가락을 놓지 않고서 식사를 한다. 그가 식사를 마쳤을 때는 그의 두 젓가락을 내려놓고서 생각을 계속한다. 임계영역(CS)에서 해결해야 할 세 가지 조건을 그대로 보여주는 이 문제의 해결 방안은 다익스트라(Dijkstra)가 소개하였다.
간단한 해결책의 하나는 각 젓가락을 세마포어로 표시하는 것이다. 철학자는 젓가락에 해당하는 세마포어에 대한 P조작(또는 Wait 조작)을 수행하고 나서 젓가락을 잡는다. 젓가락은 그 세마포어에 대한 V조작(또는 Signal 조작)을 수행함으로써 내려 놓아진다. 따라서 공유 자료는 다음과 같다.

```
Var chopstick : array[0 . . 4] of semaphore;
```

여기서,chopstick의 모든 요소는 1로 초기화 된다.

■ 철학자 i의 구조는 다음과 같이 서술될 수 있다.

```
repeat
  P(chopstick[i]);
  P(chopstick[i+1 mod 5]);
...
    식사한다(eat)
...
  V(chopstick[i]);
  V(chopstick[i+1 mod 5]);
...
    생각한다(think)
...
 until false;
```

비록 이 해결법은 두 이웃이 동시에 식사를 할 수 없게 하지만, 그럼에도 불구하고 교착 상태(Deadlock)의 발생 가능성 때문에 배제되어야 한다. 다섯 철학자 모두가 동시에 배가 고프기 시작하여 그의 왼쪽 젓가락을 들었다고 가정한다.

- chopstick의 모든 요소는 0이 된다.
- 각 철학자가 그의 오른쪽 젓가락을 들려고 할 때 영원히 기다리게 되는데, 이때에 교착상태가 발생한다. 이때 교착상태 문제에 대한 몇 가지 해결책이 다음과 같이 열거되었다. 각 해결법에 대한 알고리즘을 제시하기 보다는 독자의 연습 문제로 남겨둔다.
  ① 동시에 4명의 철학자만이 동시에 테이블에 앉도록 한다.
  ② 철학자는 그의 양쪽 젓가락 모두가 사용 가능할 때만 들도록 한다(이것은 CS 내에서 이루어져야 함).
  ③ 비대칭 해결법을 사용한다. 즉, 홀수 번째 철학자는 우선 그의 왼쪽 젓가락을 든 후에 오른쪽 젓가락을 들고, 짝수 번째 철학자는 오른쪽 젓가락 다음에 왼쪽 젓가락을 들게 한다.
  ☞ 마지막으로 식사하는 철학자 문제의 해결책이 만족해야 할 사항은 철학자 중 하나라도 굶어 죽는 일이 없도록 해야 한다는 것이다. 교착 상태가 없는 해결책이라고 해서 반드시 **기아 상태(Starvation)**의 가능성을 제거하지는 못한다.

짚어보기 세마포어를 사용한 프로세스 동기화의 예

생산자와 소비자 문제의 예의 예로서,

```
 생산자(P) 프로세스                         소비자(C) 프로세스
loop :                                          loop : P(m);
  "입력 장치에서 자료를 읽음"                     P(mutex);
  P(n);                                           "버퍼에서 자료를 꺼냄";
  P(mutex);                                       V(mutex);
  "버퍼에 자료를 넣음";      ← 임계영역 →          V(n);
  V(mutex);                                       "자료를 소비함(출력)";
  V(m);                                         end loop
end loop
```

위의 코드의 설명; mutex 변수는 binary 세마포어로서 초기에 1이고 n과 m은 버퍼크기(최대로 저장할 수 있는 자료수)를 나타내는 counting 세마포어이다(초기치는 n=버퍼크기, m=0). mutex 세마포어는 상호배제 문제 해결을 위하여 사용하며 n과 m은 동기화 문제를 해결하기 위해 사용된다.

4.1.3 선행 그래프와 병행 조건

병행 처리의 문제점은 다중 처리기 시스템 하에서 다루어진다고 하였다. 따라서 **여러개의 프로세스가 동시에 작업을 수행할 때에는 상호배제, 교착상태, 기아상태에 대한 고려 이외에 프로세스 간의 동기화 문제와 결정성(Determination)의 문제까지도 고려하여야 한다. 동기화 문제는 후에 논하고, 결정성 문제를 먼저 설명한다.**

결정성이란 여러 개의 프로세스가 병행하여 처리하게 될 때에, 이들 가각의 프로세스가 실행되는 속도에 관계없이 항상 주어진 초기 값에 대해서 항상 같은 결과 값을 내어줄 수 있다는 것을 의미한다. 이러한 결정성의 문제는 병행 프로세스 사이에서도 나타날 수 있으나, 하나의 프로세스(프로그램, 알고리즘) 내에서도 나타날 수 있다. 다시말해, 선행 그래프에서 프로세스는 프로세스 집합과 이들의 선행 제약(Precedence Constraint)이라는 두 가지 요소로 정의 된다.여기서, 선행 제약은 프로세스가 순서대로 다른 상태로 옮겨간다는 의미이다. 예를 들면,프로세스 $P_1, P_2, ..., P_n$가 있으면 선행순서는 $P_i < P_j$로 표시하고, 상태는 P_i에서 P_j로 옮겨간다. 그러므로, $P_i < P_j$이고, $P_j < P_k$이면 $P_i < P_k$ 의 관계가 성립한다. 만약, 두 프로세스 간에 선행 관계가 없으면 이들은 독립적이라 병행 실행이 가능하다. 선행 그래프(Precedence Graph)는 이런 제약을 규칙적(논리적)으로 표현한 것이다. 선행 그래프는 비순환적이어야 한다. 동시에 만족시킬 수 없기 때문에 실행 우선순위를 정의할 수 없어 모순이 발생한다.

이러한 문제를 고찰하기 위하여 본서에서는 선행 그래프와 병행 조건에 대해서 설명한다.

(1) 유향 비순환 성질을 갖는 선행 그래프

하나의 프로세스(프로그램) 내에 다음과 같은 명령문들이 있을 때, 이 문장 중의 어떤 문장들이 병행하여 수행시킬 수 있고,어떠한 문장들이 선행 제약(precedence constraint) 조건이 있는지를 알아보겠다. 여기서 선행 제약이란 여러 개의 프로세스들 사이의 처리 순서나 한 프로세스 내에 있는 여러 문장 간에는 일정한 처리 순서가 있어야 한다는 것을 (결정성을 만족) 의미하며, 선행 관계가 없을 때에는 이들은 병행하여 처리할 수 있게 된다.

예제 4-1

간단한 산술연산을 수행하는 프로그램의 예;

```
read(x);            ----- S1
read(y);            ----- S2
  s := x + y;       ----- S3
write(x,y,s);       ----- S4
```

위의 명령문들은 우선 문장 S1과 S2가 선행 제약 조건이 없다는 것을 알 수 있다.즉,어떤 문장이 먼저 처리되어도 프로그램의 결과 값에 영향이 없다.그리고,문장 S3은 문장 S1과 S2가 수행된 후에 처리해야 하는 선행 제약 조건이 있으며,마지막 문장 S4는 문장 S3이 끝난 후에 처리하여야 하는 선행 제약이 있다는 것을 알 수 있다.
위의 명령문들의 일부를 병행 수행하려면 처리기 안에 기능단위(가산기 등)를 여러 개 두거나 처리기를 여러 개 사용해야 한다. 특히, 처리기를 여러 개를 사용하면 여러 문장이 동시에 수행되어 총 수행시간을 줄일 수 있다.

이와 같이 여러 개의 문장들 사이에는 처리의 선행 제약이 있는 경우도 있으며, 선행 제약이 없는 경우도 있다는 것을 발견할 수 있다.이러한 상황을 나타낼 수 있는 그래프를 선행 그래프(precedence graph)라하며, 선행 그래프는 방향성이 있는 비순환 그래프(directed acyclic graph)의 형태로 나타난다. 위의 프로그램 문장들을 선행 그래프로 나타내면 [그림4-5]과 같다.

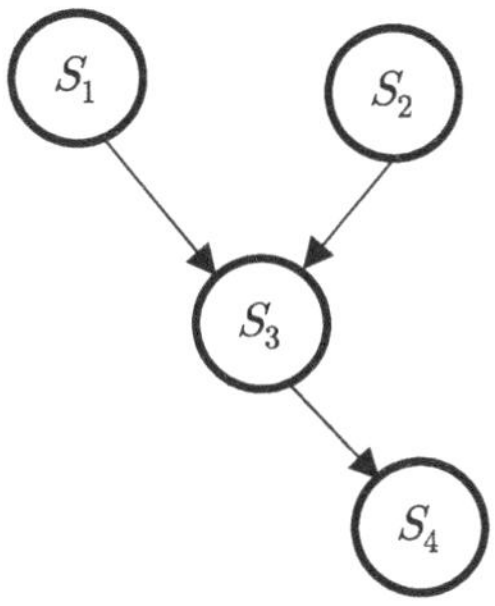

[그림 4-5] [예제4-9]의 프로그램에 대한 선행 그래프의 형태

[그림4-5]의 노드 S_1에서 노드 S_3으로 가는 방향성 있는 간선(edge)은 문장 S_1이 완전히 수행된 후에 문장 S_3이 수행되어야 함을 의미하며,노드 S_3은 노드 S_2로부터의 간선(에지)도 있기 때문에 문장 S_1과 문장 S_2가 모두 수행되어야만 문장 S_3이 수행될 수 있음을 의미한다.그리고 노드 S_3에서 노드 S_4로는 방향성 있는 간선이 있기 때문에 문장 S_4는 문장 S_3이 수행된 후에 수행되어야 한다.

예제 4-2

[그림4-6]의 선행 그래프를 보면 다음과 같은 몇 가지의 선행 관계를 알 수 있다.

❶ S_2는 S_1의 수행이 끝난 후에 수행된다.
❷ S_3과 S_4는 S_2의 수행이 끝난 후에 수행된다.
❸ S_5와 S_6은 S_3의 수행이 끝난 후에 수행된다.
❹ S_7은 S_4와 S_5 및 S_6의 수행이 모두 끝난 후에 수행된다.
❺ 여기서, S_4의 경우는 S_3, S_5, S_6과 병행하여 수행될 수 있다.

이처럼 선행 그래프는 비순환적이어야 한다.

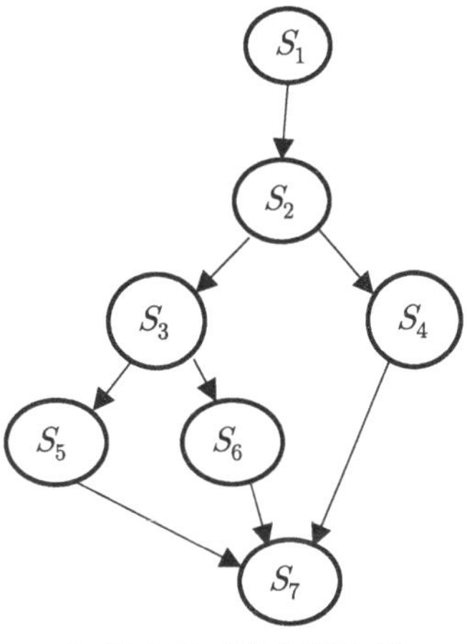

[그림 4-6] 선행 그래프 예

예제 4-3

선행 그래프는 방향성 있는 에지(edge)가 있어야 하며,또한 비순환(acyclic) 성질을 가져야 하는데 [그림4-7]의 그래프는 선행 제약 조건을 만족하지 못하기 때문에 병행성을 표현하는 그래프로는 부적당하다.

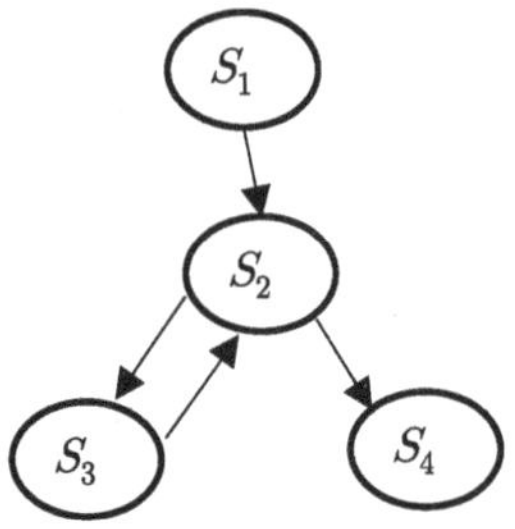

[그림 4-7] 유향 순환 그래프 예

[그림4-7]에서, 노드 S_3은 S_2가 끝난 후에 수행할 수 있고,노드 S_2는 S_3이 끝나야 수행하는 관계를 갖고 있기 때문에 선행 제약 조건을 만족할 수 없게 되는 것이다.

짚어보기

(1) 문장 간의 병행성 조건;
　가. 프로그램 병행성의 정의
　　하나의 자원에 다수의 프로그램을 통한 여러 개의 객체들이 동시에 접근하여 작업을 처리하는 작업방법이다.
(2) 프로그램 병행성 확보의 중요성
　① 다수의 응용(application) 활용 : 다수의 응용 간 처리 시간의 동적 공유를 위한 다중 프로그래밍을 활용한다.
　② 구조화된 응용: 모듈화된 설계 원칙과 구조적인 프로그래밍의 확장을 통한 프로그램 구성기반 환경이다.
　③ 운영체제(OS) 지원: 시스템 프로그래머도 구조적인 프로그래밍 기법을 사용하며 그 결과 OS도 다수의 프로세스(Process)와 스레드(Thread)의 집합으로 구성된다.

(3) 프로그램 병행성 확보를 위한 인터리빙(Interleaving)

① 병행성 확보를 위해 여러 프로세스들이 매우 짧은 시간 동안 번갈아 가면 수행하는 기법이다.
② 병행성은 공간의 절약의 효율성과 프로세스들의 긴밀한 상호작용의 장점이 있으나 프로그램 일관성의 문제점 야기하며, 병행성 확보를 위해상호배제가 필요하다.

(4) 프로그램 병행성 확보를 위한 인터리빙(Interleaving)의 동작방식

① 저 수준의 병행성 제어를 위한 인터리빙
② 고 수준의 병행성 제어를 위한 인터리빙

참고

상호배제(Mutual exclusion)
서로 동시에 자원을 읽거나 쓰려는 상태인 경쟁상태(Race condition)를 해결하는 방법이며, 공유 자원을 이용하려는 프로세스와 스레드를 서로 배제시켜 한 번에 하나의 프로세스만 을 작업할 수 있도록 한다.

4.1.4 동시(병행) 처리의 서술(표현) 방법

(1) 언어적 표현과 병행 문장

앞서 설명한 선행 그래프는 연산 부분의 선행 제약을 정의하는데 유용하다. 그러나 선행 그래프는 2차원이기 때문에 프로그래밍 언어에서는 사용하기 곤란하다. 프로그램의 여러 문장의 선행 관계를 명시하려면 다른 방법이 필요하다. 프로세스 여러 개가 동시에 실행되면 병행 프로세스이다. 즉, 서로 관련 없이 독립적으로 작업을 수행하거나 다른 프로세스와 협력하면서 특정 기능을 수행한다. 병행 프로세스들은 제한된 자원을 공유하기 위해 자주 상호작용 한다. 상호작용하는 프로세스는 순서에 맞게 실행되도록 동기화시켜야 한다. 이런 개념을 실현시키기 위한 서술적인 표현 방법이 있다. 동시(병행) 처리 시에 서술(표현)하는 방법은 프로그래머가 프로그래밍 언어를 통해서 직접 두 개 이상의 프로그램(또는 프로세스)을 병행하여 수행할 수 있도록 하는 기능을 말한다. 병행성은 표현할 수 있는 프로그래밍 언어가 여러 문헌에 나타나 있는데, 대체로 다음과 같은 두 종류의 명령문을 공통으로 갖고 있다.

- 순차적인 수행으로부터 여러 개의 병행 수행으로 갈라짐을 지시하는 명령어(threads of control).
- 여러 개의 병행 수행되던 것들이 하나로 모여서 순차적 수행으로 되돌아가도록 지시하는 명령어.

UNIX, MS-DOS, Windows 등의 OS에서도 사용자가 프로세스(또는 작업(job))를 통제할 수 있다.

(2) 코루틴(coroutine)

"Resume Call"이라고도 하며, 서브루틴과 유사한 개념이나 두 프로세스가 서로 같은 레벨에 있어서 서로 호출(Call)할 수 있다는 점이 다르다. Call과 Resume 명령어에 의해 처리되며 이들을 이용해 프로세스간의 동기화 문제를 해결할 수 있다. 이러한 coroutine은 다중처리 방식에서 실제로 이용되는 개념이며 병행 처리 시스템에서는 적합하지 않다. 이용 분야로는 공정제어나 시뮬레이션 언어에서 사용한다.

예제 4-4

코루틴의 예(A와 B는 코루틴)[그림4-8]

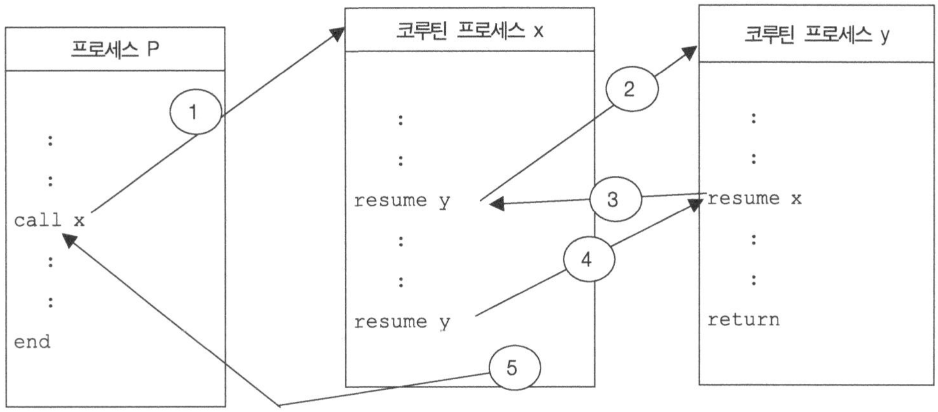

[그림 4-8] 코루틴의 예

(3) fork/join 문장

프로그램의 여러 문장의 선행 관계를 명시하려면 다른 방법이 필요하다. fork와 join, 병행문장(parbegin/parend)이라는 언어 구조가 제시되었다. 병행을 최초로 언어적 표현으로 명시되었다. fork 명령은 단일 연산을 두 개의 독립적인 연산으로 분할하며, join 명령은 두 개 이상의 병행 문장(연산)들을 하나로 재결합하는 방법을 제공한다. 다시말해, 한 프로세스가 다른 프로세스를 탄생(fork)시키고 자신은 계속 수행되며 탄생된 새 프로세스도 동시에 수행되며 join문장으로 탄생된 프로세스의 수행을 멈춘다. 병행 처리되는 문장들의 처리 속도가 각각 다르므로, 어떤 문장의 처리가 끝이 나서 join 문을 만나더라도 나머지 문장들은 계속 수행되어야 한다. 따라서, 병행 처리되는 문장의 개수를 알아야 하며,join 명령은 합쳐져야 할 문장의 개수를 명시하는 인수를 가져야 한다. 코루틴과 다른 점은 탄생(fork)된 프로세스와 fork한 프로세스가 동시에 병행적으로 계속 수행된다는 점이다.

장점은 동적인 프로세스의 생성을 쉽게 할 수 있고 동일한 프로그램을 여러 개 만들기 쉽다. 즉, 병행 프로그램을 작성하는데 매우 효과적이다. 단점은 fork/join을 사용한 프로그램을 이해하려면 상세한 프로그램 실행 순서를 알아야 한다. 즉, 이 명령들을 사용한 프로그램은 제어구조가 어색해진다는 것이다, 이용 분야는 UNIX 운영체제에서 이 개념을 사용하고 있으며 PL/1, Mesa라는 언어에 사용한다.

예제 4-5

fork 구조의 예[그림4-9];

```
    S1;
    fork lb;
    S2;
      :
lb : S3;
```

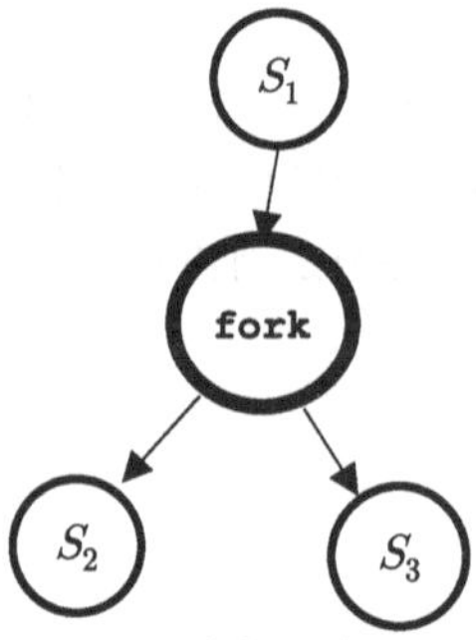

fork lb 수행-
새로운 연산이 S_3로부터 실행
새로운 연산-
S_2로부터 시작되는 연산과 병행 수행함
fork -
단일 연산을 두 개의 독립적 연산으로 분할함

(a) 선행 그래프　　　　(b) fork 명령의 코딩 예

[그림 4-9] fork 구조와 선행 그래프의 관계

[그림4-9]에서 레이블(lb)이 붙어 있는 문장과 fork lb; 바로 다음의 문장을 병행하여 수행한다.

예제 4-6

join 구조의 예[그림4-10]

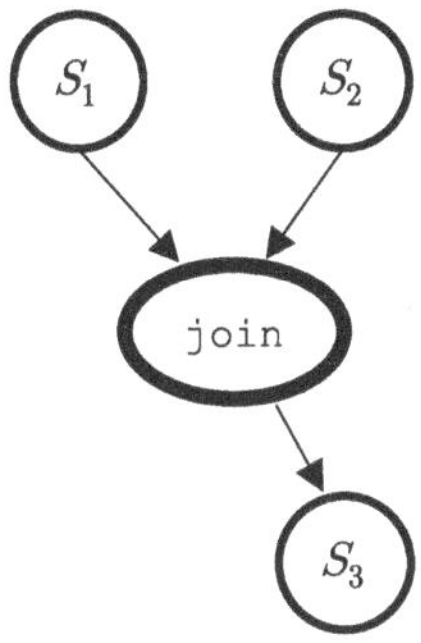

(a) 선행 그래프

```
        ⋮
    count := 2;
    fork lb1
    S1;
    goto lb2;
lb1 :  S2;
lb2 :  join count;
       S3;
        ⋮
```

(b) join 명령의 코딩 예

[그림 4-10] join 구조와 선행 그래프의 관계

join명령의 처리에 대해서, count라는 인수를 갖는 join 명령의 수행은 다음과 같은 효과를 갖는다. 여기서 인수(count)는 음이 아닌 정수형 변수(count≥0)로 사용되며, quit은 join 명령문을 빠져 나오는 명령이다.

count:=count-1;
count:=0 then quit;

따라서, 2개의 병행 연산문을 가질 때에는 count의 초기값이 2가 되며, 3개의 병행 연산문을 가질 때는 3이 된다. 이와 같은 join 명령의 처리 개념을 설명하기 위하여 join 명령이 있는 프로그램을 선행 그래프와 비교하여 보면 [그림4-10]과 같다.

예제 4-7

다음 코드는 fork/join을 이용하여 1부터 100까지 더하는 프로그램이다(P1 과 P2는 동시에 수행됨).

```
프로그램 P1                         프로그램 P2
  ⋮                                   ⋮
fork P2                             51 ~ 100까지 더한다 → S2
  ⋮                                   ⋮
 1 ~ 50까지 더한다 → S1                ⋮
  ⋮                                  end
join P2

 S = S1 + S2
  ⋮
end
```

위 예의 코드에서 1부터 50까지 더하는 프로그램과 51부터 100까지 더하는 프로그램으로 나누어 작성한 후에 fork/join 문에 의해 프로그램 P1과 P2가 동시에 처리되는 프로그램이다.

(4) Cobegin(Parbegin) 문장

병행 문장은 프로세스의 하나가 여러 가닥의 병렬 프로세스로 퍼졌다가 다시 한 가닥으로 뭉쳐지는 것을 나타내는 고급언어 구조이다.

cobegin(parbegin)과 **coend(parend)** 사이의 모든 문장은 병행 수행할 수 있다. cobegin 문장은 1986년 Dijkstra에 의해 처음 parbegin으로 불리워졌는데 특히 여러 개의 프로세서(CPU)가 있을 때 이들을 이용할 수 있는 문장으로 현대의 대부분 언어(concurrent PASCAL,CSP/K,Modula,CSP,Ada 등)에서 볼 수 있다. 여러 개의 CPU가 있을 때 이들을 이용할 수 있는 점이다. fork/join과 비교는 cobegin(parbegin)은 일정 숫자만의 프로세스를 동시에 수행할 수 있지만, fork/join은 이러한 숫자에 관계없이 계속 fork할 수 있다. cobegin(parbegin)은 단일한 입구와 출구를 갖는 프로그램을 작성할 수 있고 이해하기 쉽다(구조화된 프로그래밍에 이용). 예를 들면, 프로그램 수행 중 cobegin (parbegin)을 만나면 한 줄거리로 진행해 오던 제어가 n개의 줄거리로 갈라지게 되어 parbegin과 parend 사이에 있는 각 문장 하나씩 제어가 생기게 된다.

예제 4-8

아래의 구조도와 코드는 cobegin/coend(parbegin/parend) 구조와 예를 보인 것이다.

❶ **cobegin/coend** 구조[그림4-11];

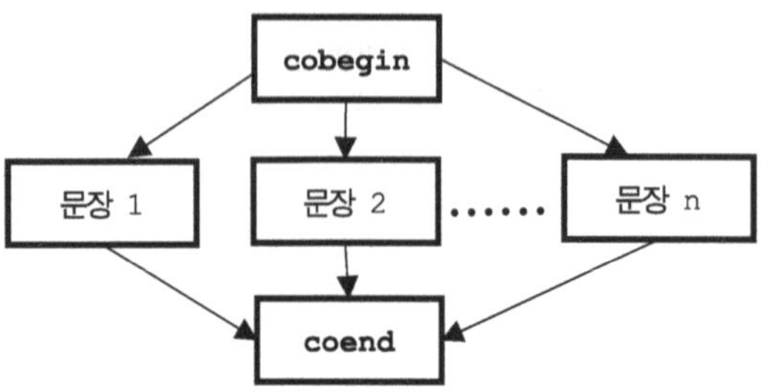


```
cobegin
 문장 1;
 문장 2;
   :
 문장 n
coend
```

[그림 4-11] **cobegin/coend** 구조

❷ 1부터 100까지 더하는 프로그램의 예([예제4-17] 참조);

```
cobegin
   begin
      1 ~ 50까지 더함 → S1;
   end
   begin
      51 ~ 100까지 더함 → S2;
   end
coend
 S = S1 + S2;
 ⋮
```

예제 4-9

parbegin/parend에 대한 선행 그래프의 표현 예([그림4-6]참조)[그림4-12].

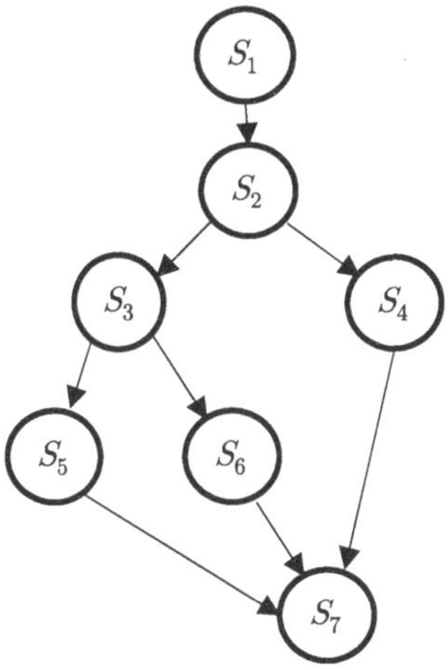

(a) 선행 그래프

```
S1;
S2;
parbegin
  S4;
  begin
    S3;
    parbegin
      S5;
      S6;
    parend
  end
parend
S7;
```

(b) (a)의 선형 그래프를 parbegin/parend로의 표현 예

[그림 4-12] 선형 그래프를 parbegin/parend로의 표현

예제 4-10

최대 동시성을 살리도록 parbegin/parend를 사용하여 다음 수식을 표현하라.프 로그램 수행 중 parbegin을 만나면 한 줄거리로 진행해 보던 제어가 n개의 줄거리로 갈라지게 되어서 parbegin과 parend 사이에 있는 각 문장 하나씩 제어가 있게 된다. 예를 들어, 2차 방정식의 근 하나를 구하는 연산의 식이 다음과 같다.

```
x := (-b+(b**2 -4*a*c)** .5)/(2*a)
```

이와 같은 치환문은 순차적 프로세서에 의해 다음과 같이 연산될 수 있다.

```
1. b**2
2. 4*a
3. (4 * a) * c
4. (b**2) - (4*a*c)
5. (b**2 - (4 * a * c) ** .5
6. -b
7. (-b) + ((b**2 -4 * a * c) ** .5)
8. 2* a
9. (-b + (b**2 -4 * a * c) **.5) / (2 * a)
```

풀이

명령문을 제시하면 다음과 같다.

```
1 parbegin
   temp1 := -b;
   temp2 := b ** 2;
   temp3 := 4 * a;
   temp4 := 2 * a
  parend;

2 temp5 := temp3 * c;
3 temp5 := temp2 - temp5;
4 temp5 := temp5 ** .5;
5 temp5 := temp1 + temp5;
6 x:= temp5 / temp4
```

9개의 연산들이 한 번에 하나씩 시스템이 정한 연산 순서에 따라 계산이 되며, 병행 처리가 가능한 시스템에서는 위의 식이 다음과 같이 동시 연산이 될 수가 있다.

parbegin/parend 구조 사이에 있는 4개의 연산은 동시에 수행되었고, 나머지 5개의 연산은 어쩔 수 없이 순차적으로 수행되었다. 이렇게 연산을 동시에 수행함으로써 실질적 실행시간을 줄일 수가 있는 것이다.

4.2 동기화와 상호배제

4.2.1 개요

상호배제는 특정 공유 자원을 한 순간에 한 개의 프로세스만 사용할 수 있다고 했을 때, 프로세스 하나가 공유 데이터에 접근하는 동안 다른 프로세스가 해당 데이터를 접근할 수 없게 하는 것이다. 공유 자원을 동시에 사용하지 못하게 실행을 제어하는 기법을 **프로세스 간 동기화**(Process Synchronization)라 한다. 다시말해, 두 프로세서가 하나의 기능을 공동 협력하여 수행할 때 이들 상호 간에는 프로세스 동기화가 필요하게 되는데, 동기화는 2개 이상의 프로세스에 대한 처리 순서를 결정하는 것이다. **동기화**는 대개의 경우 신호를 통하여 이루어지는데 상호 배제 문제를 해결하기 위해서는 이 동기화 문제는 해결되어야 한다. 예를 들면, 동시에 사용할 수 없는 공유 자원을 사용할 경우에 한 프로세스의 처리 결과에 따라 다른 프로세스의 처리가 영향을 받는 경우이다.

개념에는 다음과 같이 두 가지가 있다.

① **임계영역**(CS;Critical Section) : 2개 이상의 프로세스가 동시에 액세스(접근)하면 안되는 공유 자원을 접근하는 코드 영역이다.

② **상호배제**(mutual exclusion) : 2개 이상의 프로세스가 동시에 CS에 진입하지 못하도록 하는 것. 즉, 병행프로세스를 수행하는 과정에서 발생되는 상호배제로서, 특정 공유 자원을 한 순간에 한 개의 프로세스만 사용할 수 있다고 했을 때, 프로세스 하나가 공유 데이터에 접근하는 동안 다른 프로세스가 해당 데이터를 접근할 수 없게 하는 것을 상호배제라 한다. 어떤 프로세스가 작업을 실행 중일 때 나머지 프로세스들이 그 작업에 관련된 작업을 수행할 수 없도록 보장해야 한다. 상호배제를 실시하면 **교착상태와 기아상태**가 발생한다.

병행 프로세스(동시에 수행되는 프로세스)들이 서로 데이터를 주고 받으면서 수행될 때, 이 프로세스들 간의 동기화가 필요하다.병행 프로세스들이 공유 데이터를 접근할 때, 병행 접근하면 데이터의 일관성(data consistency)이 잘못 될 수 있다. 그렇기 때문에 데이터의 일관성을 유지하려면 데이터 접근을 순서화해야 한다.

4.2.2 병행 프로세스 간 상호 작용

동시에 수행되는 프로세스들이 입/출력장치, 메모리, 프로세서, 클록 같은 자원을 서로 사용하려고 하면 충돌이 발생한다. 경쟁 관계에 있는 프로세스들은 상호배제가 필요하다. 여러 프로세스가 공통 작업을 수행하기 위해 협동하는 유명한 예이면서 병행 처리되는 가장 흔한 예가 생산자/소비자 문제, 판독자/기록자(입력기/출력기) 문제 등이 있다. 뒤에 설명하겠지만, 생산자와 소비자 프로세스들을 병행 실행하기 위해서는 데이터를 채우고 비우는 공유 버퍼 즉, 저장소가 있어야한다. 생산자가 이미 채워진 버퍼에 더 채우려 하고, 소비자가 빈 버퍼에서 데이터를 꺼내려고 할 때 발생한다. 버퍼가 비었거나 꽉 차 있을 때 버퍼에 접근하는 것을 막으려면 생산자와 소비자가 동기화되어야 한다. 유한 버퍼 생상자/소비자 문제에서는 크기가 고정된 버퍼를 사용하는데 버퍼가 비었으면 소비자가 기다리고 버퍼가 가득차면 생산자가 기다린다.

경쟁 상태(경쟁 조건;Race Condition)는 여러 프로세스가 공유 데이터를 동시에(병행적으로) 접근(읽거나 쓰기)할 때 공유 데이터에 대한 접근 순서에 따라 실행 결과가 달라지는 상황 즉, 공유 데이터에 최종적으로 남는 데이터의 결과를 보장할 수 없는 상황을 의미한다. 읽기와 쓰기 명령이 거의 동시에 실행되어야 한다면 기본적으로 읽기 명령을 먼저 수행하고 다음에 쓰기 명령을 수행하도록 하는 접근 순서화가 필요한 동기화가 필요하다. 동기화하여 실행하는 방법은 크게 상호배제와 임계영역으로 나눌 수 있다.

(1) 병행성(Concurrency)

동시에 여러 개의 프로세스가 존재 할 때 프로세스가 병행으로 존재한다고 말하며, 정의는 프로세스는 실행중인 프로그램의 인스턴스(instance)이다. 엄밀하게 말하면, 타임 프레임(timeframe) 동안에는 하나의 프로세스만이 존재할 수 있다는 의미이다.

가상적으로 혹은 실질적으로 여러 개의 프로세스들이 통신을 통해 협력하면서 동시에 존재할 수 있다. 프로세스에 있어서의 **병행성**(concurrency)은 여러 개의 프로세스가 같은 프로세서를 공유하거나, 메모리나 입출력 장치를 공유한다는 뜻이다. 이런 병행 프로세스들을 관리하는 것이 현대 OS의 기본 임무라고 할 수 있다.

(2) 경쟁 조건(Race condition)

여러 개의 프로세스들이 동일한 자원에 동시에 접근하려는 상황을 **경쟁조건**(race condition)이라고 한다(자원이란 프린터, 모니터, 터미널 등의 하드웨어 자원이나 메모리 내의 변수, 저장장치 내의 파일 등을 모두 포함하는 개념 임). 이 경우 자원에 대한 접근이 일어나는 순서에 따라 전체적인 실행결과가 달라진다. 다시말해서, 함께 동작하는 프로세스들은 종종 메모리를 공유함으로 정보를 나눈다. 어떤 프로세스는 메모리에 쓰고 또 다른 프로세스는 읽어간다. 공유 메모리는 M/M 안에 있을 수도 있고 파일에 있을 수도 있다. 이러한 공유 메모리는 프로세스 간에 어떤 문제를 야기 시킬 수 있다.

예제

4-11 기차 매표 시스템의 예

두 대의 터미널에서 좌석을 매표한다. 이 두 대의 터미널은 아주 가까운 거리에 있을 수 있고 아주 멀리 있을 수도 있다. 좌석의 판매 여부는 공유 배열 변수 ticket(cn,sn)에 저장되어 있다. cn는 차량 번호를 나타내고, sn는 좌석 번호를 나타낸다. 1이면 좌석이 남아 있는 것이고 0이면 이미 판매된 것이다. 매표를 한다는 것은 ticket(cn,sn)의 값을 1에서 0으로 바꾸는 것이다. 단 하나 남은 좌석 ticket(3,4)의 표를 사기 위해 두 터미널에서 거의 동시에 엔터키를 눌렀다. t1 터미널 프로세스에서 먼저 값 1을 읽어 갔다. 그 후에 값을 0으로 만들어서 다시 ticket(3,4)에 저장해야 한다. 그런데 t1의 프로세스가 값을 저장하기 전에 타이머 인터럽트에 의하여 작업이 t2의 프로세스로 교체되었다. t2의 프로세스도 이 좌석을 판매하기 위하여 값 1을 읽어간다. 그리고 0으로 만들어서 저장한다. 그 후에 t1의 프로세스가 다시 실행 상태가 되고 0을 저장한다. 결국 하나의 좌석을 두 군데서 판매한 것이다. 이런 경우에는 상당한 혼란이 일어난다.

이와 같은 상황은 2개 이상의 프로세스가 공유 메모리를 사용하는 경우에 종종 발생할 수 있으며, 그 결과로 얻어지는 데이터 값은 정확하지 않기 때문에 전체 데이터를 신뢰할 수 없게 한다. 이와 같이 2개 혹은 그 이상의 프로세스들이 공유 메모리에 읽기/쓰기를 하고 그 결과가 어떤 프로세스가 언제 실행하느냐에 따라 결과가 달라질 수 있는 상황을 경쟁 조건이라 한다. 경쟁 조건이 있는 프로그램을 디버깅하기란 결코 쉬운 일이 아니다. 결과는 대부분의 경우 올바르게 되지만, 그러나 이상한 순서로 실행하게 되면 결과는 예측할 수 없게 된다. 이와 같은 경쟁 조건을 피하려면 어떻게 해야 할까? 이와 같은 경우에 또한 다른 모든 경우에 있어서도 공유 메모리, 공유 파일, 기타 다른 공유에 관련된 문제를 피할 수 있는 열쇠는, 2개 이상의 프로세스들이 동시에 읽기와 쓰기를 못하게 해야 한다는 것이다. 다른 말로 하자면 **상호 배제(mutual exclusion)**가 필요하다. "상호 배제"란 한 프로세스가 공유 메모리 혹은 공유 파일(공유 자원)을 사용하고 있을 때 다른 프로세스들이 사용하지 못하도록 배제시키는 제어 기법을 말한다. 위에서 발생한 문제는 t1의 프로세스가 값을 읽은 후에 쓰기 전에 t2의 프로세스가 값을 읽은 데서 발생한 것이다. 만일 t2의 프로세스가 t1의 프로세스가 값을 쓰기까지 기다려야 한다면 이러한 오류는 발생하지 않았을 것이다. 그러기 위해서 t1의 프로세스는 '자, 지금부터 잠시 동안은 내가 사용하려고 하는 이 공유 변수에 대해서 아무도 접근할 수 없다'고 선언해야 한다. 사용이 끝나면 '이제부터는 사용할 수 있다'고 선언한다. 만일 그렇지 않다면 다른 프로세스가 공유 변수를 사용할 수 있는지 없는지 그 때를 알 수 없다. OS의 설계에 있어서 이러한 상호 배제를 구현할 수 있는 프리미티브(primitive) 연산을 선택하거나 만드는 일을 상당히 중요하다.

① 코드의 예

```
register:= count;
register:= register + 1;
count = register;
```

- count의 초기 값은 0이다.
- 이 코드에서 count = count + 1을 기계어 코드로 컴파일 한 것이라고 생각할 수 있다.
- count는 시스템 전체에서 공유하는 변수이고, register는 각 프로세스마다 독립적으로 갖고 있는 고유 레지스터를 가리킨다고 하자.

② 경쟁 조건의 시나리오

경쟁 조건 발생 시 시나리오(초기 값 count=0)는 다음 표와 같다.

시간	프로세스1	프로세스2	count 값
t0	register1 := count		0
t1		register2 := count	0
t2		register2 := register2 + 1	0
t3		count := register2	1
t4	register1 := register1 + 1		1
t5	count := register1		1

경쟁 상황을 유도해 보면, 두 개의 프로세스1, 프로세스2가 **전역변수** count를 갱신하기 위해 각각 위의 코드에 비슷한 시각에 접근한다고 가정한다. 프로세스1이 첫 번째 문을 실행하면 register1(프로세스1이 갖고 있는 레지스터)에는 0이 저장된다. 그 직후에 프로세스1의 실행이 중단되고 CPU가 프로세스2에 할당 된다. count는 변경되지 않아 여전히 0을 갖고 있으므로, 프로세스2가 첫 번째와 두 번째 문을 실행하면 register2(프로세스2가 있는 레지스터)는 1을 갖는다, 세 번째 문까지 실행하면 결과적으로 count는 1로 갱신된다. 이제 프로세스1로 제어권이 다시 넘어간다. 이전에 중단되었던 실행을 계속하기 위해 두 번째 문을 실행하면 register1(=0)은 증가된 값 1을 갖게 된다. 세 번째 문을 실행하면 count는 1의 값을 갖는다. 결국, 두 개의 프로세스가 전역변수 count를 각각 1씩 증가 시켰음에도 불구하고 증가시키는 부분에서 count가 값 2를 갖지 않고 1을 갖게 된다.즉, 두 개의 프로세스1, 프로세스2가 전역변수 count라는 공유자원을 동시에 접근하고자 하는 **경쟁 조건**이 발생했다고 할 수 있다. 경쟁조건의 정의대로 두 프로세스가 전역변수를 접근하는 순서에 따라 전체 결과는 달라진다. 이런 경쟁조건이 발생하는 것을 막기 위해서는, 대상이 되는 자원을 하나의 프로세스만이 접근할 수 있도록 보장해야 한다. 즉, 프로세스1이 이미 count에 대한 접근 허가를 획득했다면 count값에 대한 처리를 마칠 대까지는 프로세스2의 count에 대한 접근 자체를 금지시켜야 한다. 이런 식으로 하나의 프로세스가 공유자원에 접근 중일 때, 다른 프로세스들이 접근할 수 없도록 하는 것을 **상호배제**(mutual exclusion)라고 한다.

(3) 생산자와 소비자(Producer-Consumer) 프로세스

앞서 언급 했듯이, **생산자-소비자 문제**(Producer-Consumer problem)는 여러 개의 프로세스를 어떻게 동기화할 것인가에 관한 고전적인 문제이다. 생산자/소비자 프로세스는 OS에서 매우 보편적인 것이며, 한정 버퍼 문제(bounded-buffer problem)라고도 한다. 생산자 프로세스는 소비자 프로세스에 의해 소비되는 정보를 생산한다. 예를 들어,프린터에 출력을 하는 경우에, 프린터에 출력하는 시스템 호출은 자료를 프린터 버퍼에 채우고, 프린터 구동기는 버퍼에서 자료를 꺼내서 프린터 출력한다. 여기에서 시스템 호출은 생산자이고, 구동기는 소비자이다. 일반적으로, 이러한 생산자와 소비자 프로세스들을 병행 실행하기 위해서는 생산자와 소비자에 의해 각각 채워지고, 비워지는 버퍼들이 있어야 한다. 유한한 개수의 물건(데이터)을 임시로 보관하는 보관함(버퍼)에 여러 명의 생산자들과 소비자들이 접근한다. 생산자는 물건이 하나 만들어지면 그 공간에 저장한다. 이때 저장할 공간이 없는 문제가 발생할 수 있다. 소비자는 물건이 필요할 때 보관함에서 물건을 하나 가져온다. 이 때는 소비할 물건이 없는 경우 문제가 발생할 수 있다. 즉, 생산자와 소비자는 같은 버퍼를 접근하게 되는데, 생산자는 꽉 찼을 때 더 생산을 할 수 없고, 반면에 소비자는 빈 버퍼에서 자료를 가지고 올 수 없다. 또한, 버퍼의 포인터를 한 프로세스에서 수정하는 동안에, 다른 프로세스는 포인터의 접근에서 배제되어야 한다. 이러한 이유로 인하여 생산자와 소비자는 **동기화**되어야 한다. 즉, 이 문제를 해결하는 것을 생산자/소비자 협동이라 하며, 버퍼가 동기화되어 정상적으로 동작하는 상태를 뜻한다. 문제를 해결하기 위해 세마포어를 활용할 수 있다.

- 생산자(Producer) 프로세스는 정보를 생산한다.
- 소비자(Consumer) 프로세스는 정보를 소비한다.

1) 저장소

생산자와 소비자 프로세스들이 병행하여 실행되도록 하려면, 생산자가 정보를 채워놓고 소비자가 비울 수 있는 버퍼들의 저장소(Pool)를 제공해야 한다[그림 2-35]. 이들 생산자가 한 버퍼에 문자들을 생산하고 있는 동안 소비자는 다른 버퍼에서 소비하게 하는 것으로 생산자와 소비자가 동기화 되어야 소비자가 생산되지도 않은 항목(item)들을 소비하려고 시도하지 않을 것이다.

2) 무한 버퍼

무한 버퍼(Unbounded buffer)의 생산자-소비자 문제는 버퍼의 크기에 제한을 두지 않는다. 즉, 버퍼의 수에 실제적인 한계가 없으며, 소비자는 새로운 자료를 기다릴 수도 있지만, 생산자는 항상 새로운 자료를 생산 할 수 있다(항상 비어있는 버퍼가 있기 때문임).

3) 유한 버퍼

유한 버퍼(Bounded buffer)의 생산자-소비자 문제는 고정된 크기를 가진 버퍼를 둔다. 즉, 버퍼의 수가 고정되어 있다고 가정한 경우는 모든 버퍼들이 비어 있으면 소비자가 대기해야하며 모든 버퍼가 채워져 있으면 생산자가 대기해야 한다.

예제 4-12 생산자-소비자 문제(Producer-Consumer problem)

생산자와 소비자 간의 동기화 문제로 버퍼가 다 차면, 생산자는 소비자가 소비할 때까지 기다려야하고 버퍼가 비어있으면, 소비자는 생산자가 생산할 때까지 기다려야 한다.

다음과 같은 특징이 있다.
ⓐ 두개의 프로세스가 공유 메모리(버퍼)를 사용하여 데이터를 공유한다.
ⓑ 생산자 프로세스는 공유 메모리에 데이터를 생산한다.
ⓒ 소비자 프로세스는 공유 메모리의 데이터를 소비한다.

버퍼에 있는 데이터수를 관리하여야 한다. 정수 변수 count로 버퍼에 채워진 항목수를 만들고 count를 0으로 초기화 한다. 생산자가 버퍼에 한 항목을 생산하면 count를 1 증가시키고, 소비자가 버퍼에서 한 항목을 소비하면 count를 1 감소시킨다. 뒤에서 논한다.

4) 공유 변수[유한 버퍼의 해결책]

유한 버퍼 문제의 공유 기억장치의 해결책으로서 공유되는 크기 n인 버퍼를 두 개의 논리적 포인터 in과 out를 사용하는 **원형 배열**(circular array)로 구현하는 방법이다.

유한 버퍼 문제의 해결 방법에서의 공유 변수들은 다음과 같다.

```
Var n
 Type item = … ;
 Var buffer : array[0..n-1] of item;
 in, out : 0..n-1;
```

① 변수 in은 다음의 비어 있는 버퍼의 위치를 가리키며, 변수 out는 첫 번째의 꽉 찬 버퍼를 가리킨다.
② n과 out은 0으로 초기화 된다.
③ 버퍼들의 공유저장소를 두개의 논리적인 포인터인 in과 out를 가진 순환 배열로 구현된다.

④ 버퍼가 비어 있는 경우는 n = out일 때이며, (in+1) mod n = out일 때에는 버퍼가 완전히 채워진(full) 경우이다.

- skip(또는 no-op)은 아무 일도 하지 않는 명령이다. 그러므로, while condition do skip은 단순히 조건이 거짓이 될 때까지 반복적으로 검사만 하게 된다.
- 이 방법의 단점은 동시에 채워질 수 있는 버퍼의 개수가 최대 n-1개이다.

5) 생산자와 소비자 프로세스들을 위한 코드

① 생산자 프로세스(P)는 생산될 새로운 항목(item)이 기억되는 지역 변수 nextp를 가진다.

```
repeat
    ...
    nextp에서 한 항목을 생산한다.
    ...
    while  in+1 mod n = out do skip;
    buffer[in]: = nextp;
    in: = in+1 mod n;
until false;
```

② 소비자 프로세스(C)는 소비될 항목이 기억되는 지역변수 nextc를 가진다.

```
repeat
    while in = out do skip;
    nextc: = buffer[out];
    out: = out+1 mod n;
    nextc에서 한 항목을 소비한다.
until false;
```

결론은 이 기법에서는 동시에 만원이 될 수 있는 버퍼(동시에 채워질 수 있는 버퍼 내의 장소) 를 최대로 n-1까진 허용한다. 결국, 버퍼의 한 장소는 활용되지 않는 셈이다.이런 결함을 해결하기 위해서는 알고리즘을 수정해야 한다.그 하나의 방법으로는 정수를 나타내는 변수 count를 두는 것이다.

6) 수정한 코드

위 코드를 수정한 코드는 다음과 같으며, 변수 count를 추가하는 방법의 예를 설명한다.

- 정수를 나타내는 변수인 count = 0으로 초기화한다.
- 버퍼에 새로운 요소가 더해질 때마다 count는 하나씩 증가하고 버퍼에서 자료 한 개를 빼낼 때마다 count는 하나씩 감소된다. 이러한 과정을 이용하여 생산자 프로세스와 소비자 프로세스는 수정될 수 있다.

① 수정된 생산자(P) 프로세스를 위한 코드

```
repeat
    ...
    nextp에서 한 항목을 생산한다.
    ...
    while count = n do skip;
    buffer[in] := nextp;
    in := in + 1 mod n;
    count := count + 1;
until false;
```

② 수정된 소비자(C) 프로세스를 위한 코드

```
repeat
    while count = 0 do skip;
    nextc := buffer[out];
    out := out + 1 mod n;
    count := count - 1;
    ...
    nextc에서 한 항목을 소비한다.
    ...
until false;
```

- 비록 생산자와 소비자 루틴이 모두가 개별적으로 정확하다고 하여도, 이들을 함께 실행시키면(동시에 실행시키면) 정확하게 동작하지 않을 수 있다.
- 예를 들어, 현재 변수 count의 값이 5이고, 생산자와 소비자 프로세스들이 count : = count + 1과 count : = count - 1 문장을 각각 병행하여(동시에) 실행한다고 가정한다.
  이들 두 문장들을 실행한 결과로 변수 count가 갖게 될 값은 4, 5 또는 6이 될 수도 있다.정확한 결과는 생산자와 소비자가 각각 별도로 실행되었을 때 갖게 되는 값인 "count = 5"이며, 결론은 이것을 생산자와 소비자가 별개로 실행할 때만 정확하게 처리된다.

7) 주의할 사항

주의 사항은 다음과 같다.

① count 값이 옳지 않을 수도 있다는 것은 다음과 같은 방법으로 알아낼 수 있다(count가 다음과 같이 부정확하게 될 수도 있음).

- count : = count + 1 문장을 기계어로 다음과 같은 세 개의 명령으로 구현된다는 점을 주목하고 다음 코드와 같다.

```
register1 : = count;
register1 : = register1 + 1;
count : = register1
```

  - register1 은 지역 CPU 레지스터이다.
- count : = count - 1 문장을 기계어로 구현된 경우는 다음과 같다.

```
register2 : = count;
register2 : = register2 -1;
count : = register2
```

  - register2 는 지역 CPU 레지스터이다.

② 만약 register1과 register2가 똑같은 물리적 레지스터(예: 가산기 등)라 할지라도 각 레지스터의 내용은 인터럽트 처리기와 분배자(dispatcher) 등의 CPU 스케줄링 루틴에 의해 메모리에 저장되었다가 다시 적재될(복귀) 것이다.

8) 혼합된 순서

혼합된 순서를 적용한 동시 수행의 예를 보기 위해, "counter = 5"일 경우를 보자.

■ "count := count + 1"과 "count := count - 1"의 동시 수행은 위에서 제시된 하위 레벨 언어가 임의의 순서로(그러나, 상위 레벨 언어의 각 문장에 대한 순서는 유지되도록) 겹쳐진 형태를 이루어, 순서적으로 수행되는 것이라고 생각할 수 있으며, 다음과 같다.

- T0 : 생산자(P)가 register1 := count를 수행 {register1 = 5}
- T1 : 생산자(P)가 register1 := register1 + 1를 수행 {register1 = 6}
- T2 : 소비자(C)가 register2 := count를 수행 {register2 = 5}
- T3 : 소비자(C)가 register2 := register2 - 1를 수행 {register2 = 4}
- T4 : 생산자(P)가 count := register1를 수행 {register1 = 6,count = 6}
- T5 : 소비자(C)가 count := register2를 수행 {register2 = 4,count = 4}

① 위의 순서는 그와 같은 형태의 한 가지로 볼 수 있겠다.이 예에서 알 수 있는 바와 같이, 실제적으로는 버퍼 내에 다섯 장소에 자료가 있음에도 네 장소에만 자료가 있다는 표시로 "count=4"라는 옳지 못한 상태가 초래되었다는 점을 주목해야 한다. 즉, 실제로 5개의 만원(가득찬) 버퍼를 가지고 있음에도 4개만을 가지고 있다는 표시로 "count = 4"인 부정확한 상태에 도달하였다.

② 만일 T4와 T5의 문장 순서를 바꾸면 "count = 6"이라는 옳지 못한 상태를 초래할 것이다.

③ 이와 같이 옳지 못한 상태를 초래하는 이유는 다음과 같다.

■ 두 프로세스들에게 변수 count를 병행하여(동시에) 조작하도록 허용하였기 때문이다(위의 두 문장을 동시에 수행하는 것은 결정성의 정리에 제시된 조건에 어긋남을 주목할 것).이와 같은 어려움을 극복하기 위해서는 변수 count를 어떤 시간에 한 프로세스만이 유일하게 조작할 수 있게 하여야 한다. 이를 **임계영역**(CS;Critical Section) 문제라고 한다. 이것을 앞서 설명한"**경쟁조건**(Race condition)"이라고 한다.

집어보기 생산자-소비자 문제(Producer-Consumer problem)

- empty : 버퍼 내에 저장할 공간이 있는지를 나타낸다(초기값은 n).
- full : 버퍼 내에 소비할 아이템이 있는지를 나타낸다(초기값은 0).
- mutex : 버퍼에 대한 접근을 통제한다(초기값은 1).

① 생산자(P) 프로세스

```
do {
      ...
      아이템(항목)을 생산한다.
      ...
      wait(empty);     //버퍼에 빈 공간이 생길 때까지 기다린다.
      wait(mutex);   //임계 영역에 진입할 수 있을 때까지 기다린다.
      ...
         아이템(항목)을 버퍼에 추가(생산)한다.
      ...
      signal(mutex);      //임계 영역을 빠져나왔다고 알려준다.
      signal(full);         //버퍼에 아이템(항목)이 있다고 알려준다.
 } while (1);
```

② 소비자(C) 프로세스

```
do {
     wait(full);     //버퍼에 아이템(항목)이 생길 때까지 기다린다.
     wait(mutex);
     ...
       버퍼로부터 아이템(항목)을 가져온다.
     ...
     signal(mutex);
     signal(empty);        //버퍼에 빈 공간이 생겼다고 알려준다.
     ...
       아이템(항목)을 소비한다.
     ...
 } while (1);
```

4.2.3 임계영역과 상호배제

앞서 설명 했듯이,모든 프로세스는 프로세서에 의해 동시에 처리할 수 있는 가능성이 있다. 이러한 병행 처리(concurrent processing) 상태에서 두개 이상의 프로세스가 처리된다면 예측 불가능한 결과 즉, 오류가 발생하는데, 이러한 오류를 방지하기 위하여 **동기화 및 임계 영역(CS;Critical Section,임계구역), 상호배제(Mutual Exclusion)**가 있다.

경쟁 조건을 피하는 방법을 앞 절에서 추상적으로 설명하였다. 프로세스는 대부분 내부 연산이나 경쟁 조건을 일으키지 않는 다른 일들을 한다. 그러나 때로는 공유 메모리나 공유 파일을 참조하기도 하며, 경쟁 조건을 일으키는 일을 한다. 이러한 공유 메모리가 참조되는 프로그램의 부분을 CS이라고 한다. 수행 순서를 잘 조절해서 2개 이상의 프로세스가 CS에 동시에 들어가지 않도록 한다면 경쟁 조건을 피할 수 있다. 이러한 요구 사항이 경쟁 조건을 피할 수 있도록 하긴 하지만 그것으로 충분한 것은 아니다. 공유 메모리를 사용하는 병행 프로세스들이 올바르고 효과적으로 수행되도록 하려면 후에 논하게 될 다음과 같은 추가된 조건이 필요하다. 즉 **상호배제를 위한 3가지 요구조건은 상호배제 조건, 진행 조건, 한계대기 조건** 등이 있다. **진행 조건**은 CS의 바깥에 있는 프로세스들 간에 CS의 진입을 방해해서는 않되는 것이고, **한계 대기 조건**은 모든 프로세스들을 일정시간 후에는 반드시 CS에 들어가야 한다는 것이고, 마지막은 모든 프로세스의 상대적인 속도는 같다고 가정하는 것이다. **임계영역(CS)**이란 기본적으로 다중 프로세스 환경에서 나오는 개념이며, 서로 다른 둘 이상의 프로세스가 하나의 데이터 영역을 공유하고 있을 때 이 영역을 CS이라고 한다. 한마디로 문제가 발생할 만한 소지가 있는 위험하고도 중요한 영역이라는 말이다. N개의 프로세스가 공유 데이터를 접근한다. 이 각 프로세스는 공유 데이터를 접근하는 코드 세그먼트를 갖고 있는데 이것을 CS이라고 한다.CS의 수행을 순서화해서 수행하도록 하면, CS은 시간적으로 상호 배타적이다. 즉 오직 한 프로세스만이 CS을 수행하게 하는 것으로 어떤 하나의 프로세스가 CS을 수행할 때, 다른 프로세스가 CS을 수행하지 못하게 한다. **문제의 해결 방법**으로 각 프로세스는 CS을 수행하기 전에 허가를 요청해서 승인받고, CS을 마친 후에는 이를 알리게 된다. 진입영역(entry section)은 CS을 수행 전에 허가를 요청하는 코드 영역(구역)이고 출구영역(exit section)은 CS 다음에 위치하여 CS의 수행을 끝낸다는 것을 알리는 코드영역이다.

상호배제(Mutual Exclusion)란 위에서 설명한 CS을 보호하기 위한 개념이다. 즉, CS으로 인하여 발생할 수 있는 문제를 사전에 방지한다는 것이다. CS으로 인하여 발생할 수 있는 문제는 둘 이상의 프로세스들이 공유자원을 동시에 읽거나 사용할 때 발생한다. 그러므로 CS으로 인하여 발생할 수 있는 문제를 사전에 방지한다는 것은 둘 이상의 프로세스들이 공유자원에 대해서 동시에 읽거나 쓰기를 못하게 하는 것이며 이것이 상호배제의 기본 개념이다. 다시 말해서, 상호배제는 한 프로세스가 공유 메모리 혹은 공유자원을 사용하고 있을 때 다른 프로세스들은 이 메모리 혹은 자원을 사용하지 못하게 배제시키는 제어 기법을 말한다. 이를 위해서 특정 프로세스는 공유 메모리 혹은 공유자원을 사용하기 전에 먼저 이렇게 선언한다.

(1) 동기화(Synchronization)의 기본 개념

프로세스 관리는 현대의 OS에 중요한 부분이다. OS는 자원을 프로세스에 할당하고, 프로세스가 정보를 공유하고 교환할 수 있게 하며, 각 프로세스 자원을 다른 프로세스로부터 보호하며, 프로세스 간 동기화를 가능하게 해야 한다. 이러한 요구를 충족하기 위하여 OS는 각 프로세스를 위한 자료 구조를 관리하며 이로써 프로세스의 상태와 자원 소유권을 기술하고 OS가 각 프로세스를 제어할 수 있다. 둘 또는 그 이상의 프로세스가 동시에 존재할 때 거기에는 상호 배제성이 내재되어야한다(즉, 프로세서는 둘 이상의 프로세스를 동시에 처리할 수 없기 때문에 이들 프로세스에 대한 처리 순서를 결정하는 것을 말함).동기화는 프로세스의 시행시간에 따라서 순서를 주는 것이다(상호배제는 동기화의 특수한 형태임).

짚어보기

- 모니터 (동기화);

전산학에서 모니터(monitor)는 프로세스 또는 스레드를 동기화하는 방법 중 하나로서, 그 방법으로 활용하기 위해 구현된 기능 또는 모듈을 뜻하기도 한다. 주로 고급 언어에서 이 기능을 지원하며, 한 번에 하나의 프로세스만 모니터에서 활동하도록 보장해준다. 예를 들어, 자바에서 스레드를 동기화하는 방법으로 모니터가 사용할 수 있다.동작은 어떤 공유 데이터에 대해 모니터를 지정해놓으면, 프로세스는 그 데이터를 접근하기 위해 모니터에 들어가야만 한다. 즉, 모니터 내부에 들어간 프로세스에게만 공유 데이터를 접근할 수 있는 기능을 제공하는 것이다. 또한 프로세스가 모니터에 들어가고자 할 때 다른 프로세스가 모니터 내부에 있다면 입장 큐에서 기다려야 한다.

- 세마포어와 모니터;

세마포어는 동기화 함수의 제약 조건을 고려해야 하는 반면, 모니터는 프로시져를 호출하여 간단히 해결할 수 있다.

(2) 상호배제(Mutual Exclusion)

병행이란 같이 존재하고 있다는 뜻이며, 메모리(M/M)에 다수의 프로세스가 같이 존재한다는 것을 의미한다. 한 개의 CPU가 있는 단일 처리 시스템에서는 병행 프로세스 중에서 한 개만이 실제로 실행되지만 CPU의 처리 시간을 효과적으로 나눔으로써 겉으로는 병행 프로세스들이 동시에 처리되는 것이다.

병행과 병렬(Parallel)은 다르다. **병렬**은 다중 처리 시스템의 경우 여러 개의 프로세스가 동시에 실행하는 것을 말한다. **병행 프로세스들**이 서로 간에 비동기적(Asynchronous)이라는 말은 다른 프로세스들이 어떤 상태에 있는지,어떤 자원을 가지고 있는지, 어디까지 실행 됐는지 등에 대해 모른체 실행되고 있음을 의미한다. 공유된 자원이나 데이터에 대해 병행 프로세스들이 따라야 하는 규칙이란 "한 번에 한 프로세스만이 접근하도록 하고, 해당 자원에 대해 의도 했던 실행을 완료하도록 보장한다"는 것을 의미한다.

"**경쟁 조건**"을 피하려면 어떻게 해야 할까? 이와 같은 경우에 또한 다른 모든 경우에 있어서도 공유 메모리, 공유 파일, 기타 다른 공유에 관련된 문제를 피할 수 있는 열쇠는, 2개 이상의 프로세스들이 동시에 읽기와 쓰기를 못하게 해야 한다는 것이다. 다른 말로 하자면 **상호 배제(mutual exclusion)**가 필요하다.

"**상호 배제**"란 어떤 프로세스가 공유자원(Sharing Resource)을 액세스(접근)하고 있을 때 다른 프로세스가 이미 할당된 자원을 요구한다면, 자원(R;resource)을 요구한 프로세스는 이미 요구한 자원을 액세스하고 있는 프로세스가 해제할 때까지 기다려야만 하는 상황이다. 즉, 한 프로세스가 공유 메모리 혹은 공유 파일을 사용하고 있을 때 다른 프로세스들이 사용하지 못하도록 배제시키는 제어 기법을 말한다. 다시말해, **상호배제는 동시 프로그래밍에서 공유 불가능한 자원의 동시 사용을 피하기 위해 사용되는 알고리즘**으로, 임계 영역(CS;critical section,임계구역)으로 불리는 코드 영역(코드 구역)에 의해 구현된다.

공유 불가능한 자원의 예로는 동시에 실행되고 있는 프로그램 간의 통신에 사용되는 비트 단위의 문제, 계수기, 큐 등이다. 문제는 스레드(Thread)가 언제라도 정지되거나 시작될 수 있다는 것이다.

위에서 발생한 문제는 프로세스 P1이 값을 읽은 후에 쓰기 전에 프로세스 P2가 값을 읽은 데서 발생한 것이다. 만일 프로세스 P2가 프로세스 P1가 값을 쓰기까지 기다려야 한다면 이러한 오류는 발생하지 않았을 것이다.그러기 위해서 P1은 "자, 지금부터 잠시 동안은 내가 사용하려고 하는 이 공유 변수에 대해서 아무도 접근할 수 없다"고 선언해야 한다. 사용이 끝나면,"이제부터는 사용할 수 있다"고 선언한다. 만일 그렇지 않다면 다른 프로세스가 공유 변수를 사용할 수 있는지 없는지 그 때를 알 수 없다. OS의 설계에 있어서 이러한 상호 배제를 구현할 수 있는 프리미티브(primitive) 연산을 선택하거나 만드는 일은 상당히 중요하다.

예제 4-13 공유 데이터 접근의 예

프로그램의 일부분이 여러 단계를 거치면서 데이터를 읽고 쓰고 있다고 하자. 그런데 예상치 못한 사건 등에 의해 다른 스레드가 동작하기 시작했다. 첫 번째의 스레드가 쓰고 있는 영역에서, 이 두 번째의 스레드가 또 다른 작업을 시작한다면, 해당 영역의 값은 부적절하며 예상할 수 없는 상태에 놓이게 된다. 게다가 두 번째의 스레드가 값을 덮어 써버리기라도 한다면, 복구 불가능한 상태로 되고 만다. 그러므로 공유 데이터를 접근하는 프로그램 내부의 이른바 임계 구역이라는 부분은 홀로 수행되도록 보호되어야 하며, 다른 스레드가 동일한 부분의 프로그램을 수행해서 동일한 공유 데이터를 접근하는 것을 막아야 한다.
단일 프로세서 시스템에서, 상호배제를 구현하는 가장 단순한 방법은 인터럽트를 억제해서 공유 데이터가 손상되는 것을 막는 것이다. 성능에 최소한의 영향을 주기 위해 인터럽트가 발생하지 않을 명령어 집합의 수는 가능한 최소로 유지시키는 것이 좋다.

짚어보기 상호배제의 예

- 여러 명이 하나의 화장실을 사용할 때 화장실은 공유할 수 없는 자원이다. 따라서, 각 사람은 상호 배타적으로 화장실을 사용해야 한다. 이때 화장실을 **임계영역(CS)**이라 할 수 있다. 또한, 화장실에 들어가거나 볼일을 보는 행위도 CS이라 한다. 물론, 화장실에 들어간 사람은 죽어서도(즉, 블록상태) 안되고 계속 혼자만 사용(즉, 무한루프) 해서도 안 된다.
- 상호 배타(상호 배제)는 외나무다리나 단선 철도 등에서도 발생한다.
  화장실의 예에서 "노크를 하고 없으면 들어가 열쇠를 잠그고 나올 때 열쇠를 열고 나온다. 또한, 누가 있으면 화장실이 열릴 때까지 밖에서 기다린다."는 공공 약속에 의해 큰 사고 없이 화장실을 공유할 수 있다.가끔 공공 약속을 어길 때도 있지만, 단선 철도에서도 신호등이나 깃발을 이용해 하나의 선로에 서로 다른 방향에서 열차가 진입하는 것을 막을 수 있다. 그러나, 신호체계가 고장이 나는 경우 대형 사고를 유발할 수 있다.

상호배제의 특징은 다음과 같다.
① 자원(R)은 처리기(Processor),페이지(Page) 단위의 기억장소, 주변장치, 또는 내용이 바뀌어질 수 있는 데이터베이스 등을 의미한다(일반적으로 상호배제는 시스템의 멀티플렉싱(Multiplexing) 기능에 의해서 제공되나 OS를 구성하고 있는 여러 종류의 프로그램에서 임계영역(CS)을 포함하고 있는 예는 빈번하다).
② CS은 이러한 부분을 포함하고 있는 프로그램이 둘 또는 그 이상 있을 때 한 번에 한 개의 프로그램에서만 시행되어야 하는 부분으로서 R을 독점하거나 또는 그 상태를 변화시키는 일을 수행하는 부분이다.
③ CS의 문제를 해결하려면, 상호배제, 진행(progress), 한계대기(bounded waiting)등 세 가지 조건이 만족되어야 된다.

짚어보기 상호배제와 임계영역

메모리(M/M)에 있는 변수 count는 현재 값이 "10"이며, 프로세스 P1은 이 값을 하나 증가시키는 일을, 프로세스 P2는 하나 감소시키는 일을 한다고 하자.
두 프로세스가 한 번씩 실행되었을 때의 결과 값은 누가 먼저 실행되든 여전히 "10"이어야 할 것이다.P1의 경우 먼저 M/M에서 count 값을 읽어 처리기 레지스터로 넣은 다음 "1"을 더하고 난 후에 처리기 레지스터에 들어 있는 결과 값 "11"을 M/M의 count 변수에 저장함으로써 실행을 완료한다. 여기서, 중요한 점은 결과 값 "11"이 저장되기 전까지는 M/M의 count 값이 "10"인 것을 명시해야 한다.P2도 역시 "1"을 뺀다는 것 외에는 P1와 동일한 절차를 밟게 될 것이다. 정상적으로 실행됨을 가정하고 P1이 먼저 실행되었다면,"9"가 된 후 P1에 의해 "10"이 될 것이므로 두 경우 모두 정확한 결과를 낳는다는 것을 알 수 있다.

짚어보기 상호배제와 임계영역

공유변수 count에 대해 P1과 P2가 아무 제약 없이 실행되도록 했을 경우를 생각해 보자.
먼저 P1가 count 값을 "11"로 증가 시킨 후 저장하기 전에 CPU의 사용권이 P2에게 넘겨진 후,P2의 count에 대한 접근이 허용된다면 P2는 "1"을 빼기 위해 먼저 메모리(M/M)에 있는 count 값을 읽어오게 될 텐데 이때의 값은 여전히 "10"일 것이다.P2에 의해 "9"가 저장된 후 다시 P1가 실행되면 이전에 CPU를 뺏긴 시점부터 시작할 것이고 결과적으로 처리기 레지스터에 있는 값 "11"을 저장하게 되어 count의 최종 값은 "11"이 될 것이며, 반대로 P1과 P2의 최종 값은 "11"이 될 것이며, 반대로 P1과 P2의 순서를 바꾸면 "9"가 저장될 것이다. 다중처리 시스템의 경우에는 두 프로세스가 동시에 실행될 수 있으므로 둘 다 "10"을 읽고 각자의 실행 결과를 저장하게 될 것이고, 결국 count의 최종 값은 조금이라도 늦게 저장하는 프로세스의 결과 값과 같이 "11" 또는 "9"가 될 것이다. 즉, 한 프로세스의 공유변수 count에 대한 조작이 허용되면 부정확한 결과 값을 초래하게 된다. 다시 말해 단일 처리 시스템의 경우 정확한 결과 값을 위해서는 P1의 count에 대한 조작도중 CPU가 P2로 넘겨지더라도 P2의 count에 대한 조작은 허용되어서는 안된다는 점이다.

짚어보기 공유 메모리 접근의 예

공유 메모리는 "내가 사용을 할테니까 아무도 접근하지마라" 하고 공유자원에 대해서 모든 사용이 끝나면 "자! 나는 사용이 끝났으니까 이제 사용해도 된다!"라고 말하는 형식이다.즉 OS는 둘 이상의 프로세스가 동시에 CS에 들어 갈수 없도록 수행순서를 잘 조절하는 역할을 한다.

예제

4-15 상호배제의 예

프로세스들이 공유 데이터에 대해 서로 접근을 시도하는 상황을 경쟁상태(Race condition)라 한다. 경쟁 관계에 있는 프로세스들로 인해 상호배제(Mutual exclusion),교착상태(Deadlock),기아상태(Starvation)와 같은 문제가 발생한다. 즉, 상호배제란 한 번에 하나의 프로세스만이 임계영역(CS;Critical Section)에 들어가야 함을 의미한다. 한 프로세스만이 CS에 진입하고, 다수의 프로세스들이 하나의 공유자원을 상호배타적으로 사용할 수 있게 하면서 동시에 수행할 수 없도록 한다.

[공유변수;count]

트랜잭션 1	트랜잭션 2
1.1 read count;	2.1 read count;
1.2 subtract 1,000$ from count;	2.2 add 1,000$ to count;
1.3 store count;	2.3 store count;

위 표에서 트랜잭션의 실행 순서에 따라 count 값은 1,000$, 2,000$, 0$ 일 수 있다. 공유변수(count)를 접근하고 있는 하나의 프로세스 이외에는 다른 모든 프로세스들이 공유변수를 접근하지 못하게 제어하는 기법을 **상호배제**라 한다.

상호 배제 기법으로 좀 더 복잡한 CS의 문제를 해결하기에는 한계가 있으며, 좀 더 일반화된 동기화 기법으로 세마포어가 있다.

상호배제를 처음으로 S/W를 통해 해결한 사람은 네덜란드 수학자 데커(Dekker)이며 그 알고리즘을 데커의 알고리즘이라 한다.

상호배제는 후에 다루게 되는 교착상태의 4가지 필요조건 중 하나이다.

① 어떤 프로세스가 공유자원(sharing resource)을 접근(access)할 때 다른 프로세스가 이미 할당된 자원을 요구한다면 자원을 요구한 프로세스는 이미 요구한 자원을 접근하고 있는 프로세스가 해제 할 때까지 기다려야 한다.

② 병행 처리 시 공용 변수를 접근하고 있는 하나의 프로세스 이외에는 다른 모든 프로세스들이 공용 변수를 접근하지 못하도록 제어하는 기법으로 프로그램들이 공용 데이터를 함께 접근하려 할 때 필요하다.

③ 상호 배제 프리미티브의 구현 시에 제약 조건은 다음과 같다.

- 해결책은 소프트웨어적이고, 각 기계어는 분할되어 수행될 수가 없다.
- 동시 수행하는 프로세스들의 상대적인 속도에 대해서는 아무런 제약이 없다고 가정한다.
- CS의 바깥에 있는 프로세스가 CS에 들어가려는 다른 프로세스를 막아서는 안 된다.
- CS으로 들어가는 것이 무한정 연기되어서도 안 된다.

CS의 상호 배제 문제를 구현하기 위한 여러 가지 방법이 있는데, 종류는 다음과 같다[표4-1].

① H/W에 의한 해결과 S/W에 의한 해결한다.

- S/W적으로 해결하기 위한 데커(Dekker) 알고리즘, 데커 알고리즘을 보완한 피터슨(Peterson) 알고리즘이 있으며, 변형된 방법의 알고리즘들은 다익스트라(Dijkstra) 알고리즘, 아인제버그(Eisenberg) 알고리즘, 람포트(Lamport)의 제과점(Bakery) 알고리즘 등이 있다.
- H/W적으로 해결하기 위한 Test-and-set(TS) 명령 등이 있다..

② 기계의 낮은 단계의 해결과 높은 단계의 해결을 한다.

③ 프로세스 간의 자발적 협력에 의한 해결한다.

④ 프로토콜을 꼭 지키도록 하는 강제적인 방법 등이 있다.

[표 4-1] 상호배제 관련 주요 개념

기법	설명(특징)
데커(Dekker) 알고리즘	상호배제를 처음으로 S/W를 통해 해결한 네덜란드 수학자 데커의 알고리즘을 제시
피터슨(Peterson) 알고리즘	간단한 상호배제 알고리즘 turn(교대)의 값을 상대방 차례인 듯이 설정(1981년 제시)
다익스트라(Dijkstra) 알고리즘	- N-프로세스(다중 프로세스)의 상호배제 알고리즘을 제시 - 무기한 연기 가능성
세마포어(Semaphore)	두 개의 원자적 함수로 조작되는 정수 변수로서, 다중 프로그래밍 환경에서 공유 자원에 대한 접근을 제한하는 방법
Eventcount/Sequencer를 이용한 기법	- 은행의 순서 티켓 발행기와 같은 서비스의 순서 형태 - 프로세스들 간의 동기화 및 상호배제를 이루는 기법

"**알고리즘1[그림4-15]~알고리즘4[그림4-20]**"에서 소개할 CS의 해결책들은 복잡한 문제를 일반화하는데 있어서는 부적합하다. 좀 더 복잡한 문제의 경우, 다익스트라(Dijkstra)가 제안한 **세마포어(semaphore)**를 이용하여 프로세스들 간의 동기화를 꾀할 수 있다. 즉, 다익스트라는 프로세스 상호 간의 교신(IPC)을 위한 세마포어(semaphore)라고 불리우는 새로운 동기화 기법을 소개했는데, 세마포어 S는 다음 두 표준 원자 연산(standard atomic operation)인 P,V에 의해서만 접근 될 수 있는 정형 변수이다.

통제된 변수로서 그 값은 P,V 그리고 **초기화(semaphore initialize)**의 세 가지의 연산에 의해서만 접근 또는 변경될 수 있다.

(3) 임계 영역(CS;Critical Section,임계 구역)

둘 이상의 프로세스가 공유할 수 없는 자원을 **임계자원**이라고 하며 프로그램에서 임계자원을 이용하는 부분을 CS이라 한다. CS에는 한 순간 반드시 프로세스 하나만 진입이 허용되어야 한다. 즉, 두 개 이상의 프로세스가 동시에 사용할 수 없는 자원(임계자원)에 대해 접근(액세스)하고 실행하는 프로그램 내의 코드 부분이다. 프로세스가 공유 데이터를 변경하는 영역이고 하나의 프로세스만이 공유 데이터에 접근하고 나머지 프로세스들은 공유 데이터에 접근할 필요가 있더라도 기다려야 한다. CS은 가능한 한 빨리 수행되어야만 하며, 프로세스가 CS에 들어간 후 프로세스가 블록 상태로 되어서는 안된다. 다시말해서, CS 내에서는 작업을 반드시 빠른 속도로 수행해야 하며, 프로세스 하나가 임계영역 내에 오랫동안 머물러서는 안된다. 프로세스가 접근하지 않은 CS은 잠금상태이다. CS에 들어가기를 원하는 프로세스는 진입 상호배제를 수행해야 하는데, 진입 상호배제는 프로세스 하나가 CS에 있으면 다른 프로세스가 CD에 들어가지 못하게 하는 것이다.CS은 공유 데이터를 프로세스가 변경, 처리하는 코드영역을 CS)이라고 한다. 즉, 하나의 프로세스가 수정 가능한 공유자원을 접근하고 있을 때, 그 프로세스는 CS 내에 있다고 한다.

CS의 진입 순서는 다음과 같다. CS에 들어가고자 하는 프로세스는 먼저 CS 내에 다른 프로세스가 있는지를 확인한 후 있다면 기다리고, 없다면 들어가면서 자신이 나올 때까지 다른 프로세스가 들어오지 못하도록 한다. CS을 벗어날 때는 자신이 나오는 사실을 알려 다른 프로세스가 들어올 수 있도록 한다.

n개의 프로세스 $\{P_0,P_1,..,P_{n-1}\}$로 구성된 시스템이라고 가정한다.

각 프로세스는 임계영역(CS)의 코드 세그먼트를 갖고 있다. 이런 영역에서 프로세스가 공동 변수들을 변경하고, 테이블을 갱신하면 파일에 쓰기 작업 등을 수행 가능하며, 공유 되는 부분 중 한 순간에는 한 개의 프로세스만 사용해야 할 부분이다. 시스템의 중요한 기능은 한 프로세스가 CS에서 실행할 때 다른 프로세스들은 CS에서 실행되지 않도록 하는 곳(프로세스들이 상호 배타적임)이다.각 프로세스는 CS에 진입하기 위한 허가권을 요청해야 한다. 요청을 구현하는 코드의 영역은 진입 영역(entry section)이고 CS 다음에는 출구 영역(exit section)이 나오며, 나머지는 코드 잔류 영역(remainder section)이다.

CS 문제를 해결하려면 3 가지 요건(조건)을 충족해야 한다.

① **상호 배제**(mutual exclusion) : 프로세스 P_i가 CS에서 실행중이면, 다른 프로세스는 CS에서 실행될 수 없다(즉, 두 개 이상의 프로세스가 CS 내에 동시에 존재할 수 없음). 즉, 한 프로세스가 CS에 들어가 있으면 다른 프로세스들은 대기(wait)한다.

② **진행**(progress) : CS에서 실행되는 프로세스가 없는 상태에서 여러 개의 프로세스가 CS으로 진입하려고 하는 프로세스들이 있다면 잔류 영역에서 실행되지 않고 있는 프로세스들만 다음에 CS으로 진입 할 수 있는 대상이 되며(프로세스 선정 알고리즘에 따라 다음 임계영역에서 수행할 대상을 선정함)(즉, CS 외의 부분을 실행중인 프로세스들이 CS 진입문제에 관여해서는 안됨), 이 선택은 무한하게 연기할 수 없다. 즉, CS내의 프로세스는 블록 되어서는 안된다.

③ **한계대기**(bounded waiting): 어떤 프로세스가 CS에 진입하려는 요청을 한 후부터 그 요청이 수락되기까지, 다른 프로세스들이 CS에 진입하도록 허용하는 시간 간격(허용되는 횟수)에는 한계를 두어야 한다. 즉, CS 내의 프로세스가 무한 루프에 빠지지 않도록 되어야 한다.

CS을 해결하기 위한 방법에서 [그림4-13]와 같이 각 프로세스의 기본적인 구조는 다음과 같은 요소들을 가진다.

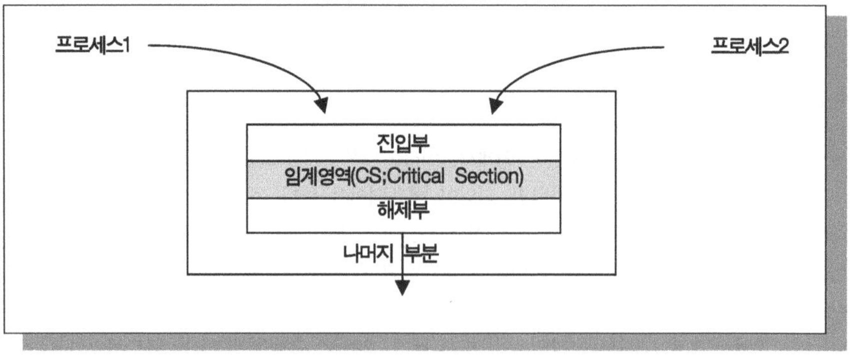

[그림 4-13] 임계영역을 위한 프로세스의 기본적인 구조

- **진입부(입구영역;entry section)**: 접근하려는 자원의 CS에 들어갈 수 있는지 여부를 미리 요청한다. 즉, 프로세스가 CS에 진입하기 전에 필수적으로 거쳐야 하는 부분이며, CS의 진입을 원하는 프로세스가 공유 데이터 접근에 대한 허가를 요청하는 부분이다.
- **임계영역**(critical section): 접근권리를 획득하여 공유 데이터를 처리하는 부분이다.
- **해제부(출구영역**;exit section): 임계영역에서 수행을 마치고 나갈 프로세스를 선택한다. 즉, 공유 데이터 접근을 해제하는 부분이벼, CS을 떠나면서 필요한 조치들을 하는 부분이다.
- **나머지부(나머지(잔류)영역**;remainder section): CS과 무관한 나머지 코드 영역이다.

1) 전형적인 구조(구현 코드)

```
repeat
        진입부(entry section)
        임계 영역 (CS)
        해제부(exit section)
        나머지부(remainder section)
until   false;
```

짚어보기 임계영역과 상호배제의 예

여러 개의 프로세스가 공유 프린터를 동시에 사용하려고 한다고 할 때, 어떤 프로세스가 인쇄할 자료를 보내고 있는 중에 할당된 CPU 시간이 끝나 다른 프로세스가 인쇄할 자료를 보낸다. 이런 식이라면 프린트 결과물은 엉망으로 뒤섞여 버릴 것이다. 따라서 하나의 프로세스가 프린터에게 자료를 어느 부분까지는 보내고 난 뒤에야 다른 프로세스에게 프린터로 접근 할 수 있는 권리를 주어야 한다. 상호배제가 해결책이 된다(프린터를 액세스하는 코드 영역이 CS에 해당된다).

짚어보기 액세스(접근;access)

컴퓨터에서 메모리나 자기 디스크 등의 기억장치에 대해 데이터의 쓰기나 읽기를 하는 행위이다. 액세스는 원하는 것을 얻기 위해 단순히 다가가는 것을 말한다. 액세스는 원하는 것을 얻기 위해 단순히 다가가는 것을 말한다. 데이터 액세스는 컴퓨터 상의 특정한 데이터를 얻는 것을 말하며, 보통 사용 권한을 가지고 있어야 한다. 웹 액세스는 천리안, 유니텔, 하이텔 등과 같은 온라인시스템 서비스 회사나 채널아이나 넷츠고 등 인터넷 접속 서비스 회사를 통해 월드 와이드 웹에 접속하는 것을 의미한다. 데이터 액세스에서는 보통 읽기만 가능한 액세스와 읽고 쓰기를 모두 할 수 있는 액세스로 나뉘는데 각 사용자별 액세스에 관한 통제를 위해 이용되는 데이터를 접근통제목록, 즉 ACL(access control list)이라 한다.

2) 임계영역(CS)의 종류

CS의 종류는 임계 영역과 조건부 임계 영역이 있다.

① 임계 영역

- 어떤 프로세스가 공용 데이터를 액세스(접근)하고 있을 때 그 프로세스는 임계 영역에 있다고 하며, 이 구역(영역)에서 공용 변수를 변경한다.
- 어떤 하나의 프로세스가 임계 영역에 있을 때에는 다른 프로세스는 CS에 못 들어간다.
- CS 내의 수행은 가능한 빨리 끝내야 하며, 여기서 프로세스가 보류되는 일이 없어야 한다.

② 조건 임계 구역

- 다익스트라(Dijkstra)의 세마포어 방법을 확장한 개념으로 1972년 한센과 C.A.R Hoare가 창안한 방법이다.
- 세마포어의 동기화 때문에 생기는 유휴 시간을 제거하기 위해 조건 임계 구역 방법을 이용한다.
- 만약 CS에 들어가려는 프로세스가 있을 때에는 주어진 조건이 만족할 때에만 CS 안으로 들어갈 수 있도록 한다.
- 조건 임계 구역 개념

```
region v when b do s
```

☞ 한 프로세스가 CS에 접근할 때, b가 참이면 문장 s가 수행되고 거짓이면 그 프로세스는 b가 참이 될 때까지 연기되고, 어떤 프로세스도 v와 관련된 지역에 접근할 수 없다는 개념이다.

3) OS와 상호 배제의 관계

만일 CS내에서(자발적이든 타의적이든 간에) 프로세스가 수행을 멈추게 되면, OS가 상호 배제를 풀어서 다른 프로세스가 CS에 들어갈 수 있도록 해야 한다.

4) 상호 배제의 중요성

상호 배제를 지키는 것은 병행 프로그래밍에 있어서 가장 중요한 문제이다.

5) 바쁜 대기(busy-waiting)

공유 변수(spin lock이라 함)를 이용하여 두 프로세스가 동기화는 것으로 각 프로세스는 계속하여 상태가 변하기를 체크한다. 하나의 CPU가 많은 프로세스에 의해 공유되는 실시간 다중 프로그래밍 시스템에서 심각한 문제를 일으킨다. 왜냐하면 바쁜 대기는 다른 프로세스가 생산적으로 사용할 수 있는 CPU의 시간을 낭비하기 때문이다. 이 시간 동안의 CPU는 낭비되는 결점을 지니고 있으나 완전히 동기화 문제를 해결 할 수 있다. 그러나 완전한 상호 배제 문제 해결책은 없다. 구현 방법은 공유 변수를 통하여 테스트하는 방법(Dekker가 제안)과 H/W적으로 TS(Test & Set) 명령어로 처리하는 방법이 있으며, 여기에 변형 방법의 알고리즘인 Dijkstra 알고리즘, Eisenberg알고리즘, Lamport의 제과점(Bakery) 알고리즘 등이 있다.

6) 무기한 연기(indefinite postponement)

하나의 자원 할당 및 프로세스 스케줄링 결정을 하는 동안 다른 프로세스를 기다리게 하는 시스템에서 한 프로세스의 스케줄링이 무기한으로 연기되는 상황으로서, 시스템 자원 분배 정책의 편중성 때문에 발생한다.

자원 할당이 우선순위에 의해 수행되는 경우, 하나의 프로세스는 자기보다 우·선순위가 높은 프로세스들이 계속 도착하는 한 자원을 무기한으로 기다리게 된다.

다른 프로세스들이 시스템에 의해 처리되는 동안 한 프로세스의 스케줄링이 무기한으로 연기되는 현상을 말하며, 이는 교착상태만큼이나 치명적이다.

무한 대기는 주로 시스템의 자원 분배 정책의 편중성 때문에 발생하므로, 일부 시스템에서는 프로세스가 자원을 기다리고 있는 시간에 비례하여 우선순위를 부여하는 “에이징(aging) 기법”으로 무한 대기를 방지하고 있다.

우선순위가 낮은 작업에는 무한 대기(연기) 현상이 나타날 수 있는데, 이를 해결하는 방으로 오랜 시간을 기다려 우선순위를 높여주는 방법이다.

4.2.4 상호 배제 프리미티브

CS이 있는 프로그램은 다음 [그림4-14]과 같이 프로그램을 할 수 있다.

```
while (1) {
                // 임계 영역(CS)에 들어가기 전의 코드들
          . . .
      BeginCriticalSection();
                // 임계 영역 (CS;critical section)
          . . .
      EndCriticalSection();
                // 나머지 코드
          . . .
```

[그림 4-14] 상호 배제 프리미티브

이 코드는 n개의 프로세스($P_0, P_1, \cdots, P_n$)가 있을 때 그 중의 한 프로세스 P_i의 코드 구조만을 보인 것이다. n개의 프로세스들 각각은 CS에 들어가기 전에 BeginCriticalSection()을 호출 하며 CS에서 나갈 때 EndCriticalSection()을 호출한다. BeginCriticalSection()을 호출한 후에 다른 프로세스들이 CS에 들어가기 위하여 BeginCriticalSection()을 호출한다면 이미 푸로세스 P_i가 CS에 있으므로 그들은 대기하게 된다. 즉, BeginCriticalSection()에서 빠져 나오지 못한다. 대기하는 방법은 두 가지가 있을 수 있다. 하나는 바쁜 대기(busy waiting) 하는 것이고 다른 하나는 블록된 후 깨어나는 것(block and wakeup)이다.

만일 2개 이상의 프로세스가 동시에 BeginCriticalSection()을 호출하면 이들 중 하나만이 CS에 들어가고 나머지는 기다린다. 이처럼 동시에 시도하여 CS으로 들어가는 프로세스를 “승리자(winner)”라고 부른다. 승리자는 무작위로 선택되어서 기아 상태를 일으킬 수도 있고 한계 대기 조건을 만족시키도록 선택될 수도 있다.

4.3 임계영역 문제 해결 알고리즘

임계영역 문제를 해결하기 위한 알고리즘은 소프트웨어(S/W)적인 임계영역 문제 해결 방법과 하드웨어(H/W)적인 임계영역 문제 해결 방법이 있다.

4.3.1 2개 프로세스의 상호 배제 문제

이 절에서는 두 프로세스를 위한 S/W적 해결책은 어느 한 순간에 두 개의 프로세스만을 적용할 수 있는 알고리즘을 주로 논한다. 2개의 프로세스의 상호배제는 BeginCriticalSection()과 EndCriticalSection()을 순수하게 S/W적으로 구현하도록 한다. S/W적 구현은 임계영역(CS)의 바깥의 프로세스들이 바쁜 대기(busy waiting)를 일으킨다.

프로세스들은 P_0 와 P_1으로 번호를 부여한다. 이 문제의 일반적인 구조는 다음과 같다.

```
begin
   공통 변수 선언;
   parbegin
      P0;
      P1;
   parend;
end.
```

- 문제를 간략하기 위해, 알고리즘이 주어졌을 때 단지 공동 변수들만을 정의하고 프로세스는 P_i로 표시한다.
- P_j는 j = ｜1-i｜인 다른 프로세스를 표시한다.

소프트웨어(S/W)적 해결 과정은 다음과 같다.

S/W적인 해결 방법을 설명하기 위해 몇 개의 단계로 나누어 설명한다. 여기서 사용되는 변수 turn(정수형)은 2개 프로세스 P_0,P_1의 공유 변수이고, i는 프로세스 지역 변수이다. turn, i, j는 0혹은 1의 값을 갖고, i=1-j이다.

(1) 알고리즘 1 [그림4-15][그림4-16]: 한 개의 변수(turn) 이용

두 개의 프로세스 P_0,P_1이 있다고 가정한다. 프로세스들이 공동의 정수 변수인 turn을 0이나 1로 초기화하여 공유하도록 한다. turn = i이면, 프로세스 Pi는 CS에서 실행을 허용한다(CS에 들어갈 수 있다). 이 방식은 한 순간에 한 프로세스만이 CS에 들어갈 수 있도록 보장하는 것이다. 이것은 CS의 실행 시에 프로세스들을 엄격하게 교대시켜야 하기 때문에 앞의 3가지 조건 중 "진행(progress) 조건"을 충족시킬 수 없다.

예를 들면, turn=0이고 P1이 그 CS 내에 들어가고자 할 때는 비록 P0가 CS의 잔류항 부분(나머지 영역;remainder section)을 수행하는 도중이라 할지라도 들어갈 수 없다.

알고리즘1의 특징은 프로세스는 반드시 한 번씩 번갈아 들어갔다 나와야 한다.단점은 한 프로세스가 훨씬 자주 CS을 접근할 필요가 있더라도 교대로 들어갔다 나와야 하므로 해당 프로세스의 수행속도가 느려질 것이다. 단, 시스템이 교착상태에 빠질 염려는 없다. 그리고 프로세스 중에 하나가 중지되면 다른 프로세스도 더 이상 계속할 수 없다.

[그림4-15]에 첫 번째 단계를 설명한다. [그림4-15]는 프로세스 P_i의 구조이다. turn의 초기 값은 0 또는 1이다. turn 변수에 의해 P_i와 P_j중 한 프로세스가 있는 영역에 진입하게 된다. 즉 P_i는 turn 값이 i와 같을 때 진입하고, P_j는 turn 값이 j와 같을 때 진입한다.

```
repeat
      while turn≠i do  skip;
      임계영역(CS)
      turn := j;
      나머지 부분(remainder section)
until false;
```

[그림 4-15] 알고리즘 1에서 프로세스 P_i의 구조

이 방법은 한 순간에 한 프로세스만 CS에 들어갈 수 있도록 한다. 그러나 이것은 CS의 실행 순서를 2개의 프로세스가 교대로 가져야 하므로 앞의 조건에서 2개의 프로세스의 상대적인 시간적 차이를 고려하지 않고 있을 뿐 아니라 "진행조건"을 충족시키지 못하고 있다. P_0가 CS에 진입하고 빠져 나오면서 turn 값을 j에 맞게 1로 설정하여 나오면 P_1가 먼저 CS에 들어가지 않으면 P_0은 다시 CS에 들어 갈수 없다. 이러한 문제를 락스텝 동기화(lockstep synchronization)라고한다. 예를 들어, turn=0일 경우 프로세스 P_j가 수행중이 아니라도 두 번 연속해서 CS에 들어갈 수 없다.

알고리즘1을 다른 코드 형식으로 표현하면 다음 [그림4-16] 과 같다.

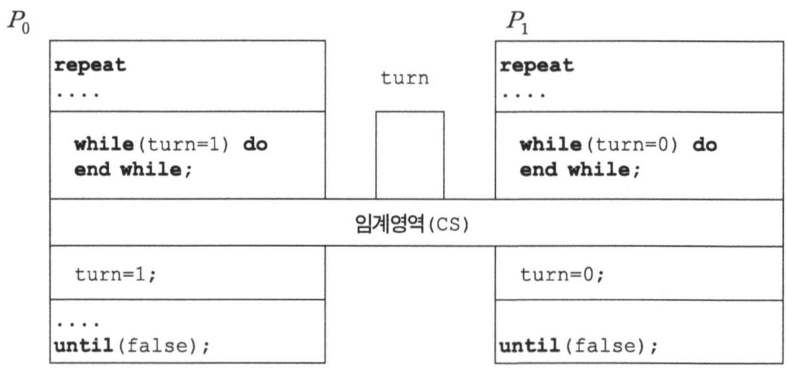

[그림 4-16] 알고리즘1의 프로세스 P_1의 구조와 프리미티브

(2) 알고리즘 2 [그림4-17][그림4-18]

알고리즘 1의 문제는 각 프로세스의 상태에 관한 정보를 충분히 유지하지 못하는 것이다. 즉, 1개의 공유 변수만을 사용했기 때문에 이것이 소위 락스텝 동기화(lockstep synchronization) 문제를 야기시켰다. 이 락스텝 동기화 문제를 해결하기 위해 turn을 배열로 대치한 것이다.

■ 단지 어떤 프로세스가 CS에 들어가도록 허용되었는가를 기억할 뿐이다.

이렇게 2개의 프로세스가 상대방 flag가 false가 되기를 무한히 기다리는 상태를 "교착 상태(Deadlock)"라고 한다. 교착상태란 임계영역(CS)의 진입을 위해서 상태는 일어날 수 없는 사건을 기다리는 프로세스의 상태를 가리키는 말이다.

알고리즘2의 특징은 프로세스의 둘 중 하나가 CS에 들어가면 나머지는 바쁜대기(busy waiting)를 한다. 여기서, 바쁜대기는 대기 프로세스들이 비생산적 자원을 소비하는 대기 루프에 남아 있는 상태이다. 두 개 다 참이거나 거짓일 때, 두 프로세스가 동시에 CS으로 들어가면 상호배제가 보장되지 않는다.

"락스텝 동기화" 문제를 해결하기 위해 코드를 다음과 같이 변수 turn을 다음의 배열로 대치한 경우의 코드이다.

```
Var flag : array[0..1] of boolean;
```

또는

```
boolean flag[2];
```

프로세스 P_i의 구조는 [그림4-17]와 같다.

```
repeat
        flag[i] := true;
        while flag[j] do skip;

        임계영역(CS)

        flag[i] := false;

        나머지 부분(remainder section)
 until false;
```

[그림 4-17] 알고리즘2에서 프로세스 P_i의 구조

배열의 원소는 false로 초기화한다. flag[i]가 true라면 P_i가 CS에 들어갈 준비가 되어 있다는 뜻이다. 프로세스 P_i의 구조는 [그림4-17]에 있다. 이 알고리즘에서 프로세스 P_i는 처음에 flag[i]를 true로 지정하여 CS에 진입할 것임을 알린다. 그 다음에는 P_i는 프로세스P_j가 진입할 의사가 있는지 확인한다. 만일 P_j가 준비되어 있다면,P_j가 CS에 있지 않겠다고 할 때까지(flag[j]가 false가 될 때 까지) 기다린다. 그리고 난 후에 P_i가 진입한다. CS을 떠날 때는 P_i는 flag[i]를 false로 바꾸어 더 이상 CS 내에 있지 않음을 나타낸다.

그러나 이 방식의 문제점은 "진행 조건"이 충족되지 않는다. 즉, 2개의 프로세스가 거의 같은 시간에 진입하려고 하면 turn[i],turn[j] 모두 true가 되며, 따라서 2개의 프로세스는 안의 while문에서 영원히 대기한다.

이렇게 2개의 프로세스가 상대방 flag가 false가 되기를 무한히 기다리는 상태를 "교착 상태(Deadlock)"라고 한다. 교착상태란 임계영역(CS)의 진입을 위해서 상태는 일어날 수 없는 사건을 기다리는 프로세스의 상태를 가리키는 말이다.

알고리즘2를 다른 코드 형식으로 표현하면 다음 [그림4-18] 과 같다.

```
P0                                               P1
repeat                  flag[0]    flag[1]       repeat
....                                             ....

 while(flag[1]) do                                while(flag[0]) do
 end while;                                       end while;
   flag[0]←true;                                    flag[1]←true;

임계영역(CS)

   flag[0] ← false;                                 flag[1] ← false;

....                                             ....
until(false);                                    until(false);
```

[그림 4-18] 알고리즘2의 프로세스 P_i의 구조와 프리미티브

처음에 다른 프로세스가 CS에 있는지를 검사하여(flag[j]=true), 만일 있는 경우에는 기다린다. 프로세스 P_i는 처음에는 flag[i]를 true로 지정하여 CS에 진입할 준비가 되었음을 알린다. 그 다음에 P_i는 프로세스 P_j가 CS에 진입 될 준비가 안 되었다는 것을 확인하려고 검사한다. 만약 P_j가 준비가 되었다면, P_j가 더 이상 CS에서 존재할 필요가 없음을 표시할 때(즉,flag[i]=false)까지 P_i는 대기한다. 이 시점에서 P_i는 CS에 진입한다. CS을 떠날 때, P_i는 flag를 false로 변경하여 다른 프로세스들(만약 대기 중이라면)을 CS에 진입하도록 허용한다.

이 해결 방식에서는 상호 배제 조건이 충족되지만, "진행(progress) 조건"은 충족되지 않는다.

(3) 알고리즘 3[피터슨 알고리즘]

프로그램을 실행 시 OS는 멀티 테스킹을 하는데, 그 내부를 들여다보면 실제로는 OS 커널 안의 로직은 "CPU는 한 번에 한 가지 일만을 한다". 다수의 프로세스가 아주 단 시간에 쪼개져 실행되므로, 사용자 입장에서는 동시에 프로세스가 실행되는 것처럼 보인다.

보통 각각의 프로세스들은 상호간의 간섭을 할 수 없다. 하지만 프로세스 간에도 통신할 때가 있다. 이를 IPC(Inter Process Communication)라한다. IPC가 이루어지면서 동시에 실행되는 프로세스들의 상태를 **병행성(concourrency)**이라 하고, 이 프로세스들을 병행 프로세스라 한다. 병행 프로세스 실행 시 프로세스들 간에 선수를 정해야 한다. 선수를 정하지 않으면 랜덤하게 이것 저것 실행된다. 이렇게 선수를 정하는 것을 동기화(synchronization)라 한다. 병행 프로세스 실행 시 프로세서들은 상호간 경쟁(race)을 하게 되는데, 이러한 상황을 **경쟁조건(race condition)**이라 한다.

프로세스들 사이에 충돌 없이 잘 실행되기 위해서는 경쟁조건을 피해야 하는데, 경쟁조건을 피하려면 서로간의 임계 영역(CS;Critical Section 또는 임계구역(Critical region))을 지켜야 한다.

CS을 지키기 위해서는 아래 3가지를 모두 충족해야한다.

① 상호 배제(Mutual Exclusion)
② 진행 조건(Progress)
③ 한계 대기(Bounded Waiting)

두 개의 프로세스 수행 시, 위의 3가지를 모두 충족시키는 알고리즘의 한 예가 **피터슨 알고리즘(Peterson Algorithm)**이다.

피터슨 알고리즘은 2개의 알고리즘(알고리즘1,알고리즘2)을 결합해서 모든 요구 조건을 만족 시키는 CS 문제에 대한 정확한 해결책을 얻었다. 개념들을 결합함으로써 3 가지 모든 요건들에 부합되는 CS 문제에 대한 정확한 해결책을 얻을 수 있다.프로세스들은 두개의 변수들을 공유한다.

```
Var flag: array[0..1] of boolean;
turn: 0..1;
```

flag[0]=flag[1]=false로 초기화되지만 turn의 값은 어떠한 값이든 관계없다(그러나 0이나 1이 됨). 즉, 초기 값은 flag[0] = flag[1] =false이고 turn은 0 또는 1의 값을 갖는다. P_i가 CS에 진입하려면 먼저 flag[i]에 CS에 들어가고 싶다는 의사 표시로 true 값을 넣는다. 그 다음 turn 변수를 j로 설정하고 내부 while문을 수행한다. 이 때 프로세스 j가 들어갈 의사 표시를 하지 않았다면 flag[j]가(false이므로) CS에 들어갈 수 있다. 그러나 만약 2개의 프로세스가 동시에 진입하려고 한다면 둘 중에 하나만을 선택해야 함으로 변수 turn이 역할을 발휘한다. 조금이라도 turn 변수가 늦게 수행된 프로세스가 내부의 while문에서 기회를 양보하게 된다.

CS에서 나오는 프로세스 P_i는 flag[i]를 false로 함으로 다른 프로세스가 CS에 들어가도록 허용한다[그림4-19].

따라서, 두 개의 프로세스가 동시에 진행할 경우, 각각 자신의 flag를 true로 한 다음 P_i는 turn값을 j로, P_j는 turn 값을 i로 하는데 내부 while 문에서 turn 값에 따라서 P_i나 P_j중 하나가 CS에 진입하게 된다.

즉, turn=i이면 P_i가 진입하고, turn=j이면 P_j가 진입하게 된다.

프로세스 P_i의 구조는 [그림4-19]와 같다.

❶ 형식1;

```
repeat
        flag[i] := true;
        turn := j;
        while (flag[j] and turn = j) do skip;

        임계영역(CS);

        flag[i] := false;

      나머지 부분(remainder section);

 until false;
```

❷ 형식2;

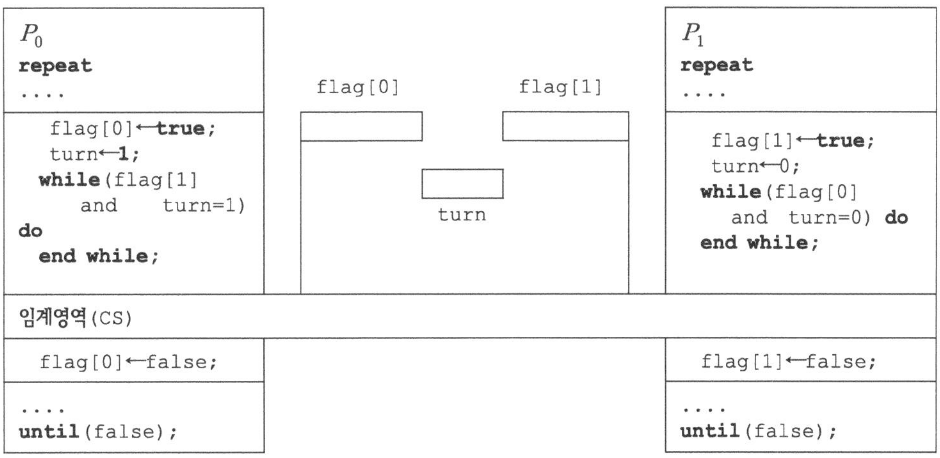

[그림 4-19] 알고리즘3의 프로세스 P_i의 구조 및 프리미티브

CS에 진입하려면, 먼저 프로세스 P_i는 flag[i]를 true로 설정하여 주고, 또 다른 프로세스가 CS에 진입하기를 원하는 경우에는 그 프로세스의 **차례**(turn)라고 단정한다(turn=j). 만일 두 프로세스들 이 동시에 진입하려고 한다면, turn은 i와 j로 거의 동시에 설정될 것이다. 그러나 이 두 가지 할당 중에서 하나만이 유효하며 다른 하나는 할당되자마자 곧바로 고쳐지게 된다. 결과적으로 turn의 값은 둘 중의 어떤 프로세스가 CS에 처음 들어갈 수 있는 권리를 가지는가를 결정한다.

이 해결 방법의 증명은 ① 상호 배제가 유지되고 ② 진행이 충족되며 ③ 한계 - 대기 조건이 부합됨을 보이면 된다.

(4) 데커 알고리즘

데커의 알고리즘(Dekker's algorithm)은 네덜란드의 수학자 테오도루스 데커가 상호 배제를 위해 고안한 병행 프로그래밍 알고리즘이다. 이 알고리즘은 의사소통을 위해 공유 메모리를 사용하여 두 프로세스(또는 스레드)가 하나의 자원을 혼란 없이 공유할 수 있게 한다. 데커의 알고리즘은 검사 및 조정(test-and-set) 명령과 같은 원자적 명령이 없는 경우에도 사용할 수 있으며, 바쁜 대기(busy waiting) 알고리즘에 속한다. 이 알고리즘은 두 프로세스가 동시에 CS에 들어가려고 할 때 하나만 들어가도록 한다. 한 프로세스가 이미 CS에 있다면, 다른 프로세스는 전 프로세스가 끝나기를 기다려야 한다.

f0과 f1(또는 flag[0] = flag[1])라는 두 개의 플래그(각각 CS에 들어갈 의향, 두 프로세스 사이의 우선권을 나타낸다)

를 사용하여 구현할 수 있다.

S/W의 의해 상호배제의 기본을 구현하는 데커 알고리즘의 특징이다.

- 특별한 H/W 명령문을 필요로 하지 않는다.
- 임계영역(CS) 바깥에서 수행 중인 프로세스가 다른 프로세스들이 CS에 들어가려는 것을 막아서는 안 된다(언젠가는 들어가게 됨).
- CS에 들어가기를 원하는 프로세서로 하여금 무한정 기다리게 해서는 안된다. H/W의 도움 없이 프로세스 두개의 상호배제 문제를 해결한다.

즉, **데커의 알고리즘**은 2개의 프로세스를 위한 상호 배제의 최초의 정확한 S/W 해결법으로 알려져 있다.이 알고리즘은 두 프로세스가 동시에 CS에 들어가려고 할 때 하나만 들어가도록 한다. 한 프로세스가 이미 CS에 있다면, 다른 프로세스는 전 프로세스가 끝나기를 기다려야 한다[그림4-20].

두 프로세스 P_i과 P_j은 다음 변수를 공유한다.

```
boolean flag[2]        // 초기 값은 모두 false
int turn;              // 0 또는 1
```

다음은 프로세스 P_i의 구조이다. 초기 값은 flag[0] = flag[1] = false 이고 turn은 0 또는 1의 값은 갖는다. P_i가 CS에 들어가려면 flag[i]에 들어가겠다는 의사 표시를 true로 한다. 그리고 P_j가 똑같이 CS에 들어가려 하거나 있는지 본다. 만일 flag[j]가 false 여서 P_j가 CS에 있지 않고 들어가려 하지도 않음을 확인하면 P_i는 CS으로 들어간다. 그러나 그렇지 않으면 turn 변수가 j일 때 P_j에게 우선권을 내준다. turn 변수가 i라면 flag[i]가 false가 되기를 기다린다.

CS에서 나오는 프로세스 flag[i]를 false로 함으로 빠져 나옴을 알리고 turn은 다음번에 CS에 들어갈 때 충돌이 생기면 기회를 양보하기 위해 turn=j이면 P_j가 CS에 진입할 자격이 주어지는 것이고 turn=i라면 P_i가 CS에 진입할 자격이 주어지게 된다. 두 프로세스가 동시에 진행하면서 자신의 flag를 true 하고, 상대방 flag를 검사한 다음, turn 값이 따라서 if 이하 절을 수행하거나 수행하지 않을 수 있으며 결국 turn 값이 I면 P_i가 진입하고 turn값이 j이면 P_j가 진입하게 된다. 따라서 한 프로세스는 두 번 연속해서 CS에 진입할 수 있으나, 세 번째는 다른 프로세스가 진입하게 된다.

```
while (1) {
      ...
      flag[i] = true;
      while (flag[i] = = j) {
            if(turn = = j) {
                  flag[i] = false;
                  while (turn = = j);
                  flag[i] = true;
            }
      }
      // 임계 영역 (CS;Critical Section)
      ...
      turn = j;
      flag[i] = false;
            ...
  }
```

[그림 4-20] 데커 알고리즘

짚어보기 원자성(atomicity)

원자성은 어떤 것이 더 이상 쪼개질 수 없는 성질을 말한다. 어떤 것이 원자성을 가지고 있다면 원자적(atomic)이라고 한다. 어떠한 작업이 실행될 때 언제나 완전하게 진행되어 종료되거나, 그럴 수 없는 경우 실행을 하지 않는 경우를 말한다. 원자성을 가지는 작업은 실행되어 진행되다가 종료하지 않고 중간에서 멈추는 경우는 있을 수 없다. 기계어 수준의 실행 명령어들은 각각 원자성을 가지고 있다. 예를 들어, ADD와 LOAD의 명령어 자체는 각각 원자적이므로 ADD, LOAD의 각각의 명령어 단위는 실행하는 도중에는 인터럽트 등에 의해 중단될 수 없다. 반면, ADD와 LOAD각각의 명령어 자체만이 원자적이므로 ADD 명령어를 끝낸 후와 LOAD명령어를 실행하기 전 그 사이에는 인터럽트가 걸릴 수 있다.

4.3.2 n 개의 프로세스(Multiple - process solutions) 상호 배제 문제

(1) 람포트(Lamport)의 제과점 알고리즘

앞의 알고리즘들은 두 개의 프로세스를 위한 임계영역(CS) 문제를 해결한 방법이었다. 이 절에서는 다익스트라(Dijkstra(65년))가 최초로 n개 프로세스의 상호 배제 문제를 S/W로 해결하였다. Kunth(66)도 무한 대기 가능성을 배제하는 해결책을 제시했으나 역시 프로세스들이 매우 오랫동안 기다리게 되는 해결책이다. Eisenberg와 Mcguire(72년)는 어떤 프로세스가 최대 n-1번 시도한 이내에 CS에 들어갈 수 있도록 보장하는 알고리즘을 개발했다.

새로운 접근 방법이 람포트(Lamport)(74년)에 의해 시도되어 **제과점 알고리즘(Bakery Algorithm)**이라 부르는 알고리즘이 제시되었다. 제과점 알고리즘은 특히 분산 처리 시스템의 환경을 위해서 개발되었다. 제과점 알고리즘은 빵집, 아이스크림 가게, 정육점, 그리고 이와 유사한 것에서 보편적으로 사용되는 스케줄링 알고리즘에 기초를 두고 있다. 이 알고리즘은 붐비는 제과점(빵집)에서 사용되고 있는 표를 받고 기다리기와 같은 개념을 사용했다고 해서 "Lamport의 제과점 알고리즘"이라고 이름 붙여졌다. Brinch Hansen(78년)도 분산 처리 프로세스 간의 병행성 제어에 대해 많은 발표를 하였다. Burns등(82년)은 네트웨크 상에서 상호 배제의 실행을 논했다. 이 절에서는 Lamport의 제과점 알고리즘에 대해서 살펴보겠다. n개의 프로세스들을 위한 CS 문제를 해결하기 위하여 알고리즘을 제시한 것이 대표적인 제과점 알고리즘 [그림4-21]이다.

초기에 이들 자료구조들은 각각 false와 0으로 설정된다. 편의상 다음 표기법을 정의한다.

- (a,b) < (c,d) 만약 a < c 이거나 a = c 이고 b < d인 경우
- max($a_0,\cdots,a_{n-1}$), i=0,...,n-1에 대해 k≥a_i 인 숫자

공동 자료 구조는 다음과 같다.

- var choosing : **array**[0..n-1] **of** boolean;
- number : **array**[0..n-1] **of** integer;

Lamport 알고리즘(제과점 알고리즘(bakery algorithm))은 분산 환경을 위해 개발 했으며, 가게(빵집, 아이스크림, 정육점)에 들어서자 마자 각 고객은 번호를 부여받고, 낮은 번호를 받으면 늦게 서비스를 받는다. 본 알고리즘에서는 2개의 프로세스가 같은 번호를 받지 않게 보장할 수 없다. 같은 번호인 경우 더 낮은 이름을 가진 프로세스가 먼저 서비스를 받는다(즉, P_i와 P_j가 같은 번호를 받고 i<j인 경우 P_i가 먼저 서비스를 받는다).

Lamport의 제과점 알고리즘의 수행 과정은 다음과 같다.

고객은 제과점에 들어갈 때 번호표를 부여받는다. 가장 낮은 번호를 가진 고객이 먼저 온 것이며 먼저 서비스를 받는다.제과점 알고리즘(Bakery Algorithm)은 두 프로세스(고객)가 동일한 번호를 받지 않는 다는 것을 보장하지 못한다. 번호가 같을 경우에는 이름이 낮은 프로세스가 먼저 서비스를 받는다(즉 P_i와 P_j가 동일한 번호를 받았고 i<j 라면, P_i

가 P_j보다 먼저 서비스를 받는다). 프로세스 이름들이 고유하며, 전체적으로 순서화되어 있기 때문에 이 알고리즘은 완전히 결정성(deterministic)을 갖고 있다. 번호표의 가장 낮은 번호는 1이다. 알고리즘에서 번호 0은 번호표를 받지 않은 것을 나타내기 위해서 사용한다. 그런데 고객들은 실제 환경과는 다르게 같은 번호표를 2개 받을 수 있다. 이 때는 고객의 이름을 대조한다. 그리고 그 이름순으로 서비스를 하면 해결이 될 것이다. 왜냐하면 같은 번호표는 거의 같은 시간에 들어왔다고 볼 수 있으므로 서비스가 크게 불공평하지는 않은 것이다. 프로세스들은 단지 한계 대기 조건만을 만족하면 되는 것이지 반드시 들어온 순서대로 수행되어야 한다는 법칙은 여기서 적용되지 않는다.

공동 자료 구조는 다음과 같다.

- var choosing : array[0..n-1] of boolean;
- number : array[0..n-1] of integer;

초기에 이들 자료구조들은 각각 false와 0으로 설정된다. 편의상 다음 표기법을 정의한다. 즉, choosing[]은 초기 값으로 false가 설정되고, 번호표를 뽑기 전에는 true이고 번호표를 뽑은 후에는 false가 된다. number[]는 0으로 초기화된다.

프로세스 P_i의 구조는 [그림4-21]과 같다.

```
while(1){
  ...
  choosing[i] = true;                    // 번호표를 뽑기 전
  number[i] = max(number[0], number[1], ...,
             number[n-1]) + 1;
  choosing[i] = false                    // 번호표를 뽑은 후
for(j = 0; j < n ; j++) {     // 모든 프로세스에 대한 번호표 비교루트
  while (choosing[j]);           // Pj가 번호표 받을 때까지 대기
  while (number[j] && (number[j], j) < (number[i],i));
}
          // 임계영역(Critical Section)
...
number[j] = 0;
}
```

[그림 4-21] Lamport의 제과점 알고리즘(프로세스 P_i의 구조)

choosing 변수는 번호표를 계산하는 과정을 나타낸다. 번호표는 기존 프로세스가 가지고 있는 가장 큰 번호표보다 하나 큰 값을 취하게 된다. 그리고, 프로세스들은 비동기적으로 수행되므로 동시에 도착한 두 개 이상의 프로세스가 같은 번호표를 받을 수도 있다. 이 경우에는 프로세스의 번호를 비교하여 프로세스 번호가 작은 프로세스가 우선권이 높은 것으로 간주한다.

while(choosing[j]); 루프는 다른 프로세스들 P_j가 번호표를 뽑고 있는 중이면 모드 번호표를 뽑을 때 까지 P_i는 대기하게 된다. while(number[j] if (number[j],j) < number[i],i)); 루프는 P_j가 번호표를 뽑아서 number[j]가 ∅이 아니고, P_j의 번호표가 P_i의 번호표보다 작거나(우선 순위가 높거나) 또는 P_j의 번호표와 P_i의 번호표가 같은 경우에 j가 I보다 작다면(P_j가 P_i보다 프로세스 번호가 작다면) P_i는 while 루프에서 P_j의 종료를 대기한다. P_i가 CS으로 들어갈 수 있는 조건은 P_i가 모든 프로세스 $P_j(0 \leq j < n)$에 대한 검사를 종료할 시점이다. 이 말은 어떤 다른 프로세스도 P_i 프로세스의 번호표보다 더 작은 번호표를 갖고 있지 못한 경우에만 P_i가 임계 영역에 진입할 수 있다는 뜻이다.

P_j가 CS 안에 있을 때, $P_i(i \neq j)$의 number[j]가 0이 아니라면 (번호표를 뽑았다면) (number[j],j) < (number[i],i)임을 보일 수 있다. 이 알고리즘은 상호 배제, 한계 대기, 진행 조건을 모두 잘 만족한다.

4.3.3 H/W 명령어를 이용한 n개 프로세스의 상호 배제

상호 배제의 여러 가지 S/W 해결법에 대해서 알아보았다. 상호 배제의 문제를 해결함에 있어서, 이에 편리한 명령들이 H/W에서 제공되면 알고리즘이 간단해지는 장점이 있으며, 또한 이러한 명령들은 더 나눌 수 없는 원자적인 단위가 되므로, 이 장에서 처음에 설명된 생산자/소비자 문제에서 예를 든 count를 수정하는 데서 발생하는 문제가 해소된다. 많은 기계에 어떤 것을 다른 것과 비교하고, 단어의 내용을 수정하거나 두 단어의 내용을 바꾸는 H/W 명령이 있다. 이런 특정한 명령을 논하기 보다는 다음과 같은 Test-and-Set 명령을 정의함으로써 이러한 유형의 명령이 가지는 주요한 개념을 추상화해 보자.

이 절에서는 두 가지의 간단한 H/W 명령어를 이용하여 어떻게 n개 프로세스(다중 프로세스) 간에 CS 문제를 효과적으로 해결하는지 살펴본다.

H/W 명령어의 중요한 특징은 분할 가능하지 않다(indivisible)는 것이다. 즉, 명령이 수행되는 동안 인터럽트나 다른 사건에 의해서 결코 명령이 중단되지 않는다. 이러한 명령어를 원칙적(원자적;atomic) 명령어라고도 한다. 따라서 각각 다른 CPU에서 H/W 명령어가 동시에 실행된다 해도 순차적으로 실행된다는 것을 의미한다.

(1) Test and Set(TS) 명령어

명령어가 원자적으로 실행된다(인터럽트 되지 않는 하나의 단위로 처리됨). 그러므로, 두 개의 TS(Test-and-set) 명령어가 동시에 실행된다면(각각 다른 CPU에서) 이들을 어떤 임의의 순서대로 순차적으로 실행될 것이다. 기계가 Test-and-set 명령어를 지원하면, boolean 변수 lock을 false로 초기화하여 상호 배제를 구현할 수 있다[그림4-22].

```
function Test-and-Set (var target : boolean) : boolean;
 begin
  Test-and-Set := target;
  target := true;
 end;
```

이 명령어는 단일 머신 사이클로 동작하며 프로세서는 열쇠(lock)를 사용할 수 있는지 여부를 확인한 후, 만약 사용할 수 있으면 '사용할 수 없음'으로 세트(set)시킨다. 구현의 열쇠는 메모리 속에 있는 하나의 비트인데, 만약 사용하고 있지 않으면(free) 0값을, 사용중(busy)이면 1값을 갖는다. 임의의 프로세스(Pi)는 CS으로 들어가기 전에 TS 명령어를 이용하여 검사한다.

프로세스 P_i의 구조는 다음과 같다.

```
repeat
        while Test-and-Set(lock) do skip;
           임계영역(CS;Critical Section)
        lock := false;
           나머지부(remainder section)
 until false;
```

[그림 4-22] TestAndSet 명령어를 이용한 프로세스 P_i 구조

TestAndSet 명령어는 다음과 같이 정의된다.

```
boolean TestAndSet (bool & target)
{
      boolean t = target;
      target = true;
      return t;
}
```

TestAndSet 명령을 이용하여 상호 배제 문제를 해결하면 [그림4-23]과 같다.
lock은 공유 변수이며 초기 값은 false이다.

```
while (1) {
      ...
      while (TestAndSet(lock));
      // 임계 영역 (critical section)
      ...
      lock = false;
      ...
}
```

[그림 4-23] TestAndSet 명령을 이용하여 상호 배제

짚어보기 H/W적인 CS 문제 해결의 예

공유변수를 수정하는 동안 인터럽트 발생을 억제하여 CS 문제를 간단하게 해결할 수 있으나 항상 적용할 수 없고 실행한다. 효율성이 현저히 떨어진다. 기계를 비교하거나 단어 내용을 검사 및 수정 또는 내용을 바꾸는 (swap) 특별한 H/W 명령을 사용하여 간단한 방식으로 CS 문제를 해결할 수 있다.

test and set(a,b) : a = b, b = true **로 하는 명령**

논리변수 active는 어느 프로세스든 CS에 있으면 참이고, 아니면 거짓
단일 프로세서 또는 메모리를 공유하는 다중 처리 환경과 관계없이 적용되고, 간단하여 쉽게 적용된다는 장점, CS에 진입하려는 프로세스에 바쁜 대기가 발생, 무한 연기 가능성이 발생할 수 있지만 프로세스 수가 많으면 거의 발생하지 않는다.

(2) Swap 명령어

swap 명령어는 두 단어(word)들의 내용을 원자적으로 교체하는 H/W 명령으로 다음과 같이 정의된다.

```
procedure Swap(var a, b: boolean);
var temp: boolean;
begin
  temp := a;
  a := b;
  b := temp;
end;
```

Test-and-set 명령어와 같이 swap 명령어도 역시 원자적으로 실행된다. 즉, 단위적으로 수행된다는 점인데, 하나의 기억장치 사이클 내에서 이루어진다. 따라서, 두 개의 Test-and-Set 또는 Swap 명령이 동시에 수행된다고 할 때(서로 다른 CPU에서), 이들은 어떤 임의적 순서에 의해 순차적으로 수행하게 되는 것이다. 만약 기계가 swap 명령어를 지원하

면, 상호 배제를 지원 할 수 있다.전역 부울 변수 lock을 선언하고, false로 초기화한다. 추가하여, 각 프로세스도 역시 지역 부울 변수 key을 가진다.

프로세스 P_i 구조는 [그림4-24]와 같다.

```
repeat
    key := true;
    repeat
      swap(lock, key);
    until key := false;
        임계영역(critical section)
    lock := false;
        나머지부(remainder section)
until false;
```

[그림 4-24] swap 명령어를 이용한 프로세스 P_i 구조

이들 알고리즘들은 "한계 - 대기" 조건은 충족하지 못한다.

4.4 세마포어

4.4.1 개념

앞 절에서 제시한 상호 배제의 해결 방법은 좀더 복잡한 문제에서는 일반화시켜서 해결하기가 어렵다. 즉, **세마포어(semaphore)**가 필요한 이유는 한정된 자원에 앞서 제시한 상호배제의 해결 방법은 좀 더 복잡한 문제에 일반화시키기가 어렵다. 이를 극복하기 위하여 **에츠허르 다익스트라(Dijkstra)는 1965년에 세마포어라는 새로운 동기화 도구를 제안하였다.** 컴퓨터 과학에서 세마포어란 병렬 프로그래밍 환경에서 공유 자원(Resource)에 여러 개의 프로세스가 접근하고자 할 때, 공유 자원을 보호하고자 하기 위해서 사용하는 프로그래밍 방법이다. 세마포어는 일반적으로 "True/False"의 상태를 가지는데, lock/unlock의 상태를 의미한다. 자원에 대한 접근을 "잠그거나 풀어주는" 방식으로 자원을 보호한다. 세마포어가 필요한 이유는 한정된 자원을 여러 개의 프로세스들이 사용해야 할 경우, 프로세스들 간에 자원 사용 시 충돌이 없도록 하기 위해서 사용하게 된다. 프로세스 간 메시지 전송을 하거나, 혹은 공유 메모리를 통해서 특정 데이터를 공유하게 될 경우에 발생하는 문제는 공유된 자원에 여러 개의 프로세스가 동시에 접근을 하면서 발생한다. 이때 세마포어를 사용한다. 세마포어를 설명하는 가장 유명한 예는 열차의 진행 가능 여부를 나타내는 차단기이다.

세마포어는 정수 값(플래그로 사용되는, 항상 음수가 아닌 정수 값)을 갖는 일종의 변수형(Type)으로 **표준 연산 P, V와 초기화 연산으로만 접근 가능**하다(P는 네덜란드어로 Proberen(검사하다)를 나타내며, V는 Verhogen(증가하다)를 나타내는데, P(또는 Wait)와 V(또는 Signal) 동작을 단지 검사와 증가로 구성됨).

P는 임계 영역(CS)에 들어가기 전에 수행되고, V는 CS에서 나올 때 수행된다. 이때 변수 값을 수정하는 연산은 모두 "원자성"을 만족해야 한다. 다시 말해, 한 프로세스(또는 스레드)에서 세마포어 값을 변경하는 동안 다른 프로세스가 동시에 이 값을 변경해서는 안 된다.

4.4.2 세마포어의 정의

세마포어는 두 가지 연산 중에서 P는 네델란드 어로 검사(proberen)를 나타내며, V는 증가(Verhogen)를 나타낸다. 그리고 세마포어를 나타내는 S는 표준 단위 연산 P(프로세스를 대기시키는 wait 동작으로 임계영역(CS)에 진입하기 위한 연산)와 V(대기 중인 프로세스를 깨우는 신호를 보내는 signal 동작으로 CS에서 나오기 위한 연산)에 의해서만 접근되는 정수 변수다.

P와 V 연산은 다음과 같이 정의 된다.

```
P(S): while S ≤ 0 do skip;
      S:= S - 1;
V(S): S := S + 1;
```

프로세스가 임계영역(CS)에 접근하면 P(S)를 통과해야 한다. 만일 다른 프로세스가 CS 내에 있다면 S는 0이하가 되고, 진입하려는 프로세스는 S가 양수가 될 때까지 기다려야한다(skip ;에 해당). CS을 떠나는 프로세스는 V(S)를 호출하여 세마포어 S를 증가시켜 양수로 만듦으로써 다른 프로세스들이 CS에 진입할 수 있게 한다. 이제 세마포어 S에 대한 상호배제는 P(S)와 V(S) 사이에서 보장된다. 다시 말해 P(S)와 V(S)는 각각 진입부와 해제부의 역할을 한다고 할 수 있다. 여기에서 P와 V는 각각 분할 불가능한 연산이라는 점이 중요하다. 즉, 세마포어 S를 P나 V를 통해 어느 프로세스가 변경 중이라면, 다른 프로세스는 동시에 같은 세마포어 S를 P, V 연산을 통해 동시에 접근할 수 없다. 만일 분할 가능하다면 알고리즘에서 보여주게 될 진입부 동시 접근의 문제가 발생할 것이다.

S에 대한 P 연산은 S의 값을 검사하여 양수인 경우에 1을 감소시키는 과정으로 검사, 인출, 감소, 저장 순서로 구성되며, 단일 머신(기계) 사이클에서 단일 동작으로 수행되어야 한다. 물론, P,V 연산이 종료될 때까지는 프로세스가 다른 P,V 연산을 수행하지 않도록 조정해야 한다. S에 대한 V 연산은S를 단순히 1만큼 증가시키는 과정으로 인출, 증가, 저장으로 구성되며,V 연산도 교착상태를 피하기 위해 단일 동작으로 수행되어야 한다. P와 V 연산에 있는 세마포어 정수값은 개별적으로 실행된다. 즉, 프로세스 하나가 세마포어 값을 수정할 때 다른 프로세스가 같은 세마포어 값을 동시에 수정할 수 없다. 또한 wait인 경우 S 값을 검사하고(S≤0), 가능한 수정(S:=S-1)은 인터럽트 없이 실행해야 한다. 따라서 P와 V 동작은 세마포어를 인자로 명명한 임의의 프로세스가 요청한 시스템을 호출함으로써 OS에 의해 실행된다. 이러한 구현은 프로세스 제어를 용이하게 하며, P 연산을 요구하는 프로세스는 그 동작이 수행 가능한 상태, 즉 "S> 0"이 될 때까지 기다려야 한다.

예제 4-15 세마포어 사용 예(차단기의 예)

세마포어는 음이 아닌 정수값을 갖는 플래그 변수이며, 세마포어를 설명하는 가장 유명한 예는 열차의 진행 가능 여부를 나타내는 차단기이다.
차단기가 올라가면 장애물이 있다는 표시이므로 열차는 차단기가 내려갈 때까지 기다려야 한다(OS에서 자원이 없어 기다리는 경우). 그러나 차단기가 내려가면 철로에 장애물이 없기 때문에 열차가 계속 진행할 수 있다(OS에서는 프로세스가 해당 자원을 사용할 수 있는 자유 상태를 나타낸다).

예제 4-16 세마포어의 사용 예(화장실의 예)

세마포어는 빈 화장실 열쇠의 갯수에 비유할 수 있다. 즉 비어있는 칸만큼 열쇠가 있다고 가정하면 사람들이 화장실에 들어갈 때 마다 열쇠의 숫자는 줄어들게 된다. 화장실 칸이 다 찰 경우 카운트는 0이 되며 다음 사람은 줄을 서서 기다린다. 볼일을 끝내고 나오면 자원의 사용을 마쳤다는 신호로 카운트를 하나 증가시키고 다음 사람에게 부여 한다.

예제 4-17 사용 예(일상적인 예를 사용)

사람 두 명이 있고, 화장실 대변기는 한 개이다. 두 명이 동시에 화장실을 사용할 수 없으므로, 두 명중 우선순위가 높은 사람에게 먼저 화장실 사용을 허가한다. 사용 중인 화장실은 다른 사람이 사용할 수 없다. 사용이 끝난 화장실은 기다리던 다른 사람에게 사용을 허가한다. 공유 자원에 접근할 수 있는 최대 허용치만큼 동시에 사용자 접근을 할 수 있게 한다. 쓰레드들은 자원 접근 요청을 할 수 있고 세마포어에서는 카운트가 하나씩 줄어들게 되며 자원이 모두 사용 중인경우(카운트 0) 다음 작업은 대기를 하게 된다. 자원 사용을 마쳤다는 신호를 보내면 카운트가 하나 늘어나게 되고 다음 작업이 사용 할 수 있다.

짚어보기 세마포어의 동작

① 세마포어 변수 S에 대한 P 오퍼레이션 P(S):

```
if S > 0
then S : = S - 1
else (S를 기다림)
```

② 세마포어 변수 S에 대한 V 오퍼레이션 V(S):

```
if (하나 이상의 프로세스가 S를 대기 중)
then (그 중 하나의 프로세스만 진행)
else S : = S + 1
```

짚어보기 세마포어의 사용 예

제어되는 섹션에 하나의 스레드만을 허용하기 때문에 해당 섹션에 접근하려는 다른 스레드들을 강제적으로 막음으로써 첫 번째 스레드가 해당 섹션을 빠져나올 때까지 기다린다. 화장실에 비유하면, 상호배제는 화장실에 들어가기 위한 열쇠로 비유할 수 있다. 즉 화장실에 들어갈 수 있는 열쇠를 한 사람이 갖고 있다면 한 번에 그 한 사람만 들어 갈 수 있다. 화장실에 들어간 사람이 나오게 되면 줄을 서서 기다리는 다음 사람(대기열-큐)에게 열쇠를 주게 된다.
다시말해, 세마포어는 두 개의 원자적 함수로 조작되는 정수 변수로서, 다중프로그래밍 환경에서 공유 자원에 대한 접근을 제한하는 방법으로 사용된다. 이는 철학자들의 만찬 문제의 고전적인 해법이지만 모든 교착 상태를 해결하지는 못한다.

4.4.3 세마포어의 종류

(1) 계수기 세마포어

계수기 세마포어(counting semaphore)에서는 초기값은 가능한 자원의 수로 정해지며, 세마포어 값의 범위는 정해져 있지 않다.

n개의 자원을 locking하는 기법으로서, 하나의 자원을 사용하면 n-1, 두개 사용하면 n-2 이런식으로 0이 될 때까지 자원 할당이 가능하다. 일반적으로 말하는 세마포어이다.

짚어보기 계수기 세마포어의 예

세마포어는 빈 화장실 열쇠의 갯수에 비유할 수 있다. 즉 비어있는 칸 만큼 열쇠가 있다고 가정하면 사람들이 화장실에 들어갈 때 마다 열쇠의 숫자는 줄어 들게 된다. 화장실 칸이 다 찰 경우 카운트는 0이 되며 다음 사람은 줄을 서서 기다린다. 볼일을 끝내고 나오면 자원의 사용을 미쳤다는 신호로 카운트를 하나 늘이고 다음 사람에게 부여 한다.

(2) 이진 세마포어

이진 세마포어(binary semaphore)에서는 세마포어 값으로 0 또는 1을 가진다. 계수 세마포어보다 간단히 구현할 수 있으며, Test and Set 등 H/W가 지원하는 기능을 이용하여 구현하기도 한다. 또한, 이진 세마포어를 이용하여 계수 세마포어를 구현할 수도 있다. 1개의 자원을 locking하는 기법이며, 스레드가 자원을 사용 시에 lock, 자원반납 시에는 unlock이다.

약점은 P 함수와 V 함수의 동작은 독립적이기 때문에 잘못 사용하는 경우 문제가 발생한다.

① P - 임계 영역 - P : 현재 프로세스가 CS에서 빠져나갈 수 없게 된다. 또 한 다른 프로세스들은 CS에 들어갈 수 없으므로 교착 상태(Deadlock)가 발생한다.
② V - 임계 영역 - P : 2개 이상의 프로세스가 동시에 CS에 들어갈 수 있으므로 상호 배제(Mutual Exclusion)를 보장할 수 없게 된다.
③ 고급 언어에서 동기화를 제공해야 한다.

세마포어(semaphore)의 원래 뜻은 기차 등에서 사용하는 '까치발 신호기'이며, 예로서는 생산자-소비자 문제, 독자-저자 문제, 철학자들의 만찬 문제 등이 있다.

4.4.4 세마포어를 이용한 상호 배제의 구현

세마포어를 이용한 N개 프로세스의 상호 배제의 구현은 다음 코드(프로세스 P_i의 구조)와 같다. 여기서 S는 세마포어 공유 변수이고 초기 값은 1이다.

```
semaphore s;          // 공유 변수
s.init(1);            // 초기화
```

혹은 위의 두 문은 다음 1개의 문으로 줄여 쓸 수 있다.

```
semaphore s(1);
while (1) {
    ...
    s.wait();
    // 임계 영역 (critical section)
    ...
    s.signal();
    ...
}
```

만일 여러 개의 프로세스가 s.wait()를 동시에 호출해도 단 1개의 프로세스만이 s.wait()의 then 부분을 수행하고 나머지 프로세스들은 else절을 수행한다. else 절을 수행할 프로세스는 대기한다. 구현 방법에 따라서 (대부분 그렇지만) 세마

포어는 무한 대기 상황이 일어나지 않도록 보장한다. 이 방법은 우리가 이제까지 보아 왔던 방법 중 가장 이상적인 방법인 것 같다. 상호 배제를 구현하기 위해서 우리는 단지 세마포어 변수의 값을 1로 주로 임계 영역에 들어가기 전에 wait를, 나올 때 signal을 호출하기만 하면 된다.

4.4.5 세마포어를 이용한 동기화

한 프로세스가 입/출력을 요구하면 입/출력이 끝날 때까지 그 프로세스는 블록 상태가 된다. 그러면 다른 프로세스는 이 블록된 프로세스를 깨워 주어야 한다. 이러한 것을 block/wakeup 프로토콜이라 한다. 이러한 예를 [그림4-25]에 보인다.

한 프로세스는 특정한 사건(event)이 일어나기를 기다리고(블록 상태) 다른 프로세스는 특정한 사건이 일어났음을 알려준다. synch는 공유 변수이다.

```
semaphore s synch (0); // 변수 생성 및 초기화
```

wake시킬 프로세스 P_0	block될 프로세스 P_1
... **synch,signal();** ...	... **synch,wait();** ...

[그림 4-25] 세마포어를 이용한 동기화

synch가 0으로 초기화되었기 때문에 P_1 프로세스는 wait() 연산을 할 수 없고 P_0 프로세스가 signal() 연산을 실행한 다음에만 수행될 수 있다.

4.4.6 세마포어를 이용한 생산자/소비자 문제

여기서는 n개의 데이타를 저장할 수 있는 일반적인 생산자 소비자 문제를 다룬다.

다음은 공유 변수이다[그림4-26].

```
semaphore mutex(1) ;
semaphore empty(n) ;
semaphore full(0) ;
```

생산자 프로세스	소비자 프로세스

while (1) {
... // nextp에 하나 생산
empty.wait() ;
mutex.wait() ;
...// nextp를 buffer에 추가
mutex.signal() ;
full.signal() ;
}
	while (1) {
	full.wait() ;
	mutex.wait() ;
	...// buffer에서 하나 제거
	mutex.signal() ;
	empty.signal() ;
	... // 소비
	}

[그림 4-26] 세마포어를 이용한 생산자 소비자 문제

mutex는 상호 배제를 위한 세마포어이고, empty는 버퍼에 비어 있는 요소 수, full은 버퍼에 들어 있는 정보의 개수

를 나타낸다. 생산자는 empty, wait() 연산을 소비자의 empty, signal(1)에 의해 기다리고, 소비자는 full, wait()를 생산자의 full, signal()에 의해 기다리게 된다.

짚어보기 세마포어(Semaphore)의 예

세마포어는 언제 사용하는가?
프로세스 간 메시지를 전송하거나, 혹은 공유 메모리를 통해서 특정 데이터를 공유하게 될 경우 발생하는 문제는, 공유된 자원에 여러 개의 프로세스가 동시에 접근 하면서 발생한다. 단지, 한 번에 하나의 프로세스만 접근 가능하도록 만들어 줘야 하고, 이때 세마포어를 사용한다.

짚어보기 세마포어(Semaphore)의 예

스레드(Thread)에서는 뮤텍스, 프로세스에서는 세마포어이다.
교착상태를 방지하기 위해, A 프로세스가 접근했을 때 다른 프로세스의 접근을 막고, 끝난 후 접근을 풀어준다. 이때 세마포어로 접근을 막고 접근을 허용할 수 있다. 세마포어 작동 방식은 차단을 원하는 자원에 대해서 세마포어를 생성하면 해당 자원을 가리키는 세마포어 값이 할당된다. 이 값이 0 이면 해당 자원에 접근할 수 없고, 0 보다 크면 해당 자원에 접근할 수 있다. 그러므로, 자원에 접근하기 전에 세마포어 값을 검사해서 값이 0 이면 자원을 사용할 수 있을 때까지 기다리고, 0 보다 크면 자원에 접근해서 세마포어 값을 0으로 감소 시켜서, 다른 프로세스가 자원에 접근할 수 없도록 하고, 자원의 사용이 끝나면 다시 세마포어 값을 증가 시켜 다른 프로세스가 사용할 수 있게 해준다.

짚어보기 세마포어(Semaphore)의 예

화장실이 n칸(접근할 수 있는 최대 허용치 만큼 동시에 사용자 접근을 할 수 있게 함), 세마포어 카운트가 0이면 대기한다.
교착상태를 피하기 위한 기술 중 하나이며, 스레드가 CS에 접근할 때, 해당 스레드는 세마포어 카운트를 감소시키고, 수행 종료 후 원래대로 증가한다.
공유 자원에 접근할 수 있는 최대 허용치 만큼 동시에 사용자 접근을 할 수 있게 하는 기술이다.
동기화 대상이 여러 개일 경우에 사용한다.
"CS에 동시 접근할 수 있는 스레드의 개수는 10개" 의 의미이다.
세마포어는 내부에 카운트를 두어서 소유권을 가질 수 있는 스레드들의 수를 설정할 수 있다.
동시에 실행될 수 있는 스레드를 설정 할 수 있다는 뜻이다.
이진 세마포어가 아닌 경우는 세마포어(내부 카운트 2이상)는 스레드가 동시에 같은 공유 자원에 접근할 수 있기 때문에 CS이나 뮤텍스 같은 다른 동기화 자원과 함께 사용해야한다.
동시에 접근 할 수 있는 스레드의 수를 설정하기 위해 스레드 풀링을 사용한다.

4.5 모니터(Monitor) 방법

4.5.1 개념

앞서 설명한 세마포어는 상호배제 및 프로세스 사이의 조정을 위한 유연성이 있으며 강력한 도구를 제공한다. 하지만, P(wait 동작), V(signal 동작) 연산이 프로그램 전체에 널리 퍼져 있고 이들 연산이 각자의 세마포어에 어떠한 영향을 미치는지를 전체적으로 파악하기 쉽지 않기 때문에 프로그램 작성이 어렵다. 이런 단점을 극복하기 위해서 핸슨(Brich Hansen)과 호(Hoare)가 적당한 동기화를 자동으로 제공하는 모니터(Monitor)를 개발 했는데,이는 프로그래밍 언어에서 제공되는 프로그래머 정의 연산자들의 집합으로 구성된다. 모니터는 세마포어와 비슷한 구실을 하지만 제어가 쉽다. 모니터는 프로세스 또는 스레드를 동기화하는 방법 중 하나로서, 그 방법으로 활용하기 위해 구현된 기능 또는 모듈을 뜻하기도 한다. 주로 고급 언어에서 이 기능을 지원하며, 한번에 하나의 프로세스만 모니터에서 활동하도록 보장해준다. 예를 들어, 자바에서 스레드를 동기화하는 방법으로 모니터가 사용할 수 있다.모니터의 형태 표현은 변수들을 선언하는 것으로 구성되며, 이들 변수들의 값은 그 형태를 정의하는 것으로서 그 형태의 연산들을 구현하는 프로시져나 함수들의 몸체(body)를 정의하는 것과 마찬가지이다.

동작은 어떤 공유 데이터에 대해 모니터를 지정해놓으면, 프로세스는 그 데이터를 접근하기 위해 모니터에 들어가야만 한다. 즉, 모니터 내부에 들어간 프로세스에게만 공유 데이터를 접근할 수 있는 기능을 제공하는 것이다. 또한 프로세스가 모니터에 들어가고자 할 때 다른 프로세스가 모니터 내부에 있다면 입장 큐에서 기다려야 한다. 세마포어는 동기화 함수의 제약 조건을 고려해야 하는 반면, 모니터는 프로시져를 호출하여 간단히 해결할 수 있다.

모니터는 공유자원을 프로세스들에게 할당하는데 필요한 데이터와 절차들의 집합으로 이루어지는 병행성 구조체임. 즉, 프로세스의 동기화를 구현하기 위한 또 다른 기법으로 보다 고수준의 언어 구조로 되어 있다.

모니터의 특징은 다음과 같다.

① 세마포어가 가진 문제점들을 해결할 수 있는 모니터 기법은 상호 배제 문제와 동기화 문제(프로세스 조정과 동기화 문제에 대한 새로운 해결책임)를 해결해 줄 수 있다(상호 배제문제와 블록화(blocking), 깨움(wakeup) 문제는 모니터가 해결하고 프로그램에는 블록화(blocking)와 깨움(wakeup)을 이용하여 프로그램 내에서 동기화 문제를 해결해야 함).

② 특정 공유 자원이나 한 그룹의 공유 자원을 할당하는 데 필요한 데이터 및 프로시저를 포함하는 병행성 구조(concurrent construct)로서 자료 추상화(data abstraction)의 개념을 기초로 하고 있다.

③ 구조적인 면에서 모니터는 데이터와 이 데이터를 처리하는 프로시저의 집합이라고 할 수 있다.

④ 모니터 내의 데이터는 모니터 내부에 의해서만 엑세스가 가능하므로 모니터 외부의 프로세스는 모니터 내부 데이터를 엑세스 할 수 없다(이것은 정보은폐(information hiding)라고 함).

⑤ 이 정보 은폐는 보다 높은 신뢰성을 가지는 소프트웨어 개발을 가능하게 하는 시스템 구조화 기법이다.

⑥ 조건부 임계 영역 개념을 보완하는 것이다.

⑦ 모니터 개념을 이용하면 OS를 쉽게 개발 할 수 있다.

⑧ 모니터에서는 동시처리 되고 있는 프로세스로부터 **공유 데이터**(critical section)를 은폐시킨다(이를 정보의 은폐 개념 또는 정보은닉 또는 자료의 추상화 개념이라고 함).

⑨ 프로세스가 공유자원을 사용하려면 모니터에서 정한 절차들을 따라야만 하며, 모니터 내의 변수들은 기본적으로 모니터 진입부까지 도달한 프로세스들에게만 사용될 수 있으며, 지역변수의 경우에는 일정 조건을 만족하여 모니터 내에서 현재 동작중인 특정 프로세스 만이 접근할 수 있다. 이는 정보 은폐로 시스템 구조화 기법의 하나이다.

⑩ 모니터 내의 자원을 원하는 프로세스는 반드시 해당 모니터의 진입부(entry)를 호출함으로서만이 공유자료에 접근할 수 있음. 또한 프로세스만이 이러한 내부에 놓여 공유 자료를 이용할 수 있다. 이로써 상호배제 문제는 해결된다.

⑪ 한순간에 하나의 프로세스만이 모니터 내에 진입(entry)한다.

⑫ 모니터에서 사용되는 연산은 wait와 signal 명령이 있다.

4.5.2 모니터의 구조

모니터란 병행 다중 프로그래밍에서 상호배제를 구현하기 위한 특수 프로그램 기법으로 공유 자원을 할당하기 위한 병행성 구조로서 모니터 데이터는 모니터 내부에 의해서만 액세스가 가능하므로 모니터 외부의 프로세스는 내부 데이터를 액세스할 수 없다(정보 은폐). 즉, 모니터는 특정 공유 자원이나 한 그룹의 공유 자원을 할당하는데 필요한 데이터 및 프로시저를 포함하는 병행 구조이다[그림4-27].

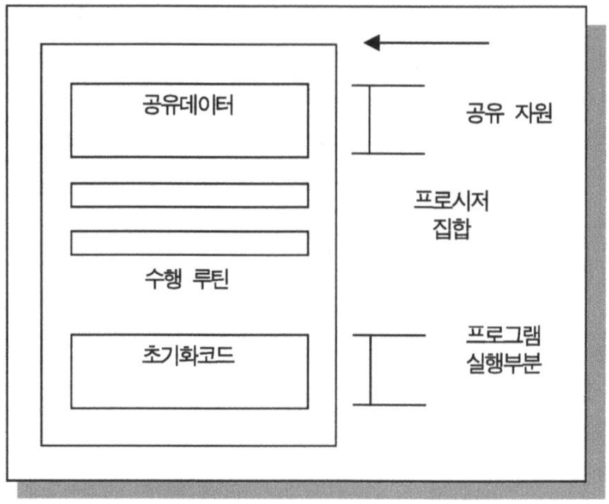

[그림 4-27] 모니터의 구조

모니터 구조체의 형식은 [그림 4-28]와 같다.

```
"Monitor 이름" : MONITOR ;

공유 변수["공유 변수들의 선언문"]
            Procedure OP1("매개 변수")
               "OP1 내부의 자료 선언문"
               begin
                 OP1의 프로그램
               end
모니터          ⋮
entry       Procedure OPn ("매개 변수")
               "OPn 내부의 자료 선언문"
               begin
                 OPn의 프로그램;
               end
공유변수     begin
초기치         "공유 변수들의 초기치 설정"
             end
프로세스     Process P1          Process Pk
(일반 프로그램)  ⋮                   ⋮
(동시 처리됨)  OP(1)              OP(k)
             end                 end
```

[그림 4-28] 모니터의 구조체 형식

만일 동시 처리되고 있는 프로세스들(P1....Pk)중 어는 하나가 모니터 내부의 프로시져(procedure)인 OP1을 call했다면, 모니터 entry를 통해 OP1 procedure를 수행할 수 있고 공유 변수들을 이용 할 수 있다.이때 다른 프로세스가 모니터 내부의 어떤 procedure를 call했을 때는 못 들어오게 막는다(즉, 그 process를 기다리게 하거나 lock시킴).이로써 모니터는 오직 한 개의 프로세스만을 받아들인다.

모니터와 프로세스간의 관계는 [그림4-29]와 같다.

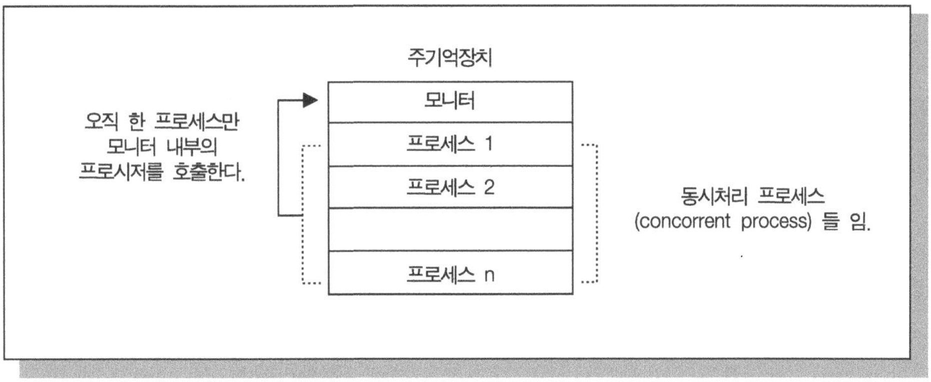

[그림 4-29] 모니터와 프로세스 간의 관계

짚어보기 모니터와 임계 영역의 개념

기법	설명(특징)
모니터(Monitor)	- 프로그래머가 정의한 연산자(함수)들의 집합과 공용변수의 선언으로 구성 - 한 순간에 하나의 프로세스만 모니터 안에서 활동을 보장 - 모니터 내에서 조건을 기다리는 대기 가능 - 클래스 구조와 유사
임계영역(CS)	- 고급 언어의 동기화 구조 - 많은 프로세스들 사이에서 공유되는 형태의 T의 변수 V를 선언; V;shared T - 변수 V는 region 문장 안에서만 접근할 수 있음
조건 임계영역(Conditional Critical Region)	region V when [B] S - S 명령이 수행되는 동안 다른 프로세스는 V를 접근할 수 없음 - B boolean 식,Critical Section Access 제어에 사용

짚어보기

Dekker 알고리즘과 testandset, 세마포어 동작 P, V가 상호배제를 구성하는데 사용될 수가 있는데, 이들에 대한 비교는 다음과 같다.

	데커 알고리즘	Test & Set	세마포어
상호배제	busy-waiting방법을 사용한다.	busy-waiting방법을 사용한다.	시간적 동기화에 의한 방법으로서 "busy-waiting, block/wakeup"을 사용함
공유변수	flag를 이용한다. 상호배제를 위해 순수 S/W로 구현한다.	test & set (a, b) 상호배제를 위해 H/W적으로 구현한다.	P(s) : s≤0 do skip s := s - 1; V(s) : s := s + 1; P와 V, 그리고 초기값에 의해 구현된다.
수행상태	순차적으로 수행한다.	단위적으로 수행한다.	단위적으로 수행한다.

짚어보기

다중 프로그래밍과 같이 여러 개의 프로세스를 동시에 병행되어 처리하는 병행 프로세스 체제에서는 다음과 같은 문제를 발생시킨다.

	발생	정의
① Determinancy (결정성)	각각의 프로세스들이 M/M를 공유할 경우에 발생함.	프로세스의 시스템 내에서 어떠한 순서로 조작이 일어나더라도 계산결과는 기억장치의 초기치에 의해 결정이 남으로 프로세스의 상대적인 진행속도에 영향을 받지 않음.
② Deadlock (교착 상태)	자원이 한정되어 있으면 시스템내의 일부 프로세스들이 서로 상대방이 차지하고 있는 자원을 기다릴 때 발생함.	하나 또는 그 이상의 프로세스가 계속할 수 없는 상태로써 자원이 한정되어 있어서 시스템 내부의 일부 자원을 기다리고 있기 때문에 선점이 없을 때는 무한정 기다리는 상태.
③ Mutual exclusion (상호 배제)	두 개 이상의 독립적인 프로세스들이 재사용이 가능한 자원을 필요로 할 때에 발생함.	어떠한 자원에 대해서 어느 시점에서 한 개의 프로세스만 사용할 수 있도록 하는 것으로서, 각 프로세스는 자원의 내부 상태를 변경함으로 한 프로세스가 자원을 사용할 때는 lock시에 다른 프로세스가 사용치 못하게함.
④ Synchronization (동기화)	두개의 프로세스가 실행될 때에 한 프로세스의 진도에 의존하게 될 때 발생함.	같은 자원을 사용하는 프로세스들이 동시에 요청할 때 이들이 질서정연하게 자원을 사용하게 하는 작업 (상호배제에 기반을 둔 문제)
⑤ Communication (의사통신)	상호배제 문제와 동기화 문제를 해결하기 위해서는 프로세스 상호간에 발생하는 자료 교환 문제로서 보통 메시지 전달 방법을 이용함.	확실한 자료의 교환문제를 의사 소통 문제라 함.

4.6 프로세스 간의 통신

4.6.1 개요

프로세스의 상호작용에 필요한 두 가지 기본 요구가 "**동기화**"와 "**통신**"이라고 한다면 지금까지는 상호배제의 구현을 위한 "동기화" 문제를 중심으로 살펴보았는데, 서로 협조하기를 원하는 프로세스 사이에 서로를 주고받기 위한 **통신 제공**이 필요하다. 본절에서는 이러한 **프로세스 간 통신**(IPC;(InterProcess Communication)에 대해서 논한다. 프로세스 간 통신(IPC)은 프로그래머가 하나의 OS에서 동시에 수행될 개별 프로그램을 생성하고 다룰 수 있도록 해주는 프로그래밍 인터페이스 집합으로서, 하나의 프로그램이 동시에 많은 사용자의 요구를 처리할 수 있도록 한다. 단일 사용자의 요구가 운영체제에서 여러 프로세스를 수행시키는 결과를 가져올 수 있기 때문에, 이러한 사용자를 위해 IPC가 필요하게 되는데 IPC 인터페이스가 이를 가능케 한다. 즉, 프로세스는 IPC를 통하여 다른 프로세스에게 데이터를 송신하거나 다른 프로세스로부터 데이터를 수신할 수 있다. **IPC가 필요한 예**로서는 LCD에 출력할 문자 메시지를 전달하거나 센서로부터 읽은 값을 다른 프로세스한테 전달하거나, 디스플레이에 그릴 비트맵 데이터를 전달하는 등 여러 가지의 예가 있다. 모든 IPC 메쏘드들은 각각 장점 및 한계점이 있어서 한 프로그램에서 모든 IPC 메쏘드를 사용하는 예는 드물다. IPC 메쏘드는 Pipes와 named pipes, Message queueing, Semaphores, Shared memory, Socket 등을 포함한다. 다시말해, 멀티태스크의 환경에서의 각 프로세스는 서로 독립한 작업이나 자원을 가지고 있다. 그 프로세스가 어느 정해진 룰 하에서 프로세스 간의 정보를 주고 받는 것을 프로세스 간 통신(IPC)이라 한다. 그 기능으로서는 파이프, 큐, 세마포르(semaphor), 시그널, 공유 메모리를 들 수 있다.IPC의 통신 기법은 크게 **공유 기억 장치 기법**과 **메시지 시스템 기법**으로 나누어진다. 공유 기억 장치 기법은 통신하는 프로세스 간에 어떤 변수를 공유하여 이 공유 변수를 이용하여 정보를 교환하도록 한다. 메시지 시스템 기법은 통신을 제공하는 책임을 운영체제(OS)가 가지고 프로세스가 메시지를 교환할 수 있도록 한다.

4.6.2 IPC의 종류

IPC의 대표적인 종류는 시그널(signal), 파이프(pipe), 메시지 큐(message queue), 공유 메모리(shared memory), 메일박스(mailbox) 등이 있다.

1) 시그널

시그널은 임의의 프로세스에 특정 사건(event)이 발생했다는 사실을 알려주는 매커니즘이다.

예를 들어, **[사건 발생]⇨[시그널 전달]⇨[시그널 처리]**의 순서로 진행된다.

OS에서 미리 정의하기 때문에 OS에 따라 다르다. 시그널은 신호를 발생시키는 매커니즘이고, 데이터를 전달하는 매커니즘은 아니다.시그널의 전달이 이루어지는 과정은 다음과 같다. 일단 PCB(Process Control Block;리눅스에서는 task struct 같은)에 시그널 개수만큼 미리 확보된 시그널 벡터가 있다. 시그널 개수만큼 확보되어 있기 때문에 평소에는 0으로 clear 되어 있다가 해당 시그널이 발생하면 그 비트만 1로 세트 해주면 되는 것이다. 즉, 3번 시그널이 전달되면 3번 시그널 벡터가 1로 세트되는 것이다. 시그널이 발생하면 프로세스는 기존의 수행 흐름에서 벗어나 해당 시그널 핸들러(signal handler)를 수행한다. 시그널 핸들러는 커널이 지정해 놓을 수도 잇고(예를 들어,프로세스 종료, 시그널 무시, 프로세스 중지,실행 재개 등) 사용자가 특정 기능을 수행하는 코드도 등록해 놓을 수 있다.시그널 핸들러는 시그널 공간의 할당 후에 함수 포인터를 만들어서 시그널을 처리할 함수의 주소를 가리키도록 해 놓는 방식으로 구현하게 된다.

2) 파이프

파이프는 프로세스 사이에 형식 없는(unstructured) 데이터의 교환을 가능케 한다. 파이프를 통해 전달되는 데이터는 단순한 바이트 스트림(byte stream) 형태로 전달된다.

[프로세스1]⇨[파이프]⇨[프로세스2] 처럼 되는 것이다. 리눅스에서 쉘 명령어 중에 "｜"도 파이프이다. 예를 들어, "ls ｜grep"라면 "ls의 출력은 grep의 입력으로"라는 의미이다.

파이프의 특징은 다음과 같다.

- 파이프 안의 데이터는 바이트 스트림(형식 없는 데이터)로 취급되기 때문에 여러 메시지 객체가 쓰여졌을 때, 메시지의 경계를 분간 할 수 없다.
- 파이프는 FIFO 방식으로 데이터를 처리하므로, 메시지가 파이프에 들어온 순서대로 처리된다.
- 파이프는 고정된 크기(용량)을 갖는다.
- 파이프의 데이터가 용량을 초과하면, 파이프에 데이터를 쓰는 프로세스는 "블록"상태가 된다. 파이프에 쓰려고 하는데 파이프 용량이 꽉 찼으니 파이프가 데이터 쓰기 가능 상태가 되기 전까지 블록되는 것이다.
- 반대로, 파이프가 텅 비어 있으면, 파이프에서 데이터를 읽는 프로세스는 "블록" 상태가 된다. 파이프에서 데이터를 읽으려고 하는데, 파이프가 비어 있으니, 파이프에 데이터가 쓰여져서 그것을 읽기 전까지 블록 되는 것이다.

예제 **4-42 프로세스 간 통신(IPC)의 예**

두 프로세스 사이에서 데이터의 전달이 가능 하려면,두 프로세스 간에 함께 공유하는 메모리가 존재하여야 한다. 그러나 모든 프로세스는 자신만의 메모리 공간을 독립적으로 구성한다. 프로세스 P_1과 P_2의 서로의 메모리 공간에 접근이 불가능하다. 따라서 OS가 별도의 메모리 공간을 마련해 줘야 프로세스 간 통신이 가능하다.
프로세스 간의 통신 기법은 부모 프로세스가 자식 프로세스를 할당하기 전에 OS에게 자식 프로세스와 데이터를 주고 받기를 원하니 자식 프로세스와 함께 접근 가능한 메모리 공간을 만들어 달라고 요청한다.OS는 요청을 받아 공용적인 메모리 공간을 만드는데 그것을 Pipe라 한다.Pipe의 특성은 다음과 같다.

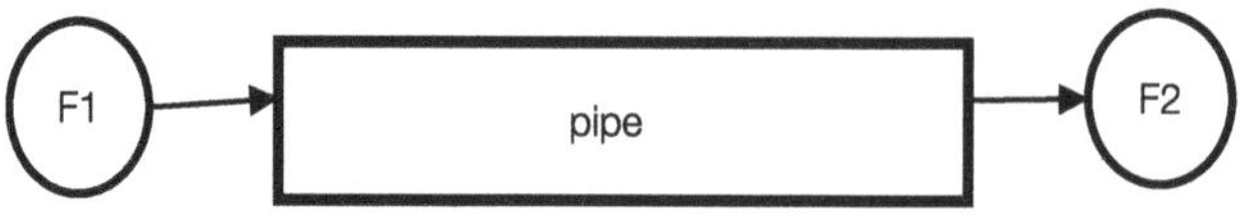

[그림 4-30] pipe의 관계

[그림4-30]와 같이, 메모리 공간이 하나의 파이프 같이 활용하며, pipe 메모리 공간에는 두 개의 파일 디스크립터가 할당된다. F1은 pipe에 데이터를 가져다 놓을 때 사용하는 파일 디스크립터, F2는 데이터를 읽어들일 대 사용하는 파일 디스크립터이다. OS는 이 부모 프로세스의 요청에 대해 위와 같이 메모리 공간을 만들고 요청을 한 부모 프로세스에게 파일 디스크립터 F1,F2(입/출력이 가능한)를 전달한다. 그 뒤 부모 프로세스는 fork( ) 함수를 호출하여 자식 프로세스를 생성하는데, fork( ) 함수를 통한 자식 프로세스의 생성에서 자식 프로세스는 부모 프로세스를 그대로 복사하여 생성되므로 자식 프로세스는 부모 프로세스는 부모가 가지고 있는 파일 디스크립터 2개를 가지게 된다. 이 파일 디스크립터를 통행 프로세스 간 통신이 가능해 진다. 이것이 프로세스 간 통신의 기본 개념이다. 하지만, 프로세스 간의 양방향 통신을 하기 위해서는 하나의 파이프만을 생성해서 하면, 프로세스 간의 입/출력 순서를 장담할 수 없기 때문에 파이프 공간을 두 개를 만들어서 하나는 입력용, 다른 하나는 출력용으로 사용하는 방식을 사용하면 입/출력 타이밍에 따라서 데이터 흐름이 영향을 받지 않는다.

3) 메시지 큐

메시지 큐눈 파이프와 유사하게 프로세스들 간의 데이터 통신(메시지 통신)을 위한 IPC이다. 하지만, 메시지는 구조화 데이터(structured data)이기 때문에 경계가 구분 가능하다. 그러므로 하나의 메시지 큐 안에 여러 개의 메시지를 버퍼링 할 수 있다.또한 FIFO,LIFO(Last In First Out)을 모두 지원하며, 고정된 크기를 갖는다. 메시지 큐는 다음과 같은 구조를 갖는다.

[송신 큐]⇨ 메시지 큐]⇨ [수신 큐]

여기서, 송신 프로세스가 자기 주소 공간에서 메시지 큐 주소 공간으로 보낼 것을 복사하게 되고, 메시지 큐는 자기 복사된 것을 수신 프로세스의 주소 공간으로 복사하는 방식으로 동작한다. 이렇게 되면 복사가 2번 일어나므로 부담(overhead)이 된다. 그래서 많은 양의 데이터를 전송하는 프로그램이 있다면 2번의 메모리 복사는 큰 부담이 된다. 결과적으로, 많은 양의 데이터를 전달 할 때에는 데이터 대신 그 데이터를 가리키고 있는 포인터만 전달하는 방법을 사용한다. 메시지 큐를 사용할 때에 메시지 송·수신을 양방향으로 이루어지게 하면 클라이언트/서버 시스템 설계에 사용할 수 있다.

4) 공유 메모리

공유 메모리는 두 개 이상의 프로세스가 특정한 메모리 영역을 공유하는 것을 말한다. 이 공유 메모리의 영역에 대한 쓰기와 읽기 작업을 통해 데이터 통신이 가능한 것이다. 이 공유 메모리를 사용할 때 가장 중요한 것은 **경쟁조건(race condition)**이 일어나지 않도록 동기화 매커니즘을 적절히 사용하는 것이다. 예전에 말했던 쓰레드 개념도 이와 비슷하다. 지역 변수는 각 각 가지지만, 전역 변수는 여러 쓰레드(태스크)가 공유할 수 있기 때문에 **공유 메모리**를 사용하는 것이다.

5) 메일 박스

메일 박스는 메시지 큐와 비슷한데, 구현이 훨씬 간단하고 단순한 기능을 가진다. 한 개의 메시지를 전달 할 수 있는 IPC이다.

4.6.3 통신 기법-독립적 프로세스와 협력적 프로세스

(1) 개념

프로세스들 사이에 서로 데이터를 주고받는 행위 또는 그에 대한 방법이나 경로를 뜻하며, 다른 컴퓨터에서 실행하는 프로세스 간에 자원을 공유할 수 있도록 동기화 하는 것이다. OS 내에서 수행되는 병행 프로세스가 시스템에서 실행중인 다른 프로세스들에 영향을 주거나 받지 않는다면 독립적인 프로세스라 하며 영향을 준다면 협력적인 프로세스라 한다.

프로세스 협력을 허용하는 이유는 다음과 같다.

❶ 정보 공유(Information Sharing) : 여러 사용자가 동일한 정보를 병행적으로 접근할 수 있는 환경을 제공해야 한다(공유 파일 등).

❷ 계산 가속화(Computation Speed-up) : 특정 작업을 서브 태스크로 나누어 각각 다른 서브 태스크들과 병렬로 실행되어야 한다.

❸ 모듈성(Modularity) : 시스템 기능을 별도의 프로세스들 또는 쓰레드 들로 나누어 모듈식 형태로 시스템을 구성하기를 원할 수 있다.

❹ 편의성(Convenience) : 개별 사용자들이 한순간에 작업할 많은 태스크를 가질 수도 있다(컴파일 중 문서 편집, 인쇄 작업의 병행 등).

(2) 공유 기억장치(Shared Memory) 기법과 메시지 전달(Message Passing) 기법

프로세스 간에 통신(IPC)을 근본적으로 두 가지 상호 보완적인 통신기법으로 구분할 수 있는데, "**공유 기억 장치를 사용하는 방법**"과 "**메시지 전달에 의한 방법**"으로 나누어진다. 즉, 협력적 프로세스들은 자료와 정보를 공유하기 위해 공유 기억장치(Shared Memory) 기법과 메시지 전달(Message Passing) 두 가지 모델을 기본적으로 사용 한다.공유

❶ 공유 기억장치 시스템(Shared Memory System)

IPC에서 공유 기억장치 영역을 구축해야 한다. 통상 공유 기억장치 영역은 공유 기억장치 세그먼트를 생성하는 프로세스의 주소 공간에 위치한다. 이 공유 기억장치 세그먼트를 이용하여 통신하고자 하는 다른 프로세스들은 이 세그먼트를 자신의 주소 공간에 추가 하여야 한다. 기억장치(메모리) 영역을 구축 할 때 시스템을 호출 하며 공유 기억장치 시스템이 구축 되면 모든 접근은 일반적인 기억장치 접근으로 처리 되며 커널의 도움은 필요 없다. 공유 기억장치는 통신하는 프로세스 간에 어떤 변수를 공유하도록 하고 프로세스들은 이러한 공유변수들을 이용하여 정보를 교환하려고 한다. 하나의 시스템 안에서 통신할 때 기억장치 속도로 접근하기 때문에 최대 속도와 편의성을 제공한다. 일반적으로 OS는 한 프로세스가 다른 프로세스의 기억장치가 접근하는 것을 금지 한다. 공유 기억장치는 둘이 상의 프로세스가 접근을

허용해야 한다. 그런 후에 공유 기억장치 영역을 읽고 쓰면서 정보를 공유 한다.자료 형식과 이들의 위치는 OS가 관여하지 않으며 이들 프로세스에 의해 결정이 되며 프로세스들은 동시에 동일한 위치에 쓰지 않도록 설계되어야 한다. 협력하는 프로세스를 설명하기 위해 일반적으로 생산자-소비자 패러다임을 설명하는데 생산자 프로세스는 정보를 생산하고 소비자 프로세스는 정보를 소비한다. 생산자와 소비자는 프로세스들이 병행으로 실행 되도록 하려면 생산자가 채워놓고 소비자가 소비할 수 있는 항목들의 버퍼가 반드시 있어야 한다. 이 버퍼는 생산자와 소비자가 공유하는 기억장치 영역에 위치하게 되며 2가지 버퍼 유형이 있다.

- 무한 버퍼(Unbounded Buffer) : 생산자와 소비자 문제에서는 버퍼 크기에 실질적인 한계가 없다. 소비자는 새로운 항목을 기다려야만 할 수도 있지만 생산자는 항상 새로운 항목을 생산할 수 있다.
- 유한 버퍼(Bounded Buffer) : 버퍼 크기가 고정되어 있다고 가정하며 이 버퍼가 비어 있으면 소비자는 반드시 대기 해야 하며 모든 버퍼가 채워져 있으면 생산자가 대기 하여야 한다.

공유 기억장치 시스템의 특징은 다음과 같다.

- 통신하는 프로세스들 간에 어떤 변수를 공유하도록 한다.
- 통신을 제공하는 책임은 응용 프로그래머에게 달려 있고, OS는 단지 공유 기억 장소만 제공한다.

짚어보기 인터럽트와 트랩의 차이와 관계, 각각의 성격;

앞서 설명한 유한 버퍼 기법은 이러한 목적을 위하여 사용된다. 공유 기억장치 시스템에서 통신 기능을 제공하는 책임은 응용 프로그래머들에 주어지고 OS는 단순히 공유 기억장치만을 제공한다. 메시지 전달 시스템 방식은 프로세스들이 메시지들을 교환하도록 허용하며, 통신을 제공하는 책임은 OS 자체에 있다. 확실히 이 두 기법은 상호 배타적이 아닌 단일 OS 안에서 동시에 사용된다. 공유 기억장치는 기본적으로 응용 분야에서 비롯된 것이므로 본 절에서는 주로 메시지 전달 시스템을 중심으로 다룬다.

❷ 메시지 전달 시스템(Message Passing System)

메시지 전달 시스템의 기능은 공유변수들을 자주 거칠 필요 없이 프로세스들이 서로 통신하도록 하는 것이다. 즉, 동일한 주소 공간을 공유하지 않고도 프로세스들이 통신을 하고 그들의 동작을 동기화 할 수 있도록 허용 하는 기법이다. 통신하는 프로세스들이 네트워크에 의해 연결된 다른 컴퓨터들에 존재할 수 있는 분산 환경에서 특히 유용하다.

메시지 전달 모델은 충돌을 회피할 필요가 없기 때문에 적은 양의 자료를 교환하는데 유용하다. 또한 컴퓨터 간 통신을 할 때 공유 메모리 모델보다 구현하기 쉽다. 하지만 시스템 호출을 사용하여 구현 되므로 커널 간섭 등의 부가적인 시간 소비 작업들을 필요로 한다. 메시지 전달 시스템은 최소한 두 가지 연산(Send Message, Receive Message)을 제공한다. 프로세스가 보낸 메시지는 고정 또는 가변일 수 있다. 고정의 경우 시스템 구현은 간단하지만 프로그래밍에 제약이 있으며 가변의 경우 고정보다 복잡하지만 프로그래밍 작업은 더욱 간단해 진다.

메시지 전달 시스템의 특징은 다음과 같다.

- 프로세스가 공유 변수에 의존하지 않고도 서로 통신할 수 있게 한다.
- 프로세스가 메시지를 교환할 수 있도록 한다.
- 통신을 제공하는 책임은 OS 자체에 있다.
- 일반적으로 연산자 send(message)와 receive(message)를 제공한다.

(3) 명칭부착(명명;naming)

이제 앞서 설명한 메시지 전달 시스템의 형태에 대해 살펴보기로 한다.어느 프로세스가 메시지를 받고 어느 프로세스로부터 메시지를 받는지 명시할 필요가 있다. 통신을 원하는 프로세스들은 서로를 가리킬 수 있는 방법이 있어야 한다. 즉, 통신을 원하는 프로세스들은 서로 참조할 수 있는 방법이 있어야 한다. 이들은 직접 또는 간접 통신으로 이루어진다. 통신에서 통신을 원하는 각 프로세스는 통신의 수신자 또는 송신자의 이름을 명시해야 한다. 이 기법의 단점으로는 프로세스 정의의 제한된 모듈성에 있다. 프로세스 이름을 바꾸면 모든 다른 프로세스의 정의를 검사할 필요가 있을 수 있다. 즉, 서로 통신하기를 원하는 프로세스는 서로 참조하기 위한 방법 즉, 이름을 가져야만 하며 프로세스간의 통신 방법에는 직접 통신과 간접 통신 기법이 있다. send(), receive() 프리미티브들의 특성을 살펴보자.

❶ 직접 통신[그림4-31]

메시지를 주거나 받기를 원하는 각각의 프로세스는 통신하는 수신자나 송신자의 이름을 외부적으로 표현(명시) 해야 한다. 프로세스들은 통신하기 위하여 서로 상대방의 신원(identity)을 알아야 한다.

기본 연산(프리미티브)의 정의는 다음과 같다.

- send(P, message) 또는 send(목적지, message): 프로세스 P(목적지)로 메시지를 보낸다.
- receive(Q, message) 또는 receive(발생지,message): 프로세스 Q(발생지)로 부터 메시지를 받는다.

프로세스 P와 Q가 통신하려면, 서로 메시지를 보내고 받아야 한다. 즉, 이들 사이에 통신 링크가 설정되어야 하는데, 이 링크는 다양한 방법으로 구현할 수 있다.통신을 원하는 각 프로세스들 사이에 연결이 자동적으로 구축 된다. 프로세스들은 통신하기 위해 서로 상대방의 identity만 알면 된다. 연결은 정확히 두 프로세스들 사이에만 연관 된다.통신하는 프로세스들의 각 쌍 사이에는 정확하게 하나의 연결이 존재해야 한다.

직접통신의 특징은 다음과 같다.

- 통신을 원하는 모든 프로세스의 쌍 사이에는 링크가 자동으로 설정 되며, 프로세스는 단지 통신하는 상대 프로세스의 고유 이름만을 알면 된다.
- 링크(연결)는 정확히 두 프로세스와 관계한다.
- 통신하는 프로세스 쌍 사이에는 정확히 하나의 코드화가 존재한다.
- 링크는 양방향이다.
- 대칭적이고 일대일 통신이다.
- 안전성과 신뢰성이 높다.

단점은 다음과 같다.

- 데이터의 크기는 통신 용량 또는 버퍼의 크기보다 작아야 한다.
- 프로세스들이 서로 상대방의 이름을 알아야만 수정이 가능하므로 불편하다.

[그림 4-31] 직접 통신의 예

■ 예 : 생산자/소비자 문제

❷ 간접 통신[그림4-32][그림4-33]

이는 프로세스들이 직접 통신하는 것이 아니고 우편함(mail box(또는 Port)을 통해서 간접으로 통신하는 것이다. 그러므로 통신이 가능하려면 송수신자 사이에 **우편함**(mail box)이 존재해야 한다. 즉, 간접 통신을 통하여 우편함(mailbox 또는 port)으로부터 메시지를 보내거나 받을 수 있다(메시지들은 우편함으로 통신하고 이것으로부터 수신함). 각 우편함은 그것을 구별할 수 있는 유일한 이름을 갖는다(프로세스는 여러 개의 서로 다른 우편함에 의하여 다른 우편함에 의하여 다른 프로세스와 통신할 수 있다). 간접 통신은 **메일박스(Mailbox) 또는 포트**(port)로 송신되고 그것으로부터 수신된다.

각 메일박스는 고유 ID를 가진다. 두 개의 프로세스는 공유 우편함을 갖고 있을 때에만 통신이 가능하다. 하나의 프로세서가 서로 다른 정보를 여러 프로세스와 송수신하기 위해서는 여러 개의 우편함이 필요하다. 우편함은 프로세스가 소유하거나 시스템이 소유하며 관리한다. 즉, 우편함을 생성 또는 파괴한다. 우편함에 의하여 다른 프로세스와 통신할 수 있다)[그림4-32].

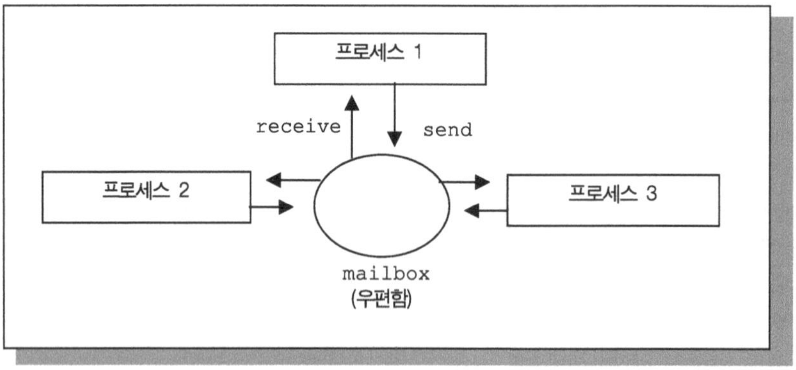

[그림 4-32] 간접 통신 구조

이 경우 우편함에 어떤 메세지가 놓여 있다고 할 때 누가 누구에게 보냈는지 모를 때가 생긴다(오직 그 프로세스 사이에만 우편함을 설치하거나 통신 시에 제한을 주면 해결됨).

기본 연산(프리미티브)의 정의는 다음과 같다(B : port).

- send(B, message) : 메시지를 우편함 B로 메시지를 보낸다.
- receive(B, message) : 메시지를 우편함 B로부터 메시지를 받는다.

한 쌍의 프로세스들 사이의 연결은 이들 프로세스가 공유 메일박스를 가질 때만 구축 된다. 연결은 두 개 이상의 프로세스들과 연관 될 수 있다.통신하고 있는 가 프로세스들 사이에는 다수의 서로 다른 연결이 존재할 수 있고 각 연결은 하나의 메일 박스에 대응된다.

간접통신의 특징은 다음과 같다.

- 쌍의 프로세스 사이에 공유 우편함이 있는 경우에만 둘 사이에 링크가 설정된다.
- 링크는 두 개 이상의 프로세스와 관계할 수 있다.
- 각 통신 프로세스 쌍 사이에 각각 하나의 우편함에 관계되는 여러 개의 서로 다른 링크가 있을 수 있다.
- 두 송수신 프로세스 사이에 여러개의 링크가 형성될 수 있다.
- 링크는 한 방향 또는 양방향이 될 수 있다.
- 단점은 우편함에 어떤 메시지가 놓여 있다고 할 때, 누가 누구에게 보냈는지 모를 수가 있다.

간접통신 방법(mailbox를 이용함)은 우편함에 어떤 메시지가 놓여 있다고 할 때 누가 누구에게 보냈는지 모를 때가 생기는 문제점이 있는 이런 경우는 오직 그 프로세스 사이에만 우편함을 설치하거나 통신 시에 제한을 주면 해결된다.

간접통신 방법은 프로세스들이 직접 통신하는 것이 아니고 우편함(mailbox(또는 Port))을 통해서 간접으로 통신하는 것이다. 그러므로 통신이 가능하려면 송수신자 사이에 우편함 (mailbox)이 존재해야 한다. 하나의 프로세스가 서로 다른 정보를 여러 프로세스와 송수신하기 위해서는 여러 개의 우편함이 필요하다. 우편함은 프로세스가 소유하거나 시스템이 소유하며 관리한다.

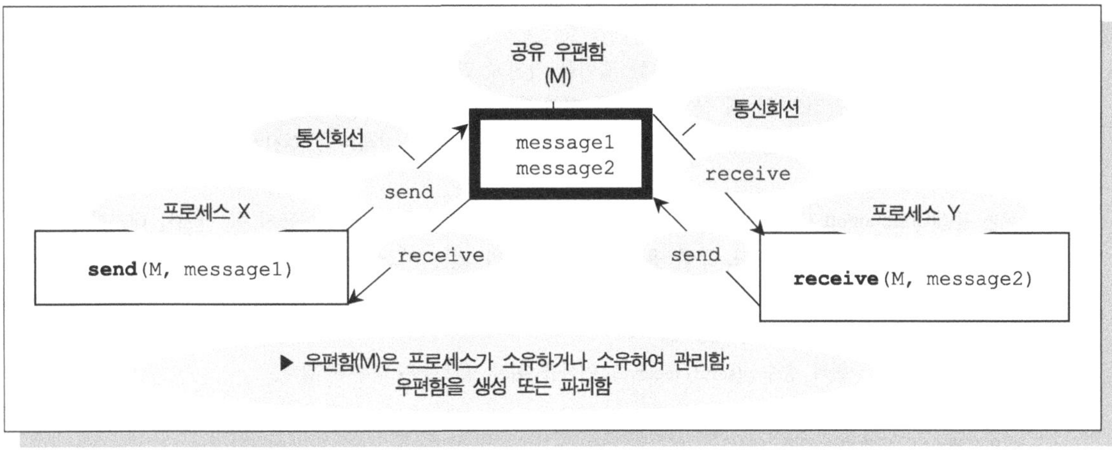

[그림 4-33] 간접 통신의 예

(4) 동기화(Synchronization)와 버퍼링(Buffering)

❶ **동기화**: 메시지 전달을 이용한 동기화는 메시지 전달을 통한 IPC(interprocess communication)이라한다. 구현 방법은 다음과 같다. 즉, 프로세스간 통신은 Send()와 Receive() 프리미티브에 대한 호출에 의해 발생한다, 메시지 전달 방식은 동기식(봉쇄형, Blocking) 또는 비동기식(비봉쇄형, nonblocking)이 있다.

ㄱ. 동기식 보내기 : 송신하는 프로세스는 메시지가 수신 프로세스 또는 메일박스에 의해 수신될 때까지 봉쇄 된다.
ㄴ. 비동기식 보내기 : 송신하는 프로세스가 메시지를 보내고 작업을 재시작 한다.
ㄷ. 동기식 받기 : 메시지가 이용 가능할 때가지 수신 프로세스가 봉쇄 된다.
ㄹ. 비동기식 받기 : 송신하는 프로세스가 유효한 메시지 또는 널(null)을 받는다.

Send()와 Receive()가 모두 봉쇄형일 때 우리는 송신자와 수신자간에 랑데부(Rendezvouns)를 갖게 된다.

❷ **버퍼링**: 여기서는 링크의 논리적 구현에 대한 두 가지,즉 용량과 메시지 특성에 대한 내용을 중심으로 살펴본다. 용량에서 링크는 자체 안에 임시로 저장되는 메시지들의 수를 결정하는 크기를 가진다. 이 특성은 링크에 부착된 메시지들의 큐라고 볼 수 있다.메시지 통신 과정에 있어서 송신측 프로세스가 메시지를 전송하고자 하나 수신측 프로세스가 수신을 위한 준비가 되어 있지 않을 경우 메시지를 버퍼에 저장해야 하는 문제를 말한다. 회선의 전송용량은 일정한 시간에 링크 내에 놓일 수 있는 메시지 크기를 말한다. 통신이 직접적이든 간접적이든 간에 통신하는 프로세스들에 의해 교환되는 메시지는 임시 큐에 들어 있다. 큐를 구현하는 방식은 세 가지가 있다.

ⓐ **무 용량(Zero Capacity)** : 큐의 최대 길이가 0이다. 즉 링크는 자체 안에 대기하는 메시지들을 가질 수 없다. 이 경우 손신자는 수신자가 메시지를 수신할 때 까지 기다려야 한다.

특징은 다음과 같다.

- 링크 내에는 메시지들이 저장될 수 없으며 송수신자 사이에 동기화가 이루어 져야한다(rendezvous라 함).
- 랑데뷰(zero용량)일 경우 수신자는 접수확인 신호를 송신자에게 보내야 한다[그림 4-34].

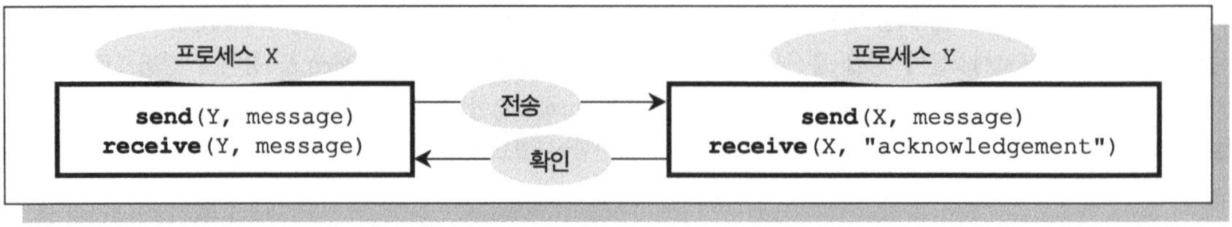

[그림 4-34] **확인 메시지 전달**

ⓑ **유한 용량(Bounded Capacity)** : 큐는 유한 길이를 가지고 있으며, 최대 큐 길이 메시지가 안에 들어올 수 있다. 새로운 메시지가 전송 될 때 큐가 가득 차 있지 않으면 큐에 저장되며 송신자는 대기하지 않고 실행을 계속 한다. 즉, 링크 내에 유한 개의 메시지가 놓일 수 있다. 꽉차기 전에는 송수신자는 기다리지 않고 수행 가능하다.

ⓒ **무한 용량(Unbounded Capacity)** : 무한길이를 가지고 있으며, 메시지들이 얼마든지 큐 안에서 대기할 수 있다. 송신자는 결코 봉쇄되지 않는다. 무한 용량의 경우 버퍼가 없는 시스템이라고 부른다. 다른 경우들은 자동 버퍼링이라 부른다. 즉, 이상적인 경우로, 송수신자는 얼마든지 다른 일을 할 수 있다(메시지가 링크 내에 없어지지 않고 계속 저장되어 있기 때문에).

링크의 논리적인 구현과 송수신(send/receive) 연산을 위한 방법들은 다음과 같다.

- 직접 혹은 간접 통신
- 프로세스나 우편함으로의 전송
- 대칭 혹은 비대칭 통신
- 자동적 혹은 명시적(explicit) 버퍼링
- 복사에 의한 전송 혹은 참조에 의한 전송(OS에 의해 수행, 전체 메시지를 서로의 주소공간에 복사해두거나 메시지에 대한 포인터만 단순히 전달하며, 단점은 복사 시 사이클 낭비)
- 고정 크기 혹은 가변 크기의 메시지
  - ▸ 고정 크기 : 구현이 간단, 버퍼 길이보다 메시지 길이가 적을 때 낭비되며, 반대의 경우 메시지 분할
  - ▸ 가변 크기 : 구현이 복잡, 높은 적응력, 포인터 전달시는 중요시되지 않는다.

참고

"set and forget" 운영
메시지를 수신하고자 하는 어떤 프로세스도 존재하지 않고 또 설사 존재한다 할지라도 수신을 위한 준비가 되어 있지 않다면, 송신측 프로세스는 OS에게 일단 메시지를 전달하고 수신측 상황에 관계없이 자신의 실행을 계속할 수 있을 것이다. 이러한 과정을 말한다(시스템 병행성의 정도를 향상시킴).

(5) 메시지

프로세스에 의해 송신되는 메시지는 고정 크기, 가변 크기, 형태화된(형식;typed) 메시지 등 세 가지 변형을 가질 수 있다. 즉, 메시지 형태(길이)를 고정적으로 할 것인지 또는 가변적으로 할 것인지를 결정하는 문제이다.

- ■ 고정 크기 메시지는 구현은 쉽지만 프로그램에서 복잡(메시지가 작을 경우 버퍼의 낭비를 초래)해진다.
- ■ 가변 크기 메시지는 크기에 맞추어 동적으로 버퍼를 생성하는 것이며, 구현은 힘들지만 프로그램에서 간단히 쓸 수 있다.
- ■ 형식 메시지는 mailbox에서 쓰는 것이며, 간접 통신 방법용이다.

메시지 구성은 다음 그림과 같다.

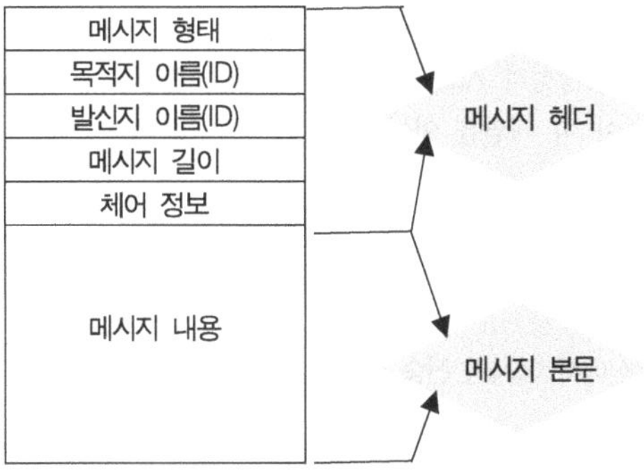

(6) 복사와 고장 문제

■ **복사(copying) 문제**

① 복사는 공유 기억 장치를 가지지 않은 분산 시스템에서 특히 불가피한 방법

② 복사는 운영체제에 의해 수행되며, 수신측이 이 복사본의 메시지를 가지고 무엇을 하든 송신측은 개의치 않을 뿐 아니라 메시지의 원본도 영향을 받지 않는다.

③ 메시지 복사 과정에서 중간 매체의 역할로서 동적인 기억장치 pool이 항상 준비되고 관리되어야 한다.

④ 단점은 메시지 복사가 기억 장치와 CPU 사이클을 낭비시킨다.

■ **고장 문제(Exception condition)**

① 프로세스가 정지(terminates)되는 경우 : 각 송수신 프로세스가 어떤 이유로 정지되는 경우 메시지를 송수신할 수 없다.

② 메시지를 분실(lost)하는 경우 : 전송 회선상의 오류로 전송도중 메시지가 분실되는 경우를 말한다.

③ 메시지가 변형(scrambled)되는 경우 : 전송도중 메시지가 손상을 받는 경우로 이 경우는 메시지 내에 포함된 체크 비트를 이용하여 수리한다.

예제 4-19

프로세스 간 통신(IPC)하는 방법에 대해 논하라.

풀이

(1) 2개의 상호 보완적인 프로세스가 통신하는 기법에는 2가지로 구분한다.
즉, 공유 메모리(전역 메모리)와 메시지 시스템(지역 변수)로 구분한다.
① 공유 메모리 :공유 메모리를 사용하는 중앙 집중식 시스템에서 프로세스들 간에 변수를 공유하도록 하는 방법으로서 OS는 공유 장소만 제공하고, 통신을 제공하는 책임은 사용자에게 달려 있다.
② 메시지 시스템 :분산 처리 시스템에서 공유 장소 없이 프로세스 간에 통신을 하는 방법으로서, 통신을 제공하는 책임은 OS에 달려 있다. 일반적으로 연산자는 "send, receive"를 사용한다.
(2) 프로세스 내에서의 상호 통신 기능을 제공하는 기본적인 두 연산은 send와 receive이다.

4.6.4 프로그래밍 언어를 이용한 통신,

UNIX의 Pipeline개념과 1970년 한센이 개발한 RC 4000 OS는 메시지 전달을 이용하여 운영체제 내의 프로세스 간 통신(IPC)을 하고 있다. 언어 자체에 기능을 가진 것이 있는데 다익스트라(Dijkstra)의 Guarded command이래로 Are의 CPS, 한센의 DP, 미국 국방성의 Ada, Andrew의 CPS, Feldman의 LITS, Good의 Gypsy, Liskov의 Argus등 수많은 현대 프로그래밍 언어들이 이 개념을 언어 자체에 구현하고 있다.

예제 4-20

프로세스 간 통신에서 메시지 전송 방식과 공유 기억장치 방식의 장/단점을 논하라.

풀이

메세지 전송 방식은 프로세스 간 바로바로 자신의 요청(request)을 보내니까 속도 면에서 본다면 빠르다.그러나 다른 프로세스에 과부하가 걸렸거나 아니면 다른 인터럽트를 처리하고 있는 경우 내가 보낸 메시지가 처리가 안 되거나 잘 못해서 잃어버릴 경우도 있게 된다.빠르지만 별로 안전하지 않다.반면, 공유 기억장치 방식은 말 그대로 두 프로세스 간 하나의 기억장치(메모리)를 공유하면서 내가 보낸 요청(request)이 일단 그 기억장치로 들어가고.받는 쪽에서는 그것을 꺼내 사용하곤 한다. 일단 손실(loss) 없이 안정한 통신이 가능하다.기억장치 번지를 계속해서 접근(access)해야 하기 때문에 아무래도 직접적(direct)으로 메시지를 전송하는 방식 보다는 느릴 수 밖에 없다.

4.6.5 원격 호출프로시저 호출(RPC: Remote Procedure Calls)

RPC (**프로시저 호출; 원격 절차 호출**)는 **한 프로그램이 네트워크 상의 다른 컴퓨터에 위치하고 있는 프로그램에 서비스를 요청하는데 사용되는 프로토콜**로서, 이때 서비스를 요청하는 프로그램은 네트워크에 대한 상세 내용을 알 필요가 없습니다(절차 호출이란 때로 함수 또는 서브루틴 호출의 의미로도 사용된다). RPC는 클라이언트/서버 모델을 사용하는데, 서비스를 요청하는 프로그램이 클라이언트이고, 서비스를 제공하는 프로그램이 서버이다. 다른 정상적인 또는 자체적인 프로시저의 호출과 마찬가지로, RPC도 요청하는 프로그램이 원격 절차의 처리 결과가 반환될 때까지 일시 정지되어야 하는 동기 운영이다. 그러나, 가벼운 프로세스의 사용이나, 같은 주소공간을 공유하는 스레드 등은 여러 개의 RPC들을 동시에 수행될 수 있도록 허용한다. 다시말해, RPC는 분산 시스템에서 프로세스 간 통신(IPC)을 하는데 보다 구조적이고 효과적인 방식을 제공하기 위하여 고안되었고, 그 기능은 단일 프로세서 시스템에서의 서브루틴이나 프로시저 호출이 송신자가 회신을 수신할 때까지 블록되는 메시지 시스템과 똑같이 동작하도록 실현하는 것이다. 호출을 한 프로세스는 원격 시스템 내의 호출된 프로시저로부터의 응답이 올 때까지 블록되고, 응답이 도착하면 다시 실행을 계속하게 된다. 호출하는 프로시저와 호출당하는 프로시저는 서로 다른 프로세서에 존재하기 때문에 서로 다른 주소 영역을 가지고 있다. 따라서 이 두 프로세스들 사이에는 단일 프로세스 내의 정규 프로시저처럼 공유 전역 변수의 개념이 없다. 또한 메시지는 서브루틴 호출과 같으므로 회신 메시지는 서브루틴이 연산한 값을 포함하게 된다.RPC는 앞에서 언급한 send와 receive를 이용해서 다음과 같이 표현할 수 있다.

```
send(원격 프로세스, 입력 파라미터),
receive(원격 프로세스, 출력 파라미터)
```

원격 프로세스는 피호출 원격 프로시저이며, 입력 파라미터는 원격 프로시저로 보내지고, 출력 파라미터는 호출자에게 복귀하는 결과를 갖게 된다.

4.7 교착상태

4.7.1 개요

다중 프로그래밍의 환경에서 동시에 병행적으로 수행되는 다수의 프로세스들 사이에는 경쟁적인 관계가 성립하게 된다. 이것은 프로세스들이 각각 요구하는 자원의 개수와 시스템 내에 유한하게 존재하는 자원의 개수 사이에 차이가 있기 때문이다. ☛ 이런 경쟁 환경에서 교착상태(Deadlock)가 발생하게 된다. 즉, **교착상태**란 다중프로그래밍 환경에서 결코 발생하지 않을 특정 사건을 무한정 기다리는 것을 말한다. 다시말해서, 대기(블록) 상태에서 준비 상태로 가지 않는다고 할 수 있다. 이런 경우는 "임계영역(CS;Critical Section)이 존재할 경우 가능성이 있다." 라고 할 수 있다. 교착상태에 빠진 프로세스는 더 이상의 명령을 진행하지 못한다.OS가 자체적으로 교착상태를 해결하지 못하면 시스템 운영자나 사용자가 작업을 교체하거나 종료하는 외부 간섭으로 해결해야 한다. 교착상태는 하나 이상의 작업에 영향을 주기 때문에 무한 대기나 기아 상태보다 문제가 더 심각하다. 다시 말해, 교착상태는 시스템 측면에서는 자원의 요구가 뒤엉킨 상태라고 할 수 있다. 즉, 둘 이상의 작업이 중지되고 프로세스들이 사용할 자원을 기다린다. 시스템 내에서 일어나는 교착상태를 좀더 정확히 표현하면, 한 프로세스 집합 내의 프로세스들에 의해 발생할 사건(event)을 프로세스들이 서로 기다리고 있는 상태를 말한다.

교착상태는 다음과 같은 특징이 있다.

① 하나 또는 그 이상의 프로세스가 계속할 수 없는 상태를 의미한다.
② 다중 프로그래밍 시스템에서 일어나지 않을 특정 사건을 기다리고 있는 프로세스를 말하며, 시스템 교착 상태의 경우 하나 또는 그 이상의 프로세스가 교착상태에 빠진다.
③ 자원의 공유는 OS의 중요한 과제이며, 자원이 다수의 사용자에 의해 공유되고 이들 각각이 자기에게 할당된 특정 자원에 대해 독자적인 통제권을 가지고 있을 때 교착상태가 일어나 사용자의 프로세스가 절대로 작업을 마칠 수 없는 상태로 발전할 가능성이 있다.
④ 시스템의 자원분배 정책의 편중성 때문에 발생하게 된다.
⑤ 교착상태의 발생을 탐지하여 제거하거나 미연에 예방하는 역할은 OS가 담당하게 된다.

교착상태 연구 분야는 교착상태의 예방(Prevention),회피(Avoidance),발견(탐지)(Detection),회복(Recovery) 등의 분야가 있다.

4.7.2 교착상태의 정의

초창기의 컴퓨터의 OS들은 한 번에 오직 한 개의 프로그램만을 실행시킬 수 있었다. 시스템의 모든 자원들은 하나의 프로그램만이 사용할 수 있었다. 후에, OS의 발전으로 한 번에 여러 개의 프로그램들을 실행할 수 있게 되었다. 프로그램들은 동시에 실행되고 있는 다른 프로그램과 충돌이 일어나지 않도록, 사전에 자신이 필요로 하는 자원을 명시해야 했다. 결국, 일부 OS들은 자원의 동적 할당 기능을 제공하였다. 프로그램들은 실행이 시작된 후, 그 이상의 자원 할당을 요구할 수 있었는데, 결국 이것이 교착상태의 문제를 만들었다. **교착상태**는 시스템 자원을 사용하려고 경쟁하거나 상호간에 통신하는 프로세스 집합들이 영구적으로 블록화된 상태이다. 다시말해, 교착상태는 동일한 자원을 공유하고 있는 두 개의 컴퓨터 프로그램들이, 상대방이 자원에 접근하는 것을 사실상 서로 방해함으로써, 두 프로그램 모두 기능이 중지되는 결과를 낳는 상황을 말한다.

일반적인 **교착상태의 정의**는 다음과 같다.

- 하나 또는 둘 이상의 프로세서가 더 이상 계속할 수 없는 어떤 특정 사건을 기다리는데, 특정 사건이란 자원의 할당과 해제를 의미한다.
- 둘 이상의 서로 다른 프로세스가 요구한 자원을 할당 받아 점유하고 있으면서 상호간에 상대방의 프로세스가 가진 자원을 요구하는 때를 말한다.

OS에서 발생하는 교착상태는 전용 자원을 다른 프로세스가 요구해서 발생한다.

교착상태란 다중프로그래밍 환경에서 결코 발생하지 않을 특정 사건을 무한정 기다리는 것을 말한다. 즉, 대기상태에서 준비상태로 가지 않는다고 할 수 있다. **임계영역(CS)**이 존재할 경우 가능성이 있다고 할 수 있다.

초기의 일괄 처리 시스템에서는 교착상태가 자주 발생하지 않았다. 사용자들이 작업 제어 카드에 작업을 완료하기 위해 필요한 자원을 명시했기 때문이다. 일괄 처리 시스템에서는 OS가 요청한 자원이 준비 큐로 이동하기 전에 사용 가능 여부를 확인하여 할당 했다. 자원이 확보되지 않으면 작업이 준비 큐로 이동할 수 없기 때문에 교착상태가 발생하지 않는다. 그러나 대화형 시스템은 동적 자원 공유로 자원의 이용도(활용도)를 높이는 과정에서 교착상태가 발생할 가능성이 생겼다.

예제 4-21

교차로의 교통 마비 현상[그림4-35];
교차로에 있는 자동차가 비키지 않는 한 차들이 앞으로 움직일 수 없다. 따라서 교차로의 자동차 일부를 후진시키거나 네 대중 한 대를 제거하는 외부의 간섭이 필요하다.

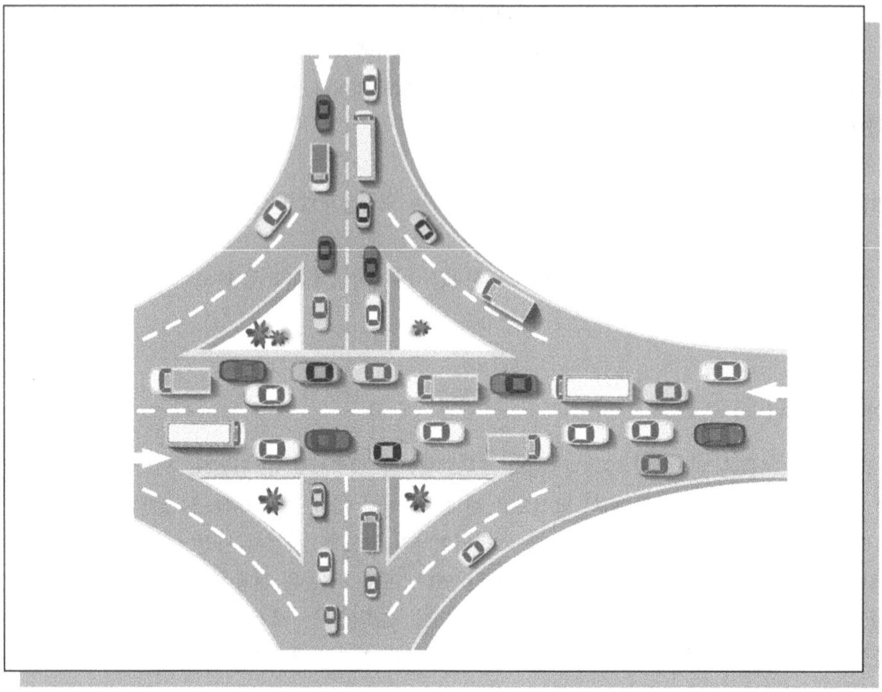

[그림4-35] 교착상태의 예; 교차로의 교통 교착상태

예제 4-22 교착상태의 간단한 예

프로그램 1이 자원 A를 요청하여, 그것을 할당받았다.
프로그램 2가 자원 B를 요청하여, 그것을 할당받았다.
프로그램 1이 자원 B를 추가로 요청하였으나, 자원 B가 다른 프로그램에 의해 사용 중이므로,사용 가능한 상태가 될 때까지 대기 열에서 기다리고 있다.
프로그램 2가 자원 A를 추가로 요청하였으나, 자원 A가 다른 프로그램에 의해 사용 중이므로,사용 가능한 상태가 될 때까지 대기 열에서 기다리고 있다.
이제 두 프로그램 모두는, 서로 상대방이 자원을 내놓을 때까지 작업을 멈추고 기다리게 된다.OS는 무슨 일이 일어나는지 알 수 없다. 이 상황에서, 단 하나의 대안은 두 프로그램 중의 하나를 강제로 종료시키는 것이다. 교착상태를 처리하는 방법은 운영체계와 데이터베이스 구조의 개발에 많은 영향력을 가졌다. 교착상태를 만드는 것을 피하기 위하여, 데이터가 구조화되고, 자원 할당을 요청하는 순서가 생겼다.

4.7.3 시스템(교착상태) 모델

시스템 자원을 확보하려고 경쟁하는 여러 프로세스에 분배해야 할 한정된 자원으로 구성된다. 자원은 여러 종류로 나눌 수 있는데 같은 것이 여러 개일 수도 있다(CPU의 사이클, 기억장치 공간, 파일, 입/출력 장치 등을 말함).만일 프로세스가 어떤 종류의 자원을 요구한다면 그 종류의 어떤 자원이든 할당해 주어야 한다. 프로세스는 자원을 사용하기 전에 우선 요청을 해야 하며, 사용 후에는 반드시 해제하여야 한다. 프로세스는 그가 행할 작업에 필요한 수만큼의 자원을 요청하며, 요청된 자원은 그 시스템에서 사용 가능한 자원의 총 수를 넘을 수 없다(예 : 시스템이 3개의 프린터만 가지고 있다면 프로세스는 4개의 프린터를 요구할 수 있음).

정상적인 작동에서 프로세스는 다음 순서로 자원을 이용한다.

① **요청(Request)** : 다른 프로세스에 의하여 자원이 사용 중 일 때 요청한 자원을 얻을 수 있을 때까지 기다려야 한다. 즉, 프로세스가 필요한 자원을 요청한다. 자원 요청이 즉시 받아들여지지 않으면 요청한 자원을 다른 프로세스가 사용하고 있는 것이다. 따라서 프로세스는 자원을 할당 받을 때까지 기다려야 한다.

② **사용(Use)** : 프로세스가 자기가 요청하여 얻은 자원을 작동할 수 있다. 즉, 프로세스가 요청한 자원을 사용한다. 예를 들어, 요청한 자원이 프린터라면 프로세스는 프린 터를 통해 출력을 한다.

③ **해제(Release)** : 프로세스가 자원 사용을 마친 후, 할당 받은 자원을 되돌려 준다. 즉, 프로세스는 해당 자원이 미리 요구되어 있거나 할당되어 있으면, 그 자원을 돌려주어야 한다.

자원의 요청과 해제는 시스템 호출에 의해 이루어진다(예 : request/release device, open/close file, allocate/free memory 등의 시스템 호출이 있다). 자원의 사용도 역시 시스템 호출을 통해서만이 가능하며(예 : 파일이나 입/출력 장치에 입/출력하는 것), 각자의 사용을 위해 OS는 사용하는 프로세스가 자원을 요청하여 할당 받을 수 있도록 확인한다. 그리고 시스템 테이블은 각각의 자원이 할당되었는지 아닌지를 기록하고, 할당되었다면 어느 프로세스에 할당되었는지를 기록한다. 만일 프로세스가 현재 다른 프로세스에게 할당된 자원을 요청하게 되면, 이 프로세스는 그 자원을 기다리는 프로세스 큐에 넣어줄 수 있다. 교착상태는 둘 이상의 작업이 보류 상태에 놓여 중요한 자원을 이용하기 위해 기다릴 때 발생하는 전반적인 자원 요청의 분규적인 문제이다. 다시말해, 어떤 작업에 필요한 자원을 다른 작업들이 점유하여 이용할 수 없을 때 발생한다. 따라서 교착상태에서는 자원의 요청과 해제가 중요하다.

(1) 자원의 성격

시스템이 갖고 있는 자원의 성격을 이해하기 위해서 다음과 같이 구분한다,.

❶ 시스템 내 자원의 일반적인 자원 구분
- 공용 자원과 전용 자원
- 선점 가능 자원과 비선점 가능 자원
- 재 사용 가능 자원과 소비성 자원

❷ 공용 자원(shared resource)
- 여러 개의 프로세스가 공용으로 사용이 가능한 자원
- 복수의 가상기억접근방식(VSAM) 데이터 집합에 접근할 때 I/O 관련의 제어블록, 채널 프로그램 및 버퍼를 공용할 수 있는 기능
- 예; CPU, 주기억 장치(M/M), 편집기(Editor), DB, Read-only 자원 등

❸ 전용 자원(dedicated resource)
- 한 순간에 한 명의 사용자만 쓸 수 있는 자원
- 특정 프로세스가 일단 자원을 할당 받으면, 자원을 스스로 반납할 때까지 독점적으로 사용하는 자원
- 동시에는 불가능하나 순차적으로는 재사용도 가능한 자원이다.
- 예; 프린터, 테이프 구동기(Tape driver) 등

(2) 자원의 일반적인 분류

❶ 선점가능(preemptible) 자원

그 자원이 한 프로세스에게 할당되고 반납되지 않은 상태에서 이를 선점하여 잠시 다른 프로세스에게 할당해주고 이후 이를 다시 원래의 프로세스에게 돌려주는 자원이다. 특정 프로세스에게 할당되어 사용되는 자원이 잠시 중단되어, 다른 프로세스에게 자원의 사용권을 넘겨 줄 수 있는 자원이며, 예로는 프로세서(CPU),주기억장치(M/M) 등이 있다.

❷ 선점불가능(비선점nonpreemptible) 자원

t 프로세스들에 의해 자원의 선점이 불가능한 경우를 의미하며, 자기 테이프 장치 등이 있다. 한 프로세스가 자기테이프 장치를 할당 받아 이에 자기 테이프를 걸어 놓고 읽기/쓰기 작업을 하고 있는 도중에 자기테이프를 들어내고 다른 자기 테이프를 걸어 놓는다면 이전의 프로세스에게 심각한 영향을 준다. 어떤 자원이 특정 프로세스에게 일단 할당되면, 그 프로세스가 자원을 반납할 때까지 다른 프로세스에게 자원의 사용권을 빼앗기지 않는 자원을 말한다.

❸ 전체 할당식 자원

전체 할당식 자원은 자원 자체를 분할할 수 없으며 프로세스에게 할당할 때 항상 자원 전체를 할당하게 되는 경우이며, 예로서는, 프로세서, 자기테이프 장치, 버퍼 등이 있다.

❹ 분할 할당식 자원

분할 할당식 자원은 자원자체의 분할이 가능하고 이를 분할된 조각 단위로 프로세스에게 할당할 수 있는 경우이며, 예로서는, 주기억장치 등이 있다.

❺ 공유식 할당 자원

한 자원이 프로세스에게 할당되었을 때 그 자원을 동시에 다른 프로세스가 할당 받아 같이 사용할 수 있는 공유식 할당 자원(sharable allocation resource)이며, 예로서는, 프로그램(시스템 프로그램 또는 유틸리티 프로그램 등)이나 공유 데이터 등이 있다.

❻ 배타적 할당 자원

여러 프로세스가 동시에 같이 할당 받아 사용할 수 없는 배타적 할당 자원(exclusive allocation resource)이며, 예로서는, M/M, 프로세서, 자기테이프 장치, 버퍼, 터미널 등이 있다.

❼ 순차적 재사용 자원

자원을 프로세스가 할당 받아 사용하고 이를 반납했을 때 그 자원이 그대로 존재하고 이를 다시 다른 프로세스가 할당 받아 사용할 수 있는 경우 그 자원을 순차적 재사용 자원(serially reusable resource)이라 하며, 예로서는, M/M, 프로세서, 버퍼, 자기테이프 장치, 프로그램 등이 있다.

❽ 재사용 가능 자원(reusable resource)

어떤 시점에서 오직 하나의 프로세스에 의해서 사용되지만, 그 자원의 사용으로 인해 자원의 소멸이 되지 않는 자원이다. 즉 내용이 변하기는 하지만 사용시마다 다시 초기화 작업을 해서 다시 사용가능한 자원이며, 예로서는, CPU, I/O 채널, M/M, 파일, DB 등이 있다.

❾ 소비성 자원

한 자원을 프로세스가 할당 받아 사용한 후 그 자원이 소멸되는 형태의 자원이라면 소비성 자원(consumable resource)이라 하며, 예로서는, 시그널, 메시지 등이 있다.

❿ 기타

특정 프로세스에 의해서 생성되거나 소멸되는 자원이 있으며, 예로서는, I/O 버퍼 내의 각종 정보나 프로세스가 생성하는 각종 신호나 메시지 등이 있다.

이상과 같이 자원을 분류할 수 있는데 교착상태에 대한 것은 대부분 선점 불가능하고 배타적 할당 방식을 사용하고 순차적 재사용이 가능한 자원들을 대상으로 설명한다.

짚어보기

■ 같은 종류의 교착 상태의 예;
3개의 테이프 구동기를 가진 시스템을 생각해 보자.
이 3개의 테이프 구동기를 하나씩 갖고 있는 3개의 프로세스가 있다고 가정한다.만일 각 프로세스가 또 다른 테이프 구동기를 요구한다면, 이 3개의 프로세스는 교착 상태에 빠질 것이다.각각의 프로세스는 다른 프로세스에 의해서만 발생될 수 있는 테이프 구동기가 해제되는 사건을 기다린다.이 예는 같은 종류의 자원을 얻으려고 경쟁하는 프로세스들의 교착 상태를 보여 준다.

■ 다른 종류의 교착 상태의 예;
하나의 프린터와 카드 판독기를 가지고 있는 시스템의 경우, 프로세스 X가 카드 판독기를 보유하고 있고 프로세스 Y가 프린터를 보유하고 있을 때 X가 프린터를 요청하고 Y가 카드 판독기를 요구한다면 교착 상태가 발생한다.

4.7.4 교착상태를 포함한 상태 전이도 관계

교착상태를 포함한 상태도는 다음 [그림4-36]과 같다.

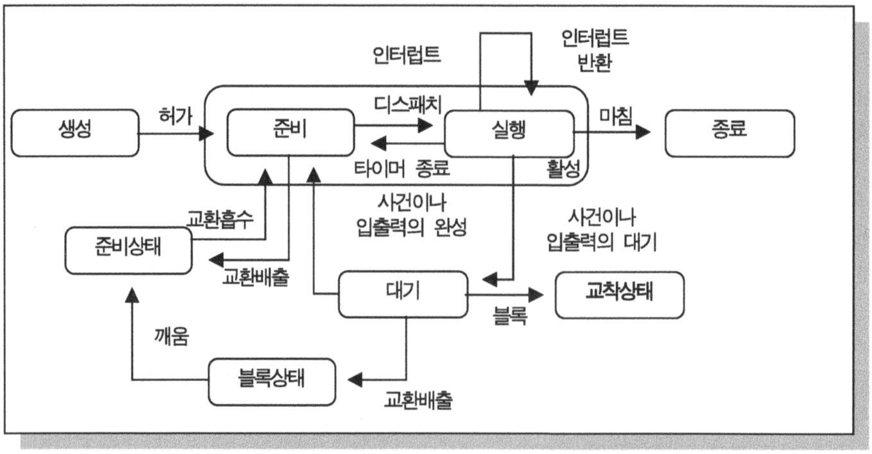

[그림 4-36] 교착상태를 포함한 프로세스 상태 전이도

교착상태(deadlock)는 대기 중인 프로세스가 자신의 상태를 바꾸지 못하는 경우를 말한다. [그림4-37]는 자원 교착상태의 예를 보이고 있는데, **교착상태**란 다중프로그래밍 환경에서 결코 발생하지 않을 특정 사건을 무한정 기다리는 것을 말한다. 즉, 대기상태에서 준비상태로 가지 않는다고 할 수 있다. 임계영역(CS)이 존재할 경우 가능성이 있다고 할 수 있다. 예를 들어,[그림4-37]과 같이 P1,P2 라는 두개의 프로세스가 있고 R1,R2 라는 공유 자원이 있다고 가정하자.

프로세스는 자원을 사용하기 위해 OS에 자원을 요청하고 사용 후 반납하는 과정을 가진다. 자원을 요청할 때 만약 그 자원을 다른 프로세스가 사용 중이라면 사용이 종료될 때까지 대기하게 된다. P1이 R2을 요청하고, P2가 R1를 요청해서 사용하는 도중에, P1이 P2가 사용 중인 R2를 요청하고 P2는 P1이 사용 중인 R1을 요청할 경우 두개의 프로세스가 서로 자원을 할당받기 위해 **무한한 대기**를 하게 된다. 이 상황을 **교착상태**라고 한다(프로세스 단위로 보는 것인데, [그림4-37]처럼 모든 프로세스가 교착상태에 빠지면 시스템이 정지할 것이다). [그림4-37]같은 그림을 자원 할당 그래프라고 한다.

프로세스는 원형(○), 자원은 **사각형**(□), **자원 안의 원**(●)은 해당 자원의 개수이다. 자원으로부터 프로세스로 향하는 화살표는 자원의 할당을 의미하며, 프로세스로부터 **자원으로 향하는 화살표**(→)는 그 자원을 요구하고 있으며 아직 할당되지 않았음을 의미한다. 즉, 할당은 자원 안의 동그라미에서 원형으로 화살표, 요청은 프로세스에서 자원안의 원형으로 화살표이다.

[그림4-37]에서 자원 R1, R2를 파일이라고 하고 예를 들어보자.

P1과 P2가 open 함수로 OS에 R1 과 R2를 달라고 각각 요청을 한다([그림4-37]의 1번과 2번 단계). 그 후 P1 과 P2 가 상대방 프로세스가 사용 중인 R2 와 R1 을 요청하게 된다면([그림4-37]의 3번과 4번 단계), 서로 교착상태에 빠지게 된다. 따라서 [그림4-37]처럼 그래프에 싸이클이 생기면 **교착상태**라고 할 수 있다. 하지만 모든 그래프가 싸이클이 있다고 교착상태라고 할 수는 없다. 즉, P1은 R1을 가지고 있으면서 R2를 요구하고 있고, 반면에 P2는 R2를 가지고 있으면서 R1을 요구하고 있다. 따라서 각 프로세스는 자신에게 할당된 자원을 가지고 있으면서 상대방 프로세스의 자원을 요구하는 상태로 서로 상대방이 자원을 놓아 주기를 기다리고 있으면서 자신이 가진 자원을 놓아주지 않는 상태이다. 이러한 현상을 **환형 대기**(Circular wait)라고 하며 자신이 자원을 끈질기게 보유하고 있으면서 다른 자원을 요구하므로 한편으로는 사용자 프로세스가 M/M의 데이터를 행 단위로 출력하려고 프린터로 보낸 출력 행 전체가 프린트될 때까지 기다렸다가 다음 행을 보낸다면 프린터의 속도 때문에 사용자 프로세스의 실행 속도는 느려질 것이다.

일반적으로 스풀링(Spooling)에서는 사용자 프로세스의 실행 속도를 높이려고 출력 행을 직접 프린터로 보내는 것이 아니라 대용량의 디스크에 고속으로 보내어서 일단 저장하였다가 나중에 서서히 프린터로 출력되게 하고 있다. 디스크에는 스풀 파일 공간이 있는데 현재 수행 중인 여러 작업이 인쇄할 행을 만들어 스풀링 파일로 보내고 있는 도중에 이미 스풀링 파일 공간이 꽉 찬 경우에는 교착상태에 빠지게 된다. 이러한 교착상태로부터 **회복**(Recovery)하려고 시스템을 재

시작(restart) 시킨다면 이제까지 수행한 작업들의 전부나 일부를 잃어버리는 결과가 될 수도 있다.

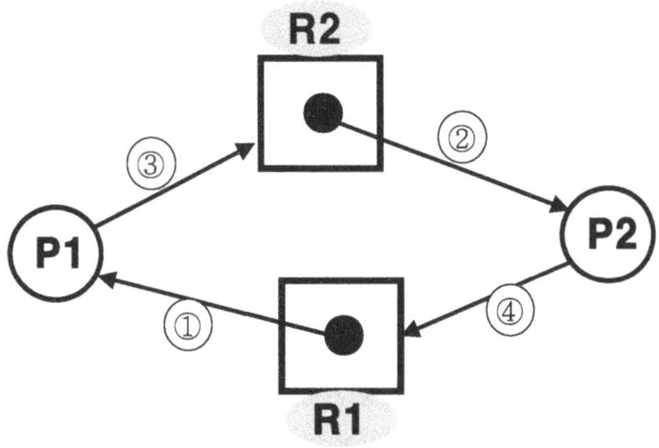

- ①할당(P1은 실행 상태)
- ②할당(P2은 실행 상태)
- ③요청(P2가 사용 중인 자원 R2에 요청;P1은 P2가 R2를 반납할 대까지 대기상태로 들어감)
- ④요청(P1이 사용 중인 자원 R1을 요청;P2는 P1이 R1을 요청;P2는 P1이 반납할 때까지 대기상태로 들어가게 되는데, 둘다 서로에 의해 대기상태에 들어가 "무한대기"를 하게됨☞P1과 P2는 "교착상태"가 되었다)

[그림 4-37] 자원 할당 그래프의 예

따라서, 워드 프로세서와 같은 때에는 사용자에게 프린터의 통제권을 부여하여 나머지 작업이 완료될 수 있을 만큼 충분한 스풀링 공간이 생길 때까지 하나 또는 그 이상의 스풀 작업을 제거하여 회복시킬 수 있게 하고 있다. 스풀링 시스템에서의 교착상태 발생률을 줄이는 한 가지 방법은 예상 필요 공간보다 많은 스풀링 파일 공간을 할당하는 방법이 있으나, 이 방법은 기억장치 용량이 충분히 많을 때에는 할 수 있으므로 비용이 많이 든다. 따라서, 이보다 좀 더 보편적인 방법은 스풀링 파일이 일정한 포화 임계치(예를 들어 80% 정도)를 넘지 못하게 억제하는 방법이다. 이 방법은 시스템의 작업 효율은 좀 저하되지만 교착상태의 발생률을 낮추는 방법으로 사용되고 있다.

예제 4-23

할당 그래프의 [그림4-38]를 검토해 보자.

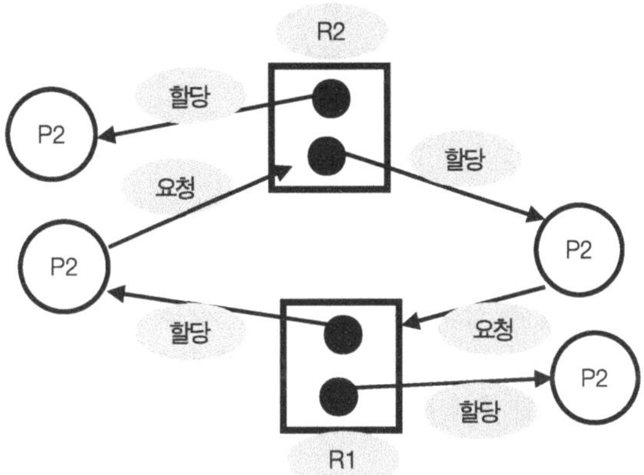

[그림 4-38] 자원 할당 그래프의 싸이클 관계

[그림4-38]를 보면 프로세스 P2와 P3에 의해 싸이클(주기)이 생성되었다. 하지만 P1과 P4가 각 자원을 반납하게 되면 P2와 P3는 자원을 할당받을 수 있게 된다(**무한한 대기가 아니다**).

4.7.5 교착상태의 발생 조건

교착 상태(deadlock)란 두 개 이상의 작업이 서로 상대방의 작업이 끝나기만을 기다리고 있기 때문에 결과적으로 아무것도 완료되지 못하는 상태를 가리킨다. 예를 들어 하나의 사다리가 있고, 두 명의 사람이 각각 사다리의 위쪽과 아래쪽에 있다고 가정한다. 이때 아래에 있는 사람은 위로 올라가려고 하고, 위에 있는 사람은 아래로 내려오려고 한다면, 두 사람은 서로 상대방이 사다리에서 비켜줄 때까지 하염없이 기다리고 있을 것이고 결과적으로 아무도 사다리를 내려오거나 올라가지 못하게 되듯이, 전산학에서 교착 상태란 다중 프로그래밍 환경에서 흔히 발생할 수 있는 문제이다. 이 문제를 해결하는 일반적인 방법은 아직 없는 상태이다. 교착상태에 있는 프로세스들은 결코 실행을 끝낼 수 없으며 시스템 자원들이 묶여 있어서 다른 작업을 실행할 수 없다. 교착상태가 발생하려면 시스템에서 다음과 같은 4가지 조건이 동시에 발생할 때, 즉 **필요충분 조건**이 성립될 때 발생한다. 이 조건들은 교착상태가 발생하는 필요 조건들이며 완전히 독립적이지 않다. 교착상태가 발생하였다는 것은 다음에 제시하는 조건들이 작용하고 있음을 의미한다. 즉,1971년에 E. G. 코프만 교수는 교착상태가 일어나려면 다음과 같은 **네 가지 필요 조건**을 충족시켜야 함을 보였다.

(1) 상호배제(Mutual exclusion) 조건

여러 개의 병렬 프로세스가 공통의 변수 또는 자원에 접근할 때 그 조작을 정당하게 실행하기 위하여 접근 중인 임의의 시점에서 하나의 프로세스만을 접근하도록 제어하는 것이며, 하나의 자원을 복수의 프로세스(또는 태스크)에서 공용하고 있는 경우 어느 프로세스가 그 자원에 액세스하고 있는 사이 다른 프로세스를 대기 상태로 하여 액세스시키지 않도록 하는 제어 방식이다. 즉, 프로세스들이 그들이 필요한 자원에 배타적인 제어권을 요구한다. 따라서 최소한 한 번에 한 프로세스만이 자원을 사용할 수 있으며 다른 프로세스가 그 자원을 요구하면 자원을 요구한 프로세스는 자원이 해제될 때까지 임계구역(CS) 밖에서 기다려야 한다.

(2) 점유와 대기(Hold and wait) 조건

프로세스가 할당된 자원을 가진 상태에서 다른 자원을 기다리는 경우로서, 프로세스들은 같은 자원이나 다른 종류의 자원을 부가적으로 요구하면서 이미 어떤 자원을 점유하고 있다. 그래서 점유와 대기를 부분 할당이라고도 한다. 프로세스가 자신에게 이미 할당된 자원을 점유하고 있으면서, 다른 자원을 추가로 요구하며 기다리고 있다. 따라서 최소한 하나의 자원을 점유하는 프로세스가 존재해야 하며, 이 프로세스는 다른 프로세스에 할당된 자원을 추가로 점유하려고 대기해야 한다.

(3) 비선점(No preemption) 조건

프로세스가 어떤 자원의 사용을 끝낼 때까지 그 자원을 뺏을 수 없다. 즉, 비선점 자원들은 그들을 점유하는 프로세스로부터 벗어나지 못한다(도중에 해제될 수 없다). 단지 프로세스들 자신이 점유한 자원을 해제할 수 있다. 프로세스에게 일단 할당된 자원을 모두 사용하기 전에는 그 프로세스로부터 도중에 회수할 수 없다. 따라서 자원들은 선정하지 못하며 점유하는 프로세스로 태스크를 종료한 후에 해제할 수 있다.

(4) 환형대기(순환 대기;Circular wait) 조건

각 프로세스는 환형적으로 다음 프로세스가 요구하는 자원을 가지고 있다. 프로세스와 자원들이 원형을 이루며 각 프로세스는 자신에게 할당된 자원을 가지면서 상대방의 자원을 상호 요청하는 때를 말한다. 따라서 대기하는 프로세스 집합 $\{P_0, P_1, \ldots P_{n-1}, P_n\}$에서 P_0는 P_1이 점유한 자원을 대기하고 있고 P_1은 P_2를 대기하고, P_{n-1}은 Pn을 점유한 자원을 대기한다. 환형 대기는 점유와 대기 조건을 암시하고 있다. 환형 대기는 이용할 수 없는 자원을 프로세스가 자원을 사용할 수 있을 때까지 대기하고 있기 때문이다.

이 조건 중에서 한 가지라도 만족하지 않으면 교착 상태는 발생하지 않는다. 이중 환형대기 조건은 점유대기 조건과 비선점 조건을 만족해야 성립하는 조건이므로, 위 4가지 조건은 서로 완전히 독립적인 것은 아니다. 그러나 앞으로 설명하겠지만 각 조건을 분리하여 생각하는 것이 바람직하다.

이처럼 교착상태의 원인은 앞서 언급 했듯이 다음의 4가지 조건인 상호 배제 (mutual exclusion), 점유 및 대기 (hold and wait), 비선점 (no preemption), 환형 대기 (circular wait) 조건 등을 동시에 만족하기 때문이다.

따라서 원인을 해결하기 위해서는 **교착상태 예방, 교착상태 회피, 교착상태 탐지 및 회복** 등의 방법을 제시할 수 있다.

예방 방법은 교착상태가 발생하지 않도록 사전에 예방하겠다는 것이다.

상호배제 조건을 예방하기 위해 공유자원에 동시에 접근이 가능하도록 한다면 교착상태에 빠지지 않게 될 것이다. 하지만 **상호배제 조건**을 만족하지 못하면 **결정성의 문제**가 생긴다.

점유 및 대기를 (hold & wait)로 표현한다면 만족 하지 않게 하려면 반대인 (!hold | !wait)로 표현한다.즉,점유 및 대기를 예방하면 사용할 때마다 불러서 사용하고 바로 반납한다는 것이다.

이는 "교착상태에 빠지지는 않겠지만 사용하는 자원이 나만 사용하는 자원이다." 등의 경우에서 너무 비효율적이다.

비선점 조건을 만족하지 않고 선점방식을 사용하게 된다면 프로세스는 자원을 사용하다 강제로 뺏길 것이다.

문서(워드) 작업을 하는데 갑자기 워드가 꺼져버리는 상황을 상상하면 된다.

환형 대기 조건은 [그림4-39] 과 같다.

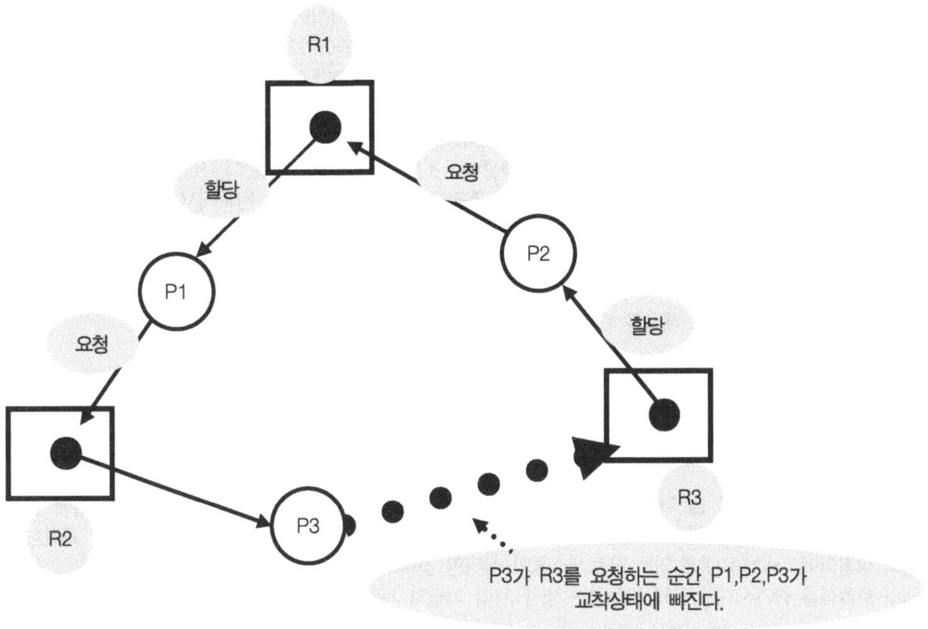

[그림 4-39] **환형 대기 조건의 예**

[그림4-39] 처럼 할당과 요청이 이루어진다면 "**점선**"이 요청되는 순간 P1,P2,P3는 교착상태에 빠지게 될 것이다. 이를 예방하기 위해 모든 자원에 일련번호를 매기고 프로세스의 자원요청을 일련번호의 오름차순 혹은 내림차순으로 제한함으로써 교착상태를 방지한다. 이 방법은 일련번호에 따라 시스템 성능에 직접적 영향을 미치며 이로 인해 이용 순서

를 정확히 예측하여 결정해야 하는 어려움과 새로운 자원이 추가될 때마다 전체 자원의 일련번호를 재수정해야 하는 오버헤드가 발생한다.

짚어보기 강을 건너는 문제

교착 상태가 발생하는 **필요 충분조건**은 강의 맞은편에서 두 사람이 강을 건너다가 중앙에서 만나는 것과 같은 경우이다. 여기서, 한 번에 돌 하나에는 한 사람만 디딜 수 있으므로 "**상호배제**"는 당연히 성립된다. 그리고 각 사람은 돌 하나를 딛고 다음 돌을 요구하므로 "**점유와 대기**" 조건도 만족한다. 또한 그 사람이 딛고 있는 돌을 강제로 제거할 수 없으므로 "**비선점**" 조건도 만족한다. 끝으로 동쪽에서 오는 사람은 서쪽에서 오는 사람을 기다리고,서쪽에서 오는 사람도 동쪽에서 오는 사람을 기다린다. 결국 "**환형(순환) 대기**"조건이 만족된다. 여기서 누구도 나아갈 수 없고 서로가 상대편이 딛고 있는 돌에서 발을 떼기를 기다린다.

예제 4-24

어떤 자원을 위하여 대기 중인 프로세스가 있다고 하자. 이 프로세스는 다른 프로세스가 요청한 자원을 이미 독점하고 있고, 또한 자신이 요청한 자원은 다른 프로세스에 의해서 이미 할당되어 있다고 한다면 이들 프로세스는 간섭이 없는 한 영원히 서로 기다리고 있는 상태를 벗어날 수 없다.

예제 4-25 교착상태 예;강 건너기

여러 개의 돌로 된 징검다리가 있는 강을 건너는 경우를 보면, 징검다리의 돌 하나는 한 쪽에서 한 사람만 디딜 수 있다.여기서 강을 건너는 사람을 프로세스, 징검다리의 돌을 자원이라고 한다. 만약, 두 사람이 동시에 서로 다른 방향에서 출발하여 강 중간에서 만나면 교착상태가 발생했다고 한다. 돌을 딛는 것을 자원 할당(assignment),발을 떼는 것을 자원 해제(release)로 볼 때 동시에 같은 돌을 디디려 하면 교착상태가 된다. 여기서 돌 하나는 한 사람만 디딜 수 있으므로 당연히 **상호배제**(mutual exclusion) **조건**이 성립한다. 그리고 각 사람은 돌 하나를 딛고 다음 돌을 요구하므로 **점유와 대기**(hold & wait) **조건**도 만족한다. 또한 사람이 딛고 있는 돌을 강제로 제거할 수 없으므로 **비선점**(nonpreemption) **조건**도 만족한다. 끝으로 왼쪽에서 오는 사람은 오른쪽에서 오는 사람을 기다리고, 오른쪽에서 오는 사람도 왼쪽에서 오는 사람을 기다리므로 **순환(환형)대기**(circular wait) **조건**을 만족한다. 따라서 이런 환경에서는 누구도 앞으로 나아갈 수 없고 서로 상대방이 딛고 있는 돌에서 발을 떼기를 기다린다.
이런 경우는 다음의 방법으로 해결할 수 있다.

- 둘 중 한 사람이 되돌아간다(복귀).
- 강을 건너기 전에 상대편 강 쪽을 확인하고 출발한다.
- 강의 한쪽 편에 우선권을 부여한다.

위에서 정의한 교착상태를 좀 더 형식적으로 정의한다면 다음과 같다. **한 집합 내의 프로세스에 의해 일어날 수 있는 어떤 사건(event)을 기다리고 있는 집합 내의 모든 프로세스는 교착상태에 있다고 한다.** 즉, 교착상태는 시스템의 상황이며, 시스템 내에 있는 프로세스들의 상태인 것이다. 교착상태는 제한된 자원의 이용률을 높이고 시스템의 효율성을 증가시키기 위해 사용하는 병행 처리 기술과 자원공유에 따른 부작용이다.

4.7.6 자원 할당 그래프를 이용한 교착상태의 표현

(1) 개요

교착상태는 시스템 자원 할당 그래프라는 방향 그래프(directed graph)로 나타낼 수가 있다. 이 그래프는 G=(V,E)로 구성되며, 정점(vertex) 집합(V)은 프로세스 집합인 P={P_1,P_2,...,P_n}과 시스템 내의 모든 자원들로 구성된 간선(edges) 집합(E)인 R={R_1,R_2,...,R_n}의 두 가지 형태로 나뉜다. 집합 E의 각 원소는(P_i,R_j)나 (R_j,P_i)와 같은 순서쌍으로 나타낸다.P_i로 프로세스를,R_j로 자원을 표시한다. 프로세스 P_i에서 자원 형태 R_j로의 연결선은 $P_i \rightarrow R_j$로 표현하며, 이것은 프로세스 P_i가 자원 형태 R_j를 요청하는, 즉 자원을 기다리는 상태이다[그림4-40(a)].자원 형태 R_j에서 프로세스 P_i로의 연결선은 $R_j \rightarrow P_i$로 표현하며, 이것은 자원 형태 R_j가 프로세스 P_i에 할당됨을 의미한다[그림4-40(b)].이때 $P_i \rightarrow R_j$는 요청 연결선(요청 간선)이라 부르고,$R_j \rightarrow P_i$는 할당 연결선(할당 간선)이라 부른다. 여기서 그래프 표현 시에는 다음과 같이 자원형태 R_j는 사각형, 프로세스 P_i는 원으로 표시한다. 원 안에 그려진 작은 원은(검은색 점)은 각 집합체의 자원 개수를 나타낸다. 할당 연결선은 사각형 안의 점 하나를 가리키는 반면, 요청 연결선은 사각형 R_j만 가리킨다[그림4-41]

- 방향 간선 $P_i \rightarrow R_j$는 요청 간선(P_i, R_j)
- 방향 간선 $R_j \rightarrow P_i$는 할당 간선(R_j, P_i)

- 원(◯); 각 프로세스(P_i)
- 사각형(□); 자원 형태(R_j)

만약, 자원 할당 그래프에 [그림4-40(d)]과 같이 사이클이 존재한다면 이것은 환형 안의 프로세스와 자원이 교착상태에 있음을 나타낸다.

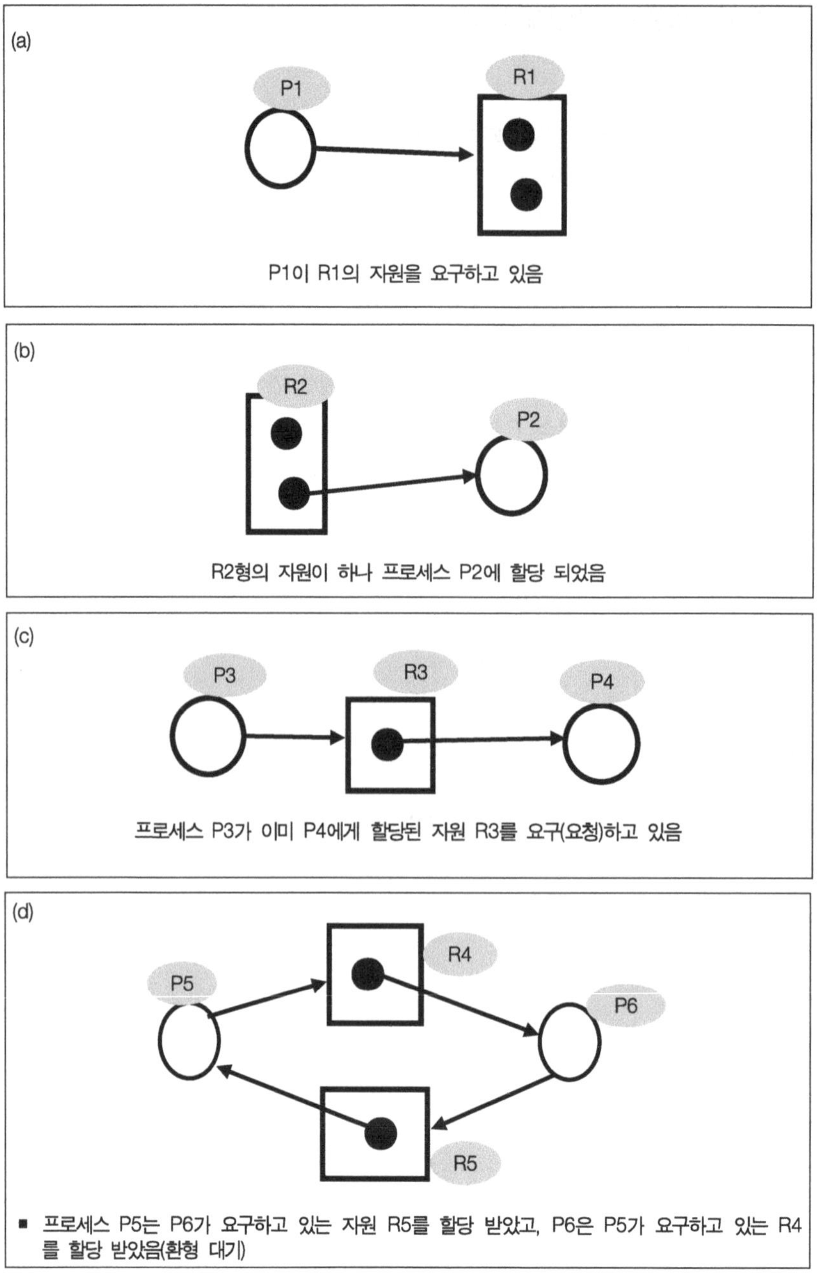

[그림 4-40] **환형대기 존재와 자원 할당 그래프**

일반적으로 자원 형태 R_j가 한 개 이상의 자원을 가질 때는 사각형(□) 하나에 자원의 수만큼 점(●)을 그려 넣는다. 프로세스 P_i가 자원 형태 R_j의 한 자원을 요청하면, 요청 연결선을 자원 할당 그래프 안에 삽입한다. 요청이 만족되면, 요청 연결선은 즉시 할당 연결선으로 변환된다. 프로세스가 자원을 해제하면, 할당 연결선은 삭제된다. 특히, 자원할당 그래프를 사용하는 이유는 **그래프를 이용하여 교착상태의 발생여부**를 결정하기 위함이다.

[그림4-41]의 자원 할당 그래프는 다음과 같은 상황을 의미한다.

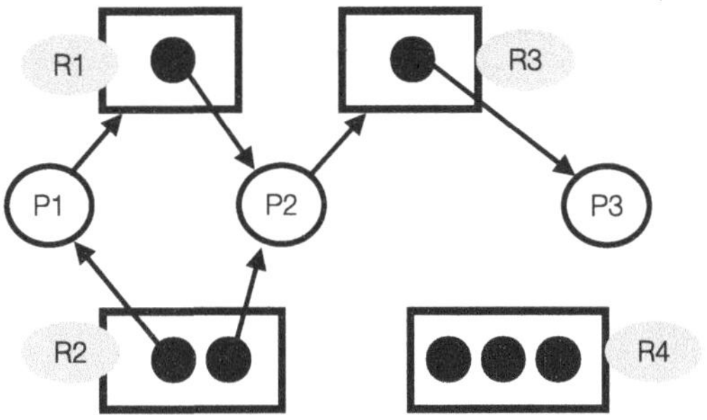

[그림 4-41] 자원 할당 그래프

- **교착상태**는 시스템 자원 할당 그래프인 유향(directed) 그래프로 정확히 나타낼 수 있다. 이 그래프는 G=(V, E) 쌍으로 구성되는데, V는 정점(Vertex)의 집합이고, E는 간선(edge)의 집합이다.정점 집합은 프로세스(P)를 나타내는 집합 P=$\{P_1, P_2, \ldots, P_{n-1}, P_n\}$과 자원(R)의 종류를 나타내는 R=$\{R_1, R_2, \ldots, R_m\}$ 순으로 나뉘어진다.

① 집합 P, R, 그리고 E:
- P = {P1, P2, P3}
- R = {R1, R2, R3, R4}
- E = {P1 → R1, P2 → R3, R1 → P2, R2 → P2, R2 → P1, R3 → P3}
  또는 E={(P1,R1),(P2,R3),(R1,P2),(R2,P2),(R2,P1),(R3,P3)}

② 자원의 사례(Resource instances):
- 자원 형태 R1은 1개,
- 자원 형태 R2는 2개,
- 자원 형태 R3은 1개,
- 자원 형태 R4는 3개

③ 프로세스 상태:
- 프로세스 P1은 자원 형태 R2의 한 개를 보유하고, 자원 형태 R1을 한 개를 기다린다.
- 프로세스 P2는 자원 R1과 R2를 각각 한 개씩 점유하고, 자원 형태 R3를 한 개 기다린다.
- 프로세스 P3는 자원 R3 한 개를 점유하고 있다.

∴ 주어진 자원 할당 그래프의 정의에서 알 수 있듯이 그래프 주기(사이클)가 없다면 시스템에 교착상태가 발생하지 않는다. 반면에, 그래프에 주기가 존재한다면 교착상태가 발생할 수 있다.각 자원 형태가 정확히 자원 하나만 가지면 주기는 교착상태임을 암시한다. 또한 주기가 하나뿐인 자원 집합에만 연관되어 있으면 각각 자원을 하나 가지므로 교착상태가 발생한다. 주기에 포함된 각 프로세스는 교착상태에 있으며, 이 경우에 그래프의 주기는 교착상태의 **필요충분 조건**이 된다.

짚어보기 자원 할당 그래프의 예

❶ 교착상태 회피를 위한 자원 할당 그래프

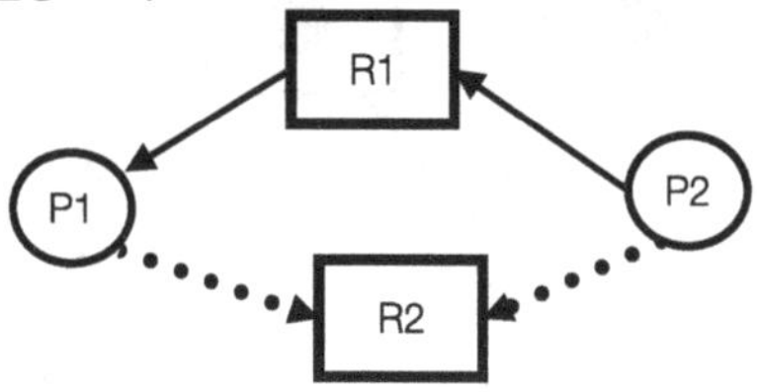

❷ 자원 할당 그래프에서의 불안정 상태(unsafe)

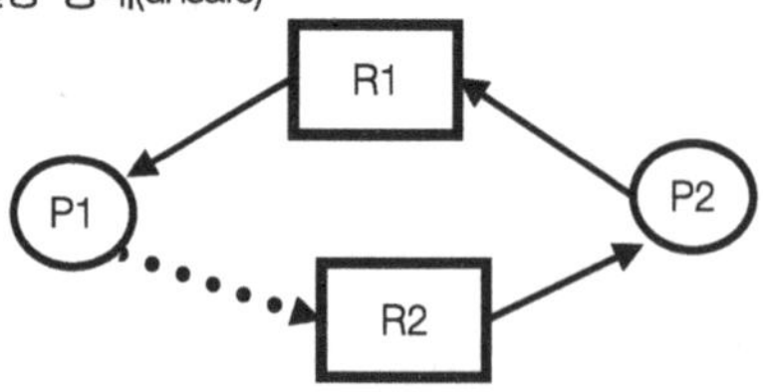

∴ ❶의 경우, 프로세스 P2는 R2를 요청하고, 현재 R2는 어느 프로세스에게도 할당되지 않았으나, P2에게는 할당할 수 없다. 왜냐하면, 이 행동은 이 그래프에서 사이클(주기)을 만들기 때문이다(❷의 경우). 사이클은 시스템이 불안정 상태임을 의미한다. 만일 P1이 R2를 요청하면 **교착상태**가 발생한다.

(2) 자원 할당 그래프의 주기 존재 여부

[그림4-41]의 할당 그래프에서, 프로세스 P3가 자원 형태 R2의 자원을 요청한다고 가정하자. 사용 가능한 자원이 없기 때문에 요청 연결선 **P3 → R2**를 그래프에 추가한다[그림4-42].그러면 이 그래프는 주기가 존재하게 된다.

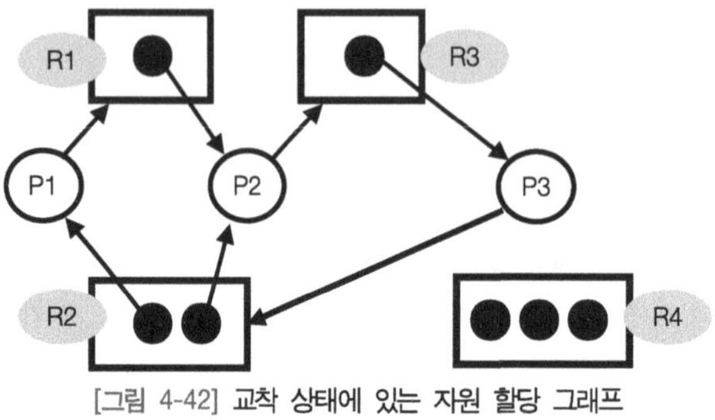

[그림 4-42] 교착 상태에 있는 자원 할당 그래프

① 주기가 시스템에 존재한 경우에서 교착상태에 있는 경우의 자원 할당 그래프;

[그림4-42]에서,이 시점에서 두 개의 주기(cycle)가 시스템에 존재하게 된다.

ㄱ. P1 → R1 → P2 → R3 → P3 → R2 → P1

ㄴ. P2 → R3 → P3 → R2 → P2

∴ 이 경우는 프로세스 P1, P2, P3는 **교착 상태**에 빠지게 된다.

② 주기(cycle)가 있으면서(존재), 교착상태가 아닌 자원 할당 그래프;

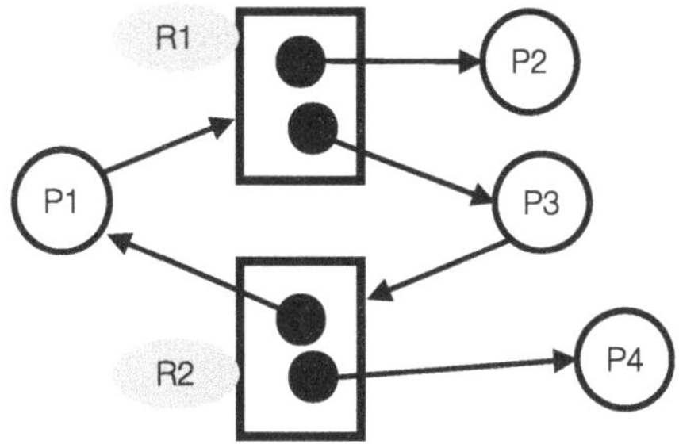

[그림 4-43] 주기가 있으면서 교착상태가 아닌 자원 할당 그래프

[그림4-43]에서의 경우는, 주기를 갖고 있는데(P1 → R1 → P3 → R2 → P1)도 불구하고, 교착상태가 아니다. 즉, P4가 R2의 사례를 해제할 수 있기 때문이다. 이 자원이 P3에 할당되면 주기가 없어진다. 자원 할당 그래프에 주기가 없다면 시스템은 교착상태가 아니다. 결론적으로 말해서, **주기가 존재한다면 그 시스템은 교착상태일 수도 있고 아닐 수도 있다.**

예제 4-26

[그림4-42]의 자원 할당 그래프에서는 몇 개의 프로세스가 교착 상태에 빠져 있는가?

풀이

(가) 위 그래프에서는 사이클 P1→R1 → P2 → R3 → P3 → R2 → P1 와 P2 → R3 → P3 → R2 → P2가 존재하므로 교착 상태에 빠져 있다. (P1, P2, P3 3개 모두) 프로세스 P2는 프로세스 P3가 점유하고 있는 자원 R3을 기다린다. 프로세스 P3 은 자원 R2을 해제하기 위하여 프로세스 P1이나 프로세스 P2가 끝나기를 기다린다. 프로세스 P1은 자원 R1을 해제하기 위하여 프로세스 P2가 끝나기를 기다린다.
∴ P1, P2, P3 모두 교착 상태에 빠져 있음.

(나) 교착 상태의 발견(탐지) 방법은 다음 3가지가 있다.
❶ 환형 대기 존재 여부 검사 ❷ 자원 할당 그래프 ❸ 자원 할당의 소거
본서에서는 ❸의 방법은 언급하지 않했으니 참고 서적을 참고하길 바란다.

예제 4-27

다음의 자원 할당 그래프에서 P는 프로세스의 집합이며, R은 자원들의 집합이면, E는 프로세스와 자원과의 연결 간선을 의미한다. 다음 상황에 대한 올바른 설명은?

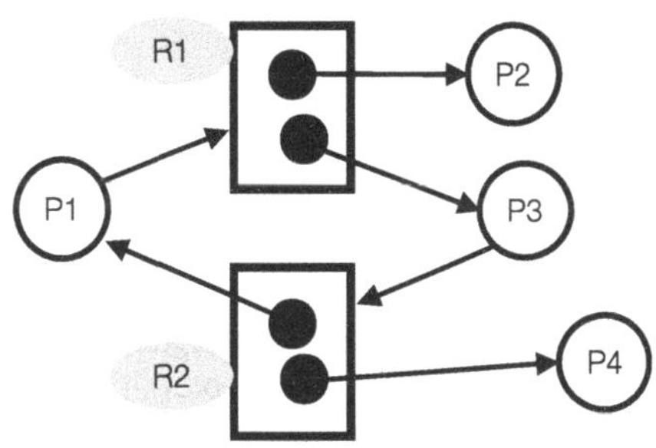

P={P1,P2,P3,P4}

R={R1,R2}
E={P1→R1,R1→P2,R1→P3,R2→P1,P3→R2,R2→P4}

풀이

❶ 위의 할당 그래프는 사이클을 가지고 있지만 교착 상태가 발생하지 않는 경우로 P4가 지원형태의 R2의 경우를 해제할 수 있으므로 R2 자원이 P3 에 할당되면 사이클이 없어진다.
❷ 자원 할당 그래프에 사이클이 없으면 교착 상태가 아니고, 사이클이 있으면 시스템은 교착 상태가 될 수도 있고, 아닐 수도 있다.

(3) 자원 할당 그래프 소거

탐지(발견) 알고리즘은 유향 자원 그래프를 사용하여, 이것을 줄임으로써 설명될 수 있다. 한 그래프를 줄이는 단계는 다음과 같다.

❶ 한 자원을 현재 사용하고 있는 자원을 기다리지 않는 프로세스를 찾아라.
이 프로세스는 그래프로부터 제거될 수 있고(그 자원을 프로세스에 연결하는 선을 절단함으로써),그 자원은 이용 가능한 목록에 반환될 수 있다. 이 프로세스는 결국 끝내고 그 자원을 반환하기 때문에 이것이 가능하다.

❷ 완전히 할당되지 않은 자원 부류만을 기다리고 있는 프로세스를 찾아라.
이 프로세스는 결국 기다리고 있는 자원을 받아서, 일을 끝내고 이용 가능한 자원 목록에 자원을 반환하기 때문에 교착 상태가 일어나지 않는다.

❸ 단계 ❶로 되돌아가서 자원들을 프로세스에 연결하는 모든 선들이 제거될 때까지 루프를 계속 돈다.
"자원 할당 그래프 소거"는 본서에서는 언급을 안했으니 관련 참고 서적을 보기를 바란다.

(4) 교착상태(Deadlock) 관련 문제(무기한 연기)

어떤 시스템에서든지 자원 할당과 프로세스 스케줄링 결정을 하는 동안 다른 프로세스를 기다리게 하는 시스템에 의해 처리되는 동안 어떤 프로세스의 스케줄링이 끝없이 연기 될 가능성이 있다.

예제 **4-28 우화의 예**

어렸을 때 들었던 우화 중에 교착상태를 이야기한 우화는 무엇인가?
외나무다리 위의 두 마리 염소 이야기가 교착상태의 한 예이다. 두 마리의 염소는 서로가 비켜주길 기다리다가 영원히 다리를 건널 수 없게 된다.

예제 **4-29 교착상태의 예; 식사하는 철학자 문제**

식사하는 철학자들 문제는 전산학에서 동시성과 교착 상태를 설명하는 예시로, 여러 프로세스가 동시에 돌아갈 때 교착 상태가 나타나는 원인을 직관적으로 알 수 있다. 즉, 여러 프로세스가 동시에 돌아갈 때 교착상태가 나타나는 원인을 보여준다.

다섯 명의 철학자가 원탁에 앉아 있고, 각자의 앞에는 스파게티가 있고 양옆에는 젓가락(포크)이 하나씩 있다. 그리고 각각의 철학자는 다른 철학자에게 말을 할 수 없다. 철학자가 스파게티를 먹기 위해서는 양 옆의 젓가락을 동시에 들고 있어야 한다. 이때 각각의 철학자가 왼쪽의 젓가락을 들고 그 다음 오른쪽의 젓가락을 들어서 스파게티를 먹는 알고리즘을 가지고 있으면, 다섯 철학자가 동시에 왼쪽의 젓가락을 든 다음 오른쪽의 젓가락을 들 때까지 무한정 기다리는 "교착 상태"에 빠지게 될 수 있다.또한 어떤 경우에는 동시에 젓가락을 집을 수 없어 식사를 하지 못하는 "기아 상태"가 발생할 수도 있다. 그리고 몇몇 철학자가 다른 철학자보다 식사를 적게 하는 경우가 발생하기도 한다[그림4-44].

다익스트라의 해결책은 다음과 같다.각각의 철학자를 P_1,P_2,P_3,P_4,P_5라고 하고, 각 철학자의 왼쪽 젓가락을 F_1,F_2,F_3,F_4,F_5라고 하자. P_5를 제외한 네 명은 먼저 F_n를 집은 후 F_{n+1}를 집는 방식을 취한다. 그리고 P_5는 이와 반대로, F_1를 먼저 집은 후 F_5를 집는다. 이것은 원래 방식의 대칭성을 제거하고, 따라서 교착 상태를 막을 수 있다.

첫 번째 방법은 n명이 앉을 수 있는 테이블이라 가정했을 때 철학자를 n-1명만 앉힌다. 젓가락이 n개 있다고 해도 n-1명이 앉아있다면 무조건 1개 이상의 젓가락은 대기 상태로 있어야 하고 그에 따라 어떤 철학자는 무조건 식사가 가능하게 된다.

두 번째 방법은 한 철학자가 젓가락 두 개를 모두 집을 수 있는 상황에서만 젓가락 집는 것을 허용 한다.이 방법은 철학자가 자신의 양옆 젓가락을 모두 사용할 수 있을 때 젓가락을 집는 행위를 하도록 하는 것이다. 여기서 의문을 가질 수 있는데, 자신의 양옆 젓가락을 모두 사용할 수 있어서 내 차례에 왼쪽 젓가락을 집었는데, 다음 사람이 내 오른쪽 젓가락을 집어버리면 마찬가지 이다. 그러면 교착상태가 발생할 것이다.

다르게 생각하서 젓가락이 모두 내려져 있고, 차례대로 왼쪽 젓가락을 집는 것이다.

그렇게 되면 n-1번째 사람까지는 모두 젓가락을 집었을 것입니다. 하지만 n번째 사람의 차례가 왔을 때 1번째 사람이 왼쪽 젓가락을 이미 집은 상태이므로 양옆 젓가락을 모두 사용할 수 있을 때 젓가락을 집는 행위를 한다는 최초 전제에 맞지 않아 젓가락을 집지 못하게 된다. 따라서 교착상태가 발생하지 않게 된다.

세 번째 방법은 누군가는 왼쪽 젓가락을 먼저 집는 것이 아니라 오른쪽 젓가락을 먼저 집게 만드는 것이다. 최초에 교착상태가 일어난 이유는 모두 왼쪽에 있는 젓가락을 집었기 때문인데 누군가가 오른쪽 젓가락을 먼저 집게 된다면 왼쪽을 모두 집어서 생기는 싸이클을 막을 수 있다. 그래서, 누군가는 젓가락을 집지 못하게 되고 이에 따라 교착상태가 생기는 것을 예방할 수 있다.

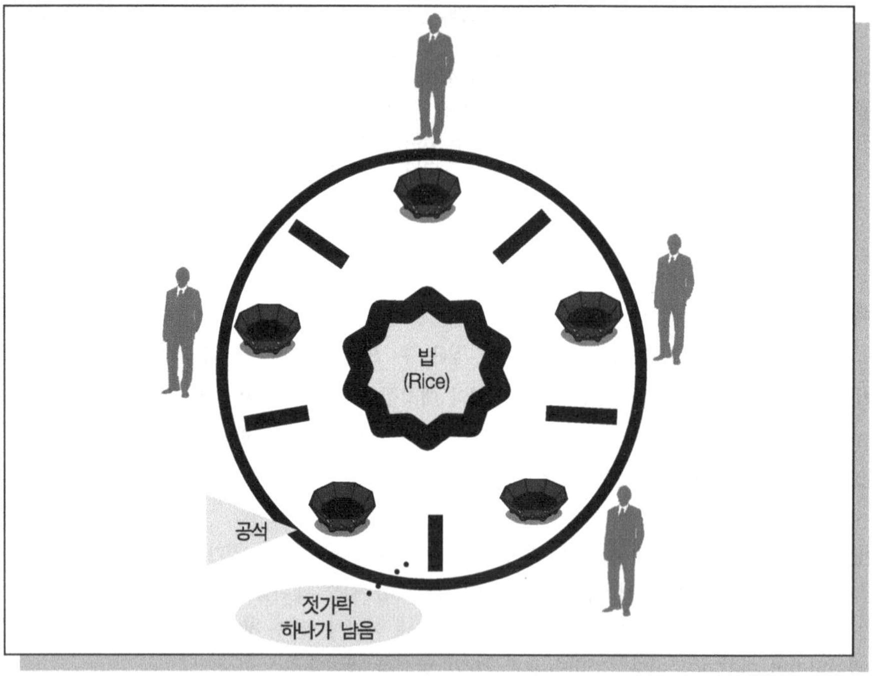

[그림 4-44] 철학자의 테이블

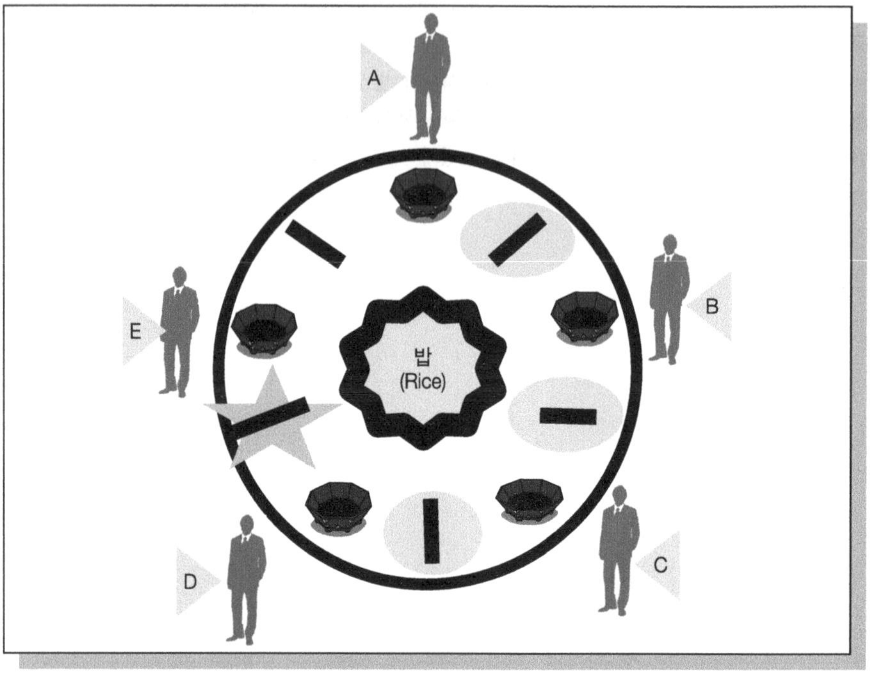

[그림 4-45] 철학자가 젓가락을 집은 경우--의자 대신 사람(얼굴)로 표시해도 좋습니다.

[그림4-45]을 설명하면 A, B, C, D 철학자는 왼쪽 젓가락을 먼저 E철학자는 오른쪽 젓가락을 집게 된 경우이다. A, B, C, D는 자신의 왼쪽 즉 빨간색 젓가락을 집게 된다.E는 자신의 오른쪽, 파란색 원안의 젓가락을 집어야 하지만 이미 D가 집고 있으므로 대기해야 한다. 다음 순서가 오면 A는 자신의 오른쪽 젓가락이 비었기 때문에 이를 집고 식사가

가능하게 되고 모두라서 교착상태가 생기지 않게 된다.

짚어보기

식사하는 철학자들 문제는 다익스트라가 프로세스들 간에 자원 할당에 관해 도입한 문제이다. 식사하는 철학자들 문제는 자원 할당에 관한 이론을 시험하고 비교하는데 보편적인 방법이며, 모델이다. 다익스트라는 완전히 결정론적인 자동장치라고 간주될 수 있는 기계를 만듦으로써 계층화된 OS를 만드는데 도움을 주기 위해, 이것이 사용되기를 희망했다. 이 문제는 하나의 유한한 프로세스 세트로 구성되는데, 이들은 한 번에 오직 한 개의 프로세스에 의해서만 사용될 수 있는 유한한 량의 자원을 공유함으로써, 잠재적인 교착상태가 유도될 수 있다.식사하는 철학자들 문제는 이것을 둥근 식탁에 둘러앉아 있는 일련의 철학자들로 시각화하였는데, 식탁에는 이웃하는 철학자 사이마다 포크(젓가락)가 한 개씩 놓여져 있다. 각 철학자는 자신의 왼쪽과 오른쪽에 있는 포크 중 어느 것을 사용할지를 마음대로 결심할 수 있지만, 각 포크는 한 번에 오직 한사람의 철학자에 의해서만 사용될 수 있다.이를 위해 가능한 몇 가지 해결방안을 생각해 보면 다음과 같다.

- 세마포어; 단순하지만, 각 자원들이 이진 세마포어인 곳에서는 불공평한 해결책이며, 교착상태나 기아상태를 피하기 위해 추가적인 세마포어들이 사용된다.
- 임계영역; 각 프로세서는 그것이 배타적으로 자원을 사용하는 동안에는 방해로부터 보호된다.
- 모니터; 프로세스는 모든 필요한 자원들이 활용 가능한 상태까지 기다렸다가, 필요한 모든 것을 차지한다.

최적의 해결책은, 프로세스의 현재 상태 (배고픈 상태, 식사 중, 생각 중 ... 등) 를 추적하기 위해 배열을 사용함으로써, 어떠한 수의 프로세스(철학자들)에 대해서도 최대의 병렬성을 허락한다. 이 해결책은, 만약 필요한 포크가 사용 중이라면 자원을 갖기 위해 노력하는 배고픈 철학자들이 차단할 수 있도록 세마포어의 배열을 유지한다.

4.7.7 교착상태 해결 방안

운영체제(OS)는 교착상태를 해결해야 한다. 따라서 OS가 교착상태를 해결하는 방법에 대해 논하며, 교착상태를 해결하는 방법은 크게 두 가지로 나눈다.

우선 교착상태가 절대 일어날 수 없도록 시스템을 설계하는 방법이다. 다른 대안으로는 교착상태가 일어날 수 있도록 시스템을 설계하고 계속 시스템의 상태를 감시하여 교착상태가 발생하였을 때에 이를 해결하는 방법이다. 교착상태를 해결하기 위한 두 가지 접근 방법은 나름대로의 장·단점을 가지고 있으며, 주어진 상황에 따라 어떤 방법이 더 좋은 선택인가를 결정하는 것이 현명할 것이다. 따라서 대개의 경우 이들 두 방법을 혼합하여 사용하는 것이 일반적이다.

- 교착상태가 일어나지 않도록 하는 방법은 다시 두 가지로 나뉜다. OS의 설계 단계에서 방지하는 방법과 OS가 시스템이 교착상태로 들어가지 못하도록 회피하는 방법이다.
- 교착상태 방지의 방법은 교착상태의 네 가지 조건이 동시에 발생할 수 없도록 적어도 하나의 조건을 만족시키지 않도록 OS를 설계하는 것이다. 반면 교착상태 회피는 시스템의 상태를 OS가 감시하면서 교착상태로 들어갈 수 없도록 이끌어가는 것을 말한다.
- 이 두 방법은 어느 한 순간에도 시스템의 내부에 교착상태가 발생하지 않음을 보장한다는 점에서 동일하지만 OS의 아키텍처는 매우 다르다고 볼 수 있다. 교착상태 회피의 경우는 오히려 두 번째 접근방법에 더 가깝다고 할 수 있다.

접근 방법은 OS가 시스템을 감시한다는 점에서는 동일하나 교착상태가 일어난 후에 이를 제거한다는 점에서 교착상태 회피와 방지가 다르다. 즉, OS는 교착상태 탐지를 이용하여 시스템의 상태를 감시하다가, 교착상태가 발견되면 교착상태 회복을 이용하여 교착상태를 해결한다. 따라서 엄밀히 말한다면 탐지와 회복은 함께 사용되어야 하므로 하나의 방법을 이룬다.

예제 4-30

하나의 프로세스만이 존재할 때 교착 상태가 발생할 수 있는지 여부를 예를 들어 설명하라.

풀이

하나의 프로세스는 교착 상태가 일어날 수 없으며, 교착 상태가 발생하는 것이 아니라 **기아 상태**가 발생한다.

[1] 교착상태의 예방(Deadlock Prevention)

교착상태는 네 가지 필요조건이 동시에 모두 만족되어야만 발생한다. 교착상태 방지(예방)란 앞서 설명한 교착상태의 네 가지의 교착상태 조건이 동시에 발생할 수 없도록, 적어도 하나의 조건을 만족시키는 일이 없도록 OS를 설계하는 것이다. 한꺼번에 자기에게 필요한 모든 자원을 요구해야 한다. 원래 갖고 있던 자원을 일단 반납하고 필요하다면 다시 그 자원이나 다른 자원을 요구해 야 한다. 모든 프로세스에 각 자원을 유형별로 할당 순서를 부여한다. 교착 상태가 발생할 가능성을 제거하는 것이다. 하벤더(Havender)는 교착상태 예방을 위한 상호배제를 제외한 세 가지의 기본 방법을 제안하였다. 교착상태의 필요조건 중 적어도 하나를 만족하지 않도록 한다.

- 어떤 자원을 점유하고 있는 프로세스의 요구가 더 이상 허용되지 않으면 점유한 자원을 모두 반납하고 필요할 때 다시 자원을 요구해야 한다.
- 각 프로세스는 한 번에 필요한 모든 자원을 요구해야 하며, 요청한 자원을 모두 제공 받기전까지는 작업을 진행할 수 없다.
- 모든 프로세스에 자원을 순서대로 할당해야 한다.모든 프로세스에 각 자원 유형별로 할당 순서를 부여한 후, 순서에 따라 자원을 요구하도록 한다.

❶ 점유와 대기 조건의 방지(부정)

한 프로세스가 요구하는 일군의 자원이 모두 사용 가능하면, 시스템은 그 자원(resource) 모두를 사용할 수 있도록 허가해 주고 프로세스가 진행(progress)할 수 있도록 한다(preallocation 방법 : 각 프로세스가 필요한 자원들을 실행 시작전에 미리 할당하는 방법).만일 프로세스가 원하는 자원이 모두 사용 가능하지 않을 때는 그 프로세스를 원하는 자원이 모두 사용 가능해 질 때까지 기다려야 한다. 다시말해, 점유와 대기 조건이 시스템에서 발생하지 않으려면 프로세스가 작업을 수행하기 전에 필요한 모든 자원을 요청하고 획득해야 한다. 즉, 프로세스가 실행에 필요한 자원들을 한꺼번에 요구하고 허용될 때까지 작업을 보류함으로써 대기 조건이 성립하지 않도록 방지한다. 보류상태에서는 프로세스가 자원을 점유할 수 없으므로 대기 조건이 성립하지 않는다. 이와 같은 경우를 최대 자원 할당이라고 한다. 이 조건을 방지하는 방법 중의 하나는 자원을 할당할 때 시스템 호출된 프로세스 하나의 실행에 필요한 모든 자원을 먼저 할당하여 실행 시킨 후 다른 시스템 호출에 자원을 할당한다. 이 예는 DVD 드라이브에서 디스크 파일로 데이터를 복사하고 정렬한 후 프린터로 결과를 인쇄하고, 테이프 드라이브에 복사하는 프로세스를 생각해 보면, 프로세스가 시작될 때 모든 자원을 요청해야 한다면, 프로세스는 먼저 DVD 드라이브, 디스크 파일, 테이프 드라이브를 요청해야 한다. 테이프 드라이브가 마지막 단계에서 필요하더라도 프로세스는 전체 실행 시간 동안 테이프 드라이브를 점유하게 된다. 또 다른 방법으로 프로세스가 자원을 전혀 갖고 있지 않을 때만 자원을 요청할 수 있도록 허용한다. 물론, 모든 프로세스는 자원을 요청하고 사용할 수 있다. 프로세스가 자원을 더 요청하려면, 먼저 자신에게 할당된 자원을 모두 해제해야 한다. 이 방법의 경우에는 프로세스가 DVD 드라이브와 디스크 파일만 처음에 요청하도록 허용하는 것이다. 프로세스는 DVD 드라이브에서 디스크로 복사한 후에 DVD 드라이브와 디스크 파일을 해제하고 다시 디스크 파일과 테이프 드라이브를 요청한다. 디스크 파일에서 테이프 드라이브로 복사한 후 두 자원을 해제하고 프로세스를 종료한다. 하지만 이와 같은 방법은 주요 단점이 있다. 첫번째는, 자원의 효율성이 너무 낮다. 많은 자원이 사용되지 않으면서 오랫동안 할당되어 있기 때문이다. 두 번째는, 기아상태가 발생 할 수가 있다. 자주 사용하는 자원이 다른 프로세스에 할당되어 있는 프로세스는 무한정 기다려야 하는 경우가 발생한다. 또한 적은 수의 자원을 요청한 프로세스가 우선순위가 높아 많은 수의 자원을 요청한 프로세스의 대기 시간이 길어질 수 있다.그러므로 이런 방법은 대화형 시스템에서는 사용할 수가 없다.

❷ 비중단(비선점;No preemption) 조건의 방지(부정)

비선점 조건의 방지하는 방법은 여러 가지가 있는데, 전제 조건은 이미 할당된 자원에 대한 선점권이 없어야 한다. 만일 어떤 자원을 가진 프로세스가 다른 자원을 요청할 때 요청한 자원을 즉시 할당 받을 수 없다면, 즉 프로세스가 기다려야 한다면 프로세스는 현재 가진 자원을 모두 해제해야 한다. 그리고 프로세스가 작업을 시작하려면 요청한 새로운 자원과 해제한 자원을 확보해야 한다. 이런 방법은 비선점 조건을 효과적으로 무효화시키지만 이미 실행한 작업의 상태를 잃을 수도 있다. 즉, 작업 상태를 쉽게 저장 및 복구가 가능할 때 또는 빈번히 발생하지 않을 때만 좋은 수단이다. 대안중에 하나는 프로세스가 어떤 자원을 요청할 때 요청한 자원이 사용 가능한지 검사하는 것이다. 만약 사용할 수 있다면 자원을 할당하며, 사용할 수 없다면 대기 중인 프로세스가 요청한 자원을 점유하고 있는지 검사한다. 만약 요청한 자원을 대기 중인 프로세스가 선점하고 있다면, 자원을 해제하고 요청 프로세스에 할당한다. 그러나 요청한 자원을 사용할 수 없거나 실행 중인 프로세스가 점유하고 있다면 요청 프로세스는 대기해야 한다. 프로세스가 대기하는 동안 다른 프로세스가 선점한 자원을 요청하면 자원이 해제될 수 있다.또 다른 방법은 두 프로세스에 우선순위를 부여하여 높은 우선순위의 프로세스가 그보다 낮은 순위의 프로세스가 점유한 자원을 선점하여 해결하는 것이다. 이 방법은 프로세서 레지스터나 기억장치 레지스터와 같이 쉽게 저장되고 이후에 다시 복원하기 쉬운 자원에 이용된다. 그러나 프린터, 카드 판독기, 테이프 드라이버 같은 자원들에는 적용되지 않는다. 다시말해, 비선점 조건의 방지는 자원을 갖고 있는 프로세스가 더 이상의 자원에 대한 요구를 거절당했다면 그 프로세스는 자기가 갖고 있던 자원을 반납하고 필요하다면 나중에 추가 자원과 함께 다시 요구하도록 하고 있다. 즉, 자원은 그들을 갖고 있는 프로세스가 끝나기 전에 이들로부터 반납할 수 있다.

❸ 환형 대기(순환 대기;Circular wait) 조건의 방지(부정)

시스템 설치 시에 모든 자원에게 고유번호를 부여하고 프로세스들이 자원을 요청할 때에 번호가 증가하는 순으로 요청하도록 하고 또 추가로 요청하는 경우에도 현재 그 프로세스가 가지고 있는 자원보다 더 큰 번호를 가진 자원만 요청하도록 제한하는 방법이다. 다시말해, 모든 프로세스에 각 자원 유형별로 할당 순서를 배정한다. 자원은 반드시 그 자원이 가진 고유 번호순으로 요구 되어야 한다. 자원에 번호를 부여할 때 실제로 프로세스가 실행 중에 자원을 사용하는 순서를 반영할 수 있어야 한다. 이와 같은 계층적 요구 기법으로 환형대기의 가능성을 제거하여 교착상태를 예방할 수 있다.문제점은 실제로 자원이 사용되리라고 예상한 순서로 자원한 요구한 프로세스는 원활하게 수행되겠지만 예상순서와 다르게 자원을 요구한 프로세스는 그 시점에서 더 이상 실행할 수 없으며 실행을 위해서는 실제로 자원을 사용하기 훨씬 전부터 미리서 자원을 할당받아 있어야 한다. 따라서 긴 시간동안 자원이 낭비된다. 새로운 자원이 시스템에 추가되면 현존하는 프로그램과 시스템을 재 구성하여야 하는 번거로움이 있고 또한, 사용자가 자원들을 고유번호순으로 요구하도록 프로그램을 작성하여야 하므로 사용자가 손쉽고 편리하게 응용프로그램을 작성하는데 지장을 줄 수도 있다. 급한 프로그램이 발생 시에 자원 할당에 어려움이 발생한다. 특히, 예상된 순서와 다르게 자원을 요구하는 작업은 실제로 자원을 사용하기 훨씬 전부터 오랫동안 자원을 할당 받은 상태로 있어야 하므로 상당한 자원의 낭비를 가져오게 한다.

R={$R_1, R_2, ..., R_n$}을 자원형태의 집합이라고 하면, 각 자원형태에 고유 숫자를 부여하여 어느 자원의 순서가 빠른지 알 수 있게 한다. 이것은 1 대 1 함수인 “F : R → N"으로 정의할 수 있다. 여기서 N은 자연수 집합이다. 예를 들어, 자원형태 R의 집합이 테이프 드라이브, 디스크 드라이브, 프린터를 포함한다면 함수 F는 다음과 같이 정의할 수 있다.

F(테이프 드라이브) = 1, F(디스크 드라이브) = 5, F(프린터) = 12

교착상태를 예방(방지)하기 위해 다음과 같은 규칙을 생각해보자.

- 각 프로세스는 오름차순으로만 자원들을 요청할 수 있다. 즉, 프로세스는 임의의 자원 R_i를 요청할 수 있지만 그 다음부터는 "F(R_j) > F(R_i)"인 경우에만 자원형태 R_j를 요청할 수 있다. 데이터 형태 자원이 여러 개 필요하다면, 우선 요청할 형태 자원 하나를 정해야 한다. 앞서 정의한 함수를 이용하면, 테이프 드라이브와 프린터를 동시에 사용해야 하는 프로세스는 테이프 드라이브를 먼저 요청하고 그다음에 프린터를 요청한다.
- 또 다른 해결 방법은 프로세스가 자원형태 R_j를 요청할 때마다, "F(R_i) ≥ F(R_j)"가 되도록 R_j의 모든 자원을 해제하는 방법이다. 그러면 환형대기 조건을 방지할 수가 있다. 환형대기가 성립한다는 가정에서 사실의 성립을 증명해보면(모순에 의한 증명), 환형대기의 프로세스 집합을 $\{P_0, P_1, ..., P_n\}$라고 하자. 이때 P_i는 프로세스 P_{i+1}이 점유하고 있는 자원 R_i를 대기한다. 여기서, 첨자는 모듈 n이며, P_n은 P_0가 점유하고 있는 자원 R_n을 대기한다.모듈 관계이므로 한 바퀴 뒤로 돌면 P_n은 R_n을 갖고 있게 된다. 프로세스 P_{i+1}은 자원 R_{i+1}을 요청하는 동안 자원 R_i를 점유하고 있기 때문에, 모든 I에 대하여 "F(R_i) < F(R_{i+1})"이 성립되도록 해야 한다.이것은 "F(R_0) < F(R_1) <...< (R_n) < F(R_0)"이 성립함을 의미한다. 즉, "F(R_0) < F(R_0)"은 불가능하다. 그러므로 여기에는 환형대기가 있을 수 없다. 함수 F는 시스템에 있는 자원의 정상적인 이용 순서에 따라서 정의되어야 한다. 예를 들어, 보통 테이프 드라이브가 프린터보다 먼저 필요하므로 "F(테이프 드라이브) < F(프린터)"가 되도록 정의하는 것이 바람직하다.

❹ 상호 배제(Mutual Exclusion) 조건의 방지(부정)

상호 배제 조건은 공유할 수 없는 자원들의 사용 시에 이루어져야 하며, 자원의 비공유를 전제로 한다. 여러 프로세스가 동시에 프린터를 공유할 수 없으나, 메모리나 CPU는 공유할 수 있는 자원이며 상호 배제 조건을 따르지 않아도 된다. 다시말해서 공유 가능한 자원들은 배타적인 접근을 요구하지 않으므로 교착상태가 발생하지 않는다. 이 방법은 공유 가능 자원 할당 시에만 가능하다. 예를 들어, 읽기 전용 파일은 공유 자원의 좋은 예이다. 읽기 전용 파일은 여러 프로세스가 동시에 읽기 전용 파일을 열려고 해도 파일 접근이 가능하다. 따라서 프로세스는 공유 가능한 자원을 대기할 필요가 없다. 그러나 일반적으로 상호배제의 조건을 거부하면 교착상태를 예방하는 것이 불가능하다. 어떤 자원은 공유 자체가 불가능한 것도 있다. 파일 쓰기는 배타적인 접근만이 허용되어야 한다. 하나 이상의 프로세스가 쓰기 권한을 가지면 교착상태가 발생할 수 있기 때문이다.

[2] 교착상태의 회피(Deadlock avoidance)

(1) 개념

앞 절에서 살펴본 교착상태 예방(방지) 방법은 자원의 요청을 제한함으로써 교착상태를 해결하는 방법이었다. 즉, 교착상태가 발생하는 데 필요한 네 가지 필요조건들 중에서 적어도 하나의 조건을 만족시키지 않음으로써 교착상태를 방지하는 것이었다. 교착상태 방지는 교착상태를 막는 데는 효과적이지만 자원의 사용률(효율성)과 시스템의 처리율(처리량)을 저하시키는 문제를 가지고 있다. **교착상태 회피 기법은 다익스트라(Dijkstra(1965))와 하베한(Habehnan(1961))이 고안한 방법으로서 교착상태 방지 방법과는 달리 시스템의 운영 중 상황을 보아가면서 교착상태의 가능성을 피해 가는 것이다.** 교착상태를 피하는 다른 방법으로서 자원이 어떻게 요청되는지에 대한 추가적인 정보를 가지고 이 정보를 이용하여 교착상태를 피하는 방법이 있다. 물론, 이런 방법은 교착상태를 일으키지 않기는 하지만, 부수적인 정보의 유지와 교착상태를 피하기 위해 수행되는 알고리즘은 OS에 부담으로 작용함에는 틀림이 없다. 이런 방법들을 교착상태 회피라고 한다. 교착상태 회피는 교착상태 발생 가능성을 미리 제거하는 것이 아니라, 발생 가능성을 인정하고 교착상태가 발생하려고 할 때, 이를 적절히 피해가는 방법이다. 자원을 좀 더 효율적으로 이용하고자 하는 목적으로 예방보다는 좀 더 덜 엄격한 조건을 요구하게 한다. 교착상태의 회피는 자원 할당 패턴에 제약을 주는 미래의 프로세스 행위의 지식에 의존하는 방법을 참조한다. 일단 한 번은 자원 활용률의 저하는 피할 수 없다. 교착상태의 회피 기법은 두 가지로 설명할 수 있다.

- 프로세스의 시작 거부; 프로세스의 요구가 교착상태를 일으킬 수 있다면 프로세스의 시작을 중지한다. 예를 들어, 현재 수행 중인 모든 프로세스의 최대 자원 요구량과 새로운 프로세스의 최대 요구량을 하한 자원 요구량을 수용할 수 있으면 새로운 프로세스를 수용한다. 그러나 이런 예는 프로세스가 최대 요구량을 필요로 한다는 최악의 경우이므로 바람직하지 못하다.
- 자원 할당의 거부; 프로세스가 요청한 자원을 할당 했을 때, 교착상태가 발생할 수 있다면 요청한 자원을 할당하지 않는다. 이를 일반적으로 널리 알려진 은행가 알고리즘(Banker algorithm)이라고 한다(주어진 자본을 대여해 주고 상환금을 받는 은행원과 유사한 데서 연유한 것이다).즉, 프로세스들이 할당 가능한 자원을 요청하면 OS는 즉시 할당할 것인가 또는 대기시킬 것인가를 결정할 수 있는데 이 요청은 단지 안정 상태(safe state) 하에서만 가능하다. 이러한 안정 상태의 개념을 이용하여 불안정 상태(unsafe state)나 교착 상태를 피할 수 있는 자원할당 알고리즘을 만들 수 있는데 이를 은행가 알고리즘이라고 한다. 은행가 알고리즘은 할당 결과 시스템이 불안정한 상태가 아니라, 안정한 상태일 때만 자원을 사용자에게 할당할 수 있다.

안정 상태란 전 자원의 상황이 모든 사용자가 결국에는 작업을 완료할 수 있는 상태이다. **불안정한 상태**란 결국에는 교착 상태가 일어날 수 있는 상태이다. 은행가 알고리즘은 상호 배제성, 비중단 조건 등을 허용하며, 프로세스는 그들이 요구하는 자원을 독점 사용할 것을 주장한다. 프로세스는 추가의 자원을 요구하고 기다리는 동안 자원을 갖고 있을 수 있고 자원을 갖고 있는 프로세스로부터 그 자원을 도중에 빼앗을 수 없다. 사용자는 한 순간에 한 자원을 요구함으로써 시스템이 할당 작업을 보다 처리할 수 있게 한다. 시스템은 요구를 받아들이거나 혹은 거절한다. 은행가 알고리즘은 교착 상태를 회피하도록 자원을 할당하는 방법을 제공한다. 즉, 교착 상태가 일어나지 않도록 기다리면서 작업을 진행하도록 한다. 시스템은 사용자에 편리한 인터페이스를 제공하면서 사용자는 그들이 필요로 하는 자원이 무엇인지 몰라도 되도록 하는 방법이 보편화되고 있는 상황에서 미리 필요한 자원을 알려주도록 하는 것은 또한 은행가 알고리즘의 결함이다.

교착상태를 회피하는 방법은 OS가 자원의 요청에 대한 추가적인 정보를 가지고 이 정보를 이용하여 교착상태를 피하는 것이다. 즉, 교착상태 회피방법은 자원들에 대한 요청이 들어올 때마다 현재 사용가능한 자원들, 각 프로세스에 할당된 자원들, 그리고 할당되었으나 반환될 자원들을 검사하여, 지금 들어온 요청을 허가하고도 교착상태에 빠지지 않을 것인가를 결정한다.

(2) 안정 상태와 불안정 상태

시스템이 특정한 순서대로 각 프로세스에게 자원을 할당할 수 있고 교착 상태를 방지할 수 있으면 **안정(safe) 상태**라 하며, 결국 모든 작업이 완료될 수 있는 상태이다. **불안정(unsafe) 상태**란 결국에는 교착 상태가 발생할 수 있는 상태이다. 그러나 불안정 상태라고 해서 모두가 교착 상태는 아니며, 불안정 상태는 교착 상태로 될 수 있다. 불안전 상태에서 OS는 프로세스들이 교착 상태 발생을 예방할 수 없다.

좀더 형식적으로 표현하여 보면, 시스템에 안전한 순서(safe sequence)가 존재하면 그 시스템은 안전(안정)하다고 생각한다. 예를 들어, 프로세스들의 순서 $<P_1, P_2, \dots P_n>$은 모든 P_i에 있어서 P_i가 요청하는 자원들이 현재 사용가능의 자원들과 j<i인 경우, 모든 P_j가 점유하는 자원들로 충족될 수 있으며 현재 할당 상태에 안전한 순서라고 하자. 이 경우에 프로세스 P_i가 필요로 하는 자원들은 즉시 사용할 수 없다면 P_i는 모든 P_j가 끝날 때까지 기다려야 한다. 이들 프로세스가 모두 끝났을 때, P_i는 모든 필요로 하는 자원들을 확보할 수 있으며, 지정된 작업을 끝내고 할당받은 자원들을 반납 후 종료한다. P_i가 종료하면 프로세스 P_{i+1}이 필요한 자원을 확보하여 계속 처리를 진행한다. 이러한 순서가 존재하면 시스템의 상태는 안전하다고 하며 이러한 순서가 없으면 시스템 상태는 불안정하다고 한다. [그림4-46]는 시스템의 3 가지 시스템 상태 공간을 보여주고 있다.

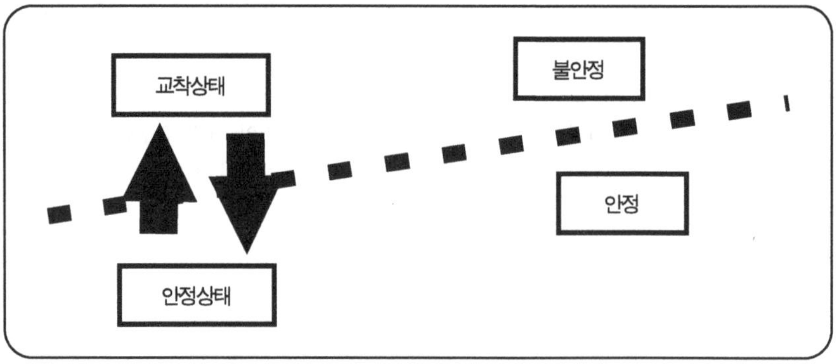

[그림 4-46] 안정, 불안정, 교착 상태의 공간

(3) 안정 상태와 불안정 상태의 예

다음은 아주 간단한 시스템의 안정 상태와 불안정 상태 예를 보이고 있다. OS는 일정 수 TD개의 동일 유형의 테이프 구동기의 자원을 일정 수 TM개 만큼의 사용자 프로세스들 사이에 공유한다. 따라서 OS는 최대 요구량이 TD개를 초과하지 않으면 해당 사용자 프로세스의 요구에 자원을 할당한다. RC는 할당할 수 있는 잔여량이라고 한다. 그러면 RC는 TD에서 각 사용자 프로세스의 총 할당량을 뺀 값이 된다. I(i)를 사용자 I의 현 테이프 구동기의 할당량이라고 한다.

예제 4-31

사용자 2가 4대의 테이프 구동기를 할당받았다면, I(2)=4 이다. m(i)는 사용자 i의 최대 요구량이라고 한다. 예를 들어, 사용자 2가 4대의 테이프 구동기를 할당받았다면 I(2)=4이다. m(i)는 사용자 I의 최대 요구량이라고 한다.

예제 4-32

사용자 2가 최대 8대의 테이프 구동기를 요구한다면, m(2) = 8 이다. c(i)를 사용자 i의 추가요구량이라고 한다면, 예를 들어, 총 12대의 테이프 구동기를 갖는 시스템에서 사용자 2가 최대 8대의 테이프 구동기를 요구하고 현재 4대를 할당받았다면, 사용자 2의 추가요구량은 c(2) = m(2) - I(2) = 8 - 4 = 4가 되고, 잔여량 RC는 TD - 총할당량 = 12 - 4 = 8이 된다.

1) 안정 상태의 예

❶ 요구량 〉 필요량 → 오류 : 잔여량 = 잔여량 - 요구량
요구량 〉 잔여량 → 대기 : 할당량 = 할당량 + 요구량
요구량 ≤ 잔여량 → 할당 : 필요량 = 필요량 - 요구량

❷ 예를 들어, 3개의 프로세스가 있고 총 테이프 구동기 자원이 12개라고 가정하자. [그림4-47]와 같이 현재 각 프로세스에 할당된 할당량은 10개이고 잔여량은 2개이다.

프로세스	현재 할당량	최대 요구량	추가 요구량
프로세스 1	2	5	3
프로세스 2	4	6	2
프로세스 3	4	8	4

[그림 4-47] 시스템의 안정 상태 예

❸ 이 경우에는 프로세스 2의 추가 요구량이 2개이므로, 잔여량 2개를 프로세스 2개에게 할당하여 먼저 수행시키고 이 프로세스로부터 자원을 회수하여 다른 프로세스에게 추가요구량을 할당할 수 있으므로 안전(안정)하다.

2) 불안정 상태의 예

❶ 앞에서와 같이 3개의 프로세스가 있고 총 테이프 구동기 자원이 12개라고 가정하자.[그림4-48]과 같이 현재 각 프로세스에게 할당된 총 할당량은 11개이고 잔여량은 1개이다.

프로세스	현재 할당량	최대 요구량	추가 요구량
프로세스 1	6	9	3
프로세스 2	3	5	3
프로세스 3	2	4	2

[그림 4-48] 시스템의 불안정 상태 예

❷ 이 경우에는 현재 잔여량은 1개뿐이므로 어느 프로세스에게도 추가 요구량 만큼 자원을 할당할 수 없다. 따라서 이 시스템의 상태는 불안정 상태이며 "교착 상태"가 발생할 가능성이 있다.

3) 안전 상태에서 불안전 상태로의 전이

❶ 앞에서와 마찬가지로 3개의 프로세스가 있고 총 테이프 구동기 자원이 12개라고 가정하자.[그림4-49]과 같이 현재 각 프로세스에게 할당된 총할당량은 10개이고 잔여량은 2개이다. 따라서, 현재 이 시스템의 상태는 프로세스2에 추가 요구량은 할당할 수 있으므로 안정 상태이다.

프로세스	현재 할당량	최대 요구량	추가 요구량
프로세스 1	2	5	3
프로세스 2	4	6	2
프로세스 3	4	8	4

[그림 4-49] 안정 상태 예

❷ 그러나, 위의 안전 상태에서 만약 운영체제가 프로세스 3에 추가 요구량 4대 중 잔여량 2대를 할당한다면, 어떤 프로세스도 종료할 수 없게 되어[그림4-50]과 같이 불안정 상태로 변한다.

프로세스	현재 할당량	최대 요구량	추가 요구량
프로세스 1	2	5	3
프로세스 2	4	6	2
프로세스 3	6	8	2

[그림 4-50] 안정 상태에서 불안정 상태로의 전이 예

짚어보기 교착 상태 회피

① 안정(safe) 상태는 교착상태가 아니다(교착상태는 불안정(unsafe) 상태이다).그러나 불안정 상태라고 해서 모두 교착상태는 아니다[그림4-46].
② 불안정 상태는 교착상태로 될 수 있다.
③ 상태가 안정하면, OS는 불안정상태(그리고 교착상태)를 피할 수 있다.
④ 불안정 상태의 OS는 프로세스들이 교착상태를 발생하는 것을 예방할 수 있다.

예제 4-33

P_0부터 P_4까지 5개의 프로세스 $\{P_0, P_1, \cdots P_4\}$와 3개의 자원 형태 {A,B,C}를 가진 시스템을 가정한다. 자원 형태는 A가 10개 있고, B가 5개, C가 7개 있다. 시간 t0에 시스템의 상태가 [그림4-51]와 같다고 가정해보자.

상태 \ 프로세스	Allocation	Max	Available
	A B C	A B C	A B C
P_0	0 1 0	6 5 3	3 3 2
P_1	1 0 0	2 2 2	
P_2	3 0 2	9 0 2	
P_3	3 1 1	3 2 2	
P_4	0 0 2	3 2 3	

[그림 4-51] 시간 t0에 t 시스템의 상태

행렬 Need의 내용은 Max 행렬에서 Allocation 행렬을 뺀 Max-Allocation으로 정의되었으며, [그림4-52]과 같다. 이때 이 시스템은 $\langle P_1, P_3, P_4, P_2, P_0 \rangle$ 순서가 안정 조건을 충족하므로 현재 안정 상태에 있다.

상태 \ 프로세스	Need
	A B C
P_0	6 4 3
P_1	1 2 2
P_2	6 0 0
P_3	0 1 1
P_4	3 2 1

[그림 4-52] Need 행렬

여기서, 프로세스 P_1은 자운 형태 A의 자원을 1개, C자원을 2개 더 요청하여 $Requestion_i$ = (1, 0, 2)라고 가정하자. 이 요청이 즉시 허용될 수 있는지 여부를 결정하기 위하여, 먼저 $Requestion_i \le$ Available 즉, (1, 0, 2) ≤ (3, 2, 2)인지를 검사한다. 결과는 True 이므로 요청이 충족되어,[그림4-53]과 같은 새로운 상태에 도달했다고 가정한다.

상태 / 프로세스	Allocation	Max	Available
	A B C	A B C	A B C
P_0	0 1 0	6 4 3	2 3 0
P_1	2 0 2	0 2 0	
P_2	3 0 2	6 0 0	
P_3	3 1 1	0 1 1	
P_4	0 0 2	3 2 1	

[그림 4-53] 새로운 시스템 상태

이제, 새로운 시스템의 상태가 안정한지를 결정해야 한다. 그렇게 하려면, 안전 알고리즘을 실행하여 $<P_1,P_3,P_4,P_2,P_0>$ 순서가 안정 요구를 충족하는 것을 발견할 수 있다. 따라서 P_1의 요구를 허락한다. 그러나 시스템이 이 상태에 있을 때는 P_4가 (3, 3, 0)을 요청하면 자원이 부족하기 때문에 허용할 수 없다는 것을 알 수 있다. P_0가 (0, 2, 0)을 요청하면 자원이 충분하더라도 결과로 얻어지는 상태가 불안정하기 때문에 허용할 수 없다.

(4) 은행가 알고리즘(Banker algorithm)

교착상태를 회피하기 위한 다른 방법으로는 다익스트라의 **은행가 알고리즘**이 있다. 그러나 이 알고리즘은 각 프로세스에게 자원을 어떻게 할당할 것인가라는 정보가 필요하다. 따라서 은행가 알고리즘은 각 프로세스가 요청하는 각 자원 종류의 최대수를 알 필요가 있다.이 정보를 이용하여 교착상태의 회피 알고리즘이 정의될 수 있다.이것은 은행에서 모든 고객에게 만족되도록 현금을 할당하는 과정과 동일하며, 이 알고리즘을 구현하기 위해서 여러 가지 자료 구조들을 유지해야 한다. 이들 자료 구조들은 자원 할당 시스템의 상태를 나타낸다. n을 시스템의 프로세스 수라고 하고, m을 자원 형태의 수라고 한다면, 다음과 같은 자료 구조(테이블 구조)가 필요하다.

- 사용 가능 자원(available resource): 각 형태 별로 가용한 자원의 수를 표시하는 길이가 m인 벡터이다. Available[j] = k라면, 자원 형태 R_j의 자원이 k개가 가용(사용가능)하다는(남아 있다는) 의미이다(잔여량)(길이가 m인 1차원 배열이며, 배열의 각 요소는 해당 자원의 가용한 인스턴스의 개수임).

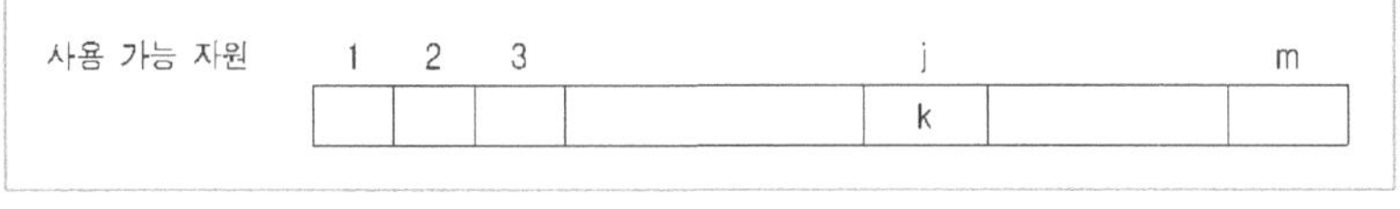

- 최대자원(Max resource): 프로세스가 시작하기 전에 OS에게 알리는 자신이 요구하는 자원의 최대값을 의미이다(각 프로세스들의 각 자원에 대한 최대 요구량). 즉, 각 프로세스의 최대 자원의 요구를 표시하는 것으로서, 각 프로세스의 남아 있는 자원의 요구(수요)를 표시하는 n×m행렬이다. Max[i,j]=k라면, 프로세스 P_i는 자원형태가 R_j인 자원을 최대 k개까지 요구할 수 있다는 뜻이다(최대요구량).

		1	2	3		i		n
	1							
최대치	2							
(최대자원)	3							
	j					k		
	m							

- 할당자원(allocation resource): 이미 할당된 자원의 수를 나타낸다(OS가 할당한 자원을 의미함). 즉, 현재 각 프로세스에 할당되어 있는 각 형태의 자원 수를 정의하는 n×m행렬인 2차원 배열이다.Allocation[i,j]=k라면 프로세스 P_i는 현재 R_j라는 자원 형태를 k개 할당 받고 있다는 의미이다(할당량).

		1	2	3		i		n
	1							
할당량	2							
	3							
	j					k		
	m							

- 요구자원(수요량; need resource): 남아있는 여분의 자원 수를 말한다(프로세스가 작업을 완수하기 위하여 앞으로 OS에게 요구할 자원의 수를 의미함). 즉, 각 프로세스에 남아 있는 자원의 수요를 표시하는 n×m행렬인 2차원 배열이다.Need[i,j] = k라면, 프로세스 P_i는 자신의 태스크(작업)를 종료하기 위하여 자원 형태 R_j를 k개 추가로 더 필요로 한다는 의미이다(추가 요구량,필요량).여기서 Need[i,j] = Max[i,j] - Allocation[i,j]라는 등식이 성립한다.

		1	2	3		i		n
	1							
수요량	2							
	3							
	j					k		
	m							

이 알고리즘을 간단하게 나타내기 위하여 다음과 같은 기준을 정한다. 이들 자료 구조는 시간이 흐르면서 그 벡터의 크기와 값들이 변한다. X와 Y를 길이가 n인 벡터라고 하자. X[i]≤Y[i]인 경우에 i = 1,2,⋯,n일 때, X≤Y라고 하자, 만약 X=(1,7,3,2)이고 Y=(0,3,2,1)이면, Y≤X이다. Y≤X이고 Y≠X이면, Y<X이다.

행렬 Allocation과 Need에 있는 각 행을 벡터로 취급하며, 이들을 각각 $Aiiocation_i$와 Need_i로 참조한다. $Aiiocation_i$는 현재 프로세스 P_i에 할당된 자원들을 규정하며, Need_i는 프로세스 P_i가 자신의 태스크(작업)를 종료하는데 필요한 추가적인 자원들을 규정한다.

다음의 알고리즘은 은행가 알고리즘으로서, OS가 시스템에 있는 시스템의 자원과 이들에 대한 프로세스에 대한 할당 정보를 가지고 교착상태에 빠지지 않도록 하는 알고리즘이다. 한편, 은행가 알고리즘이라는 이 알고리즘의 이름은 은행이 고객들의 인출을 만족시키고도 파산하지 않을 수 있는데 사용될 수 있다는 사실 때문에 그렇게 지어졌다. 여기서 배열의 인덱스로 쓰이는 i와 j는 각각 프로세스의 번호와 자원의 종류를 뜻한다.

OS는 프로세스로부터 자원에 대한 요청이 들어올 때마다, 안전순서를 찾기 위하여 이 알고리즘을 수행하여야 한다.

1) 은행가 알고리즘

OS는 프로세스 Pi의 자원의 할당 요청 Request[i]를 받는다. $Request_i$를 프로세스 P_i를 위한 요청 벡터라고 하자. 만약 Request[i,j] = k라면 프로세스 P_i는 R_j형 자원을 k개 요구한다. 프로세스 P_i가 자원을 요청하면 다음 조치를 취한다.

① $Request_i \le Need_i$라면 ②단계로 간다. 그렇지 않으면 프로세스가 최대 요구량을 초과하기 때문에 오류 상태가 된다(요구량 〉 필요량 → 오류).
② $Request_i \le Available$ 라면 ③단계로 간다. 그렇지 않으면 자원이 부족하기 때문에 P_i는 대기한다(요구량 〉 잔여량(남은 자원) → 대기).
③ 시스템은 상태를 다음과 같이 수행하여 요청된 자원들을 프로세스 P_i에게 할당 되도록 한다.
잔여량 = 할당량 - 요구량($Available := Available - Request_i$;)
할당량 = 할당량 + 요구량($Allocation_i := Allocation_i + Request_i$;)
필요량 = 필요량 - 요구량($Need_i := Need_i - Request_i$;)

결과로 얻어지는 자원 할당 상태가 안정하다면, 처리가 이루어지고 프로세스 P_i는 자원을 할당 받는다.그러나 새로운 상태가 불안정하다면, 프로세스 P_i는 $Request_i$를 기다리며 이전의 자원 할당 상태로 복원된다.

은행원 알고리즘의 자원 할당은 프로세스(고객)는 추가의 자원을 요구하고 기다리는 동안 자원을 갖고 있을 수 있고 자원을 갖고 있는 프로세스로부터 그 자원을 빼앗을 수 없다. 사용자는 한 순간에 한 자원을 요구함으로써 시스템이 할당 작업보다 쉽게 처리할 수 있게 한다는 것이다. 은행가 알고리즘의 단점은 다음과 같다.

- 할당할 수 있는 자원이 일정량 존재할 것을 요구하고 있다.
- 일정한 사용자 수에서만 사용한다. 즉, 일정한 수의 프로세스가 있을 때만 적용할 수 있다.
- 알고리즘은 모든 요구를 유한 시간 내에 들어주어야 하도록 되어 있다.
- 프로세스들은 할당 받은 자원(빌린 것(프로세스들))을 유한 시간 내에 할당된 자원을 반환해야 한다.
- 최대 자원 필요량(요구량)을 미리 등록해야 한다. 즉, 사용자(고객)가 미리 그들의 최대 필요량을 알려 주도록 요구하고 있다. 이 경우 자원할당 방법이 점점 동적으로 변함에 따라 사용자의 최대 필요량을 파악하기 어려워지고 있다. 최근의 시스템은 사용자가 사용하기 편리한 인터페이스를 제공하면서, 사용자가 필요로 하는 자원을 몰라도 되는 방법이 보편화 되고 있다. 특히, 항상 불안정 상태를 방지해야 하므로 자원 이용도가 낮다.
  ☞ 제한된 상황 하에서만 사용 가능하다.

2) 안정(안전) 알고리즘(safety algorithm)

- 안정 알고리즘은 시스템이 안전(안정) 상태인지, 불안전(불안정) 상태인지를 발견(검사)하는 알고리즘이며, 다음과 같이 나타낼 수 있다.

❶ Work와 Finish를 각각 길이가 m과 n인 벡터라고 하자. Work := Available로, 그리고 Finish[i] := false, i=1,2,…, n이 되도록 초기화한다. Work에는 남아 있는 자원수인 Available의 임시변수이다.
❷ 다음과 같이 되는 i값을 찾는다.
a. Finish[i] = false
b. Needd_i ≤ Work
이러한 I값이 있으면 ❸단계로 가고, 없으면 ❹단계로 간다.
❸ 자원을 할당한 후 해제한다.
Work := Work + Allocation;
Finish[i] := true
❷단계로 간다.
❹ 만일, 모든 i에 대하여 Finish[i] = true이면 이 시스템은 안정 상태이다.

예제 4-33 은행가 알고리즘의 예

다음의 표와 같이 자원인 12개의 테이프 구동기와 3개의 프로세스를 갖는 시스템이 있는 데, 시간 t0에서 이 시스템이 안정 조건을 만족하는 프로세스의 수행 순서는?

프로세스명	최대수요	현재수요
P0	10	5
P1	4	2
P2	9	2

풀이

① P1은 남은 테이프 구동기를 즉각 할당받아 수행한 후 전부를 돌려 줄 수 있고(시스템은 5개의 사용가능한 테이프 구동기를 갖는다),P0도 모든 테이프 구동기를 사용한 후 돌려 줄 수 있으며(유용한 테이프는 10개),P2는 역시 원하는 만큼 얻어 수행한 후 돌려 줄 수 있다(유용한 테이프 12개).
② 위의 경우 교착 상태 회피 방법 중에서 **은행가 알고리즘**의 예이다.
③ 프로세스의 수행 순서 :〈P1 → P0 → P2〉
④ t1 시간에 P2가 하나의 테이프 구동기를 더 요청하고 할당받는다고 가정했다면,☞시스템은 더 이상 안정상태가 아니다.

예제 4-34 은행가 알고리즘의 예

1) 안전한 경우:
자원이 12개라고 가정 했을 경우를 보자.

프로세스명	현재 할당된 자원수	최대 요구 자원수	부가 요구 자원수
프로세스1	1	4	3
프로세스2	4	6	2
프로세스3	5	8	3

이 경우에는 남아 있는 나머지 2개의 경우 프로세스2에 2개를 할당할 수 있으므로 **안전 상태**이다

2) 불안전한 경우 : 교착 상태 발생 가능.
자원이 12개라고 가정 했을 경우를 보자.

프로세스명	현재 할당된 자원수	최대 요구 자원수	부가 요구 자원수
프로세스1	8	10	2
프로세스2	2	5	3
프로세스3	1	3	23

남아 있는 나머지 1개의 경우(총12개-11개)에서 나머지는 1개뿐이므로 어느 프로세스에게도 최대 요구량 만큼 할당 할 수 없기 때문에 **불안전한 상태로서 교착상태**에 있게 된다.

예제 4-35

실제 컴퓨터 시스템에서는 자원이 고장으로 대체되기도 하고 새로운 프로세스가 추가되거나 삭제될 수도 있다. 어떤 시스템에서 은행가 알고리즘을 적용, 교착상태를 제어한다고 할 때 다음의 변화가 교착 상태를 야기 시키지 않고서 안전히 이루어질 수 있는지 설명하라.

풀이

① Available의 증가(새로운 자원의 추가) - Available의 수가 증가하면 안전 상태에서 벗어나 교착 상태를 야기시킨다.
② Available의 감소(기존 자원의 일부 제거) - Available의 감소는 가용 상태가 되므로 안전하게 이루어진다.
③ Max의 증가(프로세스가 더 많은 자원을 요구) - Max의 증가는 가용 자원이 다른 프로세스를 만족시키지 못하게 하므로 안전 상태에서 벗어나게 된다.
④ Max의 감소(프로세스가 요구 중 일부를 철회) - Max의 감소는 가용 자원이 증가하게 되므로 안전하다.

예제 4-36

다익스트라의 은행가 알고리즘은 여러 가지 약점이 있어 실제 시스템에서는 적용하기 힘들다. 다음 각 제약이 왜 은행가 알고리즘의 약점이 되는지 설명하라.

풀이

① 할당할 자원의 숫자가 고정적이다 - 자원이란 수시로 유지 보수가 필요하므로 남아 있는 자원을 파악하기 매우 어렵다.
② 사용자의 숫자가 고정적이다 - 남아 있는 사용자의 수가 고정되기를 바라지만 이것이 오늘날의 다중처리 시스템이나 시분할 시스템에서는 수시로 사용자의 수가 변하고 있다.
③ 유한 시간 내에 처리되어야 한다 - 모든 요청에 대하여 주어진 시간 내에서 자원을 할당할 수 있도록 하고 있으나 실제 시스템에서는 더 강력한 보장이 필요하다.
④ 유한 시간 내에 반환해야 한다 - 실제 시스템에서는 더 강력한 보장이 필요하다.
⑤ 최대 자원 요구량을 미리 알아야 한다 - 자원 할당 방법이 점점 동적으로 변하므로 적합하지가 않다.

[3] 교착상태의 발견(탐지)(Deadlock Detection)

(1) 개념

앞 절에서 설명한 교착상태 방지(예방)와 회피의 교착상태 해결방법은 시스템 내부에 교착상태가 절대 존재할 수 없도록 만드는 대신에 나름대로의 문제점을 가지고 있었다. 즉, 시스템이 교착상태 예방이나 교착상태 방지(예방)의 알고리즘을 사용하지 않는다면, 교착상태가 발생할 수 있기 때문에, 교착상태를 방지를 하려면 시스템에서는 다음과 같은 알고리즘을 지원해야 한다.

- 교착상태가 발생 했는지를 파악하기 위해 시스템 상태를 검사하는 알고리즘이다.
- 교착상태로부터 회복하는 알고리즘이다.

  교착상태 탐지(발견)는 시스템 내부에 교착상태가 발생하는 경우 OS가 이를 탐지하는 것이다. 물론 이런 방법은 교착상태의 방지와 회피와 비슷한 문제점이 있다. 운영체제는 탐지를 위하여 실시간으로 교착상태 탐지 알고리즘을 수행하여야 하고, 부수적인 시스템과 프로세스의 정보를 유지해야 하며, 만일 교착상태가 존재한다면 이를 해결하는 과정에서 프로세스와 자원의 낭비가 요구된다. 다시말해서, 교착상태를 파악하기 위해 교착상태 발견(탐지) 알고리즘을 언제 수행해야 하는지를 결정하기란 쉽지 않다. 교착상태 발견 알고리즘은 자주 실행하면 시스템의 성능은 떨어지지만 교착상태에 빠진 프로세스를 빨리 발견하여 자원의 유휴상태를 방지할 수 있다. 하지만 자주 실행하지 않으면 반대의 상황이 된다. 교착상태 발견은 교착상태가 일어났는지를 실제로 결정하고 교착상태에 관계된 프로세스와 자원을 규명하는 과정이다[그림 2-41].교착상태는 유한 자원 그래프를 만들고 사이클을 찾아냄으로써 발견(탐지)할 수 있다.요청이 있을 때마다 수행되어야 하는 회피(Avoidance) 알고리즘과 달리, 사용되는 발견(탐지) 알고리즘은 오퍼레이터가 처리율이 나빠지는 것을 알리거나 굶주린 사용자가 볼 때는 매 시간 또는 하루 한번, 적절할 때 실행 될 수 있다.결론은 교착상태 탐지의 정의는 교착상태가 실제로 일어났는지를 결정하고 교착상태에 관계된 프로세스와 자원을 규명하는 과정이다. 교착 상태의 발견 방법은 환형 대기 존재 여부 검사, 자원 할당 그래프, 자원 할당 그래프 소거 등이 있다.

(2) 교착상태 발견(탐지)의 자료구조

만일 시스템이 교착상태가 발생하지 않도록 하는 프로토콜을 사용하지 않는다면 탐지(발견)와 회복하는 방법이 있어야 할 것이다.시스템의 상태를 검사하는 알고리즘은 주기적으로 교착상태를 찾는데 이용된다. 만일 교착상태가 탐지되면 시스템은 이 교착상태로부터 회복해야 한다.

이를 위해 시스템이 해야 할 일은 다음과 같다.

❶ 프로세스에 할당된 자원에 관한 정보뿐만 아니라 자원 할당 요청에 대한 정보도 유지해야 한다.

❷ 시스템이 교착상태에 있는지 아닌지를 알아내기 위해 이 정보를 이용할 알고리즘이 제공되어야 한다.

❶,❷는 자원의 각 종류마다 여러 개가 존재하는 경우와 하나만 존재하는 경우가 있는데, 본서에서는 같은 종류의 자원이 여러 개인 경우를 제시한다.

교착상태의 발견(탐지) 알고리즘은 교착상태 회피 알고리즘의 변형이다. 교착상태에 빠질 수 있는지 미리 "예측"하는 부분이 교착상태 탐지(발견) 알고리즘에는 존재하지 않으므로 더 단순하고, 각각의 프로세스는 시작할 당시 OS에게 자신이 요구할 자원의 최대량을 미리 알릴 필요가 없다. 각 데이터의 형태마다 자원을 여러 개를 가진 시스템을 살펴보자. 유의할 점은 탐지와 회복 기법은 필요한 정보를 유지하고 탐지 알고리즘을 실행시키는 비용뿐만 아니라 교착상태에서 회복하는 데 필요한 부담까지 요구한다는 점이다. 시스템에 n개의 프로세스와 m개의 자원의 종류가 있다고 하자.

(3) 교착상태의 탐지 알고리즘

같은 종류의 자원이 여러 개인 경우(교착상태 탐지를 위한 변형된 은행가 알고리즘)이며, **교착상태의 탐지 알고리즘**은 쇼사니(Shoshani)와 코크만(Coffman)에 의해 제시 되었으며 다음과 같은 은행가 알고리즘에서 사용한 것과 유사한 가변적인 자료 구조를 사용한다.

- Available : 각 자원 형태마다 사용 가능한 자원 수를 나타내는 길이가 m인 벡터.
- Allocation : 현재 각 프로세스에 할당된 각종 자원의 수를 정의한 n×m 행렬.
- Request : 각 프로세스가 현재 요청한 자원을 나타내는 n×m 행렬.
- 만일 Request(i, j)=k라면, 프로세스 Pi가 필요한 자원의 수가 k개라면, 프로세스 P_i는 자원 형태 R_j는 자원을 k개 더 요청함을 말한다.

기호를 간단하게 하기 위해 행렬 Allocation과 Request에 있는 행(row)들을 벡터로 취급하여 $Allocation_i, Request_i$로 표기한다. 다음의 **교착상태의 탐지 알고리즘**은 단순히 남아 있는 프로세스에 대한 모든 가능한 할당 순서를 찾는 것인데, **이 알고리즘과 은행가 알고리즘을 비교**해 보아라.

❶ Work와 Finish는 각각 길이가 m, n인 벡터이다.
Work:=Available로 초기화 한다.(i=1,2,...,n)일 때 $Allocation_i \neq 0$이면, Finish[i]=false이고, 아니면 Finish[i]=true로 한다.

❷ 다음과 같은 조건을 만족하는 색인(첨자) i를 찾는다.
a. Finish[i]=false,
b. $Request_i \leq$ Work.
만일,이 조건이 하나라도 만족하면 ❸으로 가고, 이런 i가 존재하지 않는다면 ❹단계로 간다.

❸ 다음과 같이 일치하는지 여부를 판단한다. 그리고 ❷단계로 간다.
Work := Work + $Allocation_i$
Finish[i]:=true

❹ 모든 i[1≤i≤n 범위에서]에 대해 Finish[i]=true라면, 이 시스템은 안정상태에 있다. 또한 Finish[i]=false라면, 프로세스 Pi는 교착상태에 있다.

❷단계 $Request_i \leq$Work 임을 확인하자마자 ❸단계에서 프로세스 P_i의 자원을 변환하는 이유는 P_i가 현재 교착상태에 있지 않음을 알 수 있기 때문이다. 즉, 왜 프로세스 P_i의 자원의 반환을 요구하는지 의문을 가질 것이다. P_i는 현재 교착상태에 있지 않다는 것을 알고 있다. 우리는 낙관적으로 P_i가 일을 끝내기 전에 더 이상 자원을 요구하지 않는다고 가정하면 곧 가지고 있던 자원을 시스템에 돌려준다. 이런 경우가 아니라면 나중에 교착 상태가 발생하여, 다음 번에 **교착상태 탐지 알고리즘**이 수행될 때 탐지될 것이다.

(4) 교착상태 탐지의 부하(overhead)

교착상태 탐지 알고리즘의 실행은 시스템에 있어서 커다란 부하(overhead)임에 틀림이 없다. 그렇다면 OS는 교착상태 탐지 알고리즘을 얼마나 자주 실행시켜야 하는지를 결정하는 것은 중요한 문제이다. 너무 자주 실행한다면, 시스템은 원래 자신에게 주어진 일을 하기 위하여 너무나 많은 시간과 자원을 탐지 알고리즘에 소비할 것이다. 반면에 아주 가끔 실행시킨다면 시스템은 교착상태에 빠질 것이고 이를 회복하기 위해서 많은 프로세스와 자원들을 낭비해야 할 것이다.여기서 한 가지 암시적인 결론을 얻을 수 있는데 교착상태는 어떤 프로세스의 자원에 대한 요청에 의해 발생한다는 사실이다. 더구나 이 요청이 즉각 만족될 수 없을 때에 교착상태는 발생하게 된다. 그렇다면 운영체제는 만족될 수 없는 요청이 들어올 때마다 교착상태 탐지 알고리즘을 실행시켜야 하는가? 또는 시스템의 단위시간당 프로세스의 처리율을 판단 기준의 대상으로 삼아야 하는가? 그것도 아니라면, 프로세서의 활용률을 기준으로 삼아야 하는가? 이런 문제에 대하여 완전한 해답은 존재하지 않는다. 다만 운영체제가 달성하고자 하는 것은 교착상태에 빠진 경우 최소의 희생을 치르며 시스템을 복원하는 것이라는 점이 중요하다.

[4] 교착상태의 회복(Deadlock recovery) 기법

일단 시스템이 교착 상태에 빠지면 교착 상태는 하나 또는 그 이상의 필요조건을 제거함으로써 파괴되어야 한다.OS가 교착상태에 대한 어떠한 방지나 회피의 정책을 가지고 있지 않다면 교착상태를 발견(탐지)하고 이를 해결하는 정책을 가지고 있어야 한다. **교착상태의 탐지**란 교착상태가 일어났는지를 결정하고 교착상태에 관계된 프로세스와 자원을 규명하는 과정이다. 이것은 운영체제가 자원의 요구와 할당에 대해 감시하고 순환상태(순환대기)가 나타났는지를 확인한다. 만일 순환상태가 발생한다면 순환상태가 없어질 때까지 프로세스를 없앤다. 즉, 교착상태의 탐지 및 회복 방식은 교착상태를 허용한다. 대신 교착상태가 발생했는지 안했는지를 탐색(탐지)한 후 교착상태가 발생할 경우 회복하는 방식이다. 회복하는 방식에는 프로세스를 종료하는 방법과 자원을 선점하는 방식이 있다. 이를 위한 방법으로는 단순하게 프로세스를 한 개 이상 중지시키는 방법과 교착상태의 프로세스로부터 자원을 선점하는 방법이 있다. 이를 지원하는 시스템의 알고리즘을 교착상태 회복 알고리즘이라고 한다. 이런 알고리즘을 채택하는 것은 실행 중에 추가적인 부담을 가지고 있다.

교착상태 탐지와 회복은 만일 시스템 내부에 교착상태가 존재함을 탐지하였다면, 이 교착상태는 회복되어야 한다. 따라서 교착상태의 탐지와 회복은 함께 사용되는 해결방법이다. 교착상태를 회복하는 방법은 여러 가지가 있을 수 있으나 다음의 요소들을 고려해야만 하므로, 어떤 방법을 선택하는지는 상황에 따라 달라질 수 있다.

- 회복을 하는데 필요한 비용(cost)
- 프로세스의 성격
- 프로세스의 중요도(priority)
- 프로세스에 할당되었던 자원
- 프로세스가 필요로 할 자원

위의 모든 조건을 모두 만족하기란 어렵다. 따라서 가장 중요한 기준은 최소의 비용으로 다시 시스템을 안전상태로 만드는 것이다. 일단 시스템이 교착상태에 빠지면 교착상태는 하나 또는 그 이상의 필요조건을 제거함으로써 파괴되어야 한다. 교착상태를 회복시키는 방법에는 두 가지가 있는데 한 가지 방법은 순환대기를 탈피하기 위해 프로세스를 중지시키는 것이고 다른 방법은 교착상태의 프로세스들로부터 자원을 선점하는 것이다.

1) 프로세스의 중지(종료)

프로세스를 중지함으로써 교착상태에서 회복하는 방법 즉, 프로세스를 중지(종료)시켜서 교착상태를 빠져 나오는 방법은 두 가지가 있는데 두 방법 모두 교착상태의 프로세스들을 중지시킴으로써 해당 프로세스에 의해 점유된 자원들을 회수한다(환형대기에 관련된 하나 이상의 프로세스를 중지시키는 방법).

❶ 교착상태 프로세스들을 모두 중지시키는 것이다. 이 방법은 완전하게 교착상태의 순환대기를 해결하지만 많은 비용을 요구한다. 왜냐하면 이미 이 프로세스들은 많은 시간동안 시스템의 자원을 점유하여 자신의 작업을 수행하였을 것이고, 이런 프로세스들을 모두 종료시킨다는 것은 이런 비용을 부담해야 한다는 것이다. 또한 교착상태의 프로세스들을 모두 종료시키지 않더라도 교착상태의 고리는 끊어질 수 있기 때문이다.

❷ 교착상태가 해결될 때까지 한 프로세스씩 중지(종료)시키는 방법이 있다. 이 방법은 한 프로세스가 중지될 때마다 교착상태 탐지 알고리즘을 호출하여 프로세스가 교착상태에 있는지 확인한다. 즉, 모든 프로세스를 종료시키지는

않지만 하나의 프로세스를 종료시킨 후, 다시 교착상태가 여전히 남아있는지를 판단하기 위하여 교착상태 탐지 알고리즘을 실행시켜야 한다는 추가적인 부담(overhead)을 가진다.

프로세스를 중지시키는 것은 쉽지 않을 수도 있다. 프로세스가 파일을 갱신하다가 중지된다면 해당 파일은 부정확한 상태가 될 것이다. 마찬가지로 프로세스가 데이터를 프린터에 출력하고 있을 때 중지되면 다음 인쇄를 진행하기 전에 프린터의 상태를 정상 상태로 되돌려 놓아야 한다. 최소 비용으로 중지시킬 프로세스의 선정으로는 일반적으로 다음과 같은 기준으로 한다. 또한 부분 종료 방식을 사용하여 교착상태를 해결하려면 어느 프로세스를 중지시킬 것인지 결정해야 한다. 이것은 프로세서 스케줄링 기법과 유사한 정책 문제이며, 경제적인 문제도 고려된다. 프로세스들을 중지시키는 데는 최소 비용이 들어갈 수 있는 방법을 찾아야 한다. 최소 비용이라는 것이 명확한 수치는 아니지만 다음과 같은 일반적인 기준으로 프로세스를 선정하게 한다.

- 프로세스들의 우선순위
- 지금까지 프로세스가 수행된 시간과 종료하는데 필요한 시간
- 프로세스가 사용한 자원의 형태(유형)와 수(예, 자원을 선점할 수 있는지의 여부)
- 프로세스 종료를 위하여 더 필요한 자원의 형태(유형)와 수
- 프로세스를 종료하는데 필요한 프로세스들의 수
- 프로세스가 대화식인지 혹은 일괄식인지의 여부

2) 자원 선점

교착상태 사이클(주기)이 없어질 때까지 프로세스로부터 자원을 선점하여 다른 프로세스에게 선점한 자원을 제공한다. 즉, 자원 선점을 이용하여 교착상태를 해결 하려면,프로세스의 자원을 선점하여 교착상태가 해결될 때까지 선점한 자원을 다른 프로세스에 할당해야 한다. 교착 상태의 회복을 위한 자원 선점 즉, 자원을 선점하는 방법은 프로세스가 점유중인 자원을 선점하여 교착 상태가 해결될 때까지 다른 프로세스에게 할당하는 방법이다. 이 방식은 효과적으로 적용하기 위해 선점권을 이용하려면 다음과 같은 3가지 사항을 해결해야 한다.

❶ **희생자 선택**(자원 선점선택;Selecting a victim): 어떤 프로세스부터 자원을 우선적으로 선점시킬 것인가를 정해야 한다. 즉, 어떤 자원과 어떤 프로세스들이 선점이 될 것인가? 비용을 최소화하기 위하여 선점의 순서를 결정해야 하는 것이 희생자 선택이다. 비용 요인으로는 교착 상태 프로세스가 점유하고 있는 자원의 수, 그리고 교착 상태 프로세스가 지금까지 실행하는 데 소요한 시간과 같은 것(매개변수)들이다.

❷ **복귀**(Rollback): 자원을 선점당한 프로세스를 어떻게 복귀시킬 것이냐를 정해야 한다. 자원을 선점 당한 프로세스의 상태를 저장한 후 다시 실행시키도록 한다. 즉, 프로세스로부터 자원을 선점하려면, 그 프로세스를 어떻게 해야 하는가? 확실한 것은 이 프로세스를 계속 정상 실행할 수 없다는 것이다. 필요한 자원이 부족하기 때문이다. 이 프로세스를 안전 상태로 복귀시키고 다시 시작해야 한다. 즉, 이 방식은 시스템이 실행하는 모든 프로세스들의 상태에 대한 정보를 유지하는 것이다.

❸ **기아 상태**(Starvation): 만약 항상 똑같은 프로세스의 자원이 선점될 경우 이 프로세스는 기아현상이 발생하게 된다. 때문에 선점할 수 있는 횟수를 정해놓고 그 이상 선점되지 않도록 보호해야 한다. 즉, 기아 상태가 발생하지 않는 것은 어떻게 보장할 것인가? 즉, 자원들이 동일한 프로세스로부터 항상 선점되어 다른 프로세스가 선점할 수 있는 상태를 기아 상태라고 하는데, 이러한 상황이 계속 일어나는 문제를 말한다. 희생자 선택 시 비용 면이 우선인 시스템에서는 같은 프로세스가 계속 희생자로 선택되는 경우가 발생한다. 결과적으로 이 프로세스는 그 작업을 결코 끝낼 수 없게 된다.

지금까지 교착상태를 처리하는 기본 방식인 방지(예방), 회피, 탐지 기법을 살펴보았지만 이 중 한 가지 방법만으로 OS에서 발생하는 모든 자원 할당 문제를 해결하는 것은 불가능하다. 교착상태 탐지 알고리즘의 실행 시간은 객체 수가 증가함에 따라 기하 급수적으로 늘어난다. 그러므로 3가지 기본 방법을 결합하여 시스템 자원 형태마다 최적의 접근 방식을 채택하는 자원의 계층적 순서를 활용한다. 예를 들면, 프로세스 제어 블록(PCB)과 같은

시스템이 사용하는 내부 자원은 자원 순서화에 의한 방지 기법을 이용할 수 있고,주기억장치의 자원은 선점을 통한 방지 기법·작업(파일 등) 자원은 회피 기법을 활용할 수 있다. 복구를 하기 위해서는 교착상태인지, 아닌지를 판단해야 하는데 알고리즘은 두 가지가 있다. 즉, 대기 그래프를 이용한 알고리즘과 교착상태 탐지 알고리즘이 있다. 대기 그래프를 이용한 알고리즘 방식은 예방책의 자원할당 그래프와 아주 비슷하다. 자원 할당 그래프에서 자원을 제거한 후 프로세스 끼리 연결하면 된다. 프로세스끼리 사이클을 이루면 교착상태라고 할 수 있다. 이 알고리즘 역시 자원 할당 그래프 알고리즘처럼 자원 유형 당 개수가 하나일 경우에만 해당된다. 교착상태 탐지 알고리즘 방식은 앞서 설명 했듯이 은행가 알고리즘과 매우 유사하다.

예제 4-37

교착 상태로 인하여 어떤 프로세스를 복귀시킬 때 어떤 문제점들을 고려해야 하는가?

풀이

경제적인 관점에서 최소한의 비용이 소요될 때만 프로세스가 종료되고 프로세스의 선택 요소가 고려되어야 한다.
❶ 프로세스의 우선순위
❷ 프로세스의 수행 기간과 지정된 작업이 완료되기까지의 수행 시간
❸ 자원의 양과 유형
❹ 작업 완료를 위해 더 필요로 하는 자원의 양
❺ 종료되기까지 더 필요한 프로세스가 있는가의 여부

예제 4-38

교착 상태로부터 복귀할 때 희생자 선택 원칙을 설명하고 복귀 과정에서 어느 때 기아 상태가 발생되는가?

풀이

희생자 선택이란 교착 상태의 복구에서 선점이 요구될 때 어떤 자원 및 어떤 프로세스가 선점되어야하는가와 프로세스의 종료 상태에서 최소한의 비용을 위해 선점의 순서를 결정하는 것을 말한다. 복귀과정에서 기아 상태의 발생은 자원들이 항상 동일한 프로세스로부터 선점될 때로, 비용 요소에 기초를 두어 동일한 프로세스가 매번 선택될 수 있어 그 프로세스가 지정된 작업을 완료하지 못할 때에 발생한다.

예제 4-39

교착 상태의 결과로 회복 방법 중 복귀되는 프로세스가 발생했을 때의 어려움은 무엇인가?

풀이

교착 상태에서 회복시에 발생하는 문제는 희생자 선정, 복귀 문제, 기아 상태가 발생한다. 그 중에서 복귀는 어느 정도의 시간동안 복귀시켜야 하는가 하는 기간을 결정하는 것으로서 발생하는 문제는 아래와 같다.
❶ 전체 복귀 방법 - 프로세스를 완전히 취소한 후 처음부터 다시 시작하는 방법이다.
❷ 효과적인 방법은 교착 상태를 해소시킬 수 있는 최소한의 프로세스를 최소한의 시간 범위 안에서 시키는 방법이다(모든 프로세스에 관한 상태 정보를 시스템이 가지고 있어야 가능하다).

4.8 기아상태(starvation)

기아상태는 다중 처리 환경에서 사용되는 용어인 OS 쪽의 내용이다. **기아상태**는 한 프로세스가 자원을 할당 받아 사용하고 있지만 다른 한 프로세스는 자원을 할당 받지 못하고 무한적으로 기다리고 있는 상태이다. 즉, **교착상태**가 자원을 자유롭게 할당한 결과라면 **기아상태**는 반대로 작업이 결코 사용할 수 없는 자원을 계속 기다리는 결과(교착상태)를 예방하기 위해 자원을 할당할 때 발생(기다리는 경우)되는 결과이다. 다시말해, 자원을 이용해야만 작업이 끝나는 프로세스가 영구적으로 자원을 할당 받지 못해서 작업을 더 이상 할 수가 없는 상태가 기아상태이다. 교착상태도 일종의 기아라고 말할 수 있다.교착상태와 기아상태는 매우 유사하다. 다만 교착상태는 혼자서 발생하는 것이 아니다. 두 개 이상의 프로세스가 자신에게 필요한 자원이 다른 자원에게 점유되어 있고 아무것도 하지 않으면서 자원이 할당되기만을 기다리면 교착상태이다. 즉, 내가 필요한 자원이 다른 프로세스에게 점유되어 있고 내가 점유한 자원이 다른 프로세스(좀전의 그것이든 아니면 또 다른 프로세스이든)가 필요로 한 것이면 교착상태이다. 자원 R1,R2 그리고 프로세스 P1,P2,P3가 있다고 할 때 프로세스를 처리하기 위해서는 R1,R2의 모든 자원을 사용해야 한다. 만약 P1은 R1의 자원을 P2는 R2의 자원을 차지하고 있다면 P1과 P2는 교착상태(Deadlock)이며, P3는 기아상태(굶주림상태;Starvation)이다. 예를 들어,OS에서 기아상태는 테이블 위에 포크와 나이프, 고기가 있다고 하자. 고기를 먹으려면 포크와 나이프를 모두 쥐어야 먹을 수 있는데, 어떻게 해도 포크와 나이프를 모두 쥐지 못하게 될 때, 고기를 못 먹게 된다. 이것을 말그대로 기아상태라고 한다. 사람 수 만큼 포크와 나이프가 충분하지 않고 적절히 쥐는 정해진 순서가 있는 것도 아니고 그러다 보니, 고기를 먹기 위해서 모두 탐욕적으로 포크와 나이프를 쥐려다 보니 모두가 굶주리게 되거나, 한 명이라도 영원히 못 먹게 되는 사태가 발생한다. 예를 들어, 모두가 포크를 쥐고 있는데, 모두 옆 사람이 나이프를 놓아주기를 기다리고 있다면, 모두가 못먹게 된다. OS에서 어떤 자원 목록에 대해 경쟁하는 프로세스가 많고 이 프로세스들이 자원 목록에 대해 어떤 특정한 스케쥴링 방법대로 권한을 얻어갈 때 프로세스가 필요한 자원들의 권한을 영원히 얻지 못해 자신의 일을 하지 못하는 경우가 기아상태이고 이런 일이 생기지 않는 특성을 가진 프로세스와 자원 간의 스케줄링과 할당 방법을 이를 때, "**기아 해제(starvation-free)하다**" 라고 한다.

예제 4-40

기아 상태의 교착 상태가 발생하지 않도록 강 건너는 알고리즘을 제시하라.

풀이

❶ 다리를 하나 더 만드는 방법.
❷ 다리의 중간에 대기 장소를 만들어 놓는 방법.
❸ 다리의 중간에 돌아가는 곳을 만드는 방법.

짚어보기

A, B, C라는 프로세스가 있고, Z라는 자원이 있다고 가정하자. 세 프로세스는 Z 자원을 사용해야 하는데, 동시에 사용할 수가 없다. 그렇기 때문에 나누어 사용해야 한다. 모든 프로세스가 균등하게 자원을 사용하기 위해 OS는 순서를 잘 정해주어야 한다. 하지만 순서가 잘못 정해져서 A와 B가 번갈아가면서 Z를 사용하면 C는 Z를 사용하지 못 하여서 **기아상태**에 빠지게 된다. 아니면 A가 Z를 독점하고 사용권을 돌려주지 않게 되면 B와 C는 기아상태이다. Y라는 자원이 하나 더 있다고 하면, A와 B, C는 Y와 Z 자원을 동시에 사용해야 한다고 하자. A가 Y, Z를 동시에 사용하다가 사용권을 돌려주었다. 그리고 B는 Y, C는 Z에 대한 사용권을 획득하였고, B와 C는 각각 서로 다른 자원에 대한 사용권을 기다리고 있는데 둘 중 하나가 포기하지 않는 이상 교착상태에 빠지고 이 또한

기아상태가 된다.

예제 4-41

교착 상태와 기아 상태의 차이를 설명하라.

풀이

교착 상태는 프로세스의 수가 여럿으로 자원을 요구하는 것이고 기아 상태는 항상 동일한 프로세스로부터 자원들이 선점되는 것이다.

예제 4-42

스풀링 시스템의 동기를 설명하라. 왜 스풀링 시스템이 교착 상태에 빠지기 쉬운가?

풀이

① 동기화 - CPU는 전자적 속도이나 주변장치는 기계적 속도이므로 이 두 장치의 동기화를 맞추어 주기 위해 스풀링을 사용한다.
② 교착 상태 - CPU에서 스풀로 자료를 보내는 중에 스풀이 꽉 차 있을 경우에 발생한다.

예제 4-43

무기한 연기란 무엇인가? 이것은 교착 상태와 어떻게 다르며 어떤 점이 유사한가?

풀이

① 무기한 연기 - 어떤 시스템에서나 자원 할당 및 프로세스 스케줄링을 하는 동안 다른 프로세스를 무한정 기다리게 하는 것을 말한다.
② 에이징(aging) 시스템 - 어떤 자원을 기다린 시간에 비례하여 프로세스에게 우선 순위를 부여하는 기법을 적용하는 방법으로서 무한 연기를 해결할 수 있다.
③ 차이점

무기한 연기	교착 상태
어떤 특정한 프로세스가 무기한 연기된다. 에이징 시스템에 의해 해결된다.	모든 프로세스가 무기한 연기된다. 교착 상태 방지, 교착 상태 회피, 교착 상태 검출에 의해 해결된다.

예제 4-44

Ada의 랑데부에 대해 설명하시오.

풀이

호출자와 서버라는 두 개의 태스크 사이의 일련의 과정으로 호출자가 서버 내의 진입점을 호출하고, 서버에 의해 Accept문이 수행될 때까지 기다린다. 만일 호출자가 아직 호출하지 않은 진입점에 대해 서버가 Accept를 행하면 서버는 호출자가 그 진입점을 호출할 때까지 대기한다. 호출자의 호출이 Accept 되면 랑데부가 발생한다.

■ 연 습 문 제

학과:	학번:	성명:	제출일:

[4-1] 상호 배제의 필요성을 설명하라. 운영 체제에서 필요한 상호 배제의 최저 계층의 상호 배제는 무엇인가? 어떠한 다른 형태가 유용한가?

[4-2] 병행 프로세스의 처리를 위해서 운영 체제가 해야 하는 일은 무엇인가?

[4-3] 다중 프로세스에 비해서 스레드들이 갖는 장점들은 무엇인가? 반대로 단점은 무엇이며, 스레드의 사용이 유용한 응용과 그렇지 못한 응용을 각기 한 가지씩 예를 들어라.

[4-4] CPU 스케줄링에서 우선순위 적용 시 무한봉쇄나 기아상태를 해결하기 위한 방법이 무엇이며, 그것을 설명하라.

[4-5] 상호배제 문제 해결을 위해 Dijkstra에 의해 도입된 개념은 무엇이며, 그것에 대해 설명하라.

[4-6] 2진 세마포어는 그의 정수값이 0이나 1인 세마포어이다. 일반 세마포어가 2진 세마포어에 의해 어떻게 구현될 수 있는지를 보여라.

[4-7] 기아 상태와 교착 상태가 발생하지 않도록 강을 건너는 알고리즘을 설계하라.

[4-8] 하나의 프로세스에서도 교착 상태가 가능한가?

[4-9] 교착 상태와 기아 상태의 차이는 무엇인가?

[4-10] 적당한 스풀링은 교착을 제거한다. 카드 판독기, 프로터, 프린터 등의 경우에는 이것이 사실이다. 테이프 장치도 스풀링을 할 수 있다(staging). 이때에는 CPU 시간, 메모리, 그리고 디스크 장치 등의 자원이 필요하다. 이러한 자원이 개입된 교착이 발생할 수 있는가? 가능하다고 생각하면, 이를 방지할 수 있는 알고리즘을 제시하라. 불가능하다고 생각하면 어떤 조건이 성립하지 않는가를 지적하라.

[4-11] 다음과 같은 상태에 있는 시스템을 고려하자

	할당(Allocation)	최대자원(Max)	사용가능자원(Available)
	A B C D	A B C D	A B C D
P1	0 0 1 2	0 0 1 2	1 5 2 0
P2	1 0 0 0	1 7 5 0	
P3	1 3 5 4	2 3 5 6	
P4	0 6 3 2	0 6 5 2	
P5	0 0 1 4	0 6 5 6	

위 테이블을 보고, 은행가 알고리즘을 써서 다음에 대한 답을 구하라.

(1) 행렬 Need의 값은 무엇인가?

(2) 이 시스템은 안정 상태인가?

(3) 만약, 프로세스 p1에서 (0, 4, 2, 0)의 요청을 하면, 이 요구는 당장 허락될 수 있는가?

[4-12] 공유 변수를 이용한 동기화 문제 해결 방법에 대해서 설명하라?

[4-13] 프로세스 P와 Q가 상호 교신을 하려면 그들 사이에 통신 회선이 존재하여야 하는 데, 통신회선의 설치 문제에 관해서 설명하라.

[4-14] 전송 회선상의 오류로 전송도 중에 메세지가 분실되는 경우 해결 방안에 대해서 설명하라.

[4-15] 메세지 전달을 이용한 동기화 문제에 있어서 각각의 구현 방법에 관해 설명하라.

[4-16] 다음 〈보기〉와 같이 자원인 12개의 테이프 구동기와 3개의 프로세스를 갖는 시스템이 있는데 시간 T0에서 이 시스템이 안정 조건을 만족하는 프로세스의 수행 순서는?

〈보기〉

프로세스	최대 수요	현재 수요
P_0	10	5
P_1	4	2
P_2	9	2

[4-17] 병행 프로세스(concurrent process) 하에서 발생하는 제어 문제에 관해서 설명하라.

[4-18] 상호배제 문제 해결을 위해 Dijkstra에 의해 도입된 개념은 무엇이며, 그것에 대해 설명하라.

Chapter

05

기억 장치 관리

CHAPTER 05

기억 장치 관리

학습목표

컴퓨터 시스템은 프로그램을 실행하기 위해서 존재한다. 이들 프로그램은 그들이 사용하는 자료와 함께 메모리(M/M; 기억장치) 내에 적재되어야만 실행된다. 즉, 모든 프로그램(프로세스)은 실행되기 전에 물리적 기억장치(M/M;주기억장치)에 저장되어야 하는데, 만약 M/M가 부족하면 OS의 설계에 큰 영향을 미치게 된다. 특히, 프로세스의 크기는 물리적 기억장치의 크기에 제약을 받기 때문에 효율적인 기억장치 관리는 다중 프로그래밍 시스템 환경에서 매우 중요하다. CPU의 활용도와 사용자에 대한 반응 속도를 향상하기 위해서 OS는 여러 개의 프로세스를 M/M에 적재하고 있어야 한다. 기억장치 관리에는 여러 가지 기법이 사용된다. 이러한 기법은 기억장치 관리에 대한 다양한 접근 방법을 반영하는 것으로서, 다양한 알고리즘의 효율성은 특정한 상황에 좌우된다. 어떠한 시스템에 알맞은 기억장치 관리 기법을 선택하려면 여러 가지 요소를 감안해야 하지만, 특히 시스템의 H/W 설계에 신경을 써야 한다. 각 알고리즘은 각기 고유의 H/W 자원을 필요로 한다.

이 장에서의 주요 내용은 다음과 같다.

- 기억장치 관리를 위한 기억장치 할당 기법
- 단일 분할과 다중 분할 할당 기법
- M/M 관리 상의 문제점/해결책
- 분산 기억장치 할당
- 페이징 시스템
- 세그먼테이션 시스템
- 페이징 시스템 및 세그먼테이션 시스템

5.1 기억 장치 관리 개념

5.1.1 배경

일반적으로 프로세서(CPU)는 기억장치(Memory; M/M,실기억장치)에서 처리할 내용을 가져오고 처리 결과를 저장한다. 기억장치는 현대 컴퓨터 시스템을 운용함에 있어 핵심이며, 기억장치는 각각 자신의 **주소(address)**를 가지고 워드(word) 또는 바이트(byte)들로 구성된 대규모 배열이다. 기억장치는 주소를 읽거나 기록함으로써 상호작용이 이루어진다. CPU는 기억장치로부터 처리 할 내용을 가져오거나(fetch) 처리결과를 기억장치에 저장(store)한다.

전형적인 명령어 수행은 다음과 같이 이루어진다.

먼저 기억장치에서 한 명령을 가져온다. 그 다음 명령어를 **해독(decode)**하고 기억장치에서 피연산자(operand)를 가져와 피연산자에 대해 명령어를 수행한 후 계산 결과를 기억장치에 다시 저장한다. **명령어 실행 과정**에서 기억장치(M/M)는 단지 기억장치의 주소(번지)의 연속으로 보기 때문에 기억장치의 자신은 기억장치 주소를 어떻게 생성하는지 모른다. 즉, 기억장치에는 명령어 계수기, 색인(인덱싱), 간접 및 문자 주소 등에 대한 정보가 없으며 생성되는 결과가 데이터인지 명령어인지에 대한 정보가 없기 때문이다. 따라서 프로그램이 기억장치 주소를 어떻게 생성하는지 전혀 알 수 없다.

주기억장치(M/M)는 일반적으로 운영체제(OS)를 위한 영역(상주 모니터, 커널)과 현재 실행 중인 프로그램을 위한 영역으로 구분된다. 물론, 다중 프로그래밍 시스템에서는 기억장치의 사용자 영역을 여러 프로세스가 상주할 수 있도록 세분화해야 한다. 이러한 세분화 작업은 OS에 의해 동적으로 이루어지는데, 이 과정을 기억장치 관리라 한다. 일반적으로 **단일 프로그래밍 기법과 고정 분할 다중 프로그래밍(MFT; MultiProgramming with a Fixed number of Tasks) 기법 및 가변 분할 다중프로그래밍 기법(MVT; Multiprogramming with a variable number of Tasks)** 등으로 구분 된다.기억장치는 크게 실제(실) 기억장치(M/M;Physical memory)와 가상 기억장치(V/M;Virtual memory)로 나눈다[그림5-1].

어떤 특정 시스템이 어떠한 형태의 기억 장치를 구성할 것인지에 앞서 최적의 효율을 얻기 위해서 어떤 관리 기법을 사용할 것인지를 먼저 결정해야한다.

<table>
<tr><td colspan="5">연속 적재 방법
(contiguous loading)</td><td colspan="6">분산 적재 방법
(scatter loading)</td><td></td></tr>
<tr><td colspan="8">실제 기억 공간의 사용(Real Memory)</td><td colspan="3">가상기억 공간의 사용
(Virtual Memory)</td><td>공통 방법</td></tr>
<tr><td colspan="2">단일 사용자 전용</td><td colspan="9">다중 프로그래밍 기능</td><td></td></tr>
<tr><td>중첩</td><td>스와핑
(교체)</td><td colspan="2">고정분할
형태(정적)</td><td>가변
분할
형태
(동적)</td><td>단순
페이징
(simple
paging)</td><td>단순
세그먼테이션
(simple
segmentation)</td><td>단순
페이징/
세그먼테이션
혼용기법</td><td>요구
페이징</td><td>요구
세그먼테이션</td><td>요구
페이징/
세그먼테이션</td><td>스와핑(swapping)
중첩(overlay)</td></tr>
<tr><td></td><td></td><td>절대
번역</td><td>재배치
기능번역</td><td></td><td></td><td></td><td></td><td></td><td></td><td></td><td></td></tr>
</table>

[그림 5-1] 기억 장치 관리의 구분

짚어보기 기억장치 관리자의 역할

메모리(기억장치) 관리자의 역할은 저장장치로부터 프로그램을 메모리(M/M)로 가져온 후, 메모리의 적당한 위치에 올려놓는 역할을 한다. 또한 여러 개의 프로세스들이 자신의 영역을 넘지 않도록 감시하는 기능과 함께 종료된 프로세스가 차지하던 공간을 새로운 프로세스에게 할당해주는 역할을 담당한다. 메모리 관리자는 메모리 관련 여러 정책을 수립하고 정책에 따라 메모리를 관리한다.

짚어보기 본 노이먼 구조

본 노이먼 구조에서 모든 프로그램은 메모리(기억장치M/M)에 올라와야(적재Load) 실행 가능하다. 그러므로 메모리는 주요한 작업 공간이며 복잡한 관리를 필요로 하는 공간이다. 기억장치(M/M;메모리)의 관리는 메모리 관리자가 담당한다. 메모리 관리자는 OS의 메모리 관리 모듈과 MMU(Memory Management Unit)라는 H/W와의 협업으로 이루어진다. 현대의 메모리 관리의 복잡성은 한꺼번에 여러 개의 프로세스들을 동작시키기 때문에 발생한다. 한정된 메모리에 여러 개의 프로세스들을 올려놓고(적재) 작업하기 때문에 메모리 관리가 복잡해진다.

5.1.2 비어 있는 기계(Bare Machine)[그림5-2]

가장 간단한 기억 장치 관리 기법은 아무것도 안하는 것이며, 사용자에게 비어 있는 상태의 기계가 제공되면 사용자는 전체 기억 공간에 대한 완전한 제어권을 가진다. CPU 명령이나 데이터를 직접 인출 혹은 반환할 수 있는 기억장치(M/M,실기억 장치)이다. CPU의 스케줄링의 결과로 CPU의 **이용률**을 제고시킴은 물론 사용자에 대한 컴퓨터의 반응 속도를 개선할 수 있으며, 성능을 증가시키기 위해서 기억장치 속에 여러 개의 프로세스를 유지시켜야 한다. 즉, 기억장치를 공유해야만 한다. 기억장치 경영(관리) 알고리즘은 원시적인 **비어있는 기계(Bare machine)의 접근 방법**에서부터 페이징(Paging)과 세그먼테이션(Segmentation)으로 전개되는 데 각 접근 방법은 장·단점을 갖고 있다.

비어 있는 기계의 특징은 다음과 같다.
① 가장 간단한 기억 장치 관리 기법이다.
② 스케줄링(scheduling) 개념이 없다.
③ 사용자가 전체 메모리 공간의 제어권을 장악한다(사용자에게 최대의 융통성을 줌).
④ 어떤 상주 모니터(resident monitor(상주 OS))가 없다.

장·단점은 다음과 같다
■ 장점
① 기억장치 관리를 위한 특별한 H/W가 필요 없다.
② OS S/W가 필요 없다.
③ 최소의 비용(Cost)이 든다.
④ 최대의 유연성(flexibility)이 있다.
⑤ 최대의 단순성(simplicity)이 있다.

■ 단점
한계가 있으며, 서비스를 제공하지 못한다(사용자가 컴퓨터를 완전히 제어하지만, OS는 인터럽트를 제어할 수 없고, 시스템 호출이나 오류를 처리하기 위한 어떠한 기법도 없고, 다중 프로그래밍을 제공할 공간도 없다. 따라서 비어있는 상태의 기계 접근 방법은 한계가 있다(이것 다음으로 단순한 기법은 기억 장치를 사용자를 위한 공간과 OS 상주를 위한 공간으로 공간을 두 개 부분으로 나누는 것이다([그림5-4][그림5-13] 참조)).

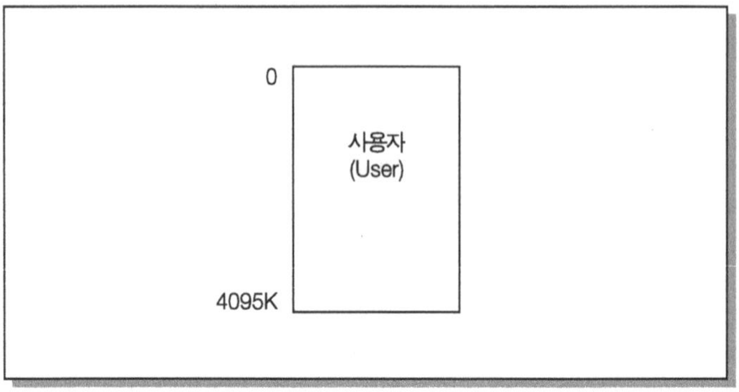

[그림 5-2] 비어있는 기계(Bare machine)

※ 완전한 컴퓨터 시스템은 H/W 와 S/W가 갖추어진 것이다

짚어보기 요리사 모형을 인용한 예

과거 배치 작업(batch job)에서 처럼 한 번에 1개의 프로세스만 실행시킬 경우 기억장치 관리(Memory Management)는 단순 했다.마치 도마 위에 1개의 재료만 올려놓고 작업하는 것과 마찬가지이다. 그러나 도마 위에 각종 과일과 고기를 올려놓고 음식을 만든다고 가정해보자.

☞ 고깃 덩어리와 같은 큰 음식 재료를 처리하는 문제에서부터, 작은 재료들은 서로 섞이지 않도록 배열하는 문제들까지 세심하게 신경을 써야만 한다. 현대의 시분할 시스템(TSS)에서는 여러 개의 프로세스가 동시에 작업하기 때문에 메모리(기억장치;주기억장치;M/M,Main Memory)에 다양한 프로세스가 존재한다.
☞ 이것이 기억장치 관리자(Memory Manager)의 복잡성을 나타내고 있다. 기억장치 관리자의 역할은 저장장치로부터 프로그램을 기억장치(메모리;M/M)로 가져온 후, M/M의 적당한 위치에 올려놓는 역할을 한다. 또한 여러

개의 프로세스들이 자신의 영역을 넘지 않도록 감시하는 기능과 함께 종료된 프로세스가 차지하던 공간을 새로운 프로세스에게 할당해주는 역할을 담당하기도 한다. 기억장치 관리자는 기억장치 관련 여러 정책을 수립하고 정책에 따라 기억장치를 관리 한다.기억장치(메모리) 관리자의 정책들은 후에 논한다.

5.1.3 사용자 프로그램의 처리 기준

사용자 프로그램이 기억 장치에 위치하여 처리하려는 기준은 두 가지가 있다.

① 자주 쓰이는 프로그램이나 데이터는 CPU에서 액세스가 빠른 고속 및 고가의 캐시 기억 장치에 배치한다.

② 자주 쓰이지 않는 프로그램이나 데이터는 CPU에서 액세스(접근)가 느린 저속 및 저가의 기억 장치에 위치시켜 사용한다.

5.1.4 기억 장치의 특징

기억 장치는 계층적 구성으로 되어있다[그림5-3].

- 어떤 프로그램과 데이터가 실행되고 참조되기 위해서는 이들이 주기억 장치(M/M)내에 상주해 있어야 한다.
- 프로그램과 데이터는 보조 기억 장치(A/M;Auxiliary Memory 또는 Secondary Memory Unit)에서 실행이나 참조를 위해서 M/M로 옮겨진다.
- 대체로 테이프나 디스크 같은 A/M는 M/M보다 가격이 싸고 용량이 크다.

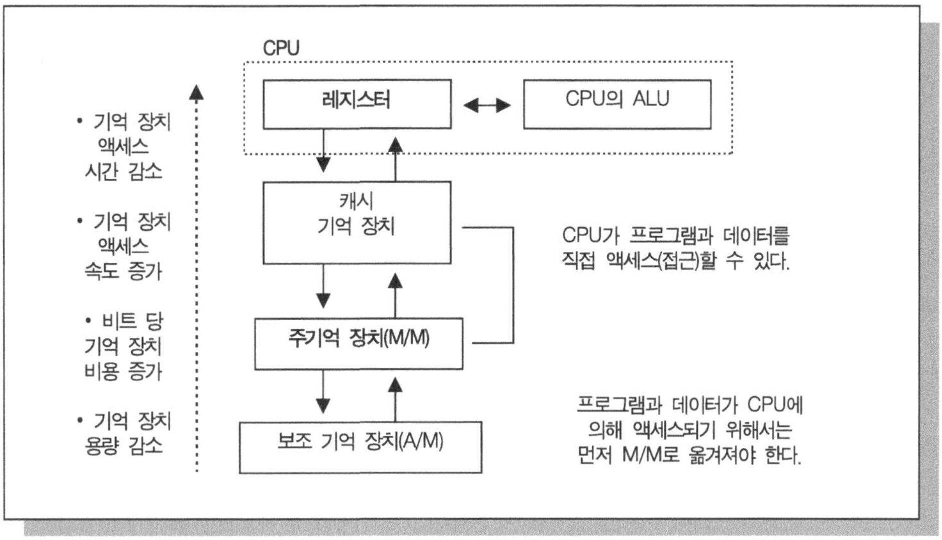

[그림 5-3] 계층적 기억 장치 구성

짚어보기 중앙처리장치(CPU)

- CPU는 컴퓨터의 두뇌에 해당하는 것으로서, 사용자로부터 입력을 받은 명령어를 해석, 연산한 후 그 결과를 출력하는 역할을 한다.
- 이렇게 하나의 부품에 연산장치, 해독장치, 제어장치 등이 집적되어 있는 형태를 일컬어 "마이크로프로세서(Micro processor)"라고 한다.

5.1.5 캐시 기억 장치(cache memory)

(1) 개념

주기억 장치(M/M;Main Memory)와 중앙 처리 장치(CPU;Central Processing Unit)) 사이에서 데이터와 명령어를 일시적으로 저장하는 소형의 고속 기억 장치이며,주기억 장치 캐시 또는 CPU 캐시라고도 한다. 일반적으로 M/M에 사용되는 기억 소자는 동적 램(DRAM;Dynamic Random Access Memory)으로 그 접근 시간은 100~150ns이고, 캐시 기억 장치에 사용되는 기억 소자는 정적 램(SRAM;Static Random Access Memory)으로 접근 시간은 수~수십 ns이므로, M/M의 5분의 1에서 10분의 1 정도의 고속 접근이 가능하다. 캐시 기억 장치의 기억 용량은 캐시 적중률(cache hit ratio)과 가격 등을 감안하여 결정되는데, 일반적으로 M/M의 수천분의 1에서 수백분의 1 정도를 갖게 되어 있다. 캐시 기억 장치는 접근 시간을 더 단축하기 위해 CPU에 내장되기도 하는데, CPU에 내장되는 것을 주 캐시 또는 1차 캐시라고 하고 컴퓨터의 본체 기판에 탑재되는 것을 보조 캐시 또는 2차 캐시라고 한다. 이 밖에도 컴퓨터의 성능을 향상시키기 위해 사용되는 캐시에는 디스크 캐시(disk cache)가 있다. 캐시 기억 장치는 하나의 고속 기억 장치이고, 디스크 캐시는 캐시 목적으로 특별히 할당(예비)되어 있는 M/M의 일부분(섹션)이다.

하드디스크의 속도는 램보다 매우 느리다. 매번 프로그램을 실행시킬 때마다 디스크를 읽어야 하므로 속도가 느릴 수 밖에 없다. 따라서 램과 디스크 사이에 일정량의 임시메모리를 만들고 처음 프로그램을 실행할 때 램으로 들어오는 내용을 그 임시 메모리에도 보관한다. 그런 다음 프로그램을 실행시키면 하드디스크가 아닌 임시 메모리에서 읽어오게 되기 때문에 읽어오는 시간이 매우 빨라지게 된다. 이 임시 메모리를 캐시메모리라고 한다.

요즘에는 PC(퍼스널컴퓨터)에서도 사용되며, 수 10MB의 M/M에 대해 수 10KB의 캐시 기억장치를 갖추고 있다. 캐시 기억장치를 내부에 장착한 마이크로 프로세서도 나왔다. 펜티엄 컴퓨터는 CPU 내부의 캐시를 두 개로 늘렸는데, 각각은 명령처리를 위한 캐시와 데이터처리를 위한 캐시이다. 이로 인해 CPU의 속도가 훨씬 빨라졌다.기억장치 별로 빠른 순서는 **캐시 기억장치⇨ CPU ⇨ 보조기억장치** 순이며,가격도 비싸다.

중앙처리장치(CPU)와 캐시 기억장치와 주기억장치(M/M)의 처리속도를 비교하면 다음과 같은 순서이다.

CPU ⇦ (워드 전송) ⇨ "캐시 기억장치" ⇦ (블록 전송) ⇨ M/M

CPU는 PC의 두뇌 역할을 하므로 가장 빠르게 일을 처리하며, 캐시 기억장치는 CPU 장치 옆에 있어 실행한 프로그램을 저장했다가 CPU 요청 시 즉시 처리하므로 두 번째로 빠르다. 그리고, M/M인 RAM 은 CPU와 캐시 기억장치에서 보낸 연산과정을 보여주고 처리하므로 3 번째로 빠르다고 할 수 있다.

(2) 특징

① 1960년대에 이르러 성능과 이용률의 향상을 위한 개발된 것으로서 M/M보다 훨씬 빠른 고속의 기억 장치이다.
② 캐시 기억 장치는 M/M에 비해 매우 비싸기 때문에 상대적으로 적은 용량의 캐시가 사용된다.

(3) 캐시 기억 장치에서 사용되는 용어

① **히트(hit)** : CPU가 M/M를 참조할 때 캐시에서 원하는 데이터를 찾는 경우이다.
② **히트율(적중률;hit ratio)** : 히트의 수를 CPU에 의한 M/M 참조의 총 수로 나눈 비율이다.
③ **미스(miss)** : CPU가 M/M를 참조할 때 캐시에서 원하는 데이터를 찾지 못한 경우이다.

(4) 캐시 기억 장치 적중률(cache memory hit ratio)

명령(command)과 프로그램(program)의 실행에서 요구되는 데이터와 명령어를 읽어 오기 위해 CPU가 M/M에 접근해야 하는 전체 횟수에 대하여 캐시 기억 장치 접근으로 충족되는 횟수의 비율이며, 캐시 적중률이라고도 한다. 캐시 기억 장치는 M/M보다 접근 속도가 빠른 고속 기억 장치이기 때문에, 요구되는 데이터와 명령어가 캐시 기억 장치에 저장되어 있으면 CPU는 M/M에 접근할 필요 없이 캐시 기억 장치로부터 전달받음으로써 접근 속도가 단축되고 실행이 고속화된다. 캐시 기억 장치 부적중률과 반대된다.

캐시 기억장치 적중률은 CPU가 M/M에 접근해야 하는 전체 횟수에 대하여 캐시 기억 장치 접근으로 충족되는 횟수의 비율인데, 캐시는 기억장치의 일종으로 주로 SRAM을 의미하며, 레지스터보다는 느리지만 M/M보다 5~10배 정도 빠르며 상대적으로 많이 저렴하다. 캐시는 데이터를 일시적으로 저장하여, 가까운 미래에 있을 데이터 요구를 충족시킨다.

캐시 안에 저장된 데이터는 컴퓨터가 앞서 수행한 작업의 결과 값이거나 수행한 값의 복사본이다. 복사본의 원본은 다른 공간에 저장되어 있다.

만약 요구되는 데이터가 캐시 안에 있는 데이터라면, 이는 캐시를 읽는 것만으로 작업이 완료된다. 이를 캐시 히트(Cache Hit)라고 한다.

하지만, 만약 요구하는 데이터가 캐시 안에 없다면, 컴퓨터가 작업을 다시 수행하거나 원래 수행 값을 다른 장소에서 캐시로 가져와야(Fetch) 한다. 이를 캐시 미스(Cache Miss)라고 하며 상대적으로 느리다.

따라서, 데이터 요구가 캐시 내부 데이터 만으로 완료 된다면, 전체 시스템 성능이 좋아질 것이다. 비용과 데이터의 효율적인 사용을 가능하게 하려면 캐시는 상대적으로 작아야 한다. 따라서 적중률(Hit ratio)은 결국, CPU가 요구하는 데이터를 캐시가 얼마나 빠르게 가져올 수 있는지를 나타내는 척도이다. 적중률의 식은 다음과 같다.

적중률 = 적중수 / 전체 메모리 참조 횟수

참고로, 지역성(구역성;Locality)에 대해 설명한다. 자세한 것은 제6장에서 설명한다.

참조의 지역성(Locality of Reference)은 지역성의 원리(Principle of Locality)라고 불리기도 한다. 완전히 동일하거나 연관된 기억 공간에 자주 접근하는 현상을 의미한다. 기억장치 내부에 공간이 많은 데, 모든 공간을 동일하거나 혹은 비슷하게 사용하는 것이 아니라 어떠한 이유들로 인해 특정 부분을 많이 참조하는 현상을 의미하는 것이다.

- 공간적 지역성(Spatial Locality); 데이터를 상대적으로 가까운 저장 장소에 저장시킨다(멀리 떨어진 공간에 저장시키지 않는다).
- 시간적 지역성(Temporal Locality); 특정한 데이터나 자원을 매우 짧은 시간이 지난 후에 다시 사용한다(반복해서 사용되는 경우).
- 순차적 지역성(Sequential Locality); 공간적 지역성(Spatial Locality)의 일종이다. 데이터 구성요소가 선형적(linearly)으로 구성되어 있을 때는, 공간을 순차적으로 접근하게 된다.
  (예)1차원 배열의 요소들에 접근할 때.

(5) 캐시 기억장치의 동작 원리

캐시 기억장치를 중심으로 동작 과정은 다음과 같다.

❶ CPU에서 주소 전달한다.
❷ 캐시 내부에 명령어가 존재하면 단계❸으로 가며, 아니면 ❹로 간다.
❸ 획득한 명령어를 CPU로 전송하고 작업 완료한다.
❹ 명령어를 포함하고 있는 M/M에 접근한다.
❺ M/M에서 명령어 블록을 인출한다.
❻ M/M의 명령어블록을 캐시에 저장하고 작업 완료한다.
❼ 또한, 명령어 단어를 CPU에 전송하고 작업 완료한다.

짚어보기

캐시 기억장치는 컴퓨터 속에 장착해 속도를 빠르게 하는 임시 메모리이다. 컴퓨터의 속도를 이야기할 때에는 일반적으로 중앙처리장치(CPU)의 속도를 이야기한다. 이는 CPU의 속도에 의해 컴퓨터의 속도가 결정될 정도로 CPU에 비해 상대적으로 주변기기의 속도가 매우 느리다는 것을 나타낸다. 이러한 문제점을 해결하기 위하여 주변기기의 속도를 빠르게 하는 대표적인 방법이 캐시 기억장치이다. 램 캐시(외부캐시), 내부 캐시, 디스크 캐시 등 여러 종류의 캐시가 있다.
하드디스크의 속도는 램(RAM)보다 매우 느리다. 매번 프로그램을 실행시킬 때마다 디스크를 읽어야 하므로 속도가 느릴 수밖에 없다. 따라서 램과 디스크 사이에 일정량의 임시 메모리를 만들고 처음 프로그램을 실행할 때 램으로 들어오는 내용을 그 임시 메모리(기억장치)에도 보관한다. 그런 다음 프로그램을 실행시키면 하드디스크가 아닌 임시 메모리에서 읽어오게 되기 때문에 읽어오는 시간이 매우 빨라지게 되는데, 이 임시 메모리를 캐시 기억장치라고 한다.
요즘에는 퍼스널컴퓨터(PC))에서도 사용되며, 수 10MB의 M/M에 대해 수 10KB의 캐시 기억장치를 갖추고 있다. 캐시 기억장치를 내부에 장착한 마이크로 프로세서도 나왔다. 펜티엄 컴퓨터는 CPU 내부의 캐시를 두 개로 늘렸는데, 각각은 명령처리를 위한 캐시와 데이터 처리를 위한 캐시이다. 이로 인해 CPU의 속도가 훨씬 빨라졌다.
메모리별로 빠른 순서는 "**캐시 기억장치** ⇒ CPU ⇒ **보조기억장치**" 순이며, 캐시 기억장치는 가격도 비싸다.
CPU 안에는 레지스터라는 메모리가 있다.
레지스터⇒캐쉬 기억장치⇒주기억장치(메모리)⇒보조기억장치 순으로 속도는 빠르지만 용량은 작고 가격도 비싸다.

- CPU는 PC의 두뇌 역할을 하므로 가장 빠르게 일을 처리한다.
- 캐시는 CPU 장치 옆에 있어 실행한 프로그램을 저장했다가 CPU 요청 시 즉시 처리하므로 두번째로 빠르다.
- M/M인 RAM 은 CPU와 캐시에서 보낸 연산과정을 보여주고 처리한다.
- 참고로, 보조기억장치(A/M)로는 하드 디스크(HDD), 플로피디스크, CD-R, DVD-R, USB 저장장치 등 이 있다.

짚어보기

연관 기억 장치를 페이지 사상 시스템에서 90%의 적중률을 가지는 연관 기억 장치가 있다고 하자. 연관 기억장치를 탐색하는데 20ns, 페이지 테이블 접근 시간 100ns, 메모리 접근 시간 100ns가 걸린다면 유효 접근 시간은 130ns이다. 풀이를 보면 다음과 같다.

(1) 적중률(Hit ratio) : CPU가 M/M를 참조하는 경우 연관 기억 장치(또는 캐쉬메모리)에서 찾을 확률도 적중(hit) 수 ÷ CPU에서 M/M의 참조 횟수임
(2) 관련도는 다음과 같다.

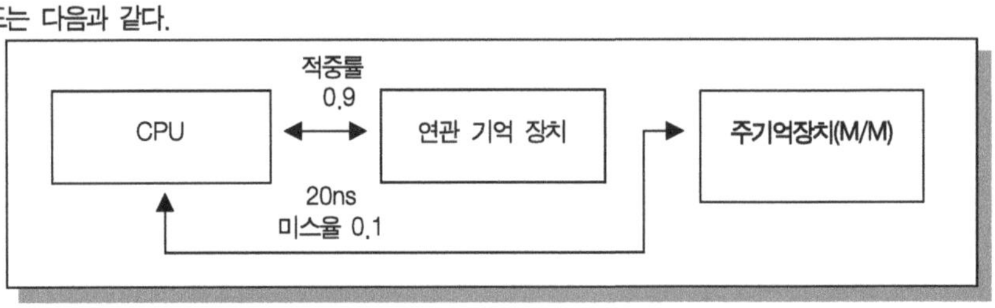

(3) 90%의 적중률을 가지는 연관 기억 장치를 이용한 페이지 사상 시스템의 유효 접근 시간은 다음과 같다.
- 유효 접근 시간 = 연관 기억 장치 적중률 × 페이지 테이블 접근 시간 +
  연관 기억 실패율 × (연관 기억 장치 접근 시간 +
  페이지 테이블 접근 시간 + 메모리 접근 시간)이므로
  유효 접근 시간 = 0.90 × 120 + 220 = 130ns이다.

5.1.6 기억장치의 공간

(1) 공간의 개념

세상은 두 가지 공간(space)이 존재한다.

㉠ 물리적인 공간(physical space) : 우주(universe)라고도 하며, 우리는 그 중간 공간에 살고 있다.

㉡ 논리적인 공간(logical space) : 상상 속의 공간을 말한다.
(예, 수학자들이 생각하는 벡터 공간, 실수 공간, 이진 논리 공간 등)

(2) 컴퓨터 상의 공간 개념

"공간(space)"과 "기억장치(memory)"라는 용어를 혼용해서 사용한다.M/M는 프로그램이나 데이터가 저장 되는 공간으로서 "실제의 기억장치(physical memory, 주기억장치)"이며, 프로그래머가 프로그래밍 시 사용하는 공간을 "논리적 기억장치(logical memory)"라 한다. 참고로, 사이버 스페이스((cyber－space), 웹(www, web) 공간 또는 가상 공간(virtual space))는 3차원 컴퓨터 그래픽스와 인터넷을 이용함으로서 생각할 수 있는 논리적 공간이다. 사용자 입장에서 메모리(M/M)는 커다란 도마와 같다. 메모리 영역은 1바이트(byte) 크기로 나뉘어져 있다. 각 영역에는 메모리 주소를 부여한다. 그러므로 메모리를 사용하기 위해서는 메모리 주소를 사용하여 원하는 위치에 접근할 수 있어야 한다. CPU를 분류할 때 16비트, 32비트, 64비트 CPU로 나눈다. CPU의 비트(bit)는 한 번에 다룰 수 있는 최대 데이터의 크기를 의미한다. 또한 비트의 의미는 메모리에서 한 번에 가지고 오는 데이터의 크기를 가리키기도 한다. 그러므로 32비트 CPU의 경우 다룰 수 있는 데이터의 최대 크기와 메모리에서 가져오는 데이터의 크기가 32비트라는 의미이다. 이러한 이유로 CPU의 비트는 메모리의 주소공간(address space)의 크기와 연관 되어 있는데, 한 번에 다룰 수 있는 데이터의 크기가 제한되기 때문에, **CPU의 비트는 주소공간의 크기**를 나타낸다.

예제 5-1 자동차 번호판을 세 자리로 정했다고 가정한 예

000에서 999번지까지 최대 10^3(1000)대의 자동차 번호판을 만들 수 있을 것이다. 이와 마찬가지로, 한 번에 다룰 수 있는 최대 데이터의 크기는 최대 실제 메모리(M/M, Real Memory) 크기를 나타낸다. 16비트 CPU를 가진 컴퓨터에서는 최대 2^{16}개의 서로 다른 주소를 가지며, 32비트 CPU의 경우 최대 2^{32}개의 서로 다른 주소를 가진다. 이는 32비트 CPU의 경우 0부터 2^{32}-1까지의 주소 공간을 제공하며, 64비트 CPU의 경우는 0부터 2^{64} -1까지의 주소 공간을 제공한다. 현재 개인용 컴퓨터에 일반적으로 사용되는 32비트 CPU의 경우, 1개의 주소가 1바이트를 나타내므로, 2^{32}개의 주소(16진수로 FFFFFFFF)는 4,294,967,296바이트인 약 4GB가 된다. 그러므로 32비트 CPU를 가진 컴퓨터는 실제 메모리를 최대 4GB까지 사용할 수 있다. 실제 메모리 내의 주소공간을 물리적 주소공간(physical address space)이라 부른다. 물리주소 공간은 개념적으로 다루게 되는 논리주소 공간 (logical address space)의 상대적인 개념이다. 그러므로 32비트 CPU를 가진 컴퓨터가 가질 수 있는 실제 메모리가 4GB라는 의미는 최대 물리주소는 4GB라는 의미와 같다.

(3) 기억장치 크기의 관계

컴퓨터의 CPU 내에는 **프로그램 계수기(PC;program counter)** 장치가 있으며, 바로 다음에 수행할 명령어의 주소(즉, 기억장치 내의 주소)를 소유한다(각 프로그램의 입장에서는 마치 자신이 PC가 포함된 CPU를 독점하는 것처럼 간주됨).PC의 길이가 m 비트일 경우 최대로 표시할 수 있는 주소(즉, 바이트)는 2^m개다. N개의 주소(바이트)로 구성된 기억장치를 지적하기 위한 PC의 크기는 $\log2^N$N비트이다(예 : 24비트 짜리 PC를 가진 IBM 370의 경우 최대 "논리적 기억장치" 용량은 2^{24}=16MB(Mega Byte)가 되며, 32비트짜리 PC를 가진 586 팬티엄 컴퓨터의 논리적 기억장치 용량은 2^{32}=4GB(Giga Byte)가 됨).

(4) 논리적 기억장치와 물리적 기억장치

논리적 기억장치의 크기는 PC의 길이에 비례하지만 물리적 기억장치는 논리적 기억장치보다 작다(예 : 팬티엄 586의 경우 논리적 기억장치는 4GByte에서 물리적 기억장치를 16MByte 가지고도 프로그램 수행). 이는 논리적 기억장치와 물리적 기억장치 간의 사상(mapping) 개념을 통해서 가능하다(필요할 때만 물리적 기억장치로 가져다 작업 함)[그림5-4].

이 방법은 제6장의 가상 기억 장치(V/M;Virtual Memory)에서 설명하며, V/M 방법에서는 논리적 기억장치와 가상 기억장치는 같은 개념이다.

어떤 특정 시스템이 어떠한 형태의 기억 장치를 구성할 것인지에 앞서 최적의 효율을 얻기 위해서 어떤 관리 기법을 사용할 것인지를 먼저 결정한다. 일반적으로 기억 장치 관리 기법은 여러 가지 정책 하에서 특정한 기억 장치 구성 기법이 얼마나 효율적으로 수행되는가를 결정한다.

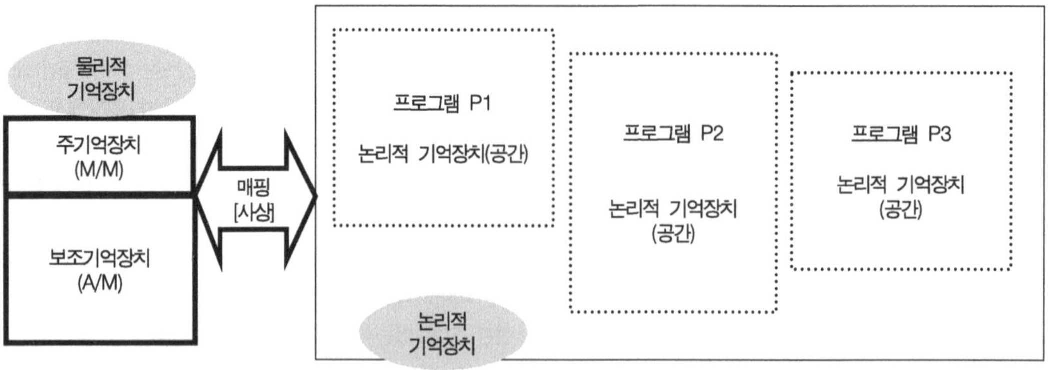

[그림 5-4] 논리적 기억장치와 물리적 기억장치의 관계

5.1.7 기억 장치 관리 전략(storage management strategies)

일반적으로 기억 장치 관리 기법은 여러 가지 정책 하에서 특정한 기억 장치 구성 기법이 얼마나 효율적으로 수행되는가를 결정한다. 컴퓨터의 핵심 자원인 기억장치의 효과적인 관리를 위한 기억장치 할당 기법 즉, 기억장치 관리 전략은 기억장치 자원을 가장 잘 사용할 수 있도록 설계되며 다음과 같은 관리 기법을 적용하여 구성된다.

- 새로운 프로그램을 M/M에 넣을 시기는 언제인가?
- 다음에 실행될 프로그램을 M/M의 어느 부분에 넣을 것인가?
- 새로운 프로그램을 M/M에 넣고자 하는데 M/M가 이미 꽉 차 있다면 어떤 프로그램을 빼내어야 하는가?

1) 반입 전략(Fetch strategies)

M/M으로 넣을 다음 프로그램이나 데이터를 언제 가져올 것인가 하는 문제를 결정하는 전략이며, 페이지 반입 정책은 두 가지 방법을 고려할 수 있다.

❶ 요구 반입 전략(Demand fetch strategies; 요구 페이징(demand paging)): 다음 프로그램이나 데이터가 실행 프로그램에 의해 참조될 때 M/M으로 옮기는 방법이다(실행 중인 프로세스에 의하여 호출(요구)된 페이지(page)나 세그먼트(segment)만이 실기억장치(M/M)로 적재시켜 주는 기법).이 방법에서는 실기억장치로 적재된 페이지들은 프로세스에 의해 실제로 참조되고 있는 페이지들만 모두 들어 있다는 장점을 갖고 있다. 즉, 짐작에 의해 페이지들을 실기억장치에 적재시킬 때 발생할 수 있는 각종 오버헤드를 줄일 수가 있다. 그러나 이방법은 새로운 페이지

가 필요할 때마다, 그 페이지를 적재시켜 주는 시간이 필요하기 때문에 해당 프로세스가 그 동안 아무런 일도 하지 않고 대기하여야 하며, 대기하는 동안에는 역시 이 프로세스에게 할당되어 있는 페이지 프레임들도 유휴상태에 놓이게 되는 문제가 발생하게 된다.

❷ 예상 반입 전략(Anticipatory fetch strategies; 예상 페이징(prepaging)): 시스템의 요구를 미리 예측하여 기억장치(M/M)에 미리 적재하는 방법으로 최근에 사용한 기법이다. 참조될 프로그램이나 데이터를 미리 예상하여 M/M로 옮기는 방법이다(프로세스가 필요로 하는 페이지(블록)들을 OS가 미리 예상하여, 사용가능한 실기억장치에 미리 적재시켜 주는 방법). 이 기법은 OS의 예상이 완전히 맞았을 경우에는 요구 페이징에 비해 실행시간이 크게 단축되는 장점이 있다.

2) 대치(교체)(replacement) 전략

OS의 고려사항 중 두 번째인 페이지 교체(대치) 알고리즘은 실기억장치의 모든 페이지 프레임이 꽉 차 있는 상태에서 실기억장치에 새롭게 적재할 페이지가 있을 때, 실기억장치 내의 어떤 페이지를 제거하고 새로운 페이지를 교체(대치)시켜 넣을 것인가를 결정하는 것을 말한다. 즉, M/M에 있는 어떤 프로세스를 제거할 것인가를 결정한다. 시기 및 사용 빈도에 따라 결정하는 등 여러 방법이 있다. 이에 대한 설명은 후에 자세히 설명된다.

❶ 사용자 주소 공간내의 모든 프로그램은 실제 메모리(M/M)로 가져와야만 실행이 가능한데, 프로그램이 실제 메모리에 없을 때, 이 때를 페이지 부재(Page Fault)가 발생하였다고 하고, 세그먼테이션 방식에서는 세그먼트 부재(Segment fault)가 발생하였다고 하는데 디스크에 있는 해당 페이지 또는 세그먼트를 실제 메모리(M/M)로 가져와야 한다. 이때 프레임(frame)이 있으면 그 곳에 가져다 넣으면 되나 빈 공간이 없을 경우에는 어떤 페이지 프레임을 강제로 제거시켜야 한다.

❷ 새로 들어올 (새로 반입할) 프로그램이 들어갈 장소를 마련하기 위해 어떤 프로그램과 데이터를 제거해야 할지를 결정하는 전략이다(M/M가 이미 모두 할당되어 있는 경우 새로 M/M에 적재되어야 할 페이지나 세그먼트를 위하여 기존의 페이지나 세그먼트 중 어느 하나를 선택하여 M/M로부터 내보내는 기법).

❸ 종류는 다음과 같다.

가. **고정 할당 기반의 교체 기법**

- MIN(최적화 원리) 알고리즘, 무작위(random) 알고리즘, FIFO 알고리즘,
LRU(Least Recently Used) 알고리즘, LFU(Least Frequently Used) 알고리즘,
NUR(Not Used Recently) 알고리즘, 클럭(clock) 알고리즘,
2차적 기회(Second chance) 알고리즘 등

나. **가변 할당 기반의 교체 기법**

- Working set 기법, PFF 기법, VMIN 알고리즘 등

3) 배치(placement) 전략

배치 정책은 디스크에서 반입한 프로세스를 M/M의 어느 위치에 저장할 것인가를 결정하는 방법이다. 즉, 새로 반입된 프로그램과 데이터를 M/M내의 어디에 위치시킬 것인가를 결정하는 전략이다. 사용 가능 공간 리스트에서 충분히 큰 첫 번째 공백 분할 공간에 할당하는 최초 적합(First-Fit), 사용 가능 공간 리스트에서 가장 작은 크기의 사용 공간을 작업에 할당하는 최적 적합(Best-Fit), 그리고 가장 큰 사용 가능 공간에 할당하는 최악 적합(Worst-Fit) 등이 있다. 자세한 것은 후에 논한다.

5.1.8 기억장치의 두 가지 관점

컴퓨터에서는 기억장치(또는 주소 공간)를 두 가지로 의미해서 볼 수 있다. 실제 데이터나 프로그램이 저장되는 공간인 물리적 공간(물리적 주소; Physcial address)과 프로그래머가 프로그래밍에서 사용하는 공간인 논리적 공간(논리적 주소; Logical address)이다. 실제 기억장치(물리적 공간)는 기억장치 칩 또는 디스크 공간으로 만들어진다. 이때 사용되는 단위는 **바이트(Byte)**이다. 반면에 논리적인 기억장치는 프로그래머가 원하는(필요로 하는) 공간으로 목적 코드가 저장된 공간과 프로그램에서 사용하는 자료구조 등이 해당 된다. **램(RAM)**에 적재된 프로그램의 논리적인 크기를 예상할 수 없다. 왜냐하면, 프로그램에서 사용하는 데이터가 모두 다르기 때문이다. 특히 논리적인 기억장치의 크기는 각 시스템에서 정의한 워드의 길이에 따라 다르다. 예를 들어, 16비트 공간이면 64KB(2^{16}), 24비트는 16MB(2^{24}), 32비트는 4GB(2^{32}) 크기로 나타난다. 그러나 물리적 기억장치는 논리적 주고보다 크거나, 작거나, 같을 수 있다. 일반적으로 16비트의 개인용 컴퓨터에서는 물리적인 공간이 크고, 32비트의 시스템에서는 논리적인 공간이 크다. 이와 같은 논리적인 공간을 나타내는 논리적 주소와 물리적 공간을 나타내는 물리적 주소의 연결은 **기억장치 사상(Memory mapping)**을 통해서 이루어지며 기억장치 관리 장치(MMU; Memory Management Unit)인 H/W에서 실행된다[그림5-5].

기억장치 관리 방식에 따라 여러 가지 기억장치의 사상 방법이 있으나 일반적으로 재배치 레지스터를 이용한 변환 방법으로 상대 주소(논리적 주소)에 재배치 레지스터 내용을 더하여 물리적 주소(실제 주소)를 생성하는 방법이 사용된다. 즉, 고정 분할, 동적 분할(가변 분할), 페이징(Paging), 세그먼테이션(Segmentation), 페이지화된 세그먼테이션(Paging & Segmentation;혼합 시스템) 방식으로 구분한다.

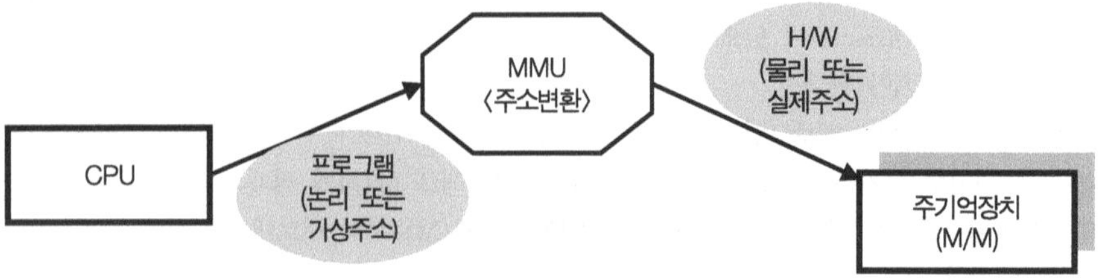

[그림 5-5] MMU에 의한 기억장치의 사상 관계

5.1.9 주소 바인딩(Address binding)

컴퓨터 시스템에서 프로세스가 수행되기 위해서는 기억장치(Memory) 내에 적재(load) 되어야 하며, 대부분의 프로세스는 이진 실행 가능 파일로서 디스크에 존재한다. 디스크에 있는 프로세스들이 수행하려면 입력 큐에서 하나의 프로세스를 선택하여 기억장치에 적재해야 한다.

이러한 기법은 때때로 주소를 재배치하거나 필요할 때 외부 참조를 연결하는 결과를 가져온다. 프로세스가 수행될 때 기억장치의 명령어와 데이터를 접근(Access)하며, 종료되면 프로세스가 사용했던 기억공간(명령어와 데이터 저장 공간)은 다른 프로세스가 사용할 수 있는 가용 기억 공간(사용 가능 기억 공간)으로 변한다. 고급 언어를 통하여 변수(Variable)라는 개념으로 주소(Address)를 표시 하는데,이러한 주소를 논리적 주소를 물리적 주소(절대 주소)로 변환하는 과정을 바인딩(binding)이라 한다. 즉, **바인딩**이란 프로그램에 있어서의 주소를 절대 주소로 바꾸어 M/M의 고정된 부분에 적재하는 것을 의미한다. 다시 말해서, 각종 값들이 확정되어 더 이상 변경할 수 없는 구속(bind) 상태가 되는 것을 말하며, 프로그램 내에서 변수, 배열, 라벨, 절차 등의 명칭을 뜻한다. 식별자(identifier)가 그 대상인 메모리 주소, 데이터 형 또는 실제 값으로 배정되는 것이 이에 해당되며, 원시 프로그램의 컴파일링 또는 링크 시에 확정되는 바인딩을 정적 바인딩(static binding)이라 하고, 프로그램의 실행되는 과정에서 바인딩 되는 것을 동적 바인딩(dynamic binding)이라고 한다. 프로그램 작성에서는 바인딩을 가급적 뒤로 미루도록 권고하고 있다. 전통적으로 기억장치 주소공간에서 명령어와 데이터의 바인딩은 그 방식에 따라 다음과 같이 몇 단계로 구분된다[그림5-6].

① 컴파일(Compile)

주소가 이때 알려져 있어야 한다. 프로세스가 기억장치 내에 적재될 위치를 컴파일 과정에 알 수 있다면 컴파일러는 물리적 주소(절대 주소)를 생성할 수 있다. 이와 같이 M/M의 실제 주소로 변환되는 과정을 절대 재배치(Absolute relocation)라고 한다.

예제 5-2

사용자 프로세스가 위치 AD로 시작해서 적재된다는 것이 알려지면 생성된 컴파일러 코드는 그 위치에서 시작하여 확장해 나갈 것이다. 이후에 시작 위치가 변하지 않으면 코드를 다시 컴파일할 필요가 없다.

② 적재 시간(Load time)

컴퓨터의 외부로부터 컴퓨터의 내부 기억 장치로 여러 가지 정보를 넣거나 추가하는 데 걸리는 시간을 말한다. 즉, 프로세스가 기억장치 내의 어디에 적재되어야 할 것인가를 컴파일 과정에 알려주지 않으면 컴파일러는 **재배치 가능 상대 주소(relocatable relative address)**를 생성한다. 상대 주소는 프로그램의 시작 주소가 0으로 생성되므로 최종 바인딩은 적재 시간까지 연기된다. 만약, 시작 주소가 변하면 사용자 코드는 단지 변화된 값을 반영하기 위해 재적재(reload)하면 된다. 이와 같은 과정을 정적 재배치(static relocation)라고 한다.

③ 실행 시간(Run time, Execution time)

실행 시간은 프로그램이 수행되고 있는 때. 프로그램이 컴파일되고 있는 때와 구별하기 위해 사용되는데, 기계어 명령 하나를 인출하여 해독, 실행하는 데 걸리는 총 시간이다. 한 프로그램(프로세스)이 동일한 장소에서 작동한다면 적재 시간 과정에서 바인딩할 수 있다. 그러나 만약, 프로세스가 실행되는 도중에 기억장치의 한 세그먼트에서 다른 세그먼트로 이동한다면 바인딩은 수행 시간까지 연기되어야 한다. 현대의 운영체제(OS)는 실행 시간에 바인딩이 이루어진다.

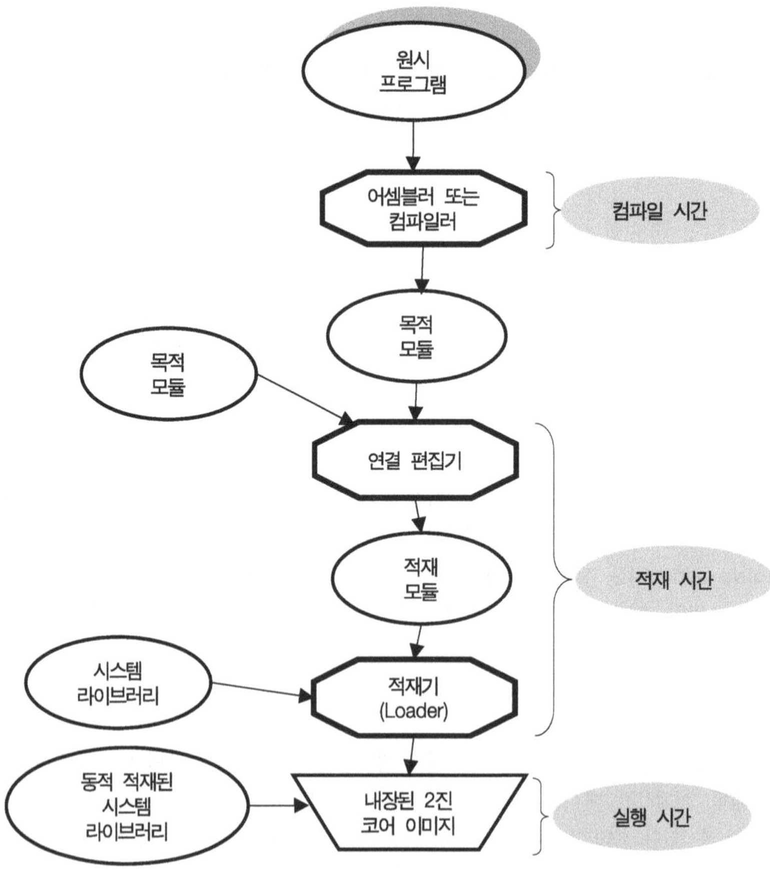

[그림 5-6] 사용자 프로그램의 처리 단계

■ **재배치 가능 주소(relocatable address)**

어셈블러나 컴파일에 의해서 작성되며, 나중에 주소가 수식(조정)되어 M/M의 임의의 장소에 적재되도록 되어 있다. 이러한 주소를 "**재배치 가능 주소**"라고 한다. 한편 적재되고 나서 실행될 때 사용되는 주소를 "**절대 주소**"라고 하며, 이것은 "**상대 주소**"와 대비된다.

> 참고
>
> 상대 주소(relative address)
>
> ■ 목적 프로그램에서 피연산자 등과 같은 기억 장치 주소 중 프로그램 수행 전에 적재기 등에 의해 실제 주소 또는 실제 주소를 계산할 수 있는 형태로 수행되어야 하는 주소이며, 이러한 행위를 **바인딩**이라고 한다.
>
> ■ 기억 장치 내에서 어떤 위치를 규정할 때, 프로그램 시작 주소를 특정 레지스터의 내용 또는 프로그램 계수기의 내용 등과 같은 기본 주소를 기준으로 하여 그 차이를 명령어 피연산자 주소 부분으로 나타낸 주소이며,상대 주소에 기본 주소를 더한 것을 **절대 주소**라고 한다.

> 참고
>
> 논리적 주소와 물리적 주소의 차이점
>
> 논리적 주소는 고 수준 언어 및 기계어에서의 변수나 프로그램내 각종 위치에 대한 상징적 주소(symbolic address)이고,물리적 주소는 해당 부분에 접근할 때 메모리로 송출되는 하드웨어적 주소를 말한다.

■ **동적 적재(Dynamic loading)**

동적 적재(dynamic loading) 또는 동적 링크(dynamic linking)은 컴퓨터 프로그램이 기억장치로 라이브러리 또는 다른 프로그램을 적재/링크하는 방식으로, CPU의 기억장치 사용량을 줄이기 위해 일부 라이브러리 코드의 적재/링크를 미뤄둔다. 미뤄진 라이브러리 코드는 생성된 실행 파일에 포함 되지 않으며, 동적 링크 라이브러리(.dll)에 저장된다. 또한 이는 프로그램 실행 도중 필요시, CPU의 호출에 의해 링크, 적재된다. 즉, 주소 바인딩 시간을 최대한 늦추어서 실행되기 직전에 주소를 확정하면 시스템 운영과 기억장치 활용에 도움을 줄 수 있다.이와 같이 기억장치 공간 이용의 효율적 운영을 위해서 동적 적재 기법이 제안되었다. 모든 루틴은 호출될 때까지 기억장치 내에 적재되지 않고 재배치 가능한 형태로 디스크에 저장되어 있다. **먼저 주 프로그램은 기억장치(M/M)에 적재되어 수행된다.** 주 프로그램(호출 루틴)이 다른 루틴을 호출할 필요가 있을 때, 호출 루틴 다른 호출된 루틴이 기억장치에 적재되어 있는지 조사한다. 만약 적재되어 있지 않다면, 재배치 가능 연결 로더(relocatable linking loader)는 요구된 루틴을 기억장치로 적재하기 위해 호출하면서 프로그램의 주소 테이블을 갱신하여 이러한 변화를 반영한다. 이러한 일련의 과정을 동적 적재(dynamic loading)라고 한다. 이와 같이 동적 적재는 사용하지 않는 루틴을 결코 적재하지 않는다는 장점이 있다. 이러한 동적 적재 구조는 간혹 오류 루틴이 발생 하지만, 코드 양이 많이 필요한 경우에 유용하다. 동적 적재는 프로그램의 전체 양은 많을지라도 실제로 사용된 구역(실제 적재된 영역)은 훨씬 적으며,OS로부터 특별한 지원을 필요로 하지 않지 않지만 동적 연결 로더는 제공되어야 한다. 이러한 구조를 이용하기 위해서는 사용자 자신이 프로그램의 설계를 책임져야 한다. 여기서, 재배치 가능 연결 로더(적재기)는 사용자들이 여러 개의 독립된 목적 프로그램들을 하나의 실행 가능한 프로그램으로 결합시키는 적재기를 말한다.

짚어보기

❶ 할당(Allocation) : 실행 프로그램을 실행시키기 위해 기억장치 내에 옮겨놓을 공간을 확보하는 기능이다.
❷ 연결(Linking) : 부프로그램 호출 시 그 부 프로그램이 할당된 기억장소의 시작주소를 호출한 부분에 등록하여 연결하는 기능이다.
❸ 재배치(Relocation) : 디스크 등의 보조 기억장치(A/M)에 저장된 프로그램이 사용하는 각 주소들을 할당된 기억장소의 실제 주소로 배치시키는 기능이다.
❹ 적재 (Loading) : 실행 프로그램을 할당된 기억공간에 실제로 옮기는 기능이다.
❺ 로더(Loader, Module Loader,적재기) : 로더는 컴퓨터 내부로 정보를 들여오거나 적재 모듈을 디스크 등의 A/M로부터 M/M에 적재하는 시스템 소프트웨어이다.
❻ 재배치 가능 로더(Relocatable loader) : 재배치 가능한 목적 프로그램을 M/M의 지정된 영역에 옮겨 넣기하는 프로그램. 이때 옮겨 넣기는 단순한 옮겨 넣기 기능 외에 프로그램 내에 있는 주소 참조를 프로그램이 올라간 위치에 맞게 더하거나 빼 준다.
❼ 동적 적재((dynamic loading 또는 동적 링크(Dynamic linking)) : 컴퓨터 프로그램이 기억장치(메모리)로 라이브러리 또는 다른 프로그램을 적재/링크하는 방식으로, CPU의 메모리 사용량을 줄이기 위해 일부 라이브러리 코드의 적재/링크를 미뤄둔다. 미뤄진 라이브러리 코드는 생성된 실행 파일에 포함 되지 않으며, 동적 링크 라이브러리에 저장된다. 또한 이는 프로그램 실행 도중 필요시, CPU의 호출에 의해 링크, 적재 된다.주소 바인딩 시간을 최대한 늦추어서 실행되기 직전에 주소를 확정하면 시스템 운영과 메모리 활용에 도움을 줄 수 있다.이와 같이 메모리 공간 이용의 효율적 운영을 위해서 동적 적재(Dynamic Loading) 기법이 제안되었다. 모든 루틴은 호출될 때까지 메모리 내에 적재되지 않고 재배치 가능한 형태로 디스크에 저장되어 있다. 먼저 주 프로그램은 메모리에 적재되어 수행된다. 주 프로그램(호출 루틴)이 다른 루틴을 호출할 필요가 있을 때, 호출 루틴은 다른(호출될) 루틴이 메모리에 적재되어 있는지 조사한다. 만약 적재되어 있지 않다면, 재배치 가능 연결 적재기(로더)는 요구된 루틴을 메모리로 적재하기 위해 호출하면서 프로그램의 주소 테이블을 갱신하여 이러한 변화를 반영한다. 이러한 일련의 과정을 동적 적재라 한다. 이와 같이 동적 적재는 사용하지 않는 루틴을 결코 적재하지 않는다는 장점이 있다. 이러한 동적 적재 구조는 간혹 오류 루틴이 발생하지만, 코드 양이 많이 필요한 경우에 유용하다. 동적 적재는 프로그램의 전체 양은 많을지라도 실제로 사용된 구역(실제 적재된 영역)은 훨씬 적으며, 운영체제로부터 특별한 지원을 필요로 하지 않지만 동적 연결적재기는 제공되어야 한다. 이러한 구조를 이용하기 위해서는 사용자 자신이 프로그램의 설계를 책임져야 한다.
❽ 동적 적재 로더 (Dynamic Loading Loader) : 프로그램을 한꺼번에 적재하는 것이 아니라 실행 시 필요한 일

부분만을 적재하는 것으로,,호출 시 적재 (Load On Call)라고도 한다. 프로그램의 크기가 M/M의 크기보다 큰 경우에 유리한 방법이다.

5.1.10 오버레이(중첩;overlay) 기법

1) 개념

만약 어떤 프로그램의 한 부분이 실행 도중에 필요하지 않다면, 프로그램의 다른 부분을 보조 기억 장치(A/M)로부터 옮겨와서 이제 더 이상 필요하지 않은 프로그램 부분이 사용하고 있던 장소를 차지하게 할 수 있다[그림5-7]. 여러 개의 루틴들이 서로 다른 시간에 같은 기억 장소를 점유할 수 있도록, 처리도중에 루틴을 다른 형태의 기억 장치(보조 기억장치;A/M)로부터 고속 기억 장치(M/M)로 보내는 기술이다. 주기억 장치(M/M;Physical Memory, 실제 기억장치, 물리적 기억장치)와 보조 기억 장치(A/M) 간의 교체 작업을 시스템에 의해 이루어지기도 하지만, 프로그래머는 프로그램을 여러 부분으로 나누는 지루한 작업을 하여야 한다. 오버레이(중첩) 기법은 페이지와 세그먼트 개념을 낳게 되었고 가상기억장치(V/M;Virtual Memory)로 발전하게 되었다. 어느 주어진 시간에 필요한 명령어(instruction)와 데이터(data)를 메모리에 유지 시킨 것이며, 다른 명령어들이 필요할 때 더 이상 필요하지 않는 공간으로 명령어들이 적재된다. 실행 중에 불필요한 프로그램의 부분을 A/M로부터 필요한 부분과 교체된다.

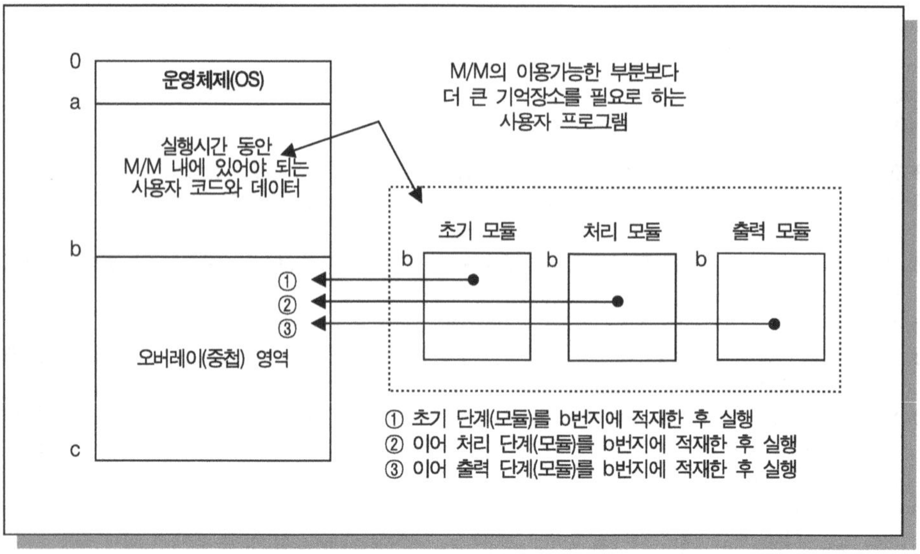

[그림 5-7] 전형적인 중첩(overlay) 구조

오버레이(중첩;overlay)는 제한된 주기억 장치(M/M, Physical Memory, 실제 기억장치, 물리적 기억장치)를 확장 시킬 수 있는 한 방법을 제공한다. 그러나 이용자가 직접 오버레이 작업을 하는 것은 매우 신경 쓰이는 일이고 또한 시간도 많이 걸린다. 복잡한 중첩 구조를 가진 프로그램은 수정하기도 어려우며, 가상 기억장치 시스템은 프로그래머가 직접 중첩을 통제 할 필요를 제거하였다. M/M보다 큰 프로그램을 수행 가능하게 하다(단일 프로그래밍 시스템의 단점을 보완).즉, 프로세스가 수행되기 전에 프로세스의 모든 논리주소 공간은 실제 기억장치에 저장되어 있어야 한다. 프로세스의 크기는 실제 기억장치의 크기로 제한되는데 이러한 크기의 제한을 해결하기 위해 중첩 기법을 사용한다. 중첩은 OS의 영역과 기억장치 공간의 일부 영역에 프로그램(작업) 실행에 반드시 필요한 명령어와 데이터를 저장한다. 그리고 나머지 영역,즉 중첩 구동기(Overlay driver) 영역에는 실행 기간 동안에 필요한 각종 사용자 코드 등을 적재하여 필요한 시기에 해당 프로그램을 불러들여 수행한다.

2) 특징

① M/M 용량보다 더 큰 프로그램은 분할하여 그 분할된 프로그램 각각을 순차적으로 동일 영역에 적재하여 실행시키는 기법이다.

② 어떤 프로그램 한 부분이 실행도중 필요하지 않으면 그 프로그램의 다른 부분을 보조 기억장치(A/M;Auxiliary Memory 또는 Secondary Memory)에서 가져와 더 이상 필요하지 않는 프로그램의 장소를 차지하게 한다.

③ 프로세스의 모든 논리적 주소 공간은 그 프로세스가 수행되기 전에 실제 기억장치(Physical Memory, 주기억장치, 물리적 기억장치) 내에 존재해야 하므로, 프로세스의 크기는 실제 기억장치의 크기로 제한된다.

④ 한 프로세스는 프로세스에게 할당된 메모리 보다 클 수 있는데 이를 해결하기 위해 오버레이 기법을 사용한다.

예제

5-3 중첩 기법의 예[그림5-8]

1단계(패스 1) 동안에 기호표(ST;Symbol Table)을 작성하고, 2단계(패스 2) 동안에 기계어 코드를 생성하는 어셈블러(Assembler)를 예를 들어 보자.

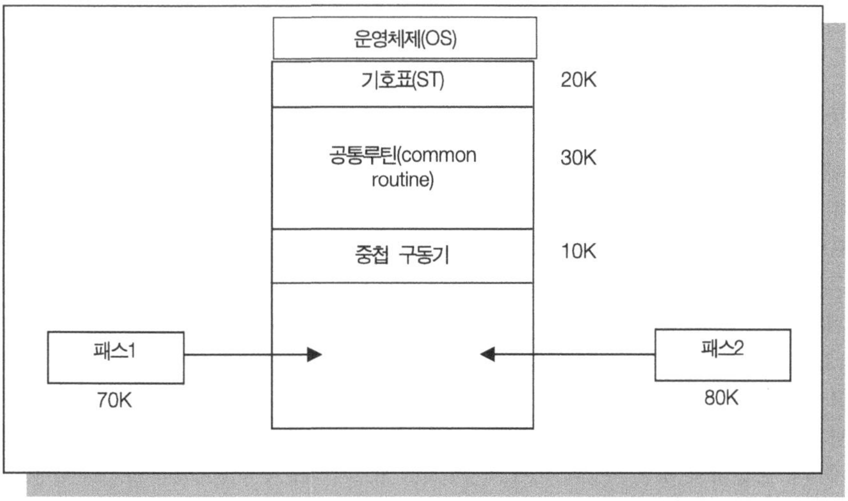

[그림 5-8] 2 단계 어셈블러(2-Pass Assembler)를 위한 오버레이

- 2- 패스로 설계된 어셈블러(Two-pass assembler) 시스템 프로그램의 경우;
  - 1 단계(Pass1) 동안에 기호표(ST)를 작성한다.
  - 2 단계(Pass2) 동안에 기계 코드(Machine code)를 생성한다.

- 어셈블러는 패스1(Pass1) 코드, 패스2(Pass2) 코드, 기호표(ST;Symbol Table), 패스1과 패스2의 모두에서 사용된 공통 루틴(Common support routine)들로 분리된다.

- 각 요소의 크기는 다음과 같다.

패스1(Pass1) ; 70K
패스2(Pass2) : 80K
기호 표(ST) : 20K
공통 루틴(Common routines) : 30K
합계;200K(1KB = 1024 Byte)
중첩 구동기(Overlay driver): 10K (1KB = 1024 Byte)

모든(한번에) 내용의 전부를 적재하기 위해서는 210K의 기억장치(Memory;Physical Memory;주기억장치;물리적 기억장치)가 필요하기 때문에 사용자 영역으로 200KB만 사용할 수 있다면 이 프로세스를 수행할 수 없다. 그러나 수행되는 기능이 다른 패스1과 패스2는 동시에 메모리(M/M) 내에 있을 필요가 없으므로 다음과 같은 두 개의 중첩을 정의하여 사용하면 크기가 210KB인 2- 패스로 설계된 어셈블러를 실행할 수 있다.

① 중첩1; ST, Common routine, Pass1 ⇨120KB + 중첩구동기(10K)
② 중첩2; ST, Common routine, Pass2 ⇨130KB + 중첩구동기(10K)

10KB 크기의 중첩 구동기(Overlay driver)를 추가해서 기억장치에서 중첩1을 시작하고, Pass1이 끝날 때 중첩 구동기(10K)로 분기해서 중첩2를 기억 장치로 읽어 들이고 중첩1 상에 기록한 다음 제어를 Pass2로 옮긴다. 중첩1은 단지 130KB가 필요한 반면에 중첩2는 **140KB**를 필요로 한다[그림5-8].
중첩1의 코드 다음에 중첩2의 코드를 입/출력하기 때문에 패스2(Pass2)가 다소 늦게 수행될 것이다. 중첩은 OS의 특별한 지원 없이 실행 가능하다. 프로그래머에 의해 파일들을 기억장치로 읽어 들이고, 그 기억장치로 분기하여 새로운 읽기 명령을 수행하는 간단한 파일 구조를 사용함으로써 중첩을 구현할 수 있다. 중첩을 실행함으로써 OS는 평상시보다 더 많은 입출력이 있다는 것만을 인식하게 된다. 중첩을 이용하려면 프로그래머는 중첩 구조를 적절하게 설계하고 프로그래밍해야 하므로 프로그램 구조와 코드, 자료구조를 완전히 이해해야 한다. 그런데 점점 프로그램이 커지고 있기 때문에 전체 내용을 충분히 이해한다는 것은 어려운 일이다. 이러한 이유 때문에 **중첩**은 마이크로 컴퓨터나 실제 기억장치(주기억장치, 물리적 기억장치) 크기가 제한된 H/W에서 사용하며, 대부분 기억장치를 확장하여 문제를 해결하고 있다.

5.1.11 교체(Swapping;프로세스 교체) 기법

다중 프로그래밍 환경에서 프로세스는 사용자 프로그램이 끝날 때까지 M/M에 저장됨을 원칙으로 지켜왔다. 그러나 순환 할당(R/R) 알고리즘이나 우선순위(Priority)에 기반으로 하는 프로세서 알고리즘에서는 이러한 방법이 적합하지 않다. 따라서 프로세서 할당이 끝나고 수행이 완료된 프로세스는 보조 기억장치(A/M)로 보내고 새롭게 시작되는 프로세스를 불러와야 한다. 물론, 프로세스가 수행되려면 기억장치 내에 있어야 하기 때문에 일시적으로 A/M로 이동시켰다가 다시 M/M에 적재해야 한다. 기억장치 중첩(memory overlay)에서 메모리보다 큰 프로세스도 실행이 가능하다는 사실을 설명 했다.모듈 B를 가져올 경우, 먼저 메모리에 올라온 모듈 A는 어디에 보관할 것인가의 문제가 있다. 원래의 하드 디스크의 위치로 옮겨 놓으면 된다. ☞ 그러나 고깃덩어리를 조각을 내서 가져와 칼질을 한 다음, 다시 원래의 고깃덩어리와 섞어버리면 안될 것이다. 칼질을 한 고기들은 어딘가에 따로 보관해야 다시 가져와 작업하기 편리하다. 프로세스의 경우도 마찬가지이다. 모듈 A의 경우, 나중에 다시 사용될지도 모르기 때문에 어딘가에 따로 보관해야만 한다. ☞ 그러므로 메모리가 모자라서 쫓겨난 프로세스들은 저장 장치의 특별한 공간에 모아두는데 이러한 영역을 교체 영역(스왑영역;Swap area)이라 부른다. 예를 들면, 순환 할당 프로세서 스케줄링 알고리즘을 가진 다중 프로그래밍 환경에서는 프로세서에 할당된 시간이 지나면, 기억장치 관리장치(MMU)가 방금 끝난 프로세스(P1)를 A/M로 이동시키고 다른 프로세스(P2)를 사용 가능 공간 내로 이동시킨다[그림5-9].

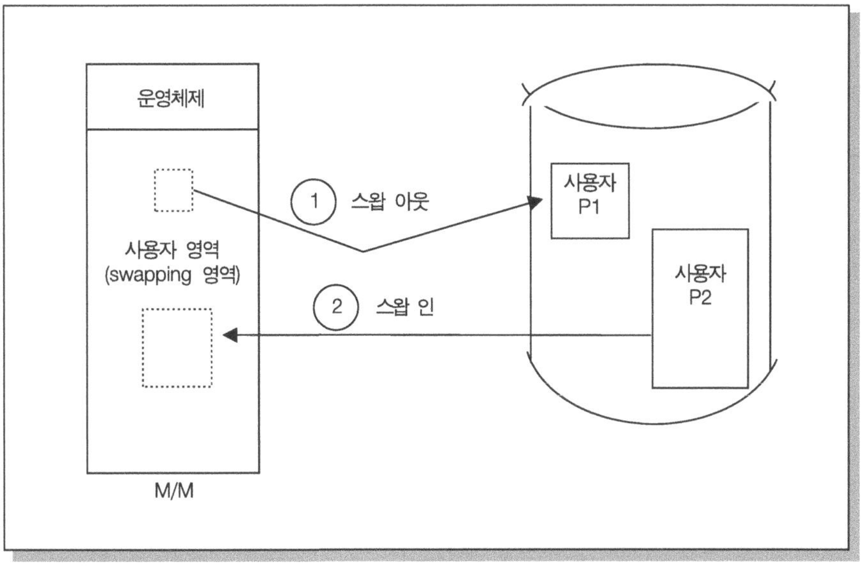

[그림 5-9] 교체 기법;디스크를 예비 기억 장치로 사용함으로써 2개의 사용자 프로그램을 교체

교체 기법은 다중 프로그래밍 구현 기법의 일종으로서 M/M내에 한명의 사용자만을 두는 기법이며, 교체에 의한 메모리 할당법이다. 필요에 따라 메모리(M/M)로 가져오는 스왑 인(sswap-in과 필요 없을 경우에 디스크(A/M)로 빼내는 스왑 아웃(swap-out을 사용하는 방식이다[그림5-9].일정한 시간 할당량(time-slice) 동안만 수행한다.

1) 예비 저장소(backing store)

한 번에 한 사용자(프로세스)만 연속된 기억장소를 차지한다. 교체(swapping)는 예비기억장소(backing store)가 필요하다. 예비 기억 장소(backing store(고속의 drum이나 disk))는 충분히 크고, 직접 접근(direct access)이 가능한 디스크나 드럼을 이용한다. 분배기(dispatcher)는 프로세스가 메모리(M/M)에 있는지 확인 후 없으면, 현재 메모리 내의 프로세스를 내보내고(swap-out) 원하는 프로세스를 가져온다(swap-in).작업(프로세스;job)의 크기가 작을 경우 효율적이며, M/M의 크기가 제한되어 있을 때 비교적 적은 수의 사용자만 지원했던 초기의 시분할 시스템(TSS)에서 주로 사용하였다. 터미널 사용자에게 빠른 응답시간을 보장해준다.

2) 교체 시간(swap time)

프로그램을 외부기억 장치(A/M)로부터 고속도의 내부기억 장치(M/M)로, 혹은 내부 기억 장치(M/M)로부터 외부기억 장치(A/M)로 교체하는데 걸리는 시간이다.

① CPU의 효과적인 사용을 위해 프로세스의 수행시간이 교체 시간(swap time)보다 길어야한다.
② 교체 시간의 대부분이 전송시간이므로 사용자 프로그램이 사용하고 있는 메모리 용량을 정확히 알아야 한다.
③ 중첩 교체(overlapped swapping)이다.
※ 문맥교환 시간(context switch time)에 대한 교체의 영향은 교체와 프로그램 수행을 중첩(overlapping) 시켜서 줄인다.

3) 기억 장치 교체(swapping)를 할 수 있는 다중프로그래밍 예

지금까지 논의된 다중 프로그래밍 방법에서는 사용자 프로그램은 끝날 때까지 M/M에 들어있어야 했는데 교체(swapping) 기법을 사용하면 그렇게 할 필요성이 없다. 몇몇 교체 시스템(swapping system [그림5-10])에서는 한 번에 하나의 작업이 M/M를 차지한다. 한번 기억 장치를 차지한 작업은 더 이상 계속될 수 없을 때까지 실행된 후 기억 장치와 CPU를 함께 다음 작업에 넘긴다.이와 같이 전체 기억 장치를 짧은 기간 동안 하나의 작업이 사용하고, 그 작업이 제거되고(swap out) 다음 작업이 들어온다(swap in).통상적으로 하나의 작업은 완료될 때까지 들어왔다 나갔다 하는 교체과정을 여러 번 거친다.

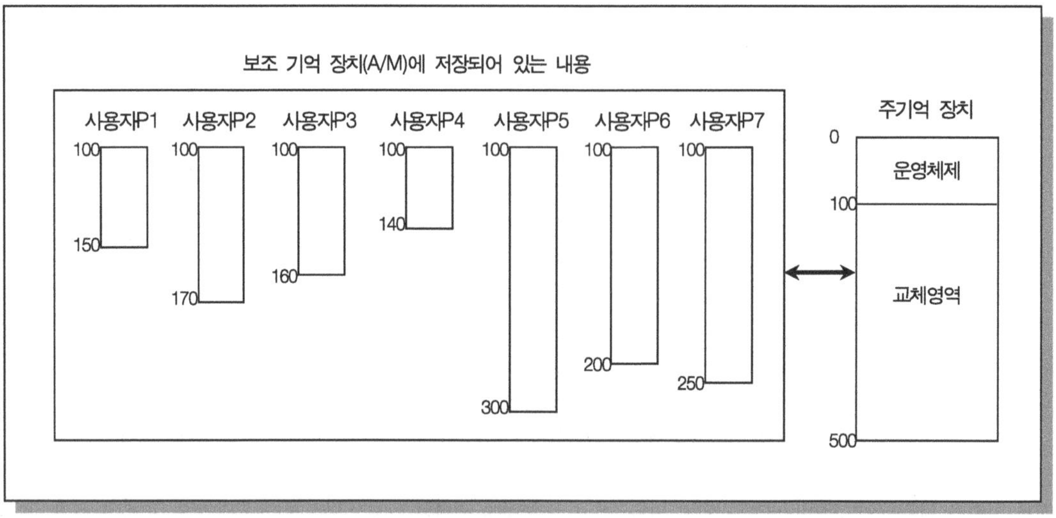

[그림 5-10] 한 번에 하나의 사용자만 M/M내에 있는 교체 시스템에서의 다중 프로그래밍

- 한 번에 하나의 사용자만 M/M 내에 있다.
- 그 사용자는 아래의 각 경우가 발생할 때까지 수행된다.
  ⓐ 입/출력이 시행될 때
  ⓑ 타이머가 끝날 때
  ⓒ 스스로 끝날 때
- 그 사용자의 교체영역(swapping area 또는 core image)이 A/M에 복사된다(즉 swap out 됨).
- 다음 사용자의 '코어 이미지'가 교체영역으로 읽혀 들여져서(즉 swap in되어) 다음번 교체될 때까지 그 사용자가 실행된다.
- 이 방법은 초기의 시분할 시스템(TSS;time sharing system)에서 널리 사용되었다.
  1960년 초의 교체 시스템(swapping system)은 오늘날 일반적으로 사용되고 있는 **페이징 시스템** (paging system)으로 발전하였다.

예제 **5-4 메모리 경영에서 교체의 용도의 예**

페이징이나 세그먼테이션의 사상(맵핑) 기법에 교체를 추가함으로써 실제 물리적 메모리보다 큰 프로그램을 실행시키거나, 실제 메모리 크기보다 크게 여러 프로세스를 번갈아 적재하며 실행시킬 수 있다. 또한 교체를 하는 경우에 신경을 써야 하는 몇 가지 문제는 교체 시간, 메모리 사용량, 교체의 대상 등이 있다.

5.2 상주 모니터(Resident monitor)

5.2.1 개념

기억 장치를 사용자를 위한 공간과 OS 상주를 위한 공간으로 공간을 두 개 부분으로 나누는 것이다. OS를 기억 장치의 하위나 상위에 두는 것이 가능하다(이 결정의 주요 요인은 인터럽트 벡터의 위치임). 인터럽트 벡터는 기억 장치의 하위에 둘 수도 있으므로 일반적으로 읽는 기억 장치의 하위를 차지한다[그림 3-5]. OS가 기억 장치의 하위에 있고 사용자 프로그램이 기억 장치 상위에서 수행된다면, OS는 코드(code)와 데이터(data)를 사용자 프로세스에 의한 변경(우연이든 고의든)으로부터 보호할 필요가 있다. 이 보호는 H/W에 의해 보호되어야만 한다[그림5-11].

5.2.2 특징

① OS가 M/M에 상주한다.
② 사용자(user)에게 편리성을 제공한다.

5.2.3 구현

상주 모니터와 사용자 공간의 관계는 [그림5-11]와 같다.

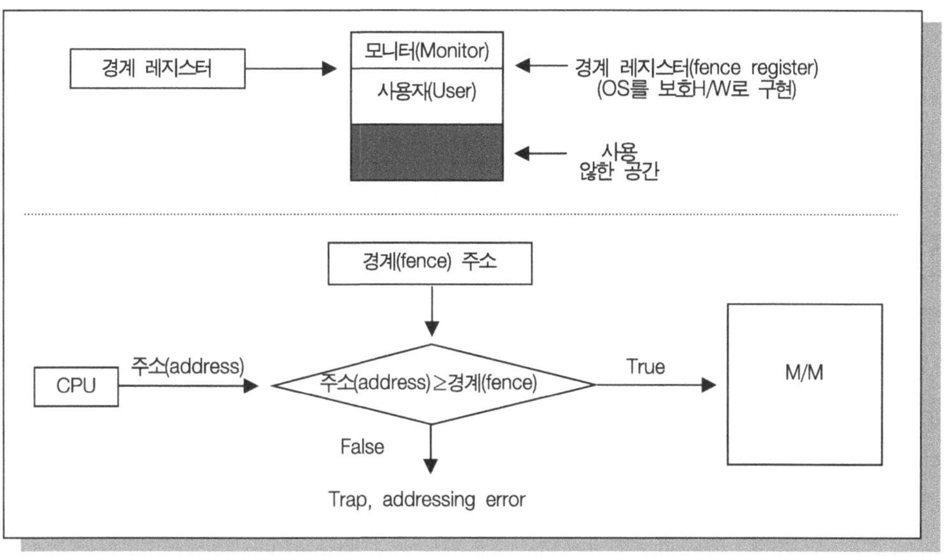

[그림 5-11] 상주 모니터를 위한 H/W 주소 보호

짚어보기 논리 주소와 절대 주소

기억 장치의 사용자가 프로그램을 작성할 경우, 실제 주소와 구분하여 사용자 관점에서 본 논리적인 프로그램의 주소. 사용자 프로그램은 기억 장치가 하나의 연속적인 공간이라고 생각한다. 사실 사용자 프로그램은 실제 기억 장소에 흩어져 있고, 그 실제 기억 장치는 또 다른 프로그램도 포함한다. **사상 하드웨어**(Mapping H/W)에 의해 실제 주소로 변경된다. 즉, 논리주소는 V/M에서 프로그램이 차지하는 논리 주소의 주소공간이다. 가상 기억장치(V/M)에서 쓰이는 논리 주소는, 그 프로그램이 참조하는 실제 주기억장치의 주소와는 상관이 없으므로, 논리 주소

와 물리적 주소를 일치시켜주는 변환 과정이 필요하다. 논리 주소공간은 세그먼트나 페이지 등의 논리적인 단위를 가지고 있다.

5.2.4 재배치(Relocation) 문제

(1) OS를 동적으로 변화시키기 위한 수정 기법

사용자 프로그램을 기준으로부터 상위 주소에 적재하지 않고 기준 레지스터(Base register)로부터 내려가는 상위 기억장치에 적재하는 것[그림5-12]이다. 장점은 사용되지 않은 모든 공간이 중간에 있고, OS나 사용자는 확장될 수 있다. 보다 일반적인 방법은 수행할 때까지 주소 바인딩을 연기하는 것이다. 이 기법은 몇 가지의 H/W 지원을 요구한다[그림5-12].

(2) 재배치의 개념

실제로 작업(job)에 할당된 영역(partition;M/M에서의)의 위치를 옮기는 과정에서 위치 부분(location- sensitive part(address))을 올바르게 수정해 주는 것이다. 즉, 한 기억 장치 내의 한 장소에 있는 프로그램을 다른 장소로 프로그램 실행이 가능하도록 번지 등을 조정하는 것이다.

(3) 재배치의 방법

S/W 적인 방법과 H/W적인 방법이 있는데, S/W 적인 방법은 시간 소모가 많고, 비효율적이며, H/W 적인 방법은 사상 메모리(mapping memory) 개념을 이용하는데, 가상 기억장치(V/M;Virtual Memory) 기법이 한 예이다[그림5-12 참조].

(4) 구현

구현은 참조 비트와 기준 레지스터(Base Register)와 경계 레지스터(Bound Register)를 사용한다.

① 참조 비트 사용 : 데이터의 종류를 구하여 이를 데이터와 함께 수록(1 비트당 1 비트t 씩, 또는 워드(word)당 추가).
② 기준와 경계 레지스터 사용 : 프로그램의 실제 주소(actual address)에 기준 레지스터를 더하면 프로그램의 마지막 기억장치 위치 주소(final memory location address)가 된다(전제조건: 프로그램의 보호(Protection) 기능 보유).

(5) 알고리즘

압축(Compaction)은 이용할 수 없는 작은 메모리(M/M) 공간들을 모으기 위하여 각각의 영역(Partition)을 이동하여 연속하는 하나의 큰 공간으로 만들어 사용하도록 하는 방법이다.

가. 압축(Compaction)의 시기
① 한 개의 영역(partition)을 회수할 때마다 수행한다.: 시간 낭비가 대두되지만, 단편화(fragmentation) 문제를 방지한다.
② 사용 가능한 영역이 요구한 영역 크기보다 작을 때 수행한다.

나. 장/단점
① 장점
- 단편화(fragmentation)를 해결 가능(Intenal fragmentation)하다.

- 효율적인 다중 프로그램을 할 수 있다.

② 단점

- H/W 비용이 많이 들어간다.
- 실행 시간이 길다(재배치 H/W 구현 때문에).
- 압축 시간이 길다(long compaction time).
- 작업(job) 크기는 M/M 크기에 제약을 받는다.
- 압축(Compaction) 해도 사용 가능한 공간이 전체 프로그램(total program) 크기보다 작으면 기억장치 공간이 낭비된다(External fragmentation).

5.3 기억장치 관리 방식

5.3.1 개요

실행되기 위한 프로그램은 반드시 주기억 장치(M/M) 내에 **적재(load)** 되어야 한다. 기억장치 관리 시스템에서 실행할 프로그램을 M/M에 적재하는 과정은 중요한 작업이다. 즉, M/M 할당 기법은 프로그램이나 데이터를 실행시키기 위해 M/M에 어떻게 할당할 것인지에 대한 내용이다. M/M를 관리한다는 것은 실행을 위한 프로그램을 M/M 내에 어떻게 적재시킬 것인가에 관한 문제이며 프로그램을 M/M 공간 내에 적재시킬 것인가에 관한 문제이며 **프로그램을 주기억 공간 내에 적재시키는 방법은 연속 적재 방법과 분산 적재 방법**으로 분류할 수 있다. 즉, M/M 관리는 크게 두 가지로 구분 되는데, 프로그램(프로세스)을 적재하는 과정에서 연속적으로 기억장치를 할당하는 연속 기억장치 할당 방식과 프로그램을 페이지나 세그먼트 단위로 나누어 여러 공간에 적재하여 할당하는 분산(비연속) 기억장치 할당 방식이 있다.

초기에 컴퓨터 시스템은 연속 기억장치 할당, 즉 각 프로그램이 연속된 하나의 블록을 차지하도록 할당하였다. 예를 들며, **직접 배치, 중첩**(Overlay), **분할 기법** 등이 있다. 기억장치(Memory) 영역을 여러 개의 고정된 크기로 분할하여 프로세스에 제공하는 고정 분할(Fixed partition) 기법은 사용자 프로그램에 따라 프로세스의 크기가 각각 다르기 때문에 기억장치의 낭비(내부 단편화)를 가져왔다. 이런 문제점을 해결하기 위해 각 프로세스의 크기에 따라 기억장치를 분할하는 **동적(가변) 분할**(Dynamic partition,Variable partition) **기억장치 할당 방식**이 제안되었다. 그리고 동적 분할 기억장치 할당 방식을 다중 프로그래밍 기법에 적용하면서 분산 기억장치 할당 방식의 유용함을 인지하게 되었다. 분산 기억장치 할당 방식은 사용자의 프로세스가 페이지나 세그먼트 등의 단위로 보조 기억장치(A/M0에 적재되어 있다가 프로세스의 요구에 의해 M/M의 여러 영역에 할당되는 방식이다. 이 방법은 현재의 **가상 기억장치**(V/M;Virtual Memory) 관리 기법으로 발전하였다.

연속 기억 장치 할당(Contiguous storage allocation)은 초기 컴퓨터 시스템에 적용한 기억장치 관리 기법이다. 실행될 모든 프로그램은 필요한 영역만큼 연속적인 기억장치 공간을 할당 받아 기억장치에 적재되었다. 프로그램이 너무 커서 한 번에 기억장치 공간에 적재할 수 없으면 실행이 불가능하여 프로그램을 수정해 작게 만들거나 작은 모듈로 구성해야만 했다. 앞서 설명한 중첩(Overlay) 기법이 한 예가 된다. 다시 말해, 각 프로그램이 연속된 하나의 블록(block)을 차지한다. 단일 사용자 연속 기억 장소 할당에서는 프로그램의 크기는 M/M용량보다 클 수 없다. 그러나 **중첩**(overlay) **기법**을 이용해서 M/M보다 더 큰 프로그램을 실행할 수 있다. 사용 가능 블록(free block)을 연속적으로 관리하며, 모든 사용 가능 블록 리스트(free block list)를 관리할 필요 없이 사용 가능 블록(free block)의 첫 주소만 관리를 한다. 특히, 파일 접근(file access)은 쉽다.

특징은 다음과 같다.

- 새 파일에 적당한 공간을 찾을 때는 단점이 발생한다.
- n 블록의 파일인 경우 적어도 n 블록의 사용가능 공간(free space)이 필요하다.
- n 블록 이상의 연속 공간(contiguous space)을 찾아야 한다.
- 해결(solution) 방법은 동적 기억 장치 할당 방법이 있다.
- 사용자 프로그램에서 생성된 파일의 크기를 알기 힘들다.

동적(가변) 기억 장치 할당(dynamic storage allocation)은 최초 적합(First-fit), 최적 적합(Best-fit), 최악 적합(Worst-fit) 등이 있는데, 후에 논한다.

비연속 기억 장소 할당(Noncontiguous storage allocation)은 하나의 프로그램은 여러 개의 블록(block) 개념인 페이지나 세그먼트로 나뉘게 되며, 이들은 반드시 연속적으로

연결될 필요 없이 M/M 내에 분산되어 배치된다.OS의 비연속 기억 장소 할당 방법에서는 더 기다려야 될 프로그램을 적재하여 실행한다.

5.3.2 연속 기억장치 할당과 비연속 기억장치 할당

복잡한 메모리 관리를 설명하기 전에 간단한 메모리 구조인 단순 기억장치 구조(Simple Memory Structure)를 보자.

단순 메모리 구조는 한 번에 한 가지 일만 처리하는 일괄 처리 시스템에서 볼 수 있는 구조이며, 앞서 "도마"를 예를 들었다. 한 번에 한 가지 일만 처리하는 단순 메모리 구조도 OS가 사용하는 영역과 일반 프로세스가 사용하는 영역으로 나누게 된다[그림3-9][그림5-12].

(1) 연속 기억장소 할당(Contiguous storage allocation)

다중 프로그래밍이 시도되기 전의 초기 시스템에서 사용한 방식으로 실행을 위한 각 프로그램을 주기억 공간 내에서 연속되게 저장하는 방법이다. 각 프로그램이 M/M 내에 인접되어 연속된 하나의 블록을 차지하도록 한 배치 방법이다. 단일 사용자 연속 기억장소 할당에서는 프로그램의 크기는 M/M 용량보다 클 수 없지만, 오버레이(중첩) 기법을 이용해서 M/M보다 더 큰 프로그램을 실행할 수 있다(5.1.10절). 주기억 공간을 한 사람의 사용자만 사용할 수 있는 단일 프로그래밍인 단일 사용자 기법과 여러 사용자가 사용할 수 있는 다중 프로그래밍인 고정(정적) 분할 기법(MFT) 및 가변(동적) 분할 기법(MVT)이 있다. 또한, 고정(정적) 분할 기법은 **절대 번역**과 **재배치 가능 번역 기법**이 있다. 이 방법은 운영체제가 기억 장치 할당을 관리하기 쉬운 장점이 있으나 주기억 장치에 큰 공간이 생길 때까지 기다렸다가 다음 프로그램을 적재하여 실행하여야 하는 단점이 있다. 즉, 프로그램을 M/M에 연속적으로 할당하는 기법으로 단일 분할 할당 기법과 다중 분할 할당 기법이 있다. 단일 분할 할당 기법은 오버레이(Overlay,중첩) 기법과 스와핑(Swapping,교체) 기법이 있으며, 다중 분할 할당 기법은 고정(정적) 분할 할당 기법과 동적(가변) 분할 할당 기법이 있다.

(2) 불연속 기억장소 할당(Noncontiguous storage allocation)

하나의 프로그램은 여러 개의 블록 또는 세그먼트 등으로 나누어져서,M/M에 인접되지 않고 분산되어 배치되는 방법이다. 즉, 이들은 반드시 연결될 필요 없이 M/M 내에 분산되어 배치된다.OS의 불연속 기억장소 할당 방법에서는 더 기다려야 될 프로그램을 적재하여 실행한다. 이 기법의 종류는 후에 논하게 될 페이징 기법과 세그먼테이션 기법 등이 있다. 이 기법의 단점은 OS가 불연속 기억장소 할당을 관리하는 일은 어렵지만, 장점으로는 M/M 내에 이용할 수 있는 부분이 여러 개의 작은 부분으로 나누어져 있기 때문에 기다리지 않고 다음 프로그램을 적재하여 실행할 수 있으며, 때문에 다중 프로그래밍이 가능하다.

5.3.3 단일 분할 할당 기법

(1) 개념

단일 사용자 연속 기억장치 할당(single user contiguous storage allocation) 기법이라고도 한다.초기 컴퓨터 시스템 또는 MS-DOS의 환경에서는 한 번에 한 사용자만 기계를 사용할 수 있었으며,기계이 모든 자원을 사용자 혼자 마음대로 할 수 있었다. 그러나 프로그램은 M/M의 용량을 초과할 수 없고 직접 배치 과정을 수행하여 항상 같은 기억장치 위치(절대 적재)에 적재되었다. 즉, 가장 단순한 기법(초기에 주로 사용)으로서 초기에 많이 사용된 방식이며, 소형이나 마이크로 컴퓨터와 같은 PC의 메모리 할당 방법으로 주로 사용한다. 단일 사용자 연속 기억장치 할당은 기억장치 영역을 사용자를 위한 공간과 운영체제(OS,모니터)의 상주를 위한 공간으로 나누는 단순 기법이며, 한 순간에는 오직 한명의 사용자만이 M/M의 사용자 영역을 사용하는 기법이다. 프로그램의 크기가 주기억 장치(M/M)의 크기보다 클 수 없다. 프로그램의 크기가 큰 경우 중첩(오버레이,overlay) 기법을 사용하여 해결한다. 이 경우는 많은 자원의 낭비가 온다.

단일 사용자 연속 기억장치 할당에서 운영체제(OS)를 기억장치(메모리)의 하위나 상위에 두는 것도 가능하며 기억장치를 OS의 루틴이 들어 있는 부분(모니터,Monitor)과 사용자 프로그램이 들어 있는 부분(사용자),사용되지 않는 부분 등 3 부분으로 나눌 수 있다[그림5-11][그림5-13].

단일 사용자 연속 기억장치 할당 시스템에서는 사용자가 모든 주기억장치(M/M)에 대한 제어권을 가지고 있다. 따라서 사용자 프로그램이 주소를 잘못 지정하면 OS가 파괴될 수도 있다. 이와 같은 사고를 예방하기 위해 프로세서 내에 **경계 레지스터(Boundary Register)**를 두었다[그림5-13]. 사용자 프로그램이 기억장치 주소를 참조할 때마다 경계 레지스터를 검사한 후에 실행된다. 즉, 경계 레지스터는 사용자 영역에 있는 사용자 프로그램이 운영체제 영역에 접근하지 못하도록 보호하는 레지스터로 사용자 영역이 시작되는 주소를 기억하고 있다. 이렇게 나누다 보니 프로그램의 크기가 작을 경우 사용자 영역이 낭비될 수 있다. 초기에는 M/M보다 큰 사용자 프로그램은 사용할 수 없었으나 오버레이 기법을 사용하면서 이 문제가 해결 되었다. 중첩(오버레이;Overlay) 기법은 M/M보다 큰 사용자 프로그램을 실행하기 위한 기법이다. 보조 기억장치(A/M)에 저장된 하나의 프로그램을 여러 개의 조각으로 분할한 후 필요한 조각을 차례로 M/M에 적재하여 프로그램을 실행한다. 이때 프로그램이 실행되면서 M/M의 공간이 부족하면 M/M에 적재된 프로그램의 조각 중 불필요한 조각이 위치한 장소에 새로운 프로그램의 조각을 중첩하여 적재하는 기법이다. 오버레이(중첩)가 덮어쓰기의 의미를 가지고 있다. 오버레이(중첩) 기법이 가능한 이유는 프로그램의 모든 부분이 동시에 실행되는 것이 아니기 때문이다. 프로그램을 여러 개의 조각으로 분할하는 작업은 프로그래머가 수행해야 하므로 프로그래머는 시스템 구조나 프로그램 구조를 알아야 한다.

스와핑(교체,Swapping) 기법은 하나의 프로그램 전체를 M/M에 할당하여 사용하다가 필요에 따라 다른 프로그램과 교체하는 기법이다.M/M에 있는 프로그램이 A/M로 이동되는 것을 Swap-Out, A/M에 있는 프로그램이 M/M로 이동되는 것을 Swap-In이라고 한다. 하나의 사용자 프로그램이 완료될 때까지 교체 과정을 여러 번 수행할 수 있다.특히 이러한 스와핑 기법은 가상 기억장치의 페이징 기법으로 발전하였다.

단일 사용자 연속 기억장치 할당 시스템에서의 문제점은 사용자 프로그램의 적재이다. 컴퓨터 주소 공간이 0000부터 시작하더라도 사용자 프로그램의 처음 주소는 0000 번지가 아니라 기준 레지스터(Base register) 값의 이후가 된다. 그러므로 기준 주소가 변하면 다시 적재해야만 한다. 이러한 OS의 동적 변화를 대비하기 위해 다음과 같은 방법을 생각해 볼 수 있다.

첫 번째로 사용자 프로그램을 기준으로 상위 주소에 적재하지 않고 기준 레지스터로부터 내려가는(기억장치 주소가 1500에서 1499,1498 등으로 점점 작아지는) 상위 기억장치에 적재하는 것이다[그림5-12]. 이 방법의 장점은 사용되지 않은 모든 공간이 중간에 있고, OS나 사용자는 필요에 따라 사용되지 않은 공간으로 확장할 수 있다는 것이다.

두 번째로는 수행할 때까지 주소 바인딩을 연기하는 것이다. 이 기법은 [그림5-12]와 같이 동적 적재를 위한, 즉 주소 바인딩을 연기하기 위한 기준 레지스터(재배치 레지스터)가 필요하다.

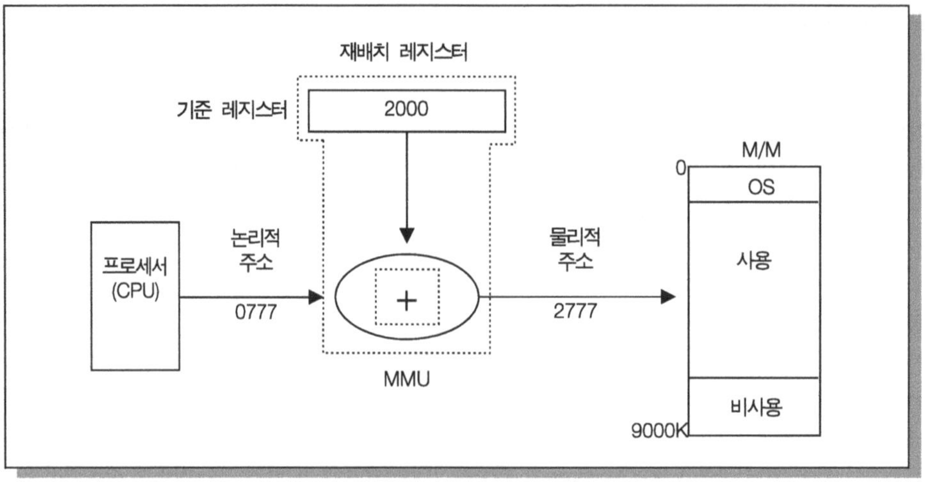

[그림 5-12] **재배치 레지스터를 이용한 동적 재배치**

기준 레지스터에 있는 사용자 프로세스가 기억장치로 보내질 때 생성되는 주소값에 더해진다. 예를 들어, 기준 값이 2000이라면 주소 0000에 대한 사용자 프로세스는 동적으로 2000으로 재배치되고, 주소 0777에 대한 접근은 2777으로 재배치 된다.

특징은 다음과 같다.

① 경계 레지스터(boundary register)를 필요로 한다. 경계 레지스터는 다중 프로그래밍에서 사용자(user)의 메모리 블록의 높낮이 주소를 지정하기 위한 레지스터이다.

② 사용자 모드(user mode)와 감시자 모드(관리자 모드; supervisor mode)로 구분한다. 즉, 대부분의 컴퓨터에서는 CPU의 명령처리에 관한 모드에는 감시자 모드와 사용자 모드가 있다(이들의 모드를 구별하지 않는 것도 있다). 사용자 모드에서는 특권 명령이 실행되지 않지만 감시자 모드에서는 이들 특권 명령을 포함하여 모든 명령이 실행 가능하다. 일반적으로 처리 프로그램은 사용자 모드, 제어 프로그램은 감시자 모드로 동작한다(제어 프로그램에서도 사용자 모드로 동작하는 것도 있다). 사용자 모드에서 감시자 모드로의 전환은 SVC(SuperVisor Call)명령으로 할 수 있다.

- **사용자 모드(user mode 또는 problem mode)**: 컴퓨터 실행상태의 하나로, 사용자 프로그램이 실행되는 상태이다. 일반적으로 시스템을 보호하기 위해서는 사용자 모드에 많은 제약을 두고 있다.
- **감시자 모드(supervisor mode 또는 kernel mode)**: 기억장소 보호 수정 명령어와 I/O와 같은 특수한 동작만이 허용되는 동작 형식이다.

③ 프로그램의 크기가 제한된다.

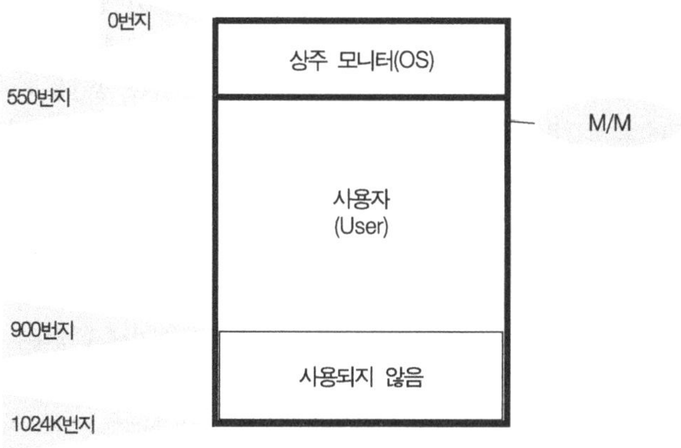

[그림 5-13] 단일 사용자 프로세스의 하위 기억장치 적재(단순 메모리 구조)

[그림5-13]에서 OS는 0번지부터 549번지를 사용하고, 사용자 영역은 550번지에서 1024K번지 사이에 위치한다. 단순 메모리 구조에서 메모리 관리자(기억장치 관리자)의 역할은 일반 영역에서 동작하는 프로세스가 OS 영역으로 침범하지 못하도록 막는 것이다. OS 영역으로의 침범을 막기 위하여 H/W의 도움을 필요로 하는데, CPU 내에 있는 **경계 레지스터(boundary register)**가 이를 담당한다. 경계 레지스터는 OS와 사용자 영역의 경계지점의 주소를 가진 레지스터이다. 그러므로 메모리 관리자는 사용자의 작업이 경계 레지스터의 값(550번지)을 벗어나는지만 검사하면 된다. 단순 메모리 구조에서 프로세스가 메모리에 접근하기 위해서는 실제주소인 물리주소(physcial address)를 사용해야 한다.

물리주소의 지정방식은 크게 **절대주소(absolute address)**와 **상대주소(relative address)**로 나누게 된다. 실제 메모리의 물리주소를 그대로 사용하는 경우를 **절대주소**라 부른다[그림5-14].

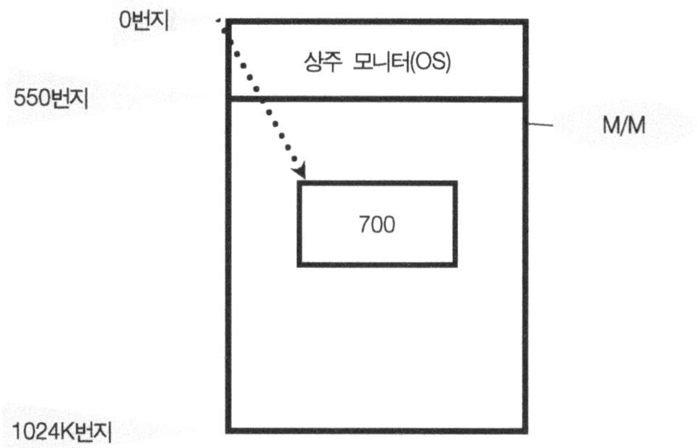

[그림 5-14] 절대 주소

프로세스가 700번지에 있는 데이터를 가져오려 하면 메모리 관리자는 물리주소 700번지에서 데이터를 가져다준다. 절대주소의 경우 물리주소를 그대로 사용함에 따라 OS 영역이 어디서 끝나는지, 자신의 데이터가 어디에 존재하는지를 프로세스가 알아야만 한다. 이는 프로세스의 입장에서 보면 상당히 불편하다. 프로세스의 입장에서 보면, OS 영역([그림 5-13]에서 0번지부터 549번지)은 사용할 수 없는 공간이다. 그러므로 물리주소 0번지에서 549번지까지는 프로세스가 알 필요가 없는 주소공간이다. 또한 OS가 있는 주소가 노출되면 실수나 혹은 고의적으로 OS 영역을 침범할 수 있다. 그러므로 사용자 영역이 시작되는 550번지를 0번지로 변경하여 사용하는 주소 지정방식을 **상대주소**라 부른다[그림5-15]. 상대주소 방식을 사용하게 되면 사용자 영역의 첫 번째 시작번지는 언제나 0번지가 된다. 그러므로 프로세스 입장에서 보면 메모리 구조를 알 필요가 없어 편리하게 사용할 수 있다.상대주소에서는 프로세스 입장에서 OS가 어디에 끝나는지, 자신의 데이터가 어디에 존재하는지 알 필요 없이 항상 0번지부터 시작하는 주소 공간을 가지게 되는데, 이를 논리주소 공간이라 부름-그러므로 논리주소 공간은 물리주소 공간의 상대적 개념이다. 결론적으로 논리주소 공간은 상대주소를 사용하는 주소공간이고, 물리주소 공간은 **절대주소**를 사용하는 주소공간이며, 또한 **상대주소**는 논리주소이며, 절대주소는 물리주소를 가리킨다.

[그림5-15]에서, 절대주소 700번지는 프로세스의 입장에서 보면 상대주소 150번지가 된다. 상대주소는 사용하려는 주소와 물리주소가 불일치하기 때문에 주소에 대한 변환 작업이 필요하다. 물리주소 공간에서 절대주소를 사용하게 되면, 메모리 관리자는 특별한 변환 없이 작업을 처리하면 된다. 그러나 논리주소 공간에서 상대주소를 사용하여 작업하는 프로세스의 경우, 원하는 주소를 실제 메모리 내의 실제주소로 변환 해 주어야 한다. 이러한 변환 과정은 프로세스가 실행되는 동안 매우 빠르게 이루어져야 하기 때문에 기억장치 관리 장치(MMU; Memory Management Unit)라는 H/W가 처리한다.MMU에 의한 주소 변환 과정은 다음 [그림5-16]과 같다.

재배치 레지스터는 주소 변환의 기본이 되는 주소 값을 가진 레지스터이며, 실제 메모리에서 프로세스가 위치할 수 있는 첫 번째 주소 값을 가진다.[그림5-16]의 경우 550번지가 재배치 레지스터에 저장 된다. 그러므로 프로세스가 상대주소를 사용하여 메모리에 접근할 때마다 MMU는 논리주소 값에 재배치 레지스터 값을 더하여 실제 메모리에 접근한다. MMU가 재배치 레지스터를 사용하여 상대주소를 절대주소로 변환해주기 때문에 프로세스의 입장에서 메모리는 항상 0번지부터 시작하는 연속된 작업공간으로 보이게 된다.

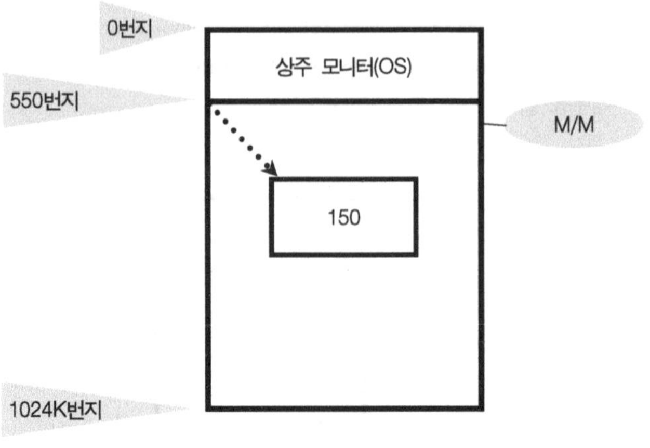

[그림 5-15] 상대 주소

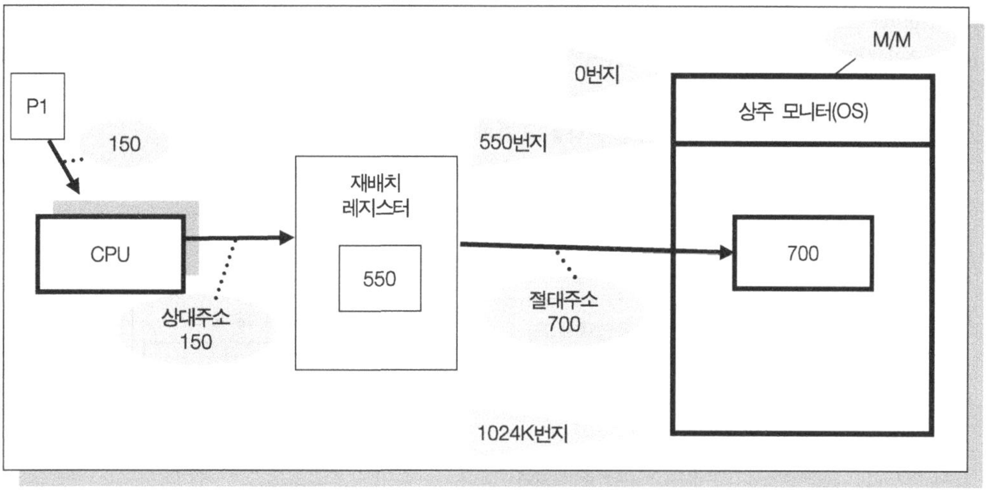

[그림 5-16] 상대 주소의 절대 주소로 변환 과정

재배치 레지스터는 주소 변환의 기본이 되는 주소 값을 가진 레지스터이며, 실제 메모리에서 프로세스가 위치할 수 있는 첫 번째 주소 값을 가진다. [그림5-16]의 경우 550번지가 재배치 레지스터에 저장 된다. 그러므로 프로세스가 상대 주소를 사용하여 메모리에 접근할 때마다 MMU는 논리주소 값에 재배치 레지스터 값을 더하여 실제 메모리에 접근한다. MMU가 재배치 레지스터를 사용하여 상대주소를 절대주소로 변환해주기 때문에 프로세스의 입장에서 메모리는 항상 0번지부터 시작하는 연속된 작업공간으로 보이게 된다. [그림5-16]에서, 프로세스가 메모리 150번지(상대번지)에 있는 데이터를 요청하면 CPU는 MMU에게 150번지에 있는 내용을 가져오라고 명령한다. MMU은 재배치 레지스터(relocation register)를 사용하여 상대주소 150번지를 절대주소 700번지로 변환한 후에 메모리 700번지에서 필요한 데이터를 가지고 온다.

사용자는 특정 응용 프로그램을 수행하기 위해 필요한 모든 코드와 자세한 기계 수준(machine level)의 I/O 명령어를 기록한다. 기본 기능을 수행하는데 필요한 I/O 코드는 IOCS(Input/Output Control System)으로 통합되어 IOCS 루트를 호출하면 된다.

단일 사용자 시스템(Single user system),단일 분할 할당(Single Partition Allocation))의 장.단점은 다음과 같다.

① 장점
- 단순(simple)하고 이해하기 쉽다.
- 사용자 공간이 확대(OS 부분이 작아도 가능)되는 장점이 있다. 즉, 사용할 수 있는 공간이 크다.

② 단점
- 자원의 낭비(프로그램이 차지하고 남은 부분에 대한 활용이 불가능)가 크다. 즉, 한번에 한 프로그램만 사용할 수 있으며,기억장치의 효율성이 떨어지고 다중 프로그래밍이 불가능하다.
- 프로세스 교체 비용이 크고 I/O 작업동안 CPU는 유휴상태(idle state)가 된다.
- M/M보다 큰 프로그램을 수행할 수 없는데, 이는 논리적 기억장치가 물리적 기억장치보다 적을 때만 프로그램할 수 있음을 의미한다. 참고로, 앞서 설명한 교체(Swapping) 기법은 M/M보다 더 큰 프로그램을 실행할 수 있기 때문에 제한된 M/M를 확장시키는 방법으로 사용한다.

(2) M/M의 할당 정책과 보호의 필요성([그림5-11][그림5-17] 참조])

기억장치 보호(Protection)의 필요성은 OS 부분과 사용자(User) 사용 부분의 중복을 피하기 위함이다. 경계 레지스터

(Boundary register 또는 fence register)를 두어, 사용자 프로그램에서 생성된 주소(address)가 차폐(경계) 레지스터(fence register)의 값보다 크면 합당한 것으로 간주하고, 작으면 부당한 참조로 간주한다(경계 레지스터 또는 차폐 레지스터). 사용자 프로그램에 의해 생성된 주소 참조(address reference)는 모두 합당 여부를 검사 하여야 한다. 물론, 모니터 모드에서는 M/M 공간 내의 모니터와 사용자 사용 공간의 모든 주소 참조가 가능하다.

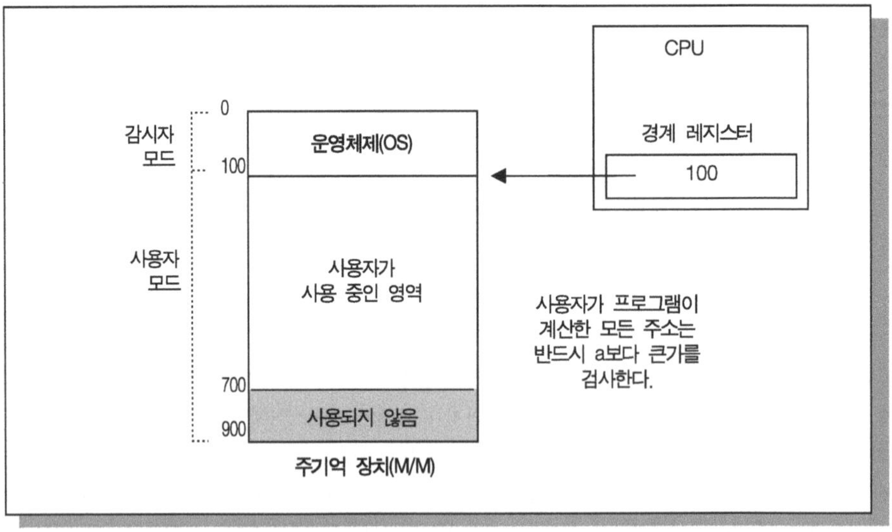

[그림 5-17] 단일 사용자 프로세스의 하위 기억장치 적재와 기억장치 보호

기억장치 사상 H/W와 기억 장치 재배치의 경우, 상주 모니터 기법의 경우, 사용자 프로그램은 경계 레지스터의 바로 다음 주소부터 적재 된다.만약 경계 레지스터가 번역시(compile time)에 이미 알려져 있다면,사용자 프로그램을 번역할 때에 실기억(M/M) 공간 내의 절대 주소가 생성되어 M/M 공간 내에 적재 되며,그렇지 않은 경우에는 컴파일러가 재배치 가능 코드(relocatable code)를 생성하여 적재 시(load time)에 실제 주소로 바꾸어 준 후, 실기억 공간(M/M) 내에 넣어주게 된다. 이와 같이 사용자 프로그램을 실기억 공간에 적재하기 위해서는 사용자 프로그램의 최초 주소를 갖는 기준 레지스터(base register) 혹은 재배치 레지스터(relocation register)가 필요하며, 사용자 프로그램에서 생성되는 모든 논리적인 주소를 실기억 공간(physical address space)의 실제 주소로 바꾸어 주는 기억장치 사상 H/W(memory mapping hardware)가 필요하게 된다[그림5-18].

모니터(감시자) 모드(monitor mode or supervisor mode)에서는 메모리의 전체 영역을 참조할 수 있다.사용자 모드(user mode)에서는 모니터 부분의 참조가 불가능하다. 모드 간의 전환은 인터럽트를 통하여 이루어진다.

기준 레지스터 혹은 재배치 레지스터를 이용하는 경우는 실행 시까지 실제 주소(Real address)를 결정하는 것을 연기한다. 실제 주소에 대한 바인딩 시간(binding time)을 연기하며, 기억장치 매핑(사상) H/W가 필요하다[그림5-18].

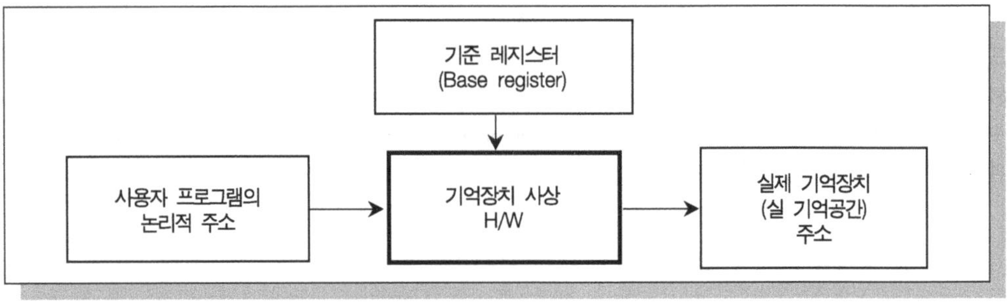

[그림 5-18] 기억장치 사상 H/W 관계

단일 사용자 시스템과 다중 사용자의 보호 시스템이 다음과 같이 다르다.

① 단일 사용자 시스템의 보호(protection in single user system)[그림5-17]

- 단일 사용자 연속 할당 시스템(single user contiguous allocation system)에서는 사용자가 M/M의 모든 제어권을 가진다.
- OS는 사용자 프로그램으로부터 보호한다.

② 다중 사용자 시스템의 보호(protection in multiprogramming system)[그림5-19]

- 경계 레지스터(boundary register(CPU 내))를 사용한다.
- OS가 사용하는 명령 중에 가장 마지막 명령의 주소를 저장한다.
- 사용자 프로그램이 M/M 주소를 참조할 때마다 사용자가 OS를 파괴하는지의 여부를 확인한다.
- OS를 사용하려 하면 그 명령은 정지되고 오류(error) 메시지와 함께 작업은 중단된다.
- 입/출력 서비스(I/O service)와 같이 OS에 들어갈 때는 SVC과 같은 특수한 명령어 사용한다.
- 연속 할당 다중 프로그래밍 시스템에서 보호는 주로 여러 개의 경계 레지스터를 사용한다.
- 두 개의 레지스터를 가지고 사용자 분할의 하한과 상한을 나타내거나[그림5-19] 또는 하한(또는 상한)과 분할의 크기를 표시한다.
- OS를 호출할 필요가 있는 사용자는 SVC(supervisor call) 명령을 사용한다. 이렇게 해서 사용자는 OS의 경계를 넘어서 그 서비스를 요청 할 수 있다.

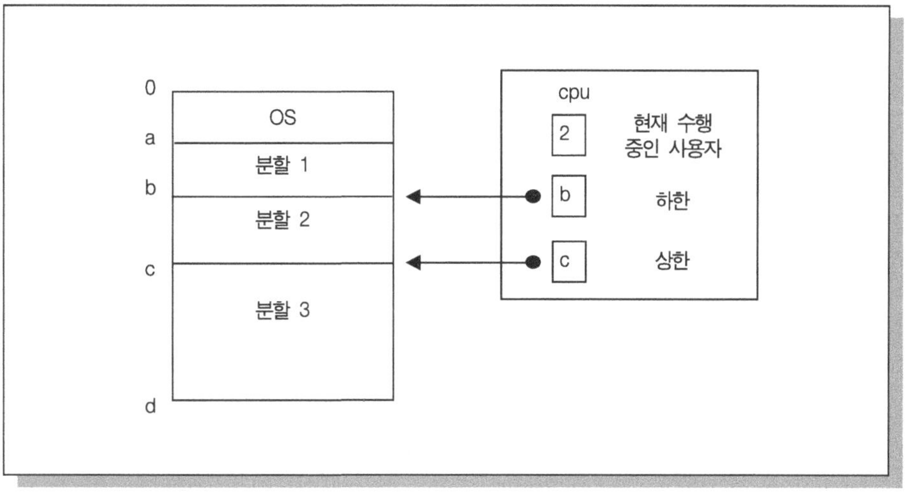

[그림 5-19] 연속 할당 다중 프로그래밍 시스템에서의 기억 장치보호 : 분할 2에 있는 사용자 프로그램이 실행되고 있을 때, 그 프로그램에서 발생하는 모든 기억 장치 주소는 b와 c사이에 있는지 검사됨.

- 기준(Base) 및 한계(경계) 레지스터를 위한 H/W를 지원한다[그림5-20].

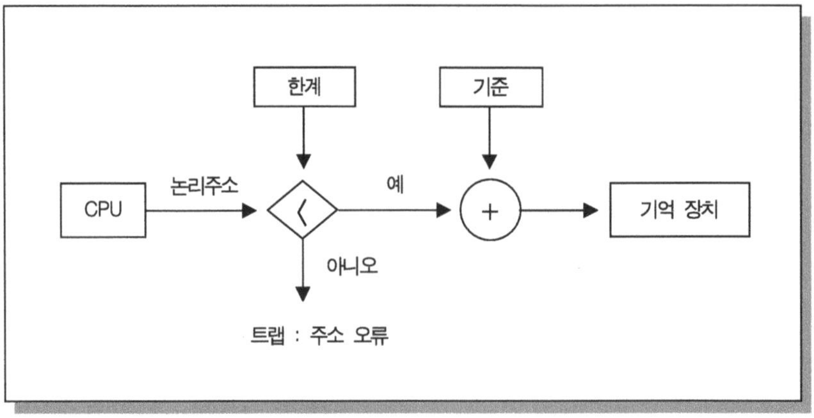

[그림 5-20] 기준(Base) 레지스터 및 한계(Boundary) 레지스터를 위한 H/W

주기억 장치(M/M;실기억 장치)의 크기는 [그림5-21]과 같다.M/M를 얼마나 크게 할 수 있느냐는 CPU에 있는 주소 레지스터의 크기에 따라 정해진다.

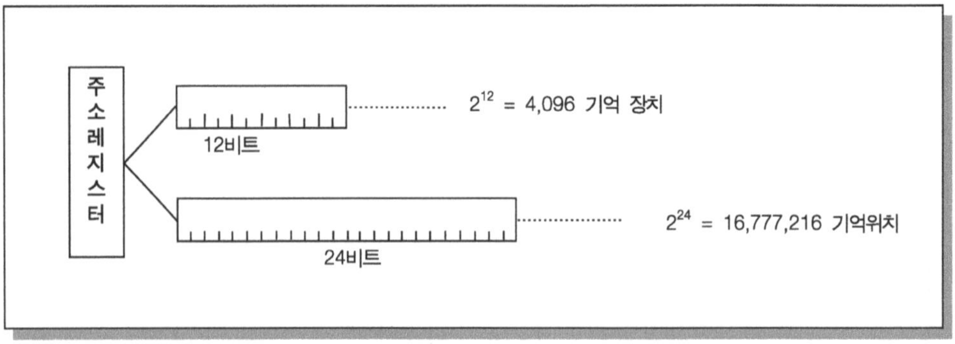

[그림 5-21] M/M의 주소 상한

12비트의 주소 레지스터는 2^{12}(=4096)개의 기억 장치(Byte 또는 Word)까지 나타낼 수 있으며, 24비트의 경우 2^{24}(=16,777,216)의 기억 장치까지 지정할 수 있다.

5.3.4 다중 분할 할당 기법

M/M의 경제적인 대용량화가 가능해짐에 따라, 시스템의 효율성을 향상시키기 위해 다중 프로그래밍 기법이 도입되었다. 이러한 다중 프로그래밍 환경 하에서는 한 개 이상의 프로그램이 동시에 주기억 공간에 적재될 수 있다. 다중 프로그래밍에서는 CPU를 차지하여 실행되던 하나의 프로그램이 입·출력(I/O) 작업을 행하게 될 때, 지체없이 다른 프로그램의 CPU 작업이 실행되어야 하며, 이 새로운 프로그램이 CPU를 또 다시 양보하게 되면, 또 다른 프로그램이 CPU를 차지하여 작업을 행하게 된다.

짚어보기 **다중 프로그래밍의 처리 순서의 예**

CPU 작업과 I/O 작업이 계속 반복되는 3개의 프로그래에 대한 다중 프로그래밍의 처리 순서를 모델화한 예이다. [그림5-22]는 3개 프로그램이 주기억 공간 내에 함께 적재된 형태(다중 분할 적재)를 보여주고 있다. [그림]에서 주기억 공간의 전체 크기가 400KB이고 OS가 상주하는 부분이 100KB이기 때문에 사용자 공간은 모두 300KB가 된다. 예를 들면, 프로그램 P1(110KB)만 적재되어 사용하는 단일 사용자 형태의 M/M 관리 기법의 경우에는 190KB가 낭비가 된다. 그리고 CPU 작업이 일어난 후, 입/출력 작업이 일어나는 동안에는 CPU가 쉬게(idle time) 되는 문제가 발생하게 된다. 그러나 [그림5-22]는 주기억 공간 내에 프로그램 P1,P2,P3가 모두 적재되었기 때문에 사용자 기억공간(190KB)을 완전히 사용하고 있음을 보여주고 있다. P1의 CPU 작업이 끝난 후, 입/출력 작업을 요구하게 되면 이를 입/출력 채널에게 담당하게 하여 P2의 CPU 작업을 행하게 되며, 또 다시 P2의 CPU 작업이 끝낸 후, 입/출력 작업이 요구될 때에는, P3의 CPU 작업이 행해지는 것을 보여주고 있다.

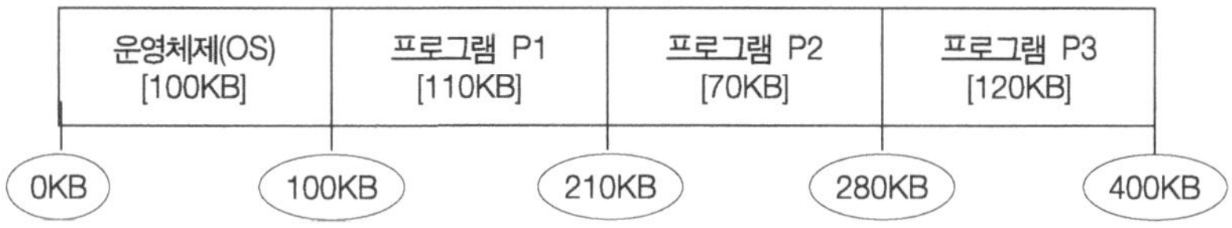

[그림 5-22] 주기억 공간(400KB)을 다중 분할하여 적재한 상태

이와 같이 주기억 공간을 다중 분할(multiple partition)하여 관리하는 **다중 프로그래밍 기법**은 CPU의 이용 효율이 단일 사용자 기법에 비해 훨씬 높아지게 되는 이점을 갖게 된다. 즉, 다중 프로그래밍을 위하여 여러 개의 프로그램을 주기억 공간 내에 적재할 때에는, 주기억 공간을 몇 개의 영역(partition)으로 나누어 그 중에 어떤 한 영역에 프로그램을 적재시키게 된다. 따라서, 어떤 시스템의 다중 프로그래밍 정도(degree)는 주기억 공간의 분할된 영역 수에 따라서 달라지게 되는데, M/M의 다중 분할 관리는 다중연속 고정(정적) 분할 기법, 다중 연속 가변(동적) 분할 기법 등 두 가지 형태의 기법을 사용한다.

다중 연속 정적 분할 기법은 주기억 공간의 사용자 영역을 고정된 크기(fixed partition)로 나누어 놓은 후, 하나의 사용자 프로그램을 여러 개의 조각으로 분리하지 않고 적당한 크기의 영역에 연속되게 적재시키는 방법이다. 이 기법은 고정된 크기로 주기억 공간을 나누어 놓기 때문에 사용자 프로그램이 들어갈 수 있는 영역의 수가 정적으로 제한된다.

다중 연속 동적 분할 기법은 주기억 공간의 영역을 사용자 프로그램의 크기에 따라 가변적으로 분할(variable partition)하여 사용하는 기법으로, 주기억 공간의 영역 수가 동적으로 변화하기 때문에 주기억 공간에 적재되는 사용자 프로그램의 크기에 따라 다중 프로그래밍의 정도가 달라지게 된다. 이 두 가지 기법은 IBM 360의 OS로 구현되었다.

(1) 고정 분할(정적 분할) 기억 장치 할당

단일 사용자 시스템(Single user system)은 컴퓨터의 자원을 낭비하게 되므로, 여러 사용자가 동시에 시스템 자원(resource)을 사용할 수 있는 다중 프로그래밍 시스템(Multiprogramming system)이 제시되었다고 이미 설명했다. 단일 사용자 시스템은 입/출력(I/O)의 처리속도와 CPU의 처리속도와의 차이와 I/O를 수행하는 동안 CPU는 유휴상태(idle state)가 된다. 다중 프로그래밍을 최대한 이용하기 위해서는 여러 개의 작업이 동시에 M/M 내에 존재할 필요가 있다. 따라서, 한 작업이 실행 도중 입/출력을 요구할 때 CPU는 즉시 다른 작업으로 할당되어 지체 없이 연산을 행할 수 있다. 이 새로운 작업이 CPU를 양도할 때는 CPU를 사용할 준비가 된 또 다른 작업이 CPU를 할당받을 것이다. 이렇게 다중 프로그래밍 시스템을 구현하여 얻는 이점은 CPU의 이용률(Utilization)과 시스템 처리량(Throughput)을 증대할 수 있다. M/M를 이용하는 다중 프로그래밍 방법으로서 **고정 분할 다중 프로그래밍 기억장치 할당(MFT ; Multiprogramming with a Fixed number of Tasks)**은 M/M를 일정수의 고정된 크기들로 분할하여 실행중인 여러 프로세스에게 할당하는 기법을 말한다. 즉, 다중 프로그래밍 작업을 하기 위해 M/M을 여러 개의 고정된 크기의 부분으로 분할하여, 사용자 프로그램이 이 중 하나를 차지하여 실행하게 하는 방법이다. 연속 기억장치 할당 기법에서 다중 프로그래밍을 지원하기 위해 제안된 가장 간단한 방법은 기억장치를 여러 개의 고정된 크기로 분할(정적 분할)하는 것이다. 분할(partition)이란 하나의 단일 작업이 적재될 수 있는 일정한 크기의 기억 장치 영역으로서, 다중 프로그래밍의 정도(Multiprogramming degree)는 분할의 수에 의해 제한을 받는다. 분할 시 작업 큐를 운용하여 분할된 기억장치의 크기 내에서 프로세스를 할당하며 분할된 각 기억장치는 하나의 프로세스, 즉 하나의 작업(Job)을 실행할 수 있다.**고정 분할 할당은 프로그램을 할**

당하기 전에 OS가 M/M의 사용자 영역을 여러 개의 고정된 크기로 분할하고 준비상태 큐에서 준비 중인 프로그램을 각 영역에 할당하여 수행하는 기법이다.

특징은 다음과 같다.

- 다중 프로그래밍 작업을 하기 위해 M/M을 여러 개의 고정된 크기의 부분으로 분할하여, 사용자 프로그램이 이 중 하나를 차지하여 실행하게 하는 방법이다.
- 프로그램을 실행하려면 프로그램 전체가 M/M에 위치해야 한다.
- M/M를 일정수의 고정된 크기들로 분할하여 실행중인 여러 프로세스에 할당하는 기법이다.
- 프로그램이 분할된 영역보다 커서 영역 안에 들어갈 수가 없는 경우가 발생할 수 있다.
- 일정한 크기의 분할 영역에 다양한 크기의 프로그램이 할당되므로 내부 단편화 및 외부 단편화가 발생하여 M/M의 낭비가 발생한다.
- 실행할 프로그램의 크기를 미리 알고 있어야 한다.
- 다중 프로그래밍을 위해 사용되었으나 현재는 사용되지 않는다.

이 방법은 원래 IBM OS/360에서 사용되었으나 현재는 사용되지 않는다. 고정 분할 기법은 주로 일괄 처리 환경에서 사용된다. 고정된 크기의 분할 영역에 프로세스(작업)가 각각 할당된다. 물리주소는 분할 기준 레지스터(PBR;Partition Base Register) 값에 논리주소를 더하여 생성된다. 이때 논리주소가 분할 영역의 크기보다 크면 오류가 된다. 따라서 분할 영역보다 프로세스의 크기가 대부분 작으므로 내부 단편화(Internal fragmentation)가 발생한다. MFT의 성능은 분할의 수에 제한을 받는다. 분할 영역이 비게 되면 프로세스는 프로세스의 큐에서 하나를 선택하여 빈 분할에 적재한다. 프로세스의 작업이 끝나면 그 분할은 다른 프로세스가 이용할 수가 있다.

고정 분할 할당 기법은 다음과 같이 **절대번역과 적재, 재배치 번역과 적재**로 구분할 수 있다.

1) 절대 번역과 적재

절대 번역과 적재(Absolute translation and loading)는 초기의 다중 프로그래밍 시스템에서 사용한 방법이다. 프로그램이 할당될 분할 영역을 어셈블러나 컴파일러가 지정하는 방식으로 각 프로그램은 분할된 각 영역의 준비상태 큐에서 기다리며, 다른 분할 영역이 비어 있다 하더라도 지정된 분할 영역만을 사용해야 한다. 즉, 한 작업이 실행 준비가 되어 있다 하더라도 지정된 자신의 분할이 이미 차 있다면, 다른 분할이 이용가능 하더라도 그 작업은 기다려야만 한다. [그림5-23]와 같이 M/M가 여러 개의 고정된 분할로 쪼개어져 있고, 하나의 작업은 절대 컴파일러에 의해 번역되어서 지정된 분할에서만 실행될 수 있다. 따라서, CPU는 작업들 사이를 빠르게 옮겨 다니면서 동시에 여러 작업을 수행하는 것처럼 느껴지게 하였다. 이 방법은 M/M의 낭비를 초래하지만 운영체제는 비교적 간단하고, 구축하기 쉽다.

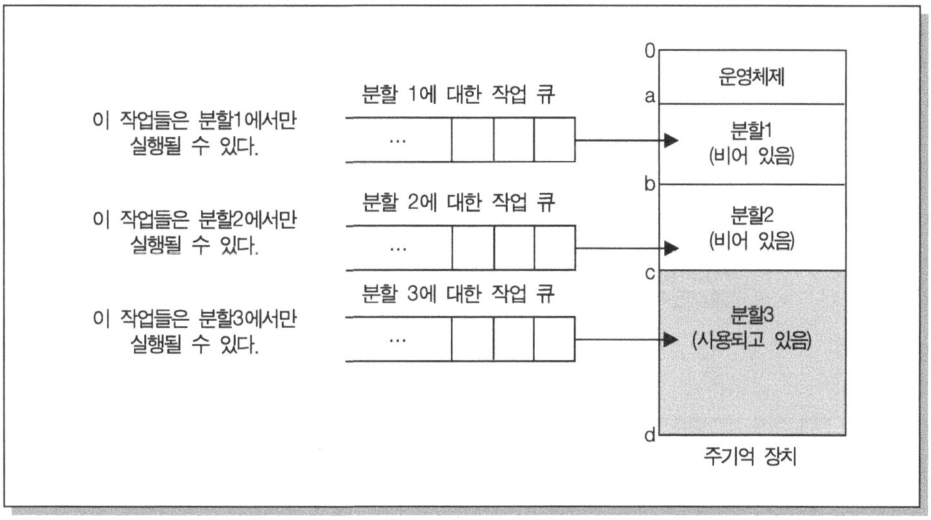

[그림 5-23] 절대번역과 적재기법

[그림5-23]은 **절대 번역**과 **적재 기법**을 사용하는 고정 분할 다중 프로그래밍에서 기억 장치가 제대로 이용되지 못하는 극단적인 예를 보여 주었다.분할3을 기다리는 작업들은 작아서 다른 분할에 들어갈 수도 있다. 그러나 절대 번역과 적재를 사용하면, 이 작업들은 분할3에서만 실행되어야만 한다. 다른 두 분할들은 비어 있는 상태로 남아 있게 된다.

특징은 다음과 같다.

① M/M가 여러 개의 고정된 크기의 분할(구획;partition)으로 나뉜다.

② 각 분할은 하나의 작업(job)을 갖는다.

③ 작업(job)들이 절대 어셈블러와 컴파일러에 의해 변환(번역)되어 M/M내에 지정된 곳(지정된 분할)에서만 수행되는 경우이다.

④ 하나의 작업이 실행 준비가 되었다 할지라도 해당 분할(그 작업의 partition)이 차있고, 메모리의 다른 분할(부분)이 이용 가능하더라도 그 작업은 기다려야 한다.

⑤ OS는 비교적 간단하고, 구현이 용이하다.

⑥ 기억 장치(storage) 자원의 낭비(Internal fragmentation이 많음)를 가져온다.

> 참고
>
> 다중프로그래밍 정도가 n인 경우에 M/M를 미리 n개로 분할할 수 있으며, 이때 각 분할 영역(partition)의 크기를 같게 또는 다르게 설정함으로써 이 정책을 반영할 수 있는 것이다.

2) 재배치 번역과 적재

고정 분할 기억 장치 할당의 절대 번역과 적재에서는 설사 다른 분할이 비어 있다 하더라도 자신에게 할당된 분할이 비게 될 때까지 기다려야 하는 문제점이 있었다. 따라서 이러한 문제점들을 극복하기 위해서, [그림5-24]과 같이 **재배치 가능 번역과 적재**(relocatable translation and loading)는 프로그램이 할당될 영역이 미리 지정되지 않고, 하나의 준비상태 큐에서 기다린 순서대로 분할 영역에 할당하는 방식이다. 즉, 모든 작업을 하나의 작업(준비) 큐에 넣어서 어느 분할에서든지 실행 가능하도록 한 기법이다. 이때 분할에 적재될 작업의 주소 지정 등의 문제는 재배치 컴파일러, 어셈블러, 로더 등에 의하여 해결된다. 이 기법은 절대 번역과 적재 기법보다 M/M의 낭비를 줄이지만 OS가 조금 복잡해졌다.

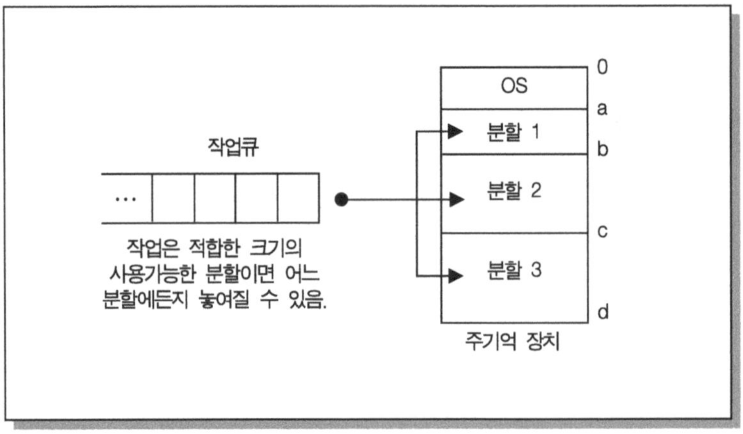

[그림 5-24] 재배치 가능 번역과 적재

특징은 다음과 같다.

① 프로그램을 수용할 수 있을 만큼 큰 분할이면 어느 분할에서든지 실행 가능한 재배치 가능하다.

② 재배치 컴파일러(relocating compiler), 어셈블러(assembler)와 로더(loader)가 재배치 가능 프로그램을 만들어 프로그램을 수용할 수 있을 만큼 큰 부분(partition)이 M/M에 존재한다면 그 부분의 위치에 상관없이 프로그램을 적재하여 실행할 수 있는 기법이다(재배치형 컴파일러, 컴파일러, 로더(적재기)는 프로그램을 수용할 수 있을 만큼 큰 분할이면 어느 분할이든지 실행 가능한 재배치 가능 프로그램을 만들어 내는데 사용됨).

③ 기억 장치의 낭비를 없앤다(절대 번역과 적재 하의 다중 프로그래밍에서 발생하는 기억 장치 낭비를 줄임).

④ 절대번역과 적재 방법보다 OS는 복잡(OS관리는 복잡)하다.

(2) 고정 분할 다중 프로그래밍에서의 단편화

기억장치의 단편화(fragmentation)는 기억장치의 구성에 관계없이 모든 컴퓨터 시스템에서 발생한다. MFT에서 단편화는 사용자 작업의 크기가 지정된 분할에 정확히 맞지 않거나 분할이 너무 작아서 대기 중인 작업 중에 하나도 맞는 것이 없는 상태를 말한다. 이렇게 분할된 공간은 사용되지 않고 남아 내부 단편화의 원인이 된다.

예제

5-4 단편화의 예

15,550바이트의 사용 가능공간이 있을 때 프로세스가 15,546바이트를 요구한다. 만약, 요구된 블록을 정확히 할당하면 4바이트의 사용 가능공간이 남는다. 남은 4바이트의 사용 가능공간을 활용하기 위한 처리 비용은 사용 가능공간을 활용하는 비용보다 클 것이다. 일반적으로 이러한 부분을 내부 단편화라 부르는데 대부분 사용할 수 없는 공간이다.

(3) 가변 분할(동적 분할) 다중 프로그래밍

고정된 경계를 없애고 각 작업이 필요한 만큼만 기억장치를 할당하는 방법을 **가변 분할 다중 프로그래밍(MVT ; Multiprogramming with a Variable number of Tasks)**이라고 부른다. MFT 기법의 단편화를 줄이기 위한 것으로, 미리 M/M를 분할해 놓은 것이 아니라 프로그램을 M/M에 적재하면서 필요한 만큼의 크기로 영역을 분할하는 기법이다. MVT에서는 각 프로세스(분할 영역)를 나타내기 위해 기준(재배치) 레지스터와 한계 레지스터를 사용하는데, 한계 레지스터는 프로세스 크기만큼의 영역에 저장한다. M/M의 다중 프로그래밍 기법으로서 MVT은 MFT에서의 단편화 현상을 줄이기 위하여 가장 합리적인 분할의 크기를 결정하여 각 작업에게 M/M를 할당하는 기법을 말한다. 따라서, 고정된 분할의 경계를 없애고 각 작업에 필요한 만큼의 기억 장치를 할당 시킨다.다중 프로그래밍 시스템에서 여러 개의 프로그램이 동시에 M/M에 적재되어 실행하는 방식의 OS는 프로그램에서 요구되는 기억장소의 크기에 알맞은 크기만큼 할당하고 사용하지 않은 기억장소는 회수하여 가용 공간을 링크화하여 필요시 가용 공간을 배정한다.

특징은 다음과 같다.

① MFT 기법의 단점을 보완한 것으로서, 미리 고정된 경계를 없애고, 각 프로그램에서 필요로 하는 만큼의 기억 장치를 프로그램 실행 시 할당 받는 기법이다.
② MVT에서 작업의 최대 크기에 대해서는 아무런 가정을 않는다(단, 한 작업의 크기가 M/M의 크기보다 더 커서는 안됨).
③ 작업이 도착했을 때 스케줄링을 담당하는 부분이 작업을 진행해야겠다고 결정하면, 그 작업은 필요한 만큼의 기억장소를 할당받는다.
④ 경계(boundary)를 없애고 각 작업은 필요한 만큼의 기억 장치를 할당 받는다.
⑤ 하나의 작업이 끝났을 때, 그 기억장소가 다른 비어있는 기억장소와 인접되어 있는지를 점검하여 인접한 공백(hole) 들을 합병하여 하나의 공백으로 만든다.
⑥ 한 작업이 차지하는 분할의 크기는 정확히 그 작업의 크기이므로 초기에는 낭비가 없다.
⑦ M/M를 효율적으로 사용할 수 있으며, 다중 프로그래밍의 정도를 높일 수 있다.
⑧ MFT 기법에 비해 실행될 프로세스 크기에 대한 제약이 적다.
⑨ 단편화를 상당 부분 해결할 수 있으나 영역과 영역 사이에 단편화가 발생할 수 있다.

짚어보기

가변 분할 다중 프로그래밍은 CPU에 의해 생성된 논리주소가 한계 레지스터 값보다 크면 오류가 발생된다. 또한 OS는 기억장치의 어떤 부분을 사용할 수 있으며,어떤 부분이 사용되고 있는가를 알 수 있는 테이블을 유지해야 한다.

1) 기억 장치 할당 전략(메모리 배치 기법)

새로 들어오는 프로그램이나 데이터,즉 프로세스를 M/M의 어디에 배치할 것인지를 최상 적합이나 최악 적합으로 결정할 때, 기억장치의 리스트 크기 순서로 정렬되어 있지 않으면 전체 리스트를 검색해야 한다. 이때 최상 적합은 가장 작은 사용 가능 공간을 하나 생성하며 최악 적합은 가장 큰 사용 가능 공간을 하나 생성한다. 즉, 사용 가능 공간을 어느 작업(프로세스)에 할당 하는게 가장 좋은지 결정하는 가장 일반적인 기억장치의 배치 기법으로 **최초 적합**(First-fit),**최상(최적) 적합**(Best-fit), **최악 적합**(Worst-fit) 등을 들 수 있다.

❶ 최초 적합 전략

최초 적합 전략(first fit strategy)은 [그림5-25](a)]와 같이 프로그램이 적재될 수 있는 가용 공간 중에서 첫 번째 분할에 할당하는 방식을 말한다.

- 장점은 빈 공간을 찾기 위해 기억 장치 전체를 조사하지 않아도 되기 때문에 배치 결정을 빨리 내릴 수 있다.
- 단점은 사용되지 않은 작은 크기의 가용 공간이 누적되는 경우 할당 결정이 늦을 수 있다.

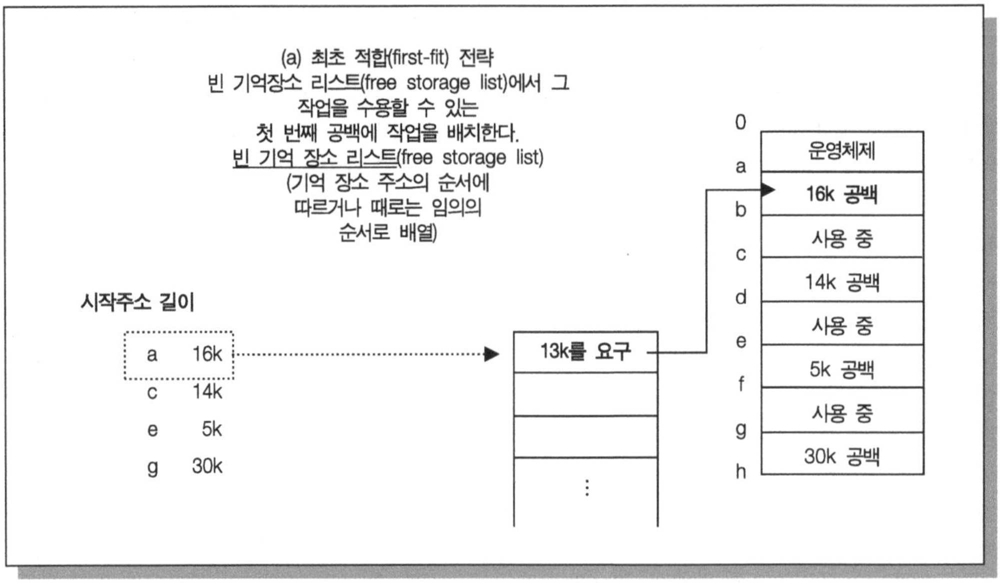

[그림 5-25] (a) 최초 적합 배치 전략

❷ 최상(최적) 적합 전략

최적 적합 전략(best fit strategy)은 [그림5-25](b)]와 같이 가용 공간 중에서 프로그램을 적재할 수 있는 가장 작은 공백이 남는(적합한) 분할에 할당한다.

- 장점은 가용 공간을 반만 탐색해도 필요한 공간을 찾을 수 있다.
- 단점은 가용 공간 리스트가 크기순으로 되어 있지 않으면 전 리스트를 검색해야만 한다. 따라서 사용하다가 남은 기억장소를 크기 순서로 배열해야 하므로 많은 시간이 요구된다.
- 할당 후 작은 가용 공간을 또 만들어 낸다.

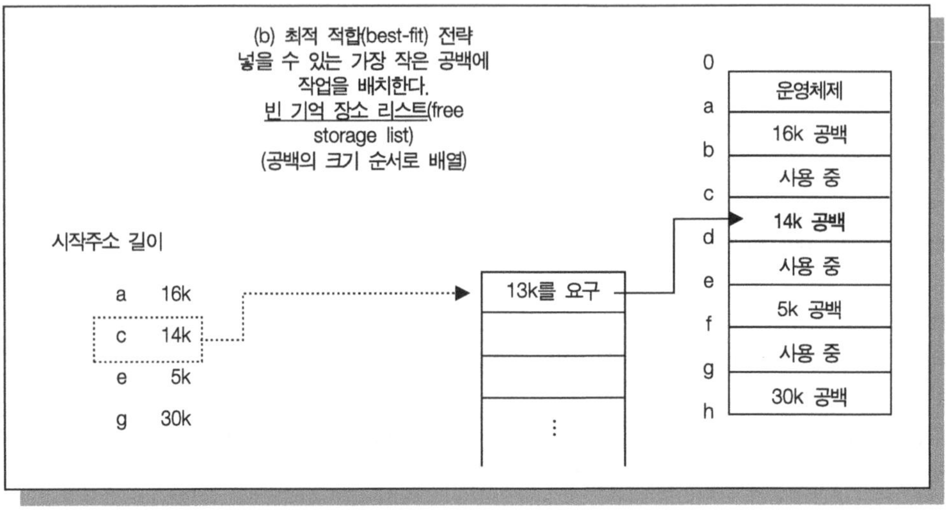

[그림 5-25] (b) 최적 적합 배치 전략

❸ 최악 적합 전략

최악 적합 전략(worst fit strategy)은 [그림5-25](c)]과 같이 프로그램의 가용 공간들 중에서 가장 큰 공간에 배치하는 방법이다.

- 장점은 큰 가용 공간에 프로그램을 할당하기 때문에 남은 공간도 여전히 크므로,큰 다른 프로그램이 실행 가능하다.
- 단점은 가용 공간 리스트가 크기순으로 되어 있지 않으면 전 리스트를 검색해야만 한다.또한, 큰 프로그램이 적재할 가용 공간이 없어진다.

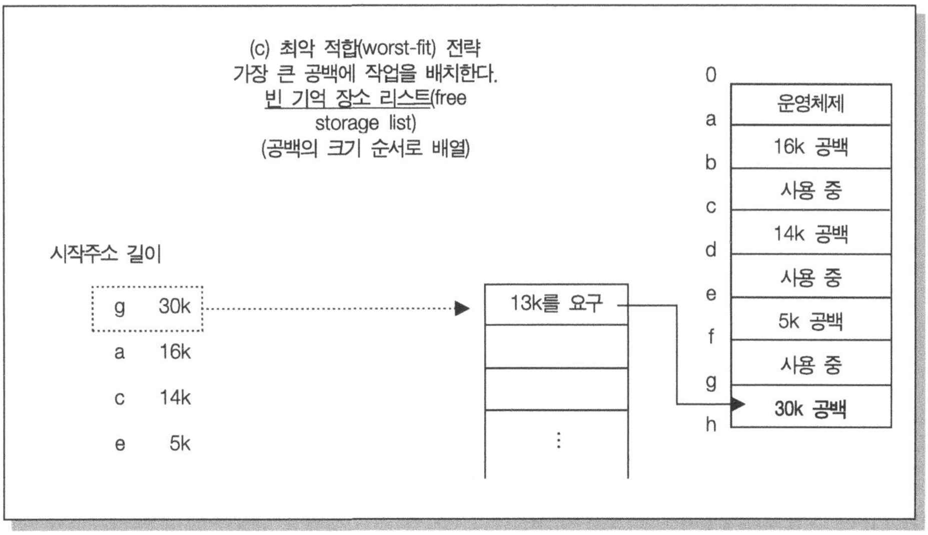

[그림 5-25](c) 최악 적합 배치 전략

예제 5-5

각 할당(배당) 알고리즘의 장점
① 최초 적격: 빠르다
② 최상 적격: 메모리를 효율적으로 사용하나 단편화(fragmentation)가 생길 수 있다.
③ 최악 적격: 단편화를 줄인다(실제 시뮬레이션 결과는 그리 효율적이지 못하다).

2) 기억공간의 효율화

가변 분할 기억 장치 할당 기법에서는 작업의 크기에 대한 어떠한 가정이 없으므로, 작업 스케줄링에 의해서 어떤 작업의 실행이 결정되면 그 작업 필요로 하는 양만큼의 기억 공간이 할당된다. 이 경우 작업의 크기가 그 분할의 크기에 꼭 맞기 때문에 고정 분할에서와 같이 많은 기억 장치가 낭비되지는 않는다. 그러나 모든 기억 장치 구성방법들은 어느 정도의 기억 장치 낭비가 있게 마련이다.

예를 들어, 기본적인 기법으로서 스케줄링의 예를 보면서, MVT에서의 단편화 현상을 알아보자.

다음과 같이 M/M와 작업 큐가 있다고 가정하고([그림5-25]와 [표]), 다음 예를 중심으로 MVT와 단편화 현상을 설명한다. M/M는 256K의 이용할 수 있는 기억 장치와 40K의 내재된 OS를 갖고 있다고 하자[그림5-26].

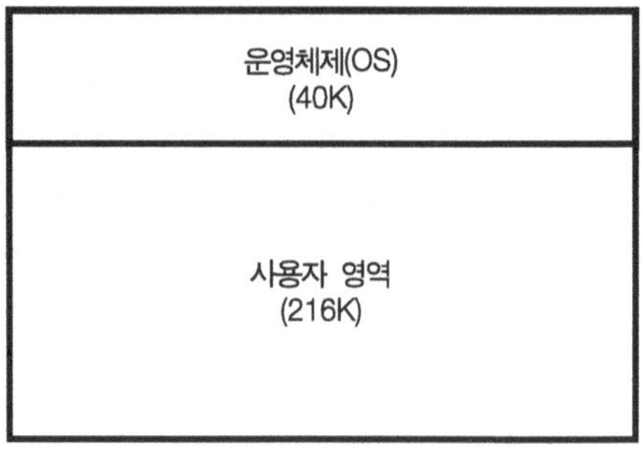

[그림 5-26] M/M의 OS와 사용자 공간

사용자 프로세스를 위하여 216K(사용자 영역)를 남겨 둔다. 다음 표와 같이 작업(프로세스)이 도착해 있다.

작업	메모리 크기	버스트 시간
P1	60K	10
P2	100K	5
P3	30K	20
P4	70K	8
P5	50K	15

입력 큐와 FIFO 작업 스케줄링이 주어졌을 때, P1, P2, P3 에 기억 장치를 할당해서 [그림5-27](a)의 기억 장치 맵(memory map)을 생성할 수 있다.이때 26K의 외부 단편화를 가진다.

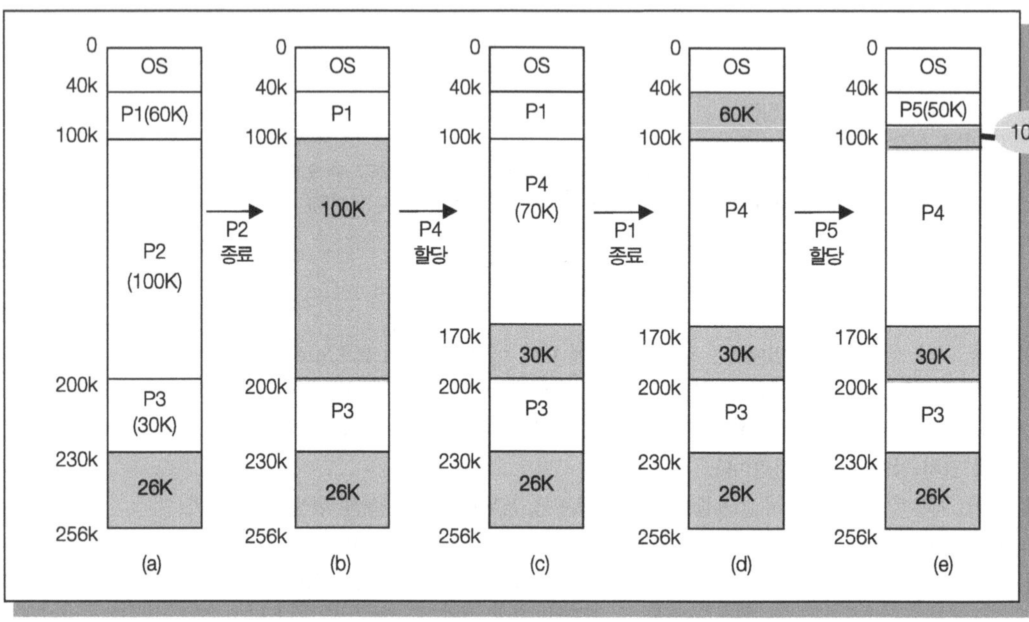

[그림 5-27] MVT를 위한 기억 장치 할당과 작업(장기) 스케줄링

MVT에서도 기억 공간의 낭비를 완전히 제거될 수는 없다. 이러한 단편화로 인한 낭비를 극복하기 위한 방안으로 **공백의 합병**(coalescing holes)과 **기억 장치 압축**(compaction) **기법**이 있다. [그림5-27]와 같이, 입력 큐 내에 남아 있는 프로세스에 의해서 사용될 수 없는 26K 크기의 가용 영역을 가진다([그림5-27]의 (a)).

시간 단위(time unit)의 할당 시간량을 가진 순환 할당(R/R)의 CPU 스케줄링 알고리즘을 사용하여 P2는 5시간 단위로 끝나 그것의 기억 장치 할당량을 해제할 것이다([그림5-27])의 (b)가 됨). 그런 다음 작업 큐로 돌아가서 다음 작업, P4를 스케줄해서 [그림5-27]의 (c) 메모리 맵이 된다. 즉, 프로세스 P2→P4→P1→P5→P3가 스케줄 되어 최종 [그림5-27]의 (e)가 된다. [그림5-27](a)에서 **26K의 외부 단편화**가 있는데, 이 공간은 너무 적어서 나머지 프로세스 P4와 P5를 만족시킬 수 없다. 그러나 [그림5-27](c)의 경우 **56K**(=30K+26K)의 전체적인 단편화가 있다. 이 두 개의 공간은 가용 기억 장소가 연속적이지는 않지만 P5가 수행 될 수 있을 만큼 충분히 크다. 그러므로, **압축**(compaction) **기법**(56K)을 사용하여 해결 가능하다.

3) 공백의 합병(통합;coalescing)

기억공간의 공백(hole)이 발생하였을 때, MVT 시스템은 그 공백이 비어있는 다른 기억 공간과 인접되어 있는지를 점검한다. 만일 인접되어 있다면

- 빈 기억 장소 리스트에 새로운 공백으로 기록할 수도 있다.
- 이미 있는 공백과 새로운 인접한 공백을 합병하여 하나의 공백으로 기록할 수도 있다.

이와 같이 인접한 공백들을 결합하여 하나의 큰 기억 공간으로 만드는 과정을 **합병**(coalescing)이라 하며, 이로 인하여 큰 기억 공간을 새로 만들어 이용할 수 있다[그림5-28][그림5-29 참조].

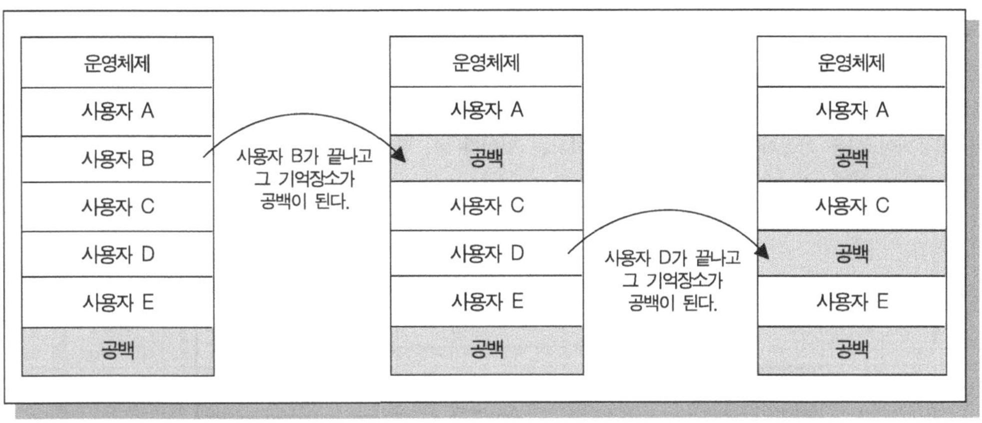

[그림 5-28] 가변 분할 다중 프로그래밍에서의 공백

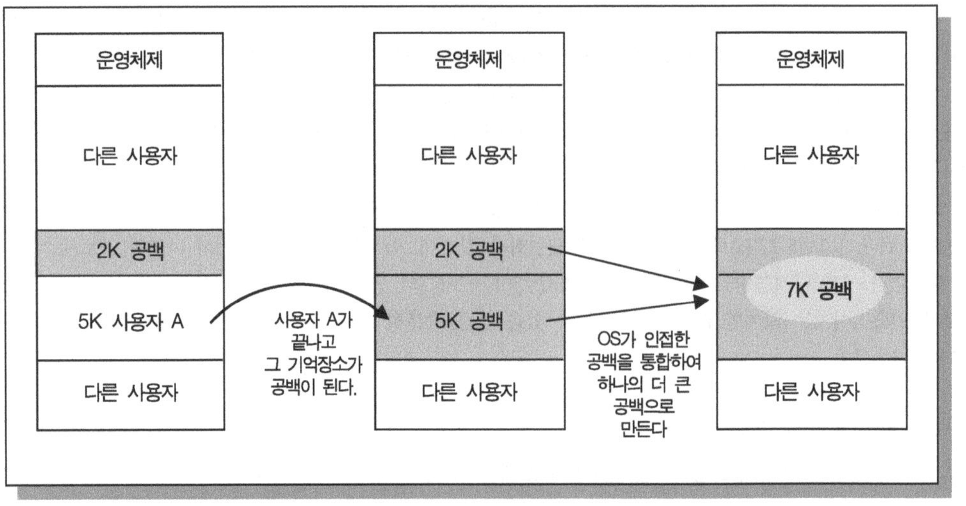

[그림 5-29] 가변 분할 다중프로그래밍에서 공백의 합병(통합).

4) 기억 장치의 압축(집약;compaction)

비록 인접한 공백들이 합병되었을 지라도 M/M의 전체에 산재되어 있는 공백들이 상당량의 기억 장소를 차지하는 경우가 있을 수 있다. 어떤 작업이 M/M의 특정한 양을 요구할 때, 전체 공백의 합은 새로운 작업이 필요로 하는 기억 공간보다 클지라도 그 공백이 연속되어 있지 않으면 그 작업을 수용할 수 없을 경우가 있다. **기억 장치 압축(compaction)**은 현재 사용되고 있는 모든 기억공간을 M/M의 한쪽으로 모음으로써 MVT에서 존재하는 여러 개의 작은 공백들을 하나의 커다란 기억 공간으로 통합할 수 있다[그림5-30]. 이와 같이 함으로써, 기억 공간의 압축으로 생긴 하나의 공백이 대기 중인 작업의 기억 장치 필요량보다 커지면 그 작업을 실행할 수 있게 된다. 이러한 기억 장소의 압축을 일반적으로 **쓰레기 수집(garbage collection)**이라고 부르기도 한다. 압축을 수행함에 있어 중요한 점은 그 비용을 신중히 고려해야 한다. 가장 간단한 방법은 모든 작업을 기억 장치의 한쪽 끝으로 이동시킴으로써 모든 공백이 그 반대 방향으로 이동되어 사용 가능한 기억 공간이 만들어지는 것이다. 이 방법 이외에도 시스템의 실행 환경에 따라 보다 효율적인 압축방법이 있을 수 있다.

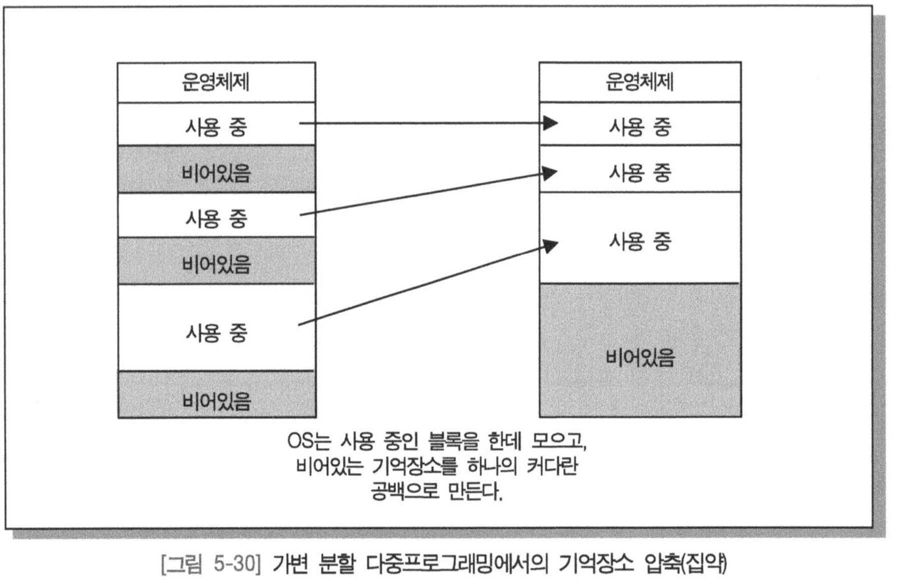

[그림 5-30] 가변 분할 다중프로그래밍에서의 기억장소 압축(집약)

[그림 5-31]는 압축 방법에 따라 그에 소요되는 작업 이동 비용이 달라질 수 있음을 보이고 있으며, 끝의 방법(방법 3;가장 적은 20K 이동)이 가장 효율적인 방법이다.

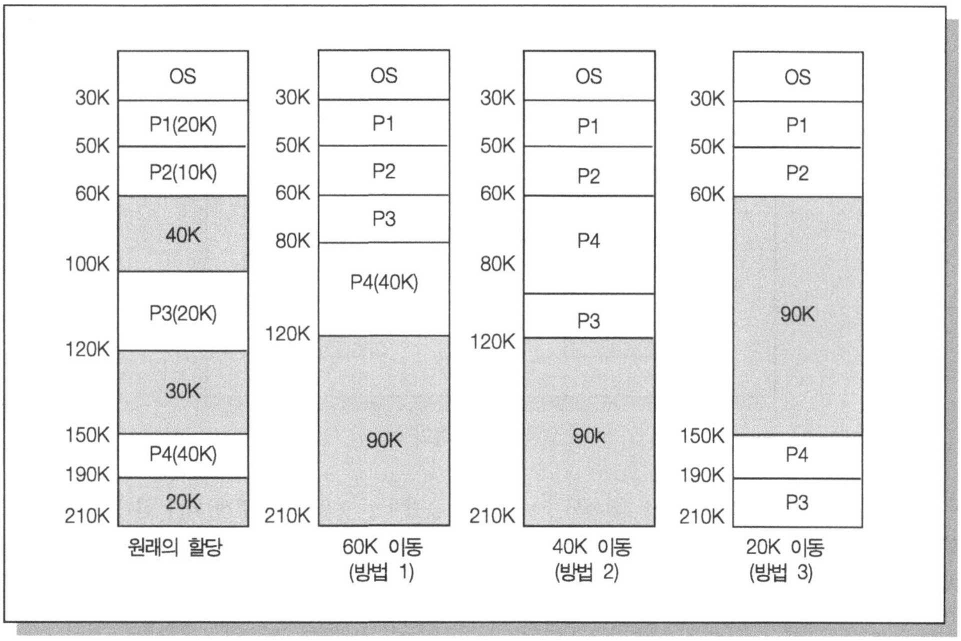

[그림 5-31] 기억 장치의 압축 방법에 따른 비교

P3과 P4를 위해서 총 60K를 이동하거나, 또는 P3를 P4밑으로 이동 시켜 단지 20K만을 이동 시킬 수 있고, 마지막은 하나의 큰 기억 장치 공간이 기억 장치의 끝이 아니라 가운데 있다.

집약을 수행함에 있어 중요한 점은 그 비용을 신중히 고려해야 한다는 점이다, 가장 간단한 방법은 모든 작업을 기억장치의 한쪽 끝으로 이동시킴으로써 모든 공백이 기억 장치의 반대 방향으로 이동되어 사용 가능한 큰 기억공간이 만들어 지는 것이다. 그러나 이 방법 외에도 시스템의 실행 환경에 따라 그 집약에 소요되는 작업 이동 비용이 달라질 수 있다. [그림5-31]은 집약 방법에 따라 그에 소요되는 작업이동 비용이 달라질 수 있음을 보이고 있다. 즉, 세 가지 집약 방법 중에서 (방법 3)이 가장 효율적인 집약 방법임을 직관적으로 알 수 있다.

[그림5-27]**(e)의 메모리 맵**은 [그림5-32]에서 처럼 압축 될 수 있다(10K,30K,26K의 3개의 가용영역이 “**66K**” 의 하나의 공간으로 압축).

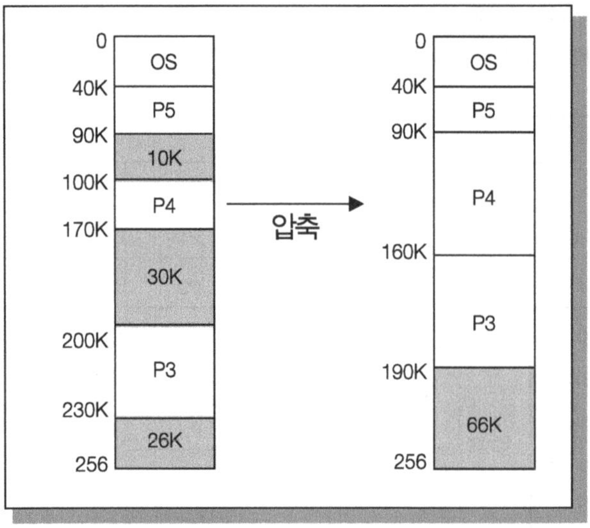

[그림 5-32] 압축의 예

압축이 항상 가능한 것은 아니다. [그림5-32]에서 P4와 P3를 옮겼다는 것을 주의 깊게 봐야 한다. 이들 프로세스들이 새로운 위치에서 수행하기 위해서는 모든 내부 주소들이 **재배치(relocation)**되어야 한다. 만약 재배치가 정적이면서 어셈블러가 적재할 때에 행한다면 압축은 수행될 수 없다. **압축**은 재배치가 동적인 경우에만 가능하고 수행 시간에 이루어진다.

압축에 따른 단점은 다음과 같다.

- 압축은 생산적으로 사용될 수 있는 시스템 자원을 낭비할 수도 있다.
- 시스템은 압축이 실행되는 동안 모든 일을 중지한다. 이는 대화형 사용자에 대해 일정치 않은 응답 시간을 주며, 실시간 시스템의 경우 치명적인 시스템의 장해 용인이 될 수도 있다.
- 압축 시 기억 장치 내에 있는 작업들이 재배치되어야 한다. 따라서 보통은 프로그램이 적재될 때 없애버리는 재배치 관련 정보(relocation information)를 쉽게 접근할 수 있는 형태로 계속 보관하고 있어야 한다.
- 정상적인 경우 기억 장치 내의 작업 적재 환경은 급격히 변화되기 때문에 자주 압축을 하여야 한다. 따라서 이로 인한 시스템 자원들의 소모가 압축으로부터 얻는 이익보다 더 커질 수도 있다.

5.3.5 M/M 관리상의 문제점 및 해결책

주기억 공간을 고정된 크기(fixed size)로 정적 분할(static partition)하는 경우에는 프로그램이 적재될 수 있는 각 영역의 크기와 개수가 시스템 효율을 좌우하는 중요 요인이다. M/M 관리상의 문제점으로는 내적(내부) 및 외적(외부) 단편화 현상이 있으며, 그것의 해결법으로는 **재배치 기법과 압축(compaction) 기법** 등이 있다.

(1) 단편화(Fragmentation)의 정의

M/M 상에서 프로그램에 의해 사용되지 않고 낭비되는 부분적인 기억 공간을 말한다(기억 장치 구성에 상관없이 모든 컴퓨터 시스템에서 발생한다).

(2) 단편화 발생의 예

M/M의 정적 분할 기법인 MVT에서는 외부 단편화의 문제보다도, 내부 단편화의 문제가 더 심각하게 제기될 수 있다. 즉, 외부 단편화는 일정 시간이 경과한 후에 다른 작업에게 해당 영역을 할당할 수 있으나, 내부 단편화로 생긴 공간은 해당 영역에 할당된 작업이 종료될 때까지 어떠한 작업도 사용할 수가 없게 된다.

① 고정 분할 다중 프로그래밍(fixed partition multiprogramming) 기법에서는 사용자 프로그램의 크기가 지정된 분할에 정확히 맞지 않거나 또는 분할이 너무 작아서 대기 중인 작업 중 하나도 맞는 것이 없을 경우, 그 분할이 사용되지 않는 상태로 남아있게 되므로 단편화 현상이 발생한다.
② 가변 분할 다중 프로그래밍(variable partition multiprogramming) 기법에서는 M/M 내에 공백 이 생기기 시작할 때까지는 낭비가 그렇게 심하지 않지만, 이러한 과정이 계속 반복됨에 따라 유효 공백이 더욱 작아지게 되므로 단편화 현상이 발생한다.

(3) 단편화의 종류

단편화 현상은 정적으로 할당된 고정된 크기의 영역 내에서, 어떤 작업이 할당된 후 남게 되는 공각이 발생하는 내부 단편화와 사용 가능한 영역이 있으나, 그 크기가 작기 때문에 할당을 요구하는 작업을 당장할 수 없을 때 발생하는 외부 단편화가 있다. 단편화는 일반적으로 내적(내부) 단편화와 외적(외부) 단편화로 구분한다.

① **내부 단편화(internal fragmentation)** : m 크기 워드의 기억 장소를 필요로 하는 어떤 작업이 n≥m 인 n 크기 워드의 영역에서 수행될 때, 이 두 워드의 차(n-m)를 말한다.
② **외부 단편화(external fragmentation)** : 어떤 영역이 사용되지 않고 남아 있어서 이용할 수 있지만, 대기 중인 작업의 크기에 비해 기억 장소가 적은 경우를 말한다.

(4) 고려 사항

이와 같이 M/M의 사용자 영역을 고정된 크기로 정적 분할을 할 때에는 내부 단편화로 인해 주기억 공간의 사용 효율이 평균적으로 50% 정도가 되기 때문에, 시스템에 입력되어 할당을 요구하는 작업의 크기를 신중히 분석하고 고려하여 영역의 크기를 결정해 주어야 한다.

1) 재배치(relocation) 기법

임의의 기억 장소에서 실행 중이던 프로그램을 다른 기억 장치의 장소로 이동시키고자 할 때, 그 이동한 장소에서도 프로그램이 실행 가능하도록 하기 위해 번지(address)에 관계된 부분을 조정해 주는 작업을 말한다.

2) 통합(coalescing) 기법

다중 프로그래밍(multiprogramming) 시스템에서 하나의 작업이 끝났을 때 그 기억 장소가 다른 비어 있는 기억 장소와 인접되어 있는지를 점검하여, 만약 인접되어 있다면 이 두 공백을 통합하여 하나의 공백으로 합치는 작업이다.

3) 압축(compaction) 기법

① 현재 사용하고 있는 모든 기억 장소를 M/M의 한 쪽 끝으로 옮기는 작업을 말한다.
② 이렇게 하면 가변 분할 기억 장치에서 발생하는 수많은 작은 공백들 대신에, 하나의 커다란 공백이 생기게 되므로 큰 프로그램도 적재하여 실행할 수 있다(일반적으로 기억 장소 압축 기법을 '**쓰레기 수집**(garbage collection)' 이라고도 한다).

예제 5-6

내부 단편화와 외부 단편화의 차이는 무엇인가?

풀이

내부 단편화는 한 영역이나 페이지 내에 남겨져 사용하지 못하는 영역을 말하고, 외부 단편화는 이러한 단편화된 영역을 합쳤을 때, 새로운 프로그램을 적재할 수 있는 공간이 되지만 단편화 영역들이 산재하기 때문에 사용 못하는 것을 말한다.

5.4 분산 기억장치(비연속) 할당

5.4.1 개요

앞서 설명한 연속 기억장치 할당에서 크기가 서로 다른 고정(정적) 분할이나 가변(동적) 분할 기법은 기억장치의 활용 면에서 그다지 효과적인 방법으로 생각할 수 없다. 또한 내부 단편화나 외부 단편화 발생에 대한 해결 방법을 제시하지 못했다.

외부 단편화의 해결 방법으로 제안된 압축은 기억장치 할당을 변화시켜 연속적인 공간을 만들어 사용할 수 있지만 프로세서 시간을 낭비하는 결과를 가져왔으며 비용 부담도 크다. 이러한 압축 과정에서 제기된 **동적 재배치(Dynamic relocation) 기능**은 외부 단편화를 해결하면서 내부 단편화를 최소화하는 기법으로 발전하였는데, 이 기법이 **분산 기억장치 할당 기법**이다. 분산 기억장치의 할당은 이전의 기억장치 관리 기법의 문제들을 해결하기 위해 한 프로세스의 기억장소에 불연속 공간할당을 허용한다. 즉, 프로그램을 특정 단위의 조각으로 나누어 M/M 내에 분산하여 할당하는 기법이다. 다시 말해, 분산 적재 방법은 하나의 프로그램을 여러 개의 조각으로 나누어 주기억 공간 내에 분산하여 배치하는 기법으로 프로그램이 페이지(Page)나 세그먼트(Segment)라는 단위로 구성되어 디스크 상에 존재하다가 실행에 필요한 부분만이 주기억 공간 내에 적재되는 방법이다. 이 방법은 OS가 분산 기억 장치 할당을 관리하는 일이 어려운 단점이 있으나 M/M가 여러 개의 작은 부분으로 나누어져 있기 때문에 기다리지 않고 바로 다음 프로그램을 적재하여 실행할 수 있어 다중 프로그래밍이 가능한 장점이 있다. 실행에 필요한 전체 프로그램을 구성하는 조각들이 모두 M/M 내에 적재되어야 하는 **순수 페이징(Paging) 기법**, **순수 세그먼테이션(Segmentation) 기법**, **순수 페이징/세그먼테이션(Paging & Segmentation) 혼합 기법**과 **가상 기억 장치(V/M;Virtual Memory)**의 개념을 도입하여 프로그램의 일부분만 적재되어도 실행이 가능한 **요구 페이징(Demand Paging) 기법**, **요구 세그먼테이션(Demand Segmentation) 기법**, **요구 페이징/세그먼테이션(Demand Paging & Segmentation) 혼합 기법**으로 분류할 수 있다. 간단히 정리하면, 비연속할당(가상기억장치)은 프로그램을 여러 부분으로 나누고 각 부분을 비연속적으로 산재된 공간에 적재(load)하는 방법이다. 이렇게 하면 프로그램의 원래 논리적 주소는 연속적이지만 이들이 실제로 저장된 장소 즉, 물리적 주소는 비연속적이 된다. 따라서 논리적 주소로 부터 물리적 주소로의 변환을 H/W가 실행시간 도중에 해주어야 한다. 논리적 주소가 실제주소와 다르므로 **가상기억장치(V/M;Virtual Memory)**라고 부르며 논리주소는 가상주소라고도 부른다. 프로그램을 동일한 크기로 나누면 페이지, 크기가 함수((function),배열(array) 등과 같이 다른 크기로 나누면 세그먼트라 한다. 즉, **페이징 기법**은 사용자 프로그램은 **페이지(page)**로 나누고 메모리(M/M)는 **페이지 프레임(page frame)**으로 나눈다. 즉 프로그램은 내용에 메모리는 그림을 끼우는 틀에 비유된다. 프로그램의 페이지는 어떤 빈 페이지 프레임으로도 적재(load)될 수 있다. **세그먼테이션 기법**은 함수(function)나 배열(array) 등을 **세그먼트**라고 부르며, 세그먼테이션 시스템은 세그먼트 단위로 메모리에 적재한다. 자세한 것은 후에 논한다.

5.4.2 주소 지정(Addressing) 기구

프로그램의 실행에 필요한 M/M의 할당을 늦게 할수록 M/M의 사용 효율의 향상을 기할 수 있다.원시 프로그램은 언어 번역 프로그램에 의하여 주소공간으로 변환되어 기호(symbol)가 주소와 연관되게 된다. 이 주소는 프로그램이 실행될 때의 실제주소를 반드시 의미하지는 않는다. 따라서, 번역된 주소공간을 어떤 방법으로든 M/M의 실제주소와 연결시켜야 한다. 이런 과정을 **재배치(relocation)**라 한다. 재배치는 행해지는 방법에 따라 절대 재배치, 정적 재배치, 동적 재배치로 나누어진다.

(1) 절대(absolute) 재배치

가장 간단한 방법이며, 어셈블(assemble)또는 컴파일(compile)시에 만들어진 주소 공간을 그대로 M/M 상의 주소로 적용해 버리는 방법이다[그림5-33].

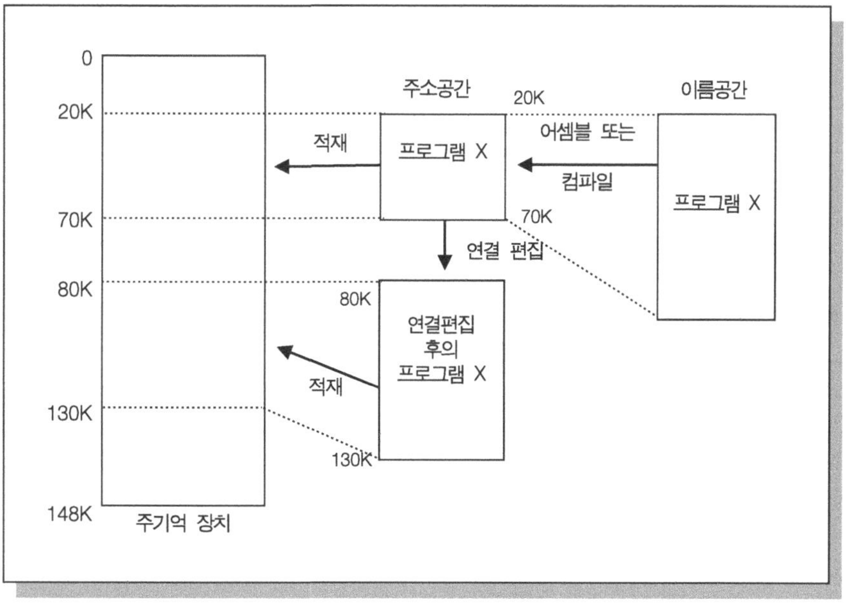

[그림 5-33] 절대 재배치

예제 **5-7 재배치하는 방법[그림5-33]**

프로그램 X가 컴파일 되어 만들어진 주소 공간 즉, 20K에서 70K번지까지 그대로 M/M의 20K에서 70K 번지에 대응하여, 여기에 프로그램을 적재(loading)한다. 프로그램 실행 중에는 컴파일 시에 결정된 주소가 그대로이다. 절대 재배치의 다른 방법도 있는데, 이는 컴파일 또는 어셈블러로 얻어진 주소공간을 연결 편집(Linking Editing) 프로그램을 거쳐 다른 주소 공간에 재배치하는 방법이다.

짚어보기 절대 코드(absolute code)

기계어의 명령 코드와 절대 주소를 사용하여 표현된 프로그램이며, 어셈블러에 의해 생성되는 기계 코드에서 로더에 의해 할당된다. 또한 기억 장소에 강제로 넣어지는 것을 가리킨다. 상대 코드(relative code)의 상대어이다.

(2) 정적 재배치(static relocation)

절대 재배치에서의 문제는 정적 재배치로 해결할 수 있다.정적 재배치는 실기억 장치(M/M)의 비어 있는 구역을 주소 공간으로 할당하는 경우, 프로그램을 실기억 장치에 적재하는 시점에서 **프로그램 적재기(Loader)**가 재배치하는 것이다. 정적 재배치에서는 M/M의 어느 분할 (Partition)에서 실행 할 것인가는 프로그램이 실행되기 직전 즉, 프로그램의 적재 시에 결정되기 때문이다. 정적 재배치의 형태는 [그림5-34]과 같다.

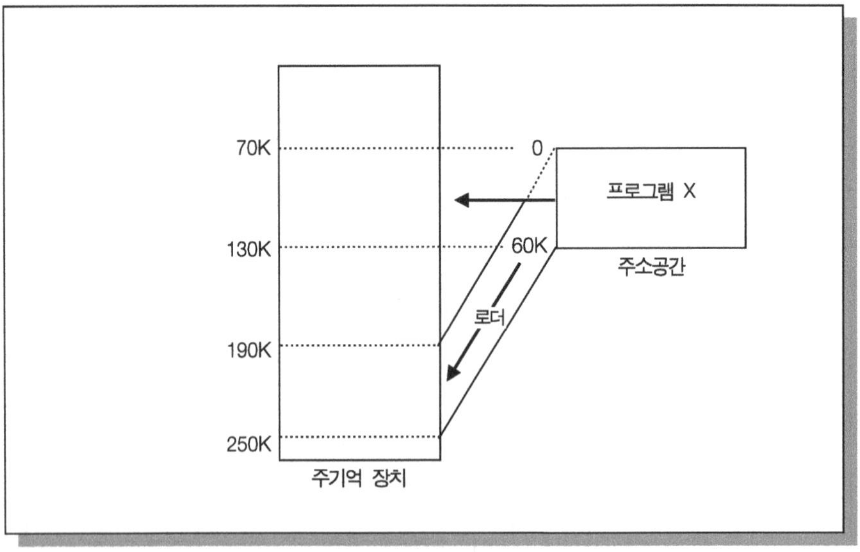

[그림 5-34] 정적 재배치

컴파일이나 연결 편집이 끝난 후라도 절대 재배치와는 달리 M/M의 기억 장치와는 절대적으로 연결되어 있지 않다. 주소 공간은 단지 상대적인 주소 관계를 나타내고 있을 뿐이다. 그러나 프로그램을 어떤 분할에 적재 할 때에 M/M의 실제 주소를 정해준다. [그림5-34]과 같이, 프로그램 X는 처음 실행 시에는 M/M의 70K로부터 130K까지에 적재되어 실행되지만 두 번째는 190K에서 250K까지에 적재되어 실행될 수 있다. 정적 재배치에 따라 다중 프로그래밍을 보다 유연하게 할 수 있으나 일단 어떤 분할에 적재되어 버리면 역시 거기서 다른 장소로 옮길 수는 없다. Roll-out/Roll-in의 기능이 있는 경우에도 Roll-out된 프로그램은 다시 M/M에 Roll-in될 때 본래의 분할 밖에 될 수 없다. 프로그램을 연속된 장소에서 밖에 실행될 수 없는 성질 때문에 기억공간의 단편화는 어쩔 수 없이 일어나게 된다. 이 처리를 OS가 해준다 해도 아주 시간이 많이 걸리며, 프로그래밍 상의 많은 제약이 따르게 되므로 실용화는 어려움이 있다. 따라서 H/W기구와 연결하여 해결하는 방안(동적재배치 기법)이 대두되었다.

(3) 동적 재배치(dynamic relocation)

다중 프로그래밍을 실행하기 위해 어느 루틴이 일정 주기억 장치(M/M)의 영역을 항상 점령하는 것이 아니라, 필요에 따라 위치(location)가 이동하는 것이다. 이것은 프로그래밍으로 각각 지정해서 행하는 것이 아니라 운영 체제 관리에 따라 자동으로 행해진다. 다시말해, 프로그램을 M/M와 서로 다른 영역에서 실행시키기 위해서 실행 중에 이 프로그램에 대하여 새로운 **절대 주소(absolute address)**를 할당하는 처리이다. 다중 프로그래밍의 환경 하에서 M/M 영역에 있는 프로그래밍을 이동시킴으로써 M/M 영역에 별도의 프로그램을 할당하기 위한 영역을 할당할 수 있으며, 효율적이게 된다. 주로 시분할 등에서 하나의 태스크가 입/출력 대기된 때 등 외부 기억 장치(보조 기억장치)에 롤 아웃(roll-out)되었다 다시 롤 인(roll-in)될 때 이 재배치가 생긴다.

동적 재배치의 H/W는 재배치 레지스터(relocation register)에 의한 방법, 페이징(paging)에 의한 방법, 세그먼테이션(segmentation)에 의한 방법, 페이징 및 세그먼테이션에 의한 방법 등 여러 기구가 제시되었다.

정적 재배치에서는 프로그램이 적재될 때 절대 주소가 결정되었지만, 동적 재배치에서는 프로그램이 적재된 후에도 상대주소로 그대로 있는데, 이들 주소가 실제의 절대주소로 바뀌는 것은 프로그램이 실행될 때이다. 즉, 프로그램이 실행 중에 명령이나 데이터가 참조될 때마다 자동적으로 상대주소를 절대주소로 바꾸어 준다. 이런 변환을 동적 재배치라 하며 **DAT(Dynamic Addressing Translation;동적 주소 변환)**라는 특별한 H/W 기구가 필요하다. 동적 주소 변환 기법에서는 어떤 가상 주소에 대한 실기억 장치(M/M) 내의 존재 여부와, 존재할 경우에 실기억 장치의 어디에 위치하는가를 나타내기 위한 대응 관계 테이블을 유지, 관리한다. 이러한 사상(mapping) 관계가 워드(word) 또는 바이트(byte) 단위로 수행된다면, 사상 정보(mapping information)가 방대해져 프로세스가 실행자체를 위하여 필요로 하는 것보다 훨씬 더 많은 실기억 장치를 필요로 하게 될 것이다. 이와 같이 항목 별로 사상시키는 것은 비효율적이기 때문에, 사상 항목을 블록(block) 단위로 묶음으로써 여러 가상 기억장치(V/M)의 블록이 위치하는 장소만을 시스템이 추적하도록 한다(여기서, 블록이란 V/M에 대한 분할 단위를 의미함). 블록을 같은 크기로 할 때 이를 **페이지(Page)**라고 하며, 페이지와 관련된 V/M의 구성을 페이징 시스템(Paging system)이라고 하며, 블록을 서로 다른 크기로 할 때 그것을 **세그먼트(Segment)**라고 하며, 그와 관련된 V/M의 구성을 세그먼테이션 시스템(Segmentation system)이라고 한다.

1) 재배치 레지스터에 의한 방법

재배치 레지스터(relocation register)에 의한 방법은 M/M의 압축(storage compaction)에 적용되는 동적 재배치 방법으로 알맞다[그림5-35].

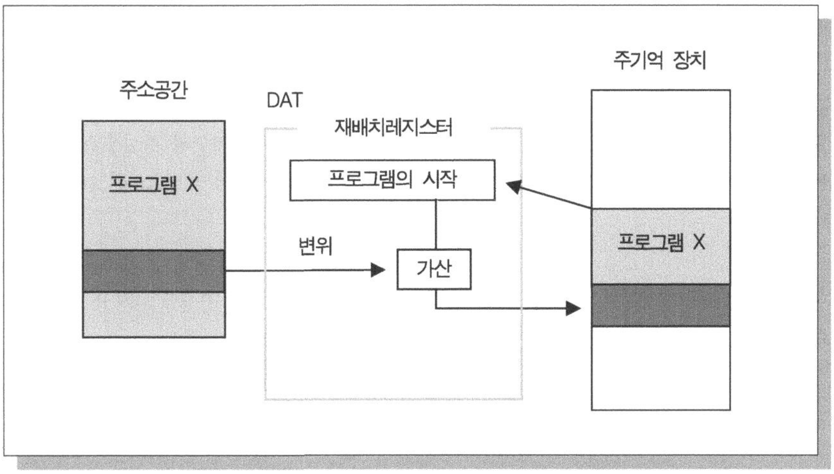

[그림 5-35] 재배치 레지스터에 의한 동적 재배치

재배치 레지스터는 재배치를 위한 특수 레지스터로 이 레지스터에는 처리 프로그램이 기억공간에 적재될 때의 시작 위치가 포인터(pointer)로 들어간다. 그리하여 주소공간 상의 상대주소가 참조될 때마다 주소 산출을 위한 처리가 행해진다. [그림5-35]과 같이 주소공간 상의 상대주소, 즉 시작위치를 0으로 했을 때의 변위(displacement)에 재배치 레지스터의 내용인 해당 프로그램의 M/M상의 시작 위치가 가산되어 절대주소가 결정된다. 이 방법은 실행도중 프로그램을 M/M 의 다른 위치로 옮겨도 재배치 레지스터의 내용만 바꾸어 주기만 하면 된다. 단편화의 대책으로 압축이 비교적 쉽게 이루어진다. 프로그램이 M/M상의 분산 적재가 아닌 연속한 영역에 적재되어야 하므로 주소 공간이 M/M의 크기보다 작아야 한다. 따라서, V/M의 대전제가 되는 프로그램에 보다 큰 주소공간을 준다는 과제는 재배치 레지스터를 이용한 동적 재배치로 해결될 수 없다.

2) 페이징에 의한 방법

일정한 크기의 블록을 **페이지(Page)**라 한다.이와 같이 주소공간을 페이지 단위로 나누고, 실제주소 공간은 페이지 크기와 같은 페이지 프레임(Page frame)으로 나누어 사용할 수 있다.페이징 시스템의 가상주소는: 순서쌍 V=(p, d)로 표현된다(p 는 V/S 내에서 참조될 항목이 속해 있는 페이지 번호이며, d는 페이지 p내에서 참조될 항목이 위치하고 있는 곳까지의 변위임).

페이지 기법의 동적 주소 변환과정은 가상주소 V=(p, d)에 대해

- **페이지 사상표**(PMT:page mapping table)에서 p에 대응하는 페이지 프레임 p'를 찾는다.
- 페이지 프레임 p'에 d를 더하여 실기억 장치의 주소를 구한다.

3) 세그먼테이션에 의한 방법

고정단위가 아니고 서로 논리적으로 관련이 있는 정보의 단위로 프로그램을 분할한다. 세그먼트 사용 시스템의 가상주소는 순서쌍 V= (s,d)로 표현된다(s는 참조될 항목이 속해 있는 V/M에서의 세그먼트 번호이며, d는 세그먼트 s내에서 참조될 항목이 위치한 곳까지의 변위임).

세그먼트 기법의 동적 주소 변환 과정은 가상 주소 V=(s, d)에 대해

- 세그먼트 사상표(SMT;segment mapping table)에서 s에 대응되는 세그먼트 s'를 찾는다.
- 세그먼트 s'에 d를 더하여 실기억 장치의 주소 r을 구한다.

4) 페이징 및 세그먼테이션(혼합)에 의한 방법.

세그먼테이션 기법의 단점은 세그먼트가 너무 가변적인 길이이고, 때로는 그 크기가 지나치게 커서 실기억 장치에 적재할 수 없는 경우가 있을 수 있다는 점이다. 이런 문제점을 극복하기 위한 방안으로, 하나의 세그먼트를 정수 배의 페이지로 다시 분할하는 페이징/세그먼테이션 혼용 기법이 있다. 페이징 /세그먼테이션의 가상주소는 가상주소 V는 3차원의 요소로 구성되고, 순서쌍 V=(s, p, d)로 표현된다(s는 세그먼트 번호, p는 페이지 번호, d는 페이지 내에서의 원하는 항목이 위치하는 변위임).

페이징/세그먼테이션의 동적 주소변환 과정은 현재 수행 중인 프로세스가 가상주소 V=(s, p, d)를 참조한다고 할 때,

- 우선 (s ,p)를 찾기 위해서 연관 기억 장치에 대한 연관 탐색이 수행된다.
- 연관 기억 장치 내에는 최근에 참조된 세그먼트의 페이지 항목들이 들어 있는 연관 기억 장치의 사상 테이블이 위치한다.

만약 (s, p)가 이 테이블에서 발견되면 이 페이지가 들어 있는 실기억 장치 내의 페이지 프레임 p'와 변위 d를 접속(더하여)하여 가상 주소 V=(s, p, d)에 대응하는 실기억 장치의 주소 r = p'+ d를 구함으로 써 주소 변환이 끝난다.

5.4.3 블록 사상 기법

블록 사상(block mapping) 기법은 가상 기억 장치(V/M;Virtual memory)를 구현하기 위해서 사상 정보의 양을 줄이는 방법으로 정보를 블록 단위로 묶어 여러 개의 V/M의 각 블록이 실기억 장치(M/M)의 어느 곳에 위치하는지를 시스템이 관리하는 것이다. 다시말해, 정보를 블록 단위로 나누고 가상기억 장소 블록의 실기억 장소 위치를 관리하는 것이다. **동적주소 변환(DAT) 기법**은 실행 중인 V/M의 어느 부분이 현재 실제 실기억 장치에 존재하며, 또한 어디에 위치하는 가를 나타내는 사상표(mapping table)를 유지해야 한다. 이 사상이 워드 단위(word-by-word) 혹은 바이트 단위

(byte-by-byte)로 이루어진다면 사상에 필요한 정보량이 너무 커지므로, 이 정보를 블록(block) 단위로 묶어 V/M의 각 블록이 실기억 장치의 어느 곳에 위치하는지 관리하는 것을 **블록 사상(block mapping)**이라한다. 제6장에서 설명한다.

예제 5-8

물리적 공간이 논리적 공간보다 큰 개인용 컴퓨터에서는, 페이지 테이블의 내용을 바꾸어서 큰 프로그램을 전부 메모리에 적재하여 실행할 수 있다. 이와 같은 접근 방법을 쓰는 실제 H/W 시스템의 예를 들고, 그것의 구체적인 사항에 대해서 설명하라.

풀이

과거 16 bit 논리 주소를 사용하던 MS-DOS나 Windows 3.1 운영체제까지는 논리 주소공간의 작음을 커버하기 위해 여러 세그먼트를 물리적 메모리에 적재하고 세그먼트 기저 레지스터의 내용을 바꿔가며 사용하였다. 그러나 오늘날 대부분의 PC 운영체제는 32bit 논리 주소공간을 사용하므로 이제는 물리적 공간이 논리 공간에 비해 작아지게 되었다. 따라서 페이징, 세그먼테이션과 함께 교체를 사용하게 되었다.

5.4.4 페이징 기법

(1) 개념

정보를 블록 단위로 묶어서 그 블록의 크기가 일정한 경우를 페이지(page)라고 하며, 이 페이지를 이용하는 가상 기억 장치 관리 기법을 페이징 시스템(paging system)이라 한다.실제 기억 장치(M/M)는 페이지 프레임이라 불리우는 고정 크기 블록으로 나누어져 있으며, 논리 기억장치는 페이지라 불리는 같은 크기의 블록으로 나누어진다(일정한 크기의 페이지로 분할함).한 프로세스가 수행될 때 그것의 페이지는 보조기억 장치로부터 어떤 이용 가능한 페이지 프레임으로 적재된다(보조기억 장치는 기억 장치의 페이지 프레임과 같은 크기로 구성된 고정된 크기 블록들로 나누어져 있음).페이징 시스템은 작업의 크기를 페이지 단위로 표현하여 작업의 효율을 높이는 시스템이다. 하나의 프로그램을 일정 크기의 페이지(시스템에 따라 차이; 512B,1KB,2KB,4KB 등) 단위로 나누고 기억 장치도 동일 크기의 블록 단위로 나뉜다. 프로그램의 페이지와 기억 장치의 **블록 간의 사상(mapping)**(H/W로 구현됨)을 통해 프로그램을 적재한다. 실현하기 위해서는 두 개의 테이블(PMT;page mapping table, MBT;memory block table)이 필요하다. 페이지 사상 테이블(표)은 하나의 프로그램마다 1개씩 할당, 기억장치 블록 테이블은 시스템 전체에 하나가 할당 되어 각 블록의 사용 여부에 대한 정보를 가진다. 한 프로그램의 기억 장소가 불연속인 것을 허용한다. 이용할 수 있는 모든 실제 기억 정소 할당 가능하며, PMT은 M/M내에 유지한다. 기억장치의 접근에 많은 시간을 낭비하게 된다. 실제의 메모리 관리자는 테이블(표)을 사용하여 연관 관계를 표시한다. 작업 페이지와 페이지 프레임 간의 연관 관계를 나타내기 위해 작업(job) 테이블, 페이지 사상 테이블(PMT), 메모리 사상 테이블(MBT)이 사용된다.

(2) 페이징 시스템의 가상 주소

1) 페이징 시스템의 가상주소(virtual address)

페이징 시스템의 가상주소(virtual address)는 순서쌍 V = (p, d)로 표현 된다. 여기서, p는 기억장치 내에서 참조될 항목이 속해 있는 페이지 번호이며, d는 페이지 p내에서 참조될 항목이 위치하고 있는 곳까지의 변위(displacement 또는 offset)를 말한다[그림5-36].

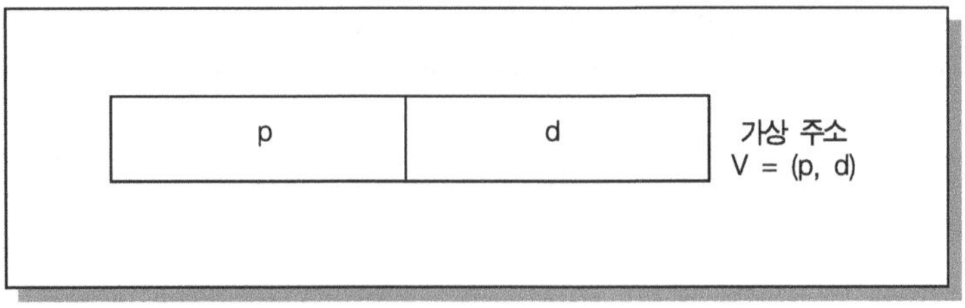

[그림 5-36] 페이징 시스템에서의 가상 주소 양식

실 기억장치도 이에 맞추어 같은 크기의 페이지 프레임으로 나누어 진다. 페이지 프레임이란 1개 페이지를 수용할 수 있는 실기억 장치 상의 블록(block)이다. 프로그램의 적재는 페이지 단위로 실기억 장치 상의 페이지 프레임으로 되게 된다. 그러나 페이지의 크기는 단편화를 배제한다는 관점 하에서 라면 작을수록 좋다. [그림5-37]과 같이 프로그램을 이루고 있는 페이지 중 마지막 페이지에는 내부 페이지(Intra-page) 단편화가 생기게 된다. 따라서 페이지의 크기가 작을수록, 이러한 낭비는 없어지게 된다.

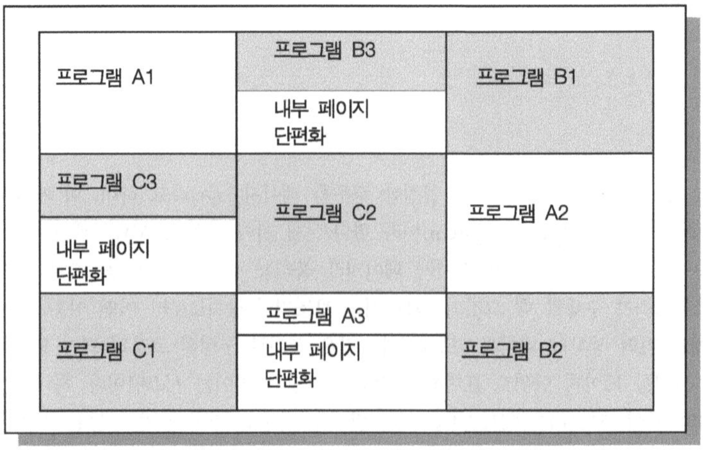

[그림 5-37] 페이징과 단편화

페이지 크기를 무조건 작게하면 페이징 기구를 생각할 때 바람직하지 못하다. 이는 페이지 단위의 입/출력이 많게 되어 그 만큼 전체 처리 효율에 영향을 미치게 되며, 페이지 테이블이 점유하는 장소가 커지게 되어 실기억 장치를 많이 차지하게 되는 결점이 생긴다(여러 시험 결과로 1KB, 2KB, 4KB 등의 크기가 타당함). 프로그램은 페이지 단위로 실기억장치에 적재되지만 정해진 실기억 장치를 효과적으로 사용하기 위하여 다른 프로그램의 페이지 프레임도 융통성 있게 사용할 수 있어야 한다. 프로그램 실행 중 각 페이지가 실 기억장치 상의 페이지 프레임에 그대로 남아 있을 수 없다. 따라서 실기억 장치와 보조 기억장치(A/M) 상의 외부 페이지 기억장치 사이를 왔다 갔다 하게 된다. 이를 **페이징 시스템**이라 한다. Page-out된 페이지를 Page-in할 때 반드시 똑같은 페이지 프레임으로 들어갈 필요는 없다[그림5-38]. 따라서 세그먼테이션 방식과 같이 동적 재배치의 기구로 제어하도록 해 두었다.

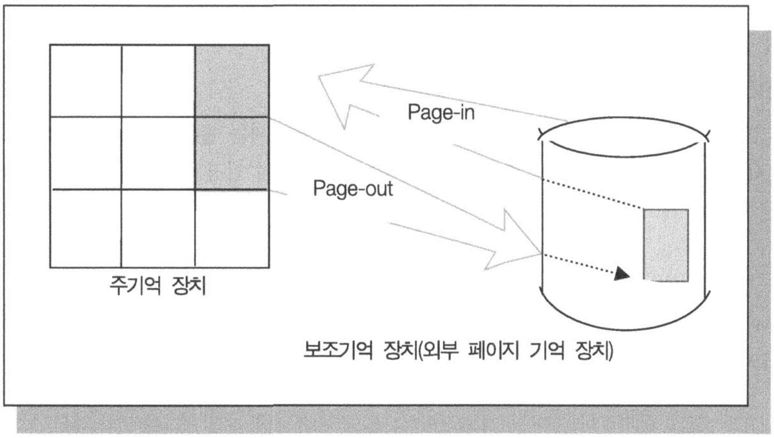

[그림 5-38] Page-in과 Page-out

시스템을 가상기억 장치(V/M)의 각 페이지가 어떤 상태에 있는가를 알고 있어야 한다. 실기억 장치 상의 어느 페이지 프레임에 있는가 또는 실기억 장치 상에는 없고 외부 기억 장치에 있는가를 알아야 한다. 이를 위하여 페이지 사상 테이블(PMT)이라는 제어 블록을 준비하여 이 테이블로 V/M를 사상(mapping)하고 있다.PMT은 V/M 상의 각 페이지에 대응하여 기입항목이 있다[그림5-39].

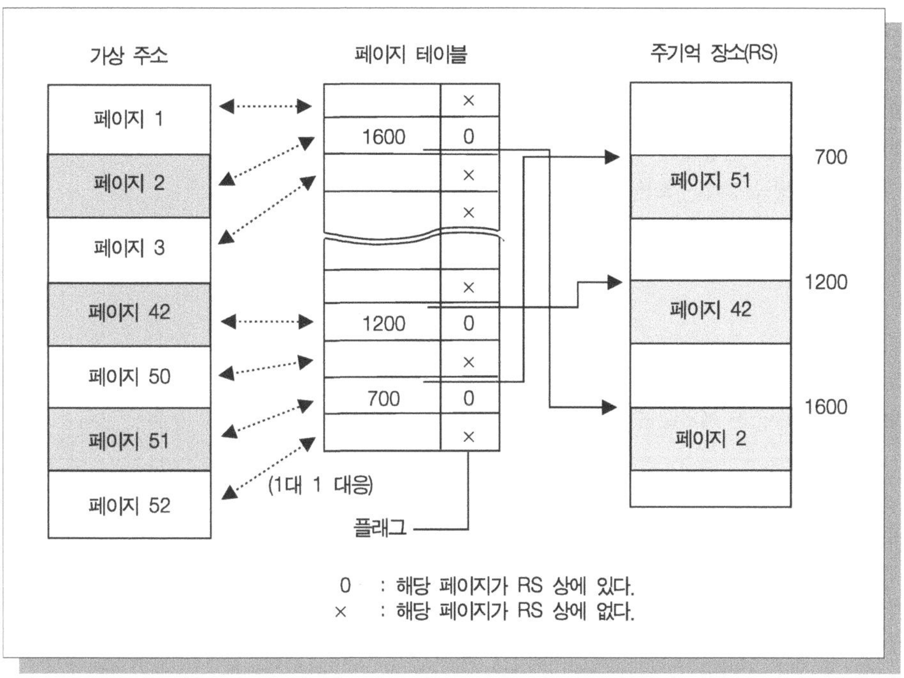

[그림 5-39] 가상 주소와 실제 주소의 관계

각 항목에는 그 페이지가 실 기억장치에 있을 때에는 그 페이지 프레임의 시작 주소가 있으며, 없는 경우는 의미 없는 기호가 들어 있다 이 PMT를 이용하여 명령이 실행되기 바로 직전에 **동적주소 변환**이 일어난다.V/M 상의 기억장치를 나타내는 주소를 가상주소(Virtual address)라 하며, 실 기억장치(M/M) 상의 실제적인 주소를 실제주소(Actual address)라 부른다.

2) 페이지의 이동 단위(블록)

페이지의 보조 기억장치(A/M)에서 주 기억장치(M/M)로 옮겨지는 단위는 **블록(block)**이다. **페이지**와 같은 크기의 각 **페이지 프레임(M/M 내에)**에 옮겨진다. 페이지 프레임은 실 기억장치 주소에 일정한 크기의 정수 배가 되는 주소에서 페이지는 사용 가능한 어떠한 페이지에든지 위치 할 수 있다.

3) 페이지 사상 테이블(PMT)

참조 페이지가 M/M에 있는지의 여부를 표시한다(V/M에서 어떤 페이지가 실 기억영역에 있는지의 여부 및 가상주소와 실 기억주소와의 관계를 나타내는 표).

ⓐ 존재시: 존재하는 위치
ⓑ 없을시: A/M에서 찾을 수 있는 곳의 위치
ⓒ 페이지(page)가 가상주소 v = (p,d)를 참조하여 페이지 사상 테이블(PMT)에서 페이지 p를 찾고 페이지 p가 페이지 프레임 p'에 있음을 찾아 p'와 d를 접속 더하게 하여 실 기억장치의 주소를 구한다(변위(d)는 페이지의 시작으로부터 얼마나 떨어져 있는가를 표시하는 것으로써 페이지 프레임 안의 원하는 명령어나 데이터의 위치를 표시함). 페이지 크기를 p라 가정할 때, 페이지 프레임 p'가 시작하는 실 기억장치의 주소 a는 다음과 같이 구한다.

$$a = (p)\ (p')$$

실 기억장치로 옮겨지는 페이지는 실 기억장치 상(M/M)의 사용 가능한 어떤 페이지 프레임에든지 위치할 수 있다. 알고리즘에 따라서 프로그램 문장의 페이지 번호(p)와 변위(d)를 계산한다.

- 페이지 번호(p) = 명령 문장의 주소를 페이지 크기로 나눈 몫.
- 변위(d) = 명령 문장의 주소를 페이지 크기로 나눈 나머지.
- 페이지 프레임의 시작 주소 = 페이지 프레임 번호 * 페이지 크기
- M/M 내의 명령 주소 = 페이지 프레임의 시작 주소 + 변위

4) 장점

① 하나의 프로그램이 연속적인 기억 공간을 갖지 않아도 된다.
② 단편화(fragmentation)를 제거할 수 있다.

5) 단점

① 페이지의 사상으로 비용이 증가되고 수행 속도가 감소된다.
② 여러 가지 테이블을 관리해야 한다.
③ 하나의 블록 내에 단편화가 존재할 수 있다.
④ 프로그램의 모든 작업(job)이 페이지가 적재되어야 하기 때문에 프로그램의 크기 만큼 블록이 남지 않으면 수행이 불가능하여 기억 장치 이용이 비효율적이다.
⑤ 일반적으로 페이지 크기가 작으면 페이지 테이블이 커지고, 페이지 테이블의 단편화와 내부적 단편화가 발생한다.

6) 페이지 프레임들로 분할된 실 기억장치

페이지 프레임(page frame)은 실 기억장치(M/M) 상의 주소에서 일정한 페이지 크기의 정수배가 되는 주소에서 시작된다[그림5-40].

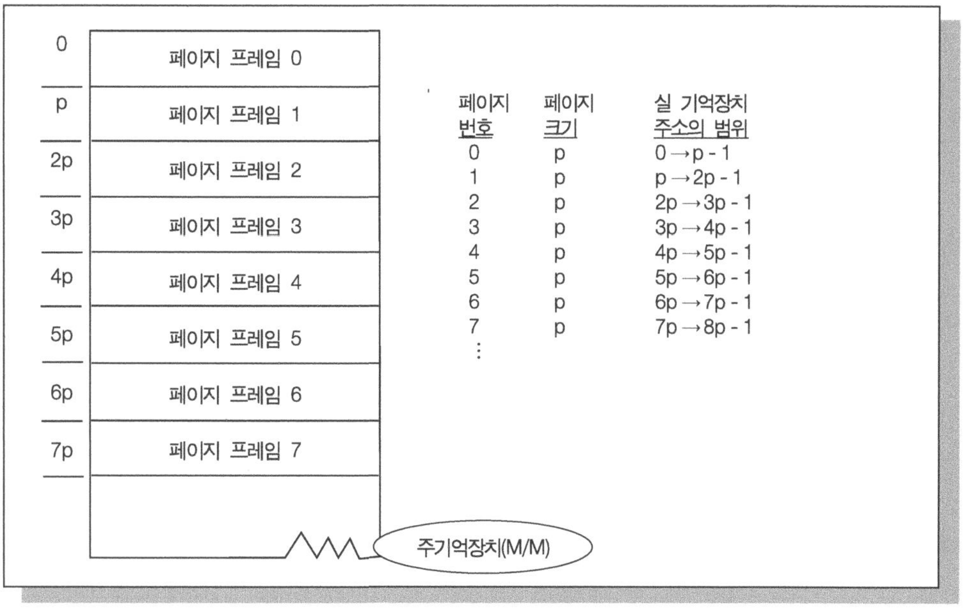

[그림 5-40] 페이지 프레임들로 분할된 실기억 장치

7) 페이징 기법의 동적 주소 변환 과정 [그림5-41]

실행 중의 프로세스가 참조하는 가상주소를 V=(p, d)라고 할 때, 페이지 사상 테이블(PMT;사상표)에서 페이지 P를 찾고, 페이지 P가 페이지 프레임 p'에 있을 때 나타낸다. 그후 p'와 d를 더하여 실 기억장치 상의 실제 주소 r = p' + d를 구한다. 페이징을 위한 H/W 지원 관계는 [그림5-41(a)]와 같다.

(3) 페이징 시스템에서의 가상 주소와 실 주소의 연관성

1) 가상주소 V=(p, d)에 대해

① 페이지 사상표(PMT)에서 p에 대응하는 페이지 프레임 p'(또는 f로 표시)을 찾는다.
② 페이지 프레임 p'(f)에 d를 더하여 실 기억장치의 주소를 구한다.

2) 페이징을 위한 H/W지원

① [그림5-41(a)]에서, CPU에 의해 만들어지는 모든 주소는 두 개의 부분으로 나누어진다(p와 d).
② p는 PMT에 대한 색인으로 사용되며, 실제 기억장치에서의 각 페이지의 기준주소를 갖고 있다.
③ 이 기준 주소는 실제 기억장치의 주소를 결정하기 위하여 페이지 변위(d)가 더해진다.

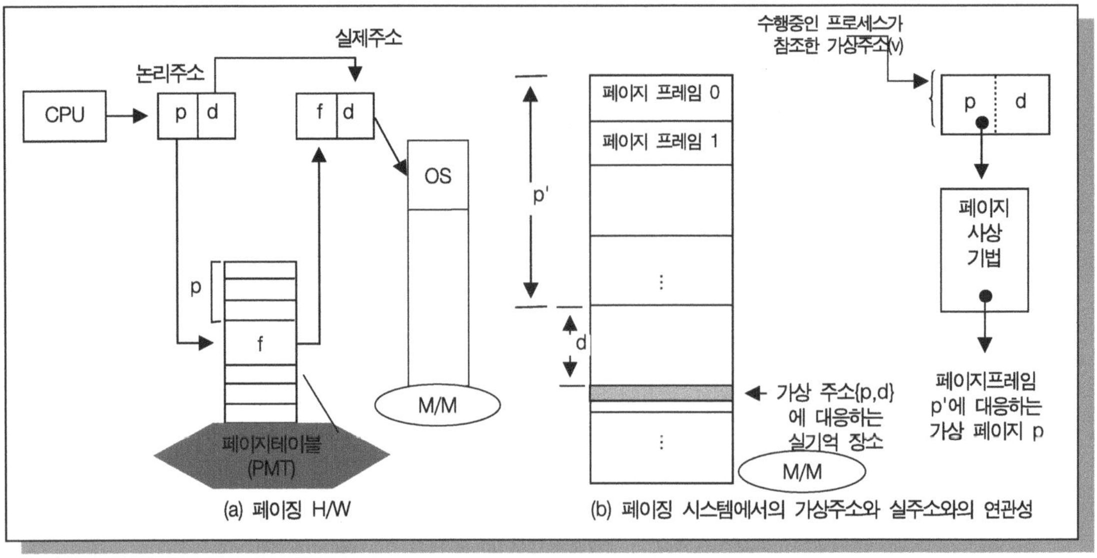

[그림 5-41] 페이징 시스템

3) 기억 장치의 페이징 모델[그림5-42]

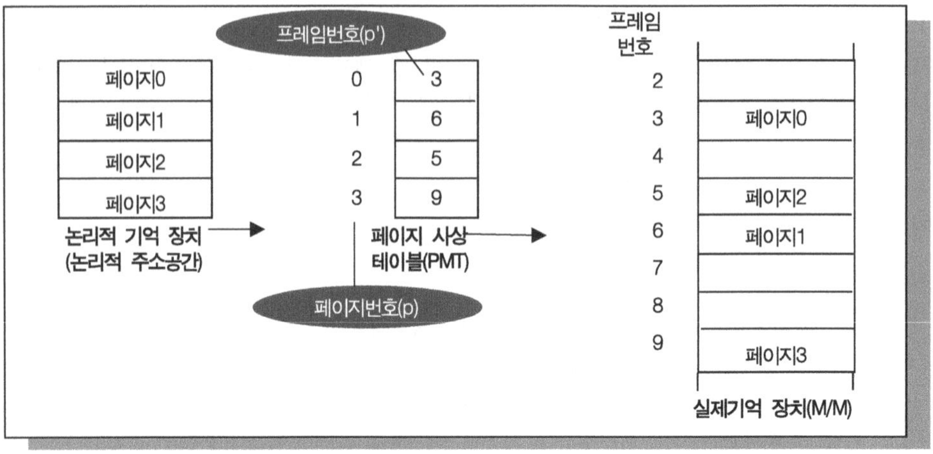

[그림 5-42] 논리적 기억장치와 실제 기억장치의 페이징 시스템 모델

페이지 프레임의 크기와 같은 페이지 크기는 H/W에 의해 정의된다(페이지의 크기는 대개 컴퓨터 구조에 따라 페이지 당 512 word에서 2048 word 사이로 하며, 논리적 기억장치에서 물리적 기억장치로의 주소 변환을 간단히 하기 위해서 페이지 크기는 2의 제곱승으로 표현됨)[그림5-43].

페이지 크기의 2의 누승을 선택하는 것은 논리주소의 페이지 번호와 페이지 변위의 변환을 특히 용이하게 한다. 일반적으로 2의 누승(power of 2) 값으로 정하게 된다. 페이지의 크기를 2의 누승으로 하게 되면, 페이지의 크기가 1KB(1024 바이트)일 때, 페이지 변위(d)로 10비트(2^{10}=1024)가 사용되므로 논리주소의 나머지 비트가 페이지 번호(p)로 사용된다.

만약 어떤 페이지가 2^n 주소단위의 길이라면, 논리주소의 하위 n비트는 페이지 변위를 나타내고, 나머지 상위 비트는 페이지 번호를 나타낸다. 만약 페이지 크기가 2의 누승이면 그 나눗셈을 피할 수 있다. 일반적으로 만약 페이지 크기가 ps이면, 논리주소 la는 페이지 번호 p와 변위 d는 다음에 의해 이루어진다.

```
페이지 번호(p) ⇨ la div ps        또는 논리주소(p,d)  div  페이지 크기
페이지 변위(d) ⇨ la mod ps        또는 논리주소(p,d)  mod  페이지 크기
```

여기서, **div**는 정수 나눗셈, **mod**는 정수 나머지이다.

짚어보기

어떤 시스템의 논리주소가 16비트로 구성되고,페이지 크기가 1KB(1024바이트)로 되어 있다면,페이지 변위를 위해서 10개(2^{10}=1024)의 비트가 필요하게 된다.따라서 나머지 6개의 비트는 페이지 번호로 사용되어,이러한 시스템의 최대 페이지 개수는 2^6=64개(페이지의 번호는 0에서 63까지)가 된다.
[그림]에 보인 작업 P1의 논리주소 2106은 이진형태로 "0000100000111010"이 되고, 좌측에서 6비트(000010)가 페이지 번호(p)로, 우측의 10비트(0000111010)가 페이지 내의 변위(d)로 사용된다.
이를 앞에서 보인 2개의 식에 적용하면 다음과 같다(그림 참조).

- 논리주소(2106) **div** 페이지 크기(1024) ⇨ 페이지 번호d(2)
- 논리주소(2106) **mod** 페이지 크기(1024) ⇨ 페이지 변위p(58)

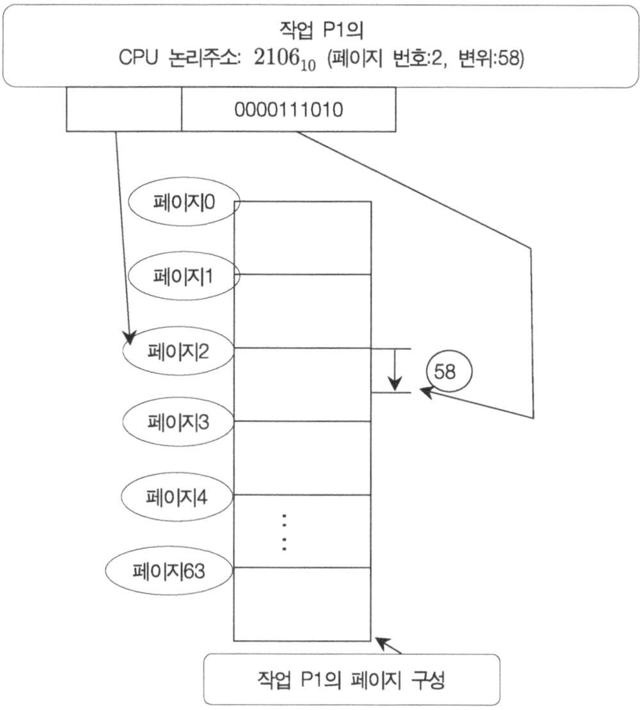

짚어보기 페이지크기의 2의 누승

실행 중인 프로세스의 페이지 크기의 2의 누승을 선택하는 것은 논리주소의 페이지 번호와 페이지 변위의 변환을 특히 용이하게 한다. 일반적으로 2의 누승(power of 2) 값으로 정하게 된다. 페이지의 크기를 2의 누승으로 하게 되면,페이지의 크기가 1KB(1024 byte)일 때, 페이지 변위(d)로 10비트(2^{10}=1024)가 사용되므로 논리주소의 나머지 비트가 페이지 번호(p)로 사용된다.

집어보기 실행 중인 프로세스의 가상주소를 실주소로 바꾸어 주는 기법

동적 주소 변환(DAT) 방법은 가상 기억장소 위치가 현재 실 기억장치(M/M)의 어디에 위치하는지를 나타내 주는 주소 변환 사상(Address Translation Mapping)을 유지해야 한다. 이러한 사상 정보는 실제로 정보를 블록으로 분류한다. 시스템은 여러 가상 기억장소의 블록이 실기억 장치의 어느 곳에 위치하는지를 관리하고, 이를 위해 블록 사상(block mapping)이 필요하게 된다. 블록이 커짐에 따라 사상 정보를 저장할 실 기억장치(M/M)의 양이 줄어들게 된다. 블록을 크게 하면 사상 기법 자체가 필요로 하는 기억장치의 양은 줄일 수 있으나, 블록이 크게 되면 A/M에서 M/M로 이동하는데 시간이 오래 걸리며, 실 기억장치가 많이 소모되어 M/M를 공유할 수 있는 프로세스의 수가 제한된다.

4) 페이징 시스템의 구체적인 예

[그림 5-43]은 4-바이트의 페이지크기와 32-바이트의 실 기억장치를 8 페이지를 사용하여 기억장치의 사용 관점에서 실제 기억장치로 사상되는 방법의 예이다.

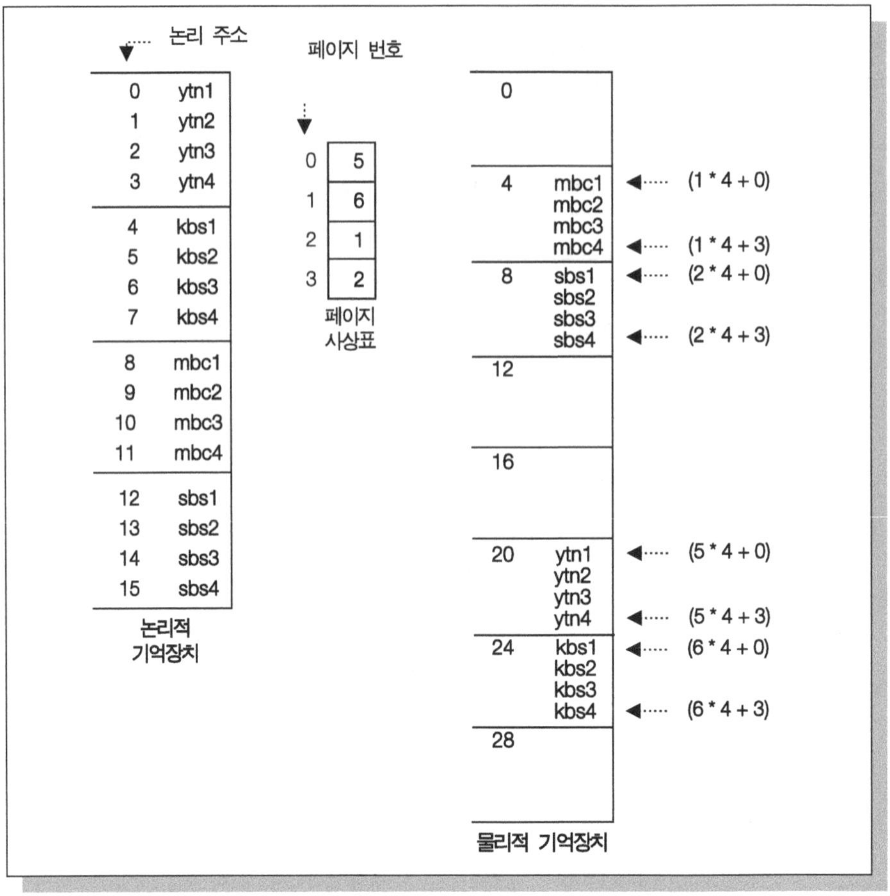

[그림 5-43] 4 바이트 페이지를 가진 32 바이트 기억장치의 페이징 기법의 예

[그림5-43]에서, 논리주소 0(ytn1)은 페이지 0, 변위 0이다. 페이지 사상 테이블(PMT)을 색인으로 찾아서 페이지 0이 프레임 5에 있다는 것을 안다. 논리주소 0은 실제주소 20(=5×4+0)으로 사상된다. 논리주소3(ytn4)(페이지=0, d=3)은 실제주소 23(=5×4+3)으로 사상된다. 논리주소4(kbs1)는 PMT에 의해 페이지1, 변위 0이고, PMT에서 페이지 1은 프레임 6으로 사상한다. 실제주소 24(=6×4+0)로 사상한다. 논리주소 13(sbs2)은 실제주소 9(=2×4+1)로 사상한다.

예제 **5-9**

[그림5-43]에서 페이지의 크기는 4 워드이고(물론, 페이지 프레임의 크기도 4워드이다), 물리적 기억장치(M/M)의 크기는 32 워드이다. 따라서 시스템에서의 물리적 프레임의 수는 8개이다. 페이지들은 어느 프레임에도 적재가 가능하지만 여기서는 위의 PMT의 엔트리들에서 지시하는 프레임에 각각의 페이지들이 적재되어 있다고 생각하자. 이때, 논리적 주소가 9인 데이터에 접근하기 위한 물리적 주소 변환과정을 설명하라.

풀이

페이지의 크기가 4이므로, 논리적 주소 9는 다음과 같이 구분된다.

페이지 번호(p) ▶ 9 ÷ 4=2 (p = la **div** ps)
페이지 옵셋(d) ▶ 9 **mod** 4=1(d = la **mod** ps)

페이지 번호(2)를 참고하여 PMT를 검색하면 프레임 번호가 1임을 알 수 있다. 그리고 프레임 옵셋(변위)은 페이지 옵셋과 일치하므로 다음과 같다.
∴ (2, 1) → (1, 1)

예제 **5-10**

논리 주소의 비트 수가 16비트일 때, 페이지 크기가 1KB(2^{10}=1024)라고 가정한다.
페이지 변위(d)는 10비트 필요하고, 페이지 번호(p)는 나머지 6비트가 사용된다.
즉, 페이지 수는 64개(2^6)이다[페이지 번호는 0~63].

짚어보기

❶ 페이지 번호(p)와 페이지 변위(d)의 계산식은 다음과 같다.
- 논리 주소(p,d) **div** 페이지 크기페이지 번호(p);몫
- 논리 주소(p,d) **mod** 페이지 크기 ➔ 페이지 변위(d);나머지

❷ [예];
논리 주소(2098) **div** 페이지 크기(1024) ➔ 페이지 번호(2)
논리 주소(2098) **mod** 페이지 크기(1024) ➔ 페이지 변위(50)

5) 페이지 사상 테이블(PMT)의 한 항목

PMT의 한 항목은 다음과 같다.

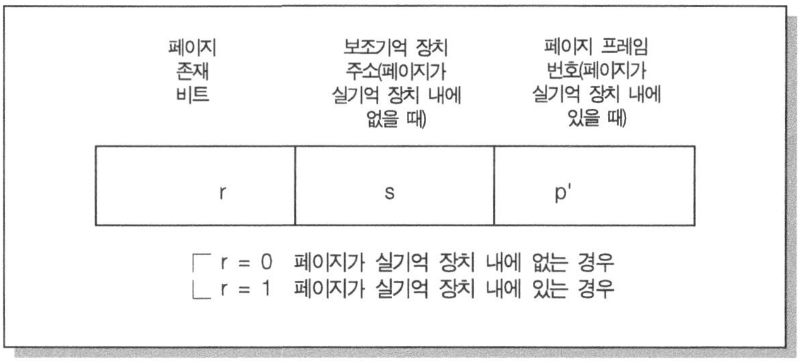

6) 페이지 스케줄링(장기 스케줄러(Long-term Scheduler))

M/M 관리 기법은 장기 스케줄러(작업 스케줄러)에 영향을 준다. 어떤 프로세스가 수행되기 위해 준비 큐에 도착할 때, 장기 스케줄러가 크기를 관할한다. 프로세스의 크기는 페이지(page) 단위로 표현 된다. 그런 다음 장기(작업) 스케줄러는 할당되지 않은 빈 페이지 프레임의 리스트를 유지하고 이용할 수 있는 기억 장소를 관할한다.

각 사용자 페이지는 어떤 페이지 프레임이 필요하다.

- 그래서 만약 프로세스가 n개 페이지를 요구하면 기억장치에서 이용할 수 있는 n개의 페이지 프레임에 할당한다.
- 만약 n개의 페이지 프레임을 사용할 수 있다면 장기 스케줄러는 그것들을 해당 프로세스에 할당한다.
- 프로세스의 최초 페이지는 할당된 페이지 프레임들 중 하나로 적재 되고, 페이지 프레임 번호가 이 프로세스를 위한 PMT 속에 매겨진다.
- 그 다음 페이지는 또 다른 페이지 프레임에 적재되고, 그것이 페이지 프레임 번호가 PMT 내에 기록된다.

[그림5-44]은 사용 가능(가용) 페이지 프레임 리스트에 있는 페이지 프레임에 새로운 작업을 할당하는 과정이다. c각 OS는 PMT을 저장하기 위해 자체적인 방법을 가지고 있는데, 일반적으로 각 프로세스에 PMT의 하나를 할당한다.

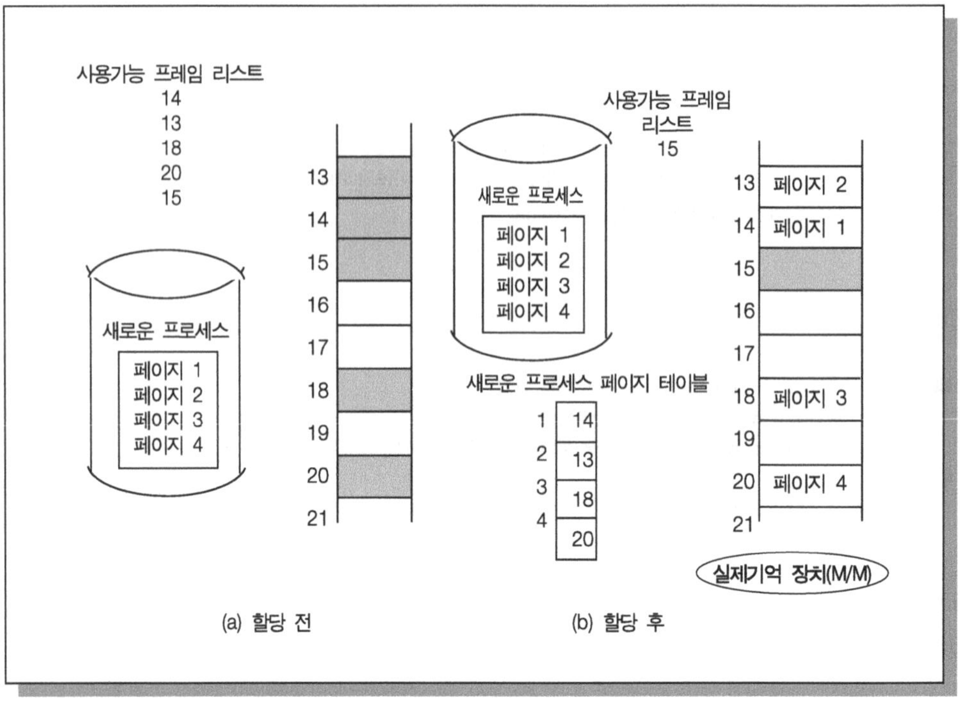

[그림 5-44] 가용(사용가능) 페이지 프레임

(5) 페이징 시스템에서의 공유 페이지

페이징 시스템의 또 다른 장점은 시분할 환경에서 특히 중요한 공통된 코드를 공유할 수 있다는 점이며[그림5-45], 한 프로세스의 집단을 효과적으로 수행하기 위해 필요한 M/M의 양을 줄일 수 있다.

예제 5-11

사용자를 지원하는 시스템이 각 사용자가 문장 편집기를 수행한다고 가정한다.

- 만약 편집기가 30KB 짜리 코드와 5KB의 데이터 공간으로 되어 있다면 40명의 사용자를 지원하기 위해서는 1400KB(=(30+5) × 40=1400KB)가 필요하다.
- 그러나 만약 그 코드가 변경할 수 없는 코드(재진입(reentrant) 가능 코드)라면 그것은 [그림5-45]과 같이 편집기(편집기1, 편집기2, 편집기3)를 공유할 수 있다. 여기서 3개의 프로세스 가운데서 공유되고 있는 3개의 페이지 편집기(편집기1, 편집기2, 편집기3)와 각 프로세스는 그 자신의 데이터 공간을 가진다.
- 재진입 코드는 스스로 수정하지 못하는 코드로 재진입하면 수행도중 결코 변하지 않는다. 따라서 두 개 또는 그 이상의 프로세스가 동시에 같은 코드를 수행할 수 있다. 이때 각 프로세스는 수행을 위해서 자신의 데이터가 있는 저장 장소, 레지스터의 복사본과 프로세스에 필요한 각각의 데이터를 가진다. 이때 편집기(편집기1, 편집기2,편집기3)는 단 하나의 복사본 만을 실제 기억장치 속에 유지하면 된다. 각 사용자의 페이지 테이블(PMT)이 편집기와 같은 실제 복사로 사상(대응)되지만, 데이터 페이지는 다른 페이지 프레임으로 사상된다. 따라서, 40명의 사용자를 수용하기 위해서는 편집기의 단 한번의 복사(30KB)와 각 사용자를 위한 데이터 공간 5KB를 소요하는 복사본이 40개가 필요하다. 그러므로 실제 요구되는 총 공간은 1400KB가 아니라 230KB(5KB×40+30=230)가 되므로 상당히 절약할 수 있다.

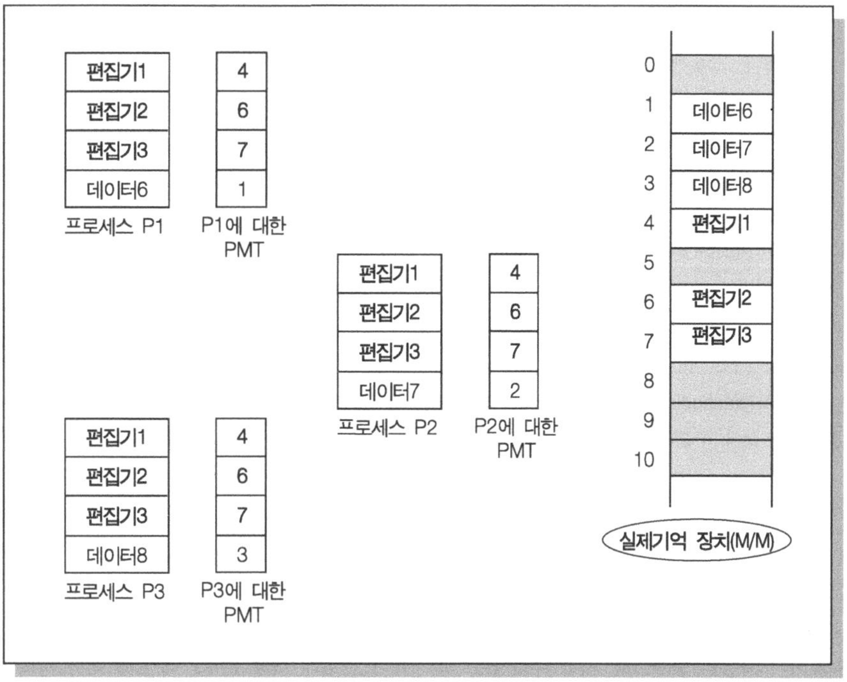

[그림 5-45] 페이징 환경 하에서의 코드 공유

- 자주 사용되는 프로그램, 즉 컴파일러, 윈도우 시스템, 데이터 베이스 시스템 등을 공유할 필요가 있으며, 공유하기 위해서는 재진입 코드여야 한다.

예제 **5-12 페이지 시스템에서의 공유**

공유 개념을 사용하지 않는 시스템의 경우, 20명의 사용자들이 30KB 크기의 문서 편집기를 사용하고 각 사용자마다 10KB 크기의 데이터 공간을 요구한다면, 전체적으로 800KB[600+200]의 M/M 공간을 사용하게 된다.
➔ 그러나 공유 페이지의 개념을 도입하게 되면 230KB[30+200] 크기의 M/M 공간만 있으면 처리가 가능해 진다.

공유 개념이 없는 경우: 20명 × (30KB + 10KB) = 800KB 필요
공유 개념이 있는 경우: (20명 × 10KB) + 30KB = 230KB 필요

(6) 페이지 주소 변환 기법의 종류

여기서 다룰 하드웨어(H/W)의 구현은 물리적인 관점보다는 논리적인 관점으로 H/W의 정확한 구조와 장치의 특성보다는 장치의 기능적인 구성과 상대적인 속도에 중점을 두고 OS의 설계자들이 바라보는 H/W 관점에서 살펴 본다. 페이지 사상 테이블(PMT)의 가장 간단한 H/W 구성은 전용 레지스터를 사용해 구현한 것이다. 레지스터는 페이징 주소 변환을 매우 효율적으로 하기 위해 초고속 논리회로로 설계된다. 기억장치의 모든 접근은 PMT의 정보에 의해 수행되므로 효율이 주요 고려 대상이다.PMT의 구현을 위해 레지스터를 사용하는 경우 PMT의 항목이 적으면 관리(H/W 비용이 감소)가 쉽다. 보통 256 항목 정도라면 상당히 만족스럽다고 볼 수 있다.그러나 대부분의 컴퓨터는 PMT이 매우 크기 때문에 수백만 개의 항목으로 구성될 수 있으므로 PMT를 레지스터로 구현하는 것은 적합하지 않다. 따라서 PMT를 기억장치에 유지하고 페이지 테이블 기준 레지스터(PTBR; Page table base register)가 PMT를 지시하도록 한다. 이 방법은 하나의 레지스터 값 변화로 PMT이 변경되므로 실제적인 문맥교환의 시간이 감소된다. 이러한 구조는 기억장치 접근 시간이 문제가 된다. 임의의 주소(a)에 접근하려면 먼저 a에 대한 페이지 번호(p)와 PTBR 변위 값을 사용하여 PMT로 색인해야 한다. 이러한 과정은 기억장치 접근을 요구하고 실제주소를 산출하는 페이지 변위(d)와 결합된 페이지 프레임 번호(p')를 제공 받는다. 따라서 이 방법은 PMT의 항목과 워드를 위한 기억장치 접근이 필요한데, 이러한 접근으로 속도가 느려지는 문제점이 있다. 이러한 문제점을 해결하기 위하여 연관 레지스터 또는 변환 우선 참조 버퍼(TLBS;translation look-aside buffers)를 이용한다. 사상 방법에 따라 **주소 변환은 직접 사상(direct mapping)에 의한 페이지 주소 변환, 연관 사상(associative mapping)에 의한 페이지 주소 변환, 연관/직접(associative/direct mapping)에 의한 페이지 주소 변환** 등과 같이 구분되며 구성된다.

1) 직접 사상(direct mapping)에 의한 페이지 주소 변환 [그림5-46]

직접 사상에 의한 주소 변환은 완전한 페이지 사상 테이블(페이지 사상표; PMT)이 M/M 또는 고속의 캐시 기억장치에 유지된다[그림5-46]. 페이지가 수행을 하기 전에 p는 실기억 장치(M/M)내의 PMT의 주소를 PMT의 시작점 레지스터(page map table origin register (PMT의 시작 주소를 나타내기 위한 H/W기구로 특별 레지스터))에 싣는다. 페이지 사상 테이블(페이지 사상표; PMT)의 시작 주소 b를 페이지 번호 p에 더해 PMT 내 p에 대한 항목의 주기억 장치 주소 b+p이다.

- (b+p) 주소 : 페이지 프레임 p'가 가상 페이지 p에 대응하는 곳이다.
- 실 주소(메모리 주소) r : 페이지 프레임 p'는 변위 d와 접속(concatenate)한다.

가상주소(virtual address)와 PMT의 기본 주소(base addres)는 고속 레지스터(high-speed register)에 기억되어 있으므로 빨리 연산이 이루어진다. 직접 사상 페이지 테이블(direct mapped page table)은 상당히 크고, M/M에 기억되어 있어 이의 참조는 많은 주기억 장치의 사이클이 걸린다. 직접 사상 기법은 PMT가 M/M의 커널 공간 내에 존재함을 가정한다. 즉, 가상주소 v=(p, d)를 실주소로 변환하기 위하여 우선 해당 프로세스의 PMT에 접근하고 여기서 페이지 번호 p에 해당하는 엔트리를 찾은 다음 존재 비트를 검사하는 과정을 거쳐 페이지 번호 p의 M/M의 적재주소를 알아내

고 이에 변위 d를 더하여 실 주소 r를 생성한다. 구체적 과정은 [표5-3]의 알고리즘에서 보여주고 있으며, 이를 [그림 5-46]로 나타내었다. 여기서 **PMT의 엔트리 크기를 es라 하고, 한 페이지의 크기는 ps로 가정한다.**

[표5-3]의 알고리즘에서 ❸단계의 ⓐ에서는 존재 비트가 0인 경우, 즉 원하는 페이지 p가 M/M에 적재되어 있지 않은 경우에 이를 M/M로 적재하는 과정 제시했다 .이를 위해서는 디스크 입/출력이 필요하게 되며 디스크 입/출력이 끝날 때까지 해당 프로세스는 대기 상태에 있다가 다시 시작할 수 있게 되는데, 이와 같이 프로세스가 실행 중 접근하는 페이지가 M/M에 적재되어 있지 않은 경우 **페이지 부재**(page fault)가 발생했다고 한다. 이 때에는 프로세스가 계속 진행할 수 없게 되며, 프로세스 실행 중에 발생하는 페이지 부재의 횟수를 줄이는 기법들에 대해서는 다음 절에서 언급한다. **직접 사상 기법**을 사용 할 경우에는 PMT의 기억장치의 커널 공간에 존재하며 실행중인 프로세스가 M/M에 접근하고자 할 때에는 우선 PMT에 접근하여 실제적 주소를 생성해야 한다. 따라서 이 기법을 사용하는 경우 프로세스의 입장에서는 M/M 접근 횟수가 2배로 증가하게 되고, 결국 폰 노이만 시스템에서는 프로세스의 실행 시간이 2배 가까이 증가하는 결과를 초래하게 된다. 이러한 성능 저하를 해결하기 위하여 PMT를 캐쉬 기억장치에 적재하는 기법이 사용될 수도 있으며, 다음에 언급할 **연관 사상 기법**을 사용할 수도 있다(es는 PMT의 엔트리 크기, ps는 페이지의 크기).

[표 5-3] 페이징 시스템에서 직접 사상에 의한 주소 변환 알고리즘

❶ 해당 프로세스의 PMT가 저장되어 있는 주소 b에 접근한다.
❷ 해당 PMT에서 페이지 p에 대한 엔트리를 찾는다. 페이지 p의 엔트리의 위치에 대한 계산식은 다음으로 한다.
  $b + p \times es$
❸ 찾아진 엔트리의 존재 비트를 검사한다.
  ⓐ 존재 비트가 0인 경우에는 디스크로부터 해당 페이지를 M/M로 적재시키고 PMT를 갱신한 다음에 ❸-ⓑ의 단계로 이동한다.
  ⓑ 존재 비트가 1인 경우에는 해당 엔트리에서 페이지 프레임 번호 p'를 인출한다.
❹ 인출된 페이지 프레임 번호 p'와 가상주소의 변위 d를 사용하여 실주소 r을 다음과 같이 형성한다.
  $r = p' * ps + d$
❺ 실제적인 주소 r를 M/M에 접근한다.

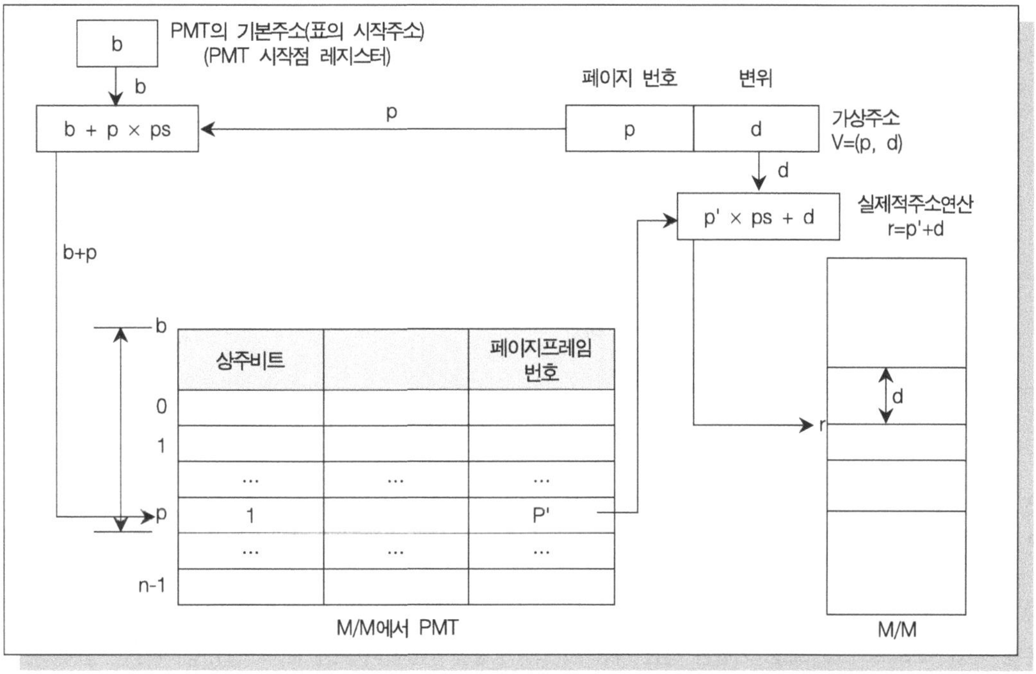

[그림 5-46] 직접 사상에 의한 페이지 주소 변환

수행과정은 다음과 같다.

- 현재 수행중인 프로세스가 가상 주소 v=(p, d)를 참조한다.
- 페이지 사상 표(PMT)의 시작점 b를 페이지 p에 더하여, PMT 내의 p에 관한 항목의 주소 b+p를 얻는다.
- 이어 가상 페이지 p에 대응하는 p'와 변위 d를 접속하여 실 주소 r를 얻는다.

2) 연관 사상(Associative mapping)에 의한 페이지 주소 변환 [그림5-47]

직접 사상에 의한 페이지 주소 변환에서 PMT에 클 수도 있고, PMT 참조하려면 M/M의 사이클이 필요하다. 동적 주소 변환을 빠르게 하기 위해 연관 기억 장치 페이지 사상표(associative storage page mapping table)를 작성한다. 즉, 프로세서(CPU)에 의해 생성된 논리주소는 프로세서의 페이지 번(p)호와 프로세서에 대응하는 페이지 프레임 번호(p')를 가지고 있는 연관 레지스터의 집합으로 표현되며, 각 레지스터는 키와 값으로 구성된다. 연관 레지스터에 어떤 항목이 표현되면 동시에 모든 키와 비교한다. 그리고 그 항목이 발견되면 대응하는 값 부분이 출력된다. 그러나 탐색은 매우 빠른 반면 H/W가 내우 비싸다는 단점이 있다. 페이지 번호가 연관 레지스터를 찾으면 연관 레지스디의 페이지 프레임 번호는 곧 바로 이용할 수 있고 기억장치에 접근하기 위해 사용된다.

페이징 시스템에서 연관 사상에 의한 페이지 주소 변환 수행 과정은 다음과 같다.

- 현재 수행중인 프로세스가 가상주소 v=(p, d)를 참조한다.

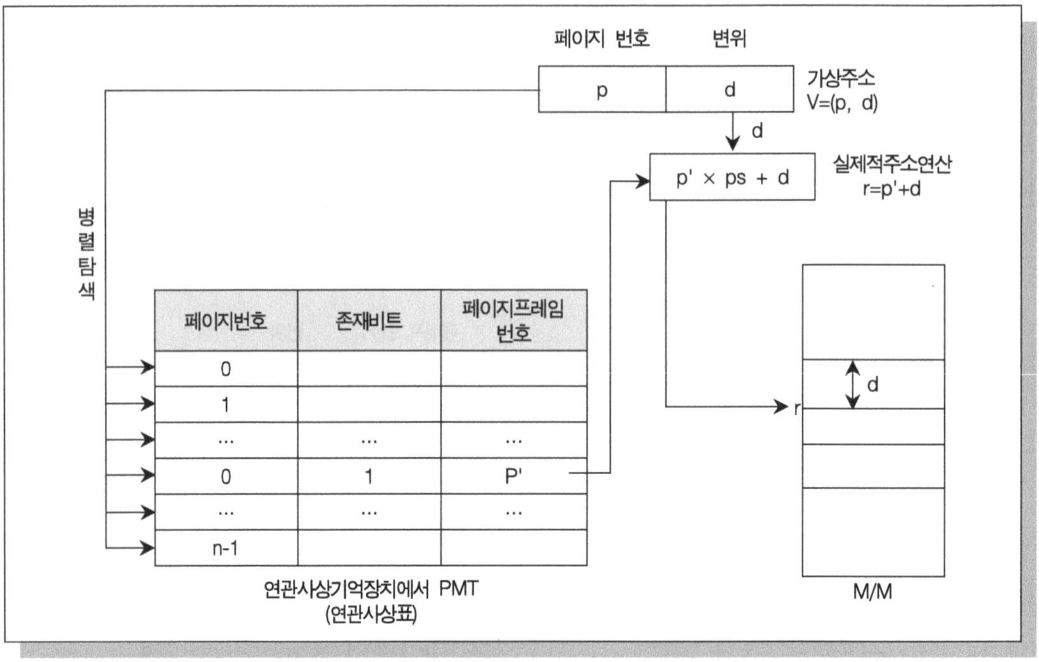

[그림 5-47] 순수 연관사상(associative mapping)을 통한 페이지 주소 변환

- 페이지 p를 찾기 위해 M/M보다 빠른 주기시간을 갖는 연관 기억장치의 모든 항목을 동시에 조사(탐색)한다.
- 그 결과 페이지 p에 해당되는 페이지 프레임 p'이 발견되면, d와 접속(concatenate)하며 실 주소 r을 형성한다.

3) 연관/직접 사상(혼합 사상;direct/associative mapping)을 결합한 페이지 주소 변환[그림5-48]

혼합 사상(combined mapping) 기법은 연관 사상 기법의 장점을 이용하되 이에 따르는 H/W 비용을 줄여보자는 의도에서 직접 사상 기법과 연관 사상 기법을 혼용하여 사용하는 기법이다. 이를 위해 소규모의 연관 기억장치를 사용하며 이 기억장치에 프로세스의 PMT에 일부 내용만 적재하고 PMT의 전체 내용은 직접 사상기법에서와 같이 M/M의 커널 공간에 둔다. 연관 기억장치에는 PMT의 전체 내용 중 최근에 사용된 페이지에 대한 엔트리들만 적재하는 것이다. 즉, 최근에 참조된 다시 또 사용하기 쉽다는 사실을 근거로 PMT에는 가장 최근에 참조된 페이지 항목만을 유지한다. 즉, 혼용하여 사용하는데, 최근 페이지만을 연관 기억장치에 유지하고 연관 기억장치에 그 페이지가 없을 때는 직접 사상 방법을 제안할 수 있다. **지역성(국부성;Locality)**을 이용하여 최근에 참조된 페이지는 곧 다시 사용된다는 것을 적절하게 이용한다. 주소 사상을 위해 [그림3-46]에서와 같이 수행한다.

페이징 시스템에서 연관/직접사상에 의한 페이징 주소 변환 과정은 다음과 같다.

- 현재 수행중인 프로세스가 가상주소 V=(p, d)를 참조한다.
- 페이지 p를 부분적인 연관 페이지 사상표에서 찾는다.

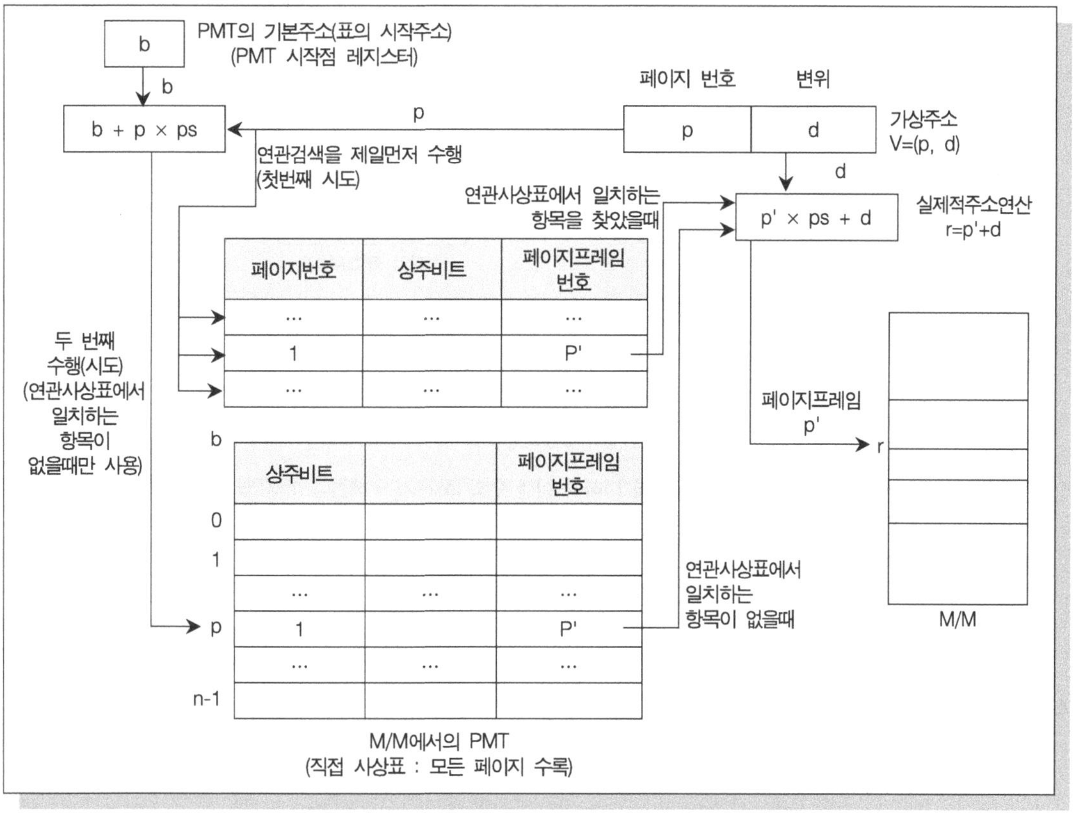

[그림 5-48] 연관/직접 사상을 통한 페이지 주소 변환

- 만약 p가 거기에 있으면 연관 페이지 사상표(PMT)는 가상 페이지(virtual page) p에 해당 하는 페이지 프레임 번호 p'를 돌려주어 p'와 d를 접속하여 실주소 r을 형성한다.
- 만일 연관 PMT에 페이지 p가 일치하는 항목이 없으면 사상하며, 테이블(표)을 이용해 PMT의 시작점 레지스터에 있는 주소 b와 p를 더하여 해당하는 항목을 찾아서 사상표의 p'와 변위 d를 접속하여 실주소 r를 형성한다(페이지 테이블 시작레지스터에 있는 주소와 p를 더해 M/M 내의 PMT 내 p에 해당하는 항목을 찾는다).

예제 5-13 페이징의 예

가상 주소를 주소로 바꿀 필요가 있을 때 먼저 제어 레지스터로 PMT를 찾는다. 그 뒤 가상 주소의 페이지 번호에 따라 PMT의 몇 번째 항목인가가 정해진다. [그림5-49]에서는 페이지 번호가 01이므로 2번째의 항목을 이용한다. 필요한 데이터가 들어 있는 페이지는 실제 기억장치의 1600번지부터 시작하는 페이지 프레임에 있음을 알 수 있다.

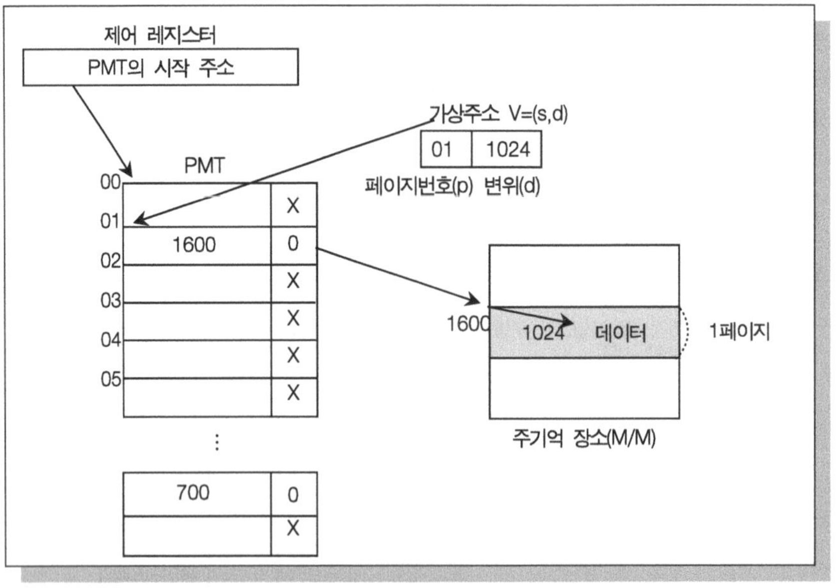

[그림 5-49] 페이지 테이블에 의한 동적 주소 변환

따라서 이 1600에 가상 주소의 변위1024를 더하여 실제 주소 2624가 구해진다. PMT의 기입 항목에 구하는 페이지가 실제 기억 장치 상에 없는 것으로 되어 있는 경우에는 페이지 부재 인터럽트(page fault interrupt)가 일어나서 페이지 감시 프로그램을 빈 페이지 프레임(free page frame)이 없을 때에는 사용 빈도가 낮은 페이지를 page-out시킨 후에 해당 페이지를 page-in한다. 그런 후 바로 앞에서 설명한 순서에 따라 주소 변환이 이루어진다.

5.4.5 세그먼테이션(segmentation) 기법

(1) 개념

세그먼트의 개념을 프로그래머가 프로그램을 모듈(modules) 단위로 작성하는 습관에 기반을 두고 있는데, 모듈은 프로그램을 나누는 논리적인 단위이다. 즉, 세그먼테이션 기억장치 관리 기법은 사용자 관점을 지원하는데, 기억장치를 크기가 변할 수 있는 세그먼트라는 단위 모음으로 생각한다. 페이징 할당 방식이 프로그램을 어떤 크기(물리적 크기: 512B ~ 4KB(한 페이지는 일반적으로 2KB 또는 4KB 크기가 많이 쓰임))를 기준으로 고정된 크기의 여러 페이지로 나누는 데 비해, 세그먼테이션 할당 방식은 프로그램을 가변 크기의 의미 있는 정보의 단위(논리적으로 관련이 있는 정보의 단위로 프로그램을 분할 함; 부프로그램이나 데이터 영역, 각종 테이블(표), 행렬, 스택, 모듈 등)로 나누게 된다. 즉, 메모리(M/M)를 크기가 변할 수 있는 **세그먼트(segment)**라는 단위 모음으로 생각한다. 다시말하면, 사용자는 기억장치를 일반적으로 프로그램을 구성하는 서브루틴(Subroutine)과 프로시저(Procedure), 함수(Function) 또는 모듈(Module) 등의 각각 다른 크기를 갖는 세그먼트로 나누고 각 세그먼트는 연관된 기능을 수행하는 하나의 모듈 프로그램으로 생각한다 [그림5-50].

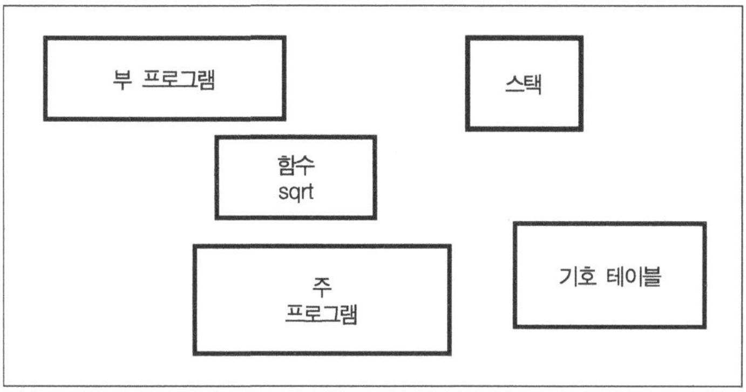

[그림 5-50] 프로그램의 사용자 관점에서의 시그먼트 크기 예

각 세그먼트는 연속된 위치에 구성되거나 기억장치에서 서로 인접할 필요는 없다. 이러한 세그먼트 배치 전략은 [그림5-54]와 같다. 한 세그먼트는 16 페이지 내지는 32 페이지로 구성된다. 고정된 실기억 장소의 블록이라는 제약을 없애고 여러 분리된 실기억 장치의 블록 차지한다. 세그먼트를 구성하는 요소들은 기억 장치 내에서 어떤 주소에 위치하는가에 관계 없이, 각종 모듈 또는 자료 구조 등과 같은 세그먼트의 이름으로 참조된다.

예제 5-14

세그먼트 번지와 세그먼트 테이블(SMT;Segment Mapping Table,세그먼트 사상표) 구현의 예;
IBM370에서 구성한 세그먼트 번지의 예는 다음과 같다[그림5-51].

미사용	세그먼트 번호(s)	세그먼트 내 변위(d)
0 7	8 15	16 31

[그림 5-51] 세그먼트 번지

세그먼트 번호(s)가 2^8이므로 세그먼트는 256 개이며, 각각의 세그먼트는 64KB(=2^{16}) 길이로 구성된다. 각 프로세스는 자신의 세그먼트 테이블(SMT;Segment Mapping Table,세그먼트 사상표)을 갖고 있으며 M/M에 적재되어야 한다. 이때 각 SMT의 항목은 해당 세그먼트가 적재될 M/M의 시작주소를 알려주며 잘못된 주소들을 사용하지 못하도록 세그먼트의 길이도 알려준다. 또한 SMT은 프로세스의 크기에 따라 길이가 가변적이기 때문에 레지스터에 정보를 유지하기가 어려워 M/M에 유지한다. STBR(segment table base register)은 기억장치에 있는 SMT의 주소, 즉 위치를 나타내며 STLR(segment table length register)은 프로그램에 의해 사용되는 세그먼트의 수를 지적한다.

프로그램의 사용자 관점을 지원하는 기억장치 관리 기법이며, 특징은 다음과 같다.

- 논리 주소 공간은 세그먼트의 모임이다(부 프로그램, 스택, 기호테이블, sqrt, 주프로그램, 기타).
- 각 세그먼트는 명칭과 길이를 가진다.
- 주소는 세그먼트 명칭 뿐만 아니라 세그먼트 내의 변위도 명시한다. 사용자는 각 주소를 2개의 할당량 세그먼트 명칭과 변위로 명시한다.
- 세그먼트는 명칭에 의해서라기보다 세그먼트 번호에 의해서 참조된다.

(2) 실 기억장치에서 가변 분할 다중 프로그래밍(MVT) 기법

가변 분할 다중 프로그래밍은 각 프로그램이 수행 될 때 기억장치에 장소를 할당받고 수행이 끝나면 다시 반환하는 방법으로 다중 프로그래밍 시스템의 기억장치 관리기법의 하나로 사용자의 프로그램이 저장될 장소나 크기도 프로그램의 크기에 따라 바뀌는 방식이다. 고정된 경계를 없애 **작업(Job 또는 Process)**들이 필요로 하는 만큼의 기억장소를 할당하는 것이다. 기억장치의 효율적 사용에는 좋으나 복잡한 관리와 시간이 지남에 따라 기억장치의 많은 부분이 외부 단편화에 의해 사용될 수 없게 되며, 이때는 불필요 정보수집(Collection) 작업이 필요하다.

실기억 장치에서 가변분할 다중프로그래밍은 최초 적합(First-fit), 최적 적합(Best-fit), 최악 적합(Worst-fit)을 바탕으로 프로그램을 기억 장치에 배치하였다. 아직도 수행 프로그램이 실 기억장치의 하나의 연속된 기억장소 블록에 고정된다는 제약이 세그먼트 기법 시스템에서는 이런 제약을 없애고 프로그램(및 데이터)이 여러 개의 분리된 실기억 장치블록을 차지할 수 있도록 하였다. 수행 프로그램은 실 세그먼트(real segment)의 하나의 연속된 세그먼트 블록(segment block)에 고정된다. 불연속 기억 장치 할당 다중 프로그래밍 시스템에서 키를 사용한 기억 장치 보호 기법은 세그먼트 보호 키(segment protection key)를 사용하며, 기억장치 보호를 구현하는 한 가지 기법이다. 이들 키는 OS 제어 하에 관리된다.

(3) 세그먼테이션 시스템의 가상 주소

세그먼트 시스템의 가상주소는 순서쌍 V=(s, d)로 표현된다.

- s : 참조될 항목이 속해있는 가상 기억 장치에서의 세그먼트 번호
- d : 세그먼트 s 내에서 참조될 항목이 위치한 곳까지의 변위

세그먼트 시스템에서의 가상 주소 양식은 다음과 같다.

실제 메모리 주소 = 세그먼트 시작 주소 + 변위

(4) 세그먼테이션 하드웨어

비록 사용자가 2차원적 주소에 의해 프로그램 속에 있는 내용을 참조할 수는 있지만, 실제 기억 장치는 일련의 1차원적 단어들로 구성되어 있다. 그래서, 사용자가 정의한 2차원 주소는 1차원적 실제 주소로 사상되어야 한다. 이 사상은 SMT에 의해 이루어진다[그림5-52].

프로세서(CPU)에 의해 생성된 세그먼트의 논리주소는 세그먼트 번호 s와 세그먼트 내에서의 변위 d로 구성된다. SMT의 기준 레지스터(STBR)와 SMT의 길이 레지스터(STLR)는 프로세스가 디스패치될 때 적재되어 논리주소를 검사한다.

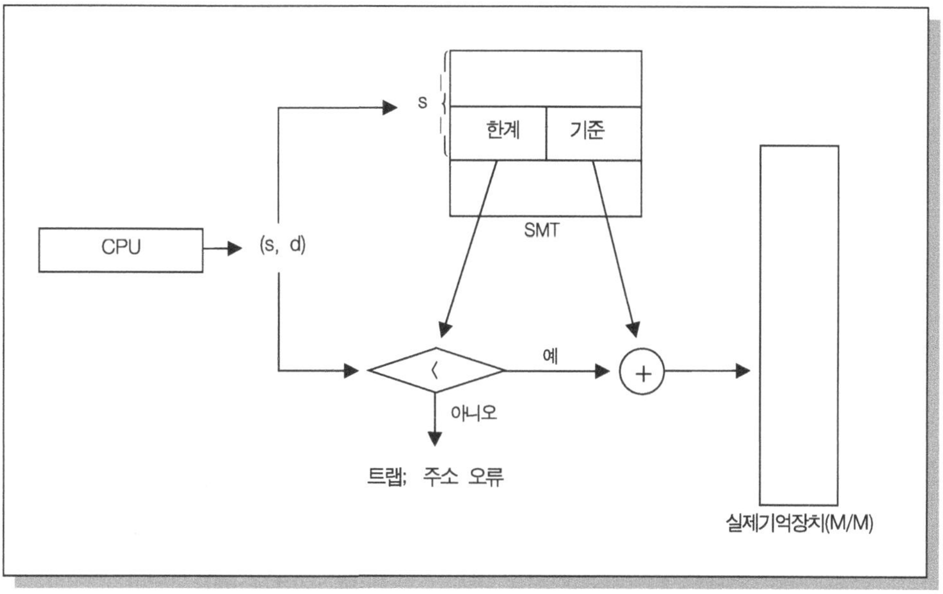

[그림 5-52] 세그먼테이션 H/W

- 논리주소는 두 부분으로 구성된다(세그먼트 번호 s와 그 세그먼트 내에서의 변위 d로 구성됨).
- 세그먼트 번호(s)는 세그먼트 테이블(SMT;Segment Mapping Table,세그먼트 사상표)에 대한 색인으로 사용된다.
- 각 SMT의 각 엔트리(entry)는 세그먼트의 기준(base)주소와 세그먼트의 한계(limit)를 가지고 있다.
- 논리주소의 변위 d는 0과 세그먼트 한계 사이의 값이어야 하며, 그렇지 않을 경우에는 OS로 넘어간다. 만일 이 d가 합당하면 세그먼트 기준과 d가 더해져서 원하는 워드(word)에 대한 기억 장치 내에서의 실제 주소(r)를 만들어 주게 된다.

(5) 세그먼테이션 기법의 동적 주소변환 과정

가상 주소 V=(s, d)에 대해, 세그먼트 사상표(SMT)에서 s에 대응되는 세그먼트 s'를 찾는다. 세그먼트 s'에 d를 더하여 실기억 장치의 주소 r를 구한다[그림5-53].

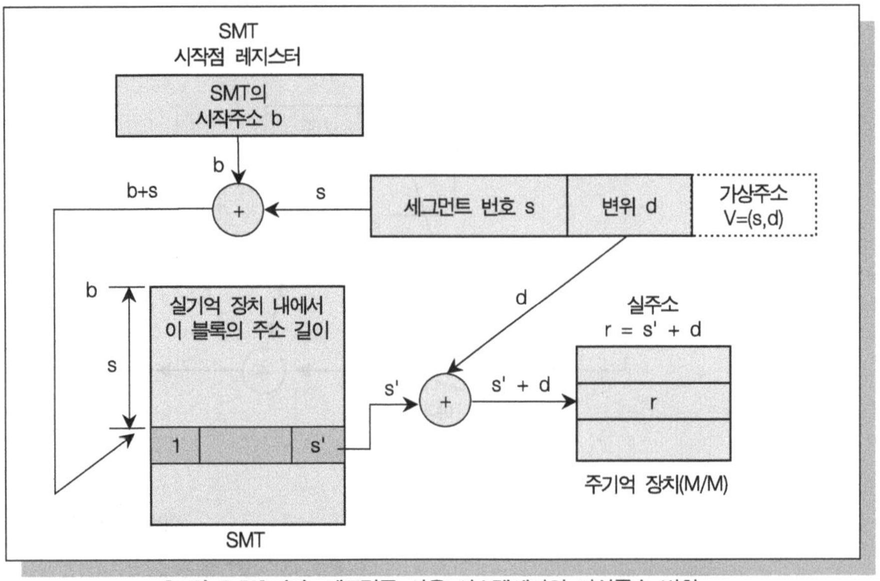

[그림 5-53] 순수 세그먼트 사용 시스템에서의 가상주소 변환

예제

5-15 세그먼테이션의 예

0에서 3까지 번호가 정해진 4개의 세그먼트가 있으며[그림5-54], 각 세그먼트는 실제 기억장치에 저장되어 있다(SMT은 각 세그먼트에 대한 엔트리를 가지고서 실제 기억 장치 내의 실제주소의 시작과 그 세그먼트의 끝을 나타냄). 세그먼트2는 40바이트의 길이로 430번지에서 시작된다. 따라서 세그먼트 2에서 워드 8에의 엑세스(접근)는 438(430+8=438) 번지로 사상될 것이다. 세그먼트3, 워드 25에 대한 접근은 345(320(세그먼트 3의 기준)+25=345)로 사상된다. 그러나 세그먼트0의 워드 123에 대한 참조인 경우에는 이 세그먼트가 100 바이트의 길이를 가지므로(초과되므로), 세그먼트 실패로 OS로 제어가 넘어 간다. 이러한 일련의 과정은 앞서 설명한 페이징 시스템과 같으며 또한 기억장치 접근 과정도 동일하므로 속도가 매우 느리다.

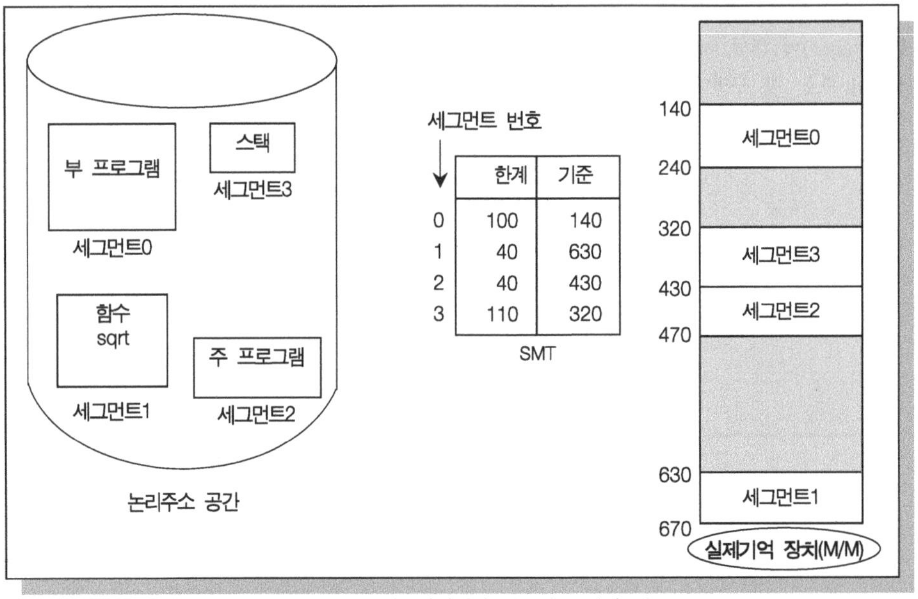

[그림 5-54] 세그먼테이션 시스템의 배치 예

(6) 세그먼트의 공유와 보호

세그먼트의 공유는 페이징 시스템과 다르게 아주 단순하다. 페이징 기법에 대한 세그먼테이션 기법의 장점 중 하나는 물리적인 개념이 아니라 논리적인 개념이라는 점이며, 가장 일반적인 형태의 세그먼테이션 기법에서는 세그먼트가 특정 크기를 갖도록 제한을 가하지 않고 합리적인 범위 내에서 필요한 크기를 가지도록 허용 하는 것이다. 즉, 페이징 시스템은 페이지 테이블(PMT)의 공유항목이 표시되어야 하지만 세그먼트는 공유한다고 선언(정의)하면 공유가 이루어진다. 다시말해, 두 개 이상의 다른 프로세스의 SMT 속에 있는 항목들이 같은 기억장치 주소를 지정하면 공유된다. 따라서 공유 기능을 사용하는 시스템은 적절한 보호 체계를 제공하여 승인된 사용자만 세그먼트에 접근(Access)할 수 있도록 해야 한다.세그먼트의 특별한 장점은 세그먼트의 보호와 관련이 있다. 기억 장치 사상의 H/W는 읽기 전용 세그먼트에 쓰려고 하거나, 수행 전용 세그먼트를 자료로 사용하려는 시도와 같은 접근을 막기 위해 SMT의 각 항목에 있는 보호 비트를 검사한다[그림5-55].

세그먼트의 장점은 코드와 자료를 공유하는 것이다.

- 세그먼트의 공유는 두 개 이상의 다른 프로세스의 SMT 속에 있는 항목들이 같은 실제 주소를 가리킬 때 이루어진다.
- [그림5-55]은 문서 처리기와 같이 여러 사용자에 의해서 공유될 수 있는 프로그램 세그먼트가 순수 세그먼테이션 시스템에서 공유되는 과정이다.

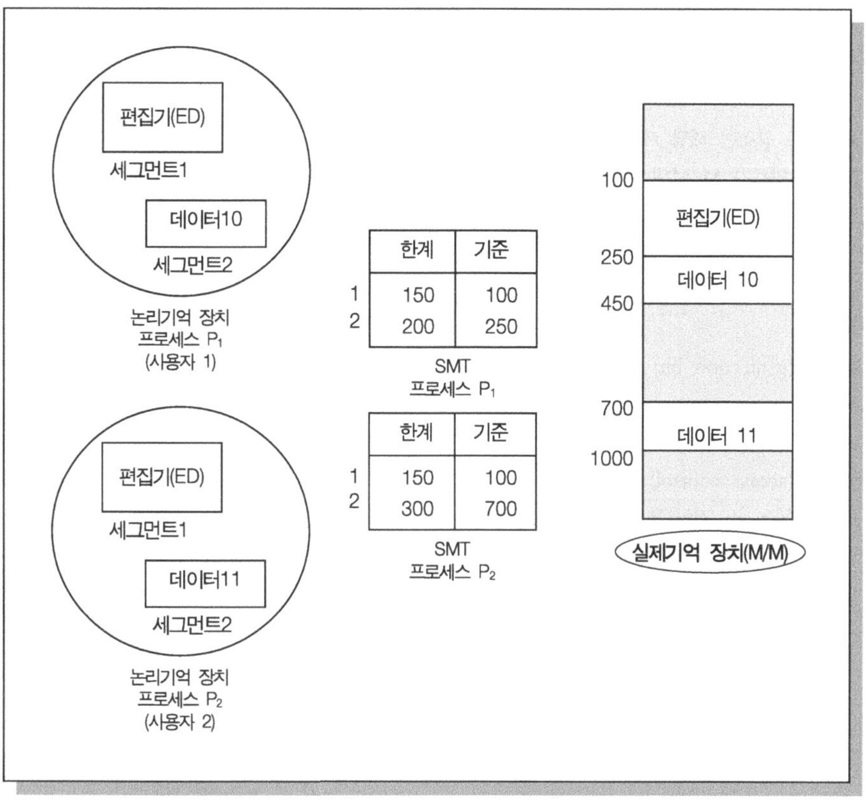

[그림 5-55] 세그먼테이션 기억 장치 시스템에서의 세그먼트 공유

- 두 사용자가 SMT에 실기억 장치 내의 같은 세그먼트를 가리키는 항목을 가짐으로써 해당 세그먼트를 공유할 수가 있게 된다.

보호를 위한 접근 제어는 다음과 같다.

- 여러 사용자 프로세스가 임의의 세그먼트를 공유한다고 해서 모든 세그먼트를 무제한으로 접근하는 것은 바람직하지 못한다.
- 세그멘테이션 시스템의 장점 중의 하나는 세심한 접근 제어가 가능하다는 점이다.

세그먼트 사상표(Segment Mapping Table;SMT)의 한 항목은 다음과 같다.

세그먼트 존재 비트	보조기억 장치 주소 (실기억 장치 내에 없는 경우)	세그먼트 길이	보호 비트				세그먼트의 시작주소 (세그먼트가 실기억 장치 내에 있는 경우)
r	a	l	R	W	E	A	s'

- 존재 비트(r; resident bit) : 해당 세그먼트가 현재 주기억 장치(M/M)에 존재하는지의 여부로서 r=0이면 세그먼트가 M/M 내에 없는 경우이며,r=1이면 세그먼트가 M/M 내에 있는 경우이다.
  - 만일 세그먼트가 M/M내에 존재한다면 (존재시) s'는 그 세그먼트가 시작되는 M/M 주소를 가리킨다.
  - 만일 세그먼트가 M/M내에 존재하지 않는 다면 a : a는 프로세스가 진행되기 위해 검색 되어야 할 보조기억 장치(A/M) 내에 해당 세그먼트 주소를 가리킨다.
  - 모든 세그먼트 참조는 해당 세그먼트의 범위 내에 있는지를 확인하기 위하여 세그먼트의 길이 l과 비교 검사 된다.
  - 만일 그 세그먼트가 M/M내에 있지 않다면 세그먼트 부재를 발생시켜 OS가 제어를 받아 A/M로부터 세그먼트를 읽어 들이게 한다. 일단 그 세그먼트를 읽어 들인 후 변위의 d가 세그먼트 길이 l보다 작거나 같은가를 검사하면서 주소변환이 진행 된다.
  - 만일 d가 l보다 크다면 세그먼트 오버플로우의 부재를 발생시켜 OS가 제어를 받아 그 프로세스의 수행을 중단시키게 킨다.
    - 보호 비트(protection bit) : 보호 여부 비트이다.
      - 1 - 예
      - 0 - 아니오
    - 접근 제어(access control) 유형
      - R - 판독(read) 접근(블록을 읽을 수 있음)
      - W - 기록(write) 접근(블록을 수정할 수 있음)
      - E - 수행(실행;execute) 접근(블록을 수행할 수 있음)
      - A - 첨가(append) 접근(블록의 끝에 정보를 첨가(부가)할 수 있음)

예제

5-16 세그먼트 사용 시스템에서의 접근 제어의 예

세그먼트 시스템에서는 어떤 프로세스가 제한 없이 세그먼트를 액세스 하는 것을 방지하기 위한 방법으로 판독(read), 기록(write), 수행(execute), 첨가(append)의 4가지 조합으로 액세스를 제어한다.

Mode	Read	Write	Execute	응 용
0	0	0	0	모든 접근 불가 (보안)
1	0	0	1	수정, 복사 불가 (사용자는 수행만 가능)
2	0	1	0	유용치 않음 (판독이 안되는 기록은 의미가 없음)
3	0	1	1	유용치 않음 (판독이 안되는 기록은 의미가 없음)
4	1	0	0	정보 검색
5	1	0	1	복사, 수행 가능
6	1	1	0	데이터 수행 오류로 부터 보호
7	1	1	1	믿을 수 있는 사용자에게만 허용 (무제한 액세스)

(0:아니오, 1:예)

예제 **5-17 세그먼테이션 과정의 예**

만일 변위가 세그먼트의 범위 내에 있다면 원하는 작업이 허용될 수 있는가를 확인하기 위하여 보호 비트를 검사한다.

☞ 만일 허용된다면 최종적으로 M/M 내의 해당 세그먼트의 시작 주소 s'와 변위 d를 더하여 가상 기억 장치의 주소 V=(s, d)에 해당되는 실기억 장치 주소 r=s' + d를 얻는다.

☞ 만일 허용될 수 없다면 세그먼트 보호 부재(Segment protection fault)를 발생시켜 OS가 제어를 받아 프로세스를 중단시키게 된다.

(7) 세그먼테이션 시스템에서의 부재

세그먼테이션이나 페이징 및 세그먼테이션 등의 가상기억 장치 기법을 사용할 경우 현재 실행하려고 하는 세그먼트가 M/M에 적재되어 있지 않을 때 발생하는 인터럽트이다.

- 세그먼트 부재(Segment fault) : 참조하고자 하는 세그먼트가 M/M 내에 있지 않는 경우.
- 세그먼트 오버플로우 부재(결함)(Segment overflow fault) : 참조하는 세그먼트 변위가 세그먼트의 길이보다 긴 경우(가상기억 주소가 세그먼트의 경계를 넘어서는 경우).
- 세그먼트 보호 부재(Segment protection fault): 보호 비트가 참조된 가상 주소에 대해 요구되는 작동이 허용되지 않음을 나타낼 때를 말한다.

  참고로, 세그먼테이션 시스템에서의 공유(sharing)는 SMT에 실기억 장치(M/M) 내에 있는 동일 세그먼트를 지정하는 항목을 가짐으로써 공유한다.

예제 **5-18 세그먼테이션에 의한 분산적재**

프로그램 실행을 기다리고 있는 프로그램 S(프로세스 S)가 있을 때[그림5-56], 정적 재배치 시스템이면 프로그램 S는 M/M의 연속한 60K의 분할이 비지 않으면 적재 될 수 없다.

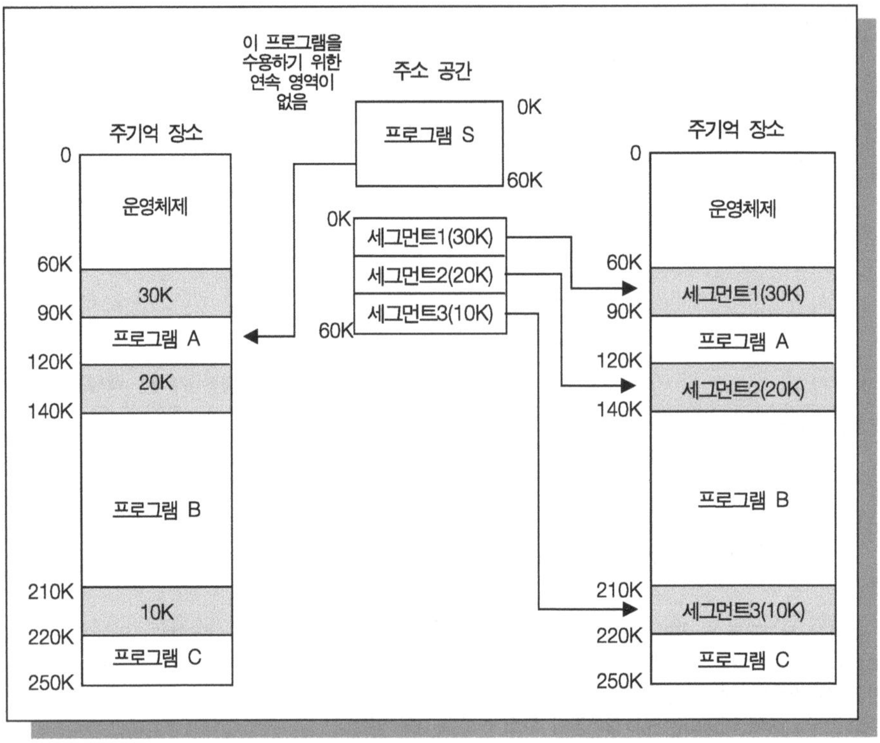

[그림 5-56] 세그먼테이션에 의한 분산적재

- 비어있는 분할의 합이 60K 이상이어도 연속해 있지 않으므로 실행 할 수 없다. 따라서 60K는 놀게 된다(사용할 수 없게 된다). ☞ 이를 배제하려면(해결책), **재배치레지스터에 의한 방법과 세그먼테이션에 의한 분산적재 방법**이 있다.
- 프로그램 S의 주소 공간을 세그먼트(Segment)로 불리우는 세 부분으로 분할한다.
  - [그림5-57]과 같이 세그먼트1(30K), 세그먼트2(20k), 세그먼트3(10k)로 분할한다.☞ 이 세그먼트 단위로 비어있는 각 분할에 적재하도록 하면 단편화에 의하여 놀고 있는 M/M를 효과적으로 사용 할 수 있게 된다.
- 이러한 세그먼트 화는 OS가 해야 하며 프로그래머에게 부담을 주어서는 안된다.
- 세그먼트 화된 프로그램도 역시 **상대 주소**를 갖고 있다.
- [그림5-57]과 같이 세그먼테이션의 경우, **상대주소**는 세그먼트 번호(s)와 변위(d)로 되어 있다.
- 각 세그먼트의 주소는 0부터 시작하는 연속공간이다.

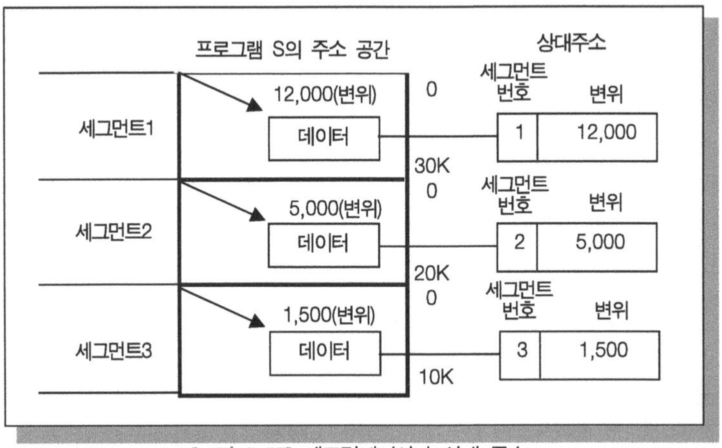

[그림 5-57] 세그먼테이션과 상대 주소

- 세그먼트 번호(Segment number)는 주소공간에서 몇 번째 있는 세그먼트 인가를 나타낸다(즉, 세그먼트 화된 프로그램의 논리순서를 나타내고 있음).
- 변위는 세그먼트내의 상대위치(즉, 세그먼트의 처음을 0으로 했을 때의 위치)를 나타낸다.
- 세그먼트 번호나 변위의 크기는 이를 나타내기 위한 비트수로 결정된다(예: 세그먼트 번호에 8비트가 할당되어 있으면 0부터 255번지까지의 세그먼트를 나타낼 수 있음).
- 세그먼트 화된 프로그램에서는 명령이나 데이터를 나타내는 주소는 두 요소(세그먼트 번호나 세그먼트 화된 프로그램의 주소공간)에 대응되어 있다.
- 세그먼트 화된 프로그램을 실행하려면 프로그램 실행 중에 명령이나 데이터가 참조될 때 마다 주소변환을 해야 한다.☞ 이를 위해서는 특별한 H/W 기구(DAT)가 필요하다[그림5-58].

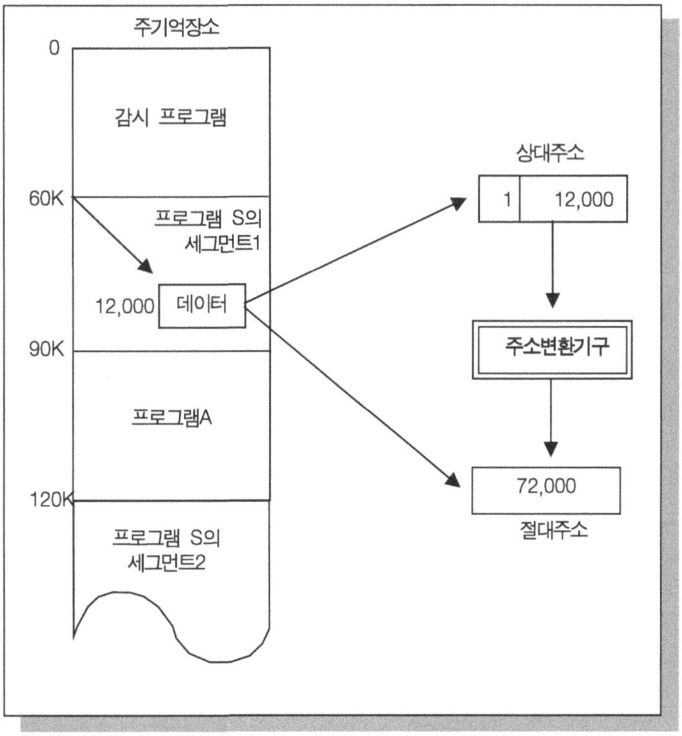

[그림 5-58] 상대주소로부터 절대주소로 변환

- OS가 프로그램D의 세그먼트를 M/M에 적재 할때에는 주소변환을 전혀 일어나지 않는다. ☞ 프로그램D의 각 세그먼트는 상대주소 그대로 이다.그런데 CPU명령을 실행하기 위해서는 절대주소를 써서 M/M상의 명령이나 자료를 참조하지 않으면 안된다.
- CPU가 명령을 실행할 때 프로그램 S의 상대주소를 절대주소로 변환해야 한다(즉, 프로그램 실행 중 상대주소를 각 명령을 실행하기 바로 직전에 절대 주소를 변환하는 것을 DAT라 함).
- 실행 중에 변환하기 위해서는 새로운 H/W기구를 필요로 하며 OS에서는 변환 중에 세그먼트 번호를 토대로 참조한 SMT이 있어야 한다.
- [그림5-59]같이, SMT은 M/M의 특정장소에 있으며, 각 세그먼트에 대응되는 M/M 내의 세그먼트 시작 주소(Segment origin)의 번지가 기입되어 있다.
- [그림5-59]에서 세그먼트1은 M/M내의 60,000번지부터 세그먼트2는 120,000 번지부터, 세그먼트3은 210,000 번지부터 시작하고 있음을 SMT에서 나타내고 있다.

■ SMT의 내용을 세그먼트 번호로 찾아 변위를 더해주면 절대주소가 만들어 진다(실행중인 프로그램마다 이러한 SMT을 작성하면 된다. ☞ 이 일은 OS가 프로그램을 적재할 때마다 한다.).

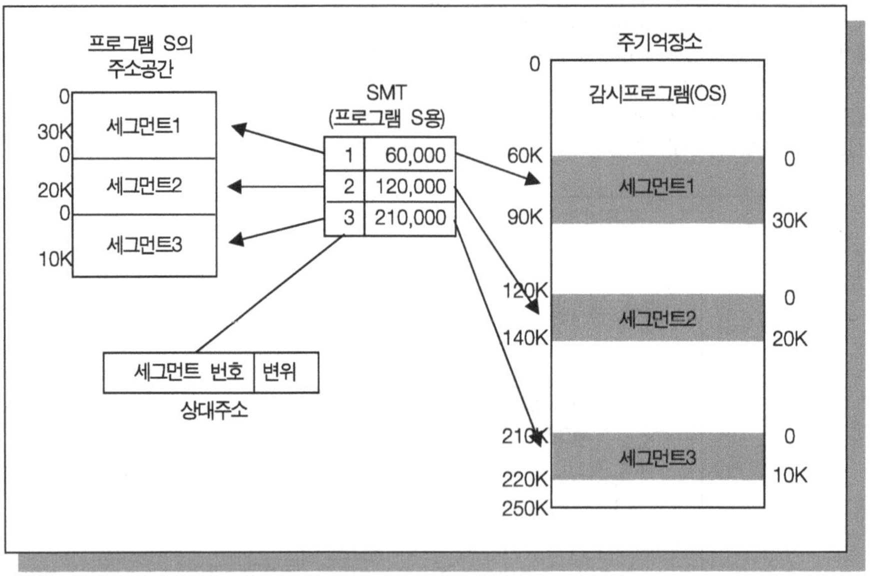

[그림 5-59] SMT에서 상대주소와 절대주소의 관계

■ 실행중인 프로그램을 위하여 테이블을 만드는 것을 일반적으로 **사상(mapping)**이라 한다.
■ SMT은 M/M내의 세그먼트의 시작위치를 정확히 나타내고 있다. ☞ 이 SMT의 존재 장소를 신속히 알아내기 위하여 STOR(Segment Table Origin Register)라는 특별한 제어 레지스터가 필요하다[그림5-60].

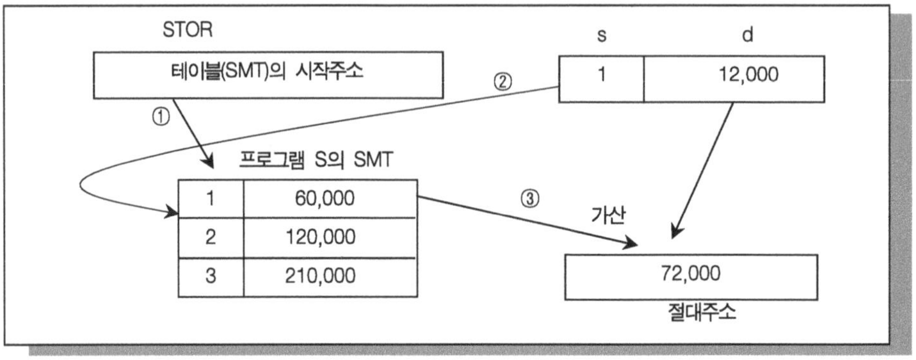

[그림 5-60] SMT에 의한 동적주소변환

■ 이 레지스터는 항상 현재 실행 중인 프로그램의 SMT의 시작 주소를 가리키고 있다.
■ 이 SMT을 사용하면 주소 변환을 하는 [그림5-60]과 같다. ☞ 다음의 세 단계로 주소가 변환되게 된다.
① STOR가 프로그램 S 용 SMT의 시작위치를 나타낸다.
② 상대 주소의 세그먼트 번호를 써서 SMT의 해당 항목을 찾는다.
이 예에서의 세그먼트 번호는 테이블의 처음 항목을 나타내고 있다.
③ SMT의 항목을 나타내고 있는 기억 장치는 M/M에서의 세그먼트의 시작위치를 나타내고 있다. 따라서 이 주

소에 상대 주소의 변위(d;displacement)를 더하면 **절대주소**가 구해진다. 이 예에서는 세그먼트 1의 시작주소 (60,000)에 변위(12,000)를 더하여 **절대 주소** 72,000이 구해졌다.

- 이와 같이 세그먼테이션에서의 주소변환은 STOR와 SMT을 써서 자동적으로 일어난다.
- 프로그램 실행 중에 어떤 세그먼트를 다른 기억공간에 옮겨도 문제는 생기지 않는다(세그먼트 테이블(SMT)내의 해당하는 세그먼트의 시작 주소만 바꾸어 주면 프로그램의 실행은 재개될 수 있기 때문임).
- 세그먼테이션 방식은 프로그램을 모듈화하기 쉽도록 컴파일러가 설계되어 있으면 아주 효과적이며, 정적 재배치 시스템보다 훨씬 단편화에 의한 낭비는 줄어든다.
- 세그먼테이션을 다소 변경하여 단편화를 거의 배제시킨 방식 즉, 페이징에 의한 방식이 출현하게 되었다.

세그먼테이션 방식과 페이징 방식 모두 몇 가지의 단점이 있는데, 이것을 검토한 것이 5.4.6절에서 논할 세그먼트와 페이지를 조합한 방법 즉, 페이징 및 세그먼테이션(paging/Segmentation)의 혼합 기법이 제시 되었는데, 두 레벨의 테이블을 두어 동적 재배치를 하는 시스템이다.

(8) 직접 사상에 의한 세그먼트 주소 변환

세그먼테이션 시스템에서의 직접 사상(direct mapping) 기법은 페이징 시스템에서의 직접 사상 기법과 비슷한 메커니즘을 가지며, SMT가 M/M의 커널 공간 내에 존재함을 가정한다. 즉, 가상 주소 v=(s, d)를 실제 주소로 변환하기 위하여 우선 해당 프로세스의 SMT에 접근하고 여기서 세그먼트 s에 해당하는 엔트리를 찾은 다음 존재 비트를 검사하는 과정을 거쳐 세그먼트 s의 M/M 적재 주소를 알아내고 이에 변위 d를 더하여 실제 주소 생성한다. 구체적인 과정은 [표 3−6]에서와 같으며 이를 [그림5-61]에서 나타냈으며, **SMT의 엔트리 크기를 es**라 가정한다.

[표3−6]의 알고리즘에서 ❸−ⓐ의 경우는 페이징 시스템에서와 같은 논리인데, 이 알고리즘의 ❸−ⓑ에서는 주어진 가상 주소의 변위 d가 해당 세그먼트의 길이보다 큰지를 검사하며 이 때에는 주어진 가상 주소가 세그먼트의 범위를 넘어선 것이므로 세그먼트 오버플로우 예외(segment overflow exception) 처리를 시작한다. 이 경우 대부분 실행 프로세스는 비정상적으로 종료한다.이 알고리즘의 ❸−ⓒ에서는 SMT 엔트리의 보호 비트 필드를 검사하고 허가되지 않은 형태의 가상 주소 접근이 이루어지는 경우에는 세그먼트 보호 예외(segment protection exception) 처리 시작한다. 예를 들어,해당 세그먼트에 읽기(R)와 실행(X) 모드만이 가능한 상태에서 쓰기(W) 연산이 진행되려고 하는 경우에는 이를 금지하는 것이며, 이 때에도 대부분 실행 프로세스는 비정상적으로 종료한다.

[표 3-6] 직접 사상에 의한 세그먼테이션 주소 변환 알고리즘

❶ 해당 프로세스의 SMT가 저장되어 있는 주소 b에 접근한다.
❷ 접근한 SMT에서 세그먼트 s에 대한 엔트리를 찾는다. 세그먼트 s의 엔트리 위치는 다음 식으로 계산된다.
  b + s × es
❸ 찾아진 엔트리에 대해 다음 단계들을 순차적으로 실행한다.
  ⓐ 존재 비트가 0인 경우에는 디스크로부터 해당 세그먼트를 M/M로 적재시키고 SMT를 갱신한다.
    //missing segment fault
  ⓑ 세그먼트 길이 필드를 검사하여 d 〉 ls이면 세그먼트 오버플로우 예외 처리 모듈을 호출한다.
    //segment overflow exception
  ⓒ 보호 비트 필드를 검사하여 허가되지 않은 연산일 경우에는 세그먼트 보호 예외 처리 모듈을 호출한다.
    //segment protection exception
❹ 세그먼트 적재 주소 ks를 인출하고 이를 가상주소의 변위 d와 더하여 실 주소 r을 다음과 같이 형성한다.
  r = ks + d
❺ 실 주소 r로 M/M에 접근한다.

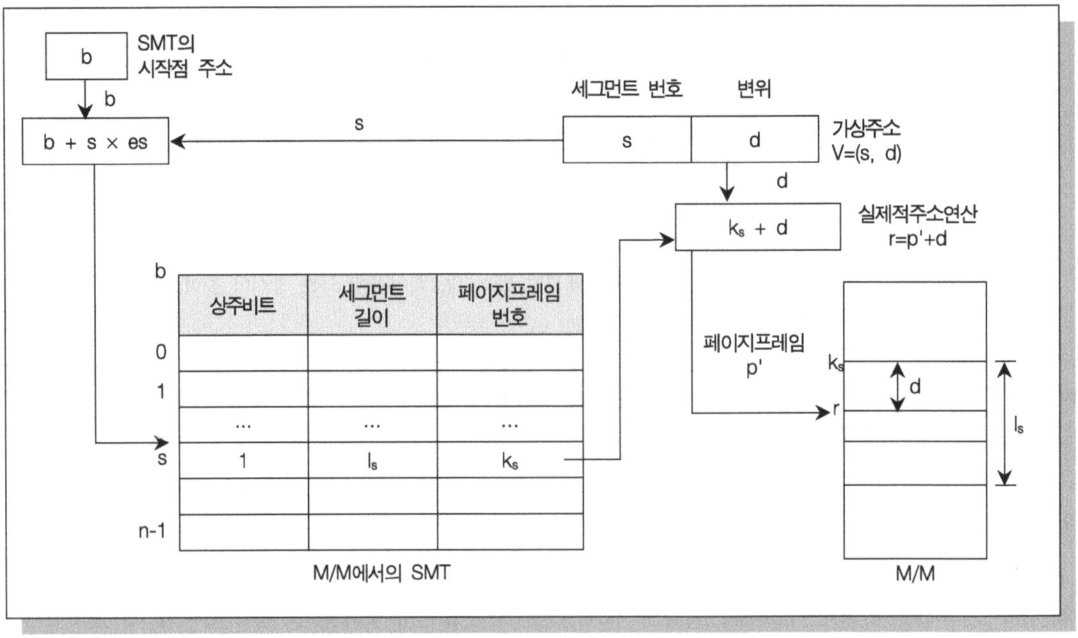

[그림 5-61] 세그먼테이션 시스템의 직접 사상 기법

만일 변위(d)가 세그먼트의 범위 내에 있다면 원하는 작업이 허용될 수 있는가를 확인하기 위하여 보호 비트를 검사한다[그림5-61]. 만일 허용된다면 최종적으로 M/M내의 해당 세그먼트의 시작 주소 s'와 변위 d를 더하여 가상 기억 장치 주소 V=(s, d)에 해당되는 실기억 장치 주소 r =s'+d(또는 r =ks + d)를 얻는다. 만일 허용될 수 없다면 세그먼트 보호 부재(Segment protection fault)를 발생시켜 OS가 제어를 받아 프로세스를 중단한다.

5.4.6 페이징/세그먼테이션(혼합 기법;page/segmentation) 시스템

(1) 개요

개념 상의 기억 장치인 가상기억 장치(V/M;Virtual Memory)를 세그먼트와 페이지의 두 계층으로 나누어 다룬다. 프로그래머는 이 V/M가 제공하는 주소공간만을 생각하고 프로그래밍 하기만 하면 된다. 즉, 세그먼테이션 기법의 논리적 장점과 페이징 기법의 메모리 관리 측면의 장점을 활용하기 위한 기법이다. 이 방식은 V/M를 여러 개의 **세그먼트**로 분할하여 이 세그먼트를 다시 **페이지 단위**로 나누어 취급한다[그림5-62]. 페이징/세그먼테이션 혼합 기법에서는 동적 주소 변환에 의한 성능 저하를 막기 위하여 빠른 액세스의 연관 기억장치나 고속의 캐시 기억장치가 사용된다.

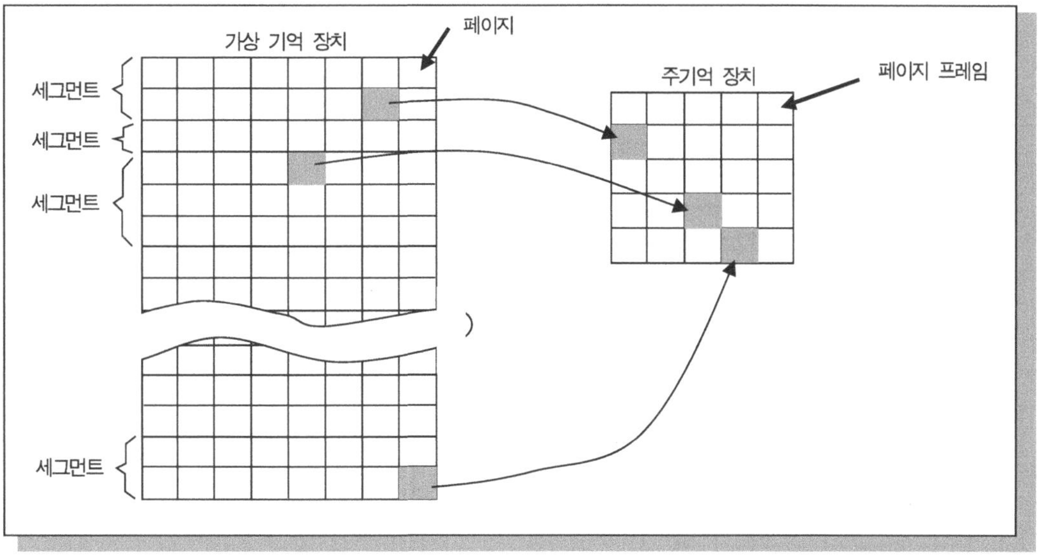

[그림 5-62] 세그먼트와 페이지의 관계

(2) 특징

페이징 기법과 세그먼테이션 기법을 혼합이며, 두 기법의 장점을 모두 제공한다. 여러 번의 기억장치(M/M)에 대한 접근이 필요하다. M/M의 많은 부분을 차지한다. V/M는 이름 그대로 실재하지 않는 기억장치이다. 프로그래머에게 보다 큰 주소 공간을 제공하기 위한 가공의 기억장치 기법이다. 프로그래머는 이 개념 상의 기억 장치를 상대로 프로그래밍한다. 따라서 프로그램은 한꺼번에 다 실기억 장치(M/M)에 들어간다는 보장이 없다. 실행 중인 프로그램을 구성하는 한 부분의 페이지들을 다른 장소에 별도로 보관해야 한다(보조기억 장치 상(A/M;EPS)의 영역이라 함). [그림5-63]은 EPS(A/M;보조기억 장치;External page storage)는 슬롯(slot)이라 불리는 페이지가 수록될 기억공간들로 구성되어 있다.

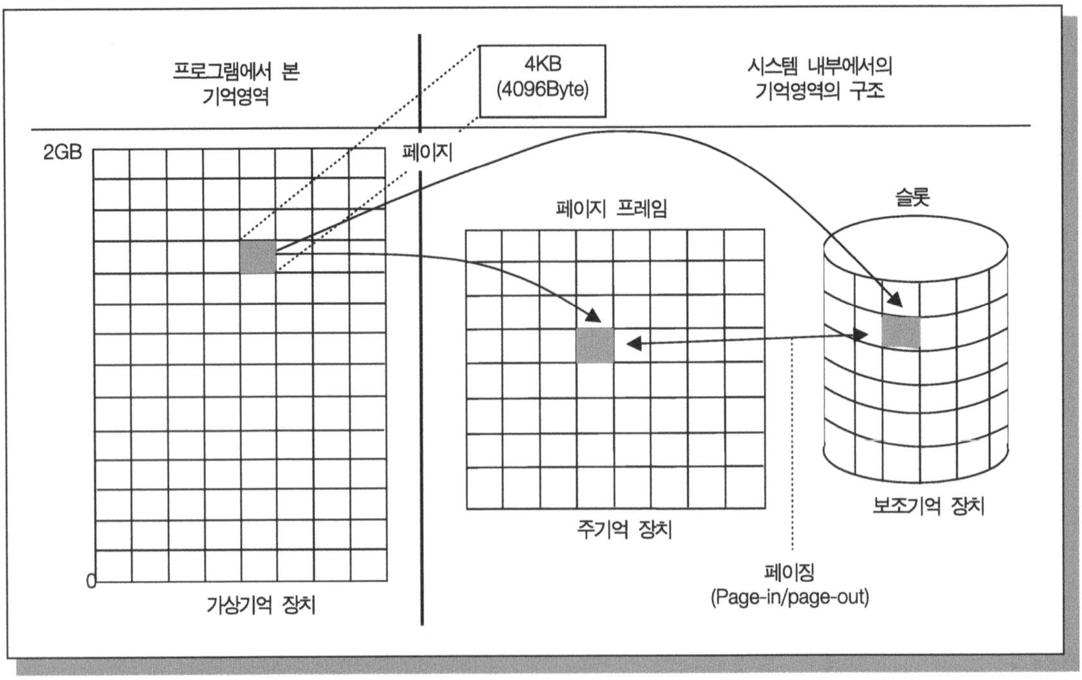

[그림 5-63] 페이지, 페이지 프레임, 슬롯의 관계

- Page-out 과 Page-in의 동작은 EPS상의 슬롯과 실기억 장치(M/M) 상의 페이지 프레임사이에 일어난다.
- 가상기억 장치(V/M)는 실재하지 않지만 프로그램의 적재는 V/M를 상대로 행해진다.
- 프로그램의 V/M를 상대로 하여 적재되었을 때의 명령이나 데이터의 주소 는 역시 상대주소이다.

(2) 페이징/세그먼테이션 혼합 시스템에서 가상 기억 장치.

- 주소 V는 3 - 튜플 V=(s, p, d)로서 나타낸다.
  - s :세그먼트 번호이다(세그먼트 번호에 필요한 비트 수는 가상기억 장치(V/S)를 몇 개의 세그먼트를 나누느냐에 따라 결정됨).
  - p :페이지 번호이다(페이지 번호에 필요한 비트수는 한 세그먼트가 몇 페이지로 구성되는 가에 달려있음).
  - d :페이지 내에서 원하는 항목이 위치하고 있는 곳의 변위이다(변위에 나타내는데 필요한 비트 수는 1페이지가 몇 바이트인가에 달려있음).

(3) 페이징/세그먼테이션 혼합 시스템에서의 가상 주소 양식.

s	p	d

가상 주소 V=(s,p,d)

- 페이지 단위로 실기억 장치(M/M)상에 있는 프로그램에 쓰이는 주소는 실제주소(Actual address)와는 거리가 먼 가상 주소(Virtual address)이다.
- 이 가상 주소의 형식은 s, p, d로 되어있다.
- 세그먼트 번호(s)에 필요한 비트 수는 가상 기억 장치(V/M)를 몇 개의 세그먼트로 나누느냐에 따라 결정된다.
- 페이지 번호(p)에 필요한 비트 수는 한 세그먼트가 몇 페이지로 구성 되는가에 달려있다(한 세그먼트가 16 페이

지로 되어 있는 경우는 4비트, 32 페이지로 구성되어 있는 경우에는 5비트가 필요하다. 변위(d)를 나타내는 데 필요한 비트 수는 1페이지가 몇 바이트인가에 달려 있다. 즉 2048바이트이면 11비트, 4096바이트이면 12비트가 필요하다).

- 이들 세그먼트 번호(s), 페이지 번호(p) 및 변위(d)에 관해서는 프로그래머는 전혀 의식할 필요가 없다(V/M 상에 정적 재배치 방법으로 프로그램이 적재될 때 쓰이는 가상 주소를 적당한 비트 수로 잘라 세그먼트 번호(s),페이지 번호(p),변위(d)가 구해지기 때문임).
- 이와 같이 가상주소를 실제주소로 변환하기 위하여 세그먼트 테이블(SMT)과 페이지테이블(PMT)이 참조된다.
- 하나의 V/M에 하나의 SMT가 작성된다(SMT는 V/M 상의 각 세그먼트에 대한 내용이 기입 된다.또 이 기입 항목에 대응하여 이 세그먼트 내의 각 페이지의 소재를 나타내는 PMT가 있다. 이 PMT는 페이징 방식의 PMT와 거의 같으나 세그먼트마다 만들어지는 점이 다름).

(4) SMT와 PMT에 의한 가상주소와 실제 주소의 관계[그림5-64]

- V/M 상의 세그먼트가 모두 쓰이지 않을 때에는 SMT에 해당 기입 항목 표시란에 플래그(flag)가 들어간다(×로 표시했음).이 때에는 PMT은 생략된다(그 세그먼트가 현재 사용되지 않기 때문에).
- PMT의 각 기입 항목에는 해당 페이지가 수용되어 있는 M/M상의 페이지 프레임의 주소가 들어 있다. 해당 페이지가 Page-out되어 실기억 장치(M/M) 상에 없으면 플래그(flag)가 (X)로 표시된다[그림5-64].

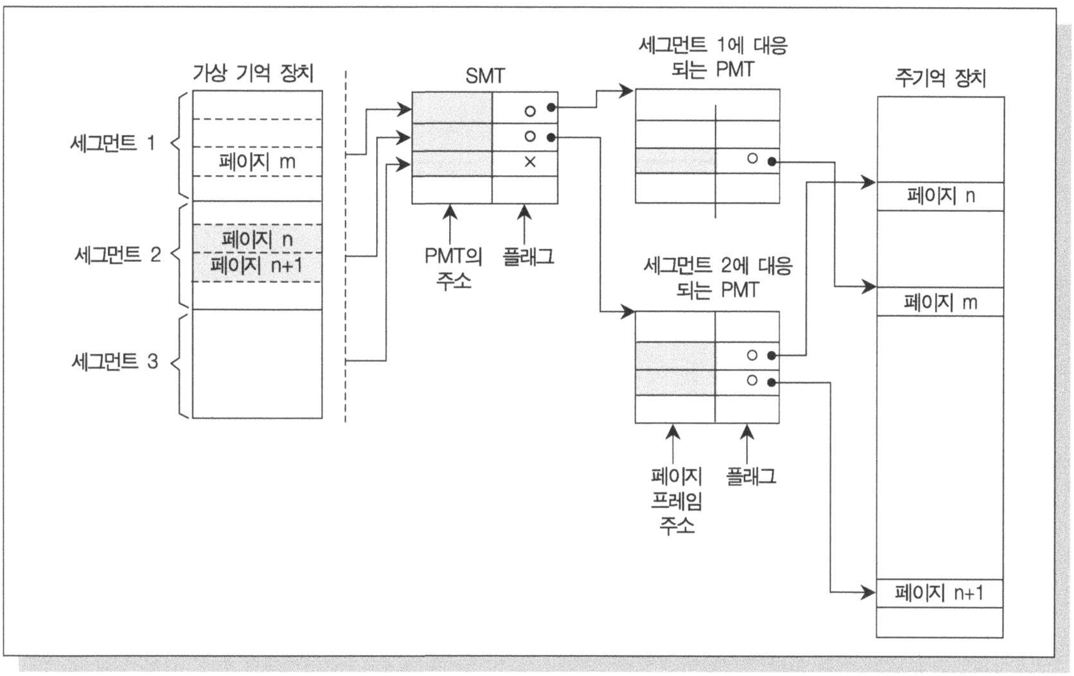

[그림 5-64] SMT와 PMT에 의한 가상 주소와 실제 주소의 관계

페이징/세그먼테이션 혼합 기법에서 이러한 두 종류의 테이블(SMT,PMT)을 이용한 주소 사상 방법은 직접 사상 기법의 경우 [표3-3]의 알고리즘에서와 같으며, 이에 대한 개략적인 과정은 [그림5-65]과 같다. 이 알고리즘에서는 가상주소 v=(s, p, d)에 대해 이를 실주소로 변환하는 과정을 보이며, 여기서 **b는 SMT가 저장되어 있는 M/M 주소이고, ps는 페이지 크기, smts는 SMT의 엔트리 크기를, pmts는 PMT의 엔트리 크기를 의미한다.**

[표 3-3] 페이징/세그먼테이션 혼합 기법의 알고리즘

❶ 해당 프로세스의 SMT가 저장되어 있는 주소 b에 접근한다.
❷ 접근한 SMT에서 세그먼트 s에 대한 엔트리를 찾는다. 세그먼트 s의 엔트리 위치는 다음 식으로 계산된다.
  b + s × smts
❸ 보호 비트 필드를 검사하여 허가되지 않은 연산일 경우에는 세그먼트 보호 예외 처리 모듈을 호출한다.
  //segment protection exception
❹ 찾아진 SMT 엔트리의 PMT 주소 필드 값 b_s를 이용하여 해당 세그먼트의 PMT에 접근한다.
❺ 접근한 PMT에서 페이지 p에 대한 엔트리를 찾는다. 페이지 p에 대한 엔트리 위치는 다음 식으로 계산된다.
  b_s + p × pmts
❻ 찾아진 PMT 엔트리의 존재 비트를 검사한다.
  ⓐ 존재 비트가 0인 경우에는 디스크로부터 해당 페이지를 M/M로 적재시키고 PMT를 갱신한 다음 ❻-ⓑ의 단계로 이동한다.
  ⓑ 존재 비트가 1인 경우에는 해당 엔트리에서 페이지 프레임 번호 p'을 인출한다.
❼ 인출된 페이지 프레임 번호 p'과 가상 주소 변위 d를 사용하여 실 주소 r을 다음과 같이 생성한다.
  r = p' × ps + d
❽ 실 주소 r로 M/M에 접근한다.

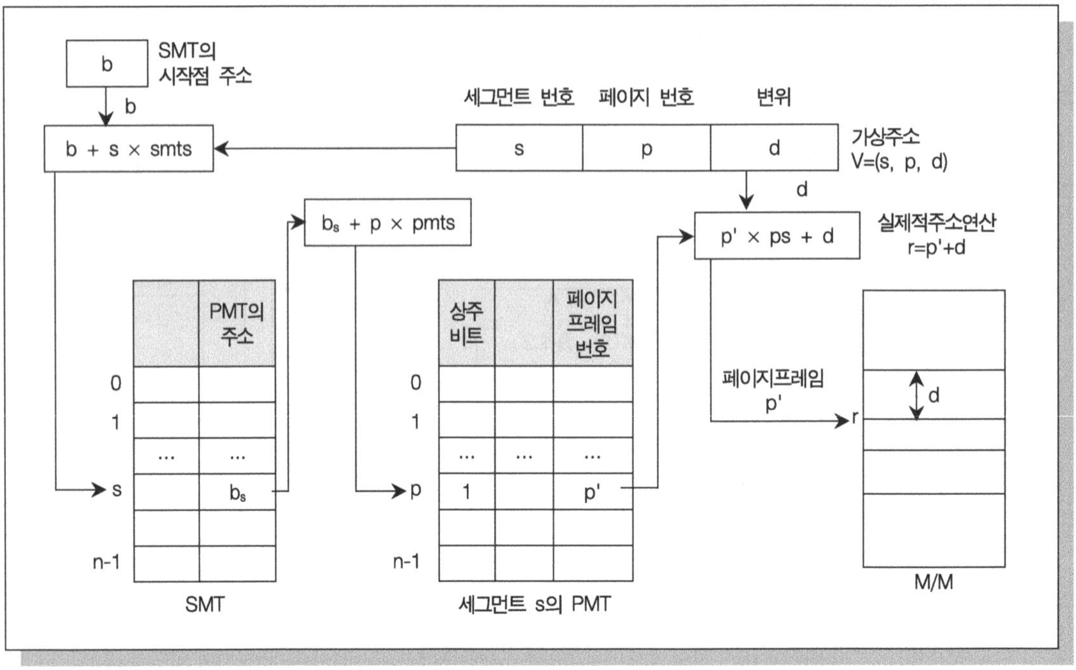

[그림 5-65] 페이징/세그먼테이션 혼합 기법의 직접 사상 기법

(5) 명령이 실행될 때 데이터나 명령의 가상 주소가 실제 주소로 바뀌는 과정[그림5-66]~[그림5-68]

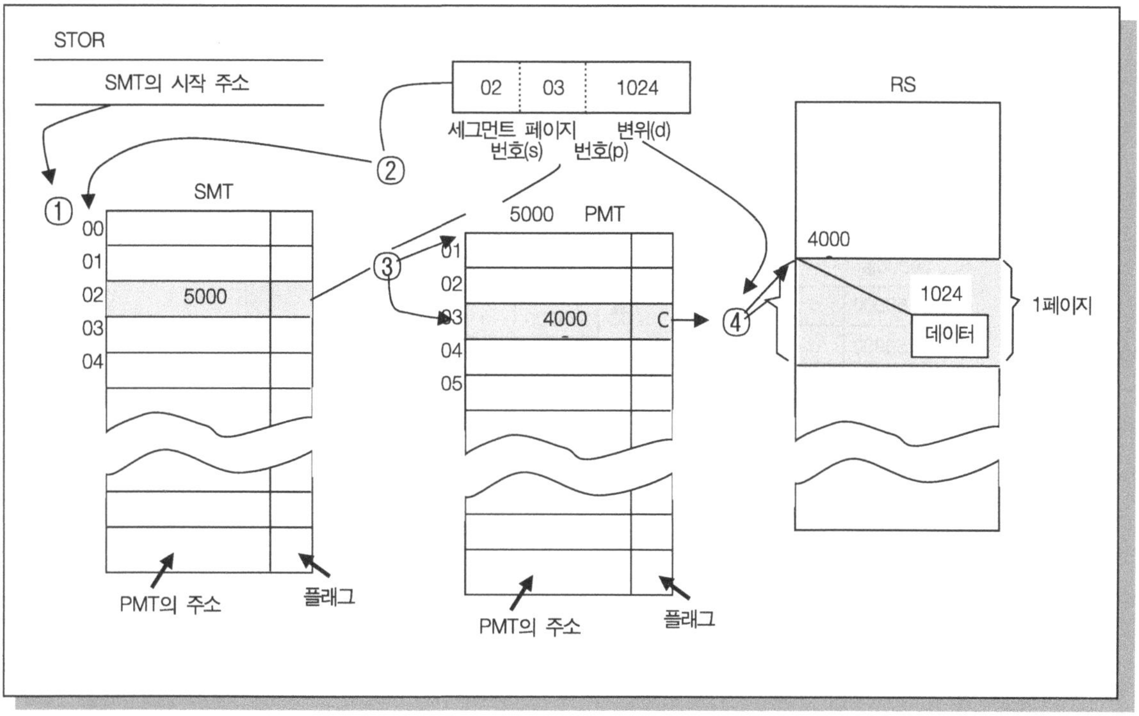

[그림 5-66] SMT과 PMT에 의한 동적 주소 변환

- SMT의 시작 주소를 나타내는 특별 레지스터가 CPU에 있다(STOR;Segment Table Origin Register)[그림5-66].
- STOR에는 항상 이 시작 주소가 들어있고, SMT와 PMT도 제어 프로그램이 실기억 장치(R/S) 상에 만들어 준다. 이렇게 하여 가상 주소로 변환 할 때에는 먼저 이 STOR가 참조되어 SMT의 위치를 찾는다(①).
- 또 가상 주소의 세그먼트 번호(s)를 이용하여 SMT 상의 해당 항목을 찾는다(②). 여기에는 PMT의 주소가 있으므로 이 주소와 가상 주소의 페이지 번호(p)를 이용하여 PMT내의 해당 항목을 찾는다(③).
- 해당 페이지가 실기억 장치(R/S) 상의 페이지 프레임(f 또는 p')에 있으면 이러한 내용이 표시되어 플래그(flag)란에 표시되어 있으므로 페이지 프레임의 주소에 가상 주소의 변위를 더하여 실제 주소를 계산할 수 있다(④).
- 플래그에 페이지 부재 표시가 있으면 프로그램 인터럽트가 일어나 그 뒤는 페이지 관리자(Paging supervisor)가 처리해 준다. 즉, 사용 가능한 페이지 프레임을 찾아내어 해당 페이지를 외부 기억 장치(A/M)로부터 페이지 인(page-in)함과 동시에 그 페이지 프레임의 주소를 PMT의 해당란에 기입하고 플래그를 페이지가 있는 것으로 바꾼다. 그런 후에 앞서와 같이 주소 변환을 한다.

예제 5-19

페이징과 세그먼테이션을 혼합하여 사용하면 어떠한 이점이 있는가?

풀이

세그먼테이션의 논리적 영역 분할의 장점을 살리면서, 페이징을 사용함으로써 실제 교체(swap) 영역에서 M/M로의 적재/퇴출을 페이지 단위의 입/출력으로 할 수 있고, M/M 할당 관리도 길이를 고려하지 않고 편리하게 할 수 있다.

짚어보기 가상 주소로부터 실제 주소로 변환할 때의 구체적인 예[그림5-67]

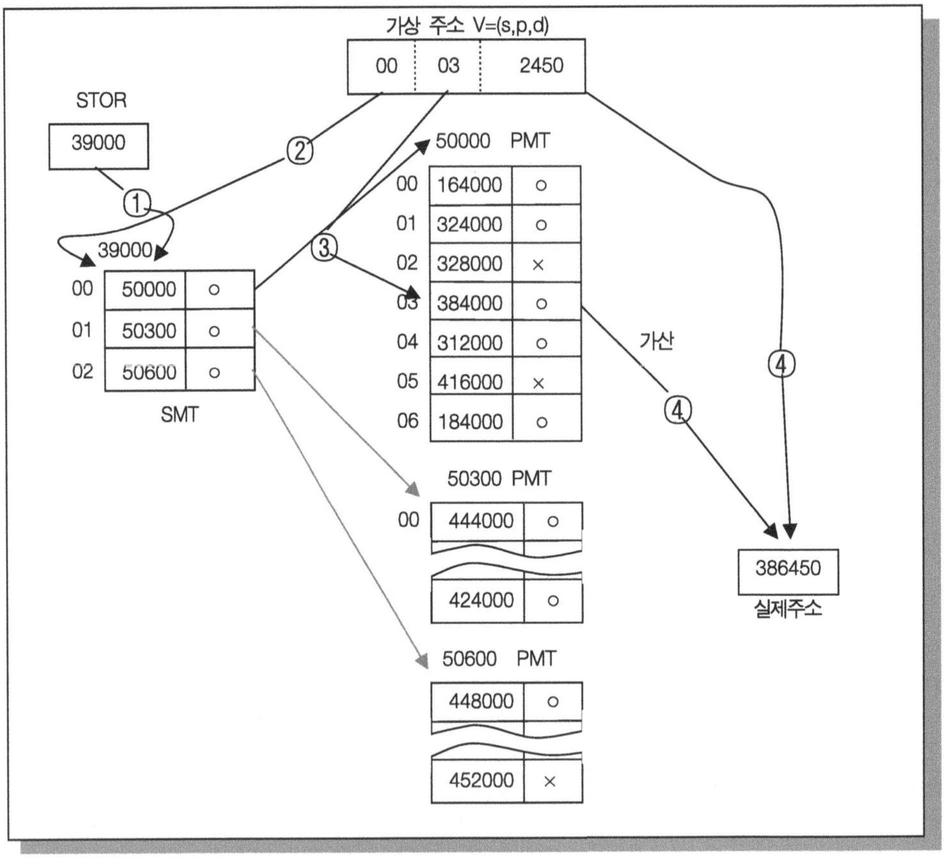

[그림 5-67] 혼합 시스템의 동적 주소변환

(6) 혼합 시스템에서의 동적 주소 변환과정[그림5-68]

1) 고속 주소 변환

고속 주소 변환 방법에는 연관 레지스터(Associative register)에 의한 병법과 TLB(Translation Lookaside Buffer)에 의한 방법이 있다. TLB는 연관 레지스터와 기능과 구조는 유사한데 단지 캐시(cache)를 이용하여 많은 정보를 저장시켜 관리할 수 있을 뿐만 아니라 레지스터 보다 상대적으로 비용이 저렴하다. 세그먼테이션/페이징 방식에서는 명령을 실행할 때마다 주소 변환을 하게 되면 프로그램의 실행시간이 길어지는 문제가 생긴다. 연관 레지스터는 SMT와 PMT을 이용한 비교적 느린 변환을 보충하기 위한 기구이며, 실기억 장치의 테이블을 참조하는 것보다 훨씬 빠른 특수 목적의 고속 레지스터로 되어 있다(레지스터는 8개,16개,128개가 있는 경우가 있음).

2) 변환 과정

① 현재 수행 중인 프로세스가 가상주소 V= (s, p, d)를 참조한다.

② 가장 최근에 참조된 페이지들은 연관 기억 장치에 해당 항목들이 들어 있다.

→ 따라서, (s, p)를 찾기 위해 연관 기억 장치에 대한 연관 탐색이 수행된다.

→ 만일 (s, p)가 발견되면 이 페이지가 들어있는 M/M내의 페이지 프레임 p'와 변위 d를 접속하여 가상 주소 V

=(s, p, d)에 대응하는 실기억 장치의 주소 r를 구함으로써 주소 변환이 끝난다.

3) 페이징/세그먼테이션 혼합 시스템(연관/직접사상을 통한)의 가상주소 변환[그림5-69]

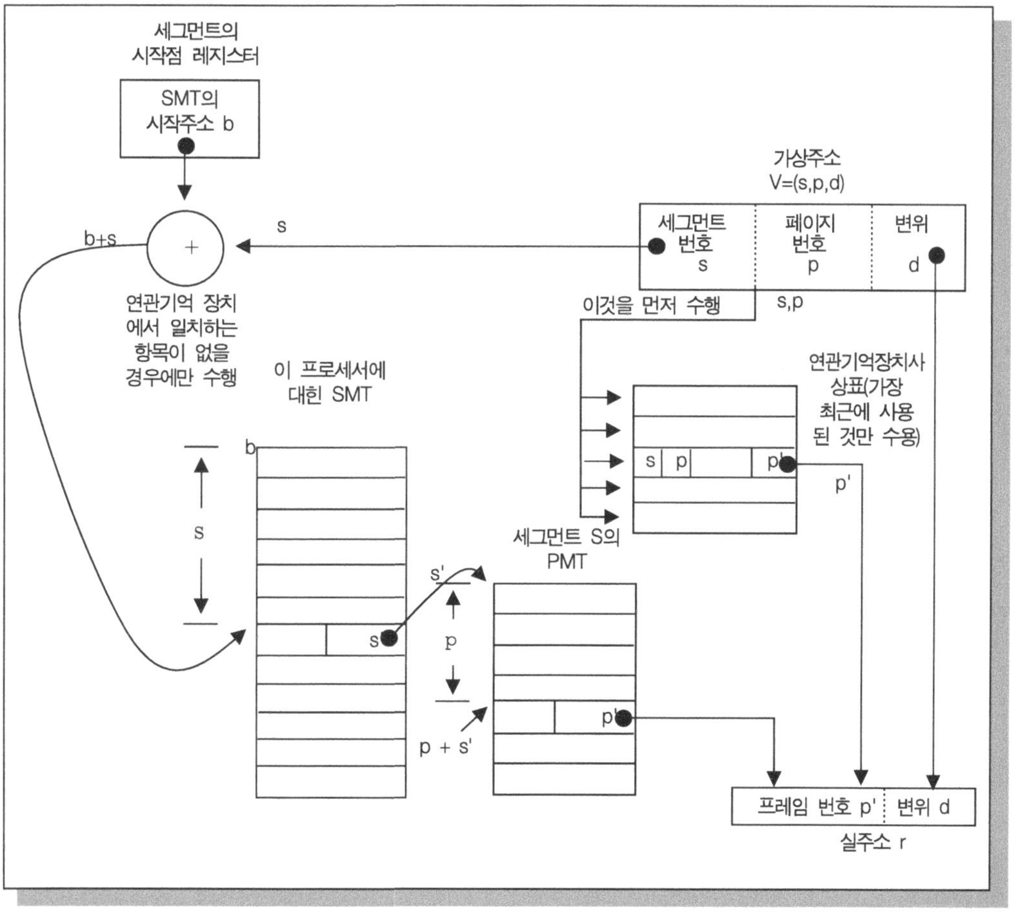

[그림 5-68] 혼용 시스템의 가상 주소 변환

짚어보기 8개의 연관 레지스터(Associative register)의 예

- [그림5-69]의 점선의 표시는 테이블을 이용한 주소 변환 경로이며, 실선은 연관레지스터에 의한 변환 모습을 나타내고 있다.
- 연관 레지스터에는 실행중인 프로그램이 최근에 사용한 8개 페이지의 세그먼트 번호와 페이지 번호가 들어있다.
- 프로그램에서 가상 주소를 참조해야 될 때에는 가상 주소의 세그먼트 번호와 페이지 번호 부분이 연관 레지스터 의 세그먼트 번호와 페이지 번호가 비교된다.
- 8개의 레지스터 중에 가상 주소의 번호와 일치되는 것이 있으면 연관 레지스터의 페이지 프레임 주소에 가상 주소의 변위 부분이 가산되어 실제 주소가 구해진다. 이와 동시에 레지스터의 참조 비트가 1이 된다.
- 연관 레지스터에서의 변환은 실기억 장치를 전혀 엑세스하지 않고 아주 고속으로 이루어지므로 SMT과 PMT를 이용한 변환의 효율 저하를 완전히 막을 수 있다.

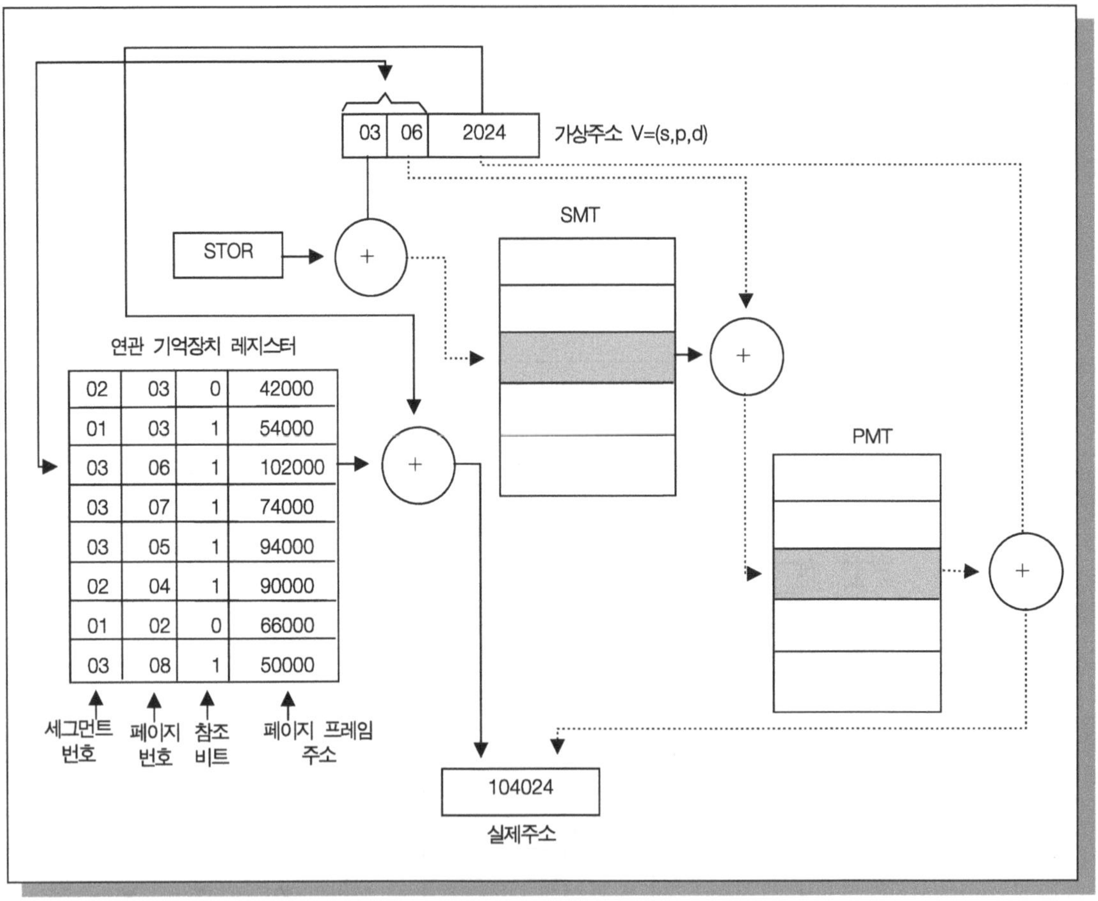

[그림 5-69] 연관 기억장치 레지스터에 의한 주소 변환

짚어보기

지금까지 설명한 각종 테이블의 상호 관계를 파악하고 시스템 전체를 정리해 보자.

[그림5-70]에서 프로그램 중의 어떤 명령을 실행하려고 우측 위에 있는 가상주소를 참조하였다고 하면,

- DAT 기구는 이 가상주소의 세그먼트 번호와 STOR에 있는 시작주소(top address)를 토대로 SMT 상의 해당 기입 항목을 찾는다. 또 기입항목 중 페이지 주소와 가상 주소의 페이지 번호를 토대로 PMT 상의 해당 기입 항목을 찾는다.
- 해당기입 항목의 비타당 비트(Invalid bit)가 "1"이므로 원하는 페이지의 실기억장치(RS)에는 없음을 알 수 있다. 여기서 페이지 부재 인터럽트가 일어나고 그 뒤의 처리는 S/W에 넘긴다.
- 페이징 수퍼바이저는 외부 PMT을 참조하여 요구하는 페이지가 외부 페이지의 기억 장치의 어느 슬롯(slot)에 있는가를 안다. 한편, 페이지 프레임 테이블을 참조하여 빈페이지 프레임을 찾아 거기에 슬롯에 있던 페이지를 옮기는데, 이것이 페이징이다. 이렇게 하여 원하는 페이지를 사용할 수 있게 된다.
- 수퍼바이저는 PMT 중의 해당기입 항목을 page-in 상태로 바꾸어야 한다. 즉, 해당 기입 항목의 페이지 프레임 테이블의 해당 기입 항목도 고친 후에 가상 주소의 변환을 DAT 기구에 맡긴다.

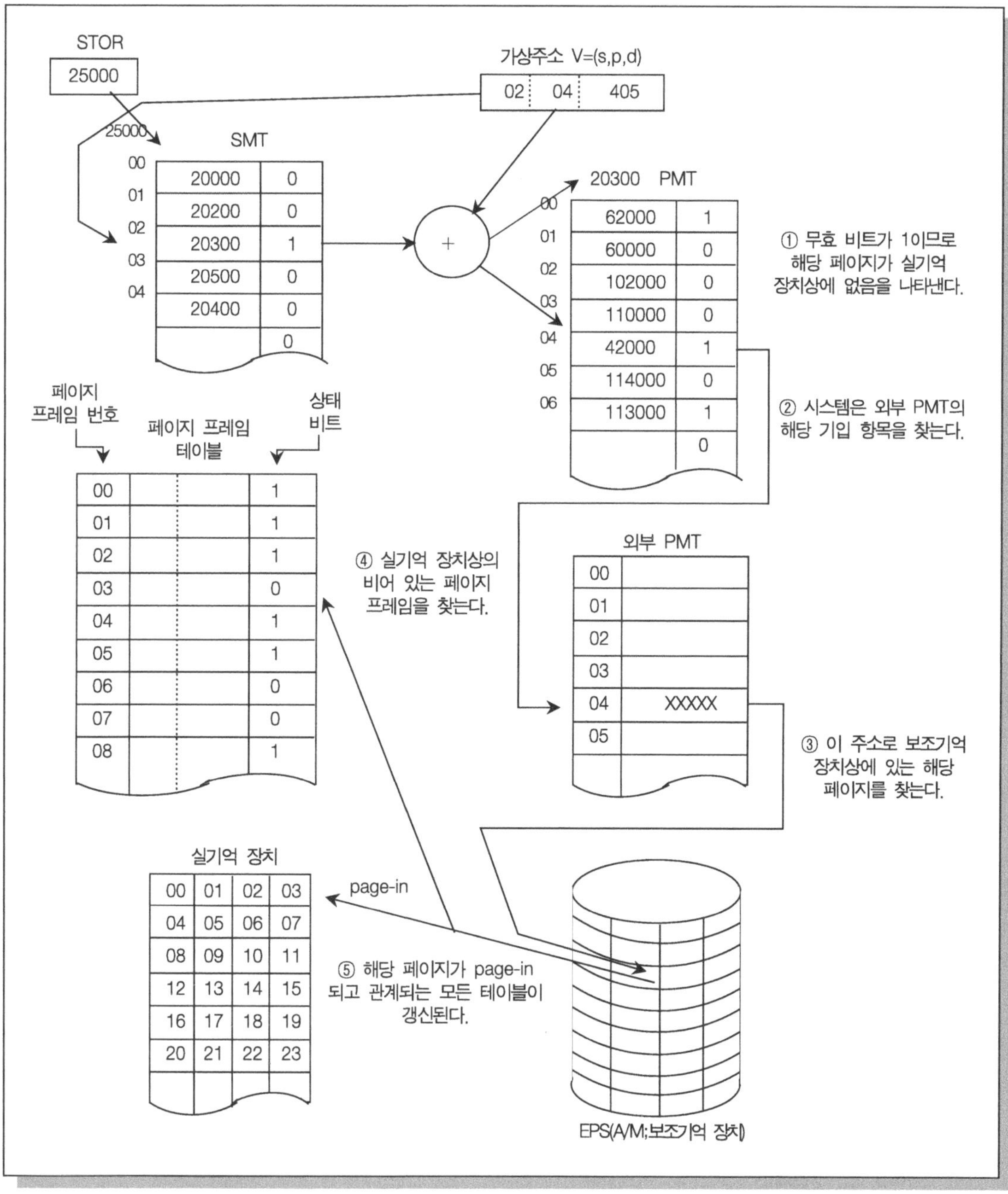

[그림 5-70] 페이지 부재처리

■ 연 습 문 제

학과:	학번:	성명:	제출일:

[5-1] 기억장치 관리를 연속 적재와 분산 적재로 나누어 설명하라?

[5-2] 논리적 주소와 물리적 주소의 차이는 무엇인지 설명하라?

[5-3] 다음의 각 배당 알고리즘의 장/단점은 무엇인가?
(1) 최초 적격

(2) 최상 적격

(3) 최악 적격

[5-4] 단편화는 무엇이며, 내부 단편화와 외부 단편화의 차이는 무엇인가?

[5-6] 페이지의 크기가 2의 거듭제곱인 이유는 무엇인가?

[5-7] 다음과 같이 메모리가 분할되어 사용되고 있다고 하자.

시작주소	크기	내용
0	300KB	OS
300KB	200KB	P1
500KB	100KB	P2
600KB	400KB	S
1000KB	200KB	P3
1200KB	300KB	S
1500KB	400KB	P4
1900KB	200KB	S

위의 표에서, 내용이 S이면 빈 공간을 의미한다. 빈 공간을 모아서, 메모리의 끝 부분에 900 KB를 만들 수 있는 두 가지 압축 방법을 제시하고 각각 이동해야 하는 메모리의 양을 계산하라. 만약, 빈 공간을 P1과 P2는 그대로 놓아두고 P2 바로 밑에 만드는 경우에는 어떻게 되는가?

[5-8] 페이지 테이블(PMT)이 메모리에 있는 페이징 시스템을 고려하자.

(1) 메모리 접근 시간이 200 ns이면, 한 주소에 접근하는 데 걸리는 시간은 얼마인가?

(2) 연관 레지스터를 이 시스템에 추가했을 때에, 모든 주소 참조의 75%가 연관 레지스터에서 발견된다면, 실제적인 메모리 접근 시간은 어떻게 되는가? (연관 레지스터의 탐색 시간은 무시하라.)

[5-9] 한 페이지의 크기가 1 KB이며 64개의 논리적 페이지가 있는 시스템이 있다. 이 시스템에서는 논리적 페이지를 1024개의 프레임에 사상한다. 이 시스템에 대하여 다음의 값을 구하라.

(1) 논리적 공간의 크기

(2) 물리적 공간의 크기

[5-10] 물리적 공간이 논리적 공간보다 큰 개인용 컴퓨터에서는, PMT의 내용을 바꾸어서 큰 프로그램을 전부 메모리에 적재하여 실행할 수 있다. 이와 같은 접근 방법을 쓰는 실제 하드웨어 시스템의 예를 들고, 그것의 구체적인 사항에 대해서 설명하라.

[5-11] 물리적 공간이 논리적 공간보다 큰 개인용 컴퓨터에서는, PMT의 내용을 바꾸어서 큰 프로그램을 전부 메모리에 적재하여 실행할 수 있다. 이와 같은 접근 방법을 쓰는 실제 하드웨어 시스템의 예를 들고, 그것의 구체적인 사항에 대해서 설명하라.

[5-12] 기억 장소 집약(compaction)에 대해 설명하라.

[5-13] 기억 장치 경영에 있어서 동적 분할을 방지하기 위해서 압축(Compaction)을 하는데 이에 따라 주소를 조정해 주어야 하는데, 이를 무엇이라 하며, 그 내용을 설명하라.

Chapter

06

가상 기억장치

CHAPTER 06

가상 기억장치

학습목표

가상 기억장치(V/M)는 주기억장치(M/M)의 용량보다 더 많은 양의 기억공간을 필요로 하는 프로그램을 실행할 수 있게 하는 중요한 개념이다. 이러한 동작이 가능하기 위해서는 가상의 커다란 프로세스 기억공간을 정해진 방법으로 분할하고, 그 중 현재 필요한 부분만 주기억장치에 적재되도록 한다. 이를 위해 프로세스에 의해 참조되는 주소를 M/M에서 사용하는 주소와 분리한다. 이 장에서는 이러한 처리를 위한 기억장치 관리 기법과 가상 주소와 실 주소 사이의 변환 방법에 대하여 학습한다. 또한 메모리 자체만 가지고는 모든 프로그램과 자료를 영구적으로 보관하기에는 충분하지 못하므로, 컴퓨터 시스템에서는 메모리를 뒷받침하는 보조 기억장치를 제공해야 한다. 현대 컴퓨터 시스템에서는 이 역할에 디스크 장치를 사용하고 있다. 파일 시스템에서는 디스크에 프로그램과 자료를 수록하고 또한 이들에 대한 온라인 접근을 지원한다.

이 장에서의 주요 내용은 다음과 같다.

- 가상 기억장치의 개념과 주소변환
- 블록 사상 기법
- 페이징 시스템과 요구 페이징 시스템
- 페이지 부재
- 할당 기법과 교체 기법
- 작업 설정과 지역성, 스래싱

6.1 가상 기억장치의 개념

지금까지 우리는 M/M의 관리 기법을 위하여 제5장에서 정적 할당(MFT)과 동적 할당(MVT), 페이징 기법, 세그먼테이션 기법, 혼용 기법에 대해서 살펴보았다. 그런데, 이 모든 기법들은 하나의 작업(프로세스 또는 프로그램)이 수행되기 전에 그 작업 모두가 M/M(M/M;Main Memory) 내에 들어 있어야 실행이 가능하였다(단순 페이징, 단순 세그먼테이션).즉, 제5장에서 논한 기억장치 관리 알고리즘은 프로세스가 수행되기 전에 프로세스의 모든 논리 주소 공간이 **주기억장치** 내에 있어야 한다는 기본 요건이 필요했다. 이와 같은 접근 방식들은 다중 프로그래밍을 수행하기 위해 기억 장치 내에 많은 프로세스들을 동시에 유지하는 하나의 목적을 가지고 있다. 프로세스는 M/M에서만 실행이 가능했기 때문에 M/M를 실제 기억장치 또는 물리적 기억장치(Physical Memory)라 부른다. 반면에 가상 기억장치(V/M;Virtual Memory)는 프로그래머나 사용자들이 디스크(A/M;보조기억장치)라 부르는 커다란 기억장치 공간을 가상의 기억장치 공간으로 사용하는 기법이다. 이를 통해 기억장치의 부족함이 없이 컴퓨터를 이용할 수 있으며 다중프로그래밍 환경을 실현할 수 있다. 즉, V/M의 개념은 프로그램에서 사용할 수 있는 기억공간을 M/M의 크기의 제약으로부터 해방하려고 한 것이다. 기억 장치의 구성은 [그림5-1]에 나타내었다.

가상 기억장치(V/M)란 용어는 1960년 영국의 맨체스터(Manchester) 대학에서 제작된 아틀라스(Atlas) 컴퓨터 시스템에서 처음으로 등장했다. V/M를 개발하게 된 근본적인 이유는 바인딩 시간(binding time)을 늦추어서 프로그램의 재배치를 용이하게 하기 위해서 사용되었으며, 중첩(overlay) 문제를 해결하기 위해서이다. V/M는 M/M보다 용량이 훨씬 큰 기억 공간에 주소지정이 가능한 기억장치 관리 기법이다. V/M는 M/M에서 사용자와 논리 기억장치를 물리적으로 분리하여 프로그래머에게 M/M보다 훨씬 큰 가상의 기억장치를 제공한다. 예를들어, 앞서 다룬 페이징 시스템으로 V/M 시스템을 구현하며 M/M를 보다 효율적으로 사용할 수 있어 더 많은 작업을 M/M에 적재할 수 있다. 또한 사용자(프로그래머)에게 M/M의 제한된 용량 사용과 중첩 사용 문제를 해결해 주었다. 대부분의 프로그램은 프로그램 전체가 동시에 실행되지 않기 때문에 부분적인 적재만으로도 프로그램을 실행시킬 수 있다. 이런 특징을 이용한 기억장치 관리 기법이 V/M이다. 실제로 프로세스를 실행하는데 꼭 필요한 부분만 M/M에 저장하고 나머지는 2차 기억장치(Secondary Storage 또는 보조기억장치(A/M;Auxiliary Memory))인 디스크에 저장한다. V/M의 공간에 있는 다양한 프로세스 항목이 2차 기억장치에 분산 적재된 후 프로세스가 실행되면서 M/M로 이동한다.

이러한 기억장치 관리 기법이 성공적으로 운영할 수 있는 이유는 실제적으로 모든 프로그램이 항상 동시에 사용되지 않고 다음과 같은 문제를 적절히 활용하기 때문이다.

① 예외적인 오류 조건을 처리하는 오류 코드 루틴의 경우에는 자주 필요하지 않으며 발생하지 않을 수 있다.
② 행렬, 배열, 리스트, 테이블 등의 크기는 실제로 사용된 크기보다 정의된 크기가 항상 클 수 있다. 즉, 공간을 선언한 후에 실제로 그 중 일부인 공간만이 사용될 수 있다.
③ 문서 편집기에서 자주 사용하지 않는 메뉴인 복사, 붙이기, 잘라내기, 삽입 등은 실제로 선택한 한 개의 메뉴만 적재하고 나머지는 기억장치에서 내보내도 된다.

이와 같이 많은 부분이 실제로 참조되는 경우는 매우 드물거나 없을 수도 있다. 앞서 동시에 요구되지 않는 현상을 이용하는 기억장치 관리 방법으로 중첩(Overlay)을 설명했지만 실제로 기억장치에 프로그램의 일부분만 적재시켜 수행할 수 있다면 다음과 같은 이점이 있다.

① 프로그래밍 작업이 쉽게 할 수 있다. 즉, 공간의 제약이 없으므로 중첩을 작성할 필요가 없다.
② 공간이 부족해도 부분 적재가 가능하여 많은 작업을 실행할 수 있기 때문에 프로세서의 이용률(Utilization)과 처리율(Throughput)이 향상될 수 있다. 물론 응답시간(Response time)이나 반환시간(Turnaround time)의 향상은 나타나지 않을 수 있다.

그러나 이에 따른 문제점도 있는데, 기억장치와 디스크 공간 사이의 이동량의 증가에 따른 교체 공간의 확보, 어느 시기에 어느 페이지를 적재하고 다시 복귀시킬 것인가에 대한 페이징 알고리즘의 결정, 요구된 프로세스의 페이지가 없을 때, 즉 **페이지 부재(page fault)**에 대한 처리 방안 등에 대해서 적절한 해결 방법이 요구되는 경우 등의 예가 있다.

이와 같은 V/M의 특징을 성공적으로 이루기 위해서는 실행 중인 프로세스의 참조 주소와 M/M에서 사용하는 주소가 분리되어 있어야 한다. 일반적으로 수행 중인 프로세스가 참조하는 주소를 가상주소(논리주소, 프로그램 주소)라 하는데, 이러한 가상주소는 실제 물리적 주소로 변환해야 한다. 물리주소로 변환하는 과정을 **사상(Mapping)**이라고 하며 변환함수로 표시한다. 이러한 사상은 가능한 빨리 이루어져야 하는데, 그렇지 않으면 시스템 성능이 떨어지고 V/M를 사용하는 효과가 없어진다.

즉, 사용자 프로그램을 분할하여 실행 시 필요한 부분만 M/M에 적재하여 실행하는 방법으로 V/M의 관리는 운영비용의 감소와 비용 모델 설정 및 최적 기법 연구를 들수 있으며 구현 기법으로는 페이징 기법과 세그먼테이션 기법이 있다. 관리 기법으로는 **할당 기법, 호출 기법, 배치 기법, 교체 기법, 소거 기법, 부하조정 기법** 등이 있다.

시스템 성능에 영향을 미치는 주된 관리 기법에는 할당 기법과 교체 기법이 있는데 상세하게는 고정 할당 기반의 교체 기법에는 MIN 알고리즘, 무작위 알고리즘, FIFO 알고리즘, LRU 알고리즘, LFU 알고리즘, NUR 알고리즘, 클럭 알고리즘, 2차적 기회(second chance) 알고리즘 등이 있이며, 가변 할당은 작업 설정(WS;working set) 기법, PFF 기법, VMIN 알고리즘 등이 있다.

프로그램 주소 공간(가상주소)을 V, M/M의 공간(실제주소)을 R이라고 한다면 사상(F)에 의해 V/M는 다음과 같이 정의된다.

F : V ⟶ R

(가상주소(V)와 실제주소(R)의 분리)

따라서, 프로그램 상의 주소, 즉 가상주소 V가 M/M의 R에 적재되어 있으면 다음과 같이 표시할 수 있다[그림6-1].

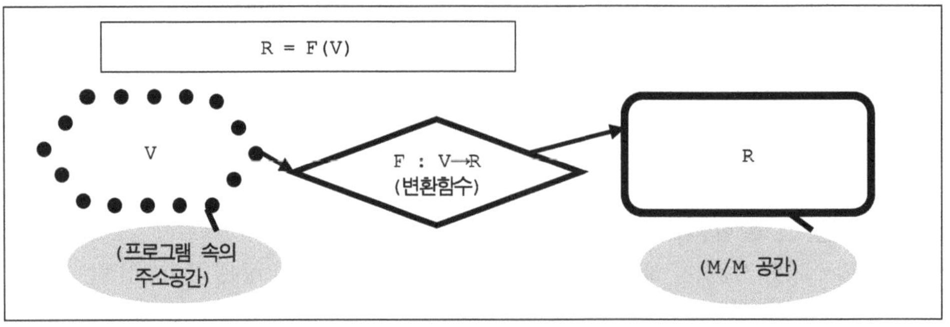

[그림 6-1] 가상 기억 공간과 실제 주소 공간의 사상

페이징과 세그먼테이션 기법의 경우는 제5장의 정적(MFT) 및 동적(MVT) 분할 기법과는 달리, 하나의 작업이 여러 개의 조각(블록, 페이지 또는 세그번트)으로 나뉘어져서, 이들 조각들이 주기억 공간 내에 연속되게 적재되지 않아도 실행이 된다는 것을 알았다. 이것은 어떤 작업이 행하게 되는 주기억 공간에 대한 모든 접근은 실행 시에 논리적인 주소를 물리적인 주소로 동적으로 변환시켜 주는 기법(PMT, SMT 개념)이 도입되었기 때문에 가능해진 것이다.

이러한 가상주소와 실제주소를 연관시키기 위해 여러 가지 수단이 개발 되었는데, 그중 **동적주소 변환**(DAT:Dynamic Address Translation) 기법은 **인위적 연속성(Artificial continuity)** 성질을 갖고 있다. **인위적 연속성**이란 가상주소 공간 상의 연속적인 주소가 M/M(실기억 장치)에서 연속적일 필요가 없다는 의미이다[그림6-2]. 즉, 프로세스의 가상주소 공간에 있는 연속적인 주소를 물리적 주소 공간에 연속적으로 저장할 필요가 없음을 의미하는데, V/M에서 연속된 항목들은 반드시 연속될 필요가 없는 실기억 장치의 항목들로 사상된다.

실행 중인 프로그램에서 사용되는 주소가 M/M에서 사용 가능한 주소일 필요는 없다. 연속적인 기억장소가 필요 없는 경우는 [그림6-3]과 같다.

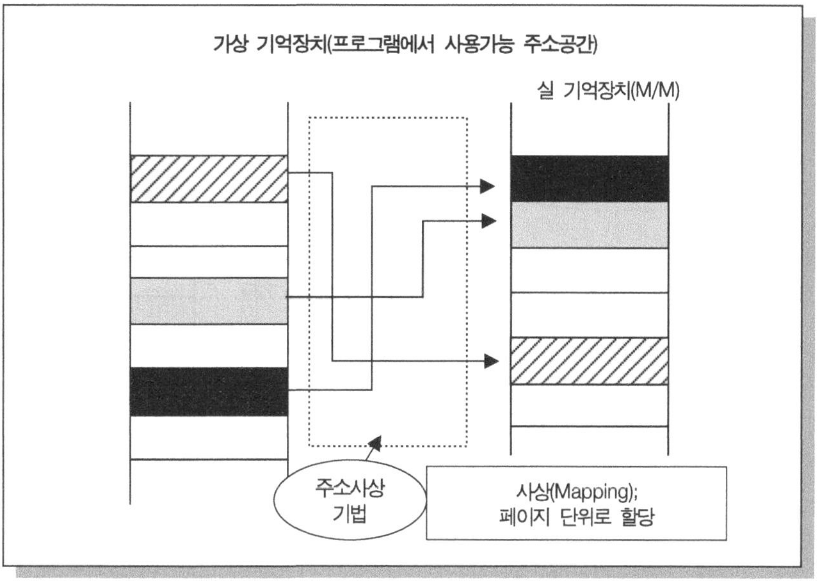

[그림 6-2] 가상 주소 공간으로부터 실 주소 공간으로의 항목별 사상

이때 사용자는 동적 주소 변환과 인위적 연속성의 이점 때문에 프로그램과 데이터의 적재 위치를 걱정하지 않아도 된다. 그러므로 프로그래머는 중첩과 관련된 어떤 작업도 수행할 필요가 없으며,H/W 구조와 상관없이 오직 알고리즘의 효율성과 프로그램 구조에 여러 사용자가 M/M를 공유하려면 M/M보다 큰 A/M에 프로그램이나 데이터를 저장하고 유지할 수 있는 방법이 있어야 한다. 이를 위해 [그림6-4]와 같이 2단계 기억장치 관리 기법을 활용할 수 있다.

첫 번째 단계는 프로세스가 실행되고, 실행중인 프로세스에 의해 참조되도록 데이터를 저장할 M/M를 말한다.

두 번째 단계는 제한된 M/M에 한 번에 저장할 수 없는 프로그램과 데이터를 저장할 수 있는 디스크, 드럼과 같은 커다란 용량의 기억매체로 구성된다. 즉, 프로세스가 수행되려면 해당되는 모든 코드와 데이터가 M/M(물리적 기억장치)에 저장되어야 한다. 이 기억 장소를 보조기억 장치(A/M;Auxiliary Memory) 또는 2차 기억 장치(Secondary Storage)라고 한다.M/M를 여러 개의 프로세스가 공유하고, 또한 각 프로세스가 M/M보다 훨씬 큰 가상 주소 공간을 가지므로 , 한 순간에는 각 프로세스의 프로그램과 데이터의 일부분만이 M/M에 들어 있다.

이러한 개념을 확장 해보면, 어떤 작업의 전체가 주기억 공간 내에 들어 있지 않아도 실행이 가능하다는 것을 의미한다. 즉, 실행 시에 필요한 어떤 작업의 일부분만 주기억 공간 내에 들어 있으면 작업의 실행이 가능하며, 만약 필요한 부분이 주기억 공간 내에 없을 때에는 그 때에 가서 필요한 부분을 주기억 공간 내로 불러들일 수 있는 기법(동적 적재; dynamic loading)이 제공됨으로써 이는 가능해 진다.

이와 같이, 주기억 공간 내에 더 많은 작업들을 수용할 수 있기 때문에 다중 프로그래밍의 정도를 더욱 높일 수 있고,사용자 프로그램의 크기가 주기억 공간의 물리적인 크기보다도 크다 하더라도 수행이 가능함을 의미한다.

V/M에서 관련되는 주소의 의미는 다음과 같다.

① 가상 주소(virtual address) : 컴퓨터에는 실제로 존재하지 않지만 프로그램 상에 존재하고 있는 것으로 보고 사용하는 주소 즉, 현재 실행 중인 프로세스(running program)를 참조하는 주소의 상위 자리는 V/M를 몇 개의 분할한 페이지에 대응(사상)하는 페이지 번호를 나타내고,하위 자리는 페이지 내의 상대주소를 나타낸다.

② 실(실제) 주소(real address) : M/M에서 실제로 사용 가능한 주소. 즉, M/M의 각 주소단위에 일대일 대응이 이루어지는 주소로 실제 M/M 상에서 사용 가능한 주소로 실주소라고 하며, 가상주소와 대응되는 개념이다.

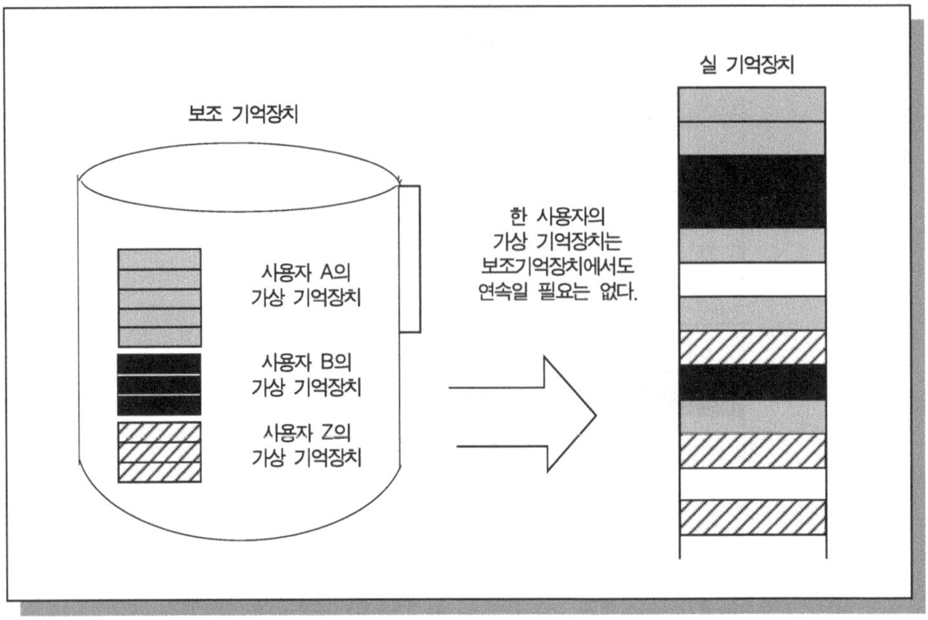

[그림 6-3] 인위적 연속성; 연속적인 기억 장소일 필요가 없음.

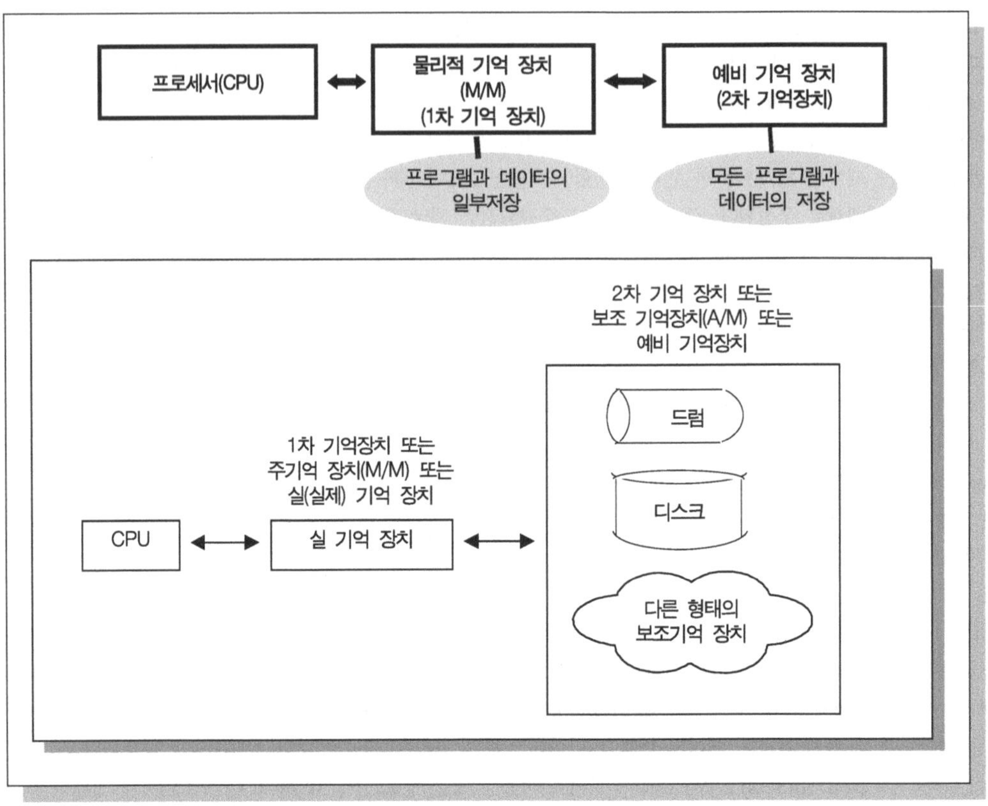

[그림 6-4] 2단계 기억 장치

③ 가상 주소공간(virtual address space): V/M 시스템에서 가상 주소 지정이 가능한 영역. 즉, 현재 진행 중인 프로세스가 참조하는 가상 주소 영역의 범위. 즉, 현재 진행중인 프로세스가 참조하는 가상 주소 영역의 범위이다(한 작업, 단말 사용자, 시스템 작업 등이 가상 기억 공간을 할당해 줌).

④ 실(실제) 주소공간(real address space): 특정한 컴퓨터 시스템에서 사용 가능한 실 주소(real address) 영역의 범위이다.

⑤ **동적 주소 변환(DAT; Dynamic Address Translation):** 프로세스가 수행될 때의 주소를 실 주소로 바꾸어주는 기법이며[그림6-2],직접 사상, 연관 사상, 연관/직접 사상 등에 의한 방법들이 있다.

⑥ 사상(mapping): 프로세스가 수행되는 동안에 가상 주소(virtual address)는 실(실제) 주소(real address)로 바뀐다.

⑦ 인위적 연속성(artificial continuity): 가상 주소 시스템은 프로세스가 갖는 **가상주소 공간(virtual address space)** 상의 연속적인 주소가 **실(실제) 주소공간(real address space)**에서도 연속적일 필요가 없다는 성질이다. 인위적 연속성은 [그림6-3]와 같다.

⑧ 사용자는 실 기억정치(real storage) 내에 프로시저(procedure)나 데이터(data)가 어디에 위치하는지 고려할 필요가 없다.

M/M의 페이지를 수용할 공간이 없을 때에는 가장 사용 빈도가 낮은 프로그램 부분이 A/M(disk) 상으로 물러나게 되며(page-out) 이 자리에 다른 페이지를 읽어 들이도록 되어있다(page-in). 이와 같이 필요로 하는 프로그램 부분을 요구되는 시점에 M/M에 읽혀 들이는 일련의 동작을 일반적으로 **요구 페이징(demand pageing)** 이라 부른다.

V/M의 장점은 다음과 같다.

① 사용자 프로그램들이 실제 기억장치(physical memory)보다 클 수도 있다(작업의 크기가 더 이상 M/M의 크기에 의해 제한을 받지 않음).
② V/M는 사용자 논리 기억장치를 실제 기억장치와 분리시킴으로써 기억장치(M/M;Memory)를 매우 큰 저장 장치의 균일한 배열로 생각할 수 있으므로 프로그래머에게 M/M의 한계를 염려하지 않아도 되게 한다.
③ 프로그램 실행에 필요한 부분만 M/M에 적재되므로 M/M를 보다 효율적으로 사용할 수 있다.
④ 다중 프로그래밍에서 동시에 적재할 수 있는 작업의 수에 제한이 없다.
⑤ M/M 관리의 낭비 요소인 외부 단편화를 제거하였으며, 내부 단편화를 최소화하였다.
⑥ 프로그램 코드와 데이터의 자연스런 공유를 지원한다.
⑦ 프로그램 세그먼트의 동적 연결(dynamic linking)을 허용한다.

V/M의 단점은 다음과 같다.

① 구현하기 어렵다.
② 만약 잘못 사용하면 실질적으로 성능(performance)이 저하될 수 있다.
③ H/W의 비용이 증가된다.
④ 페이지 인터럽트를 처리하는 오버헤드가 늘어난다.
⑤ 스래싱(thrashing)을 방지하는 S/W의 복잡도가 늘어난다.

6.2 동적 주소 변환

이러한 가상기억장치(V/M)의 개념을 구현하기 위해서는 수행중인 작업이 참조하려는 가상주소(virtual address)를 실기억장치 상의 실제주소(real address)로 사상(mapping) 시켜 주는 **동적 주소 변환(DAT: dynamic address translation) 기법의** 작업이 이루어져야 한다. 이러한 주소 변환 작업은 이미 페이징과 세그먼테이션 기법에서 페이지 사상 테이블(PMT)과 세그먼트 사상 테이블(SMT)을 통하여, 어떤 프로그램이 참조하려는 **논리주소를 실제주소**로 변환하는 작업을 살펴본 바 있다. V/M에서는 주소 사상 함수에 의해 프로세스가 참조하는 가상 주소 공간이 실주소 공간으로 사상되어야 한다. 즉, **DAT 기법**은 프로세스가 수행될 때 가상 주소를 실제 주소로 변환하는 기법을 말한다[그림 3-25]. 따라서, 사용자는 프로그램과 데이터가 M/M의 어느 곳에 위치하는 가를 걱정하지 않아도 되며, 사용자는 알고리즘의 효율과 프로그램 구조에 대한 세부 사항만을 생각하고 H/W의 세부 사항에 대해서는 신경 쓰지 않고 편안하게 프로그램을 작성 가능하도록 해 준다. 이러한 동적 주소 변환 기법은 매우 빠르게 실행되어야만 하며, 주소 사상 속도가 늦을 경우, 디스크에 있는 원하는 블록(페이지나, 세그먼트)이 M/M로 그만큼 늦게 적재되거나 M/M 내의 특정 항목을 참조하는 시간이 느려져 결국 시스템의 성능이 저하될 것이다. [그림6-3]는 **인위적인 연속성**을 나타내고 있다.

페이징과 세그먼테이션의 두 개의 기법은 하나의 작업을 구성하고 있는 모든 페이지나 모든 세그먼트를 실기억 장치에 적재시키는 방법이었다. 따라서, V/M의 개념을 이 두 가지 방법에 도입하게 되면, 모든 페이지나 세그먼트가 실기억 장치에 적재되지 않아도 수행이 가능하므로, 어떤 작업이 참조하려는 주소를 논리주소라기보다는 가상주소로 간주하고,PMT나 SMT의 항목 구성만 약간 변경하면 된다. 즉, 앞서 설명한 페이징과 세그먼테이션 기법의 H/W를 그대로 사용하되, 작업을 구성하고 있는 각각의 페이지나 세그먼트가 실기억장치 내에 존재하는가의 유무를 나타내는 항목(r)과 존재하지 않을 때의 가상기억장치(디스크 장치)의 주소를 갖는 항목(d_a), 그리고 M/M 내에 적재된 후의 내용 변경 유무를 나타내는 항목(m) 등을 추가한 후, 부분 적재 실행을 위한 S/W만 약간 변경함으로써 구현할 수 있다.

각각의 페이지나 세그먼트가 실기억 장치 내에 존재하는가의 유무를 나타내는 항목 r이 "1"로 세트 되었을 때에는 실기억 장치에 적재된 것으로 간주하여 DAT을 직접 행하면 되고,"0"으로 세트 되었을 때는 실기억 장치에 없기 때문에 해당 페이지나 세그먼트가 들어 있는 가상 기억장치(디스크 장치)의 주소를 갖는 항목(d_a)을 참조하여 M/M로 이들을 적재시켜 주어야 한다.M/M 내에 적재된 후의 내용 변경 유무를 나나태는 항목(m)은 M/M 공간과 가상 기억장치 공간 사이의 페이지나 세그먼트의 이동량을 적게 해주는 효과를 발휘할 수 있다. 즉, 이 항목 m이 "0"으로 되었을 때를 변경이 없는 것으로 하고 "1"로 되었을 때를 변경이 있었던 것으로 가정하면, 이 페이지나 세그먼트가 실기억 공간에서 교체되어 밖으로 나가야 할 때, 내용 변경이 없는 경우(m=0)에는 이를 가상 기억 공간(보조기억장치)에 굳이 출력시킬 필요가 없게 된다. 다만, 항목 m이 "1"로 된 경우에만 A/M로 출력하면 되는 것이다.

이상과 같은 V/M의 개념이 도입된 페이징과 세그먼테이션 기법을 각각 **요구 페이징(Demand paging), 요구 세그먼테이션(Demand segmentation)**이라 하며, 이에 반하여 V/M의 개념이 들어 있지 않은 페이징과 세그먼테이션 기법을 앞서 제5장에서 논한 단순 페이징(Simple paging) 기법, 단순 세그먼테이션(Simple segmentation) 기법이라 부르기도 한다.

여기에서, 요구(Demand)란 의미는 가상주소에 의해서 참조되기를 요구하는 페이지나 세그먼트만 실기억 공간에 적재시킨다는 의미이므로, 요구되지 않은 페이지나 세그먼트는 실기억 공간에 적재시키지 않는다는 것을 뜻한다. 이것은 앞서 언급한 V/M의 두 가지 이점을 만족시키는 전제 조건이 된다.

예제 6-1

기억장치 관리에서 교체의 용도에 대해서 설명하라.

풀이

페이징이나 세그먼테이션의 사상(맵핑) 기법에 교체를 추가함으로써 실제 물리적 메모리보다 큰 프로그램을 실행시키거나, 실제 메모리 크기보다 크게 여러 프로세스를 번갈아 적재하며 실행시킬 수 있다.

6.3 블록 사상(Block mapping) 기법

(1) 개념

정보를 블록 단위로 나누고 가상기억 장소 블록의 실기억 장소 위치를 관리하는 것이다. 동적주소 변환(DAT) 기법은 V/M가 실제 기억장치(물리적 기억장치)의 어느 부분에 존재하는가를 나타내는 주소 사상 테이블(표)(Address Mapping Table)을 유지해야 한다. 즉, 실행중인 V/M의 어느 부분이 현재 실제 실 기억장치에 존재하며, 또한 어디에 위치하는가를 나타내는 **사상표(mapping table)**를 유지해야 한다. 이 사상이 워드 단위(word-by-word) 또는 바이트 단위(byte-by-byte)로 이루어진다면 주소 사상 테이블의 유지를 위한 정보량이 너무 커지므로, 사상 정보의 양(테이블)을 줄이는 방법으로 주소를 **블록(block) 단위**로 처리하는 관리 기법이 제시 되었다. 다시말해, 이 정보를 블록 단위로 묶어 V/M의 각 블록이 실 기억장치의 어느 곳에 위치하는지 관리하는 것을 **블록 사상(block mapping)**이라 한다. 사상(mapping)을 워드(word) 단위나 바이트(byte) 단위로 하면 사상(mapping)에 필요한 정보의 양이 증가한다[그림6-5].

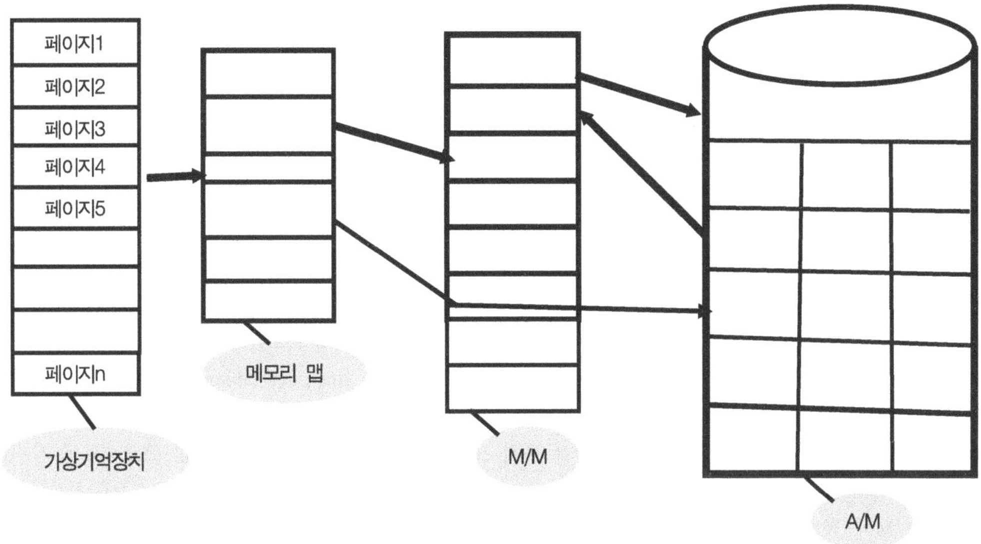

[그림 6-5] 실제 기억장치(M/M)를 확장한 가상 기억장치(V/M)의 관계

[그림6-5]은 V/M와 보조 기억장치(A/M), 즉 디스크와의 사상을 보여 주었는데, 블록의 크기에 따라 다르지만 시스

템이 블록의 위치만을 유지하고 추적하기 때문에 매우 효율적으로 관리할 수 있다. 블록의 평균 크기가 클수록 주소 사상 정보의 양(테이블의 크기)은 적어지나 내부 단편화를 가져와 2차 기억장치와 M/M의 주소 사상 시간이 더 요구될 수도 있다. 여기서 블록이란 V/M의 분할 단위이다. 블록의 크기가 일정하면 블록을 페이지(Page)라고 하며, 블록화 방법을 **페이징(Paging) 기법**이라 한다. 크기가 다르면 세그먼트(Segment)라 하고 **세그먼테이션(Segmentation) 기법**이라 한다. 관련 기법을 이미 5장에서 논했다.

(2) 정보를 블록 단위로 이동

시스템은 여러 가상 기억 장치(V/M;Virtua memory,Virtual storage)의 각 블록이 실기억 장치(real storage)의 어느 공간에 위치하는지 관리한다. 블록이 커짐에 따라 사상에 필요한 정보 저장에 필요한 실기억 장치의 양은 준다(블록의 크기를 크게 하면 사상기법 자체가 필요로 하는 기억 장치의 양을 줄일 수 있지만 A/M의 기억 공간이 많이 소모되며, 실기억 장치를 공유할 수 있는 프로세스의 수가 제한됨).블록이 커지면 A/M에서 M/M로 이동하는데 드는 시간이 오래 걸리고, 실기억 장치의 낭비이다. 블록 사상 시스템의 주소는 2차원적이다[그림6-6].

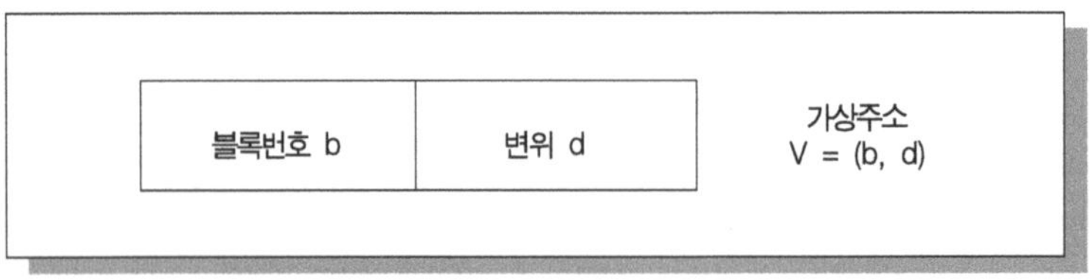

[그림 6-6] 블록 사상 시스템에서의 가상 주소 양식

- 특정 항목을 참조하려면 프로그램은 그 항목이 속해 있는 블록(b)과 그 블록의 시작에서부터 해당 항목까지의 변위 (d) 나타내어야 한다.
- 가상주소 V는 순서를 갖는 두 숫자(b, d)로 표시 된다.
  ┌ b : 참조될 항목이 속해 있는 블록의 번호
  └ d : 블록의 시작점으로 부터의 변위

블록 사상 시스템의 주소가 2차원적인데[그림6-7(a)], 프로그램을 블록 단위로 구분하는 경우 가상주소 v는 (b, d)의 형태로 표현할 수 있다. 가상주소를 1차원적인 상대주소로 표현할 수도 있으나 가상주소를 이렇게 2차원적으로 표현하는 이유는 주소 사상의 개념이나 기법을 언급하기에 편리한 점이 있기 때문이다.

[그림6-7(a)]에서는 한 프로그램이 m개의 블록들로 분할되어 있는 상황과 이 상황에서의 가상주소의 개념을 보여주고 잇다. 이와 같이 분할된 각 블록들은 블록 단위로 M/M에 적재되므로 임의의 순간에 일부 블록들은 M/M에 적재되어 있고 나머지 블록들은 M/M에 적재되어 있지 않을 수 있으며, 이러한 상태는 시간에 따라 동적으로 변화하게 된다. 주소 사상을 위하여 커널의 임의의 순간에 어느 블록들이 M/M에 적재되어 있으며 또한 MK/M의 어느 주소에 적재되어 있는지를 기록하고 유지하여야 하는데 이를 위해 블록 사상표(BMT;Block mapping table)를 사용하고 그 구조는 [그림6-7(b)]와 같다.

[그림6-7(b)]에서는 m개의 블록을 갖는 프로세스에 대한 BMT를 보이고 있다. 이 표에서는 프로세스의 각 블록들에 대해 상주 비트(residence bit)와 실 주소 등의 정보를 가지고 있다. 상주 비트는 해당 블록이 M/M에 적재되어 있는지를 나타내며(M/M에 적재되어 있는 경우에는 1, 그렇지 않은 경우에는 0으로 기록함), 실 주소는 해당 블록이 M/M에 적재되어 있는 경우 M/M의 몇 번지부터 적재되어 있는지의 주소를 나타낸다. 예를 들어, [그림6-7(b)]에서는 b번의 블록이 M/M에 적재되어 있으며,M/M의 주소 a번지부터 적재되어 있음을 보이고 있다. 이러한 BMT는 시스템에 존재하는 각 프로세스마다 하나씩 갖고 있으며, 커널 영역에서 이를 관리하게 된다.

이러한 BMT를 이용하여 프로세스가 발생시키는 가상주소 v=(b, d)를 실 주소 r로 변환하는 알고리즘은 [표6-1]과 같으며, 이 과정을 [그림6-8]에 나타내었다.

[표 6-1] 블록 시스템에서의 주소변환 알고리즘

❶ 해당 프로세스의 블록 사상 테이블(BMT)에 접근한다.
❷ BMT에서 블록 b에 대한 엔트리를 찾는다.
❸ 찾아진 엔트리의 상주 비트를 검사한다.
  ⓐ 상주 비트가 0인 경우에는 디스크로부터 해당 블록을 M/M로 적재시키고 BMT을 갱신(update)한 다음 ❸-ⓑ의 단계로 이동한다.
  ⓑ 상주 비트가 1인 경우에는 해당 엔트리에서 실 주소 필드의 값 a를 인출한다.
❹ 인출된 값 a와 가상 주소 변위 d를 더하여 실 주소 r을 형성한다(r = a + d).
❺ 실 주소 r로 M/M에 접근한다.

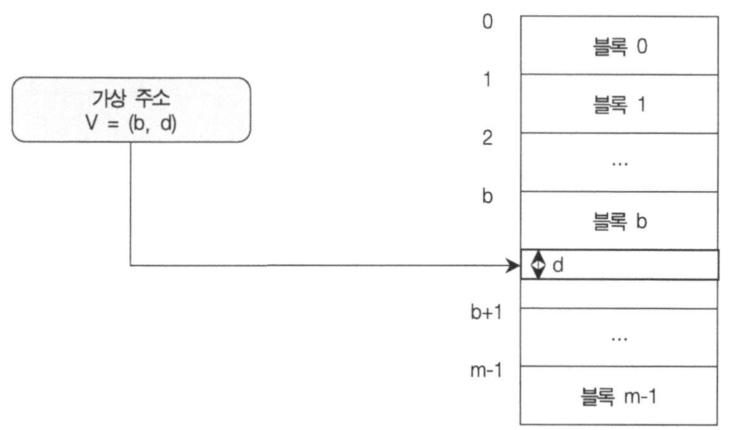

(a) 가상 주소

블록 번호	상주 비트	…	실주소
0 1 2 …			
b		…	a
… m-1			

(b) 블록 사상 표 구조

[그림 6-7] 블록 사상 시스템의 주소와 블록사상 테이블 구조

(3) 블록(block)의 크기

페이지(page)는 블록의 크기가 일정하며(그와 관련된 V/M의 구성을 페이징이라함), 세그먼트(segment)는 블록의 크기가 서로 다르다(그와 관련된 V/M의 구성을 세그먼테이션이라 함).

블록 사상 테이블(BMT) 내에서 블록 b의 실제 주소는 블록 번호 b를 BMT의 시작 주소 a에 더함으로써 얻는다. 이 항목은 블록 b의 실기억 장치 상의 실제 주소 b'를 가지고 있으며, 이 실제 주소 b'에 변위 d를 더함으로써 원하는 실제 주소 r= b'+d를 구한다. 즉, 프로세스 실행 동안 가상 주소 V = (b, d)로부터 기억장치 주소 r로 변환되는 과정은 [그림6-8]과 같다.

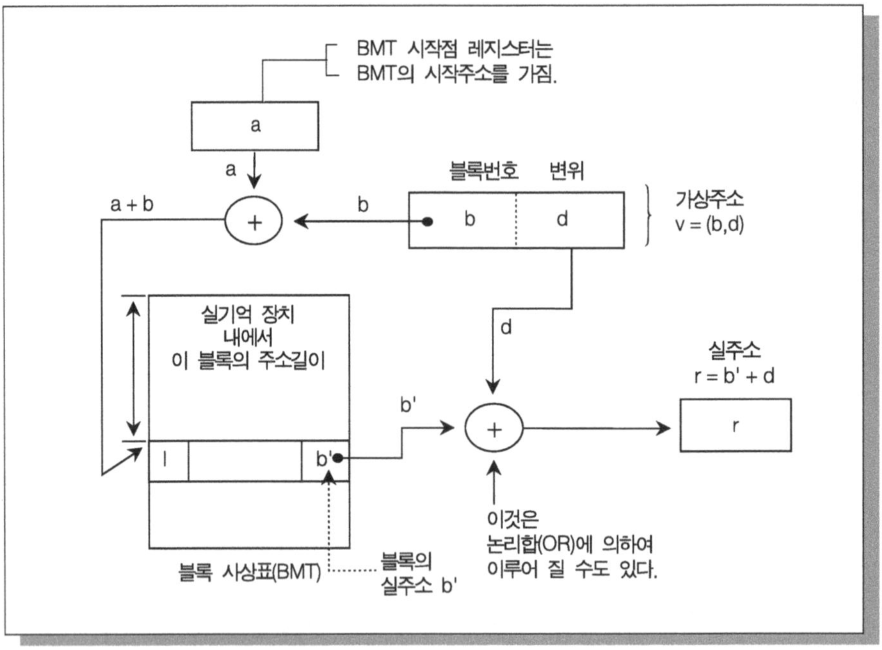

[그림 6-8] 블록 사상(mapping)을 통한 가상주소 변환

블록 사상 테이블(표)(BMT)의 시작점 레지스터(Block Table Origin Register)에는 기억장치 주소 a가 들어 있고 BMT에는 블록들이 블록 0,블록 1 등의 순서로 배열되어 있다. 이때 BMT의 항목은 블록번호(b)와 프로세스의 BMT의 기준주소(a)를 더하여 얻는다. 이 항목은 BMT에서 기억장치의 주소 b'를 얻는다. 이때 변위(d)의 값을 합하여 실제 기억장치 주소 r = b' + d로 계산된다. 여기서 b'은 실제 기억장치의 주소 a + b의 위치에 있는 BMT의 셀에 저장 된다.이러한 블록 사상의 관리 기법을 활용한 페이징 기법과 세그먼테이션 기법의 시스템 구조는 이미 설명한 5장을 참조하고, 이 장에서는 **요구 페이징** 시스템에 대하여 논한다.

(4) 가상 주소와 테이블 항목

페이지 시스템에서 가상주소는 순서를 가지는 쌍,v = (p, d)로 표시되며 페이지 번호(p)와 페이지 변위(d)로 구성된다. 예를 들면, 16비트의 가상주소가 1KB(=1024바이트(B)) 크기의 페이지를 사용한다면 가상주소 1502 (000001**0111011110**)의 경우 최하위 비트 10개는 페이지 변위(0111011110), 최상위 비트 6개(000001)는 페이지 번호(프레임 번호)를 나타낸다. 또한 32비트의 논리주소와 4KB(=2^{12}) 크기의 페이지를 사용한다면 페이지 변위는 12비트 (4KB=2^{12}), 페이지 프레임 번호는 20비트를 사용하여 2^{20}(1,048,576)개의 페이지 테이블 항목, 즉 페이지 프레임으로 구성된다. 이때 페이지 테이블은 항목 당 4바이트(32비트) 크기를 유지한다. 페이지는 블록 단위로 디스크에서 M/M로 옮겨져 페이지 프레임이라고 하는 M/M의 한 블록에 자리 잡게 된다.M/M는 가상 페이지와 같은 크기의 페이지 프레임들로 분할되어 있는데, 페이지는 사용 가능한 어떠한 페이지 프레임에도 들어갈 수 있다.페이지 테이블 항목은 [그림 6-9]와 같이 구성되며, 제어비트(예를 들면 페이지의 M/M의 저장 여부 등)와 프레임 번호 비트로 구성된다.

[표6-2]는 페이지 테이블 항목(PE;Page Table Entry)의 제어 비트에 대한 플래그와 의미이다.

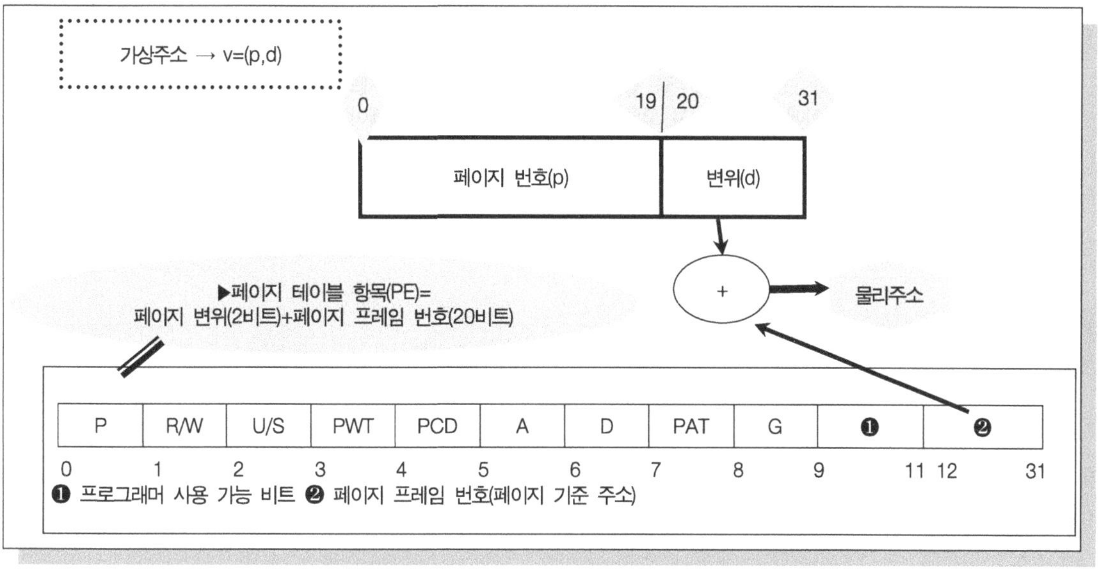

[그림 6-9] 페이징 시스템에서 가상주소와 페이지 테이블 항목(PE)

[표 6-2] 페이지 테이블 항목(PE)의 제어 비트

플래그	의미
P 플래그	참조 페이지의 M/M 저장 여부
R/W 플래그	쓰기/읽기 접근 권한 포함
U/S 플래그	사용자/슈퍼 사용자에 대한 페이지(페이지 테이블) 접근 권한
PWT,PCD 플래그	H/W 캐시에 의한 페이지(페이지 테이블) 처리
A 플래그	페이지 프레임에 따른 페이징 단위 주소 적용
D(M) 플래그	페이지 수정 여부
PAT 플래그	페이지 테이블 속성 색인
G 플래그	페이지 테이블 항목 적용
나머지 비트는 시스템 프로그래머 사용 가능	

가상(논리)주소에서 물리주소로 변환하는 과정은 5장의 5.4절에서 설명했다. 가상주소(v)의 페이지 번호(p)를 페이지 사상 테이블(PMT)에서 색인하여 페이지 프레임 번호(p')를 얻는다. 만일, 어느 프로세스에서 현재 참조하고 있는 페이지가 M/M에 있다면 그 프로세스는 수행될 수 있다.이어서 프레임 번호와 페이지 변위(d)에 접속하여 M/M의 주소(물리주소)를 구한다. 페이지 프레임 번호가 (1,2,3,...,n)이라고 가정하면 실제 물리 기억장치 주소는 페이지 프레임 번호와 페이지 크기를 곱한 결과이다. 즉, 실제 기억장치 주소 r(=프레임 번호 × 페이지 크기 + d)로 나타낼 수 있다.

예제 6-2

페이지의 크기가 가상 메모리 시스템의 성능에 미치는 영향을 설명하라. 페이지가 크면 어떠한 장단점이 있고, 반대로 작으면 어떠한 장단점이 있는가에 대해서 설명하라.

풀이

페이지의 크기가 크고 순차 접근만 일어난다면 페이지 오류가 적어질 수 있다. 그러나 임의 접근의 경우에는 좋지 않고, 또한 페이지의 크기가 커질수록 불필요한 부분도 메모리에 적재되어 정확한 작업설정(WS;Wworking Set)이 형성되지 않고, 이에 따라 페이지 오류는 오히려 증가하게 된다. 페이지의 크기가 작은 경우는 WS이 정확히 형성되지만, 순차접근에서는 불필요한 입/출력을 많이 하게 된다.

6.4 요구 페이징 기법

앞 제5장에서 살펴 본 바와 같이 가상기억장치(V/M)의 개념은 페이징과 세그먼테이션 기법에 공히 도입될 수 있다. 따라서 앞으로는 **요구 페이징(Demand paging)**을 중심으로 하여 설명해 나가기로 한다. 페이징 기법은 교체(Swapping) 기법을 사용하는 페이징 시스템과 비슷하며, 해당 페이지를 필요한 시점에서 페이지 인(Page-in)하는 방식이다.

V/M의 개념을 효과적으로 구현하기 위하여 OS에서 고려하여야 할 사항은 다음과 같다.

- 페이지 반입 정책; 요구 페이징, 예상 페이징
- 페이지 교체(대치) 알고리즘
- 페이지 프레임의 할당 방법
- 빈번한 페이지 교체의 문제

(1) 개념

요구 페이징은 필요한 프로그램만 기억장치(M/M;Memory)에 적재하는 방법으로 가상 기억장치(V/M;Virtual Memory) 시스템에서 많이 사용된다. 요구 페이징을 사용하는 V/M에서는 페이지들이 실행 과정에서 실제로 필요해질 때 적재 된다. 각 페이지들이 일단 보조기억 장치(A/M)에 저장되어 있다가 실행 중인 프로세서에 의하여 그 페이지가 요구될 때만, A/M에서 M/M로 옮겨지는(Page-in) 기법이다. OS에서 M/M 관리 방식중의 하나로서, M/M가 페이지라 불리는 일정한 크기로 나누어져 있어 고속 디스크와 M/M 사이에 페이지 단위로 정보를 교체할 수 있는 방식이며, M/M에 없는 자료나 코드를 요구하면 **페이지 부재(page fault)**가 발생한다. 주소 변환의 필요성이 생겼을 때 세그먼트 테이블을 경유하여 페이지 테이블을 찾아가서 페이지 테이블의 기입 항목이 그 페이지가 실기억 장치 상에 없음을 나타내면 페이지 부재 인터럽트가 일어나 외부 기억 장치(Disk)로부터 원하는 페이지를 갖고 오는 방식이며, 대체로 V/M 시스템에서는 이 방식을 취한다. 프로그램을 페이지 단위로 나누고 기억 장치가 블록(block) 단위로 나뉘는 것은 페이지 할당 방식과 동일하나 하나의 프로그램을 구성하는 모든 페이지가 일시에 기억 장치에 적재되는 것이 아니라 최초에는 각 프로그램의 첫 번째 페이지가 적재되고 나머지 페이지들은 디스크 등의 A/M에 남아 있다가 필요시에 적재되는 점이 다르다.

(2) 특징

① 프로그램에서 인출(fetch)된 페이지가 주기억 장소 내에 없으면 사용 가능한 프레임(frame)에 그 페이지를 불러들인다.
② 페이지가 실제 공간에 적재되면 대체되지 않는 한 계속 실제 공간에 남아 있게 된다.
③ 사용 가능한 프레임이 없을 때에는 호출된 페이지는 프레임 안의 페이지 중 하나와 대체된다.

④ 대부분의 V/M에서는 이런 요구 페이징 방식을 취한다.

⑤ 실 기억장치의 페이지 프레임이 여러 프로그램의 페이지로 모두 쓰여 새로운 페이지가 Page-in될 수 없을 때 어떤 원칙에 따라 어떤 페이지를 Page-in하도록 해주어야 한다. 이런 동작을 **페이지 대체(페이지 교체;Page replacement)**라 한다.

페이지 대체는 다음의 두 가지 이유로 시스템 성능(Performance)에 큰 영향을 미친다.

- 빈번히 참조되는 페이지를 대체하면 곧 다시 그 페이지를 실기억 장치(M/M)의 페이지 프레임에 불러 들여야 한다. 이는 불필요한 시스템 과부하가 되므로 극력 피해야 한다.
- Page-in된 후에 그 페이지의 내용이 바뀐 경우에는 반드시 Page-out해야 한다. 즉 아무런 바뀜이 없을 경우에는 보조 기억장치(A/M)에 있는 페이지를 필요한 시점에 그대로 Page-in하여도 지장이 없으나 변경이 있는 경우에는 이전의 페이지는 아무런 쓸모가 없다. 따라서, 변경된 페이지를 A/M에 Page-in해야 한다.

앞서 설명한 것들과 같이, 주소 변환의 필요성이 생겼을 때 SMT을 경유하여 PMT을 찾아가서 PMT의 기입 항목이 그 페이지가 실 기억장치(M/M)상에 없음을 나타내면 **페이지 부재(page fault)의 인터럽트**가 일어나 외부기억 장치로부터 원하는 페이지를 갖고 오는 방식인데, 대부분의 V/M 시스템에서는 이런 방식을 취하고 있다.

(3) 페이지 부재 처리

1) 페이지 부재(page fault) 시의 처리 과정

① 프로세스가 원하는 페이지가 M/M 내에 존재하지 않을 경우에는, H/W가 OS에게 페이지 부재를 알린다.

② OS는 제어권을 획득한 후, 원하는 페이지를 A/M에서 M/M로 읽어 들인다.

③ 페이지를 원했던 프로세스를 다시 실행시킨다.

2) 페이지 교체(대체)와 해제

페이지 부재 시의 처리 내용 중 페이지 교체(replacement)와 페이지 해제(release)의 내용은 다음과 같다.

① 페이지 교체 : 페이지 부재가 발생하였을 때, OS가 M/M에서 사용하지 않는 페이지를 제거하고 A/M에서 원하는 페이지를 옮겨오는 작업.

② 페이지 해제 : 어떤 특별한 페이지가 실행 중인 프로세스에서 더 이상 필요로 하지 않는 경우, 페이지 자신이 자발적으로 작업설정(Working set) 내에서 제거되는 작업.

3) 페이저(Pager)와 스와퍼(Swapper)

페이저는 하나의 프로세스를 개개의 페이지와 관련하기 때문에 스와퍼는 모든 프로세스를 다룬다. 요구 페이징과 관련하여 스와퍼보다는 페이저라는 용어를 사용한다. 모든 프로세스를 교체하는 대신에(프로세스가 다시 교체되어 나가기 전에) 모든 프로세스를 교체하는 대신에 페이지는 단지 필요한 페이지만 메모리로 가져온다. 그래서 사용되지 않을 기억장치의 페이지를 읽는 것을 피함과 동시에 교체시간을 감소시키고 필요한 실제 기억장치(M/M)의 총량을 감소시킨다 . 이 구조는 H/W 지원이 필요하고 일반적으로 "타당(유효;Valid)" 또는 "비타당(무효;Invalid)"를 나타내는 비트가 페이지 테이블의 각 항 목(entry)에 추가된다. 이 비트가 "타당"으로 설정 되었을 때 이 값을 관련 페이지가 기억장치에 있다는 것을 의미하며, "비타당"으로 설정되면 이 값은 페이지가 디스크에 있다는 것을 의미한다[그림6-10].

- 만약 프로세스가 페이지를 접근하려고 시도하지 않았다면 "페이지 무효(비타당)" 표시는 무의미하다. 그렇기 때문에 만약 정확하게 모든 페이지를 예측하고 예측한 페이지들을 모두 기억장치로 가져 왔다면 프로세스는 정확하게 수행 될 것이다.
- 프로세스가 기억장치(M/M)에 상주하고 있는 페이지를 접근하고 수행하는 동안 수행은 정상적으로 진행된다. 그

러나 프로세스가 M/M 내에 가져오지 않은 페이지를 사용하려고 한다면 어떠한 일이 발생할까?

※ 만약 추측이 잘못 되었다면, 프로세스가 기억 장치 내에 가져오지 않은 페이지를 접근하려 한다면 페이지 부재(Page fault)가 발생될 것이다. 페이지 테이블을 통해 주소를 번역하는 페이징 H/W는 "비타당 비트(invalid bit)"가 설정되어 있는 것을 발견하면 OS에 트랩을 건다[그림6-11].

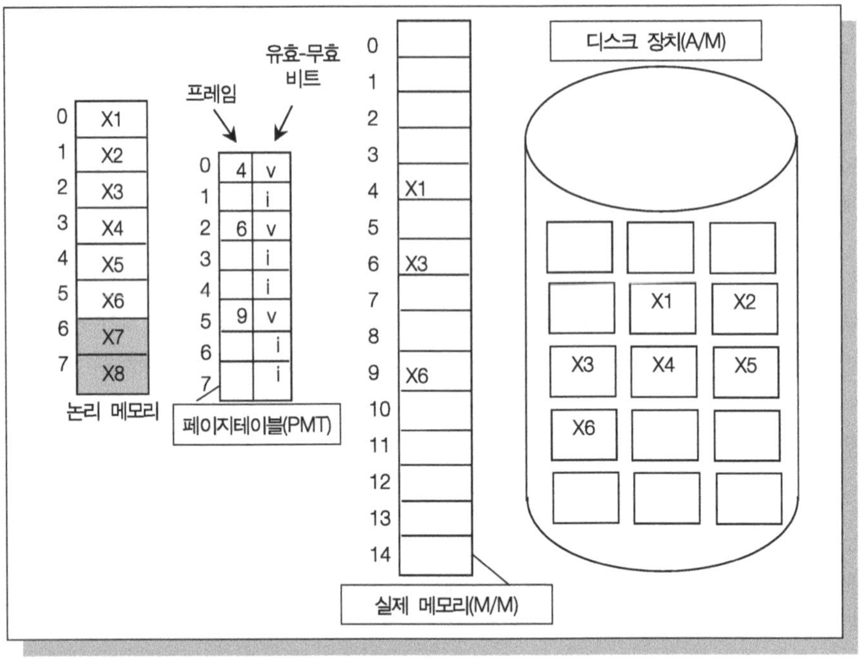

[그림 6-10] 어떤 페이지가 M/M에 없을 때의 페이지 테이블

짚어보기 요구 페이징 방식

- M/M가 있어 페이지라는 일정 크기로 나뉘어져 고속 디스크(A/M)와 M/M 사이에 페이지 단위로 정보를 교체할 수 있는 방식으로, M/M에 있지 않는 데이터나 코드가 요구되면 페이지부재(page fault)가 생기게 되는 OS에서 M/M 관리방식의 하나이다.

짚어보기 페이징 방식(Paging System)

- 프로그램을 일정한 크기의 단위(페이지)로 끊고, 같은 크기로 끊은 주기억 영역에 적재하는 방식인데, 이 때 가상기억영역과 주기억 영역과의 대응 관계를 나타내는 표(table)를 만드는 것을 사상(Mapping)이라고 한다.

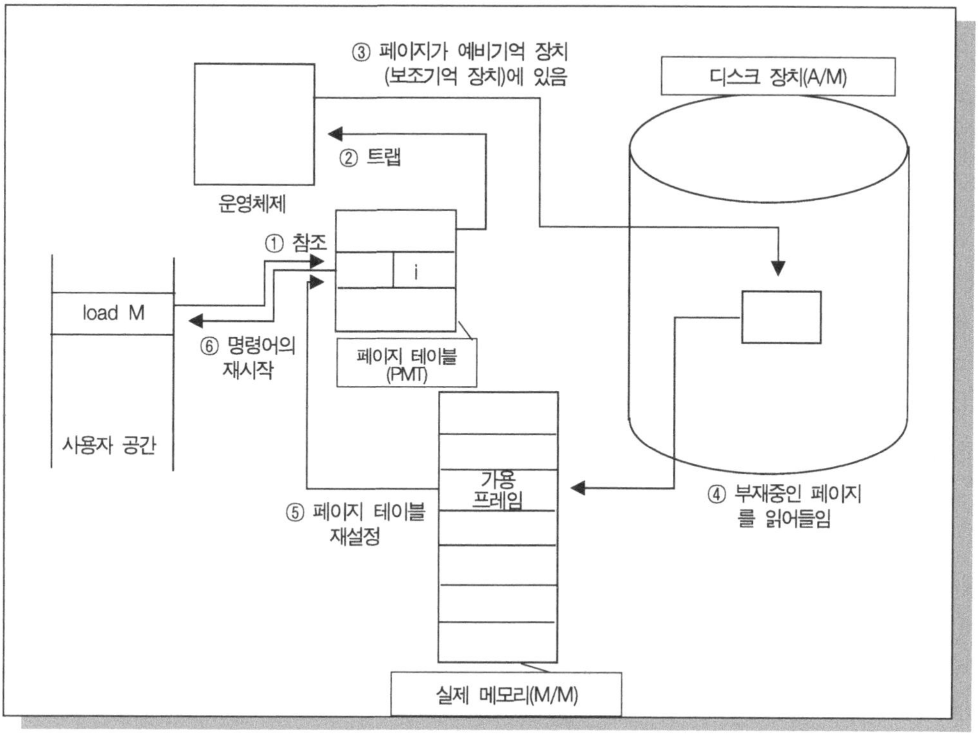

(a) 페이지 부재를 처리하는 단계

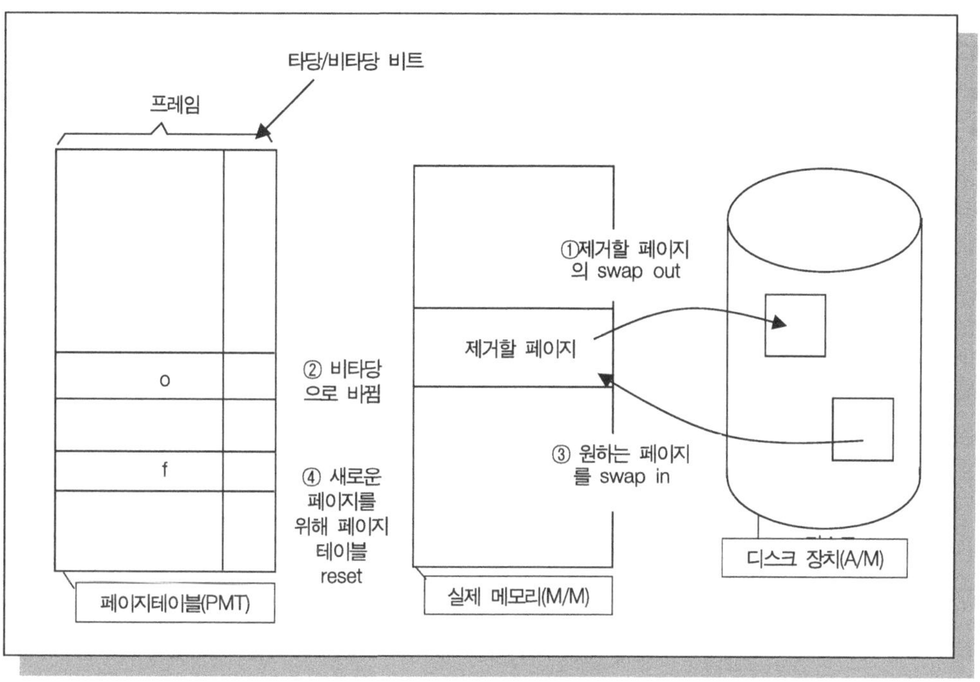

(b) 페이지 재배치 방법

[그림 6-11] 페이지 재배치의 실행

- 트랩은 기억 장치 요구량과 전송(transfer)의 부담(overhead)을 줄이기 위해서 프로세스의 타당한 부분을 기억공간으로 불러들이려는 OS의 의도가 실패한 결과이다. 따라서, 이런 실패를 교정해야 하며 그 과정은 매우 간단하다[그림6-11].
  ① 우선 이 프로세스를 위해서 프로세스 제어 블록(PCB)에 있는 내부 테이블(internal table)을 검사해서 그 참조(reference)가 그 기억 장치 접근에 타당(유효;Valid)한지 비타당(무효;invalid)한지를 결정한다.
  ② 만약 무효화되었으면, 그 프로세스는 중단된다. 만약 그것이 유효한 참조이지만 그 페이지를 아직 가져오지 않았으면, 그것을 이 때 가져와야만 한다.
  ③ 가용 페이지 프레임 리스트(free page frame list) 중에 하나를 선택함으로써 가용 프레임(free page frame)을 발견한다.
  ④ 새로이 할당된 페이지 프레임에 요구된 페이지를 읽어 들이기 위해 디스크 동작(disk operation)을 스케줄 한다.
  ⑤ 디스크 읽기가 끝났을 때, 현재 페이지가 기억장치에 있다는 것을 알리기 위해 페이지 테이블을 갱신하며, 프로세스가 유지하고 있는 내부 테이블을 수정한다.
  ⑥ 불법적인 주소 트랩에 의해 인터럽트 된 명령어들을 다시 시작한다. 그 이후는 그 페이지가 항상 기억 공간에 있었던 것처럼 프로세스는 그 페이지를 접근할 수 있다.

4) 페이지 부재

페이지 부재는 다음과 같은 순서로 발생된다[그림6-11].
① OS에 트랩을 건다.
② 사용자 레지스터들과 프로세스 상태를 기억한다.
③ 인터럽트가 페이지 부재임을 결정한다.
④ 페이지 참조가 유효한 것인지 검사하고, 디스크에 있는 페이지의 위치를 결정한다.
⑤ 디스크로부터 가용 페이지 프레임(free page frame)으로 읽어 들이는 과정으로
- 읽기 요구가 처리될 때까지 이 장치의 큐에서 기다린다.
- 장치를 찾는 시간과 회전 지연 시간 동안 기다린다.
- 가용 페이지 프레임으로 페이지의 이동을 시작한다.

⑥ 기다리는 동안에 CPU는 다른 사용자에게 할당될 수 있다.
⑦ 디스크로부터 인터럽트를 받는다(입/출력 완료).
⑧ 다른 사용자를 위하여 레지스터들과 프로세스 상태들을 저장한다.
⑨ 인터럽트가 디스크로부터 왔다는 것을 결정한다.
⑩ 요구된 페이지가 현재 기억 공간에 있다는 것을 알려주기 위해 페이지 테이블과 다른 페이지들의 내용을 갱신한다.
⑪ CPU는 이 프로세스가 재 할당되기까지 기다린다.
⑫ 사용자 레지스터들, 프로세스 상태, 그리고 새로운 페이지 테이블들을 재 기억시키며, 인터럽트된 명령을 다시 시작한다.

앞의 모든 단계들이 모든 경우에 필요한 것은 아니다.

(4) 요구 페이징의 성능(Performance)

페이지가 적재 되고 나면 프로세스는 수행을 계속 하는데 프로세스가 사용하는 모든 페이지가 기억장치에 올라올 때까지 필요할 때마다 페이지 부재가 발생 한다. 일단 필요한 모든 페이지가 적재되고 나면 더 이상 부재 오류가 발생하지 않는데 이것이 순수 요구 페이징(pure demand paging)이다. 모든 프로그램은 참조의 지역성(locality of reference)이라는 성질이 있어서 프로그램의 어느 한 특정 작은 부분만 한 동안 집중적으로 참조하는데 이러한 성질 때문에 요구 페

이징은 만족할 만한 성능을 보인다. 요구 페이징의 필수적인 요구 사항은 페이지 부재 오류 처리 후에 명령 처리를 다시 시작할 수 있어야 한다. 만약 페이지 부재가 명령 인출(instruction fetch)시에 발생 했다면 명령을 기억장치로 읽어온 후 다시 수행을 시도하면 된다. 요구 페이징은 컴퓨터 시스템의 성능에 중요한 영향을 미친다. 페이지 부재가 발생하지 않는 한 실질 접근 시간은 기억장치 접근시간과 같다. 그러나 페이지 부재가 발생하면 디스크로부터 관련되는 페이지를 읽어 온 뒤 필요한 워드를 접근해야 한다. 요구 페이징의 또 다른 특성은 스왑 공간(교체공간; swap space)의 관리이다. 스왑 공간에서의 디스크의 입/출력은 일반적으로 파일 시스템에서의 입/출력보다 빠른데 그 이유는 스왑 공간은 파일 시스템보다 더 큰 블록을 사용하기 때문이고 또 스왑 공간과 입/출력을 할 때는 파일 찾기(lookup)나 간접 할당 방법 등은 사용하지 않기 때문이다. 시스템은 한 프로세스를 시작시킬 때 그 파일 이미지(file image)를 스왑 공간으로 복사한 후 스왑 공간으로부터 요구 페이징을 처리함으로써 보다 나은 페이징 처리율(paging throughput)을 얻을 수 있다. 또 다른 가능한 방법은 프로그램을 처음 시작 시킬 때에는 파일 시스템으로부터 요구 페이징을 처리하지만 그 페이지들이 교체될 때는 스왑 공간에 페이지를 기록하는 것이다. 이 방식은 파일 시스템으로부터는 꼭 필요한 페이지들만 읽어오면서 그 페이지를 다시 읽어올 때에는 스왑 공간에서 읽어 온다는 것을 보장한다. 어떤 시스템들은 이진 파일을 스왑 공간에 넣지 않음으로써 스왑 공간의 크기를 줄이기도 한다. 실행 파일로부터 요구 페이지를 요청하면 파일 시스템으로부터 그 페이지를 직접 가져 온다. 페이지들의 교체가 필요하면 이들 페이지에 새 페이지의 내용을 그대로 덮어쓸(overwrite)수 있다. 이러한 방식은 파일 시스템이 보조 저장 장치로 사용되며 이러한 시스템에서도 힙이나 스택처럼 원래 파일과 관계없었던 페이지들이 존재하기 때문에 스왑 공간은 여전히 필요하다.

컴퓨터 시스템에서 **페이지 부재가 발생하지 않으면 유효 접근 시간은 기억 장치 접근 시간과 같으며** 페이지 부재가 발생하면 A/M에서 원하는 페이지를 읽은 다음에 요구된 단어를 액세스해야 하므로, 유효 접근 시간은 페이지 부재율에 비례하게 된다.

① 요구 페이징(demand paging) 시스템에서 부재율을 낮게 유지하지 않으면 유효 접근 시간이 증가하므로 프로그램의 수행 시간이 매우 늦어지게 된다.

② 요구 페이지화된 기억장치에서의 유효 접근 시간은 다음과 같다.

- 페이지 부재가 없을 때: 유효 접근시간 = ma
- 페이지 부재가 있을 때: 유효 접근시간 = (1-p) × ma + (p × pt)

p : 페이지 부재율($0 \leq p \leq 1$)
pt : 페이지 부재시간(페이지 뷰재를 처리하는데 걸리는 시간)
ma : 기억 장치 접근 시간(페이지에 대한 유효 접근시간)

예제

6-3 유효 접근시간의 예

페이지 부재 서비스 시간의 3가지 주요 구성 요소는 페이지 부재 인터럽트 처리,페이지를 교체하여 읽어 들이는 것,프로세스의 재시작 등으로 이루어진다.
평균 페이지 부재 시간은 25ms,기억장치 접근시간은 100ns일 때 유효 접근시간은 얼마인가?

유효 접근시간 = (1 - p) × 100ns + p × 25ms
= (1 - p) × 100ns + p × 25,000,000ns
= (100 + 24,999,900 × p)ns

만약 p = 0.001일 때, 유효 접근시간은 25us로서 250배 감속한다.
만약 10% 미만으로 감속하려면, 110 〉 100 + 25,000,000 × p, p 〈 0.0000004
페이지 부재율이 매우 낮아야 프로그램의 수행시간을 적당한 수준에서 유지할 수 있다.

(5) 구성[그림6-12]

요구 페이징은 일부 스와핑 기법(교체 기법)과 유사하다. 전체 프로그램은 보조 기억장치(A/M)에 저장하고 지연 교체기(lazy swapper)에 의해 요구된 페이지만 기억장치에 교체로 저장된다. 즉, 프로세스를 실행하고 싶으면 기억장치로 읽어 들이며 이때 전체 프로세스를 읽어오지 않고 지연 교체기를 사용한다. 지연 교체기는 그 페이지가 필요하지 않는 한 기억장치에 적재 되지 않는다. 즉, 프로세스는 A/M에 존재하고 프로세스가 수행되기를 원하면 프로세스는 기억장치에 적재된다. 모든 프로세스를 기억장치로 적재하기 보다는 지연 교체기를 사용한다. 지연 교체기는 페이지 요구가 있을 때 비로소 페이지를 기억장치에 교체한다. 프로세스는 새로운 페이지가 필요할 때마다 한 번에 하나씩 그 페이지를 적재시켜야 한다(적재될 때마다 유휴 상태가 발생한다).프로세스에게 할당된 페이지 수가 많을수록 대기로서 낭비되는 기억 장치의 낭비는 커지게 마련이다. [그림6-12]은 페이지를 연속된 디스크 공간에 교체시키는 원리를 보이고 있다.

스와퍼(Swapper)는 전체 프로세스를 관리하는 반면 페이저(pager)는 프로세스 내의 개별 페이지들을 관리한다. 요구 페이징과 관련해서는 스와퍼 보다 페이저가 더욱 가깝다. 스왑인(swap in)시에 페이저는 프로세스가 다시 스왑아웃(swap out)되기 전에 실제로 사용 될 페이지들이 어떤 것인지 추측한다. 페이저는 프로세스 전체를 스왑인하는 대신에 실제 필요한 페이지들만 기억장치로 읽어온다. 사용되지 않을 페이지를 기억장치로 가져오지 않음으로써 시간 낭비와 기억장치 공간의 낭비를 줄일 수 있다.

(6) 페이지 부재율[그림6-13]

페이지 부재율이란 페이지 부재가 일어나는 비율을 말하는 것이다(스래싱이란 페이지 부재가 자주 발생되는 것을 의미). 페이지 부재율이 너무 높으면 그 프로세스가 더 많은 프레임을 필요로 한다는 것이고, 페이지 부재율이 너무 낮으면 프로세스가 너무 많은 프레임을 갖고 있는다는 것을 말한다. 원하는 페이지 부재율의 상한과 하한을 정해 놓고, 만약 페이지 부재율이 상한을 넘으면 그 프로세스에게 다른 프레임을 더 할당해주고, 하한보다 낮으면 그 프로세스로부터 프레임을 회수한다. 이렇게 함으로써 직접적으로 **스래싱(Thrashing)**을 방지 하면서 페이지 부재율을 예측하고 조절할 수 있다.

(7) 페이지 크기

기억 장치에서 페이지의 크기는 고정되는데, 이러한 크기를 결정하기 위해서는 다음과 같은 사항이 고려되어야 한다.

① 페이지 크기가 작을 경우
더 많은 수의 페이지가 필요하게 되며, 페이지 테이블의 공간도 더 많이 요구된다.

② 페이지 크기가 클 경우
- 프로그램이 실행되는 동안에 일어나는 페이지 전송 횟수를 줄이면 수행 시간을 단축할 수 있다.
- 프로그램들은 참조에 있어서 지역성(Locality)을 가지므로 작은 크기의 페이지가 효과적인 워킹 세트를 가질 수 있다.
- 페이지의 크기가 큰 경우에는 참조되는 정보와는 무관한 정보가 M/M에 적재될 수 있다.

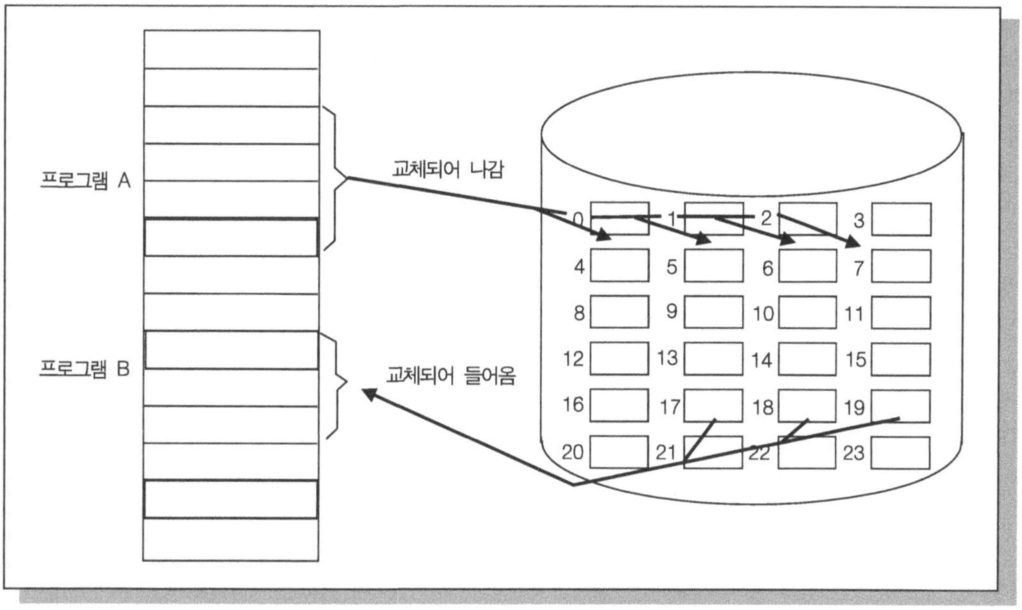

[그림 6-12] 요구 페이징 시스템과 교체 관계

구분	내용
Working Set	• 정의 : 특정시간에 실행되는 프로그램에 대해 Locality가 포함되는 페이지들의 집합 • 해결방법 : 일정시간 동안 참조되는 page 집합(Working Set)을 주기억장치에 유지 지역성 참조 (Locality of Reference) 개념에 의해 페이지 부재율 감소
PFF	• Page fault 발생시 Frame 수 조정방식 PFF > 상한(자주 발생하면), Frame 수 증가 PFF < 하한(빈도가 낮아지면), Frame 수 감소 • Page fault 발생시에만 Frame 수 조정으로 Working Set에 비해 Overhead가 낮음

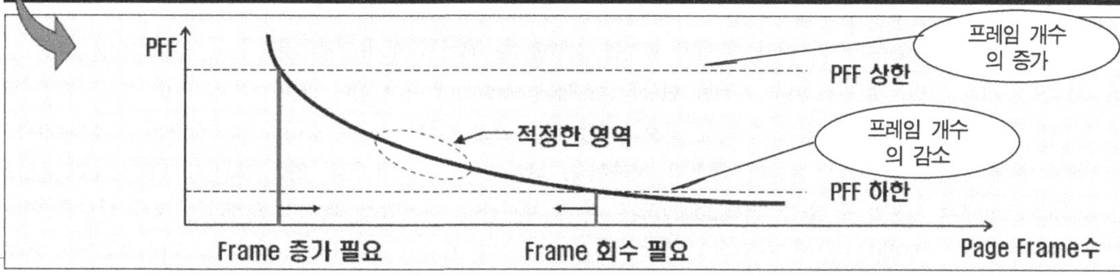

[그림 6-13] 페이지 부재 빈도(PFF)

6.5 페이지 교체 및 할당 알고리즘

6.5.1 개념

앞서 설명 했듯이 가상 기억장치(V/M;Virtual Memory Device)란 보조 기억장치(A/M)의 일부를 주 기억장치

(M/M)인 것처럼 사용하는 방법으로 용량이 작은 M/M를 마치 더 큰 용량을 갖은 것처럼 하여 M/M보다 더 큰 용량의 프로그램을 실행하기 위하여 주로 사용하는 방법이다. 이를 위해서 V/M의 주소를 M/M의 주소로 변환하는 주소사상화(Mapping) 과정이 필요하다.V/M를 구현하기 위하여 페이징(Paging) 기법과, 세그멘테이션(Segmentation) 기법을 사용하게 된다. 페이지 교체 알고리즘(Page Replacement Algorithm)은 **페이지 부재(Page fault)**가 발생하였을 경우, V/M의 필요한 페이지를 M/M의 어떤 페이지 프레임을 선택, 교체해야 하는 가를 결정하는 기법이다. 즉, 페이지 교체 알고리즘은 페이징 기법으로 기억장치를 관리하는 운영체제(OS)에서, 새로운 페이지를 할당하기 위해 현재 할당된 페이지 중 어느 것과 교체할지를 결정하는 방법이다. 이 알고리즘이 사용되는 시기는 페이지 부재가 발생했는데, 페이지 부재가 발생하면 새로운 페이지가 M/M로 들어와야 한다. 이때 기억장치에 공간이 없으면(시스템의 종류에 따라 약간 다를 수 있으나, 대체로는 빈 페이지가 하나도 없거나, 미리 정한 수보다 적을 때 발생한다), 이미 올라와 있던 페이지중 하나를 희생시키고 그곳으로 새 페이지를 적재(load)해야 한다. **페이지 교체 알고리즘**은 희생시킬 페이지를 고를 때 사용되는 알고리즘을 말한다. 이러한 알고리즘들의 주요한 평가 기준은 페이지 부재율 이다. 페이지 교체 알고리즘이 OS에서 필요한 이유는 제한된 M/M 용량이 적었던 때 부족한 M/M 사용공간을 확보해서 사용하기 위함이었고 최근에는 64bit 환경에 들어서면서 사용가능한 기억장치 공간이 무한대로 확장되었지만 그래도 대다수의 환경은 M/M의 용량이 제한 되어있기 때문에 이러한 기법은 아직까진 필수적이다. 즉, 페이지 교체 알고리즘은 페이징 기법으로 기억장치를 관리하는 OS에서, 페이지 부재가 발생 하여 새로운 페이지를 할당하기 위해 현재 할당된 페이지 중 어느 것과 교체할지를 결정하는 방법이다. 이 알고리즘이 사용되는 시기는 페이지 부재가 발생해 새로운 페이지를 적재 해야하나 페이지를 적재할 공간이 없어 이미 적재되어 있는 페이지 중 교체할 페이지를 정할 때 사용된다. 빈 페이지가 없는 상황에서 기억장치에 적재된 페이지와 적재할 페이지를 교체함으로 페이지 부재 문제를 해결할 수 있다.페이지 교체 알고리즘은 온라인 알고리즘의 일종이다.

6.5.2 페이지 교체 정책(Page Replacement Policy)

사용자 주소 공간 내의 모든 프로그램은 주기억장치(M/M)로 가져와야만 실행 가능하다. 만약 필요한 프로그램이 M/M에 없을 경우에는, "페이지 부재(page fault)"가 발생하였다고 하며, 디스크에 있는 해당 **페이지(page)** 또는 **세그먼트(segment)**를 M/M로 가져와야 한다[그림6-14].이때 M/M에 빈 기억장치 공간(즉, 블록)이 있으면 그곳에 배치한다. 그러나 빈 공간이 없을 경우에는 M/M 내의 어떤 블록을 강제로 M/M로부터 디스크로 이동한다. 이와 같은 작업을 "**페이지 교체(page replacement)**"라 한다. 페이지 교체를 실행할 때 페이지 제거(교체) 정책 또는 알고리즘을 잘못 실시하면 페이지 부재가 빈번하게 발생한다. 이러한 현상을 "**스래싱(thrashing)**"이라 한다. 일반적으로, 다중 프로그래밍 환경에서 M/M 내에 적재되는 프로그램의 수(다중 프로그래밍 되는 프로그램의 개수 : 정도)가 많아질수록 [그림6-42]과 같이 스래싱 문제 때문에 CPU의 효율이 급격히 저하된다. 페이지 교체(재배치)를 위한 '**페이지 제거 알고리즘(page removal algorithm)**'에 사용할 수 있는 '**정책(policy)**'들은 후에 제시한다. 다시말해, 페이지 교체라는 것은 새로운 페이지를 디스크에서 읽어 메모리(M/M)에 저장해야 할 때 기존의 메모리 페이지 중 어떠한 페이지를 디스크로부터 내려야 할지를 결정하는 것을 말하며, 이때 잘못 선정해서 바로 다음 순간에 참조하게 될 페이지를 선택하게 된다면 바로 **페이지 부재(Page Fault)**가 발생할 것이며, 이는 컴퓨터의 성능을 매우 저하시킬 것이다. 가장 좋은 페이지 교체 정책은 앞으로 가장 오랜 시간 동안 사용되지 않을 페이지를 찾아 교체하는 것이다. 하지만 이는 OS가 미래의 일을 확실히 알고 있어야 하므로 현실적으로 불가능할 것이며 따라서 FIFO(First In, First Out), LRU(Least Recently Used) 교체 방식을 많이 사용한다. 요구 페이징에서는 사용자 프로그램이 수행되는 동안, '**페이지 부재(page fault)**'가 수시로 발생한다. '**페이지 부재 인터럽트**'가 일어나면 '**사용가능 페이지 프레임**'이 있는가를 검사하여, 이때 실기억 공간(M/M) 내에 사용 가능한 페이지 프레임이 하나도 없을 때에 **페이지 교체(페이지 대치;page replacement) 작업**을 행하게 된다.

6.5.3 페이지 교체(대치)

현재 꽉 차 있는 페이지 프레임 내에 들어있는 페이지 중에서 특정 페이지를 희생자로 선정하여 예비 기억 공간(A/M)으로 내 보내고,새롭게 요구된 페이지를 그 프레임에 대치시켜 넣는 것이다. 페이지 교체 과정은 다음과 같다.

① 사용가능 페이지 프레임이 없을 때 실시
② 희생자 페이지 프레임을 선정하는 페이지 교체 알고리즘을 적용
③ 희생자로 선정된 페이지를 A/M로 이동하고, 해당 페이지 사상 테이블(PMT)을 변경
④ 요구된 페이지를 비워진 페이지 프레임으로 읽어 들이고, 해당 PMT를 변경
⑤ 중단 되었던 프로세스를 재 시행한다.

(1) 알고리즘 적용

②번의 페이지 교체 알고리즘에 있어서, 가장 중요한 점은 페이지 부재율이 가능한 한 낮은 알고리즘이 적용되어야 한다는 것이다.

예제 6-4

지금 요구된 페이지에 바로 이어서 요구될 페이지를 희생자로 선정하여 대치(교체)시키게 되면, 연속으로 페이지 부재가 일어나기 때문에 페이지 부재율이 높아질 수 밖에 없게 된다.

(2) 교체 이동 과정

③번 과정은 희생자로 선택된 페이지를 예비 기억 장치(A/M)로 이동하는 과정으로, M/M 내에 적재된 후의 내용 변경 유무 비트인 'm'을 참조하면, 예비 기억 장치(A/M)로의 출력 시간을 줄일 수 있다. 즉, M/M 내에 적재된 후에 페이지의 내용 변경이 없었다면(m=0), 예비 기억 장치 내에 들어 있는 해당 페이지의 원본이 지워져 있지 않는 한 예비 기억 장치로 다시 출력시킬 필요가 없다.

이상과 같이 사용 가능한 페이지 프레임이 하나도 없을 때에는 하나의 페이지는 교체되어 예비 기억 장치(A/M)로 나오게 되고, 요구된 새로운 페이지는 대치되어 그 자리에 들어가게 된다. 따라서, 페이지 부재에 의한 서비스 시간은 M/M 내에 적재된 후의 변경 유무 비트인 'm'을 이용함으로써 상당히 줄일 수 있게 된다.

페이지 교체(대체)에서는 다음과 같은 접근 방식을 취한다. 만약 가용 프레임이 없다면 현재 사용되지 않는 프레임을 찾아서 그것을 비운다. 이것은 그것의 내용을 디스크에 기억시키고 그 페이지가 기억 장치에 더 이상 존재하지 않는다는 것을 지시하기 위해, 페이지 테이블들(그리고, 모든 다른 테이블들)을 변화시킴으로써 프레임을 비게 한다[그림6-14][그림6-15]. 이제 그 가용 프레임이 프로세스에 의해 부재가 초래된 페이지를 유입하기 위해 사용된다. 그러면 페이지 부재 서비스 루틴이 페이지 대치를 포함하도록 수정한다.

① 디스크에서 요구한 페이지의 위치를 알아낸다.
② 가용 페이지 프레임을 찾는다.
- 가용 페이지 프레임이 있다면 그것을 사용하고,
- 그렇지 않으면 희생자 페이지 프레임을 선정하기 위하여 페이지 교체 알고리즘을 사용한다.
- 희생자 페이지는 디스크에 기록하고, 페이지와 페이지 프레임 테이블을 적당히 수정한다.

③ 가용 페이지 프레임에 요구된 페이지를 읽어 들이고 페이지와 페이지 프레임 테이블을 수정한다.
④ 사용자 프로세스를 다시 시작한다.

(3) 페이지 교체(대체, 대치) 알고리즘

OS의 기억 장치 관리는 새로 M/M에 배치되어야 할 페이지를 위하여 M/M에 있는 어느 페이지를 제거하여야 할지를 결정해야 하는데, 이러한 전략을 **페이지 교체 기법**(page replacement strategy)이라 한다. 특정 페이지 교체 알고리즘은 부재율을 근간으로 선정한다. 특정 알고리즘은 특정 기억장치 **참조열**(reference string)에 알고리즘을 수행시켜 **페이지 부재의 수**를 계산함으로써 평가한다. **기억장치 참조 순서를 참조열**이라 한다. 참조열은 인위적으로 만들거나(예: 난수를 발생시켜서), 또는 주어진 시스템의 각 기억장치 참조의 주소를 기록함으로써 만들 수 있다(대량의 자료가 초당 백만 주소의 크기로 만 들어짐).

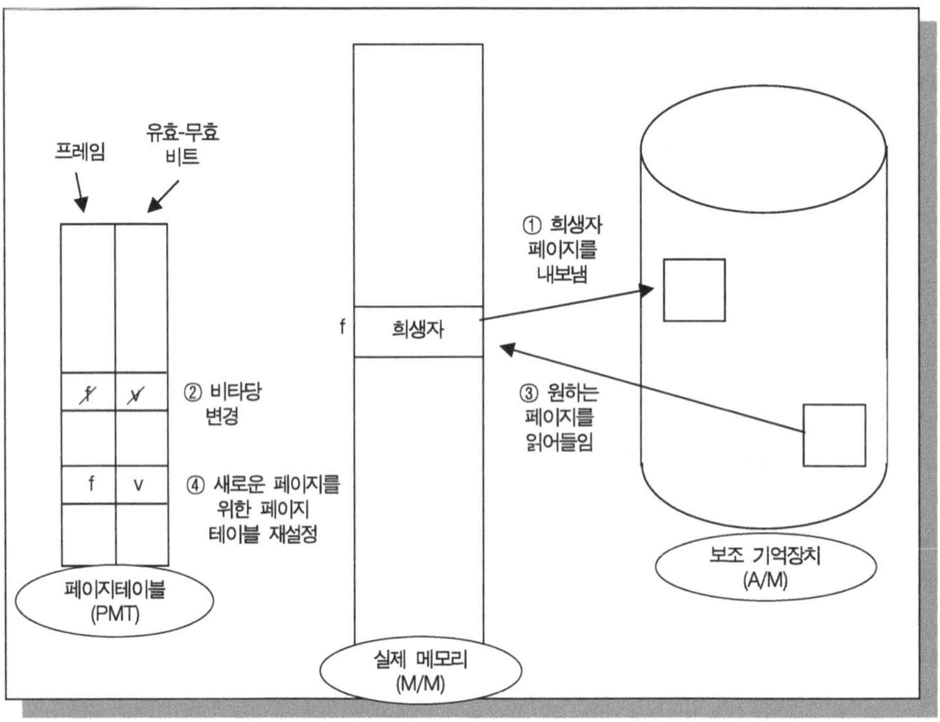

[그림 6-14] 페이지 대치(교체)의 예

예제 **6-5 페이지 부재 인터럽트가 일어났을 때 슈퍼바이저가 하는 기본적인 처리 과정**

- 기본적인 절차는 [그림6-15]과 같으나 page-in시 실 기억장치(M/M)의 어느 페이지 프레임을 선택해야 하는가. 또 외부 기억장치의 어느 슬롯에 Page-out해야 하는가는 커널이 결정하며 이 시점에 가장 적합한 장소를 선택하며, 이들 알고리즘의 세부적인 것은 각 커널에 따라 다르다.
- 프로그램 실행 중에 페이지 교체를 일으키는 페이지 부재가 생겼을 때의 처리 과정은 [그림6-16]과 같다.
  ① 가상 주소로 참조한 페이지의 유효 비트가 1이 되어 있으므로 주소 변환 중 페이지 부재 인터럽트가 일어나 페이징 슈퍼바이저(paging supervisor)에 제어가 넘어간다.
  ② 슈퍼바이저는 외부 페이지 테이블의 해당 기입 항목을 참조하여 그 페이지가 기억되어 있는 슬롯의 위치를 찾아낸다.

③ 페이지 프레임 테이블의 각 기입 항목을 조사한다. 모든 상태 비트'1'이므로 다시 참조 비트를 체크한다. 페이지 프레임 2의 참조 비트가 '0'이므로 이 페이지 프레임을 선택한다. 변경 비트가'0'이므로 이 페이지 프레임의 내용은 이미 슬롯에 기억되어 있는 내용과 같으므로 page-out은 필요 없다.
④ 요구 페이지를 슬롯에서 해당 페이지 프레임에 page-in한다.
⑤ 요구 페이지를 페이지 프레임 2에 page-in한 결과를 페이지 테이블 및 페이지 프레임 테이블의 해당 기입 항목에 판결하여 갱신한다.

■ 프로그램 실행 중 페이지 대체를 수반하는 페이지 부재가 일어났을 때의 처리순서를 구체화 한 과정이다[그림 6-16].
① 주소 변환 중 페이지 부재 인터럽트가 일어나 페이징 슈퍼바이저에 제어가 넘어간다.
② 외부 페이지 테이블의 해당 기입 항목을 참조하여 요구 페이지가 수록되어 있는 슬롯의 주소를 구한다.
③ 페이지 프레임 테이블의 상태 비트를 조사한다. 모두'1'이므로 참조 비트를 체크하여 대체할 페이지 프레임 5를 고른다. 이 기입 항목의 변경 비트가 '1' 이므로 이 페이지는 page-in된 후 내용이 변경되었음을 알 수 있다.
④ 페이지 프레임 5에 있는 페이지를 page-out하고 이에 대응되는 외부 페이지 테이블의 기입 항목을 갱신한다.
⑤ 요구 페이지를 슬롯으로부터 page-in한다.
⑥ 요구 페이지를 페이지 프레임 5에 page-in한 결과를 페이지 테이블과 프레임 테이블의 대응 기억 항목에 반영시켜 갱신한다.

이러한 처리를 한 후 주소변환을 재개하여 프로그램이 실행되어 간다.

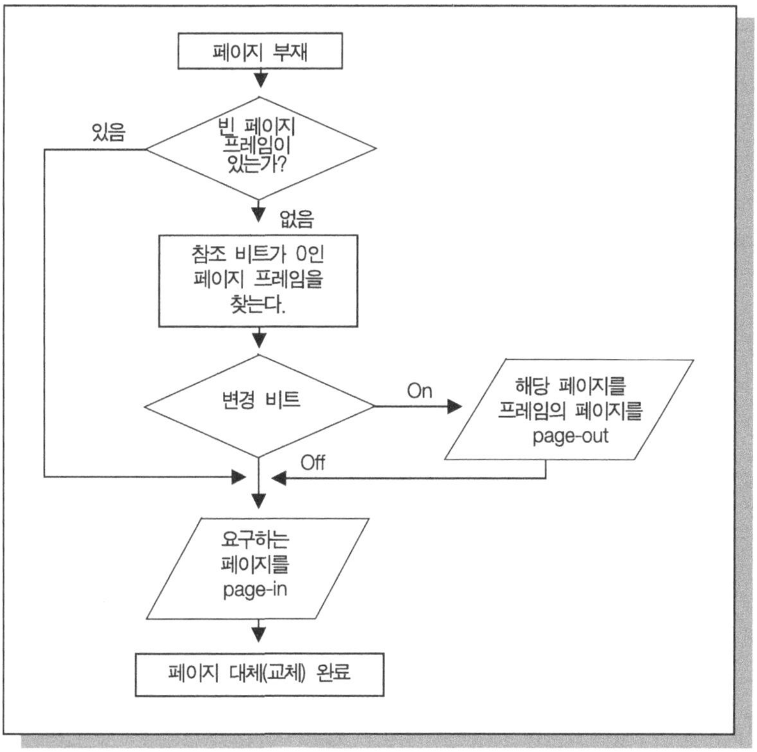

[그림 6-15] 페이지 대체(교체)의 처리 절차

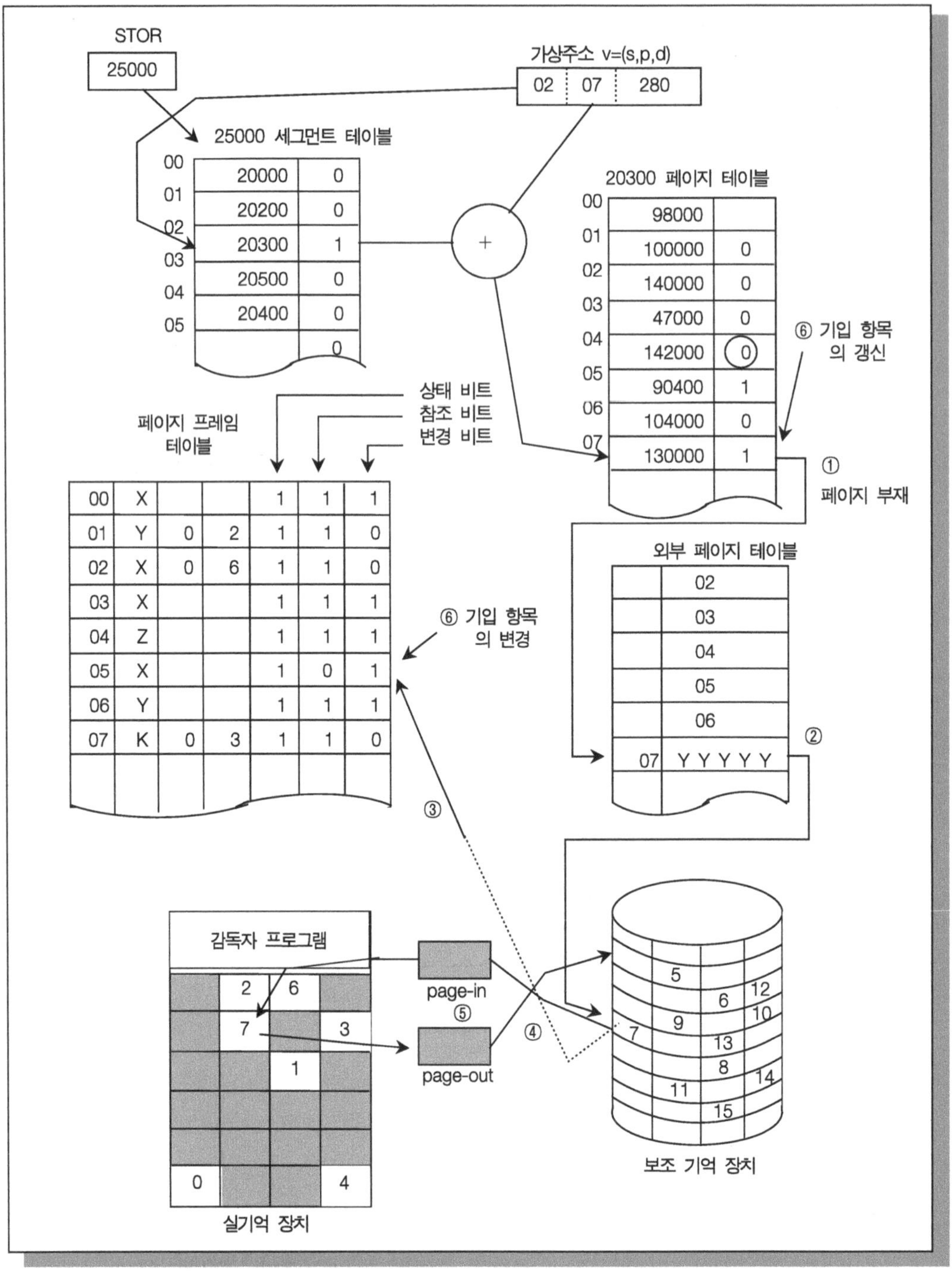

[그림 6-16] 페이지 부재 시의 페이지 인/페이지 아웃(page-in/page-out)

예제 6-6 페이지 참조열의 예

만약 특정 프로세스를 추적하면 다음의 일련의 주소를 기록한다고 가정하자.

0100, 0432, 0101, 0612, 0102, 0103, 0104, 0101, 0611, 0102, 0103, 0104, 0101, 0610, 0102, 0103, 0104, 0101, 0609, 0102, 0105

페이지 당 100 bytes(words)일 때 다음의 참조열로 축소된다.

1, 4, 1, 6, 1, 6, 1, 6, 1, 6, 1

특정 참조열에 대한 페이지 부재수와 페이지 대치 알고리즘을 결정하기 위해서, 이용할 수 있는 페이지 프레임의 수를 알 필요가 있다. 프레임의 수가 증가함에 따라 페이지 부재수가 감소할 것이다. 예를 들면, 위에서 고려한 참조열에 대해 만약 3개 또는 그 이상의 프레임을 가졌다면 단지 3번이 페이지 부재만 일어나며, 하나의 프레임만 이용할 수 있다면 각 참조마다 페이지 대체가 필요하고, 결과적으로 11번의 페이지 부재가 발생한다. 일반적으로 다음 [그림6-17]과 같은 곡선을 추측할 수 있다.프레임의 수가 증가함에 따라 페이지 부재의 수가 어떤 최소한도의 수준으로 내려간다.

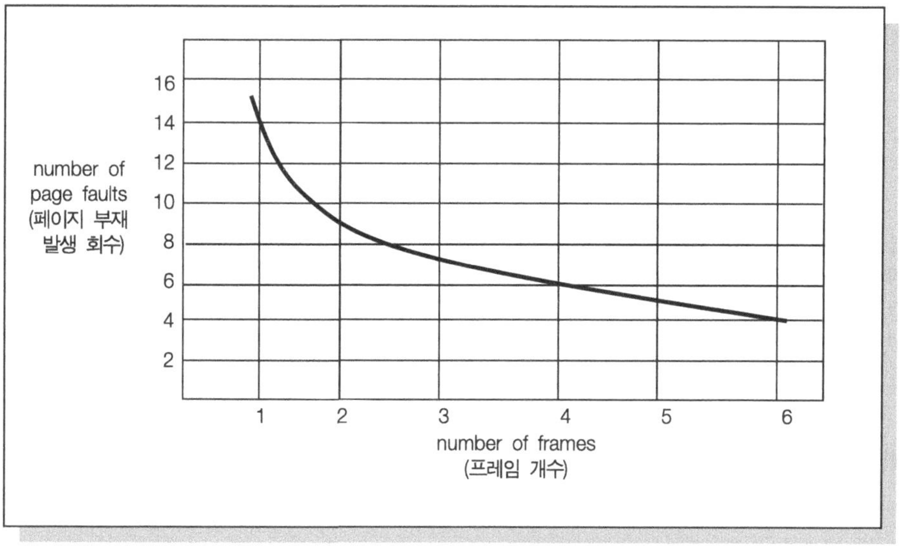

[그림 6-17] 페이지 부재 대 프레임 개수의 그래프

6.5.4 페이지 프레임의 고정 할당과 가변 할당

(1) 개념

페이지 교체 알고리즘을 사용하면 기억장치 관리에 상당한 융통성이 생긴다. 사용자의 V/M는 실제 기억장치보다 훨씬 커지며 요구 페이징 기법과 페이지 교환 기법은 프로그램을 계속 수행할 수 있도록 해주기 때문이다. 그러나 페이지 부재의 횟수를 감소시키는 방법으로 적절한 페이지 프레임 할당도 매우 중요하다. 이 절에서는 페이지 프레임 할당에 대해서 논한다. **페이지 할당 알고리즘**은 페이지 프레임들을 프로세스들에게 분배해 주는 방법을 말하며, 크게 고정 할당과 가변할당으로 나누며, 고정 할당은 균등 할당법과 비례 할당법으로 구분할 수 있다.

단일 사용자 시스템의 경우를 보면, 가상 기억장치 시스템에서의 가장 간단한 구조는 단독 사용자 시스템이다. 그렇지만 이러한 간단한 방법에도 여러 가지 형태가 있다. 기억장치의 크기가 128K인 단일 사용자 컴퓨터 시스템을 생각해 보자.여기서 페이지 크기는 1K라고 한다. 페이지 프레임이 128K개라고 가정하고 OS가 35K를 차지한다면 나머지 페이지 프레임 93개는 사용자 프로세스를 위해 남게 된다. 순수한 요구 페이징 방법에서는 페이지 프레임 93개 모두가 사용 가능 페이지 프레임 리스트에 포함된다. 그러나 사용자가 프로세스 수행을 시작하면 페이지 부재가 계속 발생한다. 처음부터 93번까지의 페이지 부재는 사용 가능 페이지 리스트에서 대기 중인 사용 가능 페이지를 모두 사용하게 된다. 사용 가능한 페이지가 없어질 때, 즉 94번째 발생한 페이지 부재를 해결하려면 기억장소 내에 있는 페이지 93개 중에서 하나를 선택하여 교체해야 한다. 이때 페이지 교체 알고리즘을 호출한다. 프로세스가 끝나면 페이지 프레임 93개는 모두 사용 가능 페이지 프레임 리스트에 들어간다. 이러한 간단한 방법외에 사용되지 않을 때 사용자 페이지로 변환시켜 사용하는 방법도 있다. 또는 사용 가능 리스트(93개 중에서)에서 페이지 프레임 3개를 확보하여 페이지 부재가 발생하면 항상 사용 가능 페이지 프레임이 존재하도록 할 수 있다. 그러나 다중 프로그래밍 환경 하에서는 기억장소 내에 동시에 프로그램이 두 개 이상 존재하기 때문에 여러 개의 프로세스에 페이지 프레임 93개를 어떻게 할당할 것인지에 대한 문제가 발생한다.기억장소 할당은 제한이 있어서 총 유효 페이지 프레임 수보다 많이 할당할 수 없지만, 할당 가능한 최소 페이지 프레임 수는 있다. 각 프로세스에 할당되는 페이지 프레임 수가 줄어들면서 페이지 부재율은 올라가고 수행 속도는 저하되게 된다. 몇 개의 페이지 프레임만 할당하면 당연히 성능이 떨어지게 되므로 할당해야할 최소 페이지 프레임의 수가 존재하게 된다. 최소 페이지 프레임 수는 명령어 구조에 의해 정의된다. 수행 중인 명령이 끝나기 전에 페이지 부재 현상이 일어나면 그 명령을 다시 시작해야 한다. 따라서 하나의 명령어를 실행하려면 명령어가 참조하는 모든 페이지를 수용할 수 있는 충분한 페이지 프레임이 존재해야 한다.

예제 6-7

컴퓨터의 기억장치 참조 명령어는 단 하나의 기억장치 주소만 가지며, 명령어 실행을 위해서는 최소한의 페이지 프레임 하나와 기억장치 참조를 위한 페이지 프레임 하나가 필요하다. 만약 주소가 간접 참조이면 페이징 기법에서는 페이지 프레임 3개를 요구한다. 한 프로세스당 최소 페이지 프레임 수는 컴퓨터 구조에 의해 정의 되지만, 최대 수는 유효 실제 기억장소의 양으로 정의 된다.이들 사이에서 적당한 페이지 프레임의 할당을 해야 한다.

(2) 고정 할당 방법(Fixed allocation)

프로세스가 생성되는 초기에 할당 받은 프레임의 개 수를, 프로세스가 종료될 때까지 계속해서 고정적으로 유지하는 방법이며, 특징은 다음과 같다.

- 똑같은 개 수의 프레임을 모든 프로세스에게 균일 할당한다.
- 프로세스의 크기에 따라, 프레임을 비례 할당한다.
- 프로세스의 유형에 따라, 프레임 수를 조정 할당한다.

① 균등 할당(equal allocation)

가장 간단한 방법으로서 n개의 프로세스를 m개의 페이지 프레임으로 나눌 때, 모든 프로세스에게 똑같이 m/n개 페이지 프레임 씩을 배정하는 것이다. 즉, 모든 프로세스에게 똑같은 수의 프레임을 배정하는 방법이다.

- 프로세스의 개수 : n개
- 페이지 프레임의 개수 : m개

■ 각 프로세스에게 할당되는 프레임 수 : m/n

예제 6-8

M/M의 크기가 128KB, OS 크기는 30KB, 페이지 프레임의 크기는 1KB라고 했을 때, 사용 가능한 페이지 프레임의 수는 98개이다. 만약, 3개의 프로세스 경우라면, 각 프로세스에게 (98 프레임/3개 프로세스)가 되어 32개씩 할당하고, 남은 두 개 프레임은 자유 프레임 버퍼(free frame buffer)로 사용한다.

예제 6-9

크기가 10K인 일반 프로그램 2개와 크기가 127K인 프로세스가 2개인 대화형 데이터베이스를 가진 컴퓨터 시스템이 있다고 가정하자. 이때 데이터베이스 시스템의 각 프로세스에 페이지 프레임을 16개씩 할당하는 것은 큰 의미가 없다. 그리고 일반 프로그램은 10개 이상의 페이지 프레임을 사용하지 않기 때문에 페이지 프레임 22개는 완전히 낭비가 된다.

② **비례 할당법**(proportional allocation)

각 프로세스가 갖는 기억장치의 요구량이 서로 다르기 때문에 앞서 설명한 균일 할당 방법을 사용하면 어떤 프로세스는 페이지 프레임이 낭비 되고, 또 다른 프로세스는 페이지 부재가 자주 발생할 수 있다. 이러한 문제점을 해결하기 위해 비례 할당 기법을 사용한다. 비례 할당 기법은 사용 가능한 기억 장소를 각 프로세스의 크기에 비례하여 각 프로세스에게 할당하는 방법으로서, 각 프로세스는 동일한 페이지 프레임을 가지기보다는 각 프로세스가 필요로 하는 양에 따라 비례적으로 가지게 된다. 다시말해, 각 프로세스마다 다르게 할당하는 방법으로서 각 프로세스는 필요로 하는 양에 비례하여 할당 받는다. 프로세스의 크기에 비례하여 페이지 프레임을 나누어 준다. 즉, 많은 기억 공간을 요구하는 프로세스에게는 적은 기억 공간을 요구하는 프로세스보다 더 많은 페이지 프레임을 할당해 준다. 각 프로세스가 갖는 기억장치의 요구량이 서로 다르기 때문에, 앞서 설명한 균일 할당의 방법을 사용하게 되면, 어떤 프로세스는 페이지 프레임이 낭비되고, 또 다른 프로세스는 페이지 부재가 빈번히 일어날 수 있기 때문이다. 어떤 프로세스 P_i가 갖는 가상 기억 공간의 크기를 V_i라 하면, 전체 프로세스가 갖는 가상 기억 공간의 크기 V는 다음과 같다.

$$V = \sum V_i$$

사용 가능한 총 페이지 프레임의 개수를 m이라 하면, 어떤 프로세스 P_i에 페이지 프레임 A_i개를 할당하는데, 이때 A_i는 대략 다음과 같은 식이 성립된다.

$$A_i = (V_i/V) \times m$$

이때, A_i는 명령어 집합이 필요로 하는 최소 페이지 프레임 수보다는 크고 총합이 m을 넘지 않는 정수이어야 한다.

예제 6-10

비례 할당 기법에서는 페이지 프레임 62개를 일반 프로그램(페이지 10개)과 대화형 데이터베이스(페이지 127개)의 프로세스에 각각 페이지 프레임 4개와 페이지 프레임 57개를 분배한다.

10 / 137 × 62 = 4

127 / 137 × 62 = 57

예제 6-11

P1(20 페이지), P2(140 페이지), P3(40 페이지)에게 98개의 페이지 프레임(P/F)을 비례 할당해 주는 경우는 다음과 같다.

P1에 할당되는 프레임 수 : (20/200) × 98 = 약 9개
P2에 할당되는 프레임 수 : (140/200) × 98 = 약 68개
P3에 할당되는 프레임 수 : (40/200) × 98 = 약 19개

이와 같은 방식으로 모든 프로세스에 유효 페이지 프레임을 동일하게 분배하기 보다는 각 프로세스가 필요로 하는 기억장치의 양, 또는 프로세스의 크기에 따라 할당한다. 따라서 많은 기억 공간을 요구하는 프로세스는 적은 기억 공간을 요구하는 프로세스보다 더 많은 페이지 프레임을 할당 받는다.

균일과 비례 할당 기법 모두 다중 프로그래밍 정도에 따라 각 프로세스에 할당되는 양은 변한다. 그러나 균일 할당이나 비례 할당 기법은 모두 우선순위를 고려하지 않는다. 따라서 비례 할당 기법을 프로그램의 크기나 우선순위를 결합하여 할당하는 방법도 생각할 수 있다. 특히, 우선순위가 높은 프로세스가 교환할 페이지 프레임을 우선순위가 낮은 프로세스에 할당한 페이지 프레임 중에서 고르게 한다면 우선순위가 높은 프로세스에 할당되는 페이지 프레임 수를 점점 증가시킬 수 있다. 물론, 비례 할당 정책은 운영체제가 활동 중인 프로세스에 대한 정보를 알고 있어야만 한다는 문제점이 있으며 소프트웨어의 오버헤드를 가져온다.

③ 조정 할당

프로세스의 우선순위나 유형(대화형, 일괄 처리 등) 또는 프로그래머나 시스템 관리자의 경험과 지침 등에 따라, 각각의 프로세스에게 조정 할당한다. '서로 다른 일정한 개수의 페이지 프레임'을 적당하게 조정하여 할당하는 방법도 고려할 수 있다.

④ 고정 할당 방법의 문제점

비례, 균일, 조정 할당 모두, 초기에 할당 받은 프레임의 수는 그 프로세스가 종료될 때까지 계속해서 유지가 되므로, 페이지 프레임이 낭비되거나 또 다른 프로세스는 페이지 부재가 많이 일어나는 문제가 발생할 수 있다.

(3) 가변 할당 방법(Variable allocation)

프로세스가 생성되는 초기에 할당 받은 프레임의 개수를 프로세스가 종료될 때까지 계속해서 고정적으로 유지하는 고정 할당 방법의 문제점을 제거하기 위해서이다. 프로세스가 진행됨에 따라 초기에 할당한 페이지 프레임의 개수를 가변적으로 변화시켜, 페이지 프레임의 낭비를 예방하고 페이지 부재율이 낮아지도록 하자는 것이다. 우선 순위가 높은 프로세스가 '페이지 프레임 대치를 필요로 할 때, 자기가 할당 받고 있는 페이지 프레임은 물론, 그 보다 우선 순위가 낮은 프로세스에게 할당된 페이지 프레임 전체를 대상으로 페이지 대치한다. 이와 같은 작업을 계속 진행하게 되면, 우선 순위가 높은 프로세스가 차지하는 "**페이지 프레임**"의 수는 늘어나게 되고, 우선 순위가 낮은 프로세스의 페이지 프레임 수는 상대적으로 줄어들게 되어, 우선 순위가 높은 프로세스가 신속하게 실행될 수 있도록 도와주게 된다.

6.5.5 페이지 교체 알고리즘의 종류

페이지 부재가 발생하면 새로운 페이지를 M/M로 들여와야 한다. 이때 메모리에 공간이 없으면 이미 올라와 있던 페이지중 하나를 희생시키고 그곳으로 새 페이지를 적재(load)해야 한다. 페이지 교체 알고리즘은 희생시킬 페이지를 고를 때 사용되는 알고리즘을 말한다. 이러한 알고리즘들의 주요한 평가 기준은 페이지 부재율이다.

앞서 살펴본 바와 같이 내보낼 페이지의 선정은 시스템의 효율성에 있어서 매우 중요하다. 따라서 페이지 교체 알고리즘을 선택할 때는 신중을 기해야 한다. 각각의 알고리즘에는 장단점이 있는데, 일반적으로 페이지 부재율이 가장 낮은 알고리즘을 기본으로 선택하게 된다.

다음의 참조열(기억 장치 참조 순서; 페이지 참조 순서)을 3개의 프레임을 가진 기억 장치에 대해 사용하기로 한다.

9, 0, 2, 3, 0, 4, 0, 5, 3, 4, 0, 4, 3, 2, 3, 0, 2, 9, 0, 2

앞서 언급 했듯이 참조열은 인위적으로 만들거나(예, 난수를 발생시켜서), 또는 주어진 시스템의 각 기억 장치 참조의 주소를 기록함으로써 만들 수 있다. 위의 참조 문자열을 이용하여 페이지 부재 횟수와 프레임 개수와의 관계를 살펴보자.

(1) 고정 할당 기반의 교체 기법

1) 선입선출(FIFO) 교체 알고리즘[그림6-19][그림6-20][그림6-21]

가장 간단한 페이지 교체 알고리즘이다. 각 페이지가 M/M 안으로 들어간 시간을 이용하는데, 가장 오래된 페이지부터 우선 대치시키는 가장 먼저 들어온 페이지를 먼저 보내는 방법이다. 즉, FIFO(first-in first-out) 페이지 대체 기법은 각 페이지가 M/M에 적재될 때마다 그 때의 시간을 기억시켜 두고, M/M 내에 가장 오랫동안 있었던 페이지를 대체시킨다[그림6-19].

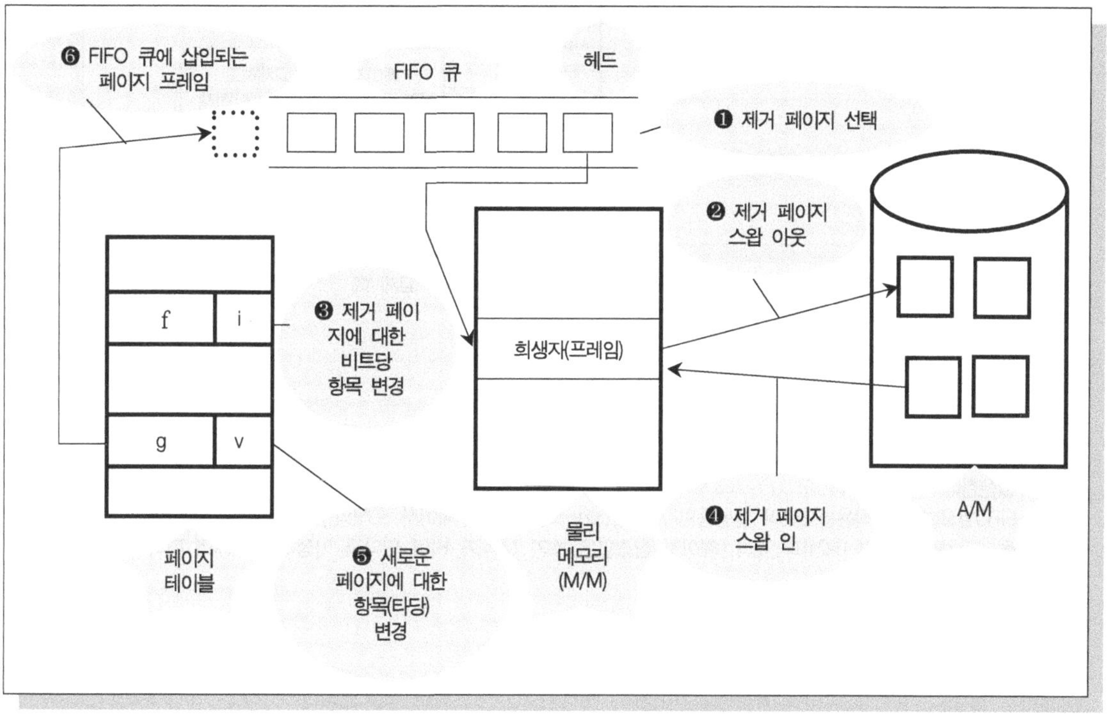

[그림 6-19] FIFO 페이지 교체 알고리즘의 수행 과정

페이지 부재가 발생하면, 즉 제거해야 할 페이지를 선택하면 보조 기억장치(A/M)로 이동 교체시키고 PMT의 타당/비타당 비트를 변경한다. 새로운 페이지에 대한 페이지 테이블의 항목을 변경한 후, FIFO 큐의 마지막 위치에 삽입한다. 이 알고리즘을 구현하기 위하여 메모리 관리자는 페이지가 M/M에 적재된 상태 순서를 추적해야 한다. 이것을 실현하는 방법은 페이지들을 FIFO 큐로 유지하는 것이다. 따라서 큐의 헤드 부분에 있는 페이지를 먼저 대치한다. 큐에 있는 페이지가 M/M로 들어갈 때 큐의 끝에 페이지가 삽입되며, 이때 큐의 크기는 사용 가능한 기억장치의 페이지 프레임의 수에 해당된다.

짚어보기 FIFO 알고리즘의 예

프로세스 P에게 4개의 페이지 프레임이 고정 할당되어 있는 상황에서 현재 M/M에 4개의 페이지 P1, P2, P3, P4가 적재되어 있다고 가정했을 때, 다음 순간 페이지 Px가 참조되었다면 FIFO 알고리즘은 페이지 P1, P2, P3, P4가 M/M에 적재된 시간을 비교하여 가장 먼저 적재된 페이지 교체[그림6-20]

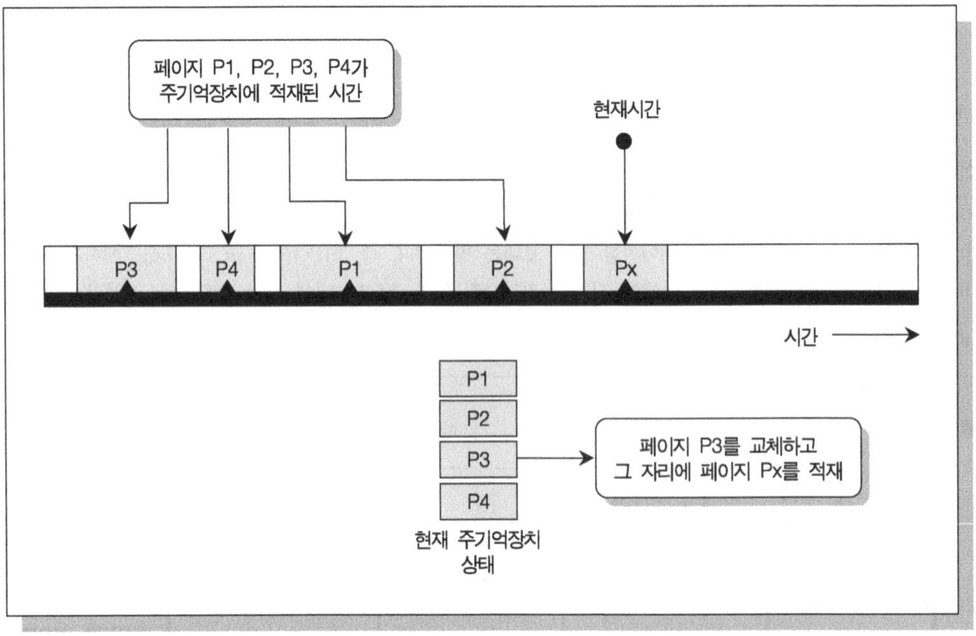

[그림 6-20] FIFO 알고리즘의 페이지 교체 예

예제 6-12 FIFO 알고리즘의 적용 예

3개의 페이지 프레임을 사용할 수 있다고 가정하고 위 참조 문자열(참조열)을 실행시켜 보면 페이지 부재가 15번 발생한다.
FIFO알고리즘을 적용함으로써 실행중인 프로세스가 3개의 실제 페이지 프레임을 할당받는 시스템에서 페이지들을 대체하는 [그림 6-21]과 같다. 페이지 참조열은 초기 M/M가 비어 있다고 가정하고, 3개의 페이지 프레임이 있다고 가정한다.

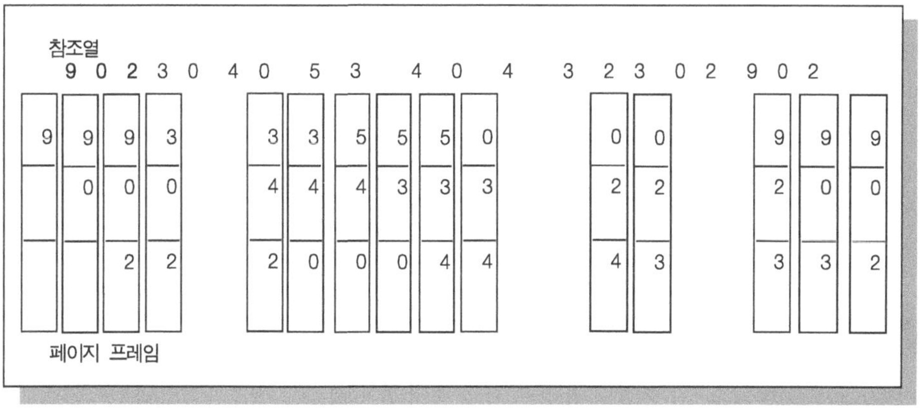

[그림 6-21] FIFO 교체 알고리즘의 실행 결과

처음에는 세 개의 페이지 프레임이 비어 있다. 그리고 처음 세 개의 참조(9,0,2)는 페이지 부재를 발생시켜서 빈 페이지 프레임 속으로 들어간다. 그 다음의 문자열 3는 처음에 들어왔던 페이지 9를 대치한다. 그 다음 참조열 0은 이미 기억장치에 있기 때문에 페이지 부재가 발생하지 않는다. 참조열 4에 대한 참조는 페이지 0에 의해 대치된다. 왜냐하면 기억장치에 들어있는 세 개의 페이지(0,2,3) 중에 페이지 0이 가장 빨리 들어왔기 때문이다. 이런 대치는 다음 참조인 0이 페이지 부재가 된다는 것을 의미하며, 가장 빨리 들어온 페이지 2와 대치된다. 이러한 과정은 [그림6-21]와 같이 계속 진행된다. 이 알고리즘으로 실행한 결과 **15개의 페이지 부재**가 발생한다. 어떤 참조열에 대하여 FIFO 교체 알고리즘을 적용했을 경우의 페이지 부재 그래프는 [그림6-22]와 같다.FIFO 알고리즘은 이해가 쉽고 프로그램의 작성도 쉽다는 장점은 있으나 성능이 항상 좋은 것은 아니다.

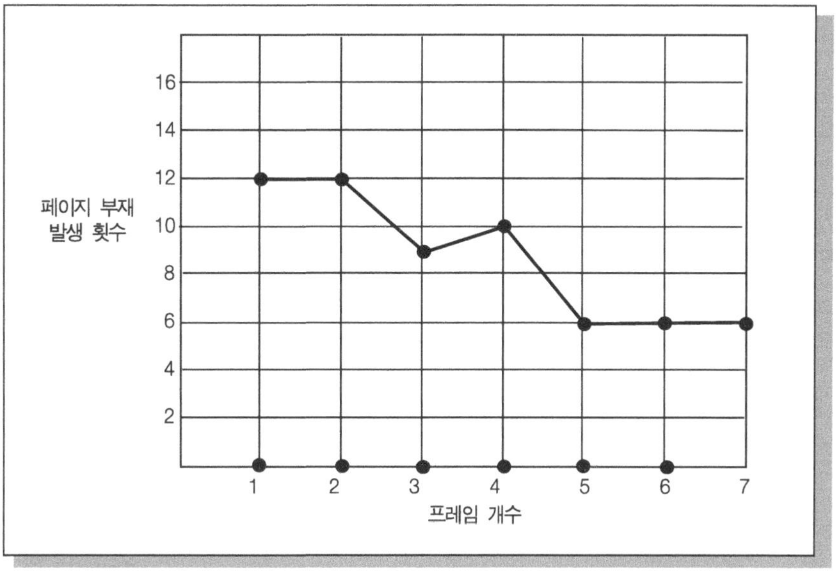

[그림 6-22] 참조열에 대하여 FIFO 교체 알고리즘을 적용했을 경우의 페이지 부재 그래프(벨레디의 변이 현상)

> **참고**
>
> **FIFO의 모순(Belady's Anomaly; 벨레디 이상(변이) 현상)**
> 일반적으로 프로세스에게 더 많은 페이지 프레임(페이지 틀;Page frame)이 할당 될수록(페이지 프레임의 수가 늘어남) 더 적은 페이지 부재(Page fault)가 발생한다. 그런데 Belady, Nelson, Shedler는 FIFO 페이지 교체 기법 하에서 프로세스에 더 많은 수의 페이지 틀(프레임)을 할당할 경우 오히려 더 많은 페이지 부재가 발생할 수 있음을 발견했다. 이러한 현상을 FIFO 모순(벨레디 변이)이라한다(어떤 페이지 대치 알고리즘에 대해서는 페이지 부재율이 할당되는 프레임의 수가 증가함에 따라 페이지 부재율도 증가할 수 있다는 사실을 반영함).

짚어보기 FIFO의 모순;FIFO 페이지 교체 알고리즘에서 발생하는 문제점의 예

참조열(페이지 참조순서)은 [0, 2, 3, 4, 0, 2, 5, 0, 2, 3, 4, 5]이다
페이지 프레임이 많으면 페이지 부재 발생 횟수가 줄어드는 현상에 반대되는 현상이 나타난다. 즉, 페이지 프레임이 3개일 때보다 페이지 프레임이 4개일 때가 페이지 부재가 더 많이 발생하는 상태가 나타나는 것을 [그림 6-23]에 보여주고 있다.

2) **최적**(Optimal;Belady(Bo)**의** MIN OPT) **페이지 교체** 알고리즘[그림6-24][그림6-25]

최적(MIN) 페이지 대체 기법은 벨레디(Belady)가 제안한 것으로 "**변이(이상;Anomaly) 현상**"의 발견으로 인해 MIN 알고리즘을 찾는 경향이 높아졌다. 즉, 최적의 성과를 얻기 위해서 그 이후로도 가장 오랫동안 사용되지 않을 페이지를 대체한다. 다시 말해, 앞으로 가장 오랜 기간 동안 사용하지 않을 페이지를 교체하라는 사상을 표현한 알고리즘이다.MIN 알고리즘을 사용하면 고정된 페이지 프레임 수에 대해 가능한 가장 낮은 페이지 부재율이 보장된다. **MIN 알고리즘은 모든 교체 알고리즘들 중에서 페이지 부재율이 가장 낮다.** 그래서, **최적화 또는** OPT(principle of optimality)라고도 한다.

❶페이지 프레임; 3개의 경우

	0	2	3	4	0	2	5	0	2	3	4	5
	0	2	3	4	0	2	5	5	5	3	4	4
		0	2	3	4	0	2	2	2	5	3	3
			0	2	3	4	0	0	0	2	5	5
	P	P	P	P	P	P	P			P	P	

페이지 부재 횟수-9회

초기에는 모든 페이지 프레임은 비어 있다

❷페이지 프레임; 4개의 경우

	0	2	3	4	0	2	5	0	2	3	4	5
	0	2	3	4	4	4	5	0	2	3	4	5
		0	2	3	3	3	4	5	0	2	3	4
			0	2	2	2	3	4	5	0	2	3
				0	0	0	2	3	4	5	0	2
	P	P	P	P			P	P	P	P	P	P

페이지 부재 횟수-10회

[그림 6-23] 페이지 프레임별(3개와 4개의 경우) 실행 결과 비교

짚어보기 MIN 알고리즘의 예

프로세스 P에게 4개의 페이지 프레임이 고정 할당되어 있는 상황에서 현재 M/M에 4개의 페이지 P1, P2, P3, P4가 적재되어 있다고 가정할 때, 다음 순간 페이지 Px가 참조되었다면 MIN 알고리즘은 미래의 페이지 참조 패턴을 조사하여 가장 오랫동안 참조하지 않을 페이지를 교체한다[그림6-24].

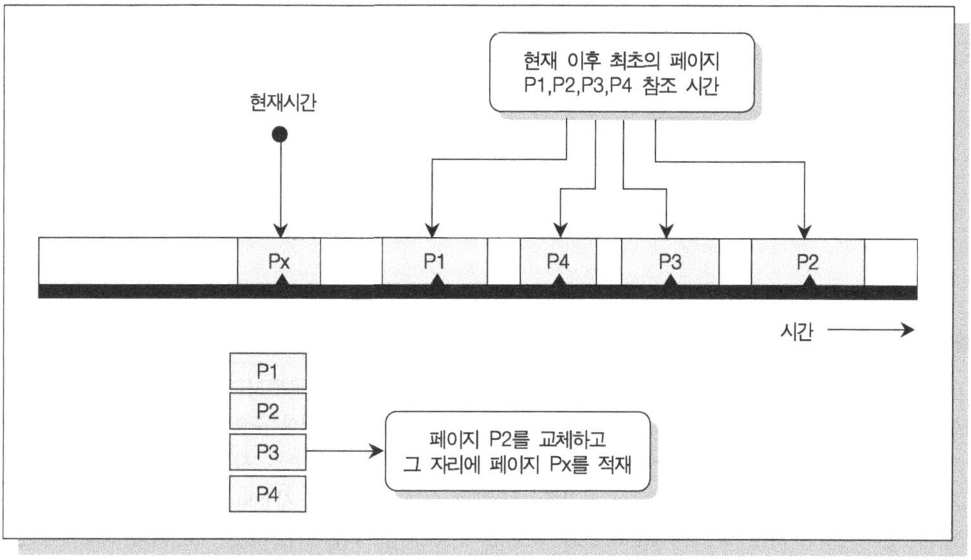

[그림 6-24] MIN 알고리즘의 페이지 교체 예

예제

6-13 MIN 알고리즘의 적용 예

3개의 페이지 프레임을 사용할 수 있다고 가정하고 위 참조 문자열(참조열)을 실행시켜 보면 페이지 부재가 9번 발생한다[그림6-25].

MIN 알고리즘을 적용함으로써 실행중인 프로세스가 3개의 실제 페이지 프레임을 할당받는 시스템에서 페이지들을 교체하는 [그림6-25]과 같다. 페이지 참조열은 초기 M/M가 비어 있다고 가정하고, 3개의 프레임이 있다고 가정한다. 처음 3번의 참조는 페이지 부재를 발생시키고 3개의 비어 있는 페이지 프레임을 채우는 과정은 동일하다. 그러나 4번째 참조 문자열의 페이지 3에 대한 참조는 페이지 9을 대체한다. 왜냐하면, 페이지 9은 18번째가 되어야 비로소 참조되기 때문이다. 사실 페이지 0이 5에, 페이지 2가 14에서 사용된다. 페이지 4에 대한 참조는 페이지 2를 대치한다. 왜냐하면, 페이지 2는 다시 참조될 기억장치 속에 있는 페이지 3개 가운데 마지막 것이기 때문이다. 따라서 **9번의 페이지 부재**를 발생 시키는 최적 페이지 교체 알고리즘은 페이지 부재 15번을 일으키는 FIFO 페이지 교체 알고리즘보다 훨씬 더 좋다. 그러나 현실적으로 MIN 알고리즘은 구현하기가 어렵다. 왜냐하면 MIN 알고리즘은 참조 문자열이 언제 사용될 것인가에 대한 정확한 정보를 요구하는데, 이것은 알기 어렵기 때문이다. 제3장에서 언급한 최소 작업 우선(SJF) 프로세서 스케줄링 알고리즘도 비슷한 경우이다. 결과적으로 MIN 알고리즘은 비교 연구를 위해 주로 사용한다.

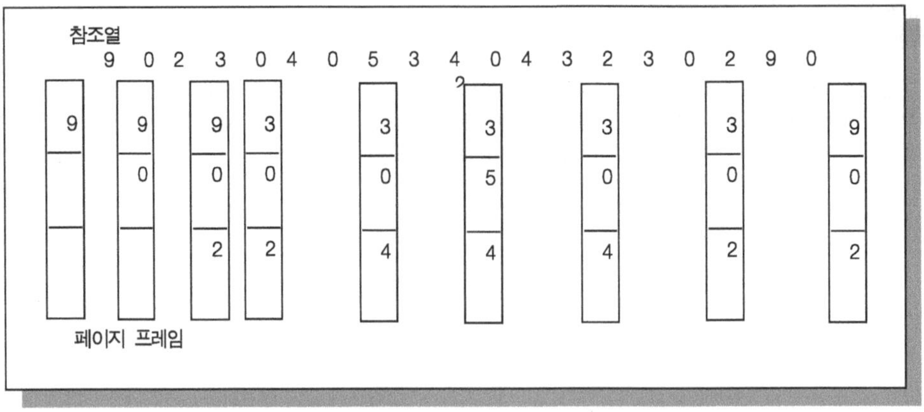

[그림 6-25] Belady의 MIN(최적) 페이지 대치 알고리즘

3) **최근 최소 사용 교체(LRU) 알고리즘[그림6-26]**

최적 페이지 교체 알고리즘을 사용하는 것이 가능하지 않다면, 최적 페이지 교체(MIN, OPT) 알고리즘에 대한 근사치가 가능한 알고리즘을 고려해보자.FIFO 교체 알고리즘과 MIN 알고리즘 사이의 주요 차이점은 FIFO 알고리즘은 페이지가 기억장치 속에 들어오는 시간을 사용하고,MIN 알고리즘은 페이지가 앞으로 사용될 시간을 사용한다는 것이다. 따라서 가까운 미래의 근사치로써 가장 최근의 과거를 사용하면 오랜 기간 동안 사용되지 않은 페이지로 교체하는 효과로 생각할 수 있다.이것이 최근 최소 사용(LRU;Last Rcently Used) 알고리즘이다. 이것은 M/M에 적재되어 있는 페이지들에 대해 이들이 참조된 시간을 기준으로 교체될 페이지를 선정하는 기법이다. 즉, LRU 기법은 각 페이지들이 호출될 때마다 그 때의 시간을 테이블에 기억시켜 두고, 페이지가 교체될 때마다(만약 가까운 미래의 근사치로서 가장 최근의 과거를 사용하면) 가장 오랫동안 사용되지 않은 페이지를 선택하여 교체 시킨다.

특징은 다음과 같다.

① 각 페이지들이 호출될 때마다 그때의 시간을 테이블에 기억시켜야 하므로 막대한 오버헤드를 초래한다.
② MIN(OPT)나 LRU는 벨레디(Belady)의 이상 현상이 없다.

LRU 알고리즘은 과거의 데이터를 이용하여 미래를 예측하려는 통계적 개념으로 기억장치의 지역성을 이용한 알고리즘이다. 따라서 LRU 알고리즘은 각 페이지에 마지막으로 사용된 시간을 연관 시킨다. 페이지를 교체(대치)를 할 때, 오랫동안 사용하지 않은 페이지를 선택하므로 시간적으로 거꾸로 찾는 최적 페이지 교체 알고리즘이라 할 수 있다.

짚어보기 LRU 알고리즘의 예

현재 M/M에 4개의 페이지 P1, P2, P3, P4가 적재되어 있는 상황에서 새로운 페이지 Px가 참조되었을 때 페이지 P1, P2, P3, P4 각각에 대해 이들이 최근에 참조된 시간을 보고 가장 오랫동안 참조되지 않은 페이지, 즉 , 페이지 P1을 교체한다[그림6-26].

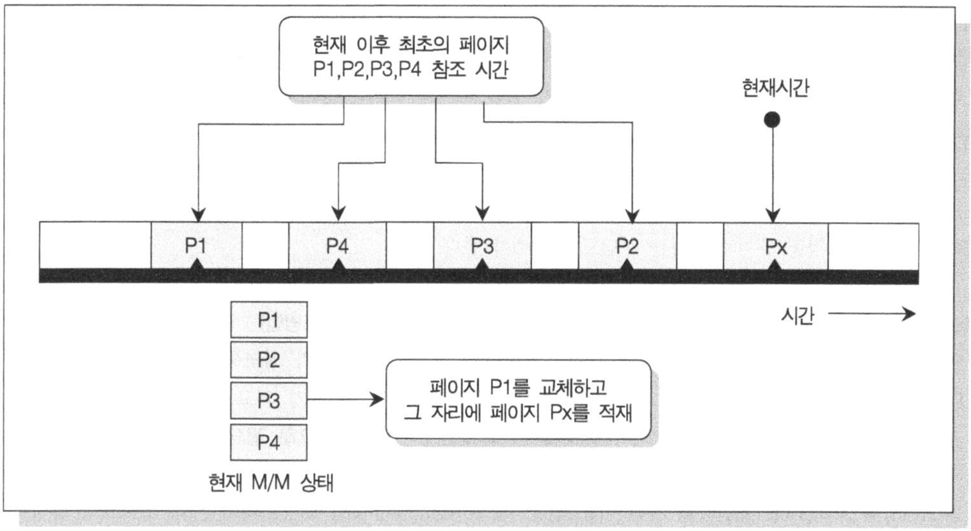

[그림 6-26] LRU 알고리즘 예

예제 6-14 LRU 알고리즘의 적용 예

3개의 페이지 프레임을 사용할 수 있다고 가정하고 위 참조 문자열(참조열)을 실행시켜 보면 페이지 부재가 12번 발생한다[그림6-27].

LRU 알고리즘을 적용함으로써 실행중인 프로세스가 3개의 실제 페이지 프레임을 할당받는 시스템에서 페이지들을 대체하는 [그림6-27]과 같다. 페이지 참조열은 초기 M/M가 비어 있다고 가정하고,3개의 프레임이 있다고 가정한다. 처음 다섯 번의 페이지 부재를 처리하는 과정은 MIN 알고리즘과 같다. 즉, 처음 3번의 참조는 페이지 부재를 발생시키고 3개의 비어 있는 페이지 프레임을 채우는 과정은 동일하다. 그러나 페이지 5에 대한 참조가 일어날 때, LRU 알고리즘은 기억장치 속에 있는 페이지 중 가장 늦게 사용한 페이지 3을 선택(희생자)하여 교체한다. LRU는 페이지 3을 교체하지만 그것이 곧 사용될 것이라는 것을 모른다. 그래서 LRU는 페이지 2에 페이지 부재가 발생할 때,{0,4,5} 중에서 가장 늦게 사용한 페이지 4를 교체한다. 이런 문제들에도 불구하고 12번의 **페이지 부재를** 일으킨 LRU 알고리즘이 15번의 페이지 부재를 일으키는 FIFO 알고리즘보다 훨씬 더 좋다.

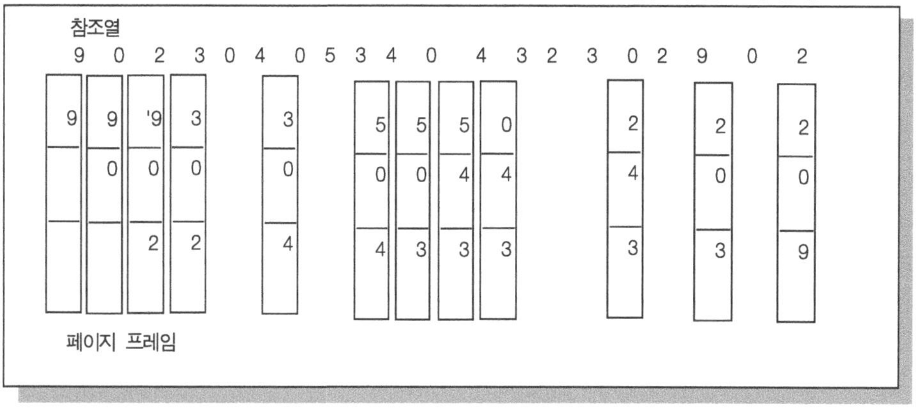

[그림 6-27] LRU 알고리즘의 예

LRU의 정책은 때때로 매우 좋은 페이지 교체 알고리즘으로 사용되며, 페이지 교체 알고리즘 처럼 알고리즘의 구현을 위한 H/W의 지원이 필요하다. 문제는 페이지 프레임이 마지막에 사용된 기간을 이용해 정의되는 순서를 어떻게 결정하느냐 하는 것이다. 이는 두 가지 방법으로 구현할 수 있다.

❶ **계수기(counters)를 이용한 순서 결정 방법(PMT 내의 한 항목에 사용시간을 유지시키는 방법)**

각 페이지 테이블(PMT) 항목과 사용시간 레지스터를 연관 시키고 프로세서에 논리 클록이나 계수기를 부가해서 페이지 프레임의 순서를 결정한다. 페이지에 대한 참조가 있을 때마다 클록은 증가되며 클록 레지스터의 내용은 페이지의 해당 페이지 테이블에 있는 사용 시간 레지스터에 복사되어 각 페이지의 최소 참조에 대한 시간을 갖게 된다. 이때 가장 작은 시간 값을 가진 페이지는 교체(대치)된다. 즉, 각 페이지 테이블 진입과 사용 시간 레지스터를 연관시키고, CPU에 논리 클럭이나 계수기를 추가하는 것이다(클록은 기억 장치 참조 때마다 증가 됨). 물론, 페이지 탐색시간과 페이지 테이블의 변화 과정을 유지해야 하는 부담도 고려해야 한다.

❷ **스택(stack)을 이용한 순서 결정 방법(페이지 번호를 갖는 스택을 유지시키는 방법)**

순서를 결정하기 위해 페이지 번호를 스택에 넣어 관리한다. 그리고 페이지가 참조될 때마다 페이지 번호를 스택의 꼭대기(Top)에 둔다. 꼭대기에 있는 페이지 번호는 가장 최근에 사용한 페이지가 되고 밑바닥(Bottom)에 있는 페이지 번호는 가장 늦게 사용한 페이지가 되어 페이지 부재 시 교체된다. 이런 방법으로 필드 비교, 갱신, 계수기 등의 처리 과정은 피할 수 있지만 스택의 중간에서 항목을 가져옴으로 이중 링크의 조작이 필요해 오버헤드를 증가시킬 수도 있다. 이는 머리(Head)와 꼬리(Tail) 포인터를 가진 이중 연결 리스트(doubly-linked list)로 해결할 수 있으므로 탐색시간을 감소시킬 수 있다. [그림6-28]에서 x 이전의 스택 정보는 꼭대기(top)에 가장 최근에 사용한 페이지 2가 있으며 밑바닥(bottom)에는 가장 오래전에 사용한 페이지(가장 늦게 사용한 페이지) 5를 유지하고 있다. 그러나 y 이전의 스택에서는 꼭대기에 있는 페이지가 최근에 사용한 페이지 8로 교체되었음을 보여 주고 있다. LRU 알고리즘은 벨레디 이상 현상은 없으나 반드시 H/W 지원이 있어야 한다.

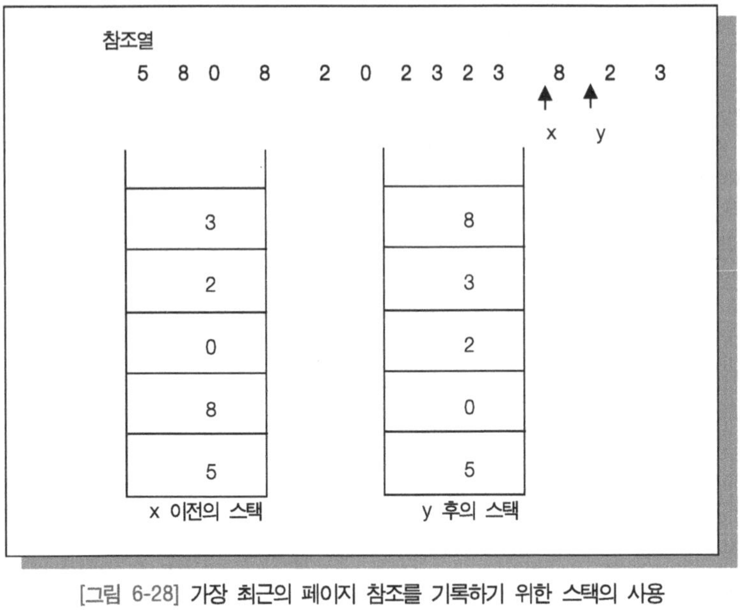

[그림 6-28] 가장 최근의 페이지 참조를 기록하기 위한 스택의 사용

예제 6-15

세그먼테이션은 크기가 일정하지 않은 페이지를 사용하는 페이징이라고 볼 수 있다. FIFO와 LRU에 기반을 둔 두 개의 세그먼트 대치 알고리즘을 정의하라. 세그먼트는 각기 크기가 다르기 때문에, 대치되는 세그먼트가 새로운 세그먼트를 적재하기에 불충분할지도 모른다는 점에 유의하라.

풀이

- FIFO : 적재되는 세그먼트를 수용할 수 있는 세그먼트를 선택하여 교체한다.
  재배치가 불가능하고 적당한 세그먼트가 없을 때에는, 적재 세그먼트를 수용할 수 있는 공간적으로 연속된 두 개 이상의 세그먼트를 골라 교체한다.
  재배체가 가능하면 메모리 이동을 통해 공간 재배치를 실행한다.
- LRU : 적재 세그먼트를 수용할 공간을 가진 세그먼트 중, 가장 사용 된지 오래된 것을 골라 교체하고 남는 공간은 사용 가능 공간(free space)에 등록한다. 재배치가 불가능하면 사용 된지 오래된 연속된 세그먼트들을 교체한다. 재배치가 가능한 경우는 메모리 이동으로 공간 재배치를 한 후 교체를 실행한다.

4) 최소 사용 근접(빈도)(LFU) 교체 알고리즘[그림6-29]

대부분의 시스템들이 최근 최소 사용(LRU) 알고리즘을 이용한 페이지 교체에 대한 H/W 지원을 하지 않기 때문에 다른 알고리즘을 사용하기도 한다. 그러나 상당수 시스템이 참조 비트의 형태로 지원한다. 즉, 처음에 모든 비트는 0으로 초기화한 후 사용자 프로세스가 수행될 때 참조된 각 페이지와 관련된 비트를 1로 변환하여 어느 페이지가 사용되었는지를 조사하여 확인할 수 있다. 이러한 부분적인 순서 정보를 활용하여 LRU 알고리즘에 근사하게 교체할 수 있는 많은 페이지 알고리즘을 만들 수 있다. LFU(최소 사용 빈도수; Least Frequently Used) 알고리즘은 각 페이지마다 참조 횟수에 대한 계수기가 있으며, 가장 작은 수를 가진 페이지를 대치한다. 많이 사용되는 페이지는 큰 참조횟수 값을 가지기 때문이다. 이 알고리즘은 어떤 프로세스의 초기 단계에서 한 페이지가 많이 사용되지만 그 후로 다시는 사용되지 않는 경우에는 어려움이 따른다. 큰 계수를 가진 페이지가 더 이상 필요하지 않음에도 불구하고 기억장치 속에 남기 때문이다. 한 가지 해결책은 계수기를 어떤 일정한 시간 간격으로 하나씩 오른쪽으로 이동해서 지수적으로 감소하는 평균 사용수를 형성하는 것이다. 다시말해, LFU(최소 사용 빈도수) 페이지 교체 알고리즘은 각 페이지들이 얼마나 자주 사용되었는가에 중점을 두어 호출된 횟수가 가장 적은 페이지를 대체시킨다. 각 페이지마다 참조 회수에 대한 계수기를 가진다.

짚어보기 LFU 알고리즘의 예

한 프로세스 P에게 4개의 페이지 프레임이 고정 할당되어 있는 상황에서 현재 M/M에 4개의 페이지 P1, P2, P3, P4가 적재되어 있다고 가정했을 때, 다음 순간 페이지 Px가 참조되었다면 페이지 P1, P2, P3, P4에 대해 지금까지의 참조 횟수를 비교하여 참조 횟수가 가장 적은 페이지 교체한다[그림6-29].

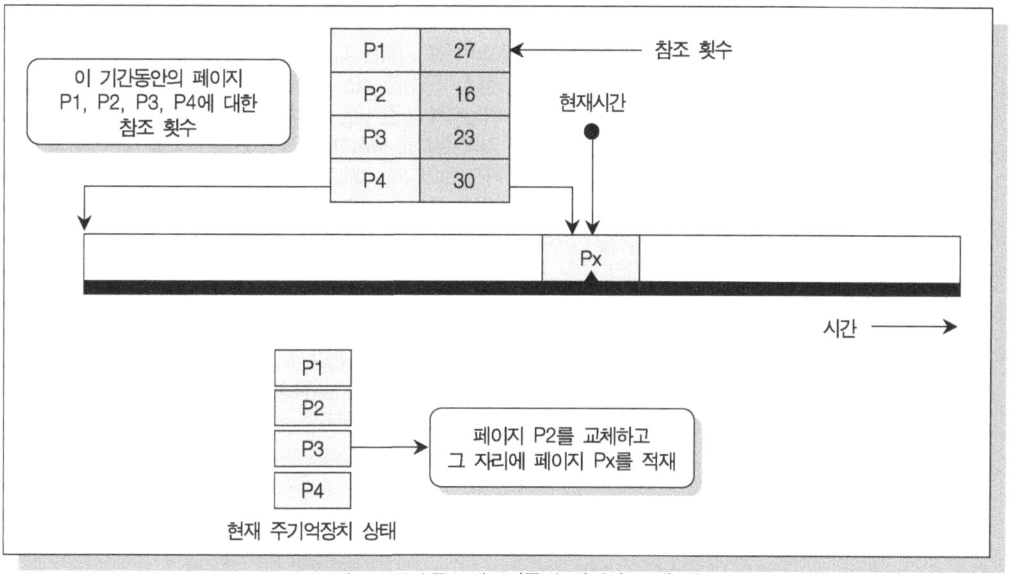

[그림 6-29] LFU 알고리즘의 페이지 교체 예

예제 6-16 LFU 알고리즘의 적용 예

4 개의 페이지(프레임)를 수용할 수 있는 M/M가 있고 페이지 모두 비어 있다. 임의의 프로세스가 참조하는 페이지 번호의 순서가 다음과 같다면 LFU 페이지 대체 알고리즘 이용 시 몇 번의 페이지 부재가 일어나는가?

요청 페이지 번호 : 1, 2, 3, 6, 2, 1, 3, 4, 5, 2, 1, 3

풀이

- 페이지 부재 발생 시 지금까지 참조 (호출)된 횟수가 가장 적은 페이지가 대체되는 알고리즘이다.
- 호출(참조)도가 제일(호출) 적은 페이지가 가장 최근에 M/M로 옮겨진 페이지인 경우가 있다.
- 6번의 페이지 부재가 발생한다[그림6-30].

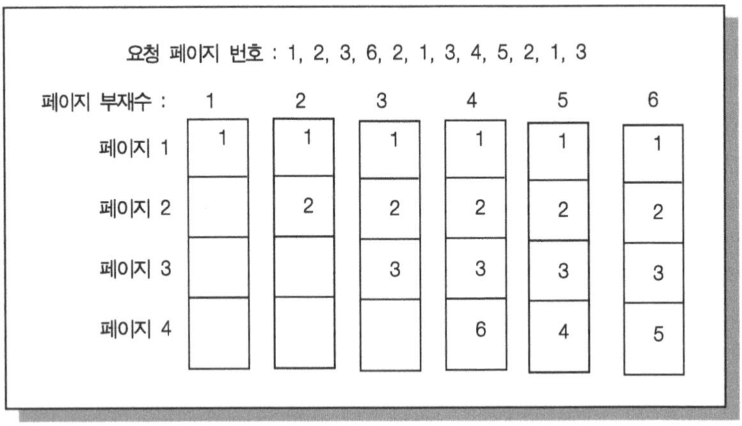

[그림 6-30] LFU 알고리즘의 적용 실행의 예

짚어보기 LFU 알고리즘의 예;부가된 참조비트 알고리즘

각 페이지에 8비트(1바이트) 정보에 일정한 간격으로 참조비트를 기록한다. 그리고 8비트 시프트 레지스터를 이용하여 순서 정보를 얻는다[그림6-31]. 각 페이지에 대한 참조비트(1)를 최상위 비트(8비트 위, 즉 가장 왼쪽비트)로 삽입 이동하고 나머지 비트들은 한 비트씩 오른쪽으로 이동시켜 가장 낮은 자리 비트는 제거한다. 이때 8비트 시프트 레지스터는 최근 8번의 기간 동안 페이지 사용의 기록 정보를 유지하게 된다. 만약 시프트 레지스터의 값이 '00000000'이라면 8번의 기간 동안에 단 한 번도 사용하지 않았다는 의미이고, '11111111'은 각 기간마다 한 번 사용된 결과를 의미한다. 따라서 '11000100(19610)'은 '01110111(11910)'보다 최근에 사용되었음을 나타낸다.[그림6-31]는 '00001011(11)'이 가장 사용빈도가 낮으므로 **페이지 교체** 대상이다. 만약 8비트를 부호 없는 정수로 해석하면 가장 낮은 비트를 가진 페이지는 **LRU 페이지**(오랜동안 미사용한 페이지)이며, 이는 대치될 수 있다.이와 같은 과정을 진행하다 보면 참조비트의 내용이 똑같은 경우가 나타날 수 있는데,모든 페이지 프레임이 갖는 참조비트의 값이 유일하지 않기 때문이다. 작은 정수 값을 갖는 페이지 프레임이 두 개 이상 있을 경우 희생자를 선정하지 않을 때는 문제가 없지만 희생자를 선정할 시점에서는 문제가 된다. 이런 경우에는 가장 작은 정수 값(위 예에서 '00001011'해당함)을 갖는 페이지 프레임의 모두를 희생자로 선택하거나 FIFO의 원칙에 따라 하나를 희생자로 선택한다.[그림6-31]에서는 위 쪽에 있는 페이지 프레임부터 희생자로 선택된다.

5) 최대 사용 빈도수(MFU) 교체 알고리즘

최대 사용 빈도수(MFU;Most Frequently Used) 알고리즘은 가장 작은 계수를 가진 페이지가 방금 들어온 것으로 아직 사용되지 않았기 때문에 앞으로 사용할 확률이 높다고 가정하여 대치(교체) 페이지 후보에서 제외시킨다. 그리고 가장 많이 사용된 페이지, 즉 계수가 높은 페이지를 대치한다. 그렇지만 MFU나 최소 사용 빈도수는 일반적인 것이 아니다. 이들 알고리즘을 구현하는데 비용이 많이 들고 최적 페이지 교체에 비해 성능도 떨어진다.

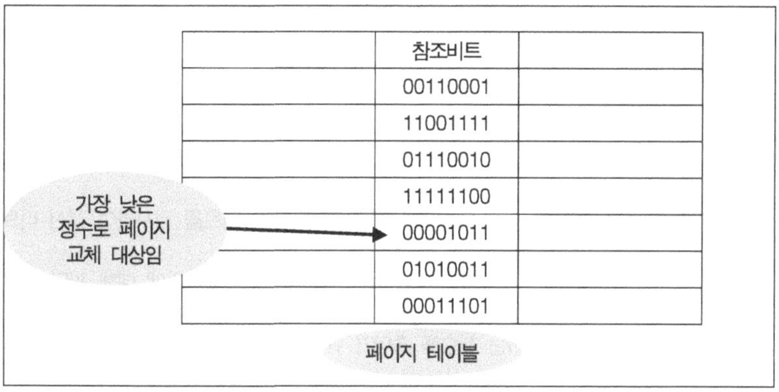

[그림 6-31] 부가된 참조비트의 예

6) 최근 미사용(NUR) 페이지 교체 알고리즘

이 기법은 적은 오버헤드로 LRU 기법의 성능을 내기 위한 기법이다. 이를 위해 이 기법에서는 앞서 언급한 두 종류의 비트 벡터를 사용하여 LRU 기법에 근사하는 성능을 보이고자 한다. **최근 미사용(NUR;Not Used Recently) 페이지 대체 기법**은 최근에 쓰이지 않은 페이지들은 가까운 장래에도 쓰이지 않을 가능성이 있으므로 이러한 페이지들을 자주 호출되는 페이지들과 교체하는 것으로써, 적은 오버헤드로 LRU에 근사(approximation) 하며 실제로 자주 쓰이는 기법 중의 하나이다. NUR 기법의 개념은 근래에 쓰이지 않은 페이지는 가까운 미래에도 쓰이지 않을 가능성이 많기 때문에 이러한 페이지를 호출되는 페이지와 대체시킨다. 다시말해 NUR 알고리즘은 최근 사용된 적이 있는지 여부를 알기 위해 참조 비트를 사용하며 참조 비트는 해당 페이지가 접근(access)될 때마다 셋트(set)되고 주기적으로 리셋트(reset)된다. 또 희생시킬 그 페이지를 먼저 디스크에서 원래 읽어온 이후 내용이 변형됐다면 그 페이지를 먼저 디스크에 기록(write) 시킨 후 빼앗아야 한다. 따라서 변형 페이지는 페이지 부재 발생시에 디스크를 기록(write) 한번, 판독(read) 한번을 해야 하므로 오버헤드가 크다. NUR은 이러한 점에 착안한 기법으로 희생시킬 페이지는 가급적 참조가 안된 페이지 변형된 적이 없는 페이지를 선택한다.

NUR 페이지 대체 기법은 각 페이지 당 다음과 같은 두 개의 H/W 비트를 필요로 한다.

① 호출(참조) 비트(reference bit) = 0 페이지가 호출(참조)되지 않았을 때
= 1 페이지가 호출(참조)된 적이 있을 때

② 변형(수정) 비트 (dirty bit , modified bit, change bit) = 0 페이지 내용이 변형되지 않았을 때
= 1 페이지 내용이 변형되었을 때

NUR 기법의 개념은 다음과 같다.

- 처음에 모든 페이지들의 참조 비트는 0으로 한다.
- 어떤 페이지가 참조되면 그 페이지의 참조 비트는 1로 한다.
- 또한 변경 비트의 초기 값도 0으로 주어지며 어떤 페이지의 내용이 변경되면 변경비트는 1로 한다.

- 하나의 페이지가 대체될 때 첫 번째로 참조된 적이 없는 페이지를 찾게 되는데 만일 그러한 페이지가 없는 경우에는 참조된 적이 있는 페이지를 대체시킨다.
- 만일 어떤 페이지가 참조되지 않았다면 다음으로 그 페이지가 변경되었는지를 검사한다. 만일 그 페이지가 변경되지 않았다면 그 페이지를 대체 시키는데 그 이유는 변경된 페이지를 대체 시키는 경우 그 페이지를 다수 A/S에 써야하는 번거로움이 따르기 때문이다.
- 만일 모든 페이지가 변경되었다면 변경된 페이지를 교체시킨다.

짚어보기 NUR 알고리즘의 예

NUR 기법에서는 교체될 페이지를 선정할 때 첫 번째로 참조 비트를 검사하여 참조 비트가 0인 페이지를 우선 교체시키고 참조 비트가 0인 페이지가 없을 경우에는 참조 비트가 1인 페이지를 교체한다[그림6-32].

① 만일 모든 페이지들의 참조 비트가 같을 경우에는 두 번째로 갱신 비트를 검사하여 갱신 비트가 1인 페이지보다는 갱신 비트가 0인 페이지를 먼저 교체
② 참조 비트를 우선 고려하는 이유는 해당 페이지가 최근 참조된 적이 있는가에 대해 판단을 하기 위해서이며, 갱신 비트를 고려하는 이유는 내용이 변경된 페이지를 교체할 때에는 이를 디스크에 가입해야 하므로 이를 가능한 한 뒤로 연기 디스크에 기입하는 횟수를 줄이기 위함이다.

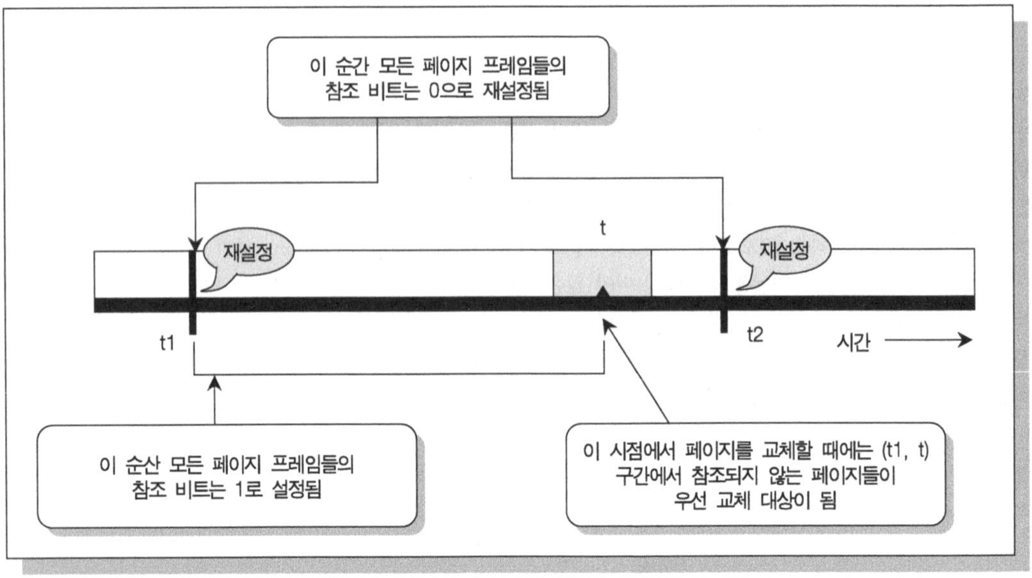

[그림 6-32] NUR 알고리즘의 페이지 교체 과정

7) 2차적 기회 페이지 교체(second chance page replacement) 기법

이 기법은 고정 할당 기반의 교체 기법 중 하나로 기본적으로 클럭 교체 알고리즘과 유사하며, 다만, 페이지 교체 과정에서 참조 비트만을 검사하는 것이 아니라 갱신(수정) 비트도 함께 검사한다는 차이점을 갖는다. 즉, 시계(클럭;Clock) 개념의 기반 알고리즘은 FIFO 교체 알고리즘으로 LRU 알고리즘과 성능은 비슷하지만 과부하가 적다. 각 페이지 프레임의 사용여부를 나타내는 참조(사용) 비트(Reference bits)를 추가하는데, 페이지가 메모리 내의 프레임에 처음 적재되었을 때 1로 설정한 후, 참조될 때마다 다시 1로 설정한다. 이때 페이지 프레임들은 원형 버퍼(큐)로 구성되고 각각 관련 포인터를 갖는다. 만약 페이지가 교체되면 포인터는 교체된 버퍼의 다음 프레임을 가리키도록 설정된다. 운영체제(OS)는 페이지를 교체할 시기가 되면 참조비트가 0인 프레임을 찾기 위해 원형 버퍼를 검색한다. 프레임의 참조비트가

1이면 0으로 조정하고 현재 시간으로 고친다. 그리고 수정한 페이지에 2차적 기회를 주고 다음 검사 시까지 대치시키지 않는다. 운영체제는 처음으로 만나는 참조비트가 0인 프레임을 교체한다. 모든 사용비트가 1인 경우 각 페이지에 2차적 기회를 주면서 포인터는 전체 큐를 한 바퀴 돌 수도 있다. 이때 처음 시작한 위치에서 중단하고 그 프레임을 교체 대상으로 선택한다[그림6-34]. 즉, **2차적 기회 페이지 교체 기법**은 FIFO 기법의 변형으로 가장 오랫동안 메모리에 있었던 페이지가 교체(대체)될 수 있다는 것을 막기 위하여 참조비트를 두어 가장 오래된 페이지(리스트의 머리부분)의 참조 비트를 조사하여 그 비트가 '0'(off)일 경우는 그 페이지를 교체시키고, 만약 '1'(on)이라면 참조 비트를 '0'로 만든 다음 FIFO 리스트의 꼬리 부분으로 옮겨놓아 마치 새로운 페이지가 도착한 것처럼 취급하는 기법이다(즉, 만약 참조 비트가 1이면 그 페이지에 이차적 기회를 주고 다음의 FIFO 방식으로 페이지 찾기를 계속함). 그러므로, 어떤 페이지의 참조 비트가 계속 '1'로 설정되어 있을 만큼 충분히 자주 사용되면 그 페이지는 결코 교체되지 않는다.2차 기회 페이지 교체(때때로 클럭(시계)으로 언급됨) 기법에서 사용하는 자료 구조는 순환 큐(circular queue)이고, 포인터는 어느 페이지가 다음에 교체될 것인가를 나타낸다. 포인터는 어느 페이지가 다음에 대치(교체)될 것인가를 가르킨다. 어떤 프레임이 필요할 때, 포인터는 0 의 참조비트를 가진 페이지를 발견할 때까지 계속 찾으면서 참조비트들을 지운다[그림6-33][그림6-34].최악의 경우 모든 비트가 1로 되어 있을 때 각 페이지에 이차적 기회를 주면서 포인터는 전체 큐를 한 바퀴 돌게 된다. 그리하여 대체를 위해서 다음 페이지를 선택하기 전에 모든 참조 비트를 지운다. 만약 모든 비트가 1로 설정되어 있다면 2 차적 기회 알고리즘은 FIFO 알고리즘과 비슷해진다.

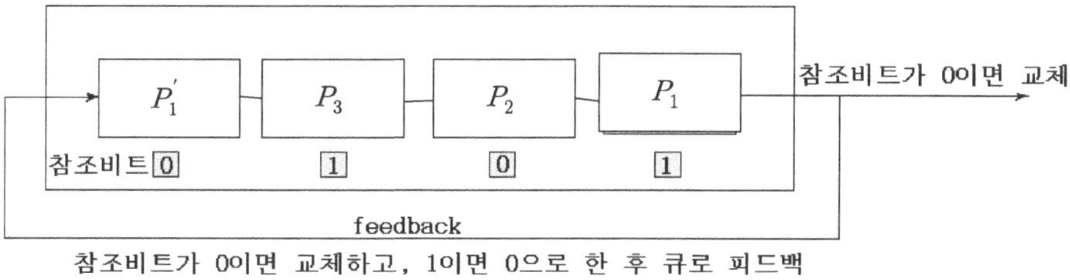

[그림 6-33] 순환 큐를 이용한 참조 비트

[그림6-34]의 (a)에서 세 번째 프레임(페이지) 참조비트가 1이므로 참조비트를 0으로 대치시킨 후 2차적 기회를 주고(다음 페이지도 동일) 5번째 페이지 프레임의 참조비트가 0이므로 대치시킨다. 만약, 모든 비트가 1이면 이때 2차적 알고리즘은 FIFO 대치와 같아진다. 시계(클럭) 알고리즘은 사용비트가 1인 페이지프레임을 통과하는 과정을 제외하면 FIFO 교체 알고리즘과 비슷하며 원형으로 배치된 것처럼 보이기 때문에 시계 알고리즘이라고 한다.

주로 사용하는 기법은 포인터를 시계 방향으로 이동시키면서 교체될 페이지를 선정한다.

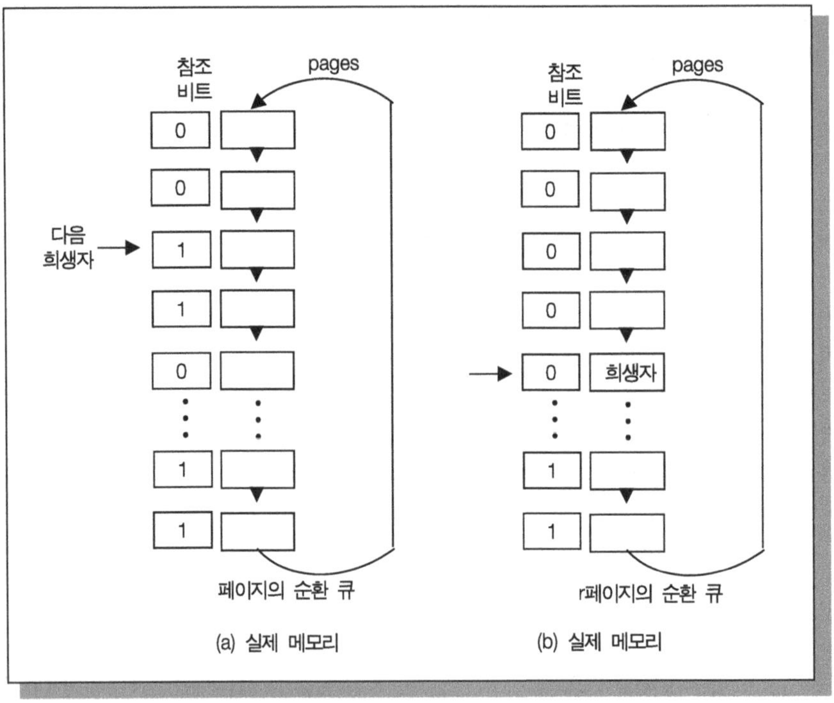

[그림 6-34] 2차적 기회 페이지 교체 알고리즘의 예

교체 원칙은 r은 참조비트와 m은 갱신비트로 임의로 설정한다.

❶ 현재 포인터가 가리키고 있는 페이지의 r과 m을 검사한다.

❷ (r,m)=(0,0)이면 해당 페이지를 교체 대상으로 선정하고, 포인터를 시계 방향으로 한 단계 진행시킨 후 선정 과정을 종료한다.

❸ (r,m)=(0,1)이면 (r,m)의 값을 (0,0)으로 설정하고 해당 페이지를 소거(cleaning)대상 리스트에 추가한 뒤 단계❻으로 이동한다.

❹ (r,m)=(1,0)이면 (r,m)의 값을 (0,0)으로 설정하고 단계❻으로 이동한다.

❺ (r,m)=(1,1)이면 (r,m)의 값을 (0,1)로 설정하고 단계❻으로 이동한다.

❻ 마지막으로 포인터를 시계 방향으로 한 단계 진행 시킨 후 단계❶로 이동하여 다시 반복 수행한다.

8) 클럭(시계) 페이지(clock page) 교체(대체) 기법

이 기법은 IBM VM/370의 OS에서 사용된 교체 기법으로 참조 비트를 사용 하지만, 참조 비트를 주기적으로 0으로 재설정하지 않는 시스템을 가정한다. 이 기법은 M/M에 적재되어 있는 페이지들을 환형 리스트로 보고 이 페이지들을 따라 움직이는 포인터를 사용하여 교체될 페이지를 선정한다[그림6-36].

① 2차적 기회 알고리즘의 변형으로 선형 리스트 대신 원형 리스트를 사용하여 페이지를 배열 시켜 놓으면 리스트의 포인터가 마치 시계바늘 돌아가는 것처럼 원형 리스트로 돌아간다.

② 한 페이지의 참조 비트가 off('0')이면 포인터는 그 페이지를 FIFO 리스트의 맨 뒤쪽으로 이동시키는 것과 같다.

③ 원형 큐(B→A)로 포인터를 옮김으로써 B는 후미(꼬리 부분) 포인터로 변한다[그림 6-35].

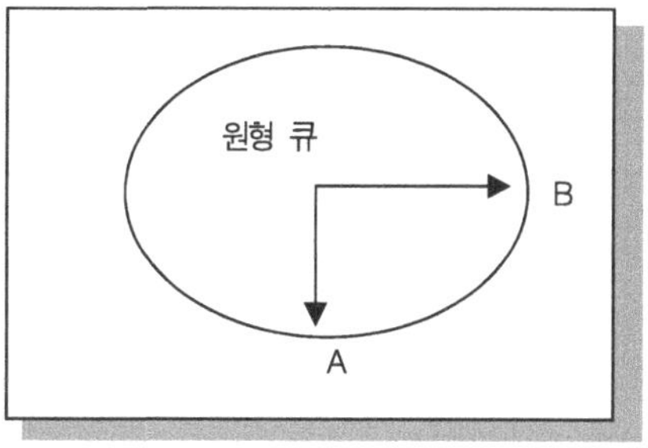

[그림 6-35] 원형 큐;B → A로 포인터를 옮김으로써 B는 후미 포인터로 변함.

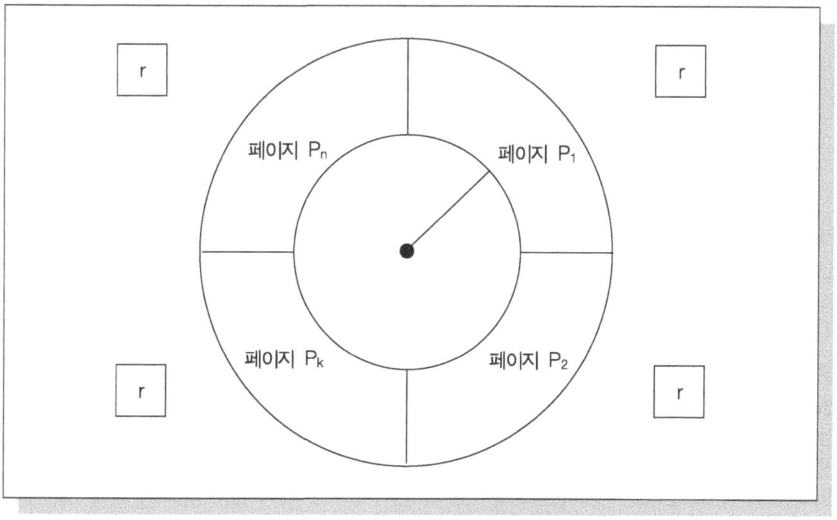

[그림 6-36] 클럭 알고리즘의 개념

짚어보기 클럭(시계) 알고리즘의 예

[그림6-37]에서 M/M의 페이지 프레임 m개로 구성된 원형 버퍼가 버퍼 내의 페이지 1개를 새로운 페이지 300으로 교체하기 직전의 모습인데, 현재 페이지 프레임의 포인터는 페이지 600을 가지고 있는 페이지 프레임 4번을 가리키고 있다. 이때 페이지 프레임 4번의 사용비트가 1이므로 교체되지 않지만 사용비트는 0으로 재설정되고 포인터는 다음 페이지로 이동한다. 같은 방식으로 페이지 프레임 5에 있는 페이지 7도 교체되지 않고 사용비트만 0으로 재설정되고 포인터는 다음 페이지로 넘어 간다. 다음 차례인 페이지 프레임 6은 사용비트가 0이므로 페이지 21은 페이지 300으로 교체된다. 이때 사용 비트는 1로 설정되고 포인터는 페이지 프레임 7번으로 이동한다.

	프레임번호	페이지 번호	참조 비트
	0	40	1
	1	22	1
	2	5	0
	3	400	1
프레임 포인터 ▶	4	600	1
	5	7	1
	6	21	0
	7	200	0
	:		
	m-1	55	0

	페이지 번호	참조 비트
	40	1
	22	1
	5	0
	400	1
	600	0
	7	0
	300	1
프레임 포인터 ▶	200	0
	55	0

[그림 6-37] 페이지 교체 이전의 버퍼와 페이지 교체 이후의 버퍼 상태

클럭 알고리즘은 사용 비트를 더 추가하면 더욱 강한 페이지 교체 알고리즘을 작성할 수 있다.즉,M/M의 각 페이지와 연관되기 때문에 M/M의 각 페이지 프레임의 상태를 나타내는 수정 비트를 이용한다면 A/M에 저장되었는지를 확인할 수도 있으므로 페이지를 가져온 후에 수정되지도 않았고 최근에 사용되지도 않은 페이지를 찾을 수 있으므로 변경되지 않은 페이지가 우선 교체 대상이 되어 시간을 줄일 수 있다.
클럭 알고리즘에서는 포인터를 시계 방향으로 이동시키면서 교체될 페이지를 선정하며 이의 페이지 교체 원칙은 다음과 같다.

❶ 현재 포인터가 가리키고 있는 페이지의 참조 비트를 검사한다.
❷ 그 값이 0이면 해당 페이지를 교체 대상으로 선정하고 포인터를 시계 방향으로 한 단계 진행 시킨 후 선정 과정을 종료한다.
❸ 그 값이 1이면 해당 페이지의 참조 비트를 0으로 재설정하고 포인터를 시계 방향으로 한 단계 진행시킨 후 단계❶부터 다시 반복한다.

9) 무작위(Random) 교체 알고리즘

교체 대상 페이지를 선정할 때 어떠한 정책이나 원칙도 없이 무작위로 한 페이지를 선정하는 기법이다[그림6-38].이 기법에 의하면 한 프로세스에게 할당된 페이지 프레임들 모두에 페이지들이 적재되어 있는 상황에서 새로운 페이지가 적재되어야 할 때에는 현재 M/M에 적재되어 있는 페이지들 중 임의로 한 페이지를 교체한다. 이와 같은 기법을 사용할 경우에는 교체될 페이지를 선정하는 오버헤드가 아주 적다는 장점을 갖지만 시스템 운영비용이 많이 들어간다. 즉, 페이지 부재율을 줄이고자 하는 어떠한 시도도 하지 않는 기법이므로 거의 사용하지 않는 기법이다.

짚어보기 무작위 알고리즘의 예

프로세스 P에게 4개의 페이지 프레임이 고정 할당되어 있는 상황에서 현재 M/M에 4개의 페이지 P1, P2, P3, P4가 적재되어 있다고 가정했을 때, 다음 순간 페이지 Px가 참조되었다면 무작위 알고리즘에 의해 P1, P2, P3, P4 중에서 임의로 한 페이지를 교체하고 그 자리에 페이지 Px를 적재한다[그림6-38].

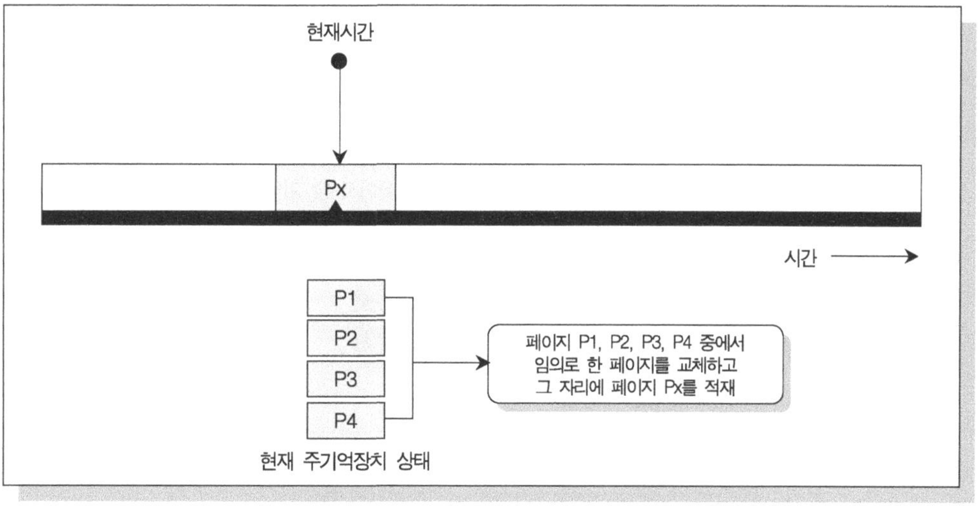

[그림 6-38] 무작위 알고리즘의 페이지 교체 예

예제 6-17

어떤 요구 페이징 시스템의 성능을 평가한 결과 다음의 수치를 얻었다.

CPU 활용도	20%
페이징 디스크	97.7%
기타 입/출력 장치	5%

다음에 나열된 각 조치가 CPU의 활용도를 높이는 데 도움이 되는지의 여부를 설명하고 그 이유를 밝혀라.

❶ 보다 빠른 CPU의 설치
❷ 보다 큰 페이징 디스크의 설치
❸ 다중 프로그래밍 정도의 증가
❹ 다중 프로그래밍 정도의 감소
❺ 메모리의 추가 설치
❻ 보다 빠른 디스크 또는 한 컨트롤러에 여러 개의 디스크가 있는 다중 컨트롤러의 설치
❼ 사전 적재 알고리즘을 페이징 알고리즘에 추가
❽ 페이지의 크기를 증가

풀이

이 시스템은 거의 모든 시스템 시간을 페이징을 하는데 낭비하고 있다. 이는 메모리 공간의 부족으로 워킹 세트(작업설정)이 확보되지 않고, 따라서 디스크 입출력이 시스템 행위의 주를 이루어 CPU는 유휴(idle) 상태가 많은 것이다. 이러한 각도에서 다음 해를 이해하게 된다.

❶ 보다 빠른 CPU의 설치 : 도움이 않됨
❷ 보다 큰 페이징 디스크의 설치 :도움이 않됨
❸ 다중 프로그래밍 정도의 증가 :도움이 않됨

❹ 다중 프로그래밍 정도의 감소:도움이 됨(프로세스에 할당되는 메모리가 증가함)
❺ 메모리의 추가 설치: 도움이 됨
❻ 보다 빠른 디스크 또는 한 컨트롤러에 여러 개의 디스크가 있는 다중 컨트롤러의 설치: 도움이 됨
❼ 사전 적재 알고리즘을 페이징 알고리즘에 추가: 순차적 메모리 접근이 많은 경우에는 도움이 됨
❽ 페이지의 크기를 증가: 순차적 메모리 접근이 많은 경우에는 도움이 될 수도 있으나 그렇지 않은 경우에는 더 나빠짐

예제 6-18

다음 표와 같이 4개의 페이지를 가지고 있는 컴퓨터가 있다. 각 페이지 당 기억장치에 적재된 시간과 마지막 참조된 시간이 있고 참조비트(r)과 갱신비트(m)가 다음과 같이 주어진 경우 물음에 답하여라.

페이지 번호	적재시간(ms)	최종참조된 시간	참조비트	
			r	m
0	35	161	0	0
1	74	145	1	0
2	20	155	1	1
3	46	177	1	1

❶ 페이지 부재 발생 시 NUR 알고리즘을 적용하면 어느 페이지가 대체되겠는가

풀이

NUR 알고리즘은 가장 최근에 참조되지 않은 페이지를 교체하는 기법이며, 위 예에서 0번 페이지는 참조되지도 않고 수정되지 않았으므로 새로운 페이지를 위하여 대체된다.

❷ 페이지 부재 발생 시 LRU 알고리즘을 적용하면 어느 페이지가 대체되겠는가?

풀이

LRU 알고리즘은 가장 오랫동안 참조되지 않은 페이지를 대체하는 기법이며, 위 예에서 1번 페이지가 가장 오랫동안 참조되지 않았으므로 새로운 페이지를 위하여 대체된다.

❸ 페이지 부재 발생 시 2차 기회(second chance) 알고리즘을 적용하면 어느 페이지가 대체되겠는가[그림6-33][그림6-34]?

풀이

2차 기회 알고리즘은 FIFO 알고리즘의 변형으로써 가장 먼저 적재된 페이지의 참조 비트가 '0'이면 바로 대체되지만 '1'인 경우에 FIFO 리스트의 끝으로 다시 이동하게 되는 기법이다. 위 예에서 페이지 2번이 가장 오랫동안 기억장치에 적재되었지만 참조비트가 '1'이므로 FIFO 리스트의 끝으로 이동하게 되고 그 다음 오래된 페이지인 0번 페이지의 참조 비트가 '0'이므로 0번 페이지가 새로운 페이지를 위하여 대체된다.

(2) 가변 할당 기반의 교체 기법

앞서 설명했듯이 M/M에 상주하는 프로세스의 개수를 다중 프로그래밍 수준이라고 할 수 있다. 따라서 M/M에 상

주하게 될 프로세스의 개수를 결정하는 것은 기억장치 관리 측면에서 아주 중요하다. 너무 적은 수의 프로세스가 M/M에 상주한다면 모든 프로세스들의 보류 상태가 자주 발생할 수도 있다. 따라서 이를 해결하기 위해 빈번한 교체 작업을 하면 효율이 감소되고 반대로 많은 수의 프로세스들이 상주하게 되면 평균적으로 프로세스들이 차지하는 페이지의 감소로 페이지 부재가 자주 발생할 수도 있다. 여기서는 이러한 적재 정책인 **스래싱(Thrashing)**,**지역성(구역성,국부성;Locality)**, **작업설정(WS;Working Set) 모델**, **페이지 부재 빈도(PFF;Page Fault Frequency)** 등에 대해서 논한다. 특히, 이 절에서는 프로세스의 실행 중 M/M 할당 공간의 양을 변화시킬 수 있는 가변 할당 시스템에서의 페이지 교체 기법들을 논한다. **가변 할당 페이지 교체 기법**도 페이지 부재의 횟수를 가능하면 줄임으로써 V/M 시스템의 성능을 높일 수 있도록 설계되어야 하며, 또한 교체 대상 페이지의 선정에 필요한 오버헤드가 크지 않아야 한다. 이 외에도 가변 할당 기반의 교체 기법에 대한 성능을 평가할 때에는 각 기법들이 프로세스에게 M/M를 평균 얼마나 할당하는가에 대해서도 고려하여야 하는데 그 이유는 가변 할당 기반의 교체 기법이 프로세스들에게 M/M를 고정적으로 할당하지 않고 시간에 따라 M/M의 할당을 계속 조정하기 때문이다.

1) 작업 설정(작업 세트;WS(Working Set)) 기법

❶ 개념

일반적으로 프로세스는 **지역성(Locality)**이라는 특성을 가지며, 이에 따라 일정 시간동안 일부 페이지들을 집중적으로 참조하는 경향을 보인다. 이와 같이 프로세스가 특정 시점에 집중적으로 참조하는 페이지들의 집합을 **작업 설정(WS;Working Set)**이라 하며, 작업 설정 기억장치 관리 기법은 작업 설정(WS), 즉, 임의의 시점에서 집중적으로 참조되는 페이지들을 모두 M/M에 적재시킴으로서 프로세스로 하여금 페이지 부재를 거의 발생시키지 않고 실행할 수 있도록 한다. 결론은 WS은 한 프로세스를 효과적으로 실행하기 위하여 M/M에 유지되어야 하는 페이지들의 집합이다. OS는 참조 비트와 이력 리스트들을 관리하여 WS을 감시한다. 페이지 부재 시에 WS에 포함되는 페이지는 결코 대치(교체)해서는 안된다.

❷ WS의 정의

프로세스가 실행하는 과정에서 시간이 지남에 따라 자주 참조하는 페이지들의 집합이 변화할 것이기 때문에 WS은 시간에 따라 바뀌게 되며, 이를 수학적으로 정의하면 다음과 같다.

특정 프로세스에 대해 시간 t에서의 작업 설정(Working Set),W(t, Δ)는 해당 프로세스가 시간 [t - Δ, t] 동안 참조한 페이지들의 집합을 의미한다. 여기서 Δ는 윈도우(창) 크기(Window size)라 하며, 이는 시스템 파라메터로서 그 값은 시스템의 특성에 따라 미리 결정된다. 변수 Δ의 크기가 WS 이론을 기반으로 하는 가상 기억장치 관리의 효과적인 운용에 주요 역할을 한다.

작업 설정 기억장치 관리 기법의 정의는 다음과 같다.

- 프로세스가 실행하는 동안 매 순간 그 프로세스의 작업 설정(Working Set)이 M/M에 적재되어 있도록 하는 기법.
- 어떤 프로세스가 빈번하게 참조하는 페이지들의 집합

하나의 프로세스가 효율적으로 실행되기 위해서는 그 프로세스의 WS가 실기억공간 내에 들어 있어야 하며, 그렇지 않을 경우에는 요구되는 페이지를 위하여 빈번한 페이지 대치(교체) 작업이 일어나게 되고 결국에 가서는 스래싱이라는 현상이 나타날 수 있다는 것이다.

이를 그림으로 표시하면 [그림6-39]와 같다.

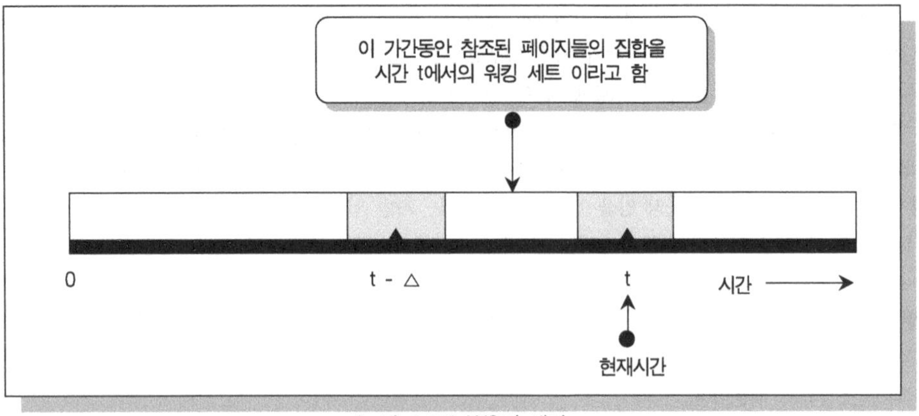

[그림 6-39] WS의 개념

WS는 실행 중인 프로세스가 일정 시간 동안에 참조하는 페이지의 집합이다(한 프로세스가 자주 참조하는 페이지들의 집합). 어떤 한 프로그램이 효율적으로 수행되기 위해서는 그의 WS이 M/M 내에 유지되어야 하며 그렇지 않은 경우에는 그 프로그램이 A/M(보조기억 장치)로부터 계속 페이지를 요구하게 되므로 **스래싱**이 발생한다.

어떤 프로세스의 WS를 구성하기 위해서는 WS의 크기를 알아야 한다. **WS의 크기**는 "작업 세트(작업설정)의 창(working set window)"을 이용하는데, 이 창(윈도우)의 크기가 WS의 크기를 결정하게 된다. 작업 설정 창의 크기는 "현재 시간(t)에서 최근의 일정시간 단위(Δ)"를 정하여 결정한다. WS의 기억 장치 관리법(Denning 이 처음 제안)은 기억장치에 새로운 프로세스를 추가할 것인가의 결정은 WS를 모두 기억시킬 수 있는지의 여부에 따라 결정된다.

위 정의를 보면 WS이란 현재 시점을 기준으로 최근 **윈도우(창) 크기** Δ 만큼의 시간동안 프로세스가 참조한 페이지들의 집합으로 정의되어 있음을 알 수 있다. 즉, 최근 일정 시간동안 참조한 페이지들의 집합이 WS이며, 작업 설정 기억장치 관리 기법은 프로세스가 현재 시간 이후에도 어느 정도 시간 동안은 이 집합에 속한 페이지들을 집중적으로 참조할 것이라는 **지역성**을 기반으로 하고 있는 것이다. 이는 프로세스의 WS이 M/M에 적재되어 있지 않을 경우 프로세스의 실행 과정에서 **스래싱(Thrashing) 현상**, 즉, 페이지 부재가 과도하게 발생하는 현상이 나타나며, 이로 인한 시스템의 성능이 저하되는 것을 방지하고자 제시된 기법이다. WS 기억장치 관리 기법에서 시스템 파라메터인 윈도우 크기 Δ를 어떻게 결정할 것인가 하는 것이다. 이에 대해서는 일반적인 원칙이 정해져 있지 않으며, 해당 시스템의 M/M 용량이나 실행되는 프로세스들의 특성 등을 고려하여 미리 결정되어야 할 것이며, WS 기억장치 관리 기법이 좋은 성능을 내도록 하기 위해서는 윈도우 크기의 결정이 신중하게 이루어져야 할 것이다. 시스템 파라매터인 윈도우 크기(Δ)를 크게 하면, WS의 크기가 증가하게 된다. 즉, 매 순간 M/M에 적재되어야 하는 페이지들의 개수가 증가하게 되는 것이다. 이와 반대로 윈도우 크기를 작게 하면 WS의 크기가 작아질 것임을 쉽게 짐작할 수 있을 것이다. 이와 같이 WS과 그에 관계되는 변수들과의 관계는 [그림6-40]와 같다.

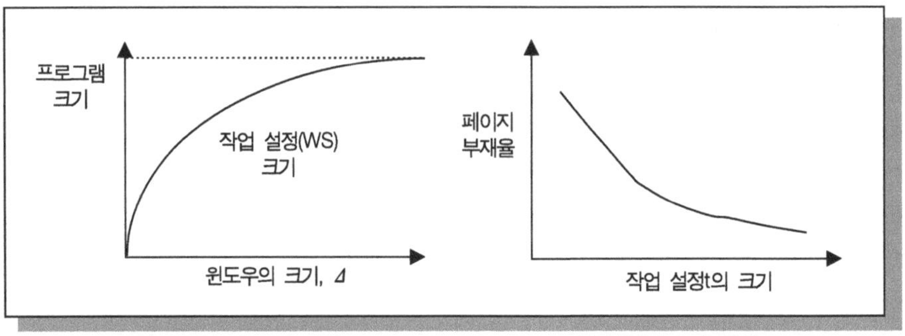

(a) 윈도우의 크기 변화 (b) WS의 크기 변화

[그림 6-40] 작업 설정(Working Set)의 변화

❸ WS의 운용

먼저, OS는 실행 중인 모든 프로세스의 WS를 감시하게 되며, 그 들이 요구하는 WS의 크기에 맞게 페이지 프레임을 할당해 준다. 그리고 여분의 페이지 프레임이 있을 때에는 대기상태에 있는 또 다른 프로세스를 불러 들여, 그 프로세스에게도 페이지 프레임을 할당 시켜 나간다(다중 프로그래밍의 정도가 증가함). 이러한 작업을 계속 진행(다중 프로그래밍의 정도가 계속 증가함) 시키게 되면, 모든 프로세스가 갖는 작업설정 크기의 합이 전체 유효 페이지 프레임의 수보다 커지게 될 때가 있으며, 이런 경우에는 잠시 중단(suspend) 시킬 프로세스를 선정하여 그 프로세스가 갖고 있는 페이지를 회수한다. 그리고 회수된 페이지 프레임은 다른 프로세스들의 WS로 사용할 수 있도록 할당된다. 물론 잠시 중지(중단)되어 있던 프로세스는 연기된 준비 큐(suspended ready queue)나 혹은 연기된 대기 큐(suspended block queue)에 있다가 나중에 재실행될 수 있다. WS의 이러한 운용은 가능한 한 다중 프로그래밍의 정도를 높여 주면서,스래싱을 방지하는 효과를 가질 수 있다. WS에서의 스래싱은 "전체 요구 페이지 프레임 = 프로세스 P_i가 요구하는 페이지 프레임의 수'일 때,

"전체 페이지 프레임 수 〉 총 유효 페이지 프레임의 수"

이면 발생하므로, 이러한 경우에는 앞서 설명한 대로 하나의 프로세스를 연기(잠시 중단) 시키면 스래싱이 방지될 수 있다. 그리고 반대로 전체 요구 페이지 프레임 수가 총 유효 페이지 프레임 수 보다 작을 때에는 새로운 프로세스를 불러 들여 다중 프로그래밍의 정도를 높여 나가게 된다.

예제 6-19

컴퓨터 과학 분야에서 작업 설정(WS)은 어떤 프로그램이 수행 중 빈번하게 참조하는 페이지들의 집합을 의미한다.

예제 6-20

W(t,Δ)의 의미는 t시점부터 시작하여 Δ기간 동안 사용된 페이지들의 집합이다.W(t,Δ)는 프로그램 중 실제 메모리(M/M) 내에 와 있어야 하는 프로그램 부분들을 가리킨다.

예제 6-21

페이지 6부분이 수행될 때, 페이지 5와 7을 빈번하게 사용했다면, 페이지 6의 워킹 세트은 페이지 5와 7이 된다.

예제 6-22

W(2,5): 2시 정각부터 시작하여 5시간(즉, 7시 정각)까지의 워킹 세트(Working Set)을 의미하며, 윈도우 크기는 5시간이다.

짚어보기

일반적으로 작업 설정(WS)의 크기는 작을수록 좋다. 실험에 의하면 어떤 명령어의 위로 2000(2k) 번지, 아래로의 2000(2k) 번지(즉, WS의 크기는4000번지이내) 이내로의 다른 명령어나 데이터를 참조(reference)가 실행될 확률은 95% 이상이 되므로, 페이지의 크기는 WS의 크기와 같이 2KB~4KB가 적당하다(IBM의 경우, 주소 체제는 I + B + D(I=인덱스 레지스터내의 값, B=베이스 레지스터내의 값, D=변위값)으로 계산되는데, D의 크기는 WS의 이론에 근거를 두어 12비트로 결정하였는데, 2^{12}=4KB가 WS의 적당한 크기이기 때문이다. 즉, 변위(displacement) 부분이 12비트인 이유는 지역성(구역성;Locality)에 근거를 둔 것이다)[그림6-41].

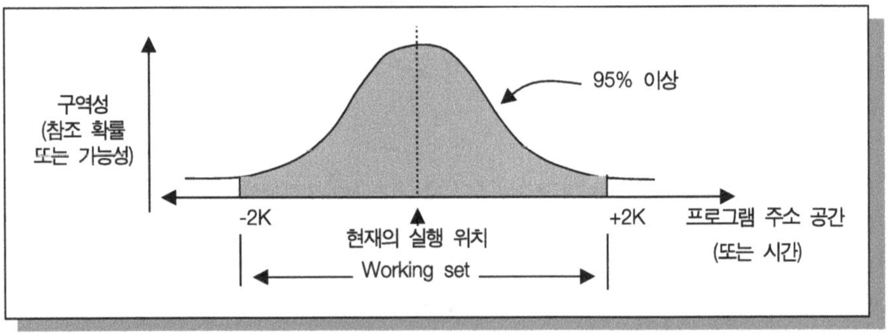

[그림 6-41] 지역성의 분포와 WS

참고

작업 설정(WS)과 LRU 기법의 차이점

LRU 기법은 고정할당을 기반으로 한 기법으로서 m개의 페이지 프레임이 할당되어 있을 때 현재 시점을 기준으로 하여 최근에 접근된 m개의 페이지들을 M/M에 유지하는데 반해서 WS 기법은 미리 시간 간격 Δ를 정해 놓고 현재 시점을 기준으로 하여 이 기간 동안 참조된 페이지들을 모두 M/M에 유지하도록 하는 것이다.즉, LRU 기법이 M/M 할당량을 고정시키고 있는데 반해 WS 기법은 시간 간격을 고정시키고 있는 것이다.이 두 기법들이 모두 프로그램의 **지역성(구역성)**에 기반을 두고 있다는 사실은 같다.

2) 페이지 부재 빈도(PFF) 기법

페이지 부재 빈도(PFF;Page Fault Frequency)는 페이지 부재가 일어나는 횟수를 의미한다. 작업 설정(WS;Working Set) 모델의 취지에 근접한 결과를 낼 수 있는 알고리즘이다. PPF 모델은 M/M에 적재되어야 할 상주 집합을 결정하는데 있어서 프로세스가 얼마나 자주 페이지 부재를 발생시키고 있는가 하는 점을 반영한다. 즉, 프로세스마다 할당되는 페이지 프레임 수를 직접 조절하여 **스래싱**(Thrashing)을 예방하는 기법으로 WS 모델보다 프로세스에 직접적으로 영향을 줄 수 있다. 프로세스의 페이지 부재율이 낮을 경우, 즉, 페이지 부재 발생 시간 간격(IFT;Inter−Fault Time)이 큰 경우에는 그 프로세스에게 충분한 양의 페이지 프레임들이 할당되어 있다고 보고 할당되는 페이지 프레임의 수를 줄이는 정책을 사용한다. 페이지 부재율이 높을 경우, 즉, IFT가 작은 경우에는 해당 프로세스에게 페이지 프레임들을 추가로 할당해 주는 정책을 사용한다. 또한 PFF 기법은 페이지 부재가 발생했을 때에 만 M/M 할당 공간의 양을 변경하고 상주 집합을 조정함으로서 WS 기법에서와 같이 오버헤드를 크게 발생시키지 않는다. 다시 말해 페이지 부재율이 높은 프로세스에게는 할당되는 페이지 프레임 수를 늘려서 페이지 부재율을 낮춘다. 반대로 페이지 부재율이 낮은 프로세스에게는 할당되는 페이지 프레임의 수를 줄여서 페이지 부재율을 높여준다. 이 기법도 작업 WS 기법에서의 윈도우 크기 Δ와 같은 시스템 파라메타를 사용한다. PFF기법에서 임계값(threshold value) 파라메타 τ는 미리 정해진 시간 간격으로서 실제 프로세스의 IFT을 τ와 비교하여 프로세스의 페이지 부재율의 높고 낮음을 결정할 수 있도록 한다. 프로세스의 페이지 부재 발생 간격을 IFT라 할 때 구체적인 판단 기준은 [표6-3]와 같다.

[표 6-3] IFT 간격과 임계값 비교의 예

IFT 〉 τ	페이지 부재율이 낮다고 판단한다
IFT 〈= τ	페이지 부재율이 높다고 판단한다

페이지 부재가 발생한 경우에만 M/M가 변하는 특징이 있다.

- 페이지 부재가 발생하면 이전 페이지 부재 발생 시간(PFT)과의 간격을 사용한다. 시간 간격이 상한보다 크면 참조 비트가 '0'인 페이지 프레임을 모두 제거하고 시간 간격이 하한보다 작으면 부재 페이지를 위한 페이지 프레임 추가 할당한다.
- 상주 집합 결정시 프로세스의 페이지 부재율에 따라 상주 페이지 세트(resident page set)를 변경한다. 즉, 프로세스의 페이지 부재율이 낮을 경우는 할당되는 페이지의 프레임수를 줄이고, 프로세스의 페이지 부재율이 높을 경우는 페이지 프레임을 추가로 할당한다.

PFF기법이 기억장치를 관리하는 구체적인 과정은 다음과 같다.

❶ 프로세스의 실행도중 페이지 부재가 발생하며 직전 페이지 부재 발생 시간(PFT−1)과 현재 페이지 부재 발생 시간(PFT)의 시간 차이를 계산한다.

❷ 이 시간 차이가 임계 값 τ 보다 큰 경우에는 시간 PFT−1부터 시간 PFT 까지 참조된 페이지들만이 M/M에 적재되도록 하며, 나머지 페이지들은 모두 교체한다.

❸ 이 시간 차이가 임계 값 τ 보다 작거나 같은 경우에는 기존의 상주 집합은 그대로 M/M에 유지시키고 현재(시간 PFT)참조된 페이지가 M/M에 추가로 적재되도록 한다. 이는 기존에 프로세스에 할당되어 있던 페이지 프레임이 수를 증가시키는 효과를 가져오게 된다.

예제 6-23

V/M의 페이지 대체 기법 중의 PFF 방식을 WS의 이론과 비교해 보자.

풀이

❶ 작업 설정(WS) 기법은 어떤 기억장치를 참조하고 나서 세트를 고치지만, PFF 방식은 페이지 부재가 일어날 경우에만 세트를 수정한다.

❷ PFF 방식은 현재 페이지 부재와 바로 전의 페이지 부재 사이의 시간을 관찰하여 다음과 같이 동작한다.☞현재 페이지 부재와 바로 전의 페이지 부재 사이의 시간을 비교하여 그 시간이 지금까지의 최고 시간보다 크다면 그 사이에 호출되지 않았던 페이지들을 모두 제거한다.

- 현재 페이지 부재와 바로 전의 페이지 부재 사이의 시간을 비교하여 지금까지의 최적 시감보다 작다면 들어오려는 페이지를 그 프로세스의 상주 페이지 세트에 첨가한다.

3) VMIN 알고리즘

고정 할당 기반의 페이지 교체 기법에서 최적의 성능을 갖는 MIN 알고리즘과 마찬가지로 VMIN(Variable MIN) 기법은 가변 할당 기반의 페이지 교체 기법들 중에서 최적의 성능을 나타내기 위한 기법이다. 여기서 최적이라 함은 단순히 페이지 부재의 발생 횟수만을 최소화하는 것이 아니고 실행 시간 동안의 평균 M/M 할당량도 고려한 기준에서의 최적을 의미한다. 즉, 단순히 페이지 부재의 발생 횟수의 최소화뿐만 아니라 실행 시간 동안의 평균 M/M의 할당량도 고려하여 최적화를 시킨다.

이 기법은 미래의 페이지 참조 열(Reference String)이 미리 알려져 있어야 하는 기법으로서 현실적으로는 사용할 수 없는 실현 불가능한 기법이기도 하다.프로세스가 실행하는 과정의 매 시점 마다 해당하는 미래의 시간 간격 동안의 페이지 참조 열을 보고 M/M의 상태를 변화 시킨다. 그리고 VMIN 기억장치 관리 기법은 단순히 페이지 부재의 발생 횟수 만으로 평가가 불가능하다.

이 기법에서는 작업 설정(WS) 기법에서와 같이 시스템 파라메타로 윈도우 크기(Δ)를 사용하며, 프로세스가 실행하는 과정의 매 시점 t마다 [t,t+Δ]에 해당하는 미래의 시간간격 동안의 페이지 참조 열을 보고 M/M 상태를 변화 시킨다. 이 기법에 의한 기억장치 관리 기법, 즉, 페이지 교체 기법은 다음과 같이 이루어진다.

- 임의의 시점 t에 페이지 r이 참조되면 이후 [t, t+Δ]에 해당하는 미래의 시간 간격 동안 페이지 r이 다시 참조되는지를 검사한다.
  ❶ 만일 [t,t+Δ]의 시간 동안 페이지 r이 다시 참조되면 그때까지 페이지 r을 M/M에 유지한다.
  ❷ 만일 [t,t+Δ]의 시간 동안 페이지 r이 다시 참조되지 않으며 페이지 r을 참조한 후 즉시 이를 교체시킨다.

(3) 기타 고려사항

1) 스래싱(Thrashing)

① 개념

다중 프로그래밍 기능을 갖춘 가상 기억 시스템에 있어서, 프로그램의 실행보다도 페이징에 많은 시간이 필요하게 되는 상태이며, 처닝(churning)이라고도 한다. 스래싱이 일어나는 원인은 실행하는 프로그램이 큰데도 불구하고 시스템이 사용되는 실기억 영역이 너무 작아서 단위 시간당 페이징의 횟수가 급증하기 때문이다. 페이지 감시 프로그램(paging supervisor) 중의 스래싱 모니터(thrashing monitor)는 페이지율(page rate)을 감시하면서 스래싱을 방지하고 있다. 페이지율이 높아지면 우선도(priority)가 낮은 프로그램에 인터럽트를 걸어 페이지 프레임의 할당을 조정하여 일시적으로 정지시키고, 그 프로그램을 페이지 아웃(page-out)하여 실기억 장치의 페이지 프레임을 해방한다. 해방된 페이지 프레임을 다른 프로그램이 사용함으로써 페이지율이 내려가게 된다. 이와 같이 사용자 프로그램에 자원의 할당을 동적으로 조정하고 있다. 이 경우 CPU의 이용률을 높이고 스래싱 현상을 방지하기 위해서는 다중 프로그래밍의 정도를 낮추어야 한다[그림6-42]. 스래싱은 CPU가 프로세스 실행보다 페이지 교체에 더 많은 시간을 소요하는 비정상적인 현상이다. 다시말해, 빈번하게 페이지 부재가 일어나는 현상을 말하는 것으로 페이지 부재가 자주 발생하면 프로세스가 수행에 보내는 시간보다 페이지 이동에 보내는 시간이 더 커지고, CPU는 대부분의 시간을 페이지 이동을 기다리며 하는 일 없이 쉬게 된다. 따라서 스래싱은 시스템의 성능을 심각하게 저하시킨다.

특징은 다음과 같다.

- 시스템이 의도한 작업을 하지 못하고 페이지를 주기억장치(M/M)와 보조기억장치(A/M)로 움직이는데 대부분의 시간을 소모하며, 과부하 현상이 일어난다.
- 시스템 내의 부하가 많거나 자원이 부족할 때 생기는 성능 저하 현상이다.
- 자원 사용률의 일정 수준(임계치)를 넘는 부하에 대해 평균적인 성능 감소보다 급격히 성능 저하가 일어나는 상태이다.

② 원인

[그림6-42]은 스래싱 현상을 보인 그래프이다. 정상적이라면 다중프로그래밍의 정도가 높아짐에 따라 CPU의 이용률(활용률;Utilization)도 높이게 된다. 그러나 다중 프로그래밍의 정도가 과도하게 높아지면 프로세스 당 할당되는 페이지 프레임 수가 너무 적게 되어 페이지 부재율이 급격히 증가하게 되고 CPU의 이용율(효율)은 급격히 감소되어 스래싱 현상이 일어나게 된다. 다시말해, 다중 프로그래밍의 정도가 점점 더 커지면 스래싱 현상이 일어나게 되고, CPU의 이용률은 급격히 감소하게 된다. 따라서, CPU의 효율이 계속 증가하다가 급격하게 감소하는 현상을 보일 때에는, 스래싱이 발

생했을 확률이 매우 높으므로, 다중 프로그래밍의 정도를 감소시켜 주는 것이 좋다.다중 프로그래밍의 정도를 낮추기 위해서는, 주기억 공간(M/M)에 상주하고 있는 어떤 프로세스를 중지(suspend;연기) 시킨 후, 이 프로세스를 A/M으로 내보내야 한다(swap-out).

다음은 중지시킬 희생자를 선택하는 여러 가지 방법을 보인 것이다.

- 우선순위가 가장 낮은 프로세스
- 현재 페이지 부재를 일으킨 프로세스
- 차지하고 있는 페이지 프레임의 수가 가장 작은 프로세스
- 차지하고 있는 페이지 프레임의 수가 가장 많은 프로세스
- 가장 마지막으로 활성화된 프로세스

일반적으로 스래싱이 발생하는 원인은 다음과 같다.

- 낮은 CPU 사양, 적은 메모리 크기 등 자원이 부족할 때 발생한다.
- 부적절한 페이지 교체 정책 때문이다.
  - 구역성(지역성) 및 페이지 빈도 등을 고려하지 않은 경우
  - 메모리 크기가 너무 작은 경우
- 다중 프로그래밍 정도가 심한 경우이다(구역성,다중 프로그래밍).
- 시스템 내의 부하가 일정 수준 이상으로 많아지면 OS가 실제 작업처리보다 자원관리 및 프로세스 관리에 더 많은 시간과 자원을 소모하면서 발생하게 된다.

③ 스래싱의 영향

- 스래싱 상황에서 프로세스는 실행보다 페이지 교체에 더 많은 시간을 허비한다.
- 시스템 성능(Performance)의 저하가 발생한다.
- 시스템이 비 정상적으로 정지할 수 있다.

④ 방지

스래싱에서 벗어나려면 다중 프로그래밍의 정도를 낮추어서 프로세스마다 돌아가는 공간을 늘려야 하며, **작업 설정(WS;Working set) 개념** 등이 사용된다.

즉, 어떤 프로세스가 프로그램 수행에 보내는 시간보다 페이지 교환에 보내는 시간이 더 클 경우이다. 페이지 크기가 커짐에 따라 실행 중인 프로세스에 의해 발생하는 페이지 부재의 수는 증가하며, 불필요한 정보가 더 많이 M/M에 수반되어 적재되므로 실제로 필요한 정보들이 적재될 주기억 장치의 양은 감소하게 된다. 실행(Run)되는 프로그램의 수가 많거나 한 프로그램에서 사용하는 페이지 수가 사용 가능한 페이지 프레임에 비하여 매우 크면 대부분의 시간을 페이지 부재를 처리하는데 보내는 현상이다. 이 경우에는 적재된 프로그램의 일부를 보유 상태로 바꾸어서 시스템에 걸리는 적재를 줄여야 한다.

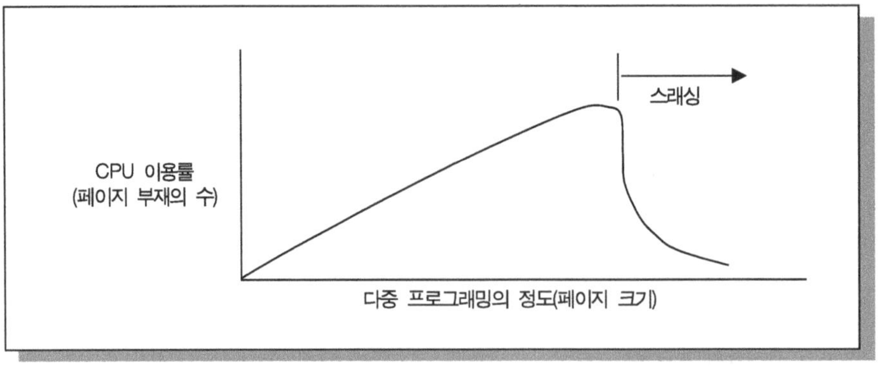

[그림 6-42] 스래싱;다중 프로그래밍 정도와 CPU 이용률 상관관계

⑤ **스래싱의 탐지와 조치**

가. 페이지 부재(Page Fault) 조사 : 각 프로세스 별 페이지 부재로 발생하는 페이지 부재 빈도수(PFF;Page Fault Frequency) 검사한다.

나. 교체(Swapping) 조사 : 다중 프로그래밍시 다른 프로세스에 공간을 부여하기 위해 프로세스들을 M/M에서 A/M 또는 그 반대로 옮기는 과정을 검사한다.

- 숙달된 오퍼레이터에 의해 탐지 (대비책이 문제)
- V/M에 사용되는 페이지 수와 M/M의 페이지 프레임 수 문제를 고려한다.(일정선 초과 → 스래싱에 대한 대책 수립)
- 작업 설정(WS)의 적정선 유지; 페이지 부재를 일으키지 않고 M/M에 적재되어 있는 때의 그 프로그램의 페이지 수를 유지한다.
- 페이지 부재(Fault)를 통계값 이용; WS에 대한 통계값 이용하여 어느 선을 넘으면 스래싱(Thrasing)이 일어났다고 판단한다.

이외에도 조치방법은 다음과 같다.

- 프로세스 다중도를 낮추어 부하를 줄인다.
- 프로세스 서비스의 시간 할당량(Time Slice)을 늘려준다.
- 성능자료를 지속적으로 모니터링하고 분석하여 임계치를 예상하고 관리한다.
- 부족한 자원을 증설한다.

⑥ **스래싱 해결 방안**

구분	Working set	PFF
페이지집합 수정방식	• 매번 기억장치를 참고 하고 난 뒤 페이지 집합 수정	• Page fault 발생시에만 수정
Thrashing 조절	• Prepaging에는 유용하나 조절은 어려움	• 직접적으로 Thrashing을 방지하면서 PFF 측정 및 조절
Overhead	• Overhead가 매우 큼	• Overhead가 적음

2) 지역성(구역성,국부성;Locality)

앞서 설명한 스래싱을 예방하고, 페이지 부재율을 감소시키기 위해서는, 각 프로세스가 "계속적으로 실기억 공간의 페이지 프레임 내에 유지시켜야 할 페이지들의 집합"을 알아내는 것이 좋다. 지역성 개념은 이것을 알아내는 방법 중의 하나이다. 지역성은 다른 용어로 구역성 또는 국부성이라고도 한다. 프로세스(프로그램)가 기억장치(Memory)를 참조하는 특성을 기술한 것으로 실행 중인 프로세스는 일정시간에 기억장치의 일정 부분만을 집중적으로 참조한다는 개념이다. 어떤 프로그램의 계산 영역은 구역화(지역화)된다는 이론으로서 한 프로그램이 실행되는 동안 현재 실행되는 (주소)부근에서만 분기(goto 등) 등의 작업이 발생한다는 개념이다. 즉, 프로그램이 어떤 특정시간에는 주소 공간 내의 비교적 작은 부분만을 접근한다는 것이다. 군집화 하는 경향이 있다고 말 할 수 있다. 이 개념은 가상 기억장치가 성공하게 되는 근거가 되며, 일정시간에는 프로그램의 일부분만 기억장치에 올려놓아도 수행이 빠르게 된다는 주장이다. 데닝(Denning) 교수에 의해 증명된 개념으로 캐시 메모리 시스템의 이론적 근거이다.

지역성 모델이란 프로세스가 수행됨에 따라 프로세스가 한 지역(local)에서 다른 지역으로 옮겨감을 말한다. 지역(local)이란 실제로 함께 사용되는 페이지(page)의 집합을 의미한다. 이 개념은 가상 기억장치 관리의 이론적 근거가 되었고, 또한 페이지 크기에도 영향을 주었다. 페이지들은 기억장치 내에 정보를 참조할 때 균일하게 접근(access)하는 것이 아니라 국부적인(지역적인) 곳을 참조한다. 페이징 시스템에서 프로세스들은 페이지들 중 일부 페이지만을 사용하여 이들 페이지들은 가상 기억장치 내의 인접한 공간을 차지한다. 지역성 개념은 데닝(Denning)에 의해 "**프로그램 작업에 있어서의 작업 설정(WS;Working Set) 이론**"이라는 이름으로 정착되었다.

간단히 말해서, 지역성이란 "**어떤 프로그램의 참조 영역은 지역화 된다**" 는 의미이다.

지역성은 크게 두 가지로 구분할 수 있다.

① **시간 지역성**(Temporal locality)

"어떤 프로세스가 최근에(시간적으로) 참조한 기억장소의 특정 부분은 그 후에도 계속 참조될 가능성이 높다"는 것을 말한다. 만약 어떤 항목이 참조되면 곧바로 그 항목이 다시 참조되기 쉽다는 것이다. 즉, 프로세스가 2시에 사용한 페이지는 2시 1분에도 사용할 가능성이 높다는 뜻이다,

예제 **6-24 시간 지역성의 예**

루프(Loop) 구문을 보면, 몇 개의 문장을 반복해서 실행하므로 그 문장이 계속 반복적으로 참조된다. 예로는, 순환 구조를 갖는 루틴(looping routine), 부 프로그램이나 서브루틴(subroutine), 스택(stack)이나 큐, 셈(counting)과 집계(totaling) 등의 프로그램 구조나 자료구조가 시간 지역성의 특성을 갖는다.

② **공간 지역성**(spatial locality)

"어떤 프로세스가 일단 어떤 기억장소를 참조하면, 그 근처의 기억장소가 그 후에도 계속 참조될 가능성이 높다"는 것을 말한다. 만약 어떤 항목이 참조되면, 그 근처에 있는 다른 항목들이 곧바로 참조될 가능성이 높다는 것이다. 즉, 프로세스가 100번지를 사용 중이라면 99번지, 101번지도 곧 사용할 가능성이 높다는 뜻이다.

예제 **6-25 공간 지역성의 예**

대부분의 일반적인 프로그램들이 갖고 있는 순차적 실행(sequential execution) 경향, 행렬(array) 구조에서의 검색 작업, 인접한 곳에 관련된 자료구조나 처리 루틴을 기술하려는 프로그래머의 경향 등을 들 수 있다. 배열이나 레코드는 기억장치에 인접하여 저장될 확률이 높은데, 우리가 보통 배열 등을 순차 접근하는 경우가 많으므로 인접한 여러 셀(Cell)을 순차적으로 접근할 확률이 높다. 예로는, 배열 순례(array traversal), 순차적 실행, 프로그램에서 관련된 변수들을 서로 근처에 선언하는 경우 등이 있다.

이상과 같은 지역성 개념은 이론적 특성이 아니라 일종의 실험적 특성이며, 항상 보장되는 것은 아니다. 그러나, 이러한 특성은 매우 빈번하게 나타나며, 실제로 우리들이 작성하는 프로그램이나 자료들의 성격을 살펴 볼 때, 아주 중요한 개념으로 작용하고 있음을 알 수 있다. 따라서, 이러한 지역성의 개념을 이용하면, "계속적으로 실기억 공간(M/M)의 페이지 프레임 내에 유지시켜야 할 페이지들의 집합"을 알아낼 수가 있으며, 이 개념은 앞서 설명한 **작업설정(WS;Working Set) 이론**의 근거가 되었다.

짚어보기

기억장치 계층구조(Memory Hierarchy)는 지역성의 원리를 이용하기 위해 여러 계층의 기억 장치를 사용하는 것이다. 우리가 어느 시점에서 보통 기억장치에 일부분만을 접근하므로 지금 참조되는 부분만 더 빠르게 접근할 수 있도록 기억장치를 계층 구조로 형성한다. 프로세스로부터 거리가 떨어질수록 기억장치의 크기와 접근 시간이 증가한다. 요구한 데이터가 상위 계층의 어느 블록에 있다면 히트(hit) 했다고 한다. 히트 했을 때 기억장치 계층 구조의 상위 계층에 접근하는 시간(hit/miss 판단 시간을 포함함)을 히트 시간(hit time)이라고 한다. 요구한 데이터가 상위 계층에서 찾을 수 없을 때 미스(miss) 했다고 하고 기억장치 계층의 하위 수준에 접근해야 한다. 미스해서 하위 계층에서 대응되는 블록을 상위 계층에 교체하는 시간과 그 블록을 프로세스에 보내는데 걸리는 시간을 합하여 미스 패널티(miss penalty)라고 한다. 히트 시간(hit time) 보다 훨씬 크다.

짚어보기 페이지 부재 빈도에 따른 프레임 할당

페이지 부재발생률이 상한선보다 높으면 더 많은 페이지 프레임을 할당해 주고 하한선보다 더 낮게 발생하면 이미 할당되었던 페이지 프레임도 일부 회수한다.

짚어보기 **페이지 부재율의 영향**

어떤 부분은 페이지들이 수가 조금 더 감소되면 그 페이지에 대한 페이지 부재율(page fault rate)이 크게 증가하나 어떤 부분은 크게 영향을 받지 않는다. 한 페이지가 자주 참조하는 페이지를 M/M에서 제거되면 페이지 부재율이 증가한다.

짚어보기 **진행 중인 프로세스와 참조한 페이지들의 집합**

진행 중인 프로세스가 최근 T초 동안에 참조한 페이지들의 집합을 말하는 것으로 그 프로세스에게 할당해주어야 할 최소한의 페이지 프레임 수를 뜻한다. 이 보다 적게 페이지 프레임을 할당해주면 스래싱이 일어날 수 있음을 뜻한다.

- 할당(Allocation) : 작업 설정(WS)의 크기가 할당의 크기가 된다.
- 인출(Fetch) : WS에 페이지 X가 포함되는 시점에 X를 인출 한다.
- 교체(Replacement) : WS으로 부터 페이지 X가 이탈되는 시점에 X를 대체(교체)시킨다.

3) 페이지 크기

페이지의 크기를 결정하기 위해서는 메모리 활용 여부와 디스크에 대한 I/O의 효율 등을 고려하여야 한다. 기억 장치에서 페이지의 크기는 고정되는 데, 이러한 크기를 결정하기 위해서는 다음과 같은 사항들이 고려되어야 한다.

- 페이지 크기가 작을 수록 더 많은 수의 페이지 개수가 필요하게 되며, 이에 따라 페이지 테이블의 공간도 더 많이 요구되며.
- 페이지의 크기가 크게 되면 단편화(fragmentation)로 인해 많은 기억 공간을 낭비하게 되는데 이러한 장단점(Trade-off)을 고려하여야 한다.

디스크에서의 I/O 전송을 위해 많은 시간이 소비되는 데 프로그램의 수행시간 동안에는 페이지의 전송 횟수를 줄이는 것이 바람직하다. 페이지 크기가 작을 경우는 빈번한 횟수의 전송이 필요하게 된다. 프로그램들은 구역성(지역성)을 갖는데, 이 지역 내에서는 비교적 소량의 정보만이 필요하게 된다. 따라서 이러한 고려 하에서는 보다 작은 크기의 페이지가 효과적인 작업 설정(WS)을 가지게 된다. 페이지의 크기가 큰 경우는 참조되는 정보와는 무관한 내용까지 읽어 올 수 있다. 이러한 사항들을 고려하여 페이지 크기들을 결정한다. 페이지 부재와의 관계는 [그림6-43]과 같다.

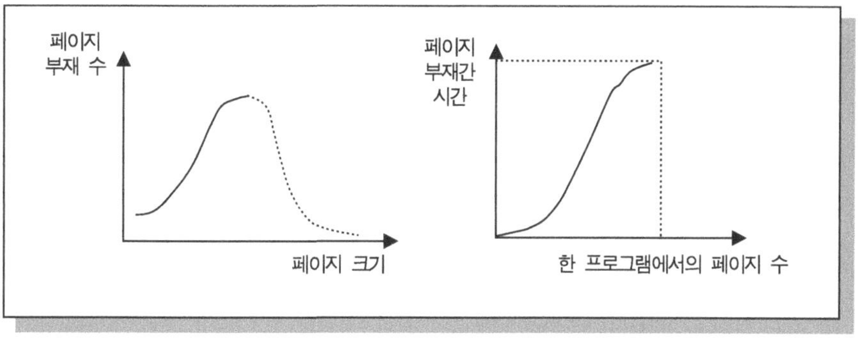

[그림 6-43] 페이지 크기 문제

실제 대표적인 OS들의 페이지 크기의 예는 다음 [표6-4]와 같다.

[표 6-4] 대표적인 OS들의 페이지 크기

하드웨어	운영체제 명	페이지 크기(bit)
Honeywell	Multics	36×1024
IBM	S 360/67	32×1024(4KB)
	S 370/168	32×512 또는 1024(2~4KB)
DEC	PDP-10	36×512
	Vax 780	32×128(0.5KB)

페이지 크기가 클 경우는 다음과 같은 특징이 있다.

- 기억장소를 절약하며, 페이지 테이블(PMT)이 감소한다(페이지 크기가 두배로 커질 때마다 PMT의 크기는 반으로 줄어든다).
- 페이지의 전송 횟수가 감소한다.
- 불필요한 정보가 M/M에 적재된다(M/M에 올라온 페이지들이 현재 지역성(구역성;locality)과 관계없는 내용들을 많이 포함하게 된다).
- 지역성에 의해 좋지 못한 작업 설정(WS)이 된다.
- 내부의 단편화 증가한다.
- 한 번의 탐색/회전(seek/rotation) 만하면 큰 페이지를 전송하므로 입/출력의 이동효율이 좋아진다.

페이지 크기가 작을 경우는 다음과 같은 특징이 있다.

- 페이지 크기가 반으로 줄어들 때 마다 PMT의 크기는 두 배로 늘어난다.
- 마지막 페이지의 내부 단편화는 줄어든다.
- 기억장치에 올라온 페이지가 현재 지역성(locality)과 밀접한 내용만 포함하게 된다.

6.5.6 각 알고리즘의 비교 분석

페이지 교체 알고리즘의 비교 분석은 베르(Baer)가 발표 했는데, 각 알고리즘에 대해서 그래프로 나타내면 [그림6-44]와 같다. 이 분석에 사용한 페이지 크기는 256 워드(Word)이며, 페이지 프레임의 수를 6,8,10,12,14개로 변경시키면서 실행하였다. 적은 수의 페이지 프레임을 사용할 경우 현격한 차이가 난다.

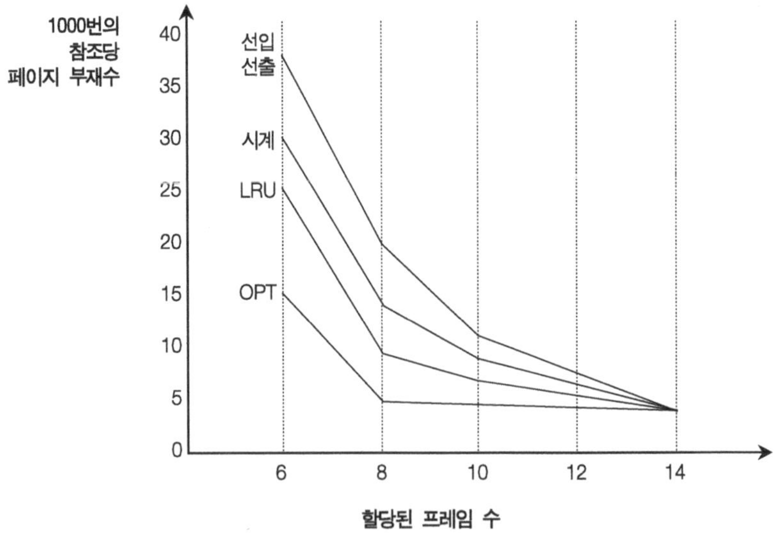

[그림 6-44] 각각의 페이지 교체 알고리즘의 비교

(1) 기억 장치 할당 기법의 비교

기억 장치 관리자는 각 작업을 실행시키기 위해서 기억 장치(memory)를 할당하고 완료된 작업의 기억 장치를 반환하는 임무를 가진다.

기억 장치 관리자(Memory Manager)는 OS를 구성하는 네 개의 관리자(기억장치 관리자(Memory Manager), 처리기 관리자(Processor Manager), 장치 관리자(Device Manager), 파일 관리자(File Manager 또는 정보 관리자)) 중의 하나이다.

작업이 기억 장치 할당 기법에 따라 M/M에 적재되면 프로세서(처리기) 관리자는 가능한 한 가장 효율적인 방법으로 프로세서를 적재된 작업에 할당하여야 한다. 기억 장치 할당 기법의 비교를 [표6-5]에 나타냈다.

[표 6-5] 기억 장치 할당 기법의 비교

기법	해결된 문제점	새로운 문제점	S/W의 변화
단일 사용자 연속 할당		작업 크기가 메모리 크기에 따라 제한, CPU의 이용 효율성이 낮음	없음
고정(정적;MFT) 분할	낮은 CPU 효율성	내부 단편화, 작업 크기가 분할 크기에 따라 제한	프로세서 관리자 및 보호 처리기 추가
가변(동적;MVT)분할	내부 단편화	외부 단편화	없음
재배치 가능 동적 분할	내부 단편화	집약(compaction) 오버헤드, 작업 크기가 메모리 크기에 따라 제한	집약 알고리즘

기법	해결된 문제점	새로운 문제점	S/W의 변화
페이징 기법	집약의 필요성	테이블 저장 공간의 필요, 작업 크기가 메모리 크기에 따라 제한,내부 단편화 다시 발생	관리 알고리즘 페이지 사상 테이블
요구 페이징 기법	작업 크기 제한 소멸, 효율적인 메모리 사용, 대규모 다중 프로그래밍 및 시분할 허용	많은 테이블이 필요, 스래싱 가능성, 페이지 인터럽트 오버헤드, 페이징 H/W 필요	페이지 교체 알고리즘 보조 기억 장치에서 페이지 탐색 알고리즘
세그먼테이션 기법	내부 단편화, 동적 연결, 세그먼트의 공유	보조 기억 장치에서 가변 길이의 세그먼트 관리, 외부 단편화	동적 연결 알고리즘 2차원 주소 기법
페이징/세그먼테이션(혼합) 기법	대규모 V/M 요구에 따른 세그먼트 적재	테이블 관리 오버헤드, 페이지 및 세그먼트 테이블 저장 공간	3차원 주소 기법

짚어보기

가상 기억장치(Virtual memory)에서 회전 지연(latency;rotational delay)의 감소에 대해 설명하고, 회전 지연을 축소하는 방법을 제시하라.

■ 회전 지연(latency)

어떤 페이지를 요구했을 때 그 페이지가 적재되기까지 기다리는 시간(A/M에서부터 M/M까지)을 말한다. 즉, 디스크 장치 등(직접 접근 기억 장치)의 판독/기록 헤드가 주어진 주소 또는 키에 대응하는 트랙 상의 특정한 레코드의 위치에 도달하는 데 필요한 시간이다.

① 일반적으로 대기 시간(waiting time)을 나타내며 회전지연 시간(latency time) 또는 회전지연 기간(latency period)이라고도 한다. 예를 들면, 기억 장치 내의 어떤 특정한 물리 주소(physical address)로부터 정보 데이터를 인출하기 위해 필요한 시간이 있다. 이 경우 중앙 처리 장치(CPU)가 기억 장치 상의 어떤 물리 주소에서 데이터의 인출 요구를 한 순간부터 기억 장치 내에서 주소가 확정한 실제로 데이터를 전송하기 전까지의 시간이다. 똑같은 모양으로 기억 장치 내의 어떤 특정한 물리 주소로 정보 데이터를 입력할 때까지 필요한 시간이다. 이때에는 CPU가 기억 장치로의 데이터의 입력 요구를 한 순간부터 기억 장치 내에서 실제로 주소가 확정 되고 CPU에서 기억 장치로 데이터의 전송이 행해지기 전까지의 시간을 말한다. 여기서 액세스(접근) 시간(access time)과 회전지연 시간(latency time)의 차이로 실제로 데이터의 전송이 행해지고, 데이터 전송이 종료될 때까지의 시간을 포함하는지의 여부이다. 접근 시간의 경우에는 이 전송 시간을 포함하며,회전지연(대기) 시간이라고 할 경우에는 전송 시간을 포함하지 않는다. 접근 시간은 연속하여 기억장치를 판독하고 기록할 때 그 기억 영역의 최소 단위에 대하여 어느 정도의 속도로 동작을 행할 수 있는가라는 것을 표시하고 있다. 자기 디스크나 자기 드럼 등의 매체(media)가 회전하는 시스템에서는 미디어 상에서의 희망하는 데이터의 위치가 일치되고, 데이터 전송이 개시될 때까지의 시간이 된다. 이때 헤드를 디스크나 드럼 상에서 움직이고, 자기 헤드의 위치를 결정하는 시간은 포함하지 않는다.

② 명령 제어 장치가 데이터의 요구를 나타낸 순간부터 실제 데이터 전송이 개시되는 순간까지의 시간 간격이다.

■ 회전 지연(latency)을 축소하는 방법

① 희생자의 예비 선정;
희생자를 미리 선정하여 페이지 프레임(page frame)에 여유를 둔다. 따라서 페이지의 대치가 일어나지 않도록 한다.

② 디스크 스케줄링(Disk scheduling);
디스크 스케줄링 기능은 디스크나 드럼에서 찾고자하는 데이터가 여러 곳에 흩어져 있을 때 과연 헤드를 어떻게 움직이느냐를 결정하는 것이다.
- 디스크의 성능을 높인다(가장 좋다).
- 헤드(Head)가 머물고 있는 페이지의 작업(Job)에 최우선권을 부여한다.

③ 프리페이징(Prepaging);
회전 지연(latency)을 줄이기 위하여 페이지의 요구 상태를 미리 예측해서 페이지 부재가 일어나기 전에 적재시키는 방법으로, 예측된 페이지는 미리 들여와야 되지만 적재되어 사용되지 않는 시간이 너무 길어도 곤란하므로 무엇을 언제 들여올 것인가에 대한 결정을 신중히 해야 된다. 페이지가 요구될 것인지 미리 예측하는 것은 프로그래머 또는 컴파일러에 의해서 가능하지만 매우 어려운 일이다.

④ 블록화(Blocking);
작업(Job)이 블럭 상태(대기상태;Blocked state)에서 다시 실행 상태(Run state)로 갈 때 전에 사용된 페이지를 모두 함께 적재시켜 주는 방법이다.

⑤ 체이닝(Chaining);
연관된 페이지를 함께 적재시켜 주는 방법이다. 기억 장치 내의 데이터 블록에 대해서 그 어드레스 순이 아닌 순서를 지정하는 데 이용된다. 체이닝을 행할 경우에는 각 블록에 체인 어드레스를 준비해놓고 그 안에 다음에 이어지는 블록 어드레스를 놓는다. 이것에 의해 각 블록의 논리적 순서가 만들어진다.

■ 가장 최적의 회전지연(latency)을 축소하는 방법;
"**디스크 스케줄링**(disk scheduling)"이다.

짚어보기

가장 최적의 페이지 교체 알고리즘과 이유를 제시하라.

■ 최적의 알고리즘
최적(MIN(B_0;Belady)) 알고리즘(페이지들의 호출순서를 미리 안다고 할 때)

■ 이유
한 프로그램의 페이지 수 : N일 때

■ 페이지 부재율(Page Fault Rate)

$$\text{페이지 부재율} = \frac{\text{페이지 부재t가 일어나는 횟수}}{\text{한페이지로 부터 다른 페이지로 제어가 넘어가는 횟수}}$$

따라서 임의로(Random)한 경우는 어느 시간에 한 페이지가 호출될 확률이 1/N인 경우를 의미하며, #B0(최적 알고리즘)는 한 프로그램에서 사용하는 모든 페이지들이 호출되는 순서를 미리 안다고 가정하여 대치되는 페이지를 가장 오랜 시간동안 다시 사용되지 않는 것으로 선정하기 때문이다(B_0(Belady)알고리즘은 최적의 알고리즘이 됨).

■ 앞으로 가장 나중에 사용될 것을 대치한다.
■ 페이지 부재율은 [그림6-45]과 같다.

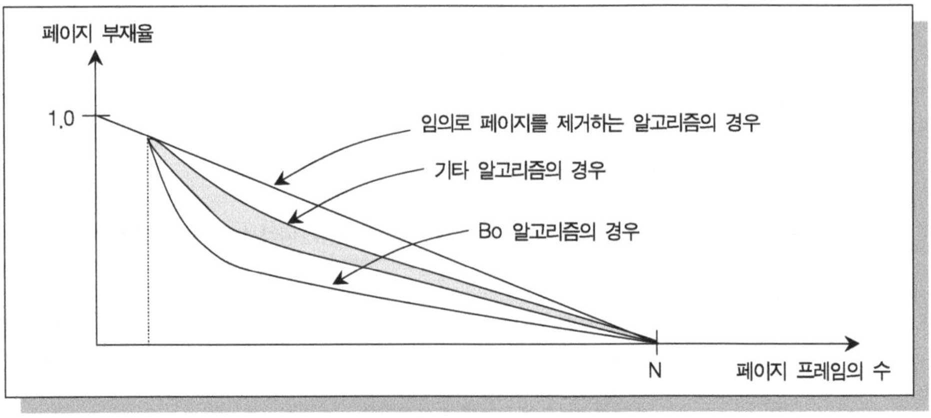

[그림 6-45] 페이지 부재율과 페이지 프레임 수

페이지 부재율은 프로그램의 수행 과정에서 한 페이지로부터 다른 페이지로 제어가 넘어가는 횟수로 페이지 부재율이 일어나는 횟수를 나누어 준 것이다.

예제 6-26

구역성(지역성;Locality)을 설명하고 그 종류 및 예를 들어라.

- 어떤 프로그램이 기억장치(memory)에 접근하는 시간대와 위치는 의외로 상당히 한정되어 있는데,이것을 구역성이라고 부른다.

■ 참조 지역성(Locality of reference (in Memory))

❶ 페이지가 기억 장소를 어느 한 순간에 특정 부분을 집중적으로 참고하는 것이다.
❷ 프로그램 중의 어느 명령어(Instruction)가 수행 중에 있을 때, 그 다음에 수행할 명령어(Instruction)가 현재 명령어(Current Instruction) 주위에 저장(Store) 되어 있을 확률이 많다는 것을 말한다.
❸ 파일에서 일련의 레코드들을 액세스할 때 만일 어떤 레코드가 그 전위 레코드 바로 옆에 위치한다면 최소의 지연 시간으로 그 레코드를 액세스할 수 있는데, 이처럼 레코드들이 서로 이웃하여 있는 정도를 집약성이라고 한다. 레코드들이 가까이 있느냐 멀리 떨어져 있느냐에 따라 「강한 집약성」과 「약한 집약성」으로 구분하기도 한다.
❹ 직접적으로 함께 사용되는 페이지들의 집합으로서 한 프로그램은 여러 개의 다른 국부(지역)로 되어 있다

■ 지역성과 페이지(Page fault)의 관계

페이지 부재의 수를 줄이기 위해서는 프로그램에서 페이지 호출을 국부적(지역적)으로 할 수 있는 것이 중요하다.M/M의 용량을 증가시켜도 상대적으로 효과가 그리 크지 않는 한계점이 존재 (Working Set와 밀접한 관계) 한다.가상 기억장치(Virtual memory)의 효율성은 지역성의 정도로 표시한다.

■ 종류

❶ 시간 구역성(Temporal locality); 한번 접근했던 메모리 영역에는 조만간 다시 사용할 확률이 매우 높다는 것인데, 한 번 사용된 명령(instruction)이 바로 사용될 수 있다.
❷ 공간 구역성(Spatial locality); 한번 접근했던 메모리 영역 근처에 있는 다른 값이 사용될 확률이 높다는 것을 의미하며, 한 기억 장소가 호출되면 인접 한 장소들이 연속되어 사용된다(참조 된다).

■ 프로세스의 지역성

프로세스는 자신의 텍스트 공간 중 프로그램 루프나 자주 호출되는 서브루틴과 같이 일부분의 명령만을 수행하여, 데이터 참조가 전체 데이터 공간의 작은 부분에서 집중되는 경향이 있다.

예제 6-27

작업 설정(WS;Working Set) 개념은 설명하라.

- WS의 개념

일반적으로 페이지 부재가 일어나는 양은 프로그램에서 사용하는 페이지 프레임(page frame)의 수에 반비례한다. 따라서 프로그램이 처음에 한 페이지만 가지고 시작하면 적재된 페이지의 수가 적정선까지 달하기까지는 페이지 부재가 빈번히 일어나게 된다. 이런 적정선에 이르렀을 때 적재되어 있는 페이지를 그 프로그램의 작업 설정(WS)이라 한다(페이지 부재를 일으키지 않고 M/M에 적재되어 있을 때의 그 프로그램의 페이지 수)(By Denning('68))

- WS의 간단한 정의는 다음과 같다.

① 실행중인 프로세스가 일정 시간동안에 참조하는 (자주 참조(reference)하는) 페이지들의 집합(그 프로세스를 효과적으로 실행하기 위하여 M/M에 유지되어야 하는 페이지들의 집합). ☞ 하나의 프로그램이 효율적으로 유지(실행)되기 위해서는 그의 WS가 M/M 내에 유지되어야 하며, 그렇지 않은 경우에는 그 프로그램이 A/M로부

터 계속 페이지들을 요구하게 되므로 **스래싱**이라 불리는 과다한 페이징 행동을 하게 된다고 주장한다.

② W(t,Δ) : 프로세스 간격이라 불리는 시간 t에서 Δ 사이에 사용된 페이지의 집합이다.

● WS과 지역성

작업 설정 (WS) 모델은 지역(local)의 가정을 토대로 하고 있다[그림6-46].

① 이 모델은 작업 설정 윈도우(working set window)을 정의하기 위해 매개 변수 Δ(윈도우 크기)를 사용한다.

② 기본 개념은 가장 최근의 Δ페이지 참조를 조사하는데 있다.

③ 가장 최근의 Δ페이지를 참조했던 페이지 집합을 작업 설정(WS)이라 부른다.

④ 만약 어떤 페이지가 실제로 사용되고 있다면 그 페이지는 작업 설정(WS)에 포함되며, 만약 그 페이지가 더 이상 사용되지 않는다면 그 페이지는 마지막으로 참조된 후 Δ시간 단위 후에는 WS에서 빠지게 된다. 따라서, WS은 프로그램 지역성(locality)의 지역의 근사치가 된다.

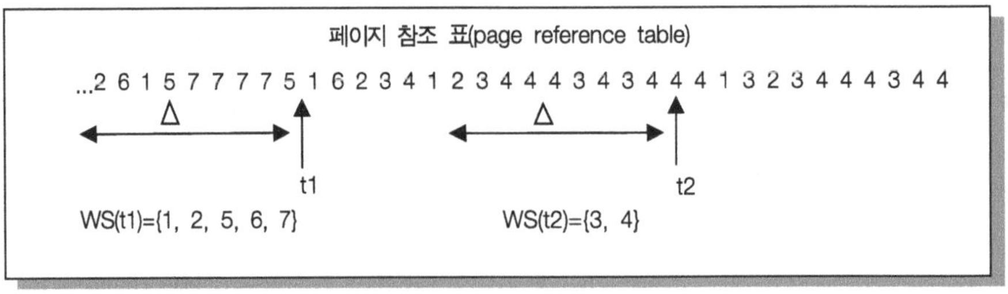

[그림 6-46] WS과 지역성의 예

⑤ 작업 설정(WS)의 정확성은 Δ의 선택에 따라 좌우 된다. 만약에 Δ값이 너무 작으면 전체 WS을 충족시키지 못할 것이고, Δ 값이 너무 크면 여러 전체 프로그램이 된다.

⑥ WS의 가장 중요한 성질은 WS의 크기이다.

⑦ 시스템의 각 프로세스에 대한 WS의 크기 WSSi를 계산하면, 전체 요구 페이지 프레임 D는 다음과 같다.

$$D = \Sigma WSSi$$

⑧ 각 프로세스는 각 WS 내에 있는 페이지를 실제로 사용하고 있다. 프로세스 i는 WSSi 페이지 프레임들을 필요로 한다(만약에 총 유효 프레임 수 보다 많이 요구하게 되면 (D 〉 m) 스래싱이 발생된다. 어떤 프로세스는 충분한 프레임을 가질 수 없기 때문임).

예제 6-28

[그림6-46]에 있는 기억 장치 참조 순서가 주어졌을 때 만약 Δ=10이라고 가정하면 t1시간의 WS은 {1,2,5,6,7}이 되고, t2시간의 WS는 {3,4}가 된다.

(2) 작업 설정(Working Set) 기억 장치 관리법

실행중인 프로그램의 WS를 M/M에 유지시키는 것을 원칙으로 하는 기억 장치 관리 방법이다.

(3) 시간 t에서 한 프로세스의 작업설정(WS) W(t,Δ) 관계

① "프로세스 시간" 간격 t-Δ부터 t까지 동안 참조하는 모든 페이지들의 집합이다(변수 Δ는 WS의 윈도우 크기(window size)라 불리우는데, 이 Δ의 크기가 WS 기억 장치 관리의 효과적인 운용에 주요 역할을 함)[그림6-47].

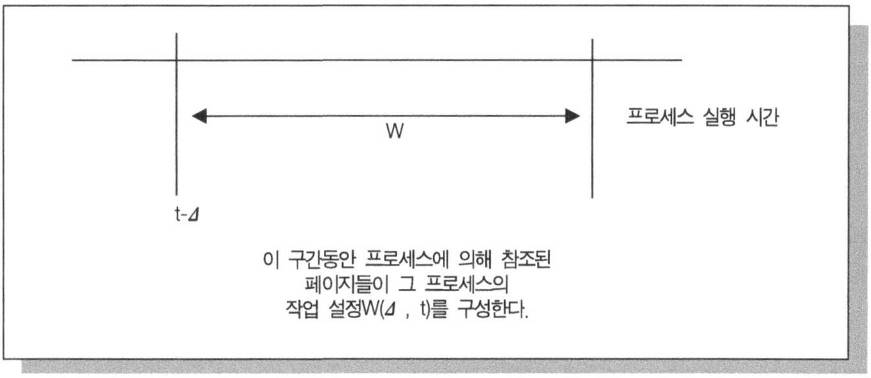

[그림 6-47] 프로세스의 작업 설정

② W(t,Δ)는 실제로 M/M 내에 와 있어야 하는 프로그램 부분들을 가리킨다.

③ WS은 전체 프로세스의 극히 작은 부분이므로, 교체 시스템(swapping system)보다 많은 프로세스들이 동시에 M/M 내에 들어갈 수 있어 교체(swapping) 양이 줄어들게 되므로, 시스템의 스래싱(thrashing)을 향상시킬 가능성이 있다.

④ 프로세스가 WS 내에 들어있지 않은 페이지를 참조하려할 때 유효 페이지 결함(페이지 부재;page fault)이 발생한다.

짚어보기 작업설정(WS)

- 가상 기억 장치 시스템에서 하나의 프로세서가 자주 참조하는 페이지들의 집합니다.
- WS에 들어 있는 페이지가 그 프로세서가 효과적인 수행을 위해 M/M에 항상 있는 페이지로 수행되면 그에 따라서 변한다.

짚어보기 구역성(지역성;Locality)와 스래싱(Thrashing)

- 구역성: 프로세스가 실행시 M/M의 일부 페이지만 집중적으로 참조하는 성질
- 스래싱: ① 일정 프로그램 실행시에 CPU의 효율이 좋다가 갑자기 성능이 나빠지는 현상
  ② RAM이 가득차서 가상으로 올렸다 내렸다 하는 시간이 더 걸림
  ③ 프로세스의 처리 시간보다 페이지 교체에 소요되는 시간이 더 많은 현상

■ 연 습 문 제

학과:	학번:	성명:	제출일:

[6-1] 사용자로 하여금 보조 기억 장치를 주기억 장치의 확장으로 생각하게 하여 큰 주기억장치가 있다고 생각하는 기억 장치 기법을 무엇이라 하며 설명하라.

[6-2] 기억 장치 관리에서 지역성(locality)에 관해서 설명하라.

[6-3] 가상 주소 시스템에서 인위적 연속성(artificial continuity)에 관해서 설명하라.

[6-4] 스래싱(thrashing)이 발생하는 이유는 무엇인가? 시스템에서 스래싱을 탐지하는 방법은 무엇인가? 스래싱을 탐지한 후에, 시스템에서는 이 문제를 해결하기 위해서 어떠한 조치를 취하는가?

[6-5] 가상기억 장치에서 지연(latency)을 축소하는 방법을 설명하라.

[6-6] 가상 기억 장치 시스템에서 페이지의 크기 변화에 대한 설명하라.

[6-7] 세그먼테이션은 크기가 일정하지 않은 페이지를 사용하는 페이징이라고 볼 수 있다. FIFO와 LRU에 기반을 둔 두 개의 세그먼트 대치 알고리즘을 정의하라. 세그먼트는 각기 크기가 다르기 때문에, 대치되는 세그먼트가 새로운 세그먼트를 적재하기에 불충분할지도 모른다는 점에 유의하라.

[6-8] 가상 억장치 공간이 2^{32}바이트인 시스템에서 기억장치의 용량은 2^{18}바이트라고 하자. 한 페이지의 크기가 4096바이트라고 하면, 한 사용자 프로세스에서 가상 주소 11123456을 참조했을 때에, OS는 이 주소를 어떠한 방법으로 물리적 주소에 사상하는가? S/W와 H/W의 기능을 구분하여 설명하라.

[6-9] 3개의 페이지 (page)를 수용할 수 있는 주기억 장치가 있으며 현재 완전히 비어있다. 어떤 프로그램이 다음 표와 같다. 이와 같이 페이지 번호를 요청했을 때 페이지 대체(교체) 정책으로 LRU를 사용한다면 페이지 부재(page fault)는 몇번 발생하는가?

요청 페이지 번호 (모두 1자리 숫자임)
3 4 3 2 6 3 5 6

[6-10] 사용할 수 있는 페이지가 3개이고, 다음과 같이 페이지를 참조해야 하는 순서가 있을 때 페이지 교체 기법 인 FIFO(First-In First-Out)로 하면 페이지 부재는 몇번 발생하는가?

페이지 참조 순서 : A B C D A B E A B C D E

[6-11] FIFO 페이지 대체 알고리즘에서 3개의 프레임을 가진 기억 장치에 대해 다음과 같은 순서로 페이지 참조가 일어난다고 가정할 때 몇 번의 페이지 부재가 발생하는가?

페이지 참조 순서 〈7, 0, 1, 2, 0, 3, 0, 4, 2, 3, 0, 3, 3, 2, 1, 2, 0, 1, 7, 0, 1〉

[6-12] 4개의 페이지(프레임)를 수용할 수 있는 주기억 장치가 있고 페이지 모두 비어있다. 임의의 프로세스가 참조하는 페이지 번호의 순서가 다음과 같다면 LFU페이지 대체 알고리즘 이용시 몇 번의 페이지 부재가 일어나는가?

요청 페이지 번호 : 1, 2, 3, 6, 2, 1, 3, 4, 5, 2, 1, 3

[6-13] 다음의 참조 스트링을 고려하자.

1, 2, 3, 4, 2, 1, 5, 6, 2, 1, 2, 3, 7, 6, 3, 2, 1, 2, 3, 6

다음의 페이지 대치 알고리즘을 사용했을 때, 각각 프레임의 수가 1개,2개,3개,4개,5개,6개,7개인 경우에 대해서, 발생하는 페이지 오류의 수를 계산하라. 처음에는 모든 프레임은 비어 있다.

(1) LRU

(2) FIFO

(3) 최적(B0)

[6-14] 페이징과 세그먼테이션을 혼합하여 사용하면 어떠한 이점이 있는가?

[6-15] 페이지의 크기가 가상 메모리 시스템의 성능에 미치는 영향을 설명하라. 페이지가 크면 어떠한 장단점이 있고, 반대로 작으면 어떠한 장단점이 있는가에 대해서 설명하라.

[6-16] 가상 기억장치 시스템을 구현하려면, 이를 위해서 치르는 대가가 있고 또한 부수되는 장점이 있다. 이러한 대가와 장점을 나열하라. 이러한 대가가 장점에 비해서 더 클 수 있는가? 만약, 그렇다면 어떠한 조치가 필요한가?

Chapter

07

주변 장치와 보조 기억장치 관리

CHAPTER 07

주변 장치와 보조 기억장치 관리

학습목표

주변장치(peripheral device)란 특정 처리 장치로부터 그 처리 장치와 외부와의 통신을 제공하는 장치를 말하며, 중앙 연산 처리 장치(CPU) 이외의 출력 장치, 입력 장치, 콘솔 및 온라인 시스템에서의 데이터 통신 장치(통신 제어 장치나 단말 장치) 등을 총괄적으로 일컫는다. 예를 들면 입/출력 장치와 보조 기억 장치(A/M;Auxiliary Memory)가 있다. 즉, 컴퓨터 시스템에서 CPU에 접속되는 모든 입/출력 장치와 A/M를 말한다. 입력 장치로는 키보드, 마우스, 스캐너 등이 대표적이다. 출력 장치로는 디스플레이 장치, 프린터, 플로터 등이 있다. 자기 테이프나 자기 디스크, 광 디스크 등은 시스템을 위한 보조기억장치로 사용되는 주변 장치이다.주변 기기라고도 한다. 주변 장치 중 입력 장치로는 카드 판독기, 카드 펀치, 종이 테이프 판독기, 펀치, 키보드, 마우스, 스캐너, 라이트 펜 등이 있으며, 출력 장치로는 디스플레이 장치, 프린터, 플로터 등이 있다. 자기 테이프 나 자기 디스크, 광 디스크 등은 시스템을 위한 A/M로 사용되는 주변장치이다.

또한 메모리 자체만 가지고는 모든 프로그램과 자료를 영구적으로 보관하기에는 충분하지 못하므로, 컴퓨터 시스템에서는 메모리를 뒷받침하는 보조 기억장치를 제공해야 한다. 현대 컴퓨터 시스템에서는 이 역할에 디스크 장치를 사용하고 있다. 파일 시스템에서는 디스크에 프로그램과 자료를 수록하고 또한 이들에 대한 온라인 접근을 지원한다.

컴퓨터의 CPU가 아닌 외부에 존재하여 주기억장치(M/M;Main Memory)의 한정된 기억용량을 보조하기 위해 사용하는 것으로 전원이 차단되어도 기억된 내용이 상실되지 않는다.

반도체로 만들어진 M/M는 처리속도가 빠르기는 하지만, 대부분 전원이 끊어지면 저장된 자료가 소멸되고 가격이 비싸 다량의 자료를 영구적으로 보관할 수가 없다. 그러나 A/M는 속도가 상대적으로 느리기는 하지만, 다량의 자료를 영구적으로 저장할 수 있는 특징이 있다.

A/M는 자료 접근방법에 따라 순차 접근(sequential access) 방식과 직접 접근(direct access) 방식이 있다. 순차접근 방식은 정보를 순차적으로만 읽고 쓰기를 하는 방식으로서 기록 밀도가 좋으나 정보검색에 많은 시간이 걸리고, 자료의 삽입과 삭제시 재구성해야만 한다. 자기 테이프가 이에 속한다.

직접접근 방식은 순차적으로 또는 필요한 위치에서 직접 읽고/쓰기를 하는 방식으로, 자기드럼과 자기디스크가 이에 속하며, 이러한 장치를 직접 처리 장치(DASD:direct access storage device)라고 한다.

A/M로 사용되는 것으로는 자기테이프, 자기디스크 등과 같이 자기를 이용하거나 레이저 디스크와 같이 빛을 이용하는 것, 광자기 디스크처럼 이들 둘을 이용하는 것이 있다. 개인용 컴퓨터에 많이 사용되는 플로피 디스크, 하드 디스크, CD-ROM 등도 A/M들이다. 컴퓨터의 CPU에 직접 연결된 M/M가 아닌 디스크, 테이프 등 외부의 기억장치를 지칭하며,M/M에 기억시킬 수 없는 대량의 데이터를 기억하기 위한 장비로 자주 사용되지 않는 프로그램이나 데이터를 기억시켜 두었다가 필요할 때마다 사용할 수 있다. 외부기억장치(external memory) 또는 2차 기억장치(secondary storage)라고도 한다. 일반적으로 M/M에 비해 저렴하면서 M/M보다 기억 용량이 크고 액세스(접근) 속도는 느리며 M/M가 워드(word) 단위로 액세스되는 데 비해 수백 또는 수천 워드의 블록 단위로 액세스 된다.

이 장에서의 주요 내용은 다음과 같다.

- 주변 장치와 보조기억장치 관리
- 디스크 가용공간 관리 기법
- 디스크 스케줄링

7.1 개요

주변 장치(peripheral device)의 관리는 기억 장치(M/M)와 처리기(CPU)를 제외한 입/출력(I/O) 장치를 다루는 것이다. I/O 장치는 실제로 입/출력이 일어나는 프린터, 카드 입력기, 디스크, 테이프와 같은 장치와 이들을 통제하는 제어장치 및 채널(channel)을 의미한다. 주변 장치는 가격 면에서 전체 시스템 중 상당한 비중을 차지하므로 이들을 효율적으로 운영한다는 것은 중요한 일이다. 본서에서는 주변 장치 중에서 주로 보조 기억 장치(A/M;Auxiliary Memory, secondary memory unit)를 중심으로 논한다.

운영체제(OS)는 부트스트랩 프로그램에 의해 컴퓨터 내에 최초로 적재된 후에, 컴퓨터 내의 다른 프로그램들을 관리하는 프로그램이다. 여기서 다른 프로그램이란 응용 프로그램들을 말한다. 응용 프로그램들은 정의되어 있는 응용 프로그램 인터페이스(API)를 통해 서비스를 요청함으로써 OS를 이용한다. 그 외에도, 사용자들은 명령어와 같은 인터페이스를 통하여 OS와 직접 대화한다.

OS는 응용 프로그램들을 위해 다음과 같은 서비스들을 수행한다.

- 멀티태스킹 OS에서는 여러 개의 프로그램이 동시에 실행될 수 있게 하는데, 응용 프로그램들 간에 어떤 순서로 실행되어야할지, 그리고 각 응용 프로그램이 다른 응용 프로그램에게 순서를 넘기기 전에 얼마동안의 시간을 배정해야할지 등을 결정한다.
- 여러 개의 응용 프로그램 간에 메모리 공유를 관리한다.
- 하드디스크, 프린터, 다이얼업 포트 등, 장착되어 있는 H/W 주변장치들로부터 이루어지는 입/출력을 관리한다.
- 응용 프로그램이나 사용자 또는 오퍼레이터 등에게 운영상황이나 에러 등에 관한 메시지를 전달한다.
- 프린트의 출력과 같이 배치(일괄) 작업(batch job)들을 대신 관리해줌으로써, 실행 중인 응용 프로그램이 이런 종류의 작업으로부터 해방될 수 있도록 한다.
- 병렬처리가 가능한 컴퓨터들에서, OS는 프로그램을 어떻게 분할할 것인지를 관리함으로써 한 번에 한개의 프로세서 이상에서 실행될 수 있도록 한다.

컴퓨터 시스템에서 OS의 주요 목적은 프로그램을 효율적으로 수행하는 것이며, 이러한 프로그램들은 이상적으로는 프로그램들이 접근하는 데이터와 함께 주기억장치(M/M) 내에 계속 존재해야 한다. 그러나 모든 프로그램을 M/M 내에 유지하는 것은 불가능한데, 이유는 다음과 같다.

- M/M는 모든 프로그램을 저장하기에는 너무 용량이 부족하므로 필요한 모든 프로그램을 동시에 저장할 수 없고 데이터는 영구적인 속성을 갖는다.
- M/M는 휘발성이므로 전원이 중단되면 기억된 모든 정보는 소멸된다.

따라서, 다량의 데이터를 영구히 기억하여 보존할 수 있게 하려고 보조 기억장치(A/M)를 사용하고 있으며 이러한 A/M로써 자기 디스크와 자기 테이프 장치 등을 사용하고 있다.

7.2 주변 장치 관리의 중요한 기능

1) 주변 장치의 상태 파악

주변 장치의 상태를 파악하기 위해서 OS는 장치 제어 블록(UCB;Unit Control Block)과 같은 데이터베이스를 모든 장치에 대해서 가지고 있다.

2) 장치 사용 요구의 효율적 처리

예측할 수 없게 돌아오는 장치의 사용 요구를 효율적으로 처리하기 위해서 누가, 언제, 무엇을, 얼마 동안 차지할 것인가를 결정한다. 이러한 일을 할 수 있는 방법은 다음의 세 가지가 있다. 즉, **전용**은 한 프로세스로 하여금 장치를 전용하게 하며, **공용**은 여러 프로세스가 장치를 공용한다. 그리고 **가상(virtual)**은 실제의 주변 장치를 다른 주변 장치에 시뮬레이트(simulate) 한다.

3) 분배

실제로 장치를 하나 또는 그이상의 프로세스에게 분배하는 것이다.

☞ 따라서, 제어장치와 채널도 같이 배정되어야 한다.

4) 회수

① 일반적으로 주변 장치 경영(관리)에는 세 개의 모듈이 필요하다.

- 주변 장치의 상태를 파악하는 입/출력 교통 제어기(I/O traffic controller).
- 장치에 대한 요청이 있을 때 이를 프로세스에게 분배하는 입/출력 스케줄러(I/O scheduler).
- 특정된 주변 장치를 조작하는 I/O 장치 구동기가 있다.

② 스케줄러

- 모든 입/출력 장치는 개별적으로 I/O 장치 구동기를 가지고 있는데 이들의 기능은 실제로 I/O를 하며 채널이 필요한 장치이면 소정의 일을 할 수 있는 채널 프로그램을 만들어 준다. 또한 I/O 장치 구동기는 그 장치 안에서 들어오는 인터럽트를 취급해 준다.

7.3 주변 장치의 관리 기법

주변 장치의 관리 기법은 크게 3가지로 나눈다.

1) **전용 장치**(Dedicated unit)

특정 이용자의 목적을 위해 기능을 설정한 장치이며, 한 컴퓨터만 사용하고 있는 I/O 장치이다. 일단 한 작업(job)이 주변 장치를 차지하면 그 작업이 끝날 때까지 계속 차지하게 된다.I/O장치의 성격에 따라서는 이러한 방법을 사용해야만 한다.

예제 7-1

프린터, 카드 입력기, 테이프 등은 공용하기는 힘들다.

2) 공용 장치(shared unit)

대부분의 디스크 또는 드럼은 여러 프로세스에 의해서 공용될 수 있다.

예제 7-2

여러 프로세스는 거의 동시에 한 디스크 내에 있는 자료를 읽을 수 있다.

3) 가상 장치(Virtual device)

사용자에게는 별개의 실체로 보이지만 실제로는 어떤 장치의 공유부분인 것이다. 즉, 프린터와 같은 장치는 일반적으로 전용할 수 밖에 없으나 이를 공용 장치로 바꾸는 방법이 있다. 여러 작업에서 프린터에 출력을 요청하면 작업 단위로 디스크의 특정 부분에 이들을 우선 출력 시킨 후에 작업들이 끝나면 이 결과를 작업 단위로 계속해서 써 주면 결국 여러 개의 작업이 프린터를 공용하는 결과가 된다. 그러므로, 프린터의 효율성도 높아지게 되는데, 이와 같이 실제 장치를 다른 주변 장치에 시뮬레이트 하는 방법이 가상 장치의 개념이다.

본 서에서는 주변장치는 디스크 장치를 중심으로 설명한다.

7.4 자기 디스크 구조

(1) 개요

디스크 자체를 논하기 이전에 일단 디스크를 논리적으로 관리해주는 파일 시스템에 대한 전반적인 이해를 할 필요가 있다.파일 시스템은 항시 디스크에 상주하면서 많은 양의 데이터를 영구적으로 담고 있어야만 한다는 숙명적인 존재이기도 하다.파일 시스템이 하는 구체적인 일들로써는 사용자가 원하는 데이터의 트래킹, 빈 공간의 확보 및 트래킹, 그리고 OS와 디스크와의 교량 역할 등이 있지만 여기서는 파일시스템의 데이터 트래킹과 빈 공간 관리만을 간략하게 다루겠다.

디스크는 본질적으로 논리적 블록(logical block)이라 불리는 일차원 배열들이다. 논리적 블록은 디스크에서 CPU로 데이터를 전송함에 있어서의 가장 기초적인 단위가 된다. 디스크의 논리적 기초 단위가 1 또는 0을 담고 있는 형태로 디스크를 관리했다가는 OS가 500MB 짜리 디스크 관리하기도 어려울 것이다. 블록은 그래서 일정한 수의 바이트 크기로 나뉘게 되는데 사실 조그만 문서 같은 경우는 그 크기가 한 개의 블록 크기보다도 훨씬 작을 수가 있다. 그럼 블록 안에 남아도는 나머지 바이트들은 그냥 버려야 된다. 또한 디스크의 용량이 커지면 커질수록 논리 블록의 크기 또한 크게 잡아주게 되고, 그렇기에 GB(Giga Byte) 급들 하드 디스크는 엄청난 공간의 낭비가 발생할 것이다. 바로 이래서 최근 맥의 OS 8.0에서부터는 HFS+(Extended HFS)라고 불리는 파일시스템이 나왔다. 대용량 하드 디스크를 사용함에 있어서도 작은 크기의 논리 블록을 잡을 수 있도록 허용하는 파일 시스템이니 만큼 40M 짜리 하드 디스크를 채용 해놓고 HFS+(Http File Server)를 설치하느라 어려움을 겪을 것이다.

디스크의 본질적인 특징은 여러 파일들에 대한 덮어쓰기 및 직접 액세스(direct-access)라고 할 수 있다. 이 두 가지의 특징을 가지고 있는 가운데 디스크 관리의 관건은 어떻게 파일들을 공간에 할당을 시켜줌으로써 전체적인 디스크의 공간의 효율이 증가하는 동시에 파일들에 대한 액세스를 재빨리 수행 하는가 이다. 이때 디스크 내의 공간에 대한 할당을 위해서는 크게 세 가지 방법들이 등장하는데, 이것은 **연속**(contiguous), **연결**(linked), 그리고 **색인**(indexed) **할당** 등이 있다. 특정 시스템은 그 세 가지를 모두 지원해주지만, 대부분 그중 한 가지만을 이용하거나 혼용을 시킨 제2의 방법을 이용한다. 디스크라는 무수한 블록들 중 내가 원하는 블록을 그럼 과연 어떻게 찾아내어 할당할 것인가에 대한 설명을 한다.

직접 액세스 기억 장치(DASD ; Direct Access Storage Device)는 디스크나 드럼의 특정한 장소를 직접 판독(read)하거나 기록(write)할 수 있는 장치들을 말한다. 이것들은 두 개의 부류(고정 판독/기록(read/write) 헤드를 가진 것과 이동 판독/기록 헤드를 가진 것)로 나눈다.

(2) 물리적 구조

디스크는 다음과 같은 세 가지 요소로 구성되어 있다[그림7-1].

① 트랙(track) : 디스크의 회전축을 중심으로 동심원 모양의 섹터들의 모임이다.
② 섹터(sector) : 하나의 트랙을 몇 개로 분할한 블록이다.
③ 실린더(cylinder) : 회전축으로부터 같은 거리에 있는 트랙들의 모임이다.

드럼(Drum)은 탐색 시간(seek time)이 존재하지 않으므로 성능(performance)이 좋지만 비용이 높으며, 드럼은 각 트랙 마다 판독/기록 헤드(read/write head)가 있다. 디스크와 드럼은 논리적 구조에서의 차이가 아니라 성능, 비용, 저장 용량의 차이이다.

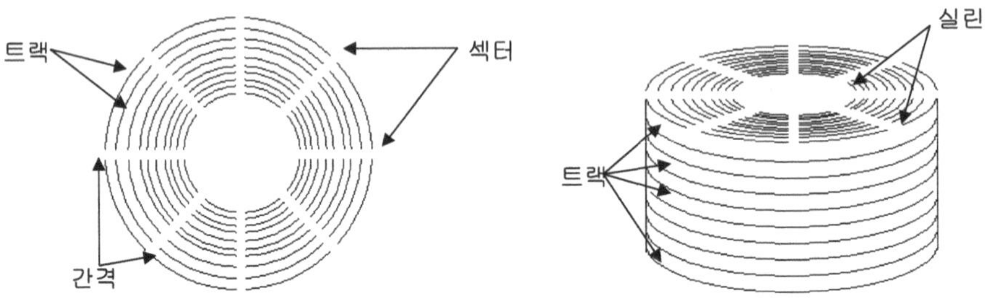

ⓐ 트랙과 섹터 ⓑ 트랙과 실린더

[그림 7-1] 디스크의 구조

(3) 디스크 및 드럼의 스케줄링 정책에서 시간(디스크 동작 속도)의 개념[그림7-2]

① **탐색 시간**(seek time) : 디스크 상의 원하는 정보를 액세스하기 위하여 헤드를 트랙이나 실린더 상에 위치시키는데 걸리는 시간이다. 즉, 해당 실린더로 고정축을 이동한다.
② **회전 지연 시간**(**잠복 시간**;latency time) : 지정된 트랙에 위치한 헤드가 원하는 블록에 위치할 때까지 걸리는 시간이다. 즉, 임의의 크기를 가진 레코드가 헤드에 의해서 판독되거나 기록되도록 디스크를 회전한다. 그러므로 이동 헤드 디스크의 속도는 탐색 시간과 잠복 시간 및 전송 시간의 총합으로써 나타낼 수 있다.
③ **전송 시간**(transmission time) : 데이터 레코드가 저장된 부분이 헤드 바로 아래에 오도록 디스크를 회전한다. 즉, 디스크에서 M/M로 정보가 이동하는 시간이다.

- **특정 레코드의 접근 시간**(access time)
  = **탐색 시간**(seek time) + **회전 지연 시간**(latency time) + **전송 시간**(transmission time)

짚어보기 회전시간의 최소화

회전시간을 최소화시키기 위해서 사용되는 기법은 회전지연시간을 최소화하기 위해서 인터리빙 기법을 사용하는데 이는 한 트랙 안에서 논리적인 순서로 나열되는 섹터들을 물리적으로 일정한 간격으로 떨어뜨려 놓은 방식이다. 이는 디스크가 고속회전하는 관계로 한 섹터를 처리한 후 요구되는 약간의 조정 시간으로 인해서 물리적으로 연속적일 경우 정확히 섹터에 접근하는 것이 실패하는 경우가 발생하기 때문이다.

짚어보기 디스크 전송시간

디스크 상에 저장된 데이터에 접근해서 헤드를 통해 일단 읽고나면 이 정보를 메모리로 전송해야 하는데, 이러한 과정에서 소비되는 시간을 **전송시간**이라고 한다.

$$\text{전송시간} = \frac{\text{전송된바이트수}}{\text{트랙당바이트수}} \times \text{회전지연시간}$$

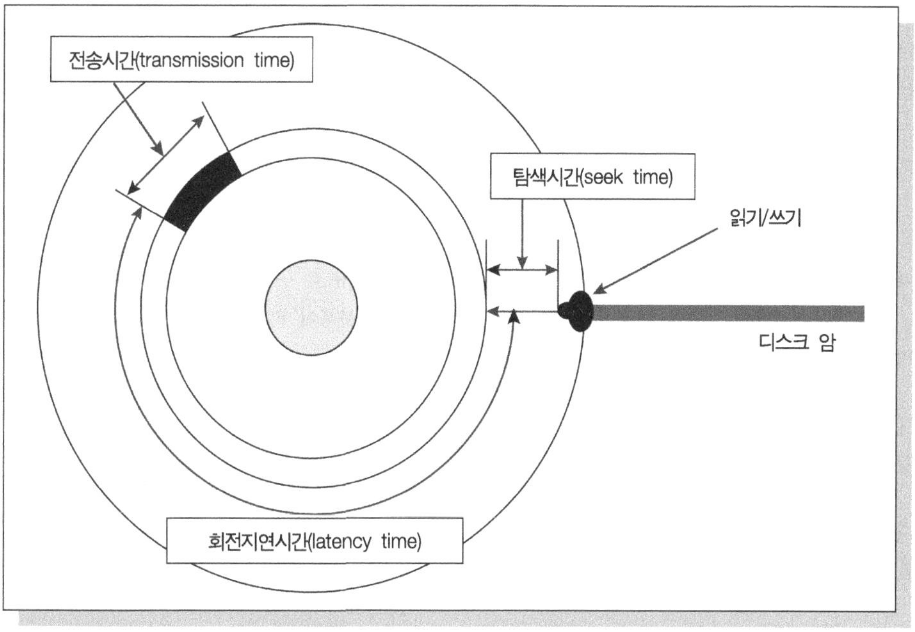

[그림 7-2] 디스크 액세스의 구성

(4) 디스크 가용 공간 관리

파일 시스템의 중요한 기능 중 하나가 A/M 공간을 관리하는 일이다. 파일의 내용(content)을 저장하기 위한 디스크 블록을 할당하는 일, 안 쓰고 있는 빈 공간을 관리하는 일이 필요하다. 디스크의 공간은 제한되어 있기 때문에 새로운 파일들을 위하여 파일이 삭제된 공간을 다시 사용할 필요가 있다. 디스크 공간의 빈 트랙을 보존하기 위해서 시스템은 가용 공간 리스트(free space list)를 유지하여 비어 있는 모든 디스크의 블록들을 관리한다. 새로운 파일을 생성하기 위해서는 시스템은 가용 공간 리스트를 탐색하고 공간을 할당하여 새로운 파일들을 배정한다. 공간이 할당된 후 가용 공간 리스트를 갱신하고, 파일이 삭제되면 이 디스크 공간은 다시 공간 리스트에 추가된다[그림7-5]. 공간할당 전략은 다음 몇 가지 요인들을 고려해야 한다.

❶ 속도는 순차 접근 시,임의 접근 시, 블록의 할당 시, 회수 시에 영향
❷ 다중 섹터와 다중 트랙 전송의 이용 능력
❸ 디스크 공간의 효율성
❹ 오버헤드

파일 시스템은 주기적인 백업을 하여 물리적인 손상에 대비해야 한다.
파일 시스템은 접근을 통제하여 부적절한 접근으로부터 정보를 보호해야 한다.

(5) 디스크 가용 공간 관리 기법

디스크의 공간은 한정되어 있고 새로운 파일들은 수시로 생겨나고 없어지므로 빈 공간을 효율적으로 관리할 필요가 있다.

디스크 가용 공간 관리 방법은 다음과 같다.
❶ 시스템은 가용 공간 리스트(free space list)를 유지하여 비어있는 모든 블록들을 등록시킨다.
❷ 새로운 파일을 만들려면 가용 공간 리스트에서 빈 공간을 할당받아 파일에 배정해야 한다.
❸ 파일이 삭제되면 쓰던 공간을 가용 공간 리스트에 반납시킨다.

디스크 가용 공간 관리 기법에는 비트 벡터, 연결 리스트(linked list), 그룹핑, 카운팅 등이 있다.

1) 비트 벡터(bit vector)

대개 가용 공간 리스트는 비트 맵(bit map) 또는 비트 벡터(bit vector)로 구현 된다. 즉, 각 블록은 1비트로 표현되며, 디스크 각 블록마다 1개의 비트를 배정하고 비트 값이 0인 경우는 블록이 비어있음을 뜻하고 비트 값이 1인 경우는 블록이 이미 사용 중임을 뜻하게 한다.

- 비트값이 0인 경우 : 블록이 비어 있다.
- 비트값이 1인 경우 : 블록이 이미 할당되어 있다.

장점은 관리가 간편하고 디스크 내에 연속적인 n 개의 이용 가능한 블록을 찾는데 효과적이다. 단점은 공간 오버헤드, 즉 블록이 512B 디스크가 1.3GB이면 비트 벡터의 크기는 330Kbyte이상이 된다.

예제 7-3

디스크의 블록이 2,3,4,5가 비어 있고, 나머지 블록들은 이미 할당되어 있다고 가정하면 [그림7-3]과 같다.

비트 번호	0	1	2	3	4	5	6	7	…
블록 번호	1	1	0	0	0	0	1	1	…

[그림 7-3] 비트 벡터

이 기법은 디스크상의 연속적인 n개의 이용 가능한 블록을 찾는데 매우 효과적이다.

2) 연결 리스트(linked list)

모든 가용 디스크 블록들을 함께 연결시키는 것이다(연결 리스트로 구현함)[그림7-4][그림7-5].가용 디스크 블록들이 모두 한 줄이 링크(Link)로 연결 된다.가용 디스크 블록은 자신과 동일한 구조를 가진 블록에 대한 포인터를 가지고 있다. 단점은 빈 블록이 한꺼번에 n개가 필요할 경우 n번 디스크를 읽어야 한다.

특징은 다음과 같다.

① 가용 블록 안에 포인터를 둔다.
② 블록은 다음 가용 디스크 블록의 포인터를 갖고 있으므로 계속 이어진다.
③ 리스트 탐색 시 모든 리스트를 거쳐야 하므로(탐색해야하므로) 비효율적이다(각 블록을 모두 읽어야 하는데, 그것은 실질적인 입.출력을 필요로 함).

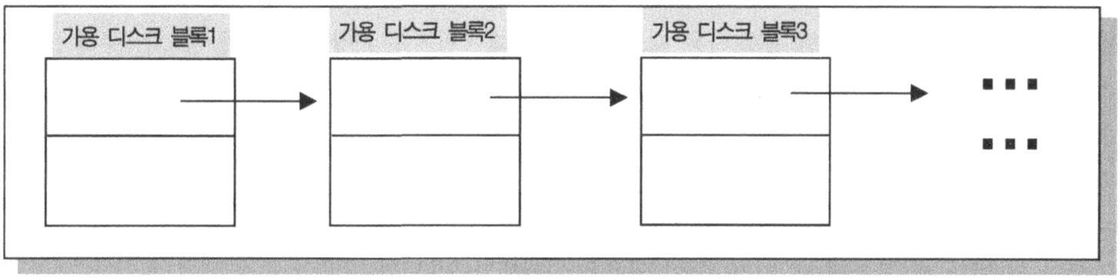

[그림 7-4] 연결 리스트의 구조

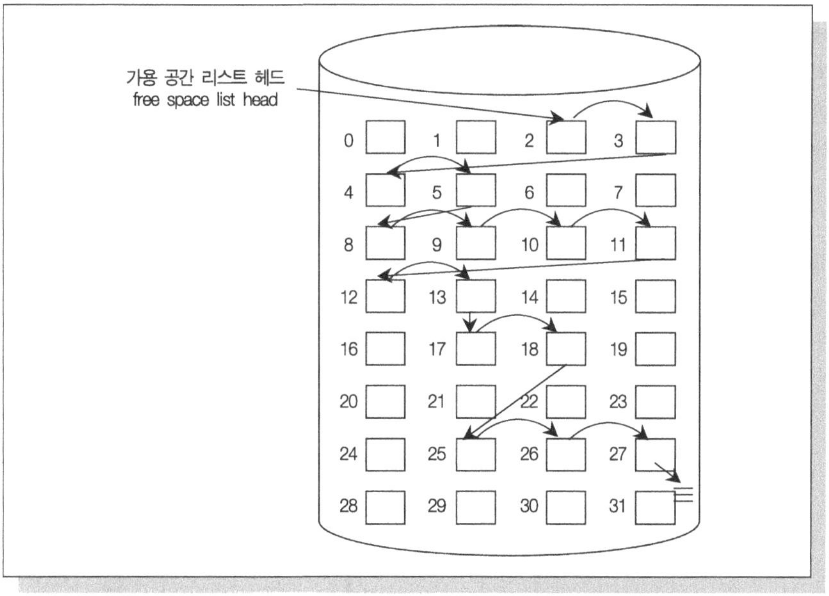

[그림 7-5] 디스크상의 연결된 사용 가능 공간 리스트

3) 그룹화(인덱스 블록;grouping)[그림7-6]

연결 리스트의 변형이며, 연결 리스트의 변형 방법으로 가용 공간 리스트(free space list)에 연결된 첫 번째 가용 블록 내에 n개의 다른 가용 블록들의 주소를 저장하고 있다. 즉, 인덱스 블록은 빈 리스트 액세스가 변경된 것이다. 이것

들의 처음 n-1개는 실제로 비어 있다. 마지막 1개는 다른 n개의 가용 블록들의 주소를 포함하는 다른 블록의 디스크 주소이다. 장점은 여러 개의 가용블록 주소들을 쉽게 찾을 수 있다.

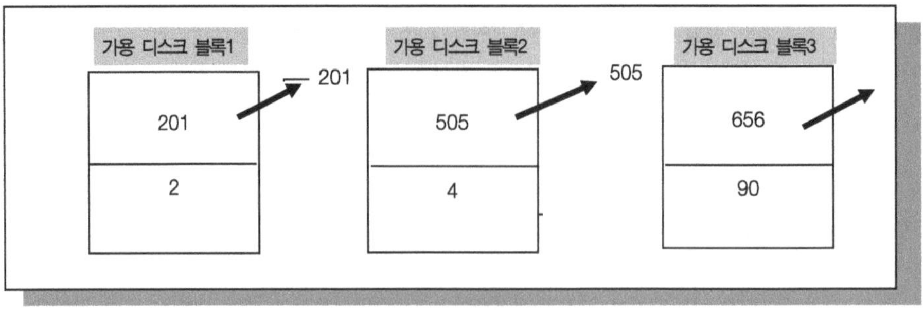

[그림 7-6] 그룹화의 구조

특징은 다음과 같다.

- 첫 번째 블록 내에 n 개의 빈 블록(가용 디스크 블록)들의 번지를 저장한다. 이들 중 처음부터 n-1 개까지는 실제로 비어 있다.
- 마지막 한 개는 다른 n 개의 이용 가능한 빈 블록들의 주소들을 포함하고 있는 다른 블록의 디스크 주소이다. 이 방법은 다수 개의 사용 가능(가용) 블록들의 주소를 쉽게 찾을 수 있다.

[그림7-6]는 첫 번째 빈 블록에 10,20,30 등이 있음을 나타내고 있다.

4) **카운팅(counting)[그림7-7]**

디스크의 연속 할당을 이용할 때 일반적으로 연속된 블록들은 동시에 할당되거나 해제된다는 점을 이용한다. 즉, 프로그램들이 많은 경우 연속된 여러 블록들을 할당하고 또 반환한다. 그러므로 n개의 가용 디스크 주소 리스트를 보관하는 것보다 첫 번째 가용 블록의 주소와 그 첫 번째 블록에 연속된 가용 블록들의 개수를 보존하는 것이다. 그러한 경우 모든 블록을 일일이 추적할 필요가 없이 연속된 블록 중 첫 번째 블록의 주소와 연속된 블록의 개수만 기록해두면 보다 효율적이다.

특징은 다음과 같다.

① 첫 번째 가용 블록의 주소와 그 첫 번째 블록에서 이용 가능한 연속된 블록의 개수를 보존하는 것이다.
② 가용 공간 리스트 내의 각 항목들은 리스트의 번지와 계수(count)로 구성된다.
③ 계수 값이 일반적으로 1보다 클 때 전체적인 리스트를 짧아진다.

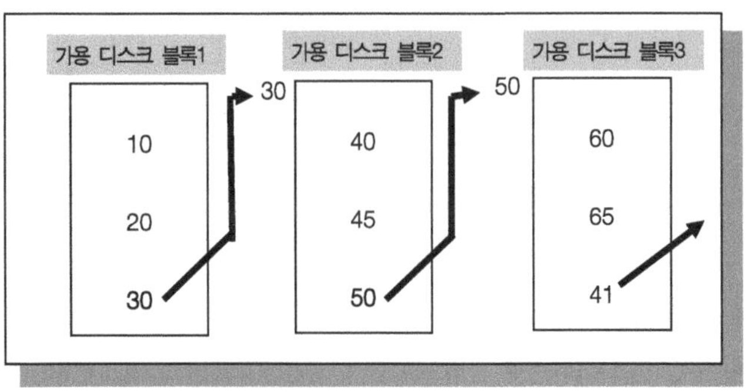

[그림7-7] 카운팅의 구조

(6) 디스크 공간 할당 기법

파일을 디스크에 저장할 때 '어떤 파일을 어디에 저장하고 어떻게 할당하며, 얼마나 빠르게 파일을 액세스 할 수 있도록 할 것인가'를 결정하는 것을 디스크 공간 할당 기법이다. 다시말해, 디스크 데이터 공간 할당 기법은 파일을 디스크에 저장할 때 공간을 어떻게 할당함으로써 효율적으로 공간을 이용할 수 있으며 얼마나 빠르게 파일을 액세스할 수 있도록 할 것인가를 결정하는 것이다. 할당 방법에는 연속 할당과 연결 할당 기법이 있다.

1) 연속 할당(contiguous allocation) 기법

파일들이 디스크 내의 연속적인 주소에 할당되어지는 것을 말한다. 파일은 저장된 디스크의 첫 번째 블록의 주소와 크기로 정의된다. 즉, 파일의 데이터들이 연속적인 블록으로 저장되는 기법으로 파일을 첫 번째 블록의 주소와 크기만 기억하면 된다. 다시말해, 연속 할당은 가장 직관적인 할당을 수행하게 된다. 말 그대로 어떤 파일을 디스크에 할당 해 줌에 있어서 먼저 b번째 블록을 할당한 다음 아직도 더 할당을 해야할 경우 b+1 번째,,,이런 식이다. 이 방법은 일단 디스크 헤드의 움직임을 최소화 한 방법이니 만큼 속도하나만큼은 빠르다.하 지만 OS 입장에서는 아주 어려운 경우를 접하게 되는데, 과연 파일의 크기가 얼마나 될지가 확정되지 않는 경우이다. 그냥 문서를 하나 열어놓고 사용자가 계속 타이핑해가면 파일이 점점 커질 것인데, 공간이 여유가 있다면 상관없겠지만, 어떤 파일을 지우고 그 자리에서 다시 채워가고 있는 경우는 참으로 곤란을 겪게 된다. 또한 용량이 큰 파일 한번 지우고 나면 엄청난 **단편화**(Fragmentation)가 발생하기 때문에 가끔씩 M/M에서나 해주던 **압축**(Compaction)을 디스크에 수행해 줘야한다면 더 커져버리게 된다.

연속 할당 기법의 특징은 다음과 같다.

- 파일을 수용할 수 있을 만큼 큰 공간이 없으면 파일은 디스크에 생성될 수 없으며 레코드들이 인접하여 저장되므로 순차접근과 직접접근 모두 접근시간이 감소된다.
- 파일의 크기가 알맞은 연속 공간이 없으면 파일은 생성될 수 없다.
- 논리적으로 연속된 레코드들은 물리적으로도 인접하게 보조 기억 장치에 저장되므로 액세스 시간이 감소되며, 디렉토리에서는 각 파일의 시작 주소와 파일의 길이만을 유지하면 되므로 파일 디렉토리 구현이 쉽다.
- 파일을 디스크에서 제거(삭제) 시 새로 적재될 파일의 크기가 전에 저장된 파일의 크기가 같지 않으면 단편화가 생기므로 압축을 자주 해야 한다.
- 파일의 크기가 계속 변하는 경우에는 구현하기가 어렵다.
- 파일이 시작블록주소와 크기만 기억하면 되므로 파일의 구현이 간단해진다.

2) 연결 할당(Linked allocation) 기법

위의 단점을 개선해보고자 등장하는 것이 **연결 할당**이다. 이것은 논리적으로 연속된 블록들을 **연결 리스트**(linked list)로 만들어버리는 것이다. 위에서 발생한 문제를 이 방법은 쉽게 해결하지만, 상당히 심각한 단점 또한 가지고 있게 된다. 먼저 각 블록마다 포인터를 한 개씩 달고 있어야 하기에 공간 낭비, 연결 리스트의 특성상 상대적으로 느린 랜덤 엑세스, 그리고 결정적으로 특정 블록의 포인터 한 개가 훼손될 시 전체 파일은 분리되게 된다. 즉, 못쓰게 된다. 이것을 극복하기 위해서 **이중 연결 리스트**(doubly linked list)도 사용되지만, 그만큼 공간은 또 한번 낭비가 된다. 현재 윈도우즈에서 채용되고 있는 파일 할당 테이블(FAT;File Allocation Table)은 바로 이 연결 할당의 변종인데 각 디스크의 분할(Partition) 정보의 시작 즈음해서 담고 있는 각 파일들의 시작 블록을 포인트 해주는 테이블을 가지고 있다는 특징이 있다. 모든 파일을 링크를 따라서 찾아내는 것보다 훨씬 효과적인 탐색이 가능해지게 된다. 다시말해, 연결 할당은 각 파일이 디스크 블록 리스트에 연결되며 디스크 블록은 디스크 내의 어느 곳에 흩어져 있어도 액세스가 가능한 동적 기억 장치 할당 기법이다. 즉, 파일의 데이터 블록들이 디스크 내 여러 곳에 분산되어 있을 수 있으며 이들을 하나의 연결 리스트(linked list)로 연결하여 관리하는 기법이다.

3) 색인 할당(indexed allocation) 기법

다음으로 색인(인덱스) 할당은 한 개의 블록이 특정 파일에 대한 모든 블록들의 위치 정보를 담고 있게 된다. 이 방법은 연결(링크드) 할당의 직접 엑세스에 대한 번거로움을 어느 정도 해결해줌과 동시에 연속 할당의 공간낭비 문제 또한 해결해 주지만 실질적인 포인터에 의한 오버헤드는 연결 할당보다 심하다고 한다. 또한 만에 하나라도 색인(인덱스)이 들어있는 블록이 망가져버린다면 큰 문제가 발생한다. 색인 할당도 여러 개의 변종이 존재하는데, 멀티 레벨 인덱스(multilevel index)라는 방법과 연결 할당을 혼합한 색인(combined index)이 바로 유닉스 시스템이 채용한 방법이다. 이것은 색인 블록이 색인 블록을 포인트 하는 식으로 파일의 크기에 따라서 계속 색인 블록들끼리 포인팅 하다가 최후에 데이터가 담겨있는 블록들과의 연결이 이루어진다. 색인 할당을 생각해보면 이것은 바로 데이터 구조론의 B-트리 구조를 하고 있음을 알게 된다.B-트리구조의 특징은 한 개의 노드에서 여러 개의 노드들이 뻗어나가게 되는 구조이기에 그 높이는 낮지만 밸런스를 유지하기가 상당히 난해한 구조이다. 밸런스가 유지되어야 각종 탐색이나 정렬(Sorting) 등이 수월해지게 된다. 참고로 킨토시는 각 볼륨 별로 카탈로그(file catalog)라는 것을 이용해서 각종 파일 및 디렉터리 정보를 유지해 준다. 특정 크기의 파일이 할당되었다는 사실에서 남은 빈 공간을 트래킹하기란 그리 어려운 일이 아니겠지만, 파일 시스템에게는 상당히 중요하면서도 어려운 문제 중에 하나이다. 이를 위해서는 주로 비트 벡터(Bit Vector)를 이용하게 되는데, 벡터란 방향과 크기를 갖는 이러한 수학적인 의미의 벡터라기보다는 그냥 배열이라고 생각하면 된다. 즉 0과 1만을 담고 있는 배열을 정의해놓고 각 배열과 한 개의 블록을 대응시켜 준다. 만일 b번째 블록에 내용이 채워지면 똑같이 b번째 배열을 0으로 만들어주게 되고 결과적으로 1이 담겨있는 배열의 총합 곱하기 단위 블록의 크기가 결국엔 사용 가능한 공간이 되는 것이다 .또 다른 방법들로써 연결 할당과 유사하게 빈 공간만을 연결 리스트로 관리하는 방법, 그룹핑, 그리고 카운팅 등이 존재하지만 역시 단순하고 빠른 비트 벡터를 이용한 방법이 가장 널리 쓰인다.

① 섹터 지향 할당(sector-oriented allocation)

동일한 파일에 속하는 섹터들을 연결 리스트로 구성하여 할당하는 방식이다. 파일의 데이터 섹터들을 연결 리스트로 구성하여 할당하는 방식으로 논리적으로 연결되어 있는 레코드들을 검색할 때에는 오랜 탐색시간이 필요하다. 또한, 직접 접근 시에는 대상 레코드로 가기 위해 링크를 따라 디스크를 여러 번 읽어야 하므로 오버헤드가 크다. 그리고 포인터를 위한 공간이 낭비된다. 압축이 필요하지 않은 기법이다.

특징은 다음과 같다.

- 파일이 디스크 상에 분산되어 있으므로 논리적으로 연속되어 있는 레코드를 검색할 때에는 오랜 탐색 시간이 필요하다.
- 리스트 구조를 관리하기 위한 실행 시간 오버헤드를 가진다.
- 구조의 포인터는 실제 사용 가능한 기억 공간을 감소시킨다.

② 블록 할당(block allocation)

연속 할당과 연결 할당 기법을 혼합한 기법으로 섹터 단위로 할당하는 것이 아니라 섹터의 묶음인 블록단위로 할당하는 기법으로 더욱 효율적이며, 실행 시간 오버헤드를 감소시키기 위한 기법이다. 순차 할당과 비순차 할당 기법을 혼합한 형태이다.

특징은 다음과 같다.

- 각각의 섹터 단위로 할당하는 것이 아니라 섹터의 묶음인 블록 단위로 할당하는 기법이다.
- 블록 연결(block chaining), 인덱스(색인) 블록 연결(indexed block chaining),블록지향 파일 방식, (block oriented file mapping) 기법 등이 있다.

③ 블록 연결 기법[그림7-8]

사용자 디렉토리의 각 항목은 각 파일의 첫 번째 블록을 가리킨다. 파일을 구성하는 고정 길이의 각 블록은 데이터 블록과 포인터를 포함한다. 삽입과 삭제가 용이하다. 그리고 탐색 시간이 필요하므로 속도가 다소 느리다.

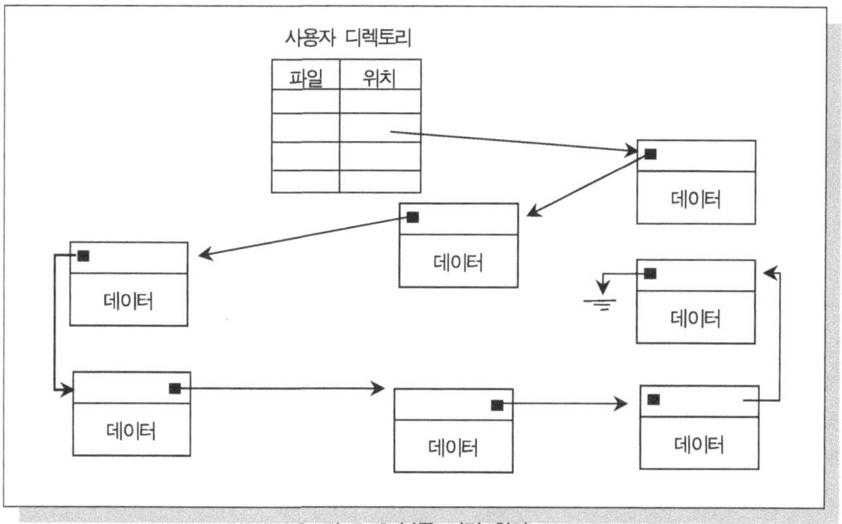

[그림 7-8] 블록 연결 할당

④ 인덱스(색인)블록 연결 기법[그림7-9]

포인터는 별도의 인덱스(색인) 블록에 모여 있고, 각 색인 블록에는 일정수의 항목이 있고, 각 항목은 레코드 식별자와 그 레코드를 가리키는 포인터로 구성된다. 여러 개의 색인 블록을 서로 연결하여 사용할 수 있다. 삽입하고자 할 때 색인 블록을 완전히 재구성해야 한다. 다시말해, 각 파일들은 데이터 블록 주소들을 모아놓은 배열(array)인 색인 블록을 가지며, 색인 블록의 i번째 항목은 파일의 i 번째 데이터 블록 주소를 가진다. 디렉토리는 파일의 색인 블록의 주소를 가지고 있다. 이미 가득찬 색인 블록에 더 삽입하고자 하면 색인 블록을 재구성하거나 오버블로우 공간으로 처리해야 한다. 직접 접근 처리에는 효율적이지만 인덱스 블록을 위한 공간이 필요하게 된다.

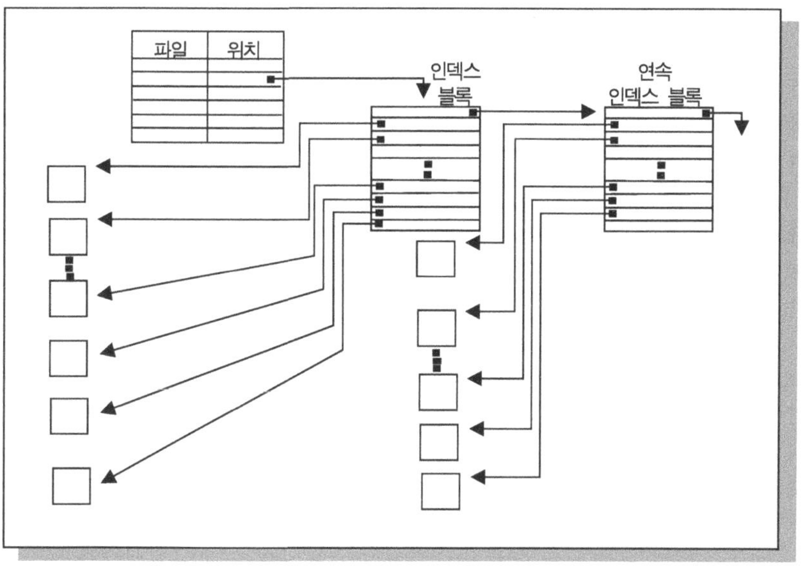

[그림 7-9] 인덱스 블록 연결

4) 블록지향 파일 사상[그림7-10]

① 포인터 대신 블록 번호를 이용한다.

② 새로운 블록 할당 시에 그 파일이 차지하고 있는 블록들과 가장 가까운 빈 블록을 찾아내는 것도 용이하고 삽입과 삭제가 간단하다.

7.5 디스크와 드럼 스케줄링

7.5.1 개요

OS의 역할 중 하나는 효율적인 H/W 사용이다. 디스크 드라이브의 경우에는 빠른 접근 시간과 높은 전송량을 제공해야 함을 의미한다. 디스크와 드럼 스케줄링은 입/출력 장치 처리기와 입/출력 스케줄러에 의해 처리된다. 디스크나 드럼 장치에서 찾고자 하는 데이터가 여러 곳에서 흩어져 있을 때, 헤드를 어떻게 움직이느냐를 결정한다. 헤드를 움직이는 **탐색 최적화**(seek optimization)와 **회전수 최적화**(rotation optimization)가 존재한다. 회전수 최적화는 디스크에 많은 부하가 걸릴 때, 디스크 회전을 최소화하는 방법이다. 디스크 접근시간은 두 가지 요소로 이루어지는데, **탐색 시간(seek time,디스크 암이 헤드를 해당 실린더로 움직이는데 걸린 시간)과 회전 지연 시간(rotational latency,디스크 헤드가 원하는 섹터 위치로 도달하기까지 회전에 소요되는 추가적인 시간)이다.** 디스크 대역폭(bandwidth)은 단위 시간 당 전송되는 총 바이트 수이다. 효율적인 스케줄링은 접근 시간과 대역폭을 모두 향상 시킬 수 있다.

대부분의 사용자 기법은 디스크에 입/출력을 필요로 하기 때문에 효율적이며 빠른 디스크 액세스 기법이 필요하다.OS는 빠른 디스크 액세스 기법을 제공하기 위하여 디스크 스케줄링(disk scheduling)을 한다. 디스크 스케줄링은 탐색시간을 최적화하는 방법과 회전 지연시간을 최적화하는 방법의 두 가지가 있으나, 탐색 시간은 많은 시간이 소요되기 때문에 일반적으로 탐색 시간을 최소화 하는데 관심을 기울이고 있다. 다시말해, 디스크 스케줄링은 OS가 프로세스들이 디스크를 읽거나 쓰려는 요청을 받았을 때, 우선순위를 정해주고 이를 관리하는 것을 말한다.

(1) 디스크 스케줄링의 특징

작업 요청이 들어온 순서대로 처리해주기 보다 디스크 헤드가 움직이고 있는 경로 상에 있는 섹터라면 상대적으로 늦게 들어온 요청이라도 헤드가 같은 방향으로 움직이는 도중에 처리해 주면 전체 디스크의 **처리율**(throughput) 향상을 위해서 큰 도움이 된다. 그러기 위해서 처리 순서 즉 스케줄링 정책을 바꿔주어야 하며 응답시간의 편차를 줄여 **예견정**을 높여야 한다. 다시말해, 다중 프로그래밍 컴퓨터 시스템에서는 많은 프로세스가 디스크의 레코드를 판독하거나 기록하는 요청을 한다. 디스크 스케줄러는 대기 중인 요청들의 액세스 위치에 대한 상호 관련성을 검사하여 최소의 기계적 움직임으로 요청들을 서비스할 수 있도록 요청 대기 큐를 재배열한다.

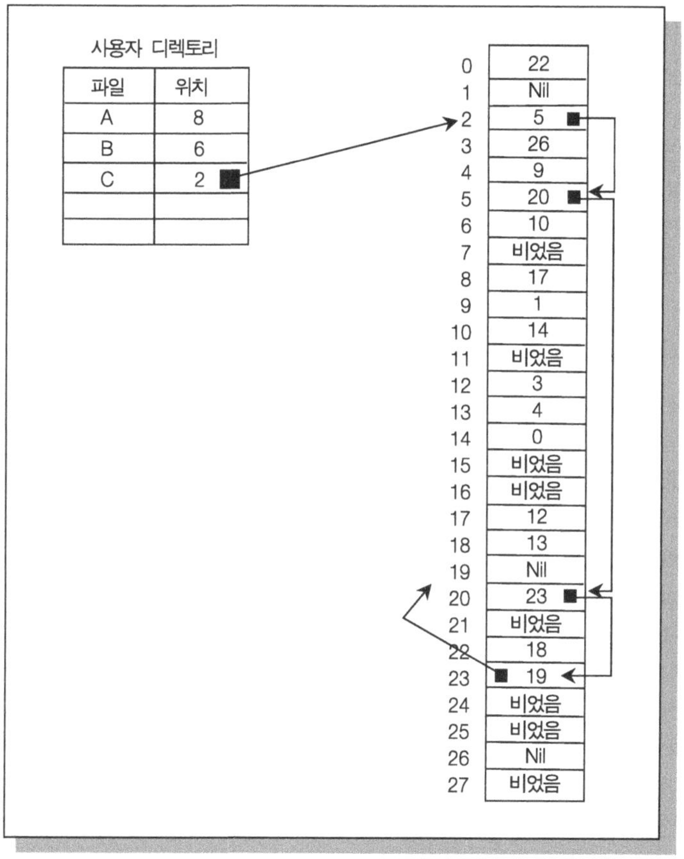

보조기억 장치 내의 물리적 블록						
Block 0 B(4)	Block 1 B(10)	Block 2 C(4)	Block 3 A(4)	Block 4 B(8)	Block 5 C(1)	Block 6 B(1)
Block 7 비어있음	Block 8 A(1)	Block 9 B(9)	Block 10 B(2)	Block 11 비어있음	Block 12 A(3)	Block 13 B(7)

[그림 7-10] 블록 지향 파일 사상

(2) 디스크 스케줄링의 원리

디스크 제어기 내에는 디스크 작업에 대한 요청을 저장해 두는 큐가 있다. 이 큐에 있는 작업의 순서를 적절히 조절함으로써 스케줄링이 가능하다.

(3) 디스크 스케줄링의 필요성

디스크 스케줄링은 다수의 사용자가 서로 다른 작업을 처리하기 위해서 디스크의 입출력을 요구할 때 좀 더 효율적으로 요청을 처리하기 위해 필요한다. 모든 스케줄링 알고리즘은 다음 일을 해야한다.

- 암(arm)의 이동을 최소화한다.
- 평균 응답시간을 최소화한다.

(4) 디스크 스케줄링의 목표

입/출력 스케줄러에는 입/출력 스케줄러의 목표에 따라 수많은 목적이 있는데, 일반적인 목표로는 다음과 같다.

❶ 디스크 검색으로 낭비되는 시간을 최소화한다.
❷ 특정한 프로세스의 입/출력 요청의 우선순위를 정한다.
❸ 디스크 대역을 실행 중인 각 프로세스에 할당한다.
❹ 정해진 기한까지 요청을 보증한다.

(5) 디스크 스케줄링의 분류와 기준

디스크나 드럼의 스케줄링 정책 분류하는 데에는 몇 가지 기준이 있다.

❶ **처리량(throughput)의 극대화;** 시스템의 관점에서 주어진 시간 내에 이루어지는 연산의 양이 극대화되어야 하는데, 작업 처리량을 극대화시키는 일은 스케줄링의 목적 중 하나인 자원 활용도를 최대화 시키는 일과 비례하는 관계를 갖는 것이 일반적이다. 이는 주로 일괄 처리 시스템에서의 성능 지표로 사용된다.
❷ **평균 응답 시간(mean response time)의 최소화;** 이 성능 지표는 프로세스들이 입력되어 수행하고 결과를 산출하기까지 소요되는 시간의 평균을 말하는데,가능하면 평균 응답시간을 극소화하는 방향으로 스케줄링이 이루어져야 한다.즉,탐색시간+회전지연시간+전송시간의 평균 값을 줄이는 것이다. 이는 주로 대화형(conversational)시스템에서의 성능 지표로 사용된다.
❸ **예견성(predictability; 응답 시간의 편차를 줄이고 이를 예측);** 실시간 시스템과 같이 시간적 제약을 가진 시스템에서 중요하게 여기는 성능 지표로서, 예측성을 높이기 위해서는 프로세스들이 예측된 시간 내에 최대한 근접하게 수행을 마치도록 스케줄링을 해야 한다.즉,데이터를 판독하는 시간들의 편차가 작도록 하는 것이다.

이처럼 디스크 스케줄링 정책은 처리량, 즉 단위 시간당 서비스 가능한 요청의 수를 극대화해야 하며, 또한 탐색 작업에 소요되는 시간을 줄여 평균 응답 시간을 감소해야 한다. 응답 시간의 편차를 줄여 예견성을 늘린다.

7.5.2 디스크 스케줄링 알고리즘 종류

디스크는 일정한 속도로 회전하는데, 헤드를 원하는 트랙으로 옮긴 후, 트랙 내에서 원하는 섹터 상에 있을 때, 데이터를 읽거나(판독) 쓴다(기록). 만약 읽어야할 데이터가 여러 트랙에 나눠 있으면, 헤드는 여러 트랙을 이동해야 한다. 이때 헤드 탐색 시간을 최적화 할 수 있는 탐색시간의 최적화 알고리즘은 필요하다. 즉, 디스크 스케줄링은 여러 섹터들에 대한 입/출력요구가 있을 때 이를 좀더 효율적으로 처리해 주기 위해 필요하다.

(1) FCFS(선입 선처리;First Come First Served)

가장 간단한 스케줄링 형태이다[그림7-11]. 프로그램 하기 쉽고, 사용자들에게 공평하다. 대기큐를 재배열하지 않는다. 즉, 디스크 입/출력 요청이 들어온 순서대로 서비스를 한다. 간편하지만, 탐색 시간(Seek time)을 최적화하려는 시도가 없다. 디스크에 부하가 적으면 사용해도 무방하다.

특징은 다음과 같다.
❶ 대기 큐에 먼저 들어온 요청이 먼저 서비스를 받는다.
❷ 더 높은 우선 순위를 가진 요청이 도착하더라도 요청의 순서가 바뀌는 일이 없다.

❸ 일단 요청이 도착하면 실행 예정 순서가 고정된다는 점에서 공평하다.
❹ 탐색 패턴을 최적화 하려는 시도가 없다.
❺ 디스크에 부하가 없으면 사용할 만하다.
❻ 지나치게 많이 이동하는 단점이 있다.

(2) SSTF(최소 탐색 우선;Shortest Seek Time First)

탐색거리(seek distance)가 가장 짧은 요청이 먼저 서비스를 받는 기법이다[그림7-12]. 즉, 다음 탐색 거리(Seek Distance)가 가장 짧은 요청을 먼저 서비스해 주는 기법이다. 디스크 요청이 바깥쪽 트랙보다 가운데 트랙으로 몰리므로 변두리 트랙들은 소외받는 경향이 있다. FCFS 보다. 처리율(Thoughput)이 높아지고,I/O처리시간이 짧아진다. 처리율이 중요한 일괄처리 시스템에는 적합하나 응답 시간의 편차가 커지기 때문에 대화형 시스템에서는 부적합하다.

특징은 다음과 같다.
❶ 비록 요청 대기 큐의 제일 앞에 있지 않아도 탐색 거리가 짧으면 먼저 서비스를 받는다.
❷ 탐색 패턴이 편중되어 안쪽이나 바깥쪽 트랙이 가운데 트랙보다 서비스를 덜 받는 경향이 있다.
❸ FCFS보다 처리량이 많고, 평균 응답시간이 짧다.
❹ 처리량이 주안점인 일괄 처리에는 유용하나 응답시간의 편차가 크기 때문에 대화형 시스템에서는 부적합하다.

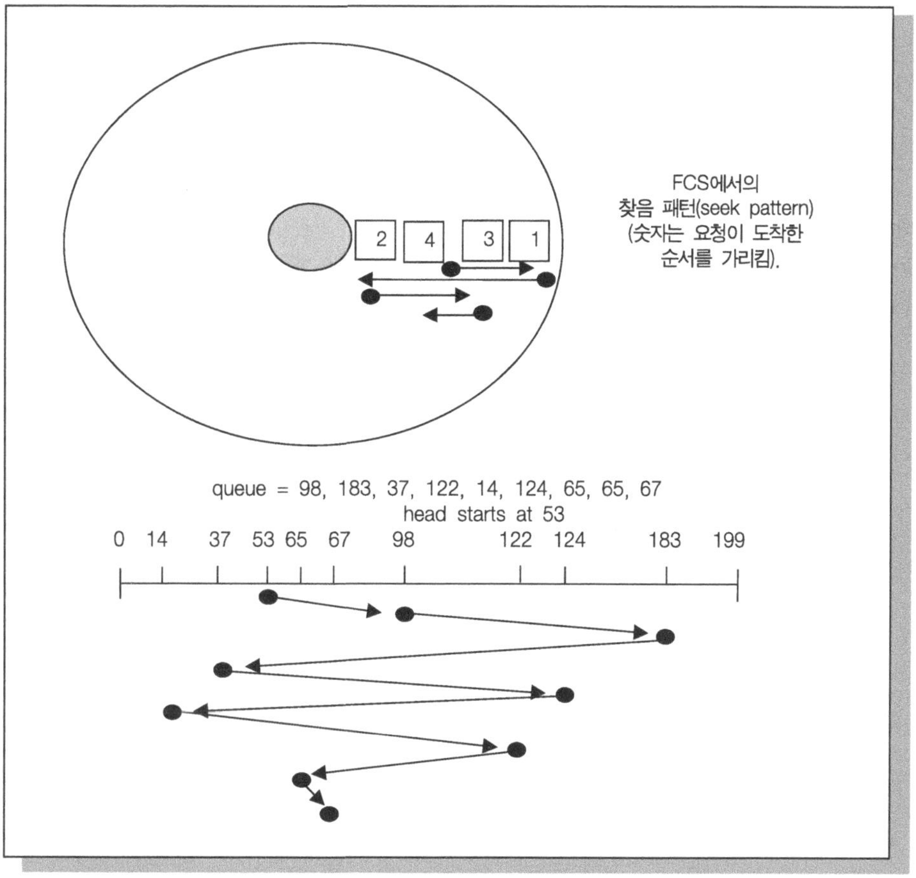

[그림 7-11] FCFS 디스크 스케줄링

(3) SCAN

Denning이 SSTF 스케줄링이 갖는 문제점인 기아상태를 방지할 수 있는데,응답 시간의 편차에 있어서의 차별대우와 편차를 극복하기 위해서 개발한 것이다[그림7-13]. 즉, 헤드가 맨 바깥쪽 트랙에서 안쪽으로 이동하면서 진행 방향에 있는 요구를 차례대로 서비스해 주는 방식이다. SCAN은 입출력 헤드가 디스크의 한쪽 끝에서 다른 한쪽 끝으로 움직여 나가며, 다른 한쪽 끝에 도달하게 되면 다시 반대 방향의 한쪽 끝으로 이동해 가면서, 요청된 트랙에 대한 서비스를 하게 된다. 그리고 한쪽 방향의 끝으로 움직일 때, 그 방향으로 더 이상의 트랙 요청이 없다 하더라도 계속해서 한쪽 끝까지 이동한 후에 방향을 바꾸어 헤드를 이동해 나간다. SSTF에서 발생하는 차별을 많이 줄이고 응답시간의 편차를 낮출 수 있다. 실제로 많은 시스템들에서 채택하고 있다.

특징은 다음과 같다.

❶ SSTF와 같은 동작을 하지만 진행 방향성의 가장 짧은 거리에 있는 요청을 먼저 선택한다.
❷ 처리량과 평균 응답시간을 개선하였다는 점에서는 SSTF와 같지만 SSTF에서 발생하는 차별대우를 많이 없애고 낮은 편차를 갖는다.
❸ 실제 구현되는 대부분의 디스크 스케줄링 전략의 기본이 되어 왔다.

(4) C-SCAN

기본 SCAN 기법을 변형을 가한 것이다[그림7-14]. SCAN 스케줄링에서 변두리 트랙들은 가운데 트랙보다 반 정도 밖에는 서비스를 못 받는다. 이 단점을 보완하기 위해 헤드가 항상 바깥 트랙에서 안쪽 트랙방향으로만 이동하면서 결로 상의 요청을 서비스하는 방법이다. 가장 안쪽과 가장 바깥쪽의 트랙에 대한 차별 대우가 없어진다. 응답시간의 편차가 매우 작아진다. 부하가 아주 많은 상황에서 효율적이다. 부하가 적은 경우에는 SCAN기법이 부하가 많은 경우에는 C-SCAN기법이 좋은 성능을 나타낸다.

특징은 다음과 같다.

❶ 헤드는 항상 바깥쪽 실린더에서 안쪽 실린더로 이동하면서 가장 짧은 탐색 시간을 갖는 요청을 서비스한다.
❷ 가장 안쪽과 바깥쪽의 실린더에 대한 차별 대우를 없앴다.
❸ 응답 시간의 편차가 매우 작다.
❹ 회전시간 최적화(rotational optimization)를 겸비하여 부하가 많은 상황을 효과적으로 취급할 수 있다.
❺ 문헌상에 나타난 시뮬레이션 결과에 의하면 부하가 작은 경우에는 SCAN 기법이 부하가 많은 경우에는 C-SCAN 기법이 가장 좋은 결과를 가진다.

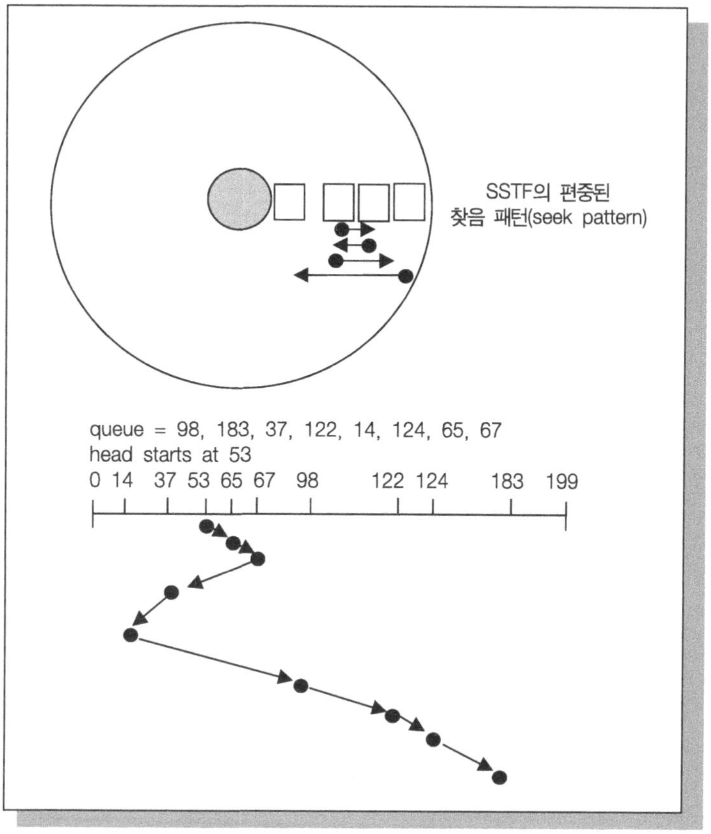

[그림 7-12] SSTF 디스크 스케줄링

(5) N-단계 SCAN 스케줄링

기본적인 SCAN 전략을 수정하는 기법이다[그림7-15]. 헤드가 한 쪽끝에서 이동을 시작하면 그 이동을 시작한 시점 이후 이동 중에 도착한 요청들은 한데 모았다가 반대 방향으로 되돌아 올때 추적으로 서비스하도록 배열하는 스케줄링이다.

특징은 다음과 같다.

❶ 헤드는 SCAN에서와 같이 안팎으로 움직인다. 그러나, 다른 점은 N-단계 SCAN은 어떤 방향의 진행이 시작될 당시 대기 중이던 요청들만 서비스 한다.

❷ 진행 도중 도착한 요청들은 한데 모아져서 다음의 반대 방향 진행 때 최적으로 서비스 할 수 있도록 배열된다.

❸ 처리량과 평균 응답 시간에서 좋은 실행 효율을 보인다.

❹ SSTF나 보통의 SCAN 스케줄링보다 응답시간의 편차가 작다.

❺ 현재 헤더가 위치하는 실린더에 대해 많은 수의 요청이 계속 도착하는 경우 다른 요청들은 무한정 기다려야 되는 가능성을 배제했다. 이러한 요청들은 반대 방향 진행 때 서비스하기 위하여 저장된다.

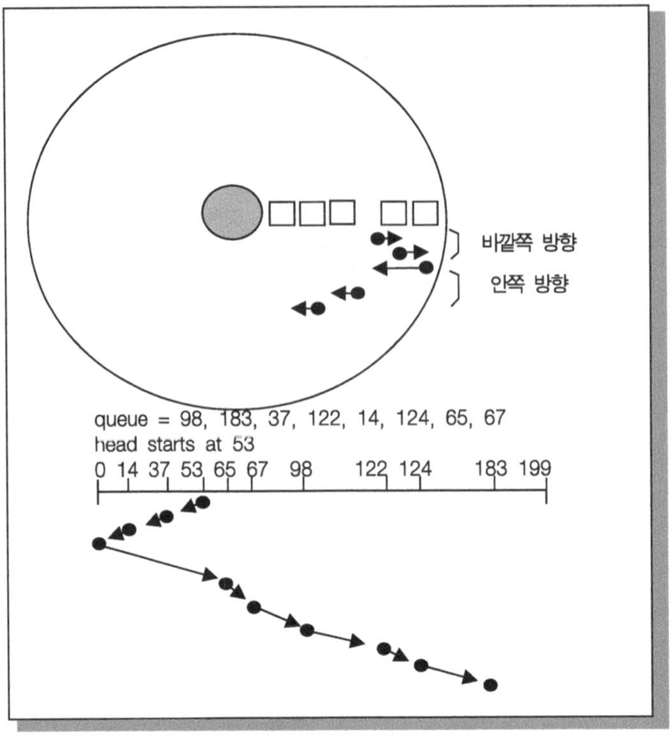

[그림 7-13] SCAN 디스크 스케줄링

(6) LOOK 와 C-LOOK 스케줄링

불필요한 일이지만 바로 스캔(Scan) 기법에 기반으로 하여 0이나 10을 언제나 만나야만 직성이 풀리는 특유의 특성이다. 바로 LOOK는 SCAN 알고리즘의 순서를 그대로 따르되 한 끝단에 도착하지 않고라도 다음 요구되는 블록으로 회귀할 준비가 되어있는 알고리즘이다. 다시말해, SCAN과 마찬가지로 입/출력 헤드를 디스크의 양쪽 끝을 왕복하면서 동작시키지만, 움직이고 있는 방향 쪽으로 더 이상의 트랙 요청이 있는가를 검사(디스크 대기 큐를 look) 하여, 그 방향으로 더 이상의 트랙 요청이 없으면, 그 쪽 끝까지 가지 않고 그 자리에서 방향을 바꾸어 다른 한쪽으로 움직여 나가게 된다.SCAN과 LOOK의 두 가지 방법은 입/출력 헤드가 움직이고 있는 방향으로 헤드 요청을 할 때에는 바로 서비스를 받을 수 있으나,입 /출력 헤드가 지나가 버린 쪽의 트랙 요청은 헤드가 한쪽으로의 이동이 끝난 후, 다시 되돌아 올 때에 서비스를 받게 된다.LOOK은 움직이고 있는 방향 쪽으로 더 이상의 트랙 요청이 있는가를 검사(현재의 디스크 대기 큐를 look)하여, 그 방향으로 더 이상의 트랙 요청이 없으면, 그 쪽 끝까지 가지 않고 그 자리에서 방향을 바꾸어 다른 한쪽으로 움직인다. 문제점은 입/출력 헤드가 움직이고 있는 방향으로 헤드 요청을 할 때에는 바로 서비스를 받을 수 있으나, 입/출력 헤드가 지나가 버린 쪽의 트랙 요청은 헤드가 한쪽으로의 이동이 끝난 후, 다시 되돌아 올 때에 서비스를 받게 된다.

짚어보기 SCAN과 LOOK 스케줄링의 문제점

- 각 트랙에 대한 요청이 균등하다고 가정하면, 입출력 헤드가 한쪽 끝에서 방향을 바꾸어야 할 시점에서는 다른 반대쪽 끝의 부분에 대한 트랙 요청 밀도는 대단히 높아지게 되며, 현재 헤드가 있는 쪽의 트랙 요청 밀도는 매우 낮아지게 된다.
- 이러한 현상은 눈이 내리는 길을 한쪽 끝에서 다른 한쪽으로 치워 나갈 때, 눈을 치우자마자 뒤에 눈이 쌓이게 되는 현상과 유사하다.

C-LOOK은 그러한 LOOK알고리즘을 마찬가지로 양 끝단을 연결하듯 헤드의 움직임을 규정해주는 알고리즘이다[그림7-16]. SCAN과 C-SCAN에서 헤드가 각 방향으로 가다가 그 앞에 더 이상 기다리는 요청이 없을 경우 헤드의 이동 방향을 즉시 반대로 바꾸는 스케줄링의 변형을 각각 LOOK, C-LOOK이라 한다.C-LOOK 스케줄링은 C-SCAN에서는 양 끝까지 이동하던 것을 요청된 실린더 중 마지막까지만 이동하는 방식으로 처리한다. 즉, SCAN나 C-SCAN 스케줄링은 헤드를 디스크의 끝에서 끝으로 이동한다는 점에 유의해야 한다. 그러나 실제로 이런 방식으로 구현하지는 않는다. 보통 헤드는 각 방향으로 가다가 그 방향에서 아무도 기다리는 요청이 없으면 헤드의 이동 방향을 즉시 반대로 바꾸면 된다. SCAN과 C-SCAN 스케줄링의 이런 변형을 한 방향으로 계속 움직이기 전에 요구가 있는지 확인(look for)하기 때문에 각각 LOOK, C-LOOK 스케줄링 이라 한다.

특징은 다음과 같다. SCAN 스케줄링을 개선한 LOOK 스케줄링은 트랙의 최소값과 최대값 사이에서만 헤드가 이동함으로써 불필요하게 이동하여 걸리는 탐색 시간을 줄인다. 마지막 위치를 실린더의 끝이 아니라 더 이상 요구가 없는 그 지점에서 방향을 바꾼다.

예제 7-4 SCAN과 LOOK 스케줄링에서의 헤드 이동 상태의 예

- 디스크 대기 큐; 65,112,40,16,90,170,165,35,180
- 입/출력 헤드의 현재 이동 방향; 트랙 0번 방향
- 입/출력 헤드의 현재 위치; 100

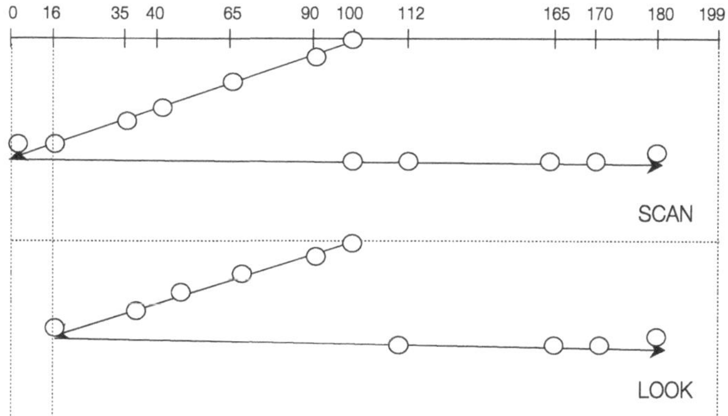

위 그림에서 SCAN과 LOOK 스케줄링의 탐색 길이를 보면 다음과 같다.

❶ SCAN의 경우; 입/출력 헤드의 처음 위치; 100

트랙접근 순서	90	65	40	35	16	0	112	165	170	180
헤드이동 거리	10	25	25	5	19	16	112	53	5	10

- 전체 탐색 길이;280
- 평균 탐색 길이;31.1

❷ LOOK의 경우;입/출력 헤드의 처음 위치;100

트랙접근 순서	90	65	40	35	16	112	165	170	180
헤드이동 거리	10	25	25	5	19	96	53	5	10

- 전체 탐색 길이; 248
- 평균 탐색 길이; 27.6

예제 7-5

현재 헤드의 위치가 70에 있고 대기 큐의 내용이 다음과 같을 때 C-LOOK 스케줄링 방식으로 운영했을 때 헤더의 총 이동 거리는 570이 된다.

80 100 300 120 180 50 10 20 240

풀이

정렬하면,10-20-50-70-80-100-120-180-240-300 되고
70-10=60,10-300=290,300-80=220된다.모두 합하면 570이 된다.

예제 7-6 C-SCAN 과 C-LOOK 스케줄링에서의 헤드 이동 상태의 예

- 디스크 대기 큐; 65,112,40,16,90,170,165,35,180
- 입/출력 헤드의 이동 방향; 트랙 0번에서 199번 방향
- 입/출력 헤드의 현재 위치; 100

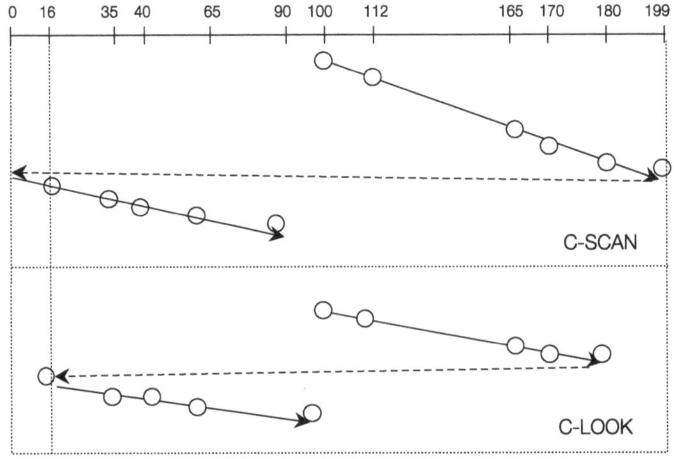

위 그림에서 C-SCAN과 C-LOOK 스케줄링의 탐색 길이를 보면 다음과 같다.

❶ C-SCAN의 경우; 입/출력 헤드의 처음 위치; 100

트랙접근 순서	112	165	170	180	199	0	16	35	40	65	90
헤드이동 거리	10	25	25	5	19	199	16	19	5	25	25

- 전체 탐색 길이; 388
- 평균 탐색 길이; 43.1

❷ C-LOOK의 경우; 입/출력 헤드의 처음 위치;100

트랙접근 순서	112	165	170	180	16	35	40	65	90
헤드이동 거리	12	53	5	10	164	19	5	25	25

- 전체 탐색 길이; 318
- 평균 탐색 길이; 35.3

(7) 에션바흐 스캔 기법(Eschenbach SCAN scheme)

C-SCAN 스케줄링을 기본적으로 사용하면서, 탐색시간 뿐만 아니라 회전지연 시간을 최적화하기 위한 기법이다. 즉, 헤드는 C-SCAN처럼 움직이는데 예외로 모든 실린더는 그 실린더에 요청이 있든지 없든지 전체 트랙이 한 1바퀴 회전할 동안의 서비스를 받는다. 한 실린터 내에서 회전 위치를 이용할 수 있도록 요청 측을 재배열하며 두 개의 요청이 실린더에서 같은 섹터의 위치에 있으면 한 방향으로 진행시 한 개의 요청만을 서비스 한다. 탐색 시간 최적화뿐만 아니라 회전 지연 시간도 최적화하고자 하는 최초의 기법이다. 이 기법에서는 1회전하는 동안에 N개의 섹터 가운데 1개의 섹터만 접근한다. 따라서, N번 회전함으로써 실린더 전체를 서비스하게 된다. 다른 방식에서 1개의 레코드를 접근하는데 최대 1회전의 시간이 필요하나, 이 기법에서는 1회전 동안에 섹터 내의 더 많은 레코드의 처리가 가능하여 회전지연 시간을 줄여주는 방식을 채택하고 있다. 에션바흐 스캔 기법에서는 각 섹터에 대한 디스크 요구가 대부분 채워져 있다고 가정(부하가 많은 시스템이다)하므로, 다른 스케줄링과는 달리 1회전하는 동안 가능한 많은 레코드들의 판독이 가능하다. 그리고, 디스크 요청이 거의 전부 채워져 있으므로 동일 실린더가 몇 번이라도 연속으로 접근하므로 탐색시간도 줄어드는 효과를 가져올 수 있다.

특징은 다음과 같다.

❶ 탐색 시간 시간뿐만 아니라 회전 지연 시간을 최적화하려고 했던 최초의 기법이다.
❷ 디스크 요청에 대한 부하가 매우 높은 시스템이나 메시지 교환 시스템을 위해 고안되었다.
❸ 매우 부하가 큰 항공 예약 시스템을 위해 개발되었다.

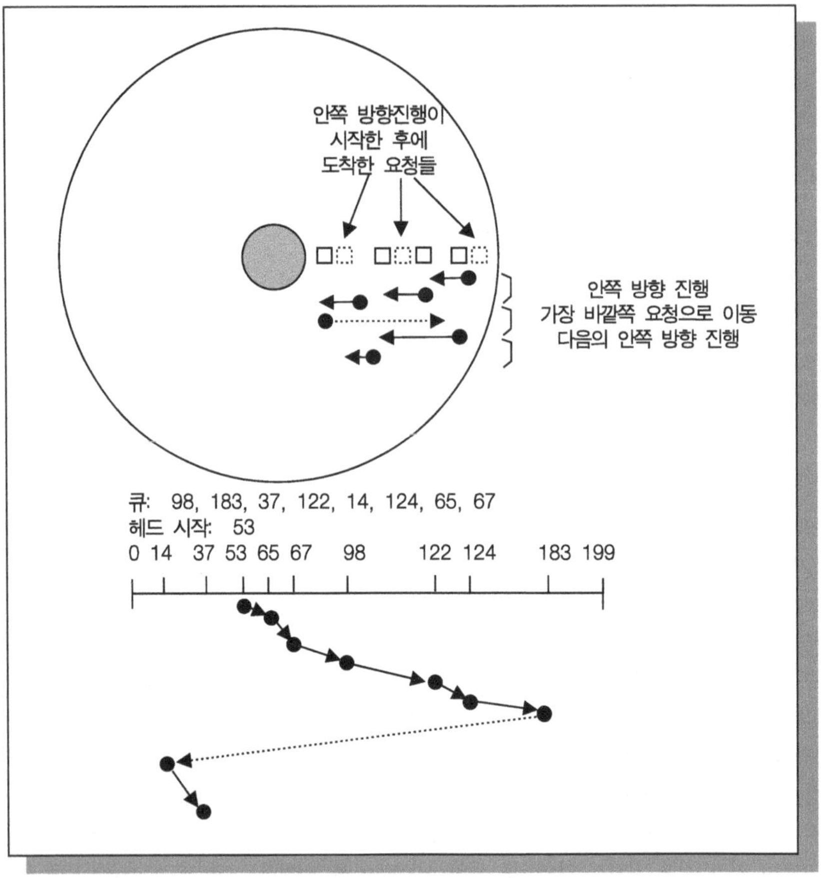

[그림 7-14] C-SCAN 디스크 스케줄링

(8) SLTF(Shortest-Latency-Time-First)

회전 지연 시간 최적화를 위한 대표적 알고리즘으로 디스크 헤드가 특정 실린더에 도착하면 그 실린더 내의 여러 트랙에 대한 요청들을 검사한 후 회전 지연 시간이 가장 짧은 요청부터 서비스하는 기법이다. 즉, 설정 시간 최적화의 SSTF 전략에 해당하는 회전 시간 최적화로서 일단 디스크 헤드가 특정 실린더에 도착하면 그 실린더 내의 여러 트랙에 대한 많은 요청들이 있을 수 있는데, 이런 모든 요청을 검사한 후 회전 지연 시간이 가장 짧은 요청부터 서비스 한다. 장점은 실제 구현이 비교적 쉬우며, 이론적인 최적 값이 거의 일치함이 밝혀졌다.

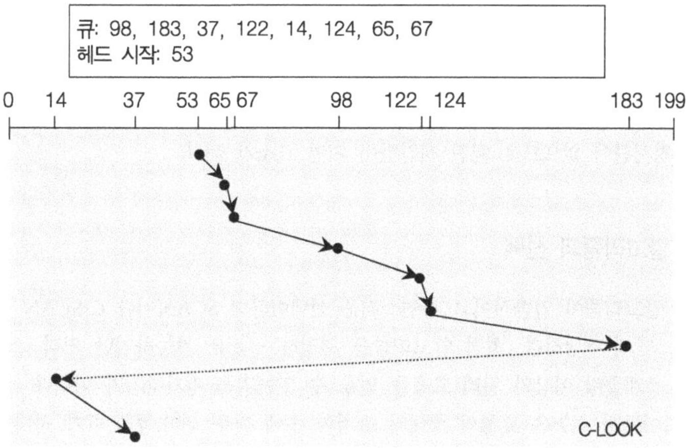

[그림 7-15] N-단계 SCAN 스케줄링

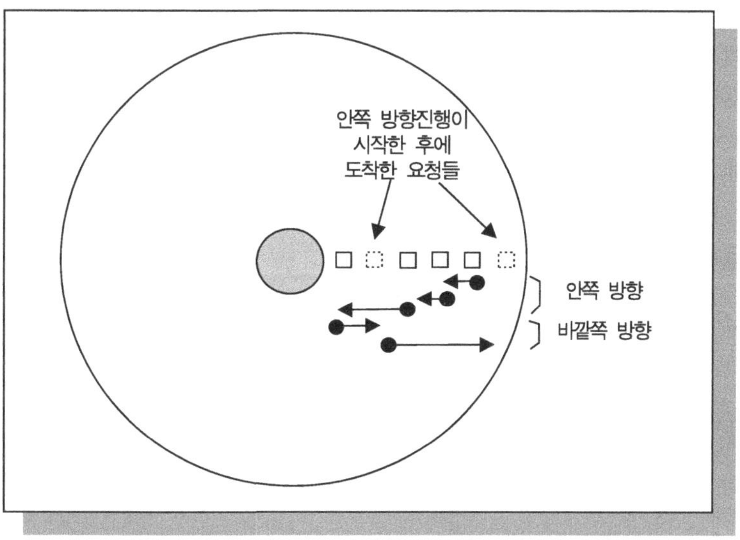

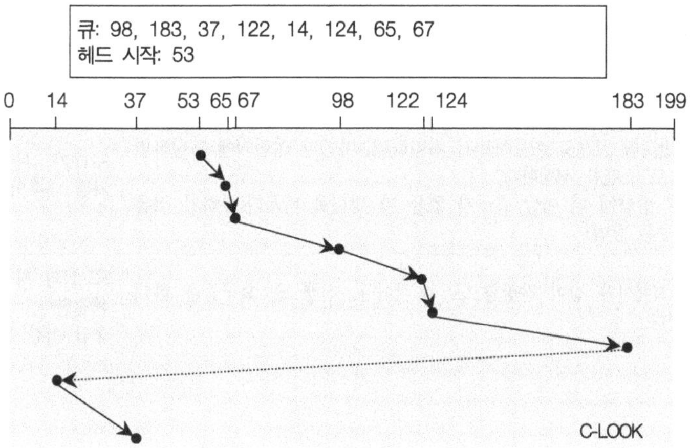

[그림 7-16] C-LOOK 스케줄링

(9) 섹터 큐잉(Sector Queuing)

고정 헤드 장치를 스케줄하는 알고리즘이다. 트랙을 일정한 수의 블록으로 나눈 섹터에 기초해 섹터 위치에 따라 대기 행렬에 정렬되고 가장 가까운 섹터가 우선적으로 서비스되며 각각의 요청에 있어서 디스크의 주소는 트랙과 섹터로 나타낸다. 고정 헤드는 설정시간이 없으므로 회전 시간만이 지연 요소가 된다.

7.5.3 디스크 스케줄링 알고리즘의 선택

최소 탐색 우선(SSTF) 알고리즘이 일반적이고 자연스러운 선택이라면 SCAN이나 C-SCAN 스케줄링 알고리즘은 디스크를 많이 사용하는 시스템에 적당하다. 최적 알고리즘을 결정하는 것은 가능하지만 최적 스케줄링에 필요한 계산량 때문에 SCAN이나 SSTF 스케줄링 이상의 처리 효율을 얻을 수 있는지는 평가하기가 어렵다.

어느 스케줄링 알고리즘이든지 성능은 요청의 형태와 요청의 수에 좌우 된다.특히 큐가 하나 정도 밖에 요청을 하지 않는다면 모든 스케줄링 알고리즘의 효과가 거의 같다. 이 경우에는 FCFS가 적당한 알고리즘이다. 디스크 서비스의 요청은 파일 할당 방법에 많은 영향을 받을 수 있다. 연속적으로 할당된 파일을 읽는 프로그램은 디스크 상의 인접된 범위 내에서 많은 요청이 발생되어 헤드의 이동을 제한한다. 링크 파일이나 색인 파일의 경우, 블록들이 디스크에 흩어져 헤드의 이동 거리는 길지만 디스크 상의 효율은 높다. 모든 파일은 개방(Open) 되어야(접근 가능해야) 사용할 수 있고 파일을 개방하기 위해서는 디렉토리 구조를 조사해야 하기 때문에 디렉토리가 자주 호출된다. 따라서 디렉토리 위치에 따라 이동 거리가 달라진다. 디렉토리를 디스크의 양 끝에 두는 것보다 중간 부분에 두는 것이 디스크 헤드 이동을 상당히 줄일 수 있다. 디스크는 시스템의 성능과 신뢰성 측면에서 병목 현상의 주요 원인이 된다. 각 컴퓨터 시스템 장치 중에 가장 느리며, 시스템의 성능은 디스크의 신뢰성에 좌우 된다.

7.5.4 디스크 스케줄링 방법 및 특징 요약

이상으로 디스크 스케줄링 알고리즘들을 간략하게 살펴보았다.

[표 7-1] 디스크 스케줄링 방법 및 특징 요약

종 류	방 법	특 징
FCFS 스케줄링	대기 큐를 재배열하지 않고 들어온 순서대로 처리한다. 즉, 요청이 들어온 순서대로 처리한다.	오버 헤드가 크다. 응답시간이 길다.
SSTF 스케줄링	현재 헤드의 위치에서 가장 가까운 요청을 서비스한다. 즉, 현재 디스크의 헤드 위치에서 가장 가까운 실린더에 대한 요청을 우선적으로 처리한다.	응답시간의 편차가 크므로 대화형 시스템에 부적합하다(설정 시간 최적화).
SCAN 스케줄링	헤드가 디스크 표면을 양 방향으로 요청을 서비스한다. 즉, 디스크의 한쪽 끝에서 반대쪽 끝으로 이동하면서 처리하며, 마지막 실린더에 도착하면 반대 방향으로 스캔을 진행한다. 헤드는 진행 방향에 더 이상 요구가 없을 때 방향을 바꾼다(부하가 적은 경우 가장 좋은 방법).	SSTF가 갖는 응답 시간에 있어서의 차별 대우와 큰 편차를 해결한다.
N-단계 SCAN 스케줄링	헤드는 SCAN에서와 같이 양방향으로 움직이나, 진행 중 요구들을 한데 모아 처리한다.	SCAN의 지연과 무한 연기를 해결한다. 응답 시간 편차가 적다.

종 류	방 법	특 징
C-SCAN 스케줄링	헤드는 트랙의 안쪽으로, 한 방향으로 움직이며 처리하다가 안 쪽에 더 이상 요청이 없으면 다시 바깥에서 안쪽으로 진행한다(부하가 중간에 많은 경우 가장 좋은 방법). 즉, 디스크의 한 쪽 끝에서 반대쪽 끝으로 이동하면서 처리하며, 마지막 실린더에 도착하면 시작점으로 되돌아간 후 다시 스캔을 진행한다.	SCAN의 가장 안쪽과 바깥쪽의 실린더에서 차별대우를 해결한다(SCAN의 대기 시간의 균등화).
에션 바흐 기법	헤드는 C-SCAN처럼 한 방향으로 움직이나 모든 실린더에 요청이 있든지 없든지, 전체 트랙이 한 바퀴 회전할 동안에 서비스를 받는다.	회전 시간 최적화를 처음으로 시도한 것임.
SLTF 스케줄링	일단 디스크 헤드가 특정 실린더에 도착하면 도착한 순서에 관계없이 대기큐에 지정된 순서대로 서비스를 받는다.	회전 시간 최적화
섹터 큐잉	드럼과 같은 고정 헤드 장치를 스케줄링할 때 사용하는 것으로서 탐색시간이 없고 회전 지연시간만 존재한다.	고정 헤드 장치 알고리즘
C-LOOK 스케줄링	C-SCAN에서는 양 끝까지 이동하던 것을 요청된 실린더 중 마지막까지만 이동하는 방식으로 처리한다.	요청된 실린더 중 마지막까지만 이동하는 방식

디스크 스케줄링 알고리즘을 현실에 적용함에 있어서 많은 경우는 SSTF나 LOOK을 디폴트로 사용하다가 특수한 목적의 용도로 시스템을 운용할 시 그에 걸맞는 스케줄링을 적용하게 된다.

하나의 예로써 특정 시스템의 경우 주로 한 위치의 블록만을 허구한 날 요구하게 된다면 위에서 논의한 모든 알고리즘들은 결과적으로 FCFS 스케줄링 알고리즘 처럼 행동하게 된다. 하지만 SSTF나 LOOK의 경우는 각각 최소 거리를 찾거나 한쪽방향으로만 움직이려는 부가적인 루틴들이 있기 때문에 결과적인 행동 양식은 같으나 쓸데없는 계산으로 오히려 조금 느릴수 있는 알고리즘이 되어버리게 된다. 디스크 스케줄링 방법 및 특징을 [표7-1]에 요약 했다.

■ 연 습 문 제

학과:	학번:	성명:	제출일:

[7-1] 연속 할당, 연결 할당, 그리고 색인 할당을 전부 지원하는 시스템이 있다고 하자. 어떤 특정된 파일에 대해서 이 중에 한 방법을 적용하려고 할 때에, 어떠한 기준을 적용하는 것이 적당하고, 바람직한가?

[7-2] 비트 맵이 메모리보다는 디스크에 저장되어야 하는 이유는 무엇인가?

[7-3] 어떤 디스크 드라이브가 20개의 디스크 원판으로 구성되어 있고 각 디스크 원판은 20개의 트랙이 있으며 한 트랙에는 50개의 섹터가 있다고 가정하자. 이때 어떤 블록이 9번 실린더, 3번 트랙의 10번 섹터라면 이 블록의 주소는 얼마인가?

[7-4] 연속 할당, 연결 할당, 그리고 색인 할당을 전부 지원하는 시스템이 있다고 하자. 어떤 특정된 화일에 대해서 이 중에 한 방법을 적용하려고 할 때에, 어떠한 기준을 적용하는 것이 적당한가?

[7-5] 어떤 디스크 드라이브가 15개의 디스크 원판으로 구성되고 하나의 디스크 원판에 10개의 트랙이 있으며 각 트랙 당 20개의 섹터가 있다고 가정하자. 이때 총 실린더의 수는 몇 개이며 총 섹터 수는 얼마인가? 또한 한 섹터의 크기가 512바이트일 때 디스크 드라이브의 총 저장 공간은 몇 바이트인가?(단, 각 디스크 원판은 아랫면과 윗면을 모두 사용하며, 맨 아래와 맨 위의 디스크 원판은 각각 윗면과 아래쪽면만 사용한다).

[7-6] 기억 장치에서 발생하는 단편화의 문제는 압축으로 해결할 수 있는데,기억장치에서는 재배치 레지스터가 있어서, 재배치 문제에 도움을 주고 있으나, 디스크 장치에는 이러한 레지스터가 없다. 이러한 경우에 파일의 재배치를 할 수 있는 방법은 무엇인가? 또한, 파일의 압축이나 재배치를 기피하는 세 가지 이유를 제시하라.

[7-7] 다음과 같이 디스크 접근요구가 들어왔다. 이를 FIFO 스케줄링으로 서비스한다면 이들 디스크 접근요구를 처리하는데 디스크 헤드가 이동하는 총 이동거리를 지나가는 섹터 수로 계산하라.(단, 디스크 헤드의 초기위치는 65이다.)

디스크 접근요구 : 79, 140, 38, 63, 33, 90, 110, 120

[7-8] 다음의 트랙을 가진 이동 헤드 디스크에서 이들이 0에서부터 199까지 번호가 주어졌다고 하자. 디스크는 조금 전에 트랙 120를 서비스했으며, 현재 트랙 135를 서비스하는 중이라고 하자. 대기 큐에 도착한 순서대로 다음과 같은 요청이 있다고 하자.

디스크 접근요구 : 81, 140, 91, 167, 97, 155, 102, 160, 127

다음 각 디스크 스케줄링 알고리즘이 이들 요청을 서비스하기 위해서 필요한 총 헤드 이동 횟수는 얼마인가?

(1) FCFS
(2) SSTF
(3) SCAN
(4) LOOK
(5) C-SCAN

[7-9] 다음과 같이 디스크 접근요구가 들어왔다. 이를 SCAN 스케줄링으로 서비스한다면 이들 디스크 접근요구를 처리 하는데 디스크 헤드가 이동하는 총 이동거리를 지나가는 섹터 수로 계산하라(단, 디스크 헤드의 초기위치는 65이며 디스크 트랙은 0번에서 199번 트랙까지이다. 그리고 현재 헤드는 안쪽 방향으로 이동 중이다).

디스크 접근 요구 : 81, 140, 45, 72, 41, 91, 125, 130

[7-10] SSTF 알고리즘은 양끝에 있는 트랙보다 중간에 있는 트랙에 더 유리하다. 그 이유를 설명하라. 시스템에서 빈 공간 리스트를 유지한다고 하자. 만약, 빈 공간 리스트에 대한 포인터를 잃어버렸다고 하자. 이 경우에 시스템은 빈 공간 리스트를 다시 복구할 수 있는가? 이 포인터의 분실을 막기 위해서 어떠한 방법을 사용할 수 있는가?

Chapter

08

정보 관리

CHAPTER 08 정보 관리

학습목표

정보관리(情報管理;information management)는 의사결정을 위하여 필요한 각종 정보의 수집, 처리, 전달, 저장을 합리적으로 하기 위한 체계적인 시책. 정보가 의사결정에 도움이 되기 위해서는 정확성, 신속성, 적시성(適時性), 대량성 등의 조건이 충족되어야 한다. 그러기 위해서는 우선 수집의 시스템이 완비되어야 함은 물론, 그것이 처리, 전달, 저장의 각 시스템과 유기적으로 결합되어 있지 않으면 안 된다. 이러한 일은 종래 사무관리 분야에서 문제되었던 것이나, 정보과학의 발달과 응용, 컴퓨터에 의한 정보의 처리, 전달, 저장의 응용 등과 함께 사무관리와는 별도로 정보관리라는 말이 쓰이게 되었다.

OS는 테이프나 디스크와 같은 큰 기억장치를 관리 운영함으로써 파일을 추상적으로 구현한다. 파일 시스템은 사용자가 OS에서 가장 관찰하기 쉬운 부분이며, 파일에는 데이터와 프로그램이 저장된다. 파일은 그것을 만든 사람이 정의하는 관련된 정보의 집합이다.OS는 파일을 물리적 장치에 사상한다. 파일의 사용을 편리하게 하기 위해서 디렉토리라는 구조와 연관시킨다.

이 장에서는 파일을 주로 디스크에 실현하는 다양한 방법과 디렉토리에 관해서, 그리고 다수의 사용자가 파일을 사용할 경우 파일을 사용하는 사람과 사용 방법을 제어하는 방법(파일 보호)에 관하여 살펴본다.

이 장에서의 주요 내용은 다음과 같다.

- 파일 시스템
- 파일 접근 방식
- 디스크 공간 할당 방식
- 디렉토리 구조
- 파일 시스템 마운팅
- 파일 서버
- 파일 보호 시스템
- 보안 기법

8.1 파일 시스템의 개념

컴퓨터에서, 파일 시스템은 파일에 이름을 붙이고, 저장이나 검색을 위해 논리적으로 그것들이 어디에 위치시켜야 하는지 등을 나타내는 방법이다. 즉, 서로 연관성이 있는 데이터의 집단을 **파일(file)**이라고 하며 파일은 각기 이름이 있고, 보통 디스크나 테이프 등의 보조 기억 장치(A/M)에 저장한다.OS는 정보를 저장하기 위해서 파일이라는 단위를 사용한다.OS에서 A/M와 그 안에 저장되는 파일을 관리하는 시스템의 통칭을 파일 시스템이라고 한다. 어떤 경우에는 A/M에 저장된 각 파일과 그 구조를 파일 시스템이라고도 한다.

파일은 계층구조 내의 바른 위치인 디렉토리(윈도우95 이후에는 폴더) 또는 서브디렉토리 내에 놓여진다. **파일 시스템**들은 파일의 이름을 붙이는 규칙을 가지고 있다. 이러한 규칙에는 파일이름의 길이 제한, 어떤 글자들이 사용될 수 있는지 등이 포함되며, 몇몇 시스템에서는 파일이름 확장자의 길이조차 제한을 두고 있다. 파일 시스템은 또한 디렉토리 구조를 통하여 파일까지 가는 경로를 설정하는 형식을 포함한다. 컴퓨터에서 데이터를 기록하기 위해서는 미리 하드디스크 드라이브에 데이터를 읽고, 쓰고, 찾기 위한 준비를 해둬야 한다. 파일 시스템은 그 준비의 규칙을 정리해 놓은 것으로서 파일에 이름을 붙이고, 저장이나 검색을 위해 파일을 어디에 위치시킬 것인지를 나타내는 체계를 의미한다. 파일을 디렉터리에 저장시키며 새로 생긴 파일에 이름을 붙이는데, 파일명의 길이를 제한하기도 하고, 어떤 문자들이 사용될 수 있는지를 나타내기도 하며, 파일명 확장자의 길이를 제한하기도 한다. 또 디렉터리 구조를 통하여 파일까지 가는 경로를 설정하는 형식을 포함한다. 때로는 파일을 체계적으로 정리할 수 있게 지원하는 OS나 부가 프로그램의 일부를 의미하기도 한다. NFS(Network file system)나 AFS(Andrew file system)가 대표적이며, 도스나 윈도·OS/2·매킨토시·유닉스 등 모든 OS가 반드시 갖추고 있는데,예를 들면 윈도의 FAT16·FAT32·NTFS, 리눅스의 ext2·raiserFS·ext3 등이 있다.

(1) 파일

사용자는 파일 단위로 컴퓨터에 저장을 한다. 컴퓨터 역시 파일 단위로 HDD에 저장을 할까? 컴퓨터는 블록(Block) 단위. 즉, 물리적인 블록 번호 단위로 파일을 저장한다.[그림8-1]을 참고하면 된다. 사람과 컴퓨터의 단위가 다르기 때문에 이를 변환해야 하고 이런 변환법은 파일 시스템마다 다르다(파일 명은 논리주소, 블록 번호는 물리주소이다). 따라서 다른 파일 시스템이 저장한 파일을 일반적으로는 읽을 수 없다.

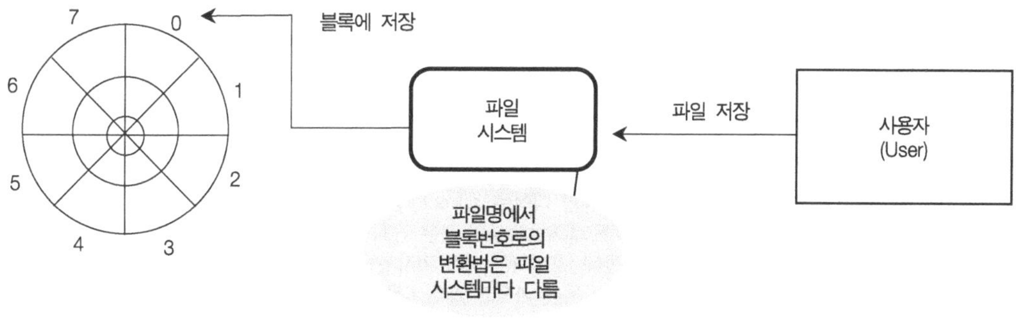

[그림 8-1] 블록 단위와 파일 저장 관계

하나의 목적을 갖춘 기록의 집합인데, 일상 흔히 눈에 띄는 「전표의 묶음」, 「성적표의 철」 등이 파일이라 할 수 있다.

① 한 단위로서 처리되는 상호 관련 있는 레코드의 「집합」을 가리킨다.
② 운영체제(OS)에서 파일 시스템은 사용자(user)가 가장 관찰하기 쉬운 부분이다(파일시스템은 OS의 기본 구성요소 중 하나임).
③ 데이터가 기록되어 있는 파일의 기록 매체(rocording media) 그 자체를 가리키는 경우가 있다. 예를 들면, 데이터가 들어 있는 자기 디스크(magnetic disk), 자기 테이프(magnetic tape), 플로피 디스크 등이다.
④ 파일은 데이터와 프로그램을 저장한다.
⑤ 서로 연관이 있는(같은 종류) 레코드들의 집단을 말하며 보통 보조 기억 장치(A/M;디스크와 테이프) 내에 저장된다.
⑥ 이름을 가진 하나의 데이터 집단이다.
⑦ OS는 테이프나 디스크와 같은 큰 기억장치를 관리 운영함으로써 파일의 추상적 개념을 구현한다.
⑧ 파일은 파일 생성자가 관련이 있는 정보를 모아둔 집합이며, 정보는 일반적으로 프로그램과 데이터를 의미한다.
⑨ 각 파일은 이름을 가지며, 그 밖에 속성, 생성시간, 길이, 생성자 등의 성질을 지닐수 있다.

⑩ OS는 사용자가 파일을 생성하거나 읽거나, 내용을 저장할 수 있도록 시스템 호출같은 특별한 연산을 제공해 준다. 파일은 사용 목적에 따라서 분류할 수 있으며, 파일의 「묶는 방법」을 **파일 편성**(file organization)이라 한다. 예를 들면, 어떤 업무에 관해서 기본적인 역할을 수행하고, 내용에 영속성이 있는 것을 **마스터 파일**(master file)이라 하고, 마스터 파일에 대한 갱신 데이터 등 영속성이 빈약한 데이터가 들어 있는 파일을 **트랜잭션 파일**(transaction file)이라고 한다. 또 관련된 파일의 집합을 라이브러리(library)라 한다. 파일에는 크게 나누어 프로그램 파일과 데이터 파일이 있다. 전자는 라이브러리 파일이고 후자는 프로그램으로 처리하는 데이터를 저장하는 파일이다. 데이터 파일에는 마스터 파일, 트랜잭션 파일, 히스토리 파일, 트레일러 파일 등이 있다. 파일은 그 용도나 사용법에 따라 여러 가지 파일 편성이 있으며, 그들의 파일 사용법을 **파일 액세스**(**파일 접근**;file access)라고 한다. 또 파일의 수용 매체로는 자기 테이프, 자기 디스크 팩, 자기 드럼 등이 있다.

짚어보기

❶ 파일 시스템
- 하드 디스크에 어떻게 파일들을 어디에 저장하고 어떻게 관리할 것인가 하는 자료시스템 구조이다.
- OS(운영체제)에서 어떠한 규칙이 준비되어 있어야 하드디스크에 데이터를 읽고 저장하고 검색할 수 있는 규칙이다.

❷ 간단한 예;
- 도서관의 책들이 칸칸이 구분되어있다.ㄱ으로 시작되는 ㄴ으로 시작되는 그런 개념.

❸ OS를 설치하거나 OS에서 다른 파티션이 있는 데이터를 읽어 들이고자 할 때에는 해당 파티션이 파일시스템을 갖도록 해 주는 사전 작업이 필요하다. 이러한 작업을 우리는 포멧(format) 리눅스에서는 파일시스템 생성이라고 한다.

짚어보기

우리가 사용하는 파일은 간단히 두 가지 종류인 디렉토리(Directory 또는 Folder),일반 파일 (한글 문서 등..)로 나눠볼 수 있다(장치 파일은 제외한다). 디렉토리(Directory)의 뜻은 전화번호부이다. 디렉토리 역시 일반 파일 처럼 데이터를 가지고 있는 파일이다. 하지만 전화번호부처럼 여러 가지 연락처를 저장하고 있는 파일인 것이다. 저장 정보의 예로는 하위 파일의 이름, 크기, 주소 등을 가지고 있다. 디렉토리라는 파일을 사용하는 이유는 관리의 편의성을 위해서이다. 디렉토리 별로 비슷한 종류의 파일을 묶어서 관리할 수도 있고, 디렉토리가 다르다면 파일명이 겹쳐서 상관이 없다. 즉, 파일을 관리하기 위한 파일이라는 것이다. 일반 파일이라 지칭한 것은 한글 파일같은 일반적으로 우리가 실행하는 파일을 말하는 것이다. 이 파일들은 디렉토리 안에 존재한다. 이런 파일들에 접근하는 방법에는 여러 가지가 있다. 방법은 파일을 저장하고 있는 보조기억장치에 따라 다르게 된다. 접근하는 방법은 순차접근(sequential access), 직접 접근(direct access),색인 접근(indexed access)으로 구분할 수 있다.이 접근 방법은 후에 논한다.

짚어보기

UNIX 운영체제에서 파일이란 임의의 길이인 일련의 바이트 연속을 말한다.
(각 바이트는 파일의 시작에서 옵셋(offset)으로 각 주소 지정이 가능하며, 이러한 경우 논리적 레코드는 한 바이트임)

(2) 파일 시스템

파일 시스템(file system)은 전체적인 기억 장치 관리 시스템의 한 부분으로서, 주로 보조 기억 장치(A/M) 상의 파일을 관리하는 역할을 한다. 적절한 제어 방식을 통해 정보를 보관하는 개인용의 저장장소(private storage)를 제공하고, 정보를 여러 사용자가 공동으로 이용(sharing)할 수 있도록 하는 수단을 제공하는 책임을 지고 있다.

(3) 일반적인 파일 시스템의 역할(기능)

파일 시스템의 기능은 다음과 같다.

① 사용자가 파일을 생성하고, 수정하고, 제거할 수 있도록 한다.
② 적절한 제어 방법을 통해 파일의 공동 사용한다.
③ 파일 공유 기법은 여러 종류의 액세스 제어 방법을 제공한다.
④ 사용자가 각 응용에 적합한 구조로 파일을 구성할 수 있게 한다.
⑤ 사용자가 파일간의 정보 전송 명령을 내릴 수 있게 한다.
⑥ 불의의 사고에 대비한 예비(backup)와 복구(recovery)능력을 갖춘다(시스템 고장, 미디어 고장, 주기적 백업, transaction logging : 트랜잭션 발생과 동시에 백업(backup)).
⑦ 사용자가 물리적 장치 이름(physical device name) 대신에 기호화된 이름(symbolic name)을 사용할 수 있도록 한다(장치와의 독립성 제공).
⑧ 정보를 암호화(encryption)하고, 해독(decryption)할 수 있는 능력을 갖추어야 한다.
⑨ 사용자가 편리하게 사용하도록 논리적 파일 구조를 제공해야 한다(편리한 인터페이스 제공).

(4) 파일 시스템의 장단점

파일 시스템의 장단점은 다음과 같다.

1) 장점

① 데이터 생성, 수정 등이 용이하다.
② 온라인 실시간 시스템(on-line real time system)에서 응답 시간(response time)이 빠르다.

2) 단점

① 데이터의 이중관리를 한다.
② 데이터의 일관성 결여(inconsistencies) 된다.
③ 새로운 시스템의 개발시 비용의 과대화가 우려된다.
④ 데이터의 종합적 관리가 불가능하다.
⑤ 많은 양의 데이터 관리를 한다.
⑥ 데이터 관리와 프로그램 관리의 상호 의존성이 너무 크다.
⑦ 데이터의 양립성(compatibility)의 결여된다.

(5) 계층적 파일 시스템

계층적 설계의 경우 파일 시스템은 여러 계층으로 이루어져 있으며[그림8-2], 설계에서 각 계층은 높은 계층의 새로운 특징을 만들기 위해 낮은 계층의 특징을 이용한다.

파일 시스템의 설계에는 두 가지 종류의 문제가 있다.

① 파일 시스템의 입장에서 사용자를 어떻게 보느냐의 문제이다. - 파일의 정의와 속성, 디렉토리의 구조 문제를 포함한다.
② 논리적 파일 시스템을 물리적인 장치로 사상시키는 알고리즘과 자료 구조의 문제이다.

(6) 파일의 연산 과정

파일은 나중에 사용하기 위한 정보를 저장하는 수단이므로 다음과 같은 연산 과정을 거친다.

① 먼저 파일을 생성시키고
② 거기에 수록한다.
　그 후에는 기존의 만들어진 파일에 대하여
③ 파일을 되감기(rewind)
④ 파일로부터 읽기
⑤ 파일 삭제 등의 작업을 기본적으로 할 수 있다.

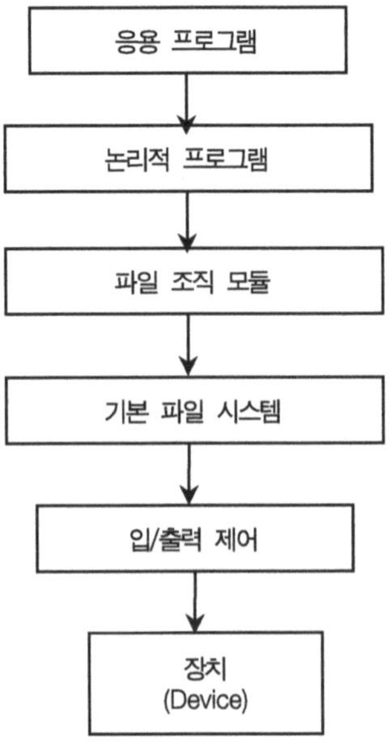

[그림 8-2] 계층적 파일 시스템

(7) 파일의 물리적 장치로의 사상

파일은 저장될 수 있는 어떤 정보를 표현하는 논리적인 요소인데 이것은 실제 매체에 사상(mapping) 된다(논리적 파일의 물리적 장치로의 사상[그림8-3]).

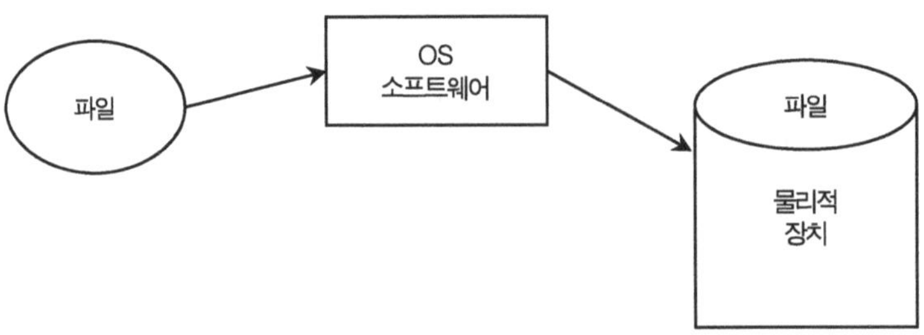

[그림 8-3] 파일과 물리적 장치의 사상

(8) 파일 관리 프로그램의 관계

파일 관리 프로그램 또는 파일 시스템은 프로그램 부분과 파일들로 구성된다[그림 8-4].

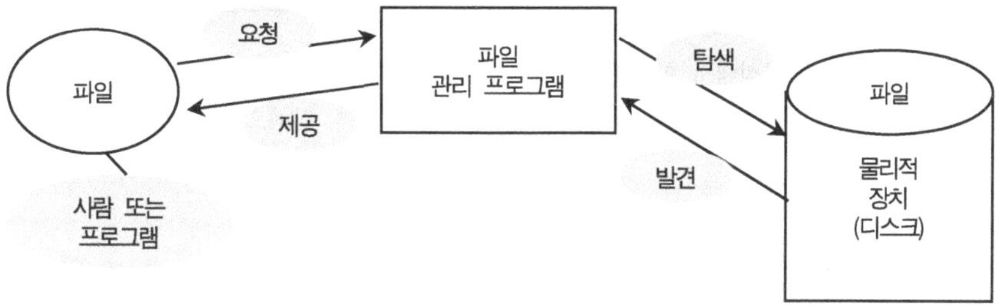

[그림 8-4] 파일 관리 프로그램과 사용자 관계

(9) VTOC

모든 파일들의 상태를 관리하기 위해서 VTOC(Volume table of contents) 또는 카탈로그, 디렉토리라고 하는 테이블이 필요하며, 이곳에는 각 파일의 이름, 길이, 디스크 내의 위치 및 보호용 정보, 생성일자, 현재 상태(데이터인가, 목적코드인가, 원시 코드인가 등) 등의 정보가 들어 있다(VTOC(또는 디렉토리)들은 하나의 테이프 릴 또는 디스크 팩에 기억된 파일들의 집단인 볼륨(Volume)단위로 하나씩 존재함).

(10) 파일 시스템의 구성

파일 시스템은 두 부분으로 구성된다.

① 관련된 정보를 포함하는 실제적인 파일들의 집합체이다.

② 시스템 내의 모든 파일에 관한 정보를 제공하는 디렉토리 구조이다.

(11) 파일의 구성 방식

파일 구성 방식에서의 특징은 다음과 같다.

① 액세스 방식 : 파일에 저장되어 있는 데이터를 액세스하는 방식에 관련되는 작업이다.

② 파일 관리 : 파일을 저장하고 참조 및 공유할 수 있도록 하며 안전하게 보호될 수 있도록 하는 기법을 제공한다.

③ 보조 기억 장치 관리 : 보조 기억 장치에 파일을 저장하는 데 필요한 공간을 할당(allocate)하는 일과 관계되는 작업이다.

④ 파일의 보전 : 파일의 정보가 손상되지 않도록 보장하는 일에 관계되는 작업이다. 일반적으로 파일의 구성 방식은 세 가지 방식이 있다.

① 단순한 바이트들의 연속된 형태로 파일이 이루어질 수 있다(예 : UNIX에서 사용되고 있음).

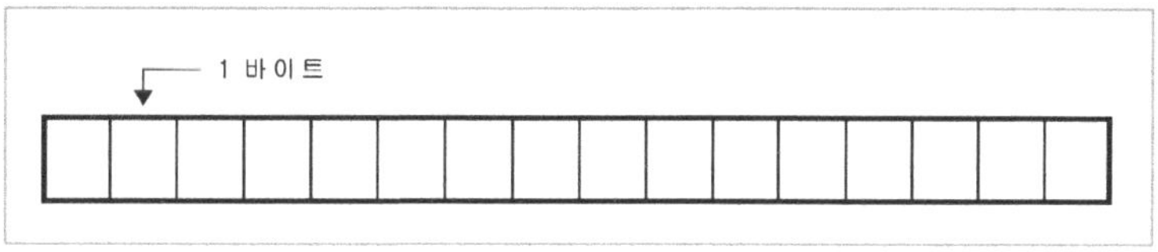

② 고정된 크기의 레코드들의 연속으로 파일이 이루어진다. 이 방식은 임의의 레코드들이 읽히거나 쓰일 수 있지만 파일 중간에 새로운 레코드를 삽입하거나 지울 수 없는 단점이 있다.

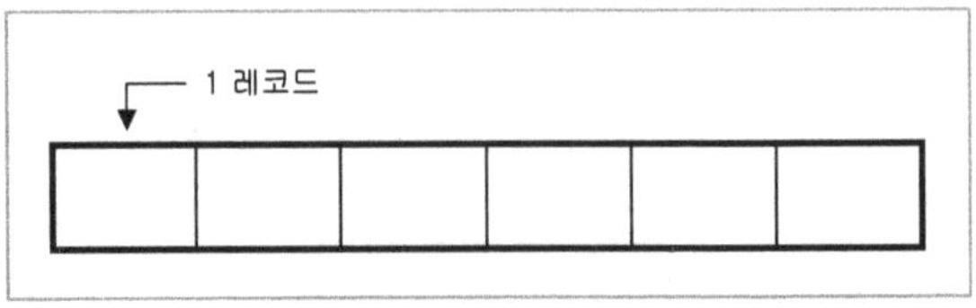

③ 디스크 블록을 트리 형태로 구성해서 파일을 형성하는 방법이다. 각 각의 블록은 n개의(아래 그림에서는 n=2) 레코드로 이루어지며 각각의 레코드는 키를 사용해서 접근될 수 있으며, 장점으로는 파일 중간에도 새로운 레코드가 삽입되거나 지워질 수 있다.

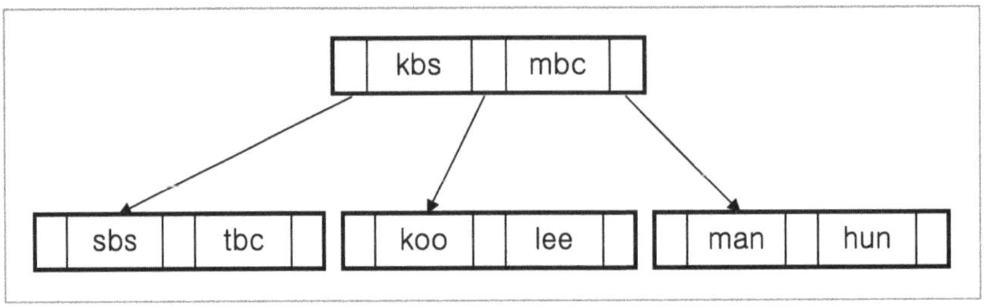

(12) 디스크 관리

파일은 일반적으로 디스크에 저장되고 저장된 파일의 관리가 파일 시스템의 주요 관심사가 되고 있다. n바이트의 파일을 저장하기 위한 방법으로는 크게 두 가지가 있다.

- 디스크 공간을 연속적으로 n바이트 할당하는 방법이 있다. 바이트들의 연속적인 공간으로 파일을 저장하는 경우에 파일의 크기가 커지게 되면 문제가 발생하며, 대부분의 파일 시스템에서는 고정된 크기의 블록으로 나누어서 파일을 저장하는 방식을 택하게 된다.
- 파일을 일정한 블록으로 나누어서 블록 단위로 저장하는 방법이 있다. 우선 블럭의 크기를 결정해야 하는데, 디스크의 섹터, 트랙, 실린더가 어떻게 구성되어 있는가를 고려해야 한다.

(13) 파일 저장

파일이 블록들의 집합으로 구성되어 있으면 파일 시스템은 각 파일을 이루고 있는 블록들을 관리해야 한다.저장 방법은 다음과 같다.

- 가장 간단한 방법으로 블록 들을 연속적으로 저장하는 방법이 있으나 파일들 이 커지는 경우를 감당 못하므로 적합하지 않다.
- 파일을 구성하는 블록들이 순서대로 다음 블록을 가리킴으로써 파일들을 형성하는 방법이며, 각 블록들은 적당한 크기의 포인터를 가지고 있어 다음 블록의 주소를 저장하고 있게 된다(예 : MS-DOS).

예제

UNIX에서는 파일 처리를 위해 i-node라는 작은 테이블을 이용하며, i-node는 각각의 파일마다 존재하며 파일의 계정과 보호 정보를 가지고 있다.

8.2 파일의 작업

(1) 일반적으로 파일을 단위로 행해지는 작업은 다음과 같다.

① open : 파일을 참조(reference)할 수 있도록 준비한다.
② close : 파일을 다시 open시키는 그 파일을 참조할 수 없도록 막는다.
③ create : 새로운 파일을 생성한다.
④ destroy : 기존의 파일을 제거한다.
⑤ copy : 파일을 복사하여 새로운 이름을 붙인다.
⑥ rename : 파일의 이름을 변경한다.
⑦ list : 파일의 내용을 프린터 하거나 화면에 표시한다.

(2) 일반적으로 파일 내의 각 데이터 항목(item)을 단위로 행해지는 작업은 다음과 같다.

① read : 파일 내의 데이터 항목을 하나의 프로세스로 입력시킨다.
② write : 프로세스로부터 데이터를 파일로 출력한다.
③ update : 파일내의 데이터 항목을 갱신한다.
④ insert : 파일에 새로운 데이터 항목을 추가한다.
⑤ delete : 파일에서 데이터 항목을 삭제한다.

8.3 디렉토리(directory)

(1) 개요

디렉토리(directory, 등록부)는 컴퓨팅에서 파일과 다른 디렉토리들의 그룹을 갖고 있는 파일 시스템 안의 존재물이다. 수많은 컴퓨터에서 디렉토리는 폴더(folder) 또는 카탈로그(catalog)라고도 한다. 마이크로 소프트(MS 사)의 윈도우에서는 폴더와 디렉토리라는 용어가 번갈아가며 쓰인다. 즉, 각 파일의 이름, 파일의 형태, 용량, 현재 위치, 보호 정보, 사용 상태 및 시간, 날짜, 처리 식별 등의 기타 정보가 포함되어 있다. 일반적인 파일 시스템은 수천 개가 넘는 디렉토리들을 가지고 있다. 파일들은 같은 디렉토리에 관련 파일들이 저장되어 나열되고 관리된다. 다른 디렉토리 속의 디렉토리를 그 디렉토리의 하위 디렉토리 또는 서브 디렉토리(sub directory)라고 한다. 폴더라는 이름에서도 이와 똑같이 하위 폴더(서브 폴더)라고 한다. 더불어 디렉토리들은 계급, 곧 트리 구조를 형성한다.

예제 8-1

컴퓨터 분야를 예를 들면, 운영체제에서 윈도우 리눅스 맥 OS등으로 나누듯이 각 분야별로 나무 줄기 처럼 뻗은 것처럼 각 분야별로 나누어 놓은 것이 바로 디렉토리이다.

컴퓨터의 파일 시스템은 파일 캐비넷으로 표현될 수 있다. 여기서 높은 수준의 디렉토리들을 서랍이라고 부르고 낮은 수준의 하위 디렉토리들을 서랍 안에 있는 파일 폴더라고 부를 수 있다. 역사적으로 현대의 몇몇 임베디드 장치들에서도 파일 시스템들은 디렉토리를 전혀 지원하지 못하거나, 하위 디렉토리를 허용하지 않는 평평한 디렉토리 구조만을 가지고 있다. 파일들을 포함하는 각각의 최상위 수준의 디렉토리들의 그룹만 있을 뿐이다. 유명한 일반 계급의 파일 시스템은 유닉스에서 비롯되었다. 이러한 종류의 파일 시스템은 데니스 리치의 초기 연구의 관심이었다. 현대에, 유닉스(UNIX)와 같은 시스템, 특히 리눅스에서는 디렉토리 구조가 파일 시스템 계층 구조의 표준으로 정의된다. 많은 운영체제에서 프로그램들은 연결된 현재의 작업 디렉토리를 가지고 있는데 그 속에서 프로그램들이 실행된다. 일반적으로 프로그램이 접근하는 파일 이름들은 파일 이름들이 명확한 디렉토리 이름으로 지정되지 않는다면 이 디렉토리 안에 존재할 것으로 가정한다. 몇 몇의 OS들은 그들의 홈 디렉토리나 프로젝트 디렉토리에 사용자들이 접근하지 못하도록 막는다. 유닉스에서 디렉토리들은 파일 형식으로 간주한다.

(2) 디렉토리 시스템

디렉토리 파일 시스템 내부에 있는 많은 파일들을 조직화하는 기법으로 장치들 간을 서로 연결해 주며 여러 가지 다른 디스크들을 포함하여 나타낸다. 이렇게 하여 사용자가 관심을 가진 것은 다만 논리적 디렉토리와 파일 구조이며 하드웨어적인 파일들에 대한 장소 배정 문제를 무시할 수 있다. 실제로는 많은 시스템들이 2개의 분리된 디렉토리 구조, 즉 장치 디렉토리와 파일 디렉토리를 갖는다. 장치 디렉토리(device directory)는 각 실제적 장치에 저장되어 있으며 그 장치에 있는 모든 파일들을 묘사한다. 장치 디렉토리의 항(entry)들은 각 파일의 물리적 성질, 즉 소재지, 길이, 할당 방식들을 기술한다. 파일 디렉토리(file directory), 다시 말해, VTOC의 항은 각 파일의 논리적 성질, 즉 파일 형태, 소유주, 계정 정보, 접근 보호 코드 등을 기술한다. 한 개의 파일 디렉토리항은 실제적 성질을 제공하기 위해서 장치 디렉토리에 대한 포인터를 두거나 그 정보를 복사하여 하나 더 만들어 가질 수도 있다. 다시말해, 장치 디렉토리는 한정된 용량만을 사용하는 단일 사용자 시스템에서는 적당하지만 용량이나 사용자의 수가 증가함에 따라 모든 파일들을 구성하고 추적해 나가는 것이 점차 어려워지는 문제점이 있다. 이러한 문제점을 해결하는 방법은 파일 시스템에 디렉토리 구조를 추가하는 것이다. 장치 디렉토리(device directory)의 포함 내용은 파일 이름(file name), 파일 형태(file type),파일 위치(file location), 파일 크기(file size),현재 위치(current position),파일 보호(protection),사용 제어(usage control) 등 이다. 일반적으로 파일 디렉토리 시스템에는 단일 디렉토리, 2단계 디렉토리, 트리 구조 디렉토리, 비순환 그래프 디렉토리, 일반적 디렉토리 구조 등이 있는데, 후에 설명한다.

짚어보기 유닉스 시스템에서 root(/) 디렉토리의 하위 디렉토리 종류 및 기능

/ : 최상의 디렉토리인 루트디렉토리.
/bin : 명령어가 있는 디렉토리.
/boot : 시스템 부팅에 관련된 파일을 저장하고 있는 디렉토리.
/dev : 시스템 디바이스(device)파일을 저장하고 있는 디렉토리.
/etc : 시스템의 전체 환경설정파일을 저장하고 있는 디렉토리.
/home : 사용자의 홈디렉토리
/lib : 프로그램(C, C++등)에 필요한 각종 라이브러리를 저장.
/mnt : 플로피, CD-ROM등 마운트를 위한 디렉토리.
/proc : 실행중인 프로세스나 현재 시스템의 정보를 파일형태로 보여주는 가상디렉토리.
/root : `root`의 홈디렉토리.
/sbin : 시스템 관리자용 명령어를 저장하고 있는 디렉토리.
/tmp : 일시적인 저장을 위한 디렉토리.
/usr : 각종 어플리케이션등이 설치되어 있는 디렉토리.
/usr/X11R6 : X 윈도우 시스템의 루트 디렉토리.
/usr/include : C 프로그램에 필요한 헤드파일(`*.h`) 디렉토리.
/usr/lib : `/lib`에 들어가지 않은 라이브러리 디렉토리.

/usr/man : 명령어들의 도움말 디렉토리
/usr/sbin : /bin에 제외된 명령어와 네트웍관련 명령어가 들어있는 디렉토리.
/usr/src : 프로그램 소스(주로 커널소스)가 저장되는 디렉토리.
/usr/local : 아파치같은 추가 소프트웨어가 설치되는 장소. 디폴트일 경우만..
/var : 시스템운용중에 생성되었다가 삭제되는 데이터를 저장하는 디렉토리.
/var/log : 각종 로그파일이 저장되는 디렉토리.
/var/spool/mail : 메일이 일시적으로 저장되는 디렉토리.
/var/spool/lpd : 프린트를 하기 위한 임시 디렉토리.

(3) 디렉토리 탐색(directory searching)

디렉토리(directory)와 같은 다량의 트리(tree) 정보를 디스크에서 읽어 올때는 보통 캐싱(caching)과 느린 적재(lazy loading)과 같은 방법을 쓴다. 캐싱은 미리 디렉토리 정보를 읽어 두고 그 것을 그대로 쓰는 것이고 (따라서 실제 내용과 약간의 오차가 발생할 수 있음), 느린 적재(lazy loading)는 전체 디렉토리 정보를 다 스캔(scan) 하는 것이 아니라, 필요한 만큼만 읽어 들인 후, 나중에 필요한 경우, 다시 일부분을 읽어오는 방식이다. 예를 들어 최상위 디렉토리를 표시할 때에는 루트(root)와 바로 그 밑 디렉토리까지 읽어들여서 화면에 루트(root)에 딸린 서브 디렉토리(subdirectory)들을 표시한다. 루트 바로 밑 디렉토리의 내용까지 읽는 이유는 탐색기와 같은 프로그램은 하위 디렉토리가 있는지 없는지 여부를 앞에 [+] [-] 기호로 표시하기 때문이다. 물론 실제 탐색기는 서브 디렉토리가 없어도 [+] 기호를 보여줄 때가 많다.또한 일단 읽어 들인 디렉토리 정보는, 여간해서 다시 읽지 않는 능력이 필요하다. 복사, 이동과 같은 것은 읽어 들인 디렉토리 트리에서 바로 작업을 수행하고, 또 OS에서 파일이 변경되었다는 것을 응용(application)으로 알려주는 방법이 있을 때에만 다시 읽어 들인다(Windows는 이런 message가 있는 것으로 알고 있다).

(4) 파일 디스크립터(file descriptor 또는 file control block)

1) 파일 디스크립터의 특징(일반적인 파일 디스크립터의 특징)

파일을 관리하기 위해 시스템이 필요로 하는 정보를 가지고 있는 제어 블록이다. 파일 디스크립터는 시스템에 따라 다른 구조를 갖는다. 보통 파일 디스크립터는 보조 기억 장치 내에 저장되어 있다가, 파일이 개방될 때 주기억 장치로 옮겨진다. 파일 디스크립터는 파일 시스템이 관리하므로 사용자가 직접 참조할 수 없다.

2) 파일 디스크립터의 내용

파일 디스크립터의 내용은 다음과 같다.
① 파일의 기호형 이름
② 제거 시기(영구적, 임시적)
③ 보조 기억 장치상의 파일의 위치
④ 생성 날짜 및 시간
⑤ 파일의 구조(순차적, 인덱스된 순차적 등)
⑥ 제거 날짜
⑦ 보조 기억 장치의 유형
⑧ 최종 수정 날짜 및 시간
⑨ 액세스 제어 데이터
⑩ 액세스 횟수(예 : 판독 횟수 등)
⑪ 유형(데이터 파일, 목적 프로그램 등)

3) 파일 포인터와 파일 디스크립터의 차이점

파일 포인터는 FILE*타입의 포인터 변수를 말하며, C표준 IO 라이브러리에서 사용하는 IO 개체로, 스트림 기반으로 동작한다. 파일 디스크립터는 대개는 int 타입으로 선언되는 고유 식별 번호이며, 각 OS 별로 제공되는 IO 시스템 콜에서 각 IO 자원을 구별하기 위해 사용한다. 물론, C표준 입/출력 스트림 역시 OS가 제공하는 IO 서비스를 이용하므로, 당연히 FILE구조체의 멤버로 파일 디스크립터가 있을 수 밖에 없지만, FILE*는 여기에 더해서 스트림 방식의 형식화된 입/출력을 지원하기 위해 여러가지 부가 정보가 붙는다. 다시말하면, FILE*는 C 표준에서 제정한, 파일 디스크립터의 래퍼(wrapper) 자료구조라고 보면 되겠다. 파일 포인터와 파일 디스크립터의 가장 큰 차이는, 파일 포인터는 C라는 언어에서 제정한 표준 입/출력 객체이며, 파일 디스크립터는 OS에서 제공하는 입/출력 식별자라는 점이다. 따라서 파일 포인터를 사용한다면 어느 플랫폼에서건 동일한 동작이 이루어지리라는 것을 기대할 수 있지만, 파일 디스크립터를 쓰면 특정한 플랫폼에서만 동작하는 프로그램이 될 가능성이 높다. 물론, 각 OS 별로 특별한 기능들을 (보안, 압축 등등) 사용하고자 한다면 당연히 OS에서 제공하는 시스템 호출을 사용해야 할 것이므로, 이때는 파일 디스크립터를 쓰는 편이 용이할 것이다. 즉, '일반적인' IO작업이라면 FILE*를 사용하는 C 표준 스트림IO를, 각 'OS의 고유기능'을 사용하는 IO작업이라면 파일 디스크립터를 쓴다고 생각하면 되겠다.

예를들어, 여러 개의 파일을 열어서 사용할 경우 각각을 구분하기 위한 이름이라 생각하면 된다. 저수준 파일 입/출력(open, write)에서 사용하게 된다. 사실 파일 포인터도 파일 디스트립터와 용도는 같다. 단, 구조체 형식으로 좀더 많은 정보를 가지고 있다. 파일 디스크립터 뿐 아니라 파일의 이름이나 길이와 같은 정보도 갖고 있다. stdio.h 에서 찾아보면 자세히 알아볼 수 있는데 별로 중요한 건 아니다.

짚어보기

UNIX 파일의 종류는 세 가지가 있다.

■ 일반 파일(ordinary file 또는 regular file)

실제 데이터(프로그램을 포함)를 가지고 있는 것으로, 일반 사용자에 의해 생성되고, 이용되는 파일의 총칭임-일반 파일은 다시 텍스트 파일과 2진(binary) 파일로 나누어진다.

① 텍스트 파일 : ASCII 문자들로만 구성된 파일을 말하면 단말장치나 프린터로 출력이 가능하다.

② 이진 파일 : 원시 프로그램을 어셈블하거나 컴파일하여 만들어진 실행 가능한 파일이고, 일정한 형식을 지닌 데이터 파일로 그 내용을 단말 장치나 프린터로 출력이 불가능한 파일이다(단, 이들 내용을 보려면 UNIX상의 od 명령어를 사용해야 함).

■ 디렉토리 파일

디스크에 저장되어 있으면서 다른 파일을 조작하고 액세스하는데 필요한 정보를 가지고 있지 실제로 파일을 포함하고 있는 것이 아니며, 이곳에서는 파일을 액세스하는데 필요한 정보만 들어있다.

■ 특수 파일

① 디스크, 프린터, 테이프 장치 등의 I/O 장치를 액세스하고 관리하는 채널에 대한 정보를 가지고 있는 파일로써 대부분 /dev 아래에 있다.

② 다른 파일과는 달리 데이터를 가지고 있지 않고 직접 I/O 장치를 접근하는 기능을 가지며 각 I/O 장치는 최소한 한 개 이상의 특수 파일과 연관되어 있으며 특수 파일은 일반 파일과 함께 쓰는 것이 가능하다.

8.4 파일 접근 방법(Access Methods)

8.4.1 파일 조작

파일이란 추상적인 자료의 형태인데, 파일을 적절히 정의하기 위해 파일 상에 수록될 수 있는 조작들을 고려해 볼 필요가 있으며, OS는 파일을 생성, 기록, 판독, 재 설정 및 삭제 등을 하기 위한 시스템 호출(system call)을 제공는데, 이들 5개의 파일 조작에 대해서 OS가 해야 할 일이다.

① **파일 생성**(creating) : 파일을 생성하기 위해서는 2단계가 필요하다.
  ⓐ 파일을 위해 파일 시스템에 있는 공간을 발견해야 한다.
  ⓑ 새로 생성된 파일에 대한 항목을 디렉토리에 만들어야 하며, 이 디렉토리 항목은 파일의 이름과 파일 시스템내의 위치를 기록한다.
② **파일 기록**(writing) : 파일을 기록하기 위해서는 파일명과 파일에 기록될 정보를 명시하는 시스템 호출을 행한다.
③ **파일 판독**(reading) : 파일 판독을 위해서 파일의 이름과 그 파일의 다음 블록이 옮겨져야 할 위치(M/M)를 명시하는 시스템 호출을 행한다.
④ **파일 재설정**(repositioning) : 디렉토리는 적합한 항목에 대하여 탐색되고, 현재 파일 위치는 파일의 첫 부분으로 재설정(reset)된다.
⑤ **파일 삭제**(delete) : 파일을 삭제하기 위해서는 지명된 파일을 디렉토리에서 찾는다.

8.4.2 파일 접근 방식

파일은 정보를 저장한다. 이것이 사용될 때, 이러한 정보는 접근되어 컴퓨터 기억 장치에 읽혀진다. 파일의 정보를 접근하는 방법은 여러 가지가 있다. 어떤 시스템은 파일에 대해서 단 하나의 접근 방법만 제공하지만 IBM 같은 시스템은 여러 가지 접근 방법을 지원한다. 파일의 접근 방식은 파일 구성 방식에 따라 순차 접근, 직접 접근, 인덱스 (색인) 순차 접근으로 나뉘어진다.

(1) 파일 구성 방식

파일의 구성 방식은 파일을 구성하는 레코드들이 보조 기억장치(A/M)에 저장되는 방식이다. 즉, 이런 파일들에 접근하는 방법에는 여러 가지가 있다. 방법은 파일을 저장하고 있는 A/M에 따라 다르게 된다. **접근하는 방법은 순차접근(sequential access), 직접 접근(direct access), 색인 접근(indexed access)으로** 구분할 수 있다. **순차접근 방법**은 테이프 같이 순차적으로 저장하는 A/M에 적합한 방법이다. 파일들을 논리적인 순서와 동일하게 A/M에 차례대로 저장하는 방법이다. 때문에 차례대로 데이터를 읽을 때는 속도가 빠르지만, 만약 특정한 데이터를 찾으려면 항상 데이터의 첫 번째부터 탐색을 해야 하기 때문에 매우 번거롭다. 또한 파일을 연속적으로 배치해야 하기 때문에 **단편화 현상**이 생길 수 있다. 만약 파일의 내용을 삭제하거나 추가하면 마치 배열 공간의 데이터를 삽입/삭제 하는것 처럼 전체의 내용을 변경해야 한다. 비디오 테이프를 상상하면 편할 것 같다. **직접 접근 방법**은 디스크를 이용한 A/M(일반적으로 사용하는 장치)에 적용할 수 있는 방법이다. 때문에 이 방식은 순차접근 방식과는 달리 논리적인 순서와 동일하지 않게 불규칙하게 저장하는 방식이다. 이 방식은 파일의 레코드들을 불규칙적으로 저장하기 때문에 A/M의 빈 공간을 보다 효율적으로 사용 가능하다.그리고 순차접근과 달리 불규칙적으로 저장하기 때문에 파일 추가/삭제 시에 다른 데이터를 변경할 필요가 없다. 대신 다음 레코드를 검색하는데 오버헤드가 있다. 마지막으로 **색인 검색**은 색인을 이용하여 레코드에 접근하는 방식이다. 색인표에는 파일의 레코드가 저장된 A/M의 주소를 저장하고 있다. 따라서 색인을 이용하여 순차 접근, 직접 접근 모두 가능하다.

1) 종류

① **순차 접근 방법(SAM;Sequential Access Method)**

레코드들을 순차적으로 호출하는 방법이다. 테이프를 입/출력 매체로 사용하는 시스템에서 주로 사용된다. 단점은 접근 시간이 많이 걸린다.

특징은 다음과 같다.

- 레코드가 물리적 순서에 따라 저장된다. 즉 '다음' 레코드는 강제로 현재의 레코드 바로 뒤에 저장된다.
- 물리적으로 순차적 성질을 지닌 자기 테이프 등에 널리 이용된다.

② **직접 접근 방법(DAM;Direct Access Method)**

가공된 자료를 수록하거나 기억 장소에서 검색·호출하는 경우, 각 파일의 구성 요소가 되는 레코드의 번지를 해싱함수(hashing function)에 의해 직접 처리하는 방식이다. 임의 처리(random process)에 많이 이용된다.

특징은 다음과 같다.

- 레코드가 직접 액세스 기억 장치(DASD : Direct Access Storage Device)의 물리적 주소를 통해 액세스된다.
- 사용자는 특징 응용에 적합한 순서로 레코드를 직접 액세스 기억 장치에 기억시킨다.

③ **색인 순차 접근 방법(ISAM;Indexed Sequential Access Method)**

색인 순차 편성 파일(indexed sequential organization file)의 호출에 이용하는 접근법이다. 색인 내의 키 값을 순서적으로 검색하여 레코드를 호출할 수 있도록 되어 있다(접근하고자 하는 레코드가 들어 있는 트랙과 실린더를 색인에 의해 찾은 후 그 위치에서부터 순차적으로 접근해 나감).

특징은 다음과 같다.

- 레코드는 각 레코드 키에 따라 논리적 순서대로 배열된다.
- 일부 주요 레코드의 실제 주소가 저장된 인덱스를 관리한다.
- 일반적으로 디스크 기억 장치에 많이 이용된다.

2) 파일의 특성을 결정하는 기준

① 소멸성(volatility) : 파일에 자료를 추가하거나, 파일로부터 제거하는 작업의 빈도수이다.
② 활동성(activity) : 프로그램이 한 번 수행하는 동안 처리되는 레코드 수의 백분율이다.
③ 크기(size) : 파일에 저장되어 있는 정보의 양이다.

(2) 디스크 공간 할당 방식

1) 연속 할당(contiguous allocation) [그림8-5]

- 파일들이 디스크의 선형적으로 연속된 기억 공간을 할당 받는 것이다.
- 할당 기법은 파일이 보조 기억 장치에 저장될 때 연속된 공간을 할당 받는다.
- 만약 파일의 크기보다 큰 연속된 기억 공간이 없을 경우 파일은 생성될 수 없다.
- 주소 공간이 연속된 섹터로부터 연속된 트랙, 연속된 트랙으로부터 연속된 실린더로 기억 장소가 할당되므로 디스크에의 접근은 트랙이 바뀔 때만 판독/기록 헤드를 이용하면 된다.

- 파일의 연속 할당은 그 파일의 첫 번째 블록의 디스크 주소와 파일의 길이에 의해서 정의된다.
- 파일의 길이가 n 블록만큼이면 그 파일은 지정된 블록(b)으로부터 b, b+1, b+2, ..., b+n-1의 부분을 차지하게 되고, 디렉토리에도 그 파일의 시작 주소(b)와 길이(n)만 써주게 된다.

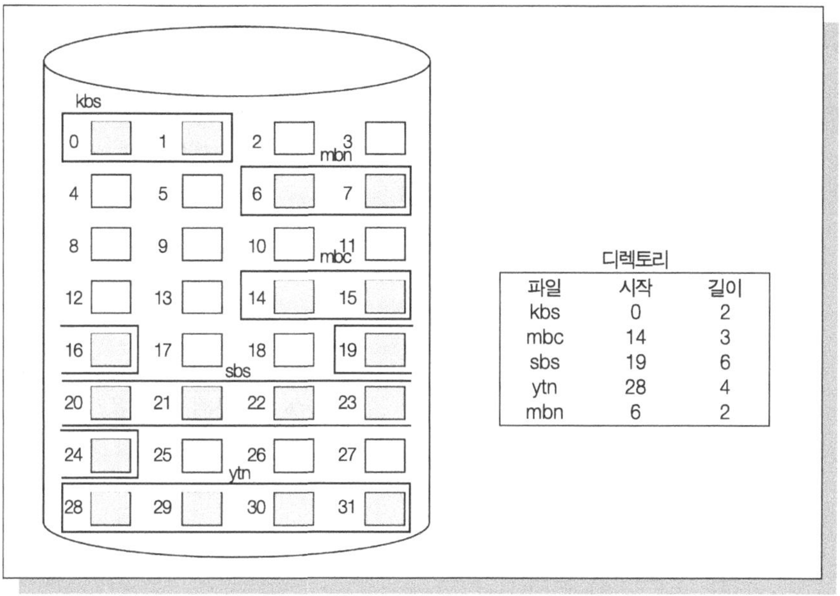

[그림 8-5] 디스크 공간 상의 연속 할당

2) 불연속 할당(non-contiguous allocation)

① **연결(linked) 할당**

- 링크를 이용한 섹터 단위의 할당[그림8-6]:동일 파일에 속하는 섹터들이 링크로 연결되어 섹터 단위로 할당되는 방식이다.
- 파일이 저장되는 공간이 연결 리스트(linked list)로 되어 있고, 디렉토리에는 그 파일의 처음 섹터와 마지막 섹터에 대한 포인터만이 있다.
- (예) : 5개의 블록으로 구성된 파일이 9번 블록에서 시작하고, 그 다음 16번, 1번, 10번, 25번에서 끝난다면 실질적으로는 [그림8-6]와 같이 구성된다.
- 각 블록은 다음 블록에 대한 포인터를 가지고 있는데, 사용자에게는 보이지 않다.

② **색인(indexed) 할당**

- 블록 단위의 할당[그림8-7] : 연속된 섹터를 할당하며, 자료를 확장할 때는 가장 가까운 거리에 있는 빈 블록을 선택하여, 그 파일에 추가 할당하는 방식이다.
- 연결 할당은 기억 장소의 단편화 문제와 크기 명시의 문제는 해결했으나 파일이 디스크에 산재되어 있고 포인터조차 산재되어 있어서 직접 접근이 사용되지 못한다.
  - 색인 할당에는 색인 블록(index block)에 포인터들을 모두 모아두므로 이 문제를 해결한다.
- 각 파일은 그 파일을 구성하는 디스크 섹터들의 주소로 이루어진 자신만의 색인 블록을 가지고 있고, 디렉토리는 각 항목의 색인 블록에 대한 포인터를 갖고 있다.

(3) 각 파일 구조의 특성

배치 방식에 따라 순차 파일, 색인 순차 파일, 직접 파일의 구조를 가진다.

1) 순차 파일(sequential file)

① 모든 컴퓨터에 쉽게 적용할 수 있는 가장 대중적인 방법이다.

② 물리적인 순서로 레코드를 저장한다(레코드들이 하나 또는 그 이상의 키 필드 값에 따라 순차적으로 연속되게 저장하는 방법).

③ 순차적인 성질을 갖는 매체(예제 : 자기 테이프를 많이 사용하지만 디스크, 드럼도 가능)에 저장하는데 이용한다.

④ 대량의 정보를 가진 파일을 용이하게 만들기 위해 사용한다.

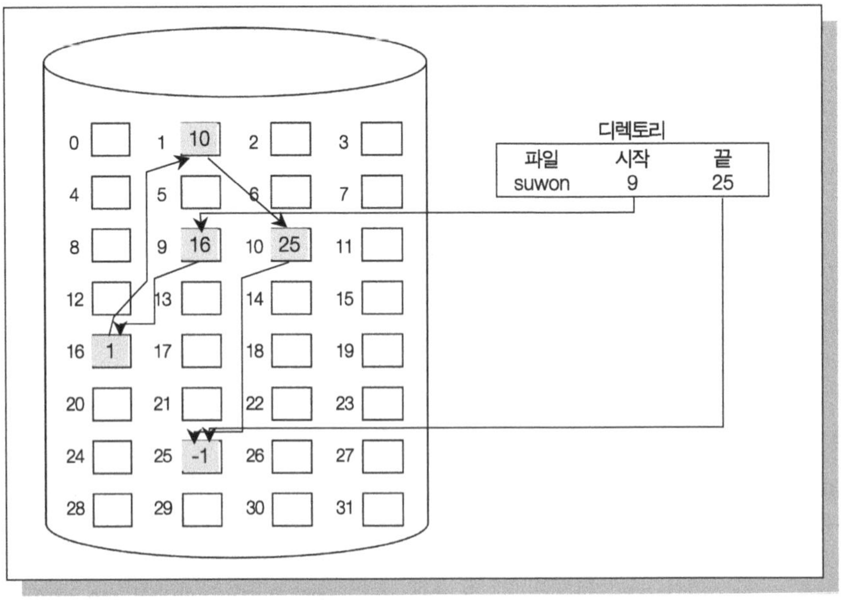

[그림 8-6] 디스크 공간 상의 연결 할당

짚어보기 디스크 공간 할당

- 데이터를 디스크의 공간에 할당하는 방법은 3가지가 있다.
  ① 연속할당: 파일의 데이터들이 연속적인 블록으로 저장되는 기법으로 파일은 첫 번째 블록의 주소와 크기만 기억하면 된다.
  ② 연결할당: 파일의 데이터 블록들이 디스크 내 여러곳에 분산되어 있을 수 있으며, 이들을 하나의 연결된 리스트로 관리하는 기법이다. 종류는 섹터지향할당, 블록할당이다.
  ③ 인덱스(색인)할당: 각 파일들은 데이터 블록 주소들을 모아놓은 정렬인 색인블록을 가지며, 색인 블록의 i번째 항목은 파일의 i번째 데이터 블록 주소를 가진다.

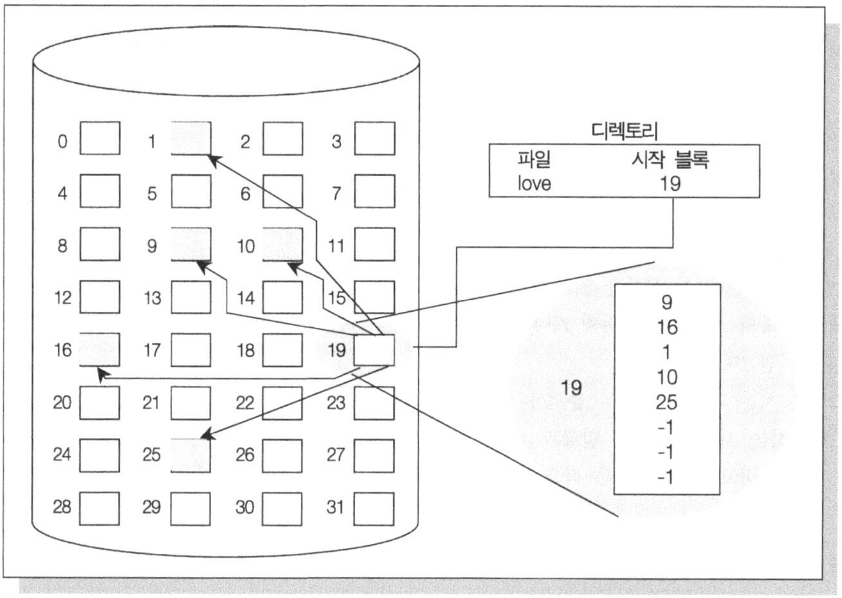

[그림 8-7] 디스크 공간 상의 색인 할당

2) 색인 순차 파일(indexed sequential file)

① **레코드 키 값의 논리적인 순서**에 따라 레코드 배열이다(각 레코드에 포함되어 있는 key에 따라서 논리적 순서에 의해 나열된 것으로 키 순서에 따라 연속적으로 액세스되거나 그 시스템에서 생성한 색인을 통하여 직접 액세스됨).

② 파일 구조는 두 부분으로 나뉘어져 있다.

- 자료 저장 부분 : 모든 자료를 순차파일과 같이 순차적으로 정리 보관한다.
- 색인 부분 : 파일의 레코드를 직접 찾아갈 수 있는 주소를 규정한 블록으로 지정해 주는 요약 표가 만들어져 있기 때문에 각 레코드를 검사해 가는 단점을 보완하고 블록 별로 찾아갈 수 있게 하는 방법이다.

③ 일반적으로 디스크에 저장한다.

3) 직접 파일(direct file)

① 직접 접근 기억장치(DASD)의 물리적 주소를 통해 직접 레코드를 접근한다.

② 키에 일정한 함수(해싱 함수)를 적용하여 상대 레코드 주소를 얻고, 그 주소에 레코드를 저장하는 파일 구조이다.

③ 응용에 적합한 순서로 레코드 저장한다.

④ 직접 접근 기억장치의 물리적 구조에 대한 지식 필요하다.

(4) 성능(performance)

1) 연결(linked) 할당

① 각 할당 방법마다 기억 장소 효율의 차이가 크며 섹터에 접근하는 시간도 그러한데 시간 문제는 소형의 느린 디스크 시스템에는 특히 중요하다.

② 여러 종류의 성능을 비교하는데 난점은 그 방법들이 어떻게 사용되는가를 결정하는 것이다.

③ 연결 할당의 경우 파일의 시작 주소를 쉽게 알 수 있으므로 i번째 섹터(또는 그 다음 섹터)의 주소를 계산하고, 그 내용을 읽는 것이 빠르며, 디스크 섹터에 대한 접근이 한 번만 필요하므로 시간적으로 유리하다. 연속 할당의 경우 디스크의 다음 요구되는 섹터의 주소를 유지하기 쉽고 직접 읽을 수 있다. 이 방식은 순차 접근에 유리하고

직접 접근에는 불리한데 i번째 섹터에 접근하기 위해서는 디스크를 i번 읽어야 한다. 어떤 시스템은 연결 할당에 의한 연결 할당과 순차 접근을 사용함으로써 직접 접근 파일을 지원한다.

2) 색인 할당

① 색인 할당의 경우는 좀 더 복잡하다. 색인 블록이 주기억 장소 내에 있으면 접근은 직접적이다. 색인 블록이 기억 장소를 많이 차지하게 되고 만일 이 주기억 장소가 충분하지 못하면 색인 블록을 읽은 후 요구되는 데이터 섹터를 읽게 된다.

② 2단 색인일 때는 2번 색인 블록을 읽어야 하며 아주 큰 파일의 끝부분을 접근하면 요구되는 데이터 섹터가 읽힐 때까지 색인 블록의 포인터를 추적해 가야 한다. 그러므로, 색인 할당의 성능은 색인의 구조, 파일의 크기, 파일의 위치에 영향을 받는다.

③ 어떤 시스템은 작은 파일(3 혹은 4 블럭까지)에 대해서는 연속 할당을 사용하고 파일이 커지면 색인 할당으로 자동적으로 변환하는 기법으로 연속 할당과 색인 할당을 조합하고 있나.

④ 대부분의 파일은 작고, 연속 할당은 작은 파일에 적합하므로 평균적 성능은 아주 좋다.

(5) 각 파일의 비교

각 파일의 비교를 [표 8-1]에 나타내었다.

예제 8-2

색인 파일이 커지면, 색인 파일에 대한 색인을 만들어서 이 문제를 해결할 수 있다. 이때에 발생하는 문제점은 무엇인가?

풀이

색인 정보를 한 번 더 가져와야 하므로 시간적 오버헤드가 발생한다.

8.5 디렉토리 구조(Directory Structure)

8.5.1 개념

디스크는 파일 시스템으로 사용 될 수 있다. 사용에 따라 하나의 디스크에 여러 개의 파일 시스템을 사용하거나 파일 시스템으로 일부분을 사용하고 나머지 부분은 스왑 공간(Swap space)이나 포맷(format)되지 않은(raw) 디스크 공간으로 사용한다. 이러한 공간을 파티션(partition), 슬라이스(slice) 등 다양하게 부르기도 한다.

[표 8-1] 각 파일의 비교

파일 형태	순차 파일(SAF)	색인 순차 파일(ISAF)	직접 파일(DAF)
접근 방식 (access method)	순차적 접근(SAM)	색인 순차적 접근(ISAM)	직접접근(DAM)
키가 필요	없다	있다(인덱스 필요)	있다(키 또는 주소)
적합한 장치	테이프	디스크, 드럼	메모리, 드럼
배열 필요 여부	불필요 (순서대로 무순으로 넣음)	필요 (키의 순서로 넣어야 함)	불필요 (미리 예정 된 곳에 넣어야 함)
용도	저장용 파일 트랜잭션 파일 배치 파일 다량의 파일	중간용	대화형 파일 자주 바뀌는 파일 자주 쓰이는 파일 소량의 파일
장점	간단 버퍼링의 용이 가변길이 레코드 가능 메모리 효율 크다	파일 수정 용이 (삽입 용이) 비교적 빨리 접근	매우 빨리 접근 수정 용이
단점	매우 느리다 수정하기가 힘들다	키가 필요하다 사전에 배열 필요 주기적으로 재구성 필요 가변길이 레코드 어렵다	주소 계산시간 가변길이 레코드 어렵다.

파일 시스템은 이러한 부분에 각각 생성될 수 있으며 각 부분은 볼륨(volume)이라고 불리는 좀 더 큰 구조를 형성하기 위해 합쳐질 수 있으며 여기에도 파일 시스템이 생성될 수 있다. 각 볼륨은 논리적인 가상 디스크(virtual disk)로 취급 될 수 있으며 볼륨은 한 개 이상의 시스템이 부팅되고 실행 될 수 있도록 여러 개의 운영체제를 저장할 수 있다. 파일시스템을 포함하고 있는 각 볼륨은 시스템에 존재하는 파일에 대한 정보를 가지고 있어야 한다. 이 정보는 장치 디렉토리, 컨텐츠 볼륨 테이블의 항목에 저장 된다. 다시말해, **디렉토리**(directory, **등록부**)는 컴퓨팅에서 파일과 다른 디렉토리들의 그룹을 갖고 있는 파일 시스템 안의 존재물이다. 수많은 컴퓨터에서 디렉토리는 폴더(folder) 또는 카탈로그(catalog)라고도 한다. **마이크로 소프트의 윈도우**에서는 폴더와 디렉토리라는 용어가 번갈아가며 쓰인다. 즉, 각 파일의 이름, 파일의 형태, 용량, 현재 위치, 보호 정보, 사용 상태 및 시간, 날짜, 처리 식별 등의 기타 정보가 포함되어 있다.일반적인 파일 시스템은 수천 개가 넘는 디렉토리들을 가지고 있다. 파일들은 같은 디렉토리에 관련 파일들이 저장되어 나열되고 관리된다. 다른 디렉토리 속의 디렉토리를 그 디렉토리의 하위 디렉토리(문화어: 보조등록부) 또는 서브 디렉토리(sub directory)라고 한다. 폴더라는 이름에서도 이와 똑같이 하위 폴더(서브 폴더)라고 한다. 더불어 디렉토리들은 계급, 곧 트리 구조를 형성한다.

8.5.2 디렉토리의 정의 및 역할

정의는 레코드의 각 필드에 대한 배열을 보관하는 파일로서, 한 파일 내의 레코드의 배치 상황을 서술해 놓은 곳이다. 디렉토리는 디스크에 수록된 프로그램이나 파일을 찾기 위한 색인이며, 제어 프로그램으로서 참조된다. 또한 디렉토리는 시스템이 가지고 있는 파일의 일람표로서 파일의 명칭, 위치, 날짜 등이 저장되어 파일 관리의 중심이 된다.

짚어보기

컴퓨터 분야를 예를 들자면 운영체제에서 윈도우 리눅스 맥 OS등으로 나누듯이 각 분야별로 나무 줄기 처럼 뻗은 것처럼 각 분야별로 나누어 놓은 것이 바로 디렉토리이다.

컴퓨터의 파일 시스템은 파일 캐비넷으로 표현될 수 있다. 여기서 높은 수준의 디렉토리들을 서랍이라고 부르고 낮은 수준의 하위 디렉토리들을 서랍 안에 있는 파일 폴더라고 부를 수 있다.역사적으로 현대의 몇몇 임베디드 장치들에서도 파일 시스템들은 디렉토리를 전혀 지원하지 못하거나, 하위 디렉토리를 허용하지 않는 평평한 디렉토리 구조만을 가지고 있다. 파일들을 포함하는 각각의 최상위 수준의 디렉토리들의 그룹만 있을 뿐이다. 유명한 일반 계급의 파일 시스템은 유닉스에서 비롯되었다. 이러한 종류의 파일 시스템은 데니스 리치의 초기 연구의 관심이었다. 현대에, 유닉스(UNIX)와 같은 시스템, 특히 리눅스에서는 디렉토리 구조가 파일 시스템 계층 구조의 표준으로 정의된다. 많은 운영 체제에서 프로그램들은 연결된 현재의 작업 디렉토리를 가지고 있는데 그 속에서 프로그램들이 실행된다. 일반적으로 프로그램이 접근하는 파일 이름들은 파일 이름들이 명확한 디렉토리 이름으로 지정되지 않는다면 이 디렉토리 안에 존재할 것으로 가정한다. 몇 몇의 OS들은 그들의 홈 디렉토리나 프로젝트 디렉토리에 사용자들이 접근하지 못하도록 막는다. 유닉스에서 디렉토리들은 파일 형식으로 간주한다.

짚어보기 폴더의 변형

사무실에서 쓰이는 파일 폴더와 유사한 이름 폴더는 맥 OS, 맥 OS 텐, 마이크로소프트 윈도우, BSD의 많은 환경, 리눅스와 같은 대부분의 현대 운영 체제들의 데스크톱 환경 위에서 공통으로 쓰인다. 폴더들은 겉으로는 "실생활 속에서 갖고 다니는 파일 폴더" 모양의 아이콘으로 그려져 있는 것이 보통이다. 파일 시스템 개념인 디렉토리와 그 디렉토리(폴더)에 쓰이는 그래픽 사용자 인터페이스의 변형과는 차이가 있다. 예를 들어, 마이크로소프트 윈도는 특별한 개념의 폴더를 사용하여 컴퓨터의 내용물을 사용자가 윈도 버전 사이에서와 개별 설치 프로그램 사이에서 달라질 수 있는 절대 디렉토리 경로를 다루는 것에서 벗어나도록 하는 매우 안정된 방법으로 표현하는 것을 돕는다.

8.5.3 디렉토리 시스템

디렉토리는 파일 시스템 내부에 있는 많은 파일들을 조직화하는 기법으로 장치들 간을 서로 연결해 주며 여러 가지 다른 디스크들을 포함하여 나타낸다. 이렇게 하여 사용자가 관심을 가진 것은 다만 논리적 디렉토리와 파일 구조이며 하드웨어적인 파일들에 대한 장소 배정 문제를 무시할 수 있다. 실제로는 많은 시스템들이 2개의 분리된 디렉토리 구조, 즉 장치 디렉토리와 파일 디렉토리를 갖는다. **장치 디렉토리(device directory)**는 각 실제적 장치에 저장되어 있으며 그 장치에 있는 모든 파일들을 묘사한다. 장치 디렉토리의 항(entry)들은 각 파일의 물리적 성질, 즉 소재지, 길이, 할당 방식들을 기술한다. **파일 디렉토리(file directory)**, 다시 말해, VTOC의 항은 각 파일의 논리적 성질, 즉 파일 형태, 소유주, 계정 정보, 접근 보호 코드 등을 기술한다. 한 개의 파일 디렉토리 항은 실제적 성질을 제공하기 위해서 장치 디렉토리에 대한 포인터를 두거나 그 정보를 복사하여 하나 더 만들어 가질 수도 있다. 장치 디렉토리는 한정된 용량만을 사용하는 단일 사용자 시스템에서는 적당하지만 용량이나 사용자의 수가 증가함에 따라 모든 파일들을 구성하고 추적해 나가는 것이 점차 어려워지는 문제점이 있다. 이러한 문제점을 해결하는 방법은 파일 시스템에 디렉토리 구조를 추가하는 것이다. **장치 디렉토리(device directory)의 포함 내용**은 파일 이름(file name), 파일 형태(file type), 파일 위치(file location), 파일 크기(file size), 현재 위치(current position), 파일 보호(protection), 사용 제어(usage control) 등 이다. **일반적으로 파일 디렉토리 시스템에는 단일 디렉토리, 2단계 디렉토리, 트리 구조 디렉토리, 비순환 그래프 디렉토리, 일반적 디렉토리 구조 등이 있는데, 후에 설명한다.**

8.5.4 디렉토리 탐색(directory searching)

1) 선형리스트(linear list)에 의해 선형탐색

프로그램이 간편하고, 시간이 많이 걸린다. 선형리스트의 가장 중요한 문제는 선형탐색만 가능하다는 것이다. 정렬된 리스트에 의한 이진 탐색을 한다. 평균 이진탐색 시간은 감소하며, 모든 리스트는 정렬된다. 해싱 테이블(hash table)은 탐색 시간(search time)을 개선한다. 각 엔트리(entry)는 컴퓨터 시스템에 있는 파일들은 장치 디렉토리 혹은 볼륨 테이블에 있는 엔트리(항:entry)로 나타낸다.

2) 디렉토리 탐색

디렉토리(directory)와 같은 다량의 트리(tree) 정보를 디스크에서 읽어 올때는 보통 캐싱(caching)과 느린 적재(lazy loading)와 같은 방법을 쓴다. 캐싱은 미리 디렉토리 정보를 읽어 두고 그 것을 그대로 쓰는 것이고 (따라서 실제 내용과 약간의 오차가 발생할 수 있음), **느린 적재(lazy loading)**는 전체 디렉토리 정보를 다 스캔(scan) 하는 것이 아니라, 필요한 만큼만 읽어 들인 후, 나중에 필요한 경우, 다시 일부분을 읽어오는 방식이다. 예를 들어, 최상위 디렉토리를 표시할 때에는 루트(root)와 바로 그 밑 디렉토리까지 읽어들여서 화면에 루트(root)에 딸린 서브 디렉토리(subdirectory)들을 표시한다. 루트 바로 밑 디렉토리의 내용까지 읽는 이유는 탐색기와 같은 프로그램은 하위 디렉토리가 있는지 없는지 여부를 앞에 [+] [-] 기호로 표시하기 때문이다. 물론 실제 탐색기는 서브 디렉토리가 없어도 [+] 기호를 보여줄 때가 많다. 또한 일단 읽어 들인 디렉토리 정보는, 여간해서 다시 읽지 않는 능력이 필요하다. 복사, 이동과 같은 것은 읽어 들인 디렉토리 트리에서 바로 작업을 수행하고, 또 OS에서 파일이 변경되었다는 것을 응용(application)으로 알려주는 방법이 있을 때에만 다시 읽어 들인다(Windows는 이런 message가 있는 것으로 알고 있다).

짚어보기 느린 적재(Lazy Loading) 기법

어플리케이션 레벨에서 메모리를 효율적으로 관리하기 위해 오브젝트의 인스턴스를 한번에 모두 메모리에 생성하지 않고, 필요시 생성하는 기법을 의미한다.Ibatis 나 Mybatis 그리고 Springframework 등 많은 프로그래밍 언어에서 사용되어지고 있다. 예를 들면,Food.class 파일에서 사용자가 원하는 과일을 선택받아 해당 과일 오브젝트를 인스턴스화 시킨다. 이때 과일의 종류는 바나나(Banana.class) 그리고 사과(Apple.class) 그리고 포도(Graph.class)가 있다고 가정한다. 느린 적재(Lazy Loading) 방식이 아니면 어플리케이션이 실행되면 총 4개의 클래스가 인스턴스화 되어 메모리에 적재 되어진다. 이는 총4개의 클래스만 생각해보면 작은 메모리 용량이겠지만, 대규모 어플리케이션이라고 가정하면 꽤나 심한 메모리 낭비를 야기할 수 있다.그렇기 때문에 느린 적재 기법을 사용하는데,이 때는 전체 과일 클래스를 메모리에 생성하지 않는다. 사용자가 바나나를 원할 경우 바나나 클래스의 인스턴스만 생성하여 메모리에 적재한 후 반환한다. 그렇다고 모든 상황에서 느린 적재(Lazy Loading) 방식이 좋은것만은 아니므로, 이 점을 유념해야 한다.

8.5.5 디렉토리의 내용

디렉토리 내에 저장되어 있는 각 파일에 대한 정보는 OS마다 조금씩 다르나 기본적인 내용은 다음과 같다.

① 파일 이름 : 기호로 된 파일의 이름
② 파일 형태 : 시스템이 제공 또는 제한하는 파일의 형태
③ 위치 : 보조 기억 장치 내에서의 파일의 위치를 나타내는 포인터
④ 용량 : 파일의 현 상태의 용량과 최대 허용 용량을 바이트, 워드 혹은 블록 단위로 나타낸 수
⑤ 현재 위치 : 파일에서 판독이나 기록이 행해지는 현재의 위치의 포인터
⑥ 보호 : 파일에 대한 액세스 제어 정보
⑦ 이용 수 : 특정 파일을 이용하는 현재의 프로세스의 수

⑧ 시간, 날짜, 처리 식별 : 이 정보는 파일의 생성과 최종적인 수정이나 이용에 관한 기록이며, 이는 보호와 이용 관리에 이용된다.

8.5.6 디렉토리의 연산

디렉토리의 연산은 다음과 같이 요약 할 수 있다.

❶ 파일 찾기 : 특정 파일을 찾기 위하여 디렉토리를 탐색할 필요가 있다.
❷ 파일 생성 : 새로운 파일들을 생성하여 디렉토리에 첨가한다.
❸ 파일 삭제 : 더 이상 필요하지 않은 파일들을 디렉토리에서 삭제 한다.
❹ 디렉토리(list) 나열 : 디렉토리에 존재하는 파일들을 나열하고 파일에 대한 디렉토리 항목의 내용을 보여 준다.
❺ 파일의 재명명 : 파일 이름을 변경할 수 있어야 한다.
❻ 파일 시스템(renaming) 순회(traverse) : 파일 시스템의 여러 디렉토리를 순회 하면서 파일들을 볼 수 있게 해주는 기능이다.

8.5.7 디렉토리 구조의 종류

디렉토리는 파일 관리에 필요한 정보를 지니고 있는 파일이다. 이런 디렉토리는 여러 가지 구조가 있으며 시간이 지남에 따라 조금씩 변화하였다. 일반적으로 파일 디렉토리 시스템에는 단일 디렉토리, 2단계 디렉토리, 트리 구조 디렉토리, 비순환 그래프 디렉토리, 일반적 디렉토리 구조 등이 있다.

(1) 단단계(단일;Single-Level) 디렉토리 구조

단일 디렉토리는 가장 간단한 형태의 디렉토리 구조로서 장치 디렉토리가 하나의 예 이며 모든 파일을 같은 디렉토리에서 유지되고 이해하기가 용이하다. 그러나 파일의 수가 증가하거나 사용자의 수가 많아질 때 모든 파일들이 같은 디렉토리 내에 있으므로 모두 유일한 이름을 가져야 하는 제약이 있다. 이 경우 파일이 계속 증가하거나 다수의 이용자가 있을 때 동일 이름이 있을 수 있기 때문에 불리하다(서로 다른 사용자 간의 파일명의 혼란). 즉, **파일 명칭 부착(naming) 문제를 유발한다.** 파일의 구성 형태는 [그림8-8]과 같다.

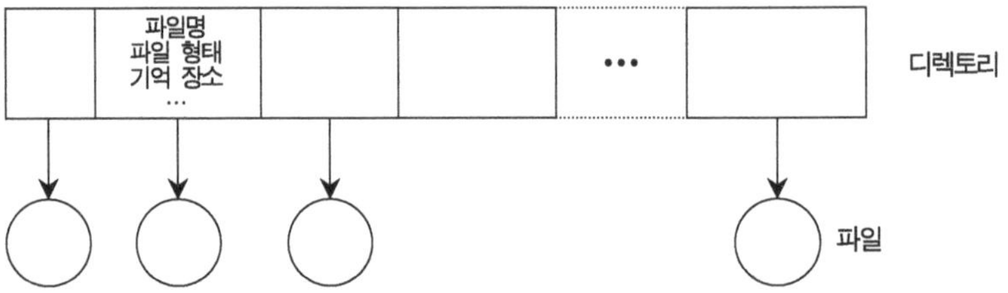

[그림 8-8] 단일(단 단계) 디렉토리 구조

(2) 2단계(Two-Level) 디렉토리 구조

2단계 디렉토리는 단일 디렉토리의 문제점인 서로 다른 사용자간의 파일명 혼란을 막기 위한 방법으로서, 각 사용자에게 서로 다른 디렉토리를 만들어 주는 방법이다. 2단계 디렉토리에서 특정 파일을 지정하기 위해서는 사용자 이름과 파일 이름을 주어야 한다. 즉 2단계 디렉토리에서 루트는 마스터 파일 디렉토리이고 그 아래에 사용자 파일 디렉토리가 있으며 그 다음에 파일이 있다.

각 사용자는 자신의 사용자 파일 디렉토리(UFD)를 갖고, 각 사용자 디렉토리는 선형, 2진, 해쉬 등의 비슷한 구조를 가지면서 오직 한 사용자의 파일만 기술한다. 중앙에 이용자 관리용인 마스터 파일 디렉토리가 있고, 그 아래 이용자 파일 디렉토리가 있다. 이름을 전부 다르게 해야 하는 단일 디렉토리 구조의 제약을 해결했지만 다른 이용자와의 파일 공유가 대체적으로 어려우며, 이용자의 이름과 파일 이름을 포함하고 있으므로 파일의 이름이 길어진다는 단점이 있다. 단단계 디렉토리는 모든 파일이 고유이름을 가져야 하기 때문에 파일 명명(naming)에 대한 문제를 유발했다. 2단계 디렉토리는 각 사용자에 대하여 분리된 디렉토리를 할당함으로써 이 문제를 해결했다(즉, 사용자는 자신의 파일만을 가지는 개인 디렉토리를 가짐). 파일의 구성 형태는 [그림8-9]와 같다.

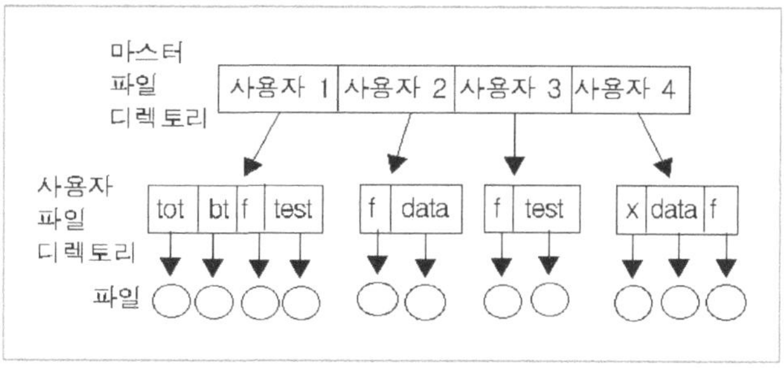

[그림 8-9] 2 단계 디렉토리 구조

(3) 트리 구조(Tree Structured) 디렉토리

트리 구조 디렉토리는 2단계 디렉토리 구조를 확장하는 일반적인 개념이 임의 트리 구조 형태를 갖는 것을 말한다. 이것은 사용자들이 자신의 파일을 구성하기 위하여 서브 디렉토리를 생성(구성)하고 이것에 따라 자신의 파일을 구성하는 것이다. 디렉토리 또는 서브디렉토리는 자신 밑에 파일이나 또 다른 서브디렉토리를 가진다. 2단계 디렉토리는 높이가 2인 트리인데, 디렉토리 구조를 확장하는 일반적인 방법이 임의 트리(arbitrary tree)구조이다. 이것은 사용자들이 자신의 종속 디렉토리를 생성하고 그것에 따라 자신의 파일을 구성한다. 파일의 구조 형태는 [그림8-10]과 같다.

(4) 비순환 그래프(Acyclic Graph) 디렉토리 구조

비순환 그래프 디렉토리는 사이클이 없는 그래프로서 트리 구조 디렉토리 방식을 일반화한 것이다. 트리 구조 디렉토리에서는 파일이나 디렉토리의 공용이 금지되나 비순환 그래프 디렉토리는 공용이 가능하다. 같은 파일이나 서브디렉토리가 서로 다른 두 개의 디렉토리 내에 있을 경우 이 디렉토리 구조에서 자연스럽게 나타낼 수 있다. 즉 같은 프로젝트에서 여러 사람이 사용하고 있을 경우 공용하는 모든 파일은 같은 디렉토리에 넣을 수도 있다. 다시말해, 서브 디렉토리를 만들고, 파일이 공유 되는 것(또는 디렉토리)을 허용하는 반면, 탐색과 삭제가 복잡하다.

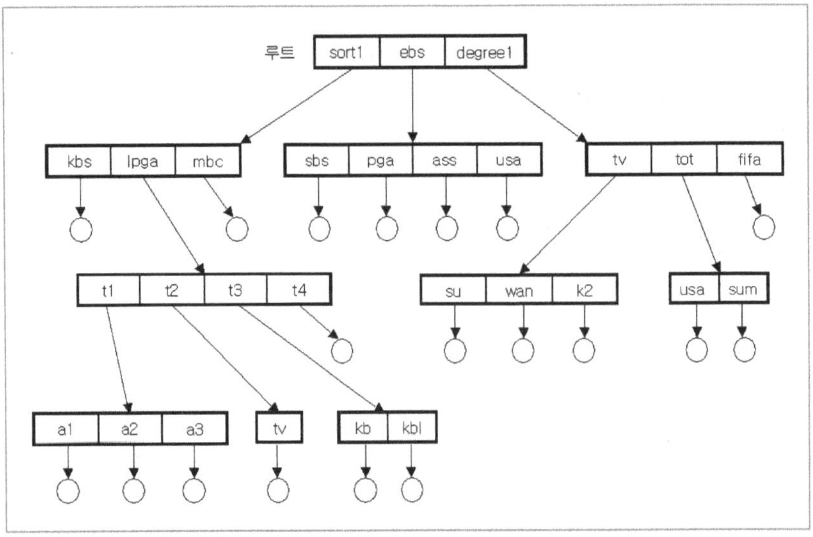

[그림 8-10] 트리 구조 디렉토리 구조(ㅇ : 파일)

서브 디렉토리를 공유할 수 있고 사이클이 없는 그래프 구조를 이루며 융통성이 있고, 디스크 공간을 절약할 수 있는 구조이다. 트리 구조는 파일이나 디렉토리들의 공유를 금지하고 있는 반면, 비순환 그래프는 디렉토리들이 종속 디렉토리들과 파일들을 공유할 수 있도록 허용하고 있는 것이다. 사용자가 자신의 디렉토리를 정의하도록 하여 자신의 파일이 별도의 구조를 가질 수 있게 한다. 똑같은 파일이나 부 디렉토리가 다른 디렉토리에 있을 수 있다. 비순환 그래프(사이클이 없는 그래프)는 트리 구조 디렉토리 방식을 일반화한 것이다. 파일의 구성 형태는 [그림8-11]와 같다.

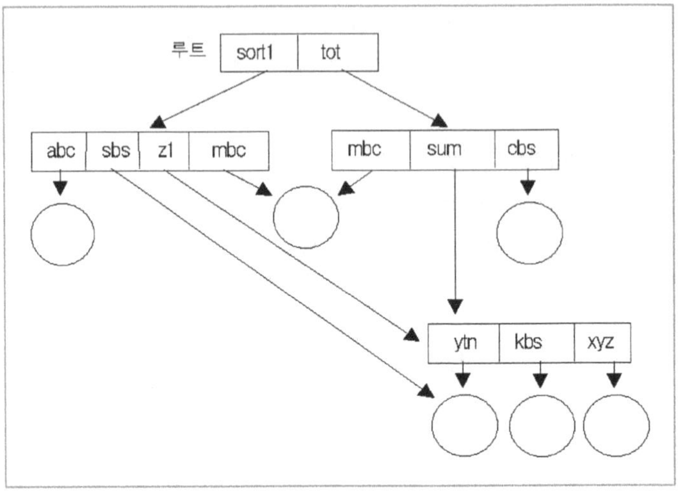

[그림 8-11] 비순환 그래프 디렉토리 구조(ㅇ : 파일)

(5) 일반적인 그래프 디렉토리

기존의 트리 구조에 새로운 파일을 첨가하거나 서브디렉토리를 추가하면 트리 구조는 그대로 유지된다. 그러나 이 트리 구조에 링크를 추가시키면 그 트리 구조의 특성은 파괴되고 일반적인(보통) 그래프 구조로 변한다. **사이클이 허용되는 구조로 그래프 탐색 알고리즘이 간단하다.** 디렉토리와 파일의 공유에 완전한 융통성을 주는 대신 사용되지 않는 디스크 공간을 되찾기 위해 쓰레기 수집(Garbage Collection)을 요한다. 각 디렉토리마다 불필요한 파일의 제거를 위한 Garbage collection을 위한 참조카운트가 필요하다. 파일의 구성 형태는 [그림8-12]과 같다.

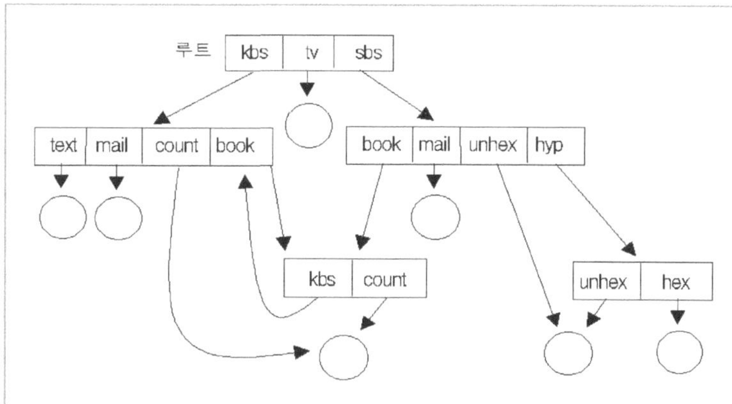

[그림 8-12] 일반적인 그래프 디렉토리

예제 8-3

어떤 시스템에서는 인가된 사용자가 부 디렉토리를 읽어서 그 내용을 수정할 수 있도록 했다면, 발생할 수 있는 문제는 무엇이 있는가?

풀이

디레토리 내의 정보를 사용자가 임의로 갱신한다면 파일 보호 시스템을 바이패스하여 다른 파일에 접근하게 되는 경우가 발생한다. 또한, 위의 각 보호 문제에 대해서, 이를 해결할 수 있는 방법은 디렉토리에 대한 사용자의 write 연산을 금지한다.

예제 8-4

단 단계 디렉토리 구조에서, 임의의 길이를 가진 이름을 파일에 줄 수 있다면, 다단계 디렉토리 구조를 시뮬레이트할 수 있는가? 만약, 할 수 있다면 어떻게 구현할 수 있으며, 그 방법을 다단계 디렉토리 구조 방법과 비교하라. 반대로, 할 수 없다면 그 이유는 무엇인가? 파일 이름의 길이가 7자로 제한된다면, 대답은 어떻게 변하는가?

풀이

파일 이름의 길이에 제한이 없다면 A 디레토리 밑의 B 디렉토리의 C 파일을 A.B.C와 같이 표기하여 시뮬레이트 할 수 있다. 그러나 파일 이름의 길이에 제한이 있다면 이는 불가능하다.

8.6 파일 시스템 마운팅(File System Mounting)과 파티션 마운팅(Partition Mounting)

8.6.1 파일 마운팅(File Mount)

파일이 사용되기 전에 열리는 것처럼 파일 시스템은 프로세스들에 의해 사용되기 전에 장착(mount) 되어야 한다.

마운트 과정은 다음과 같다.

❶ 운영체제(OS)에게 장치 이름과 파일 시스템을 부착 할 수 있는 파일 구조 내의 위치가 주어진다. 일반적으로 마운트 포인트는 장착되는 파일 시스템이 부착될 비어있는 디렉토리이다.

❷ OS는 장치가 유효한 파일 시스템을 포함하는지 확인 한다. 그 과정은 장치 드라이버가 장치 디렉토리를 읽고 디렉토리가 유효한 포맷을 가지고 있는지 확인하도록 요청 함으로써이루어 진다.

❸ OS는 파일 시스템이 지정된 마운트 포인트에 장착되었음을 디렉토리 구조에 기록한다. 이 기법은 OS가 디렉토리 구조를 순회하고 파일 시스템을 적절히 교체할 수 있게 한다.

시스템은 파일을 포함하고 있는 디렉토리에 대해 장착을 허가하지 않거나 장착된 파일 시스템만 그 디렉토리에서 사용가능하게 하고 기존 파일들은 탈착 될 때까지 사용 불가능하게 만들 수 있다. 탈착 후에는 장착되었던 파일 시스템은 사용이 끝나고 기존 파일들이 다시 사용 가능해진다.

8.6.2 파일 시스템 마운팅(Fil System Mounting)과 파티션 마운팅(Partition Mounting)

디스크의 배치는 운영체제(OS)에 따라 크게 달라진다. 각 파티션은 파일 시스템을 포함하지 않은 '비가공(raw) 파티션이나 파일시스템을 포함하는 '가공(cooked)' 파티션으로 나누어진다. 비가공(raw) 디스크는 어떤 파일 시스템도 적당하지 않은 곳에 사용된다. UNIX의 스왑(교체) 공간은 자신의 고유 포맷을 사용하고 파일 시스템을 사용하지 않으므로 비가공 파티션을 사용한다. 또한 비가공 디스크는 RAID 시스템에서 필요한 정보를 저장할 수 있다. 어느 블록이 미러드(mirrored) 되었는지 또는 어느 블록이 변경되어 미러드 될 필요가 있는지 가리키는 비트맵(bitmap)을 가지고 있다. 부트 정보는 별도의 파티션에 저장될 수 있다. 부트 할 때 시스템은 파일 시스템 장치 드라이버가 적재되어 있지 않으며 파일 시스템 포맷을 해석할 수 없으므로 부트 정보는 자신의 포맷을 가진다. 부트 정보는 통상 일련의 순차 블록으로 메모리 하나의 이미지로 적재 된다. 이미지의 실행은 첫 번째 바이트 같은 미리 정해진 위치에서부터 시작 된다.PC들은 이중 부트(dualboot) 시스템을 할 수 있다. 이는 다수의 OS가 구축 될 수 있음을 의미한다. 여러 파일 시스템과 여러 OS를 인식하는 부트 적재기가 부트 공간을 점유하고 일단 적재되면 그 디스크에서 이용 가능한 OS 중 하나를 부트 할 수 있다. OS 커널과 다른 시스템 파일을 포함할 수 있는 루트 파티션(root partition)은 부트 시에 장착 된다. 다른 파티션은 OS에 따라 부트 시 자동 장착되거나 수동으로 나중에 장착 된다. OS는 장치 드라이버에게 장치 디렉토리를 읽도록 요청하고, 디렉토리가 유효한 포맷을 가졌는지 확인함으로써 이 과정을 실행 한다. 마지막으로 OS는 메모리 내부의 마운트 테이블(mount table) 구조에 파일 시스템이 장착되었다는 사실과 파일 시스템의 유형을 기록 한다.

짚어보기 파일 시스템 마운팅(File System Mounting)과 파티션 마운팅(Partition Mounting)

- 파일 마운팅(File Mount)
  - 파일이 사용되기 전에 열리는 것처럼 파일 시스템은 프로세스들에 의해 사용되기 전에 장착(mount) 되어야 한다.
  - 마운트 과정은 다음과 같다.

  ❶ OS에게 장치 이름과 파일 시스템을 부착 할 수 있는 파일 구조 내의 위치가 주어진다. 일반적으로 마운

트 포인트는 장착되는 파일 시스템이 부착될 비어있는 디렉토리이다.

❷ OS는 장치가 유효한 파일 시스템을 포함하는지 확인 한다. 그 과정은 장치 드라이버가 장치 디렉토리를 읽고 디렉토리가 유효한 포맷을 가지고 있는지 확인하도록 요청함으로써 이루어 진다.

❸ OS는 파일 시스템이 지정된 마운트 포인트에 장착 되었음을 디렉토리 구조에 기록한다. 이 기법은 OS가 디렉토리 구조를 순회하고 파일 시스템을 적절히 교체할 수 있게 한

- 시스템은 파일을 포함하고 있는 디렉토리에 대해 장착을 허가하지 않거나 장착된 파일 시스템만 그 디렉토리에서 사용가능하게 하고 기존 파일들은 탈착 될 때까지 사용 불가능하게 만들 수 있다. 탈착 후에는 장착되었던 파일 시스템은 사용이 끝나고 기존 파일들이 다시사용 가능해진다.

■ 파티션과 마운팅(Partition and Mounting)

- 디스크의 배치는 OS에 따라 크게 달라진다. 각 파티션은 파일시스템을 포함하지 않은 '비가공(raw) 파티션이나 파일시스템을 포함하는 '가공(cooked)' 파티션으로 나누어진다.
- 비가공(raw) 디스크는 어떤 파일 시스템도 적당하지 않은 곳에 사용된다. UNIX의 스왑 공간은 자신의 고유 포맷을 사용하고 파일 시스템을 사용하지 않으므로 비가공 파티션을 사용한다. 또한 비가공 디스크는 RAID 시스템에서 필요한 정보를 저장할 수 있다. 어느 블록이 미러드(mirrored) 되었는지 또는 어느 블록이 변경되어 미러드 될 필요가 있는지 가리키는 비트맵(bitmap)을 가지고 있다.
- 부트 정보는 별도의 파티션에 저장될 수 있다. 부트 할 때 시스템은파일 시스템 장치 드라이버가 적재되어 있지 않으며 파일 시스템 포맷을 해석할 수 없으므로 부트정보는 자신의 포맷을 가진다. 부트 정보는 통상 일련의 순차 블록으로 메모리 하나의 이미지로 적재 된다. 이미지의 실행은 첫 번째 바이트 같은 미리 정해진 위치에서부터 시작 된다.
- PC들은 이중 부트(dualboot) 시스템을 할 수 있다. 이는 다수의 OS가 구축 될 수 있음을 의미하며,여러 파일 시스템과 여러 OS를 인식하는 부트 적재기(Boot loader)가 부트 공간을 점유하고 일단 적재되면 그 디스크에서 이용 가능한 OS 중 하나를 부트 할 수 있다.
- OS 커널과 다른 시스템 파일을 포함할 수 있는 루트 파티션(root partition)은 부트 시에 장착 되며,다른 파티션은 OS에 따라 부트 시 자동 장착 되거나 수동으로 나중에 장착 된다.
- OS는 장치 드라이버에게 장치 디렉토리를 읽도록 요청하고 디렉토리가 유효한 포맷을 가졌는지 확인함으로써 이 과정을 실행 한다.
- 마지막으로 OS는 메모리 내부의 마운트 테이블(mount table) 구조에 파일 시스템이 장착되었다는 사실과 파일 시스템의 유형을 기록 한다.

8.7 파일 서버

컴퓨터 네트워크 상에서 다른 컴퓨터들에게 파일 사용을 제공하는 컴퓨터를 파일 서버(file server)라 한다. 여러 대의 컴퓨터 중 한 대에서만 파일을 관리한다면 보다 나은 일관성을 제공할 수는 있으나 파일 서버의 병목 현상을 일으킬 수 있다.보다 나은 방법은 독립적인 컴퓨터들이 서로 직접 통신하게 하는 방법이다. 대표적인 형태로 네트워크 파일 시스템(NFS)이 있는데 이것은 각 컴퓨터가 클라이언/서버(Client/Server)로 동작하게 된다.

8.7.1 인터페이스 레벨

파일 서버들은 세 개의 레벨 중 한 레벨에서 사용자들에게 인터페이스를 제공한다. 가장 간단한 형태는 원격 디스크인데, 각 사용자는 가상 디스크를 할당 받는데 이것은 파일 서버 디스크의 일부분이다. 복잡한 형태로 파일 서버가 파일을 제공하는 형태가 있는데, 파일을 생성하거나 삭제하고 파일의 내용을 읽고 파일을 찾고 쓰는 등의 명령어가 제공된다. 파일 서버가 완전한 파일 시스템을 제공하는 형태가 있는데, 파일을 처리하는 명령어 외에도 디렉토리를 생성하거나 삭제 또는 현재의 디렉토리 바꾸기, 파일에 링크 만들기 등의 연산이 제공된다.

8.7.2 병행성 조정

UNIX와 같은 파일 시스템에서는 두 사용자가 동시에 한 파일을 변경시키고 있을 때 읽고 쓰는 명령을 입력 받은 순서대로 처리 한다.이런 방식으로 파일을 관리하면 문제가 발생한다. 많은 파일 서버들을 병행성 조정 기법으로 사용자들에게 잠금(locking) 기법을 제공한다. 한 파일이 한 사용자에 의해 잠겨 졌을 때 다른 사용자가 그 파일을 사용하거나 잠그려는 시도가 서버에 의해 거부된다. 파일에 변경을 수행하기 전에 사용자는 필요한 모든 파일을 잠근다. 만약 어떤 파일들이 이미 다른 사용자에 의해 잠겨졌으면 파일 변경은 거부하게 된다.

예제 8-5

은행에서 두 고객이 동시에 같은 계좌에 돈을 예치할 경우 발생할 수 있는 문제의 예를 들어보라.
은행 계좌에 50만원이 예치되어 있다고 가정하자. A와 B가 각각 20만원씩 이 계좌에 저금하는 경우를 생각해 보자. 결과는 90만원이 되어야 하지만 다음과 같은 경우에서는 그렇지 못하다. A와 B가 동시에 저금할 경우 시스템은 A가 저금한 결과인 50+20=70만원을 저장하고 B는 현재 금액이 70만원으로 바뀌기 전인 50만원에다 20만원을 추가한 70만원을 저장하게 되므로 저장 순서에 관계없이 70만원이 저장된다.

8.7.3 파일 복사

파일 서버에 의해 제공되는 유용한 기능으로 파일복사 기능이 있는데, 각 파일에 대해 하나의 복사본을 가지고 있는 대신에 서버는 n개의 복사본을 가지고 있다. 만약 복사본의 하나가 사고로 파괴되어도 데이터를 잃어버리지 않을 수 있다. 만약 디렉토리가 파일이름, i-node 번호로 이루어진 쌍으로 구현되어 있으면 파일의 n개의 복사본을 위해 n개의 i-node 번호들과 파일이름들을 유지하고 있는 디렉토리로 변경시킨다. 파일의 복사본 중 하나의 내용이 변경되었을 때 변경된 내용을 다른 복사 파일들에게 알려서 일관성을 유지시키는 역할을 서버가 담당한다.

일관성을 유지하는 두 가지 방법이 있다.

- 디렉토리에 나와 있는 모든 복사본 파일들에게 변경된 내용의 블록을 알려줌으로써 파일의 변경된 부분만 갱신시키는 방법.
- 기존의 복사본들을 모두 폐기하고 수정된 파일의 복사본을 만들어서 디렉토리 안에 넣는 방법.

8.8 네트워크 파일 시스템

네트워크 파일 시스템(network file system: NFS)은 디렉토리와 파일들이 네트워크를 통해 공유되게 한다. 이것은 선 마이크로시스템(Sun Microsystems)에서 개발되었고 현재에는 모든 UNIX 구현뿐만 아니라 다른 OS에서도 많이 사용된다. 네트워크 파일 시스템을 통해서 사용자들과 프로그램들은 원격지에 있는 파일을 마치 자신의 컴퓨터에 있는 파일인 것처럼 처리할 수 있다.

네트워크 파일 시스템의 장점은 다음과 같다.

- 전체 네트워크 내에 하나의 파일만 존재하면 되므로 디스크 공간을 효율적으로 사용하게 된다.
- 네트워크 파일 시스템은 파일이 네트워크를 통해서 효과적으로 중앙처리를 통해 갱신될 수 있기 때문에 중앙지원

작업을 단순화시킨다.
- 사용자가 새로운 파일이 속해 있는 OS의 명령어를 배우는 것이 아니라 자신의 운영체제 명령어를 사용해서 파일을 관리할 수 있다.

이러한 네트워크 파일 시스템은 크게 두 부분으로 이루어져 있는데 하나는 클라이언트 부분이고 다른 하나는 서버 부분이다.
- 클라이언트는 다른 컴퓨터에 존재하는 파일을 네트워크를 통해 지역 파일 시스템의 일부분인 것처럼 사용하도록 하는 시스템으로 원격 디렉토리를 사용한다.
- 서버는 다른 컴퓨터가 자신의 디스크에 저장되어 있는 파일을 클라이언트가 사용할 수 있도록 필요한 디렉토리를 만드는 시스템을 말한다.

지역 파일 시스템에 원격 디렉토리를 붙이는 것(클라이언트 기능)을 디렉토리를 마운트(mount)한다고 한다. 파일 원격 처리를 위해 디렉토리를 제공하는 것을 디렉토리를 내보낸다(export)고 한다. 네트워크 파일 시스템 내의 컴퓨터는 클라이언트와 서버 네트워크 파일 시스템 소프트웨어를 모두 실행하게 되는 경우가 자주 있다.

8.9 파일 시스템의 신뢰도와 효율

컴퓨터 상의 정보는 파일의 형태로 저장되고 보관되기 때문에 파일을 안전하게 관리하는 것이 아주 중요한 문제이다.

8.9.1 백업(backup)

데이터를 안전하게 보존하는 기법으로 주기적인 백업을 들 수 있는데, 주기적으로 시스템의 파일을 복사하여 다른 곳에 보존하여 두는 백업은 갑작스런 손실을 방지하는 가장 일반적인 기법이다. 다른 디스크에 한 파일에 대한 모든 트랜잭션을 기록하여 저장하는 방법이며, 파일의 절대적인 안전을 보장할 수 있는 방법은 없다. 설계자는 시스템의 성능을 감소시키지 않으면서, 타당한 비용으로 파일을 보호할 수 있는 백업 기능을 마련해야 한다. 데이터의 안전한 보호가 보장되어야 하는 상황에서는 설계자는 비용과 시간의 소모가 상당하더라도 완전한 백업 과정을 마련해야만 한다.
주기적인 백업을 통해서 얻는 장점은 디스크 전체에 널리 산재해 있는 사용자 파일들을 연속된 공간에 배치하여 다시 재구성할 수 있기 때문에 시스템이 다시 작업을 시작한 후 사용자 파일에 대한 접근 속도가 빨라진다. 단점으로는 백업 작업 시에 시스템은 다른 작업을 중단해야 하고, 파일 시스템은 매우 클 수도 있기 때문에 전체 백업은 많은 시간을 필요로 한다. 잘못이 발생했을 경우 최종 백업받은 것으로부터 회복은 상당한 시간을 필요로 하는 작업이다. 더욱이 이것은 단지 최종 백업 당시의 데이터이며 그 이후의 처리 내용은 손실된다는 단점도 있다.

8.9.2 일관성(consistency)

파일 시스템의 신뢰성을 결정하는 요인으로 파일 시스템의 일관성을 들 수 있다. 많은 파일 시스템들은 블록을 읽고 수정하고 쓰게 된다. 만약 파일 시스템이 수정된 블록이 다시 쓰이기 전에 망가진다면 파일 시스템은 일관적이지 않은 상태로 남게 된다. 이러한 문제는 제대로 쓰이지 않은 블록이 i-node 블록, 디렉토리 블록, 사용가능 리스트를 가지고 있는 블록일 경우에 더 치명적이다. 이러한 파일 시스템의 문제를 다루기 위해 대부분의 컴퓨터들은 파일 시스템 일관성을 다루기 위한 유틸리티 프로그램을 가지고 있다.

8.9.3 효율성

디스크를 처리하는데 걸리는 시간은 메모리를 처리하는데 걸리는 시간에 비해 상당히 느리다. 메모리를 읽는 시간은 길어봐야 몇 백 나노 초가 걸리지만 디스크 블록들을 읽는 것은 몇 십 밀리초가 걸리게 된다. 이러한 처리시간의 차이 때문에 많은 파일 시스템들은 필요한 디스크 처리시간을 줄이도록 설계되었다. 디스크 처리시간을 줄이기 위한 일반적인 방법으로 블록 캐시 또는 버퍼 캐시 등이 있다. 만약 찾고자 하는 블록이 캐시 안에 있다면 디스크에 접근할 필요 없이 캐시로부터 원하는 정보를 빠른 시간에 가져올 수 있다. 캐시 안에 정보가 있지 않다면 먼저 캐시 안으로 블록을 읽은 후에 필요한 곳으로 복사한다. 같은 블록을 계속해서 요구하는 경우에는 원하는 블록을 캐시로부터 찾을 수 있다. 블록이 캐시로 읽혀질 때 캐시의 용량에 한계가 있으므로 어떤 블록들은 캐시에서 제거되고 만약 블록의 내용이 수정되었으면 바뀐 내용을 디스크에 다시 저장해야 한다. 캐싱 이외에도 파일 시스템의 효율성을 향상시키는 방법이 있다. 블록들을 서로 인접하게 위치시켜서 디스크 축의 움직임을 적게 하는 것이다. **파일을 디스크에 저장할 때 파일 시스템은 같은 실린더 내의 블록들을 하나의 파일에 할당시켜줌으로써 나중에 이 파일을 읽을 때에 디스크 축이 움직이는 것을 최소화함으로써 효율성을 향상시킨다.**

예제

8-6 i-node를 사용하는 시스템에서 효율을 저해시키는 원인

i-node를 사용하는 시스템에서 효율을 저해시키는 원인으로 짧은 파일을 읽을 때에도 두 번의 디스크 처리가 필요하다는 것을 예로 들 수 있다. i-node를 읽기 위해서 한 번 디스크로 접근해야 한다. 여기에서 i-node들을 디스크의 중간 부분에 위치시킴으로써 i-node와 블록 사이의 탐색시간을 줄임으로써 성능향상을 가져올 수 있다.

8.10 파일의 보호(file protection)

8.10.1 파일의 보호 개념

대개 파일에는 대용량의 중요한 데이터가 기록되어 있다. 이러한 파일 내용이 우발적 또는 고의적으로 변질되거나 파괴되어서는 안 되므로 어떤 보호 처리가 필요하다. 파일의 보호는 파일의 공용 문제와 병행되어 고려되어야 한다. 무조건 파일을 보호하기만 하면 자원의 낭비를 가져올 수도 있기 때문이다. **파일 보호**는 무자격 사용자들이 무단으로 프로그램에 접근할 수 없게 하려고 그 파일 소유자가 보호 장치를 만들어 놓는 것을 말한다. **보호**는 물리적인 손상으로부터의 보호와 파일에의 부적격한 접근의 방지를 말한다. 신뢰성의 문제는 파일을 복사해 둠으로써 해결할 수 있다. 즉, 운영체제는 파일이 불의의 사고로 파괴되거나 손상되는 것을 방지하려고 주기적으로 자동 백업해 둔다. 파일 보호에는 물리적인 보호와 논리적인 보호가 있으며, 일반적으로는 후자를 가리키는 경우가 많다. 물리적인 보호에는 자기 테이프의 릴에 세트하는 파일 보호 링이나 자기 테이프 장치, 자기 드럼 장치 등의 파일 보호 스위치가 사용된다. 논리적인 보호는 다중 프로그래밍 하에서 대부분의 태스크가 파일을 공용하는 시스템이나 다수의 이용자가 단말에서 파일을 이용하는 시분할 시스템(TSS;Time Sharing System) 등의 온라인 시스템에 대해서 중요한 것이며, 특히 기밀 보호는 필수이다. 논리적인 파일 보호의 수단으로는 액세스(접근) 권리의 체크나 파일 사용 방법의 체크가 있다. 이것을 「파일 보호」라고 한다. 파일 보호는, 예를 들면 자기 테이프에서는 「파일 보호 링」을 사용하는 하드웨어 기능을 이용하거나 프로그램에서의 레이블 검사(label check)와 패스워드(password)의 사용 등에 의하여 대처하고 있다. 데이터 기입이 이루어진 자기 디스크와 자기 테이프를 다른 데이터에 써넣지 않도록 하는 것을 기입 보호(write protection)라고도 한다. 즉, 무자격 사용자들이 무단으로 프로그램이나 데이터 등의 파일을 사용할 수 없도록 하기 위해 그 파일의 소유자가 보호 장치를 만들어 놓는 것이다. 일반적으로 파일의 보호는 특히 파일이 여러 사용자들에 의해 **공유(sharing)**될 때 더욱 중요하며, **접근 통제(access control)**를 통해 이의 보호를 이루고 있다. 컴퓨터 시스템이 복잡해지고 응용분야가 광범위해짐에 따라 시스템의 무결성을 보호할 필요성이 증가되었다. **OS는 서로 다른 프로세스의 실행으로부터 프로세스들이 보호되어야 한다.**

짚어보기

파일을 보호하는 방법은 물리적인 손상에서의 보호, 불법적인 접근으로부터의 보호가 있다. 물리적인 손상은 파일을 백업해 둠으로써 해결 가능하다. 불법적은 접근의 보호는 파일명에 의한 방법, 암호에 의한 방법, 접근 제어 행렬에 의한 방법 등이 있다. 파일명에 의한 방법은 사용자만 알아볼 수 있는 파일명을 부여하여 보호하는 방법이다. 암호에 의한 방법은 파일에 사용자만 알 수 있는 암호를 부여하여 보호하는 방법이다. 옛날 한글파일에 암호를 걸어 보호하는 것을 예로 들 수 있다.접근 제어 행렬에 의한 방법은 각 파일에 접근 권한을 부여하여 보호하는 방법이다. 리눅스는 소유자, 그룹, 기타 이렇게 3개로 구분하여 파일의 읽기, 쓰기, 실행 권한을 파일에 할당해준다. 리눅스 터미널에 ls -l 명령어를 치면 가장 왼쪽에 -rwx rwx rwx 이런식으로 알파벳들이 나온다. 특히,OS 프로그램은 다수의 사용자 프로그램들이 공유하므로 함부로 수정할 수 없도록 접근 통제가 필요하다.

짚어보기

공용 파일 시스템(shared file system)은 동시는 아니라도 같은 파일 저장 장치를 2개 이상의 컴퓨터가 호출하여 이용할 수 있는 파일 시스템 구성. 즉, 네트워크상에서 복수 이용자로부터 접근 가능한 파일 또는 시스템을 말한다. 클라이언트/서버형의 네트워크에서는 일반적으로 서버에 접속되어 있는 드라이브가 공용 파일 시스템으로 사용된다. 즉, 이 시스템에서는 하나의 파일을 시분할로 공유하고 있으며, 주종의 작업 분담은 똑같지만 파일의 동일 장소를 동시에 사용하지 않도록 프로그램적으로 인터록하고 있다. 하나의 파일을 두 개 이상의 프로세서가 공유해서 사용하는 파일 시스템 구성 방식이다.

짚어보기

파일 공유의 장점으로는 파일의 이중 복사(duplication)를 하지 않아서 메모리를 절약 가능하며, 자료의 처리를 동기화시키고, 시스템의 성능을 향상과 I/O의 작업이 줄어들게 된다.

8.10.2 파일의 접근 통제 방법

(1) 접근 제어 행렬((access control matrix) 또는 접근 제어 리스트(access control list)) 방법.

많은 시스템에서 접근 목록을 간소화하게 원 소유자, 그룹 외의 모든 사용자들로 구분한다. 접근 제어 행렬은 서로 다른 사용자들이 파일이나 디렉토리의 서로 다른 유형의 조작을 원할 때, 각 파일이나 디렉토리마다 접근 목록을 두어 접근 가능 사용자와 가능한 동작을 기록하여 접근 요구가 올 대 운영체제가 접근 목록을 참조해서 접근 여부를 결정하는 것이다.

1) 접근 제어 행렬

이 방법은 개념적으로는 매우 간단해 보이지만 실제로 사용하기에는 어려움이 있다. 예를 들어, 사용자의 수가 3천명이고, 사용하는 파일의 수가 4만 개라고 가정할 때 접근 통제 행렬의 크기는 1억2천만 개의 요소로 구성되어야 한다. 이는 기억장치를 매우 낭비하는 요인이 된다[그림8-13].

- 사용자와 파일의 관계를 행렬을 사용하여 기입한다.
- 행렬 내에 시스템에서 사용되는 모든 파일과 사용자가 나열되어 있으며, 행렬의 원소 a_{ij}가 1이면 접근 가능하고, 0이면 접근할 수 없는 원리를 가진다(사용자[행], 파일[열]이 1[접근 허용]인지 0인지를 구별해 접근을 허가/금지하는 방법).

파일(i) \ 사용자(j)	F1	F2	F3
KIM	1	1	1
LEE	0	1	0
CHA	0	1	1

사용자 \ 파일	LEE	KIM	CHA
F1	E	RW	REW
F2	R	None	W
F3	W	E	R

E : 실행 가능
R : 읽을 수 있음.
W : 수정 가능

[그림 8-13] 접근 제어 행렬(3개의 보호 영역을 갖는 시스템)

- 행렬 개념을 유용하게 쓰려면 '판독만 가능(read-only)', '기록만 가능(write-only)', '실행만 가능(execute-only)', 판독/기록(read/write)' 등의 여러 종류의 접근을 나타내는 접근 코드를 사용
- 단점은 한 사용자의 파일을 다른 사람이 쓰는 일은 드물기 때문에 희소 행렬이 될 가능성이 있다.

예제 8-7

만약 영역 D가 **〈파일 F,{판독,기록}〉**의 접근 권한을 갖는다면, 이때 영역 D에서 수행되는 프로세스는 파일 F의 판독, 기록을 할 수 있지만, 그 객체에 대하여 다른 조작을 할 수 없다.

- 3개의 영역 D_1, D_2, D_3가 있을 때, 접근 권리 〈O_4,{인쇄}〉는 D_2, D_3에 의해 공유되며, 이들 두 영역 중의 어느 하나에서 수행 중인 프로세스는 객체 O_4를 인쇄할 수 있다는 의미이다.
- 객체 O_1을 판독 및 기록하기 위한 프로세스는 영역 D_1내에서만 수행되어야 한다.
- 영역 D_3에 있는 프로세스들만이 객체 O_1을 실행할 수 있다.

2) 사용자 집단 별 접근 제어

사용자를 집단으로 구분하여 접근을 허가 또는 금지 시키는 방법이다.

- 집단을 구분하는 방법은 다음과 같다.
  - 파일 소유자(보통 파일을 만든 사람)
  - 소유자가 지정한 사용자
  - 그룹 또는 프로젝트(예, 프로젝트에 참여한 구성원)
  - 공용(일반 다른 그룹)

3) 접근 제어 리스트

각 객체에 대하여 predicate P가 참일 때 주체 S가 객체 O를 접근 유형 t로 접근하는 (S, t, P) 튜플들의 목록이다.

- 각 사용자가 각 파일간의 사용 가능성을 배열 형태로 나타낸 것을 말한다.
- 단점 : 한 내용을 표시하기 위하여 많은 메모리를 차지하게 되어 메모리가 낭비될 수 있다.
- [예] MULTICS 운영 체제에서는 계층 구조를 갖는 보호 링 개념을 사용하여 메모리에는 접근 통제 리스트 형태로 표시된다.

(2) 암호화(password)를 사용하는 방법

각 사용자마다 서로 다른 패스워드(암호)를 제공하여 그 패스워드를 알아야만 파일을 이용할 수 있게 된다.

(3) 해독화(craptography) 방법

모든 파일로 모든 사용자가 접근할 수 있다.그러나 그 파일 자체는 비화되어 있으므로 이를 해독하는 방법을 아는 사용자만이 확실하게 사용할 수 있다. 단점은 파일을 비화하고 해독하는데 많은 시간이 걸린다.

(4) 파일의 이름 부여(naming)

파일의 이름 부착(naming) 또는 파일 명명은 어떤 사용자가 자신이 부여한 파일이 아니거나, 공유가 허용되었다 할지라도 다른 사용자 파일의 이름을 알지 못하는 경우에는 접근 대상을 제외시킨다. 이러한 기법은 다른 사용자 파일의 이름을 알 수 있는 기법이 없고 그 이름을 추측하기도 힘들다는 가정에 근거하고 있다. 그런데 파일 이름은 보통 기억하기 쉬운 글자를 많이 쓰고 파일의 내용을 암시하고 있으므로 추측으로 발각될 수도 있다.

8.11 보호(Protection)와 보안(Security)

8.11.1 개요

최근 급속한 정보 통신의 발달에 따라 정보 시스템은 과거와는 다르게 편리함과 신속성을 제공하고 있으며, 컴퓨터 시스템에 저장된 각종 정보는 컴퓨터와 통신 네트워크를 통하여 모든 사람에게 제공되고 있다. 그러나 이러한 정보 이용의 확산은 개인 정보 누설, 정보 시스템의 비인가 된 사용, 컴퓨터 망의 해킹, 중요 데이터의 파괴와 변조 등과 같은 역기능이 확대되어 사회적으로 심각한 문제를 야기 시키고 있다. 따라서, 저장 중이거나 전송 중인 각종 정보의 보호와 보안을 위해 여러 가지 방법들이 사용되고 있다.

특히, OS내의 다양한 프로세스들은 서로 다른 프로세스들의 각각의 활동(activity)으로부터 보호 되어야 한다. 이를 실현하기 위한 방법들은 대개 파일, 기억장치 세그먼트, CPU, 그 외의 자원들이 OS로부터 적절한 권한을 부여받은 프로세스에 의해서만 동작될 수 있도록 보장하는 것이다. **컴퓨터 시스템에 의하여 정의된 자원(resource)들에 대하여 프로그램, 프로세스 또는 사용자들의 접근(access)을 제어하는 기법**이며, 컴퓨터 시스템의 모든 부분 또는 일부를 사용하기 위해 접근하는 것을 제한하기 위해서 조절한다. 앞서 설명 했듯이 **파일 보호**는 다음과 같은 의미를 갖는다.

- 파일의 물리적인 손상으로부터의 보호와 파일의 부적격한 액세스(접근)로부터의 보호를 의미한다.
- 무자격 사용자들이 무단으로 프로그램에 접근할 수 없도록 하기 위해 그 파일 소유자가 보호 장치를 만들어 놓는 것이다.

먼저 보호와 보안을 설명하기 전에 몇 가지 용어를 정리하겠다.

- **보호(Protection)**; 특정주체(subject:프로세스, 스레드, 사용자)들이 안전한 객체(object) 또는 개체(entity:컴퓨터 시스템으로 정의된 자원)에 선택적으로 접근을 제어하는 기법을 말하는데, 이러한 제어 기법으로 부과될 제어 지정 방법과 시행 방법 등을 운영체제(OS)가 제공해야 한다.
- **보안(Security)**; 안전한 객체들이 결함이 없이 보존되게 신뢰성을 유지하는 기법으로 보호보다 훨씬 그 범위가 광범위 하다. 불법적인 모든 접근으로부터 각 객체들을 안전하게 보호하려면 컴퓨터의 내부 시스템 보안과 결합하여 있는 물리적 보안이 된객체에 권한을 갖는 주체들에게만 접근을 허용하는 것이다. 이런 보안의 측면은 먼저 안전한 객체에 접근하려는 주체들을 인증하는 작업과 그 다음에 주체가 안전한 특정의 객체에 접근할 수 있는 권한을 가지고 있는지를 판단하는 작업으로 구분한다.
- 인증(Authorization:신분 확인); 안전한 객체에 접근하려는 주체가 실제로 권리를 주장할 수 있는 주체인지를 보증

하는 작업을 의미한다. 예를 들면, 시스템 관리자가 Administrator라고 한다면, 시스템 인증 메커니즘은 책임지고 그 주체가Administrator라는 것을 확인해야 한다.

- 인가(Authorization:접근 허가); 주체의 신분을 확인한 후 그 주체가 안전한 객체에 접근할 권한을 가지고 있는지를 판단하는 작업을 의미한다. 시스템의 인가 도구들은 주체가 그렇게 할 권한을 부여 받았을 때에만 안전한 객체들에게 접근한다.

보호와 보안의 또 다른 측면은 네트워크를 통해서 전송되는 도중에 안전한 객체가 복제되거나 접근되지 않게 보장하는 수단을 제공하는 것이다. 현대의 시스템과 네트워크에서는 객체를 인코딩해서 암호화하는데, 이를 암호화(Cryptography)라고 한다. 이론적으로 제3자가 전송되는 객체를 우연히 또는 의도적으로 획득하더라도 획득한 정보를 해독할 수 없다. 즉, 암호학은 안전한 객체를 논리적으로 캡슐화하여 컨테이너 내부에에 숨겨서 안전한 객체가 불안전한 곳으로 전송되거나, 파일 시스템과 같이 영구적인 저장장치에 저장되어 있는 동안 안전한 객체에 보호 장벽을 제공한다.

8.11.2 보호 기법과 보안 정책

보호 기법(protection mechanism)은 인증, 인가, 암호화를 사용하여 안전한 객체에 대하여 주체의 접근을 통제하는 데 사용될 수 있는 도구로 간주될 수 있다. 보호에 대한 기법을 사용하는 동기는 다음과 같다.

- 주체가 객체에 대한 접근 제한을 의도적으로 위반하는 것을 방지한다.
- 시스템 내에서 동작 중인 각 프로그램 요소가 시스템 객체의 정해진 사용 정책대로 자원들을 사용하게 보장하는데, 이는 시스템의 신뢰도를 위해 절대적으로 필요하다.
- 주변 시스템 간의 인터페이스에서의 잠재적인 오류를 검출함으로써 시스템의 신뢰도를 증가시킨다.
- 무자격 주체가 시스템의 객체들을 잘못 사용하는 것을 방지한다.
- 권한이 있는 주체와 권한이 없는 주체를 구별하는 수단을 제공한다.

보안 정책(security policy)은 보호 메커니즘(기법)을 어떻게 사용할 것인지를 판단하는 명세이다. 주체들 중에 누가 컴퓨터 안전 객체에 접근할 수 있고, 접근할 수 없는지를 기술해야 한다. 그래서 모든 종류의 컴퓨터의 이상적인 보호 기법은 광범위한 서로 다른 보안 명세들을 집행할 수 있어야 한다. 컴퓨터에서 운영체제 설계자는 모든 종류의 컴퓨터를 위한 보호 기법을 제공하며, 특정 컴퓨터의 시스템 관리자는 그 컴퓨터에 사용될 보안 정책을 기술한다. **보호 기법**은 신뢰성 있는 S/W라야 하므로 대부분 사용자 공간 S/W가 아닌 운영체제의 일부로서 구현된다.S/W가 신뢰성이 있는지 없는지 구별하려면 CPU 모드 비트가 필요하고 신뢰성 있는 환경에서 신뢰성 없는 S/W가 신뢰성 있는 S/W를 호출할 때 트랩 명령이 필요한 것처럼 H/W가 어떤 종류의 기법을 제공한다면 일반적인 보호 기법들은 더 강력해지고 쉽게 구현될 수 있다. 객체 보안 정책은 객체 사용 통제 정책의 시행 기법을 제공하는 것이다. 즉, 컴퓨터 시스템에 있어서 보호의 역할은 자원 사용 통제 정책의 시행을 위한 기법을 제공하는 것이며, 관련 정책은 다음과 같이 여러 가지 방법으로 설정 될 수 있다.

- 시스템의 설계 때에 결정한다.
- 경영에 의하여(시스템 관리 중에) 형성한다.
- 사용자 자신의 파일이나 프로그램을 보호하기 위하여 개개의 사용자들로부터(각 주체의 파일이나 프로그램을 보호하게 개개의 주체로부터의) 정의되기도 한다.

보호 시스템은 가능한 다양한 정책을 시행하기 위하여 융통성을 가져야 하며, 가장 중요한 원칙은 **기법**(mechanism)과 **정책**(policy)을 분리하는 것이다. 즉, 기법은 어떻게 할 것인가를 결정하며, 정책은 그것이 어떻게 행해질 것인가가 아니라 무엇이 행해질 것인가를 결정하는 것이다.

8.11.3 보호의 영역(Domain of Protection)

컴퓨터 시스템은 작업, 프로세스들과 같은 주체(Subject)와 객체(Objects)들의 집합으로 구성된다. 주체는 컴퓨터 시스템의 사용자 또는 사용자 시스템을 대표하는 객체이고, 객체는 시스템의 내부 자원들로, 이 **객체**는 시스템의 다른 모든 객체들과 구별할 수 있는 유일한 이름을 가지며, 명확하고 의미 있는 조작을 통해서 접근될 수 있다. 객체는 본질적으로 추상 데이터 형태(abstract data type)로 볼 수 있다.보통 객체는 하드웨어(H/W) 객체와 소프트웨어(S/W) 객체로 나누어 다음과 같이 구분된다.

- H/W 객체: CPU, 기억장치, 프린터(Printer), 터미널, 장치 제어기, 디스크, 트랙, 카드 판독기(Card reader),테이프 구동기(Tape driver) 등.
- S/W 객체: 파일(file), 데이터, 프로그램(program), 세마포어(semaphore), 신호(signal)디렉토리, 버퍼 등.

각 각의 객체는 시스템의 다른 모든 객체들과 구분할 수 있는 유일한 이름을 가지며, 명확하고 의미 있는 조작을 통해서만 접근될 수 있다. 객체는 본질적으로 추상 데이터 형이며, 한 객체에 대한 연산은 그 객체에 의존한다.

예제 8-8

CPU는 단지 프로세스의 실행만 할 수 있고, 기억장치는 판독(read)이나 기록(write)을 할 수 있고, 카드 판독기는 판독(read)만 할 수 있으며, 테이프 구동기는 판독(read),기록(write), 그리고 되감기(rewind)를 할 수 있다. 자료 파일들은 생성, 개방(open), 판독, 기록, 폐쇄(close), 삭제 등을 할 수 있는 반면에 프로그램 파일들은 판독, 기록, 그리고 실행만 할 수 있다.

프로세스는 자기가 접근 권한을 부여받은 자원들만을 접근 할 수 있어야 한다. 프로세스가 자신의 일을 완료하기 위하여 현재 필요로 하는 자원들만을 접근할 수 있도록 하여야 한다. 이런 요구를 Need-to-know **원칙**이라고 하며, 이는 시스템에서 잘못된 프로세스가 일으킬 수 있는 피해를 최소화할 수 있다.

예제 8-9

어떤 프로세스 P가 특정 프로시저 X를 호출 했을 때 프로시저 X는 그 자신의 변수와 넘겨진 형식 매개변수만을 접근해야 한다. 즉, 프로시저 X가 프로세스 P의 모든 변수에 접근하지 않게 해야 한다.

영역과 접근 권한은 다음과 같은 의미를 갖는다.

- 한 프로세스는 하나의 보호 영역 내에서 동작한다.☞이것은 프로세스가 접근할 수 있는 자원을 말한다.
- 각 영역은 객체의 집합과 각 객체에 취할 수 있는 조작의 형태를 정의한다.
- 각 객체에 대한 조작을 수행할 수 있는 능력을 접근권한(access right)이라 한다.
- 하나의 영역은 접근 권한의 집합이고, 이것의 각각은 **〈객체이름,권한집합〉**의 순서 쌍으로 되어 있다.
- 영역은 서로 분리될 필요가 없고, 접근 권한을 공유할 수 있다.

8.11.4 일반적인 파일 보호 방식의 종류

파일 시스템은 H/W적인 요인으로 전원 장애, 장치 고장, 먼지, 온도, 사용자의 고의적인 파괴 행위에 의해 손상을 받을 수 있으며 또한 사용자의 우연한 실수에 의하여 제거될 수 있다. 물론, 파일 시스템 소프트웨어의 오류로 파일의 내용이 분실될 수 있다.이와 같이 파일 시스템(저장장치)에 저장되었을 때 데이터가 물리적인 손상으로부터의 보호(신뢰성) 즉,불 의의 사고로 파괴되거나 손실로부터의 예방과 부적절한 액세스(접근)로부터의 보호에 대하여 논한다. 일반적인 파일 보호 방식은 다음과 같은 것들이 있다.

① **파일의 이름(방법) 명명(naming)** : 접근하고자 하는 파일을 명명할 수 없는 사용자는 접근 대상에서 제외시킨다. 파일의 이름 부착(naming)은 어떤 사용자가 자신이 부여한 파일이 아니거나, 공유가 허용되었다 할지라도, 다른 사용자 파일의 이름을 알지 못하는 경우에는 접근 대상을 제외한다. 즉, 사용자가 파일을 명명할 수 없으면 사용자는 파일을 작성할 수 없으며 또한 다른 사용자의 파일의 이름을 알 수 없다.

② **접근 리스트(접근 제어;access list)** : 사용자에 따라 접근 가능한 요소를 구분한다. 사용자의 신원에 따라 접근을 허용하는 것으로, 사용자에 따라 접근 가능한 파일과 디렉토리를 규정한다. 사용자에 따라 접근 가능한 요소를 다르게 구성한다. 즉, 접근 가능한 사용자와 가능한 연산(동작)을 기록하여 운영체제가 접근 리스트를 참조해서 접근 여부를 결정한다. 서로 다른 사용자들이 파일이나 디렉토리에 대해 서로 다른 유형의 연산(동작)을 원할 때 각 파일이나 디렉토리마다 접근 리스트를 구성하여 보호한다. 그러나 접근 리스트에서 주요한 문제점은 리스트의 길이이다. 디렉토리 항목의 가변 크기는 복잡한 공간 관리를 초래한다. 모든 사람에게 파일을 판독하도록 허용하는 경우, 모든 사용자들에게 판독 접근을 가지도록 등록시켜야 한다. 많은 시스템들에서 접근 목록을 간소화하기 위해 소유자, 그룹, 그 외 모든 사람들로 사용자를 구분한다. 따라서 접근 리스트의 길이를 간결하게 하기 위하여 많은 시스템들은 각 파일과 연관된(접근 그룹(access grouping)) 세 가지 부류의 사용자들을 인식하고 있어야 한다.

- 소유자(owner) : 파일을 생성한 사용자.
- 그룹(group) : 그 파일의 소유자는 아니지만, 파일을 공유하고 유사한 접근을 필요로 하는 사용자들의 집합.
- 모든 사람(universe) : 시스템에 있는 모든 다른 사용자들.

③ **암호(password)** : 파일의 조작을 암호를 사용해서 하는 방법이다. 암호는 시스템 내의 개체(자원)를 보호하기 위해 이용되는 기법으로 각 파일에 대해 암호를 유지하면 컴퓨터 시스템 자체가 암호에 의하여 제어되는 것처럼 각 파일에 대한 접근은 암호에 의하여 제어될 수 있다. 다시말해, 프로그램, 컴퓨터 오퍼레이터, 일반 사용자가 시스템에 접근하기 전에 필요한 보안 요건을 만족하는지 검사하는 유일한 문자 열. 즉, 컴퓨터 시스템을 이용함에 따라 각 파일에 암호를 부여한다(파일의 조작을 암호로 사용해서 하는 방법). 특히 암호를 무작위로 선정하고 자주 변경한다면 암호를 알고 있는 사용자들에게만 파일의 접근을 효율적으로 제한할 수 있다. 물론, 이러한 암호에 의한 파일 접근은 각 파일에 대하여 다른 암호를 갖게 되면 기억해야할 암호의 수가 너무 많아서 비현실적이 될 수 있는 문제점이 있다. 또한 모든 파일에 대해 단지 하나의 암호를 가질 경우 노출되면 모든 파일에 대하여 접근이 가능하므로 보다 더 세밀한 수준의 보호를 위해서는 다중 암호를 사용한다.

④ **해독화(decryption)** : 해독방법을 아는 인가된 사용자만 허용한다. 모든 파일에 모든 사용자가 접근 가능하다. 그러나 그 파일 자체는 암호화되어 있으므로 이를 해독하는 방법을 아는 인가된 사용자만 사용한다.

보호는 파일이 아닌 경로 이름에도 이루어질 수 있는데, 만약 경로 이름이 디렉토리내의 파일을 지정한다면, 사용자는 디렉토리와 파일 둘 다 접근할 수 있도록 해야 한다.

짚어보기

UNIX 시스템에서는 각 대상에 대해 세 종류의 접근 유형(r:read,w:write, ex:execute)을 정의하므로, 한 파일의 접근 목록을 9비트만이 필요하게 된다.

예제
8-10 파일 보호의 예

새로운 컴퓨터 게임 프로그램을 설계/개발하고 있는 홍길동(Hong) 사장을 고려해 보자. 그는 프로젝트를 개발/수행하기 위하여 3명의 직원(Lee, Kim, Park)을 채용한다. 개발된 게임 프로그램을 파일명 Game에 유지하도록 하였다. 이 파일이 연관된 보호 기법은 다음과 같다.

- Hong 사장은 그 파일에 대한 모든 조작들을 수행할 수 있어야 한다.
- Lee, Kim 그리고 Park은 그 파일에 대해 단지 읽고, 쓰고, 실행만 할 뿐, 파일을 삭제할 수는 없다.
- 모든 사용자들은 그 파일을 실행할 수 있어야 된다(Hong 사장은 적절한 보상을 얻기 위하여 가능한 많은 사람들에게 판매/대여하고 싶어 한다).

☞ 이러한 보호를 달성하기 위하여 새로운 그룹은 Lee, Kim, Park라는 회원을 생성해야 된다. → 이때 그룹의 이름은 파일 Game과 연관되고 그리고 접근 권리는 설정된 정책에 따라 결정되어야 한다.

8.11.5 자원 보호

(1) 자원 보호의 개요

자원 보호는 컴퓨터 시스템에서 사용자 프로세스 등과 같은 주체가 프로세스,CPU,기억장치와 같은 객체에 불법적으로 접근(Access)하는 것을 제어하고 객체의 물리적 손상을 예방하는 기법을 의미한다. 주체는 접근 권한이 부여된 객체에만 접근할 수 있다.

짚어보기 접근(Access)

❶ 일반적으로 데이터를 얻는 것. 데이터가 있는 곳을 알아내어 그곳에 가서 데이터를 가져오는 것을 말한다.
❷ 기억 장치의 내용을 읽거나 쓰는 것. 기억 장치 내에서 원하는 위치를 지정하고, 기계 장치인 경우에는 그 위치로 헤드를 움직이고, 실제로 데이터를 읽어 오거나 저장하는 과정에 관련된 모든 일을 총칭하는 말이다.
❸ 사용자가 컴퓨터 시스템이나 프로그램을 이용하기 위해 최초로 접속을 시도하는 작업이다.

(2) 자원 보호 정책

① 시스템 설계 시에 결정되거나, 시스템의 경영에 의해 형성되기도 하며, 또한 각 사용자 자신의 파일이나 프로그램을 보호(protection)하기 위해 개개인의 사용자들로부터 정의된다.

② 정책(policy)은 장소와 시간에 따라 하며, 최악의 경우 모든 정책의 변화는 기존의 기법(mechanism)에 대한 변화를 초래하므로 일반적인 기법이 바람직하다.

(3) 접근 제어 행렬(access control matrix)

접근 행렬은 보호를 위한 기법으로 사용자와 파일의 관계를 행렬을 사용하여 기입한다[그림8-14(a)]. 즉, 파일의 접근을 제어하는 기법으로서 시스템 내의 모든 이용자와 모든 파일을 나열 한다. 접근 행렬의 행(row)은 영역(사용자), 열(column)은 객체를 나타내며, 행렬에서 각 항은 접근 권한의 집합으로 구성한다. 항목(i,j)은 사용자1이 실행중인 프로세스에 대한 가능한 연산(동작)의 집합을 정의한다.

	파일1	파일2	파일3	프린터	판독기
사용자1	읽기		읽기/쓰기	인쇄	
사용자2		읽기			읽기
사용자3			쓰기	인쇄	
사용자4	읽기/쓰기				

[그림 8-14(a)] 접근 행렬의 예

[그림8-14(a)]의 접근 행렬에서 4개의 영역(사용자)과 5개의 객체 즉,3개의 파일과 프린터, 판독기 각각 1대가 있다. 사용자1의 어떤 프로세스가 실행될 때 그 프로세스는 파일1,를 읽기와 파일3의 읽기/쓰기, 프린터를 인쇄할 수 있다. 사용자2가 실행하는 프로세스는 파일2을 읽기, 판독기를 읽기 할 수 있다. 이러한 접근 행렬의 구현 방법들은 다음과 같은 것들이 있다.

단점은 회소행렬이 될 가능성이 있다.

예제 8-11

A_{ij} = 1 : 사용자 i가 파일 j를 접근 가능하다는 의미이다(사용자[행], 파일[열]이 1[접근 허용]인지 0인지를 구별해 접근을 허가/금지하는 방법).

예제 8-12

access(i,j)는 영역 D_i 내에서 실행중인 프로세스가 객체 O_j에 대해 가능한 조합을 나타낸다.

1) **전역 테이블**(global table)

접근 행렬의 가장 단순한 구현은 3개의 순서쌍(영역(사용자) D,객체 O,접근권한 R_k)들의 집합을 목록(리스트) 형태로 구성된 기법이다. 어떤 프로세스가 영역 D_i에서 객체 O_j가 실행될 때마다 전역 테이블의 $<D_i, O_j, R_k>$를 탐색한다. 이 때 만일 $<D_i, O_j, R_k>$가 발견된다면 연산은 계속되지만 그렇지 않으면 예외(오류) 발생한다. 이러한 구현은 테이블 크기로 인해 주기억장치에 보관할 수 없기 때문에 추가적인 입/출력을 필요로 하는 문제점이 있다[그림8-14(b)].

영역	객체	권한집합
D_1	F10	Read
D_1	F13	Read/Write
D_2	프린터	Print
D_2	카드판독기	Read
D_3	디스크	Read/Write
D_3	플로터	Write
:	:	:
D_n	F17	Read

[그림 8-14(b)] 전역 테이블의 예

테이블은 보통 매우 커서 주기억장치(M/M)에 보관할 수 없고,M/M에 보관할 경우 기억 공간을 낭비한다. 전역 테이블을 M/M로 읽어오려고 할 때 보조기억장치(A/M)로부터 추가적인 입/출력이 필요하다. 어떤 객체와 영역이 잘 분류되어 있는 점을 이용하기가 어렵다. 예를 들면, 특정한 객체가 누구에게나 읽혀질 수 있으려면 모든 영역 내에 각각 별개의 항목을 가져야만 한다.

2) 접근 제어 리스트(ACL;Access Control List)

접근 행렬에 있어서 각 열은 하나의 객체에 대한 접근 제어 리스트로써 구현할 수 있다. 즉, 객체를 중심으로 접근 제어 리스트를 구성한 것이다. 접근 리스트는 각 객체(파일, 디렉토리)에 대해 각 사용자의 이름과 접근 유형을 규정한다. 각 객체에 대한 리스트는 <사용자, 권한>의 순서쌍으로 구성되며, 리스트는 접근 권한의 디폴트 집합(default set)을 정의하기 위해 확장될 수 있다.효율을 향상시키기 위해 디폴트 집합을 먼저 검사한 후 나중에 접근 리스트를 검색하기도 한다(영역에서 임의 객체 접근을 시도하기 위해서는 객체들의 모든 접근 리스트를 탐색).

예제 8-13

다음 [그림8-14(c)]는 파일 ytn에 대해 사용자1과 사용자5가 있으므로, 사용자1과 사용자5는 각각 읽기와 읽기 및 쓰기를 실행할 수 있는 경우와 파일 kbs에 대해 사용자2가 인쇄를 실행할 수 있는 경우, 카드 판독기는 사용자3가 읽기를 실행할 수 있는 경우의 접근 제어 리스트를 보여주고 있다.

종류	접근제어리스트(ACL)
파일 ytn	(사용자1,읽기), (사용자5,읽기,쓰기)
파일 kbs	(사용자2,인쇄)
카드 판독기	(사용자3,읽기)

[그림 8-14(c)] 접근 제어 리스트의 예

앞서 논했던 전역 테이블과는 다르게 권한이 없는 사용자(영역)를 위한 테이블 크기의 감소로 기억장치의 효율적인 운영이 가능하지만 사용자에 대한 접근 권한의 집합 결정이 어렵다.

3) 권한 리스트(capability list)

권한 리스트 또는 자격 리스트는 각 행을 해당 영역과 결합한 것이다. 한 영역의 권한 리스트는 예제의 [그림8-14(d)]과 같이 객체와 그 객체에 허용된 조작의 리스트이다. 객체는 권한이라 불리는 물리적 이름이나 주소로 표현되기도 한다. 객체 O_j에 권한(포인터)을 지정하여 조작 M을 수행한다. 권한의 소유는 접근을 허용한다는 의미이다. 접근 제어 리스트가 객체와 접근 행렬의 열을 결합한 것이라면 각 행을 하나의 리스트로 묶어서 구성 할 수도 있다. 영역을 중심으로 권한 리스트를 구성한 것이다. 어떤 사용자(영역)에 대한 권한 리스트(capability list)는 객체와 그 객체에 허용된 연산(동작)의 리스트이다. 이때 객체는 권한이라는 물리적 이름이나 주소로 표현되기도 한다. 권한의 소유는 접근 허용을 의미한다. 권한 리스트는 사용자와 결합되어 있으나 수행중인 사용자의 프로세스가 직접 접근 할 수는 없다. 권한 리스트는 OS에 의하여 유지되며 사용자에 의해서 간접적으로만 접근되는 보호된 객체이다. 특정 프로세스에 대한 정보를 극소화하면서 탐색시간이 불필요하므로 효율적이다. 참고로, 어떤 대상물을 중심으로 그것을 사용할 수 있는 영역과 사용 방법이 저장된 것을 능력(Capability)이라 한다.

① 능력 - 하나의 토큰으로 어떤 주체가 자격을 갖는다는 것은 객체에 대한 접근(액세스)권을 갖는다는 의미이다.

② 보호 영역 - 어떤 주체가 시스템의 여러 가지 객체들에 대해 가지고 있는 액세스권의 집합을 정의하는 것으로 최소 특권의 원리(principle of least privilege)를 이루기 위해 보호 영역이 될수록 작아야 한다.
- 주체 - 컴퓨터 시스템의 사용자 또는 사용자나 시스템을 대표하는 개체들이다(예: 작업, 프로세스, 프로시듀어).
- 객체 - 시스템 내부의 자원이다(예: 파일, 프로그램, 세마포어, 디렉토리, 터미널, 채널, 제어기, 디스크의 트랙, 주기억 장치의 블록).

③ 어떠한 주체가 특정한 객체를 액세스 하려면 반드시 그 일을 할 수 있는 능력을 보유하고 있어야만 가능하다. 능력 생성은 아주 보안이 잘 유지되어야 하는 운영체제 루트의 기능이다.

④ 능력 기반 시스템 - 이는 객체 분실 문제가 있게 되는데, 즉 어떤 객체에 대한 마지막으로 남은 능력이 손실될 경우 그 객체는 더 이상 사용될 수 없게 되는 것이다.

⑤ 능력의 이동과 저장
- 일반적으로 사용자가 자격을 직접 조작할 수 없도록 하고 사용자 대신에 운영 체제가 그것을 대행해 준다.
- 시스템 내의 여러 능력들을 유지해 가는 것은 운영 체제의 중요한 작업 중의 하나로서 다중 사용자 시스템에서는 능력의 수가 아주 많아질 수 있으므로 이 작업이 더욱 복잡해지게 된다.

⑥ 능력의 취소
능력의 선별 취소의 한 기법으로 객체의 기본 능력으로부터 생성된 모든 능력들이 그 기본 능력을 통해 간접적으로 객체를 가리키도록 하는 방법이 있다.

⑦ 객체 위주 구조 예: IBM 시스템/38

예제

8-14 권한 리스트의 예

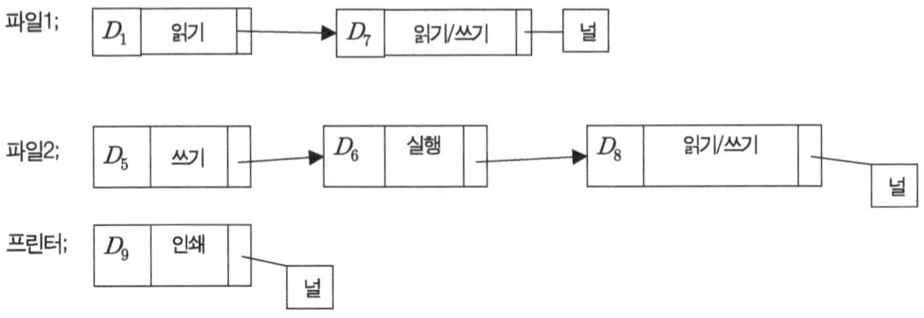

[그림 8-14(d)] **권한 리스트의 예**

4) 잠금/키(Lock/Key) 기법

잠금/키 기법은 접근 제어 리스트와 권한 리스트와의 절충안이다. 각 객체는 잠금(Lock)이라고 불리는 유일한 비트 패턴의 리스트를 갖고 사용자는 키(Key)라고 불리는 유일한 비트 패턴의 리스트를 갖고 있으므로 실행중인 사용자의 프로세스는 객체의 잠금 리스트와 일치하는 키를 가지고 있는 경우에만 그 객체에 접근할 수 있다.이때 모든 키의 리스트는 운영체제가 관리해야 한다.

8.11.6 보안 유지 기법

① **외부 보안** - 주로 침입자 또는 화재나 홍수 등과 같은 천재지변으로부터 컴퓨터를 보호하는 것이다.
- 시설 보안 - 천재지변과 외부 침입자로부터의 보안을 말하며 감지 기능이 중요하다.

■ 운용 보안 - 전산소 관리 및 경영자들의 정책과 여러 통제 절차를 통해 이루어진다.

② **사용자 인터페이스 보안** - 사용자의 신원을 운영체제가 먼저 확인하고나서 시스템의 프로그램과 자료를 액세스할 수 있게 한다.

③ **내부 보안** - 하드웨어나 운영 체제의 기능들로써 컴퓨터 시스템의 신뢰성을 높이고 보안 문제를 해결하는 것이다.

보안에 대한 위험을 줄이는 방법은 다음과 같은 것이 있다.

① **위험 탐지(Threat Monitoring)** - 사용자들이 자원을 직접 액세스할 수가 없고, 단지 운영체제 내부의 감시 프로그램만이 액세스할 수 있다.

② **확충(amplification)** - 사용자보다 더 많은 액세스 권한을 감시 프로그램에게 부여하여 사용자의 요구를 효율적으로 처리하게 할 수 있게 하는 기법이다.

짚어보기

❶ 감사(Auditing)
- 감사는 일반적으로 여러 행정 등의 일에서 과거의 업무를 조사 확인하는데 쓰인다.
- 감사 일지는 컴퓨터 시스템에 발생한 모든 중요한 사건의 영구적인 기록으로써 중요한 사건이 발생하면 즉시 자동적으로 시스템의 안전한 곳에 기록된다.

❷ 감시(Surveillance)
시스템의 상태를 점검하고 사용자의 신원을 확인함으로써 엄중한 감시를 할 수 있다(예): 음성 인식 장치.

❸ 보안 커널(Security Kernels)
- 보안 장치 중에서 가장 중요한 부분을 말하는 것으로 커널은 될 수록 크기가 작게 집약되어야 한다.
- 기능 - 접근 제어, 로깅, 모니터링, 파일 시스템, 기억 장치

❹ 인증(Authorization)
어떤 개체를 어떻게 액세스 할 수 있는 지를 결정한다. 개개인이 시스템 전체를 모르고도 개별적으로 주어진 임무만 수행하도록 하는 책임 분배 방식이 있다.

8.11.7 운영 체제 보호

(1) 패스워드 보호

① **신원 확인의 유형**

- 지문 또는 목소리, 사진이나 서명 등 개인의 특성
- 특이한 배지, 확인 카드나 키 등의 개인 소유물
- 패스워드, 금지 조합(lock combination) 또는 친척의 이름 등 개인적으로 기억할 수 있는 것.

② **확인 기법**

- 패스워드 보호 : 사용자는 몇 개의 글자를 조합해서 기억 장치에 기억시켜 두고, 컴퓨터를 이용하고 싶을 때마다 입력시키고 대조 확인하여 시스템 사용권을 허가 받도록 한다.
- 단점 :
  - 사용자들은 보통 자기가 기억하기 쉬운 글자로 하기 때문에 그 주변 정보를 반복시도 하여 알 수 있다.
  - 패스워드의 길이가 길 때 기억하기에 문제가 있다.
- 암호화 - 패스워드를 입수했다고 하더라도 그 패스워드를 다시 해독할 수 있는 키를 갖고 있지 않으면 그 리스트는 쓸 수 없다.
- 일정한 시간 내에 시도해 볼 수 있는 로그인의 횟수를 제한한다.

(2) 고장 허용 시스템(fault-tolerant system 또는 survivable system)

부품 중에 한두 개가 고장나더라도 계속 작동할 수 있는 시스템이다. 고장 허용 해결 방법은 다음과 같다.

- S/W보다는 H/W에 비상 안전 메카니즘을 구현
- 가시적 다중 처리 사용(S/W를 고치지 않고 효율을 높일 수 있다)
- 다중 입/출력 서브 시스템의 허용한다.
- OS의 중요한 부분의 H/W화를 한다.
- 결함 탐지 메카니즘을 H/W와 S/W로 구현한다.

(3) 암호법(cryptography)

지정된 사람만이 그 데이터를 이해할 수 있도록 데이터를 변형하는 것이다.

① 프라이버시 문제 - 통신 채널에서 자격이 없는 사람이 정보를 빼내는 문제

② 신원 확인 문제(authentication problem) - 상대방이 전송되는 자료를 수정하거나, 허위 정보를 흘려 넣는 것을 방지하는 문제

③ 분쟁 문제(problem of dispute) - 메시지를 받는 사람이 보내는 사람의 신원을 확인하는 과정(예: 전자 도장과 같은 것)

④ 암호를 사용하는 비밀 시스템
- 송신자는 평문을 암호문으로 바꿔주는 암호화 장치를 통해서 평문을 보낸다.
- 암호문은 도청자가 알 수 없으며, 취약한 채널을 통해 전송한다.
- 수신측에서 암호문은 암호 해독 장치(decription unit)를 통해 평문으로 재생 한다.

⑤ 암호 분석(cryptanalysis) - 암호 해독 키를 모르는 채 암호문을 원래의 평문으로 회복시키려는 과정이다.

⑥ 공용키 시스템(public key system)
- 암호화와 해독 작용이 서로 독립적인 기능이기 때문에 암호화 키가 해독에는 쓸모가 없게 된다.
- 암호화 키와 해독 키를 만들고 암호화는 공개하고 해독 키만 잘 보안하면 된다.

⑦ 디지털 서명(digital signature)
- 송신자는 서명이 된 효과를 갖는 메시지를 생성하기 위해 개인 키를 사용하고 수신 측에서는 그 송신자의 공용 키로써 그것을 해독한다.
- 수신 측에서는 서명될 메시지를 보관한다.
- 송신자가 메시지 송신을 부인한다면 수신자는 법정 자료로써 송신자의 암호화된 메시지를 제출하도록 해야 한다.

⑧ DES와 RSA
- DES(Data Encryption System) - 대칭 암호 기법(양쪽에서 같은 키 사용)
- RSA(Rivest, Shamir, and Adleman Scheme) - 비대칭 암호 기법(양측이 서로 다른 키를 사용)
- 장점 : 해독이 어렵다.
- 단점 : 처리 속도가 느리다.

⑨ 응용 - 시분할 시스템이나 컴퓨터 네트워크

8.12 바이러스(Virus)와 웜(Worm)

8.12.1 바이러스

컴퓨터 바이러스의 정의는 컴퓨터 프로그램의 일종으로 사용자 몰래 스스로 복제하여 다른 프로그램을 감염시키고, 결과적으로 정상적인 프로그램이나 다른 데이터 파일 등을 파괴하는 악성 프로그램을 뜻한다. 컴퓨터 바이러스는 컴퓨터 프로그램의 일종으로 사용자 몰래 스스로 복제하여 다른 프로그램을 감염시키고, 결과적으로 정상적인 프로그램이나 다른 데이터 파일 등을 파괴하는 악성 프로그램을 뜻한다. 바이러스라고 이름 지어진 이유는 생물학적인 바이러스가 숙주에 기생하면서 자기 자신을 스스로 복제해 병을 일으키는 것과 유사하게 동작하기 때문이다. 따라서 컴퓨터 바이러스라는 말보다 컴퓨터 바이러스 프로그램이라고 해야 더 정확한 표현이다. 특징은 다음과 같다.

① 파일을 파괴하거나 시스템 자원을 독점하거나 불필요한 부분을 보여주기도 하는 바이러스 프로그램은 놀라운 방법으로 그들의 존재를 노출한다.

② 컴퓨터 시스템의 프로그램과 데이터, 혹은 네트워크 상의 다른 시스템에 자신의 복사본을 남길 수 있다.

8.12.2 웜

컴퓨터 웜(computer worm)은 스스로를 복제하는 컴퓨터 프로그램이다. 컴퓨터 바이러스와 비슷하다. 바이러스가 다른 실행 프로그램에 기생하여 실행되는 데 반해 웜은 독자적으로 실행되며 다른 실행 프로그램이 필요하지 않다. 웜은 종종 컴퓨터의 파일 전송 기능을 착취하도록 설계된다. 컴퓨터 바이러스와 웜의 중요한 차이점은 바이러스는 스스로 전달할 수 없지만 웜은 가능하다는 점이다. 웜은 네트워크를 사용하여 자신의 복사본을 전송할 수 있으며, 어떠한 중재 작업 없이 그렇게 할 수 있다. 일반적으로 웜은 네트워크를 손상시키고 대역폭을 잠식하지만, 바이러스는 컴퓨터의 파일을 감염시키거나 손상시킨다. 바이러스는 보통 네트워크에 영향을 주지 않으며 대상 컴퓨터에 대해서만 활동한다.'웜'이라는 이름은 존 브루너(John Brunner)가 1975년에 출판한 공상 과학 소설인 “더 쇼크웨이브 라이더(The Shockwave Rider)”에서 차용되었다. 초기 분산 컴퓨팅 관련 실험에 대한 논문을 작성하던 연구자들은 그들의 소프트웨어와 브루너에 의해 묘사된 프로그램이 유사하다는 사실에 주목했고, 그래서 '웜'이라는 이름을 채택하였다. 웜은 1978년 제록스 파크(Xerox PARC)의 두 명의 연구자에 의해 최초로 구현되었다. 개발자인 존 쇼크(John Shoch)와 존 허프(Jon Hupp)는 원래 네트워크에서 놀고 있는 프로세서들을 찾아 그들에게 업무를 할당하고 연산처리를 공유하여 전체적인 네트워크의 효율을 높이도록 웜을 설계했다. 많은 주목을 받았던 최초의 웜은 당시 코넬 대학교의 대학원 학생이었던 로버트 터팬 모리스(Robert Tappan Morris)가 개발했던 모리스 웜이다. 이 웜은 1988년 11월 2일에 배포되었는데, 그때 당시 인터넷에 연결된 수많은 컴퓨터들을 빠른 속도로 감염시켰다. 이 웜은 BSD 유닉스와 그것으로부터 파생된 운영 체제들의 많은 버그들을 통해 확산되었다. 모리스는 미국의 컴퓨터 범죄와 남용에 관한 법(Computer Crime and Abuse Act)에 따라 유죄가 선고되어 3년의 집행유예와 400시간의 사회 봉사, 10000달러가 넘는 벌금을 받았다. 웜은 자기 복제 이외에 많은 다른 일을 하도록 설계된다. 예를 들어 호스트 시스템에서 파일을 지우거나, 파일을 악의적 공격 목적으로 암호화 하거나, 이메일을 통해 문서를 보내는 등의 일을 한다. 최근의 웜은 다양한 곳으로 전달되며 실행 파일을 첨부하기도 한다. 그러나 웜은 그런 것들 없이 단지 자기 복제 과정에서 생성되는 네트워크 트래픽만으로도 피해를 줄 수 있다. 예를 들어 마이둠(Mydoom)같은 웜은 최대로 살포되면 세계 전역의 인터넷 속도를 현저하게 느리게 만든다. 일반적으로 웜에 수반되는 것은 감염된 컴퓨터에 백도어를 설치하는 것이다. 소빅(Sobig)이나 마이둠 같은 웜이 그렇게 한다. 이런 좀비 컴퓨터들은 대량의 스팸 메일을 보내거나 그들의 웹사이트 주소를 은폐하는 데 사용된다. 스패머들이 그러한 웜에 대한 대가를 지불하고 있다고 여겨지며, 감염된 기계의 IP 주소 리스트를 판매하던 웜 개발자들이 붙잡히기도 했다. 다른 웜 개발자들은 회사를 서비스 거부(DoS) 공격을 한다는 공갈 협박을 시도하기도 하였다. 또한 백도어는 다른 웜에 의해 사용될 수도 있는데, 둠주스(Doomjuice) 같은 웜은 마이둠에 의해 설치된 백도어를 사용하여 자신을 확산시킨다.

웜이 유용한지 여부는 컴퓨터 과학과 인공지능 분야에서는 일반적인 이론적 질문이다. 예를 들어 나치(Nachi) 웜은 마이크로소프트 웹 사이트에서 패치를 다운로드한 후 설치하여, 그들이 사용했던 취약성을 포함한 호스트 시스템의 다양한 취약성을 패치하려고 시도한다. 이는 결과적으로 시스템을 더 안전하게 하지만, 종종 패치를 통해 막고자 한 웜의 네트워크 트래픽보다 더 많은 네트워크 트래픽을 발생시키며, 패치로 인해 시스템을 리부팅하게 하고, 결정적으로 컴퓨터 소유자 또는 사용자의 동의 없이 무단으로 그런 일을 하게 된다. 따라서 보안 전문가는 웜이 어떤 걸 수반하던지 간에 웜에 반대해야 한다.

특징은 다음과 같다.

① 웜은 파일을 파괴하거나 다른 심각한 피해를 끼치지 않으나 많은 컴퓨터에 침입하여 실행 시간을 느리게 만든다.

② 웜 프로그램은 원래 분산 시스템 사이를 돌아다니도록 제작된 것이다.

8.12.3 웜 및 바이러스 프로그램의 활동 메카니즘

① 종류
- 부트 감염자는 디스크의 부트 섹터로 침투한다.
- 다른 증상으로는 시스템 파일과 응용 프로그램을 감염된다.

② 확산
- 공유 디스크 또는 네트워크 노드 간의 연결을 통해서 발생한다.
- 코드 세그먼트의 대치 또는 코드 세그먼트에 바이러스 코드를 부착시켜 감염된다.

③ 감사 프로그램은 소프트웨어와 신뢰성 있는 복사본을 주기적으로 비교한다.

④ 바이러스에 대항하는 프로그램
- **보호 프로그램** - 프로그램에 액세스 또는 수정하려는 시도가 있을 때마다 바이러스로부터 공격당하고 있을 가능성이 있다고 경고한다.
- **검출 프로그램** - 단지 프로그램의 모든 명령문의 해쉬 합계를 산출하여 수정되지 않은 원래 프로그램에서 제공된 해쉬 합계와 비교한다.

짚어보기 UNIX 운영 체제 보안

❶ 패스워드 파일은 암호화된 형태로 저장된다.

❷ UNIX 시스템에서의 의심스러운 보안에 대한 비교적 간단한 수단은 로그인 프롬프트를 보여 주고, 사용자가 타이핑한 것을 복사하여 잘못된 로그인을 발견하여 사용자가 다시 타이핑하도록 하는 프로그램을 설치한다.

❸ UNIX 시스템은 패스워드 에이징(관리자가 패스워드의 지속 기간을 결정하는 것) 형태를 포함한다. 패스워드 존속 기간이 만료되면 메시지와 함께 재입력을 요청한다.

❹ 문제점 :
- 사용자는 종종 알기 쉬운 패스워드를 사용한다.
- 시스템이 보안에 약한 예전의 패스워드를 바꾸는 것을 막는 경우도 있다.
  (사용자는 보안이 약한 패스워드를 강화할 수 없다)
- 사용자는 일주일에 단지 2개의 패스워드만 교환할 수가 있다.
- 만료가 패스워드 파일에 코딩되지 않기 때문에 어떤 사용자는 포기한 계정의 리스트를 쉽게 프린트하고, 바로 제재를 받을 두려움 없이 패스워드 파일을 버리는 일을 계속할 수가 있다.

❺ 보호해야 할 대상들을 객체(object)라 하는데, 객체는 보통 자료나 프로그램 또는 하드웨어가 될 수 있다.

❻ 어떤 프로세스가 접근(사용)할 수 있는 자원의 범위를 보호 영역(protection domain)이라 한다.

짚어보기 예비(Backup)와 복구(Recovery)

❶ 예비(백업)의 필요성
- OS나 파일 시스템은 불의의 사고에 대처하기 위해 정보의 예비(백업)가 요구된다.

❷ 데이터 보존 방법
- 주기적으로 시스템 파일을 복사하여 안전한 곳에 보관한다.

❸ 장점
- 주기적 예비 시 디스크 전체에 널리 산재해 있는 사용자 파일을 연속된 공간에 배치해 다시 재구성이 가능하여 액세스 속도를 빠르게 할 수 있다.

❹ 단점 :
- 예비 작업 시에 시스템은 다른 작업을 중단한다.
- 파일 시스템은 매우 클 수도 있으며 이 경우 전체 예비는 많은 시간 소모된다.
- 잘못이 발생할 경우 최종 덤프로부터의 회복은 많은 시간 요구된다.

❺ 특징
- 다른 디스크에 한 파일에 대한 모든 트랜잭션(처리작업)을 기록하여 저장 한다.
- 터미널 작업이 끝났을 때 갱신된 내용을 예비 파일에 복사한다.
- 터미널 작업이 긴 경우는 사용 중간에 갱신된 내용을 예비 파일에 복사한다.
- 작업 내용에 대한 어떠한 손실도 용납할 수 없는 경우는 트랜잭션 로깅 기법이 적합한데, 이 기법은 모든 트랜잭션이 발생함과 동시에 예비(백업) 된다.

■ 연 습 문 제

학과:	학번:	성명:	제출일:

[8-1] 정보 관리 기능에 대해 설명하라.

[8-2] 각 파일의 이름, 형태, 위치, 크기, 보호 정보, 기타가 포함되어 있는 구조를 무엇이라 하는가?

[8-3] 파일 관리 시스템에서 입출력 동작의 횟수를 줄일 수 있는 방법은?

[8-4] 파일 조작에 있어서, 개방과 폐쇄 명령을 사용하는 이유는 무엇인가?

[8-5] 디스크 공간 할당 방식 중 연속 할당 방식의 특징을 설명하라.

[8-6] 파일 시스템에서의 디렉토리 구조에 대해 설명하라.

[8-7] 어떤 시스템에서는 사용자가 로그 오프하면, 사용자가 구체적으로 요청하지 않은 모든 사용자 파일들을 삭제해 버린다. 반대로, 다른 시스템에서는 사용자 자신이 삭제하지 않는 한 모든 사용자 파일을 그대로 보관한다. 이 두 가지 접근 방법의 상대적인 장점에 대해서 설명하라.

[8-8] 접근 행렬의 구현 방법에 대해 설명하라.

[8-9] 파일을 공용하는 방법에 있어서, 어떤 시스템에서는 하나의 파일만을 유지하는 반면에, 다른 시스템에서는 공유되는 파일의 복사판을 여러 개 유지하여 파일을 공유하는 사용자에 각기 하나씩 나누어준다. 이들 방법의 상대적인 장점은 무엇인가?

[8-10] 다음의 구성 방식 중 레코드의 키 값에 따라서 레코드가 논리적인 순서대로 배열되어 있는 파일 형태는?

[8-11] 어떤 시스템에서는 인가된 사용자가 부 디렉토리를 읽어서 그 내용을 수정할 수 있도록 한다.
(1) 이때에 발생하는 보호 문제는 어떤 것이 있는가?

(2) 위의 각 보호 문제에 대해서, 이를 해결할 수 있는 방법을 제시하라.

[8-12] 단 단계 디렉토리 구조에서, 임의의 길이를 가진 이름을 파일에 줄 수 있다면, 다단계 디렉토리 구조를 시뮬레이트할 수 있는가? 만약, 할 수 있다면 어떻게 구현할 수 있으며, 그 방법을 다단계 디렉토리 구조 방법과 비교하라. 반대로, 할 수 없다면 그 이유는 무엇이며, 파일 이름의 길이가 7자로 제한된다면, 대답은 어떻게 변하는가?

[8-13] 각 파일에 대해서 접근 리스트를 두는 대신에, 각 사용자에 대해서 사용자 제어 리스트를 만드는 접근 방법이 있는데, 이 두 가지 방법의 상대적인 장점은 무엇인가?

[8-14] 접근 리스트의 길이를 간결하게 하기 위하여 많은 시스템들은 각 파일과 연관된 세 가지 부류의 사용자들을 인식하고 있는데, 설명하라.

Chapter

09

분산 시스템

CHAPTER 09

분산 시스템

학습목표

점점 많은 컴퓨터들(일반적으로 단일 프로세스들)이 시스템 사용자들 간에 모든 데이터와 정보를 전송할 수 있고 처리할 수 있는 네트워크를 구성하기 위하여 통신 시스템을 통하여 연결되고 있다. 네트워크를 위한 OS가 현재 지역 컴퓨터의 OS들의 최상단에 위치하는 구조를 네트워크 OS(NOS)라고 하고, 사용자들이 시스템에 연결된 모든 컴퓨터들을 인지하여 원격 자원들을 지역 자원들인 것처럼 이용할 수 있도록 한 구조를 분산 OS(DOS)라 한다. 이 장에서는 분산 시스템에 대해 살펴보고자 한다. 분산 시스템은 메모리나 클록을 공유하지 않는 처리기의 집합이다. 이들은 각자 자신의 메모리를 가지고 있으나 서로 통신하기 위해서 다양한 통신회선응 사용한다. 따라서 이들은 컴퓨터 네트워크를 구성하게 된다. 컴퓨터 네트워크 안에는 다양한 크기와 기능을 가진 여러 가지의 처리기가 있다. 또한 컴퓨터 네트워크에서는 시스템이 보유하는 다양한 자원을 사용자가 접근할 수 있도록 한다. 공유되는 자원에 접근함으로써 계산 촉진, 자료의 제공과 신뢰성의 향상을 얻을 수 있다.

이 장에서의 주요 내용은 다음과 같다.

- 컴퓨터 네트워크
- 분산 시스템
- 강결합과 약 결합 시스템
- 분산 처리 시스템의 계층 구조
- 다중 처리기 OS
- DOS와 NOS
- 연결 기법
- 병렬 처리 시스템과 기법
- 네트워크와 분산 파일 시스템
- 분산 시스템의 투명성
- 파일 서비스의 사례

9.1 네트워크 시스템과 분산 시스템

9.1.1 개요

데이터 통신과 컴퓨터 네트워크(Network)는 많은 사람들에게 친숙하게 된 인터넷(Internet)은 연구소, 기업, 학교 등의 소규모 조직에서 사용한 작은 단위의 네트워크를 서로 연결하면서 발전하였다. 그 과정에서 자연스럽게 연결 방식이 표준화되고 전 세계로 확산되어 오늘날처럼 거대한 인터넷이 되었다. 네트워크를 이해하려면 시스템, 인터페이스, 전송 매체, 프로토콜, 네트워크, 인터넷 같은 용어를 먼저 알아야 한다. **네트워크는 전송 매체**(Transmission Media)**로 서로 연결해 데이터를 교환하는 시스템**(System)**의 모음**이다. 시스템과 전송 매체의 연결 지점에 대한 규격을 **인터페이스**(Interface)라 하고, 시스템이 데이터를 교환할 때 임의의 통신 규칙을 따르는데 이 규칙을 **프로토콜**(Protocol)이라 한다. 서로 다른 시스템이 상호 연동해 동작하려면 연동 형식의 통일이 필요하고 이 통일을 **표준화**(Standardization)라 한다.[그림9-1]은 시스템과 전송 매체로 네트워크를 구성한 예인데, 시스템은 반드시 컴퓨터일 필요는 없지만 보통 컴퓨터 시스템으로 가정한다. 시스템은 물리적으로 공유하는 전송 매체로 서로 연결한다. 시스템이 전송 매체를 통해 데이터를 교환하려면 반드시 표준화된 프로토콜을 사용해야 한다. 흔히 사용하는 인터넷은 IP(Internet Protocol)라는 네트워크 프로토콜을 사용하는 네트워크 집합체다.

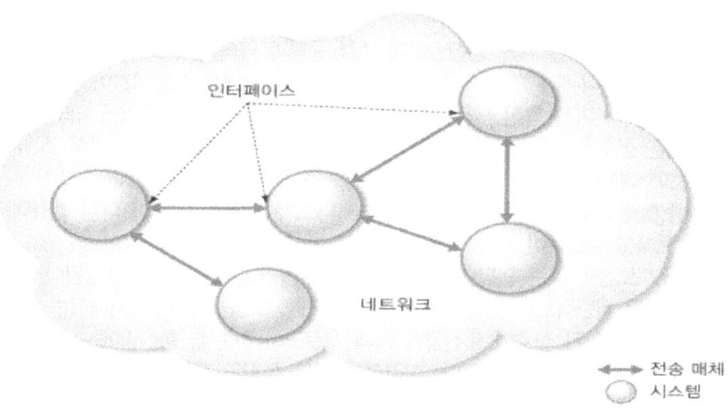

[그림 9-1] 네트워크의 구성

네트워크 구성요소의 개념을 좀 더 자세히 설명한다.

1) 시스템

시스템(System)은 체제라고도 하는데, 내부 규칙에 따라 능동적으로 동작하는 대상이다. 자동차, 커피 자판기, 컴퓨터, 마이크로 프로세서, 하드 디스크 같은 물리적인 대상뿐만 아니라, 신호등으로 교통을 제어하는 운영 시스템, MS 윈도우즈 등의 운영체제, 프로그램의 실행 상태를 의미하는 프로세스 같은 논리적인 대상도 시스템이다. 시스템의 동작에 필요한 외부 입력이 있을 수 있으며, 내부 정보와 외부 입력의 조합에 따른 출력이 있을 수 있다. 작은 시스템이 여러 개 모여 더 큰 시스템을 구성할 수 있으므로 크기로는 시스템을 구분하지 않는다.

2) 인터페이스

인터페이스(Interface)는 시스템과 시스템을 연결하기 위한 표준화된 접근 방법이다. 예를 들어, 컴퓨터 본체와 키보드를 연결하려면 키보드의 잭을 본체의 정해진 위치에 꽂아야 한다. 이를 위해서는 상호 간의 데이터 교환을 위한 RS-232C, USB 같은 논리적인 규격뿐만 아니라, 잭의 크기와 모양 같은 물리적인 규격도 표준화되어야 한다. 인터페이스를 이용해 연결하는 시스템은 능력과 권한이 같은 경우도 있지만 서비스를 주고받는 상하 관계일 수도 있다.

3) 전송 매체

시스템끼리 정해진 인터페이스를 연동해 데이터를 전달하려면 물리적인 전송 수단인 **전송 매체**(Transmission Media)가 반드시 있어야 한다. 전송 매체는 사람의 눈으로 볼 수 있는 동축 케이블을 포함하여 소리를 전파하는 공기, 무선 신호 등 다양하다. 인터페이스는 시스템 간의 연동을 위한 논리적인 규격이고, 인터페이스에서 정해진 규칙은 매체를 통해 전송됨으로써 구현되고 동작된다고 볼 수 있다.

4) 프로토콜

상호 연동되는 시스템이 전송 매체를 통해 데이터를 교환할 때는 특정 규칙을 따르는데, 이 규칙을 **프로토콜**(Protocol)

이라 한다. 일반적으로 프로토콜은 주종(主從) 관계가 아닌 동등한 위치에 있는 시스템 사이의 규칙이라는 측면이 강조되어 인터페이스와 구분된다. 인터페이스는 두 시스템이 연동하기 위한 특정한 접촉 지점(Access Point)을 의미하는 경우가 많지만, 프로토콜은 주고받는 정보의 형식과 그 과정에서 발생하는 일련의 절차적 순서에 무게를 둔다.

짚어보기 프로토콜(protocol)

- 프로토콜(protocol);
  - 컴퓨터 간에 정보를 주고받을 때의 통신방법에 대한 규칙과 약속이다.
  - 정보기기 사이 즉 컴퓨터끼리 또는 컴퓨터와 단말기 사이 등에서 정보교환이 필요한 경우, 이를 원활하게 하기 위하여 정한 여러 가지 통신규칙과 방법에 대한 약속 즉, 통신의 규약을 의미한다.
  - 통신규약이라 함은 상호간의 접속이나 전달방식, 통신방식, 주고받을 자료의 형식, 오류검출방식, 코드변환방식, 전송속도 등에 대하여 정하는 것을 말한다.
  - 일반적으로 기종(機種)이 다른 컴퓨터는 통신규약도 다르기 때문에, 기종이 다른 컴퓨터 간에 정보통신을 하려면 표준 프로토콜을 설정하여 각각 이를 채택하여 통신망을 구축해야 한다.
  - 대표적인 표준 프로토콜의 예는 인터넷에서 사용하고 있는 TCP/IP가 이에 해당된다.
  - 정보통신의 상대방은 일반적으로 원격지에 있다. 따라서 정보를 전송하기 위해서는 정보를 전기적인 신호의 형태로 변환하고 그 변환된 신호가 통신망을 통해 흐르도록 하는데, 통신망에는 정상적인 신호의 흐름을 훼방하는 여러 가지 현상이 존재하게 된다. 이러한 현상은 정확한 정보의 전송을 방해하여 도중에 오류가 발생되는 원인이 된다.
  - 프로토콜이라는 규약의 집합 속에는 이러한 오류에 대응하기 위한 약속이 대단히 중요하다. 또한 정보를 정확하고 효율적으로 전송하기 위해서는 송수신 개체 간에 서로 정보의 전송 시점과 수신 시점을 맞추는 일(동기화)도 수행해야 하고, 정보 흐름의 양을 조절하는 흐름 제어방법도 역시 사전에 약속하여 프로토콜 속에 포함해야 한다.
  - 이러한 오류제어, 동기, 흐름제어, 코드변환, 전송속도 등에 대한 약속 이외에도 통신하는 상대방의 위치에 따라 통신 개체가 어느 OSI 계층에 있는 가와 효율적인 정보전송을 위한 기법, 정보의 안전성(보안)에 관한 약속들도 프로토콜의 범주에 포함되어야 한다.

- 프로토콜 예;
  - 다음 [그림]은 휴대폰으로 상대방과 통화하는 순서 규칙을 설명하는데, 이 규칙을 통칭하여 프로토콜이라고 정의할 수 있다. 시간은 위에서 아래 방향으로 흐르고, 왼쪽의 발신자가 수신자에게 통화를 시도하고 있다. 연결을 설정할 때는 항상 발신자의 요청에 의하여 시작하며 수신자는 미리 연결 대기 상태여야 한다. 연결의 설정은 상호 간의 합의하에 이루어지지만, 종료는 한쪽의 일방적인 종결 선언으로도 가능하다.

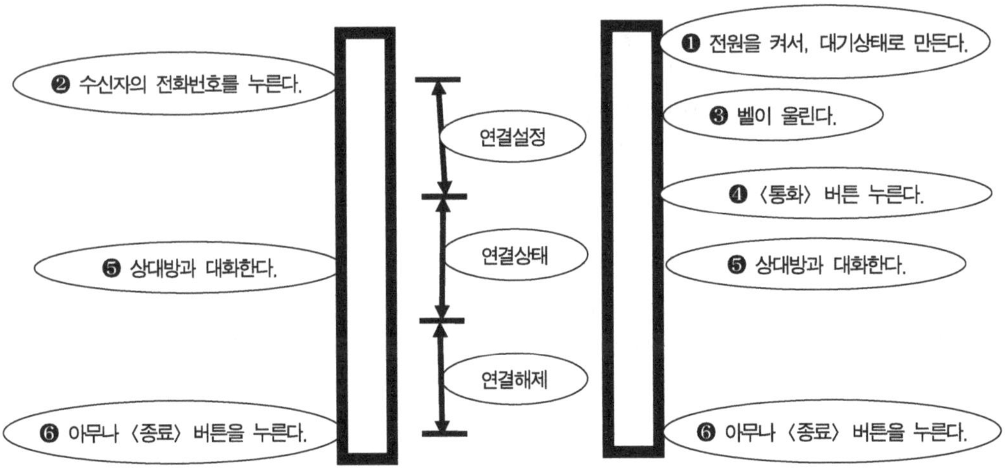

[그림] 전화 연결을 위한 규칙

- 먼저 ❶수신자의 휴대폰 전원이 켜진 대기 상태여야 한다. ❷발신자가 수신자의 전화번호를 누르면(또는 번호를 입력한 후 〈통화〉 버튼을 누르면) ❸수신자 휴대폰의 벨이 울린다. ❹수신자가 〈통화〉 버튼을 눌러 전화를 받으면 연결이 설정 된다(수신자가 벨소리를 무시하고 전화를 받지 않으면 연결이 되지 않으므로 연결 설정은 반드시 양자 합의하에서만 이루어진다).
- 일단 연결이 설정되면 연결이 해제되기 전까지 ❺데이터를 주고받을 수 있다. ❻연결 해제는 외형상 한쪽의 일방적인 종료에 의해 이루어지지만 실제로는 대화 과정에서 쌍방의 합의로 이루어진다. 이런 상황은 컴퓨터 네트워크에도 비슷하게 적용된다.

5) 네트워크

통신용 매체를 공유하는 여러 시스템이 프로토콜을 사용하여 데이터를 주고받을 때 이들을 하나의 단위로 통칭하여 **네트워크(망;Network)**라 부른다. 일반적인 컴퓨터 네트워크에서는 물리적인 통신 매체로 연결된 컴퓨터 간에 동일한 프로토콜을 이용해 데이터를 주고받는다. 소규모 네트워크가 모여 더 큰 네트워크를 구성할 수 있는데, 네트워크끼리는 라우터(Router)라는 중개 장비를 사용해 연결한다.

6) 인터넷

인터넷(Internet)은 전 세계의 네트워크가 유기적으로 연결되어 동작하는 통합 네트워크다. 인터넷으로 연결된 시스템, 인터페이스, 전송 매체, 프로토콜 등은 종류가 매우 다양하지만 데이터 전달 기능에 한해서는 공통적으로 IP(Internet Protocol) 프로토콜을 사용한다. 인터넷이라는 용어는 IP의 첫 번째 단어인 Internet에서 유래되었다.

7) 표준화

서로 다른 시스템이 상호 연동해 동작하려면 표준화(Standardization)라는 연동 형식의 통일이 필요하다. 예를 들어, 프린트 용지를 생각해보자. 일반적으로 프린터와 프린트 용지를 만드는 회사는 다르다. 하지만 사전에 A4 규격이라는 통일된 틀을 만들어두었기 때문에 여러 회사 제품의 프린트 용지를 자유롭게 사용할 수 있는 것이다.

현대 산업 사회가 눈부시게 성장한 이면에는 증기 기관의 개발을 시초로 한 에너지 동력원의 발전이 있었다. 그러나 이와 다른 관점에서 더 근원적으로 살펴보면 표준화 원리를 바탕으로 한'레고 조합'의 개념이 산업 전반에 존재함을 이해해야 한다.

짚어보기 통신에서 표준화가 중요한 이유

(1) 구매자 입장

❶ 네트워크 망에서는 시스코, HP, IBM등 다양한 회사에서 비슷한 제품을 만들고 있는데, 처음에 시스코 제품을 선택해서 사용할 경우, 표준화가 되지 않는다면, 이후에는 시스코 제품만을 구매해야 한다. 그렇게 될 경우, 소비자 입장에서는 할 수 없이 비싼값을 주고 사게 된다.
❷ 표준화가 이루어져 있다면 어느 장비를 도입해도 상관이 없기 때문에 상황에 따라 가장 좋은 장비를 도입하고, 경쟁체제로도 갈 수 있을 것이다.
❸ 제작사가 없어지는 경우라도 다른 장비로 대체가 가능하다.

(2) 제조사 입장

❶ 표준화가 국가마다,지역마다 다르다면 대량생산을 할 수 없는 여건이 된다. 비슷한 장비를 여러 가지 종류로 만들어야 하는 문제도 발생될 것이다. 그렇게 될 경우, 가격이 비싸지게 되는 문제도 있고, 많이 팔 수도 없을 것이다.
❷ 표준화가 된다면, 그 표준에 맞추어 최대한 좋은 제품을 만든다면 좋은 결과가 있을 것이다(대량판매에 따른 이익).

(3) 엔지니어 입장(설치하는 사람)

❶ 표준화가 이루어진 장비들은 동종일 경우 몇 가지의 특이한 사항을 제외하고는 많이 비슷하다(표준규격때문에).

❷ 엔지니어들의 스킬(능력) 향상에 많은 도움이 되어 효율적인 망 운영이 가능하다.
표준화는 관련 표준에 대해 준수한 어떤 장비가 접속 되도 문제가 없도록 하기위해 국제규격으로 제정되어 있다. 국내규격은 국제규격 중 일부분을 발췌하여 사용하고 있는 상태이다(국가 전략상). 이런 내용은 어느 국가든지 마찬가지이다. 표준화의 종류로는 유선통신, 무선통신, 전기통신, 네트워크 등 여러 가지 규격이 있다.
표준화 규격은 ITU-T(Telecommunication Standard),ITU-R(Radio Telecommunication Standard) 등이 있으며, IEEE 802.11a 와 같이 네트워크 규격인 IEEE 규격,유럽 규격인 ETSI 규격 등도 있다.
이런 형태로 각 통신분야 별 여러 가지 표준화(standard)가 있다. 통신분야가 너무 방대해서 관련 규격도 상당히 방대하다.

짚어보기 IP 프로토콜

IP는 'Internet Protocol'의 약자이지만, 고유 명사화되어있으므로 IP 프로토콜이라고 부를 수 있다. TCP, UDP 등 대부분의 네트워크 프로토콜도 마찬가지다.

시스템에 대한 기초적인 용어를 정의한다.[그림9-1]의 네트워크의 구성과 같이 네트워크는 외형적으로 시스템과 전송 매체로 구성된다. 데이터 통신을 위한 전송 매체는 전송 대역, 전송 속도, 전송 오류율 등 같은 물리적인 특성이 주 관심사항 이므로 논리적인 기능은 비교적 단순하다. 그러므로 여기서는 시스템만 좀 더 살펴본다. 시스템은 전송 매체를 이용해 논리적으로 다양한 연동 형태로 구성할 수 있어 개념의 확장이 폭넓고 복잡하다. 시스템의 구분은 다음과 같다. 네트워크를 구성하는 시스템이 반드시 컴퓨터처럼 복잡한 기능을 수행해야 하는 것은 아니지만, 일반적으로 컴퓨터 시스템으로 가정한다. 네트워크 시스템은 수행 기능에 따라 다음과 같이 다양하게 부를 수 있다.

❶ 노드
노드(Node)는 인터넷에 연결된 시스템을 가장 일반화한 용어다. 데이터를 주고받을 수 있는 모든 시스템을 통칭한다.

❷ 호스트
호스트(Host)는 일반적으로 컴퓨팅 기능이 있는 시스템이다. 일반 사용자가 응용 프로그램을 실행할 수 있어 사용자가 네트워크에 접속하는 창구 역할을 한다.

❸ 클라이언트
호스트를 세분할 때 호스트 사이에 제공되는 서비스를 기준으로 클라이언트(client)와 서버로 나눈다. 클라이언트(Client)는 서비스를 요청하는 시스템이다. 호스트는 다양한 서비스를 서로 주고받기 때문에 임의의 호스트가 클라이언트나 서버로 고정되지는 않는다. 이용하는 서비스의 종류에 따라서 클라이언트가 될 수도 있고, 서버가 될 수도 있다. 그러므로 특정 서비스를 기준으로 클라이언트와 서버라는 상대적 용어로 구분한다.

❹ 서버
서버(Server)는 서비스를 주고받는 호스트들의 관계에서 특정 서비스를 제공하는 시스템이다. 일반적으로 서버는 클라이언트보다 먼저 실행 상태가 되어 클라이언트의 요청에 대기해야 한다. 그리고 영원히 종료하지 않으면서 클라이언트의 요청이 있을 때마다 서비스를 반복해서 제공해야 한다.

9.1.2 컴퓨터 네트워크

컴퓨터 네트워크(computer network)란 정보와 자원을 공유할 수 있도록 광범위한 지역에 걸쳐서 다수의 컴퓨터와 단말기를 통신 회선으로 서로 연결하여 구성한 정보 교환 망이다. 즉, 통신회선을 통해 컴퓨터들 사이에 데이터를 주고받음으로써 정보를 교환하거나 원거리의 컴퓨터에 부속된 자원(입/출력 장치나 CPU의 능력)을 이용할 수 있도록 하기 위한 방법의 총칭이다. 컴퓨터 네트워크는 컴퓨터들 간에 정보 또는 데이터를 전달하기 위해 컴퓨터들을 서로 연결한 것을 말하면서 동시에 그러한 연결에 대해 연구하는 분야를 일컫는 용어인데, 집이나 사무실의 PC들을 서로 연결하여 통신할 수 있는데 이렇게 한정된 지역의 컴퓨터들을 서로 연결하여 통신이 가능하도록 구성한 네트워크를 **LAN(Local Area Network)** 또는 **구내 정보통신망**이라고 한다. LAN의 특징은 하나의 동일한 관리주체에 의해서 관리되는 네트워크라는 것이다. 기술적으로는 두 네트워크가 **라우터(router)**라는 장치로 연결되어 있는 경우 두 네트워크는 서로 별개의 LAN이 된다. 그런데 통상적으로는 두 LAN을 관리하는 주체가 같고 두 네트워크의 연결에 개입된 설비 및 선로들도 같은 관리주체에 의해 관리되는 경우 일반적으로 이들을 하나의 LAN으로 지칭하기도 한다. **WAN(Wide Area Network)**은 LAN에 대해 상대적인 개념의 의미로 **광역통신망**이라고도 한다. LAN으로 연결하기에는 서로 너무 멀리 떨어진 지점 간을 연결하거나 관리주체가 다른 LAN들을 연결하는데 이용된다. WAN은 지리적으로 사적 소유권이 미칠 수 없는 영역을 점유해야 하는 문제가 있으므로 주로 통신망사업자가 서비스를 제공하게 된다. **인터넷(internet)**은 세상에 존재하는 LAN들을 연결해 놓은 거대한 네트워크이다. 때문에 인터넷을 네트워크의 네트워크라고 부른다. 인터넷이라는 단어가 '사이의, 상호간의'라는 의미의 'inter-'라는 접두사와 '네트워크'를 의미하는 'net'라는 단어의 합성어라는 사실을 생각하면 인터넷의 의미는 명확해진다. 두 개 이상의 컴퓨터 사이에 통신을 하기 위해서는 프로토콜(protocol)이 필요하다. 프로토콜은 본래 외교용어로서 '의례, 의전'을 의미하는 단어인데, 정보통신에서는 통신의 당사자들이 지켜야할 약속으로서 '통신규약'이라고 부르기도 한다. 컴퓨터 네트워크에서는 데이터를 패킷(packet)이라는 단위로 묶어서 보낸다. 패킷은 보통 헤더(header)와 페이로드(payload)로 이루어져 있다. 헤더에는 송신자 및 수신자의 주소, 에러 검출을 위한 정보 등 통신의 절차를 처리하기 위해 프로토콜이 요구하는 값들이 들어가고 페이로드에는 전달하고자 하는 데이터가 들어간다. 네트워크에 연결된 호스트(host)컴퓨터들이 각자 네트워크와 관련이 없는 독자적인 운영체제(OS)를 가지고 있고, 이따금 네트워크를 통하여 다른 지역의 프로세서와 교신을 하기 위한 부가적 기능만을 갖춘 시스템이다. **네트워크 운영체제(NOS;Network Operating System)**는 이와같은 매우 독립적인 시스템의 집합을 지칭하는 것이고, NOS는 그 자체가 전체 시스템을 제어하는 것이 아니고, 각 호스트 내에서의 제어는 그 호스트의 독자적인 OS가 맡아서 하는 것이다. 각 호스트의 OS는 네트워크와의 무관한 별개의 OS이다. 구성은 [그림9-2]과 같다.

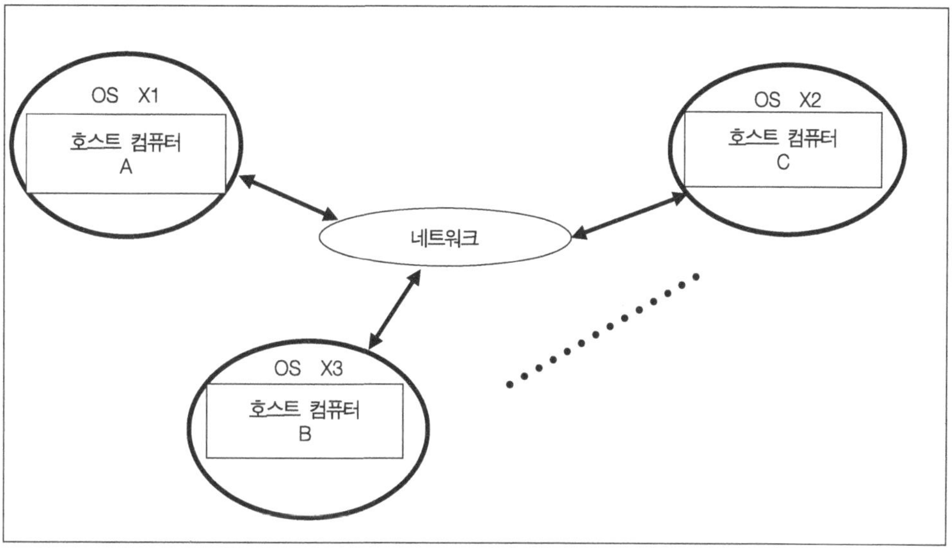

[그림 9-2] 네트워크 시스템

9.1.3 분산 시스템

분산 시스템(Distributed system 또는 Decentralized system)은 중앙 집중식 시스템(Centralized system)의 반대이며, 중앙에 설치된 대형 시스템이 아니라 데이터가 발생하는 각 부서에 하나씩 컴퓨터 시스템을 설치하여 직접 처리하는 시스템. 간단하고 신속한 장점이 있는 반면 데이터의 공유가 없으므로 조직 전체로 볼 때 효율적이지 못하다. 즉, 지리적으로 여러 곳에 분산되어 있는 컴퓨터와 주변장치들을 통신망을 통해 연결시켜 놓은 시스템이다. 예를 들어, 한 도시에 중앙 데이터베이스가 있으며, 다른 도시에서 컴퓨터로 그 데이터베이스를 통신망을 통해 관리, 사용하는 것을 분산시스템이라 한다. 자율성을 갖는 독립된 컴퓨터가 분산 소프트웨어로 구성되고 통신망으로 연결되어 서로 협동할 수 있는 시스템이다. 여러 장비들이 지역적으로 분산되어 있고 또 그것들이 상호 네트워크로 연결되어 있지만, 그 전체 시스템은 **단일 OS(DOS : 분산 운영체제)**로 제어된다. 네트워크 시스템이 각 호스트의 독자적인 OS를 인정하고 있지만, 분산 처리 시스템에서는 전체 시스템이 논리적으로는 단 한 개의 OS상에서 제어되고 운용이 된다. 구성은 [그림9-3]와 같다.

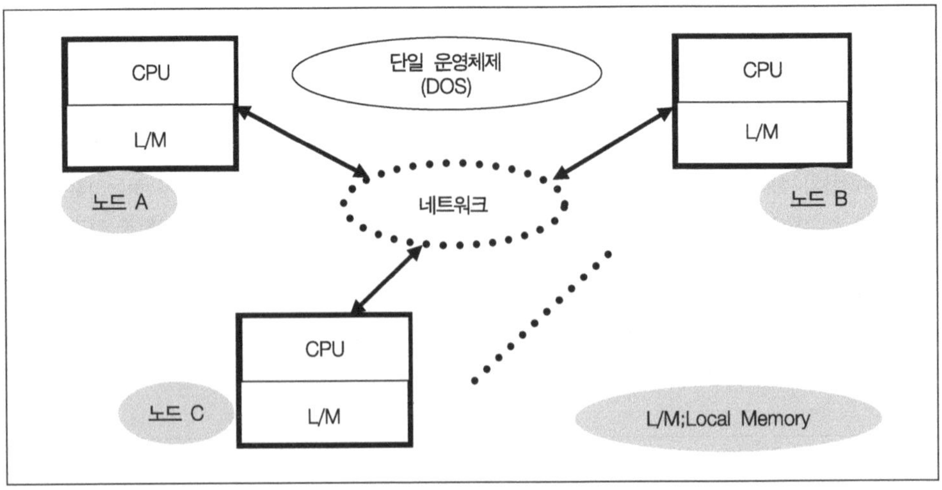

[그림 9-3] 분산 시스템의 구성

단일 운영체제가 분산 운영 체제(DOS;Distributed Operating System)이다.

분산 시스템을 설계하는 이유는 다음과 같다.

- 자원 공유(Resource Sharing) : 각 시스템이 통신 망을 통해 연결되어 있으므로 자원을 공유하여 사용할 수 있다. 즉, 여러 개의 컴퓨터가 서로의 자원을 공유한다.
- 연산 속도 향상(Computation speedup) : 하나의 일을 여러 시스템에 분산시켜 처리함으로써 연산 속도가 향상된다. 즉, 연산을 분리시켜 각각 다른 컴퓨터에서 수행한다.
- 신뢰성(Reliability) 향상 : 여러 시스템 중 하나의 시스템에 오류가 발생하더라도 다른 시스템은 계속 일을 처리할 수 있으므로 신뢰도가 향상 된다. 즉, 임의의 컴퓨터가 고장이 나더라도 다른 컴퓨터는 계속 수행한다.
- 컴퓨터 통신(Communication) : 지리적으로 멀리 떨어져 있더라도 통신망을 통해 정보를 교환할 수 있다. 즉, 사용자는 통신을 통하여 다른 컴퓨터와 정보를 교환한다.

9.1.4 분산 처리 시스템

(1) 개요

초기에 기업의 컴퓨터시스템도 온라인으로 접속할 수 있었고 멀리 떨어진 터미널에서 입력할 수도 있었으나 집중화된 시스템이었다. 예를 들어 은행들은 터미널의 기능을 하는 자동입출금기(ATM;Automatic Teller Machine)을 지원하기 위해 집중화된 시스템을 사용하면서 멀리 떨어진 터미널에서의 입출금을 가능하게 하고 있다. 즉 초기에 기업들이 사용한 메인프레임 환경에서의 시스템은 하나의 고성능 메인프레임 컴퓨터의 프로세서에 의존하는 시스템으로 상호 통신이 불가능한 독자적인 처리만이 가능한 것이었다. 그러나 **분산 처리 시스템**(Distributed processing system)이란 네트워크에 의해서 서로 연결되는 여러 개의 프로세서들과 네트워크 자체를 말하는데 이 시스템은 특별한 목적을 가지고 서로 결합된 형태로 계획, 설계된 것이라고 할 수 있다. 즉 분산처리시스템은 프로세서가 서로 다른 위치에 존재하며, 프로세서가 원거리통신에 의해서 서로 연결되어 있으며, 이러한 시스템은 결합된(integrated) 형태로 계획 및 설계되어 있다. 분산처리 시스템은 소형 오피스 컴퓨터를 분산 배치하여 중앙의 대형 컴퓨터와 온라인으로 접속시키는 것으로 일반적으로 클라이언트/서버 시스템이라고 부르기도 한다. 분산처리 시스템은 여러 대의 컴퓨터에 작업을 나누어 처리하여 그 내용이나 결과가 통신망을 통해 상호교환 되도록 연결되어 있는 시스템이다. 이는 서로 다른 기능이나 자원을 갖는 여러 노드가 서로 연결되어 있으므로 다른 지역의 프로세서를 사용하고 있는 사용자들도 프로그램이나 자료 등의 자원을 사용할 수 있다. 분산 시스템은 시스템 내에 있는 각종 자원의 **투명성(가시성;Transparency)**을 보장하는 것인데, 이 투명성이란 다수의 컴퓨터로 구성되어 있는 시스템을 마치 한 대의 컴퓨터 시스템인 것 같이 보이는 것을 말한다. 이 투명성에는 위치 투명성, 이동 투명성, 중복 투명성, 이기종 투명성, 장애 투명성, 규모 투명성 등이 있다. 이는 중앙집중형 시스템에 비해 소프트웨어 개발이 어렵고 보안 문제가 발생할 우려가 있으며 접근 가능 경로와 접근 방법이 많아 보안이 취약해질 수 있다는 우려도 있지만 한 작업을 병렬로 처리하므로 전체적인 처리율을 향상시킬 수 있으며, 시분할 시스템보다 신뢰성과 가용성이 높다. 또 하드 디스크, 프린터 등 비싼 하드웨어를 공유할 수 있으며 각 현장에 단말장치만을 배치하는 방식에 비해 데이터 회선의 사용 효율을 높이고, 전체적으로 경제성이 높은 컴퓨터 시스템을 이룩할 수 있기 때문에 많은 기업에서 도입하고 있다. 실제로 이 시스템은 시간 단축, 지역적 장벽제거, 기업관계의 재구성 등의 역할을 하면서 기업의 조직구조를 크게 변화시키고, 경쟁적 우위를 획득할 수 있게 해주고 있다. 또한 분산처리시스템은 집중화된 시스템을 사용함으로써 발생하는 여러 가지의 문제점에 대한 해결책을 제시해 주는 대안으로 각광받고 있다. 한편 각종 제어기능과 데이터들이 주의 깊게 분산되어야 하고, 그들 사이에 상호 연계가 잘 설계되어야 효율적인 분산처리시스템이 구축될 수 있다.분산 처리(distributed processing)는 동일 구내, 인접국 등에 각각 컴퓨터를 배치하여 데이터 처리를 분산해서 하는 방식이다. 분산 처리는 계산기 시스템의 초기 발전 형태인 집중 처리 형태의 문제점을 해결하는 방식으로 등장한 것으로, 그 의도하는 바는 다음과 같다.

- 데이터 발생장소에서의 로컬 처리화…처리능력, 통신량 등의 삭감,
- 복수 장소에 대한 계산기 자원의 설치…장애 등에 따른 시스템에의 영향 경감,
- 계산기를 기능 별로 전문화, 계산기의 간략화, 성능 향상.

중앙 계산기로 집중적으로 데이터를 처리하는 집중처리에 비해서 효율은 떨어지지만 데이터 량이 방대하여 중앙에서만 처리할 수 없는 경우에는 유효하다. 분산 배치 간 계산기의 결합 형태로서는 통신회선으로 결합하는 형태와 채널 간 결합장치 등으로 결합하는 형태가 있다. 시스템 구성형태 상으로 본 경우에는 수평분산 구성과 수직분산 구성이 있고 또 분산처리를 실현하는 대상에 따라 **기능분산과 처리분산**의 두 형태로 분류된다.

- 기능분산: 각 계산기가 데이터베이스 처리용, 통신제어용 등의 기능을 분담하여 복 수의 계산기로 하나의 처리를 실행하는 형태이다.
- 처리분산: 업무처리 프로그램과 데이터베이스를 데이터의 종류에 따라 각 계산기에 분산하여 특정한 데이터 처리

를 시스템 내의 특정한 한 계산기에 집중한 형태이다.

분산처리의 예로는 통신제어 장치에 통신제어 기능을 갖게 한 형태가 일반적이다. 앞으로는 이 기능을 고도화 하여 프로토콜 변환, 네트워크 루팅 기능 등을 포함한 통신 전용처리로 발전하리라 생각된다. 또 데이터 처리 면에서는 분산 데이터베이스 형태가 유망하며 더욱 대규모·복잡화 경향에 있지만, 중복 데이터의 동시 갱신제어, 데이터 접근의 최적화, 통합화, 데이터베이스 파일 관리 등의 과제가 클로즈업 되고 있다.

분산 시스템은 처리기, 기억장치, 입/출력장치 등의 기본적인 처리 능력을 가진 독립적인 장치들을 통신망으로 연결하여 구성한 종합적인 컴퓨터 시스템을 말하며, 지리적으로 서로 다른 장소에 위치한 다수의 컴퓨터들에 자원(resource)과 기능을 분산시켜 상호 협동적인 방식으로 일을 처리해 나가는 자율적인 컴퓨터들의 집합체이다. 또한 분산 처리 시스템은 **다중성**(multiplicity), **메시지 전송**(message passing), **지역 자율성**(local autonomy), **투명성**(가시성;transparency)과 같은 요구 조건들을 만족하는 컴퓨터들의 집합이라고 할 수 있다. 분산 처리 시스템은 동적인 자원의 공유를 통하여 높은 이용성, 시스템의 성능 향상, 안정성 및 신뢰도 향상, 확장의 용이성 등을 제공해주며, 실시간 제어나 데이터베이스, 인공지능과 같은 응용 분야에 더 자연스럽게 적용될 수 있는 컴퓨터 구조를 제공한다. 분산 처리 시스템의 발전으로 자원과 주변장치인 하드디스크, 프린터, 플로터 등을 공유할 수 있게 되었다. 분산 처리란 그 시스템에 가장 적절한 네트워크를 통하여 프로세스나 여러 업무들을 분산시키고자 하는 시스템들에만 적용된다. 어디에 있든 상관없이 다른 기계의 자원들을 접근할 수 있는 것을 **투명성**(transparency)이라고 한다. 분산 처리 시스템을 달리 정의하면, 통신망으로 서로 느슨하게 결합된(loosely-coupled) 프로세스의 집합이라 표현할 수도 있다. 분산 처리 시스템 내의 어느 특정 프로세서의 관점에서 볼 때, 그 프로세서가 가지고 있는 자원을 지역(local) 이라고 하고, 그 특정 프로세서 외의 나머지 자원들을 원격(remote)이라 한다. 분산 처리 시스템의 발전은 LAN과 WAN의 기초 위에서 장단점을 가진다.

분산 처리 시스템이 갖추어야할 기본적인 특징은 다음과 같다.

① 자원 및 제어 기능이 각 노드에 분산되어 있어야 한다.
② 각 노드의 자율성(autonomy) 및 시스템의 성능, 신뢰도 향상, 확장성 등이 제공되어야 한다.
③ 각각의 노드에 분산되어 있는 자원을 자유 자체로 공유할 수 있어야 한다.
④ 각 노드에 분산되어 있는 정보의 보안성이 이루어져야 한다.

분산 처리란 그 시스템에 가장 적절한 네트워크를 통하여 프로세스나 여러 업무들을 분산시키고자 하는 시스템들에만 적용된다. 분산 처리에 있어서 가장 커다란 가능성을 지니고 있는 접근 방식은 자신이 어디에 있든 상관없이 다른 기계의 자원들을 접근할 수 있는 투명성(transparency)이다. 진정한 투명 환경에서는 사용자가 네트워크 상에 있다는 사실조차도 모르게 된다. 다른 부분들이 다른 구조의 다른 기종에서 응용 프로그램의 몇 가지 부분을 함께 실행시킬 수 있다.사용자의 인터페이스의 이점을 차지하고라도 이러한 접근 방식은 프로세서들 간에 작업 부하(workload)를 분산시킬 수도 있다. 이와 유사한 접근 방식이 RPC(Remote Procedure Call)로 달성되었다.RPC는 원격지의 기계에 있는 프로시져들을 호출한다. 또한 흔히 단일 응용 프로그램의 여러 업무들을 동시에 수행하기 위해 지리적으로 떨어져 있는 다양한 프로세스들을 사용할 수 있게 한다.

분산 처리 시스템에는 네트워크 운영체제(NOS;Network Operating System)와 분산 운영체제(DOS;Distributed Operating System)등 두 가지의 OS가 있다.

분산 시스템과 네트워크 시스템의 공통점과 차이점은 분산 처리 시스템과 네트워크 시스템은 공통적으로 여러 프로세서들이 네트워크들로 연결되어 있다는 점이 유사하나 두 시스템은 그 운영되는 방법이 크게 차이가 있다.OS의 차이점은 네트워크 시스템이 각 호스트의 독자적인 OS(NOS)를 인정하고 있는 것과는 대조적으로 분산처리(협의의) 시스템에서는 전체 시스템이 논리적으로는 단 한 개의 OS(DOS)밑에서 제어되고 운용이 된다.

분산 시스템의 중요한 목적은 다음과 같다.

❶ 자원의 공유(접근 가능); 여러 사용자들이 원하는 자원(H/W,S/W 등 모든 측면의 자원)을 자유롭게 접근이 가능하다. 이점은 경제성과 그룹웨어(Groupware) 등이 있으며, 단점은 보안성이 취약하다. 다시말해, 공유 대상은 H/W 자원,S/W인 데이터, 프로그램 자원 등이 있다. 자원관리자(resource manager)에 의해서 제어된다. 자원공유에 따른 분산 모델은 고객 서버 모델(client-server model)과 객체 기반 모델(object-based model)이 있다.
❷ 개방성(openness); 다양한 H/W가 가능해야 한다. 보편적인 방법으로 시스템을 사용할 수 있어야 한다. 즉, 표준화 규칙을 따라야 한다(인터페이스 정의).
❸ 병행성(동시실행성)(concurrency)
❹ 규모의 유연성(축소·확장성)(scalability)
❺ 결함 허용성(fault tolerance)
❻ 확장성; 시스템의 규모가 확장되더라도 성능은 유지 또는 향상된다.
❼ 투명성(가시성;transparency); 분산처리 시스템에서 투명성은 공통 플랫폼(Common platform)인 서로 다른 H/W의 복잡성을 모르더라도 사용자는 이용이 가능하다. 다시말해, 분산 처리 시스템의 주요 고려 사항의 하나로서, 자원의 존재 위치와는 상관없이 시스템의 모든 파일에 대하여 사용자가 동일한 방법으로 접근할 수 있도록 하는 것이다. 시스템을 사용하는 것처럼 인식하도록 하는 것이다. 사용의 단순성, 용이성등을 위해 어떤 객체의 특성 중 일부가 사용자에게 숨겨져 그 존재를 인식하지 못하게 한 것을 말한다. 응용 프로그램에서, 물리적 파일의 구조를 의식하지 않고 독립적파일을 사용하기 위한 데이터 관리 소프트웨어의 특징이다. 응용 프로그램에는 데이터나 파일의 구성이 데이터 관리 프로그램의 외부 규격에 기술되어 있다.

이런 분산 시스템의 특징은 결국 독립적인 컴퓨터들을 사용자에게 하나의 시스템으로 보이게 만드는 것이다. 즉, 자원의 공유와 접근, 시스템 제어를 쉽게 만든다. 이렇게 하나의 시스템처럼 보이도록(조작하도록) 만들어 주는 것이 바로 **미들웨어(Middleware)**의 역할이다.

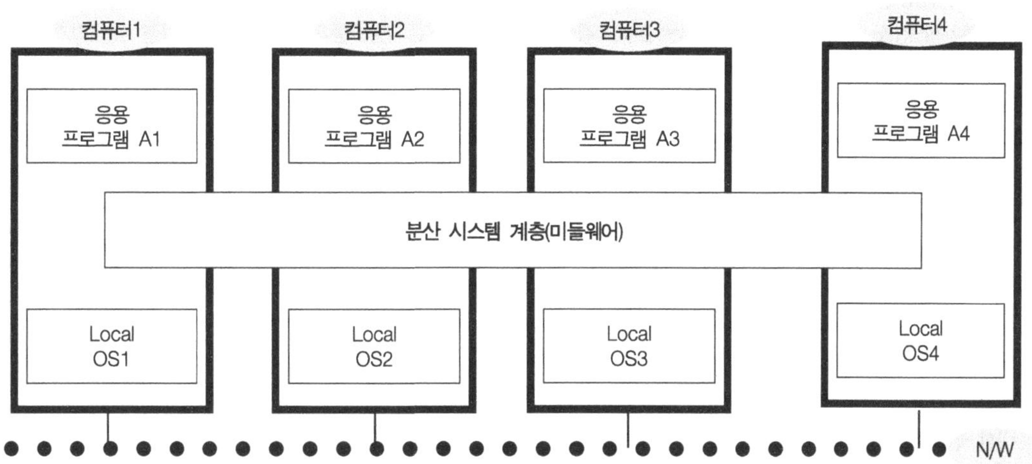

[그림 9-4] 다양한 종류의 OS와 컴퓨터의 미들웨어 구성도

[그림9-4]처럼 다양한 종류의 OS가 설치된 각 컴퓨터(또는 H/W)들을 미들웨어가 하나의 시스템으로 보이도록 만들어 준다.

이렇게 다양한 특징이 있으므로 단점도 있다. 즉, 오버헤드의 가능성이 증가, 비용의 증가, 보안성의 취약, 바인더(Binder)의 필요성, 시스템의 거대화 등이 있다.

(2) 분산 처리 시스템의 목적

분산 처리 시스템을 사용하는 목적과 집중화된 시스템을 사용하는 것보다 더 좋은 점들을 나열한다면 다음과 같은 내용을 들 수 있다.

- 자율성의 보장 : 사용자 집단에게 자율성을 주고 미리 이 자율성의 정도를 결정할 수 있다.
- 분산화된 작업과 중앙의 통제 : 중앙 통제의 정도에 따라서 각기 다르게 중앙에서 지원되는 서비스와 데이타베이스에 의해 질적으로 제고된 분산적인 자료처리를 할 수 있다.
- 최종사용자의 생산성 : 최종 사용자에게 기술과 언어를 사용할 수 있게 하여서 그 자신의 응용프로그램을 쉽게 개발할 수 있는 유연한 툴을 제공한다. 상호간의 호환성 문제를 해결하기 위한 중앙의 통제를 필요로 한다.
- 지역적으로 분리된 자원, 자료에의 접근 : 다른 지역의 프로세서를 사용하고 있는 사용자들에게 또 다른 지역의 프로그램이나 자료를 포함한 유용한 자원을 사용할 수 있게 한다.
- 지역적 장벽의 극복 : 적절히 설계된 네트워크를 이용해서 거리가 떨어져서 나타나는 문제점들을 최대한으로 줄일 수 있다.
- 항시성 : 최종 사용자는 문제점 발생에 대해서 알지 못하게 된다. 사용자의 시스템 인터페이스의 항시성을 극대화한다.
- 보안 : 자료나 자원에 대한 허가받지 않은 접근을 막을 수 있다. 잠재적인 범죄자나 시스템 파괴자, 그리고 옳지 않은 의도로 정보를 수정하려고 사람들을 막고 그로 인해 서 생기는 문제점을 미연에 방지한다.
- 감사가능성 : 중대한 자료, 특히 재무적인 자료 등의 수정이 충분히 감사될 수 있도록 한다.
- 정확성과 일반성 : 모든 입력에 대해서 정확성에 대한 통제를 사용한다. 수정의 여러 단계에서 사용자들에게 같은 자료에 대해 서로 일치하지 않는 다른 내용이 나타나지 않도록 한다.
- 변화에의 용이 : 분산된 시스템이 차츰 확장되고 바뀔 것을 인식하고 혼란이나 비용의 추가적인 지출이 없이 이러한 일이 진행될 수 있도록 한다.
- 지적투자의 감소 : 현재 존재하고 있는 프로그램이나 논리적 자료, 구조 등은 시스템이 나 다른 프로그램에 변화가 생기더라도 다시 만들지 않게끔 해야 한다.
- 복잡성의 제거 : 가능한 최대로 사용자가 시스템을 사용하는데 발생할 수 있는 복잡성을 제거하도록 하여야 한다.

(3) 분산 처리 시스템의 문제점

분산처리시스템을 사용하다 보면 다음과 같은 문제점들에 봉착하는 수가 있다. 그러나 집중화된 시스템의 문제점을 예시 해보라고 할 때는 이보다 더 많은 문제점들을 들 수 있고, **분산처리 시스템의 목적**은 이러한 문제점을 최대한으로 없애고 그 효용을 최대로 하는 데 있다.

- 통제의 불능 : 점점 더 많은 사용자 집단이 권한을 갖는 소형 컴퓨터를 획득함에 따라 자료처리 담당자가 이에 대한 전반적인 통제력을 상실하게 되고 분산처리 시스템에 또한 설계되고 통제되어지는 방향으로 나가는 것이 아니라 불규칙적인 방향으로 진화해 나가는 수가 있다.
- MIS 기중에 대한 통제의 불능 : 조직에 강력한 영향을 미칠 수 있는 경영정보의 수집이 힘들어지거나 거의 불가능해질 수 있다.
- 최선이 아닌 차선의 선택 : 현지에서 컴퓨터와 관련된 일을 담당하고 있는 사람들은 전체적인 관점에서 업무를 파악하는 것이 아니라 자신들의 업무만 파악하고 있으므로 기업 전체적인 관점에서 볼 때는 전반적으로 기업을 효율적으로 통제할 수 있는 방법이 없게 된다.
- 호환성이 없는 자료 : 서로 다른 시스템에서 같은 내용의 자료가 서로 다르게 표시된다. 나중에 보면 이러한 자료

를 사용하는 프로그램을 다시 만들지 않고서는 정보의 필요를 만족시켜주지 않는 수가 종종 생긴다. 자료중심의 시스템 설계가 필요하다.

- 호환성이 없는 하드웨어(H/W) : 서로 다른 사용자 집단에 의해서 사용되고 있는 하드웨어가 서로 호환성이 없을 수가 있다. 예를 들어 한쪽에서 사용하는 플로피 디스크를 다른 쪽에서는 사용할 수 없을 수도 있고 또 한쪽에서 잘 돌아가는 프로그램이 다른 한 쪽에서는 돌아가지 않을 수도 있다. 또 H/W가 통신 링크(Communication Link)로 연결되지 않을 수도 있다.
- 호환성이 없는 소프트웨어(S/W) : 서로 다른 종류의 기계는 서로 다른 종류의 S/W-자료, 링크 관리, 네트워크 관리 설계, 데이터베이스 관리 서비스 등을 가지고 있다. 기계들을 서로 연결하여 자료를 교환하고 지역적으로 분리된 데이터베이스를 사용하려면 호환성이 있는 S/W의 선택이 필요하다.
- 유지 비용의 과다 : 위와 같은 요인들 때문에 프로그램이 다시 작성되어지는 수가 많다. 프로그램을 다시 작성하는데 드는 생각지 않았던 비용, 파일을 변환하는데 드는 비용, 자료의 재설계와 시스템의 재구조화를 위한 비용들이 처음 시스템의 개발, 가동에 드는 비용의 80% 이상 들어간다.
- 반복적 작업 : 서로 다른 집단에 의해서 같은 기능에 대한 여러 개의 프로그램을 개발하는 수가 생긴다. 이러한 개발에 필요한 인력을 구하는 것도 하나의 문제로 등장할 수 있다.
- 보안 : 주변의 장치들을 설치할 때 보안에 대한 주의를 덜 기울이는 수가 있다. 사적인 침해가 가능하므로 항상 조심하여야 한다.
- 기업 내의 정치적인 문제 : 잘 구성되어진 많은 수의 분산처리 계획들이 기업의 정치적인 권력문제와 충돌하는 수가 있다.

분산처리 시스템은 이러한 단점보다는 집중화된 시스템을 사용함으로써 발생하는 여러 가지의 문제점에 대한 해결책을 제시해 주는 대안으로서 LAN, WAN 등의 기술적인 발전과 기업 경영적인 필요에 의해서 발전되고 있다. 최근 급변하는 조직구조에 효율적으로 적응할 수 있도록 의사소통 장벽을 해소해 주며 기업에 경쟁적 우위를 획득할 수 있게 해주고 있다. 이렇게 구축된 분산처리 시스템은 실제로 기업에 시간단축, 지역적 장벽제거, 기업관계의 재구성 등의 역할을 하면서 조직구조를 크게 변화시키고 있다.

분산 처리 시스템을 사용함으로써 얻을 수 있는 장점은 다음과 같다.

- 제한된 자원을 네트워크로 연결된 여러 지역에서 여러 컴퓨터들에 의해 공유할 수있다. 즉, 여러 사용자들이 데이터를 공유할 수 있다(자원 공유의 용이성).
  점진적으로 컴퓨터를 네트워크에 투입함으로 업무량의 증가에 효과적으로 대처 할 수 있다(확장성의 용이).
- 중앙 집중식 처리 시스템에 비해 신뢰도를 향상시킬 수 있다. 즉, 중앙 컴퓨터의 과부하를 줄일 수 있다(높은 신뢰도).
- 여러 노드에서 하나의 작업을 나누어 병렬로 처리함으로써 처리율을 높일 수 있다(높은 성능).

분산 처리의 단점은 다음과 같다.

- 통신 설비의 신뢰도, 데이터 처리 서비스 비용과 질적 변동이 심하다.
- 시스템의 설계가 복잡하며, 소프트웨어 개발이 어렵다.
- 보안 문제가 발생한다. 즉, 자료의 안정성과 완전성을 보장하기 곤란하다.
- 시스템 유지상 통일성을 잃기 쉽다. 즉, 사용자 프로그램과 다른 여러 기종을 통합하여 원활히 DDP(Distributed Data Processing)가 작동하기에는 어려운 점이 뒤따른다.

9.1.5 분산 처리 응용에 따른 네트워크의 구분

① 자원 공유 네트워크(resource sharing network) : 카드 입력기나 프린터와 같은 자원들을 서로 다른 호스트에서

공유함으로써 원격지의 장치가 그 지역 내에 존재하는 것처럼 사용할 수 있는 네트워크이다.

② 분산 계산 네트워크(distributed computation network) : 다수의 작업을 여러 대의 호스트 컴퓨터에서 나누어 병행 처리할 수 있는 네트워크이다.

③ 원거리 통신 네트워크 : 원거리에 있는 계산 설비를 가능한 한 경제적으로 액세스하고자 하는 목적으로 만들어진 네트워크이다.

9.2 프로세서에게 분배하여 처리하는 방식에 따른 분산 시스템의 구분

9.2.1 강 결합(Tightly-coupled) 시스템

1) 정의

동일한 운영체제(OS) 하에서 다수개의 처리기(프로세서)가 하나의 메모리(M/M)를 공유하여 사용하는 시스템이며, **다중처리 시스템**이라고도 한다.

2) 특징

❶ 프로세서 간의 통신(IPC)은 **공유 기억 장치**(shared memory)를 통하여 이루어진다.
공유 기억 장치를 차지하려는 프로세서 간의 경쟁 최소화가 주된 고려 대상이다.

❷ 공유 기억 장치를 차지하려는 프로세서 간의 경쟁은 **결합교환**(combining switch) **방법**으로 해결한다(하나의 공유 기억 장치를 차지하려는 다수 개의 프로세서 중 오직 하나의 프로세서에게만 액세스를 허용).

3) 구조[그림9-5]

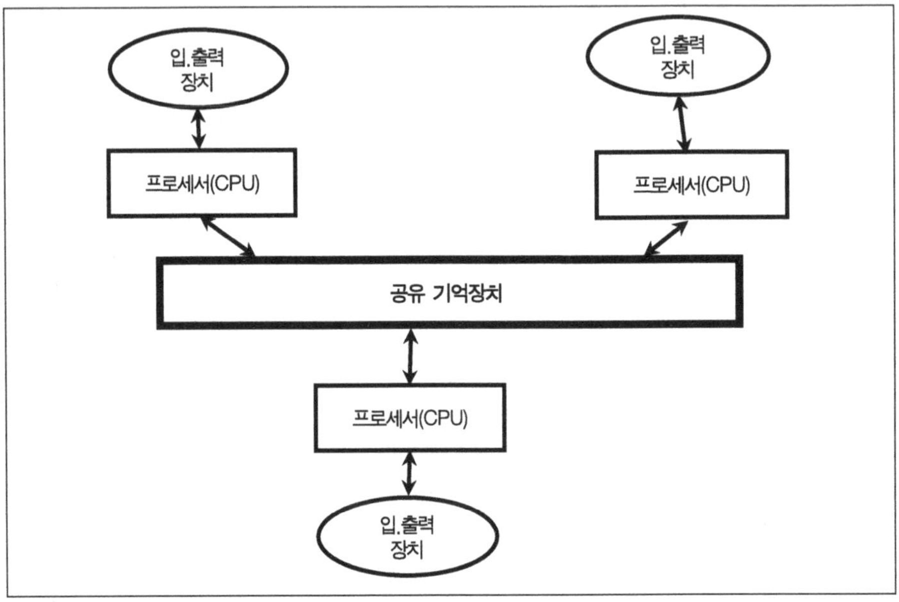

[그림 9-5] 강 결합 시스템

9.2.2 약 결합(Loosely-coupled) 시스템

1) 정의

각 처리기마다 독립된 메모리를 가진 시스템이다. 즉, 둘 이상의 독립된 컴퓨터 시스템을 통신 링크를 이용하여 연결한 시스템이며, **분산 처리 시스템**이라고도 한다.

2) 특징

① 각 시스템은 자신만의 OS와 기억장치를 가진다.
② 각 시스템은 독립적으로 동작하며 필요한 경우 서로 통신할 수 도 있다.
③ 프로세서간의 통신은 메시지 전달이나 원격 프로시저 호출을 통하여 이루어진다.

3) 구조[그림9-6]

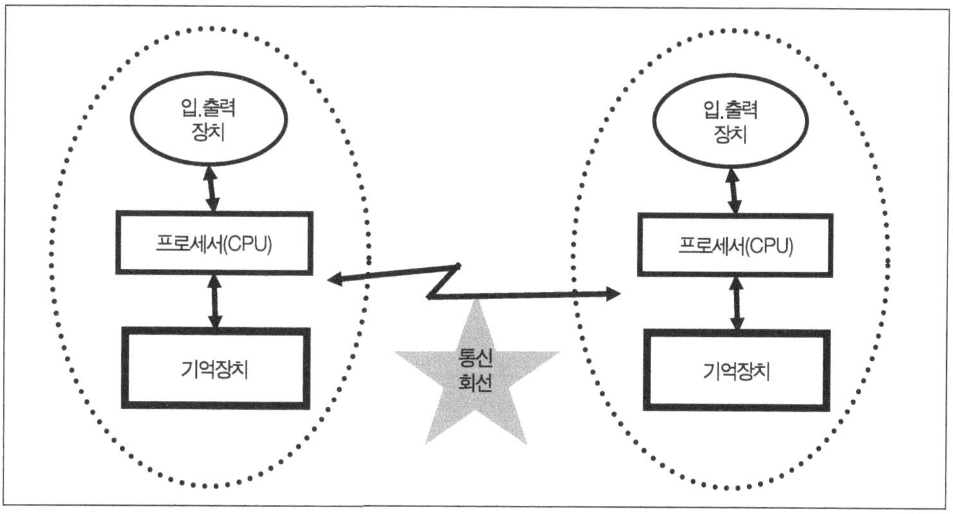

[그림 9-6] 약 결합 시스템

9.3 분산 처리 시스템의 계층 구조

컴퓨터 시스템의 OS는 일반적으로 계층 구조를 가지도록 설계되며 이러한 컴퓨터들이 통신 네트워크로 연결되어 상호 협력하면서 수행되는 시스템을 **분산 시스템**이라 한다. 이러한 분산 시스템에서 통신 기능이 어느 계층에 존재하는가 매우 중요한 의미를 가지며 원칙적으로는 통신 기능은 어느 계층이라도 존재할 수 있으나 대부분의 경우 시스템 설계시의 요구 조건 또는 제약 조건들에 의하여 적절한 위치가 결정된다.

1) H/W 계층

H/W 계층은 컴퓨터 시스템에 기본적인 처리 능력 및 저장 능력을 제공해 주는 계층으로서 만약 통신 기능이 이 계층에만 존재한다면 이는 분산 시스템이라고 할 수 없다. 즉 이러한 시스템은 일종의 다중 처리 시스템으로, 각 노드 간에 통신 네트워크를 통한 메시지 전달(message passing) 방식의 통신을 하는 것이 아니기 때문에 사실상 이러한 시스템

은 단일 시스템으로 간주될 수 있다.

2) 기억 장치 계층

기억 장치 계층은 기억 장치 관리자가 시스템의 기억 장치를 관리하고 필요에 따라서는 프로세스들에게 할당해 주는 역할도 한다. 이러한 기억 장치 관리자들 간에 통신 기능이 가능하다는 것은 전체 시스템의 기억 장치가 전역적이며 한 노드의 프로세스가 다른 노드의 기억 장치 공간을 할당 받을 수도 있음을 뜻한다. 그러나 한 프로세스가 여러 노드의 기억 장치 공간을 이용한다는 것은 특별한 H/W 메커니즘을 필요로 한다는 것이며 신뢰도 문제와 통신 네트워크의 성질을 고려해 볼 때 비실용적이다.

3) 프로세스 계층

프로세스 계층은 프로세스의 생성, 종료 및 프로세스간의 문맥 교환뿐만 아니라 프로세스 간의 동기화를 위한 기본적인 기능을 제공한다. 이러한 점을 고려해 볼 때 프로세스 관리자들 간의 통신 기능은 분산 처리나 노드 간의 부하 균등화(load balancing) 및 다른 노드에 존재하는 프로세스와의 동기화 문제 등을 쉽게 해결할 수 있다.따라서 분산 처리 운영체제(DOS)는 이 계층에서 통신 기능을 가지고 있어야 한다. 그러나 실제로 DOS를 구성하는 데에는 각 노드의 H/W 및 S/W 환경의 이질성이 여러 가지 문제점을 일으킨다. 보통 이 계층에서 통신 기능을 가지게 하려면 각 노드들의 동일한 컴퓨터를 가지도록 해야 한다.

4) 파일 시스템 계층

파일 시스템 계층은 파일 데이터를 영구히 저장해 둘 수 있는 기억 공간을 의미하며 사용자 측에서 컴퓨터 시스템을 볼 때 사용자가 일반적으로 접하게 되는 시스템 대상으로서 분산의 대상이 되는 가장 중요한 요소이기도 하다. 이 계층에서 관리자들 간의 통신 기능은 시스템 전체에 대한 디렉토리 계층을 가지게 함으로써 사용자는 어떤 파일이 존재하는 실제 위치를 모르더라도 해당 파일을 이용할 수 있도록 해 주고 파일의 중복 및 분산을 투명하게 해 줄 수 있다.따라서 분산 처리 시스템의 가장 큰 장점이라고 할 수 있는 자원의 공유 및 신뢰도의 향상, 파일의 분산 및 중복을 통해서 얻을 수 있으므로 이 계층에서의 통신 기능은 분산 처리 시스템에서 반드시 필요하다.

5) 사용자 프로그램 계층

사용자 프로그램 계층은 이 계층에만 존재하는 통신 기능이 사용자로 하여금 다른 노드에 대한 접근을 가능하게 할 수는 있지만 분산 처리 시스템의 장점을 충분히 발휘할 수는 없다. 시스템 내에는 전역적인 자원이 없으므로 사용자는 원하는 위치를 정확히 알아야만 해당 자원을 이용할 수 있으나 이러한 경우 각 노드의 자율성은 최대로 보장된다.

9.4 다중 처리 시스템(multiprocessing system)

9.4.1 개요

다중 처리를 목적으로 하는 시스템으로, 여러 대의 컴퓨터가 하나의 관리 프로그램 하에서 주기억 장치(M/M)를 공유하여 작업하는 것이다, 또는 입/출력 채널에 연결된 각 장치의 사용 할당에서도 효율적으로 행하는 것을 가리킨다. 그 밖에 폴 백(fall back) 처리가 쉬우므로 완전한 시스템 다운을 방지 할 수 있는 특징을 갖고 있다. 다시말해, 2개 이상의 H/W 처리기로 구성되었으며, 각 처리기들은 기억 장치를 공유하거나 직접 한 처리기에서 다른 처리기로 메시지를 보냄으로써 통신이 이루어지는 시스템이다. 1개의 운영체제(OS)에 의해 통제되며, 다중 처리기는 2개의 구조적인 모델이 있다. 하나는 M/M를 통해 자료를 교환하는 밀결합형 방식이고, 다른 하나는 각 처리기마다 입/출력 (I/O) 장치와 지국 기억 장치를 갖는 소결합형 방식이다. 여러 개의 컴퓨터 시스템을 구성하는 기법이 있다.

다중 처리기의 OS가 갖는 기능들은 다음과 같다.

① 자원의 할당과 보호 기능
② 시스템에서 교착상태의 방지 기능
③ 테이블과 자료들의 보호 기능
④ 입/출력(I/O) 부하의 균형의 기능
⑤ 재구성 기능
⑥ 프로세서 부하의 균형(load balancing)의 기능
⑦ 비정상적인 실행의 종료 기능

9.4.2 다중 처리기 운영체제의 구성

1) 주/종속(Master/Slave) 다중 처리기

① 개념

하나의 컴퓨터 시스템에 두 개의 프로세서(처리기)가 있을 경우이다. 하나의 주(주 처리기;Master CPU) 처리기와 여러 개의 종속(종 처리기;Slave CPU) 처리기들로 구성된 컴퓨터 조작이다. 주 처리기만 운영체제(OS)를 수행하고, 종속 처리기는 사용자 프로그램만을 수행한다. 주 처리기에서 문제가 발생하면 전 시스템이 멈춘다. 종속 처리기에서 문제가 발생해도 입/출력(I/O)은 주 처리기에서 돌아간다. 다시 말해, 주 처리기는 연산뿐만 아니라 I/O 등 시스템의 전반적인 제어를 담당하며, 종속 처리기는 M/M의 지시에 따른 연산이나 미리 정해진 특정한 작업만을 수행한다. 주 처리기만이 OS를 실행하며, 종속 처리기(Slave CPU)들은 OS가 아닌 응용 프로그램만을 실행한다. 따라서 종속 처리기는 입/출력 등을 주 처리기에게 의뢰해야 하므로 주 처리기가 성능 측면, 신뢰성 측면에서 병목현상이 될 수 있다. 비대칭적 다중처리라고 불리운다.

② 특징

- 주 처리기는 I/O과 연산을 수행하고 종 처리기는 연산만 수행한다.
- 종 처리기에서 I/O 발생 시 주 처리기에게 서비스를 요청한다.
- 주 처리기만이 OS를 수행한다.
- 하나의 주 처리기와 나머지 종 처리기로 구성된다.
- 주 처리기의 고장 시 전 시스템이 멈춘다.

③ 문제점

- H/W의 비대칭성이다("주"만이 입/출력을 수행할 수 있는 점).
- H/W를 최적으로 사용하지 못한다.

④ 장점

- 구현이 가장 쉬우며, 현존의 다중 프로그래밍 시스템을 간단히 고침으로 만들 수 있다.
- 하나의 프로세서만이 OS를 실행하므로 시스템 표에 대한 상호 배제 문제를 해결한다.

⑤ 응용

- 부하가 미리 잘 알려져 있는 응용에 적합하다("주" 스케줄이 미리 정확히 조정).

■ "종" 처리기들이 "주" 처리기보다 훨씬 성능이 떨어지는 비대칭 시스템에 적당하다.

⑥ 주/종속 다중 처리기 구성도[그림9-7]

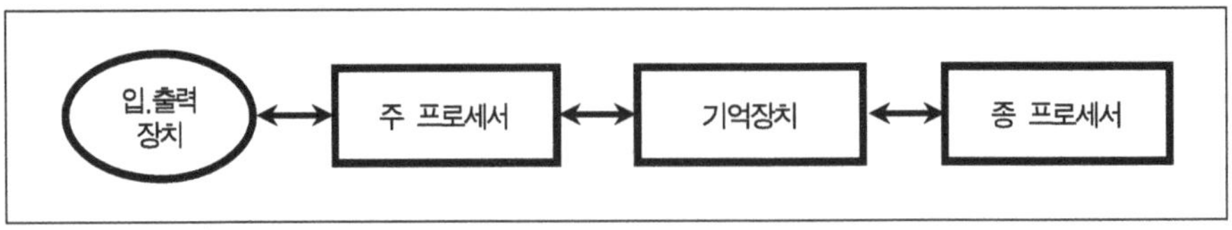

[그림 9-7] 주/종속 다중처리기 시스템

2) 분리 실행(분리된 운영체제;개별적 관리자;separate execution) 다중 처리기

① 개념

분리 실행(분리 수행) 구조에서는 주/종 처리기의 비대칭성을 보완하여 각 처리기(각 노드)가 독자적인 OS를 가지고 있도록 구성한 구조이며, 평소에는 다른 노드와 데이터/연산 이주를 하지 않아 부하 균형에 별로 도움이 되지 않는다. 즉, 각 프로세서(처리기)가 독립적으로 자원을 갖는 단일 처리기(uniprocessor)와 같이 독자적인 OS와 기능들을 가진다. 각 프로세서가 독립적인 OS를 갖고, 발생하는 인터럽트도 해당 프로세스에서 독립적으로 수행한다. 자신만의 파일과 I/O 장치를 제어한다. 매우 바쁠 수 있다.다중 프로세서 OS의 구성 방법 중 하나이다.

② 특징

■ 한 처리기에서 실행되도록 배당된 프로세스는 실행이 종료될 때까지 처리기에서만 실행된다.
■ 개개의 프로세스의 실행을 위해 서로 도울 필요가 없다. 즉, 하나는 유휴 상태이고 다른 처리기는 바쁠 수도 있다.
■ 개 개의 처리기는 자신만의 파일과 I/O 장치를 제어하다.
■ 한 처리기의 고장으로 전체 시스템이 멈추지 않는다.
■ 각 처리기에서 발생하는 인터럽트도 해당 처리기에서 독립적으로 연결한다.

3) 대칭적 운영 체제 다중처리기

① 개념

분리 수행 처리기 구조의 문제점을 보완한 것으로 여러 처리기들이 완전한 기능을 갖춘 하나의 OS를 공유하여 수행하는 구조이다. 처리기들이 하나의 OS에서 동시에 운영된다. 모든 처리기들이 동등한 입장에 있으며 OS는 어느 프로세서나 모든 I/O 장치와 기억 장치를 사용할 수 있도록 관리한다. 한 OS를 동시에 수행할 수 있게 하므로(여러 CPU가 한 OS를 경쟁적으로 실행하므로) 재진입 코드와 상호 배제가 필요하다. 기억 장소를 여러 프로세스가 동시에 액세스하려 할 경우 보통 H/W로 해결하고, 시스템 테이블을 여러 프로세스가 동시에 액세스하려 할 경우 보통 S/W로 해결한다. 즉, 모든 처리기(CPU)가 기능적으로 동등하여 OS나 응용 프로그램 모두를 실행할 수 있다.병목현상을 일으키는 CPU가 없고 부하가 균형을 이룬다.

② 장점 :

■ 대칭적 기법으로 다른 방법보다 작업 부하를 효과적으로 분산시킬 수 있다.
■ 가장 복잡한 구조를 갖고 있으나 가장 강력한 시스템이다.
■ 가장 신뢰성이 높다.
■ 자원의 활용을 잘 이용할 수 있다.
■ 한 순간에 하나의 처리기만이 관리 처리기가 되므로 시스템의 전반적인 정보를 통일적이고 일관성 있게 운영한다.

③ **단점** :

- 동시에 여러 처리기들이 OS 상태에 있을 수 있기 때문에 심각해질 수 있다(대립 문제발생).
  - 지나친 폐쇄를 방지하기 위해 시스템 테이블이 잘 설계되어야 한다.
  - 시스템 데이터를 여러 독립적인 처리기들에 분산 수용하고 개별적으로 폐쇄될 수 있게 한다.
- OS의 오버헤드 증가, 시스템 자원들의 대립 증가, 하드웨어 지연 등으로 전 시스템의 성능이 비교적 향상되지 못한다.

9.5 분산 처리의 종류

9.5.1 개요

클라이언트/서버 아키텍처 또한 분산 처리의 한 가지 모델이다. 클라이언트 기종들은 인터페이스를 포함하고 있는 반면, 서버 기종들은 데이터베이스를 지니고 있다. 데이터에 대한 요구는 네트워크를 통해 클라이언트로부터 서버로 전해지며, 그 요구 기준에 맞는 데이터만을 되돌아오게 된다. 분산 처리 시스템에서는 사용자들에게 시스템이 제공해 주는 여러 가지의 자원들을 접근할 수 있게 해준다. 이러한 자원들은 운영체제에 의해 접근된다. 이러한 서비스를 제공해 주기 위한 분산 처리 시스템에서는 기본적인 두 가지 형태가 있다.

- 네트워크 운영체제(NOS;Network Operating System)는 사용자가 기계들의 종류를 알고 있어야 하며, 이러한 자원들에게 접근하기 위해서는 적절한 원격지 컴퓨터에 로그인하던지 또는 원격 컴퓨터로부터 자료를 자신의 기계로 전달 받아야 한다.
- 분산 운영체제(DOS;Distributed Operating System)는 사용자가 컴퓨터들의 종류를 알 필요가 없으며, 원격지 자원들을 그들의 지역 자원에 접근하는 방식과 같은 방식으로 접근한다.

9.5.2 네트워크 운영체제

1) 정의

네트워크 운영체제(NOS)는 분산된 자원을 서로 공유하는 컴퓨터 OS의 묶음이다. 네트워크 시스템은 마이크로컴퓨터나 다른 컴퓨터로 구성된 다중 컴퓨터 네트워크를 구현할 수 있는 다중 프로그래밍 실행 제어까지의 확장을 요한다. 연결은 입/출력 버스, 상호 연결을 통하여 지역적일 수도 있으며, 혹은 통신 수단을 통해 멀리 떨어질 수도 있다. 이것은 CPU 사이의 통신, 제어 절차 및 가상 장치의 이용을 지원하기 위한 OS를 제공한다. 이 방법을 사용하여 어느 한 곳의 CPU에서 처리되는 이용자 프로그램이 멀리 떨어져 있는 CPU의 주변 장치 및 이용자의 프로그램과 통신을 하게 된다. 신뢰성이 높은 시스템은 예비용 장비를 완전히 활용함으로써 성능 증가가 모듈별 중첩을 갖도록 구성될 수 있다. 네트워크의 하드웨어 구성 요소를 통합하는 근거리 통신망(LAN)의 시스템 소프트웨어로 일반적으로 50개 이하의 워크스테이션을 연결하는 데 적합하다. 보통은 메뉴 구동 방식의 관리 인터페이스, 파일 서버 소프트웨어의 테이프 백업, 보안 규칙, 프린트 공유 기능, 응용 프로그램과 데이터 베이스의 중앙 저장 장치, 모뎀을 통한 원거리 로그인, 그리고 디스크가 없는 워크스테이션 지원 기능이 포함된다. 다시말해, 컴퓨터가 네트워크로 연결되어 있을 때 각각의 컴퓨터들이 편리하고 효율적인 방법으로 서로를 이용할 수 있도록 해주는 통신 규약과 소프트웨어의 집합이다. NOS에서는 [그림9-8]와 같이 각 노드(호스트)가 다른 노드와 무관한 독자적인 OS를 가지며 필요한 경우 가끔씩 네트워크를 통해 통신을 하며 기종의 차이가 심하고 지역적으로 널리 분산된 대규모 네트워크 시스템에서 주로 사용된다. 또한, 각 노드(호스트)의 OS

가 네트워크와 관계가 없으며, 네트워크의 사용은 각 노드에서 실행되고 있는 사용자 프로그램에 의하여 제어된다. 여기서 LOS는 지역 운영체제(Local OS)를 말한다. 이 방법은 실행하기가 비교적 쉽고, 기존 소프트웨어를 활용할 수 있다는 장점이 있으나 네트워크를 쓰는 사용자간의 차이점으로 그 방식에 있어서 동질성에 문제가 있을 수 있다. 다시말해, 네트워크 상에서 여러 시스템들이 서로의 자원을 서로 액세스할 수 있도록 하는 체제를 말한다. 인터넷은 원격 로긴(login)을 할 수 있도록 telnet명령문을 제공하고 원격 데이터 송수신을 위해 FTP명령문을 제공한다.NOS 사용자는 네트워크에 대해 잘 알아야 한다. 즉 사용자는 원격지에 명시적으로 로긴하여야 하며, 원격지 호스트의 이름, 원격지 사용자(user-id), 암호, 원격지 파일의 위치를 제시하여야 한다.NOS는 사용자에게 투명한 인터페이스를 제공하지 않는다.

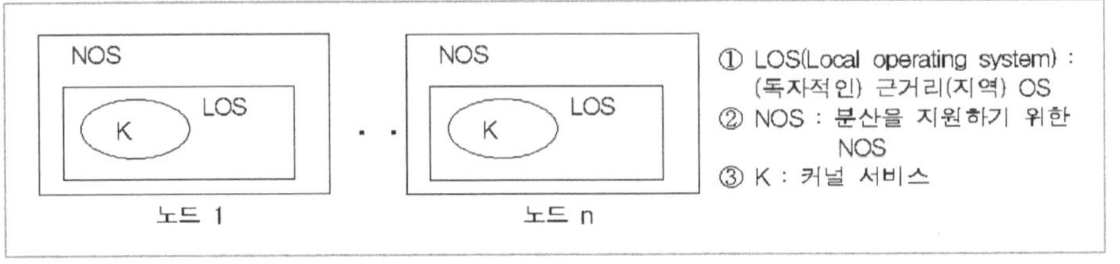

[그림 9-8] NOS의 구성

2) 특징

① 각 컴퓨터는 나름대로의 OS를 가진다.
② 각 사용자는 대개 자신의 컴퓨터를 이용하거나 다른 지정된 컴퓨터를 이용한다.
③ 사용자는 대개 그들의 파일이 저장되어 있는 곳을 알고 있다.
④ 시스템 장애 시 오직 해당 사용자만 작업을 잃게 된다.
⑤ 자신의 OS가 아닌 비네트워크(Non-network) OS로 수행된다.
⑥ 네트워킹은 사용자 프로그램에 의해 제어된다.
⑦ 여러 종류의 호스트 컴퓨터에 존재하는 소프트웨어를 이용할 수 있다.
⑧ 동질성이 부족하다.
⑨ 규모가 크고 지리적으로 분산된 시스템을 연결할 때 주로 사용된다.

3) NOS 하에서 호스트 간의 정보 전달 방법

NOS 하에서 호스트 간의 정보 전달 방법은 크게 두 가지로 구분한다.
① 원형 전송(direct transmission) : 원시 데이터를 그대로 다른 시스템에 전송하는 방법이다.
② 데이터 변형(data transformation) : 데이터를 재구성하여 새로운 호스트에서 의도된 응용에 따라 알맞은 형태로나 또는 새로운 호스트에 저장할 수 있는 형태로 만들어 전송하는 방법이다.

4) NOS가 제공하는 기능

NOS가 제공하는 기능은 다음과 같다.
① 네트워크 호스트의 자원을 사용한다.
② 자원에 대한 사용을 제어한다.
③ 멀리 떨어져 있는 자원을 사용한다.
④ 네트워크에 대한 최신 정보를 온라인으로 제공한다.
⑤ 신뢰도가 증가한다.

5) NOS의 환경

계층적으로 구조화된 모듈들, 즉 통신 모듈, 네트워크 운영체제(NOS), 지역 운영체제(LOS), 사용자 프로세스들로 되어있다[그림9-9].

① NOS에서 통신 모듈은 네트워크에 의해 연결된 컴퓨터 시설들 사이에서 신뢰성 있는 메시지를 전달해 준다.
② NOS계층은 원거리 연산을 수행하기 위한 요청을 받아 연산을 시작하는 방법을 정의하고 그리고 서비스를 되돌려 주는 일들을 한다.
③ NOS는 LOS들 사이에 원거리 활동(action)과 통신을 연결하고 조정하는 일을 한다.

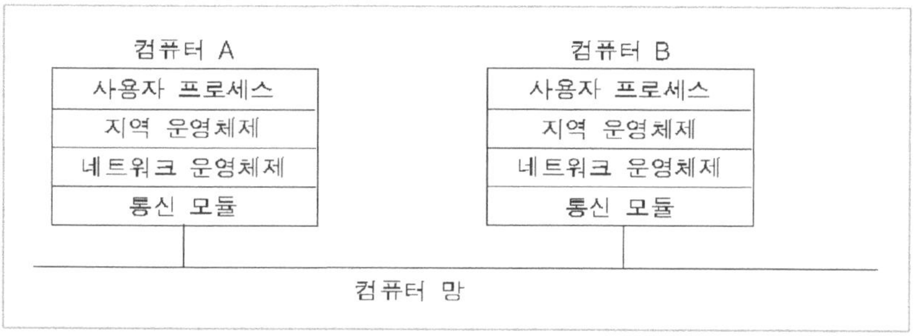

[그림 9-9] NOS의 계층적 모듈

④ LOS는 과거의 중앙 집중식 OS이다.
⑤ LOS와 과거의 중앙 집중식 OS와의 조그만 차이가 있다면 연산을 수행하는 요청이 들어와 지역적으로 서비스할 수 없을 때 NOS를 호출한다.☞LOS는 NOS를 지역 서버(local server)로 볼 수 있다.
⑥ NOS의 4번째 계층은 사용자 프로세스들로 이루어져 있다.

9.5.3 분산 운영체제

1) 정의

분산 운영체제((DOS;Distributed Operating System)는 하나의 OS 하에서 모든 컴퓨터(모든 시스템 내의 자원을 관리)가 관리 된다. 즉, 네트워크로 연결된 각 노드들의 독자적인 OS가 배제되고 하나의 OS를 각각의 사용자 컴퓨터들에 분산을 시킨 후에 처리하는 방식이다. 사용자가 원격 자원들의 접근을 자신의 지역 자원들에 접근할 때와 같은 방법으로 접근한다. 한 노드에서 다른 노드로의 자료와 프로세스 이주(process migration)는 DOS 하에서 이루어진다.DOS 사용자들은 네트워크를 의식하지 않아도 되며 제어가 여러 노드에 분산되어 있고 자원과 정보가 여러 노드에 분산되어 있어도 이들을 투명하게 사용할 수 있다. 따라서 사용자는 한 개의 OS가 모든 것을 다 제어하는 것으로 느끼게 된다. 요청한 컴퓨터에 요청된 컴퓨터의 자원이 이주됨으로써 자원을 사용할 수 있다.이주에는 다음과 같은 것이 있다. 데이터 이주는 데이터를 요청한 클라이언트(Client)로 데이터의 복사본을 전송시키는 방식이며, 연산 이주는 요청한 데이터가 있는 서버(Server)에서 데이터를 처리하여 해당 결과를 클라이언트에게 보내는 방식이다. 그리고 프로세스 이주는 프로세스의 전체 또는 일부를 다른 컴퓨터에서 실행되도록 하는 방식이다. [그림9-10]와 같이 DOS는 각 호스트에서 공유된 OS가 있는 것이 아니라 전체 네트워크를 통틀어서 단일 OS가 실행한다. 따라서 네트워크로 연결된 각 노드들의 독자적인 OS가 배제되고 시스템 내에 하나의 OS가 존재하는 것을 말하며 미니 혹은 마이크로 컴퓨터들이 근거리 통신망(LAN)으로 연결되는데 많이 사용되고 있다. 전체 시스템에 대한 일관성 있는 설계가 가능하므로 네트워크의 이해와 유지, 수정 등이 쉽다.

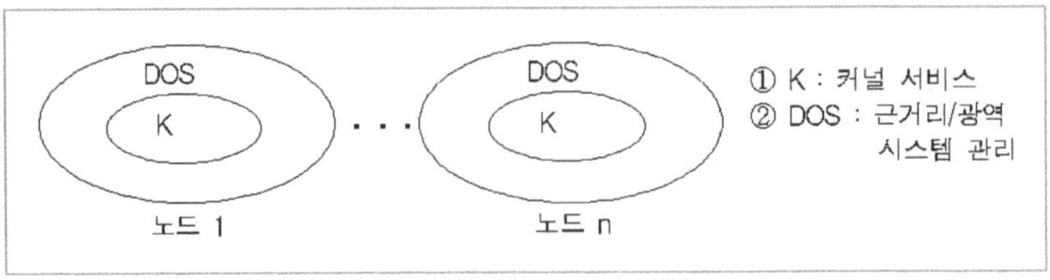

[그림 9-10] DOS의 구성

DOS에서 얻을 수 있는 장점은 사용자의 위치에 관계없이 시스템을 이용할 수 있는 투명성(가시성), 안정성, 서버 시스템 고장의 복구, 처리 용량, 유연성, 단순성, 신뢰성 등이 보장된다는 것이다.

지금까지의 DOS의 예로는 ACCENT, LOCUS, CHORUS, MOS, V-SYSTEM, IBIS, DUNIX, Andrew, Cedar, PULSE, CODA, NFS, RFS 등이 있다. 분산 파일 시스템은 그것의 클라이언트에게 그 시스템이 마치 전통적인 중앙 집중식 파일 시스템처럼 보여져야 한다. 그러므로 다수의, 지역적으로 널리 퍼져 있는 서버들과 기억장치들은 투명성이 보장되어야 한다. 즉, 클라이언트 인터페이스가 지역 파일과 원격 파일을 구별해서는 안된다. 여기서, 클라이언트 인터페이스란 파일 생성, 파일 삭제, 파일 읽기, 파일 기록 등의 기본적인 파일 동작들의 집합으로 구성되어 있다.

2) 특징

DOS는 일관성 있는 설계가 가능하여 네트워크의 이해와 유지, 수정 등이 쉽고, 주로 미니 또는 마이크로 컴퓨터의 근거리 네트워크(LAN)에 많이 사용되고 있는 것이다. 즉, 각 호스트에 고유한 OS가 있는 것이 아니라 전체 네트워크에 공통적으로 OS가 실행되는 시스템이다.

특징은 다음과 같다.

① 전체 네트워크를 통틀어서 단일 OS가 실행한다.
② 많은 노력이 요구된다.
③ 네트워크의 이해, 유지, 수정이 용이하다.
④ 한 사이트에서 다른 사이트로의 데이터와 프로세스 이주(migration)는 분산 OS하에서 이루어진다.:데이터 이주, 연산 이주, 프로세스 이주

① 각각의 호스트 OS는 무시되고 하나의 단일 OS에 의해 구현된다.
② 일관성 있는 설계가 가능하다.
③ 네트워크의 유지 및 수정이 비교적 용이하다.
④ 신뢰성 때문에 근거리 네트워크(LAN)에서 많이 이용된다.

3) DOS 하에서 이주성

DOS 하에서는 어떠한 작업을 효율적으로 처리하기 위하여 일종의 이주(사이트 간의 이주;migration) 방법을 택하는데 즉, 한 사이트에서 다른 사이트로 데이터와 프로세스 이주는 DOS하에서 이루어진다. DOS 하에서의 이주 방법은 다음과 같은 것이 있다.

① 자료 이주(data migration) : 자료를 원하는 지역으로 전송하는 방법으로서 실제로 필요한 파일의 일부만을 전송한다. 파일 시스템을 분산처리 하는 시스템에서 많이 제공하며, NFS, LOCUS, Andrew등이 유명하다. NFS는 ftp처럼 파일 전체를 보내는 대신 파일의 실제 필요한 일부분만을 전송하는데 요구형 페이징(Demand paging) 기법과 흡사하다. 복사본 간의 일관성유지는 시스템이 책임진다. 이를 위해 각 파일이 close될 때 NFS는 파일의 수정

된 부분을 원래 사이트로 보낸다.

② 연산 이주(computation migration) : 파일이 존재하는 지역으로 접근하여 처리를 한 후, 그 결과값만을 다시 원래의 지역으로 반환하는 방법이다. 즉, DB와 같은 대형 파일을 액세스하면 많은 데이터를 가져오는 것보다 DB 연산을 원격지에 보내서 해오는 편이 더 효율적이다.

③ 프로세스 이주(process migration) : 원하는 작업을 다른 지역으로 이동시켜 실행하는 것이 유리할 경우에 사용되는 방법이다. 연산이주의 논리적 확장이며 그리드 컴퓨팅(Grid computing) 등이 예가 될 수 있다.

4) DOS의 장점

사용자가의 위치에 관계없이 시스템을 이용할 수 있는 투명성, 안정성, 서버 시스템 고장의 복구, 처리 용량, 유연성, 단순성, 신뢰성 등이 보장된다.

5) DOS의 예

ACCENT, LOCUS, CHORUS, MOS, V-SYSTEM, IBIS, DUNIX, Andrew, Cedar, Pulse, CODA, NFS, RFS 등이 있다.

6) 분산 환경 내에서 OS의 역할

분산 환경 내에서 OS의 역할은 [그림9-11]와 같다.

7) 분산 처리 시스템의 문제점

① 보안을 유지하기 위하여 사용자가 오픈된 원격 처리기 사용으로만 데이터에 접근하기 때문에 그 외의 경우는 데이터를 전송할 수 없다.

② 어떤 자원은 유휴 상태인 반면에 또 어떤 자원은 과부하 상태에 있을 수 있으므로 자원의 물리적 분산은 서비스에 대한 요구의 분산과 일치하지 않는 경우가 생긴다.

③ 비록 개인용 컴퓨터 혹은 워크스테이션이 상당한 연산 능력을 가지고 있다 할지라도, 그것의 능력은 큰 메인 프레임 컴퓨터의 성능에 비해 적다.

④ 보다 복잡한 시스템 관리와 유지 보수가 복잡하다.

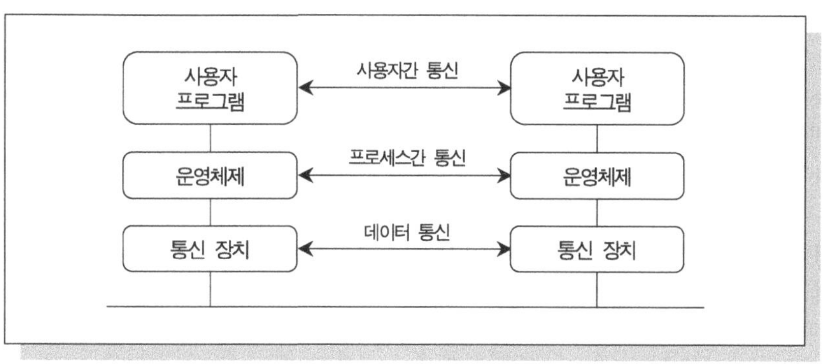

[그림 9-11] OS의 역할

9.6 연결 기법

9.6.1 개요

연결(connection) 기법은 통신하려는 두 프로세서 간의 링크(연결) 전략 방법을 말한다. 교환이란 필요한 때만 단말 장치와 단말 장치 간의 통신로를 확보하여 통신망 전체의 효율화를 이룩하는 것이다. 교환망에는 전화 교환망, 패킷 교환망, 종합 정보 통신망 등이 있고, 데이터 통신용 교환 방식에는 비저장 방식인 회선 교환 방식과 저장 방식인 메시지 교환 방식, 패킷 교환 방식 등이 있다. 먼저 채택된 방식이 회선교환 방식이며 전화 사용자 들은 이제껏 회선교환방식으로 사용해 오다가 데이타를 전달하는데 벽에 부딪치게 되면서 부터 패킷교환방식을 채택하기에 이르렀다. 교환접속은 발신, 착신의 요구 시에 양쪽을 접속하는 방법으로 회선 교환과 패킷(packet) 교환방식을 말한다. 비어있는 회선을 골라 메시지를 올바른 목적지까지 보내는 기술은 회선교환은 물론이고 패킷교환의 경우에도 일단은 노드가 비어있어야 한다. 물론 패킷교환의 경우 하나의 패킷이 전송된 후 다른 패킷이 끼어들 수는 있지만 어쨌든 처음 전송이 시작될 때에는 어차피 노드가 비어있어야 한다.

9.6.2 연결 기법의 종류

(1) 회선 교환

발신 장치로 부터의 접속 정보에 의해 착신 장치와의 경로를 설정한 후 통신 정보를 송수신하는 방식이다. 대화가 중단되어 전송이 이루어지지 않는 동안에도 교신이 완전히 끝날 때까지는 다른 기기가 그 회선을 사용할 수 없다. 송신 단말에서 수신 단말로 통신 회선을 거쳐 전송하는 경우, 전송 개시점에서 논리적인 접속이 완성될 수 있는 통신 교환 시스템이다. 즉, 회선 교환(circuit switching)망은 기본적으로는 현재의 전화 교환망을 디지털화한 것이며, 통신 중은 발신과 착신 양 단말 간에 전용의 회선이 설정되어 임의의 전송제어순서로 통신이 가능하다. 회선 교환망은 기존의 전화망에 비해서 보다 고속이고 고품질로 되어 있으며, 접속시간도 약 1초로 짧아지고 있다. 또 그 통신료는 전화와 마찬가지로 거리와 보류시간에 따라서 과금된다. 전송을 요구할 때마다 두개 이상의 단말장치를 접속하여 그 접속이 해제될 깨까지 그들 사이의 회선을 독점적으로 사용하는 방법을 말한다. 즉, 네트워크에서 링크를 공유하는 기술로 링크를 사용하는 동안에는 독점되며 그것이 해제되어야 다른 사용자가 이용이 가능하다. 다시 말해, 회선교환 방식은 두 지점 사이의 단일 접속에 전념하기 위해, 접속 시간 동안 물리적인 경로가 취득되는 네트워크의 한 형태이다. 일반적인 음성 전화 서비스가 바로 회선 교환 방식이다. 전화 회사는 통화가 진행되는 시간 동안 당신이 거는 번호에 물리적인 특정 경로를 지정한다. 그 시간 동안에는 누구라도, 그 통화와 관련해 지정된 물리적인 회선을 사용할 수 없다. 회선교환 방식은 패킷교환 방식과 자주 대비된다. X.25 네트워크와 같은 패킷교환 방식의 네트워크는 가상 회선교환을 가질 수 있다. 가상 회선교환 접속은 여러 개의 가상 회선 접속들이 하나의 물리적인 경로를 공유할 수 있는 논리적인 전용 접속이다. 결국 통신채널을 한 번 점유한 사람이 그 회선을 독점해서 사용하는 것을 말한다. 회선 교환 방식- 교환기가 입선과 출선 사이에 직접적인 경로를 설정하여 정보를 직통으로 전달하는 방식으로, 접속경로가 설정되면 접속된 호의 정보전달을 위해 점유한다. 쉽게말해 데이터가 입선<송신자>과 출선<수신자>을 통해 데이터가 전송 수신되는데 경로라 함은 해당 교환기 내의 임의 회선을 말하고 해당 회선을 사용하기 위해서는 정보를 보내는 시간동안은 회선자체를 점유한다. 일정시간 사용자에 의해 회선을 다른 사용자는 쓰지 못한다.

특징은 다음과 같다.

① 하나의 호출 동안 전송 대역폭을 독점 사용된다.

② 고정된 물리적인 링크가 설정된다.

③ 한 번 설정된 통신기간 동안은 다른 프로세서가 이 링크를 빼앗을 수 없다.
④ 통신회선의 낭비를 가져온다.

(2) 메시지 교환(message switching)

메시지 교환 방식은 축적전송(store-and forward) 방식으로 데이터의 논리적 단위인 메시지를 교환하는 방식으로써, 정보의 축적 단위를 1개의 메시지로 전달하는 방식이다. 메시지 교환은 교환기가 일단 호출자의 메시지를 받았다가 피호출자에게 보내주는 방식이다. 즉, 축적교환(전송) 방식은 교환기 내에는 메모리가 있다. 송신자가 데이터를 보내면 중앙 교환기에서는 그 내용을 출선에 바로 연결하지 않고 메모리에 축적(저장)한다. 저장하는 도중에 위의 여러 가지 제어 정보를 같이 저장해 놓는다. 수신측의 출선이 비하면 해당 수신자가 다른 작업이 없을 때, 교환기는 이를 감지하여 즉시 데이터를 보낸다. 메시지를 중간에서 장치들이 저장하고 있는 것이 패킷교환과 유사하다. 메시지를 저장하고 있다가 전송할 수 있을 때 전송한다. 패킷교환에 비해서 회선을 좀더 오래 점유한다. 회선 교환의 비효율적인 회선 사용을 개선시킨 데이터 통신 방식이다. 데이터를 가변 길이의 메시지 단위로 저장하고 그리고 전송하는 방식을 사용하여 데이터를 교환한다. 저장 후 전송 방식을 좀 더 자세히 설명하면, 먼저 데이터가 변환된 메시지가 오면 일단 저장한다. 그리고 다음 노드(node)로 가는 링크(link)가 비어있으면 그 메시지를 전송한다. 다른 말로는 축적전송(store-and forward)이라고도 한다. 여기서 저장, 전송을 담당하는 메시지 교환기는 하드디스크를 가진 컴퓨터로 구현된다. 수신되는 메시지는 이 하드디스크에 저장이 된다. 그리고 교환기는 메시지가 완전히 하드디스크에 저장되면 에러를 검사하고 에러가 없으면 경로를 결정하여 다음 교환기로 메시지를 보내게 된다. 만약 먼저 전송한 메시지가 수신을 기다리고 있으면 이 수신이 완료될 때까지 기다렸다가 메시지를 보내게 된다. 이러한 이유로 전송 지연이 문제가 되지 않는 파일전송, 이메일 전송 등에 사용된다.

(3) 패킷 교환(packet switching)

패킷교환은 회선교환과 메시지교환의 장점을 이용하고 단점은 최소한 하려고 도입된 교환방식이다. 패킷 교환 방식은 패킷이라고 불리는 비교적 적은 데이터 단위가 각 패킷에 담긴 목적지 주소를 기반으로 하여 네트워크를 통해 발송되는 네트워크의 한 형태이다. 정보 전송의 단위를 구성단위로 규격화하여 긴 메시지를 몇 개의 구성단위로 구획지어 전송하는 방식이다. 즉, 패킷이란 전송하고자 하는 데이터를 일정한 크기로 나누어 각각의 송·수신망의 주소를 첨가하여 만든 것이다. 통신 메시지를 패킷으로 나눔으로써 네트워크 내의 동일한 데이터 경로를 여러 명의 사용자들이 공유할 수 있게 된다. 송신자와 수신자간의 이러한 형태의 통신을 비연결형이라고 부른다. 인터넷 상의 대부분의 트래픽은 패킷 교환 방식을 사용하며, 인터넷은 기본적으로 비연결형 네트워크이다. 패킷 교환 방식과 대비되는 것이 회선 교환 방식인데, 이는 평범한 음성 전화망과 같은 형태의 네트워크로서, 통화를 위한 통신회선이 설정되면 그 시간동안에는 통화에 관련되는 사람들에게만 전용으로 할당된다. 음성전화에 인터넷의 패킷 교환방식을 사용하는 것도 가능하다. 양측의 대화내용은 패킷으로 나뉘어져 전송되고, 그 패킷들은 반대편에서 재조립 된다. 패킷 교환방식을 쓰는 디지털 네트워크의 또 다른 보편적인 형태는 X.25 네트워크인데, 상용 광역통신망 프로토콜로서 광범위하게 설치되었다. 인터넷 프로토콜 패킷들은 X.25 네트워크 상에서도 전송될 수 있다. X.25 네트워크는 또한 일정 시간동안 양측에게 전용으로 논리접속이 확립되는 가상회선도 지원한다. 영구 가상회선 (PVC)은 종량제 요금체제에 기반하여 경로를 할당하며, 기업들에게는 전용회선 시스템의 대안으로 사용할 수 있다. 영구 가상회선은 전용 논리접속이지만, 실제로 물리적인 자원이 여러 개의 논리접속이나 사용자들 간에 공유될 수 있다. 결론적으로 전송정보를 적당한 크기로 분할해서 정보와 제어 정보를 산발적으로 송수신처리 되는 것을 말한다. 다시말해, 상대방을 지정한(목적지 주소) 패킷을 사용하여 데이터 전송의 경로를 결정하고 전송하는 처리 방식으로 목적한 패킷의 전송만큼 채널이 점유되지만 그 전송이 끝난 후에는 다른 패킷의 전송에 의해 채널이 이용가능하다. 인터넷의 정보들은 패킷교환을 이용한다. 동작 원리를 보면, 어떤 데이터를 보내는데 그 양이 많기 때문에 교환기는 <패킷 단위>로 데이터를 잘라서 보낸다. 그러나 일정하게 데이터를 커트 하는 것은 아니므로 데이터가 어떤 것은 그 양이 많거나 또 어떤 것은 그 양이 작게 수신되기도 한다. 하나의 패킷 데이터는 수신측의 정보(수신주소)가 포함되며 독립적인 정보 전송은 가능하나 해당 교환 내의 접속 경로가 전송 시마다 틀려 정보배달이 순서대로 되지 않는다. 이 문제 때문에 해당 착신국에서는 수신된 패킷정보를 다시 순서대로 정리하는(제어) 절차가 필요하게 된다.같은 회선을 통해서 여러 개의 call이 수행된다는 장점이 있다. 결론은, 패킷교환이란 패킷으로 만들어진 데이터를 목적지 주소에 따라서 적당한 통신경로를 택하여 전송하는 방식이며, 패킷을 처리하는 방법에는 데이터그램 방식과 가상회선 방식이 있다. 전자는 각 패킷이 독립적으로 취급되는 교환방식이고 후자는 어떤 패킷이 전송되기 전에 송신지와 수신지 간의 논리적인 경로가 미리 성립되는 방식이다.

특징은 다음과 같다.

- 통신로를 여러 사용자가 동일 시간대에 공동 사용한다.
- 하나의 논리적인 메시지는 여러 개의 고정 길이 패킷으로 나누어진다.
- 각 패킷은 서로 다른 경로를 통하여 전송된다.
- 목적지에 도착한 패킷은 다시 메시지로 재결합되어야 한다.

❶ 데이터그램 방식

가. 정의

데이터그램 방식은 연결 경로를 확립하지 않고 각각의 패킷을 순서에 무관하게 독립적으로 전송하는 방식으로 각각의 패킷을 독립적으로 취급하며 각 패킷도 메시지 교환방식과 같이 개별적으로 취급하며 통신절차는 데이터 전송절차만 존재한다.

나. 동작원리 및 특징

- 데이터그램 방식은 각각의 패킷을 독립적으로 취급하는 방식으로 앞에 보낸 메시지나 앞으로 보낼 메시지의 어떠한 결과와도 관계가 없는 단일 패킷 단위로 전송하고 수신하는 방식이다.
- 각 패킷에는 착신지 주소가 포함되어 있어야 하며, 중간의 교환기에서 각 패킷의 착신지 주소를 분석하여 교환 단위로 경로설정 기능을 수행한다.
- 독립된 패킷이기 때문에 메시지를 여러 개의 패킷으로 나누거나 재조립할 필요가 없다.
- 이와 같이 단일 패킷인 데이터그램을 전송하는 네트워크를 데이터그램 네트워크라 하며 메시지 전송을 위해 예약 메시지를 보낼 필요가 없다.
- 따라서 네트워크 프로토콜도 단순화 되어 인터페이스 노드에서의 버퍼링도 줄어들게 되며 사용하는 장비도 간단다. 장점
- 경로 설정 시에 호출설정 단계 생략
- 패킷수가 적을 때 유리
- 한 노드 실패에 대한 다른 경로구성 가능
- 패킷 전송 시 충돌 현상에 대한 융통성
- 가상회선보다 신뢰성이 높다

❷ 가상회선 방식

가. 정의

가상회선방식은 패킷이 전송되기 전에 발착신 스테이션 간의 논리적인 통신경로가 미리 설정되는 방식으로 많은 이용자들이 상호 통신을 함에 있어 하나의 통신설비를 공유하여 여러 개의 논리적인 채널을 확정한 후 통신을 할 수 있는 방식이다.

나. 동작원리 및 특징

- 가상회선 방식은 회선교환 방식에서 미리 어떤 경로가 제공되는 것과는 달리 스테이션 사이의 경로가 데이터

전송이 이루어지기 전에 형성되어 이용자와 이용자 사이가 회선교환 방식처럼 항상 전기적으로 연결상태에 있지 않고 패킷에 있는 경로설정 정보에 따라 링크가 설정된다. 링크가 설정되면 즉시 데이터가 전송되고 링크는 단절되는 방식이다.

- 가상회선 방식의 통신절차는 **연결 설정, 데이터 전송, 연결 해제** 등 3단계를 지닌다.
  - 연결 설정(Connection setup) : 착신지까지 경로가 결정됨
  - 데이터 전송(data transfer) : 데이터를 전송함
  - 연결 해제(Connection release) : 경로설정을 해제함
- 연결설정 시 중간에 있는 교환기의 경로설정 테이블에 해당 가상회선이 지나갈 경로를 지정하여 데이터 전송 단계에서는 가상회선의 식별자에 의해 경로설정 테이블을 단순히 검색만 한다.
- 가상 호출을 설정하기 위해서는 논리적 채널그룹 번호와 논리 채널 번호가 할당되어야 한다. 각 이용자 기계는 15개(Bit)의 논리 채널 그룹과 각 그룹 내의 255개의 논리 채널(8Bit)을 이용 할 수 있다.
- 기능에는 순서제어, 오류제어, 흐름제어 등이 있다.

다. 장·단점

<장점>

- 경로 전체에 대한 경로 접속요구로 1단계 호처리 기능
- 패킷 전송이므로 경로 고장시 경로 우회 기능 소유

<단점>

- 전송 도중 패킷이 충돌하더라도 미리 설정된 경로를 사용하므로 융통성이 없다.
- 각 교환기에서 경로 설정을 하므로 전송지연이 크다.
- 한 노드가 서비스를 중단하면 그 노드를 통한 모든 가상회선은 상실된다.

9.7 분산 네트워크 위상

9.7.1 개요

분산 네트워크에서 **위상(Topology)**은 통신망 내에서 여러 기기들을 연결할 수 있는 형태를 말한다. 즉, 분산 시스템에서 각 사이트(노드)들의 연결은 위상으로 나타낼 수 있으며, 위상은 여러 기기가 통신 회선을 이용하여 서로 연결된 형태이다.

9.7.2 연결의 기준(노드들의 연결 위상)

네트워크 시스템의 연결(위상)은 다음과 같은 기준에 의하여 여러 가지 물리적인 방법으로 연결할 수 있다. 즉, 연결 위상들은 다음과 같은 기준에 의해서 평가된다.

① 기본 비용(연결 시 비용) : 시스템 내의 여러 컴퓨터(사이트, 노드)를 연결하는 데 드는 비용이다.
② 통신 비용(통신시 효율) : 컴퓨터 간에 메시지를 전달하는 데 소요되는 비용이다. 즉, 사이트 A에서 사이트 B로 메시지를 보내는데 소요되는 시간이다.
③ 신뢰성 : 임의의 링크 고장 시 나머지 컴퓨터 간의 통신 가능 여부이다.

9.7.3 위상 연결(connection) 구조의 종류

1) 완전 연결(fully connected)

모든 사이트들이 서로 직접 연결되어 있다. 사이트 간의 메시지는 매우 빠르게 전달되나 구축 비용(기본 비용)이 비싸다. 그렇지만, 신뢰성이 높다. 링크의 개수는 (링크=(N(N-1))/2)와 같다. 완전 연결 구조는 [그림9-12]과 같다.

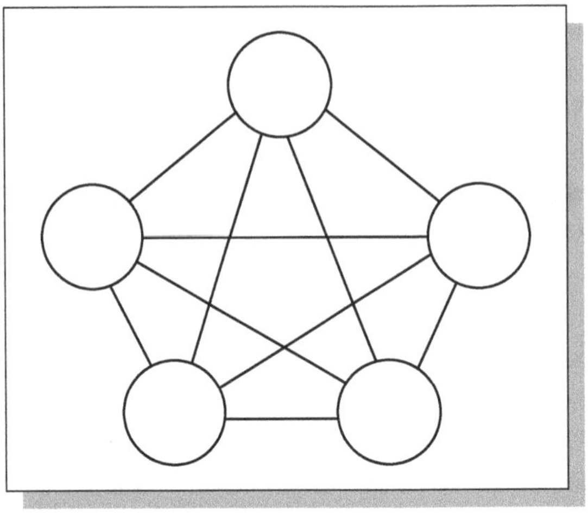

[그림 9-12] 완전 연결 구조(○ : 노드(사이트), ㅡ : 링크)

2) 부분 연결(partially connected)

사이트 간에 서로 부분적으로 연결된다. 비용은 완전연결보다 저렴하다. 메시지 전달은 중간 사이트를 경유하게 되면 늦어질 수도 있다. 완전 연결보다는 신뢰성이 높지 않다. 부분 연결 구조는 [그림9-13]과 같다.

3) 계층 연결(hierarchy connection)

각 사이트는 트리 형태로 구성된다. 루트를 제외한 각 사이트들은 하나의 부모를 가지며 다수 개의 자식을 가진다. 기본 비용은 부분 연결보다 저렴하다. 단말(leaf) 노드를 제외한 사이트의 고장은 네트워크를 여러 개의 서브 트리로 만든다. 즉, 중간 사이트의 고장은 네트워크를 여러 개의 서브트리로 고립시킨다. 계층 연결 구조는 [그림9-14]과 같다.

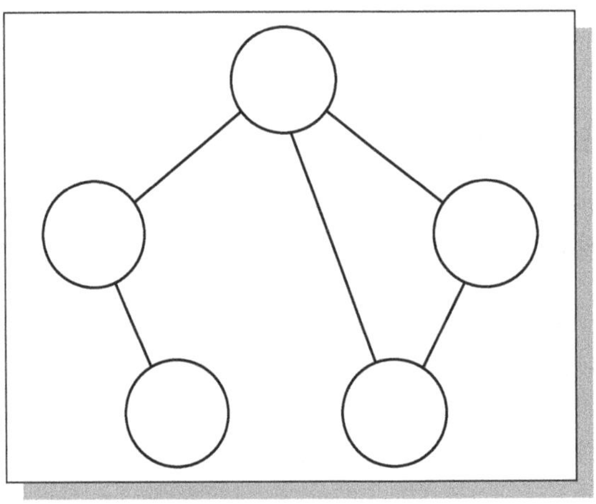

[그림 9-13] 부분 연결 구조

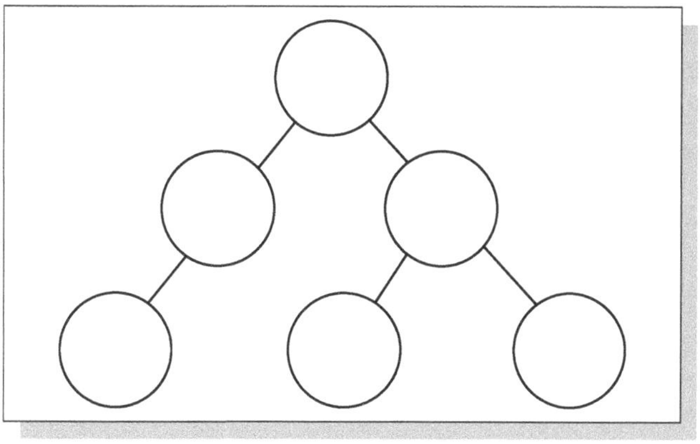

[그림 9-14] 계층 연결 구조

4) 성형 연결(star connection)

모든 사이트는 하나의 중앙 컴퓨터에 직접 링크되어 있다. 최대 두 개의 링크만을 필요로 하므로 통신 비용이 적게 든다. 중앙 사이트에 오버헤드가 클 경우 성능이 급격히 저하된다. 중앙 컴퓨터의 고장 시 모든 사이트 간의 통신은 불가능하다. 성형 연결 구조는 [그9-15]와 같다.

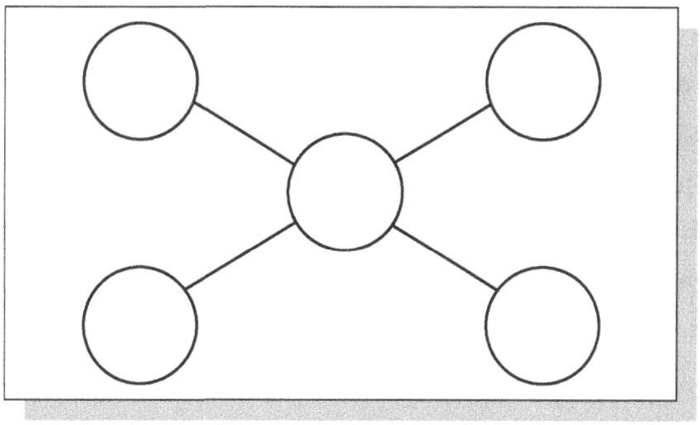

[그림 9-15] 성형 연결 구조

5) 링 연결(ring connection)

각 사이트는 정확히 다른 두 사이트와 물리적으로 연결되어 있다. 정보 전달 방향은 단방향 또는 양방향일 수 있다. 기본 비용은 사이트의 수에 비례한다. 메시지가 링을 순환할 경우 통신 비용은 증가된다. 링 연결 구조는 [그림9-16]과 같다.

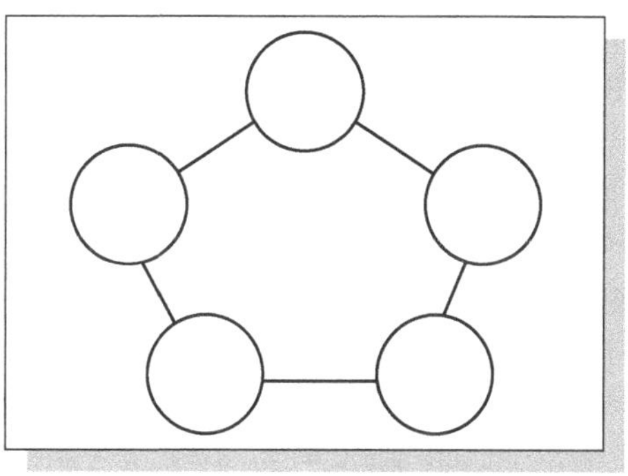

[그림 9-16] 링 연결 구조

6) 다중 접근 버스 연결(multiaccess bus connection)

모든 사이트는 공유 버스라는 하나의 링크 버스에 연결되어 있다. 기본 비용은 사이트의 수에 비례한다. 통신 비용은 오버헤드가 적다면 작은 편이다. 한 사이트 고장 시 나머지 사이트 간의 통신에는 영향을 주지 않지만, 만약 링크가 고장 난다면 모든 사이트 간의 통신은 불가능하다. 다중 접근 버스 연결 구조는 [그림9-17]과 같다.

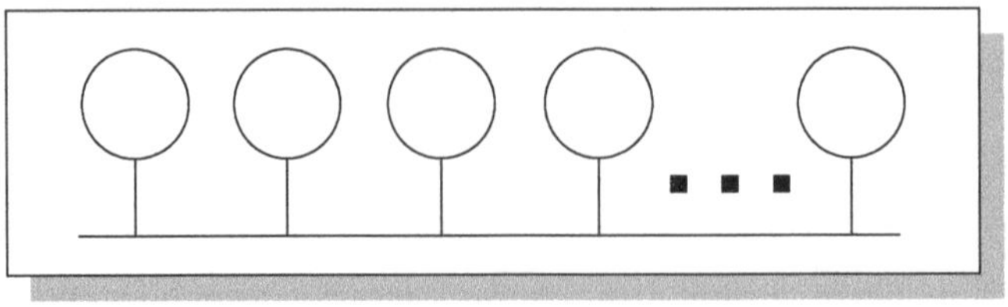

[그림 9-17] 다중 접근 버스 연결

9.8 경쟁(contention)

9.8.1 개요

경쟁(contention)은 반복적인 충돌을 회피하기 위한 기법들이다. 데이터 전송에서 분기회선의 각 단말로부터 동시에 데이터 전송 요구가 발생한 경우에 회선 경합이 발생한다. 이 상태를 회선 쟁탈 상태라고 한다. 이것을 방지하기 위해 중앙국에서는 폴링(polling)을 하거나 선택 접속을 한다. 통신 회선의 양측으로부터 전송 요구(request for transmission)가 발생되면, 회선 상에 두 개의 송신 요구가 충돌하여 송신 권리를 서로 다투는 것으로부터 비롯한 이름이다. 간단히 말하면, "빠른 자가 승리"하는 방식이다. 경쟁 방법은 단말 장치측이 주도권을 갖고 컴퓨터측에 통신 회선을 접속시켜 데이터 전송을 하는 경우의 회선 제어 방식이다.

9.8.2 종류

(1) CSMA/CD(Carrier Sense with Multiple Access/Collision Detection)

CSMA/CD 방식은 LAN에서 특히, 이더넷(Ethernet)에서 각 단말이 신호 전송을 위해 전송 매체에 접근하기 위한 매체 액세스 제어 방식을 말한다. 즉, LAN에 있어서의 제어방식의 하나이며, 정보 송출에 앞서서 회선의 유무를 조사하여 송출을 하는 방식으로, 동시에 여러 개의 단말에서 송신되었을 때는 충돌을 감지하여 송신을 멈추고, 일정 시간 후에 재송한다. 이 방식은 호의 발생이 비교적 적은 경우에 유효한 방법이지만 호가 증가하는데 따라 충돌이 급증하는 경향이 있다. 이더넷(Ethernet)은 토큰 링, FDDI 등의 다른 표준을 대부분 대체 한다. 이 더넷에서 사용하는 다중 액세스 방식인 CSMA/CD 방식은 작업량이 많아지면 비효율적이며, 패킷 길이에서도 제한적이다. 이에 반해 토큰 링, FDDI 등에서 사용하는 토큰 전달 방식은 패킷 충돌을 완전히 방지 할 수 있으며, 실시간 데이터 전송이나 사용자가 많은 네트워크에 적합하다. CSMA C/D 방식은 데이터 버스(data bus) 상에서 데이터의 전송이 있으면 대기 하였다가, 버스가 비어 있으면 데이터를 전송하고 전송한 데이터가 충돌이 발생하였는지 검출하는 방식이다. 동시에 데이터 전송 시에 충돌이 발생하면, 랜덤한 시간동안 기다렸다가 재전송한다.

토큰 링(Token Ring):원형의 네트워크가 구성되어 있을 때 토큰(token)이라는 신호를 가지고 있는 장치만 네트워크를 사용하는 방식이고, 토큰은 일정시간 또는 데이터의 전송완료 등 정해진 규칙에 의하여 각 장치에 할당 된다. 즉, 링형의 위상(Topology)에서 패킷 충돌을 피하기 위해 토큰을 할당받은 장치만 네트워크를 사용하는 방식이다. 토큰 버스(token bus)는 링(ring)과 비슷하고 데이터 버스로 연결된 네트워크 상에서 사용 한다는 것이다.

FDDI(Fiber Distributed Data Interface)는 이중 링(Dual Ring) 구조(링 위상의 장애를 박기위해 하나의 링을 더 둠)로 안정성이 높아진다.100Mbps의 전송 대역폭을 지원하는 프로토콜로 패스트 이더넷,ATM LAN 등의 등장 이전에는 LAN들을 연결하는 일반 회사나 대학 캠퍼스 백본(backbone)망으로 주로 사용된다. 기본적인 전송 매체는 광섬유이며, 전송 매체에 접근하는 방법은 토큰링(IEEE802.5) 의 접근방식과 유사하다. 즉, 스테이션간 충돌을 방지하기 위해 토큰을 돌리는 방식을 사용한다. FDDI 관련 기술은 80년대 초반에 처음 발표되었으며, 이후 ANSI 표준안으로 채택되었다.FDDI는 최대 4,500 바이트의 가변적 길이를 갖는 패킷을 전송할 수 있다.

특징은 다음과 같다.

① 각 노드들은 경쟁적으로 네트워크를 액세스한다.

② 전송하기 전에 채널(channel)이 사용중에 있는가를 조사한 뒤 이미 사용중일 때는 기다린다. 일단 전송을 시작하였을 때, 다른 노드도 함께 전송을 시작할 수 있으므로 이를 검사한 뒤 메시지의 충돌이 일어났을 때는(collision detection), 일정 시간 후 재전송을 시도한다.

③ 개념이 단순하며, 값싼 칩으로 만들기도 쉬우며,전송 시간이 지연되며, 우선순위를 부여하기가 어렵다.

(2) 토큰 전달(token passing)

원형(ring) 모양의 통신로를 사용하는 근거리 네트워크(LAN)에서 사용하는 링 사용권의 관리 순서. 링 모양의 한쪽 방향 통신로에 다수의 국(局)이 접속되고, 송신 권리가 토큰으로서 링의 가운데를 국(station)에서 국으로 순차적으로 돌릴 수 있다. 어떤 국이 토큰을 입수했을 때 송신해야 할 메시지가 있으면 송신하고, 송신해야 할 메시지가 없는지 또는 송신을 마쳤을 때는 바로 토큰을 다음 국으로 보낸다. 메시지에는 수신국 주소부가 있고 각 국에서는 이를 감시한다. 송신국과 수신국에서는 주소가 자국임을 검출하고 메시지를 수신한다. 통신로가 물리적으로는 버스(bus)형이라도 국 사이에서 토큰을 주고받는 순서가 링 모양으로 정해지면 가상적 링 모양의 통신로가 설정된 것이 되어 이 순서를 원용할 수 있다.

특징은 다음과 같다.

① 메시지 토큰이 각 노드에서 노드로 전달된다.

② 각 노드는 그 노드에 지정된 시간에만 토큰을 취해서 메시지를 첨가하거나 또는 토큰으로부터 메시지를 취할 수 있으며, 이 때 다른 노드들은 지켜보는 것만이 가능하다.

③ 토큰 방식은 버스형이나 원형에서 실행될 수 있다.

④ 메시지의 전송 시간이 비교적 규칙적이며 예측할 수가 있다.

⑤ 원형(ring)구조에서 각 노드가 신호를 곧 보내면 제대로 전달되었는지를 확인하는 신호를 그 노드가 받게 되므로 높은 신뢰성이 요구되는 프로세스 제어 등에 사용된다.

⑥ 원형 네트워크에서 토큰 전달 방식은 원(ring)이 어느 지점에서 파괴되면 메시지가 돌아오지 못하게 되며 CSMA/CD보다 복잡하고 비용이 많이 든다. 또한 서로 다른 노드들에 대한 부하량이 균형을 이루지 못할 때 매우 비효과적이다.

(3) 메시지 슬롯(message slot)

링형 네트워크에서 계속적으로 여러 개의 메시지를 교환하기에 적합한 방법으로, 각 슬롯은 메시지를 담을 수 있을 정도의 크기로서 비어 있거나 채워져 있는데, 어떤 노드가 전송을 원할 때는 비어 있는 슬롯을 기다렸다가 그 슬롯에 메시지를 담아 보낸다. 이때 보내고 받는 노드의 주소 등 제어를 위한 정보도 슬롯에 담는다. 메시지 교환에 사용되는 슬롯. 링형 망(ring network)에서의 메시지 교환에 적당하며 고정 길이의 메시지 슬롯이 계속적으로 망을 순환한다. 각 슬롯은 메시지를 담을 수 있을 정도의 크기로 비어 있거나 채워져 있는데, 어떤 접속구가 전송을 원할 때는 비어 있는 슬롯에 메시지를 담아 보낸다.

특징은 다음과 같다.

① 특히 원형 위상에 적당한 방법으로서 네트워크에 계속적으로 수개의 메시지 슬롯들을 전철과 같이 운영하는 방법이다.

② 각 슬롯은 메시지를 담을 수 있는 정도의 크기로서 비어 있거나 채워져 있는데, 어떤 노드가 전송을 원할 때는 비어 있는 슬롯을 기다렸다가 그 슬롯에 메시지를 담아 보낸다.

9.9 고장 허용 시스템(결함 허용,장애 허용,결함 감내;fault-tolerant system)

9.9.1 개요

고장에 견딜 수 있는 시스템을 말하며, 하드웨어의 오동작(fault)은 반드시 발생하는 것이라는 생각으로 연산 회로를 이중화하는 등의 중복성을 갖게 하고, 오동작을 자동적으로 수정할 수 있도록 한 시스템이다. 사람의 개입 없이 정확한 처리 결과가 보증된다. 다시말해, 결함 허용 시스템은 시스템을 구성하는 부품의 일부에서 결함(fault) 또는 고장(failure)이 발생하여도 정상적 혹은 부분적으로 기능을 수행할 수 있는 시스템이다. 결함 허용 시스템은 부품의 고장이 발생하면 부분적인 기능을 사용할 수 없게 되며, 계속적으로 부품의 결함이나 고장이 발생하면 점진적으로 사용할 수 없는 기능이 증가하며, 치명적인 결함이나 고장이 발생하면 시스템이 정지한다. 이런 측면에서 결함감내 시스템은 단계별 성능 저하(graceful degradation)의 특징이 있다. 고장(장애) 허용 개념이 고려되지 않은 일반 시스템에서는 부품에서 사소한 결함이나 고장이 발생해도 시스템의 동작이 정지된다. 특징은 다음과 같다.

비록 부분적으로 고장이 나더라도 정상적으로 동작할 수 있는 시스템으로 고장이 발생하면 이를 적절히 대응한다.

보통 각 부분들을 중복되게 갖고 있거나, 다시 재구성할 수 있는 능력을 갖고 있으며, 우주선이나 항공기와 같이 고도의 안전성이 요구되는 곳이나 네트워크 등에서 많이 사용되고 있다.

9.9.2 적용 분야

고장 허용 시스템은 고장에 발생하면 인명이나 재산에 피해를 초래하는 사고가 발생하는 안전필수(safety-critical) 및 임무필수(mission-critical) 임베디드 시스템에서 사용된다. 구체적으로는 원자력, 발전, 에너지, 국방, 항공, 우주, 자동차, 철도, 조선, 플랜트, 금융, 의료 등 다양한 분야의 임베디드 시스템에서 활용되고 있다.

9.9.3 특성

고장 허용 시스템의 특성은 개별 구성품의 특성만이 아니고, 기계(machine) 간의 제휴에 대한 규칙의 특성이기도 하다. 예를 들어 TCP에서의 패킷 통신 네트워크 내에서 불완전한 링크나 과부하의 링크가 있어도 신뢰성이 높은 쌍방향 통신을 할 수 있도록 설계되고 있다. 이것은 수신측에서 패킷 상실, 패킷 이중화, 순서 변경 등이 있도록 통신 프로토콜이 설계되어 있기 때문에 결과적으로 통신 성능이 저하되어도 데이터의 정확성이 손상되지 않게 되어 있는 것이다. 데이터 형식도 동일한 생각을 적용시킬 수 있다. 예를 들어 HTML에서 상위 호환을 유지하도록 설계되고 있기 때문에 새로운 기능을 사용한 HTML을 오래된 브라우저가 읽어들였을 때 그것을 처리할 수 없는 것으로서 버리는 것이 아니라 이해할 수 있는 범위를 표시하도록 할 수 있다. 각 시스템 안에는 발산 성질(resilience) 상태 예외적인 경우를 고려하여 대처할 수 있도록 시스템을 구축해야 한다. 또한 일반적으로 자기 안정성을 갖게 하는 것에 의해서 시스템이 오류 없는 상태로 수렴시키는 것으로 발산 성질(resilience)을 줄인다. 그러나 시스템 장애가 중대하기에, 그에 대처하는 데 매우 큰 비용을 들이는 것보다 더 좋은 방법은 이중화를 하는 것이다.

9.9.4 고장(장애) 복구 방식

고장(장애) 허용 시스템에 있어서의 장애 복구는 롤포워드 복구(roll-forward)와 롤백 복구(roll-back)으로 나눌 수 있다. 시스템 장애로 인해 오류가 일어났을 때 롤 포워드 복구에서는 그 시점의 시스템 상태로 복구를 실시한다. 롤백 복구에서는 시스템 상태를 약간 이전으로 되돌려(예를 들어, Checkpointing 사용) 거기에서부터 처리를 재개한다. 롤백 복구(rollback)에서는 체크 포인트(되돌리는 지점)와 장애 발생 지점과의 사이의 처리는 멱등 (몇 번 실행해도 1회 실행한 것과 같은)이 아니면 안 된다. 몇 개의 시스템은 오류의 종류나 오류 발생 수에 의해서 롤포워드 복구와 롤백 복구(rollback)를 구현한다.고장(결함) 허용 한계(fault tolerant)는 부분적인 고장의 경우에도 프로그램이나 부분적인 시스템의 동작이 허용되는 단계이다. 일반적으로, 고장 허용 해결 방법은 다음과 같은 것이 있다.

- S/W 보다는 H/W에 의한 안전 방식을 구현한다.
- 다중 입출력 서브 시스템을 사용한다.
- 가시적(transparent) 다중 처리 기법을 사용하므로, S/W를 고치지 않고도 효율을 높일 수 있다.
- 운영체제의 서브 시스템을 사용한다.
- 결함(고장) 탐지 기법은 H/W와 S/W로 구현한다.

9.9.5 이중화 시스템 (Fault-tolerance by replication)

이중화에 의한 장애 허용 시스템은 특징은 세 가지로 나뉜다.

- 리플리케이션(Replication) : 동일한 시스템을 복수로 준비하여 병렬로 실행시켜 다수를 만족한 결과를 올바른 결과적으로 적용한다.
- 다중화(Redundancy) : 동일한 시스템의 복수로 준비하여 장애가 일어나면 보조 시스템으로 전환한다.
- 다양화(Diversity) : 같은 사양에 다른 하드웨어 시스템을 복수로 준비하여 복제화와 같이 그것을 운용한다. 이 경우, 각 시스템이 똑같은 장애를 일으키지 않는다.

레이드(RAID)는 다중화를 활용한 장애 허용 시스템을 기억 장치에 적용한 예이다. 레이드의 개념이 발전하면서 레이드 0과 같은 속도만을 향상시키기 위한 시스템도 레이드에 포함되나 이는 엄밀히 말해 장애 허용 시스템에는 해당하지 않는다.

락스텝(lockstep) 방식의 장애 허용 시스템 머신은 각 부분을 다중화해 병렬해 동작시킨다. 다중화된 각 부분은 어느 시점에서 봐도 완전히 같은 상태가 아니면 안 된다. 같은 입력을 주었을 경우에 같은 출력을 얻을 수 있는 것을 기대할 수 있다. 다중화 부분의 출력은 다수결 회로에 모아져 비교된다. 각 부품을 이중화한 머신 (dual modular redundant, DMR)으로 불린다. 이 경우 다수결 회로는 결과가 차이가 나는 것밖에 모르기 때문에 복구는 다른 방법으로 실시할 필요가 있다. 각 부품을 삼중화한 머신 (triple modular redundant, TMR) 으로 불린다. 이 경우의 다수결 회로는 비교 결과가 2대1이 되었을 때에 오류를 판정하므로 올바른 결과를 출력할 수 있어 오류로 판정된 결과를 버릴 수 있다. 그 뒤, 오류를 일으킨 복제 부품은 고장난 것으로 간주하여 다수결 회로는 DMR 상태로 전환한다. 이 모델은 더 많은 복제에 대해서도 적용시킬 수 있다. 락스텝 방식의 머신은 간단하게 완전하게 동기시킬 수 있어 각 복제 부품은 같은 클락으로 동기하여 동작한다. 물론 각 복제를 클락에 동기시키지 않는 락스텝 시스템도 구축 가능하다. 다만, 클락 동기하지 않는 경우, 고장에 의해서 출력을 다수결 회로에 보낼 수 없게 된 부품을 어떻게 취급할지가 문제가 된다.

복제를 동기시키려면 각 내부 상태가 일치해야 한다. 그럼으로써 리셋 상태 등의 같은 내부 상태로부터 일제히 동작을 개시할 수 있다. 한편, 복제 간에 상태를 복사하는 방법도 있다.

DMR 변형의 일종인 pair-and-spare가 있다. 두 복제 부품이 락스텝에서 같은 처리를 실시해 다수결 회로가 상이값을 검출하면 오류 신호를 출력한다. 또 하나의 이중화 시스템이 완전히 같은 처리를 하고 있고, 두 이중화 시스템의 출력을 비교해 오류가 되지 않은 것을 적용한다. pair-and-spare는 네개 복제가 필요한데 TMR이 필요한 세계보다 많지만 상용 시스템으로 채용된 예도 있다.

9.9.6 동작 지속(No Single Point of Repair)

시스템이 고장 나더라도 지속적으로 동작해야 하며, 복구 작업을 하는 동안 성능 간섭이 없어야 한다.

9.9.7 고장 분리(Fault Isolation to the Failing Component)

고장이 발생할 때 시스템은 고장과 분리되어 정상적인 구성 요소에 영향을 주지 말아야 한다. 이것은 고장 감지 메커니즘이 고장과 분리를 목적으로 존재함을 나타낸다.

9.9.8 고장 전염 (Fault Containment)

어떤 고장 메커니즘은 시스템을 고장나게 하는 원인이 될 수 있는데 나머지 시스템에게 고장을 전파한다. 예를 들어, "Rogue transmitter"는 정상적인 통신 상태를 문제를 만들어 버리고 모든 시스템을 고장나게 한다. "Rogue transmitter"를 격리하는 메커니즘 또는 구성 요소를 잘못되게 하는 것으로부터 보호하는 시스템이 필요하다. 부가적으로, 오차 허용 시스템의 특징은 계획된 서비스 정지 또는 비계획 서비스 정지 개념을 포함한다. 이것은 보통 측정이 되는데 응용 프로그램 수준에서이지 하드웨어 수준은 아니다. 이것의 이점은 가용성(availability)이라고 부르고 퍼센트 단위로 표현되는데 통계적으로 99.999%(five nines) 가용성을 갖는다.

9.9.9 결함 허용 능력과 확장성 간의 관계

장애 허용 능력과 확장성은 서로 밀접한 관계가 있다. 과부하된 부분의 기능이 마비되면 마치 장애가 발생한 것처럼 되어 버린다. 또한 장애가 발생한 부분에서 다른 부분으로 부하를 이전하는 것은 이후 포화 상태를 유발하기도 한다. 일반적으로 희귀한 자원들은 마치 포화 직전의 부하들을 만족스럽게 다루어 주는 것과 같이, 필수적으로 신뢰성을 보장해 주어야 한다. 분산 시스템 본연의 장점은 다수의 자원으로 장애 허용과 확장성에 잘 적응할 수 있다는 것이다. 그러나 부적절한 시스템의 디자인은 이러한 장점을 이용하지 못하도록 할 수도 있다. 그러므로 설계 시점에서 제어와 자료의 분산이 잘 이루어져야만 장애 허용과 확장성을 보장할 수 있다.

9.10 병렬 처리 시스템

9.10.1 개요

병렬 처리(parallel processing)는 컴퓨터 시스템의 계산 속도 향상을 목적으로 하여 동시 데이터 처리 기능을 제공하는 광범위한 개념의 기술을 의미한다. 예를 들어, 산술 논리 연산장치(ALU)에서 어떤 명령어가 실행되고 있을 때 다음 명령어를 메모리에서 읽어오거나, ALU에서 어떤 명령어가 실행되고 있을 때 다음 명령어를 메모리에서 읽어오거나, ALU를 두 개 이상 두고서 동시에 두 개 이상의 명령어를 실행하는 시스템이 있다. 더 나아가 한 시스템에 병행적으로 동작하는 두 개 이상의 프로세서를 둘 수도 있다. 병렬 처리의 목적은 이와 같이 컴퓨터의 처리 속도를 향상시키고, 이와 함께 **처리율**(throughput)도 증가시키는 것이다. 병렬 처리를 구현하기 위해서는 추가의 하드웨어가 필요하고, 따라서 시스템의 비용이 증가한다. 그러나 기술의 발달로 인해 병렬 처리가 경제적으로도 구현 가능한 기술이 되었다. 병렬 처리는 복잡도에 따라 여러 단계로 나누어 볼 수 있는데, 가장 낮은 단계에서는 사용되는 레지스터의 형태에 따라 병렬성을 구별한다. 즉, 시프트 레지스터는 한 번에 한 비트씩 직렬적으로 동작하는데 반해, 병렬 로드를 가진 레지스터는 한 워드의 전체 비트에 대해 동시에 동작한다. 보다 복잡한 단계의 병렬 처리에서는 동일한, 또는 서로 다른 동작을 동시에 수행하는 여러 개의 기능 장치(functional unit)를 가지고서 데이터를 각각의 장치에 분산시켜 작업을 수행한다. 예를 들어,산술, 논리, 시프트 동작을 세 개의 장치로 분리하고, 제어 장치의 관리에 따라 피연산자를 각 장치들 사이에서 전환되도록 할 수 있다. 병렬 처리는 프로세서 내부 구조와 프로세서들 사이의 연결 구조, 그리고 시스템들 사이의 정보 흐름 등을 고려하여 다양한 방법으로 분류된다. 플린(M. J. Flynn)은 동시에 처리되는 명령어와 데이터 항목 수에 의해 컴퓨터 시스템의 구조를 파악하려는 분류 방법을 제안하였다. 메모리로부터 읽어 온 명령어의 순서는 명령어 흐름(instruction stream)을 구성하고, 데이터에 대하여 수행되는 동작들은 데이터 흐름(data stream)을 구성한다. 병렬 처리는 명령어 흐름과 데이터 흐름 모두에 대하여 적용될 수 있고, 이에 따라 Flynn은 다음과 같은 네 가지 그룹으로 컴퓨터를 분류하였다.

SISD(Single Instruction Stream, Single Data Stream)는 제어 장치, 처리 장치, 메모리 장치를 가지는 단일 컴퓨터 구조로서 명령어들은 순차적으로 실행되고, 병렬 처리는 다중 기능 장치나 파이프라인(pipeline) 처리에 의하여 구현된다.

SIMD(ingle Instuction Stream, Multiple Data Stream)는 공통의 제어 장치 아래에 여러 개의 처리 장치를 두는 구조로서 모든 프로세서는 동일한 명령어를 서로 다른 데이터 항목에 대하여 실행시킨다. 이 구조에서는 모든 프로세서가 동시에 메모리를 접근할 수 있도록 다중 모듈을 가진 공유 메모리 장치가 필요하다. MISD(Multipe Instruction Stream, Single Data Stream) 구조는 이론적으로만 연구가 되는 것이며, MIMD(Multiple Instruction Stream, Multiple Data Stream) 구조는 여러 프로그램을 동시에 수행하는 능력을 가진 컴퓨터 시스템을 나타낸다. 대부분의 다중 프로세서와 다중 컴퓨터 시스템이 이 범주에 속한다.

Flynn의 분류는 제어 장치와 데이터 처리 장치의 성능적 차이에 따른 것으로 컴퓨터 시스템의 구조적인 연결보다 외양적 행동을 강조하는 분류 방식이다. 따라서 Flynn의 분류에 적합하지 않는 병렬 처리가 있는데 대표적인 것이 파이프라인이다.

파이프라인 처리는 산술 연산의 세부 동작이나 컴퓨터 명령어 사이클의 각 단계를 중첩시키기 위하여 사용하는 기술이고, 벡터 처리는 크기가 매우 큰 벡터나 행렬을 처리하기 위한 것이며, 배열 프로세서(array processor)는 데이터의 큰 배열에 대한 계산을 수행한다. 병렬 처리 시스템의 특징은 다음과 같다.

- 병렬 처리 운영체제는 하나의 OS 또는 하나 이상의 독립된 OS가 다수개의 프로세서를 관리한다.
- 입/출력 채널 또는 처리기와 같은 장치에서 둘 이상의 프로세스를 동시에 수행하는 것이다(다수의 프로세서를 연결하여 동시에 수행을 하게 함으로써 연산 속도를 향상시키고, 이런 다수의 프로세서들을 관리하기 위한 병렬 처리 OS가 개발되었음).

- 여러 프로그램을 동시에 수행시킬 수 있는 컴퓨터구조 방식이다.
- 폰 노이만 컴퓨터 구조(비트 단위로 연산을 수행하는 직렬(serial) 컴퓨터임)의 순차 처리에 반대되는 구조로써 다수개의 CPU가 동시에 정보를 처리하는 컴퓨터이다.
- 병렬 처리 컴퓨터는 병렬 수행이 가능한 컴퓨터 시스템으로서 일반적으로 파이프 라인 컴퓨터(pipeline computer), 배열 컴퓨터(array computer), 다중처리기 시스템(multiprocessor system)의 3가지 형태로 구분할 수 있다.

9.10.2 목적

빠른 속도와 많은 계산이 요구되는 분야에서 기존의 순차 컴퓨터에서 하기 어려운 작업을 여러 프로세서에서 동시에 여러 작업을 처리하기 위한 것으로, 연산 속도를 높임으로써 단위 시간당 수행 작업의 양(throughput ; 처리 능력)을 높이는 데 있다.

9.10.3 병렬 컴퓨터 구조의 기본(병렬 처리기의 유형)

병렬 컴퓨터는 플린(Flynn)의 분류와 낮은 단계의 병렬 수행만 하는 컴퓨터로 분류한다.

(1) 플린(Flynn)의 분류

명령의 흐름과 자료 흐름이 컴퓨터내에서 단일(single) 흐름인가, 복수(multiple) 흐름인가로 구분하는 방식이다. 플린은 명령과 데이터를 근거로 기존의 모든 컴퓨터를 다음과 같이 분류하고 있다.

- SISD(Single Instruction stream Single Data stream) 구조
  - 하나의 명령에 의해 하나의 데이터만 처리하는 구조로서 고전적인 폰 노이만 방식이다.
  - [그림9-18]
- SIMD(Single Instruction stream Multiple Data stream) 구조
  - 하나의 명령으로 동시에 많은 데이터를 처리하는 구조.
  - 배열 프로세서와 같은 특별한 경우에 유용함.
  - 구조[그림9-19]

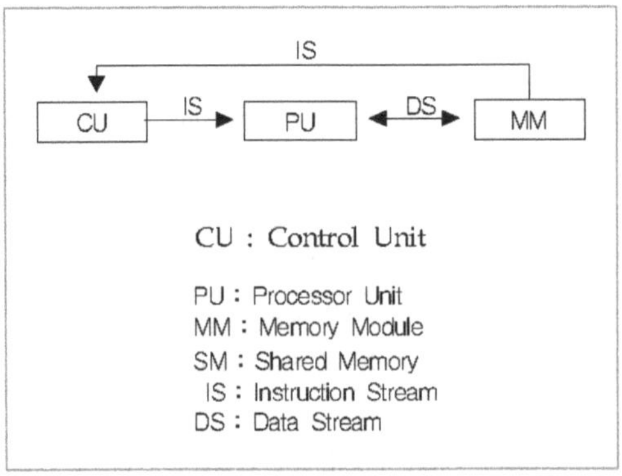

[그림 9-18] SISD 구조

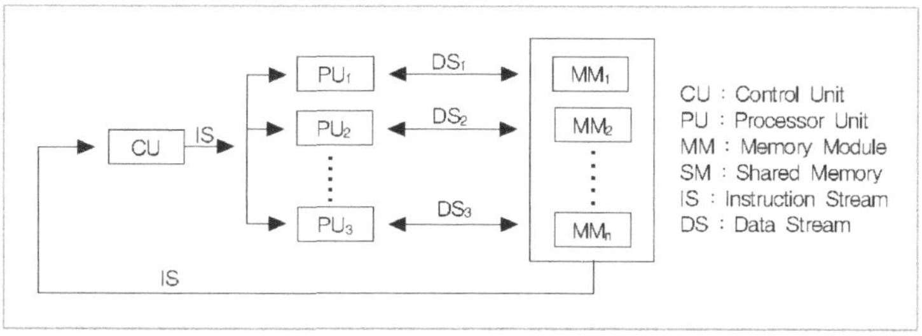

[그림 9-19] SIMD 구조

- MISD(Multiple Instruction stream Single Data stream) 구조
  - 여러 프로세서들에 의해 각각의 명령들이 하나의 데이터에 적용하는 구조
  - 이론적일 뿐 실질적인 처리 방식이 아님.
  - 구조[그림9-20]

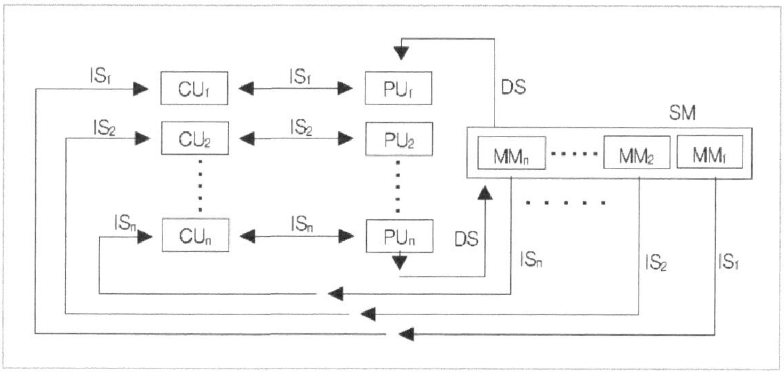

[그림 9-20] MISD 구조

- MIMD(Multiple Instruction stream Multiple Data stream) 구조
  - 여러 명령 대열을 여러 데이터 대열에서 각각 동작하게 하는 구조
  - 이들 명령과 대열 사이에는 다양한 형태의 상호 작용이 존재함.
  - 구조[그림9-21]

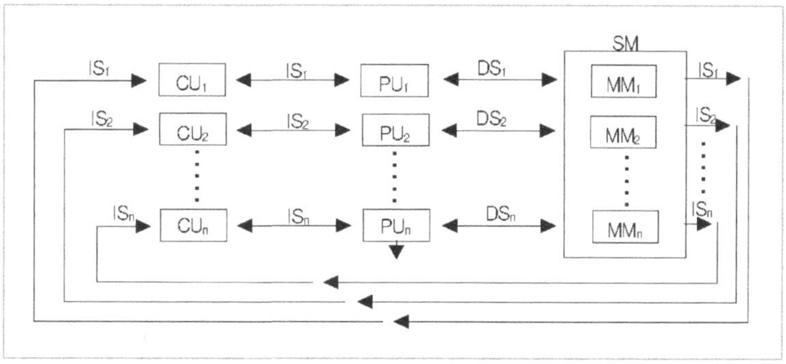

[그림 9-21] MIMD 구조

(2) 낮은 단계의 병렬 수행만 하는 컴퓨터의 분류

① CPU와 입·출력 프로세서의 동작을 동시 수행(overlap) : 입출력 연산은 입출력 제어기, 채널, 입출력 프로세서를 분리하여 사용함으로써 CPU 동작과 동시에 수행될 수 있다.

② 다중 기능 장치 : 수치 및 논리 연산을 위해 각각 독립된 기능을 가진 장치들에게 데이터를 분산하여 처리하도록 하는 것으로서, 부동 소숫점 연산에서 지수부와 가수부 연산을 각각 취급하는 두 개의 장치로 구성하는 것이다.

③ 명령 파이프 라인 : 하나의 명령을 독립된 단계로 세분하여 각 단계들을 동시에 수행하도록 하는 것으로서, 각 단계를 세그먼트 단위로 분류하여 각 세그먼트마다 서로 다른 기능을 동시에 수행하게 한다.

④ 메모리 인터리빙 : 메모리를 독립된 메모리 모듈로 나누어 동시에 메모리 사용이 가능하도록 하는 것으로 보다 짧은 지연 시간을 갖도록 하기 위한 구조적인 해결 방안으로 인터리브드 메모리 모듈(interleaved memory module)을 이용하거나 병렬 메모리 모듈(parallel memory module)을 이용한다.

9.10.4 병렬 처리기의 기법

(1) 파이프라인 처리기(Pipeline Processor)

하나의 처리기를 서로 다른 기능을 가진 여러 개의 처리기(서브 프로세서)로 나눈 후 각각의 처리기(서브 프로세서)가 동시에 다른 데이터를 취급하는 기법(서브 프로세서 = 세그먼트 혹은 단계라 하며, 각 세그먼트에서 수행된 연산 결과를 다음 세그먼트로 연속적으로 넘어가고 마지막 세그먼트를 통과하면 최종 연산 결과를 얻는다)이며, 프로그램 수행에 필요한 작업을 시간적으로 중첩시킨다. 즉, 여러 개의 명령을 동시에 병렬 처리하는 장치이며, 분업화의 원리 활용, 시간적 병렬 처리이며, 스칼라 프로세서 기법이다. 또한, 임시 병렬성의 구조 혹은 수직 형태의 종속적인 구조이다. 각 지점에서 각각의 연산을 동시에 하는 병렬처리 기법이다.

하나의 명령어는 컴퓨터에서 다음과 같은 네 단계의 과정으로 수행한다.

- IF(Instruction Fetch) : 수행할 명령어를 주기억 장치로부터 인출
- ID(Instruction Decode) : 수행될 연산을 식별하기 위한 명령어 코드 해석
- OF(Operand Fetch) : 연산에 필요한 피연산자를 주기억 장치로부터 인출
- EX(Execution) : 연산을 수행

참고로, 명령어 사이클은 하나의 명령어가 IF단계까지 수행되는데 소요되는 시간이며, 파이프라인 사이클은 하나의 명령어가 거쳐야 하는 4단계 중 각 단계를 거치는데 소요되는 시간이다.

적용 사례는 다음과 같다.

- 행렬 계산 및 처리에 쉽게 적용
- 반복 처리에 효과적으로 적용

장·단점은 다음과 같다.

- 일단 파이프라인이 차고나면 연속적으로 결과를 얻을 수 있으므로 연산 속도가 빠르다.
- 비슷한 복잡성을 지닌 여러 개의 부분으로 나눌 수 있는 동작은 파이프라인으로 구성할 수 있는데 같은 연산이 여러 번 반복되어 사용되면 효율적이지만 그렇지 않을 경우에는 구조가 복잡하고 시간이 오래 걸리므로 효율적이지 못하다.

(2) 벡터 처리기(Vector processor)

데이터를 고속으로 처리하기 위해 연산 장치를 병렬로 배열한 처리 구조로써, 산술 및 논리 연산, 비교, 내적 연산, 최대/최소 값 구하기 등의 벡터 연산 명령 계산이나 행렬(matrix) 계산에 빠르고, 효율적으로 수행하도록 구성된 처리기이며, 여러 다른 데이터에 대하여 서로 다른 처리원소(PE;Processing Element:동시에 동일 기능을 동기적으로 수행)가 동시에 하나의 제어 장치에 의해 동기화하여 동시에 한 명령을 처리하게 된다. 이 구조는 하나의 중앙 제어 장치 아래에 병렬 수행되는 처리 요소들의 배열로 구성된다. 수평적인 병렬 구조를 뚜렷하게 갖고 있는 공간 병렬성의 SIMD 병렬 프로세서 구조로서, 여러 다른 데이터에 대하여 서로 다른 처리 요소가 동시에 하나의 제어장치에 의해 동기화하여 동시에 한 명령을 처리하는 구조이다. PE라고 불리는 처리를 위한 처리 단위를 여러 개 가지는 동기적 병렬 컴퓨터 시스템이다. 병렬 처리를 위해서 PE들 간에는 적절한 통신 즉, 데이터 교환이 이루어져야 한다. PE에 걸쳐서 수행되어야 하는 벡터 명령문의 피연산자는 지역 기억 장치로부터 인출되는데, PE는 명령문의 복호 능력이 없는 단순한 수동적 장치로서 지역 기억 장치나 제어 기억 장치에서의 명령어 인출과 이들의 복호는 제어 프로세서에 의해 수행된다. 신호, 화상 처리와 같은 응용 분야에서 사용하기 위해 개발 했으며,비용/성능이 우수하지만 응용의 한계성과 프로그램화의 어려움이 있다.

(3) 배열 처리기(Array Processor)

다수의 연산기를 갖는 동기적 병렬 처리기이다. 명령 해독 능력이 결여된 수동적 장치이며, 명령 처리만 가능하다. 데이터 운행 연결망에 의해 상호 연결되어 PE들을 중복 이용함으로써 공간적 병렬성을 얻을 수 있다.처리기를 배열 형태로 가지고 있을 때, 동일한 종류의 계산이 병렬적으로 실행한다. 벡터 계산과 행렬 계산에 적합하다.

짚어보기 인터럽트와 트랩의 차이와 관계, 각각의 성격;

PE(처리 원소;Processing Element): 처리 단위를 여러개 가지는 동기적 병렬 컴퓨터 시스템으로, PE는 동시에 동일한 기능을 동기적으로 수행하도록 되어있다.

(4) 다중 처리기

시스템 상의 여러 프로세서들에게 여러 개의 독립적인 작업(job)을 각각 배정하여 하나의 프로세서는 하나의 작업만을 수행하도록 하는 다중 처리를 위하여 두 개 이상의 프로세서를 동시에 수행할 수 있도록 여러 프로세서를 갖춘 컴퓨터 시스템을 말한다. 다시말해, 여러 개의 프로세서가 동시에 여러 작업을 실행할 수 있는 시스템이다. 특징은 하나의 프로세서가 고장시 나머지 프로세서가 처리해 주고, 여러 개의 프로세서로 컴퓨터의 능력이 극대화 되지만, 적합한 처리 알고리즘의 구현과 가격이 문제가 된다. 장점은 프로그램 수행 속도의 향상, 처리율, 신뢰성, 가용성 및 유연성의 개선이다. 여러 개의 처리기들로 컴퓨터 시스템을 구성하는 방법이다. 다중 처리기의 내부 구조는 [그림9-22]와 같다.

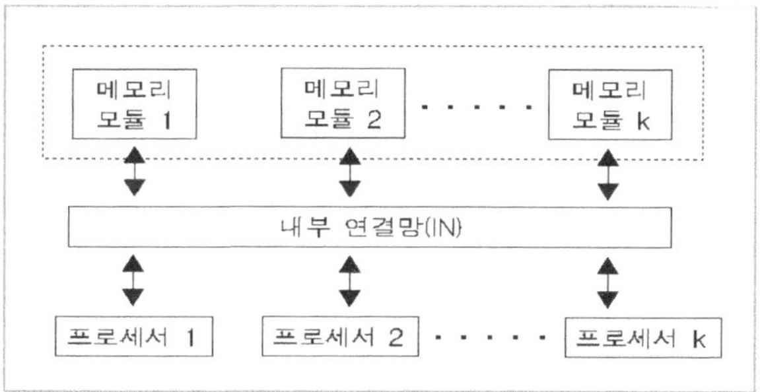

[그림 9-22] 다중 처리기의 내부 구조

짚어보기 다중 처리기와 병렬 처리기의 차이점

① 다중 처리기 - 여러 프로세서들에게 여러 개의 독립적인 작업을 각각 배정함으로써 하나의 프로세서는 하나의 작업만 전념하도록 하는 것이다.
② 병렬 처리기 - 하나의 작업을 여러 개의 태스크들로 나누어 각 태스크들을 시스템 상의 여러 프로세서들에게 각각 배정하는 것이다. 각 태스크들은 서로 의존 관계인지 독립 관계인지에 따라 순차적으로 또는 병렬적으로 처리된다.

9.11 분산 파일 시스템

9.11.1 네트워크 파일 시스템(NFS;Network File System)

네트워크 파일 시스템(NFS;Network File System)은 1984년에 썬 마이크로 시스템즈가 개발한 프로토콜이다. 클라이언트 컴퓨터의 사용자가 네트워크 상의 파일을 직접 연결된 스토리지에 접근하는 방식과 비슷한 방식으로 접근하도록 도와 준다. 다른 수많은 프로토콜과 마찬가지로 ONC RPC 시스템을 기반으로 한다. 네트워크 파일 시스템은 RFC에 정의된 오픈 표준이므로 누구나 구현할 수 있다.

(1) NFS의 플랫폼

NFS는 솔라리스, AIX, HP-UX와 같은 유닉스 운영 체제와 FreeBSD, 리눅스 등의 유닉스 계열 운영 체제에서 주로 사용하지만, 맥 OS, OpenVMS, 마이크로소프트 윈도, 노벨 넷웨어, IBM AS/400와 같은 OS도 기능을 제공한다. 다른 원격 파일 접근 프로토콜로는 서버 메시지 블록(CIFS로도 알려져 있는 SMB), 애플 파일링 프로토콜(AFP), 넷웨어 코어 프로토콜(NCP), OS/400 파일 서버 파일 시스템 (QFileSvr.400)이 있다. 마이크로소프트 윈도를 실행 중인 시스템에서는 NFS보다는 SMB와 넷웨어 코어 프로토콜(NCP)를 더 많이 사용하며, 매킨토시 시스템에서는 AFP가, IBM AS/400에서는 QFileSvr.400이 더 흔히 쓰인다.

(2) 제한 문제

NFS는 원격 파일 시스템을 로컬 파일 시스템처럼 보이게 하려고 하지만 지나친 단순화에 의지하는 것은 위험하다. 로컬 파일 시스템을 이용하는 것처럼 NFS를 이용할 경우 올바르지 않은 상황과 마주칠 수 있다.

9.11.2 분산 파일 시스템(DFS;Distrbuted File System)

(1) 개요

분산 파일 시스템(DFS;Distributed File System)은 그 내용들이 여러 대의 서버에 걸쳐 분산되어 저장될 수도 있는 단일한 계층형 파일 시스템이다. DFS는 그 내용들이 어떤 컴퓨터들에 들어 있는 지를 사용자가 의식하지 않고 그 파일을 액세스할 수 있게 해주는 논리적인 해결방법을 제공한다. 즉, 시스템 관리자는 DFS을 사용하여 네트워크에 분산된 파일을 사용자가 쉽게 액세스하고 관리하도록 할 수 있다. DFS를 사용하면 여러 서버에 분산된 파일이 네트워크의 한곳에 있는 것처럼 사용자에게 표시되기 때문에 사용자가 파일을 액세스하기 위해서 파일의 실제 위치를 알아야 하거나 지정할 필요가 없다.DFS은 물리적으로 서로 다른 컴퓨터끼리 네트워크로 연결하여 사용자가 분산된 동일파일을 쉽게 액세스하고 관리할 수 있게 할 수 있는 클라이언트/서버 기반의 애플리케이션이다. 주로 파일 서버 추가 및 파일 위치 수정, 사용자가 여러 사이트나 대상에 액세스할 경우, 조직에 내부 또는 외부용 웹 사이트가 있을 경우 등에 사용한다. 분산 파일 시스템(distributed file system, DFS)과 네트워크 파일 시스템(NFS;Network File System)은 컴퓨터 네트워크를 통해 공유하는 여러 호스트 컴퓨터의 파일에 접근할 수 있게 하는 파일 시스템이다. 분산 파일 시스템에는 일반적으로 투명성이 보장되므로 네트워크를 통해 접근하는 파일들은 프로그램과 사용자의 로컬 디스크에 있는 파일처럼 다룰 수 있다. DFS은 전체 네트워크를 통한 체계적인 파일 시스템이다. 즉, DFS은 네트워크 전체의 하드디스크를 마치 하나의 하드디스크처럼 논리적으로 연결해서 사용할 수 있는 기능이다.DFS은 네트워크 환경에서 하나의 공유 자원으로 인식되며, 이 DFS이 설치된 환경에서는 전체 네트워크 공유 자원이 체계적으로 관리될 수 있다.예를 들어, A 파일 서버의 사용자는 개발부와 판매부가 있고,B 파일 서버의 사용자는 생산부와 총무부가 있다면, 회사 내의 파일 시스템이 두 대의 서버로 운영되는 것은 일관된 관리 체계라고 보기 어렵다. 이런 경우, DFS가 사용되면 효과를 발휘할 수 있다. 간단히 말해서, 분산 파일 시스템(DFS: Distributed File System)은 컴퓨터 네트워크로 연결되어 있는 약 결합(loosely coupled) 시스템을 말한다.

짚어보기

DFS 는 윈도우 2000 에서 처음 등장한 개념은 아니다. 윈도우 98 이나 윈도우 NT 에도 추가 프로그램을 설치하면 DFS를 운영할 수 있었다. 그러나, 윈도우 2000 에서 DFS가 조금 더 각광을 받는 이유는 액티브 디렉터리와 결합할 수 있는 기능이 존재하기 때문이다.DFS 는 일반적인 모드와 액티브 디렉터리와 같이 운영될 수 있는 "결함 허용 모드"가 존재한다. 일반적인 모드는 단지 네트워크 전체의 자원을 활용하는 것 뿐이며 결함 허용 모드는 액티브 디렉터리 체제로 관리하는 것으로, DFS 설정의 복사 등의 작업이 가능하다. 즉, 네트워크로 서로 공유해서 필요한 파일만 서로 공유한다는 것이다. 인터넷공유에서 파일 공유가 여기에 속한다.

짚어보기 분산 파일 시스템(DFS)의 예

회사의 규모가 방대해지면 회사의 정보 자원이 여러 대의 서버로 분산되어 저장, 관리 되므로 사용자는 자신이 원하는 정보자원을 찾는 것이 날이 갈수록 어려워진다. 즉, 사용자는 필요한 자원이 있을때마다 각기 다른 컴퓨터에 접속해야 하고, 그 서버에 접속하기 위한 계정도 일일이 기억해야 하고, 또한 어느 공유 폴더에 있는지 전부 기억해야 하는 것이다. 하지만, DFS를 통한다면 사용자는 DFS가 제공되는 서버하나만 알면 그 서버의 DFS를 통해 필요한 자원으로 바로 접속할 수 있다. 즉, 사용자들은 DFS의 루트 서버만으로 네트워크에 분산되어 있는 공유자원을 쉽게 사용할 수 있게 하여 기업 내의 서버에 분산되어 있는 자료에 대한 가용성을 높일 수 있다.

(2) DFS의 특징

❶ 네트워크에 분산되어 있는 공유 자원을 계층적으로 구성하여 사용자에게 단일 연결점을 제공한다.

❷ 하나의 서버가 다운되어도 다른 서버를 통해 지속적인 데이터 공유가 가능하다. 결함허용과 부하균형을 가능하게 해주기 때문이다.

❸ 사용자가 어떤 서버에 어떤 공유 자원이 있는지 인식하지 못하게 하고, 루트 서버를 통해 모든 공유 자원을 사용하기 때문에 보안 수준을 높일 수 있다.

(3) 분산 파일 시스템 생성하기

DFS 루트 만들기를 보면, 분산 파일 시스템을 만들기 위해 먼저 루트서버로 사용할 공유 포인트를 만든다. 이 포인트를 통해서 각 서버의 분산된 공유 자원을 볼 수 있다.

집어보기 액티브 디렉토리(AC;Active Directory) 의 활용– 분산 파일 시스템(Distribute File System)

DFS에서 많이 사용하는 분야 중에 하나가 파일 서버이다.이 파일 서버의 역할이 공유라는 점만을 본다면 액티브 디렉토리(AD) 반드시 필요한 것은 아니다. 단순히 파일 저장 및 공유를 제공하기 위해서 AD 같은 것은 필요가 없다. 물론 독립형 서버의 경우 계정 관리 부분에는 약간의 어려움이 있을 것이다. 하지만 이런 부분을 제외하고 실제로 운영하다 보면 다른 문제에 부딪치게 된다. 파일 서버의 도입 후 파일 서버의 하드 디스크는 타 서버에 비해 노후화가 진행이 빠르며, 하드 디스크의 공간 부족 문제와 함께 백업도 어디까지 보관되어 있는지에 대한 기록을 찾기가 힘들어진다. 더구나 AD가 없는 독립형 서버에 도입된 파일 서버라면, 수없이 생성되었다가 삭제된 사용자 계정 정보로 인하여 보안 탭에서 스크롤시키는 데에만 많은 시간이 걸린다. 이런 상황이 되면, 서버를 교체하거나 데이터 추가를 위해 하드 디스크를 추가하는 것이 해결책이 된다. 하지만 몇 년간 쌓인 데이터는 몇 시간 안에 복제되기 힘들며, 보안 설정까지 한다면 더더욱 시간은 오래 걸릴 수 밖에 없다. 또한, 보안 설정을 위해서 잠시 파일의 입/출력을 막아야 하기에 더욱 큰 어려움이 있다. 하지만 이런 모든 문제를 해결하는 데에는 AD와 DFS가 좋은 해결의 답이 된다. 정확하게 말하면 윈도우즈 서버에 있는 분산 파일 시스템(DFS)의 성능을 극대화하기 위해서 AD를 이용하는 것이다. DFS는 크게 두 가지 기능을 가지고 있다. 첫 번째는 네트워크 상에 있는 여러 공유 폴더들을 한 곳으로 집중하여 볼 수 있게 하는 기능이며, 또 다른 기능으로 데이터를 복제 및 동기화를 하는 기능이다. 이 기능의 활용은 작업을 단순하면서 효과적으로 관리할 수 있는 방안을 제시한다.

❶ DFS의 공유 폴더 중앙 집중화 기능은 모든 사용자들은 복잡하게 공유 폴더가 어느 사람 PC에 있는가를 더 이상 찾지 않아도 된다. 단순히 관리자만 공유폴더가 어디에 있는지를 알면 된다. 이러한 작업은 네트워크 상에 분산되어 있는 중앙에 집중시킴으로써 모든 사용자들이 동일한 내용을 볼 수 있게 되고 보다 빠르고 간단하게 네트워크 드라이브 연결을 가능하게 한다는데 그 장점이 있다. 더구나 로그인 스크립트를 사용한다면 더더욱 빠르게 폴더를 배포할 수 있다.

❷ DFS의 두 번째 핵심 기능은 데이터 복제 및 동기화 기능이다. 대부분의 경우 복제에는 디스크의 미러링만 있다고 생각하는 것이 일반적이다. 미러링을 사용하더라도 파일 서버에도 가끔은 장애가 발생하며, 파일 서버의 장애는 대부분 OS의 문제나 핵심 하드웨어의 장애로 쉽게 처리되지 않는다. 설령 간단하게 처리되는 장애라 할지라도 파일서버에 연결되어 있던 모든 사용자는 순간적으로 작업이 불가능할 수 밖에 없다. 이러한 문제를 해결하는데 DFS는 중요한 열쇠가 된다. DFS의 복제 기능은 네트워크 상의 폴더끼리의 데이터 동기화를 지원하는 것이다. 더구나 DFS 폴더는 여러 개가 한 개의 자원으로 잡힘으로써 사용자는 동일한 자원(Resource)에 접근하고 있는 것으로 판단할 수 있고, 동기화된 데이터를 사용함으로써 언제나 최신의 자원을 지원 받는다.연결된 서버 중에 한 대에 장애가 발생하더라도 윈도우가 자동으로 해당 자원 접근을 판단하여 연결이 가능한 자원으로 전환을 시켜준다. 그리고 장애가 처리되면 둘을 동기화 한 후 다시 접속을 허가한다. 이 복제를 통한 작업의 단점은 동기화를 위해 다른 공유폴더가 필요하다는 점과 복제를 위해 네트워크 부하 및 디스크의 부하가 증가될 수 있다는 단점이 있다.

(4) 분산 파일 시스템에서 일반적인 명칭(naming) 부여 기법

① 시스템 전체에 걸쳐 유일한 이름을 갖는 호스트 이름과 지역 이름의 조합으로 구성되는 형식이다.
② Sun의 네트워크 파일 시스템에서 사용되고 있는 방법으로 원격 디렉토리를 지역 디렉토리에 붙일 수 있는 수단을 제공하는 방식이다.
③ 각 파일 시스템 구성 요소들의 전체적인 통합 방식이다.

(5) 명칭(naming)과 관련된 두 가지 개념

① 위치 독립성 : 파일의 물리적 기억 장치의 위치가 변경되었다 할지라도 파일의 이름은 고정적이어야 한다.
② 위치 가시성 : 파일의 이름에는 파일의 물리적 기억 장소에 대한 어떠한 정보도 포함되지 않는다.

(6) 분산 파일 시스템의 고려 사항

① 전통적인 파일 시스템과 비교해서 분산 파일 시스템에서 신뢰성과 유용성 유지를 위해 고려되어야 할 사항은 다음과 같다.

- 데이터의 분할(partition)
- 데이터의 중복(replication)
- 데이터의 가시성(transparency)

② 데이터의 분할과 중복을 통하여 여러 지역에 분산시켜 놓은 데이터 중 한 지역에서 발생한 오류로 인해 전체 시스템이 영향을 받는 일이 없어야 한다.

(7) 파일 서비스 모델

1) 파일 시스템(file system)

① 기능은 파일의 조직, 저장, 검색, 명명(naming), 공유, 보호 등이 있다.

② 프로그래머가 저장 할당, 설계에 대한 세부 사항을 신경쓰지 않고 파일의 추상적 개념을 특징짓는 프로그램 연산을 제공한다.

③ 디렉토리는 파일 이름과 파일 식별자 간의 사상을 제공하는 파일이다.

④ 파일 시스템 구현을 위한 계층적 모듈 구조는 다음 표와 같다.

모듈 명	의미
디렉토리 모듈	파일 이름과 파일 식별자의 관계
파일 모듈	파일 식별자화 특정 파일의 관계
접근 제어 모듈	요구된 연산의 허용을 검사
파일 접근 모듈	파일 데이터나 애트리뷰트를 읽고 씀
블록 모듈	디스크 블록을 접근 할당
디바이스 모듈	디스크 I/O와 버퍼링

2) 분산 파일 서비스(distributed file service)

① 기능은 다음과 같다.

- 정보 공유를 지원한다.
- 원격 파일에의 접근 허용한다.
- 디스크가 없는 워크스테이션에 디스크 공간을 제공한다
- 네임 서비스, 사용자 인증 서비스, 프린트 서비스,등이 있다.

② 사용자에게 분산 시스템에 대한 투명성을 제공한다.

③ 분산 파일 서비스에 필요한 기타 요구사항은 다음과 같다.

- 하드웨어와 운영체제의 이질성.
- 축소/확장성(scalability)

④ 노드의 수가 매우 많은 네트워크로 확장됨에 따른 요구사항은 다음과 같다.

- 복제 투명성(replication transparency)
- 이동 투명성(migration transparency)

⑤ 분산 응용의 발달에 따라 필요하게 될 요구사항은 다음과 같다.

- 작은 단위의 데이터 분배에 대한 지원.
- 노드의 고장 혹은 제거로 인하여 네트워크가 분할되는 사태에 대한 대비.

3) 파일 서비스의 구성요소

❶ 구성 요소는 다음과 같다.
- 균일한 파일 서비스
- 디렉토리 서비스
- 고객 모듈

❷ 균일한 파일 서비스(flat file service)
- 파일의 내용에 대한 연산을 구현한다.
- 파일 참조를 위해 UFID(unique file identifier)를 사용한다.
- UFID는 분산 시스템의 전체에 걸쳐 유일한 long int 값. 파일이 생성될 때에 부여한다.

❸ 디렉토리 서비스(directory service)
- 파일 이름과 UFID간의 사상(mapping)한다.
- 파일이 생성될 때 고객 모듈이 디렉토리에 파일 이름과 함께 UFID를 기록한다.
- 디렉토리를 생성하고 갱신하고, 디렉토리로부터 UFID를 얻는데 필요한 함수 제공한다.

❹ 고객(클라이언트) 모듈(client module)
고객 컴퓨터에서 사용자 레벨의 프로그램에 사용가능한 API하의 균일 파일 서비스와 디렉토리 서비스의 연산을 통합하고 확장한 것이다.

9.11.3 파일 서버 모델(분산파일 시스템의 전형적인 모델)

(1) 파일 서버(file server)

LAN에서 망의 모든 사용자가 접근할 수 있는 파일 기억 장치를 말하며,LAN에서 원격 디스크 구동 장치로서의 기능을 하는 디스크 서버와는 달리, 파일 서버는 파일을 격납할 뿐만 아니라 파일을 관리하고 사용자들의 파일 요구와 파일 내용 변경의 질서를 유지하는 등 고도의 기능을 수행하는 장치이다. 파일 서버는 파일 격납용 디스크 구동 장치는 물론 복수의 파일 요구와 동시 파일 요구를 처리하기 위한 프로세서 및 제어용 소프트웨어를 포함하고 있다. 많은 LAN에서 공용 파일 관리 태스크 전용의 대용량 하드 디스크를 가지고 있는 컴퓨터가 파일 서버 기능을 하는 경우가 많다.

(2) 프로세스 상호 작용을 위한 4가지 모델

프로세스 상호 작용을 위한 4가지 모델(paradigm)이 있다.

1) 클라이언트-서버(Client-server) 모델

클라이언트/서버 모델은 새로운 컴퓨터 환경으로 서로 다른 컴퓨터 망을 통해 상호 접속하여 그것들을 협조, 연계시켜 응용 실행하는 분산 컴퓨터 방식을 구성하는 구상이다. 서비스를 요구하는 클라이언트(client)와 서비스를 제공하는 서버(server)의 응용 프로그램 한 쌍을 기초하여, 양 프로그램(프로세스) 간의 통신에 의해 응용을 실현하는 것이다. 여기서, 클라이언트는 고객이며, 서버는 서비스를 제공하는 서비스 제공자이다. 즉, 클라이언트에서 서버에 있는 데이터를 요구하면 서버는 그 요구가 합당한지 검증한 후 정상적일 경우에 한해서 클라이언트가 요구하는 데이터를 내보내게(서비스하게) 되는 구조이다. 클라이언트/서버 모델을 구축하는 기술로 원격 절차 호출(RPC)이나 관계 데이터베이스(RDB) 언어, 구조화 조회 언어(SQL) 등이 알려져 있다.통신을 위한 표준 모델이며, 프로세스를 클라이언트-서버(Client-server)로 분류한다.

- 서버는 클라이언트 프로세스와의 접속을 기다리는 프로세스이다.
- 클라이언트는 서버에 서비스를 요청하는 프로세스이다.

시스템 예는 Eden, V, Amoeda이 있다.
서비스 순서는 다음과 같다.

- 서버 프로세스가 컴퓨터 시스템에서 개시되고 초기화 된다.
- 서버 프로세스는 클라이언트의 서비스 요청을 기다린다.
- 클라이언트는 통신회선을 통해 서버에게 서비스를 요구한다.
- 서버는 클라이언트의 요구를 서비스하고, 서비스가 끝나면 다른 클라이언트의 요구를 기다린다.

참고로, 동작 과정은 다음과 같다.

- 클라이언트가 서버에게 서비스 요청한다.
- 서버의 서비스 실행한다.
- 완료 응답 메시지 송신한다.

특징은 다음과 같다.

- 자원에 대한 제어가 하나의 소문자로 중앙 집중화된다.
- 서버의 병목 현상이 발생한다.
- 본 모델의 성능 향상을 위해 다중 서버로 구현이 가능하다.

클라이언트-서버 모델의 구성은 [그림9-23]와 같다.

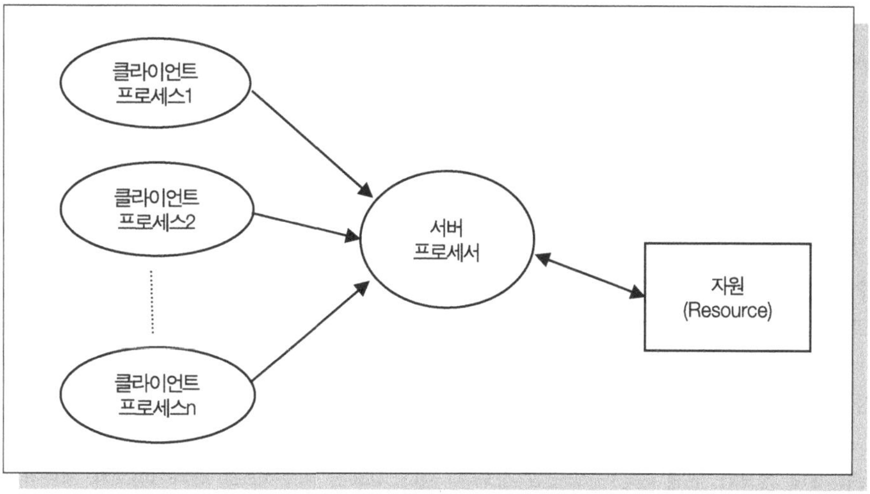

[그림 9-23] 클라이언트-서버 모델

분산 시스템에서 클라이언트-서버 모델은 [그림9-24]와 같다.

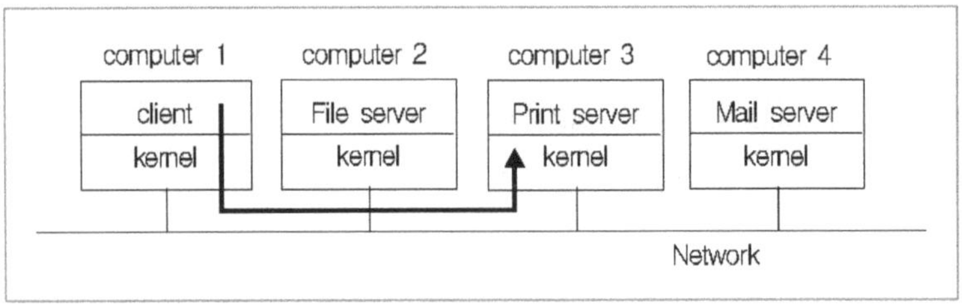

[그림 9-24] 분산 시스템의 클라이언트-서버 모델

인터넷 환경에서 응용 계층의 연결은 세션 계층에서 설명한 방식을 그대로 사용한다. 하나의 서버 프로그램이 다수의 클라이언트에 응용 서비스를 제공하는 클라이언트-서버 모델은 인터넷 응용 환경에서 가장 보편화된 연결 설정 방식이다.

클라이언트와 서버는 [그림9-25]과 같이 비교적 간단한 절차로 동작한다. 둘 사이의 연결 설정 과정에서 반드시 서버가 먼저 통신 대기 상태에 있어야 하는데, 이러한 비대칭 구조는 클라이언트와 서버가 연동되는 가장 기본적이고 단순한 방법에 대한 이론적 근거가 된다.

일반적으로 서버 프로세스는 클라이언트보다 먼저 실행되어 대기 상태에 있기 때문에 클라이언트의 연결 요청에 항상 응답할 준비가 되어 있다. 서버 프로세스는 일단 시작하면 영원히 종료되지 않고 실행되며, 다수의 클라이언트의 요청을 반복적으로 수행해준다. 클라이언트와 서버 사이의 네트워크 연결은 전송 계층의 포트 연결로 구현된다.

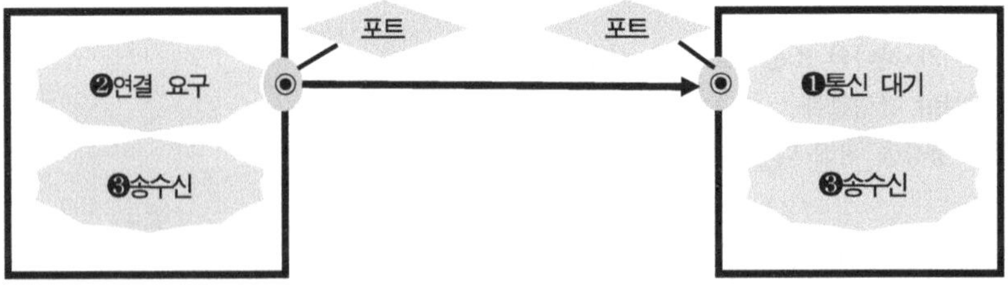

[그림 9-25] 클라이언트와 서버의 연결

❶ 연결형/비연결형 서비스

클라이언트-서버 모델을 구현할 때 가장 먼저 고려할 사항은 비연결형과 연결형 중 어떤 연결 방식을 사용할지를 결정하는 것이다. UDP에서 제공하는 비연결형 서비스는 빠른 통신을 보장하지만, 데이터 분실이나 비순서 도착이라는 단점 때문에 응용 프로그래머의 부담이 커진다. 반면, TCP가 제공하는 연결형 서비스는 신뢰성이 높지만, UDP보다 속도가 떨어진다. 속도의 차이는 프로그래밍 과정에 직접 영향을 미치지는 않지만, UDP가 지닌 신뢰성의 문제는 응용 프로그램 작성에 적지 않은 부담을 준다. 따라서 비연결형 서비스는 응용 프로그램의 속도 문제가 특별히 중요한 경우에 사용한다. UDP는 연결 설정에 따른 클라이언트와 서버 사이의 상태 존재 문제를 해결하기 곤란한 응용 환경에서 주로 사용한다. 네트워크 파일 공유 프로그램이 이에 해당한다. 대부분의 응용 프로그램은 연결형 서비스를 이용해 구현된다.

❷ 상태 정보

연결형 서비스는 클라이언트와 서버 사이의 연결로 인해 둘 사이의 현재 상태(State)라는 개념이 존재한다. 일반적으로 가장 단순한 상태 정보는 연결 설정과 관련된 정보다. 기타 정보는 내부적으로 클라이언트와 서버가 논리적으로 하나의 단위로 처리되어야 하는 동작을 한순간에 처리하지 못하고 여러 단계로 나누어 처리하는 경우에 발생한다. 상태 정보는 정상적으로 처리될 때는 문제없지만, 한쪽 시스템이 다운되는 등의 현상에 의해 상태 정보를 잃어 버렸을 때는 다운되기 직전 상태로 복구해야 하는 문제가 남는다. 클라이언트에 원격 파일 서비스를 제공하는 파일 서버는 비상태(Stateless) 서비스의 대표적인 예다. 클라이언트가 서버에 파일 서비스를 요청하면 서버가 결과를 응답하는 절차가 하나의 단위로 완결된다. 이러한 요청과 응답 절차로 이루어진 한 쌍의 동작은 다음 혹은 이전 절차와 연계된 상태를 갖지 않는다. 원격 파일 서비스를 상태 서비스로 구현하는 경우는 이전 절차에서 수신한 정보를 서버가 내부적으로 보관하는 경우다. 예를 들어, 서버가 클라이언트에게 큰 파일을 송신하는 경우를 가정하면, 전송 과정에서 요청 · 응답이 여러 번 발생한다. 클라이언트가 매 요청마다 전송 파일 이름을 보내면 서버는 이를 일부러 보관할 필요가 없으므로 비상태 서비스가 된다. 그러나 첫 번째 요청에만 파일 이름을 보내고 이후 요청에는 보내지 않으면 서버가 첫 번째 요청을 받았을 때 파일 이름이라는 상태 정보를 보관해야 한다. 따라서 이 경우는 상태 서비스가 된다.

❸ 클라이언트/서버의 활용

인터넷이 대표적인 예인데, 질문자가 유투브에 접속해서 동영상을 보고자 하는데 그 동영상은 유투브 서버에 저장되어 있으며, 사용자(클라이언트)의 요청이 있을 때 즉응성으로 동영상 파일을 보내줘야만 한다. 이런 동영상이 많아지지만 많아질수록 서버의 용량의 기하급수적으로 증가하여야 하며, 이 때 발생하는 것이 서버의 트래픽과 관리자의 필요성이다.

ERP 시스템도 예로 들 수 있는데, 회사에서 사용하는 관리용 프로그램 중 재고/생산/판매/회계 등의 모든 자료들이 저장되는 컴퓨터를 두고 사용자는 이 컴퓨터에 자료만을 보내주면 서버는 자료를 모아두고 저장해두며 서비스가 되기를 기다렸다가, 경영자의 보고서 요구에 출력물을 위하여 클라이언트에 집계 자료를 내보내주게 되면 클라이언트의 프로그램에 의해서 간단한 계산과 출력물을 내보내주게 되는 구성이다.

돈을 주고 파일을 다운로드받는 디스크 등의 서비스도 이에 해당 한다.서버가 가지고 있는 대용량의 서버 파일을 가지고 있다가 사용자가 요청하면 그 파일을 보내주게 되는데, 이 때 사용자가 여러 명이라면 그 사용자마다 파일을 보내줘야 하는 서비스를 해주게 되는데 바로 이런 모델들이 **클라이언트/서버**의 전형적인 활용의 예라고 할 수 있다.

❹ 서브: 근거리통신망(LAN)에서 집약적인 처리기능을 서비스하는 서브 시스템

일반적으로 서버 프로그램이 실행되고 있는 컴퓨터 H/W를 서버라고 부르며 다른 프로그램에게 서비스를 제공하는 컴퓨터 프로그램을 말하기도 한다. 서버는 프린터 제어나 파일 관리 등 네트워크 전체를 감시·제어하거나, 메인프레임이나 공중망을 통한 다른 네트워크와의 연결, 데이터·프로그램·파일 같은 S/W 자원이나 모뎀·팩스·프린터 공유, 기타 장비 등 H/W 자원을 공유할 수 있도록 도와주는 역할을 한다. 서버는 사용자(클라이언트)의 요청에 의하여 서비스를 하는데 이와 같이 구성된 시스템을 클라이언트/서버 시스템이라고 하며, 이는 하나 이상의 응용 프로그램을 상호 협력적인 환경에서 운용하는 분산처리 형태를 의미한다. 즉, 서비스를 요청하는 클라이언트와 클라이언트의 요청을 처리하는 서버와의 협동작업을 통해서 사용자가 원하는 바람직한 결과를 얻는 처리방식이 클라이언트/서버 시스템이다. 클라이언트의 수가 5~20대 정도인 소규모 LAN의 경우에는 한 대의 서버로 충분히 모든 서비스를 소화할 수 있으나, 대규모 LAN의 경우에는 여러 대의 서버를 배치하고, 파일 관리는 파일 서버, 프린터 제어는 프린터 서버, 인터넷 등의 외부와의 교환은 커뮤니케이션 서버가 담당하는 등 각각 역할을 세분하게 된다. 인터넷에서 서버는 특수한 형태로 자신의 하드 디스크에 담겨진 정보들을 외부에 공개해주는 컴퓨터를 이른다. 일반적으로 인터넷에서는 여러 정보들을 서버에서 관리하고, 일반 사용자들은 자신들의 컴퓨터(클라이언트)를 이용하여 서버에 접속하고 서버에서 제공하는 정보를 이용하게 된다.

- 클라이언트
  컴퓨터 네트워크에서 다른 컴퓨터에 서비스를 제공하기 위한 컴퓨터 또는 S/W를 가리키는 용어이다. 반대로 서버에서 보내 주는 정보 서비스를 받는 측 또는 요구하는 측의 컴퓨터 또는 S/W를 클라이언트라고 한다. 인터넷에서는 FTP나 WWW 등에 대응한 서버가 세계 각지에 산재하고 있으며, 그 수는 급격히 증가하고 있다.
- 서버
  여러 개의 컴퓨터를 통신회선으로 연결한 통신망에서 하나의 컴퓨터에 공동으로 사용하는 정보를 저장해 두거나 메모리 등 컴퓨터자원을 많이 사용하는 프로그램들을 모아놓은 컴퓨터를 서버라고 한다. 통신망에 연결된 다른 컴퓨터들은 서버로부터 필요한 정보를 검색하여 제공받거나, 서버에 있는 프로그램에서 처리할 자료를 보내고 그 결과를 다시 받는데, 이것들을 클라이언트라고 한다. 경우에 따라서는 하나의 컴퓨터에만 정보와 프로그램을 집중시키지 않고, 각각의 컴퓨터가 정보와 프로그램을 분산하여 보유하고 있기도 하는데, 이때는 모든 컴퓨터가 서로에 대하여 서버/클라이언트 관계가 성립되는 셈이다. 인터넷에서는 정보를 제공하는 컴퓨터를 웹 서버라고 하고, 웹 서버에 접속하여 정보를 검색하고자 하는 컴퓨터는 클라이언트가 된다.

❺ 클라이언트/서버의 장점과 단점

- 장점 : 분산 처리가 가능해져서 서버의 부담이 줄어든다. 네트워크 속도가 빠르다면 서비스 속도가 빨라져서 사용하기 편리하다. 클라이언트의 자료 유지가 필요 없기 때문에 클라이언트의 하드웨어 소요 비용이 적다.
- 단점 : 클라이언트의 요청이 많아지면 서버에 부하가 걸려서 서버가 제대로 된 서비스를 하기 위해서는 미지의 사용자에 대한 서비스 예측분도 염두에 둬야한다. 서버의 사양과 안정성이 높아야하는 만큼 관리의 비용이 발생한다. 네트워크 회선의 점유율이 높으므로 회선의 연속성과 안정성이 중요해진다. 자료 유지가 많아지게 되면 서버의 관리나 추가 구매 등 비용의 투자가 증가할 수 있다.

2) 집적 모델(Integrated model)

client-server 모델의 단점을 보완하기 위해 개발되었다.

특징은 다음과 같다.

- 각 computer에 존재하는 S/W는 완벽한 기능을 가진다.
- 모든 컴퓨터에 이와 같은 동일한 프로그램을 적재한다.
- 구축이 용이하다.

3) 파이프 모델(Pipe model)

프로세스 개념에 기초한 모델이다.pipe는 통신 도구로서 FIFO 기법을 기초로 하여 프로세스간 데이터 전송, 동기화를 하는 통신설비(장치)등을 수행한다.

특징은 다음과 같다.

- 프로세스가 대량의 데이터를 원격 노드로 전송 가능하게 한다. 이를 위해, pipe는 원격 프로시저로서 사용한다.
- pipe 호출은 호출자를 블록(block) 하지 않으며, 결과를 되돌리지도 않는다.
- 종류는 named(예,open 함수),unnamed(예, pipe) 등이 있다.

4) 원격 프로시저 호출 모델(Remote procedure call(RPC) model)

프로세스가 원격 컴퓨터 상에 있는 프로시저를 호출하기 위한 통신 모델이다. RPC를 기초로 한 통신 모델에서 프로세스가 다른 컴퓨터의 프로시저를 호출할 수 있다.

특징은 다음과 같다.

- 로컬 프로시저가 호출되었을 때처럼 동작한다.
- 원격 프로시저 호출(RPC)은 호출자를 상기 호출 완료되고 결과가 되돌아올 때까지 블록된다.
- call(호출)이 있으면, 요청(request) 메세지가 원하는 프로시저가 있는 원격 컴퓨터에게 보내지고 이것이 처리되고, 완료된 후, 응답(reply) 메세지가 호출 프로세스에게 되돌려진다.

절차는 다음과 같이 수행한다.

- 프로세스가 다른 컴퓨터의 프로시저를 호출하고 응답이 있을 때까지 기다린다.
- 응답이 도착하면 원하는 프로시저가 위치한 곳을 알리는 요구 메시지를 보낸다.

- 하나의 프로세스가 보내어진 프로시저에 의하여 생성된다.
- 프로세스가 종료하면 호출된 컴퓨터에게 프로세스의 종료 응답 메시지를 보낸다.

9.11.4 분산 시스템의 가시성

(1) 투명성(transparency,가시성)

1) 개념

앞서 언급 했듯이, DOS에서 사용자 관점은 서로 다른 컴퓨터가 통신에 의해 연결된 상태가 아니라 단지 하나의 가상적인 프로세서만을 보게 되고, **지역(Local)과 원격(Remote) 자원을 구별할 필요가 없어지는데, 이런 현상을 투명성(가시성)이라 한다.** 분산 처리 시스템의 설계 시에 자원의 존재 위치와 관계없이 시스템의 모든 파일에 대하여 사용자가 동일한 방법으로 접근할 수 있도록 한 것이다. 사용의 단순성, 용이성 등을 위해 어떤 객체의 특성 중 일부가 숨겨져 사용자가 그 존재를 인식하지 못하게 하는 것이다.

2) 장점

① 사용자는 지역(local)과 원격(remote) 자원 접근에 대한 구분이 불필요하다.
② 성능 향상을 가져온다.

3) 단점

① 중앙 집중식 제어보다 상대적으로 비용 증가와 기술적 어려움이 있다.
② 지역과 원격 자원 접근의 차이가 있다.
③ 중앙 집중식보다 빈번한 처리한다.
④ 전송 지연(transmission delay)이 발생한다.

4) 투명성 종류

- 투명성; 데이터 표현의 차이점(예를 들어, integer 자료형이 어떤 OS에서는 16비트,32비트로 다르듯이)과 자원의 접근이 어떻게 이뤄지는지 감춰져 있다(몰라도 된다). 즉, 프로세스는 지역(local)과 원격(remote) 자원 접근을 위해 동일한 접근 메카니즘을 갖는다.
- 투명성: H/W와 S/W의 물리적 위치를 사용자가 알 필요가 없다. 즉, 데이터가 어느 컴퓨터에 있는지 몰라도 된다. 즉, 자원의 위치는 접근 방법으로는 볼 수 없다.
- 투명성: 사용자나 응용 프로그램의 동작에 영향을 받지 않고 시스템 내에 있는 정보 객체를 이동할 수 있게 한다. 즉, 데이터가 다른 컴퓨터로 옮겨졌는지 몰라도 된다. 알아서 변경된 위치로 접근을 한다.
- 투명성: 사용자에게 통지할 필요 없이 시스템 안에 파일들과 자원들의 부가적인 복사가 자유롭다. 즉, 한 시스템의 자원을 다른 시스템에도 복제를 해준다.
- 수행(Concurrency) 투명성: 자원의 위치를 모르더라도 다중 사용자들이 자원을 병행하여 처리하고 공유할 수 있도록 한다. 즉, 내가 접근 중인 자원을 타인이 사용해도 되는 공유가 가능하다.
- 투명성; 사용 중에 데이터가 이동 했는지 몰라도 된다. 사용하던 시스템이 고장이 났을 경우 사용자는 그것을 몰라도 시스템이 알아서 자원을 이동시킨 후 일상적으로 사용이 가능하게 해준다.
- 투명성; 자원의 회복과 고장을 몰라도 된다. 즉, 한 시스템이 고장 나더라도 그 시스템이 갖고 있는 자료를 다른 컴퓨터가 복사하고 있다.
  - 이름(Name) 투명성: 자원에 부여된 이름은 네트워크에 연결된 본 자원을 로컬로 소유하고 있는 노드와는 별개이다.

- 제어(Control) 투명성: 시스템을 나타내는 모든 정보는 사용자나 응용 프로그램에서 동일하게 나타난다.
- 데이터(Data) 투명성: 원격 데이터를 투명하게 접근할 수 있는 기능 제공한다.
- 실행(Execution) 투명성: 프로그램, 데이터 이동(이주)으로 인한 부하 균형(load balancing)을 이룬다.
- 성능(Performance) 투명성: 사용자가 원격 접근으로 성능 감소를 느낄 수 없도록 하는 기능을 제공한다.

짚어보기 UNIX의 프로세스 간 통신

UNIX는 다음과 같은 다양한 프로세스 간 통신(IPC) 기구를 제공하고 있다.

(1) 시그널(signal)
(2) 파이프(pipe)
(3) ptrace 시스템 호출
(4) 이름 파이프(named pipe)
(5) 공유 메모리(shared memory)
(6) 세마퍼(semaphore)
(7) 메시지큐(message queue)
(8) 스트림(stream)
(9) 소켓(socket)
(10) 의사tty(pseudo tty)

이 가운데 (1)~(3)은 초기부터 지원한 기능, (4)~(8)은 System V에서 지원한 기능, (9)~(10)은 Berkeley계 UNIX에서 지원해 온 기능이다. 시그널은 프로세스끼리 혹은 커널에서 프로세스에 비동기사상을 통지 할 때 쓰인다. 파이프는 앞에서 기술한 것처럼, read/write에 의해 데이터를 주고받을 수 있는 버퍼가 부착된 통신로이다. 종래의 UNIX에서는 제어를 전하는 시그널과 데이터를 전송하는 파이프가 프로세스간 기본적인 통신수단이었다. ptrace 시스템호출은 정지하고 있는 프로세스의 주소 공간에 액세스하기 위한 것으로, 디버그의 실현에 쓰인다. System V의 이름부착 파이프는 종래의 파이프를 FIFO 순서로 액세스할 수 있도록 한 것이다. 이름은 보통의 파일과 마찬가지로 디렉토리에 등록되므로, 이 이름을 지정함으로써, 친자관계가 아닌 프로세스 사이에서도 통신할 수가 있다. 공유메모리는 과거 UNIX에서는 허락하지 않았던 주소공간을 고유하게 하나, 공유 가능한 영역은 - 보통의 데이터영역과 의사 tty는 가상단말의 실현 등에 쓰여진다. UNIX의 입출력조작은 기본적으로 봉쇄형이다. 따라서 종래의 UNIX에서는 복수의 입출력을 감시하고, 이를 교체하는 조작을 쉽게 기술할 수 가 없었다. 이에 관해서는 (1)개개의 입출력에 프로세스를 할당하여 감시한다. (2)비동기조작을 지정하고, 시그널(SIGIO)에 의해 이의 완료를 통지하는 대응책을 생각할 수 있다. (2)의 방식, 그 자체는 일반적으로 적용 가능하나, UNIX의 경우, SIGIO는 어느 입출력이 완료했는가 까지를 나타낼 수 없으므로, 2개 이상의 입출력을 한번에 행하는 것은 문제가 된다. Berkeley계, UNIX의 select나 System V의 poll은 복수의 입출력을 가시하기 위한 시스템호출이다. 이를 쓰면 하나의 프로세스로서, 분주대기를 행하지 않고서도 입출력의 감시를 할 수가 있다. 멀티윈도우 시스템이나 원격로그인 등의 실현에 쓰이고 있다.

짚어보기 UNIX의 네트워크 통신

① 아래표는 4.3BSD UNIX의 네트워크 구조를 나타내고 있다. 네트워크 층의 프로토콜로서 IP 프로토콜, 트랜스포트 층의 프로토콜로서 TCP 프로토콜 및 UDP 프로토콜이 쓰인다. IP 프로토콜에서는, 각 노드를(호스트)를 식별하고, 노드간의 경로를 판단하다. 각 노드에 할당된 인터넷 어드레스(IP 어드레스)를 해석한다. IP 어드레스와 데이터링크 모듈이 사용하는 어드레스(예를 들어 Ethernet의 48비트 어드레스)와의 대응은, LAN마다 정의되어 있다. 그러나 실제로는 새로운 노드가 접속될 때마다 그 노드의 IP 어드레스와 데이터링크 어드레스의 조합을 다른 모든 노드가 알 필요가 있다. Ethernet의 경우는 ARP(Address Resolution Protocol)라 불리는 프로토콜에 의해, 양자의 조합을 노드 간에서 서로 알리는 동작이 자동적으로 이루어진다. 즉 ARP의 기능에 의해, 각 노드는 다른 노드의 IP 어드레스(이 어드레스와 상위층에서 이용하는 호스트명의 조합)만을 알고 있으면 올바르게 통신을 행할 수가 있다.

② UNIX의 네트워크 참조 모델

ISO 참조모델	ARPANET 참조모델	4.3BSD 층	계층화의 예	
응용	프로세스/응용	사용자 프로그램, 라이브러리	telnet, rlogin등	
프리젠테이션 세션		소켓	stream	dgram
트랜스포트	호스트-호스트	프로토콜	TCP	UDP
네트워크			IP	
데이터링크	네트워크 인터페이스	네트워크 인터페이스 트랜시버	Ethernet	serial line
물리	네트워크 하드웨어	네트워크 하드웨어	Ethernet	RS232C

IP에 의한 전송에서는, 플로우(흐름) 제어, 순서 제어, 재전송의 기능이 없으며, 신뢰성도 보증되지 않는다. 그러나, 송신측에서는 IP 데이터그램이 바르게 송신되지 않을 경우, 그 이유를 알 수 없으면 불편하다. 따라서 IP층에서는, ICMP(Internet Control Message Protocol)라는 에러보고 관련 프로토콜이 갖춰져 있다. ICMP가 보고하는 에러의 종류에는 도착 불가능, 버퍼부족, IP 데이터그램에 지정된 생존기간의 초과 등이 있다. ICMP 자신의 에러 보고 기능은 없다. 포트는 보통, 양의 정수로 식별하고, 비동기 인터페이스를 개입하여 접근 한다. 각 포트에는 패킷의 도착을 기다리는 프로세스 군이 대응한다. 어떤 포트에 도달한 패킷은, 프로세스가 그들을 가져갈 때까지 큐에 넣어 진다. TCP는 IP 데이터그램을 사용하여 실현되는 신뢰성 있는 쌍방향 스트림 형의 통신 프로토콜이다. 패킷의 파괴, 상실, 중복, 순서오류의 회복과 플로우제어의 기능을 가진다. 실제에 있어 통신은 포트간을 결합하는 호출을 실행하여 행해진다. 메시지를 최고 64K 바이트 길이의 데이터그램으로 분할하여 전송한다. TCP의 헤더에는 순서 번호, 송신 포트, 수신 포트, 피기백(piggyback)응답, 윈도우, 첵섬(checksum), 긴급 포인터 등을 지정한다. UDP는 IP 프로토콜을 상위층에서 이용하기 위한 데이터그램 형 통신 프로토콜이다. UDP에서는 패킷의 상실, 중복, 순서오류의 기능성이 있다. 사용자측에서 패킷의 분할을 제어하는 등 신뢰성을 높이기 위한 궁리를 하지 않으면 안된다. UDP의 장점은 단말의 통신을 고속으로 행할 수 있다는 점이다. 세션층은 프로세스 간 통신 기구인 소켓이 대응된다. TCP, UDP등의 프로토콜과 여기에서 제공하는 통신 포트를 지정하여, 네트워크를 개입한 통신을 행할 수가 있다. UNIX상의 다양한 네트워크 어플리케이션을 구축하는 수단으로서 이용되고 있다.

■ 연 습 문 제

학과: | 학번: | 성명: | 제출일:

[9-1] 분산 시스템을 구축하는 이유를 설명하라.

[9-2] 다음 중 분산 처리 시스템을 사용함으로써 얻을 수 있는 장점이 아닌 것은?

[9-3] 강 결합 시스템과 약 결합 시스템에 대해 설명하라.

[9-4] 네트워크의 각 호스트에서 사용하는 OS가 서로 다를 때에, 프로세스 이전을 위해서 해야 하는 일은 무엇인가? OS가 같은 호스트 사이의 작업 이전에는 어떠한 일이 필요한가?

[9-5] 분산 운영체제에서 이주(migration) 대상은 무엇이 있으며, 각각에 대해서 설명하라.

[9-6] 다중 처리기 운영체제 구성 중 분리 수행 구조에 대한 설명하라.

[9-7] 사용자에게 네트워크를 투명하게 함으로써 얻는 장점과 단점에 대해서 설명하라.

[9-8] 네트워크를 위한 OS인 네트워크 운영체제(network operating system)와 분산 운영체제(distributed operating system)에 대해서 설명하라.

[9-10] 프로세스 이주(migration)시 시스템이 사용자에게 직접 프로세스의 이주 방법에 대한 명시적인 정의를 요구하거나 허락을 하는데,이는 어떤 이점을 얻기 위한 프로세스의 이주인가?

[9-11] 분산 화일 시스템은 중앙 집중형에 비해서 어떠한 장점을 갖는가?

[9-12] 통신 네트워크 설계 시 설계자가 기본적으로 고려해야 할 사항을 제시하라.

[9-13] 병렬 처리를 수행하기 위해 개발된 기술들을 제시하라.

[9-14] 벡터 프로세서와 배열 프로세서의 차이점의 설명하라.

[9-15] 지역과 원격 자원을 구별할 필요가 없어지는 경우를 무엇이라고 하며, 설명하라.

[9-16] 가시성(transparency, 투명성)에 대해 설명하라.

[9-17] 분산 시스템의 위상에 따른 구분 중 완전 연결 구조의 특징을 제시하라.

[9-18] 분산 시스템에 있어서의 보안 기법에 대해서 논하라.

참고문헌

[1] Andrew S. Tanenbaum,Operating Systems:Design & Implementation,Prentice-Hall,2006
[2] Ann McHoes,Understanding Operating Systems,Course Tech., 2010
[3] H.M. Deitel, "An Introduction to Operating System",Addison-Wesley,2003
[4] Ida M. Flynn, Ann McIver McHoes,Understanding Operating Systems, Wadsworth Group,2001
[5] B.M.Cantrill, M.W.Sharpiro, and A.H.Leventhal, "Techniques for the Design of Java Operating Systems", 2004
[6] Andrew S. Tanenbaum, "Distributed Operating System", Prentice Hall, 2005
[7] Mandnick,S.E., & Donovan, J, J, Operating System,McGraw-Hill, 2005
[8] Tanenbaum, A. S. : Operating Systems : Design and Implementation, Prentice - Hall(1987).
[9] Peterson J. L. Operating System concepts, Addison-Wesley, 2001
[10] Sacha Krakowiak, "Principle of Operating Systems", The MIT Press, 1988,
[11] Andleigh, P. K. : UNIX System Architecture, Prentice-Hall, 2000
[12] Birrell, A. and B. nEISON : "Implementing Remote Procedure Call", ACM Trans. On Comput. Syst., Vol. 2, No. 1, 1984.
[13] Pinkert, J.R, Operating Systems concepts, policies, and mechanisms, Englewood Cliffs, NJ: Prentice-Hall, 1974
[14] Tanenbaum, A.S., Modern operating systems. Englewood Cliffs, NJ : Prentice-Hall, 1992
[15] Black, D. L., "Scheduling Support for Concurrency and Parallerism in the Mach Operating System", IEEE COMPUTER, Vol, 23, No, 5, 1990.
[16] Brinch Hansen, P., Operating system principles. Englewood Cilffs, NJ : Printice-Hall, 1973
[17] Cheriton, D. R., L. S. Melen and G. R. Sager : "Thoth, A Portable Real-Time Operating System", CACM, Vol 22, No. 2, 1979.
[18] Cheriton, D. R. : "Problem-Oriented Shared Memory : A Decentralized Approach to Distributed System Design", in Proc. 6th Int. Conf. Distributed Computing Systems, 1986.
[19] Craft. D. H. : " Resource Management in A Decentralized System", in Proc. 9th ACM Symp. Operating Systems Principles, 1983.
[20] Christian, K., The UNIX operating system. New York:Wiley, 1983
[21] Habermann, A.N., Introduction to Operating System Design. Chicago : Science Research Associates, 1976
[22] Mullender, S. J. and G. van Rossum : "Amoeba : A Distributed Operating System for the 1990s", IEEE COMPUTER, Vol, 23, No. 5, 1990.
[23] Suzuki, I. and T. Kasami : "A Distributed Mutual Exclusion Algorithm", ACM Trans. Comput. Syst. Vol 3, No. 4, 1985.
[24] Tanenbaum, A. S. : Operating Systems : Design and Implementation, Prentice - Hall(1987).
[25] Fortire, P.J., Design of distributed operating systems. New York : McGraw-Hall, 1980
[26] MILOJICIC, D.: "Operating Systems: Now and in the Future", IEEE Concurrency, vol. 7, Jan.-March 1999

[27] 김용석, 운영체제의 개념과 구현, 사이텍미디어, 2003
[28] 김영찬, 운영체제, 생능출판사, 2009
[29] 이계영, 운영체제, 정익사, 2006
[30] 구현회, 운영체제, 한빛미디어, 2007
[31] 김길창, 운영체제 개념, 홍릉과학 출판사, 2013
[32] 엄영익, 정태명, 컴퓨터 운영체제론, 생능출판사, 1999
[33] 최현섭 외 2인, 운영체제론, 이한출판사, 1998
[34] 김영찬, 최신 운영체제, 홍릉과학 출판사, 2011
[35] 이강수, "운영체제론", 생능출판사, 1987
[36] 김영찬, "운영체제", 상조사, 2009
[37] 김길창, "운영체제 개념", 정익사, 1991
[38] 이석호외 3인, "화일처리", 한국 방송통신대학 출판부, 1996
[39] 박규성, 분산운영체제, 홍릉과학 출판사, 1996
[40] 국경환, 유닉스 시스템 이론과 응용, 사이텍 미디어, 2002

찾아보기

ㄱ

ㄹ

ㅁ

ㅅ

ㅇ

ㅈ

ㅊ

ㅋ

ㅌ

ㅍ

ㅎ

A

B

C

D

E

T

U

V

W

X

■ 저자소개

구용완

현)수원대학교 IT대학 컴퓨터학과 정교수
수원대학교 IT대학 학장
수원대학교 공학대학원 원장
(사)한국 인터넷정보학회 회장

컴퓨터 시스템

운영체제 원리와 구조

인 쇄 : 2016년 8월 15일
초판발행 : 2016년 8월 25일
저 자 : 구 용 완
발 행 처 : 도서출판 한산
서울시 서대문구 수색로6길 43번지 105-602호
TEL : (02)304-3504 FAX : (02)304-3505
발 행 인 : 김 기 영
등록번호 : 제 10-1745 호
I S B N : 979-11-87555-00-1 93560

정가. 33,000원